ITALIA

1: 300 000

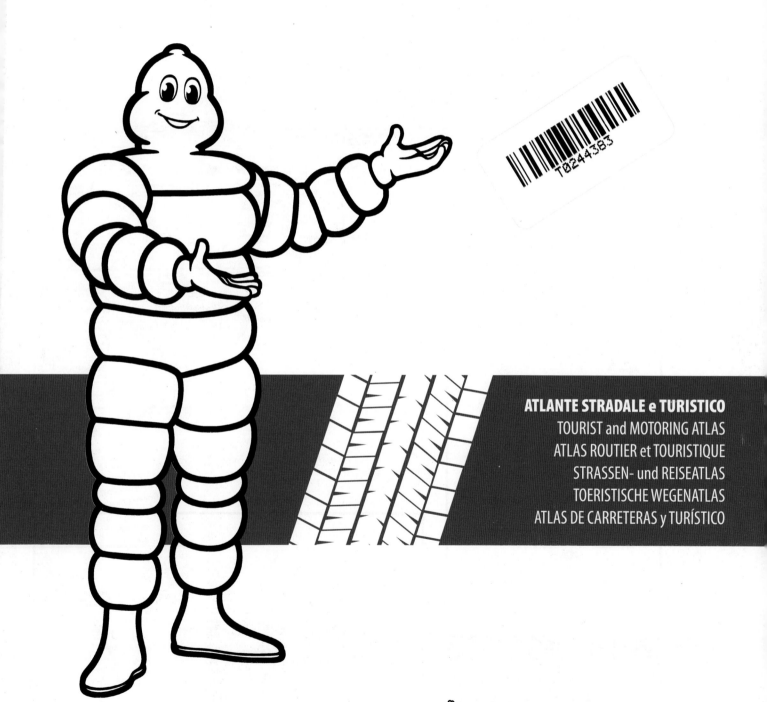

ATLANTE STRADALE e TURISTICO
TOURIST and MOTORING ATLAS
ATLAS ROUTIER et TOURISTIQUE
STRASSEN- und REISEATLAS
TOERISTISCHE WEGENATLAS
ATLAS DE CARRETERAS y TURÍSTICO

MICHELIN

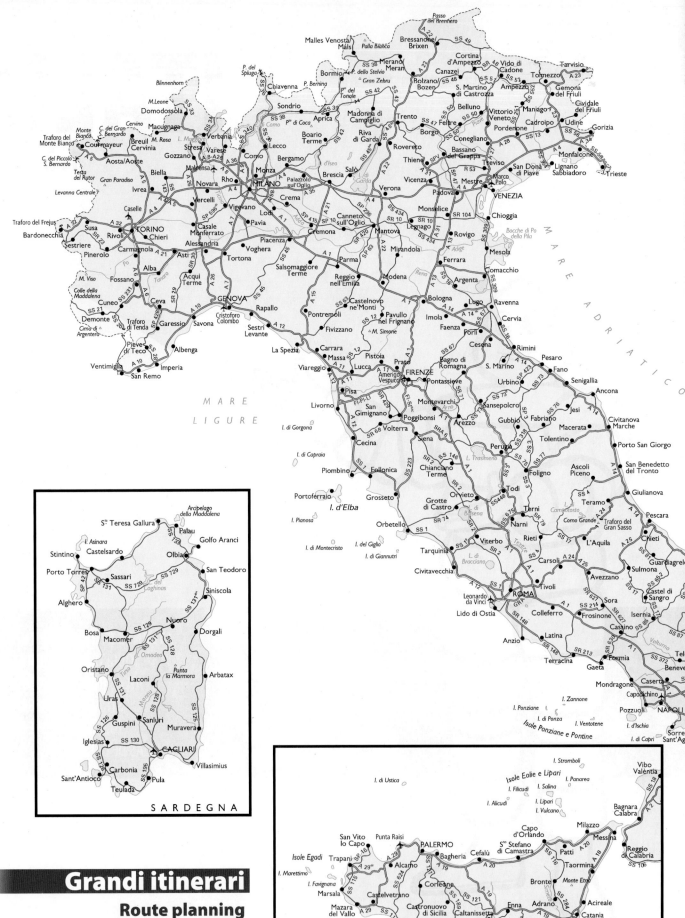

Grandi itinerari

Route planning
Grands itinéraires
Reiseplanung
Grote verbindingswegen
Información general

SARDEGNA

SICILIA

Sommario

Contents / Sommaire / Inhaltsübersicht / Inhoud / Sumario

Copertina interna: Quadro d'insieme

Inside front cover: Key to map pages / Intérieur de couverture : Tableau d'assemblage / Umschlaginnenseite: Übersicht
Binnenzijde van het omslag: Overzichtskaart / Portada interior: Mapa índice

1

Legenda
Key / Légende / Zeichenerklärung
Verklaring van de tekens / Signos convencionales

2 - 121

Italia 1: 300 000 · **2 - 91**
Italy / Italie / Italien / Italië / Italia

Sicilia 1: 300 000 · **92 - 107**
Sicily / Sicile / Sicilien / Sicilië / Sicilia

Sardegna 1: 300 000 · **108 - 121**
Sardinia / Sardaigne / Sardinien / Sardinië / Cerdeña

122 - 158

Indice completo
Index of place names / Index des localités / Ortsverzeichnis
Plaatsnamenregister / Índice

159 - 211

Piante di città
Town plans / Plans de ville / Stadtpläne
Stadsplattegronden / Planos de ciudades

212

Distanze
Distances / Distances / Entfernungen
Afstanden / Distâncias

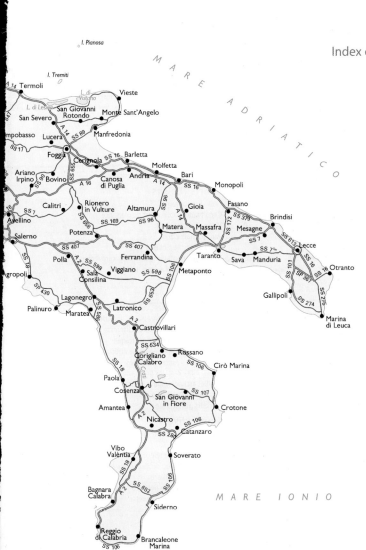

Legenda	Key	Légende

Strade / Roads / Routes

Legenda	Key	Légende
Autostrada	Motorway	Autoroute
Doppia carreggiata di tipo autostradale	Dual carriageway with motorway characteristics	Double chaussée de type autoroutier
Svincoli: completo, parziale	Interchanges : complete, limited	Échangeurs : complet, partiels
Svincoli numerati	Interchange numbers	Numéros d'échangeurs
Area di servizio - Alberghi Restaurant of zelfbediening	Service area - Hotels Restaurant or self-service	Aire de service - Hôtels Restaurant ou libre-service
Strada di collegamento internazionale o nazionale	International and national road network	Route de liaison internationale ou nationale
Strada di collegamento interregionale o di disimpegno	Interregional and less congested road	Route de liaison interrégionale ou de dégagement
Strada rivestita - non rivestita	Road surfaced - unsurfaced	Route revêtue - non revêtue
Strada per carri, sentiero	Rough track, footpath	Chemin d'exploitation, sentier
Autostrada, strada in costruzione (data di apertura prevista)	Motorway, road under construction (when available: with scheduled opening date)	Autoroute, route en construction (le cas échéant : date de mise en service prévue)

Larghezza delle strade / Road widths / Largeur des routes

Legenda	Key	Légende
Carreggiate separate	Dual carriageway	Chaussées séparées
4 corsie - 2 corsie larghe	4 lanes - 2 wide lanes	4 voies - 2 voies larges
2 o più corsie - 2 corsie strette	2 or more lanes - 2 narrow lanes	2 voies ou plus - 2 voies étroites

Distanze / Distances / Distances

Legenda	Key	Légende
(totali e parziali)	(total and intermediate)	(totalisées et partielles)
tratto a pedaggio su autostrada	Toll roads on motorway	Section à péage sur autoroute
tratto esente da pedaggio su autostrada	Toll-free section on motorway	Section libre sur autoroute
Su strada	on road	sur route

Numerazione - Segnaletica / Numbering - Signs / Numérotation - Signalisation

Legenda	Key	Légende
Strada europea - Autostrada — E 54 A 96	European route - Motorway — E 54 A 96	Route européenne - Autoroute — E 54 A 96
Strada federale — SS 36 SR 25 SP 25	Federal road — SS 36 SR 25 SP 25	Route fédérale — SS 36 SR 25 SP 25

Ostacoli / Obstacles / Obstacles

Legenda	Key	Légende
Forte pendenza (salita nel senso della freccia)	Steep hill (ascent in direction of the arrow)	Forte déclivité (flèches dans le sens de la montée)
Passo - Altitudine	Pass and its height above sea level - Altitude	Col et sa cote d'altitude - Altitude
Percorso difficile o pericoloso	Difficult or dangerous section of road	Parcours difficile ou dangereux
Passaggi della strada: a livello, cavalcavia, sottopassaggio	Level crossing: railway passing, under road, over road	Passages de la route: à niveau, supérieur, inférieur
Casello - Strada a senso unico	Toll barrier - One way road	Barrière de péage - Route à sens unique
Strada vietata - Strada a circolazione regolamentata	Prohibited road - Road subject to restrictions	Route interdite - Route réglementée
Innevamento: probabile periodo di chiusura	Snowbound, impassable road during the period shown	Enneigement : période probable de fermeture
Strada con divieto di accesso per le roulottes	Caravans prohibited on this road	Route interdite aux caravanes

Trasporti / Transportation / Transports

Legenda	Key	Légende
Ferrovia	Railway	Voie ferrée
Aeroporto - Aerodromo	Airport - Airfield	Aéroport - Aérodrome
Trasporto auto: (stagionale in rosso)	Transportation of vehicles: (seasonal services in red)	Transport des autos : (liaison saisonnière en rouge)
su traghetto	by boat	par bateau
su chiatta (carico massimo in t.)	by ferry (load limit in tons)	par bac (charge maximum en tonnes)
Traghetto per pedoni e biciclette	Ferry (passengers and cycles only)	Bac pour piétons et cycles

Risorse - Amministrazione / Accommodation - Administration / Hébergement - Administration

Legenda	Key	Légende
Capoluogo amministrativo — R P	Administrative district seat — R P	Capitale de division administrative — R P
Confini amministrativi	Administrative boundaries	Limites administratives
Zona franca	Free zone	Zone franche
Frontiera: Dogana - Dogana con limitazioni	National boundary: Customs post - Secondary customs post	Frontière : Douane - Douane avec restriction

Sport - Divertimento / Sport & Recreation Facilities / Sports - Loisirs

Legenda	Key	Légende
Golf - Ippodromo	Golf course - Horse racetrack	Golf - Hippodrome
Circuito Automobilistico - Porto turistico	Racing circuit - Pleasure boat harbour	Circuit automobile - Port de plaisance
Spiaggia - Parco divertimenti	Beach - Country park	Plage - Parc récréatif
Parco con animali, zoo	Safari park, zoo	Parc animalier, zoo
Albergo isolato	Secluded hotel or restaurant	Hôtel ou restaurant isolé
Rifugio - Campeggio	Mountain refuge hut - Caravan and camping sites	Refuge de montagne - Camping, caravaning
Funicolare, funivia, seggiovia	Funicular, cable car, chairlift	Funiculaire, téléphérique, télésiège
Ferrovia a cremagliera	Rack railway	Voie à crémaillère

Mete e luoghi d'interesse / Sights / Curiosités

Legenda	Key	Légende
Principali luoghi d'interesse, vedere LA GUIDA VERDE { Chioggia (▲) Malcesine O	Principal sights: see THE GREEN GUIDE { Chioggia (▲) Malcesine O	Principales curiosités : voir LE GUIDE VERT { Chioggia (▲) Malcesine O
Località o siti interessanti, luoghi di soggiorno	Towns or places of interest, Places to stay	Localités ou sites intéressants, lieux de séjour
Edificio religioso - Castello, fortezza	Religious building - Historic house, castle	Édifice religieux - Château, forteresse
Rovine - Monumento megalitico	Ruins - Prehistoric monument	Ruines - Monument mégalithique
Grotta - Ossario - Necropoli etrusca	Cave - Ossuary - Etruscan necropolis	Grotte - Ossuaire - Nécropole étrusque
Giardino, parco - Altri luoghi d'interesse	Garden, park - Other places of interest	Jardin, parc - Autres curiosités
Palazzo, villa - Vestigia greco-romane	Palace, villa - Greek or roman ruins	Palais, villa - Vestiges gréco-romains
Scavi archeologici - Nuraghe	Archaeological excavations - Nuraghe	Fouilles archéologiques - Nuraghe
Panorama - Vista	Panoramic view - Viewpoint	Panorama - Point de vue
Percorso pittoresco	Scenic route	Parcours pittoresque

Simboli vari / Other signs / Signes divers

Legenda	Key	Légende
Teleferica industriale	Industrial cable way	Transporteur industriel aérien
Industrie	Industrial activity	Industries
Torre o pilone per telecomunicazioni - Raffineria	Telecommunications tower or mast - Refinery	Tour ou pylône de télécommunications - Raffinerie
Pozzo petrolifero o gas naturale - Centrale elettrica	Oil or gas well - Power station	Puits de pétrole ou de gaz - Centrale électrique
Miniera - Cava - Faro	Mine - Quarry - Lighthouse	Mine - Carrière - Phare
Diga - Cimitero militare	Dam - Military cemetery	Barrage - Cimetière militaire
Parco nazionale - Parco naturale	National park - Nature park	Parc national - Parc naturel

Zeichenerklärung — Verklaring van de tekens — Signos convencionales

Straßen / Wegen / Carreteras

Autobahn	Autosnelweg	Autopista
Schnellstraße mit getrennten Fahrbahnen	Gescheiden rijbanen van het type autosnelweg	Autovía
Anschlussstellen: Voll - bzw. Teilanschlussstellen	Aansluitingen: volledig, gedeeltelijk	Enlaces: completo, parciales
Anschlussstellennummern	Afritnummers	Números de los accesos
Tankstelle mit Raststätte - Hotel Restaurant / SB-Restaurant	Serviceplaats - Hotels Restaurant of zelfbediening	Áreas de servicio - Hotel Restaurant o auto servicio
Internationale bzw. nationale Hauptverkehrsstraße	Internationale of nationale verbindingsweg	Carretera de comunicación internacional o nacional
Überregionale Verbindungsstraße oder Umleitungsstrecke	Interregionale verbindingsweg	Carretera de comunicación interregional o alternativo
Straße mit Belag - ohne Belag	Verharde weg - onverharde weg	Carretera asfaltada - sin asfaltar
Wirtschaftsweg, Pfad	Landbouwweg, pad	Camino agrícola, sendero
Autobahn, Straße im Bau (ggf. voraussichtliches Datum der Verkehrsfreigabe)	Autosnelweg in aanleg, weg in aanleg (indien bekend: datum openstelling)	Autopista, carretera en construcción (en su caso: fecha prevista de entrada en servicio)

Straßenbreiten / Breedte van de wegen / Ancho de las carreteras

Deutsch	Nederlands	Español
Getrennte Fahrbahnen	Gescheiden rijbanen	Calzadas separadas
4 Fahrspuren - 2 breite Fahrspuren	4 rijstroken - 2 brede rijstroken	Cuatro carriles - Dos carriles anchos
2 oder mehr Fahrspuren - 2 schmale Fahrspuren	2 of meer rijstroken - 2 smalle rijstroken	Dos carriles o más - Dos carriles estrechos

Straßenentfernungen / Afstanden / Distancias
(Gesamt- und Teilentfernungen) / (totaal en gedeeltelijk) / (totales y parciales)

Deutsch	Nederlands	Español
Mautstrecke auf der Autobahn	Gedeelte met tol op autosnelwegen	Tramo de peaje en autopista
Mautfreie Strecke auf der Autobahn	Tolvrij gedeelte op autosnelwegen	Tramo libre en autopista
auf der Straße	op andere wegen	en carretera

Nummerierung - Wegweisung / Wegnummers - Bewegwijzering / Numeración - Señalización

Deutsch	Nederlands	Español
Europastraße - Autobahn	Europaweg - Autosnelweg	Carretera europea - Autopista
E 54 A 96	**E 54 A 96**	**E 54 A 96**
Bundesstraße	Federale weg	Carretera federal
SS 36 SR 25 SP 25	**SS 36 SR 25 SP 25**	**SS 36 SR 25 SP 25**

Verkehrshindernisse / Hindernissen / Obstáculos

Deutsch	Nederlands	Español
Starke Steigung (Steigung in Pfeilrichtung)	Steile helling (pijlen in de richting van de helling)	Pendiente Pronunciada (las flechas indican el sentido del ascenso)
Pass mit Höhenangabe - Höhe	Bergpas en hoogte boven de zeespiegel - Hoogte	Puerto - Altitud
Schwierige oder gefährliche Strecke	Moeilijk of gevaarlijk traject	Recorrido difícil o peligroso
Bahnübergänge: schnienengleich - Unterführung - Überführung	Wegovergangen: gelijkvloers, overheen, onderdoor	Pasos de la carretera: a nivel, superior, inferior
Mautstelle - Einbahnstraße	Tol - Weg met eenrichtingsverkeer	Barrera de peaje - Carretera de sentido único
Gesperrte Straße - Straße mit Verkehrsbeschränkungen	Verboden weg - Beperkt opengestelde weg	Tramo prohibido - Carretera restringida
Eingeschneite Straße: voraussichtl.Wintersperre	Sneeuw: vermoedelijke sluitingsperiode	Nevada: Período probable de cierre
Für Wohnanhänger gesperrt	Verboden voor caravans	Carretera prohibida a las caravanas

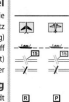

Verkehrsmittel / Vervoer / Transportes

Deutsch	Nederlands	Español
Bahnlinie	Spoorweg	Línea férrea
Flughafen - Flugplatz	Luchthaven - Vliegveld	Aeropuerto - Aeródromo
Autotransport: (rotes Zeichen: saisonbedingte Verbindung)	Vervoer van auto's: (tijdens het seizoen: rood teken)	Transporte de coches: (Enlace de temporada: signo rojo)
per Schiff	per boot	por barco
per Fähre (Höchstbelastung in t)	per veerpont (maximum draagvermogen in t.)	por barcaza (carga máxima en toneladas)
Fähre für Personen und Fahrräder	Veerpont voor voetgangers en fietsers	Barcaza para el paso de peatones

Unterkunft - Verwaltung / Verblijf - Administratie / Alojamiento - Administración

Deutsch	Nederlands	Español
Verwaltungshauptstadt	Hoofdplaats van administratief gebied	Capital de división administrativa
Verwaltungsgrenzen	Administratieve grenzen	Limites administrativos
Freizone	Vrije zone	Zona franca
Staatsgrenze: Zoll - Zollstation mit Einschränkungen	Staatsgrens: Douanekantoor - Douanekantoor met beperkte bevoegdheden	Frontera: Aduanas - Aduana con restricciones

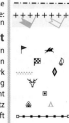

Sport - Freizeit / Sport - Recreatie / Deportes - Ocio

Deutsch	Nederlands	Español
Golfplatz - Pferderennbahn	Golfterrein - Renbaan	Golf - Hipódromo
Rennstrecke - Yachthafen	Autocircuit - Jachthaven	Circuito de velocidad - Puerto deportivo
Badestrand - Erholungspark	Strand - Recreatiepark	Playa - Zona recreativa
Tierpark, Zoo Fernwanderweg	Safaripark, dierentuin	Reserva de animales, zoo
Abgelegenes Hotel oder Restaurant	Afgelegen hotel	Hotel aislado
Schutzhütte - Campingplatz	Berghut - Kampeerterrein	Refugio de montaña - Camping
Standseilbahn, Seilbahn, Sessellift	Kabelspoor, kabelbaan, stoeltjeslift	Funicular, Teleférico, telesilla
Zahnradbahn	Tandradbaan	Línea de cremallera

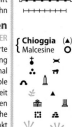

Sehenswürdigkeiten / Bezienswaardigheden / Curiosidades

Deutsch	Nederlands	Español
Hauptsehenswürdigkeiten: siehe GRÜNER REISEFÜHRER	Belangrijkste bezienswaardigheden: zie DE GROENE GIDS	Principales curiosidades: ver LA GUÍA VERDE
{ Chioggia (▲) Malcesine ○	{ Chioggia (▲) Malcesine ○	{ Chioggia (▲) Malcesine ○
Sehenswerte Orte, Ferienorte	Interessante steden of plaatsen, vakantieoorden	Localidad o lugar interesante, lugar para quedarse
Sakral-Bau - Schloss, Burg, Festung	Kerkelijk gebouw - Kasteel, vesting	Edificio religioso - Castillo, fortaleza
Ruine - Vorgeschichtliches Steindenkmal	Ruïne - Megaliet	Ruinas - Monumento megalítico
Höhle - Ossarium - Etruskiche Nekropole	Grot - Ossuarium - Etruskische necropool	Cueva - Osario - Necrópolis etrusca
Garten, Park - Sonstige Sehenswürdigkeit	Tuin, park - Andere bezienswaardigheden	Jardín, parque - Curiosidades diversas
Palast, Villa - Griechische, römische Ruinen	Paleis, villa - Grieks-Romeinse overblijfselen	Palacio, villa - Vestigios grecorromanos
Ausgrabungen - Nuraghe	Archeologische opgravingen - Nuraghe	Restos arqueologicos - Nuraghe
Rundblick - Aussichtspunkt	Panorama - Uitzichtpunt	Vista panorámica - Vista parcial
Landschaftlich schöne Streck	Schilderachtig traject	Recorrido pintoresco

Sonstige Zeichen / Diverse tekens / Signos diversos

Deutsch	Nederlands	Español
Industrieschwebebahn	Kabelvrachtvervoer	Transportador industrial aéreo
Industrieanlagen	Industrie	Industrias
Funk-, Sendeturm - Raffinerie	Telecommunicatietoren of -mast - Raffinaderij	Torreta o poste de telecomunicación - Refinería
Erdöl-, Erdgasförderstelle - Kraftwerk	Olie- of gasput - Elektriciteitscentrale	Pozos de petróleo o de gas - Central eléctrica
Bergwerk - Steinbruch - Leuchtturm	Mijn - Steengroeve - Vuurtoren	Mina - Cantera - Faro
Staudamm - Soldatenfriedhof	Stuwdam - Militaire begraafplaats	Presa - Cementerio militar
Nationalpark - Naturpark	Nationaal park - Natuurpark	Parco nacional - Parque natural

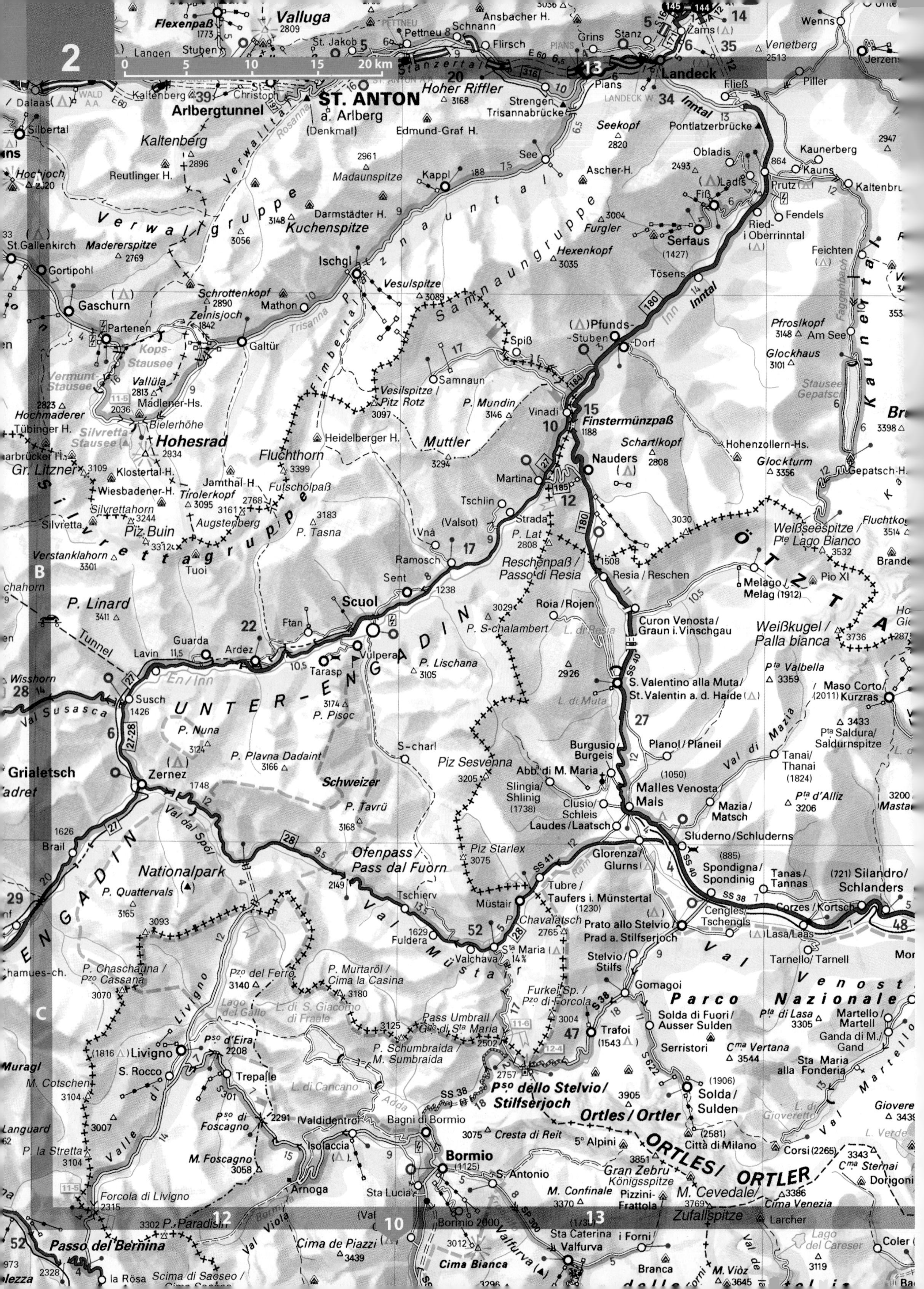
0 5 10 15 20 km
Flexenpaß
Valluga
2809
St. Jakob
Pettneu
Schnann
Flirsch
Ansbacher H.
Grins
Stanz
Zams
Landeck
Wenns
Venetberg
2513
Jerzens
Langen
Stuben
Stanzertal
Kaltenberg
St. Christoph
ST. ANTON
a. Arlberg
(Denkmal)
Hoher Riffler
3168
Strengen
Trisannabrücke
Pians
Fließ
Piller
Dalaas
Silbertal
Arlbergtunnel
Kaltenberg
2896
Reutlinger H.
Verwalltal
Edmund-Graf H.
Seekopf
2820
Pontlatzerbrücke
Inntal
2961
Madaunspitze
Kappl
See
Ascher-H.
Obladis
2493
Ladis
Kaunerberg
Kauns
Prutz
Kaltenbrunn
Hochjoch
2520
Fiß
Fendels
Verwallgruppe
Darmstädter H.
3148
Kuchenspitze
Paznauntal
3004
Furgler
Serfaus
(1427)
Ried i Oberrinntal
St.Gallenkirch
Madererspitze
2769
3056
Hexenkopf
3035
Feichten
Gortipohl
Ischgl
Vesulspitze
3089
Tösens
Gaschurn
Schrottenkopf
2890
Mathon
Samnaungruppe
Trisanna
Inn
Inntal
Pfroslkopf
3148
Am See
Faggenbach
Kaunertal
Partenen
Zeinisjoch
1842
Galtür
Kops-Stausee
Fimbertal
Spiß
Pfunds-Stuben
Dorf
Glockhaus
3101
Vermunt-Stausee
Vallüla
2813
Madlener-Hs.
2036
Samnaun
Stausee Gepatsch
2823
Hochmaderer
Tübinger H.
Bielerhöhe
Silvretta Stausee
Hohesrad
2934
Vesilspitze / Pitz Rotz
3097
P. Mundin
3146
Vinadi
Finstermünzpaß
1188
Heidelberger H.
Muttler
3294
Schartlkopf
2808
Hohenzollern-Hs.
Glockturm
3356
Gepatsch-H.
3398
Saarbrücker H.
Gr. Litzner
3109
Klostertal-H.
Fluchthorn
3399
Nauders
Martina
Jamthal-H.
Wiesbadener-H.
Tirolerkopf
3095
Futschölpaß
2768
3161
Tschlin
Strada
Silvrettahorn
3244
Silvretta
Piz Buin
3312
Augstenberg
3183
P. Tasna
(Valsot)
Vnà
P. Lat
2808
3030
Weißseespitze / Pte Lago Bianco
3532
Fluchtkogel
3514
Silvrettagruppe
Verstanklahorn
3301
Tuoi
Ramosch
Reschenpaß / Passo di Resia
1508
Resia / Reschen
ÖTZTAL
Pio XI
Brandenberg
Sent
1238
Melago / Melag (1912)
Chapütschin
P. Linard
3411
Scuol
3029
Roia / Rojen
Ftan
P. S-chalambert
L. di Resia
Curon Venosta / Graun i. Vinschgau
Weißkugel / Palla bianca
3736
Tunnel
Guarda
Ardez
Lavin
Vulpera
Tarasp
P. Lischana
3105
ENGADIN
2926
Pta Valbella
3359
Wisshorn
En / Inn
Susch
1426
S. Valentino alla Muta / St. Valentin a. d. Haide
Maso Corto / (2011) Kurzras
Val Susasca
UNTER-ENGADIN
3174
P. Pisoc
L. di Muta
3433
Pta Saldura / Saldurnspitze
P. Nuna
3124
S-charl
Burgusio / Burgeis
Planol / Planeil
Val di Mazia
Tanai / Thanai
(1824)
Grialetsch
P. Plavna Dadaint
3166
Piz Sesvenna
3205
Abb. di M. Maria
(1050)
Zernez
1748
Schweizer
Slingia / Shlinig
(1738)
Malles Venosta / Mals
Pta d'Alliz
3206
3200
Val dal Spöl
P. Tavrü
3168
Clusio / Schleis
Mazia / Matsch
1626
Laudes / Laatsch
Sluderno / Schluderns
Brail
Piz Starlex
3075
Glorenza / Glurns
(885)
Ofenpass / Pass dal Fuorn
2149
Spondigna / Spondinig
Tanas / Tannas
(721) Silandro / Schlanders
Nationalpark
P. Quattervals
3165
Tschierv
Tubre / Taufers i. Münstertal
(1230)
Müstair
Cengles / Tschengls
Corzes / Kortsch
Prato allo Stelvio / Prad a. Stilfserjoch
3093
P. Chavalatsch
2765
Lasa / Laas
1629
Fuldera
Val Müstair
Valchava
Sta Maria
14%
Stelvio / Stilfs
Tarnello / Tarnell
P. Chaschauna / Pzo Cassana
3070
Pzo del Ferro
3140
P. Murtaröl / Cima la Casina
3180
Gomagoi
Val Venosta
Livigno
Lago del Gallo
L. di S. Giacomo di Fraele
Furkel Sp. / Pzo di Forcola
3004
Parco Nazionale
Solda di Fuori / Ausser Sulden
Pta di Lasa
3305
Martello / Martell
Pass Umbrail / Gio. di Sta Maria
3125
Trafoi
(1543)
Serristori
Cma Vertana
3544
Ganda di M. / Gand
(1816) Livigno
Pso d'Eira
2208
P. Schumbraida / M. Sumbraida
2502
Sta Maria alla Fonderia
Muragl
M. Cotschen
S. Rocco
Trepalle
2757
Pso dello Stelvio / Stilfserjoch
3905
(1906)
Solda / Sulden
3104
L. di Cancano
Adda
Ortles / Ortler
L. di Gioveretto
Giovere
3007
Pso di Foscagno
2291
(Valdidentro)
Bagni di Bormio
(2581)
Languard
3075
Cresta di Reit
5° Alpini
Città di Milano
Corsi (2265)
P. la Stretta
3104
Valle di Livigno
M. Foscagno
3058
Isolaccia
Bormio
(1125)
S. Antonio
3851
Gran Zebru
Königsspitze
ORTLES / ORTLER
3343
Cma Sternai
Dorigoni
Forcola di Livigno
2315
Arnoga
Sta Lucia
M. Confinale
3370
Pizzini-Frattola
M. Cevedale
3769
3386
Cima Venezia
P. Paradisin
3302
Bormio 2000
Zufallspitze
Larcher
Passo del Bernina
Val Viola
Cima de Piazzi
3439
3012
Valfurva
Sta Caterina Valfurva
i Forni
Lago del Careser
Coler
2328
la Rösa
Scima di Saoseo
Cima Bianca
Branca
M. Vioz
3645
3119
12
10
13
A
B
C

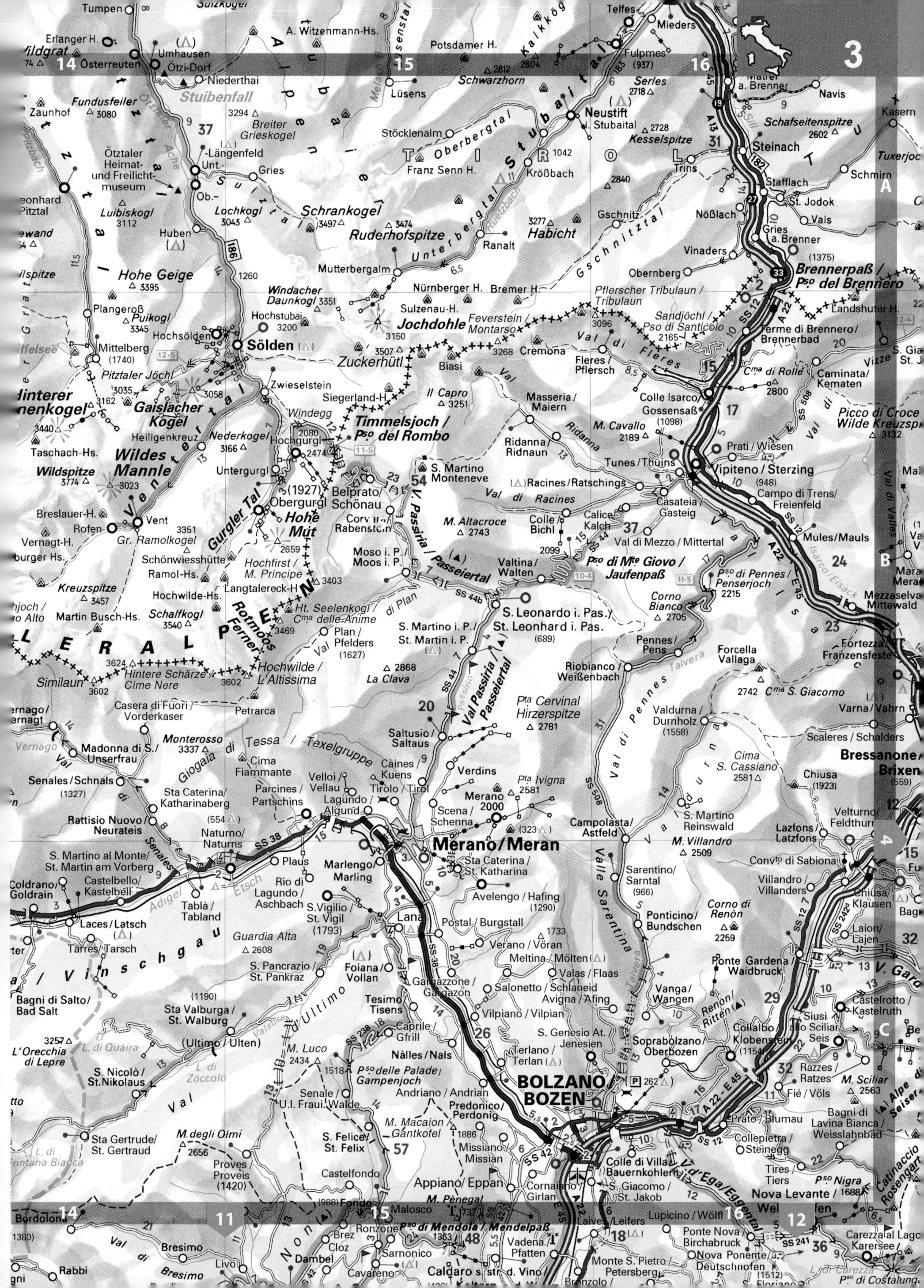

Tumpen
Erlanger H.
Umhausen
Ötzi-Dorf
Österreuten
Niederthai
Stuibenfall
A. Witzenmann-Hs.
Potsdamer H.
Telfes
Mieders
Fulpmes
(937)
Lüsens
Schwarzhorn
Serles
2718
Matrei a. Brenner
Navis
Zaunhof
Fundusfeiler
3080
3294
Breiter Grieskogel
Neustift i. Stubaital
Kesselspitze
2728
Schafseitenspitze
2602
Kasern
Ötztaler Heimat- und Freilicht-museum
Längenfeld
Unt.-
Ob.-
Gries
Stöcklenalm
Oberbergtal
Franz Senn H.
Kroßbach
1042
Steinach
Trins
Schmirn
Stafflach
St. Jodok
Nößlach
Vals
Luibiskogl
3112
Lochkogl
3043
Schrankogel
3497
Ruderhofspitze
3474
Habicht
3277
Gschnitz
2840
Huben
Ranalt
Unterbergtal
Gries a. Brenner
Vinaders
Obernberg
Gschnitztal
Brennerpaß / P.so del Brennero
(1375)
Hohe Geige
3395
1260
Mutterbergalm
Windacher Daunkogl
3351
Nürnberger H.
Bremer H.
Pflerscher Tribulaun / Tribulaun
Sulzenau-H.
Plangeroß
Puikogl
3345
Hochstubai
3200
Jochdohle
3150
Feverstein / Montarso
3096
Sandjöchl / Pso di Santicolo
2165
Landshuter H.
Terme di Brennero / Brennerbad
Hochsölden
Mittelberg
(1740)
Sölden
Zuckerhütl
3507
3268
Cremona
Biasi
Val di Fleres
Fleres / Pflersch
Cma di Rolle
2800
Caminata / Kematen
Pitztaler Jöchl
3035
3162
3058
Zwieselstein
Siegerland-H.
Il Capro
3251
Masseria / Maiern
Colle Isarco / Gossensaß
(1098)
Picco di Croce Wilde Kreuzspitze
3132
Hinterer ...nenkogel
3440
Gaislacher Kogel
Windegg
Hochgurgl
2080
2474
Timmelsjoch / Pso del Rombo
Ridanna / Ridnaun
M. Cavallo
2189
Taschach-Hs.
Heiligenkreuz
Nederkogel
3166
Wildes Mannle
3023
Wildspitze
3774
Untergurgl
S. Martino Monteneve
Tunes / Thuins
Prati / Wiesen
Vipiteno / Sterzing
(948)
Campo di Trens / Freienfeld
(1927)
Obergurgl
Belprato / Schönau
Racines / Ratschings
Val di Racines
Casateia / Gasteig
Breslauer-H.
Rofen
Vent
Venter Tal
Gurgler Tal
Hohe Mut
Corvara / Rabenstein
M. Altacroce
2743
Colle / Bichl
Calice / Kalch
Val di Mezzo / Mittertal
Mules / Mauls
Vernagt-H.
Gr. Ramolkogel
3351
2659
Moso i. P. / Moos i. P.
V. Passiria / Passeiertal
2099
Pso di Mte Giovo / Jaufenpaß
Schönwiesshütte
Ramol-Hs.
Hochfirst / M. Principe
Langtalereck-H
3403
Valtina / Walten
Pso di Pennes / Penserjoch
2215
Kreuzspitze
3457
Hochwilde-Hs.
Corno Bianco
2705
Mezzaselva / Mittewald
Martin Busch-Hs.
Schalfkogl
3540
Rotmoos Ferner
Ht. Seelenkogl / Cma delle Anime
3469
di Plan
S. Leonardo i. Pas. / St. Leonhard i. Pas.
(689)
Plan / Pfelders
(1627)
S. Martino i. P. / St. Martin i. P.
Pennes / Pens
Forcella Vallaga
Fortezza / Franzensfeste
3624
Hintere Schärze / Cime Nere
3602
Hochwilde / L'Altissima
2868
La Clava
Riobianco / Weißenbach
Similaun
2742
Cma S. Giacomo
Pta Cervinal Hirzerspitze
2781
Val di Pennes
Varna / Vahrn
Casera di Fuori / Vorderkaser
Petrarca
Saltusio / Saltaus
Valdurna / Durnholz
(1558)
Scaleres / Schalders
Monterosso
3337
Giogaia di Tessa / Texelgruppe
Madonna di S. / Unserfrau
Cima Fiammante
Càines / Kuens
Verdins
Cima S. Cassiano
2581
Bressanone / Brixen
(559)
Senales / Schnals
(1327)
Velloi / Vellau
Tirolo / Tirol
Pta Ivigna
2581
Chiusa
(1923)
Sta Caterina / Katharinaberg
Parcines / Partschins
Lagundo / Algund
Merano 2000
S. Martino Reinswald
Velturno / Feldthurn
Rattisio Nuovo / Neurateis
Scena / Schenna
Campolasta / Astfeld
Lazfons / Latzfons
Naturno / Naturns
Merano / Meran
M. Villandro
2509
S. Martino al Monte / St. Martin am Vorberg
Plaus
Sta Caterina / St. Katharina
Convto di Sabiona
Coldrano / Goldrain
Castelbello / Kastelbell
Marlengo / Marling
Sarentino / Sarntal
(966)
Villandro / Villanders
Chiusa / Klausen
Rio di Lagundo / Aschbach
Avelengo / Hafing
(1290)
Tablà / Tabland
S. Vigilio / St. Vigil
(1793)
Corno di Renòn
Laces / Latsch
Lana
Postal / Burgstall
Ponticino / Bundschen
2259
Laion / Lajen
Tarres / Tarsch
Guardia Alta
2608
1733
Verano / Vöran
Meltina / Mölten
Ponte Gardena / Waidbruck
Vinschgau
S. Pancrazio / St. Pankraz
Foiana / Vollan
Valas / Flaas
V. Gardena
Bagni di Salto / Bad Salt
(1190)
Gargazzone / Gargazon
Salonetto / Schlaneid
Avigna / Afing
Vanga / Wangen
Castelrotto / Kastelruth
Sta Valburga / St. Walburg
Tesimo / Tisens
Vilpiano / Vilpian
Renon / Ritten
Siusi allo Sciliar / Seis
3257
L'Orecchia di Lepre
(Ultimo / Ulten)
Caprile / Gfrill
S. Genesio At. / Jenesien
Soprabolzano / Oberbozen
Collalbo / Klobenstein
(1154)
M. Luco
2434
1518
Pso delle Palade / Gampenjoch
Nàlles / Nals
Terlano / Terlan
S. Nicolò / St. Nikolaus
Razzes / Ratzes
M. Sciliar
2563
Bolzano / Bozen
Senale / U.l. Fraui. Walde
Andriano / Andrian
Fié / Völs
Bagni di Lavina Bianca / Weisslahnbad
M. degli Olmi
2656
Sta Gertrude / St. Gertraud
M. Macaion / Gantkofel
1886
Predonico / Perdonig
Prato / Blumau
S. Felice / St. Felix
Missiano / Missian
Collepietra / Steinegg
Colle di Villa / Bauernkohlern
Proves / Proveis
(1420)
Castelfondo
Appiano / Eppan
Cornaiano / Girlan
S. Giacomo / St. Jakob
V. d'Ega / Eggental
Tires / Tiers
Pso Nigra
1688
Catinaccio Rosengarten
Nova Levante / Welschnofen
Bordolona
(1380)
Fondo
Malosco
M. Pènegal
1737
Laives / Leifers
Lupicino / Wölfl
Ponte Nova / Birchabruck
Carezza al Lago / Karersee
Brez
Cloz
Ronzone
Pso di Mendola / Mendelpaß
1363
Vadena / Pfatten
Nova Ponente / Deutschnofen
Bresimo
Dambel
Sarnonico
Monte S. Pietro / Petersberg
(1512)
Rabbi
Livo
Cavareno
Caldaro s. str. d. Vino
Pso di Costalunga

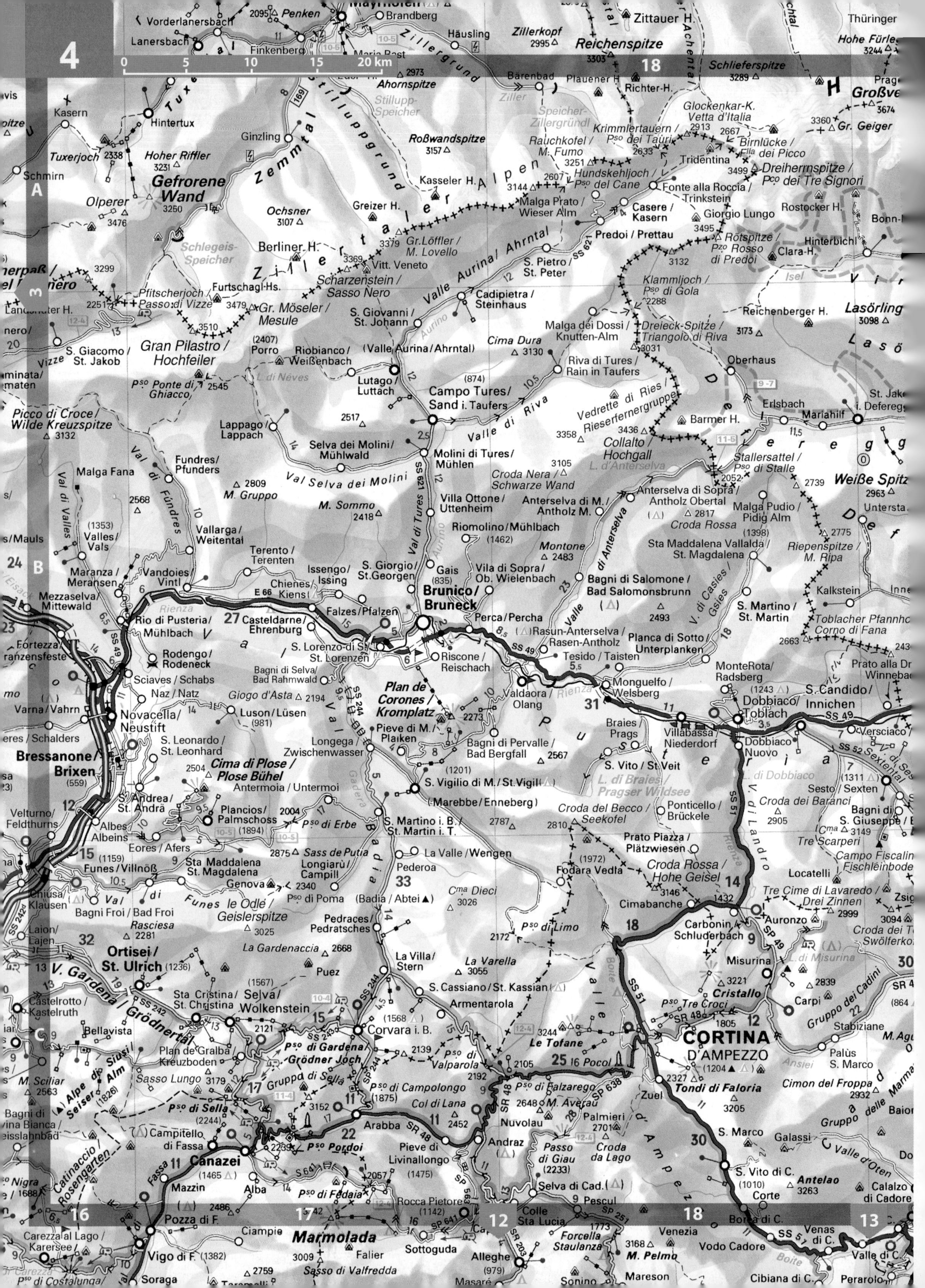
4
0 5 10 15 20 km
18
16
17
18
12
13
A
B
C
Vorderlanersbach
Lanersbach
Penken
Mayrhofen
Brandberg
Finkenberg
Häusling
Zillergrund
Zillerkopf
Zittauer H.
Reichenspitze
Ahornspitze
Bärenbad
Plauener H.
Richter-H.
Schlieferspitze
Thüringer
Hohe Fürleg
Kasern
Tux
Hintertux
Stillupp-Speicher
Speicher-Zillergründl
Krimmlertauern / Pso dei Tauri
Glockenkar-K. Vetta d'Italia
Großve
Gr. Geiger
Tuxerjoch
Hoher Riffler
Ginzling
Zemmtal
Stilluppgrund
Roßwandspitze
Rauchkofel / M. Fumo
Birnlücke / Flla dei Picco
Tridentina
Schmirn
Gefrorene Wand
Olperer
Kasseler H.
Hundskehljoch / Pso del Cane
Fonte alla Roccia / Trinkstein
Dreiherrnspitze / Pco dei Tre Signori
Ochsner
Greizer H.
Zillertaler Alpen
Malga Prato / Wieser Alm
Casere / Kasern
Giorgio Lungo
Rostocker H.
Bonn-
Schlegeis-Speicher
Berliner H.
Gr.Löffler / M. Lovello
Predoi / Prettau
Rötspitze / Pzo Rosso di Predoi
Hinterbichl
Clara-H.
Vitt. Veneto
S. Pietro / St. Peter
Valle Aurina / Ahrntal
Isel
Furtschagl-Hs.
Scharzenstein / Sasso Nero
Klammljoch / Pso di Gola
Pfitscherjoch / Passo di Vizze
Gr. Möseler / Mesule
Cadipietra / Steinhaus
Landshuter H.
S. Giovanni / St. Johann
Reichenberger H.
Lasörling
Malga dei Dossi / Knutten-Alm
Dreieck-Spitze / Triangolo di Riva
S. Giacomo / St. Jakob
Vizze
Gran Pilastro / Hochfeiler
Porro
Riobianco / Weißenbach
(Valle Aurina / Ahrntal)
Cima Dura
Riva di Tures / Rain in Taufers
Oberhaus
Pso Ponte di Ghiacco
L. di Neves
Lutago / Luttach
Campo Tures / Sand i. Taufers
Vedrette di Ries / Rieserfernergruppe
Erlsbach
St. Jak i. Defereg
Mariahilf
Picco di Croce / Wilde Kreuzspitze
Lappago / Lappach
Valle di Riva
Barmer H.
Collalto / Hochgall
Defereggen
Selva dei Molini / Mühlwald
Molini di Tures / Mühlen
L. d'Anterselva
Stallersattel / Pso di Stalle
Val di Valles
Malga Fana
Fundres / Pfunders
Val di Fundres
Val Selva dei Molini
Croda Nera / Schwarze Wand
Weiße Spitz
M. Gruppo
Villa Ottone / Uttenheim
Anterselva di Sopra / Antholz Obertal
Anterselva di M. / Antholz M.
Malga Pudio / Pidig Alm
Croda Rossa
M. Sommo
Val di Tures
Riomolino / Mühlbach
Valles / Vals
Vallarga / Weitental
Montone
Sta Maddalena Vallalda / St. Magdalena
Riepenspitze / M. Ripa
Terento / Terenten
Maranza / Meransen
Vandoies / Vintl
Issengo / Issing
S. Giorgio / St.Georgen
Gais
Vila di Sopra / Ob. Wielenbach
Bagni di Salomone / Bad Salomonsbrunn
Kalkstein
Mezzaselva / Mittewald
Chienes / Kiens
Brunico / Bruneck
Valle di Anterselva
V. di Casies / Gsies
S. Martino / St. Martin
Rio di Pusteria / Mühlbach
Casteldarne / Ehrenburg
Falzes / Pfalzen
Perca / Percha
Rasun-Anterselva / Rasen-Antholz
Planca di Sotto / Unterplanken
Toblacher Pfannhorn / Corno di Fana
Fortezza / Franzensfeste
Rodengo / Rodeneck
S. Lorenzo di Sebato / St. Lorenzen
Riscone / Reischach
Tesido / Taisten
Prato alla Drava / Winnebach
Bagni di Selva / Bad Rahmwald
MonteRota / Radsberg
Sciaves / Schabs
Naz / Natz
Plan de Corones / Kronplatz
Valdaora / Olang
Monguelfo / Welsberg
Dobbiaco / Toblach
S. Candido / Innichen
Varna / Vahrn
Giogo d'Asta
Novacella / Neustift
Luson / Lüsen
Rienza
Braies / Prags
Villabassa / Niederdorf
Versciaco
Longega / Zwischenwasser
Pieve di M. / Palkaen
Bagni di Pervalle / Bad Bergfall
Dobbiaco Nuovo
Val Pusteria
Bressanone / Brixen
S. Leonardo / St. Leonhard
Cima di Plose / Plose Bühel
Antermoia / Untermoi
S. Vigilio di M. / St.Vigil
(Marebbe / Enneberg)
S. Vito / St. Veit
L. di Braies / Pragser Wildsee
L. di Dobbiaco
Sesto / Sexten
S. Andrea / St. Andrä
Plancios / Palmschoss
Pso di Erbe
Croda del Becco / Seekofel
Ponticello / Brückele
V. di Landro
Croda dei Baranci
Bagni di S. Giuseppe
Velturno / Feldthurns
Albes / Albeins
S. Martino i. B. / St. Martin i. T.
Val Badia
Prato Piazza / Plätzwiesen
Cma Tre Scarperi
Eores / Afers
Sass de Putia
La Valle / Wengen
Campo Fiscalino / Fischleinboden
Funes / Villnöß
Sta Maddalena / St. Magdalena
Longiarù / Campill
Pederoa
Fodara Vedla
Croda Rossa / Hohe Geisel
Locatelli
Chiusa / Klausen
Genova
Cma Dieci
Tre Cime di Lavaredo / Drei Zinnen
Val di Funes
Le Odle / Geislerspitze
Pso di Poma
(Badia / Abtei)
Cimabanche
Bagni Froi / Bad Froi
Rasciesa
Pedraces / Pedratsches
Carbonin / Schluderbach
Auronzo
Croda dei Toni / Zwölferkofel
Laion / Lajen
Ortisei / St. Ulrich
La Gardenaccia
La Villa / Stern
Pso di Limo
Misurina
L. di Misurina
V. Gardena / Grödnertal
Puez
La Varella
Valle del Boite
Cristallo
Castelrotto / Kastelruth
Sta Cristina / St. Christina
Selva / Wolkenstein
S. Cassiano / St. Kassian
Armentarola
Pso Tre Croci
Carpi
Gruppo dei Cadini
Bellavista
Corvara i. B.
Le Tofane
CORTINA D'AMPEZZO
Stabiziane
Plan de Gralba / Kreuzboden
Pso di Gardena / Grödner Joch
Pso di Valparola
Pocol
Palùs S. Marco
M. Sciliar
Alpe di Siusi / Seiser Alm
Sasso Lungo
Gruppo di Sella
Pso di Campolongo
Pso di Falzarego
Zuel
Tondi di Faloria
Cimon del Froppa
Pso di Sella
Col di Lana
M. Averau
Valle d'Ampezzo
Gruppo delle Marmarole
Bagni di Lavina Bianca / Weisslahnbad
Arabba
Nuvolau
Palmieri
Campitello di Fassa
Pso Pordoi
Andraz
Passo di Giau
Croda da Lago
S. Marco
Galassi
Valle d'Oten
Catinaccio / Rosengarten
Canazei
Pieve di Livinallongo
S. Vito di C.
Antelao
Calalzo di Cadore
Pso Nigra
Mazzin
Alba
Pso di Fedaia
Selva di Cad.
Pescul
Corte
Pozza di F.
Rocca Pietore
Colle Sta Lucia
Borca di C.
Carezza al Lago / Karersee
Ciampie
Marmolada
Forcella Staulanza
Venezia
Vodo Cadore
Venas di C.
Vigo di F.
Falier
Sottoguda
Alleghe
M. Pelmo
Valle di C.
Sasso di Valfredda
Pso di Costalunga
Soraga
Masaré
Mareson
Cibiana di C.
Perarolo

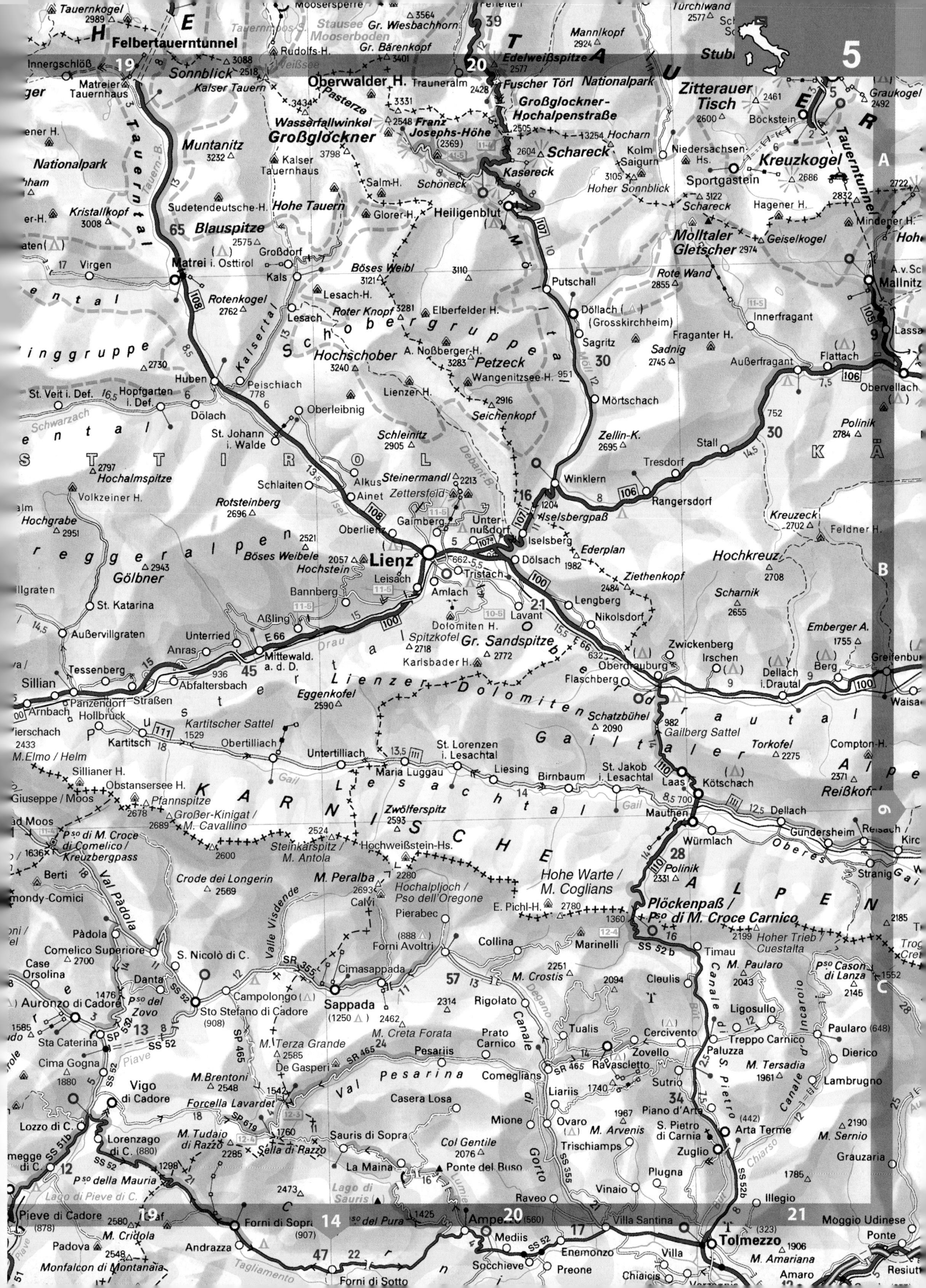
5
Tauernkogel
2989
Felbertauerntunnel
Mooserboden
Gr. Wiesbachhorn
3564
Gr. Bärenkopf
Rudolfs-H.
Mannlkopf
2924
Innergschlöß
Sonnblick
3088
2518
3401
Oberwalder H.
Edelweißspitze
2577
Nationalpark
Matreier Tauernhaus
Kalser Tauern
Pasterze
Trauneralm
2428
Fuscher Törl
Zitterauer Tisch
2461
Graukogel
2492
3434
3331
Großglockner-Hochalpenstraße
2600
Böckstein
Wasserfallwinkel
2548
Franz Josephs-Höhe
(2369)
Großglockner
2505
13254
Hocharn
Tauerntunnel
Muntanitz
3232
Kalser Tauernhaus
3798
2604
Schareck
Kolm Saigurn
Niedersachsen-Hs.
Kreuzkogel
2686
Nationalpark
Kasereck
3105
3122
Sportgastein
Salm-H.
Schöneck
Hoher Sonnblick
Sudetendeutsche-H.
Hohe Tauern
Glorer-H.
Heiligenblut
Schareck
Hagener H.
2832
2722
Kristallkopf
3008
Blauspitze
2575
Molltaler Gletscher
2974
Geiselkogel
Mindener H.
Großdorf
Matrei i. Osttirol
Virgen
Kals
Böses Weibl
3121
3110
Putschall
Rote Wand
2855
Mallnitz
Rotenkogel
2762
Lesach-H.
Lesach
Roter Knopf
3281
Elberfelder H.
Döllach
(Grosskirchheim)
Innerfragant
Schobergruppe
Kalsertal
Sagritz
Fraganter H.
Sadnig
2745
Hochschober
3240
A. Noßberger-H.
3283
Petzeck
Wangenitzsee-H.
951
Flattach
Außerfragant
2730
Huben
Peischlach
778
Lienzer H.
Mörtschach
Obervellach
St. Veit i. Def.
Hopfgarten i. Def.
Dölach
Oberleibnig
2916
Seichenkopf
752
Schwarzach
St. Johann i. Walde
Schleinitz
2905
Zellin-K.
2695
Stall
Polinik
2784
TIROL
2797
Hochalmspitze
Winklern
Tresdorf
KÄ
Volkzeiner H.
Schlaiten
Alkus
Steinermandl
2213
Zettersfeld
Ainet
Rangersdorf
Hochgrabe
2951
Rotsteinberg
2696
Gaimberg
Unternußdorf
1204
Iselsbergpaß
Kreuzeck
2702
Feldner H.
Oberlienz
2521
Iselsberg
Ederplan
Böses Weibele
2057
Lienz
Hochstein
Dölsach
1982
Hochkreuz
2708
Defereggeralpen
Gölbner
2943
Tristach
Leisach
Amlach
2484
Ziethenkopf
Scharnik
2655
Villgraten
Bannberg
Lengberg
St. Katarina
Dolomiten H.
Lavant
Nikolsdorf
Emberger A.
1755
Außervillgraten
Aßling
Spitzkofel
2718
Gr. Sandspitze
2772
Unterried
Anras
Mittewald. a. d. D.
Karlsbader H.
Zwickenberg
Irschen
Dellach i. Drautal
Berg
Greifenburg
Tessenberg
936
Abfaltersbach
632
Oberdrauburg
Flaschberg
Sillian
Panzendorf
Straßen
Lienzer Dolomiten
Eggenkofel
2590
Waisach
Arnbach
Hollbruck
Schatzbühel
2090
982
Gailberg Sattel
Drautal
Vierschach
2433
Kartitscher Sattel
1529
Kartitsch
Obertilliach
Gailtaler Alpen
Torkofel
2275
Compton-H.
M.Elmo / Helm
Untertilliach
St. Lorenzen i. Lesachtal
Sillianer H.
Maria Luggau
Liesing
Birnbaum
St. Jakob i. Lesachtal
Kötschach
Laas
2371
Obstansersee H.
Lesachtal
Reißkofel
Giuseppe / Moos
Pfannspitze
2678
Großer-Kinigat / M. Cavallino
2689
Zwölferspitz
2593
Mauthen
700
Dellach
Gundersheim
Reisach
Würmlach
Oberes Gailtal
P.so di M. Croce di Comelico / Kreuzbergpass
1636
2524
Steinkarspitz / M. Antola
2600
Hochweißstein-Hs.
Karnische Alpen
Berti
Val Pàdola
Crode dei Longerin
2569
M. Peralba
2693
2280
Hochalpljoch / Pso dell'Oregone
Hohe Warte / M. Coglians
Polinik
2331
Stranig
Comici
Calvi
Pierabec
E. Pichl-H.
2780
Plöckenpaß / P.so di M. Croce Carnico
1360
2185
Valle Visdende
Pàdola
(888)
Collina
Marinelli
2199
Hoher Trieb / Cuestalta
Comelico Superiore
Forni Avoltri
Timau
Case
2700
S. Nicolò di C.
Orsolina
Cimasappada
2251
M. Paularo
2043
Pso Cason di Lanza
1552
2145
Danta
M. Crostis
2094
Cleulis
Auronzo di Cadore
1476
Pso del Zovo
Campolongo
Sappada
(1250)
2314
Rigolato
Degano
Ligosullo
Canale di S. Pietro
Canale d'Incaroio
Sto Stefano di Cadore
(908)
1585
2462
Paularo
(648)
Sta Caterina
M. Creta Forata
Prato Carnico
Tualis
Cercivento
Treppo Carnico
M. Terza Grande
2585
Zovello
Paluzza
Dierico
Cima Gogna
Piave
Pesariis
Ravascletto
M. Tersadia
1880
De Gasperi
Comeglians
1961
M.Brentoni
2548
Val Pesarina
Sutrio
Lambrugno
Vigo di Cadore
1542
Liariis
1740
Forcella Lavardet
Casera Losa
Piano d'Arta
1967
Lozzo di C.
Mione
Ovaro
M. Arvenis
S. Pietro di Carnia
Arta Terme
(442)
2190
M. Sernio
M. Tudaio di Razzo
Sauris di Sopra
Col Gentile
2076
Lorenzago di C.
(880)
2285
1760
Sella di Razzo
Trischiamps
Zuglio
Grauzaria
La Maina
Ponte del Buso
Gorto
Chiarso
1298
Plugna
1785
P.so della Mauria
Lago di Pieve di C.
2473
Lago di Sauris
Vinaio
Illegio
Pieve di Cadore
(878)
2580
1425
Raveo
Ampezzo
(560)
Villa Santina
Moggio Udinese
Forni di Sopra
(907)
P.so del Pura
(323)
M. Cridola
2548
Mediis
Enemonzo
Tolmezzo
1906
Ponte
Padova
Andrazza
Villa
M. Amariana
Monfalcon di Montanaia
Tagliamento
Socchieve
Preone
Chiaicis
Amaro
Resiutta
Forni di Sotto
Lumiei
Isel
Drau
Gail
Möll
A
B
C
6
19
20
21
14
E 66
100
106
107
108
110
111
SS 52
SS 52 b
SS 51b
SR 355
SR 465
SP 465
SP 619

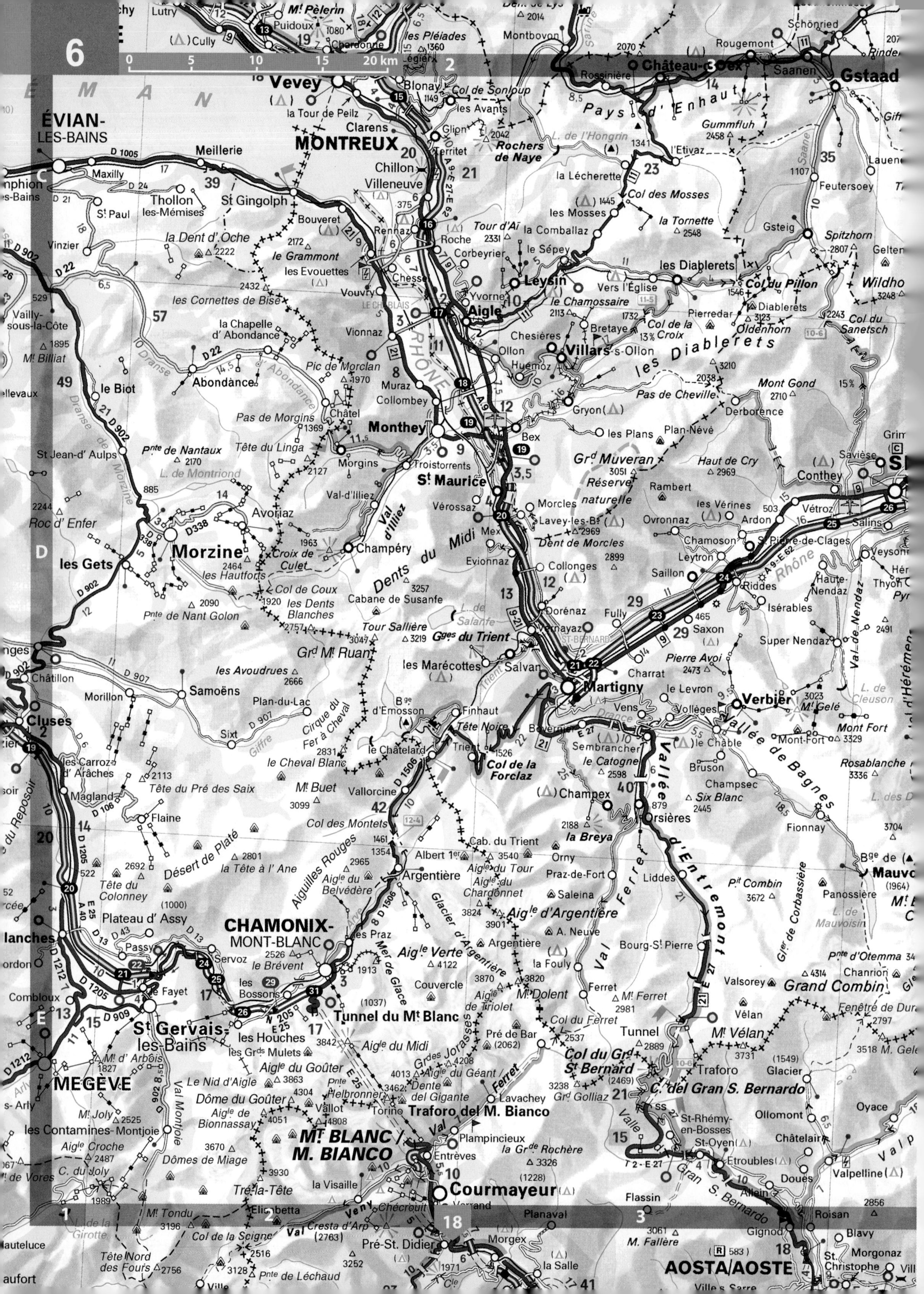
0 5 10 15 20 km
ÉVIAN-LES-BAINS
Meillerie
Maxilly
Thollon
les-Mémises
St Gingolph
St Paul
Vinzier
la Dent d'Oche
le Grammont
les Cornettes de Bise
la Chapelle d'Abondance
Abondance
Mt Billiat
Vailly-sous-la-Côte
le Biot
St Jean-d' Aulps
Pas de Morgins
Pic de Morclan
Châtel
Pnte de Nantaux
Tête du Linga
L. de Montriond
Roc d' Enfer
Morzine
Avoriaz
les Gets
Croix de Culet
les Hautforts
Col de Coux
les Dents Blanches
Pnte de Nant Golon
Tour Sallière
Grd Mt Ruan
les Avoudrues
Samoëns
Châtillon
Morillon
Cluses
Sixt
Plan-du-Lac
Cirque du Fer à Cheval
le Cheval Blanc
les Carroz d' Arâches
Tête du Pré des Saix
Magland
Flaine
Désert de Platé
la Tête à l' Ane
Tête du Colonney
Plateau d' Assy
Passy
Servoz
Combloux
Le Fayet
St Gervais-les-Bains
MEGÈVE
Mt d' Arbois
Le Nid d'Aigle
Aigle du Goûter
Dôme du Goûter
Aigle de Bionnassay
Mt Joly
les Contamines-Montjoie
Aigle Croche
Val Montjoie
Dômes de Miage
C. du Joly
Tré-la-Tête
Mt Tondu
Col de la Scigne
Tête Nord des Fours
Pnte de Léchaud
CHAMONIX-MONT-BLANC
le Brévent
les Bossons
les Houches
Tunnel du Mt Blanc
Aigle du Midi
Mer de Glace
Aigle Verte
Couverture
Argentière
Aiguilles Rouges
Aigle du Belvédère
Col des Montets
Vallorcine
Mt Buet
le Châtelard
Finhaut
Tête Noire
Trient
Col de la Forclaz
Glacier d'Argentière
Aigle du Tour
Aigle du Chardonnet
Aigle d'Argentière
Aigle de Triolet
Mt Dolent
Grdes Jorasses
Aigle du Géant
Pnte Helbronner
Dente del Gigante
Torino
Traforo del M. Bianco
MT BLANC / M. BIANCO
Val Ferret
Lavachey
Plampincieux
la Grde Rochère
Entrèves
Courmayeur
la Visaille
Val Veny
Chécrouit
Cresta d'Arp
Pré-St. Didier
Morgex
la Salle
Planaval
M. Fallère
AOSTA/AOSTE
Vevey
la Tour de Peilz
Clarens
MONTREUX
Chillon
Villeneuve
Blonay
Col de Sonloup
les Avants
Glion
Territet
Rochers de Naye
Bouveret
Rennaz
Roche
Corbeyrier
les Evouettes
Chessel
Vouvry
Aigle
Yvorne
Leysin
Le Chablais
Vionnaz
Ollon
Villars-s-Ollon
Muraz
Collombey
Monthey
Troistorrents
Morgins
Val-d'Illiez
Val d'Illiez
Champéry
Dents du Midi
St Maurice
Bex
Gryon
Vérossaz
Mex
Evionnaz
Collonges
Dorénaz
Vernayaz
Salvan
les Marécottes
Gges du Trient
Cabane de Susanfe
Martigny
Bovernier
Sembrancher
le Catogne
Champex
Orsières
la Breya
Praz-de-Fort
Saleina
la Fouly
Ferret
Mt Ferret
Col du Ferret
Col du Grd St Bernard
Grd Golliaz
C. del Gran S. Bernardo
St-Rhémy-en-Bosses
St-Oyen
Etroubles
Valle del Gran S. Bernardo
Tunnel
Traforo
Bourg-St Pierre
Liddes
Val d'Entremont
Vallée de Bagnes
le Châble
Bruson
Verbier
Mt Gelé
Mont Fort
Rosablanche
Fionnay
Mauvoisin
Grand Combin
Mt Vélan
Valsorey
Chanrion
Pnte d'Otemma
Fenêtre de Durand
Glacier
Ollomont
Oyace
Valpelline
Châtelair
Doues
Allein
Roisan
Gignod
Blavy
St. Christophe
Morgonaz
Saxon
Charrat
Fully
Saillon
Riddes
Leytron
Chamoson
St Pierre-de-Clages
Ardon
Vétroz
Conthey
Savièse
Isérables
Haute-Nendaz
Super Nendaz
Val de Nendaz
Pierre Avoi
le Levron
Vollèges
Vens
Dent de Morcles
Lavey-les-Bns
Morcles
Grd Muveran
Réserve naturelle
Pas de Cheville
Derborence
Mont Gond
Haut de Cry
Plan-Névé
les Plans
les Diablerets
Diablerets
Col du Pillon
Col du Sanetsch
Pierredar
Col de la Croix
Bretaye
Chesières
Huémoz
le Chamossaire
Vers l'Église
le Sépey
la Comballaz
Tour d'Aï
les Mosses
Col des Mosses
la Tornette
la Lécherette
L. de l'Hongrin
l'Etivaz
Gummfluh
Pays d'Enhaut
Château-d'Oex
Rossinière
Rougemont
Saanen
Gstaad
Schönried
Montbovon
Feutersoey
Gsteig
Spitzhorn
Lauenen
Wildhorn
Mt Pèlerin
Puidoux
Chardonne
Cully
Lutry
les Pléiades
RHÔNE
Dranse d'Abondance
Dranse de Morzine
Giffre
Arve
Sarine
Drance
Saane

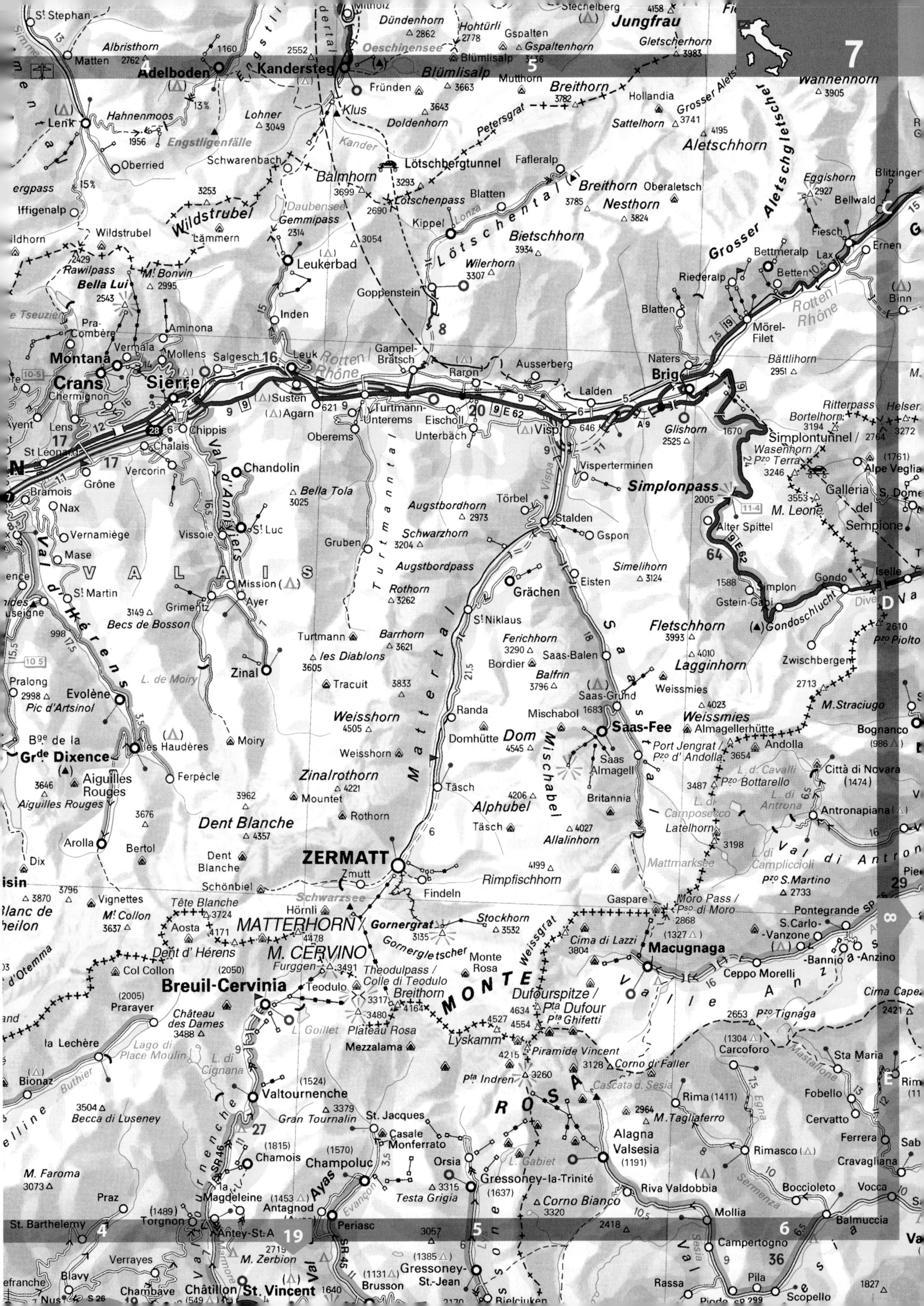
St Stephan
Matten
Albristhorn
Adelboden
Kandersteg
Dündenhorn
Oeschinensee
Blümlisalp
Hohtürli
Gspalten
Gspaltenhorn
Jungfrau
Gletscherhorn
Stechelberg
Lenk
Hahnenmoos
Engstligenfälle
Oberried
Lohner
Klus
Fründen
Doldenhorn
Kander
Mutthorn
Breithorn
Hollandia
Grosser Aletsch
Sattelhorn
Petersgrat
Aletschhorn
Wannenhorn
Schwarenbach
Balmhorn
Lötschbergtunnel
Fafleralp
Lötschenpass
Blatten
Daubensee
Gemmipass
Wildstrubel
Kippel
Lötschental
Breithorn
Oberaletsch
Nesthorn
Bietschhorn
Grosser Aletschgletscher
Eggishorn
Bellwald
Fiesch
Blitzinger
Ernen
Iffigenalp
Lämmern
Leukerbad
Wilerhorn
Rawilpass
Bella Lui
Mt Bonvin
Goppenstein
Bettmeralp
Betten
Riederalp
Lax
Binn
Inden
Blatten
Rotten / Rhône
Mörel-Filet
Montana
Crans
Vermala
Mollens
Aminona
Pra-Combère
Sierre
Salgesch
Leuk
Gampel-Brätsch
Raron
Ausserberg
Naters
Brig
Bättlihorn
Chermignon
Susten
Agarn
Turtmann-Unterems
Eischoll
Unterbäch
Oberems
Visp
Lalden
Glishorn
Simplontunnel
Ritterpass
Bortelhorn
Helsen
Lens
St Léonard
Chippis
Chalais
Grône
Vercorin
Bramois
Nax
Chandolin
Val d'Anniviers
Bella Tola
Turtmanntal
Vispertermінen
Simplonpass
Wasenhorn / Pzo Terra
Alpe Veglia
Galleria del Sempione
S. Domenico
M. Leone
Alter Spittel
Vernamiège
Mase
Vissoie
St Luc
Augstbordhorn
Schwarzhorn
Törbel
Stalden
Gspon
Augstbordpass
Gruben
Simelihorn
VALAIS
St Martin
Mission
Ayer
Grimentz
Rothorn
Grächen
Eisten
Gondo
Iselle
Simplon
Gstein-Gabi
Gondoschlucht
Val d'Hérens
Becs de Bosson
St Niklaus
Fletschhorn
Pzo Pioltо
Turtmann
Barrhorn
les Diablons
Ferichhorn
Saas-Balen
Bordier
Lagginhorn
Zwischbergen
Zinal
L. de Moiry
Tracuit
Balfrin
Saas-Grund
Weissmies
Evolène
Pralong
Pic d'Arsinol
Weisshorn
Randa
Mischabol
Saas-Fee
Almagellerhütte
M.Straciugo
Bognanco
Bge de la Grde Dixence
Les Haudères
Moiry
Domhütte
Dom
Port Jengrat / Pzo d'Andolla
Andolla
Weisshorn
Saas Almagell
Città di Novara
Aiguilles Rouges
Ferpècle
Zinalrothorn
Mattertal
Mischabel
L. d. Cavalli
Pzo Bottarello
Mountet
Täsch
Britannia
L. di Antrona
Antronapiana
Rothorn
Alphubel
L. di Camposecco
Latelhorn
Dent Blanche
Täsch
Allalinhorn
Arolla
Bertol
Val di Antrona
Dent Blanche
ZERMATT
Zmutt
Rimpfischhorn
Mattmarksee
L. di Campliccioli
Pzo S.Martino
Dix
Schönbiel
Findeln
Gaspare
Moro Pass / Pso di Moro
Pontegrande
Vignettes
Tête Blanche
Hörnli
Schwarzsee
Mt Collon
Aosta
MATTERHORN / M. CERVINO
Gornergrat
Stockhorn
Cima di Lazzi
S.Carlo-Vanzone
Dent d'Hérens
Gornergletscher
Monte Rosa
Weissgrat
Macugnaga
-Bannio
-Anzino
Col Collon
Furggen
Theodulpass / Colle di Teodulo
Breuil-Cervinia
Teodulo
Breithorn
MONTE
Dufourspitze / Pta Dufour
Pta Ghifetti
Ceppo Morelli
Valle Anzasca
Cima Capezzone
Prarayer
Château des Dames
Plateau Rosa
Lyskamm
Pzo Tignaga
la Lechère
Lago di Place Moulin
L. Goillet
Mezzalama
Piramide Vincent
Corno di Faller
Carcoforo
Sta Maria
L. di Cignana
Pta Indren
Cascata d. Sesia
Bionaz
Valtournenche
ROSA
Rima
Fobello
Becca di Luseney
Gran Tournalin
St. Jacques
M. Tagliaferro
Casale Monferrato
Alagna Valsesia
Cervatto
Chamois
Champoluc
Orsia
L. Gabiet
Gressoney-la-Trinité
Rimasco
Ferrera
Cravagliana
M. Faroma
Testa Grigia
Riva Valdobbia
Boccioleto
Vocca
Praz
la Magdeleine
Antagnod
Ayas
Corno Bianco
Mollia
Balmuccia
St. Barthelemy
Torgnon
Antey-St-A
Periasc
Evançon
Campertogno
Verrayes
M. Zerbion
Gressoney-St.-Jean
Val Sesia
Blavy
Chambave
Châtillon
St. Vincent
Brusson
Pila
Rassa
Scopello
Nus

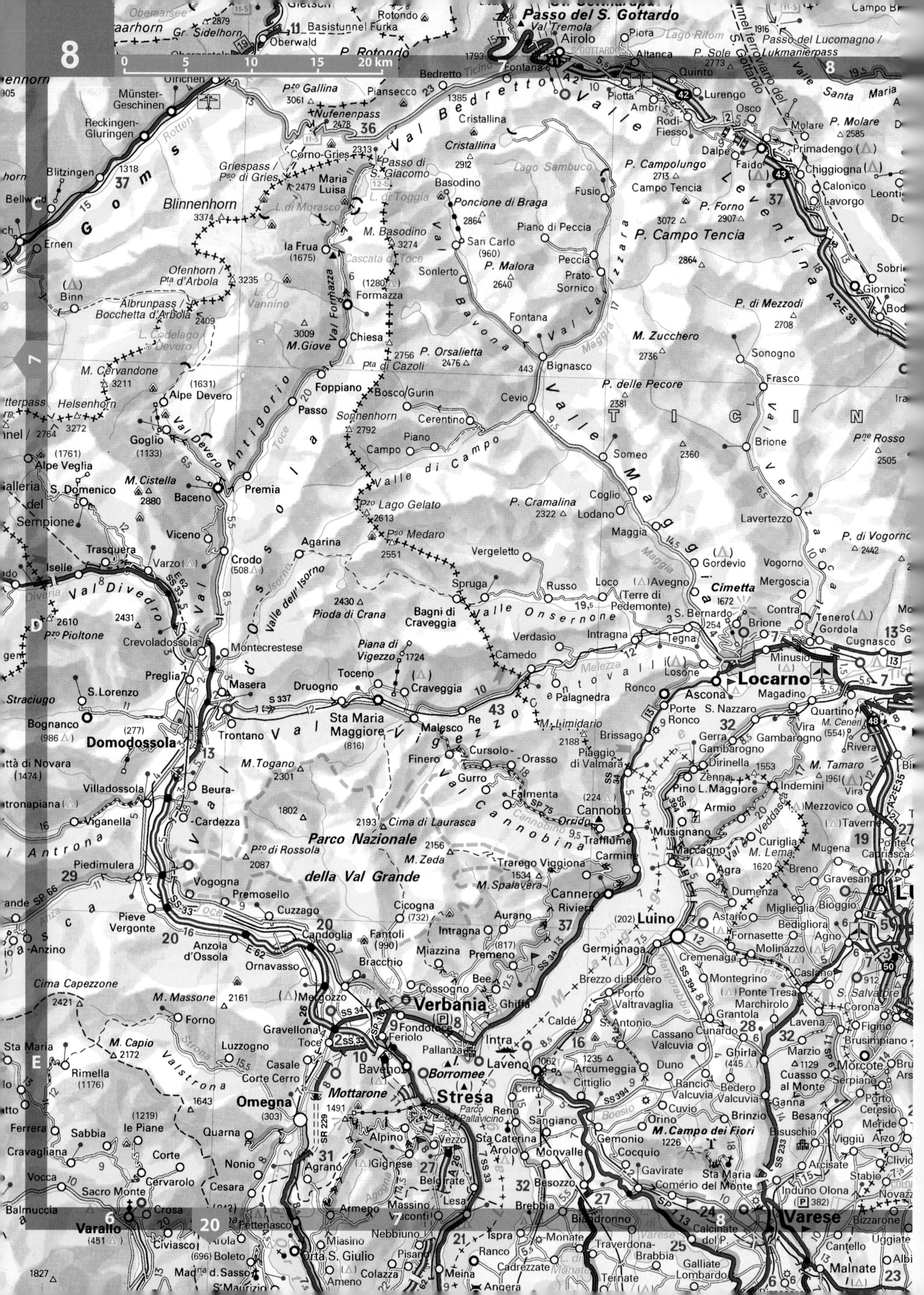
8
0 5 10 15 20 km
Passo del S. Gottardo
Val Tremola
Airolo
Piora
Lago Ritom
Passo del Lucomagno / Lukmanierpass
Basistunnel Furka
Oberwald
Rotondo
P. Rotondo
Gr. Sidelhorn
Münster-Geschinen
Reckingen-Gluringen
Blitzingen
Ernen
Binn
Goms
Rotten
P.zo Gallina
Piansecco
Bedretto
Fontana
Val Bedretto
Valle
Nufenenpass
Cristallina
Corno-Gries
Passo di S. Giacomo
Griespass / P.so di Gries
Blinnenhorn
Maria Luisa
L. di Morasco
L. di Toggia
Basodino
Poncione di Braga
M. Basodino
la Frua
Cascata di Toce
San Carlo
Lago Sambuco
Fusio
P. Campolungo
Campo Tencia
P. Campo Tencia
P. Forno
Piano di Peccia
Peccia
Prato-Sornico
Val Lavizzara
P. Malora
Sonlerto
Ofenhorn / P.ta d'Arbola
Albrunpass / Bocchetta d'Arbola
L. Vannino
Formazza
Val Formazza
Chiesa
M. Giove
L. Codelago
Devero
M. Cervandone
Alpe Devero
Helsenhorn
P. Orsalietta
P.ta di Cazoli
Foppiano
Bosco/Gurin
Passo
Sonnenhorn
Cerentino
Fontana
Bignasco
Cevio
Valle Maggia
Val Bavona
M. Zucchero
Sonogno
Frasco
P. delle Pecore
Ticino
Valle Verzasca
Brione
P.ne Rosso
P. di Mezzodi
Giornico
Leventina
Faido
Dalpe
Rodi-Fiesso
Osco
Molare
P. Molare
Primadengo
Chiggiogna
Calonico
Lavorgo
Quinto
Lurengo
Ambri
Piotta
Altanca
Valle Santa Maria
Goglio
Val Devero
Antigorio
Valle di Campo
Piano
Campo
Someo
Alpe Veglia
M. Cistella
S. Domenico
Baceno
Premia
Sempione
P.zo Lago Gelato
P. Cramalina
Coglio
Lodano
Maggia
Lavertezzo
P. di Vogorno
Viceno
Crodo
Trasquera
Varzo
Iselle
Val Divedro
Agarina
P.so Medaro
Vergeletto
Valle dell'Isorno
Gordevio
Vogorno
Mergoscia
Cimetta
Avegno
Loco
Russo
Spruga
Valle Onsernone
Terre di Pedemonte
Pioda di Crana
Bagni di Craveggia
Contra
Tenero
Gordola
Cugnasco
S. Bernardo
P.zo Pioltone
Crevoladossola
Montecrestese
Verdasio
Intragna
Tegna
Minusio
Camedo
Piana di Vigezzo
Preglia
Masera
Toceno
Druogno
Craveggia
Centovalli
Losone
Locarno
Ascona
Magadino
Ronco
Palagnedra
Quartino
S. Lorenzo
Straciugo
Bognanco
Domodossola
Trontano
Val Vigezzo
Sta Maria Maggiore
Malesco
Re
M. Limidario
Porte Ronco
S. Nazzaro
Gerra Gambarogno
Vira
M. Ceneri
Rivera
Brissago
Piaggio di Valmara
Cursolo-Orasso
Finero
Gurro
Valle Cannobina
M. Togano
Villadossola
Beura-Cardezza
Dirinella
Zenna
Pino L. Maggiore
Indemini
M. Tamaro
Falmenta
Cannobio
Orrido
Armio
Musignano
Mezzovico
Taverne
Viganella
Valle Antrona
Cima di Laurasca
Parco Nazionale della Val Grande
P.zo di Rossola
M. Zeda
Trarego Viggiona
Traffiume
Carmine
Maccagno
Val Veddasca
Curiglia
M. Lema
Mugena
Breno
Piedimulera
Vogogna
Premosello
M. Spalavera
Cannero Riviera
Agra
Dumenza
Gravesano
Pieve Vergonte
Cuzzago
Cicogna
Aurano
Intragna
Luino
Astano
Miglieglia
Bioggio
Bedigliora
Agno
Anzola d'Ossola
Candoglia
Fantoli
Miazzina
Premeno
Germignaga
Fornasette
Molinazzo
Cremenaga
Caslano
Ornavasso
Bracchio
Bee
Brezzo di Bedero
Montegrino
Ponte Tresa
Marchirolo
Cima Capezzone
M. Massone
Mergozzo
Cossogno
Verbania
Ghiffa
Porto Valtravaglia
Grantola
S. Salvatore
Corona
Forno
Gravellona Toce
Fondotoce
Feriolo
Pallanza
Intra
Laveno
Caldè
S. Antonio
Cassano Valcuvia
Cunardo
Lavena
Figino
Brusimpiano
M. Capio
Rimella
Valstrona
Luzzogno
Casale Corte Cerro
Baveno
Borromee
Arcumeggia
Cittiglio
Duno
Ghirla
Marzio
Morcote
Omegna
Mottarone
Stresa
Parco Pallavicino
Reno
Cerro
Rancio Valcuvia
Bedero Valcuvia
Cuvio
Brinzio
Cuasso al Monte
Serpiano
Ferrera
Sabbia
le Piane
Quarna
Sangiano
Orino
M. Campo dei Fiori
Besano
Porto Ceresio
Cravagliana
Corte
Nonio
Alpino
Vezzo
Sta Caterina
Arolo
Monvalle
Gemonio
Cocquio
Bisuschio
Viggiù
Meride
Arzo
Vocca
Cervarolo
Agrano
Gignese
Belgirate
Besozzo
Gavirate
Sta Maria del Monte
Arcisate
Stabio
Sacro Monte
Cesara
Comerio
Induno Olona
Novazzo
Balmuccia
Crosa
Varallo
Pettenasco
Armeno
Massino Visconti
Lesa
Brebbia
Biandronno
Calcinate del P.
Varese
Bizzarone
Civiasco
Arola
Boleto
Miasino
Orta S. Giulio
Nebbiuno
Ispra
Monate
Travedona-Brabbia
Uggiate
Cantello
Madonna d. Sasso
S. Maurizio
Ameno
Colazza
Pisano
Meina
Ranco
Cadrezzate
Angera
Ternate
Galliate Lombardo
Malnate
Albiolo

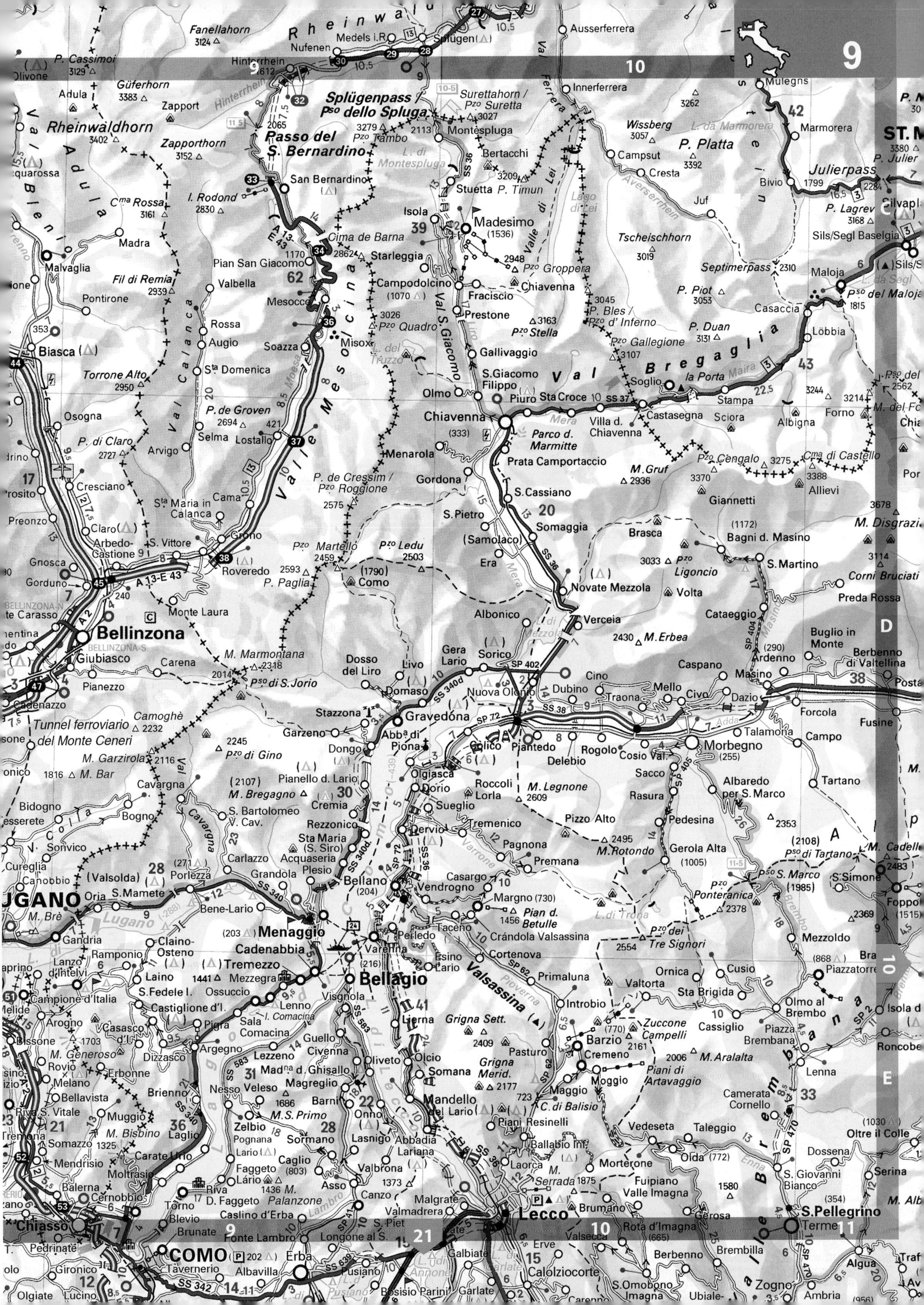
Rheinwald
Fanellahorn
P. Cassimoi
Olivone
Hinterrhein
Nufenen
Medels i.R.
Splügen
Ausserferrera
Innerferrera
Mulegns
Marmorera
ST. M
Adula
Güferhorn
Zapport
Rheinwaldhorn
Splügenpass / Pso dello Spluga
Surettahorn / Pzo Suretta
Passo del S. Bernardino
Pzo Tambo
Montespluga
L. di Montespluga
Zapporthorn
Bertacchi
Wissberg
L. da Marmorera
P. Platta
Campsut
Cresta
Julierpass
Bivio
San Bernardino
Stuetta
P. Timun
I. Rodond
Cma Rossa
Isola
Madesimo
Lago di Lei
Juf
P. Lagrev
Silvaplana
Madra
Cima de Barna
Starleggia
Valle di Lei
Tscheischhorn
Sils/Segl Baselgia
Malvaglia
Pian San Giacomo
Pzo Groppera
Chiavenna
Septimerpass
Maloja
Fil di Remia
Valbella
Mesocco
Campodolcino
Fraciscio
Pso del Maloja
Pontirone
Prestone
P. Bles / Pzo d' Inferno
P. Piot
Casaccia
Rossa
Augio
Pzo Quadro
Pzo Stella
P. Duan
Lòbbia
Biasca
Soazza
Misox
Gallivaggio
Pzo Gallegione
Sta Domenica
L. del Truzzo
Val Bregaglia
Torrone Alto
Val Calanca
Valle Mesolcina
Val S. Giacomo
S.Giacomo Filippo
Soglio
la Porta
Olmo
Piuro
Sta Croce
Stampa
P. de Groven
Chiavenna
Villa d. Chiavenna
Castasegna
Sciora
Albigna
Forno
Osogna
Selma
Lostallo
Parco d. Marmitte
P. di Claro
Arvigo
Menarola
Prata Camportaccio
M. Gruf
Pzo Cengalo
Cma di Castello
Allievi
P. de Cressim / Pzo Roggione
Gordona
S. Cassiano
Cresciano
Cama
Sta Maria in Calanca
Giannetti
Prosito
Preonzo
Claro
S. Pietro
Somaggia
Bagni d. Masino
M. Disgrazia
Arbedo-Castione
S. Vittore
Grono
(Samolaco)
Brasca
Gnosca
Gorduno
Roveredo
Pzo Martello
Pzo Ledu
Era
Pzo Ligoncio
S. Martino
Corni Bruciati
P. Paglia
Como
Novate Mezzola
Volta
Preda Rossa
Bellinzona
Monte Laura
Albonico
Verceia
Cataeggio
Giubiasco
M. Marmontana
Carena
M. Erbea
Ardenno
Buglio in Monte
Berbenno di Valtellina
Pianezzo
Pso di S. Jorio
Dosso del Liro
Livo
Gera Lario
Sorico
Cino
Caspano
Masino
Cadenazzo
Domaso
Nuova Olonio
Dubino
Mello
Traona
Civo
Dazio
Postalesio
Tunnel ferroviario del Monte Ceneri
Camoghè
Stazzona
Gravedona
Forcola
Fusine
Garzeno
Abba di Piona
Colico
Piantedo
Talamona
Morbegno
Campo
M. Garzirola
Pzo di Gino
Dongo
Delebio
Rogolo
Cosio Val.
M. Bar
Cavargna
Pianello d. Lario
Olgiasca
Dorio
Roccoli Lorla
M. Legnone
Sacco
Tartano
M. Bregagno
Cremia
Sueglio
Rasura
Albaredo per S. Marco
Bidogno
Bogno
S. Bartolomeo V. Cav.
Rezzonico
Tremenico
Pizzo Alto
Pedesina
Colla
Sonvico
Sta Maria (S. Siro)
Acquaseria
Dervio
Pagnona
M. Rotondo
Gerola Alta
Pso di Tartano
M. Cadelle
Cureglia
Carlazzo
Premana
Pso S. Marco
S.Simone
Canobbio
(Valsolda)
Porlezza
Grandola
Plesio
Bellano
Casargo
Pzo Ponteranica
Foppolo
LUGANO
Oria
S.Mamete
Bene-Lario
Vendrogno
Margno
Pian d. Betulle
L. di Trona
M. Brè
Gandria
Menaggio
Perledo
Taceno
Crándola Valsassina
Pzo dei Tre Signori
Mezzoldo
Claino-Osteno
Cadenabbia
Varenna
Esino Lario
Cortenova
Lanzo d'Intelvi
Ramponio
Tremezzo
Bellagio
Valsassina
Primaluna
Ornica
Cusio
Piazzatorre
Laino
Mezzegra
S.Fedele I.
Ossuccio
Valtorta
Sta Brigida
Campione d'Italia
Castiglione d'I.
Lenno
Visgnola
Introbio
Olmo al Brembo
Melide
Arogno
Sala Comacina
I. Comacina
Lierna
Grigna Sett.
Zuccone Campelli
Cassiglio
Piazza Brembana
Bissone
Casasco d'I.
Pigra
Guello
Civenna
Pasturo
Barzio
Cremeno
M. Aralalta
M. Generoso
Argegno
Lezzeno
Oliveto
Olcio
Rovio
Dizzasco
Erbonne
Madna d. Ghisallo
Somana
Grigna Merid.
Moggio
Piani di Artavaggio
Lenna
Melano
Brienno
Nesso
Veleso
Magreglio
Maggio
Bellavista
Barni
Mandello del Lario
C. di Balisio
Camerata Cornello
Riva S. Vitale
Muggio
Zelbio
M.S. Primo
Onno
Piani Resinelli
M. Bisbino
Laglio
Pognana Lario
Sormano
Lasnigo
Abbadia Lariana
Vedeseta
Taleggio
Oltre il Colle
Tremona
Somazzo
Carate Urio
Ballabio Inf.
Mendrisio
Moltrasio
Faggeto Lario
Caglio
Valbrona
Laorca
M. Serrada
Morterone
Olda
Dossena
Serina
Balerna
Cernobbio
Torno
Riva
D. Faggeto
M. Palanzone
Asso
Canzo
Malgrate
Valmadrera
Brumano
Fuipiano Valle Imagna
S. Giovanni Bianco
Chiasso
Blevio
Caslino d'Erba
Lecco
Gerosa
S.Pellegrino Terme
Brunate
Fonte Lambro
Longone al S.
Valsecca
Rota d'Imagna
Pedrinate
COMO
Tavernerio
Erba
Albavilla
Galbiate
Erve
Calolziocorte
Berbenno
Brembilla
Algua
Gironico
Pusiano
L. di Pusiano
Annone
Garlate
S.Omobono Imagna
Ubiale-
Zogno
Ambria
Olgiate
Lucino
Bosisio Parini
Lugano
Lago di Como
Val Brembana
Val Masino
Adda
Mera
Pioverna
A 13-E 43
A 2
SS 36
SS 37
SS 38
SS 340
SS 340d
SS 583
SS 342
SS 639
SS 470
SS 402
SP 72
SP 62
SP 405
SP 404
SP 470
9
10
11
C
D
E

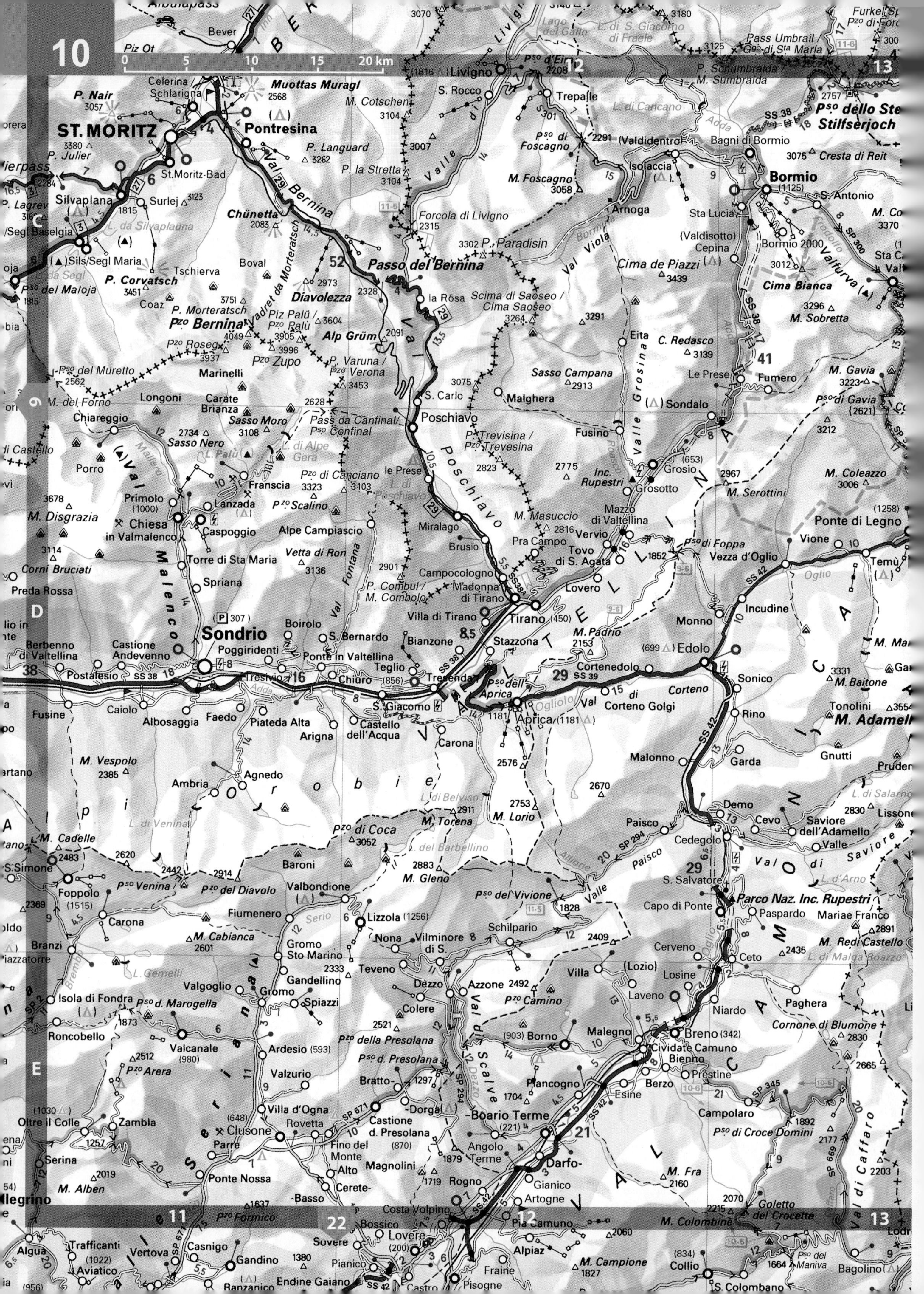
0 5 10 15 20 km
ST. MORITZ
St.Moritz-Bad
Celerina / Schlarigna
Pontresina
Muottas Muragl
P. Nair
P. Julier
Silvaplana
Surlej
L. da Silvaplauna
Sils/Segl Maria
Sils/Segl Baselgia
Pso del Maloja
Bever
Piz Ot
Chünetta
Tschierva
P. Corvatsch
Boval
Coaz
P. Morteratsch
Pzo Bernina
Piz Palü / Pzo Palù
Pzo Roseg
Pzo Zupo
Diavolezza
Vadret da Morteratsch
Val Bernina
Passo del Bernina
Alp Grüm
la Rösa
P. Languard
P. la Stretta
M. Cotschen
Forcola di Livigno
Livigno
Pso d'Eira
S. Rocco
Trepalle
Pso di Foscagno
M. Foscagno
Valle di Livigno
Lago del Gallo
L. di S. Giacomo di Fraele
L. di Cancano
P. Schumbraida / M. Sumbraida
Pass Umbrail / Gioo di Sta Maria
Pso dello Stelvio
Stilfserjoch
Cresta di Reit
Bagni di Bormio
(Valdidentro)
Isolaccia
Bormio
S. Antonio
Sta Lucia
(Valdisotto)
Cepina
Bormio 2000
Cima Bianca
Valfurva
M. Sobretta
Arnoga
Val Viola
P. Paradisin
Cima de Piazzi
Scima di Saoseo / Cima Saoseo
Eita
C. Redasco
Valle Grosina
Sasso Campana
Malghera
Le Prese
Fumero
M. Gavia
Pso di Gavia
Sondalo
Fusino
Grosio
Grosotto
Inc. Rupestri
M. Serottini
M. Coleazzo
Ponte di Legno
Pso del Muretto
M. del Forno
P. Varuna / Pzo Verona
Marinelli
Longoni
Carate Brianza
Chiareggio
Sasso Moro
Sasso Nero
Pass da Canfinal / Pso Confinal
S. Carlo
Poschiavo
Val Poschiavo
P. Trevisina / Pzo Trevesina
L. Palü
L. di Alpe Gera
Porro
Val Malenco
Franscia
Pzo di Canciano
le Prese
L. di Poschiavo
Primolo
Lanzada
Pzo Scalino
M. Disgrazia
Chiesa in Valmalenco
Caspoggio
Alpe Campiascio
Miralago
Brusio
M. Masuccio
Mazzo di Valtellina
Vervio
Pra Campo
Tovo di S. Agata
Pso di Foppa
Vezza d'Oglio
Vione
Temù
Corni Bruciati
Torre di Sta Maria
Vetta di Ron
Val Fontana
Campocologno
Madonna di Tirano
Lovero
Preda Rossa
Spriana
P. Combul / M. Combolo
Tirano
Villa di Tirano
Incudine
Monno
Sondrio
Boirolo
S. Bernardo
Bianzone
Stazzona
M. Padrio
Edolo
Berbenno di Valtellina
Castione Andevenno
Poggiridenti
Ponte in Valtellina
Teglio
Postalesio
Tresivio
Chiuro
Tresenda
Pso dell'Aprica
Cortenedolo
Corteno Golgi
Sonico
M. Baitone
Tonolini
M. Adamello
Fusine
Caiolo
Albosaggia
Faedo
Piateda Alta
Arigna
Castello dell'Acqua
S. Giacomo
Aprica
Carona
Rino
Malonno
Garda
Gnutti
M. Vespolo
Ambria
Agnedo
Orobie
L. di Belviso
M. Torena
M. Lorio
L. di Venina
Pzo di Coca
L. del Barbellino
M. Gleno
Paisco
Demo
Cevo
Saviore dell'Adamello
Valle
L. di Salarno
Cedegolo
Val di Saviore
L. d'Arno
M. Cadelle
S. Simone
Foppolo
Pso Venina
Pzo del Diavolo
Baroni
Valbondione
Pso del Vivione
Valle Paisco
S. Salvatore
Capo di Ponte
Parco Naz. Inc. Rupestri
Paspardo
Mariae Franco
M. Redi Castello
L. di Malga Boazzo
Carona
Fiumenero
Lizzola
Schilpario
M. Cabianca
Branzi
Gromo Sto Marino
Nona
Vilminore di S.
Teveno
Cerveno
Ceto
L. Gemelli
Valgoglio
Gandellino
Gromo
Dezzo
Azzone
Pzo Camino
Villa
(Lozio)
Losine
Isola di Fondra
Pso d. Marogella
Spiazzi
Colere
Val di Scalve
Laveno
Niardo
Paghera
Roncobello
Valcanale
Pzo della Presolana
Borno
Malegno
Breno
Cividate Camuno
Cornone di Blumone
Ardesio
Pso d. Presolana
Bienno
Prestine
Pzo Arera
Valzurio
Bratto
Plancogno
Berzo
Esine
Campolaro
Villa d'Ogna
Castione d. Presolana
Dorga
Boario Terme
Pso di Croce Domini
Oltre il Colle
Zambla
Clusone
Rovetta
Angolo Terme
Darfo
Parre
Fino del Monte
Val Camonica
Serina
Ponte Nossa
Alto
Magnolini
Gianico
M. Fra
M. Alben
Cerete
Rogno
Artogne
Goletto del Crocette
Val di Caffaro
Basso
Costa Volpino
Pia Camuno
M. Colombine
Pzo Formico
Bossico
Lovere
Sovere
Algua
Trafficanti
Vertova
Casnigo
Gandino
Aviatico
Pianico
Alpiaz
M. Campione
Collio
Pso del Maniva
Bagolino
Castro
Fraine
Pisogne
Endine Gaiano
Ranzanico
S. Colombano
11 12 13 22 9

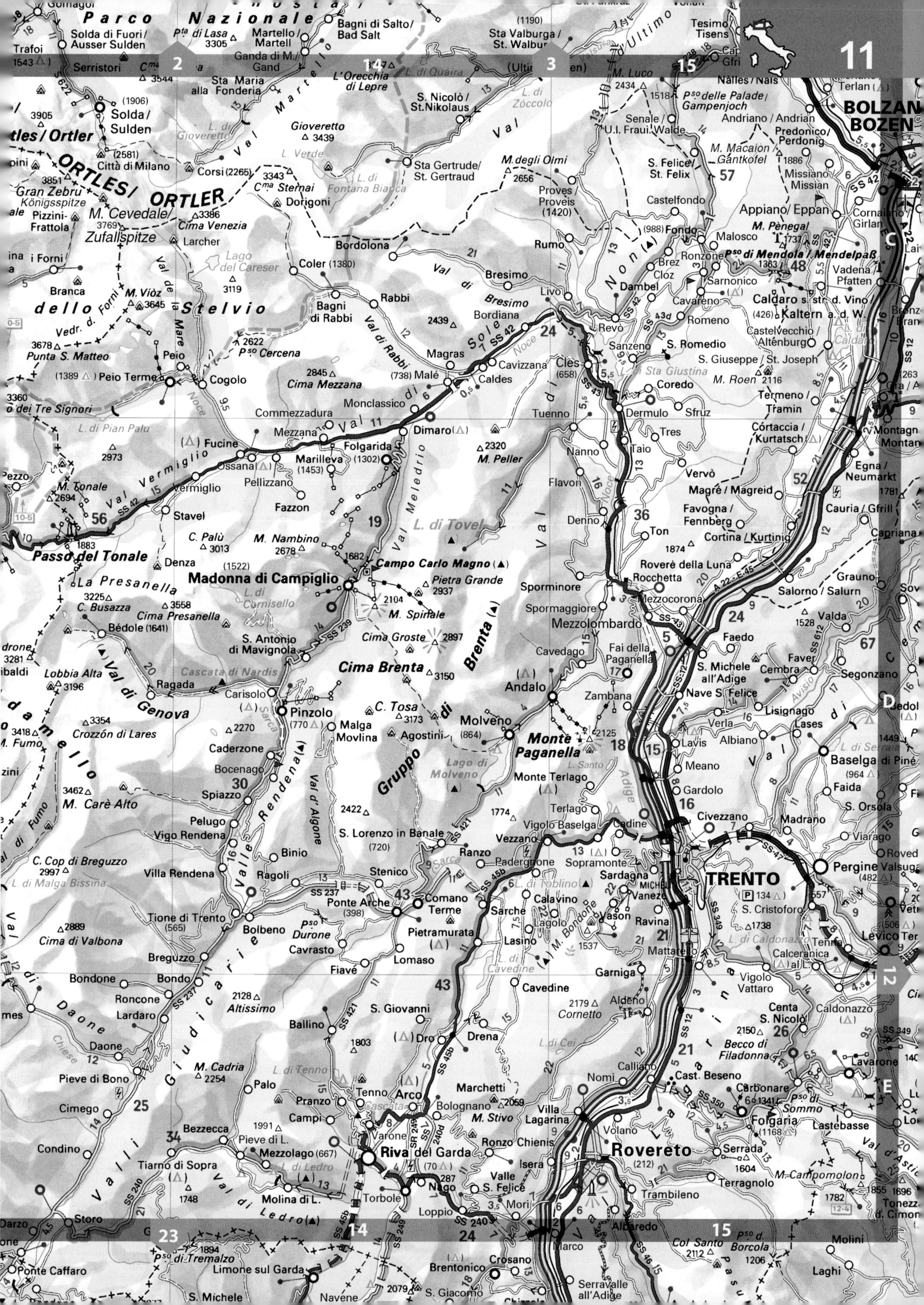

Parco Nazionale
Solda di Fuori / Ausser Sulden
Trafoi
Serristori
Pta di Lasa 3305
Martello / Martell
Bagni di Salto / Bad Salt
Ganda di M. / Gand
Sta Valburga / St. Walburg
Tesimo / Tisens
Sta Maria alla Fonderia
L'Orecchia di Lepre
L. di Quaira
M. Luco 2434
Pso delle Palade / Gampenjoch
Nalles / Nals
Terlan
Solda / Sulden
S. Nicolò / St. Nikolaus
L. di Zoccolo
Val Martello
Val d'Ultimo
BOLZANO BOZEN
Senale / U.l. Fraui. Walde
Andriano / Andrian
Predonico / Perdonig
Ortles / Ortler
Gioveretto 3439
L. di Gioveretto
Città di Milano
Corsi
Sta Gertrude / St. Gertraud
M. degli Olmi 2656
S. Felice / St. Felix
M. Macaion / Gantkofel
Missiano / Missian
ORTLES / ORTLER
Gran Zebru Königsspitze
Cma Sternai
Dorigoni
L. di Fontana Bianca
Proves / Proveis
Castelfondo
Appiano / Eppan
Cornaiano / Girlan
Pizzini-Frattola
M. Cevedale / Zufallspitze
Cima Venezia
Larcher
M. Pènegal
Fondo
Malosco
Rumo
Bordolona
Ronzone
Pso di Mendola / Mendelpaß
Vadena / Pfatten
i Forni
Lago del Careser
Coler
Bresimo
Brez
Cloz
Sarnonico
Branca
Dambel
Caldaro s. str. d. Vino / Kaltern a. d. W.
dello Stelvio
M. Viòz
Bagni di Rabbi
Rabbi
Val di Bresimo
Livo
Cavareno
Romeno
Vedr. d. Forni
Val de la Mare
Bordiana
Revò
Castelvecchio / Altenburg
Punta S. Matteo
Pso Cercena
Val di Rabbi
Val di Sole
Sanzeno
S. Romedio
Peio
Magras
Cavizzana
Cles
S. Giuseppe / St. Joseph
Peio Terme
Cogolo
Cima Mezzana
Malé
Caldes
L. di Sta Giustina
Coredo
M. Roen 2116
dei Tre Signori
Commezzadura
Monclassico
Dermulo
Sfruz
Termeno / Tramin
L. di Pian Palu
Mezzana
Dimaro
Tuenno
Tres
Montagna / Montan
Fucine
Folgarida
M. Peller
Nanno
Taio
Córtaccia / Kurtatsch
Ossana
Marilleva
Val Vermiglio
Vermiglio
Pellizzano
Val Meledrio
Flavon
Vervò
Egna / Neumarkt
M. Tonale
Fazzon
Magrè / Magreid
Stavel
Denno
Favogna / Fennberg
Cauria / Gfrill
L. di Tovel
Ton
Cortina / Kurtinig
Capriana
C. Palù 3013
M. Nambino
Passo del Tonale
Denza
Madonna di Campiglio
Campo Carlo Magno
Pietra Grande
Roverè della Luna
Rocchetta
Grauno
La Presanella
L. di Cornisello
M. Spinale
Sporminore
Spormaggiore
Mezzocorona
Salorno / Salurn
C. Busazza
Cima Presanella
Mezzolombardo
Valda
Bédole
S. Antonio di Mavignola
Cima Groste
Brenta
Cavedago
Fai della Paganella
Faedo
Faver
Lobbia Alta
Val di Genova
Cascata di Nardis
Cima Brenta
Andalo
S. Michele all'Adige
Cembra
Segonzano
Ragada
Carisolo
Pinzolo
C. Tosa
Molveno
Zambana
Nave S. Felice
Lisignago
Crozzón di Lares
Malga Movlina
Agostini
Monte Paganella
Verla
Albiano
Lases
Val di Cembra
Adamello
M. Fumo
Caderzone
Bocenago
Gruppo di Brenta
Lago di Molveno
L. Santo
Lavis
Meano
Baselga di Pinè
L. di Serraia
M. Carè Alto
Spiazzo
Valle Rendena
Val d'Algone
Monte Terlago
Gardolo
Faida
S. Orsola
Pelugo
Vigo Rendena
S. Lorenzo in Banale
Terlago
Vigolo Baselga
Cadine
Civezzano
Madrano
Viarago
C. Cop di Breguzzo
Binio
Ranzo
Vezzano
Padergnone
Sopramonte
TRENTO
Pergine Valsugana
Villa Rendena
Ragoli
Stenico
L. di Toblino
Sardagna
Vaneze
S. Cristoforo
L. di Malga Bissina
Comano Terme
Ponte Arche
Calavino
Vason
Ravina
Tione di Trento
Bolbeno
Pso Durone
Sarche
Lagolo
M. Bondone
Levico Terme
Cima di Valbona
Cavrasto
Pietramurata
Lasino
Mattarello
L. di Caldonazzo
Tenna
Calceranica al L.
Breguzzo
Fiavé
Lomaso
L. di Cavedine
Garniga
Vigolo Vattaro
Bondone
Bondo
Cavedine
Roncone
Lardaro
Altissimo
Valli Giudicarie
Val di Daone
S. Giovanni
Cornetto
Aldeno
Centa S. Nicolò
Caldonazzo
Ballino
Daone
Dro
Drena
L. di Cei
Becco di Filadonna
Pieve di Bono
M. Cadria
L. di Tenno
Calliano
Lavarone
Palo
Nomi
Cast. Beseno
Tenno
Arco
Marchetti
Carbonare
Pso di Sommo
Cimego
Pranzo
Cascata
Bolognano
M. Stivo
Villa Lagarina
Folgaria
Lastebasse
Campi
Varone
Ronzo Chienis
Volano
Serrada
Bezzecca
Pieve di L.
Mezzolago
Riva del Garda
Rovereto
Condino
Tiarno di Sopra
Val di Ledro
L. di Ledro
Isera
M. Campomolon
Valle S. Felice
Terragnolo
Nago
Torbole
Trambileno
Molina di L.
Mori
Storo
Loppio
Tonezza d. Cimone
Darzo
Albaredo
Col Santo
Pso d. Borcola
Marco
Molini
Pso di Tremalzo
Ponte Caffaro
Limone sul Garda
Brentonico
Crosano
Laghi
Serravalle all'Adige
Navene
S. Giacomo
S. Michele

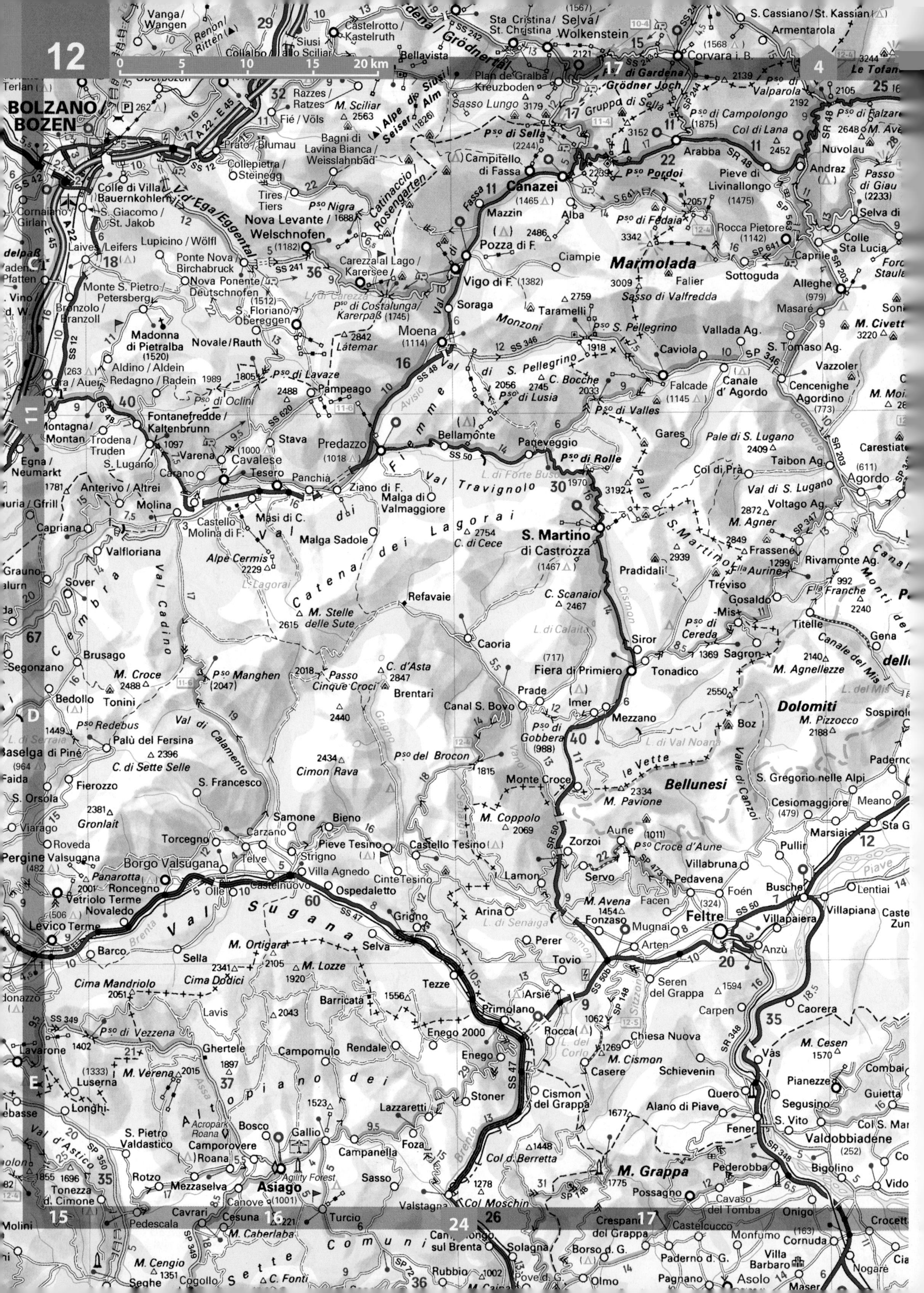
0 5 10 15 20 km
Vanga / Wangen
Renon / Ritten
Castelrotto / Kastelruth
Siusi
Collalbo
Bellavista
Sta Cristina / St. Christina
Selva / Wolkenstein
S. Cassiano / St. Kassian
Armentarola
Corvara i. B.
Le Tofane
Terlan
BOLZANO / BOZEN
Razzes / Ratzes
M. Sciliar
Alpe di Siusi / Seiser Alm
Plan de Gralba / Kreuzboden
Sasso Lungo
P.so di Gardena / Grödner Joch
Gruppo di Sella
P.so di Valparola
P.so di Campolongo
P.so di Falzarego
Fié / Völs
Prato / Blumau
Bagni di Lavina Bianca / Weisslahnbad
P.so di Sella
Col di Lana
Arabba
Nuvolau
Collepietra / Steinegg
Campitello di Fassa
Canazei
P.so Pordoi
Pieve di Livinallongo
Andraz
Passo di Giau
Colle di Villa / Bauernkohlern
V. d'Ega / Eggental
Catinaccio / Rosengarten
Tires / Tiers
P.so Nigra
Mazzin
Alba
P.so di Fedaia
Rocca Pietore
Selva di Cadore
Cornaiano / Girlan
S. Giacomo / St. Jakob
Nova Levante / Welschnofen
Pozza di F.
Colle Sta Lucia
Laives / Leifers
Lupicino / Wölfl
Ponte Nova / Birchabruck
Carezza al Lago / Karersee
Ciampie
Marmolada
Caprile
Nova Ponente / Deutschnofen
Monte S. Pietro / Petersberg
Vigo di F.
Falier
Sottoguda
Alleghe
Bronzolo / Branzoll
L. di Carezza
P.so di Costalunga / Karerpaß
Soraga
Sasso di Valfredda
Taramelli
Masaré
M. Civetta
S. Floriano / Obereggen
Monzoni
P.so S. Pellegrino
Vallada Ag.
Madonna di Pietralba
Látemar
Moena
Caviola
S. Tomaso Ag.
Novale / Rauth
Aldino / Aldein
Redagno / Radein
P.so di Lavazè
Val di S. Pellegrino
C. Bocche
Falcade
Canale d'Agordo
Vazzoler
Ora / Auer
P.so di Oclini
Pampeago
P.so di Lusia
Cencenighe Agordino
P.so di Valles
Fontanefredde / Kaltenbrunn
Montagna / Montan
Trodena / Truden
Stava
Predazzo
Bellamonte
Paneveggio
Gares
Pale di S. Lugano
Carestiato
Egna / Neumarkt
Varena
Cavalese
S. Lugano
P.so di Rolle
Taibon Ag.
Carano
Tesero
Panchià
Ziano di F.
L. di Forte Buso
Col di Prà
Agordo
Anterivo / Altrei
Val Travignolo
Val di S. Lugano
Molina
Masi di C.
Malga di Valmaggiore
Voltago Ag.
Capriana
Castello Molina di F.
Val di Fiemme
Pale di S. Martino
M. Agner
Valfloriana
Malga Sadole
Catena dei Lagorai
C. di Cece
S. Martino di Castrozza
Frassené
Alpe Cermis
Rivamonte Ag.
Sover
L. Lagorai
Pradidali
F.lla Aurine
Treviso
Gosaldo
F.lla Franche
Monti del Sole
Refavaie
C. Scanaiol
Val Cadino
M. Stelle delle Sute
L. di Calaita
P.so di Cereda
Mis
Titele
Caoria
Siror
Sagron
Gena
Val di Cembra
Canale del Mis
Brusago
Segonzano
M. Croce
P.so Manghen
Passo Cinque Croci
C. d'Asta
Fiera di Primiero
Tonadico
M. Agnellezze
Bedollo
Tonini
Brentari
Prade
Imer
Mezzano
L. del Mis
Dolomiti Bellunesi
Sospirolo
P.so Redebus
Val di Calamento
Canal S. Bovo
P.so di Gobbera
M. Pizzocco
Boz
L. di Serraia
Palù del Fersina
L. di Val Noana
Baselga di Piné
C. di Sette Selle
Cimon Rava
P.so del Brocon
Valle di Canzoi
Paderno
Faida
Fierozzo
S. Francesco
Monte Croce
le Vette
S. Gregorio nelle Alpi
S. Orsola
M. Pavione
Cesiomaggiore
Meano
Gronlait
Samone
Bieno
M. Coppolo
Viarago
Roveda
Torcegno
Carzano
Pieve Tesino
Castello Tesino
Zorzoi
Aune
P.so Croce d'Aune
Marsiai
Sta Giustina
Pergine Valsugana
Borgo Valsugana
Telve
Strigno
Villa Agnedo
Cinte Tesino
Lamon
Servo
Villabruna
Pedavena
Pullir
Panarotta
Roncegno
Olle
Castelnuovo
Ospedaletto
Foén
Busche
Lentiai
Vetriolo Terme
Val Sugana
M. Avena
Facen
Villapiana
Novaledo
Arina
L. di Senaiga
Fonzaso
Mugnai
Feltre
Villapaiera
Castel Zuns
Levico Terme
Grigno
Brenta
Barco
Sella
M. Ortigara
Selva
Perer
Arten
Anzù
Tovio
M. Lozze
Cima Mandriolo
Cima Dodici
Tezze
Seren del Grappa
Caorera
Lavis
Barricata
Arsiè
Carpen
Primolano
P.so di Vezzena
Enego 2000
Rocca
L. del Corlo
Chiesa Nuova
Lavarone
Ghertele
Campomulo
Rendale
Enego
M. Cismon
Vas
M. Cesen
Luserna
M. Verena
Altopiano dei Sette Comuni
Casere
Schievenin
Combai
Pianezze
Longhi
Stoner
Cismon del Grappa
Quero
Guietta
Lazzaretti
Alano di Piave
Segusino
Acropark Roana
Bosco
Gallio
Fener
S. Vito
Col S. Martino
S. Pietro Valdastico
Camporovere
Roana
Foza
Val d'Astico
Valdobbiadene
Campanella
Col d. Berretta
Pederobba
Bigolino
Rotzo
Agility Forest
Sasso
M. Grappa
Possagno
Cavaso del Tomba
Vidor
Tonezza d. Cimone
Mezzaselva
Asiago
Canove
Col Moschin
Valstagna
Onigo
Crocetta
Molini
Pedescala
Cavrari
Cesuna
M. Caberlaba
Turcio
Campolongo sul Brenta
Crespano del Grappa
Castelcucco
Monfumo
Cornuda
M. Cengio
Solagna
Borso d. G.
Paderno d. G.
Villa Barbaro
Seghe
Cogollo
C. Fonti
Rubbio
Pove d. G.
Olmo
Pagnano
Asolo
Maser
Nogarè
A 22 - E 45
SS 12
SS 241
SS 48
SS 620
SS 50
SS 346
SS 47
SS 349
SR 48
SR 203
SR 348
SP 641
SP 346
SP 473
SS 50b
SP 148
SP 350
SP 349
11
D
E
15
16
24
17
26
4

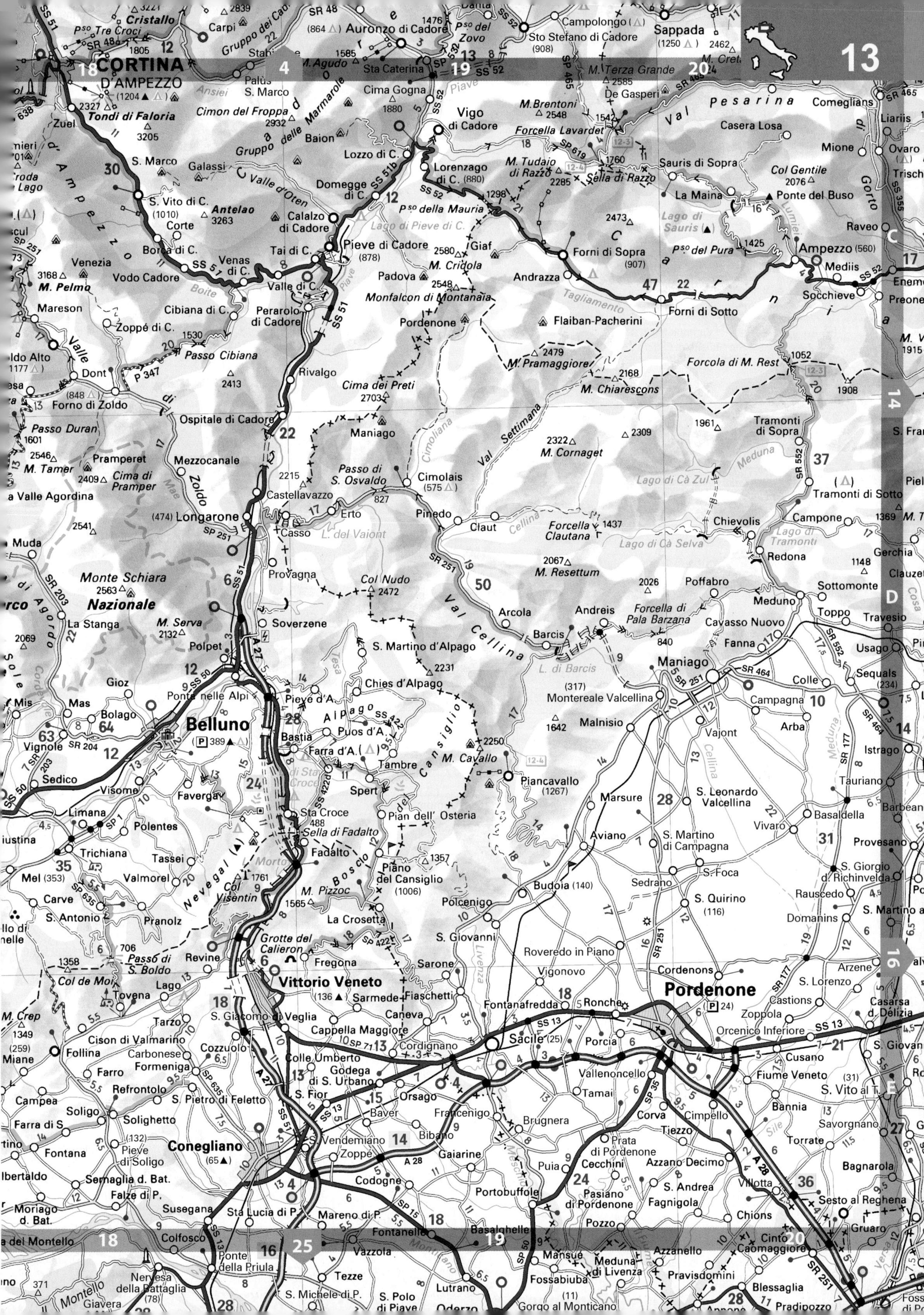
Cristallo
Pso Tre Croci
Carpi
Gruppo dei Cadini
Auronzo di Cadore
Pso del Zovo
Sto Stefano di Cadore
Campolongo
Sappada
CORTINA D'AMPEZZO
M. Agudo
Sta Caterina
M. Terza Grande
Palùs S. Marco
Cima Gogna
Vigo di Cadore
M. Brentoni
De Gasperi
Val Pesarina
Comeglians
Tondi di Faloria
Cimon del Froppa
Gruppo delle Marmarole
Baion
Forcella Lavardet
Casera Losa
Liariis
Zuel
Lozzo di C.
Lorenzago di C.
M. Tudaio di Razzo
Sella di Razzo
Sauris di Sopra
Mione
Ovaro
S. Marco
Galassi
Valle d'Oten
Domegge di C.
La Maina
Col Gentile
Ponte del Buso
Trischiamps
Ampezzo
S. Vito di C.
Antelao
Calalzo di Cadore
Pso della Mauria
Lago di Pieve di C.
Lago di Sauris
Raveo
Corte
Giaf
Pso del Pura
Borca di C.
Venas di C.
Tai di C.
Pieve di Cadore
M. Cridola
Forni di Sopra
Mediis
Venezia
Vodo Cadore
Valle di C.
Padova
Andrazza
M. Pelmo
Boite
Monfalcon di Montanaia
Tagliamento
Forni di Sotto
Socchieve
Enemonzo
Preone
Mareson
Cibiana di C.
Perarolo di Cadore
Pordenone
Flaiban-Pacherini
Zoppé di C.
Passo Cibiana
M. Pramaggiore
Forcola di M. Rest
Dont
Rivalgo
Forno di Zoldo
Cima dei Preti
M. Chiarescons
Passo Duran
Ospitale di Cadore
Maniago
Val Settimana
Tramonti di Sopra
M. Tamer
Pramperet
Cima di Pramper
Mezzocanale
Zoldo
M. Cornaget
Meduna
Cimoliana
Passo di S. Osvaldo
Cimolais
Lago di Cà Zul
Valle Agordina
Castellavazzo
Erto
Tramonti di Sotto
Longarone
Pinedo
Claut
Forcella Clautana
Chievolis
Campone
Muda
Casso
L. del Vaiont
Lago di Cà Selva
Lago di Tramonti
Redona
Gerchia
Provagna
M. Resettum
Monte Schiara
Col Nudo
Poffabro
Sottomonte
Clauzetto
Nazionale
Val Cellina
Meduno
M. Serva
La Stanga
Soverzene
Arcola
Andreis
Forcella di Pala Barzana
Toppo
Travesio
Barcis
Cavasso Nuovo
Polpet
S. Martino d'Alpago
Fanna
Usago
Maniago
L. di Barcis
Colle
Sequals
Gioz
Ponte nelle Alpi
Chies d'Alpago
Mas
Pieve d'A.
Montereale Valcellina
Campagna
Bolago
Belluno
Alpago
Puos d'A.
Malnisio
Vajont
Arba
Istrago
Vignole
Bastia
Farra d'A.
Sedico
Tambre
M. Cavallo
Cansiglio
Piancavallo
Visome
Favergal
Spert
Tauriano
Marsure
S. Leonardo Valcellina
Limana
Polentes
Sta Croce
Pian dell' Osteria
Barbeano
Basaldella
Sella di Fadalto
Aviano
Vivaro
Trichiana
Tassei
Fadalto
S. Martino di Campagna
Provesano
Mel
Valmorel
Nevegal
Col Visentin
Morto
Piano del Cansiglio
S. Giorgio d. Richinvelda
Carve
M. Pizzoc
Bosco del Cansiglio
Budoia
Sedrano
S. Foca
S. Antonio
Pranolz
Polcenigo
S. Quirino
Rauscedo
Domanins
La Crosetta
S. Martino al T.
Grotte del Calieron
S. Giovanni
Passo di S. Boldo
Revine
Fregona
Roveredo in Piano
Col de Moi
Lago
Vittorio Veneto
Sarone
Vigonovo
Cordenons
Arzene
Tovena
Sarmede
Fiaschetti
Pordenone
S. Lorenzo
M. Crep
Tarzo
S. Giacomo di Veglia
Caneva
Fontanafredda
Roncheo
Castions
Zoppola
Casarsa d. Delizia
Cison di Valmarino
Cappella Maggiore
Sacile
Porcia
Orcenico Inferiore
Miane
Follina
Carbonese
Cozzuolo
Cordignano
Cusano
S. Giovanni
Farro
Formeniga
Colle Umberto
Vallenoncello
Fiume Veneto
Refrontolo
Godega di S. Urbano
Tamai
S. Vito al T.
Campea
S. Pietro di Feletto
S. Fior
Orsago
Bannia
Soligo
Solighetto
Baver
Francenigo
Brugnera
Corva
Cimpello
Savorgnano
Farra di S.
Pieve di Soligo
Conegliano
S. Vendemiano
Bibano
Tiezzo
Torrate
Fontana
Zoppè
Gaiarine
Prata di Pordenone
Cecchini
Azzano Decimo
Bagnarola
Falzè di P.
Codogne
Puia
Sile
Sernaglia d. Bat.
Portobuffolè
Pasiano di Pordenone
S. Andrea
Villotta
Sesto al Reghena
Moriago d. Bat.
Susegana
Sta Lucia di P.
Mareno di P.
Fagnigola
Chions
Gruaro
Colfosco
Fontanelle
Basalghelle
Pozzo
Cinto Caomaggiore
Ponte della Priula
Vazzola
Mansuè
Meduna di Livenza
Azzanello
Nervesa della Battaglia
Tezze
Fossabiuba
Pravisdomini
Montello
S. Michele di P.
S. Polo di Piave
Lutrano
Blessaglia
Giavera
Oderzo
Gorgo al Monticano
Annone
Pradipozzo

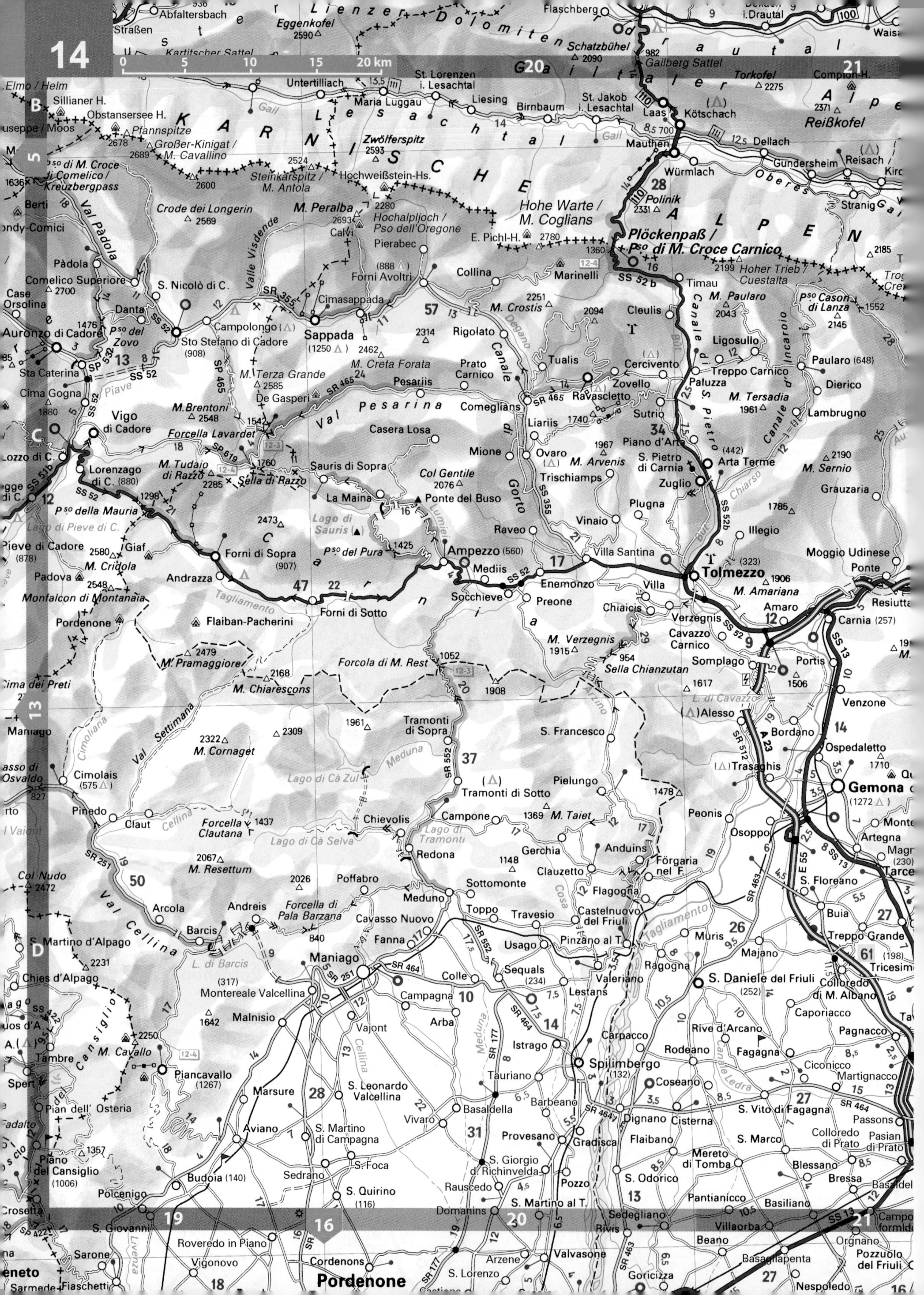
0 5 10 15 20 km
Lienzer Dolomiten
Abfaltersbach
Straßen
Eggenkofel
2590
Flaschberg
Schatzbühel
2090
Gailberg Sattel
982
Drautal
G20
21
Torkofel
2275
Compton-H.
Untertilliach
St. Lorenzen i. Lesachtal
Maria Luggau
Liesing
Birnbaum
St. Jakob i. Lesachtal
Laas
Kötschach
Mauthen
Dellach
Gundersheim
Reisach
Würmlach
Reißkofel
Karnische Alpen
Lesachtal
Gailtal
Oberes Gailtal
Sillianer H.
Obstansersee H.
Pfannspitze
2678
Großer-Kinigat / M. Cavallino
2689
Zwölferspitz
2593
Steinkarspitz / M. Antola
2524
2600
Hochweißstein-Hs.
Pso di M. Croce di Comelico / Kreuzbergpass
1636
Crode dei Longerin
2569
M. Peralba
2693
Hochalpljoch / Pso dell'Oregone
Calvi
Pierabec
Hohe Warte / M. Coglians
2780
E. Pichl-H.
Polinik
2331
Plöckenpaß / Pso di M. Croce Carnico
1360
Stranig
2185
Hoher Trieb / Cuestalta
2199
Timau
Val Pàdola
Pàdola
Comelico Superiore
Case Orsolina
2700
Valle Visdende
S. Nicolò di C.
Forni Avoltri
Collina
Marinelli
M. Crostis
2251
2094
Cleulis
M. Paularo
2043
Pso Cason di Lanza
1552
2145
Danta
Pso del Zovo
Auronzo di Cadore
Sto Stefano di Cadore
(908)
Campolongo
Cimasappada
Sappada
(1250)
2314
Rigolato
2462
Ligosullo
Paularo (648)
Sta Caterina
Cima Gogna
1880
SS 52
SP 532
SP 465
M. Terza Grande
2585
M. Creta Forata
Prato Carnico
Canale di Gorto
Tualis
Cercivento
Treppo Carnico
Dierico
Piave
De Gasperi
Pesariis
Ravascletto
Zovello
Paluzza
Canale di S. Pietro
Canale d'Incaroio
M. Tersadia
1961
Lambrugno
Vigo di Cadore
M. Brentoni
2548
Val Pesarina
Comeglians
Liariis
1740
Sutrio
Forcella Lavardet
1542
Casera Losa
Mione
Ovaro
1967
M. Arvenis
Piano d'Arta
S. Pietro di Carnia
Arta Terme
(442)
2190
M. Sernio
Lozzo di C.
Lorenzago di C. (880)
M. Tudaio di Razzo
2285
Sella di Razzo
1760
Sauris di Sopra
Col Gentile
2076
Trischiamps
Zuglio
Grauzaria
Ponte del Buso
La Maina
Plugna
1785
SS 51b
Pso della Mauria
1298
Lago di Sauris
2473
Vinaio
Illegio
Raveo
Pieve di Cadore
(878)
Lago di Pieve di C.
Giaf
2580
M. Cridola
Forni di Sopra
(907)
Pso del Pura
1425
Ampezzo (560)
Villa Santina
Tolmezzo
(323)
Moggio Udinese
Ponte
Padova
2548
Monfalcon di Montanaia
Andrazza
Forni di Sotto
Mediis
Enemonzo
Villa
1906
M. Amariana
Socchieve
Preone
Chiaicis
Amaro
Resiutta
Pordenone
Flaiban-Pacherini
Tagliamento
Verzegnis
Carnia (257)
Cavazzo Carnico
M. Verzegnis
1915
954
Sella Chianzutan
Somplago
Portis
1506
2479
M. Pramaggiore
Forcola di M. Rest
1052
2168
M. Chiarescons
1908
1617
L. di Cavazzo
Alesso
Venzone
Cima dei Preti
Maniago
Val Settimana
Cimoliana
2322
M. Cornaget
2309
1961
Tramonti di Sopra
Arzino
S. Francesco
Bordano
Ospedaletto
1710
Trasaghis
Gemona
(1272)
Passo di Osvaldo
Cimolais
(575)
Meduna
Lago di Cà Zul
Tramonti di Sotto
Pielungo
1478
Pinedo
Claut
Cellina
Forcella Clautana
1437
Lago di Cà Selva
Chievolis
Campone
1369
M. Taiet
Peonis
Osoppo
Montenars
Artegna
Lago di Tramonti
Redona
Gerchia
Anduins
Förgaria nel F.
Col Nudo
2472
2067
M. Resettum
1148
Clauzetto
S. Floreano
Val Cellina
2026
Poffabro
Sottomonte
Flagogna
Arcola
Andreis
Forcella di Pala Barzana
Meduno
Toppo
Travesio
Castelnuovo del Friuli
Tagliamento
Buia
Barcis
Cavasso Nuovo
Fanna
Pinzano al T.
Muris
Treppo Grande
S. Martino d'Alpago
840
Usago
Majano
Tricesimo
L. di Barcis
Maniago
Colle
Sequals
(234)
Valeriano
Ragogna
S. Daniele del Friuli
(252)
Colloredo di M. Albano
2231
Chies d'Alpago
(317)
Montereale Valcellina
Campagna
Lestans
Malnisio
1642
Vajont
Arba
Caporiacco
Pagnacco
Rive d'Arcano
Carpacco
Rodeano
Fagagna
Cansiglio
2250
M. Cavallo
Tambre
Istrago
Spilimbergo
(132)
Ciconicco
Martignacco
Piancavallo
(1267)
Tauriano
Coseano
Spert
Pian dell' Osteria
Marsure
S. Leonardo Valcellina
Basaldella
Barbeano
Dignano
Cisterna
S. Vito di Fagagna
Passons
Aviano
S. Martino di Campagna
Vivaro
Provesano
Gradisca
Flaibano
S. Marco
Colloredo di Prato
Pasian di Prato
1357
Piano del Cansiglio
(1006)
S. Foca
S. Giorgio d. Richinvelda
Mereto di Tomba
Blessano
Bressa
Budoia (140)
Sedrano
S. Odorico
Polcenigo
S. Quirino
(116)
Rauscedo
Pozzo
Pantianicco
Basiliano
Crosetta
Domanins
S. Martino al T.
Sedegliano
Villaorba
S. Giovanni
Livenza
19
16
20
21
Rivis
Beano
Campoformido
Roveredo in Piano
Sarone
Cordenons
Arzene
Valvasone
Orgnano
Basagliapenta
Pozzuolo del Friuli
Vigonovo
Pordenone
S. Lorenzo
Goricizza
Nespoledo
Fiaschetti
Sarmede
Veneto
18
27

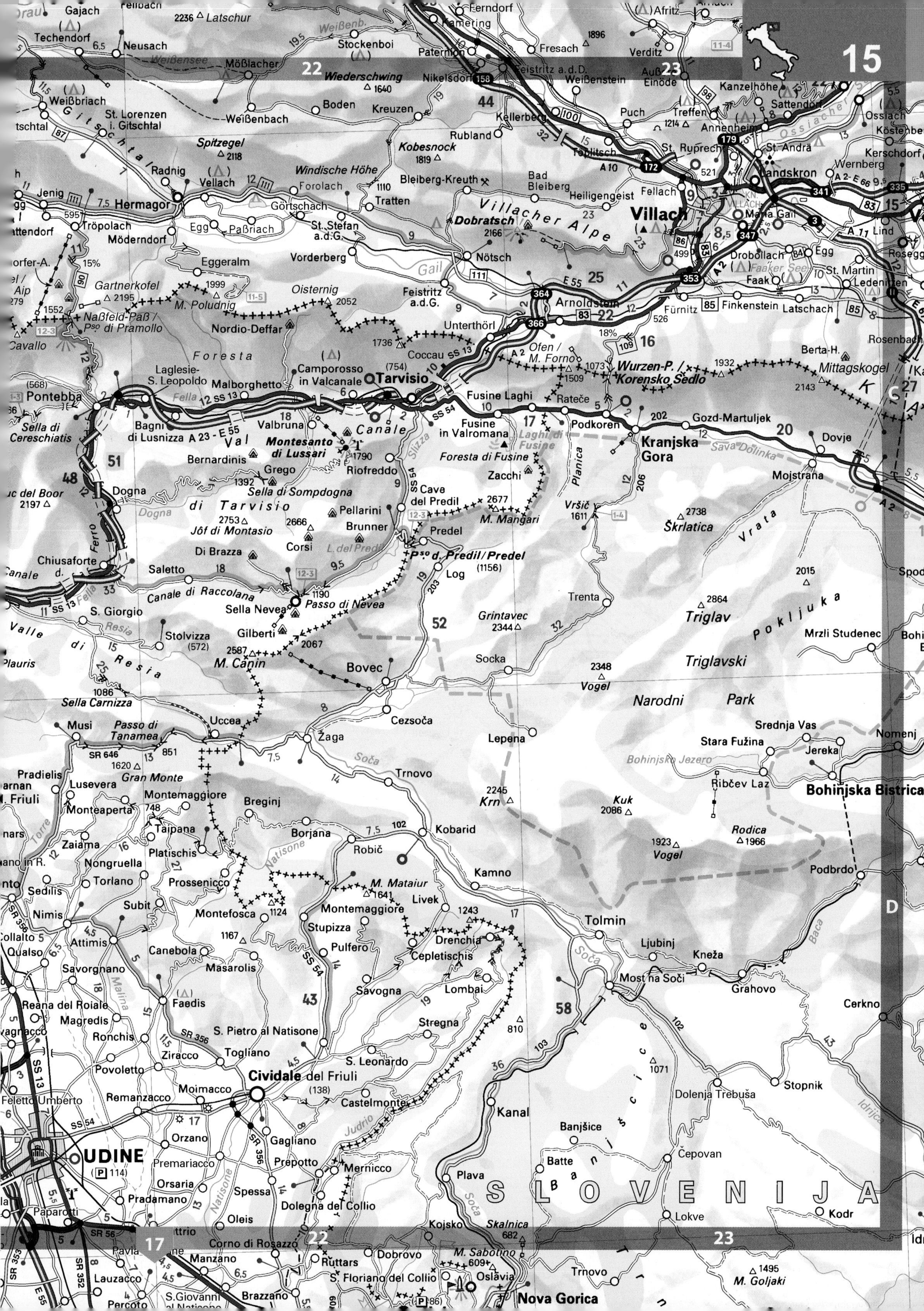
Gajach
Techendorf
Neusach
Weißensee
Latschur
Stockenboi
Weißenb.
Ferndorf
Kamering
Paternion
Fresach
Afritz
Verditz
Mößlacher
Wiederschwing
Nikelsdorf
Feistritz a.d.D.
Weißenstein
Auß. Einöde
Kanzelhöhe
Sattendorf
Ossiach
Weißbriach
St. Lorenzen i. Gitschtal
Weißenbach
Boden
Kreuzen
Kellerberg
Puch
Treffen
Annenheim
Ossiacher See
Köstenberg
Gitschtal
Spitzegel
Rubland
Kobesnock
Töplitsch
St. Ruprecht
St. Andrä
Kerschdorf
Wernberg
Landskron
Radnig
Vellach
Windische Höhe
Forolach
Bleiberg-Kreuth
Bad Bleiberg
Heiligengeist
Fellach
Jenig
Hermagor
Görtschach
Tratten
Villacher Alpe
Villach
Maria Gail
Tröpolach
Möderndorf
Egg
Paßriach
St. Stefan a.d.G.
Dobratsch
Drobollach
Faaker See
Lind
Rosegg
Eggeralm
Vorderberg
Nötsch
Gail
Faak
St. Martin
Ledenitzen
Gartnerkofel
M. Poludnig
Oisternig
Feistritz a.d.G.
Arnoldstein
Fürnitz
Finkenstein
Latschach
Naßfeld-Paß / Pso di Pramollo
Nordio-Deffar
Unterthörl
Cavallo
Foresta
Ofen / M. Forno
Wurzen-P. / Korensko Sedlo
Berta-H.
Rosenbach
Mittagskogel
Laglesie-S. Leopoldo
Malborghetto
Camporosso in Valcanale
Tarvisio
Coccau
Pontebba
Fella
Fusine Laghi
Rateče
Podkoren
Gozd-Martuljek
Dovje
Sella di Cereschiatis
Bagni di Lusnizza
Valbruna
Canale
Fusine in Valromana
Laghi di Fusine
Kranjska Gora
Sava Dolinka
Val
Montesanto di Lussari
Bernardinis
Grego
Riofreddo
Foresta di Fusine
Zacchi
Planica
Mojstrana
Dogna
Sella di Sompdogna
Cava del Predil
M. Mangart
Vršič
Škrlatica
Vrata
Jôf di Montasio
di Tarvisio
Pellarini
Brunner
Corsi
Predel
L. del Predil
Ferro
Di Brazza
Pso d. Predil / Predel
Chiusaforte
Saletto
Log
Canale di Raccolana
Sella Nevea
Passo di Nevea
Trenta
Triglav
Pokljuka
S. Giorgio
Resia
Stolvizza
Gilberti
Grintavec
Mrzli Studenec
Valle di Resia
M. Canin
Bovec
Socka
Triglavski Narodni Park
Vogel
Plauris
Sella Carnizza
Uccea
Cezsoča
Lepena
Srednja Vas
Stara Fužina
Jereka
Nomenj
Musi
Passo di Tanamea
Žaga
Soča
Bohinjsko Jezero
Ribčev Laz
Bohinjska Bistrica
Pradielis
Lusevera
Gran Monte
Trnovo
Monteaperta
Montemaggiore
Breginj
Krn
Kuk
Torre
Zaiama
Taipana
Borjana
Kobarid
Rodica
Platischis
Robič
Natisone
Nongruella
Torlano
Prossenicco
M. Mataiur
Kamno
Podbrdo
Sedilis
Nimis
Subit
Montefosca
Montemaggiore
Livek
Tolmin
Collalto
Qualso
Attimis
Stupizza
Pulfero
Drenchia
Ljubinj
Kneža
Canebola
Masarolis
Cepletischis
Most na Soči
Grahovo
Savorgnano
Savogna
Lombai
Baca
Reana del Roiale
Malina
Faedis
Magredis
Ronchis
Stregna
Cerkno
S. Pietro al Natisone
Ziracco
Togliano
Povoletto
S. Leonardo
Dolenja Trebuša
Stopnik
Cividale del Friuli
Feletto Umberto
Remanzacco
Moimacco
Castelmonte
Idrijca
Kanal
Orzano
Judrio
Gagliano
Banjšice
UDINE
Premariacco
Prepotto
Batte
Čepovan
Mernicco
Orsaria
Spessa
Plava
Pradamano
Paparotti
Oleis
Dolegna del Collio
SLOVENIJA
Lokve
Kodr
Kojsko
Skalnica
Corno di Rosazzo
Pavia
Manzano
Ruttars
Dobrovo
M. Sabotino
Lauzacco
S. Floriano del Collio
Oslàvia
Trnovo
M. Goljaki
Percoto
S.Giovanni al Natisone
Brazzano
Nova Gorica
A 23 - E 55
A 2 - E 66
A 10
A 11
A 2
E 55
SS 13
SS 54
SS 54
SR 646
SR 356
SR 56
SR 353
SR 352
22
23
17
C
D

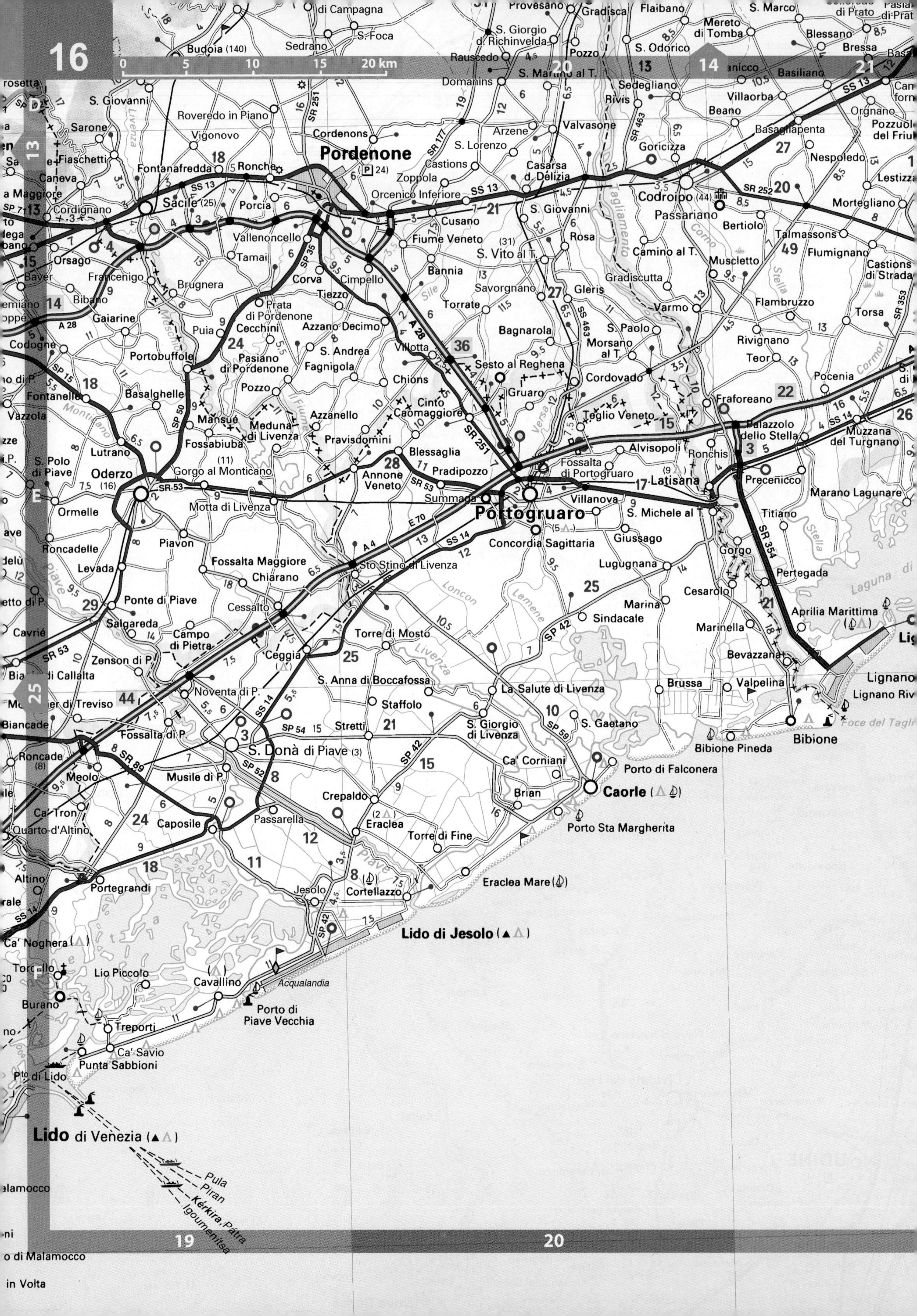
0 5 10 15 20 km
Budoia (140)
di Campagna
Sedrano
S. Foca
Provesano
Gradisca
Flaibano
S. Marco
di Prato
S. Giorgio d. Richinvelda
Mereto di Tomba
Blessano
Bressa
Rauscedo
Pozzo
S. Odorico
S. Martino al T.
Domanins
Sedegliano
Villaorba
Basiliano
Rivis
Beano
Orgnano
S. Giovanni
Roveredo in Piano
Arzene
Valvasone
Pozzuolo del Friuli
Sarone
Vigonovo
Cordenons
S. Lorenzo
Goricizza
Basagliapenta
Fiaschetti
Pordenone
Castions
Casarsa d. Delizia
Nespoledo
Fontanafredda
Ronche
Zoppola
Lestizza
Caneva
Orcenico Inferiore
Codroipo (44)
Mortegliano
Cordignano
Sacile (25)
Porcia
S. Giovanni
Passariano
Cusano
Bertiolo
Talmassons
Vallenoncello
Fiume Veneto
Rosa
Orsago
Tamai
S. Vito al T.
Camino al T.
Mussletto
Flumignano
Castions di Strada
Bannia
Francenigo
Brugnera
Corva
Cimpello
Gradiscutta
Savorgnano
Gleris
Bibano
Prata di Pordenone
Tiezzo
Torrate
Varmo
Flambruzzo
Gaiarine
Cecchini
Puia
Azzano Decimo
Bagnarola
S. Paolo
Torsa
Codogne
Pasiano di Pordenone
S. Andrea
Villotta
Morsano al T.
Rivignano
Portobuffolè
Fagnigola
Chions
Sesto al Reghena
Teor
Fontanelle
Pozzo
Cordovado
Pocenia
Basalghelle
Gruaro
Fraforeano
Vazzola
Mansuè
Meduna di Livenza
Azzanello
Cinto Caomaggiore
Teglio Veneto
Palazzolo dello Stella
Muzzana del Turgnano
Fossabiuba
Pravisdomini
Alvisopoli
Ronchis
Lutrano
Blessaglia
S. Polo di Piave
Oderzo (16)
Gorgo al Monticano
Annone Veneto
Pradipozzo
Fossalta di Portogruaro
Latisana
Precenicco
Ormelle
Motta di Livenza
Summaga
Portogruaro
Villanova
S. Michele al T.
Marano Lagunare
Titiano
Concordia Sagittaria
Giussago
Roncadelle
Piavon
Fossalta Maggiore
Sto Stino di Livenza
Lugugnana
Gorgo
Levada
Chiarano
Pertegada
Ponte di Piave
Cessalto
Marina
Sindacale
Cesarolo
Aprilia Marittima
Salgareda
Campo di Pietra
Torre di Mosto
Marinella
Cavriè
Zenson di P.
Ceggia
Bevazzana
Lignano
S. Anna di Boccafossa
La Salute di Livenza
Brussa
Valpelina
Lignano Riviera
Noventa di P.
Staffolo
S. Gaetano
Biancade
Fossalta di P.
Stretti
S. Giorgio di Livenza
Bibione
Roncade (8)
S. Donà di Piave (3)
Bibione Pineda
Meolo
Musile di P.
Ca' Corniani
Porto di Falconera
Crepaldo
Brian
Caorle
Ca' Tron
Quarto-d'Altino
Caposile
Passarella
Eraclea
Torre di Fine
Porto Sta Margherita
Altino
Portegrandi
Jesolo
Cortellazzo
Eraclea Mare
Ca' Noghera
Lido di Jesolo
Torcello
Lio Piccolo
Cavallino
Acqualandia
Burano
Porto di Piave Vecchia
Treporti
Ca' Savio
Punta Sabbioni
Pto di Lido
Lido di Venezia
Pula
Piran
Kérkira, Pátra
Igoumenítsa
Malamocco
o di Malamocco
in Volta
Livenza
Piave
Tagliamento
Stella
Sile
Lemene
Loncon
Laguna di
Foce del Tagliamento
19
20

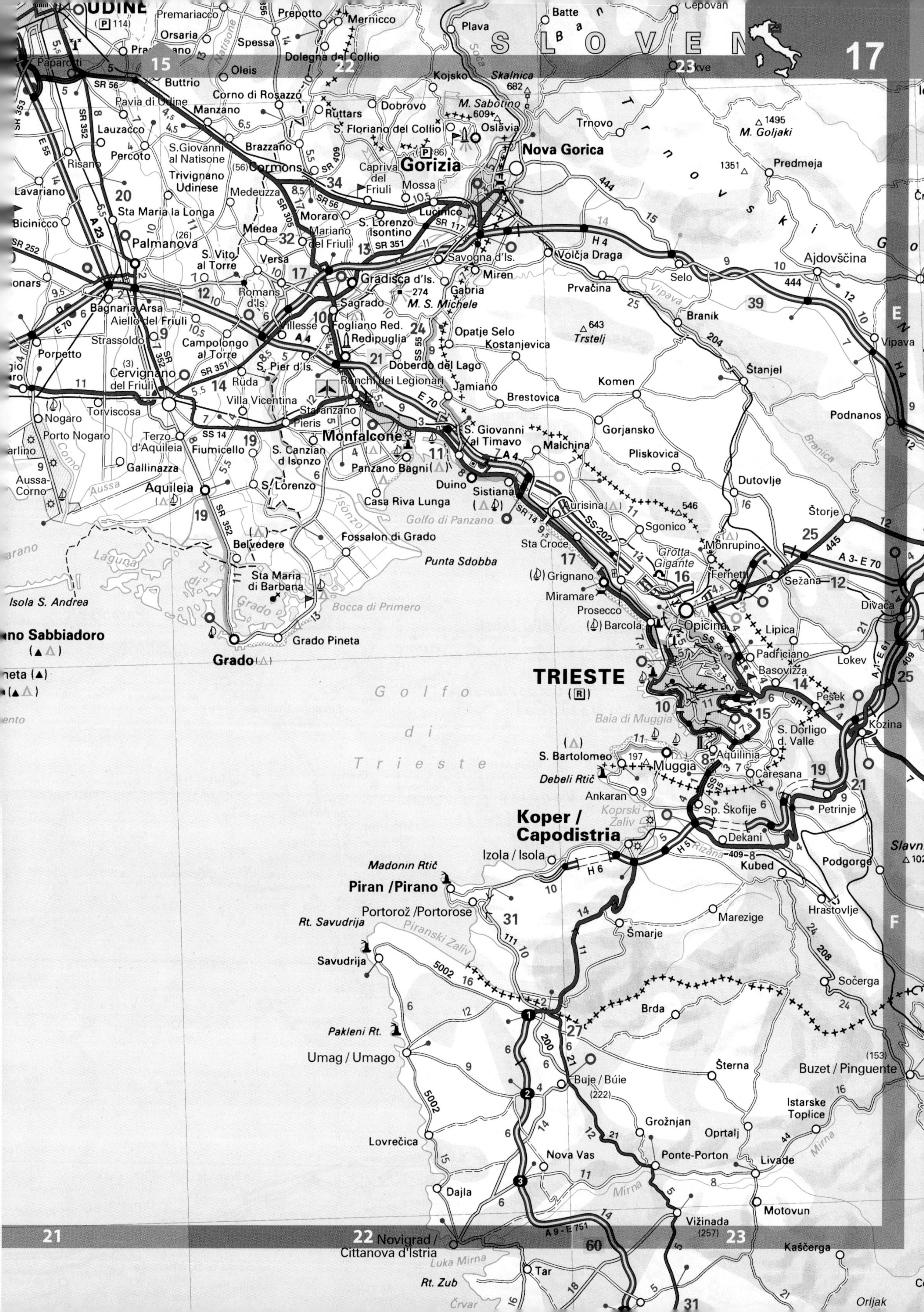
Udine
Premariacco
Prepotto
Mernicco
Cepovan
Batte
Plava
Orsaria
Spessa
Dolegna del Collio
Paparotti
Oleis
Buttrio
Kojsko
Skalnica
Corno di Rosazzo
Pavia di Udine
Ruttars
Dobrovo
M. Sabotino
Manzano
Lauzacco
S. Floriano del Collio
Oslavia
Trnovo
M. Goljaki
Percoto
S.Giovanni al Natisone
Brazzano
Nova Gorica
Risano
Trivignano Udinese
Cormons
Capriva del Friuli
Gorizia
Predmeja
Lavariano
Medeuzza
Mossa
Sta Maria la Longa
Moraro
Lucinico
Bicinicco
Medea
Mariano del Friuli
S. Lorenzo Isontino
Palmanova
S. Vito al Torre
Versa
Savogna d'Is.
Volčja Draga
Ajdovščina
Miren
Selo
Romans d'Is.
Gradisca d'Is.
Gabria
Prvačina
Bagnaria Arsa
Aiello del Friuli
M. S. Michele
Sagrado
Vipava
Branik
Strassoldo
Fogliano Red.
Opatje Selo
Trstelj
Villesse
Redipuglia
Kostanjevica
Porpetto
Campolongo al Torre
Doberdò del Lago
Štanjel
Cervignano del Friuli
S. Pier d'Is.
Ruda
Ronchi dei Legionari
Komen
Jamiano
Villa Vicentina
Brestovica
Nogaro
Torviscosa
Staranzano
Pieris
Podnanos
Porto Nogaro
Terzo d'Aquileia
Monfalcone
S. Giovanni al Timavo
Gorjansko
Fiumicello
S. Canzian d'Isonzo
Malchina
Pliskovica
Gallinazza
Panzano Bagni
Duino
Aussa-Corno
Aquileia
S. Lorenzo
Sistiana
Dutovlje
Casa Riva Lunga
Aurisina
Štorje
Golfo di Panzano
Sgonico
Belvedere
Fossalon di Grado
Sta Croce
Monrupino
Grotta Gigante
Laguna di Grado
Punta Sdobba
Grignano
Fernetti
Sežana
Isola S. Andrea
Sta Maria di Barbana
Miramare
Divača
Prosecco
Bocca di Primero
Barcola
Opicina
Lipica
Lignano Sabbiadoro
Grado
Grado Pineta
Padriciano
Lokev
Basovizza
TRIESTE
Golfo di Trieste
Pesek
Baia di Muggia
Kozina
S. Dorligo d. Valle
S. Bartolomeo
Aquilinia
Muggia
Debeli Rtič
Caresana
Ankaran
Petrinje
Sp. Škofije
Koprski Zaliv
Koper / Capodistria
Dekani
Slavnik
Izola / Isola
Rižana
Kubed
Podgorje
Madonin Rtič
Piran / Pirano
Hrastovlje
Portorož / Portorose
Marezige
Rt. Savudrija
Šmarje
Piranski Zaliv
Savudrija
Sočerga
Brda
Pakleni Rt.
Umag / Umago
Šterna
Buzet / Pinguente
Buje / Búie
Istarske Toplice
Grožnjan
Oprtalj
Lovrečica
Nova Vas
Ponte-Porton
Livade
Mirna
Dajla
Motovun
Vižinada
Novigrad / Cittanova d'Istria
Kaščerga
Luka Mirna
Tar
Rt. Zub
Črvar
Orljak
S L O V E N
Trnovski Gozd

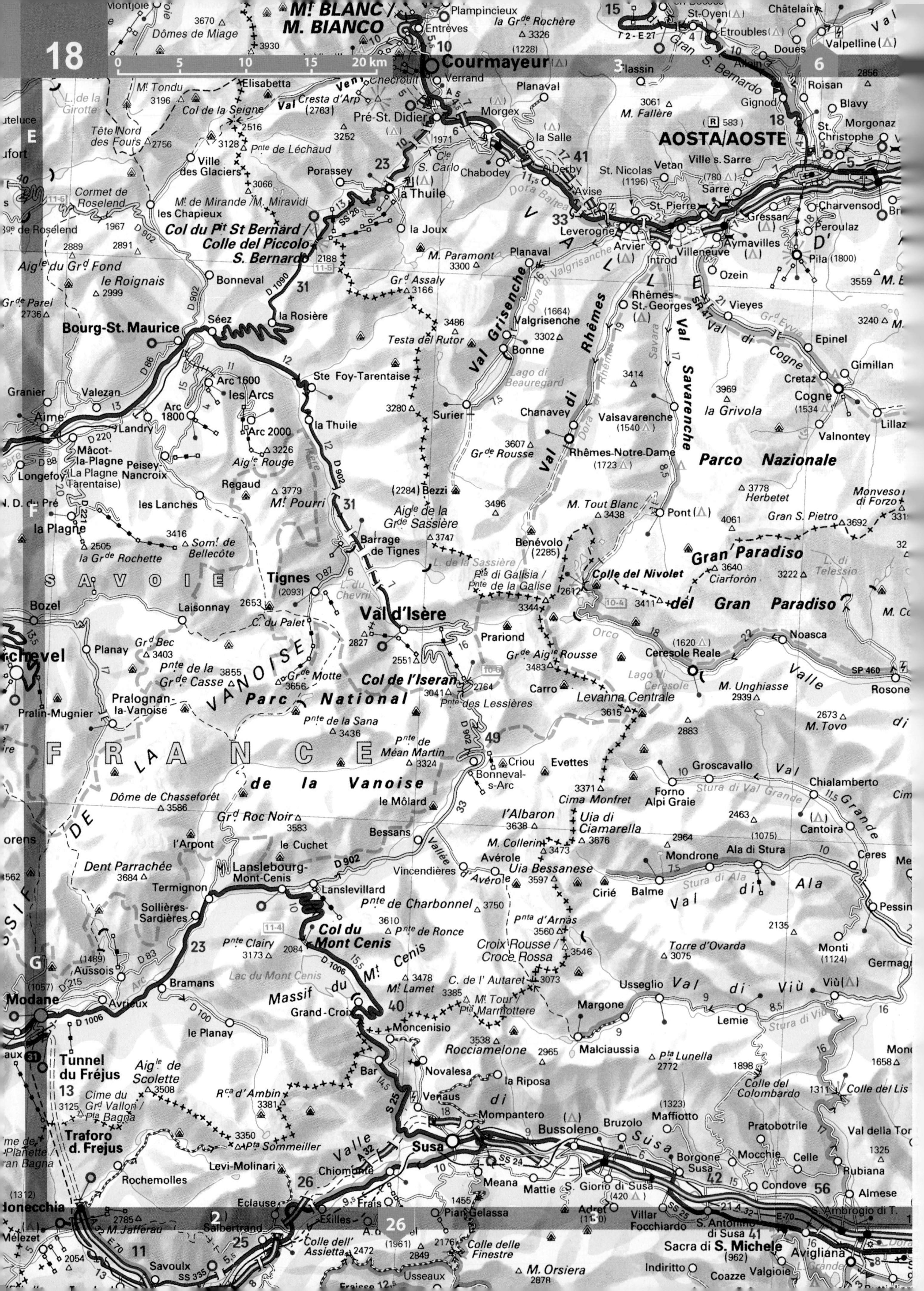
0 5 10 15 20 km
Mt BLANC / M. BIANCO
Courmayeur
Entrèves
Plampincieux
la Grde Rochère
St-Oyen
Étroubles
Châtelair
Valpelline
Doues
Roisan
Flassin
Gignod
Blavy
Morgonaz
St. Christophe
AOSTA/AOSTE
Ville s. Sarre
Vetan
St. Nicolas
Sarre
St. Pierre
Charvensod
Gressan
Aymavilles
Pila (1800)
Peroulaz
Villeneuve
Introd
Arvier
Leverogne
Avise
Derby
la Salle
Morgex
Pré-St. Didier
Planaval
M. Fallère
Elisabetta
Mt Tondu
Col de la Seigne
Cresta d'Arp
Tête Nord des Fours
Ville des Glaciers
Pnte de Léchaud
Porassey
la Thuile
Chabodey
Cormet de Roselend
Mt de Mirande / M. Miravidi
les Chapieux
Col du Pt St Bernard / Colle del Piccolo S. Bernardo
la Joux
M. Paramont
Aigle du Grd Fond
le Roignais
Bonneval
Grd Assaly
Grde Parei
la Rosière
Séez
Bourg-St. Maurice
Testa del Rutor
Val Grisenche
Valgrisenche
Bonne
Lago di Beauregard
Val di Rhêmes
Rhêmes-St.-Georges
Val Savarenche
Vieyes
Val di Cogne
Epinel
Gimillan
Cretaz
Cogne
la Grivola
Lillaz
Valnontey
Valsavarenche
Chanavey
Surier
Ste Foy-Tarentaise
Granier
Valezan
Aime
Arc 1600
les Arcs
Arc 1800
Arc 2000
Landry
Mâcot-la-Plagne
Peisey-Nancroix
Aigle Rouge
Longefoy
(La Plagne Tarentaise)
Regaud
Mt Pourri
les Lanches
N. D. du Pré
la Plagne
Somt de Bellecôte
la Grde Rochette
Bezzi
Grde Rousse
Rhêmes-Notre-Dame
Parco Nazionale
Herbetet
Monveso di Forzo
Gran S. Pietro
M. Tout Blanc
Pont
Aigle de la Grde Sassière
Barrage de Tignes
Benévolo
Gran Paradiso
Ciarforòn
L. di Telessio
Colle del Nivolet
del Gran Paradiso
SAVOIE
Tignes
L. du Chevril
L. de la Sassière
Pta di Galisia / Pnte de la Galise
Bozel
Laisonnay
C. du Palet
Val d'Isère
Orco
Noasca
Ceresole Reale
Valle
Rosone
Planay
Grd Bec
Pnte de la Grde Casse
VANOISE
Grde Motte
Col de l'Iseran
Prariond
Grde Aigle Rousse
Lago di Ceresole
M. Unghiasse
Carro
Levanna Centrale
Pralognan-la-Vanoise
Pralin-Mugnier
Parc National
Pnte des Lessières
Pnte de la Sana
M. Tovo
FRANCE
Pnte de Méan Martin
Criou
Bonneval-s-Arc
Evettes
Groscavallo
Val
Chialamberto
Forno Alpi Graie
Stura di Val Grande
Grande
de la Vanoise
Dôme de Chasseforêt
le Môlard
Cima Monfret
Uia di Ciamarella
Cantoira
DE
Grd Roc Noir
l'Albaron
Bessans
l'Arpont
le Cuchet
M. Collerin
Mondrone
Ala di Stura
Ceres
Dent Parrachée
Lanslebourg-Mont-Cenis
Vincendières
Vallée d'Avérole
Avérole
Uia Bessanese
Stura di Ala
Cirié
Balme
Val di Ala
Termignon
Lanslevillard
Pnte de Charbonnel
Pessin
Sollières-Sardières
Pnte de Ronce
Pnta d'Arnas
Col du Mont Cenis
Pnte Clairy
Croix Rousse / Croce Rossa
Torre d'Ovarda
Monti
Aussois
Lac du Mont Cenis
Massif du Mt Cenis
Bramans
C. de l'Autaret
Mt Lamet
Mt Tour / Pta Marmottere
Usseglio
Val di Viù
Viù
Modane
Avrieux
Grand-Croix
Margone
Lemie
Stura di Viù
le Planay
Moncenisio
Rocciamelone
Malciaussia
Tunnel du Fréjus
Aigle de Scolette
Bar
Novalesa
Pta Lunella
Colle del Colombardo
Colle del Lis
Cime du Grd Vallon / Pta Bagna
Rca d'Ambin
Venaus
la Riposa
Maffiotto
Traforo d. Frejus
Pta Sommeiller
Mompantero
Bussoleno
Bruzolo
Pratobotrile
Val della Tor
Valle
Susa
Levi-Molinari
Chiomonte
Meana
Mattie
S. Giorio di Susa
Borgone Susa
Mocchie
Celle
Rubiana
Rochemolles
Condove
Almese
Bardonecchia
Eclause
Frais
Pian Gelassa
Adret
Villar Focchiardo
S. Antonino di Susa
S. Ambrogio di T.
Mélezet
M. Jafférau
Salbertrand
Exilles
Colle dell' Assietta
Colle delle Finestre
Sacra di S. Michele
Avigliana
Savoulx
M. Orsiera
Indiritto
Coazze
Valgioie
Usseaux
Fraisse

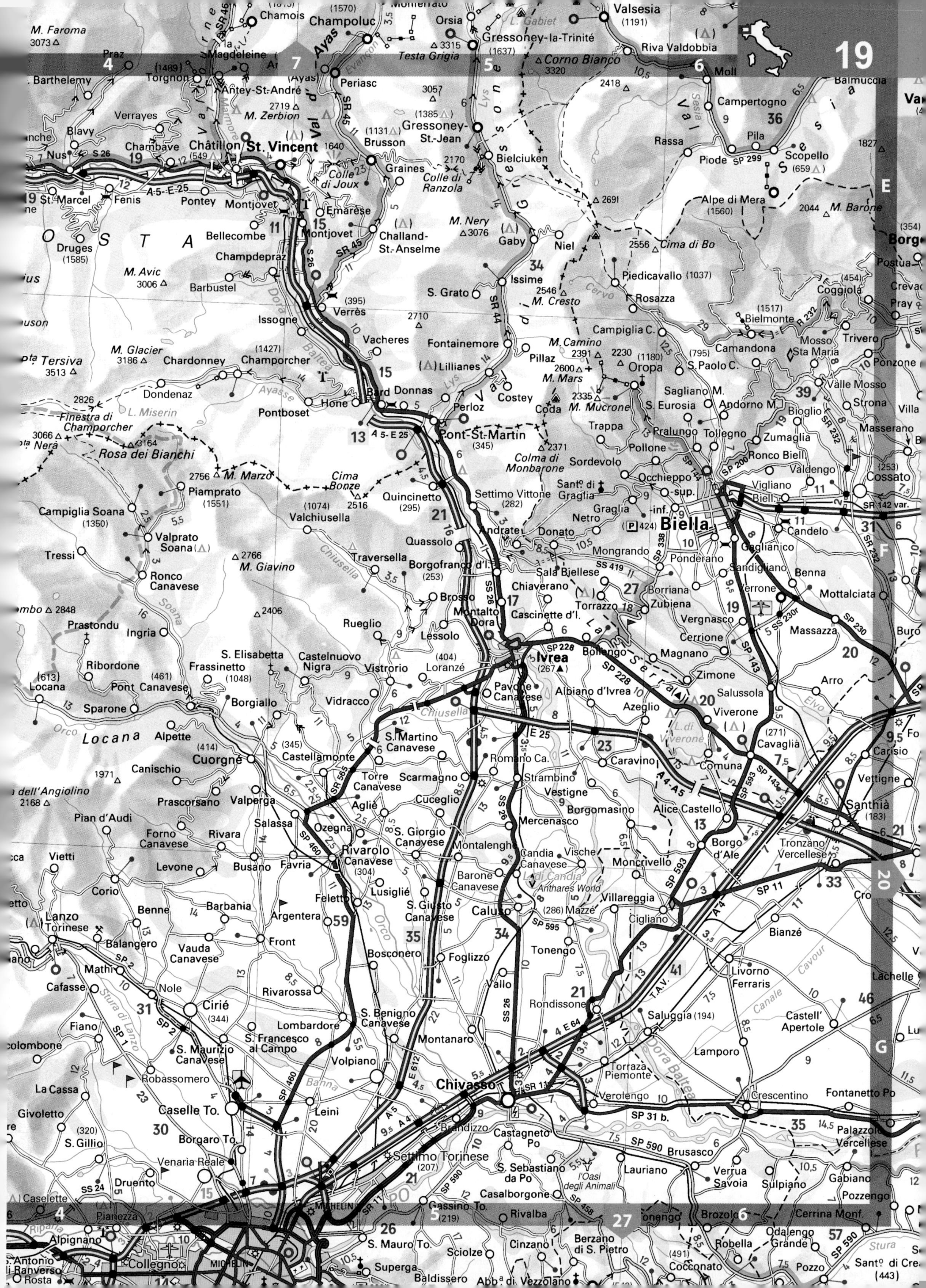

M. Faroma
Chamois
Champoluc
Orsia
Gressoney-la-Trinité
Valsesia
Riva Valdobbia
Testa Grigia
Corno Bianco
Magdeleine
Torgnon
Antey-St-André
Barthelemy
Periasc
Moll
Balmuccia
Campertogno
Verrayes
M. Zerbion
Gressoney-St.-Jean
Brusson
Rassa
Pila
Piode
Scopello
Blavy
Chambave
Nus
Châtillon
St. Vincent
Colle di Joux
Graines
Colle di Ranzola
Bielciuken
St. Marcel
Fenis
Pontey
Montjovet
Emarese
Alpe di Mera
M. Barone
Druges
Bellecombe
Challand-St.-Anselme
M. Nery
Gaby
Niel
Cima di Bo
Champdepraz
M. Avic
Barbustel
Issime
Piedicavallo
S. Grato
M. Cresto
Rosazza
Verrès
Issogne
Bielmonte
Coggiola
Vacheres
Fontainemore
M. Camino
Campiglia C.
Trivero
M. Glacier
Chardonney
Champorcher
Pillaz
Oropa
S. Paolo C.
Camandona
Mosso
Sta Maria
Ponzone
Tersiva
Lillianes
M. Mars
Sagliano M.
Valle Mosso
Dondenaz
Bard
Donnas
Costey
S. Eurosia
Andorno M.
Strona
Hone
Pontboset
Perloz
Coda
M. Mucrone
Bioglio
Finestra di Champorcher
L. Miserin
Pont-St-Martin
Trappa
Pralungo
Tollegno
Zumaglia
Masserano
Rosa dei Bianchi
Colma di Monbarone
Pollone
Ronco Biell.
Cossato
M. Marzo
Cima Bonze
Sordevolo
Occhieppo -sup.
Valdengo
Piamprato
Sant° di Graglia
Vigliano Biell.
Campiglia Soana
Quincinetto
Settimo Vittone
Graglia
Valchiusella
Netro
Biella
Candelo
Valprato Soana
Andrate
Donato
Quassolo
Gaglianico
Tressi
M. Giavino
Traversella
Borgofranco d'I.
Mongrando
Ponderano
Sala Biellese
Sandigliano
Benna
Ronco Canavese
Chiaverano
Verrone
Mottalciata
Brosso
Torrazzo
Borriana
Zubiena
Prastondu
Ingria
Montalto Dora
Cascinette d'I.
Vergnasco
Massazza
Rueglio
Lessolo
Cerrione
Magnano
Bollengo
Ribordone
S. Elisabetta
Castelnuovo Nigra
Vistrorio
Loranzé
Ivrea
Locana
Frassinetto
Pont Canavese
Zimone
Arro
Salussola
Sparone
Borgiallo
Vidracco
Pavone Canavese
Albiano d'Ivrea
Azeglio
Viverone
L. di Viverone
Cavaglià
Alpette
S. Martino Canavese
Carisio
Cuorgnè
Castellamonte
Romano Ca.
Caravino
Comuna
Canischio
Torre Canavese
Scarmagno
Strambino
Vettigne
Prascorsano
Valperga
Aglié
Cuceglio
Vestigne
Borgomasino
Alice Castello
Santhià
Pian d'Audi
Salassa
Ozegna
S. Giorgio Canavese
Mercenasco
Forno Canavese
Rivara
Rivarolo Canavese
Montalenghe
Candia Canavese
Vische
Borgo d'Ale
Tronzano Vercellese
Vietti
Levone
Busano
Favria
Barone Canavese
Moncrivello
Corio
Lusiglié
L. di Candia
Villareggia
Barbania
Feletto
S. Giusto Canavese
Caluso
Mazzè
Cigliano
Bianzé
Lanzo Torinese
Benne
Argentera
Balangero
Front
Vauda Canavese
Bosconero
Foglizzo
Tonengo
Livorno Ferraris
Mathi
Cafasse
Nole
Rivarossa
Vallo
Lachelle
Cirié
Rondissone
Saluggia
Castell' Apertole
Fiano
S. Benigno Canavese
Lombardore
S. Maurizio Canavese
S. Francesco al Campo
Montanaro
Lamporo
Volpiano
Torrazza Piemonte
Robassomero
La Cassa
Chivasso
Verolengo
Crescentino
Fontanetto Po
Givoletto
Caselle To.
Leinì
Brandizzo
S. Gillio
Borgaro To.
Castagneto Po
Brusasco
Palazzolo Vercellese
Venaria Reale
Settimo Torinese
S. Sebastiano da Po
Lauriano
Verrua Savoia
Sulpiano
Gabiano
Druento
Casalborgone
L'Oasi degli Animali
Pozzengo
Caselette
Pianezza
Gassino To.
Rivalba
Brozolo
Cerrina Monf.
Alpignano
S. Mauro To.
Cinzano
Berzano di S. Pietro
Robella
Odalengo Grande
Collegno
Sciolze
Superga
Cocconato
Pozzo
Sant° di Crea
Rosta
Baldissero
Abba di Vezzolano

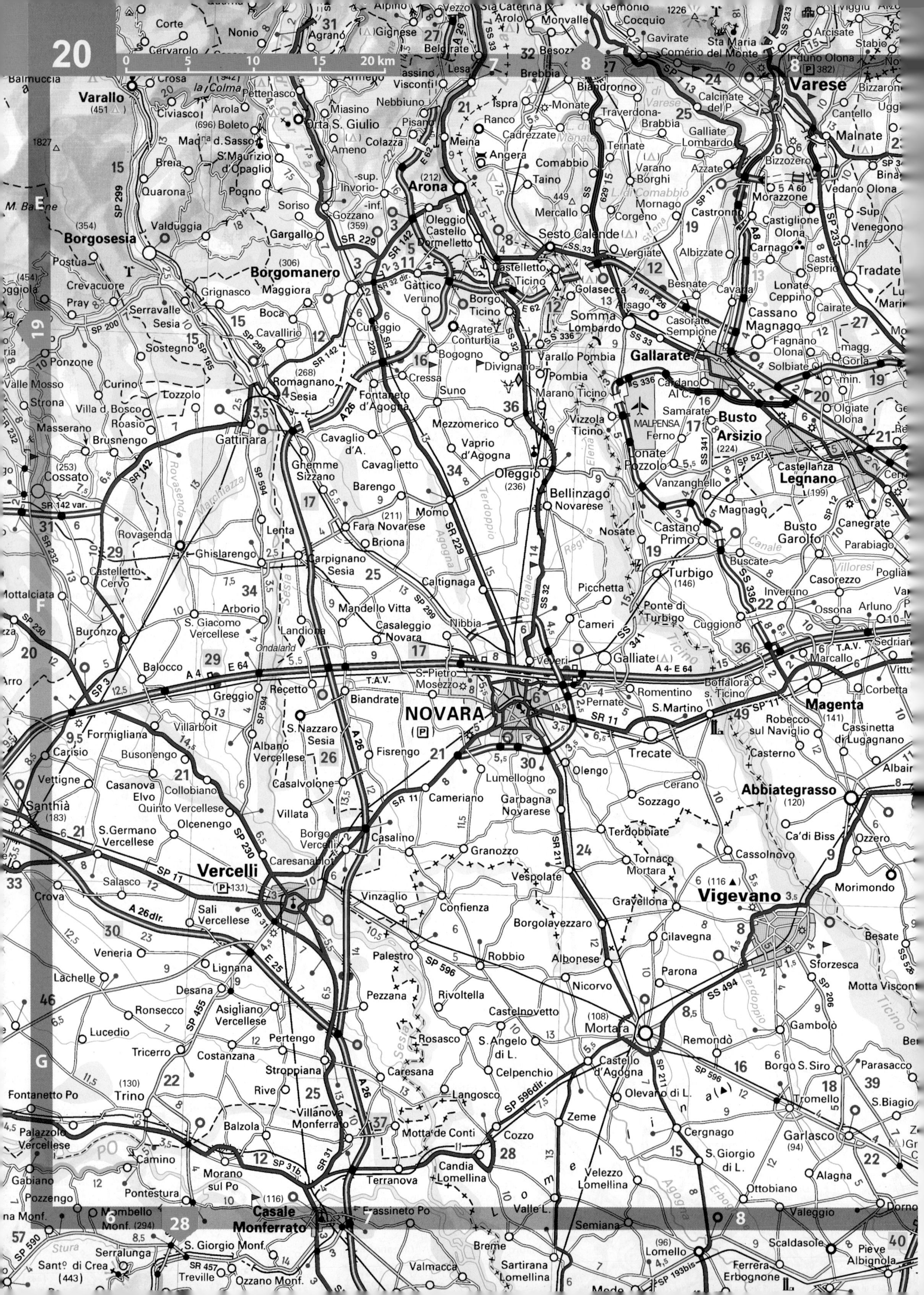

20
0 5 10 15 20 km
Varallo
Borgosesia
Borgomanero
Arona
Sesto Calende
Varese
Tradate
Gallarate
Busto Arsizio
Legnano
Somma Lombardo
Malpensa
Gattinara
Cossato
Santhià
Vercelli
NOVARA
Trecate
Magenta
Abbiategrasso
Vigevano
Mortara
Garlasco
Casale Monferrato
Trino
Oleggio
Romagnano Sesia
Ghemme
Carpignano Sesia
Galliate
Cameri
Bellinzago Novarese
Castano Primo
Turbigo
Cuggiono
Robbio
Lomello
Orta S. Giulio
Castelletto s. Ticino
Borgo Ticino
Buscate
Inveruno
Arluno
Corbetta
Cassolnovo
Gambolò
Tromello
Valle Mosso
Biandrate
Fontanetto Po
Palazzolo Vercellese
Candia Lomellina
Sartirana Lomellina
Breme
Semiana
Valle L.
Cozzo
Zeme
Sannazzaro

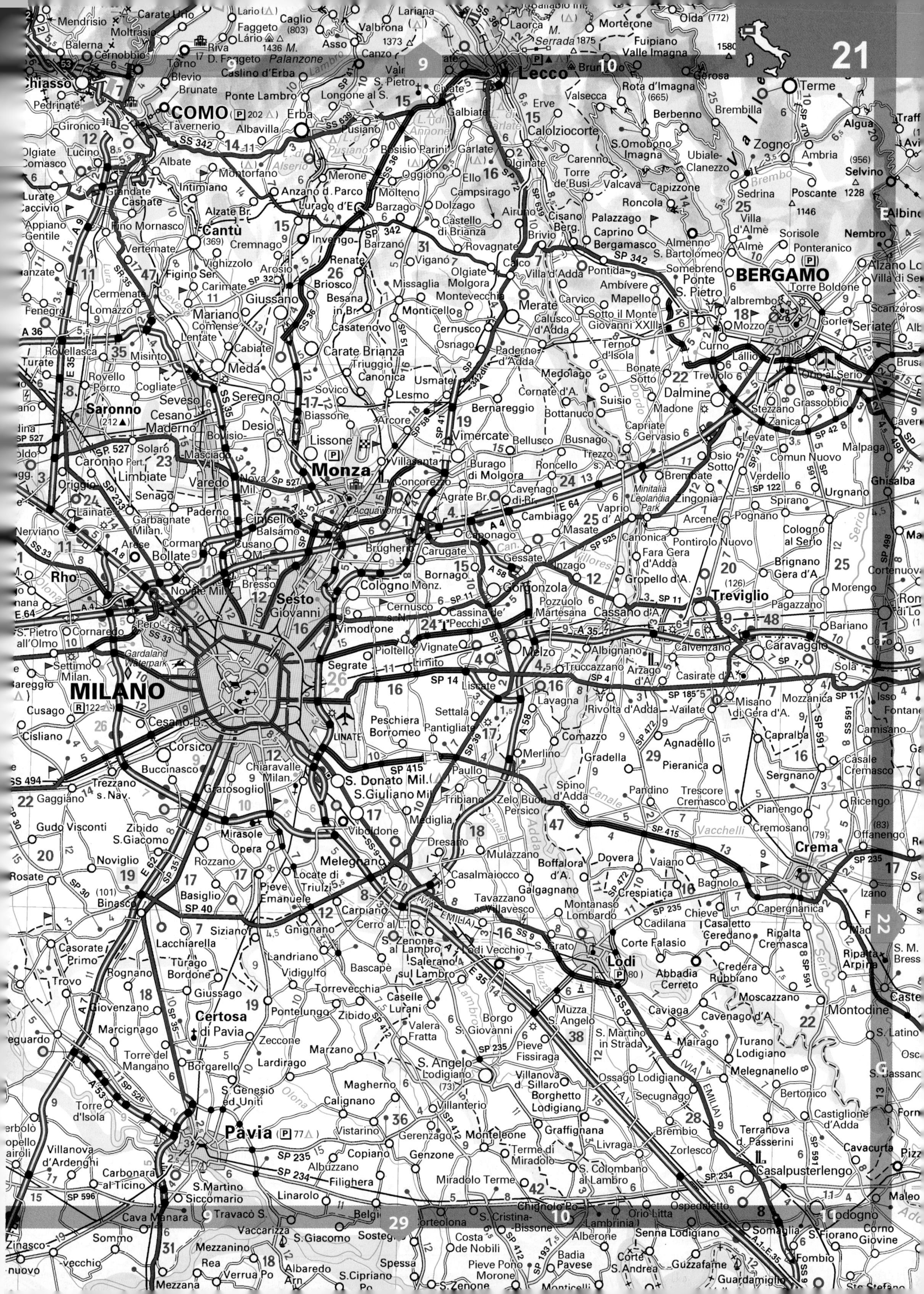

Mendrisio
Balerna
Cernobbio
Chiasso
Pedrinate
Moltrasio
Carate Urio
Torno
Blevio
Brunate
COMO
Tavernerio
Albavilla
Erba
Lario
Faggeto Lário
Caglio
Asso
Canzo
Valbrona
Lariana
M. Palanzone
Caslino d'Erba
Ponte Lambro
Longone al S.
Pusiano
L. di Pusiano
Lecco
Laorca
Morterone
Olda
Fuipiano
Valle Imagna
Gerosa
Terme
Rota d'Imagna
Brembilla
Berbenno
Zogno
Algua
Ambria
Selvino
Galbiate
Civate
Erve
Calolziocorte
Valsecca
Carenno
S.Omobono Imagna
Ubiale-Clanezzo
Sedrina
Poscante
Villa d'Almè
Almè
Sorisole
Ponteranico
Nembro
Albino
Alzano Lombardo
Gironico
Olgiate Comasco
Lucino
Albate
Montorfano
L. di Alserio
Bosisio Parini
Garlate
Olginate
Oggiono
Ello
Merone
Anzano d. Parco
Lurago d'E.
Molteno
Barzago
Dolzago
Campsirago
Airuno
Torre de'Busi
Valcava
Capizzone
Roncola
Palazzago
Caprino Bergamasco
Almenno S. Bartolomeo
Cisano Berg.
Brivio
Castello di Brianza
Rovagnate
Lurate Caccivio
Grandate
Casnate
Appiano Gentile
Intimiano
Alzate Br.
Fino Mornasco
Cantù
Cremnago
Vertemate
Vighizzolo
Figino Ser.
Carimate
Arosio
Inverigo
Renate
Barzanò
Viganò
Missaglia
Olgiate Molgora
Calco
Villa d'Adda
Pontida
Ambivere
Mapello
Sombreno
Ponte S. Pietro
BERGAMO
Torre Boldone
Villa di Serio
Valbrembo
Mozzo
Curno
Gorle
Scanzorosciate
Seriate
Lallio
Brusaporto
Orio al Serio
Grassobbio
Cermenate
Lomazzo
Fenegrò
Mariano Comense
Lentate
Cabiate
Giussano
Briosco
Besana in Br.
Casatenovo
Monticello
Montevecchia
Merate
Carvico
Calusco d'Adda
Sotto il Monte Giovanni XXIII
Terno d'Isola
Paderno d'Adda
Cernusco
Osnago
Rovellasca
Misinto
Turate
Rovello Porro
Cogliate
Meda
Seveso
Seregno
Carate Brianza
Triuggio
Canonica
Usmate
Sovico
Lesmo
Medolago
Cornate d'A.
Suisio
Bonate Sotto
Treviolo
Dalmine
Stezzano
Zanica
Saronno
Cesano Maderno
Bovisio
Desio
Biassono
Arcore
Bernareggio
Bottanuco
Madone
Capriate S. Gervasio
Levate
Caronno Pert.
Solaro
Limbiate
Masciago
Varedo
Nova Mil.
Lissone
Monza
Villasanta
Vimercate
Bellusco
Busnago
Trezzo s. A.
Burago di Molgora
Roncello
Osio Sotto
Brembate
Verdello
Comun Nuovo
Malpaga
Origgio
Lainate
Garbagnate Milan.
Senago
Paderno
Cinisello Balsamo
Concorezzo
Agrate Br.
Cavenago di Br.
Cambiago
Vaprio d'A.
Minitalia Leonardia Park
Zingonia
Arcene
Pognano
Spirano
Urgnano
Ghisalba
Nerviano
Arese
Bollate
Cormano
Cusano M.
Bresso
Brugherio
Carugate
Caponago
Masate
Canonica
Fara Gera d'Adda
Pontirolo Nuovo
Cologno al Serio
Rho
Novate Mil.
Sesto S. Giovanni
Cologno Monz.
Bornago
Gessate
Inzago
Gorgonzola
Pozzuolo Martesana
Cassano d'A.
Gropello d'A.
Treviglio
Brignano Gera d'A.
Morengo
Pagazzano
Cortenuova
Pero
Cornaredo
S. Pietro all'Olmo
Settimo Milan.
Gardaland Waterpark
Cernusco s. N.
Cassina de' Pecchi
Vimodrone
Pioltello
Vignate
Melzo
Albignano
Truccazzano
Calvenzano
Caravaggio
Bariano
Sola
Bareggio
MILANO
Cusago
Cesano B.
Corsico
Cisliano
Segrate
Limito
Liscate
Lavagna
Arzago d'A.
Casirate d'A.
Rivolta d'Adda
Vailate
Misano di Gera d'A.
Mozzanica
Isso
Fontanella
Camisano
LINATE
Peschiera Borromeo
Settala
Pantigliate
Merlino
Comazzo
Gradella
Agnadello
Pieranica
Capralba
Casale Cremasco
Sergnano
Trezzano s. Nav.
Gaggiano
Buccinasco
Chiaravalle Milan.
Gratosoglio
S. Donato Mil.
S. Giuliano Mil.
Paullo
Tribiano
Zelo Buon Persico
Spino d'Adda
Pandino
Trescore Cremasco
Pianengo
Ricengo
Gudo Visconti
Zibido S. Giacomo
Mirasole
Opera
Rozzano
Noviglio
Binasco
Basiglio
Pieve Emanuele
Locate di Triulzi
Viboldone
Mediglia
Dresano
Melegnano
Mulazzano
Boffalora d'A.
Dovera
Vaiano
Cremosano
Crema
Offanengo
Izano
Rosate
Casalmaiocco
Galgagnano
Bagnolo
Crespiatica
Tavazzano c. Villavesco
Montanaso Lombardo
Cadilana
Chieve
Casaletto Ceredano
Capergnanica
Ripalta Cremasca
Madignano
Casorate Primo
Lacchiarella
Siziano
Gnignano
Carpiano
Cerro al L.
S. Zenone al Lambro
Lodi Vecchio
S. Grato
Lodi
Corte Falasio
Abbadia Cerreto
Credera Rubbiano
Ripalta Arpina
Trovo
Rognano
Turago Bordone
Giussago
Landriano
Vidigulfo
Bascapè
Salerano sul Lambro
Torrevecchia
Caselle Lurani
Muzza S. Angelo
Caviaga
Cavenago d'A.
Moscazzano
Montodine
Giovenzano
Certosa di Pavia
Pontelungo
Zibido
Valera Fratta
Borgo S. Giovanni
S. Martino in Strada
Mairago
Turano Lodigiano
Marcignago
Torre del Mangano
Borgarello
Zeccone
Lardirago
Marzano
S. Angelo Lodigiano
Pieve Fissiraga
Villanova d. Sillaro
Ossago Lodigiano
Melegnanello
Torre d'Isola
S. Genesio ed Uniti
Magherno
Borghetto Lodigiano
Secugnago
Bertonico
Castiglione d'Adda
Pavia
Calignano
Villanterio
Vistarino
Graffignana
Brembio
Terranova d. Passerini
Villanova d'Ardenghi
Carbonara al Ticino
Copiano
Gerenzago
Monteleone
Genzone
Albuzzano
Filighera
Terme di Miradolo
Livraga
Zorlesco
Cavacurta
S. Martino Siccomario
Linarolo
Miradolo Terme
S. Colombano al Lambro
Casalpusterlengo
Cava Manara
Travacò S.
Belgioioso
Corteolona
S. Cristina-Bissone
Chignolo Po
Lambrinia
Orio Litta
Ospedaletto
Codogno
Maleo
Sommo
Zinasco
Vaccarizza
S. Giacomo
Sostegno
Costa de Nobili
Alberone
Senna Lodigiano
Somaglia
S. Fiorano
Corno Giovine
Mezzanino
Rea
Verrua Po
Albaredo Arnaboldi
Spessa
S. Cipriano Po
Pieve Porto Morone
Badia Pavese
Corte S. Andrea
Guzzafame
Fombio
Guardamiglio
Mezzana
S. Zenone
Monticelli
Ste Stefano

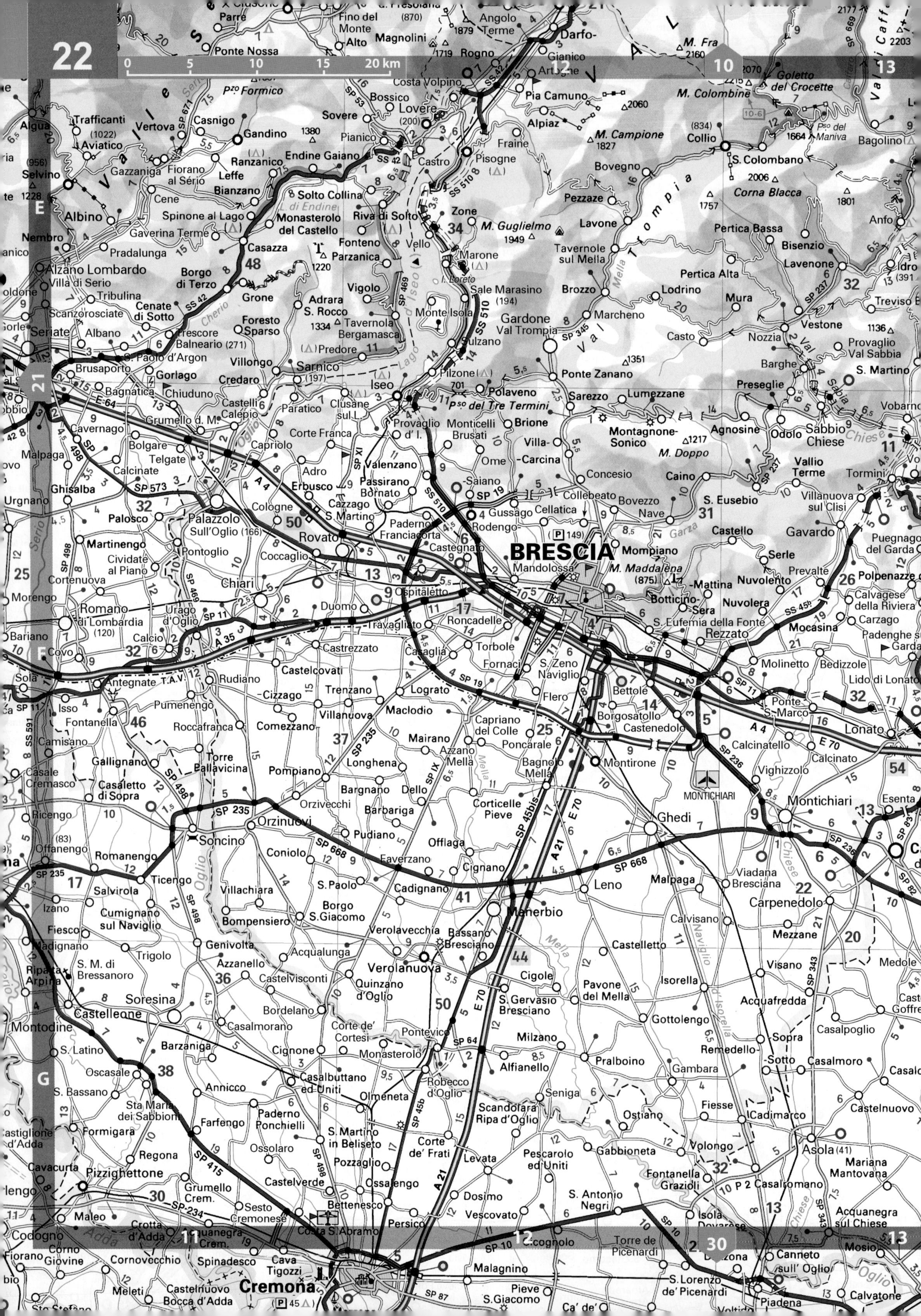

0 5 10 15 20 km
Parre
Ponte Nossa
Fino del Monte
Alto
Magnolini
Angolo Terme
Darfo-
Rogno
Gianico
Artogne
Pian Camuno
Pzo Formico
Costa Volpino
Bossico
Lovere
Sovere
Pianico
Castro
Pisogne
Fraine
Alpiaz
M. Campione 1827
Collio
S. Colombano
Bovegno
M. Fra 2160
M. Colombine
Goletto del Crocette
Pso del Maniva
Bagolino
Algua
Trafficanti
Aviatico
Vertova
Casnigo
Gandino
Selvino
Gazzaniga
Fiorano al Sério
Leffe
Ranzanico
Endine Gaiano
Bianzano
Solto Collina
L. di Endine
Cene
Albino
Spinone al Lago
Monasterolo del Castello
Riva di Solto
Zone
M. Guglielmo 1949
Pezzaze
Lavone
Corna Blacca
Pertica Bassa
Bisenzio
Anfo
Nembro
Gaverina Terme
Pradalunga
Casazza
Fonteno
Parzanica
Vello
Marone
Tavernole sul Mella
Lavenone
Idro
Alzano Lombardo
Villa di Serio
Tribulina
Borgo di Terzo
Grone
Vigolo
Adrara S. Rocco
Sale Marasino
Brozzo
Lodrino
Pertica Alta
Mura
Treviso B.
Scanzorosciate
Cenate di Sotto
Foresto Sparso
Tavernola Bergamasca
Monte Isola
Lago d'Iseo
Gardone Val Trompia
Marcheno
Casto
Nozzia
Vestone
Seriate
Albano
Trescore Balneario (271)
Predore
Sulzano
Val Trompia
Provaglio Val Sabbia
Brusaporto
S. Paolo d'Argon
Gorlago
Villongo
Sarnico
Credaro
Pilzone
Ponte Zanano
Barghe
S. Martino
Bagnatica
Chiuduno
Castelli Calepio
Paratico
Iseo
Polaveno
Pso del Tre Termini
Sarezzo
Lumezzane
Preseglie
Vobarno
Cavernago
Grumello d. M.
Clusane sul L.
Provaglio d'I.
Monticelli Brusati
Brione
Villa-Carcina
Montagnone-Sonico
Agnosine
Odolo
Sabbio Chiese
Malpaga
Bolgare
Telgate
Capriolo
Corte Franca
Adro
Valenzano
Ome
M. Doppo
Vallio Terme
Tormini
Calcinate
Ghisalba
Erbusco
Passirano
Bornato
Saiano
Concesio
Caino
Urgnano
Palosco
Palazzolo Sull'Oglio (166)
Cologne
Cazzago S. Martino
Paderno Franciacorta
Gussago
Rodengo
Cellatica
Collebeato
Bovezzo
Nave
S. Eusebio
Villanuova sul Clisi
Rovato
Castello
Gavardo
Puegnago del Garda
Martinengo
Cividate al Piano
Pontoglio
Coccaglio
Castegnato
BRESCIA
Mandolossa
Mompiano
M. Maddalena (875)
Serle
Prevalle
Polpenazze
Cortenuova
Chiari
Ospitaletto
Mattina
Nuvolento
Calvagese della Riviera
Morengo
Romano di Lombardia (120)
Urago d'Oglio
Duomo
Roncadelle
Botticino-Sera
Nuvolera
Mocasina
Carzago
Padenghe sul Garda
Bariano
Calcio
Travagliato
S. Eufemia della Fonte
Rezzato
Covo
Castrezzato
Casaglia
Torbole
Fornaci
S. Zeno Naviglio
Molinetto
Bedizzole
Sola
Antegnate
Rudiano
Castelcovati
Trenzano
Lograto
Flero
Bettole
Lido di Lonato
Isso
Pumenengo
Cizzago
Maclodio
Borgosatollo
Castenedolo
Ponte S. Marco
Lonato
Fontanella
Roccafranca
Comezzano
Villanuova
Capriano del Colle
Poncarale
Calcinatello
Calcinato
Camisano
Mairano
Azzano Mella
Montirone
Vighizzolo
Casale Cremasco
Gallignano
Torre Pallavicina
Pompiano
Longhena
Bagnolo Mella
Casaletto di Sopra
Bargnano
Dello
Corticelle Pieve
MONTICHIARI
Montichiari
Esenta
Ricengo
Orzivecchi
Barbariga
Ghedi
Orzinuovi
Soncino
Offanengo
Pudiano
Offlaga
Romanengo
Coniolo
Faverzano
Cignano
Leno
Malpaga
Viadana Bresciana
Salvirola
Ticengo
Villachiara
S. Paolo
Cadignano
Manerbio
Carpenedolo
Izano
Cumignano sul Naviglio
Bompensiero
Borgo S. Giacomo
Verolavecchia
Bassano Bresciano
Calvisano
Mezzane
Fiesco
Madignano
Trigolo
Genivolta
Acqualunga
Castelletto
Naviglio
Ripalta Arpina
S. M. di Bressanoro
Azzanello
Verolanuova
Visano
Medole
Castelvisconti
Quinzano d'Oglio
Cigole
Pavone del Mella
Isorella
Acquafredda
Castel Goffredo
Soresina
S. Gervasio Bresciano
Castelleone
Bordelano
Gottolengo
Casalpoglio
Montodine
Casalmorano
Corte de' Cortesi
Pontevico
Milzano
Remedello-Sopra
S. Latino
Barzaniga
Cignone
Monasterolo
Alfianello
Pralboino
Remedello-Sotto
Casalmoro
Casaloldo
Oscasale
Gambara
S. Bassano
Annicco
Casalbuttano ed Uniti
Robecco d'Oglio
Seniga
Olmeneta
Sta Maria dei Sabbioni
Paderno Ponchielli
Scandolara Ripa d'Oglio
Ostiano
Fiesse
Cadimarco
Castelnuovo
Castiglione d'Adda
Formigara
Farfengo
S. Martino in Beliseto
Corte de' Frati
Gabbioneta
Volongo
Regona
Ossolaro
Pozzaglio
Levata
Pescarolo ed Uniti
Asola (41)
Mariana Mantovana
Cavacurta
Pizzighettone
Castelverde
Ossalengo
Fontanella Grazioli
Casalromano
Grumello Crem.
Dosimo
S. Antonio Negri
Acquanegra sul Chiese
Maleo
Sesto Cremonese
Bettenesco
Vescovato
Isola Dovarese
Codogno
Crotta d'Adda
Acquanegra Crem.
Costa S. Abramo
Persico
Cicognolo
Torre de Picenardi
Mosio
Corno Giovine
Fiorano
Cornovecchio
Spinadesco
Cava Tigozzi
Malagnino
Canneto sull' Oglio
Meleti
Castelnuovo Bocca d'Adda
Cremona
Pieve S. Giacomo
S. Lorenzo de' Picenardi
Piadena
Calvatone
Ca' de'
Voltido
E
F
G
10
11
12
13
21
30

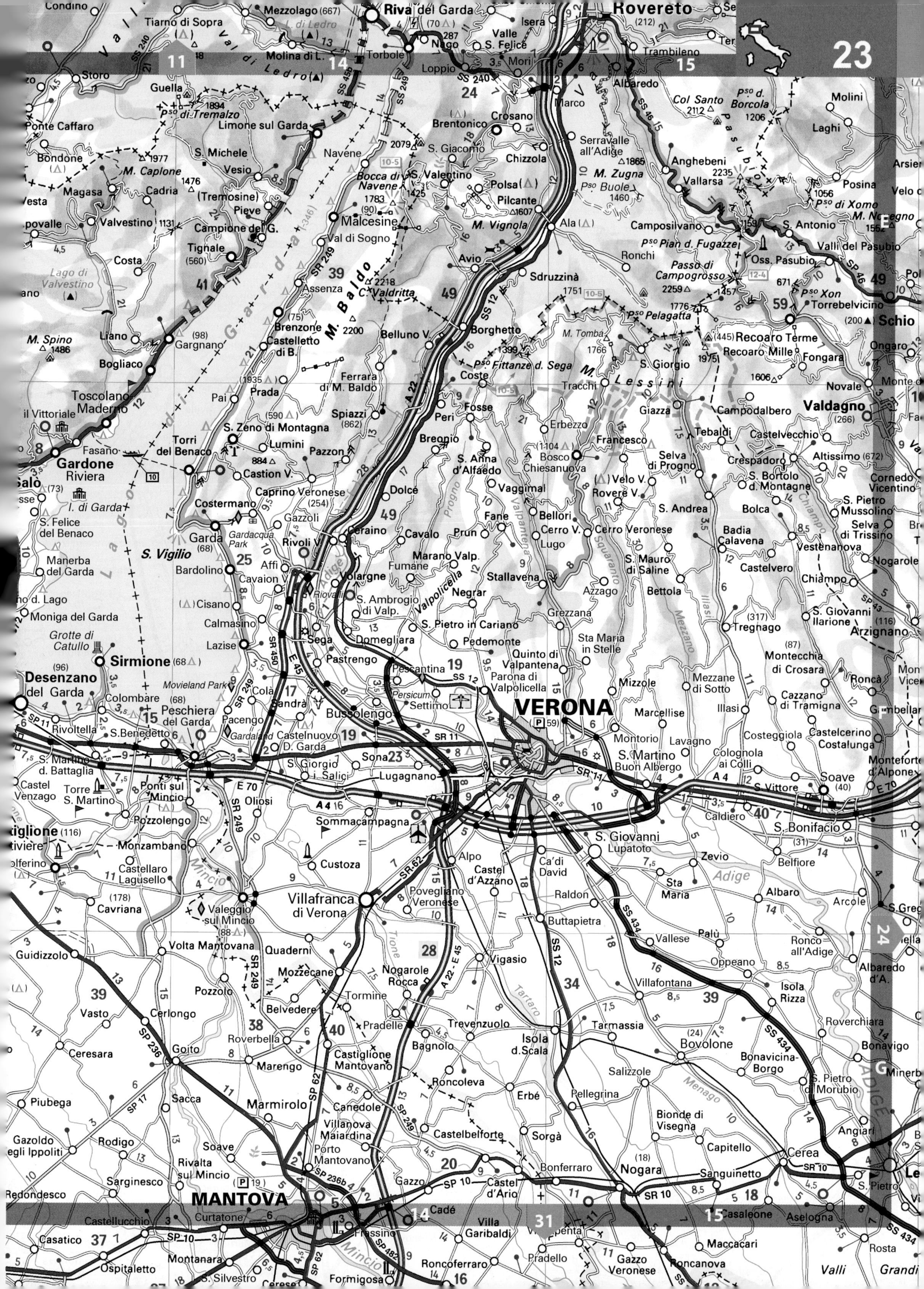

Riva del Garda
Rovereto
Mezzolago
Tiarno di Sopra
Molina di L.
Torbole
Nago
Loppio
Mori
Isera
Valle S. Felice
Trambileno
Condino
Storo
Guella
P.so di Tremalzo
Limone sul Garda
Ponte Caffaro
Bondone
M. Caplone
Magasa
Cadria
Vesio
S. Michele
(Tremosine)
Pieve
Valvestino
Campione del G.
Tignale
Costa
Lago di Valvestino
Navene
Bocca di Navene
S. Valentino
S. Giacomo
Brentonico
Crosano
Chizzola
Serravalle all'Adige
M. Zugna
P.so Buole
Polsa
Pilcante
Malcesine
Val di Sogno
M. Vignola
Ala
Avio
Sdruzzinà
Ronchi
Marco
Albaredo
Col Santo
P.so d. Borcola
Pasubio
Anghebeni
Vallarsa
Molini
Laghi
Posina
P.so di Xomo
M. Novegno
S. Antonio
Valli del Pasubio
Camposilvano
P.so Pian d. Fugazze
Oss. Pasubio
Passo di Campogrosso
P.so Xon
Torrebelvicino
Schio
Recoaro Terme
Recoaro Mille
Fongara
P.so Pelagatta
M. Tomba
S. Giorgio
M. Lessini
P.so Fittanze d. Sega
Assenza
M. Baldo
C. Valdritta
Brenzone
Castelletto di B.
Belluno V.
Borghetto
Coste
Tracchi
Giazza
Campodalbero
Valdagno
Novale
M. Spino
Liano
Gargnano
Bogliaco
Toscolano-Maderno
il Vittoriale
Gardone Riviera
Fasano
Salò
Prada
Pai
Ferrara di M. Baldo
Spiazzi
S. Zeno di Montagna
Torri del Benaco
Lumini
Pazzon
Peri
Fosse
Erbezzo
Breonio
S. Anna d'Alfaedo
Bosco Chiesanuova
Francesco
Selva di Progno
Tebaldi
Castelvecchio
Crespadoro
S. Bortolo d. Montagne
Altissimo
Cornedo Vicentino
Castion V.
Caprino Veronese
Costermano
I. di Garda
S. Felice del Benaco
Manerba del Garda
Garda
S. Vigilio
Gardacqua Park
Bardolino
Cisano
Gazzoli
Ceraino
Cavalo
Dolcè
Vaggimal
Velo V.
Roverè V.
Bellori
Fane
Prun
Cerro V.
Cerro Veronese
Lugo
S. Andrea
Badia Calavena
Bolca
S. Pietro Mussolino
Selva di Trissino
Vestenanova
Castelvero
Nogarole
Chiampo
Rivoli V.
Affi
Cavaion V.
Marano Valp.
Fumane
Volargne
Stallavena
S. Mauro di Saline
Azzago
Bettola
Negrar
S. Ambrogio di Valp.
Valpolicella
Grezzana
Tregnago
S. Giovanni Ilarione
Arzignano
Moniga del Garda
Calmasino
Lazise
Sega
Domegliara
S. Pietro in Cariano
Pedemonte
Sta Maria in Stelle
Quinto di Valpantena
Montecchia di Crosara
Roncà
Grotte di Catullo
Sirmione
Desenzano del Garda
Colombare
Movieland Park
Colà
Pastrengo
Pescantina
Parona di Valpolicella
Mizzole
Mezzane di Sotto
Cazzano di Tramigna
Sandrà
Bussolengo
Persicum
Settimo
VERONA
Marcellise
Illasi
Rivoltella
S. Benedetto
Peschiera del Garda
Pacengo
Gardaland
Castelnuovo D. Garda
Sona
Montorio
Lavagno
Costeggiola
Castelcerino
Costalunga
Monteforte d'Alpone
S. Martino d. Battaglia
Castel Venzago
Torre S. Martino
Ponti sul Mincio
S. Giorgio i. Salici
Lugagnano
S. Martino Buon Albergo
Colognola ai Colli
Soave
S. Vittore
Oliosi
Pozzolengo
Sommacampagna
Caldiero
S. Bonifacio
Castiglione delle Stiviere
Solferino
Monzambano
Custoza
Alpo
S. Giovanni Lupatoto
Ca'di David
Zevio
Belfiore
Castellaro Lagusello
Mincio
Castel d'Azzano
Raldon
Sta Maria
Adige
Albaro
Arcole
Cavriana
Valeggio sul Mincio
Villafranca di Verona
Povegliano Veronese
Buttapietra
Vallese
Palù
Ronco all'Adige
Guidizzolo
Volta Mantovana
Quaderni
Tione
Vigasio
Oppeano
Albaredo d'A.
Mozzecane
Nogarole Rocca
Villafontana
Isola Rizza
Pozzolo
Tormine
Belvedere
Vasto
Cerlongo
Pradelle
Trevenzuolo
Tartaro
Tarmassia
Roverchiara
Bovolone
Bonavigo
Roverbella
Isola d.Scala
Ceresara
Goito
Marengo
Bagnolo
Castiglione Mantovano
Bonavicina-Borgo
Salizzole
S. Pietro di Morubio
Minerbe
Sacca
Marmirolo
Canedole
Roncoleva
Erbè
Pellegrina
Menago
Piubega
Villanova Maiardina
Bionde di Visegna
Angiari
Castelbelforte
Sorgà
Capitello
Gazoldo degli Ippoliti
Rodigo
Soave
Rivalta sul Mincio
Porto Mantovano
Bonferraro
Nogara
Sanguinetto
Cerea
Sarginesco
Gazzo
Castel d'Ario
S. Pietro
Redondesco
MANTOVA
Cadé
Casaleone
Aselogna
Castellucchio
Curtatone
Villa Garibaldi
Casatico
Frassino
Maccacari
Rosta
Montanara
Ospitaletto
Roncoferraro
Pradello
Gazzo Veronese
Roncanova
Valli Grandi
S. Silvestro
Formigosa

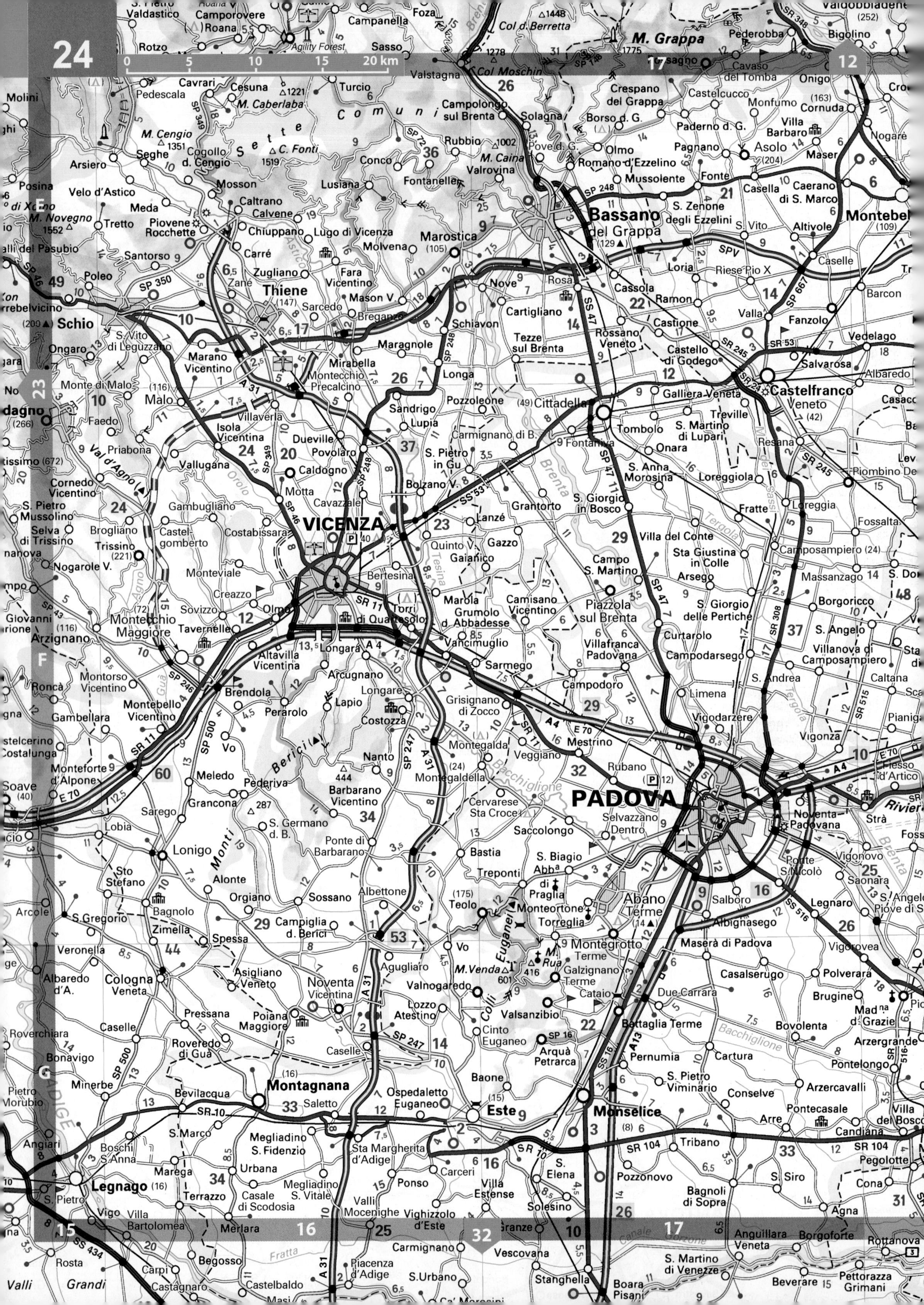
0 5 10 15 20 km
Valdastico
Camporovere
Roana
Agility Forest
Campanella
Foza
Col d. Berretta
M. Grappa
Pederobba
Bigolino
Valdobbiadene
Rotzo
Sasso
Valstagna
Col Moschin
Cavaso del Tomba
Onigo
Cavrari
Pedescala
Cesuna
M. Caberlaba
Turcio
Campolongo sul Brenta
Solagna
Crespano del Grappa
Castelcucco
Monfumo
Cornuda
Molini
M. Cengio
Cogollo d. Cengio
Sette Comuni
C. Fonti
Rubbio
M. Caina
Pove d. G.
Borso d. G.
Paderno d. G.
Villa Barbaro
Nogarè
Arsiero
Seghe
Conco
Valrovina
Olmo
Romano d'Ezzelino
Pagnano
Asolo
Maser
Posina
Velo d'Astico
Mosson
Lusiana
Fontanelle
Mussolente
Fonte
Casella
Caerano di S. Marco
Meda
Caltrano
Calvene
S. Zenone degli Ezzelini
M. Novegno
Tretto
Piovene Rocchette
Chiuppano
Lugo di Vicenza
Marostica
Bassano del Grappa
S. Vito
Altivole
Montebelluna
Santorso
Carré
Molvena
Loria
Riese Pio X
Caselle
Poleo
Zugliano
Fara Vicentino
Zanè
Thiene
Mason V.
Nove
Rosà
Cassola
Ramon
Barcon
Schio
Sarcedo
Breganze
Schiavon
Cartigliano
Valla
Fanzolo
Vedelago
S. Vito di Leguzzano
Ongaro
Marano Vicentino
Mirabella
Maragnole
Tezze sul Brenta
Rossano Veneto
Castione
Castello di Godego
Salvarosa
Albaredo
Monte di Malo
Malo
Montecchio Precalcino
Longa
Castelfranco Veneto
Faedo
Villaverla
Sandrigo
Pozzoleone
Cittadella
Galliera Veneta
Treville
Priabona
Isola Vicentina
Dueville
Lupia
Carmignano di B.
Fontaniva
Tombolo
S. Martino di Lupari
Resana
Vallugana
Povolaro
S. Pietro in Gu
Onara
Cornedo Vicentino
Caldogno
Bolzano V.
S. Anna Morosina
Loreggiola
Piombino Dese
Motta
Cavazzale
S. Giorgio in Bosco
Loreggia
S. Pietro Mussolino
Gambugliano
Grantorto
Fratte
Selva di Trissino
Brogliano
Castelgomberto
Costabissara
VICENZA
Lanzé
Gazzo
Villa del Conte
Fossalta
Trissino
Quinto V.
Gaianigo
Campo S. Martino
Sta Giustina in Colle
Camposampiero
Nogarole V.
Monteviale
Bertesina
Arsego
Massanzago
Creazzo
Marola
Grumolo d. Abbadesse
Camisano Vicentino
Piazzola sul Brenta
S. Giorgio delle Pertiche
Borgoricco
Montecchio Maggiore
Sovizzo
Olmo
Torri di Quartesolo
Tavernelle
Arzignano
Vancimuglio
Villafranca Padovana
Curtarolo
S. Angelo
Villanova di Camposampiero
Altavilla Vicentina
Longara
Sarmego
Campodarsego
Montorso Vicentino
Arcugnano
Campodoro
S. Andrea
Caltana
Roncà
Longare
Brendola
Lapio
Grisignano di Zocco
Limena
Montebello Vicentino
Perarolo
Costozza
Gambellara
Vigodarzere
Pianiga
Castelcerino
Costalunga
Vo
Berici
Montegalda
Veggiano
Mestrino
Vigonza
Monteforte d'Alpone
Meledo
Nanto
Montegaldella
Rubano
Fiesso d'Artico
Soave
Pederiva
Barbarano Vicentino
Cervarese Sta Croce
PADOVA
Noventa Padovana
Strà
Riviera
Sarego
Grancona
S. Germano d. B.
Saccolongo
Selvazzano Dentro
Lobia
Ponte di Barbarano
Bastia
S. Biagio
Ponte S. Nicolò
Vigonovo
Lonigo
Monti
Treponti
Abbª di Praglia
Saonara
Sto Stefano
Alonte
Albettone
Teolo
Abano Terme
Salboro
Legnaro
S. Angelo Piove di Sacco
Arcole
S. Gregorio
Orgiano
Sossano
Bagnolo
Zimella
Campiglia d. Berici
Monteortone
Torreglia
Albignasego
Spessa
Veronella
Vo
Euganei
Montegrotto Terme
Maserà di Padova
Vigorovea
Albaredo d'A.
Cologna Veneta
Asigliano Veneto
Agugliaro
M. Venda
M. Rua
Galzignano Terme
Casalserugo
Polverara
Noventa Vicentina
Valnogaredo
Cataio
Due Carrara
Brugine
Pressana
Lozzo Atestino
Colli
Valsanzibio
Mad.na d. Grazie
Roverchiara
Caselle
Poiana Maggiore
Cinto Euganeo
Battaglia Terme
Bovolenta
Bonavigo
Roveredo di Guà
Caselle
Arquà Petrarca
Bacchiglione
Arzergrande
Pernumia
Cartura
Pontelongo
Minerbe
Montagnana
Baone
S. Pietro Viminario
Pietro Morubio
Bevilacqua
Ospedaletto Euganeo
Conselve
Arzercavalli
Saletto
Este
Monselice
Pontecasale
Villa del Bosco
ADIGE
S. Marco
Megliadino S. Fidenzio
Sta Margherita d'Adige
Arre
Candiana
Angiari
Boschi S. Anna
Tribano
Pegolotte
Marega
Urbana
Carceri
S. Elena
Pozzonovo
S. Siro
Legnago
Terrazzo
Casale di Scodosia
Megliadino S. Vitale
Ponso
Villa Estense
Bagnoli di Sopra
Cona
S. Pietro
Vigo
Villa Bartolomea
Merlara
Valli Mocenighe
Vighizzolo d'Este
Solesino
Agna
Granze
Anguillara Veneta
Borgoforte
Rottanova
Carmignano
Vescovana
Canale Gorzone
Fratta
Rosta
Begosso
Piacenza d'Adige
S. Martino di Venezze
Valli Grandi
Carpi
Castagnaro
Castelbaldo
S. Urbano
Stanghella
Boara Pisani
Beverare
Pettorazza Grimani

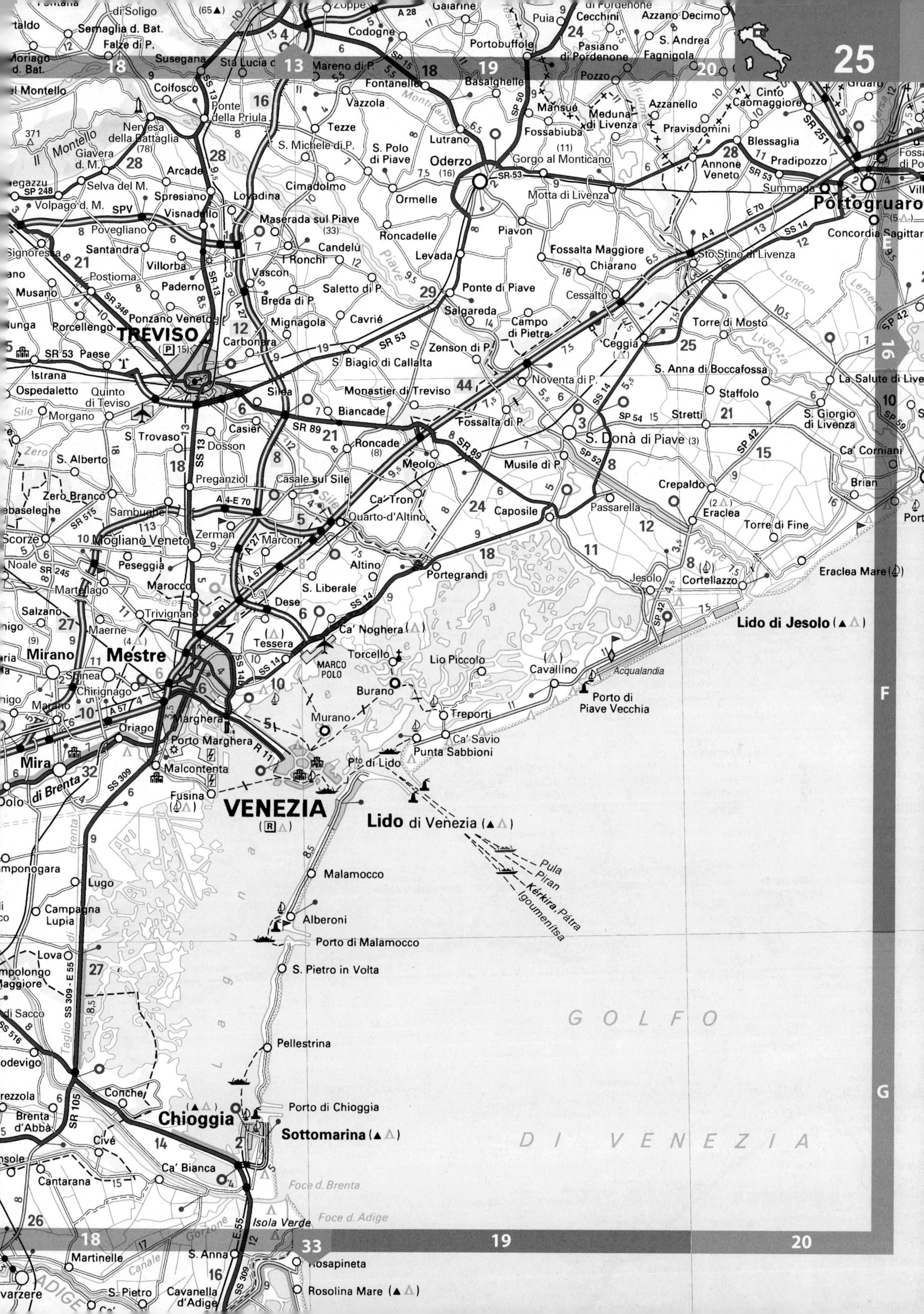

TREVISO
Mestre
VENEZIA
Chioggia
Portogruaro
Oderzo
Lido di Venezia
Lido di Jesolo
Sottomarina
S. Donà di Piave
Mirano
Mira
Dolo
Susegana
Sernaglia d. Bat.
Falze di P.
Moriago d. Bat.
Colfosco
Ponte della Priula
Nervesa della Battaglia
Il Montello
Giavera d. M.
Arcade
Spresiano
Selva del M.
Volpago d. M.
Visnadello
Povegliano
Santandrea
Villorba
Signoressa
Postioma
Musano
Paderno
Ponzano Veneto
Porcellengo
Paese
Istrana
Quinto di Treviso
Ospedaletto
Morgano
S. Trovaso
Dosson
Preganziol
S. Alberto
Zero Branco
Sambughè
Mogliano Veneto
Zerman
Marcon
Scorzè
Noale
Peseggia
Martellago
Marocco
Trivignano
Maerne
Salzano
Spinea
Chirignago
Marano
Oriago
Marghera
Porto Marghera
Malcontenta
Fusina
Riviera di Brenta
Camponogara
Lugo
Campagna Lupia
Lova
Campolongo Maggiore
Piove di Sacco
Codevigo
Conche
Brenta d'Abbà
Civè
Ca' Bianca
Cantarana
Isola Verde
Martinelle
S. Anna
Cavanella d'Adige
S. Pietro
Cavarzere
Rosapineta
Rosolina Mare
Foce d. Brenta
Foce d. Adige
Porto di Chioggia
Pellestrina
S. Pietro in Volta
Porto di Malamocco
Alberoni
Malamocco
Murano
Burano
Torcello
Marco Polo
Tessera
Ca' Noghera
Dese
S. Liberale
Altino
Portegrandi
Quarto-d'Altino
Ca' Tron
Casale sul Sile
Meolo
Roncade
Biancade
Monastier di Treviso
Casier
Silea
Carbonara
S. Biagio di Callalta
Mignagola
Breda di P.
Vascon
I Ronchi
Candelù
Maserada sul Piave
Lovadina
Cimadolmo
S. Michele di P.
Tezze
Vazzola
Fontanelle
Mareno di P.
Codogne
Gaiarine
S. Polo di Piave
Ormelle
Roncadelle
Levada
Saletto di P.
Cavriè
Ponte di Piave
Salgareda
Zenson di P.
Campo di Pietra
Fossalta di P.
Noventa di P.
Musile di P.
Caposile
Passarella
Eraclea
Eraclea Mare
Torre di Fine
Cortellazzo
Jesolo
Cavallino
Porto di Piave Vecchia
Acqualandia
Lio Piccolo
Treporti
Ca' Savio
Punta Sabbioni
P.to di Lido
Crepaldo
Brian
Ca' Corniani
S. Giorgio di Livenza
La Salute di Livenza
Staffolo
Stretti
S. Anna di Boccafossa
Torre di Mosto
Ceggia
Cessalto
Chiarano
Fossalta Maggiore
Sto Stino di Livenza
Concordia Sagittaria
Summaga
Pradipozzo
Blessaglia
Annone Veneto
Pravisdomini
Cinto Caomaggiore
Azzanello
Meduna di Livenza
Mansuè
Fossabiuba
Gorgo al Monticano
Motta di Livenza
Piavon
Lutrano
Basalghelle
Portobuffolè
Pasiano di Pordenone
Pozzo
Fagnigola
S. Andrea
Azzano Decimo
Cecchini
Puia
Sta Lucia di P.
di Soligo
Pula
Piran
Kérkira, Pátra
Igoumenítsa
GOLFO DI VENEZIA

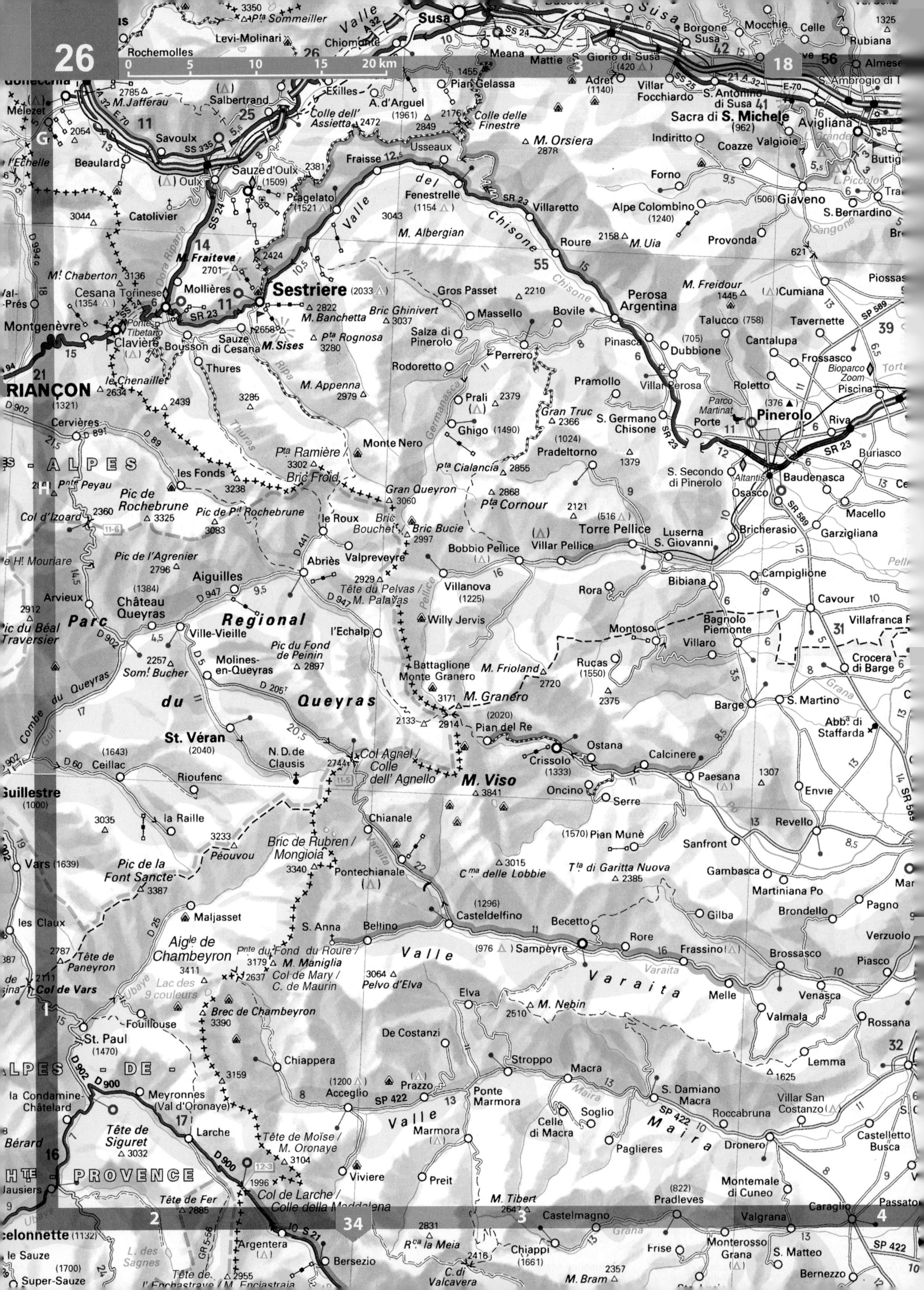
Susa
Valle di Susa
Chiomonte
Rochemolles
Levi-Molinari
Pta Sommeiller
Meana
Mattie
Giorio di Susa
Borgone Susa
Mocchie
Celle
Rubiana
Almese
S. Ambrogio di T.
Exilles
Pian Gelassa
Adret
Villar Focchiardo
S. Antonino di Susa
Sacra di S. Michele
Avigliana
M. Jafferau
Salbertrand
Mélezet
Colle dell' Assietta
A. d'Arguel
Colle delle Finestre
Savoulx
Beaulard
Oulx
Sauze d'Oulx
Usseaux
M. Orsiera
Indiritto
Coazze
Valgioie
Forno
Giaveno
Fraisse
Pragelato
Valle del Chisone
Fenestrelle
Villaretto
Alpe Colombino
S. Bernardino
Catolivier
M. Albergian
Roure
M. Uia
Provonda
M. Fraiteve
M! Chaberton
Mollières
Sestriere
Cesana Torinese
Montgenèvre
Clavière
Bousson
Sauze di Cesana
M. Sises
M. Banchetta
Bric Ghinivert
Pta Rognosa
Gros Passet
Massello
Bovile
Perosa Argentina
M. Freidour
Cumiana
Piossasco
Salza di Pinerolo
Perrero
Pinasca
Dubbione
Talucco
Tavernette
Cantalupa
Frossasco
Bioparco Zoom
Thures
le Chenaillet
BRIANÇON
Cervières
Rodoretto
Pramollo
Villar Perosa
Roletto
Piscina
M. Appenna
Prali
Ghigo
Gran Truc
S. Germano Chisone
Parco Martinat
Pinerolo
Porte
Riva
Monte Nero
Pta Ramière / Bric Froid
Pta Cialancia
Pradeltorno
S. Secondo di Pinerolo
Altantis
Osasco
Baudenasca
Buriasco
Macello
HAUTES - ALPES
les Fonds
Pic de Rochebrune
Pic de Pt Rochebrune
Col d'Izoard
Pnte Peyau
Gran Queyron
Pta Cornour
le Roux
Bric Bouchet / Bric Bucie
Torre Pellice
Villar Pellice
Bobbio Pellice
Luserna S. Giovanni
Bricherasio
Garzigliana
Pic de l'Agrenier
Abriès
Valpreveyre
Aiguilles
Arvieux
Château Queyras
Parc Regional du Queyras
Tête du Pelvas / M. Palavas
Villanova
Rora
Bibiana
Campiglione
Cavour
Villafranca P.
Willy Jervis
Ville-Vieille
Pic du Béal Traversier
l'Echalp
Montoso
Bagnolo Piemonte
Villaro
Pic du Fond de Peinin
Molines-en-Queyras
Som! Bucher
Battaglione Monte Granero
M. Frioland
Rucas
Crocera di Barge
M. Granero
Barge
S. Martino
Combe du Queyras
St. Véran
Pian del Re
Ostana
Abba di Staffarda
N. D. de Clausis
Col Agnel / Colle dell' Agnello
M. Viso
Crissolo
Calcinere
Paesana
Ceillac
Rioufenc
Oncino
Serre
Envie
Guillestre
la Raille
Chianale
Pian Munè
Revello
Péouvou
Bric de Rubren / Mongioia
Sanfront
Vars
Pic de la Font Sancte
Pontechianale
Cma delle Lobbie
Tta di Garitta Nuova
Gambasca
Martiniana Po
Brondello
Pagno
les Claux
Maljasset
S. Anna
Beltino
Casteldelfino
Becetto
Gilba
Verzuolo
Aigle de Chambeyron
Pnte du Fond du Roure / M. Maniglia
Col de Mary / C. de Maurin
Sampèyre
Rore
Frassino
Brossasco
Piasco
Tête de Paneyron
Col de Vars
Lac des 9 couleurs
Pelvo d'Elva
Valle Varaita
Melle
Venasca
Elva
M. Nebin
Valmala
Rossana
Fouillouse
Brec de Chambeyron
St. Paul
De Costanzi
Chiappera
Stroppo
Lemma
ALPES - DE - HAUTE - PROVENCE
Acceglio
Prazzo
Macra
S. Damiano Macra
la Condamine-Châtelard
Meyronnes (Val d'Oronaye)
Ponte Marmora
Soglio
Roccabruna
Villar San Costanzo
Tête de Siguret
Larche
Valle Maira
Marmora
Celle di Macra
Paglieres
Dronero
Castelletto Busca
Bérard
Tête de Moïse / M. Oronaye
Viviere
Preit
Montemale di Cuneo
Jausiers
Col de Larche / Colle della Maddalena
Tête de Fer
M. Tibert
Pradleves
Caraglio
Passatore
Barcelonnette
Argentera
Rca la Meia
Castelmagno
Valgrana
Monterosso Grana
S. Matteo
le Sauze
L. des Sagnes
Bersezio
Chiappi
Frise
Super-Sauze
Tête de l'Enchastraye / M. Enciastraia
C. di Valcavera
M. Bram
Bernezzo
0 5 10 15 20 km

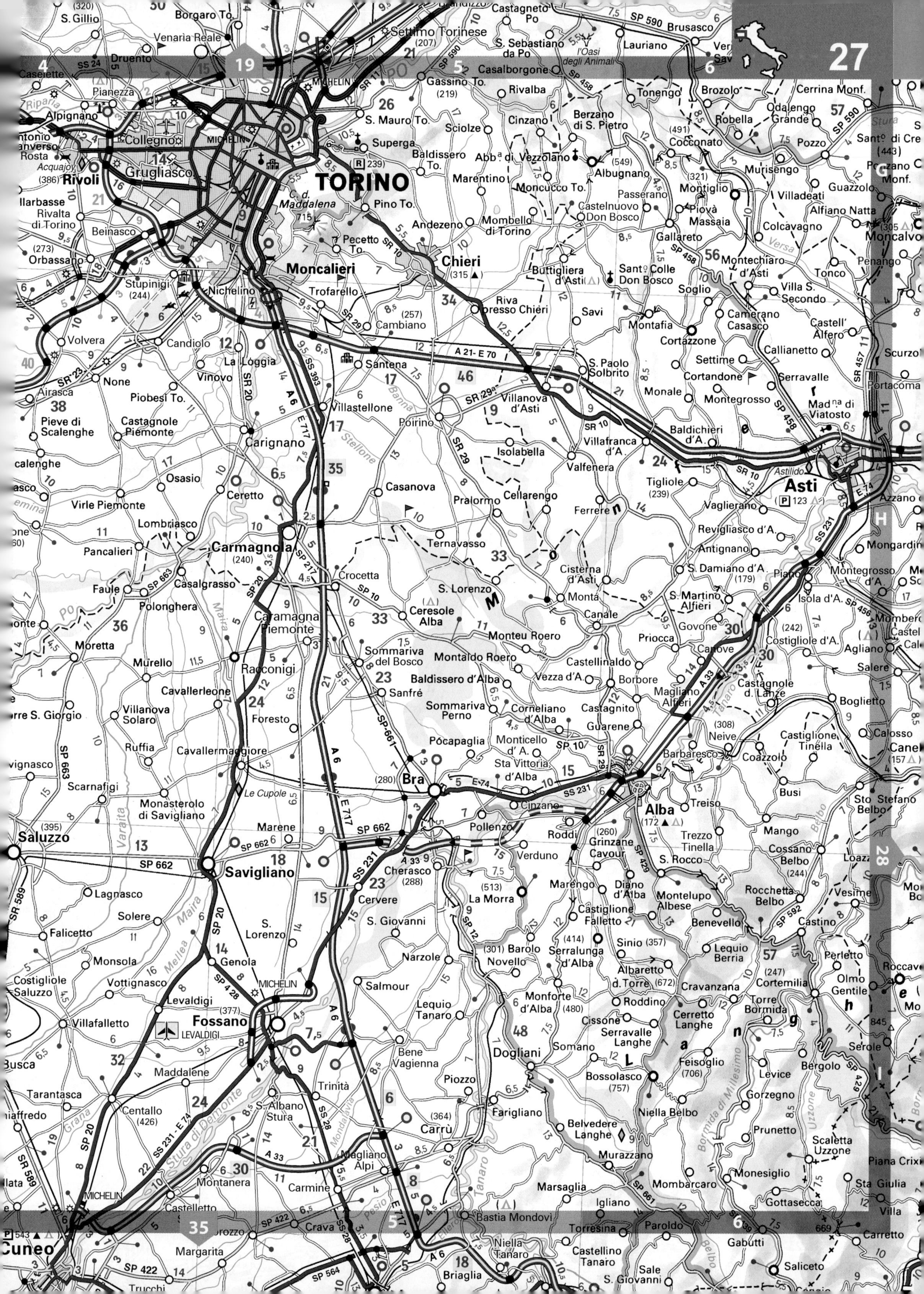

TORINO
S. Gillio
Borgaro To.
Settimo Torinese
Castagneto Po
Brusasco
Lauriano
S. Sebastiano da Po
L'Oasi degli Animali
Casalborgone
Venaria Reale
Druento
Caselette
Pianezza
Alpignano
Collegno
Grugliasco
Rivoli
Rosta
Acquajoy
Gassino To.
Rivalba
Tonengo
Brozolo
Cerrina Monf.
Odalengo Grande
Robella
Cocconato
Pozzo
Sant° di Crea
Ponzano Monf.
Guazzolo
Villadeati
Alfiano Natta
Moncalvo
S. Mauro To.
Sciolze
Cinzano
Berzano di S. Pietro
Superga
Baldissero To.
Abb.a di Vezzolano
Albugnano
Murisengo
Montiglio
Piovà Massaia
Colcavagno
Marentino
Moncucco To.
Passerano
Castelnuovo Don Bosco
Mombello di Torino
Andezeno
C. d. Maddalena
Pino To.
Pecetto To.
Gallareto
Montechiaro d'Asti
Penango
Tonco
Villa S. Secondo
Camerano Casasco
Castell' Alfero
Calliantello
Scurzo
Portacomaro
Chieri
Moncalieri
Buttigliera d'Asti
Sant° Colle Don Bosco
Soglio
Beinasco
Rivalta di Torino
Orbassano
Stupinigi
Nichelino
Trofarello
Cambiano
Riva presso Chieri
Savi
Montafia
Cortazzone
Settime
Cortandone
Serravalle
Monale
Montegrosso
Mad.na di Viatosto
Volvera
Candiolo
La Loggia
Vinovo
Santena
S. Paolo Solbrito
Villanova d'Asti
Baldichieri d'A.
None
Airasca
Piobesi To.
Villastellone
Poirino
Pieve di Scalenghe
Castagnole Piemonte
Carignano
Isolabella
Villafranca d'A.
Valfenera
Tigliole
Asti
Scalenghe
Osasio
Casanova
Pralormo
Cellarengo
Ferrere
Vaglierano
Azzano
Virle Piemonte
Ceretto
Lombriasco
Pancalieri
Carmagnola
Ternavasso
Revigliasco d'A.
Antignano
Mongardino
Faule
Casalgrasso
Crocetta
S. Lorenzo
Cisterna d'Asti
S. Damiano d'A.
Piano
Montegrosso d'A.
Polonghera
Caramagna Piemonte
Ceresole Alba
Montà
Canale
S. Martino Alfieri
Isola d'A.
Moretta
Monteu Roero
Priocca
Govone
Costigliole d'A.
Agliano
Murello
Racconigi
Sommariva del Bosco
Montaldo Roero
Castellinaldo
Canove
Salere
Cavallerleone
Baldissero d'Alba
Vezza d'A.
Borbore
Magliano Alfieri
Castagnole d. Lanze
Boglietto
Villanova Solaro
Sanfrè
Sommariva Perno
Corneliano d'Alba
Castagnito
Guarene
Foresto
Ruffia
Cavallermaggiore
Pocapaglia
Monticello d'A.
Sta Vittoria d'Alba
Neive
Barbaresco
Coazzolo
Castiglione Tinella
Calosso
Canelli
Scarnafigi
Le Cupole
Bra
Alba
Treiso
Busi
Sto Stefano Belbo
Monasterolo di Savigliano
Marene
Cinzano
Pollenzo
Roddi
Trezzo Tinella
Mango
Saluzzo
Savigliano
Cherasco
Verduno
Grinzane Cavour
S. Rocco
Cossano Belbo
Loazzolo
Lagnasco
Cervere
La Morra
Marengo
Diano d'Alba
Montelupo Albese
Rocchetta Belbo
Vesime
Solere
Falicetto
S. Lorenzo
S. Giovanni
Castiglione Falletto
Benevello
Castino
Monsola
Genola
Narzole
Barolo
Novello
Serralunga d'Alba
Sinio
Lequio Berria
Perletto
Costigliole Saluzzo
Vottignasco
Salmour
Albaretto d. Torre
Cravanzana
Cortemilia
Olmo Gentile
Roccaverano
Levaldigi
Lequio Tanaro
Monforte d'Alba
Roddino
Torre Bormida
Villafalletto
Fossano
Cissone
Serravalle Langhe
Cerretto Langhe
Dogliani
Somano
Serole
Busca
Bene Vagienna
Feisoglio
Bergolo
Maddalene
Bossolasco
Levice
Tarantasca
Trinità
Piozzo
Gorzegno
Centallo
S. Albano Stura
Farigliano
Niella Belbo
Carrù
Belvedere Langhe
Prunetto
Scaletta Uzzone
Murazzano
Piana Crixia
Magliano Alpi
Montanera
Carmine
Marsaglia
Mombarcaro
Monesiglio
Sta Giulia
Castelletto
Igliano
Gottasecca
Villa
Crava
Bastia Mondovì
Torresina
Paroldo
Gabutti
Carretto
Cuneo
Margarita
Niella Tanaro
Castellino Tanaro
Sale S. Giovanni
Saliceto
Briaglia
Trucchi
Morozzo
LEVALDIGI
MICHELIN
A 6
A 21 - E 70
A 33
E 717
E 74
SS 231
SS 393
SR 10
SR 20
SR 29
SP 10
SP 662
SP 663
SP 661
SP 422
SP 564
SP 458
SP 590
Po
Maira
Varaita
Stura di Demonte
Tanaro
Belbo
Bormida di Millesimo
Uzzone
Stellone
Banna
Versa
Pesio
Ellero
Mellea
Grana
Langhe

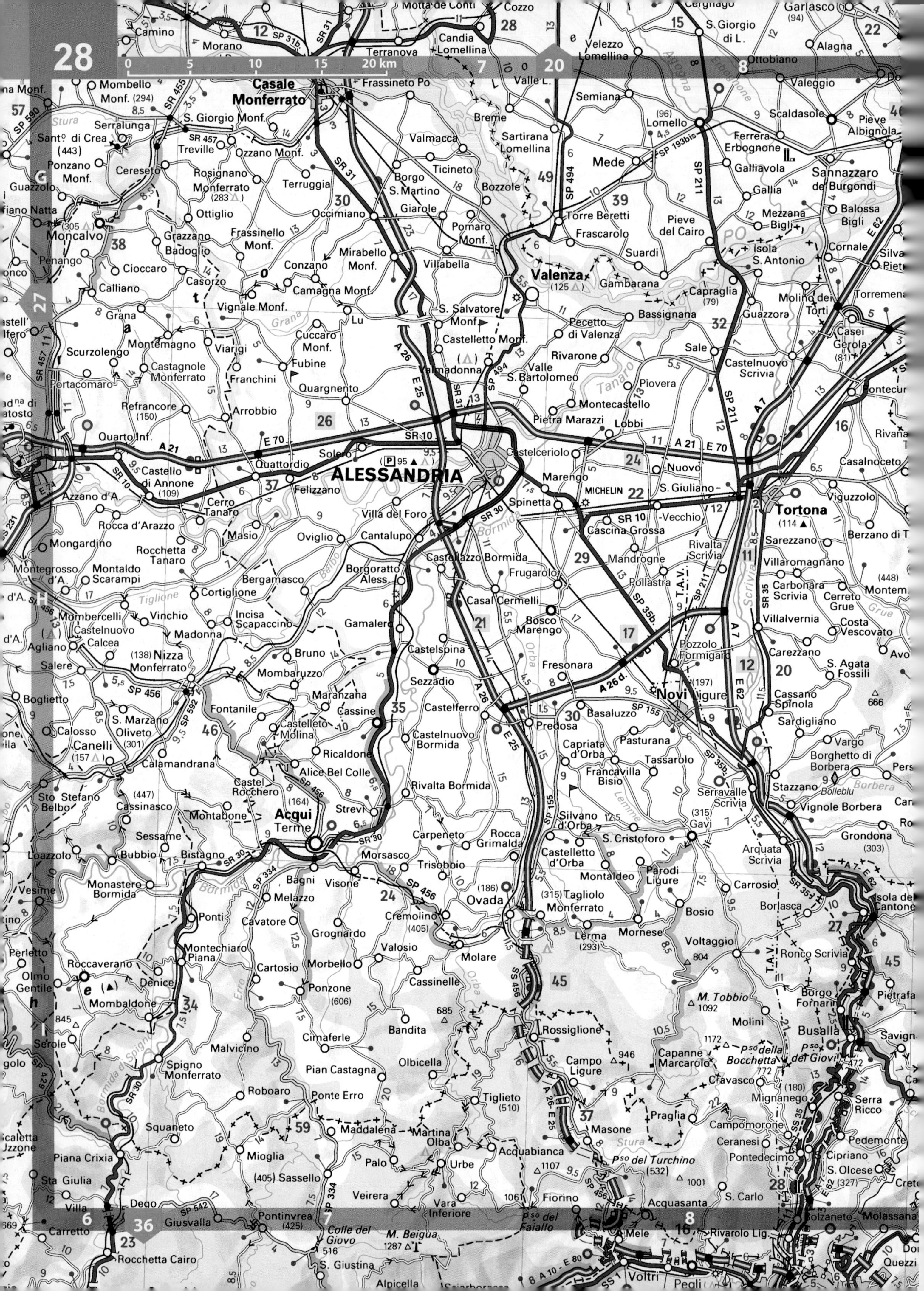
Casale Monferrato
Frassineto Po
Mombello Monf.
S. Giorgio Monf.
Serralunga
Santº di Crea
Treville
Ozzano Monf.
Ponzano Monf.
Cereseto
Rosignano Monferrato
Terruggia
Moncalvo
Ottiglio
Grazzano Badoglio
Frassinello Monf.
Occimiano
Giarole
Borgo S. Martino
Ticineto
Valmacca
Bozzole
Breme
Sartirana Lomellina
Semiana
Lomello
Mede
Velezzo Lomellina
Valle L.
Candia Lomellina
Terranova
Morano
Camino
Cozzo
Motta de Conti
S. Giorgio di L.
Garlasco
Alagna
Ottobiano
Valeggio
Scaldasole
Pieve Albignola
Ferrera Erbognone
Galliavola
Sannazzaro de' Burgondi
Gallia
Mezzana Bigli
Balossa Bigli
Pieve del Cairo
Torre Beretti
Frascarolo
Suardi
Gambarana
Isola S. Antonio
Cornale
Valenza
Pomaro Monf.
Mirabello Monf.
Villabella
Conzano
Camagna Monf.
Cioccaro
Penango
Casorzo
Calliano
Vignale Monf.
Lu
S. Salvatore Monf.
Castelletto Monf.
Pecetto di Valenza
Bassignana
Capraglia
Guazzora
Molino dei Torti
Torremenara
Casei Gerola
Grana
Montemagno
Viarigi
Cuccaro Monf.
Fubine
Scurzolengo
Castagnole Monferrato
Portacomaro
Franchini
Quargnento
Valmadonna
Valle S. Bartolomeo
Rivarone
Sale
Castelnuovo Scrivia
Piovera
Montecastello
Pietra Marazzi
Lobbi
Refrancore
Arrobbio
Quarto Inf.
Castello di Annone
Quattordio
Solero
Felizzano
ALESSANDRIA
Castelceriolo
Marengo
S. Giuliano Nuovo
S. Giuliano Vecchio
Tortona
Viguzzolo
Casalnoceto
Pontecurone
Azzano d'A.
Cerro Tanaro
Rocca d'Arazzo
Spinetta
Cascina Grossa
Villa del Foro
Oviglio
Cantalupo
Masio
Mongardino
Rocchetta Tanaro
Castellazzo Bormida
Frugarolo
Mandrogne
Rivalta Scrivia
Pollastra
Sarezzano
Berzano di T.
Villaromagnano
Carbonara Scrivia
Cerreto Grue
Montegrosso d'A.
Montaldo Scarampi
Bergamasco
Borgoratto Aless.
Cortiglione
Casal Cermelli
Bosco Marengo
Villalvernia
Costa Vescovato
Mombercelli
Vinchio
Castelnuovo Calcea
Incisa Scapaccino
Madonna
Agliano
Gamalero
Nizza Monferrato
Bruno
Castelspina
Fresonara
Pozzolo Formigaro
Carezzano
S. Agata Fossili
Salere
Mombaruzzo
Sezzadio
Novi Ligure
Cassano Spinola
Boglietto
Fontanile
Maranzana
Cassine
Castelferro
Predosa
Basaluzzo
Sardigliano
S. Marzano Oliveto
Castelletto Molina
Calosso
Canelli
Calamandrana
Ricaldone
Castelnuovo Bormida
Capriata d'Orba
Pasturana
Tassarolo
Vargo
Borghetto di Borbera
Francavilla Bisio
Serravalle Scrivia
Stazzano
Sto Stefano Belbo
Cassinasco
Castel Rocchero
Alice Bel Colle
Rivalta Bormida
Vignole Borbera
Montabone
Acqui Terme
Strevi
Silvano d'Orba
Gavi
Sessame
Carpeneto
Rocca Grimalda
S. Cristoforo
Grondona
Loazzolo
Bubbio
Bistagno
Morsasco
Trisobbio
Castelletto d'Orba
Montaldeo
Parodi Ligure
Arquata Scrivia
Vesime
Monastero Bormida
Bagni
Visone
Ovada
Tagliolo Monferrato
Carrosio
Melazzo
Cremolino
Borlasca
Isola del Cantone
Ponti
Cavatore
Grognardo
Lerma
Mornese
Bosio
Voltaggio
Perletto
Montechiaro Piana
Valosio
Molare
Ronco Scrivia
Roccaverano
Olmo Gentile
Denice
Cartosio
Morbello
Ponzone
Cassinelle
M. Tobbio
Borgo Fornari
Pietrafa
Mombaldone
Bandita
Rossiglione
Molini
Busalla
Serole
Malvicino
Cimaferle
Olbicella
Campo Ligure
Capanne Marcarolo
Pso della Bocchetta
Pso dei Giovi
Savign
Spigno Monferrato
Pian Castagna
Tiglieto
Cravasco
Mignanego
Serra Riccò
Roboaro
Ponte Erro
Praglia
Campomorone
Squaneto
Maddalena
Martina Olba
Masone
Ceranesi
Pedemonte
Scaletta Uzzone
Piana Crixia
Mioglia
Acquabianca
Pso del Turchino
Pontedecimo
S. Cipriano
Palo
Urbe
S. Olcese
Sta Giulia
Sassello
Veirera
Vara Inferiore
Fiorino
Acquasanta
S. Carlo
Villa
Dego
Giusvalla
Pontinvrea
Pso del Faiallo
Bolzaneto
Molassana
Carretto
Colle del Giovo
M. Beigua
Mele
Rivarolo Lig.
Rocchetta Cairo
S. Giustina
Voltri
Pegli
Alpicella
Quezzi
Stura
Grana
Tiglione
Belbo
Bormida
Orba
Erro
Lemme
Scrivia
Grue
Borbera
Tanaro
Po
Agogna
Erbognone
MICHELIN
0 5 10 15 20 km

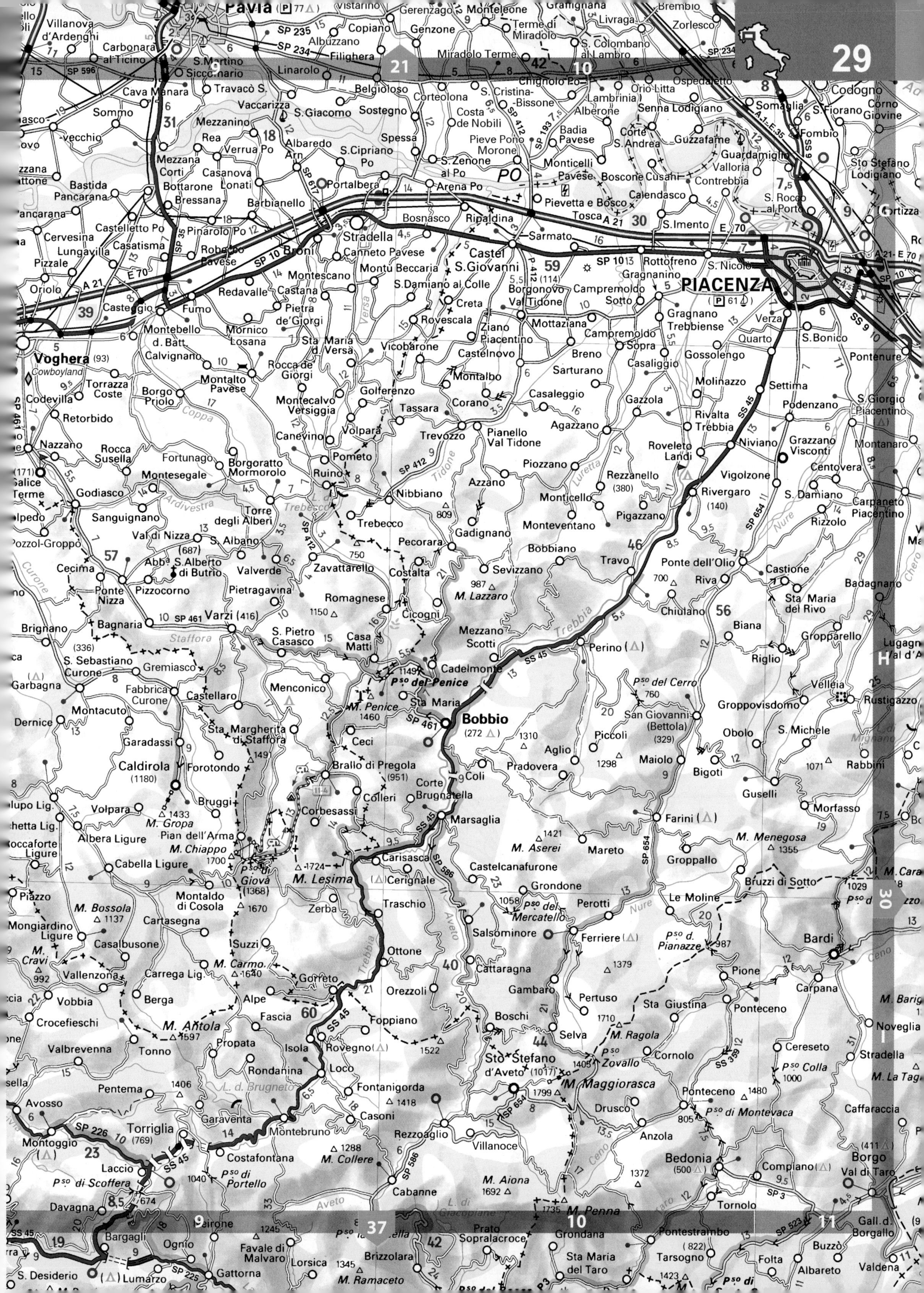
Pavia
Villanova d'Ardenghi
Carbonara al Ticino
S. Martino Siccomario
Vistarino
Copiano
Albuzzano
Filighera
Gerenzago
Genzone
Monteleone
Terme di Miradolo
Miradolo Terme
Graffignana
Livraga
Brembio
Zorlesco
S. Colombano al Lambro
Linarolo
Belgioioso
Cava Manara
Travacò S.
Sommo
Vaccarizza
S. Giacomo
Sostegno
Corteolona
S. Cristina-Bissone
Chignolo Po
Lambrinia
Orio Litta
Ospedaletto
Codogno
Somaglia
S. Fiorano
Corno Giovine
Mezzanino
Rea
Albaredo Arn.
Costa de Nobili
Spessa
Pieve Porto Morone
Badia Pavese
Alberone
Senna Lodigiano
Corte S. Andrea
Guzzafame
Fombio
Guardamiglio
Valloria
Sto Stefano Lodigiano
Mezzana Corti
Verrua Po
Casanova Lonati
S. Cipriano Po
S. Zenone al Po
Monticelli Pavese
Boscone Cusani
Contrebbia
Bastida Pancarana
Bottarone
Bressana
Portalbera
Arena Po
PO
Pievetta e Bosco
Calendasco
S. Rocco al Porto
Cervesina
Casteletto Po
Pinarolo Po
Barbianello
Stradella
Bosnasco
Ripaldina
Tosca
Sarmato
S. Imento
Lungavilla
Casatisma
Robecco Pavese
Broni
Canneto Pavese
Castel S. Giovanni
Rottofreno
S. Nicolò
Pizzale
Montù Beccaria
S. Damiano al Colle
Gragnanino
PIACENZA
Oriolo
Redavalle
Montescano
Castana
Borgonovo Val Tidone
Campremoldo Sotto
Casteggio
Fumo
Pietra de' Giorgi
Creta
Rovescala
Gragnano Trebbiense
Verza
Voghera
Cowboyland
Montebello d. Batt.
Calvignano
Mornico Losana
Sta Maria d. Versa
Vicobarone
Ziano Piacentino
Mottaziana
Campremoldo Sopra
Quarto
S. Bonico
Codevilla
Torrazza Coste
Rocca de' Giorgi
Montalto Pavese
Castelnovo
Breno
Casaliggio
Gossolengo
Pontenure
Retorbido
Borgo Priolo
Montecalvo Versiggia
Golferenzo
Montalbo
Sarturano
Molinazzo
Settima
Corano
Casaleggio
Gazzola
Podenzano
S. Giorgio Piacentino
Nazzano
Rocca Susella
Tassara
Volpara
Canevino
Trevozzo
Pianello Val Tidone
Agazzano
Rivalta Trebbia
Niviano
Grazzano Visconti
Montanaro
Salice Terme
Fortunago
Borgoratto Mormorolo
Pometo
Ruino
Nibbiano
Piozzano
Roveleto Landi
Rezzanello
Vigolzone
Centovera
Godiasco
Montesegale
Torre degli Alberi
Azzano
Monticello
Rivergaro
S. Damiano
Carpaneto Piacentino
Sanguignano
Trebecco
Monteventano
Pigazzano
Rizzolo
Val di Nizza
S. Albano
Gadignano
Pozzol-Groppo
Abba S. Alberto di Butrio
Valverde
Zavattarello
Pecorara
Costalta
Bobbiano
Travo
Ponte dell'Olio
Castione
Cecima
Ponte Nizza
Pizzocorno
Pietragavina
Sevizzano
Riva
Badagnano
Romagnese
Cicogni
M. Lazzaro
Chiulano
Sta Maria del Rivo
Brignano
Bagnaria
Varzi
S. Pietro Casasco
Casa Matti
Mezzano Scotti
Biana
Gropparello
S. Sebastiano Curone
Gremiasco
Cadelmonte
Perino
Riglio
Lugagnano Val d'Arda
Garbagna
Fabbrica Curone
Castellaro
Menconico
Pso del Penice
Pso del Cerro
Velleia
Rustigazzo
M. Penice
Sta Maria
Bobbio
San Giovanni (Bettola)
Groppovisdomo
Montacuto
Dernice
Sta Margherita di Staffora
Ceci
Piccoli
Obolo
S. Michele
Garadassi
Caldirola
Forotondo
Brallo di Pregola
Pradovera
Aglio
Maiolo
Bigoti
Rabbini
Coli
Corte Brugnatella
Guselli
Bruggi
Colleri
Corbesassi
Volpara
M. Gropa
Pian dell'Arma
M. Chiappo
Marsaglia
Morfasso
Albera Ligure
Farini
Roccaforte Ligure
Cabella Ligure
Pso di Giovà
Carisasca
M. Lesima
Cerignale
M. Aserei
Mareto
Groppallo
M. Menegosa
Castelcanafurone
Grondone
Bruzzi di Sotto
Piazzo
M. Bossola
Montaldo di Cosola
Zerba
Traschio
Perotti
Le Moline
M. Cara
Mongiardino Ligure
Cartasegna
Pso del Mercatello
Pso d. Pianazze
Pso d.
Salsominore
Ferriere
Bardi
Casalbusone
Suzzi
M. Cravi
Ottone
Vallenzona
M. Carmo
Carrega Lig.
Cattaragna
Gorreto
Pione
Carpana
Vobbia
Berga
Alpe
Orezzoli
Gambaro
Pertuso
Sta Giustina
Ponteceno
M. Barigazzo
Crocefieschi
Fascia
Foppiano
Boschi
M. Ragola
Noveglia
M. Antola
Selva
Valbrevenna
Tonno
Propata
Isola
Rovegno
Sto Stefano d'Aveto
Pso Zovallo
Cornolo
Cereseto
Rondanina
Loco
M. Maggiorasca
Pso Colla
Stradella
M. La Tagliata
Sella
Pentema
L. d. Brugneto
Fontanigorda
Drusco
Ponteceno
Pso di Montevaca
Avosso
Garaventa
Casoni
Anzola
Caffaraccia
Montoggio
Torriglia
Montebruno
Rezzoaglio
Villanoce
Borgo Val di Taro
Laccio
Costafontana
M. Collere
Bedonia
Compiano
Pso di Scoffera
Pso di Portello
M. Aiona
Cabanne
Tornolo
Davagna
L. di Giacopiane
M. Penna
Gall. d. Borgallo
Pso la Forcella
Prato Sopralacroce
Grondana
Pontestrambo
Bargagli
Ognio
Favale di Malvaro
Brizzolara
Sta Maria del Taro
Tarsogno
Buzzò
S. Desiderio
Lumarzo
Gattorna
Lorsica
M. Ramaceto
Folta
Albareto
Valdena
Trebbia
Staffora
Tidone
Aveto
Nure
Ceno
Taro
Coppa
Ardivestra
Curone
Versa
Luretta
A 21
E 70
A 1 - E 35
SS 45
SS 9
SS 654
SP 412
SP 461
SP 10
SP 586
SP 226
SP 225
SS 359
SP 523
SP 3
21
10
9
37
42
11
30

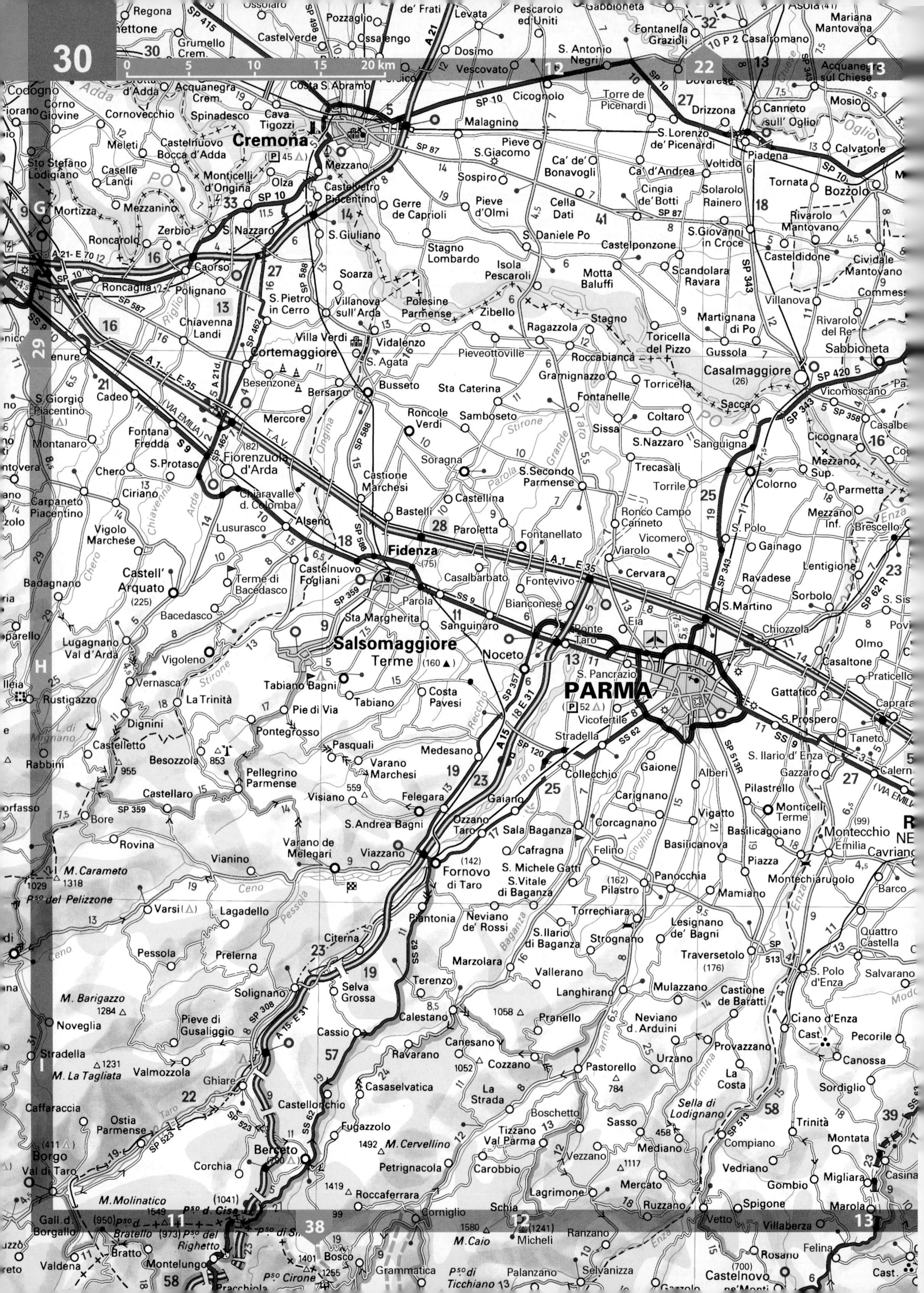
0 5 10 15 20 km
Regona
Grumello Crem.
Castelverde
Pozzaglio
Ossalengo
Levata
Pescarolo ed Uniti
Gabbioneta
Fontanella Grazioli
Casalromano
Asola
Mariana Mantovana
Acquanegra sul Chiese
Dosimo
Vescovato
S. Antonio Negri
Dovarese
Codogno
Corno Giovine
Cornovecchio
Pizzighettone
Acquanegra Crem.
Cava Tigozzi
Costa S. Abramo
Cicognolo
Torre de Picenardi
Drizzona
Canneto sull' Oglio
Mosio
Meleti
Castelnuovo Bocca d'Adda
Spinadesco
Cremona
Malagnino
S. Lorenzo de' Picenardi
Piadena
Calvatone
Sto Stefano Lodigiano
Caselle Landi
Monticelli d'Ongina
Olza
Mezzano
Castelvetro Piacentino
Pieve S. Giacomo
Ca' de' Bonavogli
Ca' d'Andrea
Voltido
Tornata
Bozzolo
Mezzanino
Mortizza
Sospiro
Cingia de' Botti
Solarolo Rainero
Rivarolo Mantovano
Gerre de Caprioli
Pieve d'Olmi
Cella Dati
Roncarolo
Zerbio
S. Nazzaro
S. Giuliano
S. Daniele Po
S. Giovanni in Croce
Castelponzone
Casteldidone
Cividale Mantovano
Stagno Lombardo
Isola Pescaroli
Motta Baluffi
Scandolara Ravara
Caorso
Roncaglia
Polignano
Soarza
Villanova sull'Arda
Polesine Parmense
Zibello
Commessaggio
Villanova
S. Pietro in Cerro
Chiavenna Landi
Stagno
Martignana di Po
Rivarolo del Re
Cortemaggiore
Villa Verdi
Vidalenzo
Ragazzola
Toricella del Pizzo
Gussola
Sabbioneta
S. Agata
Pieveottoville
Roccabianca
Casalmaggiore
Besenzone
Bersano
Busseto
Sta Caterina
Gramignazzo
Torricella
Vicomoscano
S. Giorgio Piacentino
Cadeo
Fontanelle
Sacca
Mercore
Roncole Verdi
Samboseto
Coltaro
Fontana Fredda
Sissa
Casalbellotto
Montanaro
Fiorenzuola d'Arda
Soragna
S. Nazzaro
Sanguigna
Cicognara
Mezzano Sup.
Chero
S. Protaso
Castione Marchesi
S. Secondo Parmense
Trecasali
Torrile
Colorno
Parmetta
Ciriano
Chiaravalle d. Colomba
Castellina
Mezzano Inf.
Carpaneto Piacentino
Bastelli
Ronco Campo Canneto
Vigolo Marchese
Alseno
Lusurasco
Paroletta
Fontanellato
S. Polo
Brescello
Fidenza
Vicomero
Gainago
Viarolo
Lentigione
Castell' Arquato
Castelnuovo Fogliani
Terme di Bacedasco
Casalbarbato
Cervara
Ravadese
Badagnano
Fontevivo
Sorbolo
Bacedasco
Parola
Bianconese
S. Martino
Sta Margherita
Sanguinaro
Ponte Taro
Eia
Chiozzola
Lugagnano Val d'Arda
Vigoleno
Salsomaggiore Terme
Noceto
Olmo
Casaltone
Vernasca
Tabiano Bagni
Tabiano
Costa Pavesi
S. Pancrazio
PARMA
Praticello
Gattatico
Rustigazzo
La Trinità
Pie di Via
Vicofertile
S. Prospero
Caprara
Dignini
Pontegrosso
Stradella
Taneto
Castelletto
Pasquali
Medesano
Collecchio
Gaione
Alberi
S. Ilario d'Enza
Gazzaro
Calerno
Rabbini
Besozzola
Pellegrino Parmense
Varano Marchesi
Carignano
Pilastrello
Castellaro
Visiano
Felegara
Gaiano
Monticelli Terme
Bore
S. Andrea Bagni
Ozzano Taro
Sala Baganza
Corcagnano
Vigatto
Basilicagoiano
Montecchio Emilia
Rovina
Varano de Melegari
Viazzano
Cafragna
Basilicanova
Cavriago
M. Carameto
Vianino
Fornovo di Taro
S. Michele Gatti
Felino
Piazza
P.so del Pelizzone
S. Vitale di Baganza
Pilastro
Panocchia
Montechiarugolo
Barco
Mamiano
Varsi
Lagadello
Piantonia
Neviano de' Rossi
Torrechiara
Lesignano de' Bagni
S. Ilario di Baganza
Strognano
Quattro Castella
Pessola
Prelerna
Citerna
Marzolara
Traversetolo
S. Polo d'Enza
Salvarano
Solignano
Selva Grossa
Terenzo
Vallerano
Langhirano
Mulazzano
Castione de Baratti
M. Barigazzo
Noveglia
Pieve di Gusaliggio
Calestano
Pranello
Neviano d. Arduini
Ciano d'Enza
Cassio
Canesano
Provazzano
Pecorile
Stradella
M. La Tagliata
Valmozzola
Ghiare
Ravarano
Cozzano
Pastorello
Urzano
Canossa
Caffaraccia
Casaselvatica
La Strada
La Costa
Sordiglio
Castellonchio
Boschetto
Sella di Lodignano
Ostia Parmense
Fugazzolo
Tizzano Val Parma
Sasso
Trinità
Borgo Val di Taro
M. Cervellino
Mediano
Compiano
Montata
Berceto
Vezzano
Corchia
Petrignacola
Carobbio
Mercato
Vedriano
Gombio
Migliara
Casina
Roccaferrara
Lagrimone
Ruzzano
Spigone
Marola
M. Molinatico
P.so d. Cisa
Schia
Corniglio
Vetto
Villaberza
Gall. d. Borgallo
P.so del Bratello
P.so del Righetto
P.so di S...
M. Caio
Micheli
Ranzano
Bratto
Bosco
Rosano
Felina
Valdena
Montelungo
P.so Cirone
Grammatica
P.so di Ticchiano
Palanzano
Selvanizza
Castelnovo ne' Monti
Pracchiola
Cast.
A 1 - E 35
A 15 - E 31
A 21
SS 9
SS 62
SP 343
SP 10
(VIA EMILIA)
T.A.V.
PO
Adda
Oglio
Taro
Ceno
Enza
Parma
Baganza
Stirone
Ongina
Chiavenna
Arda
Riglio
Chero
Pessola
Recchio
Cinghio
Termina
Parola
L. di Mignano
G
H
I
22
13
12
11
38
29
30
33
32
27
41
18
16
14
13
25
28
23
9
19
57
58
39
21

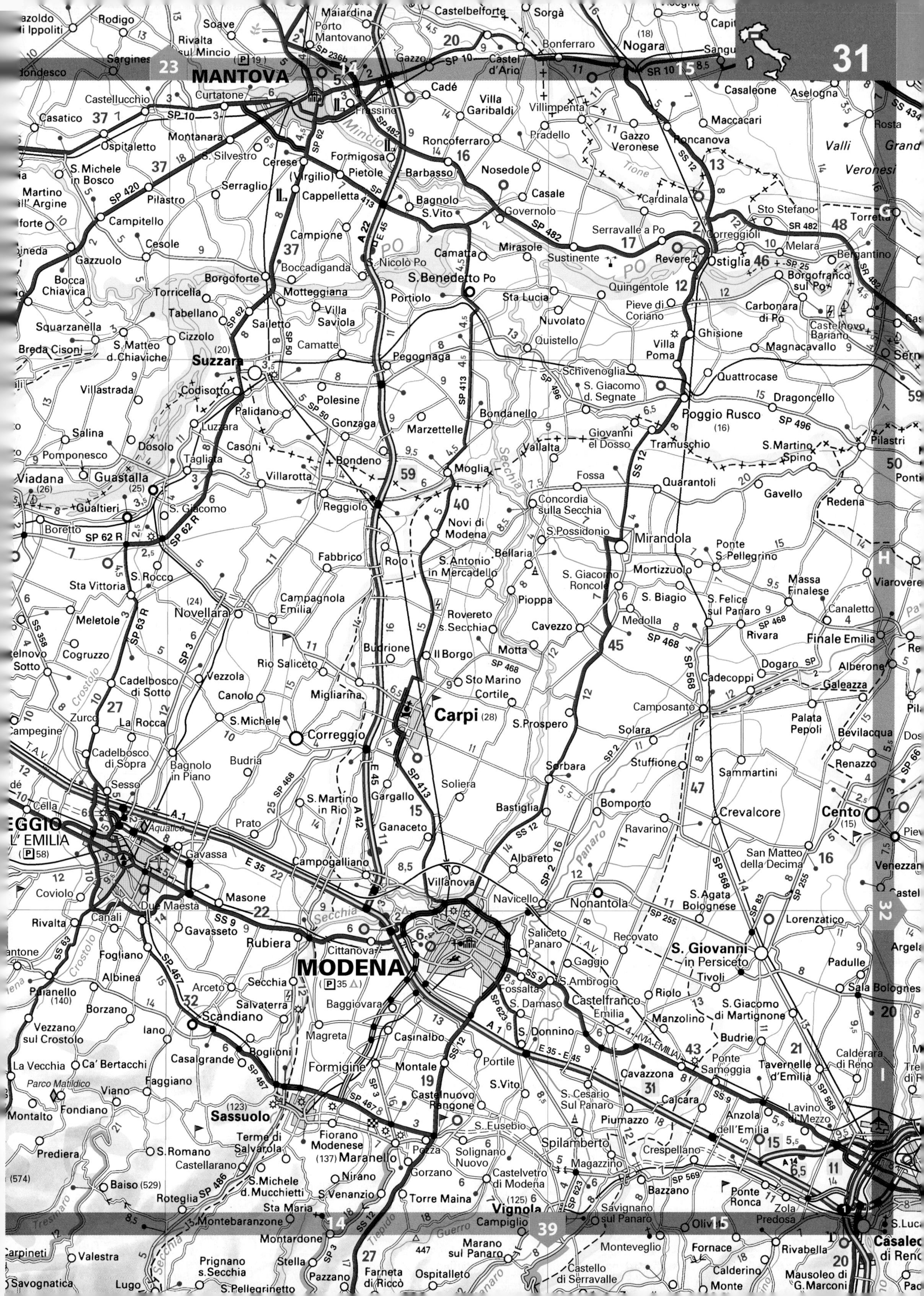

MANTOVA
Rodigo
Soave
Rivalta sul Mincio
Maiardina
Porto Mantovano
Castelbelforte
Sorgà
Bonferraro
Nogara
Sargines
Gazzo
Castel d'Ario
Curtatone
Castellucchio
Cadé
Villa Garibaldi
Villimpenta
Casaleone
Aselogna
Casatico
Frassino
Mincio
Maccacari
Montanara
Roncoferraro
Pradello
Gazzo Veronese
Roncanova
Valli Grandi Veronesi
Ospitaletto
S. Silvestro
Cerese
Formigosa
S. Michele in Bosco
Pietole
Barbasso
Nosedole
Martino dall'Argine
Serraglio
(Virgilio)
Cappelletta
Bagnolo S. Vito
Casale
Cardinala
Sto Stefano
Torretta
Pilastro
Campitello
Governolo
Serravalle a Po
Correggioli
Campione
Revere
Ostiglia
Melara
Bergantino
Cesole
Mirasole
Sustinente
Gazzuolo
Camatta
S. Nicolò Po
Boccadiganda
Bocca Chiavica
Borgoforte
S.Benedetto Po
Quingentole
Borgofranco sul Po
Torricella
Motteggiana
Portiolo
Sta Lucia
Pieve di Coriano
Carbonara di Po
Tabellano
Villa Saviola
Nuvolato
Squarzanella
Sailetto
Ghisione
Castelnovo Bariano
Breda Cisoni
S. Matteo d. Chiaviche
Cizzolo
Camatte
Quistello
Villa Poma
Magnacavallo
Suzzara
Pegognaga
Schivenoglia
Quattrocase
Villastrada
Codisotto
Polesine
S. Giacomo d. Segnate
Dragoncello
Palidano
Gonzaga
Bondanello
Poggio Rusco
Luzzara
Marzettelle
Giovanni el Dosso
Salina
Dosolo
Casoni
Vallalta
Tramuschio
S. Martino Spino
Pilastri
Pomponesco
Tagliata
Bondeno
Moglia
Secchia
Fossa
Quarantoli
Gavello
Viadana
Guastalla
Villarotta
Concordia sulla Secchia
Redena
Gualtieri
S. Giacomo
Reggiolo
Novi di Modena
Boretto
S.Possidonio
Mirandola
Ponte S.Pellegrino
Fabbrico
Rolo
Bellaria
S.Antonio in Mercadello
Mortizzuolo
Sta Vittoria
S. Rocco
S. Giacomo Roncole
Massa Finalese
Viarovere
Campagnola Emilia
Pioppa
S. Biagio
S. Felice sul Panaro
Canaletto
Meletole
Novellara
Rovereto s.Secchia
Medolla
Rivara
Finale Emilia
Cavezzo
Cogruzzo
Budrione
Motta
Sotto
Rio Saliceto
Il Borgo
Dogaro
Alberone
Cadelbosco di Sotto
Vezzola
Sto Marino
Cortile
Cadecoppi
Galeazza
Canolo
Migliarina
Carpi
Camposanto
Campegine
Zurco
La Rocca
S.Michele
Correggio
S.Prospero
Palata Pepoli
Bevilacqua
Solara
Cadelbosco di Sopra
Bagnolo in Piano
Budrie
Stuffione
Renazzo
Sammartini
Sorbara
Sesso
Soliera
Cella
Prato
S. Martino in Rio
Gargallo
Bastiglia
Bomporto
Crevalcore
Cento
REGGIO NELL'EMILIA
Aquatico
Gavassa
Ganaceto
Ravarino
Campogalliano
Albareto
San Matteo della Decima
Venezzano
Coviolo
Masone
Villanova
Navicello
Nonantola
S. Agata Bolognese
Due Maestà
Canali
Rivalta
Gavasseto
Rubiera
Lorenzatico
Cittanova
Saliceto Panaro
Recovato
S. Giovanni in Persiceto
Argelato
Fogliano
MODENA
Gaggio
Padulle
Albinea
Arceto
Secchia
Baggiovara
Fossalta
S.Ambrogio
Tivoli
Riolo
Sala Bolognese
Puianello
Salvaterra
Borzano
Scandiano
S. Damaso
Castelfranco Emilia
Manzolino
S. Giacomo di Martignone
Magreta
Iano
Casinalbo
S. Donnino
Vezzano sul Crostolo
Boglioni
Casalgrande
Formigine
Montale
Portile
Cavazzona
Budrie
Ponte Samoggia
Tavernelle d'Emilia
Calderara di Reno
La Vecchia
Ca' Bertacchi
Parco Matildico
Faggiano
Viano
S.Vito
Castelnuovo Rangone
S. Cesario Sul Panaro
Calcara
Anzola dell'Emilia
Lavino di Mezzo
Fondiano
Montalto
Sassuolo
Fiorano Modenese
S. Eusebio
Piumazzo
Terme di Salvarola
Maranello
Pozza
Solignano Nuovo
Spilamberto
Crespellano
Prediera
S.Romano
Castellarano
Gorzano
Nirano
Castelvetro di Modena
Magazzino
Baiso
S.Michele d. Mucchietti
S.Venanzio
Torre Maina
Bazzano
Ponte Ronca
Zola Predosa
Roteglia
Sta Maria
Vignola
Savignano sul Panaro
Montebaranzone
Campiglio
Oliveto
S.Luca
Casalecchio di Reno
Montardone
Marano sul Panaro
Monteveglio
Fornace
Rivabella
Carpineti
Valestra
Prignano s.Secchia
Stella
Farneta di Riccò
Ospitaletto
Castello di Serravalle
Calderino
Mausoleo di G.Marconi
Savognatica
Lugo
S.Pellegrinetto
Pazzano
Monte
Po
Tione
Crostolo
Panaro
Tiepido
Guerro
Tresinaro
T.A.V.
A 1
A 22
A 14
E 35
E 45
SS 9
SS 12
SP 413
SP 467
SP 468
SP 62 R
SP 63 R
SP 420
SP 482
SP 496
SP 568
SP 255
SP 569
SS 63
SS 434
SR 482
SR 10
(VIA EMILIA)
23
14
15
32
39

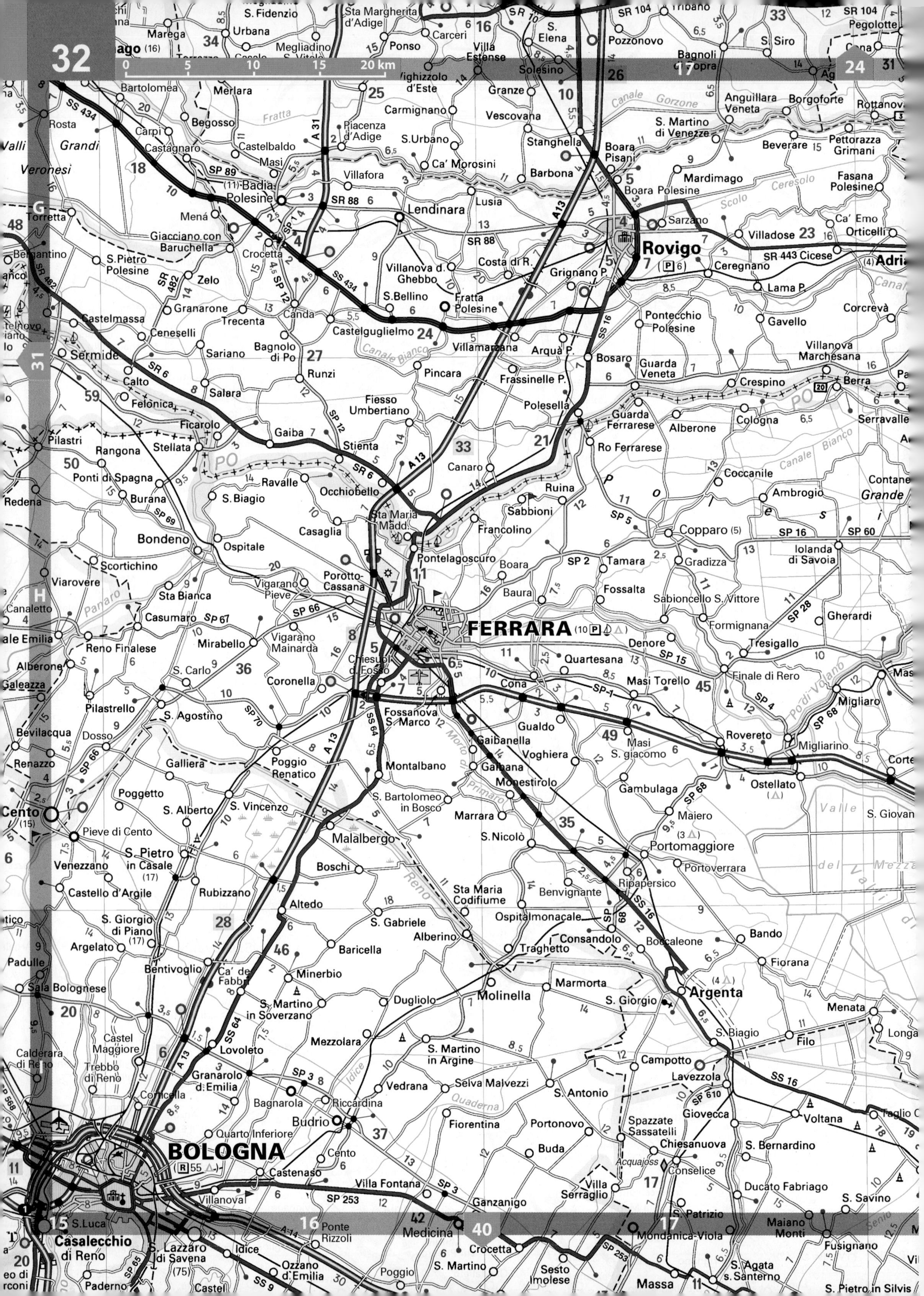
S. Fidenzio
Sta Margherita d'Adige
Marega
Urbana
34
Megliadino S. Vitale
Ponso
Carceri
16
Villa Estense
S. Elena
Pozzonovo
Bagnoli di Sopra
Tribano
SR 104
33
S. Siro
Pegolotte
Cona
24
31
0 5 10 15 20 km
Vighizzolo d'Este
Solesino
26
17
Ag
Bartolomea
Merlara
25
Carmignano
Granze
10
Canale Gorzone
Anguillara Veneta
Borgoforte
Rottanova
Rosta
SS 434
Carpi
Begosso
Fratta
Piacenza d'Adige
Vescovana
S. Martino di Venezze
Valli Grandi Veronesi
Castagnaro
Castelbaldo
A 31
S.Urbano
Stanghella
Boara Pisani
Beverare
Pettorazza Grimani
18
Masi
Ca' Morosini
Barbona
Mardimago
Fasana Polesine
SP 89
Villafora
Boara Polesine
Ceresolo
Badia Polesine
SR 88
Lusia
5
Scolo
Torretta
G
Lendinara
Sarzano
Ca' Emo
48
Mená
SR 88
A13
Villadose
23
Orticelli
Bergantino
Giacciano con Baruchella
Crocetta
Rovigo
S.Pietro Polesine
Villanova d. Ghebbo
Costa di R.
Grignano P.
Ceregnano
SR 443 Cicese
Adria
Zelo
SR 482
SP 12
SS 434
S.Bellino
Fratta Polesine
Lama P.
Castelmassa
Granarone
Canda
Trecenta
Pontecchio Polesine
Gavello
Corcrevà
Ceneselli
Castelguglielmo
24
Villamarzana
Arquà P.
Sermide
Sariano
Bagnolo di Po
27
Canale Bianco
Bosaro
Guarda Veneta
Villanova Marchesana
31
SR 6
Runzi
Pincara
Frassinelle P.
Crespino
Berra
Calto
Salara
Fiesso Umbertiano
Polesella
PO
59
Felonica
Ficarolo
Guarda Ferrarese
Alberone
Cologna
Serravalle
Pilastri
Gaiba
Stienta
33
21
Ro Ferrarese
Stellata
Rangona
Canale Bianco
50
Ponti di Spagna
A 13
Canaro
Coccanile
Contane
Ravalle
SR 6
Ruina
Ambrogio
Grande
Redena
Burana
S. Biagio
Occhiobello
Sabbioni
SP 69
Sta Maria Madd.
Francolino
Copparo
SP 16
SP 60
Casaglia
Bondeno
Ospitale
Pontelagoscuro
Boara
SP 2
Tamara
Gradizza
Iolanda di Savoia
Scortichino
Porotto-Cassana
Viarovere
Vigarano Pieve
Fossalta
H
Sta Bianca
Baura
Sabioncello S. Vittore
Panaro
Canaletto
Casumaro
Sp 67
SP 66
SP 28
Gherardi
Formignana
Vale Emilia
Mirabello
Vigarano Mainarda
FERRARA
Denore
Reno Finalese
Tresigallo
Alberone
Quartesana
SP 15
S. Carlo
36
Chiesuol d. Fosso
Cona
Masi Torello
45
Finale di Rero
Galeazza
Coronella
SP-1
Po di Volano
Pilastrello
Fossanova S. Marco
SP 4
Migliaro
S. Agostino
SP 70
Gualdo
SP 68
Bevilacqua
Dosso
Gaibanella
49
Masi S. giacomo
Roveretto
Migliarino
Renazzo
SP 66
Galliera
Poggio Renatico
Montalbano
Voghiera
Corte
Gaibana
Gambulaga
Ostellato
Poggetto
Monestirolo
SP 68
Cento
S. Alberto
S. Vincenzo
S. Bartolomeo in Bosco
Marrara
Maiero
Valle
S. Giovan
Primaro
35
Pieve di Cento
S. Nicolò
Portomaggiore
Malalbergo
6
Venezzano
S. Pietro in Casale
Boschi
Portoverrara
del Mezzano
Ripapersico
Reno
Castello d'Argile
Rubizzano
Sta Maria Codifiume
Benvignante
Altedo
SS 16
S. Giorgio di Piano
28
S. Gabriele
Ospitalmonacale
Argelato
Alberino
Consandolo
Boccaleone
Bando
46
Baricella
Traghetto
Padulle
Bentivoglio
Ca' de Fabbri
Minerbio
Marmorta
Fiorana
Argenta
Sala Bolognese
S. Martino in Soverzano
Dugliolo
Molinella
S. Giorgio
20
Menata
SS 64
Castel Maggiore
Lovoleto
Mezzolara
S. Martino in Argine
S. Biagio
Filo
Longa
Calderara di Reno
Trebbo di Reno
6
Granarolo d. Emilia
SP 3
Idice
Vedrana
Selva Malvezzi
Campotto
Lavezzola
SS 16
I
Corticella
Bagnarola
Riccardina
Quaderna
S. Antonio
SP 610
Giovecca
Voltana
Taglio C
Budrio
37
Fiorentina
Portonovo
Spazzate Sassatelli
BOLOGNA
Quarto Inferiore
Cento
Buda
Chiesanuova
S. Bernardino
Acquajoss
Conselice
Castenaso
Villa Fontana
Villa Serraglio
17
Ducato Fabriago
S. Savino
Villanova
SP 253
SP 3
Ganzanigo
S. Patrizio
15
S.Luca
Casalecchio di Reno
16
Ponte Rizzoli
42
Medicina
40
17
Maiano Monti
Fusignano
S. Lazzaro di Savena
Idice
Crocetta
Mondanica-Viola
Ozzano d. Emilia
S. Martino
Sesto Imolese
S. Agata s. Santerno
Paderno
Castel
SS 9
Poggio
Massa
S. Pietro in Silvis

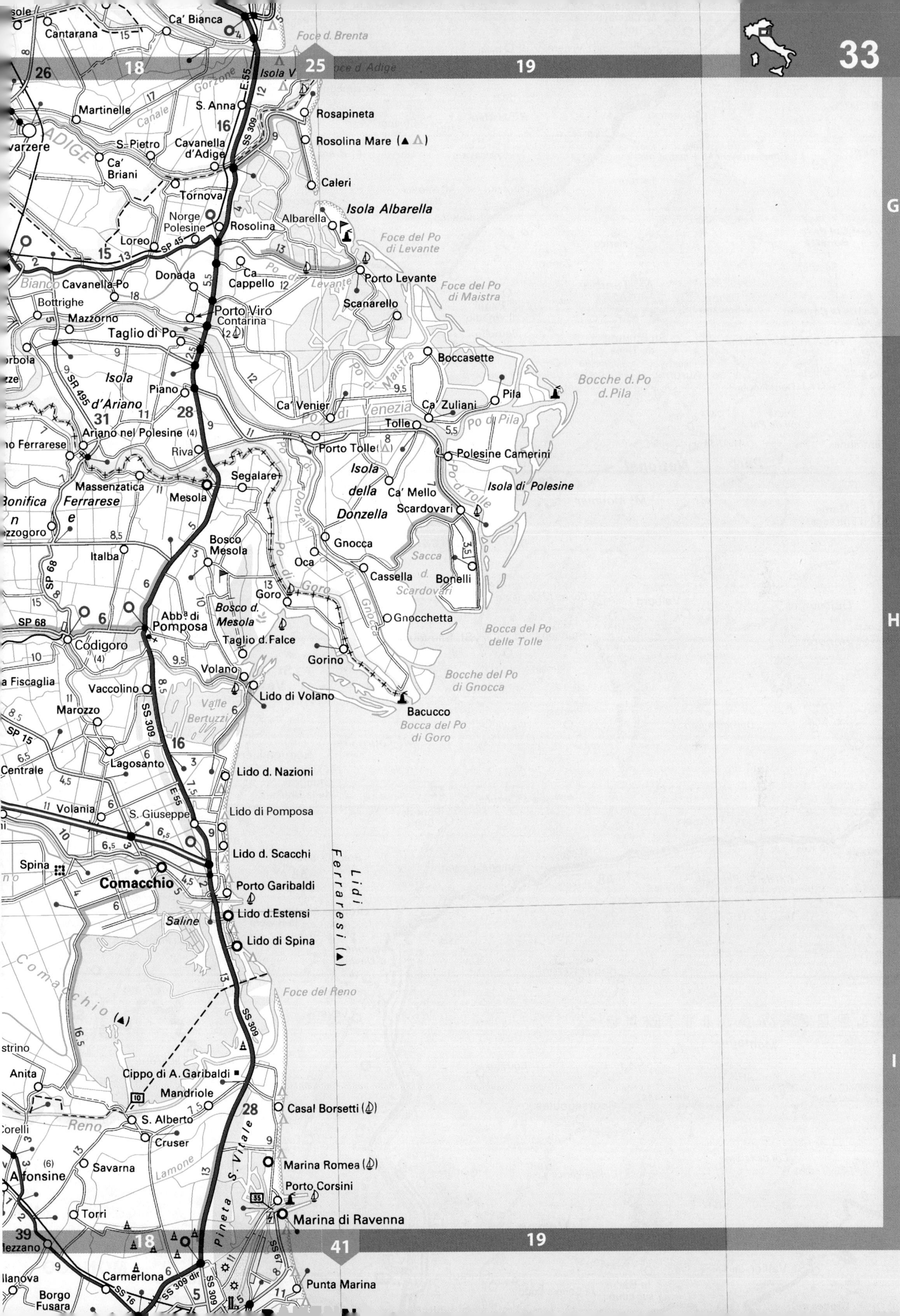

Cantarana
Ca' Bianca
Foce d. Brenta
Foce d. Adige
Isola V
25
18
19
26
Martinelle
S. Anna
Rosapineta
Rosolina Mare (▲ △)
Canale
Gorzone
ADIGE
S. Pietro
Cavanella d'Adige
Ca' Briani
Caleri
Tornova
Isola Albarella
Norge Polesine
Rosolina
Albarella
Loreo
Foce del Po di Levante
SP 45
Ca Cappello
Po di Levante
Porto Levante
Donada
Cavanella Po
Bottrighe
Mazzorno
Porto Viro
Contarina
Scanarello
Foce del Po di Maistra
Taglio di Po
Boccasette
Po di Maistra
Isola d'Ariano
Piano
SR 495
Bocche d. Po d. Pila
Pila
Ca' Venier
Ca' Zuliani
Po di Venezia
Po di Pila
Tolle
Ariano nel Polesine (4)
Riva
Porto Tolle (△)
Polesine Camerini
Massenzatica
Segalare
Isola della Donzella
Po d. Tolle
Ca' Mello
Isola di Polesine
Mesola
Bonifica Ferrarese
Scardovari
Italba
Bosco Mesola
Gnocca
Oca
Cassella
Sacca d. Scardovari
Bonelli
Po di Goro
Po di Gnocca
Goro
Bosco d. Mesola
SP 68
Abba di Pomposa
Gnocchetta
Codigoro
Taglio d. Falce
Bocca del Po delle Tolle
Gorino
a Fiscaglia
Volano
Vaccolino
Bocche del Po di Gnocca
Lido di Volano
Marozzo
Valle Bertuzzi
SS 309
Bacucco
Bocca del Po di Goro
SP 15
Lagosanto
Centrale
Lido d. Nazioni
Volania
E 55
S. Giuseppe
Lido di Pomposa
Lido d. Scacchi
Lidi Ferraresi (▲)
Spina
Comacchio
Porto Garibaldi
Saline
Lido d. Estensi
Lido di Spina
Comacchio (▲)
Foce del Reno
Anita
Cippo di A. Garibaldi
Mandriole
S. Alberto
Casal Borsetti (⛵)
Reno
Cruser
S. Vitale
Savarna
Lamone
Alfonsine
Marina Romea (⛵)
Porto Corsini
Pineta
Torri
Marina di Ravenna
Mezzano
41
Carmerlona
SS 309 dir
SS 16
SS 67
Punta Marina
Borgo Fusara
G
H
I

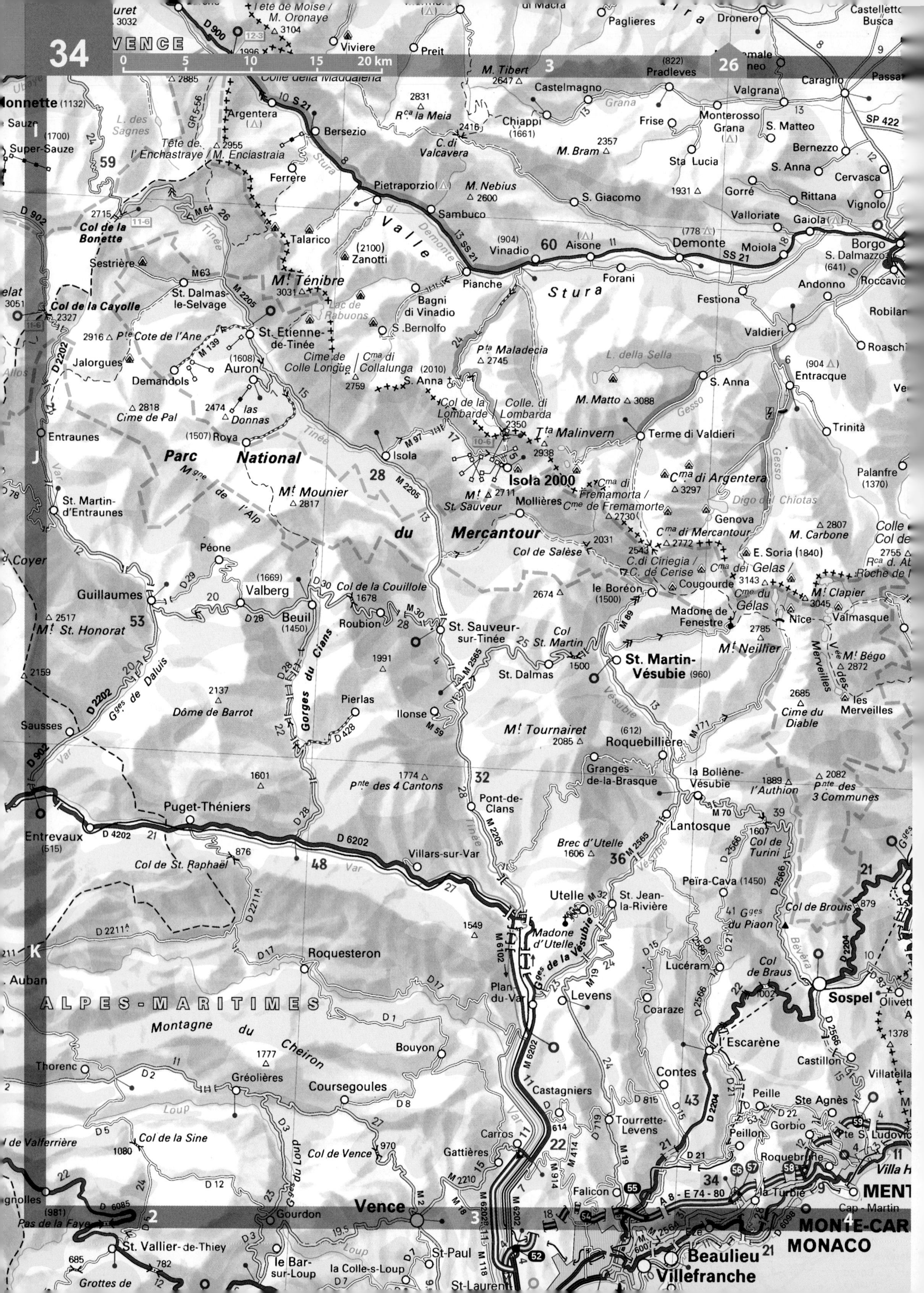
VENCE
0 5 10 15 20 km
26
3
2
4
I
J
K
ALPES-MARITIMES
Parc National du Mercantour
Valle Stura
Stura
Barcelonnette (1132)
Sauze
Super-Sauze
(1700)
Argentera
Bersezio
Ferrere
Pietraporzio
Sambuco
Vinadio
Aisone
Demonte
Moiola
Borgo S. Dalmazzo
Roccavione
Valdieri
Entracque
Terme di Valdieri
S. Anna
Trinità
Palanfre (1370)
Andonno
Festiona
Forani
Pianche
Bagni di Vinadio
S. Bernolfo
Zanotti
Talarico
Preit
Viviere
Paglieres
Dronero
Castelletto
Busca
Pradleves
Castelmagno
Valgrana
Caraglio
Monterosso Grana
Frise
S. Matteo
Bernezzo
S. Anna
Cervasca
Rittana
Vignolo
Gaiola
Valloriate
Gorré
S. Giacomo
Sta Lucia
Chiappi (1661)
C. di Valcavera
Rca la Meia
M. Tibert
M. Bram
M. Nebius
Colle della Maddalena
Tête de l'Enchastraye / M. Enciastraia
Col de la Bonette
Sestrière
Mt Ténibre
St. Dalmas-le-Selvage
Col de la Cayolle
St. Etienne-de-Tinée
Auron
Jalorgues
Demandols
Pte Cote de l'Ane
Cime de Colle Longue
Cma di Collalunga
Cime de Pal
las Donnas
Roya
Entraunes
St. Martin-d'Entraunes
Mt Mounier
Isola
Isola 2000
Col de la Lombarde
Colle. di Lombarda
Tta Malinvern
Pta Maladecia
M. Matto
L. della Sella
Mt St. Sauveur
Mollières
Cma di Fremamorta / Cme de Fremamorte
Cma di Argentera
Digo del Chiotas
Genova
Cma di Mercantour
M. Carbone
E. Soria (1840)
Col de Salèse
C. di Ciriegia / C. de Cerise
Cma dei Gelas / Cme du Gélas
Cougourde
le Boréon (1500)
Madone de Fenestre
Mt Clapier
Valmasque
Mt Neillier
Mt Bégo
Vallée des Merveilles
les Merveilles
Cime du Diable
Péone
Valberg (1669)
Guillaumes
Beuil (1450)
Col de la Couillole
Roubion
St. Sauveur-sur-Tinée
Col St. Martin
St. Dalmas
St. Martin-Vésubie (960)
Mt St. Honorat
Gges de Daluis
Dôme de Barrot
Gorges du Cians
Pierlas
Ilonse
Mt Tournairet
Roquebillière
Granges-de-la-Brasque
la Bollène-Vésubie
l'Authion
Pnte des 3 Communes
Sausses
Pnte des 4 Cantons
Pont-de-Clans
Lantosque
Col de Turini
Entrevaux (515)
Puget-Théniers
Villars-sur-Var
Col de St. Raphaël
Brec d'Utelle
Peïra-Cava (1450)
Utelle
St. Jean-la-Rivière
Madone d'Utelle
Gges de la Vésubie
Gges du Piaon
Col de Brouis
Roquesteron
Plan-du-Var
Levens
Coaraze
Lucéram
Col de Braus
Sospel
Montagne du Cheiron
Bouyon
Thorenc
Gréolières
Coursegoules
Castagniers
Contes
L'Escarène
Castillon
Col de la Sine
Col de Vence
Carros
Gattières
Tourrette-Levens
Peillon
Peille
Ste Agnès
Gorbio
Roquebrune
Falicon
La Turbie
Vence
Gourdon
Pas de la Faye
St. Vallier-de-Thiey
le Bar-sur-Loup
la Colle-s-Loup
St-Paul
Grottes de
Beaulieu
Villefranche
Cap-Martin
MONTE-CARLO
MONACO
MENTON

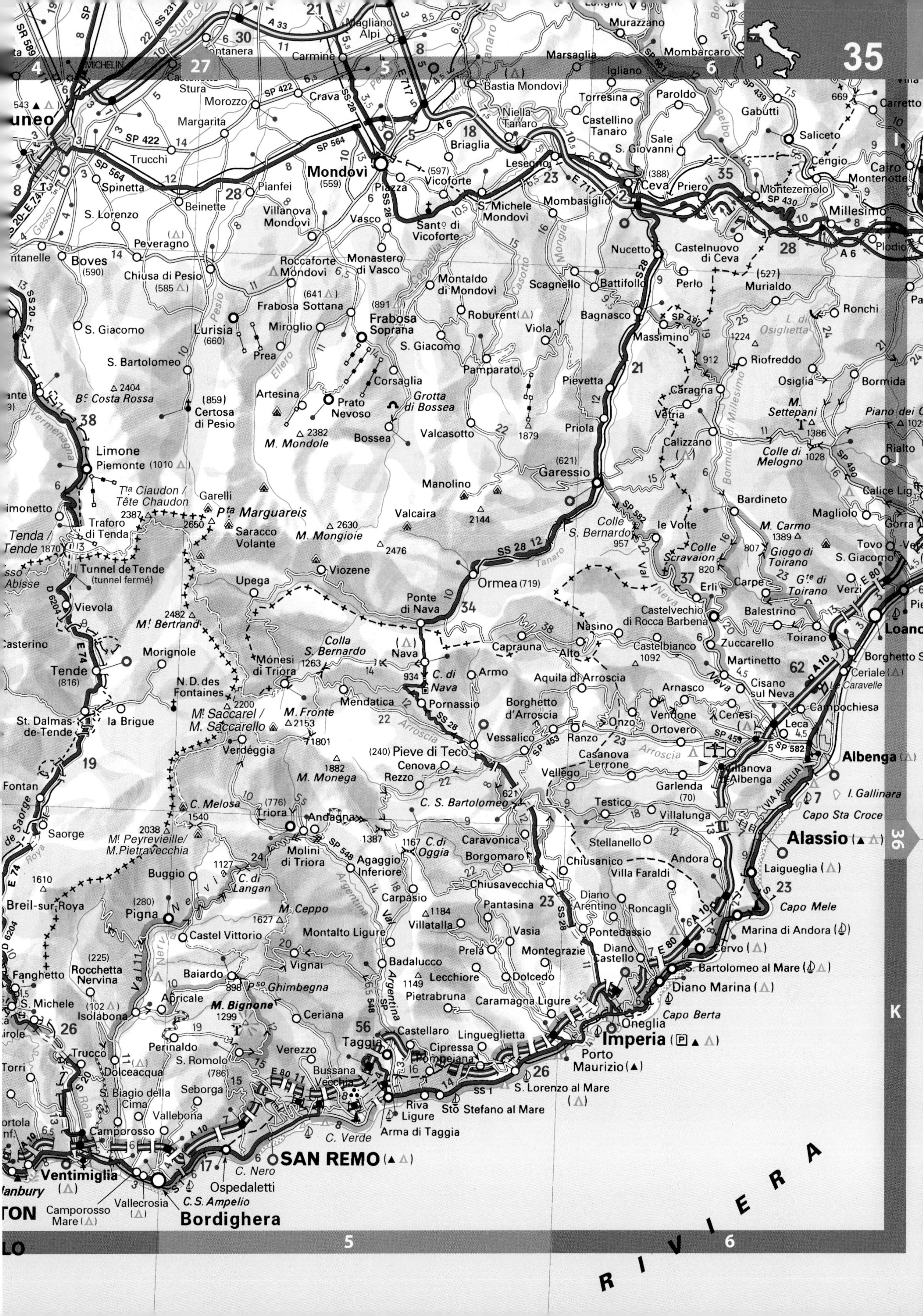
Cuneo
Mondovì
Ceva
Millesimo
Cairo Montenotte
Garessio
Ormea
Pieve di Teco
Albenga
Loano
Alassio
Imperia
Oneglia
Porto Maurizio
Diano Marina
San Remo
Bordighera
Ventimiglia
Ospedaletti
Taggia
Arma di Taggia
Limone Piemonte
Tende
Tenda
Saorge
Breil-sur-Roya
Pigna
Triora
Dolceacqua
Camporosso
Boves
Peveragno
Chiusa di Pesio
Lurisia
Frabosa Sottana
Frabosa Soprana
Prato Nevoso
Artesina
Viozene
Upega
Ponte di Nava
Nava
Calizzano
Bardineto
Toirano
Borghetto St Spirito
Ceriale
Laigueglia
Andora
Cervo
Capo Mele
Capo Berta
Capo Sta Croce
I. Gallinara
C. Verde
C. Nero
C.S. Ampelio
M. Saccarel / M. Saccarello
M. Mongioie
M. Mondole
Pta Marguareis
Traforo di Tenda
Tunnel de Tende (tunnel fermé)
Colle di Nava
Colle S. Bernardo
Colle Scravaion
Giogo di Toirano
Colle di Melogno
Grotta di Bossea
Certosa di Pesio
Val Nervia
Val Neva
Arroscia
Tanaro
RIVIERA

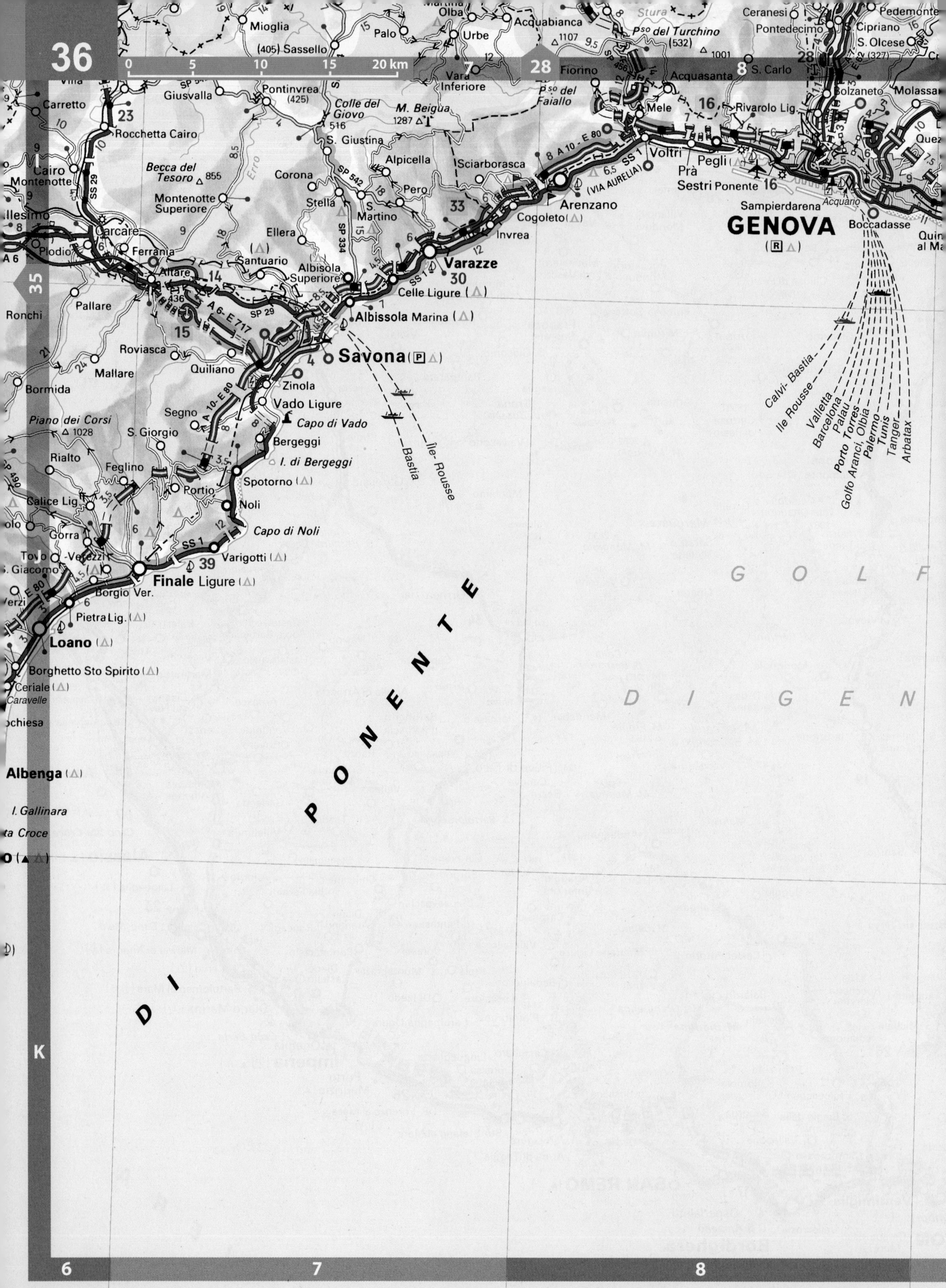
0 5 10 15 20 km
28
35
Mioglia
(405) Sassello
Palo
Urbe
Olba
Acquabianca
Stura
Pso del Turchino
(532)
△ 1107
△ 1001
Ceranesi
Pontedecimo
S. Cipriano
Pedemonte
S. Olcese
(327)
Vara Inferiore
Fiorino
Acquasanta
S. Carlo
Pso del Faiallo
Giusvalla
Pontinvrea
(425)
Colle del Giovo
516
M. Beigua
1287
Carretto
Rocchetta Cairo
Cairo Montenotte
S. Giustina
Alpicella
Sciarborasca
Mele
Rivarolo Lig.
Bolzaneto
Molassana
Voltri
Prà
Pegli
Sestri Ponente
Becca del Tesoro △ 855
Corona
Montenotte Superiore
Stella
S. Martino
Pero
Arenzano
(VIA AURELIA)
Cogoleto
Sampierdarena
Acquario
Boccadasse
GENOVA
Quinto al Mare
Millesimo
Carcare
Plodio
Ferrania
Altare
Ellera
Santuario
Albisola Superiore
Invrea
Varazze
Celle Ligure
Albissola Marina
Ronchi
Pallare
Roviasca
Mallare
Quiliano
Savona
Zinola
Vado Ligure
Capo di Vado
Bormida
Piano dei Corsi
△ 1028
Segno
S. Giorgio
Bergeggi
I. di Bergeggi
Rialto
Feglino
Portio
Spotorno
Calice Lig.
Noli
Capo di Noli
Gorra
Varigotti
Toirano
Verezzi
S. Giacomo
Finale Ligure
Borgio Ver.
Pietra Lig.
Loano
Borghetto Sto Spirito
Ceriale
Caravelle
Albenga
I. Gallinara
Bastia
Île-Rousse
Calvi-Bastia
Ile Rousse
Valletta
Barcelona
Palau
Porto Torres
Golfo Aranci, Olbia
Palermo
Tunis
Tanger
Arbatax
A 10 - E 80
A 6 - E 717
SS 1
SS 29
SP 29
SP 334
SP 542
SP 490
E 80
G O L F
D I G E N
P O N E N T E
D I
I
J
K
6
7
8

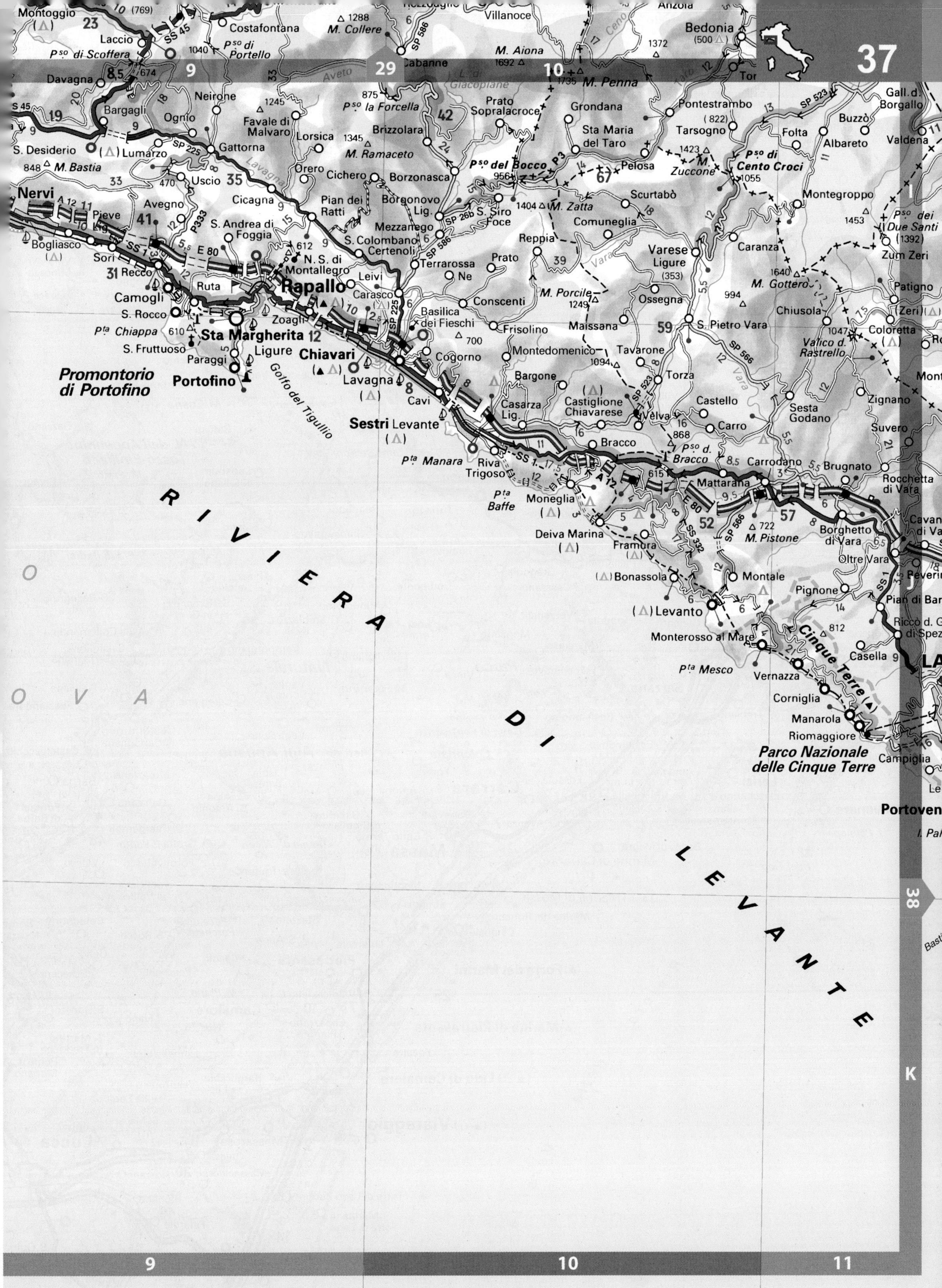

Montoggio
Laccio
Pso di Scoffera
Costafontana
Pso di Portello
M. Collere
Villanoce
Cabanne
M. Aiona
Bedonia
Anzola
Davagna
Neirone
Bargagli
Ognio
Favale di Malvaro
Lorsica
Pso la Forcella
Brizzolara
Prato Sopralacroce
Grondana
Sta Maria del Taro
M. Penna
Pontestrambo
Tarsogno
Gall. d. Borgallo
Buzzò
Folta
Albareto
Valdena
S. Desiderio
Lumarzo
Gattorna
M. Ramaceto
M. Bastia
Uscio
Orero
Cichero
Borzonasca
Pso del Bocco
Pelosa
M. Zuccone
Pso di Cento Croci
Nervi
Pieve Lig.
Avegno
Cicagna
Pian dei Ratti
Borgonovo Lig.
Mezzanego
S. Siro Foce
M. Zatta
Scurtabò
Comuneglia
Montegroppo
Pso dei Due Santi
Zum Zeri
Bogliasco
Sori
Recco
S. Andrea di Foggia
N. S. di Montallegro
S. Colombano Certenoli
Terrarossa
Ne
Prato
Reppia
Varese Ligure
Caranza
Camogli
Ruta
Rapallo
Leivi
Carasco
Basilica dei Fieschi
Conscenti
M. Porcile
Ossegna
M. Gottero
Patigno
S. Rocco
Pta Chiappa
Zoagli
Frisolino
Maissana
S. Pietro Vara
Chiusola
Zeri
Coloretta
Valico d. Rastrello
S. Fruttuoso
Sta Margherita Ligure
Paraggi
Chiavari
Cogorno
Montedomenico
Tavarone
Promontorio di Portofino
Portofino
Golfo del Tigullio
Lavagna
Bargone
Torza
Cavi
Casarza Lig.
Castiglione Chiavarese
Velva
Castello
Sesta Godano
Zignano
Sestri Levante
Carro
Bracco
Pso d. Bracco
Suvero
Pta Manara
Riva Trigoso
Carrodano
Brugnato
Rocchetta di Vara
Mattarana
Pta Baffe
Moneglia
M. Pistone
Borghetto di Vara
Deiva Marina
Framura
Oltre Vara
RIVIERA DI LEVANTE
Bonassola
Montale
Pignone
Levanto
Monterosso al Mare
Cinque Terre
Casella
Pta Mesco
Vernazza
Corniglia
Manarola
Riomaggiore
Parco Nazionale delle Cinque Terre
Campiglia
Portoven
38

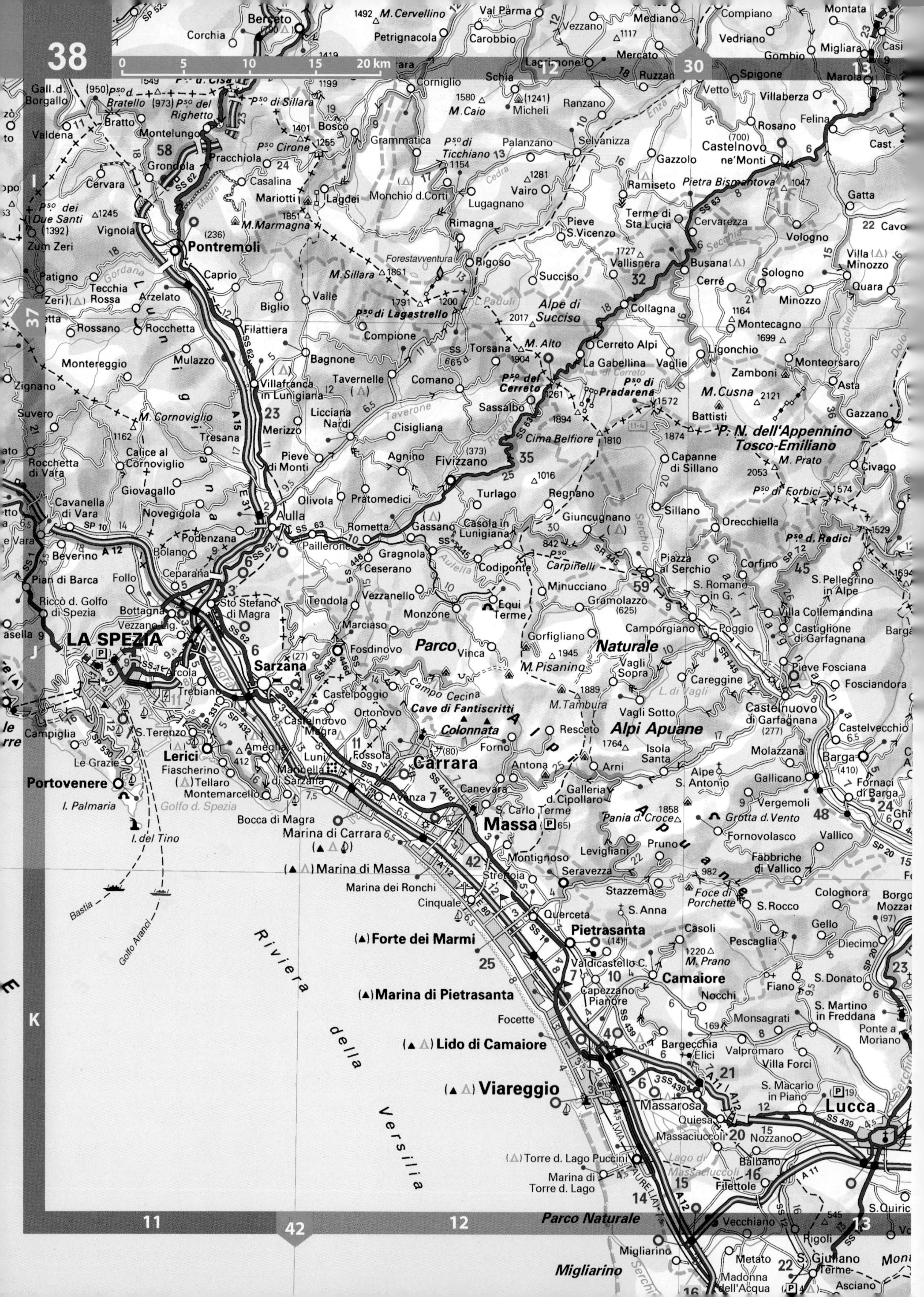
0 5 10 15 20 km
Berceto
Corchia
M. Cervellino
Val Parma
Vezzano
Mediano
Compiano
Montata
Petrignacola
Carobbio
Vedriano
Migliara
Mercato
Gombio
Lagrimone
Ruzzano
Spigone
Marola
Corniglio
Schia
M. Caio
Micheli
Ranzano
Vetto
Villaberza
Gall. d. Borgallo
P.so d. Bratello
P.so del Righetto
P.so di Sillara
Bratto
Valdena
Montelungo
Bosco
Grammatica
P.so di Ticchiano
Palanzano
Selvanizza
Rosano
Felina
Castelnovo ne' Monti
Cast.
Grondola
Pracchiola
P.so Cirone
Gazzolo
Cervara
Casalina
Vairo
Ramiseto
Pietra Bismantova
Gatta
Mariotti
Lagdei
Monchio d. Corti
Lugagnano
P.so dei Due Santi
Vignola
M. Marmagna
Rimagna
Terme di Sta Lucia
Cervarezza
Pieve S. Vicenzo
Zum Zeri
Pontremoli
Vologno
Cavo
Villa Minozzo
Caprio
Forestavventura
Rigoso
Vallisnera
Busana
Sologno
Patigno
Tecchia Rossa
Zeri
Arzelato
M. Sillara
Succiso
Alpe di Succiso
Cerré
Minozzo
Quara
Biglio
Valle
P.so di Lagastrello
L. Paduli
Collagna
Montecagno
Rossano
Rocchetta
Filattiera
Compione
Torsana
M. Alto
Cerreto Alpi
Ligonchio
Mulazzo
Bagnone
La Gabellina
Vaglie
Monteorsaro
Montereggio
Zamboni
Villafranca in Lunigiana
Tavernelle
Comano
P.so del Cerreto
P.so di Pradarena
M. Cusna
Asta
Zignano
Suvero
M. Cornoviglio
Licciana Nardi
Merizzo
Sassalbo
Battisti
Gazzano
Tresana
Cisigliana
Cima Belfiore
P. N. dell'Appennino Tosco-Emiliano
M. Prato
Rocchetta di Vara
Calice al Cornoviglio
Pieve di Monti
Agnino
Fivizzano
Capanne di Sillano
Civago
P.so di Forbici
Giovagallo
Turlago
Regnano
Cavanella di Vara
Novegigola
Olivola
Aulla
Pratomedici
Sillano
Orecchiella
Giuncugnano
Podenzana
Rometta
Gassano
Casola in Lunigiana
P.so d. Radici
Beverino
Bolano
Paillerone
Gragnola
Codiponte
P.so Carpinelli
Piazza al Serchio
Corfino
Pian di Barca
Follo
Ceparana
Ceserano
Minucciano
S. Pellegrino in Alpe
Riccò d. Golfo di Spezia
Sto Stefano di Magra
Tendola
Vezzanello
Equi Terme
Gramolazzo
S. Romano in G.
Bottagna
Vezzano Lig.
Monzone
Villa Collemandina
LA SPEZIA
Marciaso
Camporgiano
Poggio
Castiglione di Garfagnana
Barga
Fosdinovo
Parco
Vinca
Naturale
Gorfigliano
Sarzana
Arcola
M. Pisanino
Vagli Sopra
Pieve Fosciana
Fosciandora
Trebiano
Castelpoggio
Campo Cecina
Careggine
L. di Vagli
Campiglia
Ortonovo
Cave di Fantiscritti
M. Tambura
Vagli Sotto
Castelnuovo di Garfagnana
S. Terenzo
Castelnuovo Magra
Colonnata
Resceto
Alpi Apuane
Castelvecchio
Lerici
Ameglia
Luni
Fossola
Forno
Isola Santa
Molazzana
Le Grazie
Fiascherino
Tellaro
Carrara
Antona
Arni
Barga
Alpe S. Antonio
Gallicano
Fornaci di Barga
Portovenere
Montemarcello
Marinella di Sarzana
Avenza
Canevara
Galleria d. Cipollaro
Vergemoli
I. Palmaria
Golfo d. Spezia
S. Carlo Terme
Pania d. Croce
Grotta d. Vento
Bocca di Magra
Massa
Fornovolasco
Vallico
I. del Tino
Marina di Carrara
Montignoso
Leviglianí
Pruno
Fabbriche di Vallico
Marina di Massa
Strettoia
Seravezza
Marina dei Ronchi
Stazzema
Foce di Porchette
Colognora
S. Rocco
Cinquale
S. Anna
Querceta
Casoli
Gello
Bastia
Golfo Aranci
Riviera della Versilia
Forte dei Marmi
Pietrasanta
Pescaglia
Diecimo
Valdicastello C.
M. Prano
Camaiore
Fiano
S. Donato
Marina di Pietrasanta
Capezzano Pianore
Nocchi
S. Martino in Freddana
Focette
Monsagrati
Ponte a Moriano
Lido di Camaiore
Bargecchia
Elici
Valpromaro
Villa Forci
Viareggio
Massarosa
S. Macario in Piano
Lucca
Quiesa
Massaciuccoli
Nozzano
Torre d. Lago Puccini
Lago di Massaciuccoli
Balbano
Marina di Torre d. Lago
Filettole
S. Quirico
Parco Naturale
Vecchiano
Migliarino
Rigoli
Metato
S. Giuliano Terme
Madonna dell'Acqua
Asciano
30
37
42
11
12
13

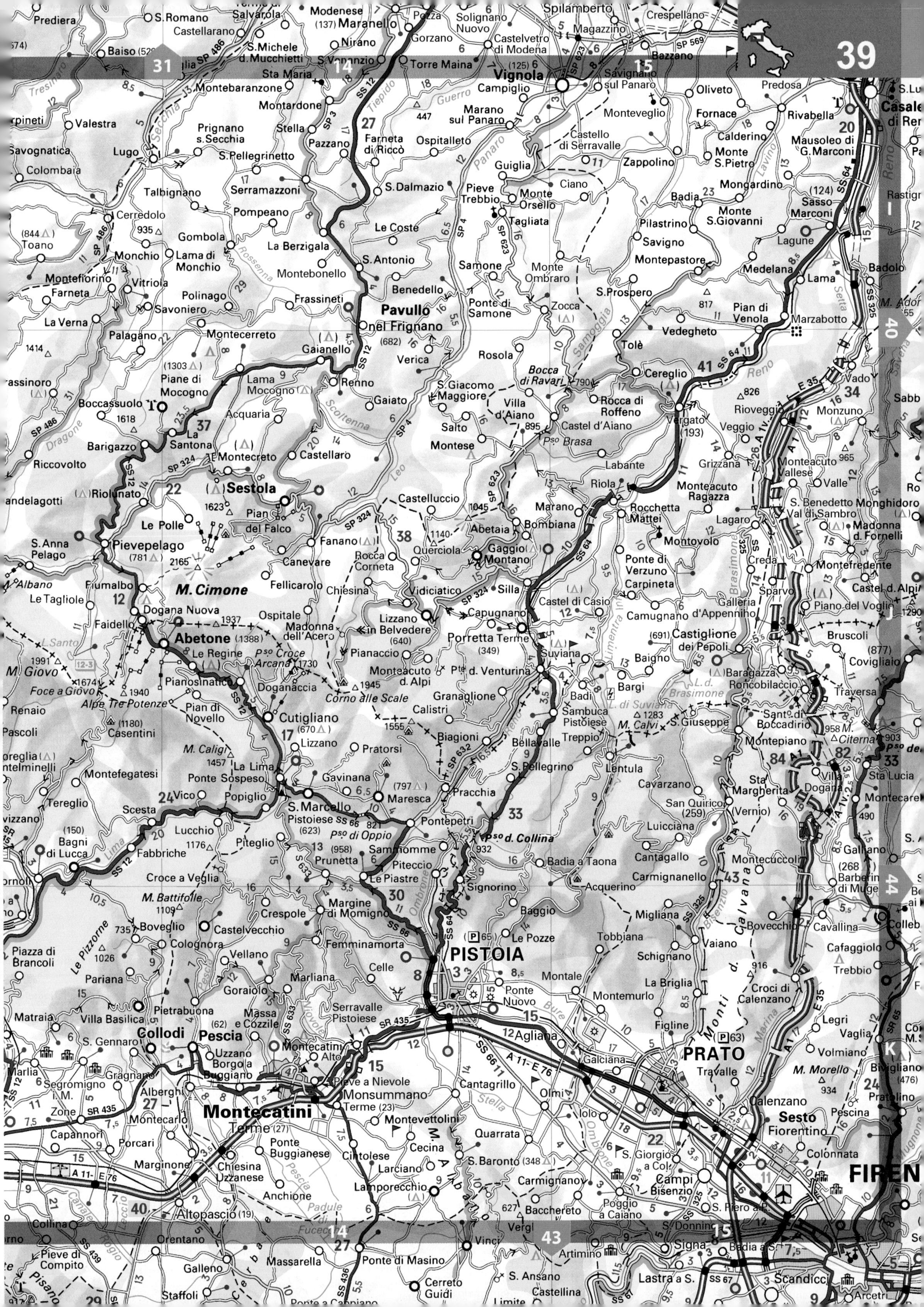

31
14
15
39
Vignola
Maranello
Spilamberto
Crespellano
Bazzano
Castelvetro di Modena
Savignano sul Panaro
Monteveglio
Casalecchio di Reno
Sasso Marconi
Marzabotto
Vergato
Pavullo nel Frignano
Sestola
M. Cimone
Pievepelago
Fiumalbo
Abetone
Cutigliano
S. Marcello Pistoiese
Porretta Terme
Gaggio Montano
Castel d'Aiano
Castiglione dei Pepoli
Montepiano
Barberino di Mugello
Calenzano
Sesto Fiorentino
PISTOIA
PRATO
Montale
Agliana
Montemurlo
Quarrata
Campi Bisenzio
Signa
Lastra a S.
Scandicci
Vinci
Lamporecchio
Montecatini Terme
Monsummano Terme
Pescia
Collodi
Altopascio
Bagni di Lucca
Lucca
Montefiorino
Lama Mocogno
Fanano
Lizzano in Belvedere
Riola
Montese
Zocca
Guiglia
Monzuno
Grizzana
Camugnano
Vernio
Vaiano
Fabbriche
Castelvecchio
Villa Basilica
Porcari
Capannori
Chiesina Uzzanese
Larciano
Cerreto Guidi
Carmignano
Poggio a Caiano
Artimino
Monti d. Calvana
Corno alle Scale
M. Giovo
Alpe Tre Potenze
Foce a Giovo
P^{so} d. Collina
Bocca di Ravari
A 1
A 11 - E 76
SS 64
SS 12
SS 66
40
44
43
J
K

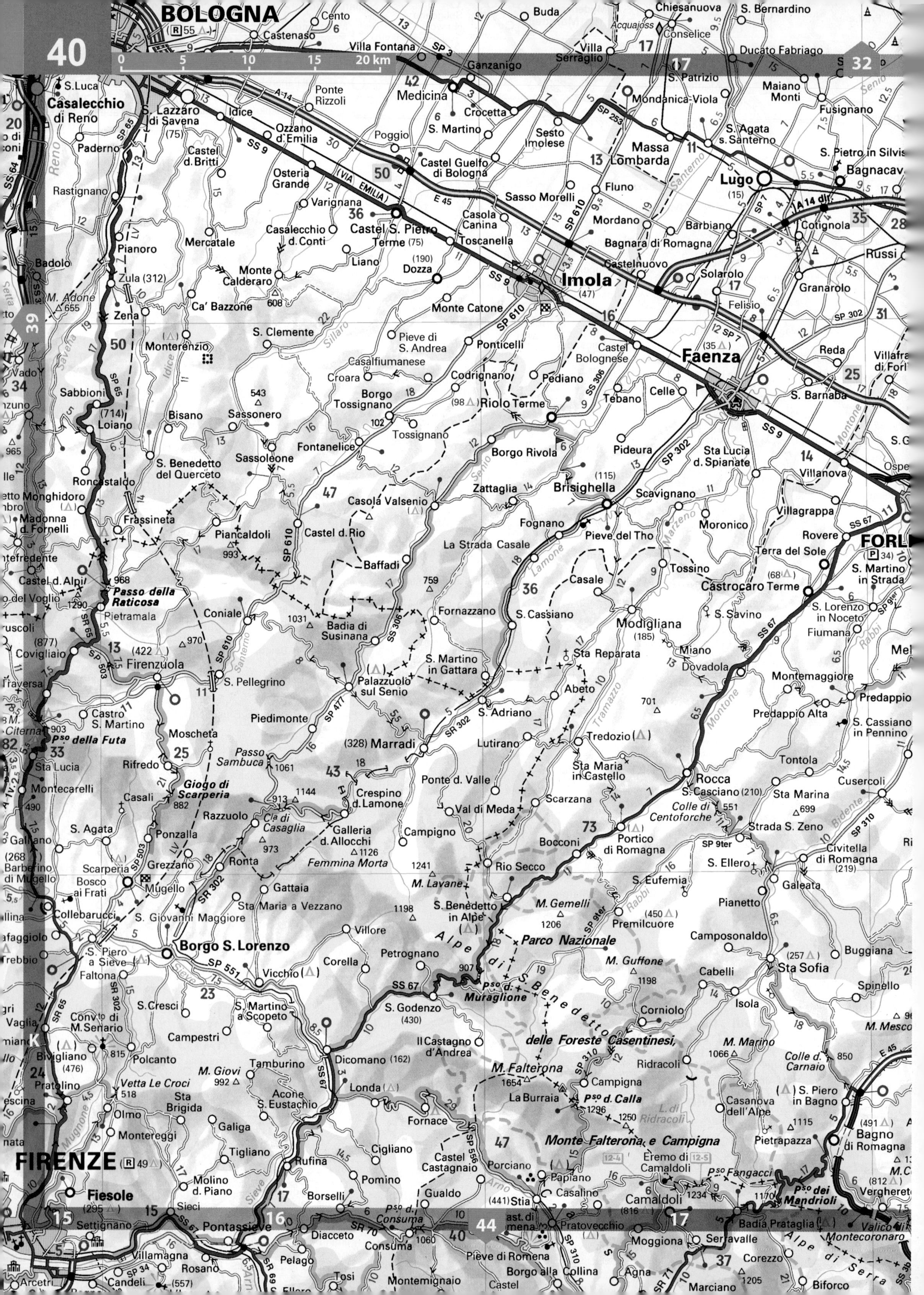
BOLOGNA
Cento
Castenaso
Villa Fontana
Buda
Chiesanuova
Conselice
S. Bernardino
Villa Serraglio
Ducato Fabriago
Ganzanigo
S. Patrizio
Maiano Monti
Fusignano
S. Luca
Casalecchio di Reno
S. Lazzaro di Savena
Idice
Ponte Rizzoli
Medicina
Crocetta
Mondanica-Viola
Ozzano d. Emilia
S. Martino
Sesto Imolese
Massa Lombarda
S. Agata s. Santerno
S. Pietro in Silvis
Bagnacavallo
Paderno
Castel d. Britti
Poggio
Castel Guelfo di Bologna
Lugo
Osteria Grande
(VIA EMILIA)
Sasso Morelli
Fluno
Rastignano
Varignana
Casola Canina
Mordano
Barbiano
Cotignola
Castel S. Pietro Terme
Casalecchio d. Conti
Toscanella
Bagnara di Romagna
Russi
Mercatale
Pianoro
Liano
Dozza
Castelnuovo
Solarolo
Badolo
Monte Calderaro
Imola
Granarolo
Zula
M. Adone
Ca' Bazzone
Monte Catone
Felisio
Zena
S. Clemente
Pieve di S. Andrea
Ponticelli
Castel Bolognese
Reda
Villafranca di Forlì
Monterenzio
Casalfiumanese
Codrignano
Pediano
Faenza
Croara
Tebano
Celle
S. Barnaba
Sabbioni
Borgo Tossignano
Riolo Terme
Loiano
Bisano
Sassonero
Tossignano
Fontanelice
Borgo Rivola
Pideura
Sta Lucia d. Spianate
Sassoleone
S. Benedetto del Querceto
Villanova
Roncastaldo
Monghidoro
Casola Valsenio
Zattaglia
Brisighella
Scavignano
Madonna d. Fornelli
Frassineta
Piancaldoli
Castel d. Rio
Fognano
Pieve del Tho
Moronico
Villagrappa
Rovere
FORLÌ
La Strada Casale
Baffadi
Tossino
Terra del Sole
Castel d. Alpi
Passo della Raticosa
Casale
Castrocaro Terme
S. Martino in Strada
Pietramala
Coniale
Badia di Susinana
Fornazzano
S. Cassiano
Modigliana
S. Savino
S. Lorenzo in Noceto
Fiumana
Covigliaio
Firenzuola
Sta Reparata
Miano
Dovadola
S. Pellegrino
S. Martino in Gattara
Palazzuolo sul Senio
Abeto
Montemaggiore
Predappio
Castro S. Martino
Piedimonte
S. Adriano
Predappio Alta
S. Cassiano in Pennino
M. Citerna
Pso della Futa
Moscheta
Marradi
Lutirano
Tredozio
Sta Lucia
Rifredo
Passo Sambuca
Sta Maria in Castello
Tontola
Montecarelli
Giogo di Scarperia
Crespino d. Lamone
Ponte d. Valle
Rocca S. Casciano
Cusercoli
Casali
Sta Marina
Razzuolo
Cla di Casaglia
Val di Meda
Scarzana
Colle di Centoforche
S. Agata
Ponzalla
Galleria d. Allocchi
Campigno
Portico di Romagna
Strada S. Zeno
Civitella di Romagna
Scarperia
Grezzano
Ronta
Femmina Morta
Bocconi
Rio Secco
S. Ellero
Galeata
Barberino di Mugello
Bosco ai Frati
Mugello
Gattaia
M. Lavane
S. Eufemia
Sta Maria a Vezzano
M. Gemelli
Pianetto
Collebarucci
S. Giovanni Maggiore
S. Benedetto in Alpe
Premilcuore
Villore
Parco Nazionale
Camposonaldo
S. Piero a Sieve
Borgo S. Lorenzo
Petrognano
Buggiana
Faltona
Corella
M. Guffone
Sta Sofia
Vicchio
Pso d. Muraglione
Cabelli
Spinello
S. Cresci
S. Martino a Scopeto
S. Godenzo
Isola
Vaglia
Convto di M. Senario
Corniolo
M. Mesco
Campestri
Il Castagno d'Andrea
delle Foreste Casentinesi
M. Marino
Bivigliano
Polcanto
Colle d. Carnaio
Tamburino
Dicomano
Ridracoli
Pratolino
M. Giovi
M. Falterona
Campigna
Vetta Le Croci
Londa
Acone S. Eustachio
La Burraia
Pso d. Calla
S. Piero in Bagno
Sta Brigida
Casanova dell'Alpe
Olmo
Fornace
Galiga
L. di Ridracoli
Montereggi
Tigliano
Cigliano
Monte Falterona e Campigna
Pietrapazza
Bagno di Romagna
FIRENZE
Rufina
Castel Castagnaio
Porciano
Eremo di Camaldoli
Pso Fangacci
Molino d. Piano
Pomino
Papiano
Vergheret
Fiesole
Borselli
Gualdo
Casalino
Camaldoli
Pso dei Mandrioli
Sieci
Stia
Settignano
Pontassieve
Pso d. Consuma
Pratovecchio
Badia Prataglia
Valico
Montecoronaro
Diacceto
Consuma
Moggiona
Serravalle
Villamagna
Pelago
Pieve di Romena
Alpe di Serra
Rosano
Borgo alla Collina
Corezzo
Arcetri
Candeli
Tosi
Montemignaio
Castel
Agna
Marciano
Biforco

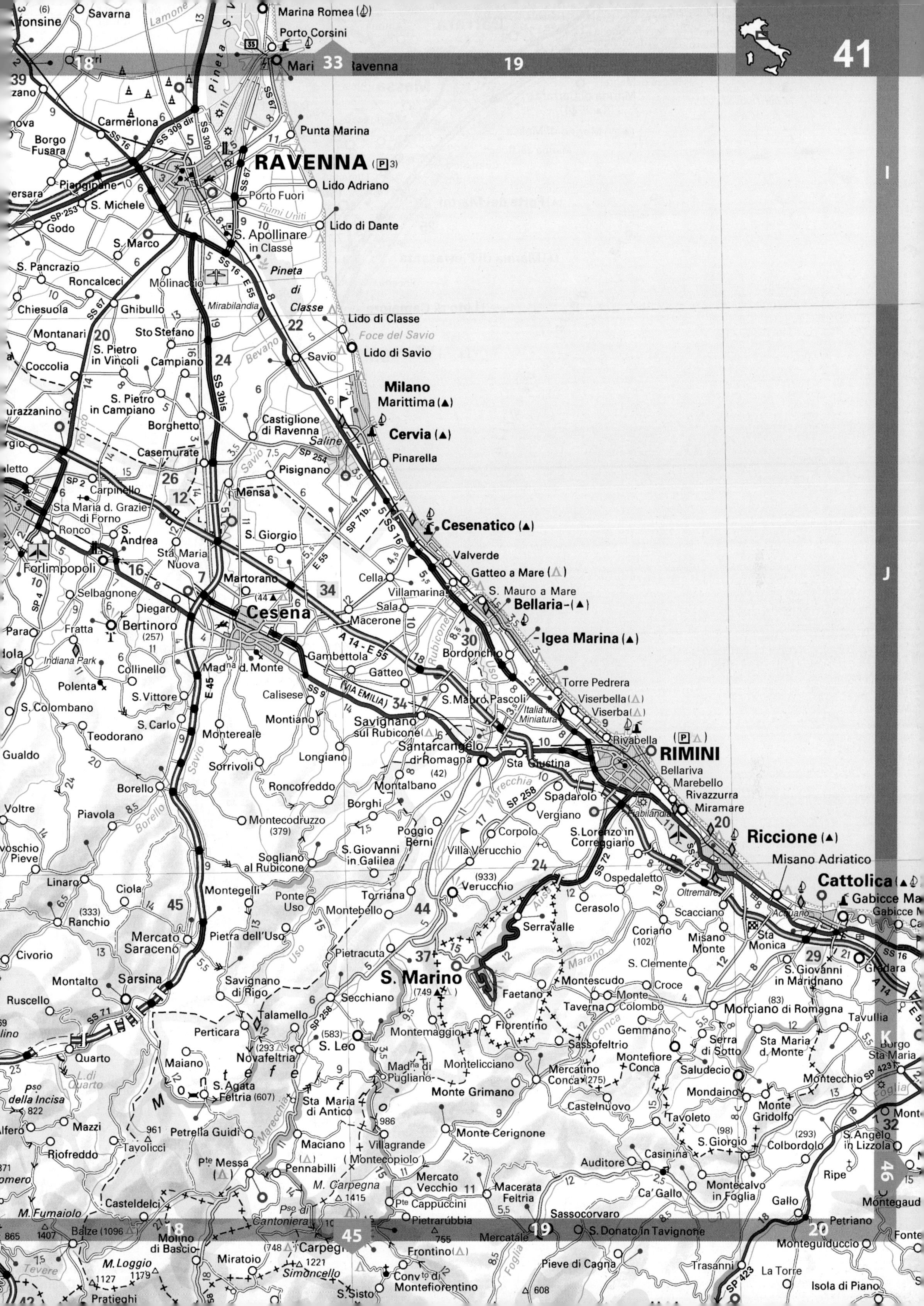
Savarna
Marina Romea
Porto Corsini
Marina di Ravenna
Punta Marina
Carmerlona
Borgo Fusara
RAVENNA
Lido Adriano
Porto Fuori
Fiumi Uniti
Piangipane
S. Michele
Godo
Lido di Dante
S. Apollinare in Classe
S. Marco
S. Pancrazio
Roncalceci
Molinaccio
Pineta di Classe
Chiesuola
Ghibullo
Mirabilandia
Lido di Classe
Foce del Savio
Montanari
Sto Stefano
S. Pietro in Vincoli
Campiano
Lido di Savio
Savio
Coccolia
Bevano
Milano Marittima
S. Pietro in Campiano
Castiglione di Ravenna
Cervia
Borghetto
Saline
Casemurate
Pinarella
Pisignano
Carpinello
Mensa
Sta Maria d. Grazie di Forno
Cesenatico
Ronco
S. Andrea
S. Giorgio
Sta Maria Nuova
Valverde
Forlimpopoli
Gatteo a Mare
Martorano
Cella
S. Mauro a Mare
Selbagnone
Villamarina
Bellaria
Diegaro
Cesena
Sala
Macerone
Bertinoro
Fratta
Igea Marina
Indiana Park
Gambettola
Bordonchio
Collinello
Madna d. Monte
Gatteo
Polenta
Torre Pedrera
Calisese
VIA EMILIA
S. Mauro Pascoli
Viserbella
S. Vittore
Italia in Miniatura
Viserba
S. Colombano
Montiano
Savignano sul Rubicone
Rivabella
S. Carlo
Teodorano
Montereale
Santarcangelo di Romagna
RIMINI
Gualdo
Longiano
Sta Giustina
Bellariva
Sorrivoli
Marebello
Roncofreddo
Montalbano
Rivazzurra
Borello
Spadarolo
Miramare
Voltre
Piavola
Borghi
Vergiano
Fiabilandia
Montecodruzzo
Poggio Berni
Corpolo
S. Lorenzo in Correggiano
Riccione
Sogliano al Rubicone
S. Giovanni in Galilea
Villa Verucchio
Misano Adriatico
Linaro
Verucchio
Ospedaletto
Cattolica
Ciola
Montegelli
Ponte Uso
Torriana
Cerasolo
Oltremare
Gabicce Mare
Ranchio
Montebello
Scacciano
Mercato Saraceno
Pietra dell'Uso
Serravalle
Coriano
Misano Monte
Sta Monica
Civorio
Pietracuta
S. Marino
S. Clemente
S. Giovanni in Marignano
Gradara
Montalto
Sarsina
Savignano di Rigo
Montescudo
Croce
Ruscello
Secchiano
Faetano
Monte Colombo
Taverna
Morciano di Romagna
Tavullia
Talamello
Perticara
Montemaggio
Fiorentino
Gemmano
Quarto
S. Leo
Sassofeltrio
Serra di Sotto
Sta Maria d. Monte
Borgo Sta Maria
Novafeltria
Montefiore Conca
Maiano
Madna di Pugliano
Montelicciano
Mercatino Conca
Saludecio
L. di Quarto
Pso della Incisa
S. Agata Feltria
Monte Grimano
Montecchio
Sta Maria in Antico
Mondaino
Castelnuovo
Mazzi
Monte Gridolfo
Tavoleto
Tavolicci
Petrella Guidi
Villagrande
Monte Cerignone
S. Giorgio
Colbordolo
S. Angelo in Lizzola
Riofreddo
Maciano
Montecopiolo
Pte Messa
Pennabilli
Casinina
Auditore
Ripe
M. Carpegna
Mercato Vecchio
Macerata Feltria
Montecalvo in Foglia
Ca' Gallo
Casteldelci
Pte Cappuccini
Gallo
Montegaudio
M. Fumaiolo
Pso di Cantoniera
Pietrarubbia
Sassocorvaro
Petriano
Balze
Molino di Bascio
Carpegna
Mercatale
S. Donato in Tavignone
Frontino
Monteguiduccio
Tevere
M. Loggio
Miratoio
Simoncello
Pieve di Cagna
Trasanni
La Torre
Pratieghi
S. Sisto
Convto di Montefiorentino
Isola di Piano

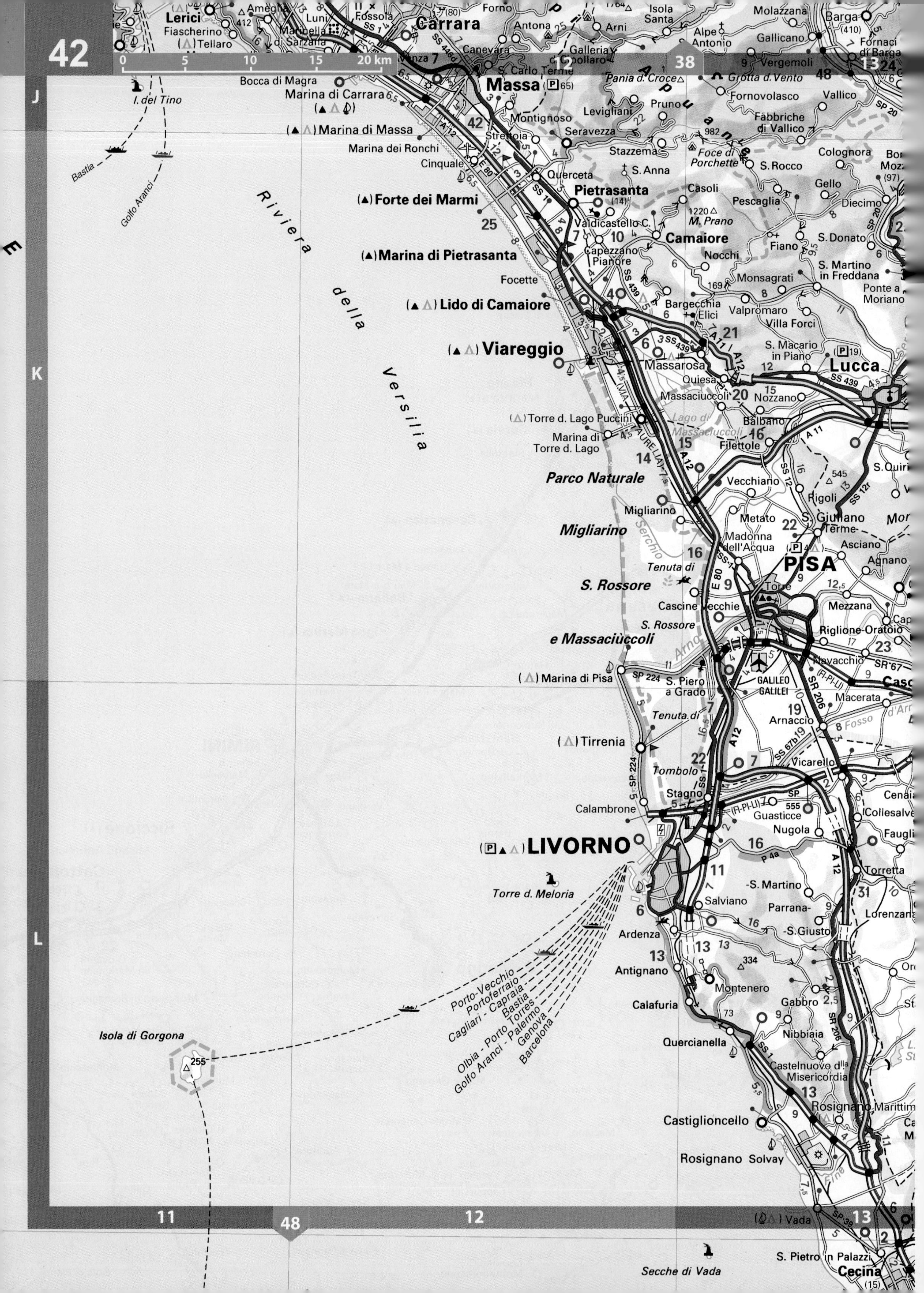
0 5 10 15 20 km
Lerici
Carrara
Massa
Bocca di Magra
Marina di Carrara
Marina di Massa
Marina dei Ronchi
Cinquale
I. del Tino
Bastia
Golfo Aranci
Riviera della Versilia
Forte dei Marmi
Marina di Pietrasanta
Focette
Lido di Camaiore
Viareggio
Pietrasanta
Camaiore
Seravezza
Querceta
Montignoso
Massarosa
Lucca
Torre d. Lago Puccini
Marina di Torre d. Lago
Parco Naturale
Migliarino
S. Rossore
e Massaciùccoli
Migliarino
Lago di Massaciuccoli
PISA
Marina di Pisa
S. Piero a Grado
GALILEO GALILEI
Tirrenia
Calambrone
Stagno
LIVORNO
Torre d. Meloria
Ardenza
Antignano
Montenero
Calafuria
Quercianella
Castiglioncello
Rosignano Solvay
Rosignano Marittimo
Castelnuovo d.lla Misericordia
Vada
Secche di Vada
S. Pietro in Palazzi
Cecina
Isola di Gorgona
Porto-Vecchio
Portoferraio
Cagliari - Capraia
Bastia
Olbia - Porto Torres
Golfo Aranci - Palermo
Genova
Barcelona
J
K
L
11
12
13
38
48

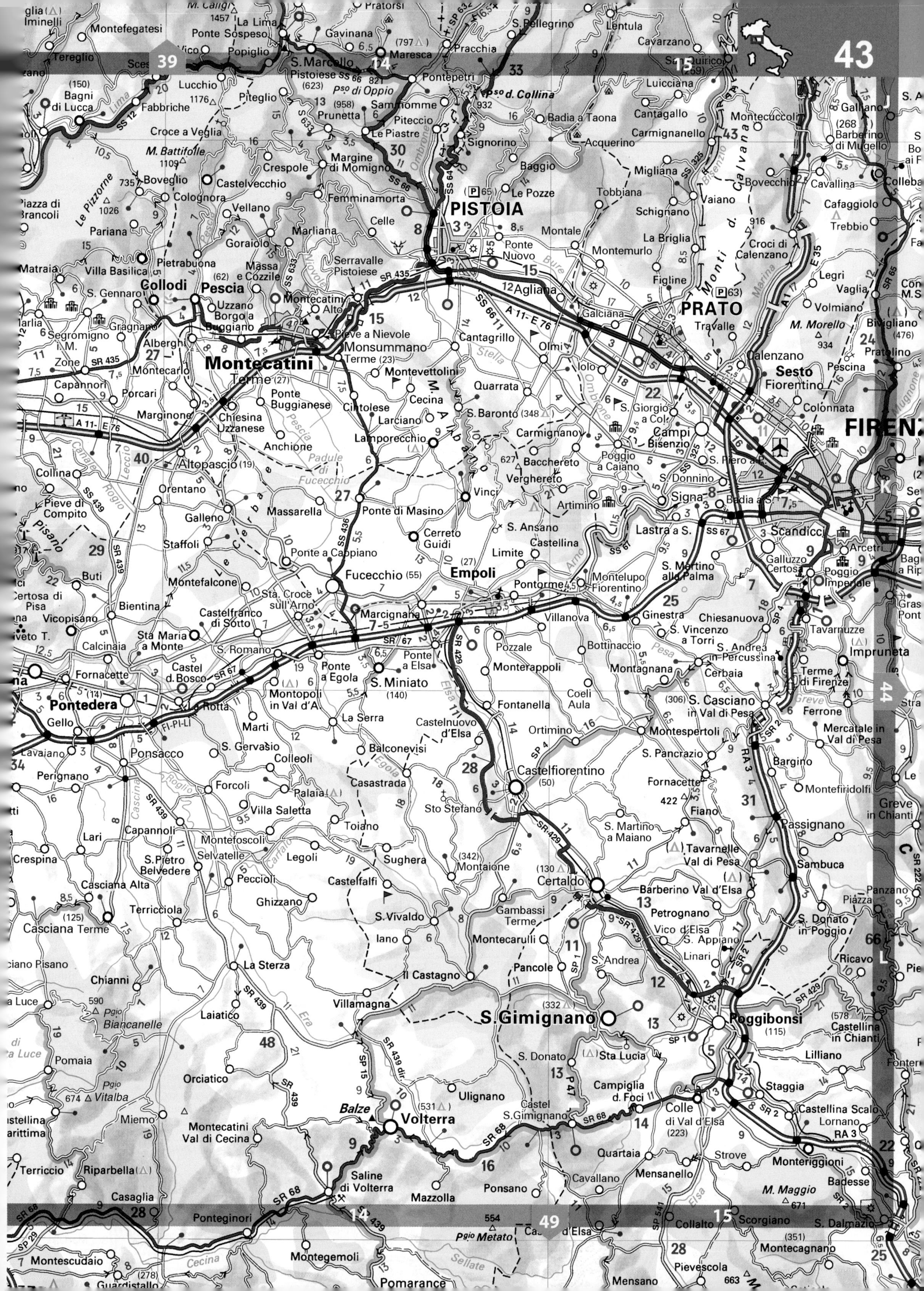

FIRENZE
PISTOIA
PRATO
Montecatini Terme
Empoli
S.Gimignano
Volterra
Poggibonsi
Pontedera
Fucecchio
Castelfiorentino
Certaldo
Collodi
Pescia
Altopascio
S. Miniato
Sesto Fiorentino
Campi Bisenzio
Scandicci
Signa
Lastra a S.
Calenzano
Agliana
Quarrata
Vinci
Cerreto Guidi
Lamporecchio
Monsummano Terme
Montelupo Fiorentino
Castelfranco di Sotto
Sta Croce sull'Arno
Ponsacco
Peccioli
Lari
Casciana Terme
Montespertoli
S. Casciano in Val di Pesa
Tavarnelle Val di Pesa
Barberino Val d'Elsa
Colle di Val d'Elsa
Monteriggioni
Castellina in Chianti
Greve in Chianti
Impruneta
Montaione
Gambassi Terme
Saline di Volterra
Pomarance
Montecatini Val di Cecina
Bagni di Lucca
S.Marcello Pistoiese
Padule di Fucecchio
Monti d. Calvana
M. Albano
Pso d. Collina
Pso di Oppio
M. Morello
M. Maggio
Balze
Marcignana
Ponte a Egola
Montopoli in Val d'A.
Palaia
Legoli
Casastrada
Castelnuovo d'Elsa
Cecina
Larciano
Carmignano
Poggio a Caiano
Artimino
Montemurlo
Vaiano
Montale
Serravalle Pistoiese
Marliana
Uzzano
Buggiano
Chiesina Uzzanese
Ponte Buggianese
Bientina
Calcinaia
Vicopisano
Buti
Fornacette
Capannoli
Terricciola
Chianni
Lajatico
Riparbella
Casaglia
Ponteginori
Montegemoli
Pievescola
Strove
Mensanello
Staggia
Castellina Scalo
Badesse
S. Dalmazio
A 11 - E 76
A 1 - E 35
FI-PI-LI
SR 429
SR 439
SR 68
SR 2
SS 67
SS 66
RA 3
Arno
Elsa
Era
Pesa
Greve
Ombrone
Bisenzio
Cecina
39
14
15
44
49

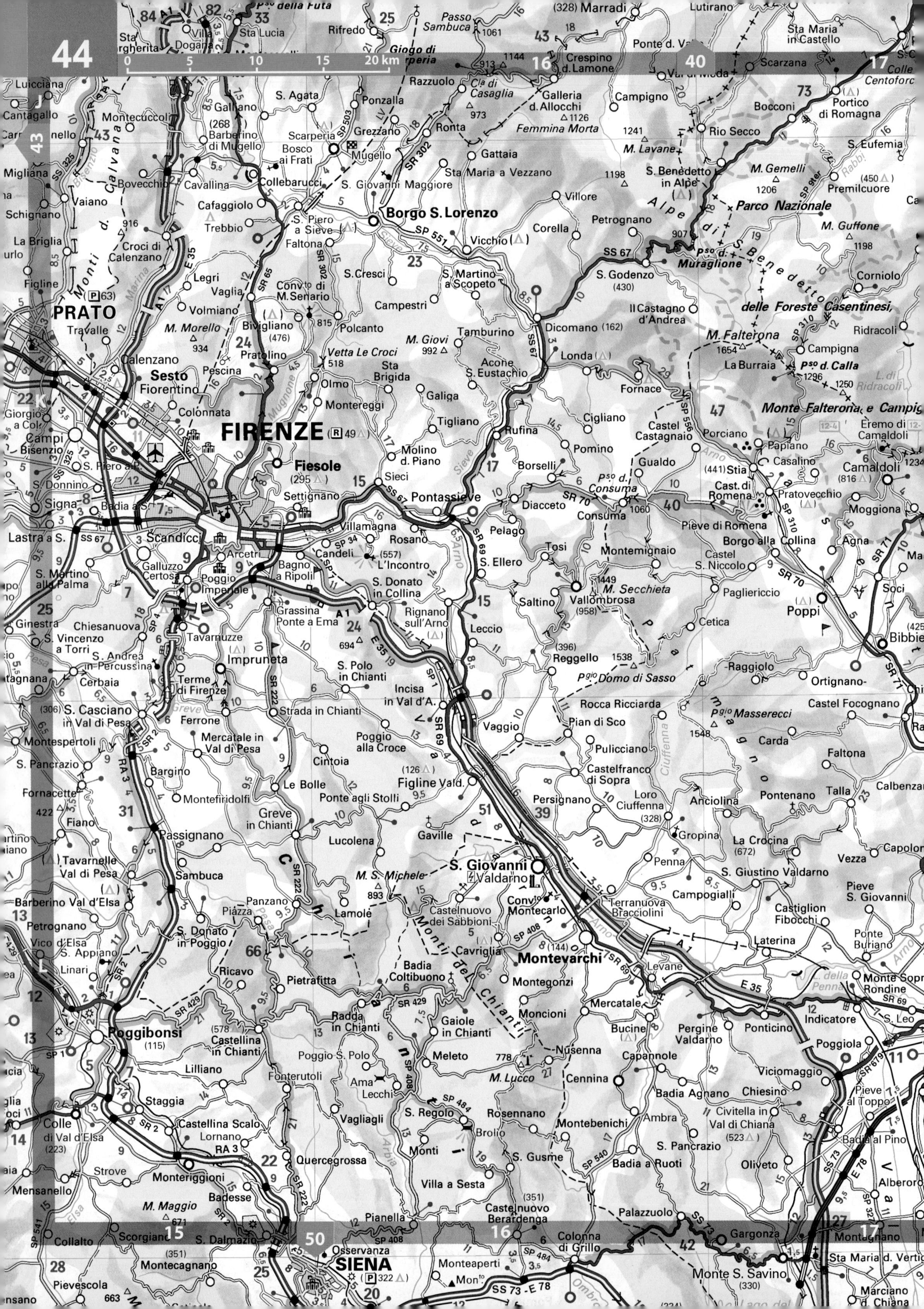

Marradi
Passo Sambuca
Giogo di Scarperia
Rifredo
Sta Lucia
Crespino d. Lamone
Galleria d. Allocchi
Femmina Morta
Razzuolo
Casaglia
Ronta
Gattaia
Sta Maria a Vezzano
Galliano
Barberino di Mugello
S. Agata
Ponzalla
Scarperia
Bosco ai Frati
Grezzano
Mugello
Montecuccoli
Cantagallo
Luicciana
Migliana
Bovecchio
Cavallina
Collebarucci
S. Giovanni Maggiore
Vaiano
Schignano
Cafaggiolo
Trebbio
S. Piero a Sieve
Borgo S. Lorenzo
Vicchio
Villore
Corella
Petrognano
La Briglia
Croci di Calenzano
Faltona
Legri
Vaglia
Conv.to di M. Senario
S. Cresci
Campestri
S. Martino a Scopeto
S. Godenzo
Il Castagno d'Andrea
Dicomano
Londa
Figline
PRATO
Travalle
M. Morello
Volmiano
Bivigliano
Pratolino
Polcanto
Vetta Le Croci
M. Giovi
Tamburino
Acone S. Eustachio
Fornace
Calenzano
Sesto Fiorentino
Pescina
Olmo
Montereggi
Sta Brigida
Galiga
Tigliano
Rufina
Cigliano
Colonnata
FIRENZE
Fiesole
Campi Bisenzio
S. Piero a P.
S. Donnino
Signa
Badia a S.
Settignano
Sieci
Pontassieve
Molino d. Piano
Pomino
Borselli
Diacceto
Consuma
Pelago
Lastra a S.
Scandicci
Galluzzo
Certosa
Arcetri
Poggio Imperiale
Bagno a Ripoli
Candeli
L'Incontro
Villamagna
Rosano
S. Ellero
Tosi
Montemignaio
S. Martino alla Palma
Ginestra
Chiesanuova
S. Vincenzo a Torri
S. Andrea in Percussina
Cerbaia
Tavarnuzze
Impruneta
Grassina
Ponte a Ema
S. Donato in Collina
Rignano sull'Arno
Leccio
Saltino
Vallombrosa
M. Secchieta
Reggello
Pgio Domo di Sasso
Terme di Firenze
S. Casciano in Val di Pesa
Ferrone
Strada in Chianti
S. Polo in Chianti
Incisa in Val d'A.
Vaggio
Pian di Sco
Rocca Ricciarda
Montespertoli
Mercatale in Val di Pesa
Poggio alla Croce
Cintoia
Pulicciano
Castelfranco di Sopra
S. Pancrazio
Bargino
Fornacette
Montefiridolfi
Le Bolle
Ponte agli Stolli
Figline Vald.
Persignano
Loro Ciuffenna
Fiano
Greve in Chianti
Lucolena
Gaville
Gropina
Passignano
Tavarnelle Val di Pesa
Sambuca
M. S. Michele
S. Giovanni Valdarno
Barberino Val d'Elsa
Panzano
Lamole
Castelnuovo dei Sabbioni
Conv.to Montecarlo
Terranuova Bracciolini
Petrognano
Vico d'Elsa
S. Appiano
Piazza
S. Donato in Poggio
Cavriglia
Montevarchi
Linari
Ricavo
Pietrafitta
Badia Coltibuono
Montegonzi
Levane
Moncioni
Mercatale
Radda in Chianti
Gaiole in Chianti
Poggibonsi
Castellina in Chianti
Bucine
Pergine Valdarno
Lilliano
Poggio S. Polo
Meleto
Nusenna
Capannole
M. Lucco
Cennina
Fonterutoli
Ama
Lecchi
Staggia
Colle di Val d'Elsa
Castellina Scalo
Lornano
Vagliagli
S. Regolo
Brolio
Rosennano
Montebenichi
Badia Agnano
Ambra
Monti
S. Gusme
S. Pancrazio
Badia a Ruoti
Strove
Monteriggioni
Quercegrossa
Villa a Sesta
Mensanello
Badesse
M. Maggio
Pianella
Castelnuovo Berardenga
Palazzuolo
Collalto
Scorgiano
S. Dalmazio
Osservanza
SIENA
Colonna di Grillo
Montecagnano
Monteaperti
Pievescola
Monte S. Savino
Lutirano
Sta Maria in Castello
Ponte d. Valle
Val di Moda
Scarzana
Campigno
Rio Secco
Bocconi
Portico di Romagna
S. Eufemia
M. Lavane
S. Benedetto in Alpe
M. Gemelli
Premilcuore
Parco Nazionale
Alpe di S. Benedetto
M. Guffone
Pso d. Muraglione
Corniolo
delle Foreste Casentinesi,
Monte Falterona e Campigna
M. Falterona
Campigna
Ridracoli
La Burraia
Pso d. Calla
Castel Castagnaio
Porciano
Papiano
Eremo di Camaldoli
Camaldoli
Casalino
Stia
Gualdo
Pso d. Consuma
Cast. di Romena
Pratovecchio
Moggiona
Pieve di Romena
Borgo alla Collina
Agna
Castel S. Niccolo
Paglierìccio
Soci
Poppi
Bibbiena
Cetica
Raggiolo
Ortignano
Castel Focognano
Pgio Masserecci
Carda
Faltona
Calbenzano
Anciolina
Pontenano
Talla
La Crocina
Vezza
Capolona
Penna
S. Giustino Valdarno
Campogialli
Pieve S. Giovanni
Castiglion Fibocchi
Ponte Buriano
Laterina
Monte Sopra Rondine
Indicatore
S. Leo
Ponticino
Poggiola
Viciomaggio
Chiesino
Pieve al Toppo
Civitella in Val di Chiana
Badia al Pino
Oliveto
Alberoro
Gargonza
Montagnano
Sta Maria d. Vertighe
Marciano d. Chiana
0 5 10 15 20 km

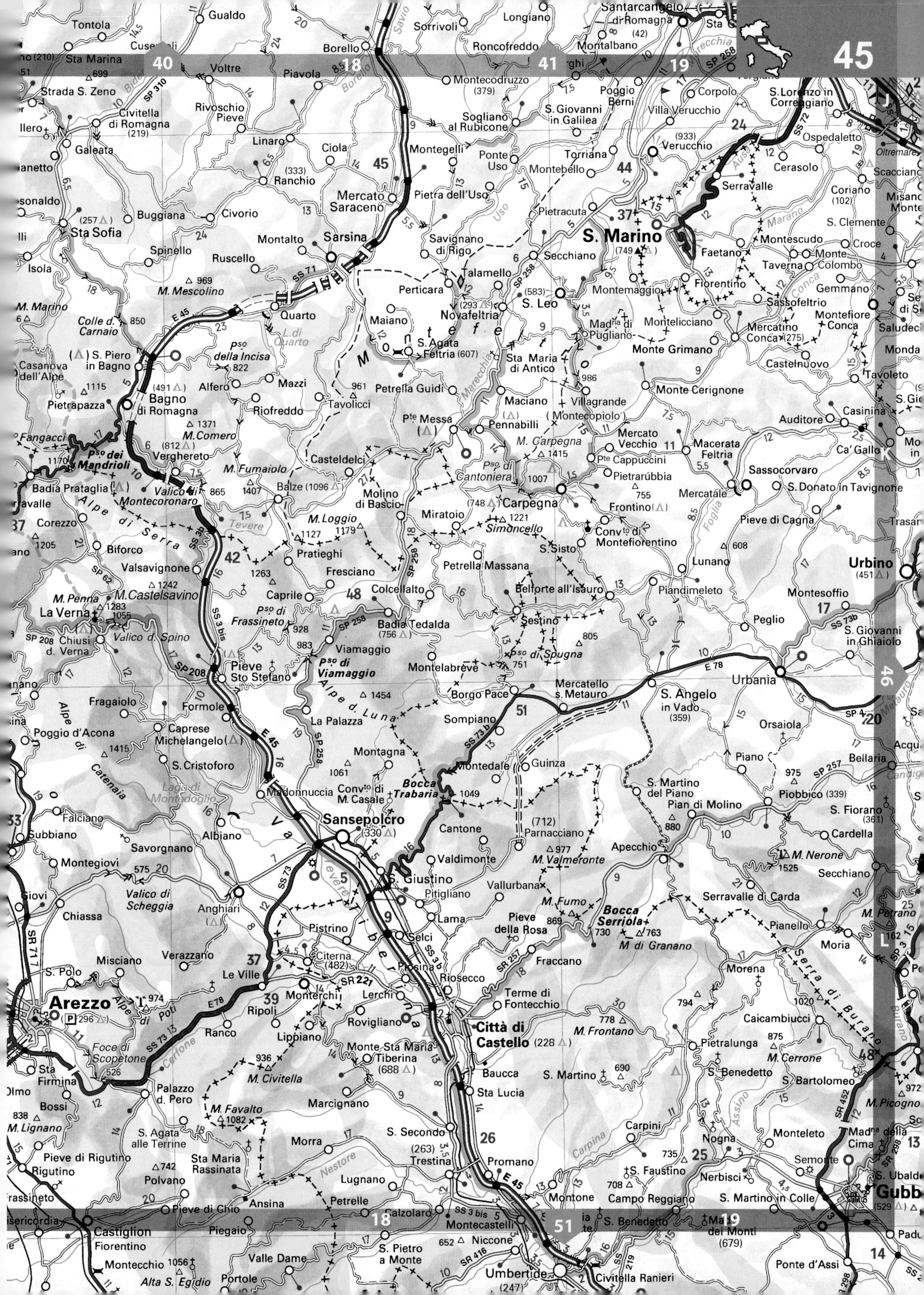

40
18
41
19
Santarcangelo di Romagna
Gualdo
Tontola
Sorrivoli
Longiano
Borello
Roncofreddo
Montalbano
Sta Marina
Voltre
Piavola
Montecodruzzo
Strada S. Zeno
Rivoschio Pieve
Poggio Berni
Corpolo
S. Lorenzo in Correggiano
Civitella di Romagna
S. Giovanni in Galilea
Villa Verucchio
Sogliano al Rubicone
Galeata
Linaro
Ciola
Montegelli
Ponte Uso
Torriana
Verucchio
Ospedaletto
Ranchio
Montebello
Cerasolo
Mercato Saraceno
Pietra dell'Uso
Serravalle
Coriano
Buggiana
Civorio
Pietracuta
Sta Sofia
Montalto
Sarsina
Savignano di Rigo
S. Marino
Faetano
Montescudo
Spinello
Ruscello
Secchiano
Monte Colombo
Taverna
Croce
Isola
M. Mescolino
Talamello
Perticara
Fiorentino
Gemmano
Montemaggio
S. Leo
Novafeltria
Sassofeltrio
M. Marino
Colle d. Carnaio
Quarto
Maiano
Madna di Pugliano
Montelicciano
Mercatino Conca
Montefiore Conca
L. di Quarto
S. Agata Feltria
Monte Grimano
S. Piero in Bagno
Pso della Incisa
Sta Maria di Antico
Casanova dell'Alpe
Castelnuovo
Tavoleto
Alfero
Mazzi
Petrella Guidi
Villagrande
Monte Cerignone
Bagno di Romagna
Tavolicci
Maciano
Pietrapazza
Riofreddo
Pte Messa
Pennabilli
Montecopiolo
Auditore
Casinina
M. Comero
M. Carpegna
Mercato Vecchio
Macerata Feltria
Fangacci
Pso dei Mandrioli
Verghereto
Casteldelci
Pso di Cantoniera
Pte Cappuccini
Ca' Gallo
Pietrarúbbia
Sassocorvaro
M. Fumaiolo
Badia Prataglia
Valico di Montecoronaro
Balze
Molino di Bascio
Carpegna
S. Donato in Tavignone
Mercatale
Frontino
Miratoio
Simoncello
Conv.to di Montefiorentino
Pieve di Cagna
Corezzo
M. Loggio
Biforco
Pratieghi
S. Sisto
Lunano
Valsavignone
Fresciano
Petrella Massana
Urbino
M. Penna
M. Castelsavino
Caprile
Colcellalto
Belforte all'Isauro
Piandimeleto
Montesoffio
La Verna
Pso di Frassineto
Badia Tedalda
Sestino
Peglio
Chiusi d. Verna
Valico d. Spino
Viamaggio
Pso di Spugna
S. Giovanni in Ghiaiolo
Pieve Sto Stefano
Pso di Viamaggio
Montelabreve
Mercatello s. Metauro
Urbania
Alpe d. Luna
Borgo Pace
S. Angelo in Vado
Fragaiolo
La Palazza
Sompiano
Formole
Orsaiola
Poggio d'Acona
Caprese Michelangelo
Montagna
Guinza
Piano
Bellaria
S. Cristoforo
Montedale
S. Martino del Piano
Lago di Montedoglio
Bocca Trabaria
Madonnuccia
Conv.to di M. Casale
Piobbico
Pian di Molino
Falciano
Cantone
Parnacciano
S. Fiorano
Sansepolcro
Apecchio
Cardella
Subbiano
Albiano
Savorgnano
M. Valmeronte
M. Nerone
Valdimonte
Montegiovi
S. Giustino
Secchiano
Valico di Scheggia
Pitigliano
Vallurbana
M. Fumo
Giovi
Anghiari
Serravalle di Carda
Chiassa
Lama
Bocca Serriola
M. Petrano
Pistrino
Selci
Pieve della Rosa
M di Granano
Pianello
Citerna
Moria
Verazzano
Misciano
Fraccano
Cosina
S. Polo
Le Ville
Morena
Riosecco
Monterchi
Terme di Fontecchio
Arezzo
Alpe di Poti
Lerchi
Ripoli
Rovigliano
Città di Castello
M. Frontano
Caicambiucci
Ranco
Lippiano
Foce di Scopetone
Monte Sta Maria Tiberina
Pietralunga
M. Cerrone
M. Civitella
S. Benedetto
Sta Firmina
Baucca
S. Martino
S. Bartolomeo
Palazzo d. Pero
Sta Lucia
Olmo
Bossi
M. Favalto
Marcignano
M. Picogno
M. Lignano
S. Agata alle Terrine
S. Secondo
Monteleto
Madna della Cima
Carpini
Morra
Nogna
Pieve di Rigutino
Sta Maria Rassinata
Trestina
Promano
S. Faustino
Semonte
Rigutino
Polvano
Nestore
Lugnano
Nerbisci
Campo Reggiano
S. Martino in Colle
Gubbio
Montone
Ansina
Petrelle
Calzolaro
Pieve di Chio
Castiglion Fiorentino
Piegaio
Montecastelli
S. Benedetto
Mad. dei Monti
Niccone
S. Pietro a Monte
Valle Dame
Montecchio
Umbertide
Civitella Ranieri
Ponte d'Assi
Alta S. Egidio
Portole
Serra di Burano
Val Tiberina
Montefeltro
Alpe di Serra
Alpe di Catenaia
51
46

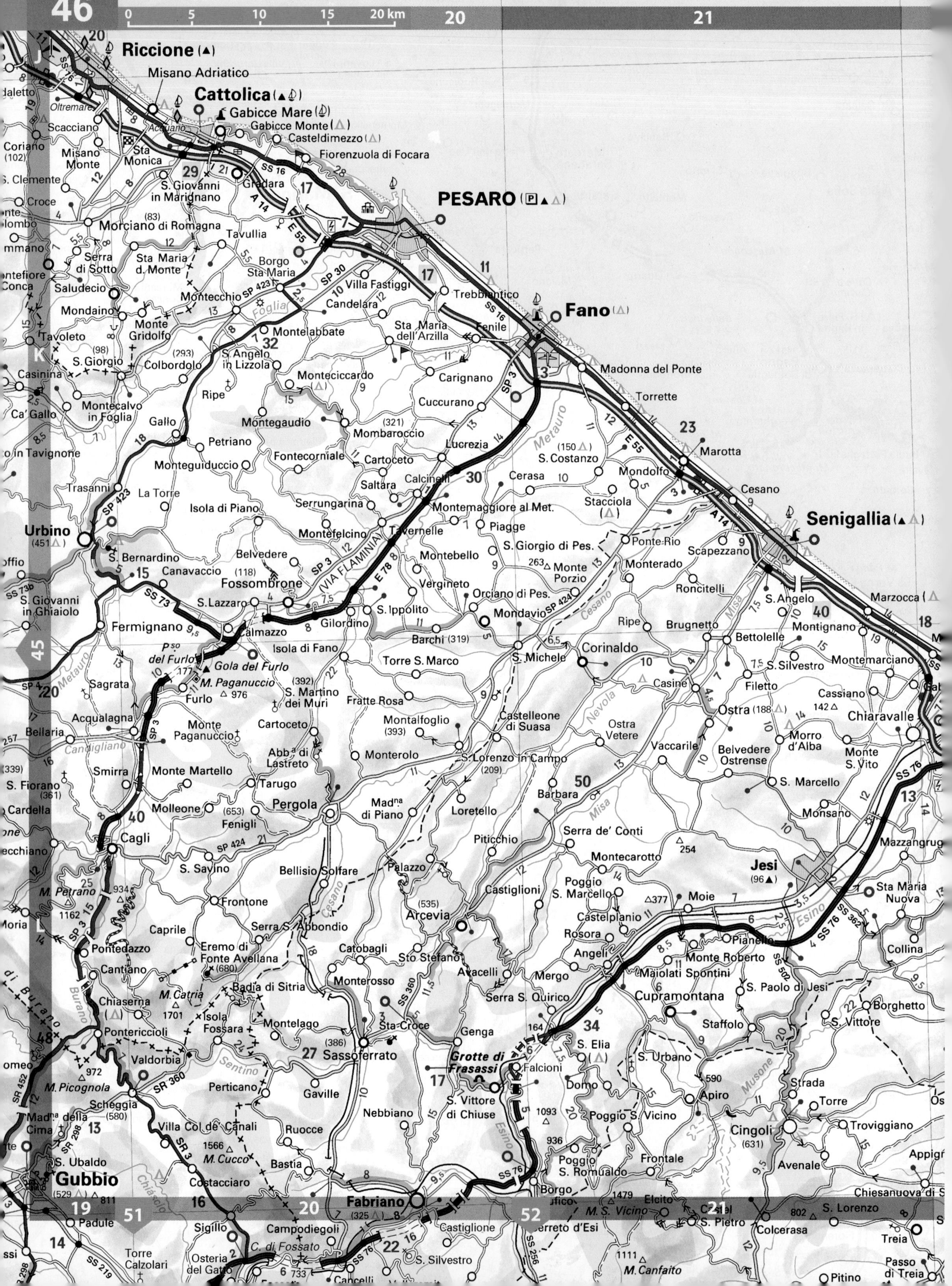
0 5 10 15 20 km
20
21
Riccione
Misano Adriatico
Cattolica
Gabicce Mare
Gabicce Monte
Casteldimezzo
Fiorenzuola di Focara
Oltremare
Scacciano
Coriano (102)
Misano Monte
Sta Monica
S. Clemente
S. Giovanni in Marignano
Gradara
Croce
Morciano di Romagna
Tavullia
PESARO
Serra di Sotto
Sta Maria d. Monte
Borgo Sta Maria
Saludecio
Montecchio
Villa Fastiggi
Candelara
Trebbiantico
Fano
Mondaino
Monte Gridolfo
Foglia
Montelabbate
Sta Maria dell'Arzilla
Fenile
Tavoleto
S. Giorgio
Colbordolo
S. Angelo in Lizzola
Casinina
Montecalvo in Foglia
Ca' Gallo
Monteciccardo
Carignano
Madonna del Ponte
Ripe
Cuccurano
Torrette
Gallo
Montegaudio
Mombaroccio
Metauro
Petriano
Lucrezia
S. Costanzo
Marotta
Fontecorniale
Cartoceto
Monteguiduccio
Calcinelli
Cerasa
Mondolfo
Saltara
Trasanni
La Torre
Isola di Piano
Serrungarina
Montemaggiore al Met.
Stacciola
Cesano
Urbino (451)
Montefelcino
Tavernelle
Piagge
Senigallia
S. Bernardino
Belvedere
Montebello
S. Giorgio di Pes.
Ponte Rio
Scapezzano
Canavaccio
Fossombrone
VIA FLAMINIA
Monte Porzio
Monterado
S. Giovanni in Ghiaiolo
S. Lazzaro
Vergineto
Orciano di Pes.
Roncitelli
S. Angelo
Marzocca
S. Ippolito
Mondavio
Fermignano
Calmazzo
Gilordino
Barchi (319)
Ripe
Brugnetto
Montignano
Passo del Furlo
Gola del Furlo
Isola di Fano
S. Michele
Corinaldo
Bettolelle
Montemarciano
Torre S. Marco
S. Silvestro
Sagrata
M. Paganuccio
Furlo
S. Martino dei Muri
Casine
Filetto
Cassiano
Fratte Rosa
Ostra (188)
Acqualagna
Monte Paganuccio
Cartoceto
Montalfoglio (393)
Castelleone di Suasa
Ostra Vetere
Chiaravalle
Bellaria
Candigliano
Vaccarile
Morro d'Alba
Belvedere Ostrense
Monte S. Vito
Monterolo
Abbª di Lastreto
S. Lorenzo in Campo (209)
Smirra
Monte Martello
S. Fiorano (361)
Tarugo
Barbara
S. Marcello
Cardella
Molleone
Fenigli
Pergola
Madna di Piano
Loretello
Misa
Monsano
Cagli
SP 424
Piticchio
Serra de' Conti
Mazzangrue
S. Savino
Bellisio Solfare
Palazzo
Montecarotto
Jesi (96)
M. Petrano
Frontone
Castiglioni
Poggio S. Marcello
Moie
Sta Maria Nuova
Arcevia (535)
Castelplanio
Caprile
Serra S. Abbondio
Rosora
Pianello
Collina
Pontedazzo
Eremo di Fonte Avellana (680)
Catobagli
Sto Stefano
Angeli
Monte Roberto
Cantiano
Avacelli
Mergo
Maiolati Spontini
Chiaserna
M. Catria
Badia di Sitria
Monterosso
Serra S. Quirico
Cupramontana
S. Paolo di Jesi
Borghetto
Isola Fossara
Montelago
Sta Croce
Genga
Staffolo
S. Vittore
Burano
Pontericcioli
Sassoferrato (386)
S. Elia
Valdorbia
Sentino
Grotte di Frasassi
Falcioni
S. Urbano
M. Picognola
Perticano
Gaville
Domo
Apiro
Strada
Scheggia (580)
Madna della Cima
S. Vittore di Chiuse
Nebbiano
Poggio S. Vicino
Torre
Villa Col de' Canali
Ruocce
Esino
Cingoli (631)
Troviggiano
M. Cucco
Bastia
Frontale
Avenale
S. Ubaldo
Poggio S. Romualdo
Gubbio (529)
Costacciaro
Borgo
Chiesanuova di S.
Padule
Sigillo
Fabriano (325)
M. S. Vicino
Elcito
Castel S. Pietro
S. Lorenzo
Campodiegoli
Castiglione
Cerreto d'Esi
Colcerasa
Treia
C. di Fossato
Torre Calzolari
Osteria del Gatto
S. Silvestro
M. Canfaito
Passo di Treia
Cancelli
Pitino
19
51
16
20
52
21
45

K

Zara, Cesme
Vis, Bar
Stari Grad

Zadar
Šibenik
Durrës
Igoumenitsa
Pátra

rina di Montemarciano
Rocca Priora
Falconara (△)
Marittima
Palombina
Torrette
Castelferretti
2,5
6
A 14
Pinocchio
SS 16
17
Camerata
Picena
Montesicuro
12
Agugliano
(203)
17
12
10
360
Polverigi
Offagna
Rustico
S. Paterniano
14
12
SS 361
4,5
Casenuove
Osimo
(265)
Osimo
Stazione
SS 16
19
Padiglione
Castelfidardo
4,5
Campocavallo
9
Montoro
15
14
Campocavallo
Filottrano
(270)
Musone
Loreto
(125)
SP 77
Bagnola
8,5
Fiumicella
5,5
Montefano
Recanati (293)
9
Potenza
terianova
SP 362
(215)
Montecassiano
56
SP 571
26
8,5
Convto di
Forano
8,5
Sambucheto
Potenza Picena
14
SP 77
Montelupone
8
Montecanepino
Montelupone
Helvia
Ricina
(252)
Civitanova
Montecosaro
Alta
Fontespina
Vito
12
ta Maria in Selva
Villa Potenza
22
Morrovalle
53
Civitano Marche (▲ △)
(342)
Macerata
8
S. Claudio
al Chienti
Borgo di Staz.
Montecosaro
8
Trodica
SP 485
5,5

ANCONA (R)
Pietralacroce
M. dei Corvi
△ 236
Montacuto
Portonovo
Sta Maria di P
572
Badia di S. Pietro
Angeli
M. Conero
Camerano
Sirolo (△)
Numana (△)
Marcelli
A 14
SS 16
15
Porto Recanati (△)
5
A 14-E 55
17
Porto Potenza Picena (△)

L

M

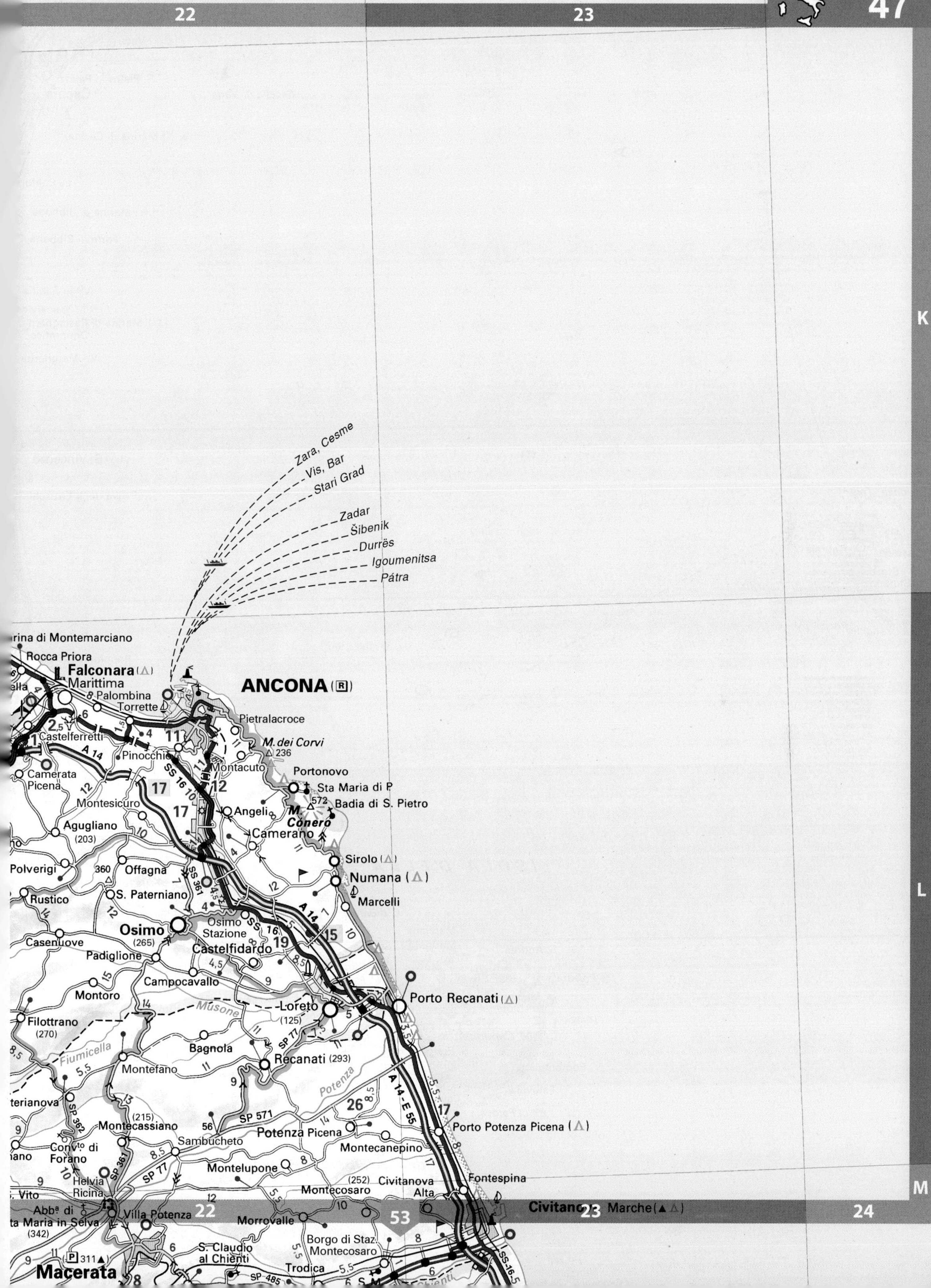

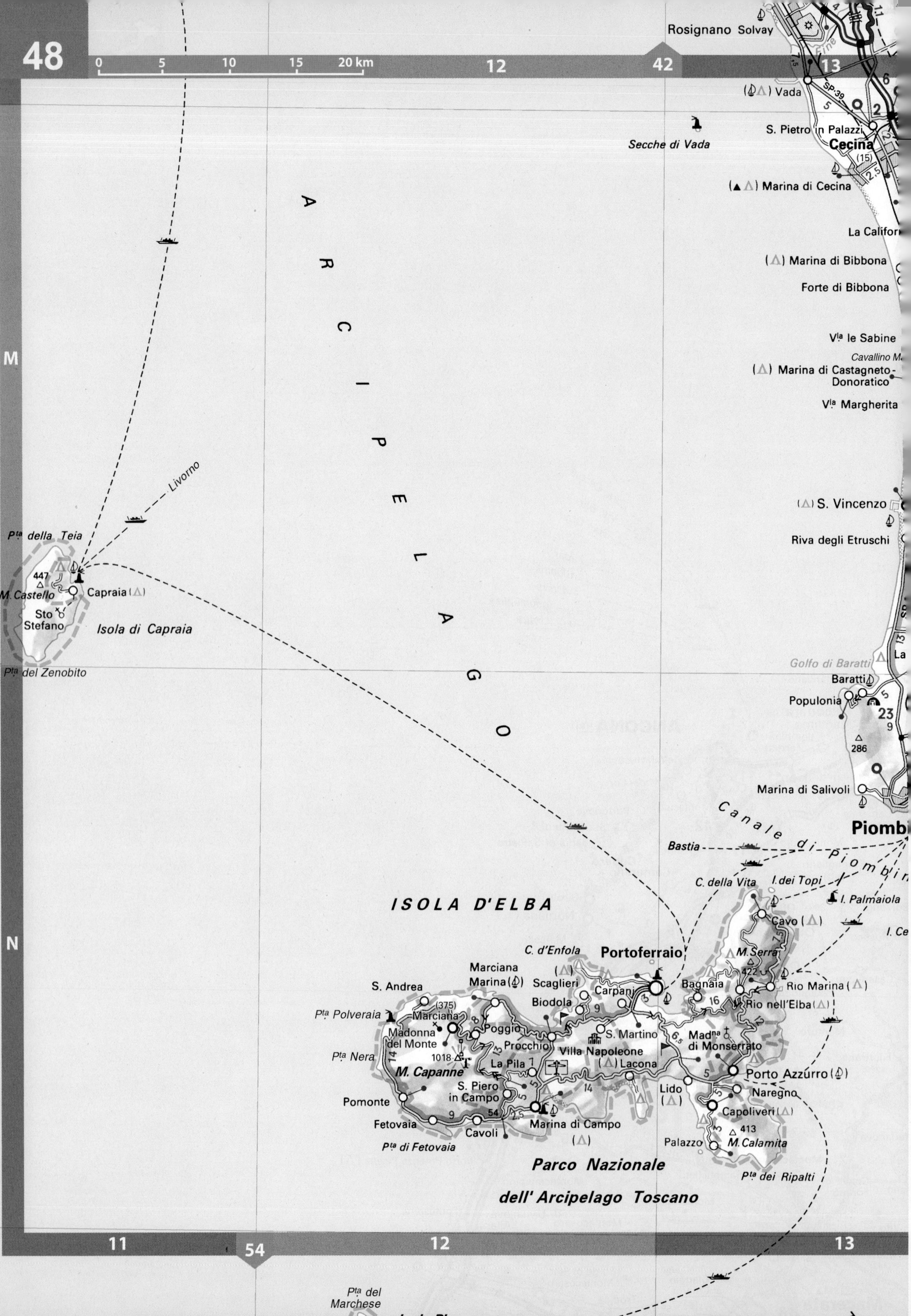

0 5 10 15 20 km

Rosignano Solvay

(⚓) Vada

S. Pietro in Palazzi

Cecina

Secche di Vada

(▲ △) Marina di Cecina

La Califor

(△) Marina di Bibbona

Forte di Bibbona

Vᶦᵃ le Sabine

Cavallino M

(△) Marina di Castagneto-
Donoratico

Vᶦᵃ. Margherita

M

A
R
C
I
P
E
L
A
G
O

Livorno

(△) S. Vincenzo

Riva degli Etruschi

Pᵗᵃ della Teia

447 △
M. Castello   Capraia (△)

Sto
Stefano

Isola di Capraia

Golfo di Baratti

La

Baratti

Populonia

23
9

286

Pᵗᵃ del Zenobito

Marina di Salivoli

Canale di Piombi

Piombi

Bastia

C. della Vita   I. dei Topi

N

ISOLA D'ELBA

I. Palmaiola

I. Ce

Cavo (△)

C. d'Enfola   Portoferraio

M. Serra

Marciana
Marina   Scaglieri   (△)   422

S. Andrea   Biodola   Carpan   Bagnaia   Rio Marina (△)

16

Pᵗᵃ Polveraia   (375)   Marciana   Poggio   9   Rio nell'Elba (△)

Madonna
del Monte   Procchio   S. Martino   Madⁿᵃ
di Monserrato

Pᵗᵃ Nera   1018   Villa Napoleone

M. Capanne   La Pila   Lacona   5   Porto Azzurro (⚓)

S. Piero
in Campo   14   Lido   Naregno

Pomonte   9   (△)   Capoliveri (△)

Fetovaia   54   413

Cavoli   Marina di Campo   Palazzo   M. Calamita

Pᵗᵃ di Fetovaia   (△)   Pᵗᵃ dei Ripalti

Parco Nazionale

dell' Arcipelago Toscano

Pᵗᵃ del
Marchese

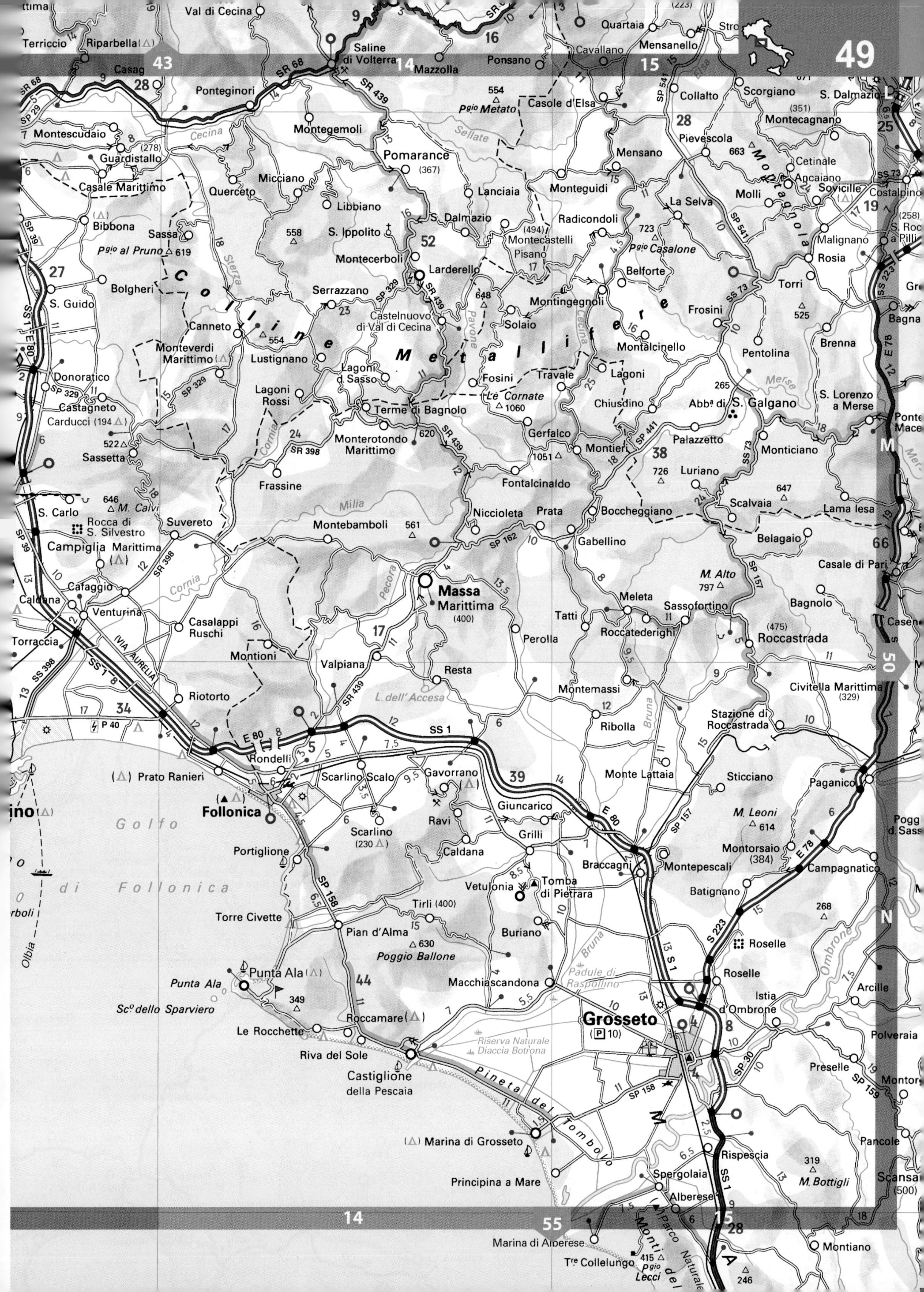

Val di Cecina
Quartaia
Terriccio
Riparbella
Saline di Volterra
Mensanello
Cavallano
Ponsano
Mazzolla
43
14
15
16
Casag
Ponteginori
SR 68
SR 439
Pgio Metato
554
Casole d'Elsa
Collalto
Scorgiano
S. Dalmazio
Montecagnano
(351)
28
Montescudaio
Guardistallo
(278)
Cecina
Montegemoli
Sellate
Pievescola
663
Montagnola
Cetinale
Ancaiano
Sovicille
Costalpino
Mensano
Casale Marittimo
Querceto
Micciano
Pomarance
(367)
Lanciaia
Monteguidi
Molli
La Selva
19
Libbiano
Radicondoli
(258)
S. Rocco a Pilli
Bibbona
S. Ippolito
S. Dalmazio
(494)
Montecastelli Pisano
723
Pgio Casalone
Malignano
Rosia
Sassa
558
Pgio al Pruno
619
52
Montecerboli
17
Belforte
Torri
Larderello
Frosini
SP 541
SS 73
27
Bolgheri
Serrazzano
SP 329
SR 439
648
Montingegnoli
525
S. Guido
Colline Metallifere
Castelnuovo di Val di Cecina
Solaio
Bagna
Canneto
554
Pavone
Cecina
Montalcinello
Pentolina
Brenna
Monteverdi Marittimo
Lustignano
Lagoni d. Sasso
Fosini
Travale
Lagoni
E 78
Donoratico
SP 329
Le Cornate
1060
Merse
265
S. Lorenzo a Merse
Castagneto Carducci
(194)
Lagoni Rossi
Terme di Bagnolo
Chiusdino
Abbª di S. Galgano
Ponte Macereto
522
Sassetta
SR 398
Cornia
Monterotondo Marittimo
620
Gerfalco
Montieri
SP 441
Palazzetto
Monticiano
38
1051
726
Luriano
Frassine
Fontalcinaldo
646
M. Calvi
S. Carlo
Rocca di S. Silvestro
Milia
647
Scalvaia
Lama Iesa
Suvereto
Montebamboli
561
Niccioleta
Prata
Boccheggiano
Belagaio
Campiglia Marittima
SP 162
Gabellino
66
SR 398
Cornia
Pecora
Massa Marittima
(400)
M. Alto
797
SP 157
Casale di Pari
Cafaggio
Meleta
Sassofortino
Bagnolo
Caldana
Venturina
17
Tatti
Roccatederighi
(475)
Roccastrada
Torraccia
Casalappi Ruschi
Perolla
SS 398
VIA AURELIA
Montioni
Valpiana
Resta
Montemassi
50
Civitella Marittima
(329)
SS 1
Riotorto
L. dell'Accesa
34
SR 439
Ribolla
Bruna
Stazione di Roccastrada
P 40
E 80
SS 1
Rondelli
Monte Lattaia
Sticciano
Paganico
Prato Ranieri
Scarlino Scalo
Gavorrano
39
Follonica
Golfo di Follonica
Scarlino
(230)
Ravi
Giuncarico
M. Leoni
614
Pogg. d. Sass
Grilli
Caldana
E 80
SP 157
Montorsaio
(384)
Portiglione
Braccagni
Montepescali
Campagnatico
E 78
Vetulonia
Tomba di Pietrara
Batignano
SP 158
Tirli (400)
268
Torre Civette
Pian d'Alma
Buriano
S 223
Roselle
630
Poggio Ballone
Olbia
Punta Ala
349
Sco dello Sparviero
44
Macchiascandona
Padule di Raspollino
Arcille
Istia d'Ombrone
Ombrone
Roccamare
Grosseto
(P 10)
Le Rocchette
Riserva Naturale Diaccia Botrona
Polveraia
Riva del Sole
SP 30
Castiglione della Pescaia
Pineta del Tombolo
SP 158
Preselle
SP 159
Montorgiali
Marina di Grosseto
Pancole
Rispescia
319
M. Bottigli
Spergolaia
Principina a Mare
Alberese
Scansano
(500)
55
Marina di Alberese
Parco Naturale Monti dell'Uccellina
Tre Collelungo
415
Pgio Lecci
246
Montiano

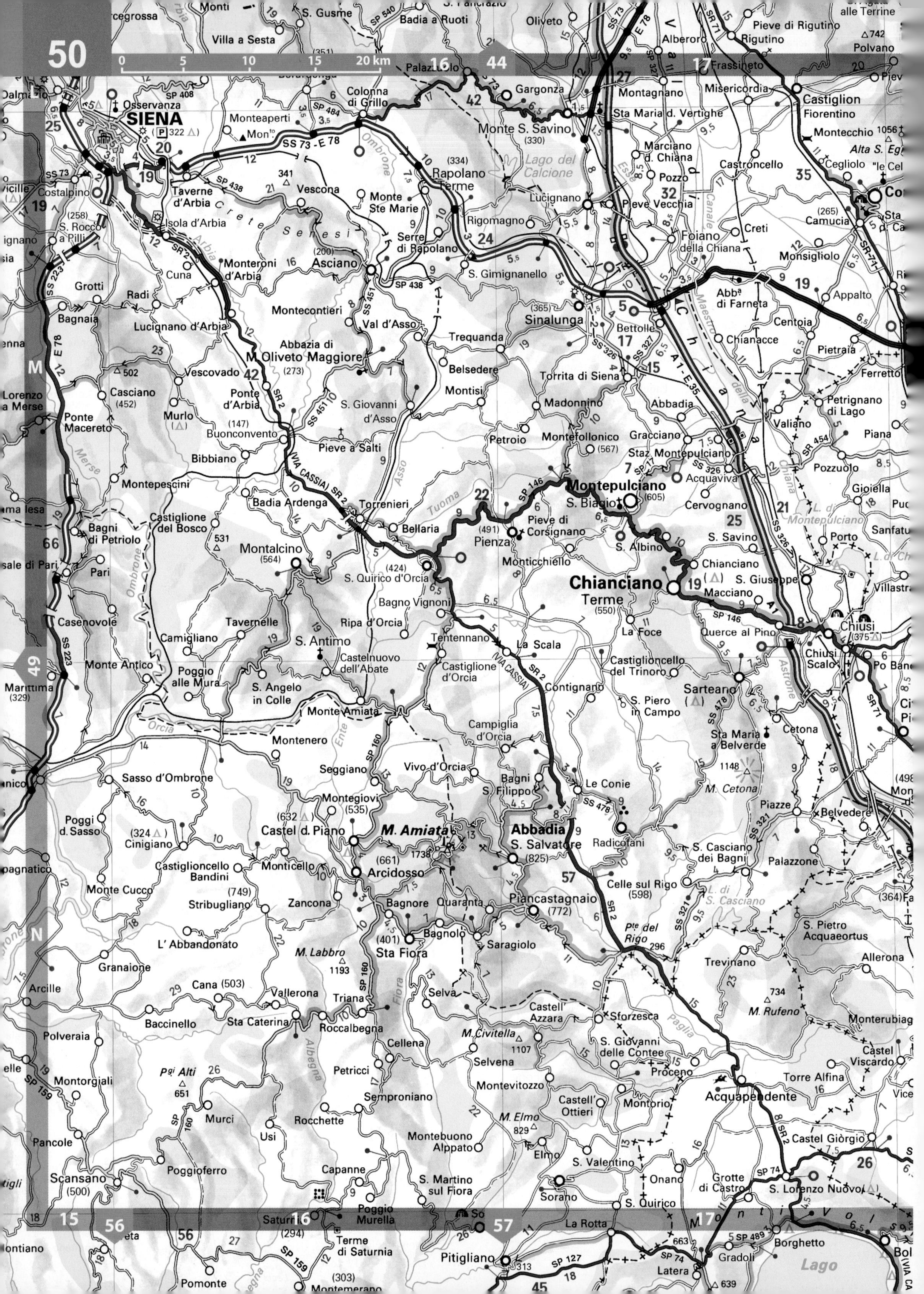

0 5 10 15 20 km
16
44
17
M
N
49
15
56
57
SIENA
Osservanza
Monteaperti
Colonna di Grillo
Badia a Ruoti
Villa a Sesta
S. Gusme
Monti
Oliveto
Alberoro
Rigutino
Pieve di Rigutino
Polvano
Frassineto
Palazzuolo
Gargonza
Monte S. Savino
Montagnano
Misericordia
Castiglion Fiorentino
Sta Maria d. Vertighe
Marciano d. Chiana
Pozzo
Castroncello
Cegliolo
Montecchio
Alta S. Egi
Lago del Calcione
Rapolano Terme
Lucignano
Pieve Vecchia
Camucia
Taverne d'Arbia
Vescona
Monte Ste Marie
Rigomagno
Foiano della Chiana
Creti
Monsigliolo
Costalpino
S. Rocco a Pilli
Isola d'Arbia
Crete Senesi
Serre di Rapolano
Asciano
S. Gimignanello
Monteroni d'Arbia
Cuna
Grotti
Radi
Bagnaia
Montecontieri
Val d'Asso
Sinalunga
Bettolle
Abbª di Farneta
Appalto
Centoia
Chianacce
Pietraia
Ferretto
Lucignano d'Arbia
Abbazia di M. Oliveto Maggiore
Trequanda
Belsedere
Torrita di Siena
Vescovado
Casciano
Murlo
Ponte d'Arbia
Ponte Macereto
Montisi
Madonnino
Abbadia
Petrignano di Lago
Valiano
Piana
S. Giovanni d'Asso
Buonconvento
Pieve a Salti
Petroio
Montefollonico
Gracciano
Staz. Montepulciano
Acquaviva
Pozzuolo
Bibbiano
Montepescini
Badia Ardenga
Torrenieri
Montepulciano
S. Biagio
Cervognano
Gioiella
L. di Montepulciano
Castiglione del Bosco
Bagni di Petriolo
Bellaria
Pienza
Pieve di Corsignano
S. Albino
S. Savino
Porto
Sanfatucchio
Montalcino
Pari
S. Quirico d'Orcia
Monticchiello
Chianciano
S. Giuseppe
Villastrada
Chianciano Terme
Macciano
Bagno Vignoni
Ripa d'Orcia
Casenovole
Tavernelle
La Foce
Quercia al Pino
Chiusi
Camigliano
S. Antimo
Tentennano
La Scala
Chiusi Scalo
Po Bandino
Monte Antico
Castelnuovo dell'Abate
Castiglione d'Orcia
Castiglioncello del Trinoro
Poggio alle Mura
S. Angelo in Colle
Contignano
Sarteano
Marittima
S. Piero in Campo
Monte Amiata
Orcia
Campiglia d'Orcia
Cetona
Sta Maria a Belverde
Montenero
Seggiano
Vivo d'Orcia
M. Cetona
Sasso d'Ombrone
Bagni S. Filippo
Le Conie
Montegiovi
Poggi d. Sasso
Castel d. Piano
M. Amiata
Abbadia S. Salvatore
Radicofani
Piazze
Belvedere
Cinigiano
Castiglioncello Bandini
Monticello
Arcidosso
S. Casciano dei Bagni
Palazzone
Monte Cucco
Stribugliano
Zancona
Bagnore
Quaranta
Piancastagnaio
Celle sul Rigo
L. di S. Casciano
L' Abbandonato
Bagnolo
Sta Fiora
Saragiolo
Pte del Rigo
S. Pietro Acquaeortus
Granaione
M. Labbro
Trevinano
Allerona
Arcille
Cana
Vallerona
Triana
Selva
Castell' Azzara
M. Rufeno
Baccinello
Sta Caterina
Roccalbegna
Sforzesca
Monterubiaglio
Polveraia
Albegna
Fiora
Paglia
M. Civitella
Cellena
S. Giovanni delle Contee
Castel Viscardo
Selvena
Proceno
Torre Alfina
Montorgiali
Pgi Alti
Petricci
Semproniano
Montevitozzo
Castell' Ottieri
Montorio
Acquapendente
Vice
Murci
Rocchette
M. Elmo
Pancole
Usi
Montebuono
Alpapato
Elmo
Castel Giorgio
Poggioferro
Capanne
S. Valentino
Scansano
S. Martino sul Fiora
Onano
Grotte di Castro
S. Lorenzo Nuovo
Sorano
S. Quirico
Poggio Murella
Saturnia
Terme di Saturnia
La Rotta
Borghetto
Gradoli
Bolsena
Lago
Pitigliano
Latera
Montiano
Pomonte
Montemerano
SS 73 - E 78
SS 223
E 78
SR 2
SR 71
SS 326
SS 327
A1 - E 35
SS 451
SS 478
SS 321
SP 146
SP 160
SP 438
SP 159
SP 74
SP 127
VIA CASSIA

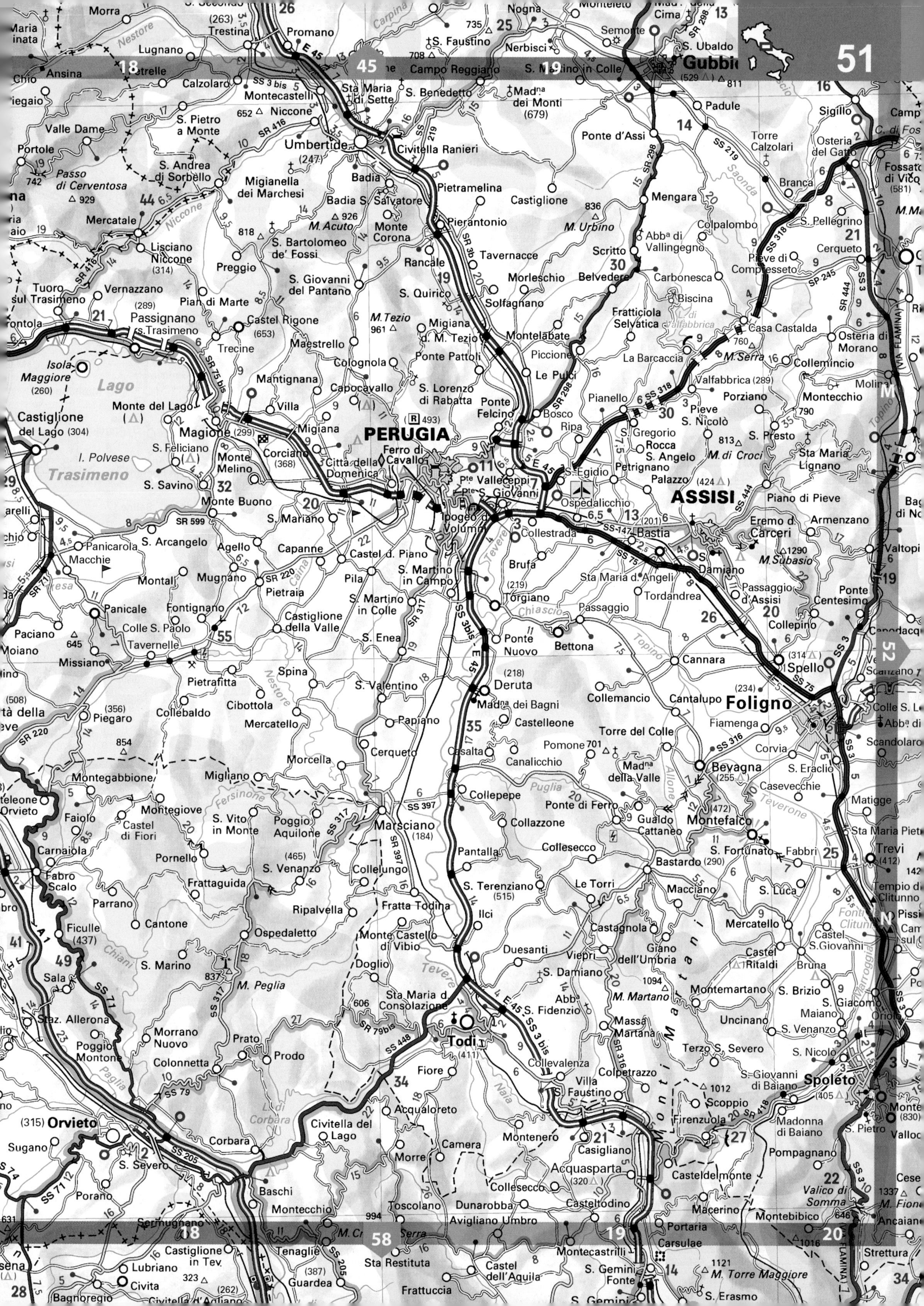
Gubbio
Umbertide
Perugia
Assisi
Foligno
Spello
Bevagna
Montefalco
Trevi
Spoleto
Todi
Orvieto
Deruta
Marsciano
Magione
Corciano
Passignano s.Trasimeno
Castiglione del Lago
Lago Trasimeno
Isola Maggiore
I. Polvese
Tuoro sul Trasimeno
Panicale
Piegaro
Città della Pieve
Ficulle
Fabro Scalo
Monteleone d'Orvieto
Bastia
Torgiano
Bettona
Cannara
Collestrada
Ospedalicchio
Ponte S. Giovanni
Ponte Valleceppi
Ponte Felcino
Ponte Pattoli
Montelabate
Pierantonio
Montecastelli
Niccone
Civitella Ranieri
Badia
Pietramelina
Castel Rigone
Trestina
Promano
Nogna
Semonte
S. Ubaldo
Padule
Ponte d'Assi
Mengara
Casa Castalda
Valfabbrica
Sigillo
Osteria del Gatto
Fossato di Vico
Gualdo Cattaneo
Bastardo
Giano dell'Umbria
Massa Martana
Acquasparta
Casigliano
Avigliano Umbro
Dunarobba
Montecastrilli
Carsulae
S. Gemini Fonte
Baschi
Corbara
Civitella del Lago
Montecchio
Tenaglie
Guardea
Lubriano
Civita
Bagnoregio
Castiglione in Tev.
Sermugnano
Porano
S. Severo
Sugano
Monte Castello di Vibio
Fratta Todina
Collevalenza
Villa S. Faustino
M. Peglia
M. Martano
M. Subasio
M. Tezio
M. Acuto
M. Serra
M. Torre Maggiore
Valico di Somma
Monti Martani
Tevere
Chiascio
Topino
Nestore
Paglia
Chiani
Teverone
Fonti d. Clitunno
Tempio di Clitunno
Eremo d. Carceri
S. Damiano
Sta Maria d. Angeli
Rivotorto
Passaggio d'Assisi
Collepino
Capodacqua
Scanzano
Sta Maria Lignano
Armenzano
Valtopina
Ponte Centesimo
Pissignano
Campello sul Clitunno
Castel Ritaldi
Bruna
Montemartano
S. Brizio
Madonna di Baiano
Pompagnano
Monteluco
S. Giacomo
Macerino
Montebibico
Portaria
Firenzuola
Scoppio
Mercatello
Castelleone
Cerqueto
Papiano
S. Valentino
S. Enea
Castiglione della Valle
S. Martino in Colle
S. Martino in Campo
Pila
Castel d. Piano
Capanne
Pietraia
Mugnano
Agello
S. Arcangelo
Monte Buono
S. Savino
Monte Melino
S. Feliciano
Monte del Lago
Villa
Migiana
Mantignana
Capocavallo
Colognola
Maestrello
Migiana d. M. Tezio
S. Lorenzo di Rabatta
Trecine
Preggio
Lisciano Niccone
Mercatale
Passo di Cerventosa
Montegabbione
Montegiove
Castel di Fiori
Carnaiola
Parrano
S. Venanzo
Ospedaletto
Ripalvella
Collelungo
Poggio Aquilone
S. Vito in Monte
Allerona
Colonnetta
Prodo
Prato
Morrano Nuovo
Toscolano
Collesecco
Casteltodino
Camera
Morre
Acqualoreto
Fiore
Sta Maria d. Consolazione
Doglio
S. Terenziano
Pantalla
Collazzone
Collepepe
Ilci
Duesanti
Vieprì
Le Torri
Castagnola
Macciano
S. Fortunato
Fabbri
S. Luca
Matigge
Sta Maria Pietrarossa
S. Eraclio
Casevecchie
Corvia
Fiamenga
Cantalupo
Collemancio
Torre del Colle
Pomonte
Canalicchio
Casalta
Madna dei Bagni
Ponte Nuovo
Ponte di Ferro
Madna della Valle
Petrignano
Rocca S. Angelo
Palazzo
S. Egidio
Ripa
Pianello
S. Gregorio
Pieve S. Nicolò
Porziano
Collemincio
Montecchio
Molina
S. Presto
Piano di Pieve
Costa di Trex
Biscina
Carbonesca
Belvedere
Scritto
Abba di Vallingegno
Colpalombo
Pieve di Compresseto
Cerqueto
S. Pellegrino
Branca
Torre Calzolari
Morleschio
Solfagnano
Tavernacce
Rancale
S. Quirico
Castiglione
M. Urbino
Piccione
Le Pulci
Bosco
Fratticiola Selvatica
La Barcaccia
Lago di Valfabbrica
Perugia
Ferro di Cavallo
Città della Domenica
Ipogeo d. Volumni
S. Mariano
Panicarola
Macchie
Montali
Fontignano
Colle S. Paolo
Tavernelle
Missiano
Paciano
Moiano
Pietrafitta
Cibottola
Collebaldo
Spina
Mercatello
Morcella
Migliano
Faiolo
Pornello
Frattaguida
Cantone
S. Marino
Sala
Poggio Montone
Morra
Lugnano
Calzolaro
Ansina
Portole
Valle Dame
S. Pietro a Monte
S. Andrea di Sorbello
Migianella dei Marchesi
Badia S. Salvatore
Monte Corona
S. Bartolomeo de' Fossi
S. Giovanni del Pantano
Vernazzano
Pian di Marte
Sta Maria di Sette
S. Benedetto
Campo Reggiano
S. Martino in Colle
Madna dei Monti
S. Faustino
Nerbisci
Stretrura
Ancaiano
Castel dell'Aquila
Sta Restituta
Frattuccia
S. Erasmo
Terzo S. Severo
S. Giovanni di Baiano
Uncinano
S. Venanzo
Oriolo
S. Nicolò
Maiano
S. Fidenzio
Montenero
Casteldelmonte
E 45
E 35
SS 3 bis
SS 75
SS 3
SS 316
SS 418
SS 317
SR 220
SR 599
SR 298
SS 318
SS 444
SS 219
SS 397
SR 397
SS 448
SS 79
SS 71
SS 205
A 1
18
19
20
45
58
52

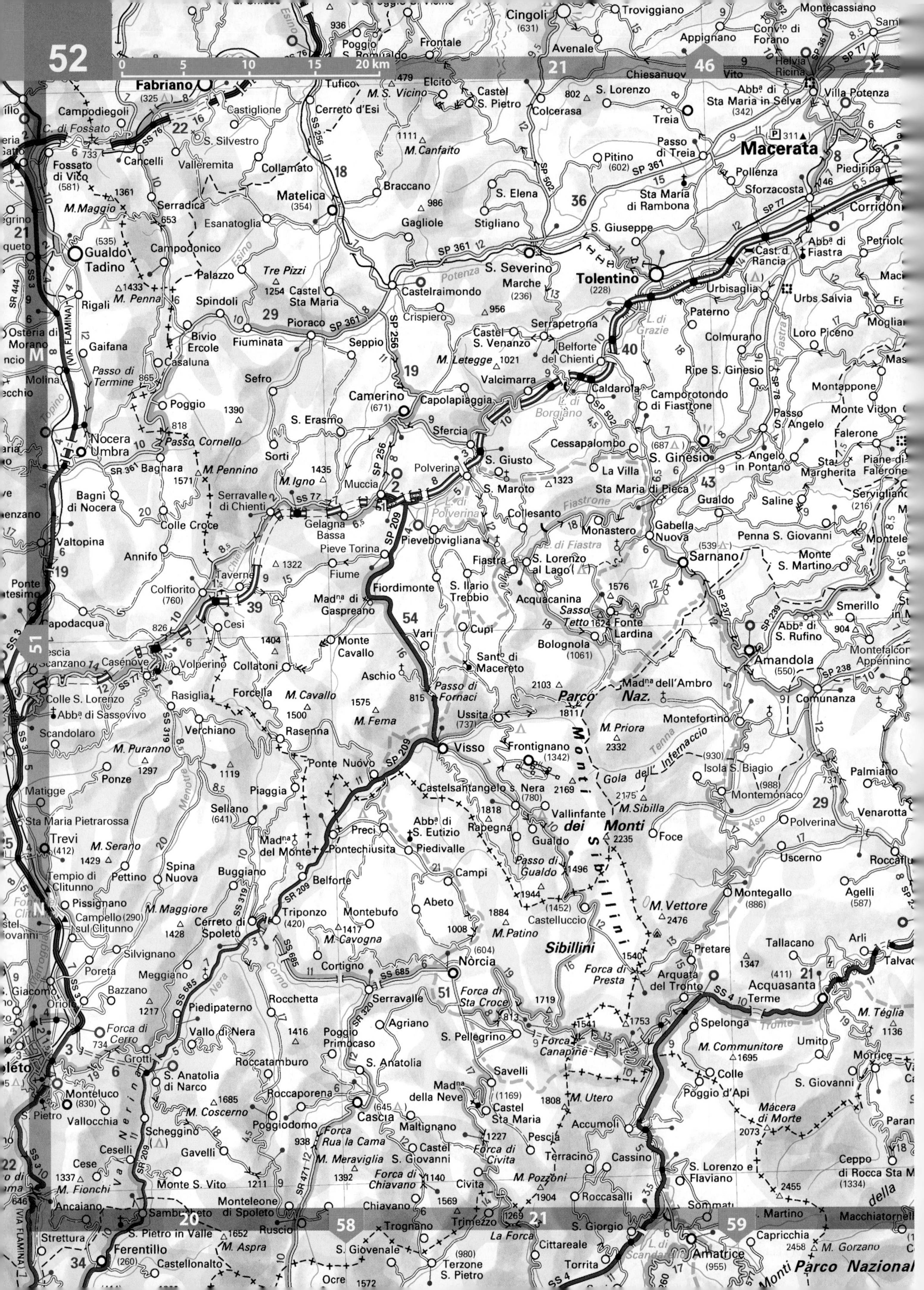

52
0 5 10 15 20 km
Cingoli (631)
Troviggiano
Montecassiano
Appignano
Conv.to di Forano
Frontale
Poggio S. Romualdo
Avenale
Chiesanuova
Vito
Helvia Ricina
Villa Potenza
21
46
22
Fabriano (325)
Tufico
M. S. Vicino
Elcito
Castel S. Pietro
Colcerasa
S. Lorenzo
Abb.a di Sta Maria in Selva (342)
Campodiegoli
Castiglione
Cerreto d'Esi
Treia
C. di Fossato
S. Silvestro
M. Canfaito
Passo di Treia
Macerata
Fossato di Vico (581)
Cancelli
Valleremita
Collamato
Pitino (602)
SP 361
Piediripa
Pollenza
Sforzacosta
M. Maggio
Serradica
Matelica (354)
Braccano
S. Elena
Sta Maria di Rambona
Corridonia
Esanatoglia
Gagliole
Stigliano
S. Giuseppe
Gualdo Tadino
Campodonico
Tre Pizzi
SP 361
Abb.a di Fiastra
Petriolo
Palazzo
Castel Sta Maria
S. Severino Marche (236)
Tolentino (228)
Cast. d. Rancia
M. Penna
Rigali
Castelraimondo
Crispiero
Urbisaglia
Urbs Salvia
Spindoli
Pioraco
Serrapetrona
L. di Grazie
Paterno
Osteria di Morano
Gaifana
Bivio Ercole
Fiuminata
Seppio
Castel S. Venanzo
Belforte del Chienti
Colmurano
Loro Piceno
Mogliano
Molina
Passo di Termine
Casaluna
M. Letegge
Valcimarra
Ripe S. Ginesio
Sefro
Camerino (671)
Capolapiaggia
Caldarola
Camporotondo di Fiastrone
Montappone
Poggio
L. di Borgiano
Monte Vidon
Passo S. Angelo
Nocera Umbra
Passo Cornello
S. Erasmo
Sfercia
Cessapalombo
Falerone
SR 361
Bagnara
M. Pennino
Sorti
Polverina
S. Giusto
La Villa
S. Ginesio
S. Angelo in Pontano
Sta Margherita
Piane di Falerone
M. Igno
Muccia
S. Maroto
Sta Maria di Pieca
Bagni di Nocera
Serravalle di Chienti
Gualdo
Saline
Servigliano (216)
Colle Croce
Gelagna Bassa
L. di Polverina
Collesanto
Fiastrone
Valtopina
Pieve Torina
Pievebovigliana
Monastero
Gabella Nuova
Penna S. Giovanni
Montelec
Annifo
Fiume
Fiastra
L. di Fiastra
S. Lorenzo al Lago
Sarnano
Monte S. Martino
Ponte
Taverne
Fiordimonte
S. Ilario
Trebbio
Colfiorito (760)
Mad.na di Gaspreano
Acquacanina
Sasso Tetto
Fonte Lardina
Smerillo
Capodacqua
Cesi
Vari
Cupi
Bolognola (1061)
Abb.a di S. Rufino
Montefalcone Appennino
Scanzano
Casenove
Volperino
Collatoni
Monte Cavallo
Sant.o di Macereto
Amandola (550)
Colle S. Lorenzo
Abb.a di Sassovivo
Aschio
Passo di Fornaci
Mad.na dell'Ambro
Comunanza
Rasiglia
Forcella
M. Cavallo
Parco Naz.
Scandolaro
Verchiano
M. Fema
Ussita (737)
Montefortino
Rasenna
Visso
M. Priora
M. Puranno
Frontignano (1342)
Tenna
Ponze
Ponte Nuovo
Gola dell' Infernaccio
Isola S. Biagio
Palmiano
Matigge
Piaggia
Castelsantangelo s. Nera (780)
Montemonaco
Sellano (641)
M. Sibilla
Venarotta
Sta Maria Pietrarossa
Monti Sibillini
Abb.a di S. Eutizio
Rapegna
Vallinfante
Polverina
Trevi (412)
M. Serano
Mad.na del Monte
Preci
Pontechiusita
Piedivalle
Gualdo
dei Monti
Foce
Uscerno
Roccafluvione
Tempio di Clitunno
Pettino
Spina Nuova
Buggiano
Passo di Gualdo
Campi
Belforte
Montegallo (886)
Agelli (587)
Pissignano
Campello sul Clitunno (290)
M. Maggiore
Triponzo (420)
Montebufo
Abeto
Castelluccio
M. Vettore
Cerreto di Spoleto
M. Cavogna
M. Patino
Sibillini
Pretare
Tallacano
Arli
Silvignano
Poreta
Meggiano
Cortigno
Nòrcia (604)
Forca di Presta
Arquata del Tronto
Acquasanta Terme
Talvacchia
Bazzano
Rocchetta
Forca di Sta Croce
Serravalle
Agriano
M. Téglia
Spelonga
Piedipaterno
Forca di Cerro
Vallo di Nera
Poggio Primocaso
S. Pellegrino
Forca Canapine
Tronto
M. Communitore
Umito
Grotti
Roccatamburo
S. Anatolia
Colle
Morrice
S. Anatolia di Narco
Savelli
Poggio d'Api
S. Giovanni
Spoleto
Monteluco (830)
Roccaporena
Mad.na della Neve (1169)
M. Utero
Castel Sta Maria
M. Coscerno
Cascia (645)
Màcera di Morte
S. Pietro
Vallocchia
Scheggino
Poggiodomo
Maltignano
Accumoli
Paranesi
Forca Rua la Cama
Pescia
Ceselli
Gavelli
Castel S. Giovanni
Forca di Civita
M. Meraviglia
Terracino
Cassino
Cese
Val Nerina
Ceppo di Rocca Sta Maria (1334)
Forca di Chiavano
Civita
M. Pozzoni
S. Lorenzo e Flaviano
M. Fionchi
Monte S. Vito
Roccasalli
Ancaiano
Monteleone di Spoleto
Chiavano
Sommati
S. Martino
Macchiatornella
della
Sambucheto
20
58
Trimezzo
21
59
S. Giorgio
Strettura
S. Pietro in Valle
Ruscio
Trognano
La Forca
Cittareale
L. di Scandarello
Capricchia
M. Gorzano
Ferentillo (260)
M. Aspra
S. Giovenale
Terzone S. Pietro (980)
Amatrice (955)
Castellonalto
Torrita
Ocre
Monti
Parco Nazionale
34
M
N
51

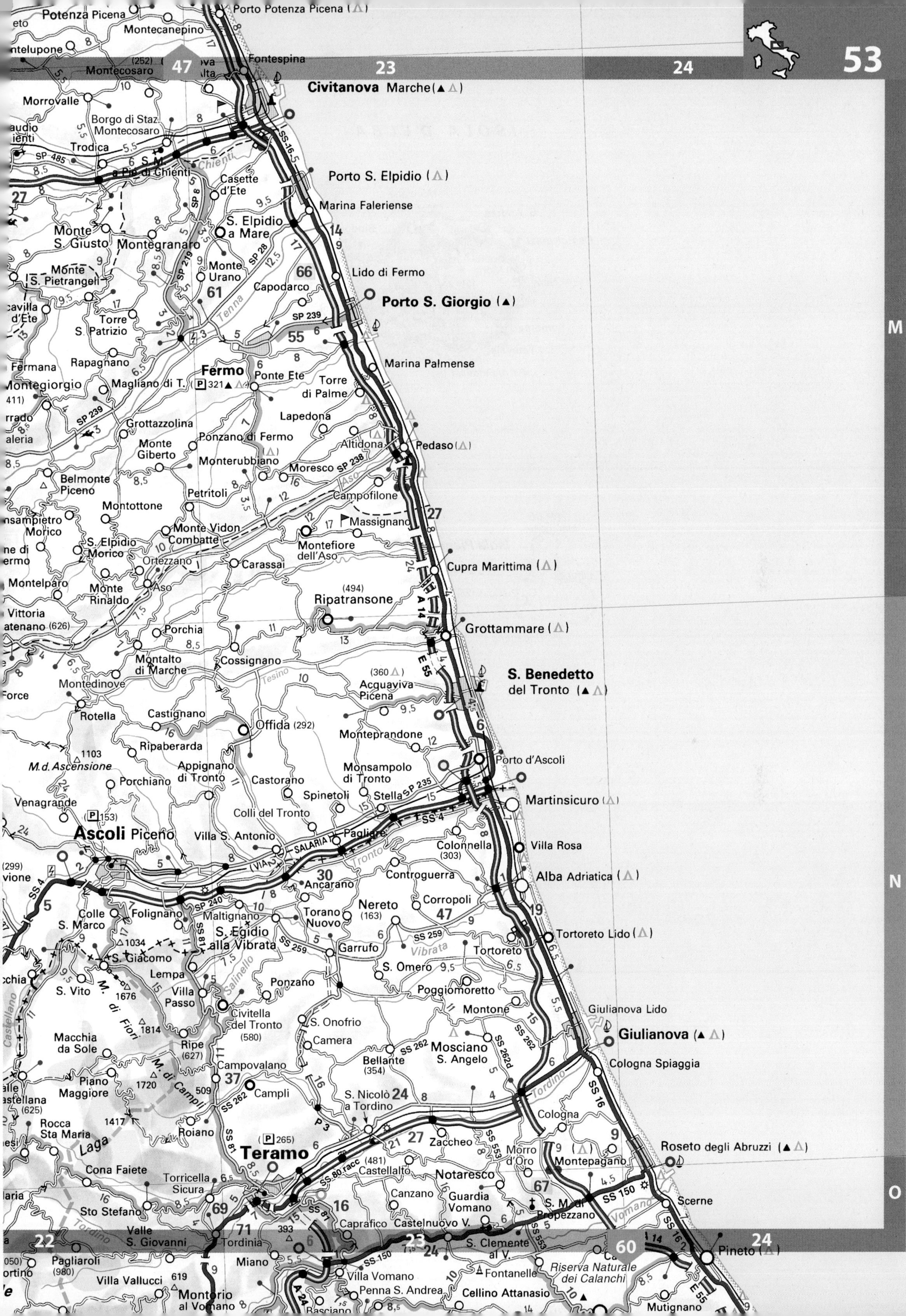

Potenza Picena
Montecanepino
Porto Potenza Picena
Fontespina
Montecosaro
Civitanova Marche
Morrovalle
Borgo di Staz. Montecosaro
Trodica
S. M. a Pie di Chienti
Chienti
Casette d'Ete
Porto S. Elpidio
Marina Faleriense
Monte S. Giusto
Montegranaro
S. Elpidio a Mare
Monte S. Pietrangeli
Monte Urano
Lido di Fermo
Capodarco
Porto S. Giorgio
Torre S. Patrizio
Tenna
Rapagnano
Fermo
Ponte Ete
Marina Palmense
Fermana
Montegiorgio
Magliano di T.
Torre di Palme
Grottazzolina
Lapedona
Monte Giberto
Ponzano di Fermo
Altidona
Pedaso
Monterubbiano
Moresco
Belmonte Piceno
Petritoli
Campofilone
Montottone
Monte Vidon Combatte
Massignano
S. Elpidio Morico
Montefiore dell'Aso
Ortezzano
Carassai
Cupra Marittima
Montelparo
Monte Rinaldo
Aso
Ripatransone
Grottammare
Porchia
Montalto di Marche
Cossignano
Tesino
Montedinove
Acquaviva Picena
S. Benedetto del Tronto
Rotella
Castignano
Offida
Monteprandone
Ripaberarda
M.d. Ascensione
Appignano di Tronto
Castorano
Monsampolo di Tronto
Porto d'Ascoli
Porchiano
Spinetoli
Stella
Martinsicuro
Venagrande
Colli del Tronto
Ascoli Piceno
Villa S. Antonio
Pagliare
Salaria
Tronto
Colonnella
Villa Rosa
Ancarano
Controguerra
Alba Adriatica
Colle S. Marco
Folignano
Maltignano
Torano Nuovo
Nereto
Corropoli
S. Egidio alla Vibrata
Garrufo
Vibrata
Tortoreto Lido
Tortoreto
S. Giacomo
Lempa
S. Omero
S. Vito
M. di Fiori
Villa Passo
Salinello
Ponzano
Poggiomoretto
Civitella del Tronto
Montone
Giulianova Lido
S. Onofrio
Giulianova
Macchia da Sole
Ripe
Camera
Mosciano S. Angelo
Campovalano
Bellante
Cologna Spiaggia
Piano Maggiore
M. di Campli
Campli
S. Nicolò a Tordino
Tordino
Rocca Sta Maria
Cologna
Laga
Roiano
Teramo
Zaccheo
Morro d'Oro
Montepagano
Roseto degli Abruzzi
Cona Faiete
Castellalto
Notaresco
Torricella Sicura
Canzano
Guardia Vomano
S. M. di Propezzano
Vomano
Scerne
Sto Stefano
Caprafico
Castelnuovo V.
Valle S. Giovanni
Tordinia
S. Clemente al V.
Pineto
Pagliaroli
Miano
Villa Vomano
Fontanelle
Riserva Naturale dei Calanchi
Villa Vallucci
Montorio al Vomano
Penna S. Andrea
Cellino Attanasio
Mutignano
Basciano
M
N
O
22
23
24

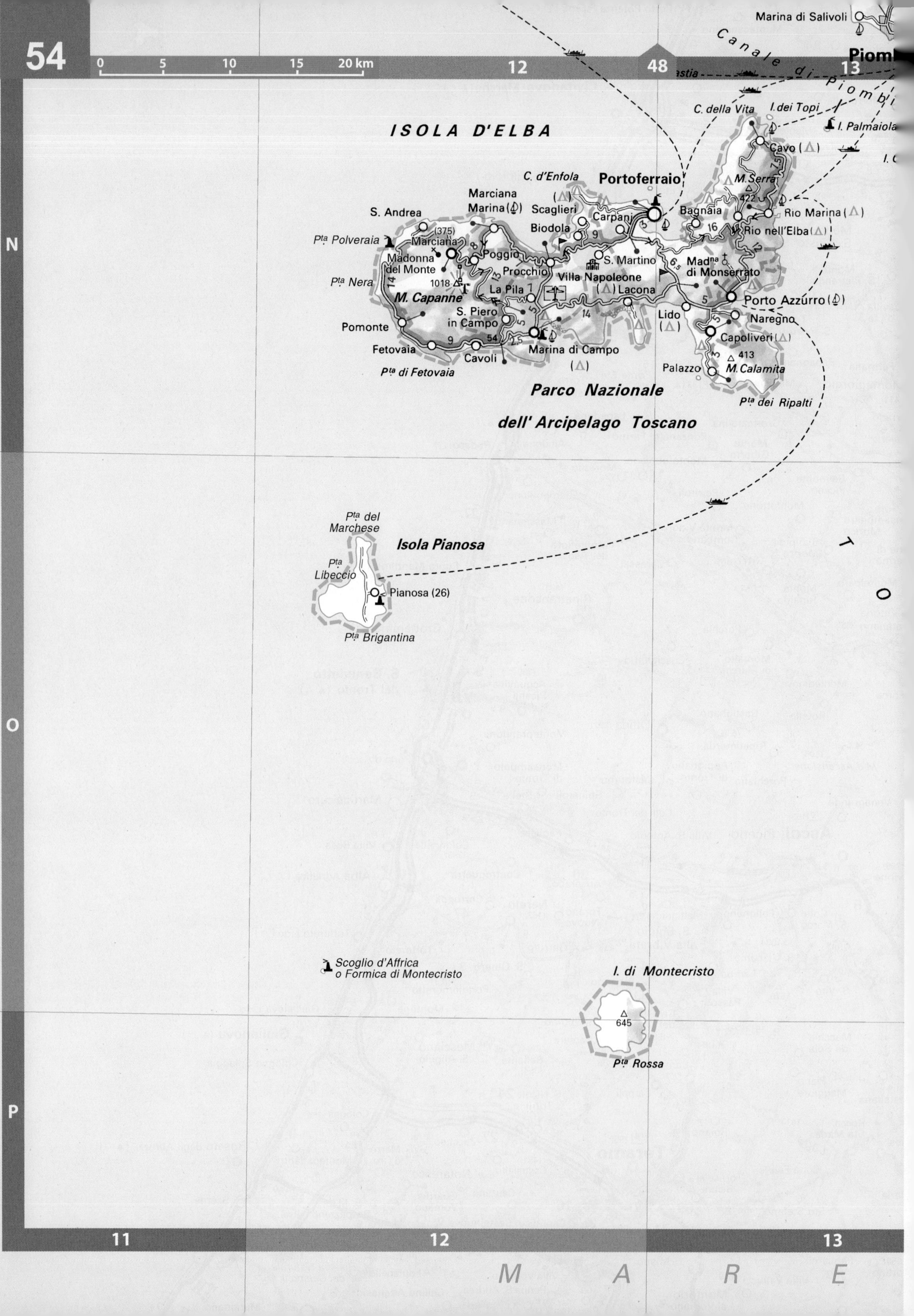

0 5 10 15 20 km

12 48 13

Marina di Salivoli

Piom

C a n a l e   d i   P i o m b i

astia

ISOLA D'ELBA

C. della Vita
I. dei Topi
I. Palmaiola
I. C

Cavo (△)

M. Serra
422

C. d'Enfola   **Portoferraio**

Marciana
Marina (⚓)   Scaglieri   Carpani
(△)   Bagnaia
S. Andrea   Biodola   9   16   Rio Marina (△)
(375)   3   Rio nell'Elba (△)
Pta Polveraia   Marciana   Poggio   5

Madonna   1018   Procchio   S. Martino   Madⁿᵃ
del Monte   La Pila   1   Villa Napoleone   di Monserrato
Pta Nera   6.5
M. Capanne   S. Piero   Lacona (△)   5
in Campo   14   Porto Azzurro (⚓)
Pomonte   5   5   Lido   Naregno
9   54   13   (△)   Capoliveri (△)
Fetovaia   Marina di Campo   Palazzo   413
Cavoli   (△)   M. Calamita
Pta di Fetovaia   Pta dei Ripalti
Parco Nazionale
dell' Arcipelago Toscano

T

Pta del
Marchese
Isola Pianosa
Pta
Libeccio
Pianosa (26)
O
Pta Brigantina

Scoglio d'Affrica   I. di Montecristo
o Formica di Montecristo
645

Pta Rossa

N

O

P

11   12   13

M A R E

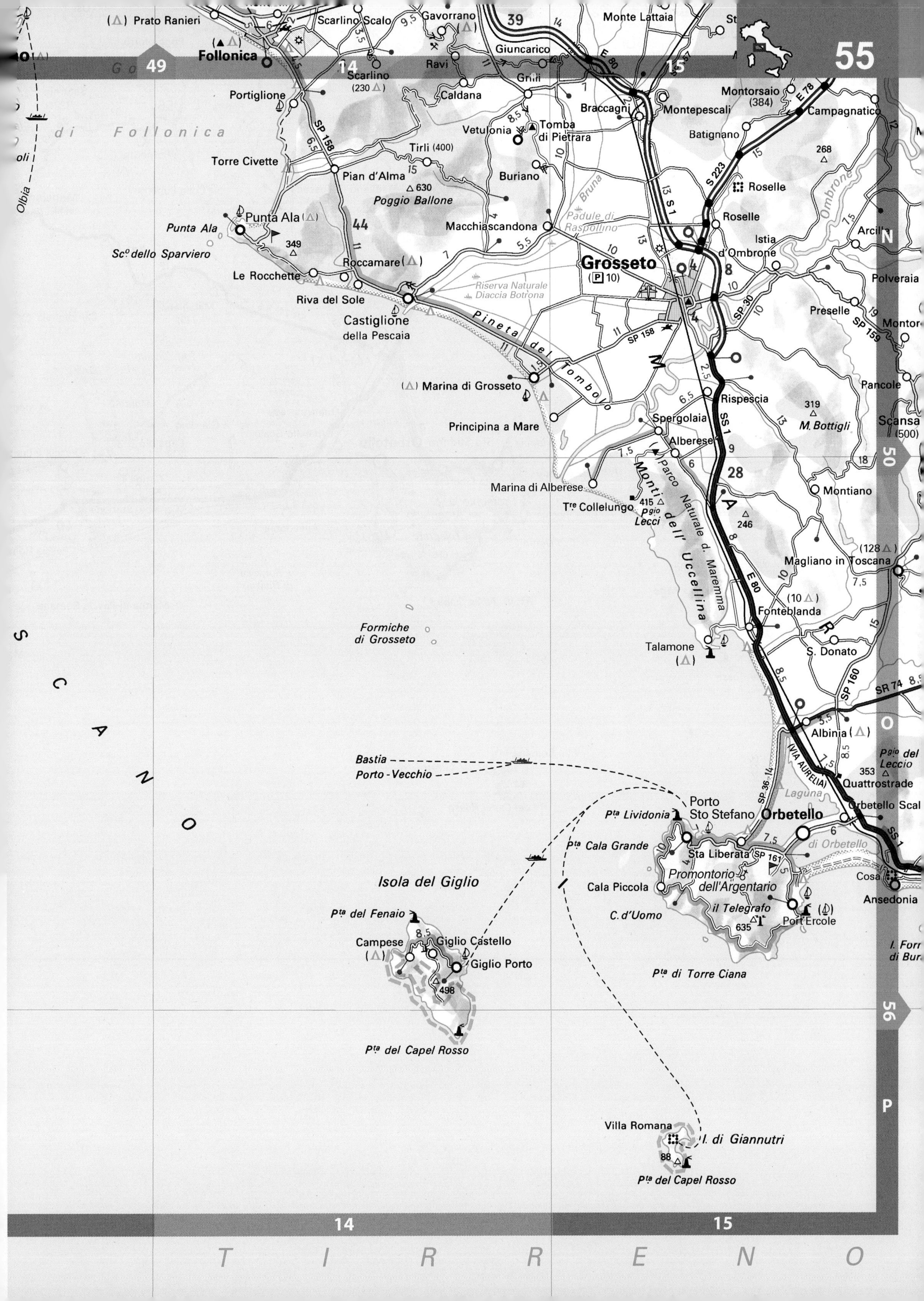
Prato Ranieri
Follonica
Scarlino Scalo
Gavorrano
Giuncarico
Monte Lattaia
Scarlino
Ravi
Grilli
Caldana
Montepescali
Braccagni
Montorsaio
Campagnatico
Portiglione
Vetulonia
Tomba di Pietrara
Batignano
Golfo di Follonica
Torre Civette
Tirli (400)
Pian d'Alma
Buriano
Roselle
630
Poggio Ballone
Punta Ala
Sc.o dello Sparviero
Macchiascandona
Padule di Raspollino
Istia d'Ombrone
Roccamare
Le Rocchette
Grosseto
Riva del Sole
Castiglione della Pescaia
Riserva Naturale Diaccia Botrona
Polveraia
Preselle
Pineta del Tombolo
Marina di Grosseto
Principina a Mare
Rispescia
Spergolaia
Alberese
M. Bottigli
Scansa (500)
Pancole
Marina di Alberese
Tre Collelungo
Pgio Lecci
Monti dell'Uccellina
Parco Naturale d. Maremma
Montiano
Magliano in Toscana
Fonteblanda
Talamone
S. Donato
Formiche di Grosseto
Albinia
Bastia
Porto-Vecchio
Porto Sto Stefano
Orbetello
Quattrostrade
Pgio del Leccio
Laguna
Pta Lividonia
Pta Cala Grande
Sta Liberata
Promontorio dell'Argentario
Cala Piccola
Cosa
Ansedonia
Isola del Giglio
il Telegrafo
C. d'Uomo
Port'Ercole
Pta del Fenaio
Campese
Giglio Castello
Giglio Porto
Pta di Torre Ciana
Pta del Capel Rosso
Villa Romana
I. di Giannutri
Pta del Capel Rosso
S C A N O
T I R R E N O
49
50
56
14
15

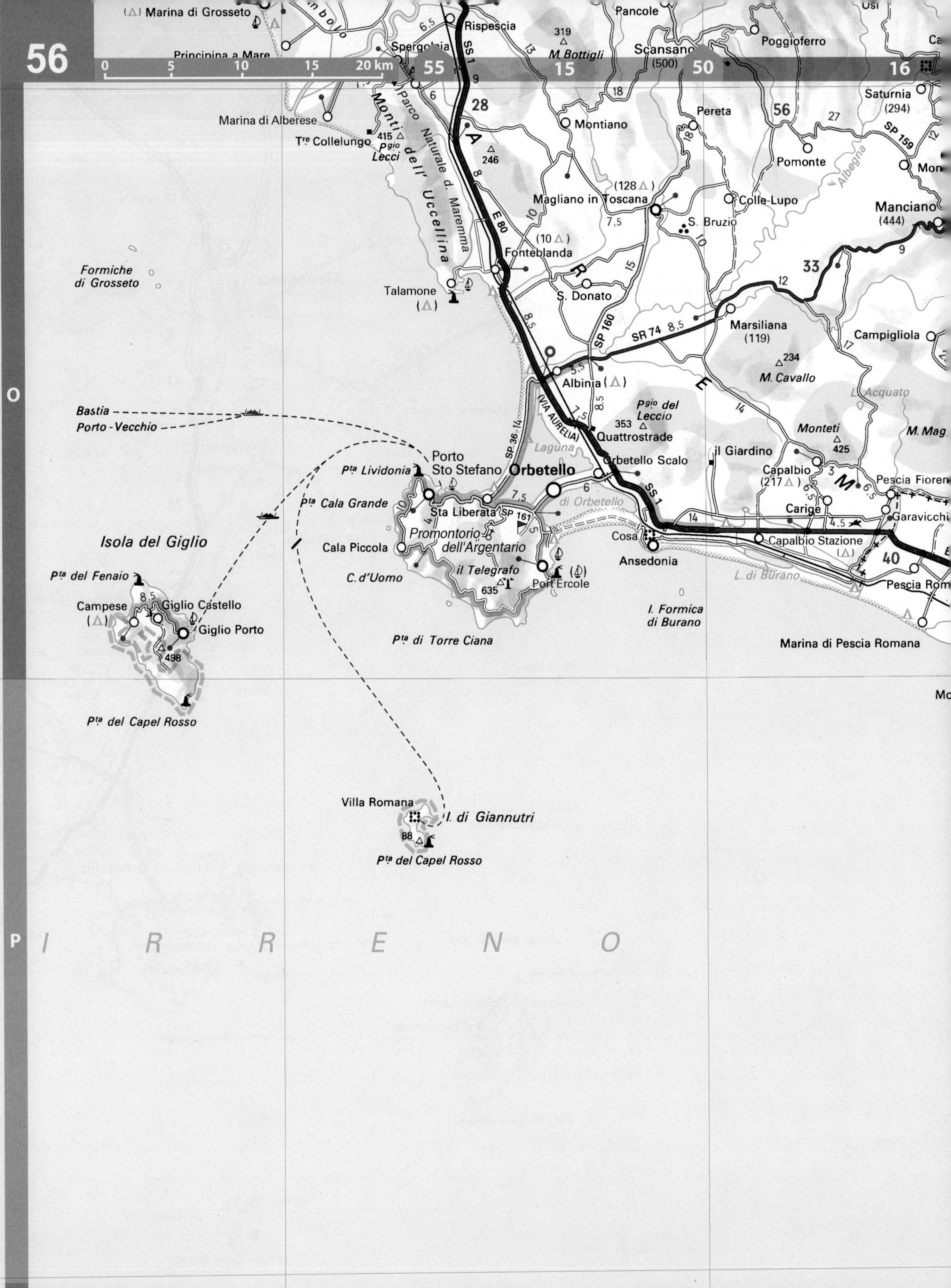

(△) Marina di Grosseto
Princinina a Mare
Rispescia
Spergolaia
Pancole
Poggioferro
Scansano (500)

319
M. Bottigli
15
50
56
Usi

0   5   10   15   20 km
55
SS1
28
Saturnia (294)
SP 159
Mon

Marina di Alberese
T^{re} Collelungo
415
P^{gio}
Lecci
246
E 80
8
Montiano
18
Pomonte
Albegna

Parco Naturale dell' Uccellina
(128 △)
Magliano in Toscana
7,5
Pereta
27
S. Bruzio
Colle-Lupo
Manciano (444)

Formiche di Grosseto
Fonteblanda
(10 △)
10
15
S. Donato
SP 160
33
12
9

Talamone (△)
8,5
SR 74 8,5
Marsiliana (119)
Campigliola

E 80
E
M. Cavallo
234

Bastia
Porto - Vecchio
Albinia (△)
7,5
8,5
P^{gio} del Leccio
353
L. Acquato
14
Monteti 425
M. Mag

Porto Sto Stefano
P.ta Lividonia
di Orbetello
Orbetello Scalo
Quattrostrade
il Giardino
Capalbio (217 △)
Pescia Fioren

P.ta Cala Grande
Sta Liberata
SP 161
7,5
SS 1
14
Carige
Garavicchi

Isola del Giglio
Cala Piccola
Promontorio dell'Argentario
Cosa
4,5
Capalbio Stazione (△)
40

P.ta del Fenaio
C. d'Uomo
il Telegrafo
635
Port'Ercole
Ansedonia
Pescia Rom

Campese (△)
8,5
Giglio Castello
Giglio Porto
498
P.ta di Torre Ciana
I. Formica di Burano
L. di Burano
Marina di Pescia Romana

P.ta del Capel Rosso

Villa Romana
I. di Giannutri
88
P.ta del Capel Rosso

Mo

O

P I R R E N O

14   15   16

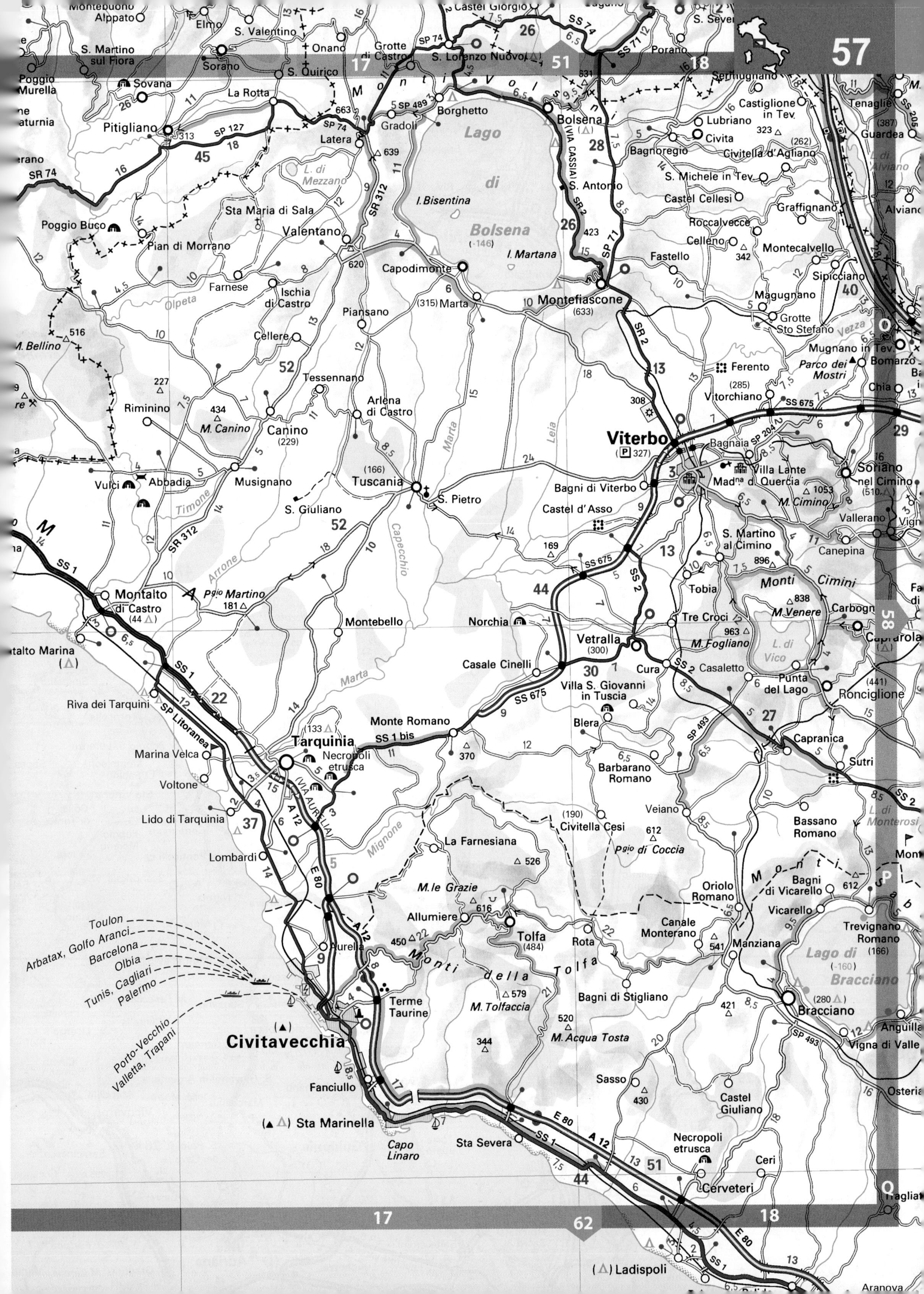
Montebuono
Alppato
Elmo
S. Valentino
Onano
Grotte di Castro
S. Lorenzo Nuovo
Castel Giorgio
Porano
S. Martino sul Fiora
Sorano
S. Quirico
Poggio Murella
Sovana
La Rotta
Pitigliano
Latera
Gradoli
Borghetto
Bolsena
Lago di Bolsena
I. Bisentina
I. Martana
Capodimonte
Marta
Montefiascone
Valentano
Sta Maria di Sala
Pian di Morrano
Poggio Buco
Farnese
Ischia di Castro
Piansano
Cellere
M. Bellino
Tessennano
Arlena di Castro
Canino
M. Canino
Riminino
Musignano
Vulci
Abbadia
Tuscania
S. Pietro
S. Giuliano
Montalto di Castro
Montalto Marina
P.gio Martino
Montebello
Riva dei Tarquini
Marina Velca
Voltone
Lido di Tarquinia
Lombardi
Tarquinia
Necropoli etrusca
Monte Romano
La Farnesiana
M.le Grazie
Allumiere
Tolfa
Monti della Tolfa
M. Tolfaccia
Terme Taurine
Aurelia
Civitavecchia
Fanciullo
Sta Marinella
Capo Linaro
Sta Severa
Toulon
Arbatax, Golfo Aranci
Barcelona
Olbia
Tunis, Cagliari
Palermo
Porto-Vecchio
Valletta, Trapani
Viterbo
Bagnaia
Villa Lante
Mad.na d. Quercia
Bagni di Viterbo
Castel d'Asso
Norchia
Vetralla
Cura
Casale Cinelli
Villa S. Giovanni in Tuscia
Blera
Barbarano Romano
Civitella Cesi
P.gio di Coccia
Veiano
Oriolo Romano
Canale Monterano
Manziana
Rota
Bagni di Stigliano
M. Acqua Tosta
Sasso
Castel Giuliano
Necropoli etrusca
Cerveteri
Ceri
Ladispoli
Bracciano
Lago di Bracciano
Trevignano Romano
Anguillara
Vigna di Valle
Bagni di Vicarello
Vicarello
Bassano Romano
Sutri
Capranica
Ronciglione
Punta del Lago
L. di Vico
Caprarola
M. Fogliano
M. Venere
Monti Cimini
Tre Croci
Tobia
S. Martino al Cimino
Canepina
Vallerano
Soriano nel Cimino
M. Cimino
Vitorchiano
Ferento
Bomarzo
Parco dei Mostri
Mugnano in Tev.
Grotte Sto Stefano
Magugnano
Sipicciano
Montecalvello
Celleno
Roccalvecce
Graffignano
Castel Cellesi
S. Michele in Tev.
Bagnoregio
Civitella d'Agliano
Civita
Lubriano
Castiglione in Tev.
Sermugnano
Tenaglie
Guardea
Alviano
Fastello
S. Antonio
Aranova
Osteria
Tragliata

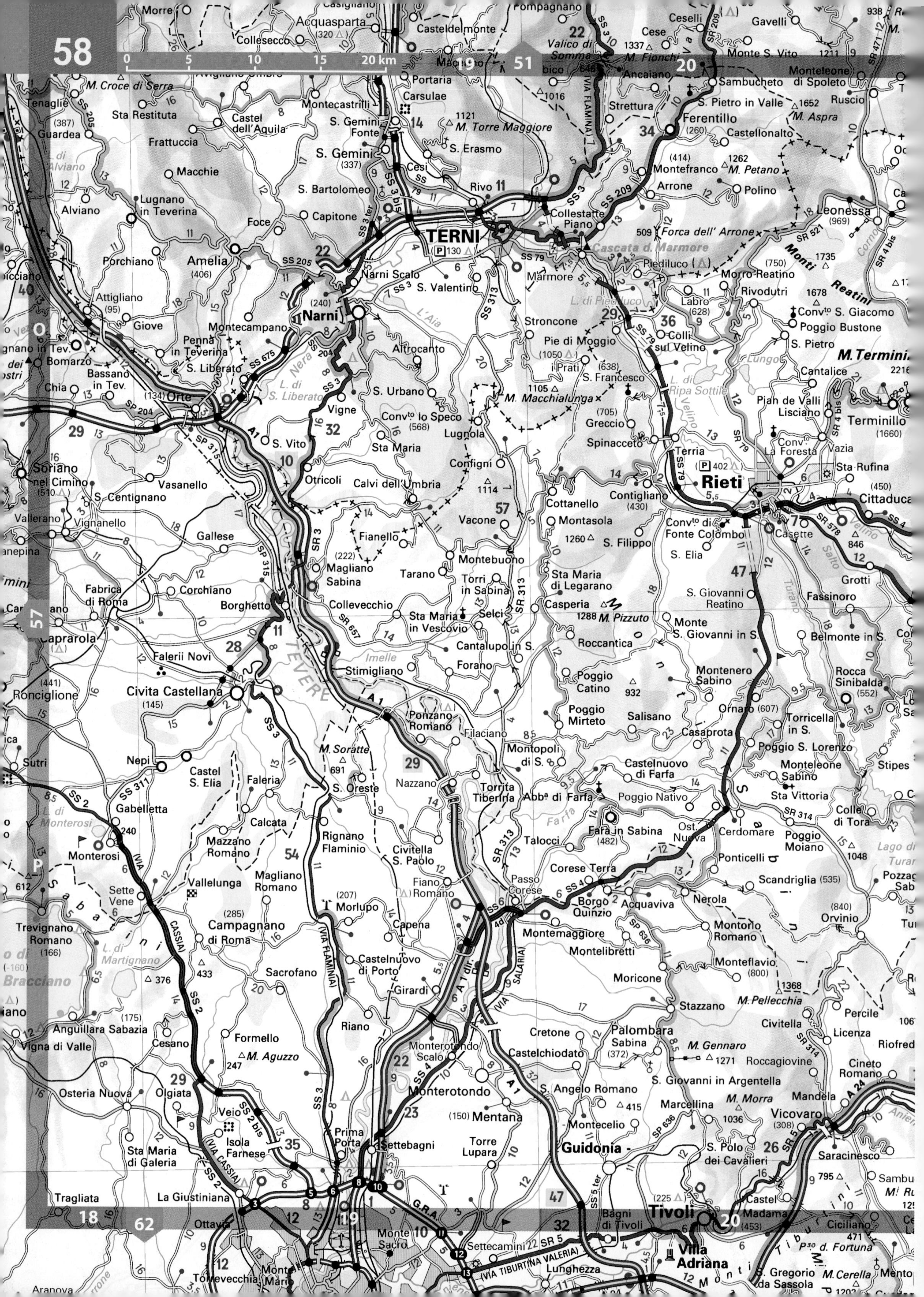
0 5 10 15 20 km
51
20
19
57
40
18
62
47
Acquasparta
Collesecco
Casteldelmonte
Morre
Valico di Somma
M. Fionchi
Ancaiano
Cese
Ceselli
Gavelli
Monte S. Vito
Monteleone di Spoleto
Sambucheto
S. Pietro in Valle
M. Aspra
Ruscio
Ferentillo
Castellonalto
Montefranco
M. Petano
Arrone
Polino
Leonessa
Strettura
M. Croce di Serra
Tenaglie
Guardea
Sta Restituta
Castel dell'Aquila
Montecastrilli
Carsulae
Portaria
S. Gemini Fonte
M. Torre Maggiore
S. Erasmo
S. Gemini
Cesi
Frattuccia
L. di Alviano
Macchie
Alviano
Lugnano in Teverina
S. Bartolomeo
Rivo
Capitone
Foce
TERNI
Collestatte Piano
Force dell' Arrone
Cascata d. Marmore
Piediluco
Marmore
Morro Reatino
Monti Reatini
Rivodutri
Labro
Conv.to S. Giacomo
Poggio Bustone
S. Pietro
M. Terminillo
Cantalice
Pian de Valli
Lisciano
Terminillo
Porchiano
Amelia
Narni Scalo
S. Valentino
Narni
Attigliano
Giove
Montecampano
Penna in Teverina
S. Liberato
L. di S. Liberato
Bomarzo
Bassano in Tev.
Chia
Orte
Altrocanto
S. Urbano
Vigne
Stroncone
L. di Piediluco
Colli sul Velino
Pie di Moggio
Prati
S. Francesco
M. Macchialunga
L. di Ripa Sottile
Greccio
Spinacceto
Terria
Rieti
Conv.to La Foresta
Vazia
Sta Rufina
Cittaducale
Conv.to lo Speco
Lugnola
Sta Maria
S. Vito
Otricoli
Calvi dell'Umbria
Configni
Soriano nel Cimino
Vasanello
S. Centignano
Vallerano
Vignanello
Gallese
Cottanello
Montasola
Contigliano
Conv.to di Fonte Colombo
Casette
S. Elia
S. Filippo
Vacone
Fianello
Magliano Sabina
Tarano
Montebuono
Torri in Sabina
Sta Maria di Legarano
Casperia
M. Pizzuto
Grotti
Fassinoro
Fabrica di Roma
Corchiano
Borghetto
Collevecchio
Sta Maria in Vescovio
Selci
Roccantica
S. Giovanni Reatino
Monte S. Giovanni in S.
Belmonte in S.
Caprarola
Falerii Novi
Civita Castellana
Cantalupo in S.
Forano
Stimigliano
Imelle
TEVERE
Poggio Catino
Montenero Sabino
Rocca Sinibalda
Ronciglione
Poggio Mirteto
Salisano
Ornaro
Torricella in S.
Ponzano Romano
Filaciano
Casaprota
Poggio S. Lorenzo
Sutri
Nepi
Castel S. Elia
M. Soratte
S. Oreste
Nazzano
Montopoli di S.
Castelnuovo di Farfa
Monteleone Sabino
Stipes
Faleria
Torrita Tiberina
Abbª di Farfa
Poggio Nativo
Sta Vittoria
Gabelletta
Calcata
Fara in Sabina
Talocci
Ost. Nuova
Cerdomare
Colle di Tora
Poggio Moiano
Monterosi
L. di Monterosi
Mazzano Romano
Rignano Flaminio
Civitella S. Paolo
Ponticelli
Corese Terra
Scandriglia
Sette Vene
Vallelunga
Magliano Romano
Fiano Romano
Passo Corese
Borgo Quinzio
Acquavival
Nerola
Orvinio
Trevignano Romano
Campagnano di Roma
Morlupo
Capena
Montemaggiore
Montelibretti
Montorio Romano
Lago di Bracciano
L. di Martignano
Castelnuovo di Porto
Sacrofano
Moricone
Monteflavio
Girardi
M. Pellecchia
Stazzano
Anguillara Sabazia
Riano
Percile
Civitella
Licenza
Vigna di Valle
Cesano
Formello
M. Aguzzo
Cretone
Palombara Sabina
M. Gennaro
Castelchiodato
Monterotondo Scalo
Roccagiovine
Riofreddo
Cineto Romano
Osteria Nuova
Olgiata
Monterotondo
S. Angelo Romano
S. Giovanni in Argentella
Marcellina
M. Morra
Mandela
Vicovaro
Veio
Mentana
Montecelio
Isola Farnese
Sta Maria di Galeria
Prima Porta
Settebagni
Torre Lupara
Guidonia
S. Polo dei Cavalieri
Saracinesco
Tragliata
La Giustiniana
Tivoli
Madama
Castel
Ciciliano
Ottavia
Monte Sacro
G.R.A.
Settecamini
Bagni di Tivoli
Villa Adriana
P.so d. Fortuna
Torrevecchia
Monte Mario
Lunghezza
S. Gregorio da Sassola
M. Cerella
Aranova
VIA FLAMINIA
VIA CASSIA
VIA SALARIA
VIA TIBURTINA VALERIA
Monti Sabini
Monti Tiburtini

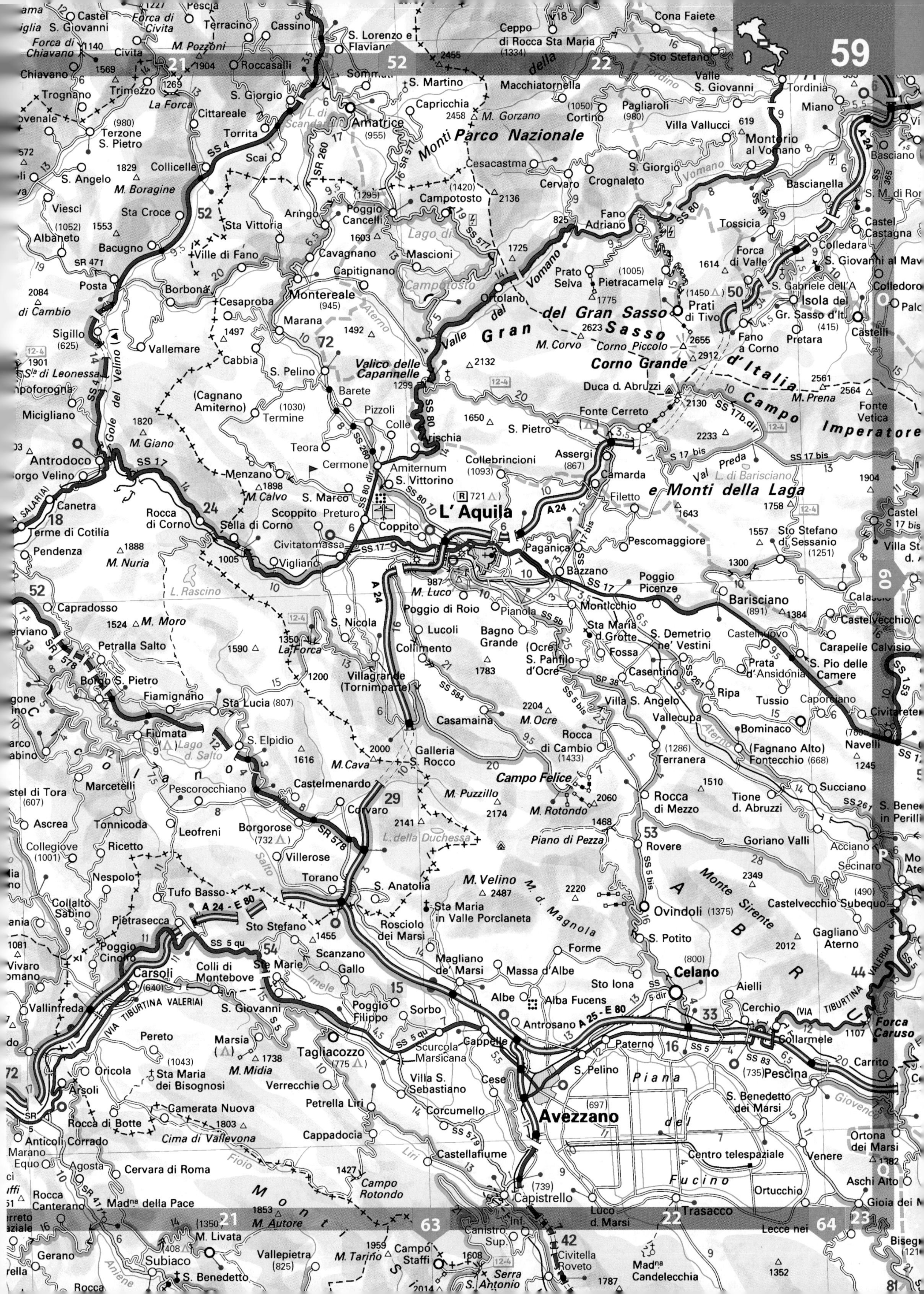
L'Aquila
Parco Nazionale del Gran Sasso e Monti della Laga
Gran Sasso d'Italia
Campo Imperatore
Corno Grande
2912
Corno Piccolo
2655
M. Corvo
2623
Monti della Laga
Lago di Campotosto
Campotosto
Amatrice
(955)
Montereale
(945)
Valico delle Capannelle
1299
Valle del Vomano
Prati di Tivo
Pietracamela
Isola del Gr. Sasso d'It.
Fano Adriano
Montorio al Vomano
Tossicia
Castelli
Fonte Cerreto
Assergi
(867)
Camarda
Paganica
Bazzano
Barisciano
(891)
Sto Stefano di Sessanio
(1251)
Castel del Monte
Val Preda
L. di Barisciano
Antrodoco
Gole del Velino
Borgo Velino
Cittareale
Posta
Borbona
Sigillo
(625)
Cagnano Amiterno
Pizzoli
Amiternum
S. Vittorino
Coppito
Preturo
Scoppito
Sella di Corno
Rocca di Corno
Vigliano
Civitatomassa
M. Luco
Poggio di Roio
Lucoli
Collimento
Bagno Grande
S. Demetrio ne' Vestini
Fossa
Ocre
Villa S. Angelo
Rocca di Cambio
(1433)
Campo Felice
M. Rotondo
Rocca di Mezzo
Rovere
Ovindoli
(1375)
Monte Sirente
Piano di Pezza
M. Velino
2487
M. d. Magnola
L. della Duchessa
M. Puzzillo
2174
Villagrande (Tornimparte)
Galleria S. Rocco
M. Cava
Lago d. Salto
Fiamignano
Borgo S. Pietro
Petrella Salto
S. Elpidio
Castelmenardo
Corvaro
Borgorose
(732)
Torano
S. Anatolia
Sta Maria in Valle Porclaneta
Rosciolo dei Marsi
Magliano de' Marsi
Massa d'Albe
Alba Fucens
Celano
(800)
Aielli
Cerchio
Pescina
(735)
Collarmele
Forca Caruso
1107
S. Benedetto dei Marsi
Avezzano
(697)
Piana del Fucino
Centro telespaziale
Trasacco
Luco d. Marsi
Ortucchio
Venere
Gioia dei Marsi
Capistrello
(739)
Civitella Roveto
Madna Candelecchia
Castellafiume
Cappadocia
Petrella Liri
Corcumello
Villa S. Sebastiano
Scurcola Marsicana
Cappelle
Tagliacozzo
(775)
Sorbo
Poggio Filippo
Marsia
M. Midia
1738
Verrecchie
Pereto
Oricola
Arsoli
Carsoli
(640)
Colli di Montebove
Sta Marie
Pietrasecca
Tufo Basso
Sto Stefano
Vallinfreda
Rocca di Botte
Camerata Nuova
Cima di Vallevona
Cervara di Roma
Campo Rotondo
Campo Staffi
M. Tarino
M. Autore
M. Livata
Subiaco
S. Benedetto
Vallepietra
(825)
Serra S. Antonio
Gerano
Anticoli Corrado
Rocca Canterano
Madna della Pace
Agosta
A 24
A 25 - E 80
A 24 - E 80
SS 17
SS 80
SS 4
SS 5
SR 578
SS 584
SS 5 bis
SS 17 bis
SS 261
(VIA TIBURTINA VALERIA)
SALARIA
Fucino
ABRUZZO
Monti Simbruini
Carseolani
21
52
22
63
64
60
23
81

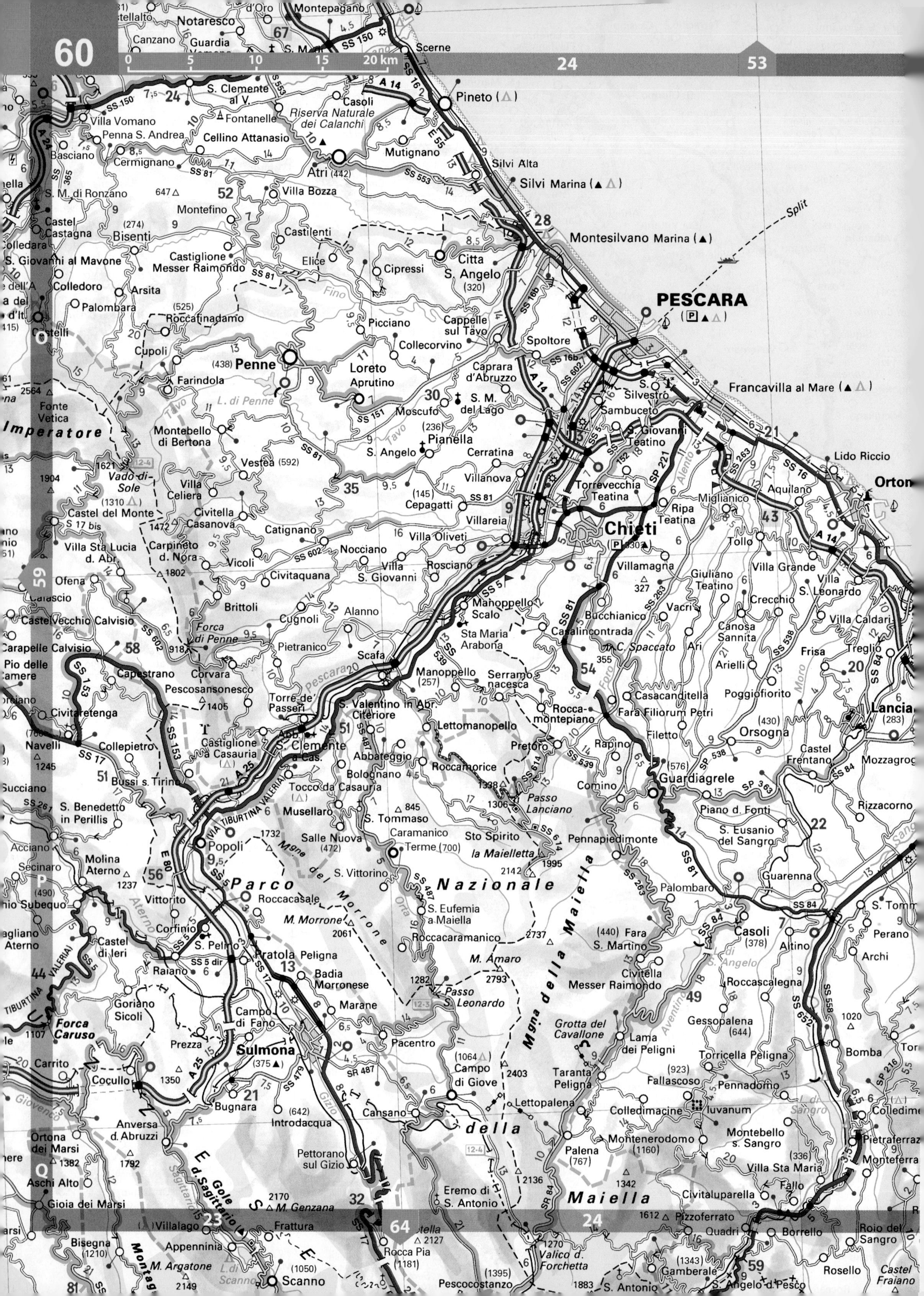

Notaresco
Montepagano
Canzano
Guardia Vomano
Scerne
24
53
Pineto
Casoli
Riserva Naturale dei Calanchi
S. Clemente al V.
Villa Vomano
Fontanelle
Penna S. Andrea
Cellino Attanasio
Mutignano
Basciano
Cermignano
Atri (442)
Silvi Alta
Silvi Marina
S. M. di Ronzano
Villa Bozza
Montefino
Castel Castagna
Bisenti
Castilenti
Montesilvano Marina
Split
Colledara
S. Giovanni al Mavone
Castiglione Messer Raimondo
Elice
Cipressi
Città S. Angelo (320)
Colledoro
Arsita
PESCARA
Palombara
Roccafinadamo
Picciano
Cappelle sul Tavo
Castelli
Cupoli
Collecorvino
Spoltore
Penne
Loreto Aprutino
Caprara d'Abruzzo
Farindola
Francavilla al Mare
Fonte Vetica
L. di Penne
Moscufo
S. M. del Lago
S. Silvestro
Sambuceto
Imperatore
Montebello di Bertona
Pianella
S. Giovanni Teatino
S. Angelo
Cerratina
Lido Riccio
Vado di Sole
Vestea (592)
Villanova
Villa Celiera
Torrevecchia Teatina
Aquilano
Ortona
Castel del Monte
Civitella Casanova
Cepagatti
Ripa Teatina
Miglianico
Villareia
Catignano
Villa Oliveti
Chieti
Carpineto d. Nora
Villa Sta Lucia d. Abr.
Tollo
Vicoli
Nocciano
Villa S. Giovanni
Rosciano
Villamagna
Giuliano Teatino
Villa Grande
Ofena
Civitaquana
Villa S. Leonardo
Calascio
Brittoli
Manoppello Scalo
Bucchianico
Vacri
Crecchio
Castelvecchio Calvisio
Cugnoli
Alanno
Casalincontrada
Canosa Sannita
Villa Caldari
Forca di Penne
Sta Maria Arabona
C. Spaccato
Ari
Frisa
Treglio
Carapelle Calvisio
Pietranico
Arielli
Pio delle Camere
Scafa
Capestrano
Corvara
Manoppello (257)
Serramonacesca
Poggiofiorito
Pescosansonesco
Torre de' Passeri
S. Valentino in Abr. Citeriore
Casacanditella
Fara Filiorum Petri
Roccamontepiano
Lanciano (283)
Civitaretenga
Navelli
Lettomanopello
Filetto
Orsogna
Castiglione a Casauria
Collepietro
Abb. S. Clemente a Cas.
Abbateggio
Pretoro
Rapino
Castel Frentano
Mozzagrogna
Bussi s. Tirino
Bolognano
Roccamorice
Guardiagrele
Tocco da Casauria
Comino
Succiano
S. Benedetto in Perillis
Musellaro
S. Tommaso
Passo Lanciano
Piano d. Fonti
Rizzacorno
Salle Nuova (472)
Caramanico Terme (700)
Sto Spirito
Pennapiedimonte
S. Eusanio del Sangro
Acciano
Popoli
la Maielletta
Molina Aterno
S. Vittorino
Secinaro
Parco Nazionale
Guarenna
Palombaro
Roccacasale
S. Eufemia a Maiella
Vittorito
Casoli (378)
S. Tommaso
M. Morrone
Castel di Ieri
Corfinio
Roccacaramanico
Fara S. Martino
Perano
Altino
S. Pelino
Pratola Peligna
Archi
Raiano
M. Amaro
Civitella Messer Raimondo
L. di S. Angelo
Badia Morronese
Roccascalegna
Goriano Sicoli
Passo S. Leonardo
Mgna della Maiella
Marane
Gessopalena (644)
Forca Caruso
Campo di Fano
Grotta del Cavallone
Lama dei Peligni
Prezza
Pacentro
Bomba
Sulmona (375)
Campo di Giove
Torricella Peligna
Carrito
Taranta Peligna
Cocullo
Fallascoso
Pennadomo
Bugnara
L. di Sangro
Introdacqua
Cansano
Lettopalena
Colledimacine
Iuvanum
Colledimezzo
Anversa d. Abruzzi
della
Montenerodomo (1160)
Montebello s. Sangro
Pietraferrazzana
Ortona dei Marsi
Palena (767)
Monteferrante
Pettorano sul Gizio
Villa Sta Maria
Gole d. Sagittario
Aschi Alto
Fallo
Maiella
Civitaluparella
Gioia dei Marsi
M. Genzana
Eremo di S. Antonio
Villalago
Frattura
Pizzoferrato
Quadri
Borrello
Roio del Sangro
Bisegna (1210)
Appennninia
Rocca Pia (1181)
Valico d. Forchetta
Gamberale
M. Argatone
Scanno (1050)
L. di Scanno
Pescocostanzo
S. Antonio
S. Angelo d. Pesco
Rosello
Castel Fraiano
Montag

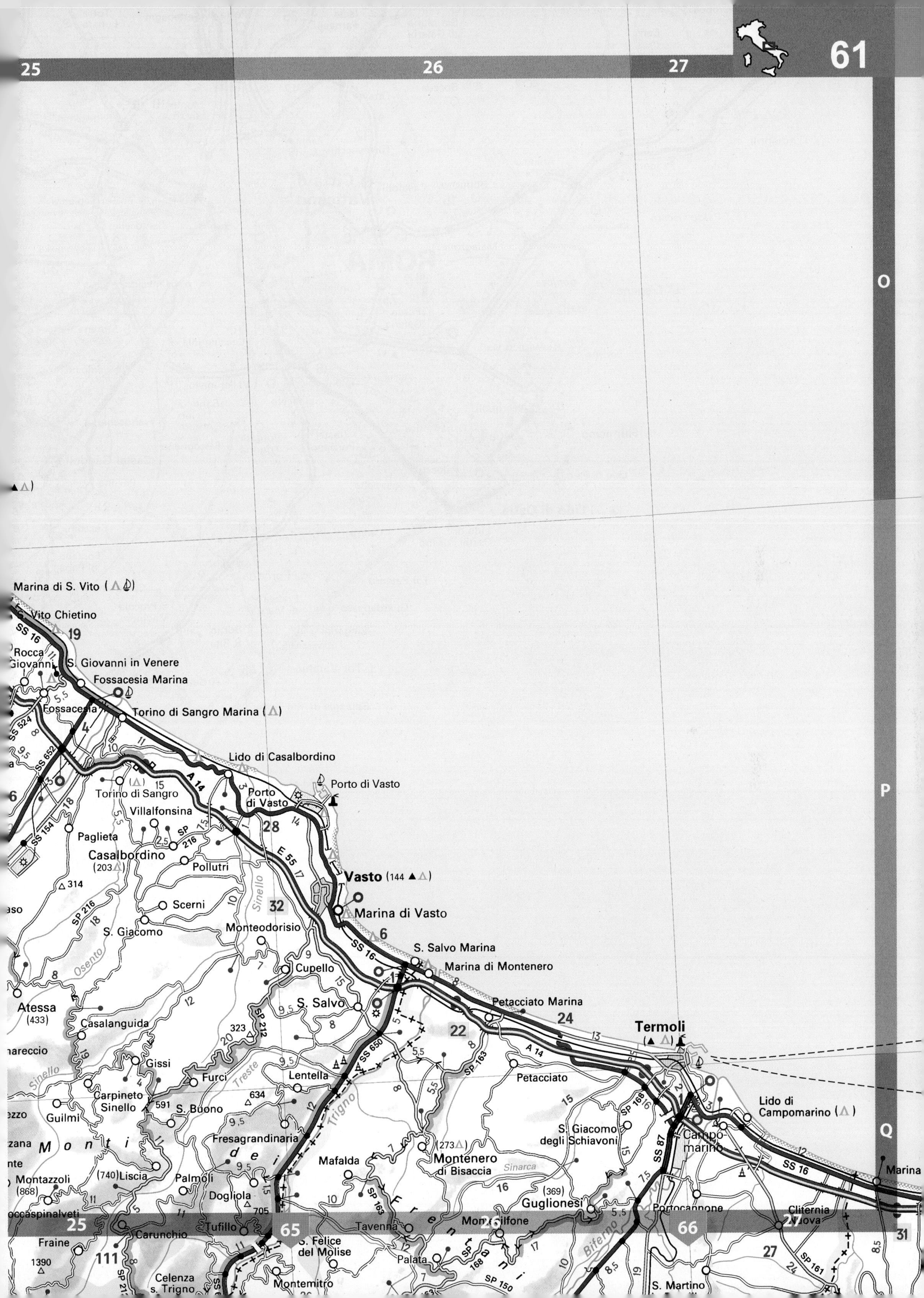

O

P

Q

Marina di S. Vito (△ ♫)

S. Vito Chietino

SS 16   **19**

Rocca
Giovanni   S. Giovanni in Venere

Fossacesia Marina

5,5

Fossacesia   Torino di Sangro Marina (△)

SS 524   **4**

SS 652   8   10   11

9,5

Lido di Casalbordino

A 14

(△)   15

Torino di Sangro   3   Porto
di Vasto

Villalfonsina   14

SS 154   **28**

Paglieta   SP   E 55   17

2,5   216

Casalbordino
(203 △)

Pollutri

△ 314

SP 216   Scerni

18   10

S. Giacomo

32

Monteodorisio

8

Osento

Vasto (144 ▲ △)

T

Porto di Vasto

Marina di Vasto

6

SS 16

S. Salvo Marina

Marina di Montenero

Cupello   9

15

S. Salvo

Atessa
(433)

Casalanguida   9,5   8

SP 212

12

20   323

8

SS 650   5   5

Petacciato Marina

24

22

SP 163

13

A 14

Petacciato

Termoli
(▲ △)

reccio

Sinello

16

Treste

9,5

Gissi

Furci

Lentella   8   5,5

15

S. Giacomo
degli Schiavoni

Lido di
Campomarino (△)

Marina

4

Carpineto
Sinello   591   S. Buono

Guilmi

634

5,5

SP 168

SS 87

SS 16

12

Trigno

Fresagrandinaria

Mafalda

(273 △)

Montenero
di Bisaccia

Sinarca

Campo
marino

12

M o n t i

zana
nte

Montazzoli
(868)

(740) Liscia

Palmoli

Doglíola   705

d e i

9,5   10

(369)

Guglionesi

16

7,5

Portocannone

Cliternia
Nuova

27

SP 161

8,5

31

ccaspinalveti

Fraine

111

1390

Carunchio

Celenza
s. Trigno

Montemitro

S. Felice
del Molise

Tavenna

Palata

SP 168

SP 150

Biferno

Mon Gilfone

12

10   8,5

9

S. Martino

8

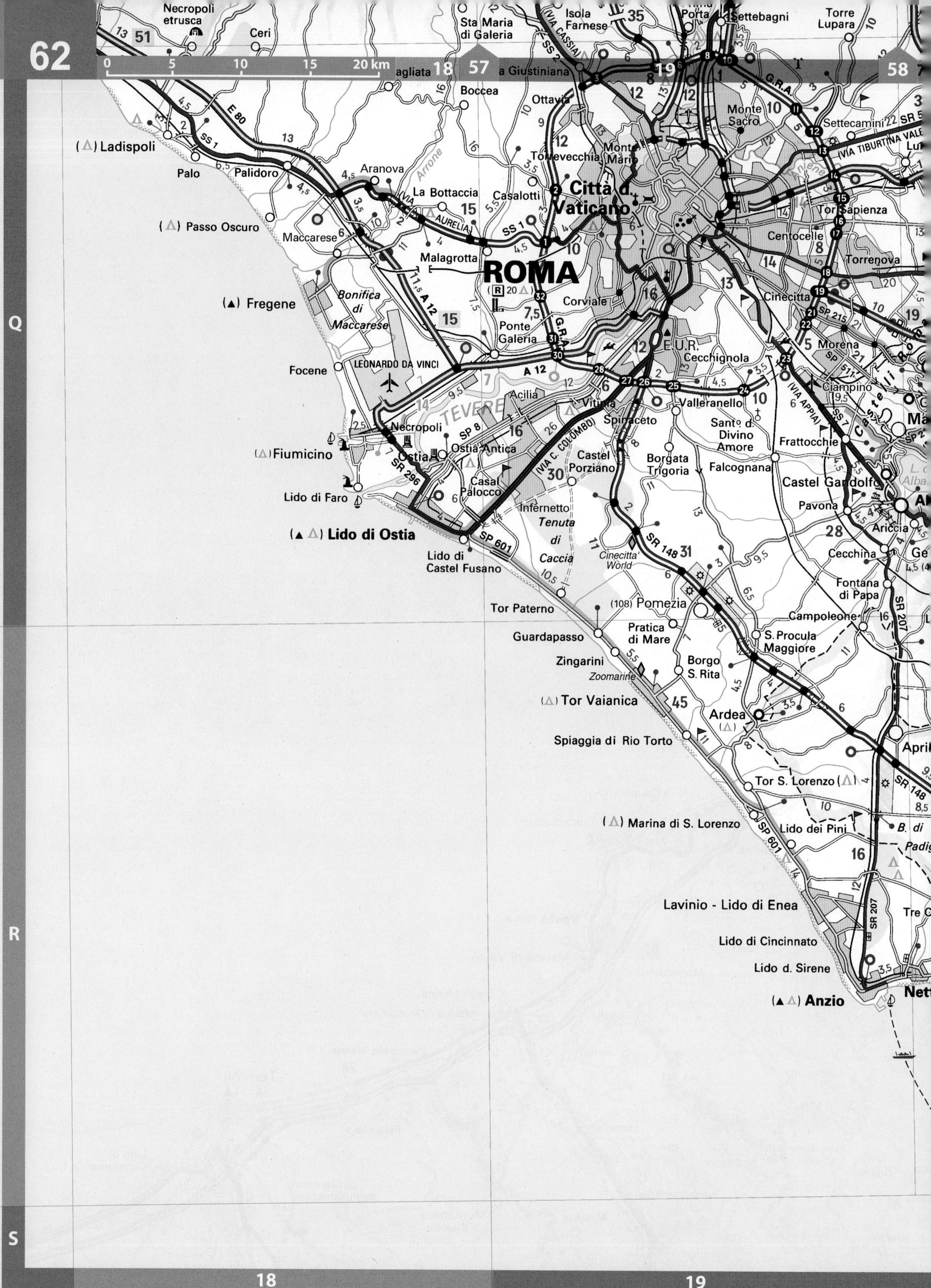

Necropoli etrusca
Ceri
Sta Maria di Galeria
Isola Farnese
Porta
Settebagni
Torre Lupara

13 51
0 5 10 15 20 km
agliata 18 57 a Giustiniana
Boccea
Ottavia
35
19
G.R.A.
Monte Sacro
10
Settecamini
SR 5

(△) Ladispoli
E 80
SS 1
13
Aranova
Torrevecchia
Monte Mario
12
12
SR
Via Tiburtina Vale
Lu

Palo
Palidoro
4,5
La Bottaccia
Casalotti
Citta d.
Vaticano
Tor Sapienza

(△) Passo Oscuro
Maccarese
3,5
15
5,5
SS 1
4,5
Centocelle
17

Malagrotta
10
ROMA
R 20 △
Corviale
16
14
Torrenova

(▲) Fregene
Bonifica di Maccarese
15
32
7,5
13
Cinecitta
19

Q

Focene
LEONARDO DA VINCI
A 12
EUR
Cecchignola
SP 215
22
Morena

27 26 25
Ciampino

Necropoli
SP 8
Acilia
Viti
Valleranello
10
Frattocchie

(△) Fiumicino
Ostia
Ostia Antica
16
Spinaceto
Santo d. Divino Amore
Castel Gandolfo
Al

Lido di Faro
Casal Palocco
30
Castel Porziano
Borgata Trigoria
Falcognana
Pavona
Ariccia
28

(▲ △) Lido di Ostia
SP 601
Infernetto
Tenuta di Caccia
Cinecitta World
SR 148 31
Cecchina
Ge

Lido di Castel Fusano
10,5
Fontana di Papa

Tor Paterno
(108) Pomezia
Campoleone
SR 207

Guardapasso
Pratica di Mare
S. Procula Maggiore

Zingarini
Zoomarine
Borgo S. Rita
45

(△) Tor Vaianica
Ardea
(△)

Spiaggia di Rio Torto
Apri

Tor S. Lorenzo (△)
SR 148

(△) Marina di S. Lorenzo
SP 601
Lido dei Pini
B. di Padig

16

Lavinio - Lido di Enea

R

Lido di Cincinnato

Lido d. Sirene

(▲ △) Anzio
Nett

S

18   19

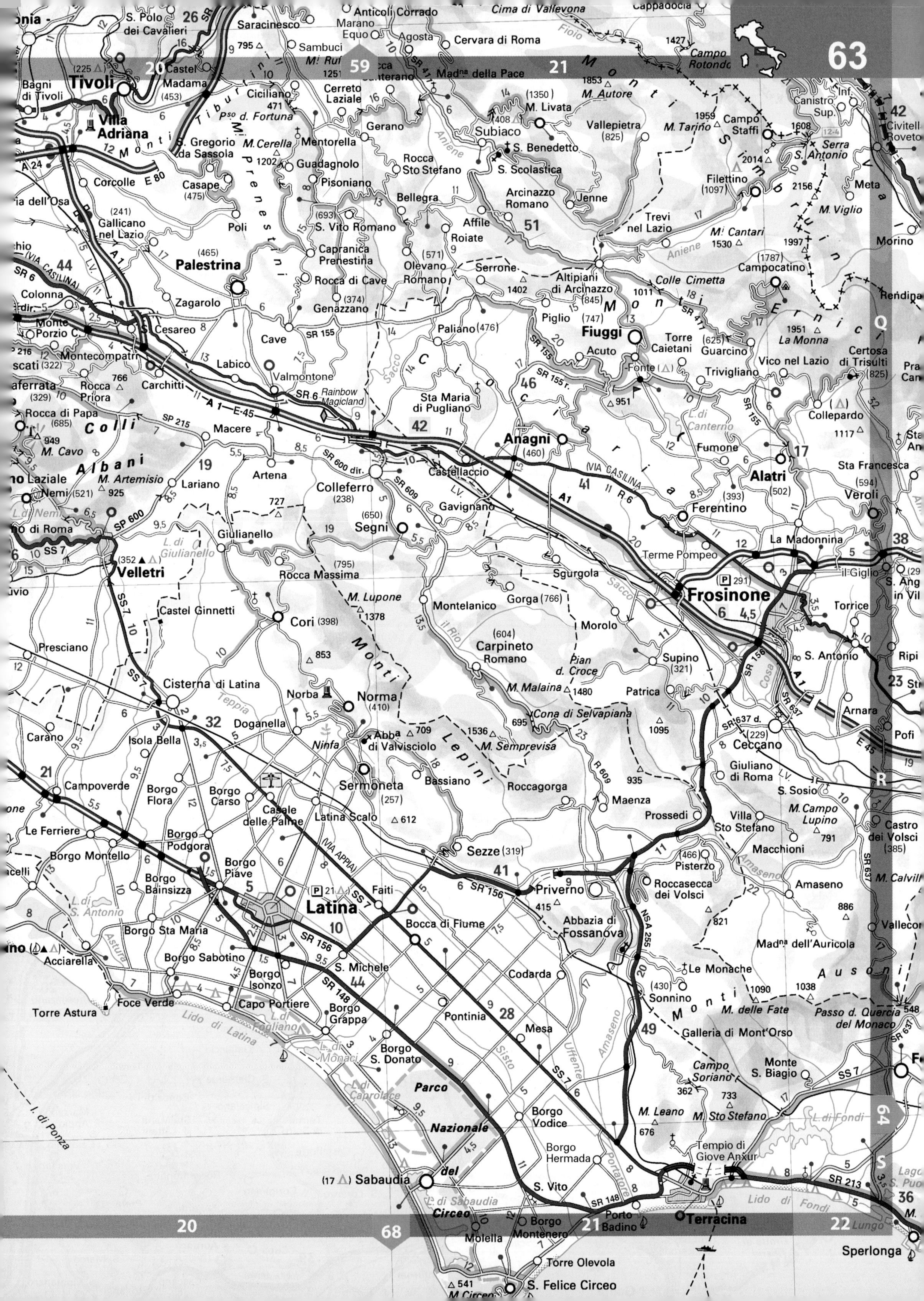
Tivoli
Bagni di Tivoli
Villa Adriana
S. Polo dei Cavalieri
Saracinesco
Anticoli Corrado
Marano Equo
Agosta
Cervara di Roma
Cima di Vallevona
Cappadocia
Campo Rotondo
Sambuci
Castel Madama
Ciciliano
Cerreto Laziale
Madna della Pace
M. Autore
M. Livata
Subiaco
S. Benedetto
S. Scolastica
Vallepietra
M. Tarino
Campo Staffi
Canistro Inf.
Canistro Sup.
Civitella Roveto
Serra S. Antonio
Filettino
Meta
M. Viglio
Monti Simbruini
Monti Tiburtini
Pso d. Fortuna
M. Cerella
S. Gregorio da Sassola
Mentorella
Gerano
Rocca Sto Stefano
Guadagnolo
Pisoniano
Casape
Corcolle
Gallicano nel Lazio
Poli
Bellegra
Jenne
Arcinazzo Romano
Affile
Roiate
Trevi nel Lazio
M. Cantari
Aniene
Morino
S. Vito Romano
Capranica Prenestina
Olevano Romano
Serrone
Altipiani di Arcinazzo
Colle Cimetta
Campocatino
Rendinara
Palestrina
Zagarolo
Rocca di Cave
Genazzano
Monti Prenestini
Colonna
Monte Porzio C.
S. Cesareo
Cave
Paliano
Piglio
Fiuggi
Torre Caietani
Guarcino
La Monna
Certosa di Trisulti
Vico nel Lazio
Trivigliano
Fonte
Acuto
Collepardo
Frascati
Montecompatri
Rocca Priora
Carchitti
Labico
Valmontone
Rainbow Magicland
Sta Maria di Pugliano
Monti Ciociaria
Grottaferrata
Rocca di Papa
M. Cavo
Colli Albani
Macere
Anagni
L. di Canterno
Fumone
Alatri
Sta Francesca
Veroli
Castellaccio
Artena
Colleferro
Lariano
M. Artemisio
Albano Laziale
Nemi
L. di Nemi
Genzano di Roma
Velletri
Giulianello
L. di Giulianello
Segni
Gavignano
Ferentino
La Madonnina
Terme Pompeo
Il Giglio
S. Angelo in Villa
Rocca Massima
M. Lupone
Sgurgola
Frosinone
Torrice
Castel Ginnetti
Cori
Montelanico
Gorga
Morolo
Supino
S. Antonio
Ripi
Presciano
Carpineto Romano
Pian d. Croce
M. Malaina
Patrica
Monti Lepini
Cisterna di Latina
Norba
Norma
Ceccano
Arnara
Pofi
Teppia
Doganella
Cona di Selvapiana
Abba di Valvisciolo
Ninfa
M. Semprevisa
Carano
Isola Bella
Sermoneta
Bassiano
Roccagorga
Maenza
Giuliano di Roma
S. Sosio
Campoverde
Borgo Flora
Borgo Carso
Casale delle Palme
Latina Scalo
Prossedi
Villa Sto Stefano
M. Campo Lupino
Castro dei Volsci
Le Ferriere
Borgo Podgora
VIA APPIA
Sezze
Macchioni
Borgo Montello
Borgo Piave
Borgo Bainsizza
Faiti
Priverno
Pisterzo
Roccasecca dei Volsci
Amaseno
M. Calvilli
L. di S. Antonio
Latina
Bocca di Fiume
Abbazia di Fossanova
Madna dell'Auricola
Vallecorsa
Borgo Sta Maria
Astura
Acciarella
Borgo Sabotino
S. Michele
Borgo Isonzo
Codarda
Le Monache
Monti Ausoni
Sonnino
M. delle Fate
Passo d. Quercia del Monaco
Torre Astura
Foce Verde
Capo Portiere
Lido di Latina
L. di Fogliano
Borgo Grappa
Pontinia
Mesa
Galleria di Mont'Orso
L. di Monaci
Borgo S. Donato
Sisto
Uffente
Amaseno
Campo Soriano
Monte S. Biagio
L. di Caprolace
Parco Nazionale del Circeo
Borgo Vodice
M. Leano
M. Sto Stefano
L. di Fondi
Borgo Hermada
Portatore
Tempio di Giove Anxur
Sabaudia
L. di Sabaudia
S. Vito
Porto Badino
Terracina
Lido di Fondi
Lungo
Sperlonga
Borgo Montenero
Molella
Torre Olevola
S. Felice Circeo
M. Circeo
I. di Ponza
A1
A24
E80
E45
SS 7
SR 148
SR 156
SR 6
SP 215
SP 600
SR 609
SR 155
SR 411
SR 213
SR 637
NSA 255
VIA CASILINA
59
68
64
20
21
22
Q
R
S

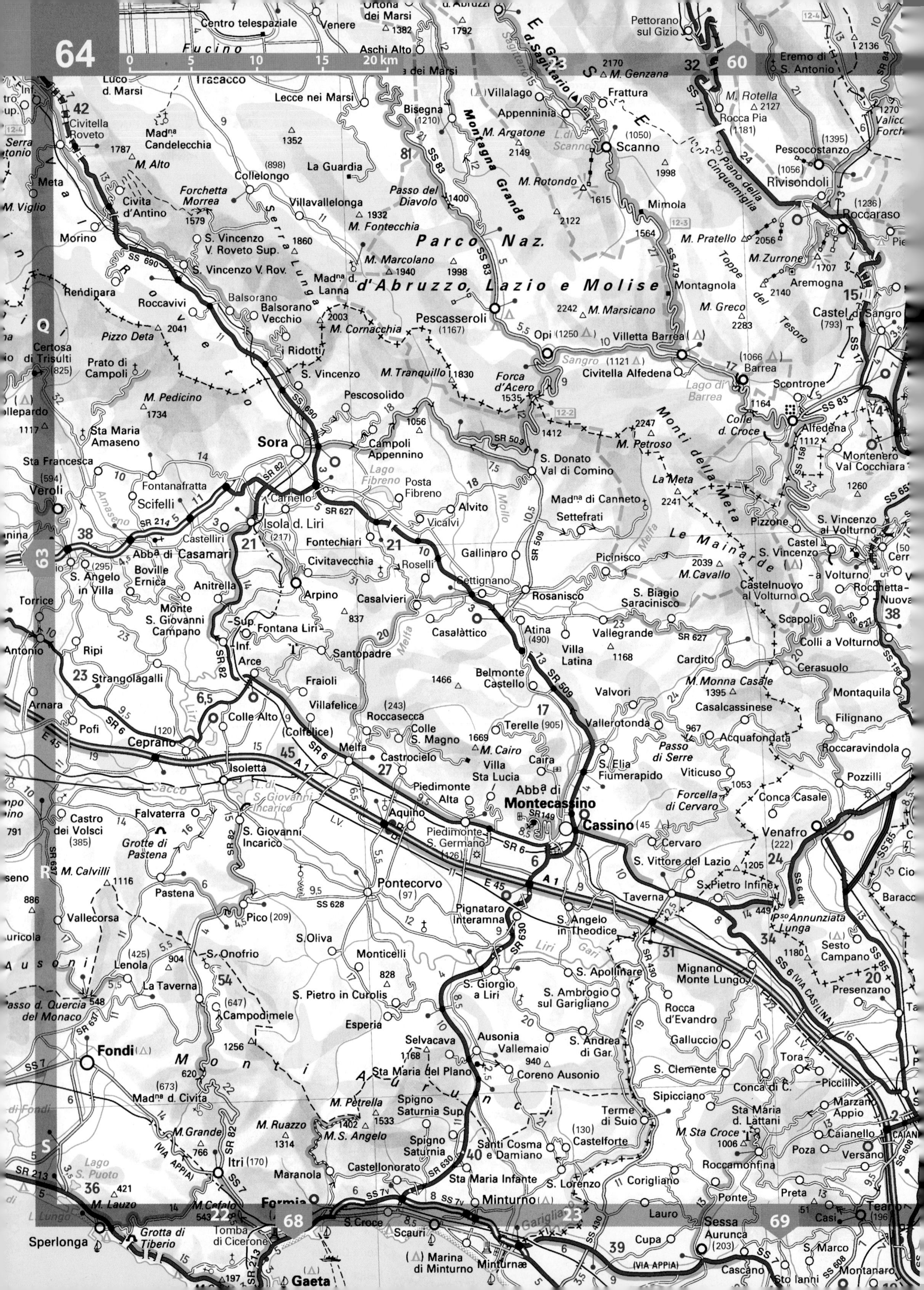
0 5 10 15 20 km
Centro telespaziale
Fucino
Venere
Ortona dei Marsi
Aschi Alto
Luco d. Marsi
Trasacco
Lecce nei Marsi
Pettorano sul Gizio
Eremo di S. Antonio
M. Genzana
Villalago
Frattura
Bisegna
Appenninia
Scanno
M. Rotella
Rocca Pia
Civitella Roveto
Madna Candelecchia
M. Argatone
Montagna Grande
Pescocostanzo
Rivisondoli
Roccaraso
M. Alto
Collelongo
La Guardia
M. Rotondo
Meta
Forchetta Morrea
Civita d'Antino
Passo del Diavolo
Villavallelonga
M. Fontecchia
Mimola
M. Viglio
Morino
S. Vincenzo V. Roveto Sup.
S. Vincenzo V. Rov.
Serra Lunga
Parco Naz. d'Abruzzo, Lazio e Molise
M. Pratello
M. Zurrone
Toppe del Tesoro
Aremogna
Rendinara
Roccavivi
Balsorano
Balsorano Vecchio
M. Marcolano
Madna d. Lanna
Montagnola
M. Greco
M. Marsicano
Pescasseroli
Castel di Sangro
M. Cornacchia
Pizzo Deta
Ridotti
Opi
Villetta Barrea
Certosa di Trisulti
Prato di Campoli
S. Vincenzo
M. Tranquillo
Forca d'Acero
Civitella Alfedena
Barrea
Lago di Barrea
Scontrone
M. Pedicino
Pescosolido
Colle d. Croce
Alfedena
Sta Maria Amaseno
Sora
Campoli Appennino
S. Donato Val di Comino
M. Petroso
Monti della Meta
Montenero Val Cocchiara
Sta Francesca
Veroli
Fontanafratta
Scifelli
Lago Fibreno
Posta Fibreno
La Meta
Madna di Canneto
Carnello
Alvito
Vicalvi
Settefrati
Isola d. Liri
Castelliri
Fontechiari
Pizzone
S. Vincenzo al Volturno
Abba di Casamari
Boville Ernica
S. Angelo in Villa
Civitavecchia
Roselli
Gallinaro
Picinisco
Le Mainarde
Castel S. Vincenzo
Anitrella
Arpino
Casalvieri
Settignano
Rosanisco
M. Cavallo
Castelnuovo al Volturno
Torrice
Monte S. Giovanni Campano
S. Biagio Saracinisco
Scapoli
Rocchetta a Volturno
Fontana Liri
Casalàttico
Atina
Vallegrande
Colli a Volturno
Ripi
Santopadre
Villa Latina
Cardito
Cerasuolo
Arce
Strangolagalli
Fraioli
Belmonte Castello
M. Monna Casale
Valvori
Montaquila
Arnara
Colle Alto
Villafelice
Roccasecca
Casalcassinese
Filignano
Pofi
Ceprano
(Colfelice)
Colle S. Magno
Terelle
Vallerotonda
Acquafondata
Passo di Serre
M. Cairo
Roccaravindola
Melfa
Castrocielo
Caira
Villa Sta Lucia
S. Elia Fiumerapido
Viticuso
Isoletta
Pozzilli
Piedimonte Alta
Abba di Montecassino
Forcella di Cervaro
Conca Casale
Castro dei Volsci
Falvaterra
Aquino
Cassino
Cervaro
Venafro
Grotte di Pastena
S. Giovanni Incarico
Piedimonte S. Germano
S. Vittore del Lazio
M. Calvilli
Pastena
Pontecorvo
S. Pietro Infine
Taverna
Vallecorsa
Pico
Pignataro Interamna
Psso Annunziata Lunga
S. Angelo in Theodice
Sesto Campano
S. Oliva
S. Onofrio
Lenola
Monticelli
S. Apollinare
Mignano Monte Lungo
La Taverna
S. Giorgio a Liri
S. Ambrogio sul Garigliano
Presenzano
Passo d. Quercia del Monaco
S. Pietro in Curolis
Campodimele
Rocca d'Evandro
Esperia
Fondi
Selvacava
Ausonia
Vallemaio
S. Andrea di Gar.
Galluccio
Tora
Monti Aurunci
Sta Maria del Piano
Coreno Ausonio
S. Clemente
Piccilli
Madna d. Civita
Conca di C.
Sipicciano
Marzano Appio
M. Petrella
Spigno Saturnia Sup.
Terme di Suio
Sta Maria d. Lattani
M. Ruazzo
M.S. Angelo
M. Grande
Castelforte
M. Sta Croce
Caianello
Spigno Saturnia
Santi Cosma e Damiano
Poza
Versano
Lago S. Puoto
Itri
Maranola
Castellonorato
Sta Maria Infante
S. Lorenzo
Corigliano
Roccamonfina
M. Lauzo
M. Cefalo
Formia
Minturno
Ponte
Preta
Teano
Lago Lungo
Tomba di Cicerone
S. Croce
Scauri
Lauro
Sessa Aurunca
Casi
Sperlonga
Grotta di Tiberio
Marina di Minturno
Minturnae
Cupa
Cascano
S. Marco
Gaeta
(VIA APPIA)
Sto Ianni
Montanaro
A 1
E 45
SS 6 (VIA CASILINA)
63
60
68
69

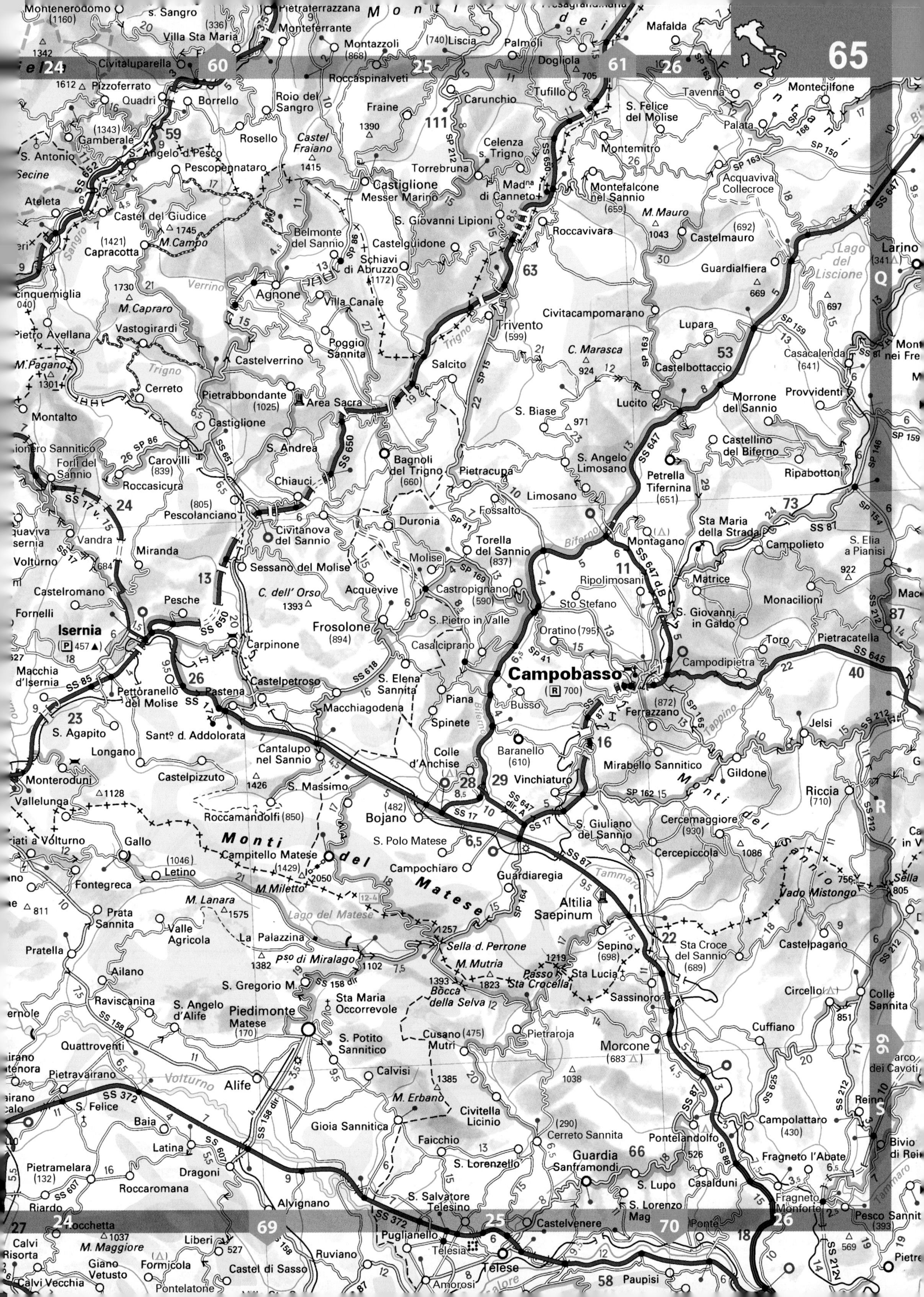

Montenerodomo
s. Sangro
Pietraferrazzana
Monti dei Frentani
Mafalda
Villa Sta Maria
Monteferrante
Montazzoli
Liscia
Palmoli
Dogliola
Civitaluparella
60
25
61
26
24
Roccaspinalveti
Pizzoferrato
Quadri
Borrello
Roio del Sangro
Fraine
Carunchio
Tufillo
Tavenna
Montecilfone
S. Felice del Molise
Palata
Gamberale
Rosello
Castel Fraiano
Celenza s. Trigno
Montemitro
S. Antonio
S. Angelo d. Pesco
Torrebruna
Acquaviva Collecroce
Pescopennataro
Castiglione Messer Marino
Madna di Canneto
Montefalcone nel Sannio
Ateleta
Castel del Giudice
S. Giovanni Lipioni
M. Mauro
Castelmauro
Capracotta
M. Campo
Belmonte del Sannio
Castelguidone
Roccavivara
Schiavi di Abruzzo
Lago del Liscione
Larino
Guardialfiera
Agnone
Villa Canale
63
M. Capraro
Civitacampomarano
Vastogirardi
Trivento
Lupara
Pietro Avellana
Poggio Sannita
C. Marasca
Casacalenda
M. Pagano
Castelverrino
Castelbottaccio
53
Cerreto
Salcito
Morrone del Sannio
Provvidenti
Pietrabbondante
Area Sacra
Lucito
Montalto
Castiglione
S. Biase
Forlì del Sannio
Carovilli
S. Andrea
Bagnoli del Trigno
S. Angelo Limosano
Castellino del Biferno
Roccasicura
Chiauci
Pietracupa
Petrella Tifernina
Ripabottoni
Pescolanciano
Limosano
73
Vandra
Civitanova del Sannio
Duronia
Fossalto
Sta Maria della Strada
Miranda
Torella del Sannio
Montagano
Campolieto
S. Elia a Pianisi
Sessano del Molise
Molise
11
Matrice
Castelromano
Acquevive
Castropignano
Ripolimosani
Monacilioni
Pesche
C. dell' Orso
Sto Stefano
Fornelli
13
Frosolone
S. Pietro in Valle
S. Giovanni in Galdo
87
Isernia
Oratino
Toro
Pietracatella
Carpinone
Casalciprano
Campodipietra
Macchia d'Isernia
26
Castelpetroso
S. Elena Sannita
Campobasso
40
Pettoranello del Molise
Pastena
Busso
Ferrazzano
23
Macchiagodena
Piana
S. Agapito
Santo d. Addolorata
Spinete
Jelsi
Longano
Cantalupo nel Sannio
Baranello
16
Monterodu ni
Castelpizzuto
Colle d'Anchise
Mirabello Sannitico
Gildone
Vallelunga
S. Massimo
28
29
Vinchiaturo
Riccia
Roccamandolfi
Bojano
Monti del Sannio
S. Giuliano del Sannio
Cercemaggiore
Gallo
Monti del Matese
S. Polo Matese
Campitello Matese
Cercepiccola
Letino
Campochiaro
Guardiaregia
Fontegreca
M. Miletto
Sella
Vado Mistongo
M. Lanara
Altilia Saepinum
Prata Sannita
Lago del Matese
Valle Agricola
La Palazzina
22
Sta Croce del Sannio
Castelpagano
Pratella
Sella d. Perrone
Sepino
Pso di Miralago
M. Mutria
Ailano
S. Gregorio M.
Passo Sta Crocella
Sta Lucia
Raviscanina
Sta Maria Occorrevole
Bocca della Selva
Sassinoro
Circello
Colle Sannita
S. Angelo d'Alife
Piedimonte Matese
Pietraroja
Quattroventi
S. Potito Sannitico
Cusano Mutri
Morcone
Cuffiano
Calvisi
Pietravairano
Alife
Volturno
M. Erbano
Reino
S. Felice
Civitella Licinio
Campolattaro
Baia
Gioia Sannitica
Cerreto Sannita
Pontelandolfo
Latina
Faicchio
Fragneto l'Abate
Bivio di Reino
Pietramelara
S. Lorenzello
Guardia Sanframondi
66
Dragoni
Roccaromana
S. Lupo
Casalduni
Fragneto Monforte
Riardo
Alvignano
S. Salvatore Telesino
S. Lorenzo Mag
Rocchetta
24
69
25
Castelvenere
70
Ponte
26
Pesco Sannita
27
Calvi Risorta
M. Maggiore
Liberi
Puglianello
18
Formicola
Ruviano
Telesia
Giano Vetusto
Castel di Sasso
Telese
Calvi Vecchia
Pontelatone
Amorosi
58
Paupisi
Pietrelcina

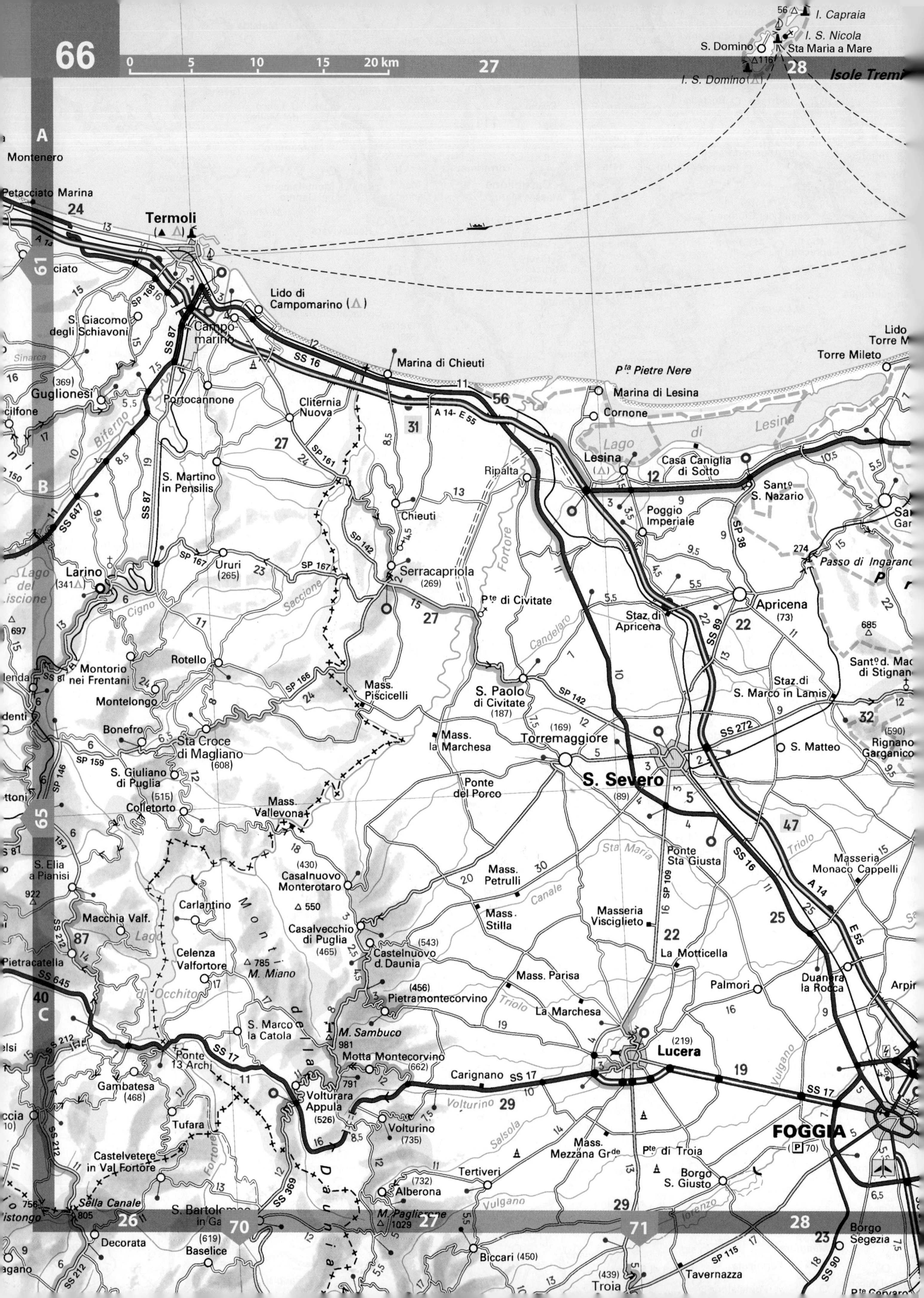
Isole Tremiti
I. Capraia
I. S. Nicola
S. Domino
Sta Maria a Mare
I. S. Domino
Montenero
Petacciato Marina
Termoli
Lido di Campomarino
S. Giacomo degli Schiavoni
Campomarino
Guglionesi
Portocannone
Marina di Chieuti
Cliternia Nuova
Pta Pietre Nere
Marina di Lesina
Cornone
Lago di Lesina
Lesina
Casa Caniglia di Sotto
Torre Mileto
Ripalta
S. Martino in Pensilis
Chieuti
Poggio Imperiale
Santo S. Nazario
Passo di Ingarano
Larino
Lago del Liscione
Ururi
Serracapriola
Pte di Civitate
Apricena
Staz. di Apricena
Montorio nei Frentani
Rotello
Montelongo
Mass. Piscicelli
S. Paolo di Civitate
Torremaggiore
Staz. di S. Marco in Lamis
Santo d. Madonna di Stignano
Bonefro
Sta Croce di Magliano
Mass. la Marchesa
S. Severo
S. Matteo
Rignano Garganico
S. Giuliano di Puglia
Colletorto
Mass. Vallevona
Ponte del Porco
Ponte Sta Giusta
S. Elia a Pianisi
Casalnuovo Monterotaro
Mass. Petrulli
Masseria Monaco Cappelli
Carlantino
Macchia Valf.
Casalvecchio di Puglia
Mass. Stilla
Masseria Viscigliето
Lago di Occhito
Celenza Valfortore
M. Miano
Castelnuovo d. Daunia
La Motticella
Pietracatella
Monti della Daunia
Pietramontecorvino
Mass. Parisa
Palmori
Duanera la Rocca
S. Marco la Catola
M. Sambuco
La Marchesa
Lucera
Ponte 13 Archi
Motta Montecorvino
Carignano
Gambatesa
Volturara Appula
Volturino
Tufara
Mass. Mezzana Grde
Pte di Troia
Borgo S. Giusto
FOGGIA
Castelvetere in Val Fortore
Tertiveri
Alberona
Sella Canale
S. Bartolomeo in Galdo
M. Pagliarone
Decorata
Baselice
Biccari
Borgo Segezia
Tavernazza
Troia
Biferno
Cigno
Saccione
Fortore
Candelaro
Sta Maria
Canale
Triolo
Salsola
Vulgano
Volturino
SS 16
SS 87
SS 647
SS 645
SS 17
SS 212
SS 369
SS 89
SS 272
SS 90
SP 109
A 14 - E 55
0 5 10 15 20 km

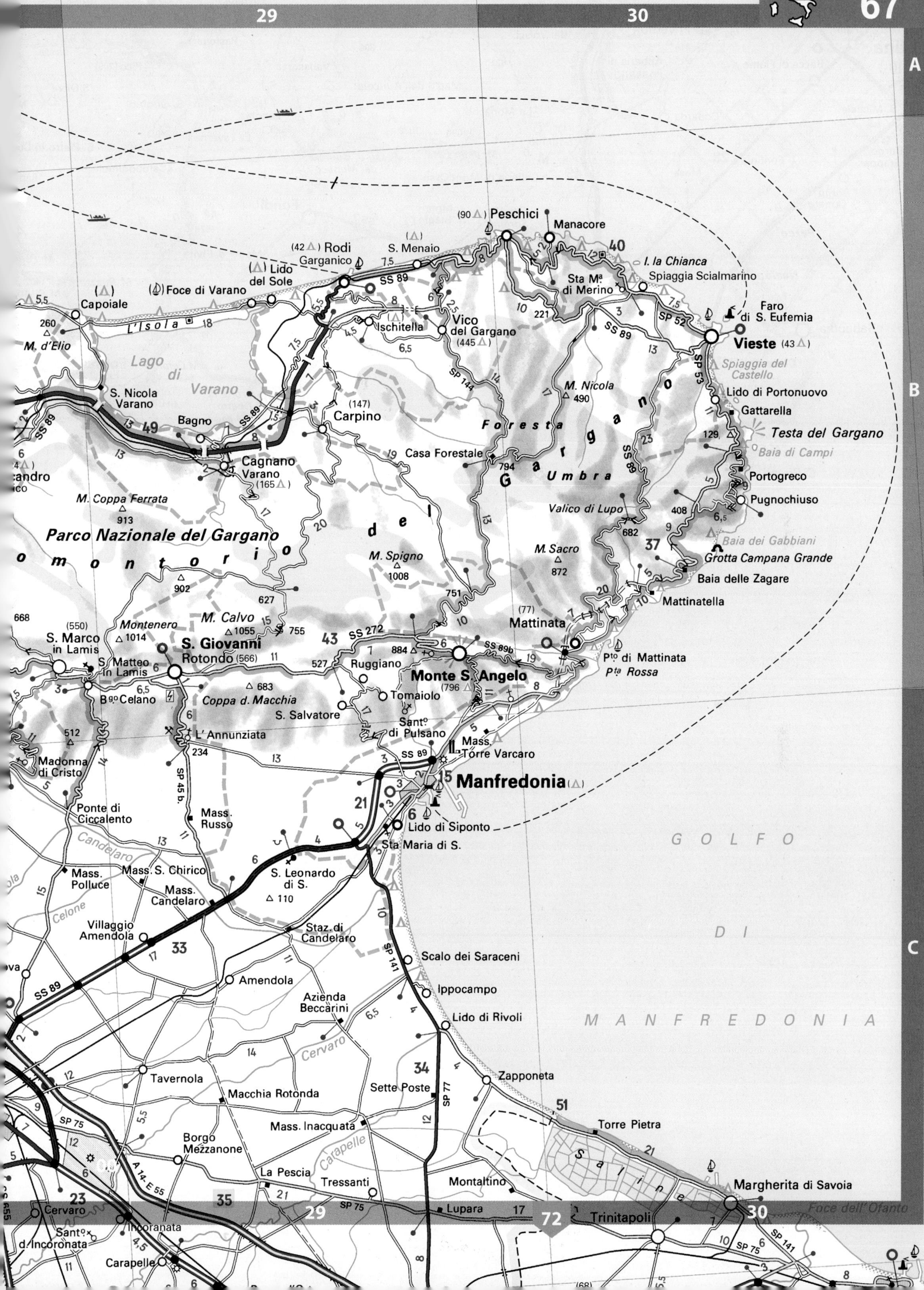

A

B

C

(90 △) **Peschici**
Manacore
40
△ I. la Chianca
(42 △) **Rodi** Garganico
S. Menaio
Spiaggia Scialmarino
7,5
(△) **Lido del Sole**
SS 89
8
6
Sta M.ª di Merino
SP 52
7,5
Faro di S. Eufemia
(Q) Foce di Varano
(△) 5,5
Capoiale
L'Isola
18
260
△
M. d'Elio
S. Nicola Varano
Lago di Varano
Bagno
13 **49**
Ischitella
4,5
Vico del Gargano
(445 △)
6,5
10 221
3
SS 89
13
Vieste (43 △)
Spiaggia del Castello
Lido di Portonuovo
Gattarella
SP 53
(147)
Carpino
SP 144
14
M. Nicola
490
7
F o r e s t a *G a r g a n o*
23
SS 89
Testa del Gargano
Baia di Campi
129
△
SS 89
Portogreco
Pugnochiuso
cándro
co
M. Coppa Ferrata
913
△
Casa Forestale
19
794
△
d e l
G *a* *r* *U m b r a*
Valico di Lupo
682
408
9
6,5
37
△ Baia dei Gabbiani
Parco Nazionale del Gargano
902
627
M. Spigno
1008
13
M. Sacro
872
△
20
10
Grotta Campana Grande
Baia delle Zagare
Mattinatella
10
668
(550)
Montenero
△ 1014
M. Calvo
△ 1055
755
15
43
SS 272
751
(77)
Mattinata
P.to di Mattinata
P.ta Rossa
o m o n t o r i o
S. Marco in Lamis
S. Matteo In Lamis
6
S. Giovanni Rotondo (566)
11
527
Ruggiano
7 884
6
SS 89b
19
3
B.go Celano
6,5
△ 683
Coppa d. Macchia
6
S. Salvatore
Monte S. Angelo
(796)
8
512
△
L'Annunziata
234
Madonna di Cristo
Tomaiolo
17
Sant° di Pulsano
5
Mass. Torre Varcaro
Ponte di Ciccalento
13
11
Mass. Russo
SP 45 b.
13
3
SS 89
3
21
6
Manfredonia (△)
Lido di Siponto
Sta Maria di S.
Mass. Polluce
Mass. S. Chirico
Mass. Candelaro
6
S. Leonardo di S.
4
3
5
15
Villaggio Amendola
17 **33**
11
△ 110
Staz. di Candelaro
SP 141
Scalo dei Saraceni
Ippocampo
G O L F O
D I
M A N F R E D O N I A
va
SS 89
2
Amendola
Azienda Beccarini
6,5
Lido di Rivoli
Cervaro
14
Tavernola
SP 77
34
4
Zapponeta
Macchia Rotonda
Sette Poste
12
Mass. Inacquatà
51
Torre Pietra
SP 75
12
Borgo Mezzanone
Carapelle
La Pescia
Tressanti
Montaltino
S a l i n e
Margherita di Savoia
23 **35**
29
SP 75
Lupara
17 **72** Trinitapoli
30
SP 141
Sant° d'Incoronata
Cervaro
Incoronata
4,5
Carapelle
Foce dell'Ofanto
Ba

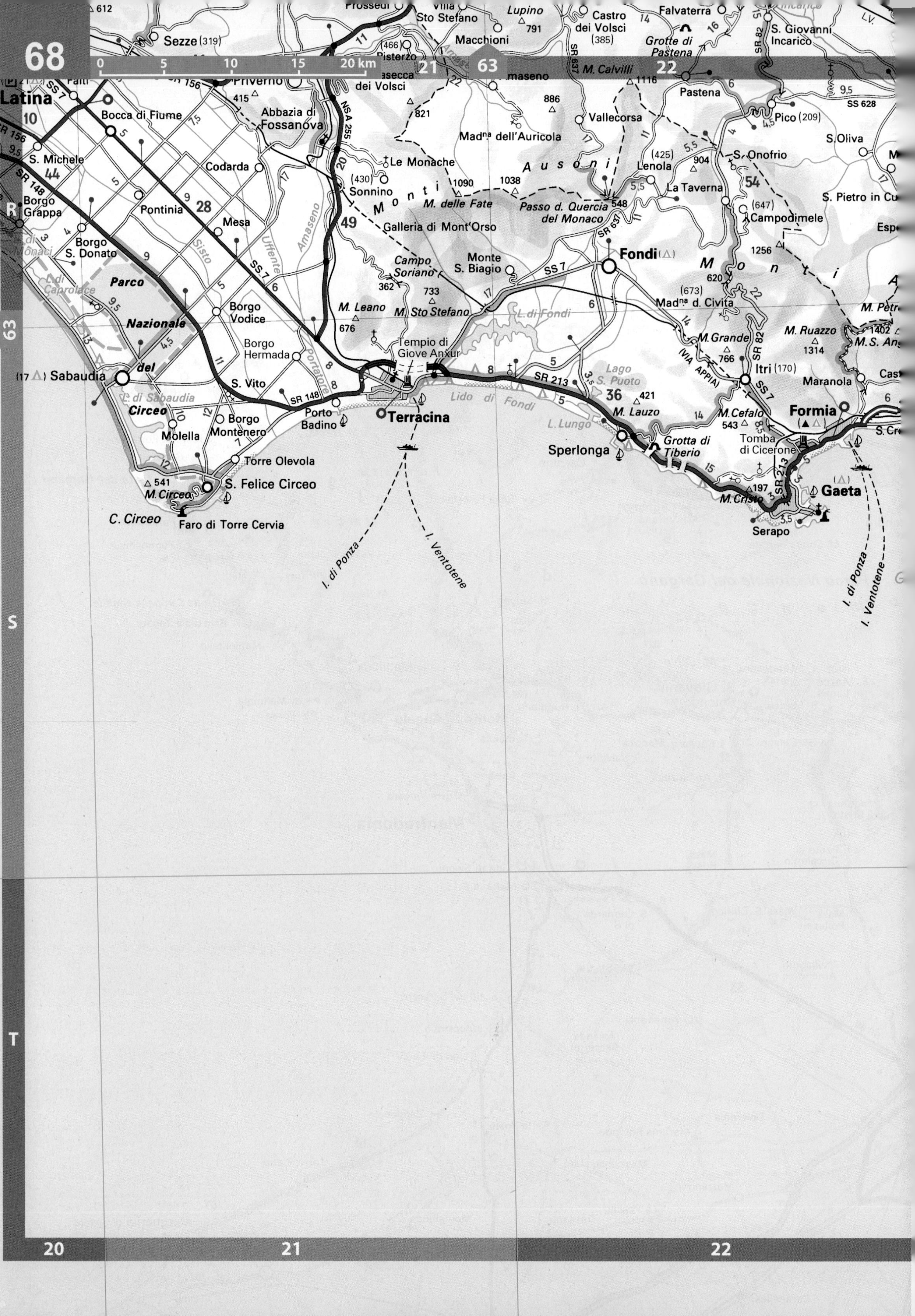
0 5 10 15 20 km
Latina
Sezze (319)
Priverno
Bocca di Fiume
Abbazia di Fossanova
S. Michele
Codarda
Borgo Grappa
Pontinia
Mesa
Borgo S. Donato
L. di Monaci
L. di Caprolace
Parco Nazionale del Circeo
Borgo Vodice
Borgo Hermada
(17 △) Sabaudia
S. Vito
L. di Sabaudia
Molella
Borgo Montenero
Porto Badino
Terracina
Torre Olevola
S. Felice Circeo
541 M. Circeo
C. Circeo
Faro di Torre Cervia
Sonnino
Le Monache
Monti Ausoni
M. delle Fate
Galleria di Mont'Orso
Campo Soriano
Monte S. Biagio
M. Leano
M. Sto Stefano
Tempio di Giove Anxur
L. di Fondi
Lido di Fondi
Fondi
Lenola
La Taverna
Passo d. Quercia del Monaco
Vallecorsa
Mad^na dell'Auricola
Pastena
Grotte di Pastena
M. Calvilli
Castro dei Volsci
Falvaterra
S. Giovanni Incarico
Pico (209)
S. Oliva
S. Onofrio
S. Pietro in Cu
Campodimele
Mad^na d. Civita
M. Grande
Itri (170)
M. Ruazzo
Maranola
Formia
Lago S. Puoto
L. Lungo
M. Lauzo
Sperlonga
Grotta di Tiberio
M. Cefalo
Tomba di Cicerone
Gaeta
M. Cristo
Serapo
I. di Ponza
I. Ventotene
Amaseno
Macchioni
Pisterzo
Lupino
Sto Stefano
Uffente
Sisto
Portatore
VIA APPIA
SS 7
SR 148
SR 156
SR 213
SR 637
SR 82
NSA 255
SS 628
20
21
22
R
S
T
63

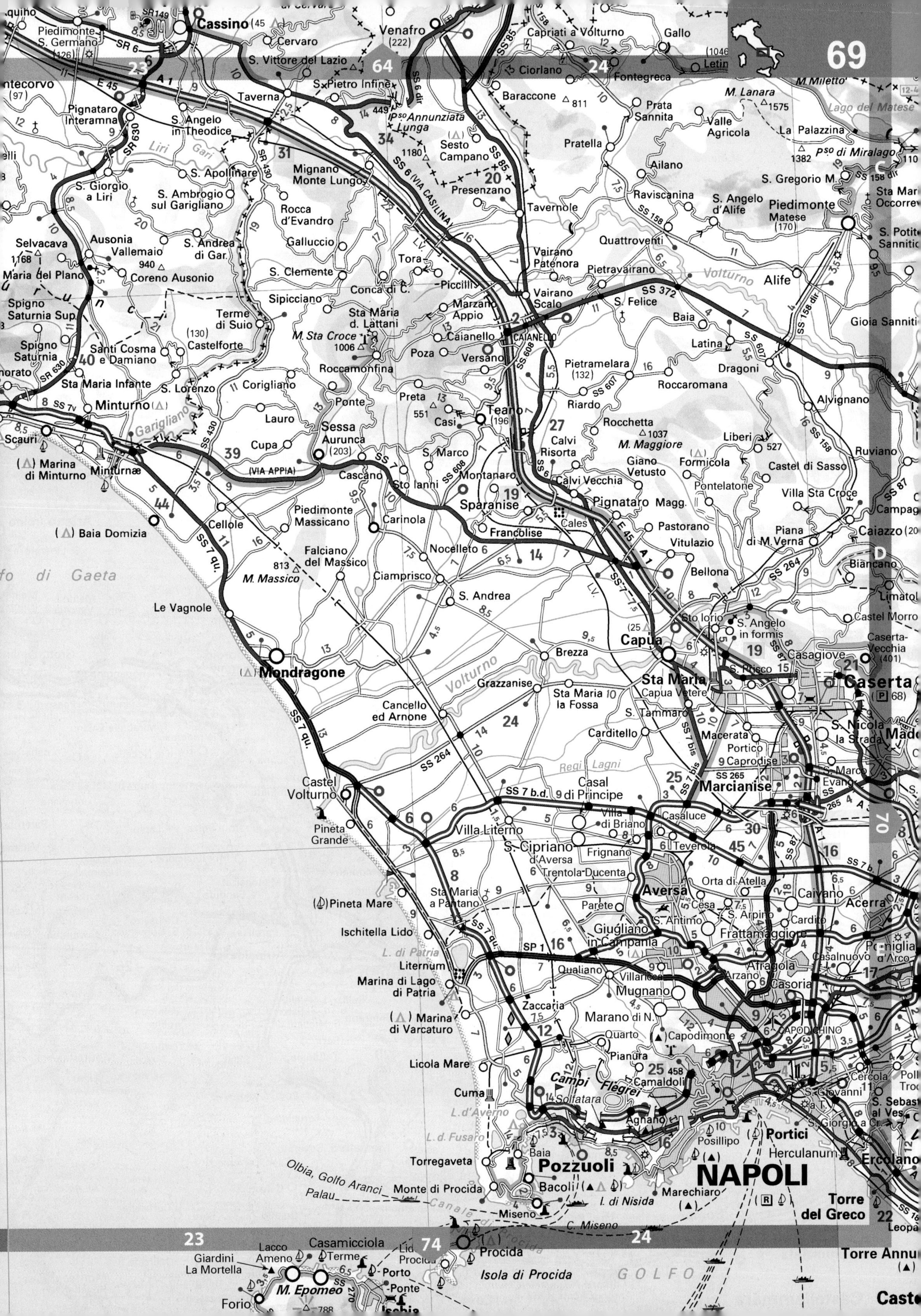
Cassino
Venafro
Capriati a Volturno
Gallo
Piedimonte S. Germano
Cervaro
S. Vittore del Lazio
Ciorlano
Fontegreca
Pontecorvo
Pignataro Interamna
S. Angelo in Theodice
Taverna
S. Pietro Infine
Pso Annunziata Lunga
Sesto Campano
Baraccone
Prata Sannita
Valle Agricola
M. Lanara
La Palazzina
Lago del Matese
Pso di Miralago
M. Miletto
Liri
Gari
S. Apollinare
Mignano Monte Lungo
Presenzano
Pratella
Ailano
S. Gregorio M.
S. Giorgio a Liri
S. Ambrogio sul Garigliano
Rocca d'Evandro
Tavernole
Raviscanina
S. Angelo d'Alife
Piedimonte Matese
Sta Maria Occorrevole
Selvacava
Ausonia
Vallemaio
S. Andrea di Gar.
Galluccio
Quattroventi
S. Potito Sannitico
Maria del Plano
Coreno Ausonio
S. Clemente
Tora
Piccilli
Vairano Patenora
Pietravairano
Alife
Spigno Saturnia Sup.
Terme di Suio
Sipicciano
Conca di C.
Marzano Appio
Vairano Scalo
S. Felice
Baia
Gioia Sannitica
Spigno Saturnia
Castelforte
Santi Cosma e Damiano
Sta Maria d. Lattani
M. Sta Croce
Caianello
Latina
Poza
Versano
Pietramelara
Dragoni
Roccamonfina
Roccaromana
Formia
Sta Maria Infante
S. Lorenzo
Corigliano
Riardo
Alvignano
Minturno
Ponte
Preta
Teano
Lauro
Casi
Calvi Risorta
Rocchetta
Scauri
Sessa Aurunca
Cupa
M. Maggiore
Liberi
Ruviano
Marina di Minturno
Minturnæ
Garigliano
S. Marco
Giano Vetusto
Formicola
Castel di Sasso
Cascano
Sto Ianni
Montanaro
Calvi Vecchia
Pontelatone
Villa Sta Croce
Sparanise
Pignataro Magg.
Cellole
Piedimonte Massicano
Carinola
Francolise
Cales
Pastorano
Piana di M. Verna
Caiazzo
Baia Domizia
Vitulazio
Falciano del Massico
Nocelleto
Bellona
Biancano
Golfo di Gaeta
M. Massico
Ciamprisco
Limatola
S. Andrea
Le Vagnole
Sto Iorio
S. Angelo in formis
Castel Morrone
Capua
Caserta-Vecchia
Brezza
Casagiove
Mondragone
Volturno
Grazzanise
S. Prisco
Caserta
Sta Maria Capua Vetere
Sta Maria la Fossa
S. Tammaro
Cancello ed Arnone
S. Nicola la Strada
Maddaloni
Carditello
Macerata
Portico
Caprodise
Regi Lagni
S. Marco Evangelista
Castel Volturno
Casal di Principe
Marcianise
Pineta Grande
Villa Literno
Villa di Briano
Casaluce
S. Cipriano d'Aversa
Frignano
Teverola
Trentola-Ducenta
Orta di Atella
Pineta Mare
Sta Maria a Pantano
Aversa
Caivano
Acerra
Parete
Cesa
S. Arpino
Cardito
Ischitella Lido
S. Antimo
Frattamaggiore
L. di Patria
Giugliano in Campania
Pomigliano d'Arco
Liternum
Qualiano
Afragola
Casalnuovo
Marina di Lago di Patria
Villaricca
Arzano
Casoria
Mugnano
Marina di Varcaturo
Zaccaria
Marano di N.
Capodichino
Quarto
Capodimonte
Licola Mare
Pianura
Campi Flegrei
Camaldoli
Cuma
Solfatara
S. Giovanni
L. d'Averno
Agnano
S. Sebastiano al Ves.
L. d. Fusaro
S. Giorgio a Cr.
Baia
Posillipo
Portici
Herculanum
Ercolano
Torregaveta
Pozzuoli
NAPOLI
Olbia, Golfo Aranci
Monte di Procida
Bacoli
Palau
Marechiaro
I. di Nisida
Torre del Greco
Canale di Procida
Miseno
C. Miseno
Leopa
Lacco Ameno
Casamicciola Terme
Procida
Torre Annu
Giardini La Mortella
Porto
Isola di Procida
GOLFO
M. Epomeo
Forio
Ischia
Caste
23
24
64
70
74

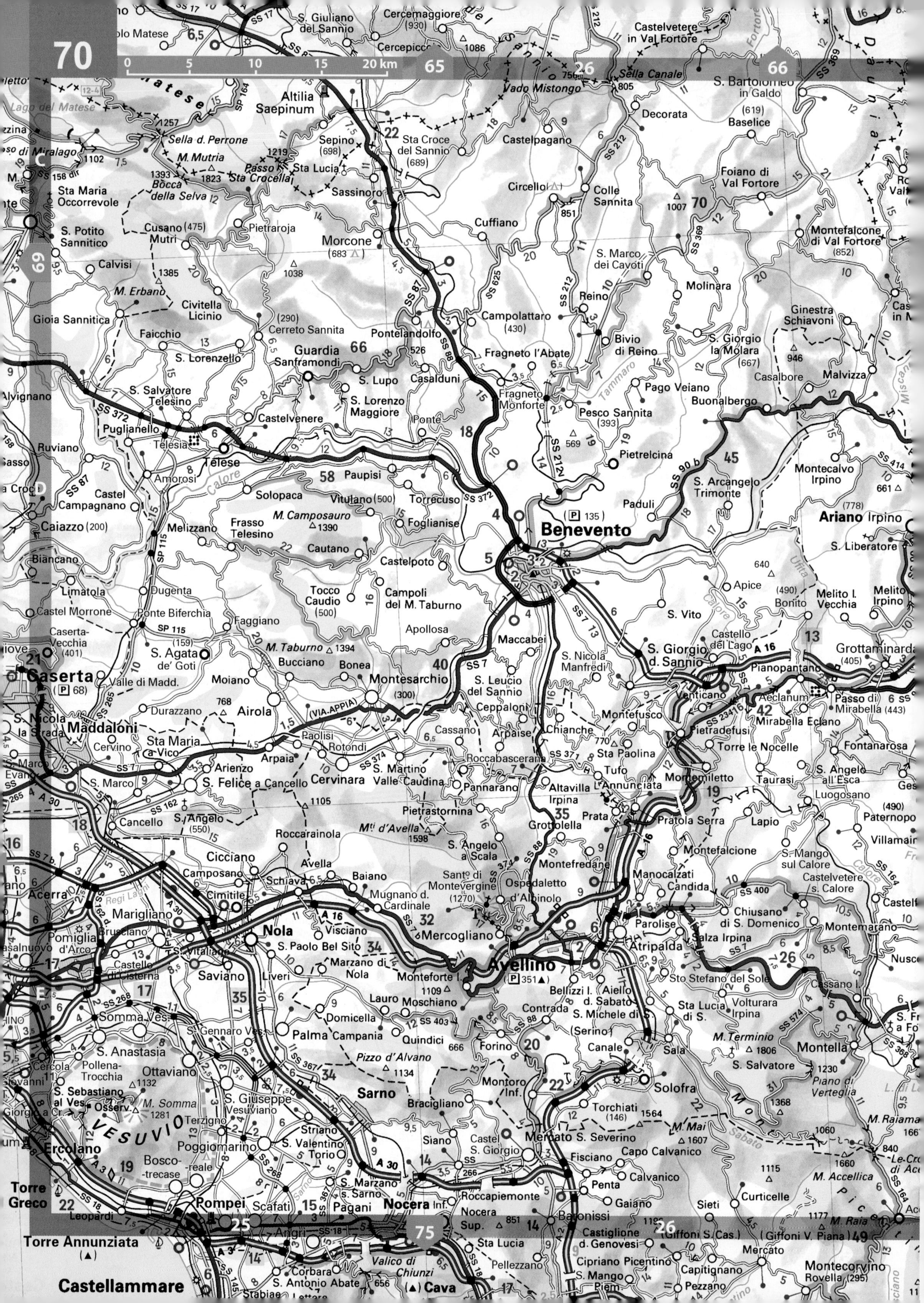
0 5 10 15 20 km
65
26
66
S. Giuliano del Sannio
Cercemaggiore (930)
Cercepiccola
Castelvetere in Val Fortore
Sella Canale
Vado Mistongo
S. Bartolomeo in Galdo
Lago del Matese
Altilia Saepinum
Sepino (698)
Sta Croce del Sannio (689)
Castelpagano
Decorata
Baselice
Sella d. Perrone
M. Mutria
Passo Sta Crocella
Sta Lucia
Bocca della Selva
Sta Maria Occorrevole
Sassinoro
Circello
Colle Sannita
Foiano di Val Fortore
S. Potito Sannitico
Cusano Mutri (475)
Pietraroja
Morcone (683)
Cuffiano
Montefalcone di Val Fortore (852)
S. Marco dei Cavoti
Calvisi
M. Erbano
Molinara
Reino
Civitella Licinio
Gioia Sannitica
Cerreto Sannita (290)
Pontelandolfo
Campolattaro (430)
Ginestra Schiavoni
Faicchio
Guardia Sanframondi
Fragneto l'Abate
Bivio di Reino
S. Giorgio la Molara (667)
S. Lorenzello
S. Lupo
Casalduni
Casalbore
Malvizza
S. Salvatore Telesino
S. Lorenzo Maggiore
Fragneto Monforte
Pago Veiano
Pesco Sannita (393)
Buonalbergo
Alvignano
Puglianello
Castelvenere
Ponte
Telesia
Telese
Ruviano
Amorosi
Paupisi
Pietrelcina
Montecalvo Irpino
Castel Campagnano
Solopaca
Vitulano (500)
Torrecuso
S. Arcangelo Trimonte
Paduli
Caiazzo (200)
M. Camposauro 1390
Foglianise
Benevento
Ariano Irpino (778)
Melizzano
Frasso Telesino
Cautano
Castelpoto
S. Liberatore
Biancano
Limatola
Dugenta
Tocco Caudio (500)
Campoli del M. Taburno
Apice
Bonito
Melito I. Vecchia
Melito Irpino
Castel Morrone
Ponte Biferchia
Faggiano
Apollosa
S. Vito
Caserta-Vecchia (401)
S. Agata de' Goti
M. Taburno 1394
Maccabei
S. Nicola Manfredi
Castello del Lago
S. Giorgio d. Sannio
Grottaminarda (405)
Caserta
Valle di Madd.
Moiano
Bucciano
Bonea
Montesarchio (300)
S. Leucio del Sannio
Pianopantano
Venticano
Aeclanum
Passo di Mirabella (443)
Durazzano
Airola
(VIA APPIA)
Ceppaloni
Montefusco
Mirabella Eclano
S. Nicola la Strada
Maddaloni
Cervino
Sta Maria a Vico
Paolisi
Rotondi
Cassano
Arpaise
Chianche
Pietradefusi
Torre le Nocelle
Fontanarosa
Arpaia
Arienzo
Roccabascerana
Sta Paolina
Tufo
S. Marco
S. Felice a Cancello
Cervinara
S. Martino Valle Caudina
Pannarano
Altavilla Irpina
L'Annunciata
Montemiletto
Taurasi
S. Angelo all'Esca
Luogosano
Cancello
S. Angelo (550)
Pietrastornina
Prata
Pratola Serra
Lapio
Paternopoli
Roccarainola
Mti d'Avella 1598
Grottolella
S. Angelo a Scala
Villamaina
Cicciano
Avella
Montefredane
Montefalcione
S. Mango sul Calore
Camposano
Schiava
Baiano
Santo di Montevergine (1270)
Ospedaletto d'Alpinolo
Manocalzati
Candida
Castelvetere s. Calore
Acerra
Cimitile
Mugnano d. Cardinale
Parolise
Chiusano di S. Domenico
Marigliano
Brusciano
Nola
Visciano
Mercogliano
Salza Irpina
Montemarano
Pomigliano d'Arco
S. Vitaliano
S. Paolo Bel Sito
Atripalda
Castello di Cisterna
Saviano
Liveri
Marzano di Nola
Monteforte I.
Avellino (351)
Sto Stefano del Sole
Cassano I.
Bellizzi I.
Aiello d. Sabato
Lauro
Moschiano
Contrada
S. Michele di S.
Sta Lucia di S.
Volturara Irpina
Somma Ves.
Domicella
S. Gennaro Ves.
Palma Campania
Quindici
Forino
(Serino)
Canale
Sala
M. Terminio 1806
Montella
S. Anastasia
Cercola
Pollena-Trocchia
Ottaviano
Pizzo d'Alvano 1134
S. Salvatore
Piano di Verteglia
S. Sebastiano al Ves.
Osserv.
M. Somma 1281
S. Giuseppe Vesuviano
Sarno
Montoro Inf.
Solofra
Bracigliano
Torchiati (146)
VESUVIO
Terzigno
Striano
M. Mai 1607
M. Raiamagra
Ercolano
Poggiomarino
S. Valentino Torio
Siano
Castel S. Giorgio
Mercato S. Severino
Fisciano
Capo Calvanico
Bosco-reale
-trecase
Calvanico
M. Accellica
Torre Greco
Pompei
Scafati
S. Marzano s. Sarno
Pagani
Nocera Inf.
Roccapiemonte
Penta
Gaiano
Sieti
Curticelle
Nocera Sup.
Baronissi
Leopardi
Angri
Castiglione d. Genovesi
(Giffoni S. Cas.)
(Giffoni V. Piana)
M. Raia
Torre Annunziata
Sta Lucia
Pellezzano
Cipriano Picentino
Mercato
Capitignano
Montecorvino Rovella (295)
Corbara
Valico di Chiunzi
S. Antonio Abate
S. Mango Piem.
Pezzano
Castellammare
Stabiae
Cava
75

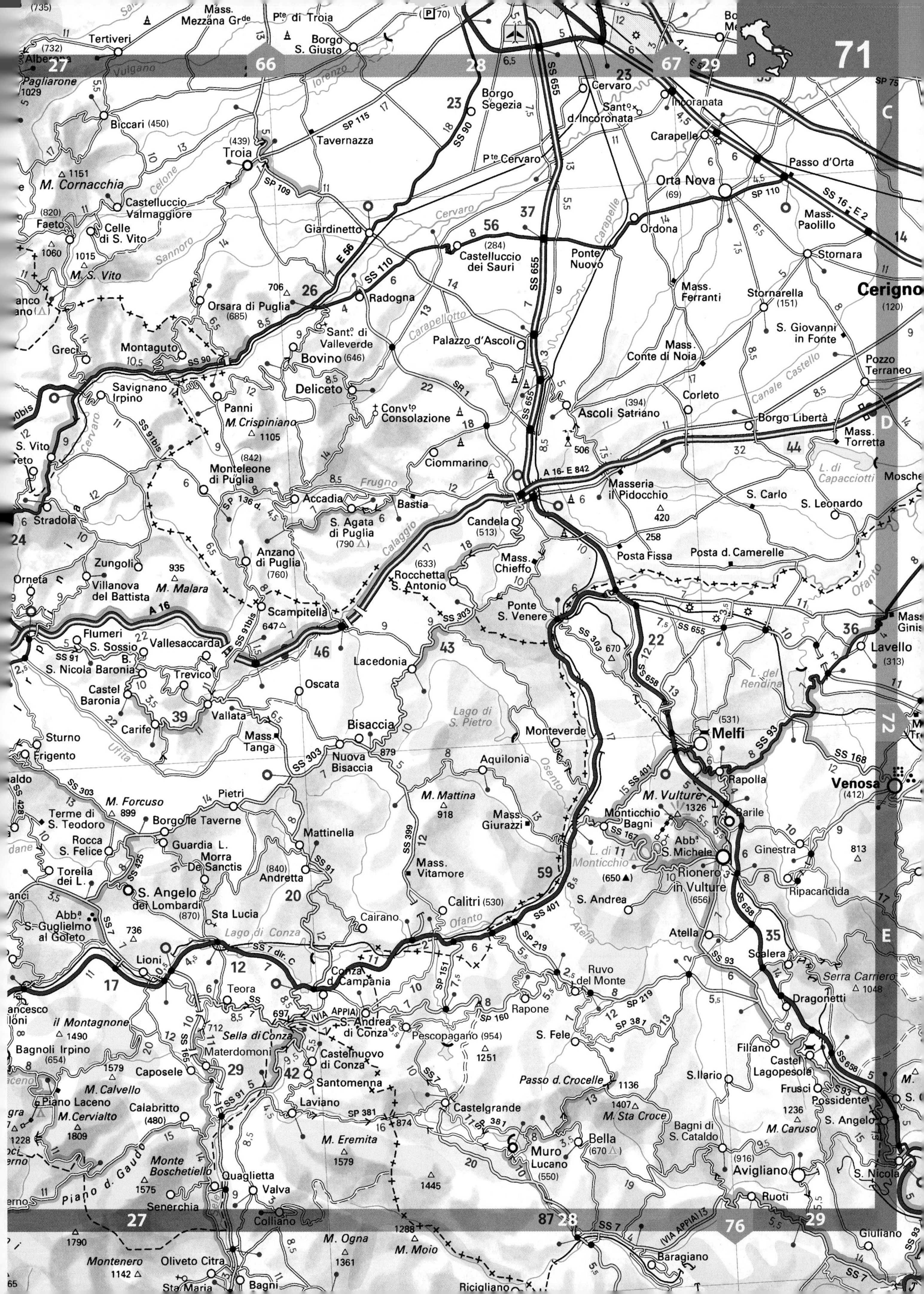

Mass. Mezzana Grde
Pte. di Troia
Borgo S. Giusto
Tertiveri
Alberona
Pagliarone
Vulgano
Borgo Segezia
Cervaro
Santo d. Incoronata
Incoronata
Carapelle
Passo d'Orta
Biccari (450)
Tavernazza
Troia
SP 115
SS 90
Pte Cervaro
Orta Nova
M. Cornacchia
Castelluccio Valmaggiore
Celone
SP 109
SP 110
SS 16 - E 2
Mass. Paolillo
Faeto
Celle di S. Vito
Giardinetto
Castelluccio dei Sauri
Ponte Nuovo
Ordona
Stornara
M. S. Vito
Sannoro
E 56
SS 110
Radogna
Mass. Ferranti
Stornarella
Cerignola
Orsara di Puglia
Greci
Montaguto
Sant° di Valleverde
Bovino
Carapellotto
Palazzo d'Ascoli
S. Giovanni in Fonte
Mass. Conte di Noia
Pozzo Terraneo
Canale Castello
Savignano Irpino
Panni
Deliceto
Conv.to Consolazione
SR 1
Ascoli Satriano
Corleto
Borgo Libertà
Mass. Torretta
M. Crispiniano
SS 91bis
S. Vito
Monteleone di Puglia
Ciommarino
Frugno
A 16 - E 842
Masseria il Pidocchio
L. di Capacciotti
S. Carlo
S. Leonardo
Mosche
Stradola
Accadia
Bastia
S. Agata di Puglia
Candela
SP 136 d.
Zungoli
Anzano di Puglia
Calaggio
Mass. Chieffo
Posta Fissa
Posta d. Camerelle
Orneta
Villanova del Battista
M. Malara
Rocchetta S. Antonio
Ofanto
Scampitella
A 16
SS 303
Ponte S. Venere
SS 655
Flumeri
S. Sossio B.
Vallesaccarda
S. Nicola Baronia
Trevico
Lacedonia
Lavello
Castel Baronia
Oscata
L. del Rendina
Vallata
Carife
Lago di S. Pietro
Bisaccia
Monteverde
Melfi
SS 93
Sturno
Frigento
Ufita
Mass. Tanga
Nuova Bisaccia
Aquilonia
SS 168
Rapolla
Venosa
M. Forcuso
Terme di S. Teodoro
Pietri
Borgo le Taverne
M. Mattina
Mass. Giurazzi
Osento
SS 401
M. Vulture
Monticchio Bagni
Barile
Rocca S. Felice
Guardia L.
Morra De Sanctis
Mattinella
SS 399
SS 167
Abba S. Michele
Ginestra
Torella dei L.
SS 425
Andretta
SS 91
Mass. Vitamore
L. di Monticchio
Rionero in Vulture
Ripacandida
S. Angelo dei Lombardi
Sta Lucia
Calitri
S. Andrea
Abba S. Guglielmo al Goleto
Cairano
Ofanto
SP 219
Atella
SS 658
Lago di Conza
SS 7 dir. C
Scalera
Lioni
Conza d. Campania
SP 151
Ruvo del Monte
Serra Carriero
Dragonetti
Teora
Rapone
SP 381
Sella di Conza
S. Andrea di Conza
Pescopagano
SP 160
S. Fele
il Montagnone
Bagnoli Irpino
Materdomoni
Castelnuovo di Conza
Filiano
Castel Lagopesole
Caposele
Santomenna
Passo d. Crocelle
S. Ilario
M. Calvello
Piano Laceno
M. Cervialto
Calabritto
Laviano
Castelgrande
M. Sta Croce
Bagni di S. Cataldo
Fruschi
Possidente
M. Caruso
S. Angelo
M. Eremita
Muro Lucano
Bella
Avigliano
Monte Boschetiello
Quaglietta
Valva
Ruoti
S. Nicola
Piano d. Gaudo
Senerchia
Colliano
M. Ogna
M. Moio
(VIA APPIA)
Baragiano
Giuliano
Montenero
Oliveto Citra
Sta Maria
Bagni
Ricigliano

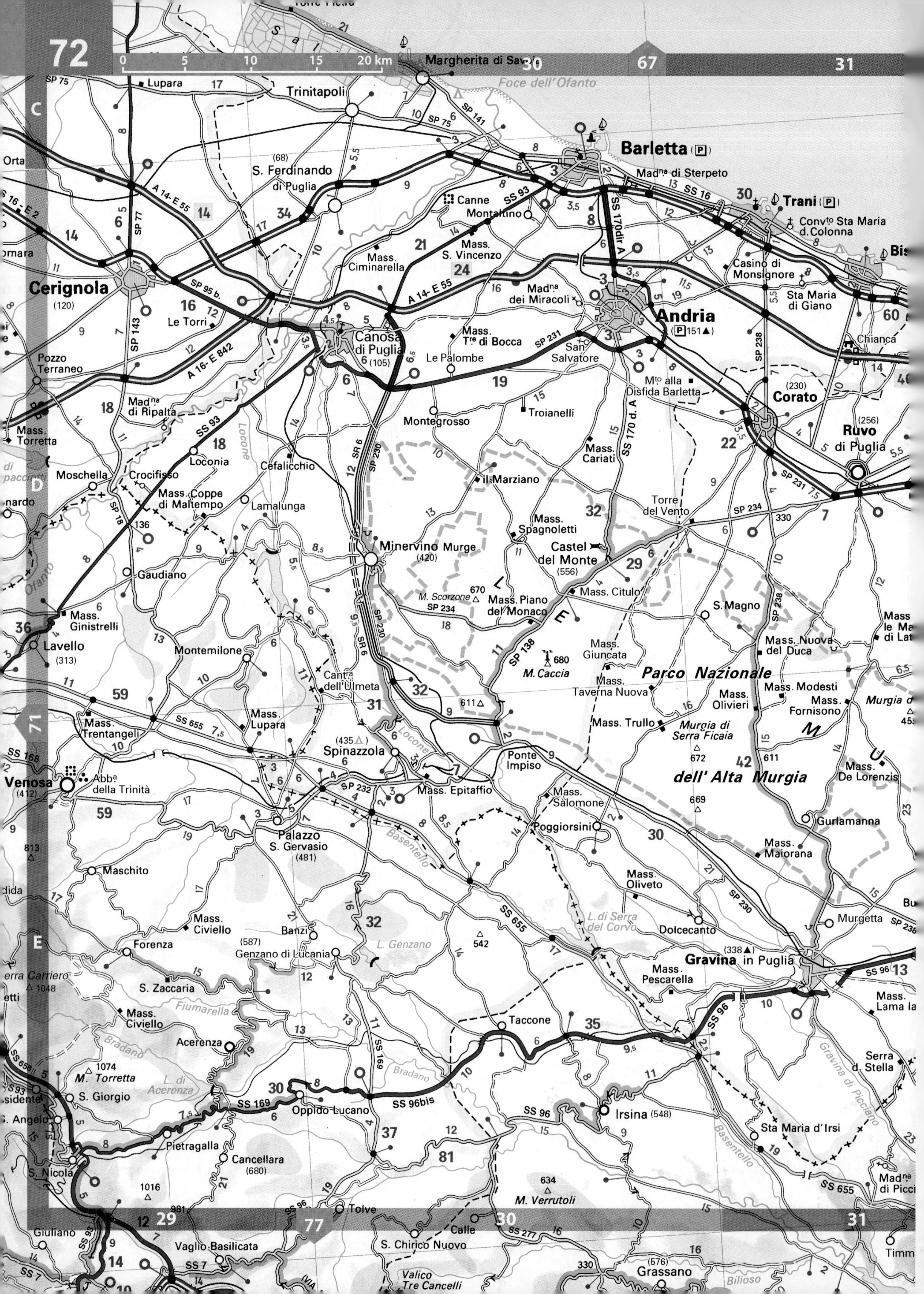
0 5 10 15 20 km
Margherita di Savoia
30
67
31
Foce dell' Ofanto
Lupara
Trinitapoli
Barletta
Madna di Sterpeto
Trani
Convto Sta Maria d.Colonna
S. Ferdinando di Puglia
Canne
Montaltino
Mass. S. Vincenzo
Mass. Ciminarella
Casino di Monsignore
Sta Maria di Giano
Cerignola
(120)
Le Torri
Madna dei Miracoli
Andria
Canosa di Puglia
(105)
Mass. Tre di Bocca
San Salvatore
Le Palombe
Chianca
Pozzo Terraneo
Mto alla Disfida Barletta
Corato
(230)
Ruvo di Puglia
(256)
Madna di Ripalta
Troianelli
Montegrosso
Mass. Torretta
Loconia
Cefalicchio
Mass. Cariati
Moschella
Crocifisso
Mass. Coppe di Maltempo
il Marziano
Lamalunga
Torre del Vento
Mass. Spagnoletti
Minervino Murge
(420)
Castel del Monte
(556)
Gaudiano
M. Scorzone
670
Mass. Piano del Monaco
Mass. Citulo
S. Magno
Mass. Ginistrelli
Lavello
(313)
Montemilone
M. Caccia
680
Mass. Giuncata
Mass. Nuova del Duca
Cantra dell'Ulmeta
Mass. Taverna Nuova
Parco Nazionale
dell' Alta Murgia
Mass. Modesti
Mass. Olivieri
Mass. Fornisono
Mass. Trentangeli
Mass. Lupara
Mass. Trullo
Murgia di Serra Ficaia
672
Spinazzola
(435)
Ponte Impiso
Mass. De Lorenzis
Venosa
(412)
Abba della Trinità
Mass. Epitaffio
Mass. Salomone
669
Palazzo S. Gervasio
(481)
Poggiorsini
Gurlamanna
Mass. Maiorana
Maschito
Mass. Oliveto
Mass. Civiello
Banzi
L. di Serra del Corvo
Dolcecanto
Murgetta
Forenza
(587)
Genzano di Lucania
L. Genzano
542
Gravina in Puglia
(338)
Mass. Pescarella
S. Zaccaria
Mass. Lama la
Fiumarella
Mass. Civiello
Taccone
Acerenza
Bradano
Serra d. Stella
1074
M. Torretta
L. di Acerenza
Oppido Lucano
Irsina
(548)
S. Giorgio
Sta Maria d'Irsi
Pietragalla
Cancellara
(680)
S. Nicola
634
M. Verrutoli
Madna di Picci
1016
981
Tolve
29
77
30
31
Giuliano
Vaglio Basilicata
S. Chirico Nuovo
Calle
Timm
Valico Tre Cancelli
Grassano
(676)
Bilioso
Basentello
Gravina di Picciano
A 14-E 55
A 16-E 842
SS 93
SS 16
SS 170dir A
SS 170 d. A
SS 655
SS 96
SS 96bis
SS 169
SS 7
SS 277
SP 231
SP 234
SP 230
SP 238
SP 232
SP 138
SP 143
SP 95 b.
SP 75
SP 141
SP 77
SR 6
Locone
Ofanto

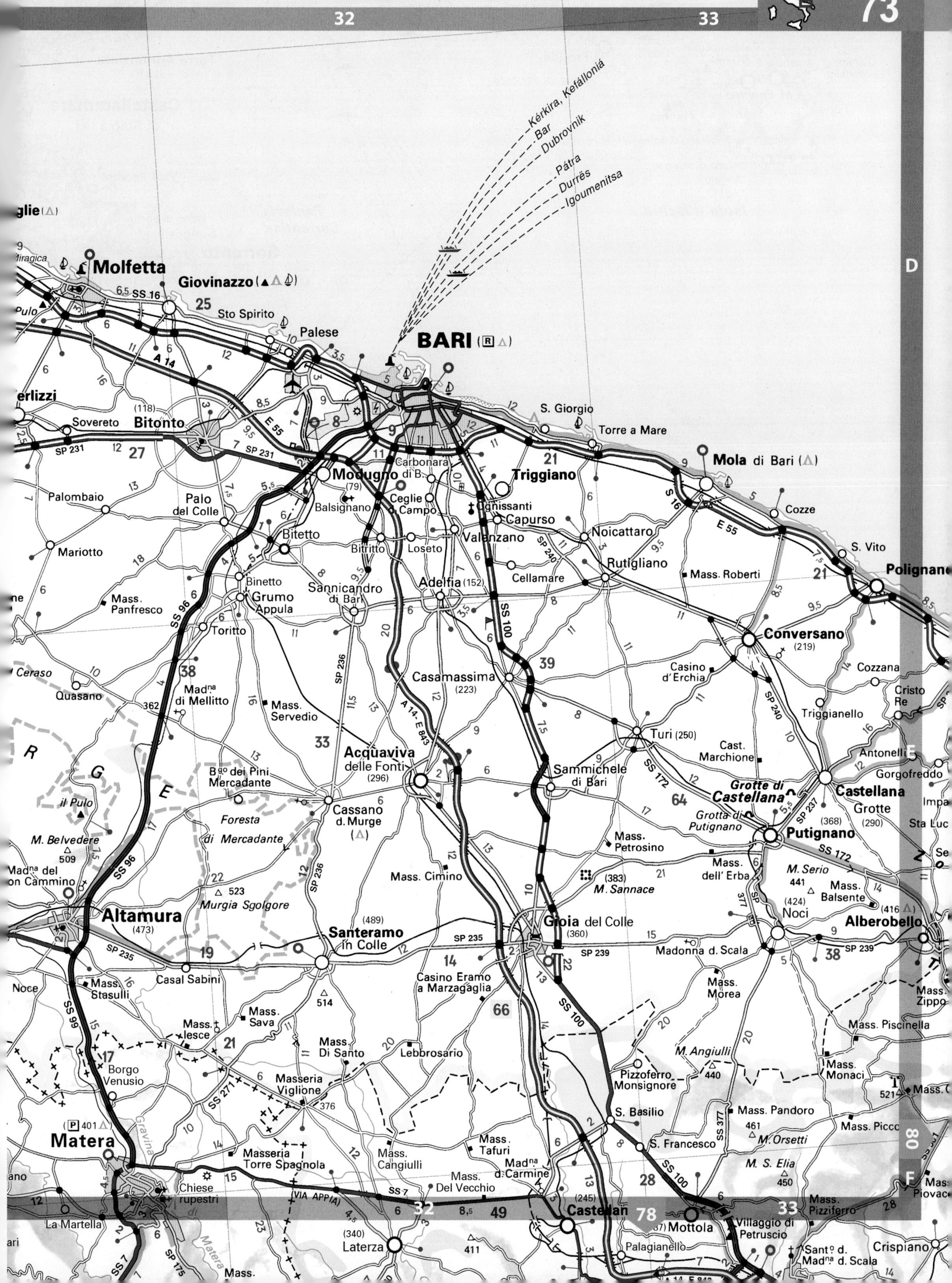
Kérkira, Kefállonía
Bar
Dubrovnik
Pátra
Durrës
Igoumenitsa
Molfetta
Giovinazzo
Sto Spirito
Palese
BARI
S. Giorgio
Torre a Mare
Mola di Bari
Triggiano
Modugno
Carbonara di B.
Ceglie Campo
Balsignano
Ognissanti
Capurso
Noicattaro
Cozze
S. Vito
Polignano
Bitonto
Soverato
Palombaio
Palo del Colle
Bitetto
Bitritto
Loseto
Valenzano
Cellamare
Rutigliano
Mass. Roberti
Mariotto
Binetto
Grumo Appula
Sannicandro di Bari
Adelfia
Mass. Panfresco
Toritto
Conversano
Casamassima
Casino d'Erchia
Cozzana
Cristo Re
Triggianello
Ceraso
Quasano
Mad^na di Mellitto
Mass. Servedio
Turi
Cast. Marchione
Antonelli
Gorgofreddo
Acquaviva delle Fonti
B^go dei Pini Mercadante
Sammichele di Bari
Grotte di Castellana
Castellana Grotte
Grotta di Putignano
Putignano
il Pulo
Foresta di Mercadante
Cassano d. Murge
M. Belvedere
Mass. Petrosino
Mass. Cimino
Mass. dell' Erba
M. Serio
Mass. Balsente
M. Sannace
Murgia Sgolgore
Noci
Alberobello
Altamura
Santeramo in Colle
Gioia del Colle
Madonna d. Scala
Casal Sabini
Noce
Mass. Stasulli
Casino Eramo a Marzagaglia
Mass. Morea
Mass. Zippo
Mass. Sava
Mass. lesce
Mass. Di Santo
Lebbrosario
M. Angiulli
Mass. Piscinella
Borgo Venusio
Masseria Viglione
Pizzoferro Monsignore
Mass. Monaci
S. Basilio
Mass. Pandoro
M. Orsetti
Mass. Picco
Matera
Gravina
Masseria Torre Spagnola
Mass. Cangiulli
Mass. Tafuri
Mad^na d. Carmine
S. Francesco
M. S. Elia
Chiese rupestri
Mass. Del Vecchio
Castellan
Mottola
Villaggio di Petruscio
Mass. Pizziferro
La Martella
Laterza
Palagianello
Sant^o d. Mad^na d. Scala
Crispiano
SS 16
SS 96
SS 100
SS 172
SS 99
SS 7
SS 271
SS 377
A 14
E 55
A 14-E 843
SP 231
SP 236
SP 235
SP 239
SP 240
SP 237
SP 175
VIA APPIA
32
33
D
E
F
78
80

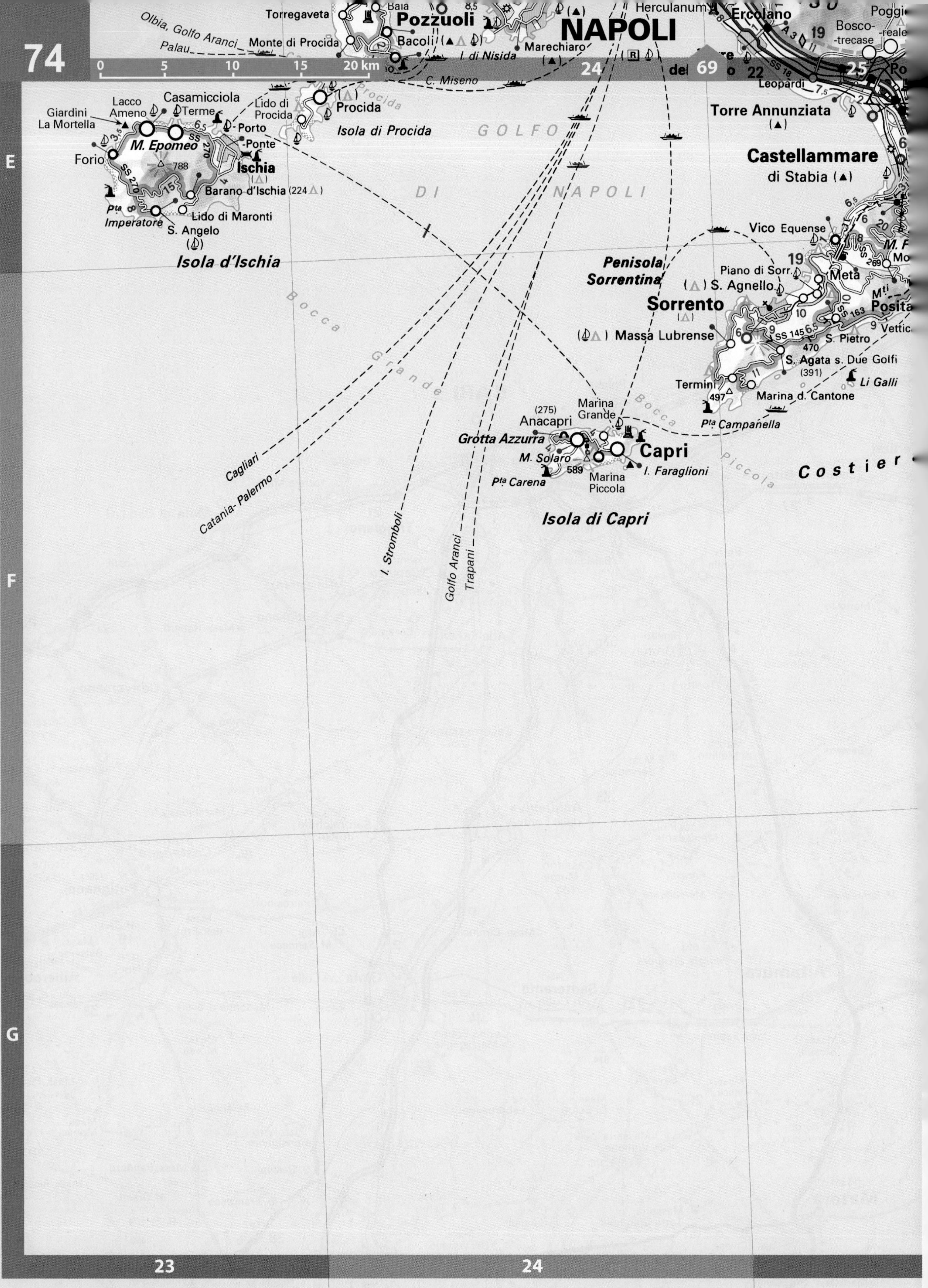
Torregaveta
Baia
Pozzuoli
Herculanum
Ercolano
Poggio
Bosco-trecase
Bosco-reale
Olbia, Golfo Aranci
Palau
Monte di Procida
Bacoli
I. di Nisida
Marechiaro
NAPOLI
C. Miseno
0 5 10 15 20 km
24
del 69
Leopardi
Torre Annunziata
Lacco Ameno
Casamicciola Terme
Giardini La Mortella
Lido di Procida
Procida
Porto
Ponte
Isola di Procida
GOLFO
DI NAPOLI
M. Epomeo
788
Forio
Ischia
Barano d'Ischia (224)
Lido di Maronti
Pta Imperatore
S. Angelo
Isola d'Ischia
Castellammare di Stabia
Vico Equense
M. F
Penisola Sorrentina
Piano di Sorr.
Meta
S. Agnello
Sorrento
Massa Lubrense
Mti Posita
Vettic
S. Pietro
470
S. Agata s. Due Golfi
(391)
Li Galli
Termini
497
Marina d. Cantone
Pta Campanella
Bocca Grande
Bocca Piccola
Marina Grande
(275)
Anacapri
Grotta Azzurra
Capri
M. Solaro
589
Pta Carena
I. Faraglioni
Marina Piccola
Isola di Capri
Costier
Cagliari
Catania-Palermo
I. Stromboli
Golfo Aranci
Trapani
E
F
G
23
24

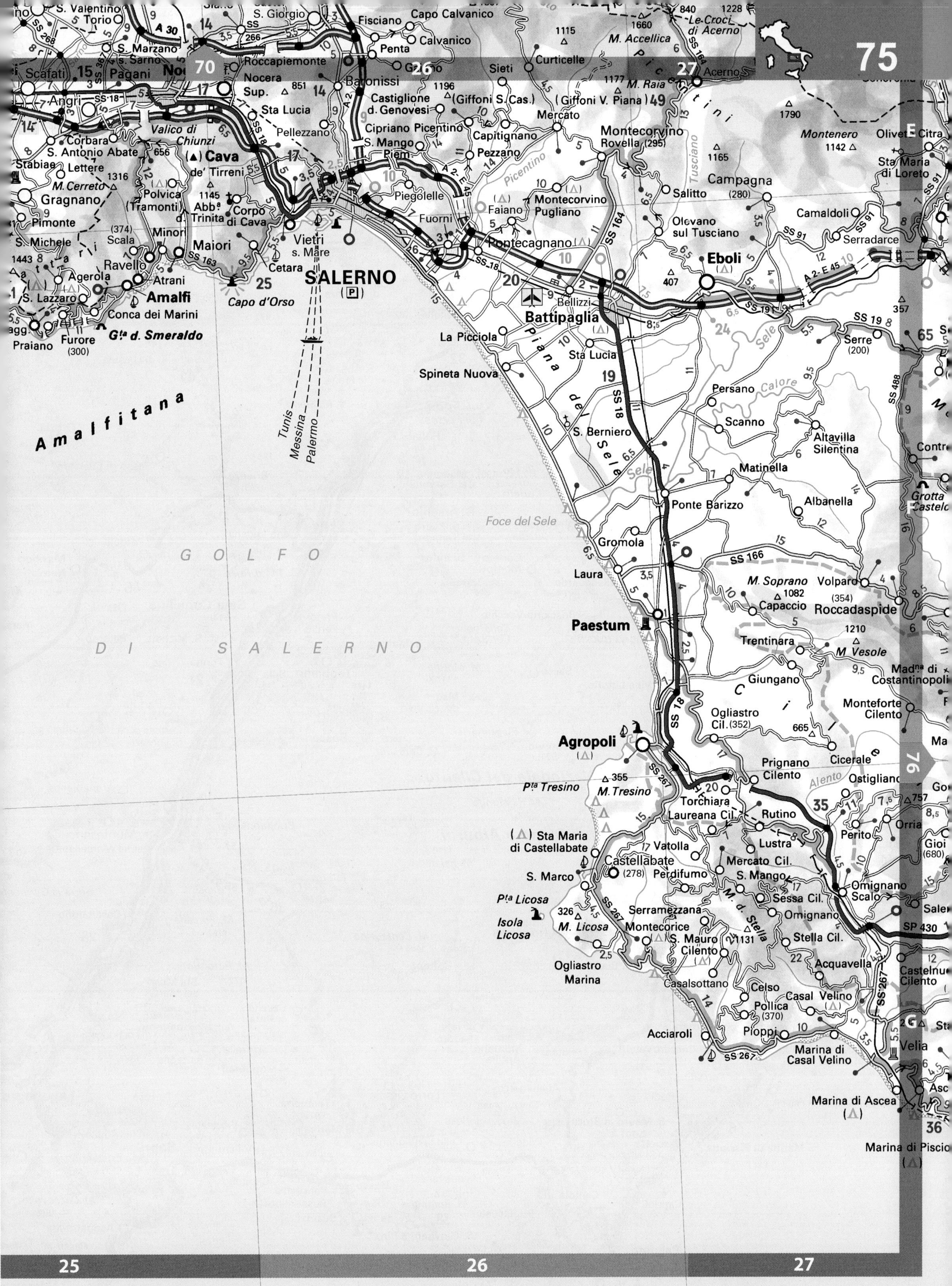

75
70
26
27
76
25
26
27
S. Valentino Torio
S. Giorgio
Fisciano
Capo Calvanico
Calvanico
Penta
S. Marzano s. Sarno
Scafati
Pagani
Nocera Sup.
Roccapiemonte
Baronissi
Castiglione d. Genovesi
Giffoni S. Cas.
Giffoni V. Piana
Sieti
Curticelle
M. Accellica
Le Croci di Acerno
Acerno
M. Raia
Picentini
Angri
Sta Lucia
Mercato
Montecorvino Rovella
Corbara
S. Antonio Abate
Valico di Chiunzi
Cava de' Tirreni
Pellezzano
Cipriano Picentino
S. Mango Piem.
Capitignano
Pezzano
Stabiae
Lettere
Gragnano
M. Cerreto
Polvica
Tramonti
Abb.a d. Trinita
Corpo di Cava
Piegolelle
Faiano
Montecorvino Pugliano
Fuorni
Salitto
Campagna
Olevano sul Tusciano
Pimonte
S. Michele
Scala
Minori
Maiori
Vietri s. Mare
Pontecagnano
Montenero
Oliveto Citra
Sta Maria di Loreto
Camaldoli
Serradarce
Agerola
Ravello
Atrani
Amalfi
Cetara
Capo d'Orso
SALERNO
Eboli
Bellizzi
Battipaglia
S. Lazzaro
Conca dei Marini
Praiano
Furore
G.ta d. Smeraldo
La Picciola
Sta Lucia
Spineta Nuova
Piana del Sele
Serre
Persano
Scanno
Altavilla Silentina
S. Berniero
Matinella
Albanella
Ponte Barizzo
Grotta di Castelcivita
Amalfitana
Tunis
Messina
Palermo
Foce del Sele
Gromola
GOLFO DI SALERNO
Laura
M. Soprano
Capaccio
Volparo
Roccadaspide
Paestum
Trentinara
M. Vesole
Mad.na di Costantinopoli
Giungano
Monteforte Cilento
Ogliastro Cil.
Agropoli
Cicerale
Prignano Cilento
Ostigliano
P.ta Tresino
M. Tresino
Torchiara
Laureana Cil.
Rutino
Perito
Orria
Sta Maria di Castellabate
Vatolla
Lustra
Castellabate
Perdifumo
Mercato Cil.
S. Mango
S. Marco
Omignano Scalo
Sessa Cil.
Omignano
P.ta Licosa
Isola Licosa
M. Licosa
Serramezzana
Montecorice
S. Mauro Cilento
M. d. Stella
Stella Cil.
Ogliastro Marina
Acquavella
Casalnuovo Cilento
Casalsottano
Celso
Pollica
Casal Velino
Acciaroli
Pioppi
Marina di Casal Velino
Velia
Marina di Ascea
Marina di Pisciotta

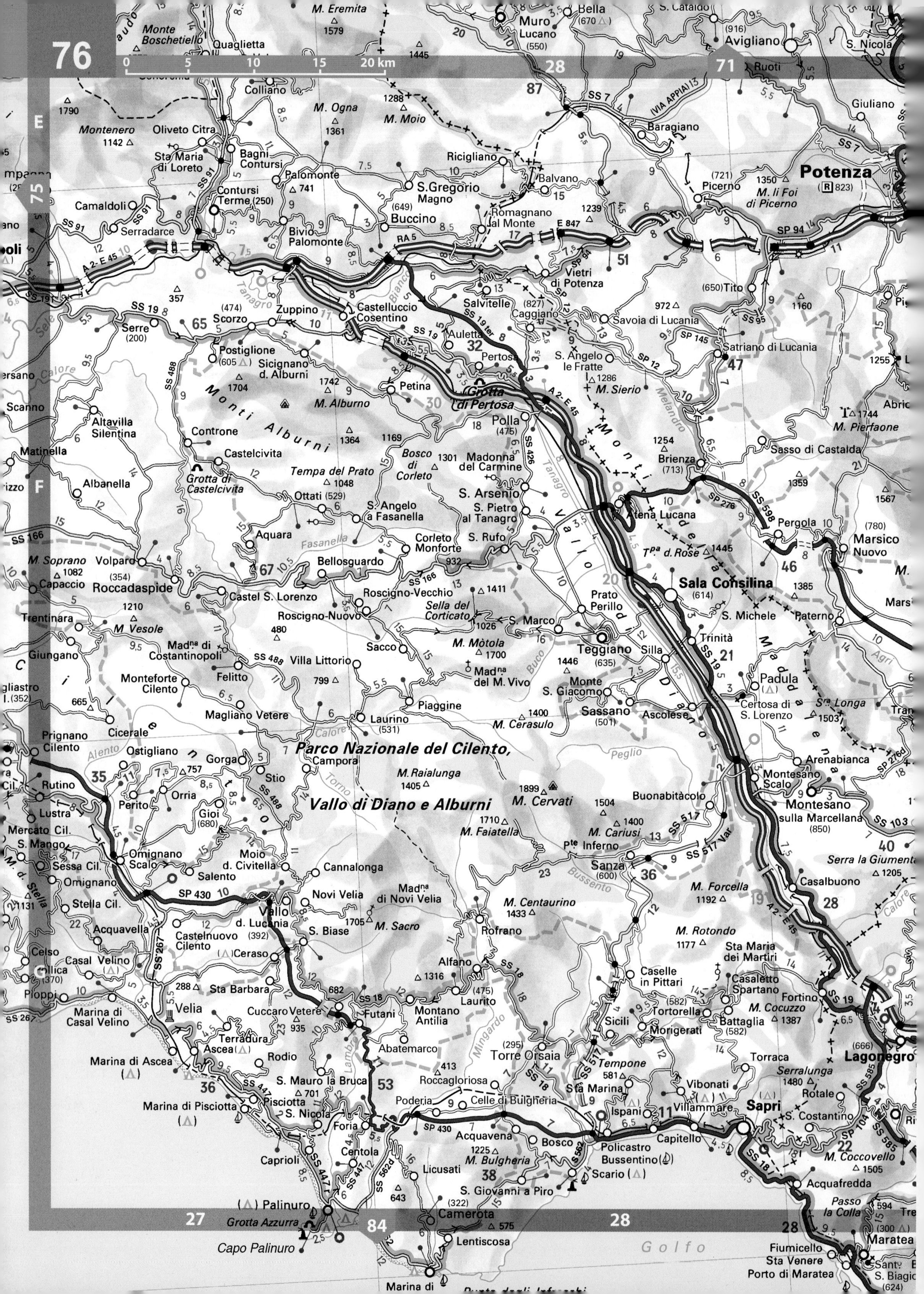
0 5 10 15 20 km
E
F
G
75
71
28
27
84
28
M. Eremita
1579
Monte Boschetiello
Quaglietta
Muro Lucano
(550)
Bella
(670)
S. Cataldo
Avigliano
(916)
S. Nicola
Ruoti
1445
Colliano
1790
Montenero
1142
Oliveto Citra
M. Ogna
1361
1288
M. Moio
87
SS 7
(VIA APPIA)
Baragiano
Giuliano
Sta Maria di Loreto
Bagni Contursi
Contursi Terme (250)
Palomonte
741
S.Gregorio Magno
(649)
Ricigliano
Balvano
Picerno
(721)
1350
M. li Foi di Picerno
Potenza
823
Camaldoli
Serradarce
Buccino
Bivio Palomonte
Romagnano al Monte
1239
E 847
RA 5
A 2 - E 45
SP 94
Vietri di Potenza
51
(650) Tito
972
1160
Tanagro
357
Serre
(200)
SS 19
Scorzo
(474)
65
Zuppino
Castelluccio Cosentino
Salvitelle
(827)
Caggiano
Savoia di Lucania
SS 19 ter
Auletta
32
Pertosa
SP 145
Satriano di Lucania
47
SP 12
1255
Postiglione
(605)
Sicignano d. Alburni
1704
1742
Calore
SS 488
S. Angelo le Fratte
1286
M. Sierio
Monti Alburni
Petina
M. Alburno
Grotta di Pertosa
30
Polla
(475)
Melandro
Scanno
Altavilla Silentina
Controne
1364
1169
18
1744
M. Pierfaone
Abriola
Matinella
Castelcivita
Grotta di Castelcivita
Bosco di Corleto
1301
Madonna del Carmine
SS 426
Brienza
(713)
1254
Sasso di Castalda
Albanella
Tempa del Prato
1048
Ottati (529)
S. Arsenio
S. Pietro al Tanagro
Monti della Maddalena
SS 598
SP 276
1359
1567
S. Angelo a Fasanella
Atena Lucana
Pergola
(780)
Marsico Nuovo
SS 166
Aquara
Fasanella
Corleto Monforte
S. Rufo
Vallo di Diano
M. Soprano
1082
Volparo
Capaccio
Roccadaspide
(354)
67
Bellosguardo
932
Tpa d. Rose
1445
46
Sala Consilina
(614)
1385
Castel S. Lorenzo
Roscigno-Vecchio
1411
Trentinara
1210
M. Vesole
Roscigno-Nuovo
Sella del Corticato
1026
S. Marco
Prato Perillo
S. Michele
Paterno
480
Giungano
Madna di Costantinopoli
Sacco
M. Mòtola
1700
Teggiano
(635)
Silla
Trinità
21
Agri
SS 488
Villa Littorio
799
Madna del M. Vivo
1446
Padula
Monteforte Cilento
Felitto
Buco
Monte S. Giacomo
Certosa di S. Lorenzo
Sta Longa
1503
665
Magliano Vetere
Piaggine
Laurino
(531)
1400
M. Cerasulo
Sassano
(501)
Ascolese
Cicerale
Prignano Cilento
Alento
Ostigliano
Gorga
Parco Nazionale del Cilento, Vallo di Diano e Alburni
Campora
Peglio
Arenabianca
SP 276d
757
Stio
Torno
M. Raialunga
1405
Montesano Scalo
35
Rutino
Orria
Perito
Lustra
1899
M. Cervati
Buonabitàcolo
Montesano sulla Marcellana
(850)
SS 103
Gioi
(680)
1504
1400
M. Cariusi
1710
M. Faiatella
SS 517
Mercato Cil.
S. Mango
40
Pte Inferno
Serra la Giumenta
1205
Omignano Scalo
Sessa Cil.
Omignano
Moio d. Civitella
Salento
Cannalonga
Sanza
(600)
36
SS 517 Var
Bussento
23
M. Forcella
1192
Casalbuono
SP 430
Vallo d. Lucania
(392)
Novi Velia
Madna di Novi Velia
M. Centaurino
1433
1131
Stella Cil.
28
Acquavella
Castelnuovo Cilento
1705
M. Sacro
S. Biase
Rofrano
M. Rotondo
1177
Sta Maria dei Martiri
Ceraso
Casal Velino
Celso
(370)
Alfano
SS 18
Caselle in Pittari
Casaletto Spartano
Fortino
SS 19
288
Sta Barbara
1316
682
Laurito
(475)
Pioppi
Marina di Casal Velino
Velia
Cuccaro Vetere
935
Futani
Montano Antilia
(582)
Tortorella
Battaglia
(582)
M. Cocuzzo
1387
Terradura
Ascea
Mingardo
Sicili
Morigerati
(666)
Lagonegro
Marina di Ascea
Rodio
Abatemarco
(295)
Torre Orsaia
SS 517
Tempone
581
Torraca
Serralunga
1480
413
S. Mauro la Bruca
701
Roccagloriosa
53
Sta Marina
Vibonati
Rotale
Marina di Pisciotta
Pisciotta
S. Nicola
SS 447
Poderia
Celle di Bulgheria
Ispani
Villammare
Sapri
S. Costantino
Foria
SP 430
Acquavena
Bosco
Policastro Bussentino
Capitello
SS 18
SS 104
SS 585
22
M. Coccovello
1505
Caprioli
Centola
SS 562d
Licusati
1225
M. Bulgheria
38
SS 562
Scario
Acquafredda
643
S. Giovanni a Piro
Passo la Colla
594
Palinuro
(322)
Camerota
575
(300)
Maratea
Grotta Azzurra
Capo Palinuro
Lentiscosa
Golfo
Fiumicello
Sta Venere
Porto di Maratea
S. Biagio
(624)
Marina di
Punta degli Infreschi

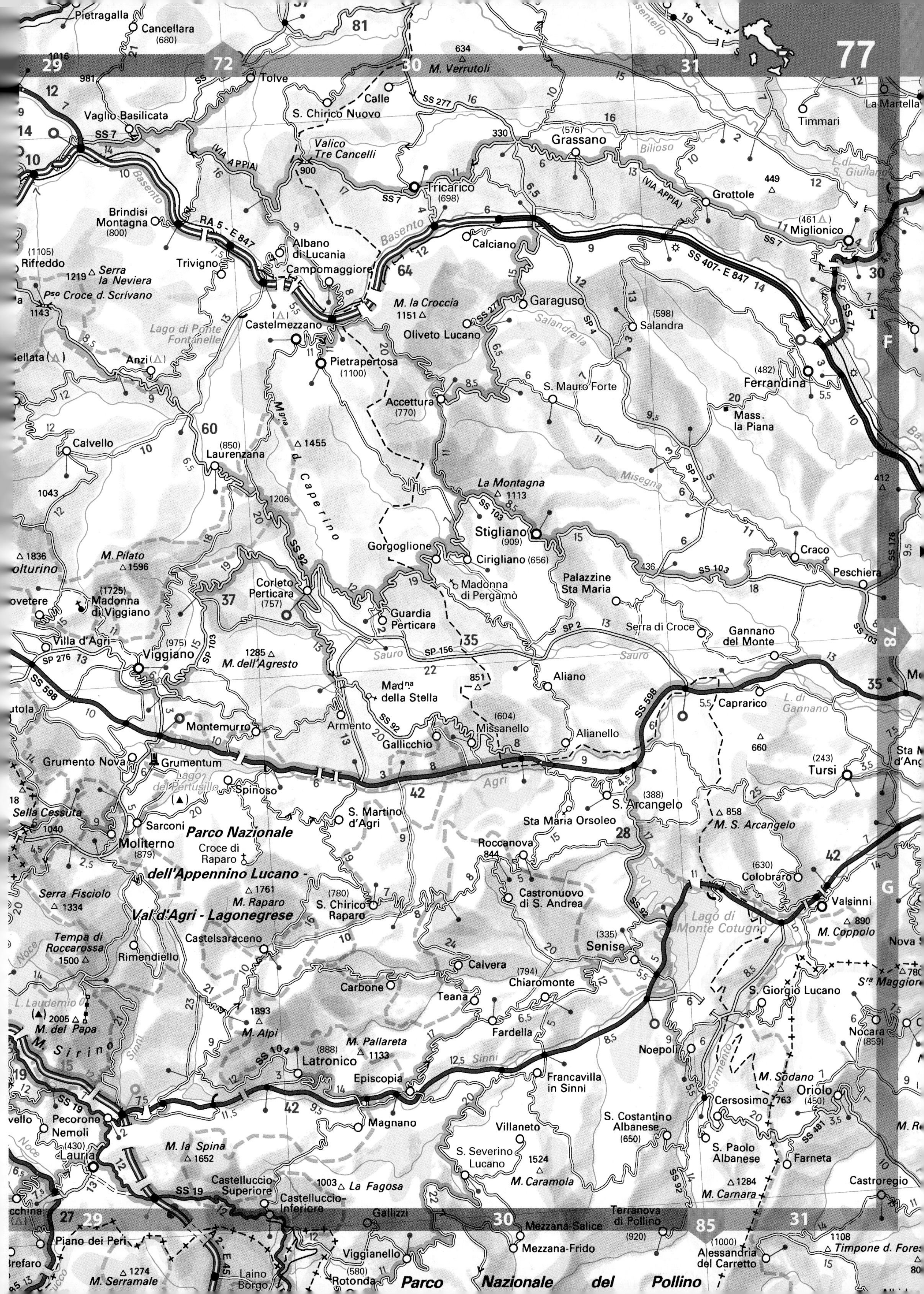
Pietragalla
Cancellara
Tolve
Calle
S. Chirico Nuovo
M. Verrutoli
Vaglio Basilicata
Valico Tre Cancelli
Grassano
Tricarico
Timmari
La Martella
Bilioso
L. di S. Giuliano
Grottole
Miglionico
Basento
Brindisi Montagna
Albano di Lucania
Campomaggiore
Calciano
Trivigno
Rifreddo
Serra la Neviera
Pso Croce d. Scrivano
M. la Croccia
Garaguso
Salandra
Castelmezzano
Lago di Ponte Fontanelle
Oliveto Lucano
Salandrella
Anzi
Pietrapertosa
Accettura
S. Mauro Forte
Ferrandina
Mass. la Piana
Calvello
Laurenzana
Mgna d. Caperino
La Montagna
Misegna
Stigliano
M. Pilato
Gorgoglione
Cirigliano
Craco
Peschiera
Madonna di Viggiano
Corleto Perticara
Madonna di Pergamo
Palazzine Sta Maria
Guardia Perticara
Serra di Croce
Gannano del Monte
Villa d'Agri
Viggiano
M. dell'Agresto
Sauro
Aliano
Mad.na della Stella
Caprarico
L. di Gannano
Montemurro
Armento
Missanello
Alianello
Gallicchio
Grumento Nova
Grumentum
Lago del Pertusillo
Spinoso
Agri
Tursi
Sella Cessuta
Sarconi
S. Martino d'Agri
S. Arcangelo
M. S. Arcangelo
Sta Maria Orsoleo
Moliterno
Parco Nazionale dell'Appennino Lucano - Val d'Agri - Lagonegrese
Croce di Raparo
Roccanova
Colobraro
Serra Fisciolo
M. Raparo
S. Chirico Raparo
Castronuovo di S. Andrea
Valsinni
Tempa di Roccarossa
Castelsaraceno
Senise
Lago di Monte Cotugno
M. Coppolo
Rimendiello
Calvera
Chiaromonte
Carbone
L. Laudemio
M. del Papa
Teana
S. Giorgio Lucano
M. Sirino
M. Alpi
Fardella
Nocara
M. Pallareta
Latronico
Noepoli
Episcopia
Sinni
Francavilla in Sinni
M. Sodano
Oriolo
Cersosimo
Pecorone
Nemoli
Magnano
Villaneto
S. Costantino Albanese
S. Paolo Albanese
Farneta
Lauria
M. la Spina
S. Severino Lucano
M. Caramola
M. Carnara
Castroregio
Castelluccio Superiore
Castelluccio Inferiore
La Fagosa
Gallizzi
Terranova di Pollino
Mezzana-Salice
Mezzana-Frido
Piano dei Peri
Viggianello
Alessandria del Carretto
Timpone d. Fores
M. Serramale
Laino Borgo
Rotonda
Parco Nazionale del Pollino
SS 7
SS 407 - E 847
RA 5 - E 847
SS 92
SS 598
SS 103
SS 104
SS 19
A 2 - E 45
SS 481
SS 176

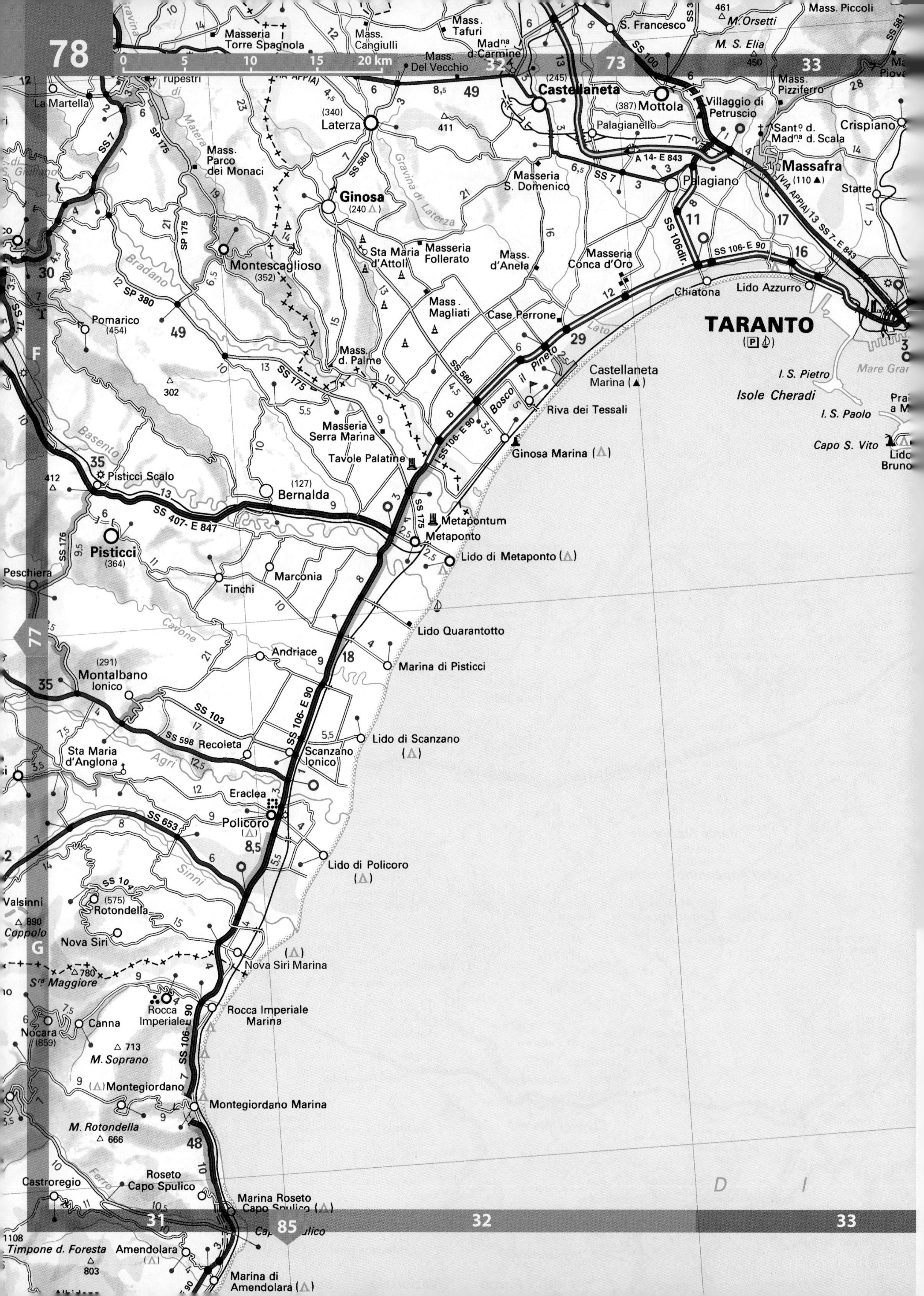

0 5 10 15 20 km
Masseria Torre Spagnola
Mass. Cangiulli
Mass. Tafuri
Madna d. Carmine
Mass. Del Vecchio
S. Francesco
M. Orsetti
Mass. Piccoli
M. S. Elia
rupestri
La Martella
Laterza
Castellaneta
Mottola
Villaggio di Petruscio
Palagianello
Mass. Pizziferro
Crispiano
Santº d. Madna d. Scala
Massafra
Statte
Mass. Parco dei Monaci
Masseria S. Domenico
Palagiano
Ginosa
S. Giuliano
Matera
Gravina di Laterza
Sta Maria d'Attoli
Masseria Follerato
Mass. d'Anela
Masseria Conca d'Oro
Chiatona
Lido Azzurro
Montescaglioso
Bradano
Mass. Magliati
Case Perrone
TARANTO
Pomarico
Mass. d. Palme
Castellaneta Marina
I. S. Pietro
Isole Cheradi
Mare Grande
I. S. Paolo
Bosco il Pineto
Riva dei Tessali
Capo S. Vito
Lido Bruno
Masseria Serra Marina
Basento
Tavole Palatine
Ginosa Marina
Pisticci Scalo
Bernalda
Metapontum
Metaponto
Lido di Metaponto
Pisticci
Peschiera
Tinchi
Marconia
Cavone
Lido Quarantotto
Andriace
Marina di Pisticci
Montalbano Ionico
Recoleta
Scanzano Ionico
Lido di Scanzano
Sta Maria d'Anglona
Agri
Eraclea
Policoro
Lido di Policoro
Sinni
Valsinni
Rotondella
Coppolo
Nova Siri
Nova Siri Marina
Sta Maggiore
Rocca Imperiale
Rocca Imperiale Marina
Canna
Nocara
M. Soprano
Montegiordano
Montegiordano Marina
M. Rotondella
Ferro
Roseto Capo Spulico
Castroregio
Marina Roseto Capo Spulico
Timpone d. Foresta
Amendolara
Marina di Amendolara
D I

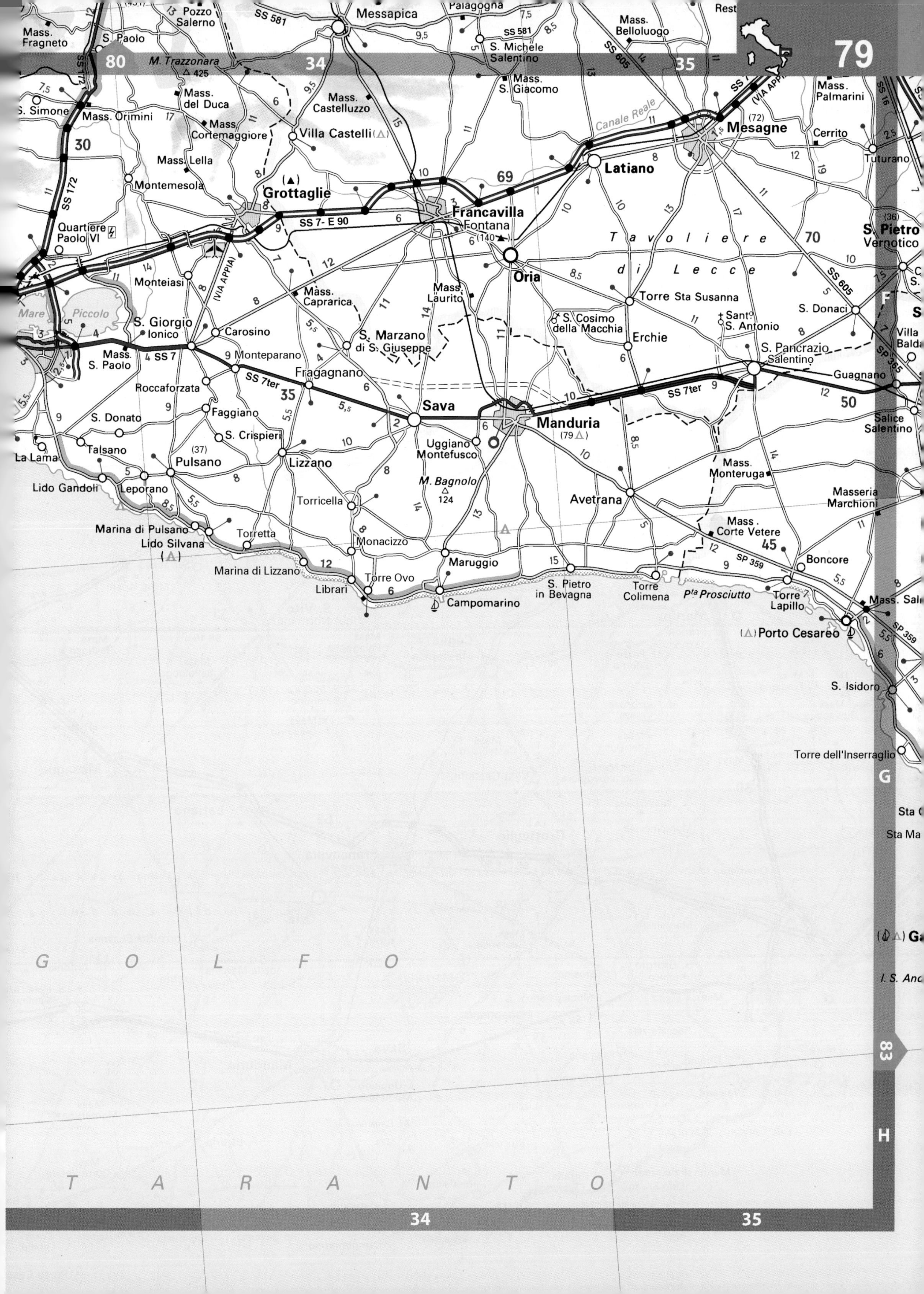

Rest

Mass.
Fragneto

S. Paolo

80

M. Trazzonara
△ 425

34

Messapica

Palagogna

SS 581

7,5

9,5

SS 581

8,5

S. Michele
Salentino

Mass.
Belloluogo

35

Mass.
Palmarini

SS 16

Pozzo
Salerno

S. Simone

7,5

Mass. Orimini

17

30

Mass.
del Duca

Mass.
Cortemaggiore

6

9,5

Mass.
Castelluzzo

Villa Castelli (△)

15

SS 172

11

Montemesola

Mass. Lella

Quartiere
Paolo VI

SS 172

11

14

Monteiasi

2

Mare
Piccolo

Piccolo

3

4

S. Giorgio
Ionico

Carosino

Mass.
S. Paolo

4 SS 7

9 Monteparano

5

S. Donato

9

Roccaforzata

SS 7ter

35

Faggiano

S. Crispieri

(37)

La Lama

Talsano

Pulsano

8

Lido Gandoli

5

Leporano

5,5

Marina di Pulsano
Lido Silvana
(△)

Torretta

Marina di Lizzano

12

Lizzano

Torricella

Monacizzo

8

Librari

Torre Ovo

6

Campomarino

Grottaglie

8

8

(△)

SS 7- E 90

6

9

7

Mass.
Caparica

5,5

S. Marzano
di S. Giuseppe

Fragagnano

5,5

6

2

5,5

10

Sava

Uggiano
Montefusco

6

M. Bagnolo
△ 124

14

13

Maruggio

S. Pietro
in Bevagna

15

Francavilla

Fontana

6 (140▲)

12

11

Oria

Manduria
(79 △)

10

Avetrana

Torre
Colimena

P.ta Prosciutto

S. Michele

SS 605

14

10

69

Latiano

8

13

10

Mass.
S. Giacomo

Canale Reale

11

Tavoliere

8,5

di

11

S. Cosimo
della Macchia

Torre Sta Susanna

Erchie

Lecce

6

SS 7ter

Mass.
Laurito

11

9

10

10,5

Mass.
Monteruga

Mass.
Corte Vetere

45

SP 359

12

5

9

Boncore

5,5

Mesagne

(72)

VIA APPIA

SS 7

8

12

19

Cerrito

70

S. Donaci

Sant9
S. Antonio

S. Pancrazio
Salentino

Guagnano

14

11

SS 605

SP 355

10

Palmarini

2,5

Tuturano

(36)
S. Pietro
Vernotico

7,5

S. Donaci

Villa
Balda

50

Salice
Salentino

Masseria
Marchioni

11

8

5,5

Mass. Sal

SP 359

Torre
Lapillo

(△) Porto Cesareo

S. Isidoro

Torre dell'Inserraglio

F

G

(⚓△) Ga

I. S. And

83

H

G O L F O

T A R A N T O

34

35

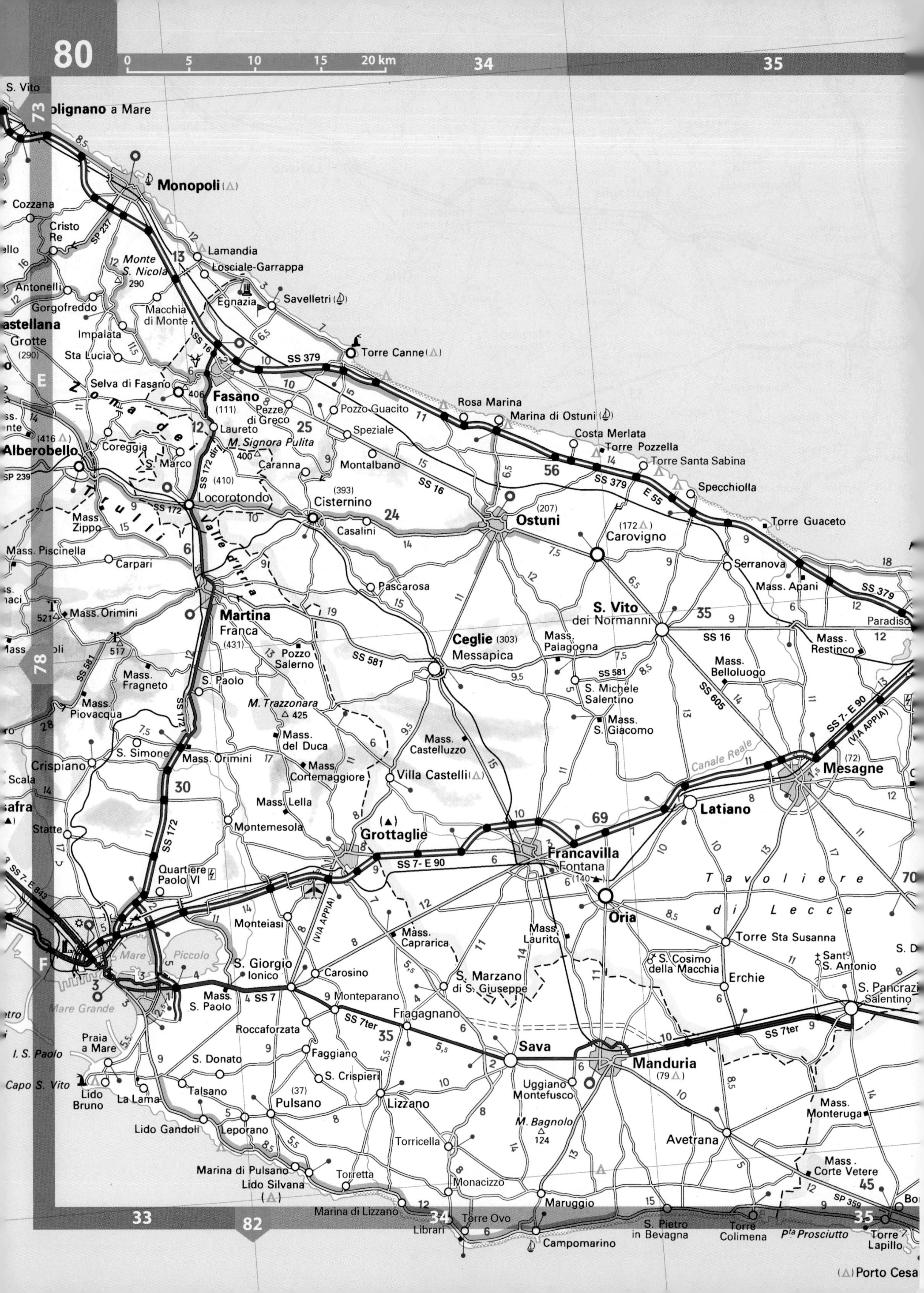
0 5 10 15 20 km
34
35
S. Vito
Polignano a Mare
Monopoli
Cozzana
Cristo Re
Lamandia
Monte S. Nicola 290
Losciale-Garrappa
Antonelli
Gorgofreddo
Egnazia
Savelletri
Castellana Grotte (290)
Impalata
Macchia di Monte
Sta Lucia
Torre Canne
SS 379
Selva di Fasano
Fasano (111)
Pezze di Greco
Pozzo Guacito
Rosa Marina
Marina di Ostuni
Alberobello (416)
Laureto
Speziale
Costa Merlata
Torre Pozzella
Coreggia
M. Signora Pulita 400
Torre Santa Sabina
S. Marco
Caranna
Montalbano
SS 16
Specchiolla
Locorotondo (410)
Cisternino (393)
Ostuni (207)
Torre Guaceto
Mass. Zippo
Casalini
Carovigno (172)
Zona dei Trulli
Valle d'Itria
Mass. Piscinella
Carpari
Serranova
Mass. Apani
Pascarosa
SS 379
Mass. Orimini
Martina Franca (431)
S. Vito dei Normanni
Paradiso
Ceglie Messapica (303)
Mass. Palagogna
Mass. Restinco
Pozzo Salerno
SS 581
Mass. Belloluogo
Mass. Fragneto
S. Paolo
S. Michele Salentino
SS 605
M. Trazzonara 425
Mass. Piovacqua
Mass. Giacomo
Mass. del Duca
Mass. Castelluzzo
S. Simone
Mass. Orimini
SS 7 - E 90 (VIA APPIA)
Crispiano
Mass. Cortemaggiore
Villa Castelli
Canale Reale
Mesagne (72)
Scala
Mass. Lella
Latiano
Statte
Montemesola
Grottaglie
Francavilla Fontana (140)
Quartiere Paolo VI
SS 7 - E 90
Tavoliere di Lecce
Oria
Monteiasi
Mass. Caprarica
Mass. Laurito
Torre Sta Susanna
Mare Piccolo
S. Giorgio Ionico
Carosino
S. Cosimo della Macchia
Sant° S. Antonio
S. Marzano di S. Giuseppe
Erchie
S. Pancrazio Salentino
Mass. S. Paolo
SS 7
Monteparano
Mare Grande
Fragagnano
Roccaforzata
SS 7ter
I. S. Paolo
Praia a Mare
Faggiano
Sava
Manduria (79)
S. Donato
S. Crispieri
Capo S. Vito
Lido Bruno
La Lama
Talsano
Pulsano (37)
Lizzano
Uggiano Montefusco
Mass. Monteruga
M. Bagnolo 124
Lido Gandoli
Leporano
Torricella
Avetrana
Marina di Pulsano
Lido Silvana
Torretta
Monacizzo
Mass. Corte Vetere
Maruggio
SP 359
Marina di Lizzano
Torre Ovo
Librari
Campomarino
S. Pietro in Bevagna
Torre Colimena
Pta Prosciutto
Torre Lapillo
Porto Cesareo
33
82
34
35
73
78
70
45

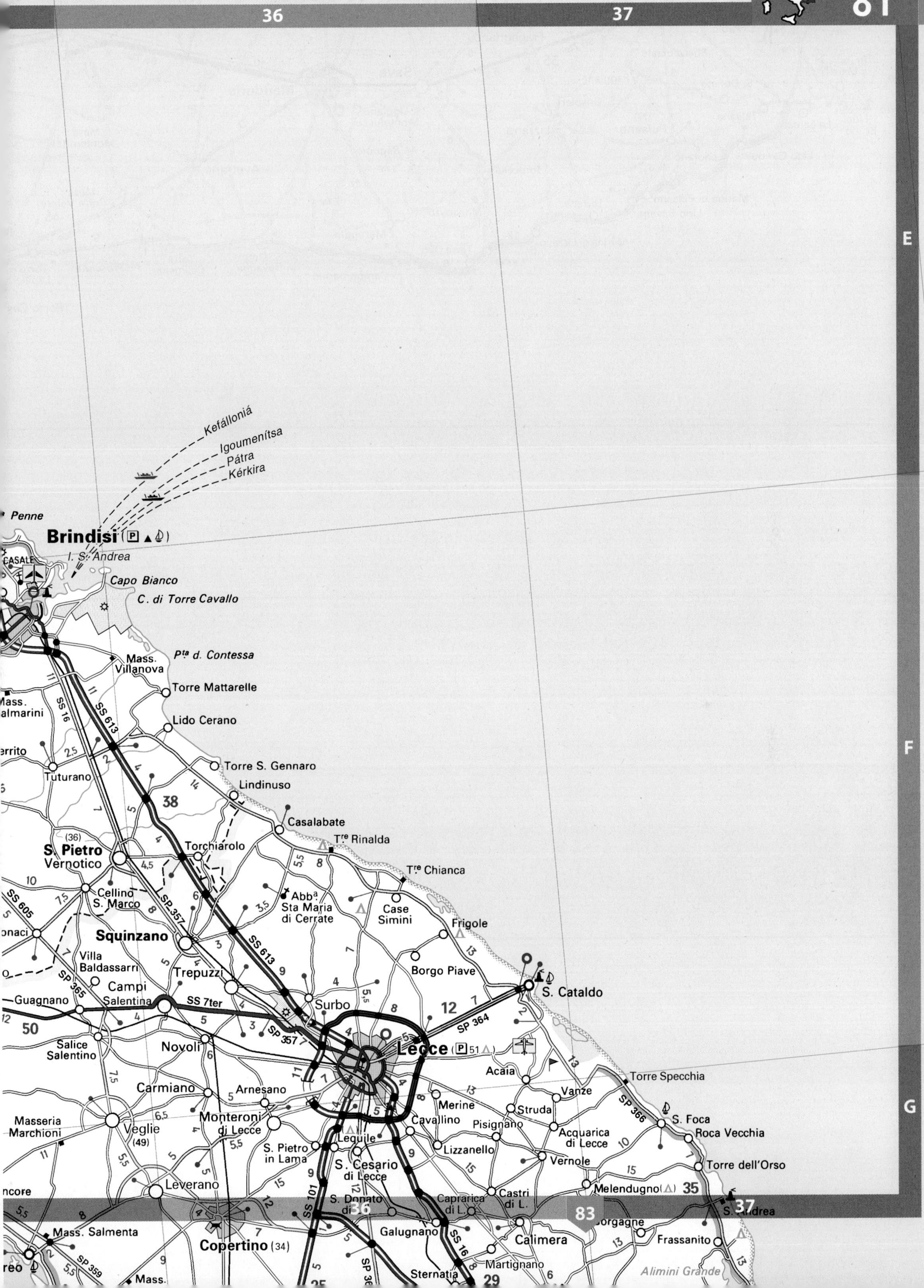

E

Kefállóniá

Igoumenítsa

Pátra

Kérkira

Penne

Brindisi (P ▲ ⚓)

CASALE

I. S. Andrea

Capo Bianco

C. di Torre Cavallo

Mass. Villanova

Pⁿ d. Contessa

Torre Mattarelle

F

Mass. almarini

Lido Cerano

SS 16

SS 613

errito

2,5

Torre S. Gennaro

Tuturano

4

Lindinuso

2

14

38

Casalabate

7

5

Tʳᵉ Rinalda

S. Pietro
Vernotico

(36)

4

Torchiarolo

4,5

5,5

8

Tʳᵉ Chianca

10

Cellino S. Marco

SP 357

6

SS 605

7,5

8

Abbᵃ
Sta Maria
di Cerrate

Case
Simini

onaci

Squinzano

5

3,5

Frigole

SS 613

3

13

Villa
Baldassarri

SP 365

Trepuzzi

5

9

7

Borgo Piave

Campi
Salentina

SS 7ter

4

5,5

12

S. Cataldo

Guagnano

4

3

5,5

8

7

SP 364

12

50

Salice
Salentino

Novoli

5

SP 357

7

4

Surbo

Lecce (P 51 △)

Acaia

Carmiano

7,5

11

Arnesano

13

Torre Specchia

Vanze

6,5

Merine

Struda

SP 366

S. Foca

Masseria
Marchioni

Veglie
(49)

Monteroni
di Lecce

5,5

Cavallino

Pisignano

Acquarica
di Lecce

Roca Vecchia

11

5,5

S. Pietro
in Lama

Lizzanello

10

Vernole

Torre dell'Orso

G

ncore

SS 101

Leverano

15

S. Cesario
di Lecce

15

Castri
di L.

15

Melendugno (△) **35**

5,5

5,5

SP 359

Mass. Salmenta

S. Donato
di **36**

Caprarica
di L.

S. Andrea **37**

reo

Mass.

Copertino (34)

7

Galugnano

SS 16

Calimera

Frassanito

rgagne

13

Martignano

6

Alimini Grande

Sternatia **29**

83

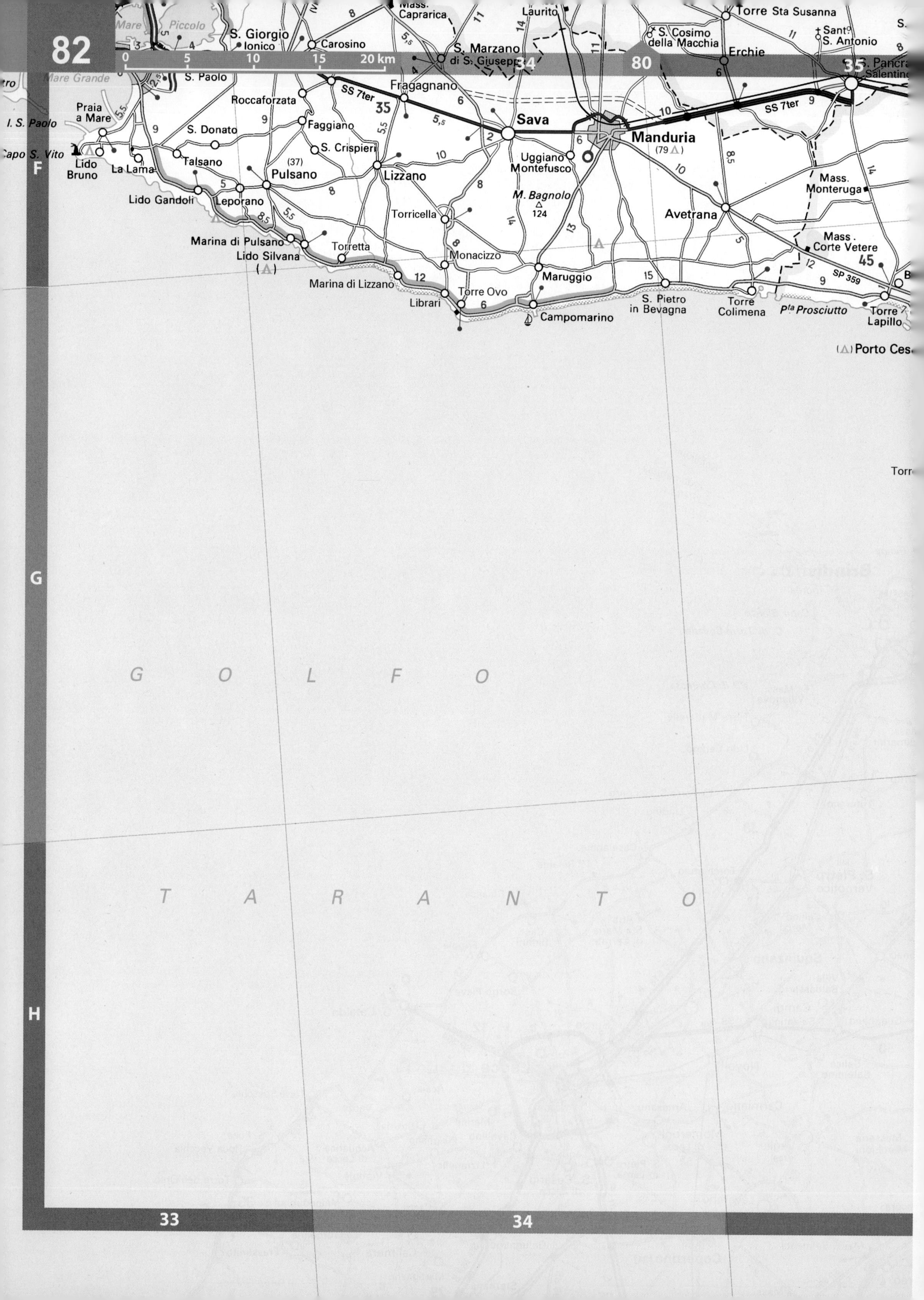

Mare Piccolo

S. Giorgio Ionico

Carosino

Mass. Caprarica

Laurito

Torre Sta Susanna

0   5   10   15   20 km

S. Marzano di S. Giuseppe

S. Cosimo della Macchia

34

Sant?
S. Antonio

80

Erchie

6

35 S. Pancra
Salentino

Mare Grande

S. Paolo

Roccaforzata

Fragagnano

SS 7ter

6

Sava

SS 7ter

9

I. S. Paolo

Praia a Mare

S. Donato

Faggiano

35

5,5

5,5

2

Manduria

(79)

10

Capo S. Vito

Lido Bruno

La Lama

Talsano

9

S. Crispieri

(37)

10

Uggiano
Montefusco

6

8,5

Mass.
Monteruga

F

Lido Gandoli

Leporano

Pulsano

5

Lizzano

8

M. Bagnolo
124

10

Avetrana

14

Mass.
Corte Vetere

8,5

5,5

Torricella

8

13

5

Marina di Pulsano
Lido Silvana

Torretta

Monacizzo

Maruggio

45

SP 359

12

9

B

Marina di Lizzano

12

Torre Ovo

6

15

S. Pietro
in Bevagna

Torre
Colimena

SP 359

Librari

Campomarino

P.ta Prosciutto

Torre
Lapillo

Porto Ces

Torr

G

G O L F O

T A R A N T O

H

33

34

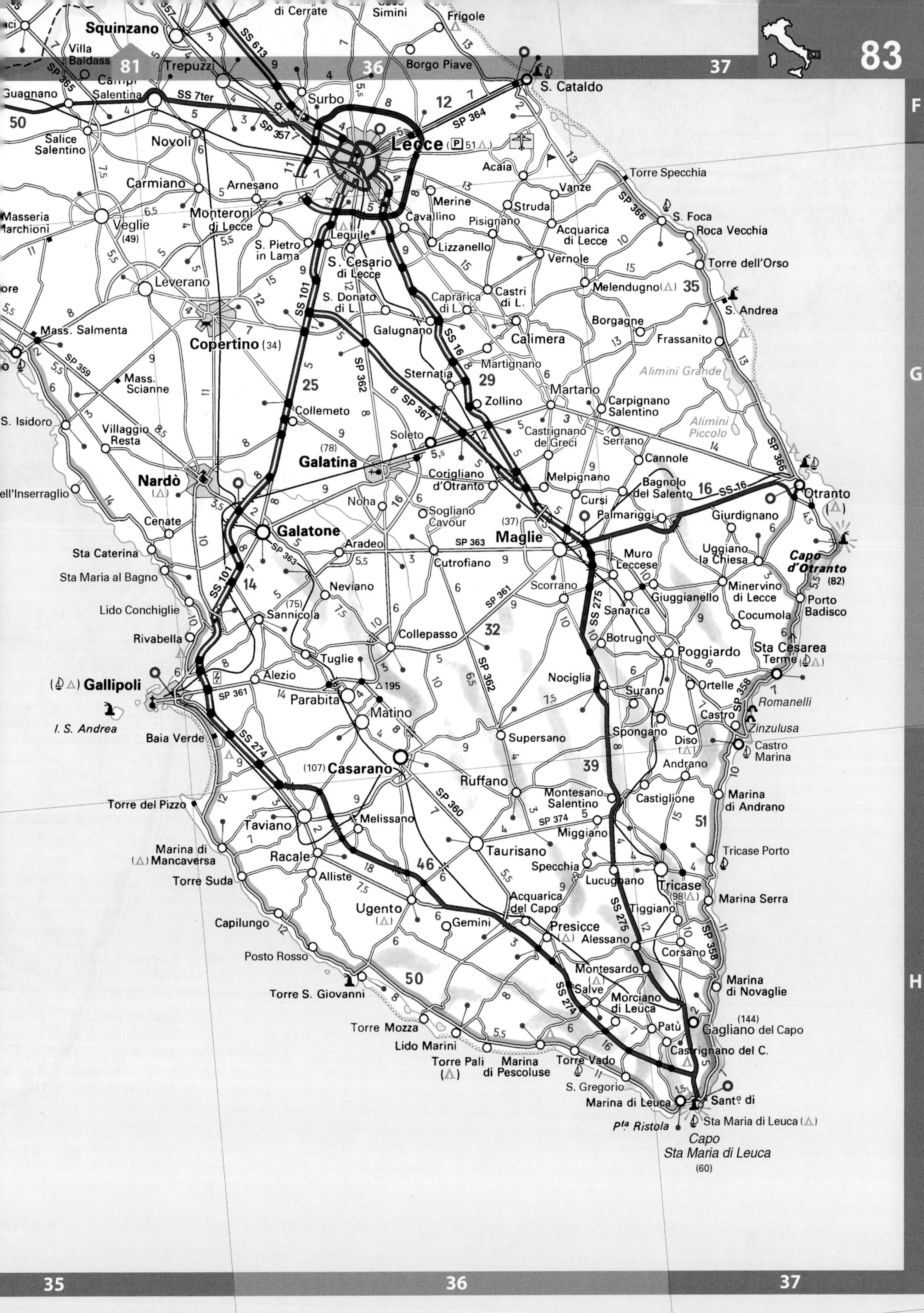

81
36
37
F
G
H
35
36
37
Squinzano
Villa Baldassarri
Campi Salentina
Trepuzzi
di Cerrate
Simini
Frigole
Borgo Piave
S. Cataldo
Guagnano
Salice Salentino
Surbo
Novoli
Lecce
Acaia
Torre Specchia
Carmiano
Arnesano
Vanze
Merine
Strudà
Masseria Marchioni
Veglie (49)
Monteroni di Lecce
Cavallino
Pisignano
Acquarica di Lecce
S. Foca
Roca Vecchia
S. Pietro in Lama
Lequile
Lizzanello
Vernole
Torre dell'Orso
S. Cesario di Lecce
Leverano
S. Donato di L.
Caprarica di L.
Castri di L.
Melendugno
S. Andrea
Mass. Salmenta
Copertino (34)
Galugnano
Calimera
Borgagne
Frassanito
Mass. Scianne
Sternatia
Martignano
Alimini Grande
S. Isidoro
Collemeto
Zollino
Martano
Carpignano Salentino
Villaggio Resta
Soleto
Castrignano de' Greci
Serrano
Alimini Piccolo
Galatina (78)
Corigliano d'Otranto
Cannole
Nardò
Melpignano
Bagnolo del Salento
Otranto
dell'Inserraglio
Noha
Cursi
Palmariggi
Giurdignano
Cenate
Sogliano Cavour
Galatone
Maglie (37)
Uggiano la Chiesa
Capo d'Otranto (82)
Sta Caterina
Aradeo
Cutrofiano
Muro Leccese
Sta Maria al Bagno
Neviano
Scorrano
Minervino di Lecce
Porto Badisco
Giuggianello
Lido Conchiglie
Sannicola (75)
Sanarica
Cocumola
Rivabella
Collepasso
Botrugno
Sta Cesarea Terme
Poggiardo
Tuglie
Gallipoli
Alezio
Nociglia
Ortelle
Parabita
△195
Surano
Romanelli
Castro
I. S. Andrea
Matino
Zinzulusa
Baia Verde
Supersano
Spongano
Diso
Castro Marina
Casarano (107)
Ruffano
Andrano
Torre del Pizzo
Montesano Salentino
Castiglione
Marina di Andrano
Taviano
Melissano
Miggiano
Marina di Mancaversa
Racale
Taurisano
Tricase Porto
Torre Suda
Alliste
Specchia
Lucugnano
Tricase (98)
Marina Serra
Ugento
Acquarica del Capo
Tiggiano
Capilungo
Gemini
Presicce
Alessano
Corsano
Posto Rosso
Montesardo
Marina di Novaglie
Torre S. Giovanni
Salve
Morciano di Leuca
Torre Mozza
Patù
Gagliano del Capo (144)
Lido Marini
Castrignano del C.
Torre Pali
Marina di Pescoluse
Torre Vado
S. Gregorio
Marina di Leuca
Santo di
Pta Ristola
Sta Maria di Leuca
Capo Sta Maria di Leuca (60)
SS 613
SP 365
SS 7ter
SP 364
SS 16
SP 366
SS 101
SP 359
SP 362
SP 367
SS 16
SP 363
SP 361
SS 275
SP 358
SS 274
SP 360
SP 374

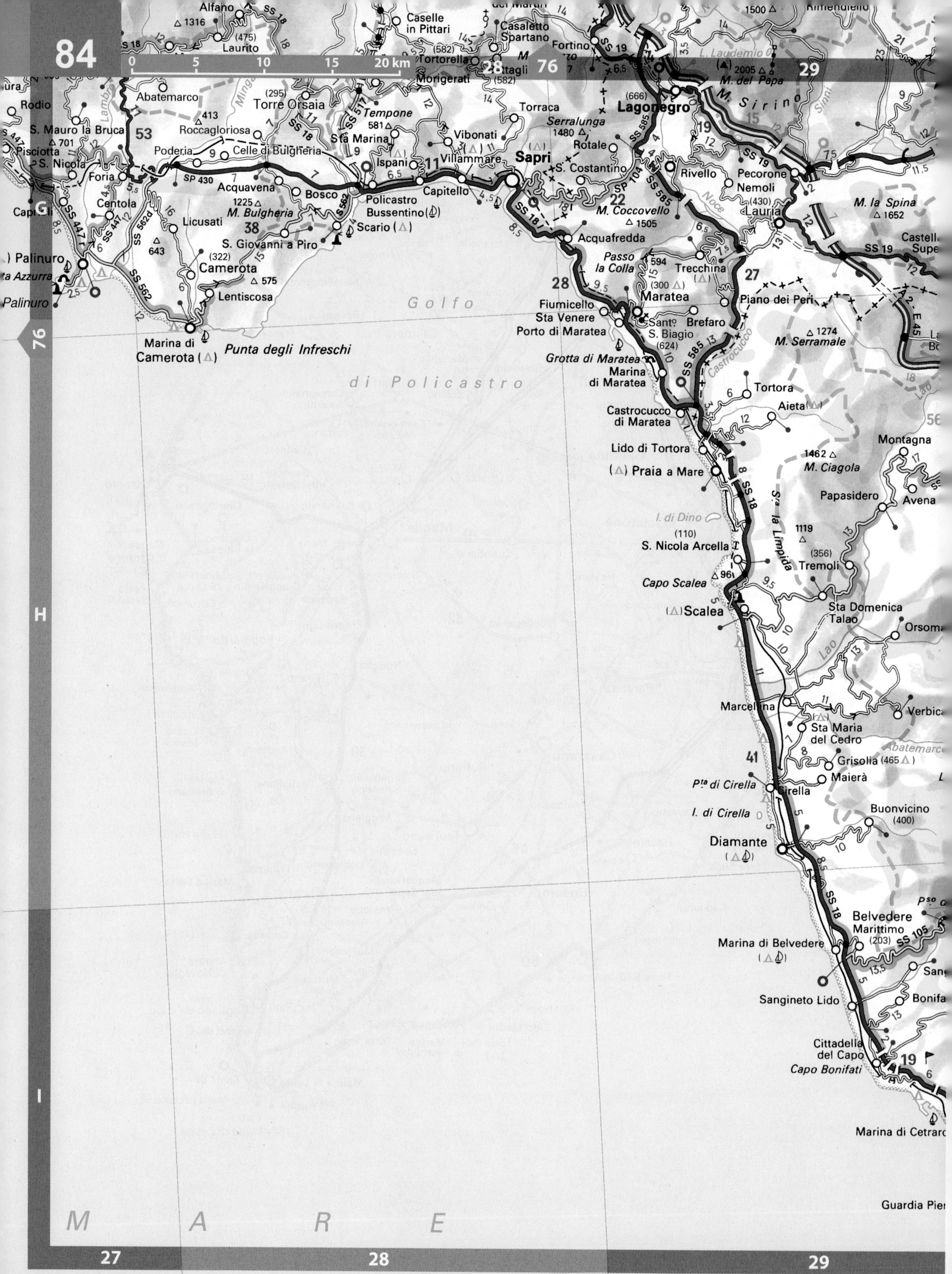
0 5 10 15 20 km
76
Alfano
Laurito
Caselle in Pittari
Casaletto Spartano
Tortorella
Morigerati
Fortino
Lagonegro
M. Sirino
M. del Papa
L. Laudemio
Rodio
Abatemarco
Torre Orsaia
Tempone
Torraca
Serralunga
S. Mauro la Bruca
Roccagloriosa
Sta Marina
Vibonati
Rotale
Pisciotta
S. Nicola
Poderia
Celle di Bulgheria
Ispani
Villammare
Sapri
S. Costantino
Rivello
Pecorone
Nemoli
Foria
Acquavena
Bosco
Policastro Bussentino
Capitello
Lauria
M. la Spina
Centola
M. Bulgheria
M. Coccovello
Licusati
Scario
S. Giovanni a Piro
Acquafredda
Castelluccio Superiore
Palinuro
Camerota
Passo la Colla
Trecchina
Lentiscosa
Maratea
Piano dei Peri
Golfo di Policastro
Fiumicello
Sta Venere
Porto di Maratea
Santo S. Biagio
Brefaro
M. Serramale
Marina di Camerota
Punta degli Infreschi
Grotta di Maratea
Marina di Maratea
Tortora
Castrocucco di Maratea
Aieta
Lido di Tortora
Montagna
Praia a Mare
M. Ciagola
Papasidero
Avena
I. di Dino
S. Nicola Arcella
Sta la Limpida
Tremoli
Capo Scalea
Scalea
Sta Domenica Talao
Orsomarso
Lao
Marcellina
Verbicaro
Sta Maria del Cedro
Abatemarco
Grisolia
Maierà
Pta di Cirella
Cirella
I. di Cirella
Buonvicino
Diamante
Belvedere Marittimo
Marina di Belvedere
Sangineto Lido
Bonifati
Cittadella del Capo
Capo Bonifati
Marina di Cetraro
Guardia Piemontese
M A R E
G
H
I
27
28
29

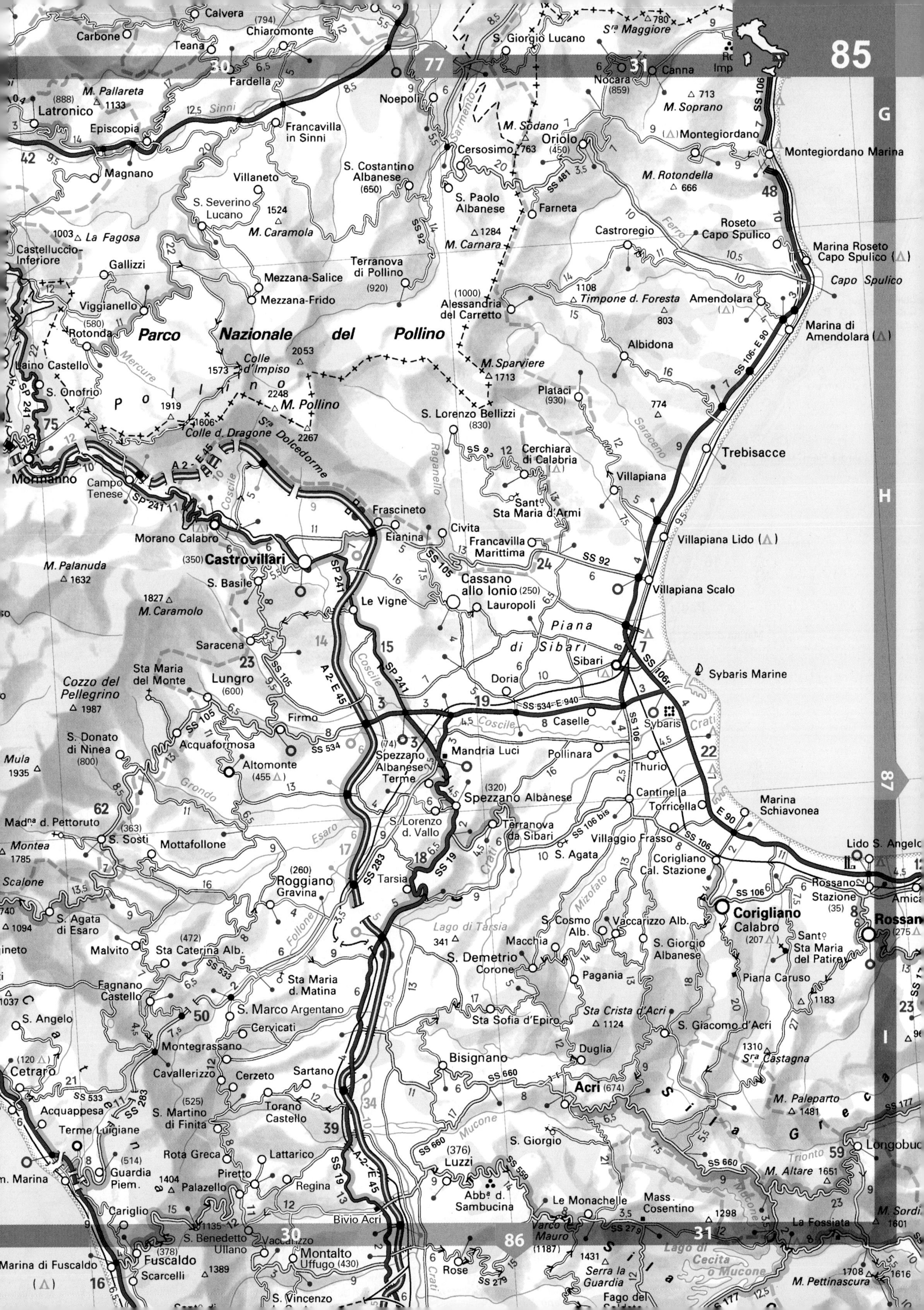

Calvera
Carbone
Chiaromonte
Teana
Fardella
S. Giorgio Lucano
Sra Maggiore
Nocara
Canna
M. Pallareta
Latronico
Episcopia
Sinni
Francavilla in Sinni
Noepoli
Cersosimo
M. Sodano
Oriolo
Montegiordano
Montegiordano Marina
M. Soprano
Magnano
Villaneto
S. Costantino Albanese
S. Paolo Albanese
Farneta
M. Rotondella
S. Severino Lucano
M. Caramola
M. Carnara
Castroregio
Roseto Capo Spulico
Marina Roseto Capo Spulico
Capo Spulico
La Fagosa
Castelluccio-Inferiore
Gallizzi
Mezzana-Salice
Mezzana-Frido
Terranova di Pollino
Alessandria del Carretto
Timpone d. Foresta
Amendolara
Marina di Amendolara
Viggianello
Rotonda
Parco Nazionale del Pollino
Mercure
Colle d'Impiso
M. Sparviere
Albidona
Laino Castello
S. Onofrio
P o l l i n o
M. Pollino
Plataci
Colle d. Dragone
Sra Dolcedorme
S. Lorenzo Bellizzi
Raganello
Saraceno
Mormanno
Campo Tenese
Cerchiara di Calabria
Trebisacce
Villapiana
Sant° Sta Maria d'Armi
Frascineto
Eianina
Civita
Francavilla Marittima
Villapiana Lido
Morano Calabro
Castrovillari
Coscile
Cassano allo Ionio
Lauropoli
Villapiana Scalo
M. Palanuda
S. Basile
M. Caramolo
Le Vigne
Piana di Sibari
Saracena
Sibari
Sybaris Marine
Lungro
Sta Maria del Monte
Cozzo del Pellegrino
Doria
Caselle
Sybaris
Crati
Firmo
Acquaformosa
S. Donato di Ninea
Mula
Altomonte
Spezzano Albanese Terme
Mandria Luci
Pollinara
Thurio
Grondo
Spezzano Albanese
Cantinella
Torricella
Marina Schiavonea
Madna d. Pettoruto
S. Sosti
Mottafollone
S. Lorenzo d. Vallo
Terranova da Sibari
Villaggio Frasso
Esaro
Montea
Scalone
Roggiano Gravina
Tarsia
S. Agata
Corigliano Cal. Stazione
Lido S. Angelo
Rossano Stazione
Rossano
S. Agata di Esaro
Lago di Tarsia
Follone
S. Cosmo Alb.
Vaccarizzo Alb.
Mizofato
Corigliano Calabro
Malvito
Sta Caterina Alb.
S. Giorgio Albanese
Sant° Sta Maria del Patire
Macchia
S. Demetrio Corone
Fagnano Castello
Sta Maria d. Matina
Pagania
Piana Caruso
S. Angelo
S. Marco Argentano
Cervicati
Sta Sofia d'Epiro
Sta Crista d'Acri
S. Giacomo d'Acri
Montegrassano
Cetraro
Cavallerizzo
Bisignano
Duglia
Sra Castagna
Cerzeto
Sartano
Acri
M. Paleparto
Acquappesa
S. Martino di Finita
Torano Castello
Terme Luigiane
Mucone
S. Giorgio
S i l a G r e c a
Longobucco
Rota Greca
Lattarico
Luzzi
Trionto
M. Altare
Guardia Piem.
Piretto
Palazzello
Regina
Abbª d. Sambucina
Le Monachelle
Mass. Cosentino
La Fossiata
M. Sordi
Cariglio
Bivio Acri
Varco Mauro
S. Benedetto Ullano
Vaccarizzo
Montalto Uffugo
Rose
Lago di Cecita o Mucone
Marina di Fuscaldo
Fuscaldo
Scarcelli
Serra la Guardia
M. Pettinascura
S. Vincenzo
Fago del
S i l a

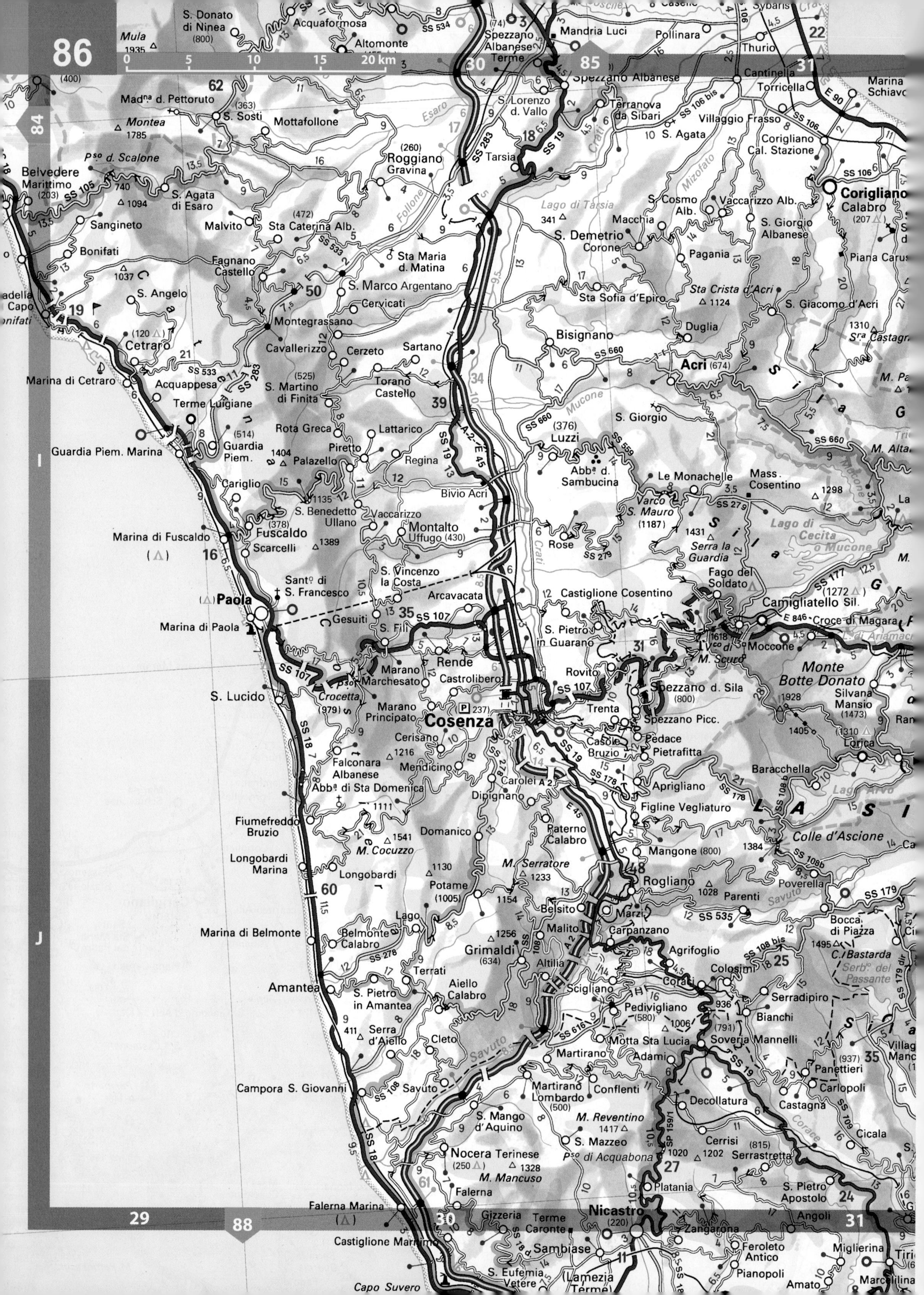
0 5 10 15 20 km
85
84
88
29
30
31
22
S. Donato di Ninea
Acquaformosa
Altomonte
Spezzano Albanese Terme
Mandria Luci
Pollinara
Thurio
Cantinella
Spezzano Albanese
Torricella
Marina Schiavo
Mad^na d. Pettoruto
S. Sosti
Mottafollone
Montea 1785
P^so d. Scalone
S. Lorenzo d. Vallo
Terranova da Sibari
Villaggio Frasso
S. Agata
Corigliano Cal. Stazione
Corigliano Calabro
Tarsia
Roggiano Gravina
Belvedere Marittimo
S. Agata di Esaro
Sangineto
Malvito
Sta Caterina Alb.
Lago di Tarsia
S. Cosmo Alb.
Vaccarizzo Alb.
Macchia
S. Giorgio Albanese
S. Demetrio Corone
Pagania
Piana Caruso
Bonifati
Fagnano Castello
Sta Maria d. Matina
S. Marco Argentano
Cervicati
Sta Sofia d'Epiro
Sta Crista d'Acri
S. Giacomo d'Acri
S. Angelo
Montegrassano
Cavallerizzo
Cerzeto
Sartano
Bisignano
Duglia
Acri (674)
Cetraro
Marina di Cetraro
Acquappesa
Terme Luigiane
S. Martino di Finita
Torano Castello
Mucone
S. Giorgio
Luzzi (376)
Guardia Piem. Marina
Guardia Piem.
Rota Greca
Lattarico
Piretto
Palazello
Regina
Abb^a d. Sambucina
Le Monachelle
Mass. Cosentino
Cariglio
S. Benedetto Ullano
Vaccarizzo
Bivio Acri
Varco S. Mauro (1187)
Lago di Cecita o Mucone
Marina di Fuscaldo
Fuscaldo
Scarcelli
Montalto Uffugo (430)
Rose
Serra la Guardia
Sila
S. Vincenzo la Costa
Fago del Soldato
Sant^o di S. Francesco
Paola
Marina di Paola
Arcavacata
Castiglione Cosentino
Camigliatello Sil.
Gesuiti
S. Fili
S. Pietro in Guarano
Croce di Magara
Moccone
M. Scuro
Monte Botte Donato
Marano Marchesato
Rende
Castrolibero
Rovito
S. Lucido
P^so Crocetta
Marano Principato
Spezzano d. Sila (800)
Trenta
Silvana Mansio (1473)
Cosenza
Spezzano Picc.
Pedace
Cerisano
Casole Bruzio
Pietrafitta
Lorica
Falconara Albanese
Mendicino
Carolei
Aprigliano
Baracchella
Abb^a di Sta Domenica
Dipignano
Figline Vegliaturo
Lago Arvo
Fiumefreddo Bruzio
Domanico
Paterno Calabro
M. Cocuzzo
Colle d'Ascione
Longobardi Marina
Longobardi
M. Serratore
Mangone (800)
Rogliano
Potame (1005)
Parenti
Poverella
Belsito
Marzi
Marina di Belmonte
Belmonte Calabro
Lago
Malito
Carpanzano
Bocca di Piazza
Grimaldi (634)
Altilia
Agrifoglio
C. Bastarda
Serb^o del Passante
Amantea
Terrati
Aiello Calabro
Scigliano
Colosimi
Coraci
S. Pietro in Amantea
Pediviliano (580)
Serradipiro
Bianchi
Serra d'Aiello
Cleto
Savuto
Motta Sta Lucia
Soveria Mannelli
Adami
Martirano
Panettieri
Campora S. Giovanni
Martirano Lombardo (500)
Conflenti
Decollatura
Carlopoli
Castagna
S. Mango d'Aquino
M. Reventino
Cicala
Nocera Terinese
S. Mazzeo
P^so di Acquabona
Cerrisi
Serrastretta
M. Mancuso
Platania
S. Pietro Apostolo
Falerna
Falerna Marina
Nicastro (220)
Gizzeria
Terme Caronte
Zangarona
Angoli
Castiglione Marittimo
Sambiase
Feroleto Antico
Miglierina
Pianopoli
S. Eufemia Vetere
(Lamezia Terme)
Capo Suvero
Amato
Marcellinara

Lido S. Angelo (△)
Capo Trionto
12 SS 106-E 90
Mirto Crosia
4,5
Amica 7,5 Foresta
(35)
8 **Rossano** (275 △)
Crosia
13
15
Calopezzati 10,5
23 Paludi (384)
Cropalati St. di Pietrapaola
10 4 Caloveto 3,5 St. di Mandatoriccio-Campana
962
Destro Pietrapaola (△) Cariati Marina
448 △ SS 531 Cariati
16 SS 106 S. Morello (△)
M. Serino SS 393 624 Terravecchia
948 Mandatoriccio E 90 6 6,5 Crucoli Torretta
59 Longobucco (△) SS 177 18 SS 282 Scala Coeli 2,5
5 Crucoli
1651 SS 108 ter 7 Cappella
23 9 8 SS 282 6 Campana 13 P.ta Fiume Nicà
M. Sordillo (617) Cirò
1601 Bocchigliero 529 14 Cirò Marina (△)
1708 1616 (872) M. Lelo (324) 2
77 938 Umbriatico S. Anastasia 7,5
(422) 127 54
Mezzocampo 17 M. Suvaro SS 106 Torre Melissa
1454 1001 631 Lipuda E 90
co Naz. (1014 △) Verzino Carfizzi
1730 Pino (549) Melissa
28 SS 107 E 846 Grande Savelli SS 492 Pallagorio S. Nicola 5,5 Strongoli
L. Votturino Germano 18 dell'Alto Le Murgie (342 △)
SS 1080 645 404 8,5
 lla Sila (1049) Palla Palla 9,5 Castelsilano Zinga 17 6 SS 492
5,5 20 21 Casabona 6 10 Marina di Strongoli
S. Giovanni Cerenzia 528 Belvedere di 189 Fasana
43 in Fiore 10,5 Caccuri Bagni di Spinello 6
Cagno SS 107 E 846 Repole Bucchi
Montenero Croce Sta Rania 10 Rocca di Neto 7,5
1881 di Agnara Altilia 8 8 29 SS 107 E 846
Trepidò- Neto Gabella Grande
1371 Sott. M 13
S 179 10 a Sta Severina
38 Sop. Cotronei (530) r (326) 21
1745 44 Roccabernarda g Scandale
1665 M. Gariglione Pagliarelle 22 h Crotone (P)
1765 Foresta SS 109 5,5 e
Tirivolo Petilia 3 SS 109 ter S. Mauro
Villaggio Racise M. Femminamorta Policastro 13 Marchesato 260
1723 (436) SS 109 Papanice SS 106 santo Hera Lacinia
Buturo Mesoraca 6,5 4 159
1240 Filippa 9 Capo Colon
1402 Arietta (218 △) 5
Albi (710) Petrona 33 Cutro S. Anna Salica
Taverna Marcedusa Termine
Magisano Cerva Grosso Rosito Vermica
70 Belcastro Vil. Turistico
S. Giovanni Sersale (△) 10 S. Leonardo Isola Capo Cimiti
Fossato Serralta Andali di Cutro di Capo Rizzuto
Pentone Zagarise SS 180 31 (96)
S. Elia Cropani 5,5
14 89 Steccato SS 109 Campolongo
Crichi Soveria Simeri 32 SS 106-E 90
Simeri Botricello
Catanzaro Calabricata E 90 Le Castella Capo Rizzuto (△)
Cropani Marina (△)

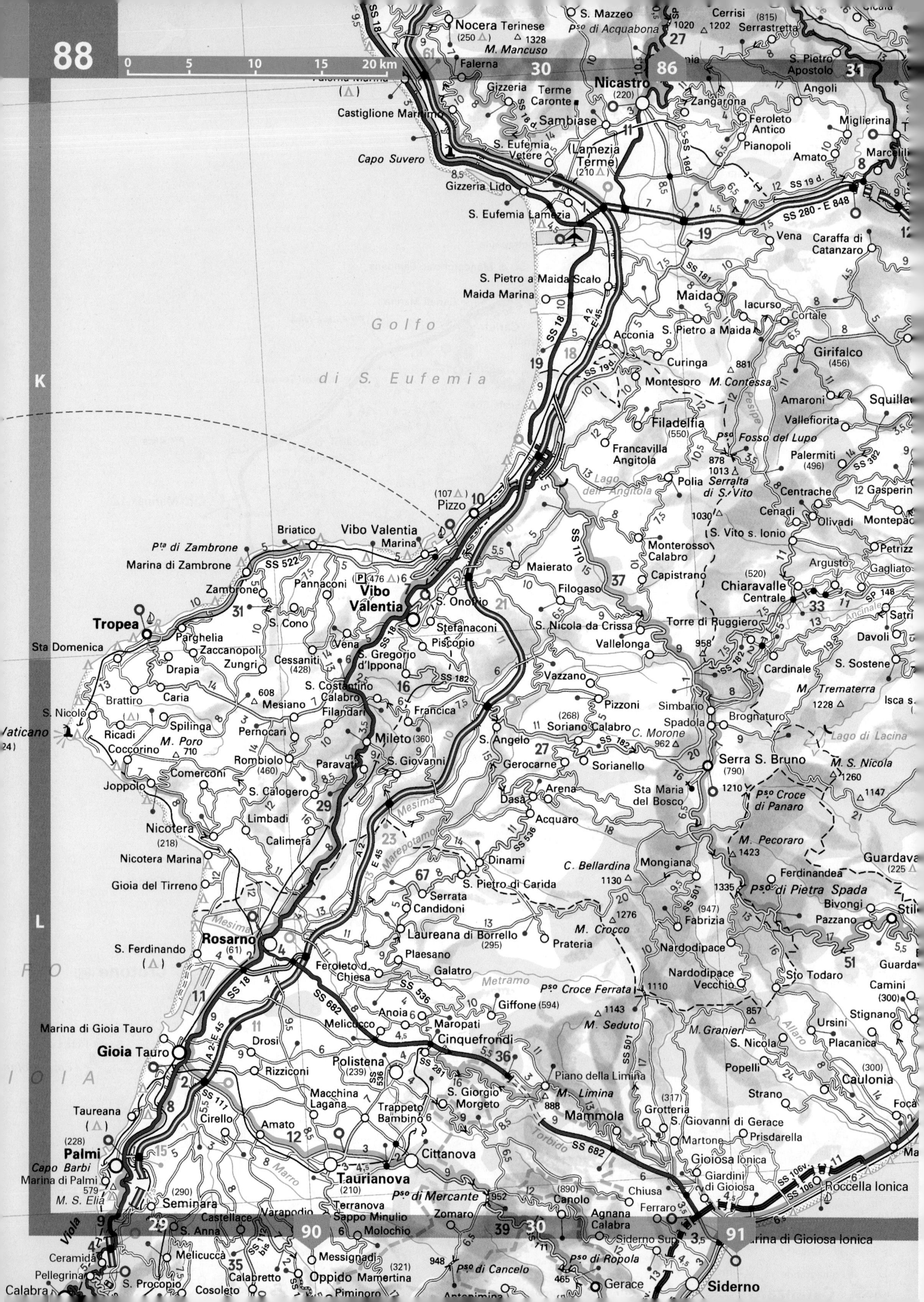
0 5 10 15 20 km
Golfo di S. Eufemia
Nocera Terinese
M. Mancuso
Falerna
Gizzeria
Castiglione Marittimo
Capo Suvero
Gizzeria Lido
S. Eufemia Lamezia
S. Eufemia Vetere
Sambiase
Terme Caronte
Nicastro
(Lamezia Terme)
Zangarona
Feroleto Antico
Pianopoli
Amato
Miglierina
Marcellinara
S. Mazzeo
Pso di Acquabona
Cerrisi
Serrastretta
S. Pietro Apostolo
Angoli
SS 280 - E 848
Vena
Caraffa di Catanzaro
S. Pietro a Maida Scalo
Maida Marina
Maida
Iacurso
Cortale
Acconia
S. Pietro a Maida
Curinga
Girifalco
Montesoro
M. Contessa
Amaroni
Squillace
Filadelfia
Vallefiorita
Francavilla Angitola
Pso Fosso del Lupo
Lago dell'Angitola
Polia
Serralta di S. Vito
Palermiti
Centrache
Gasperina
Cenadi
Olivadi
Montepaone
S. Vito s. Ionio
Pizzo
Briatico
Vibo Valentia Marina
Pta di Zambrone
Marina di Zambrone
Zambrone
Pannaconi
Vibo Valentia
S. Onofrio
Maierato
Filogaso
Monterosso Calabro
Capistrano
Chiaravalle Centrale
Argusto
Gagliato
Petrizzi
Satriano
Davoli
Tropea
Sta Domenica
Parghelia
Zaccanopoli
Zungri
Drapia
S. Cono
Cessaniti
Vena
Stefanaconi
Piscopio
S. Gregorio d'Ippona
S. Nicola da Crissa
Torre di Ruggiero
Vallelonga
Cardinale
S. Sostene
Brattiro
Caria
Mesiano
S. Costantino Calabro
Filandari
Francica
Vazzano
Pizzoni
Simbario
Brognaturo
M. Tremateria
Isca s. Ionio
S. Nicolò
Ricadi
Spilinga
Pernocari
Capo Vaticano
Coccorino
M. Poro
Mileto
Soriano Calabro
C. Morone
Spadola
Lago di Lacina
Rombiolo
Paravati
S. Giovanni
S. Angelo
Gerocarne
Sorianello
Serra S. Bruno
M. S. Nicola
Joppolo
Comerconi
S. Calogero
Dasà
Arena
Sta Maria del Bosco
Pso Croce di Panaro
Limbadi
Acquaro
Nicotera
Calimera
M. Pecoraro
Nicotera Marina
Dinami
C. Bellardina
Mongiana
Guardavalle
Ferdinandea
Gioia del Tirreno
S. Pietro di Carida
Pso di Pietra Spada
Serrata
Candidoni
Fabrizia
Bivongi
Stilo
Pazzano
Mesima
Marepotamo
Rosarno
Laureana di Borrello
M. Crocco
Prateria
S. Ferdinando
Plaesano
Nardodipace
Feroleto d. Chiesa
Galatro
Nardodipace Vecchio
Sto Todaro
Guardavalle
Camini
Metramo
Pso Croce Ferrata
Giffone
M. Seduto
Stignano
Anoia
Maropati
Melicucco
M. Granieri
Ursini
Marina di Gioia Tauro
Cinquefrondi
S. Nicola
Placanica
Gioia Tauro
Drosi
Polistena
Rizziconi
Piano della Limina
M. Limina
Popelli
Caulonia
S. Giorgio Morgeto
Macchina Lagana
Trappeto Bambino
Mammola
Grotteria
Strano
Taureana
Cirello
Amato
S. Giovanni di Gerace
Martone
Prisdarella
Palmi
Capo Barbi
Marina di Palmi
Cittanova
Gioiosa Ionica
Taurianova
Giardini di Gioiosa
Roccella Ionica
M. S. Elia
Seminara
Pso di Mercante
Canolo
Chiusa
Agnana Calabra
Ferraro
Terranova Sappo Minulio
Varapodio
Zomaro
Castellace
S. Anna
Molochio
Siderno Sup.
Marina di Gioiosa Ionica
Ceramida
Melicuccà
Messignadi
Pso di Cancelo
Pso di Ropola
Pellegrina
S. Procopio
Cosoleto
Calabretto
Oppido Mamertina
Gerace
Siderno
Calabra
Viola
Marro
Torbido
Allaro
Pesipe
Ancinale
K
L
86
30
31
90
39
30
91
29

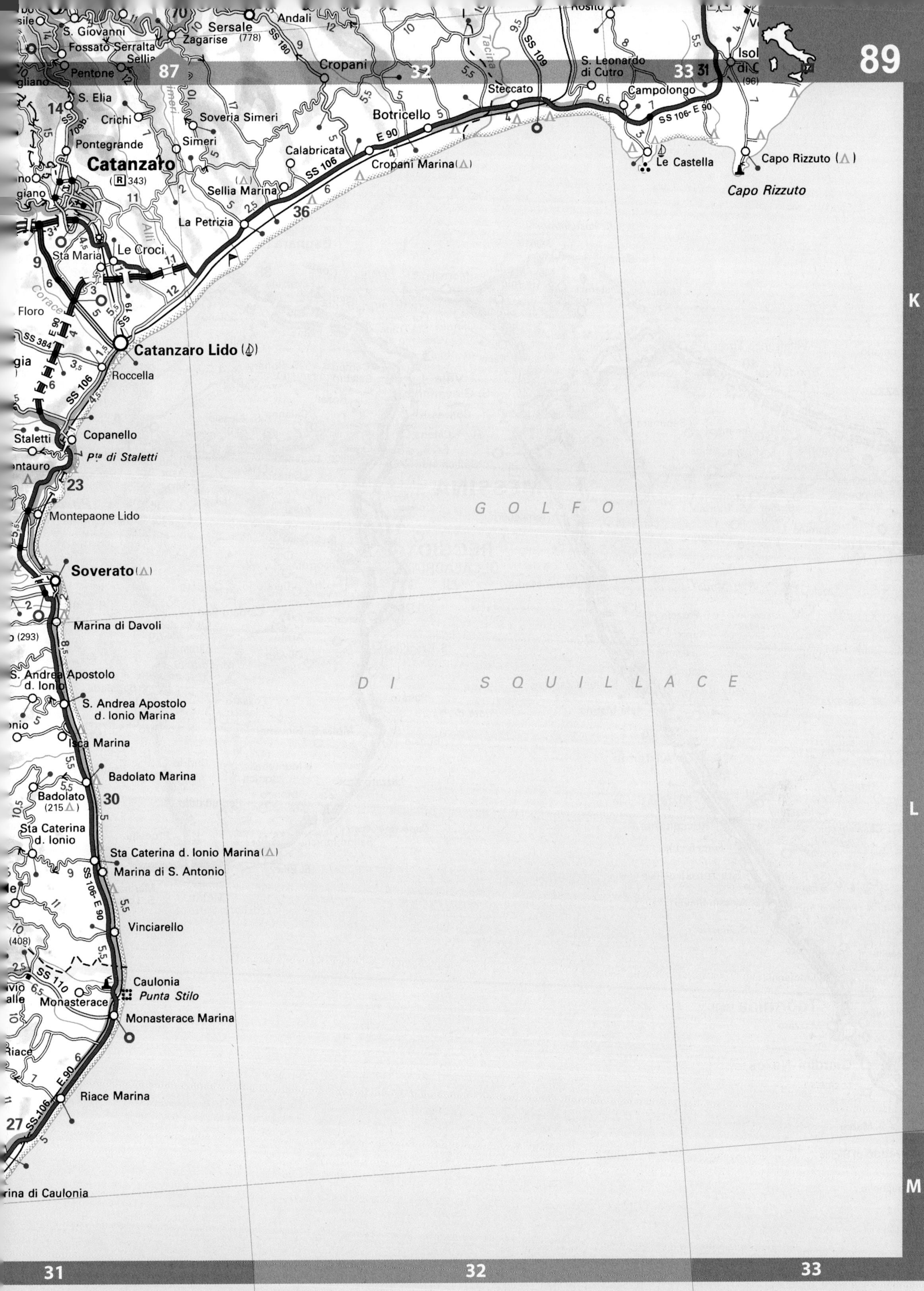
S. Giovanni
Sersale
(778)
Andali
Zagarise
Fossato Serralta
Pentone
Sellia
Cropani
S. Leonardo
di Cutro
Isola
di C
(96)
Steccato
Campolongo
S. Elia
Crichi
Soveria Simeri
Simeri
Botricello
Calabricata
Cropani Marina
Pontegrande
Catanzaro
(R 343)
Sellia Marina
La Petrizia
Le Castella
Capo Rizzuto
Capo Rizzuto
Le Croci
Sta Maria
Floro
Corace
Catanzaro Lido
Roccella
Copanello
Staletti
Pta di Staletti
Montepaone Lido
Soverato
Marina di Davoli
S. Andrea Apostolo
d. Ionio
S. Andrea Apostolo
d. Ionio Marina
Isca Marina
Badolato Marina
Badolato
(215)
Sta Caterina
d. Ionio
Sta Caterina d. Ionio Marina
Marina di S. Antonio
Vinciarello
(408)
Caulonia
Punta Stilo
Monasterace
Monasterace Marina
Riace
Riace Marina
rina di Caulonia
SS 106
E 90
SS 106 - E 90
SS 180
SS 109
SS 19
SS 384
SS 110
Tacina
Alli
GOLFO
DI SQUILLACE
K
L
M
87
31
32
33
70
14
9
23
30
27
36

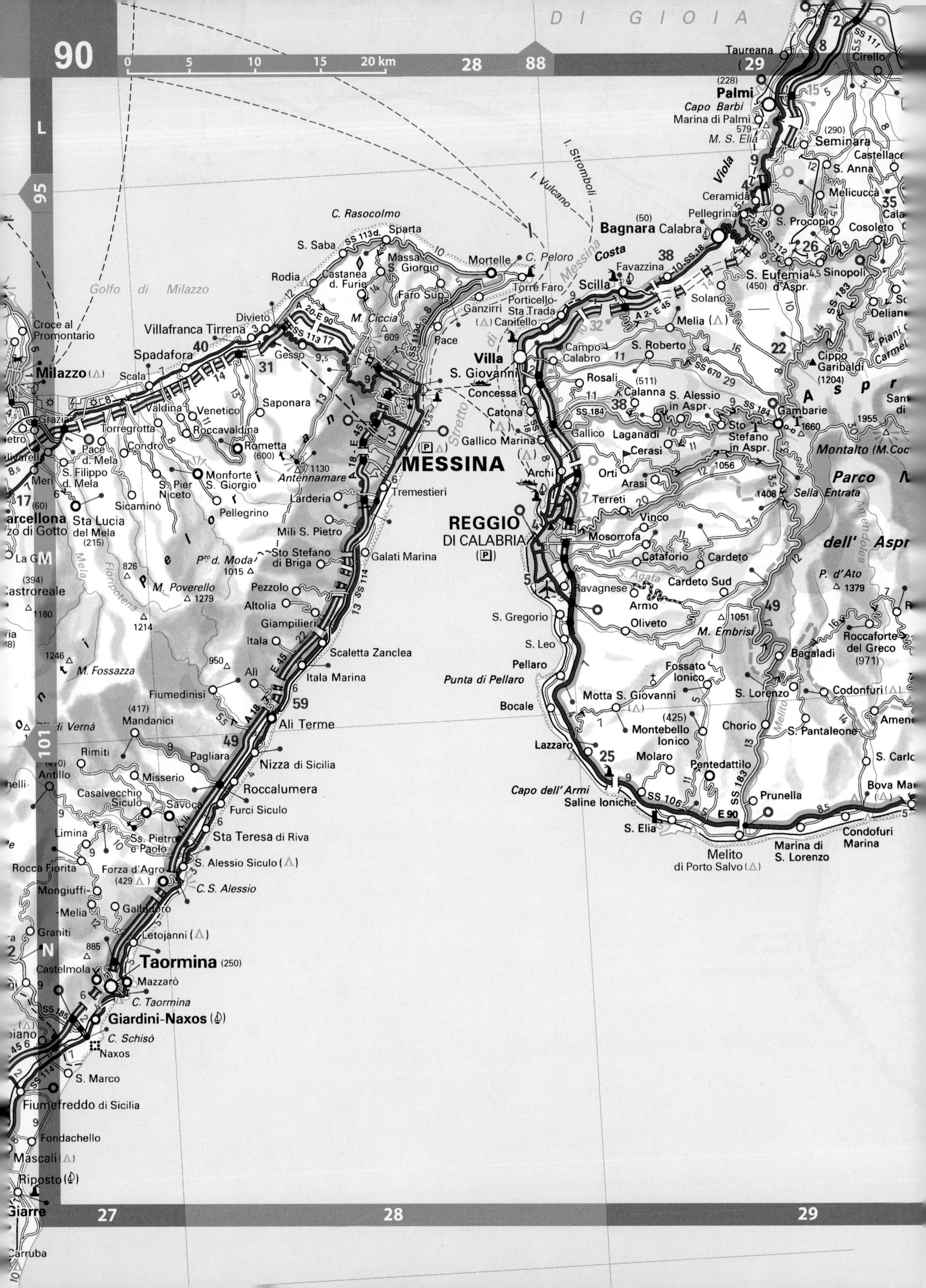

DI GIOIA

Taureana
(29)
Cirello
(228)
Palmi
Capo Barbi
Marina di Palmi
579
M. S. Elia
(290)
Seminara
Castellace
S. Anna
Melicuccà
Ceramida
S. Procopio
Cosoleto
Pellegrina
Bagnara Calabra
(50)
38
Favazzina
S. Eufemia d'Aspr.
Sinopoli
Scilla
(450)
Solano
Delia
Torre Faro
Porticello-
Sta Trada
Ganzirri-
Canitello
Pace
Melia
Piani
Carm
32
Campo
S. Roberto
Calabro
Cippo
Garibaldi
(1204)
Villa
S. Giovanni
Rosali
(511)
Calanna
22
Concessa
S. Alessio
in Aspr.
Catona
Gallico
Gambarie
1660
Gallico Marina
Laganadi
Sto
Stefano
in Aspr.
1955
Montalto (M. Coc
Archi
Orti
Cerasi
1408
Sella Entrata
MESSINA
Arasi
1056
Terreti
Vinco
Parco
REGGIO
DI CALABRIA
Mosorrofa
dell' Aspr
Cataforio
Cardeto
P. d'Ato
1379
S. Gregorio
Cardeto Sud
S. Agata
Ravagnese
1051
49
S. Leo
Armo
M. Embrisi
Roccaforte
del Greco
(971)
Oliveto
Pellaro
Bagaladi
Punta di Pellaro
Fossato
Ionico
Codonfuri
Motta S. Giovanni
S. Lorenzo
Bocale
(425)
Chorio
S. Pantaleone
Ame
Montebello
Ionico
Lazzaro
Molaro
Pentedattilo
25
S. Carlo
Capo dell' Armi
Prunella
Bova Ma
Saline Ioniche
SS 106
S. Elia
E 90
Condofuri
Marina
Melito
Marina di
di Porto Salvo
S. Lorenzo

C. Rasocolmo
Sparta
S. Saba
SS 113 d.
Massa
S. Giorgio
Mortelle
C. Peloro
Rodia
Castanea
d. Furie
Faro Sup.
Divieto
M. Ciccia
609
Villafranca Tirrena
40
SS 113 17
Spadafora
Gesso
Scala
31
Saponara
Croce al
Promontario
Milazzo
Valdina
Venetico
Roccavaldina
Torregrotta
Rometta
(600)
Condro
Pace
d. Mela
S. Pier
Niceto
Monforte
S. Giorgio
Antennamare
1130
Larderia
S. Filippo
d. Mela
Sicaminò
Tremestieri
Meri
Pellegrino
Mili S. Pietro
17
(60)
Sta Lucia
del Mela
(215)
P.ᵗᵒ d. Moda
Sto Stefano
di Briga
La G.M
1015
Pezzolo
826
Altolia
1180
M. Poverello
1279
Giampilieri
astroreale
1214
Itala
950
1246
M. Fossazza
Ali
Scaletta Zanclea
Fiumedinisi
(417)
Itala Marina
di Vernà
Mandanici
6
59
Rimiti
Pagliara
Ali Terme
Antillo
49
Nizza di Sicilia
Misserio
Roccalumera
Casalvecchio
Siculo
Savoca
Furci Siculo
Limina
Ss. Pietro
e Paolo
Sta Teresa di Riva
Rocca Fiorita
S. Alessio Siculo
Forza d'Agro
(429)
C. S. Alessio
Mongiuffi
Melia
Galdoro
Letojanni
Graniti
N
885
Taormina (250)
Castelmola
Mazzarò
C. Taormina
Giardini-Naxos
C. Schisò
Naxos
S. Marco
Fiumefreddo di Sicilia
Fondachello
Mascali
Riposto
Giarre

Golfo di Milazzo

Messina
Costa

Stretto di Messina

I. Stromboli
I. Vulcano

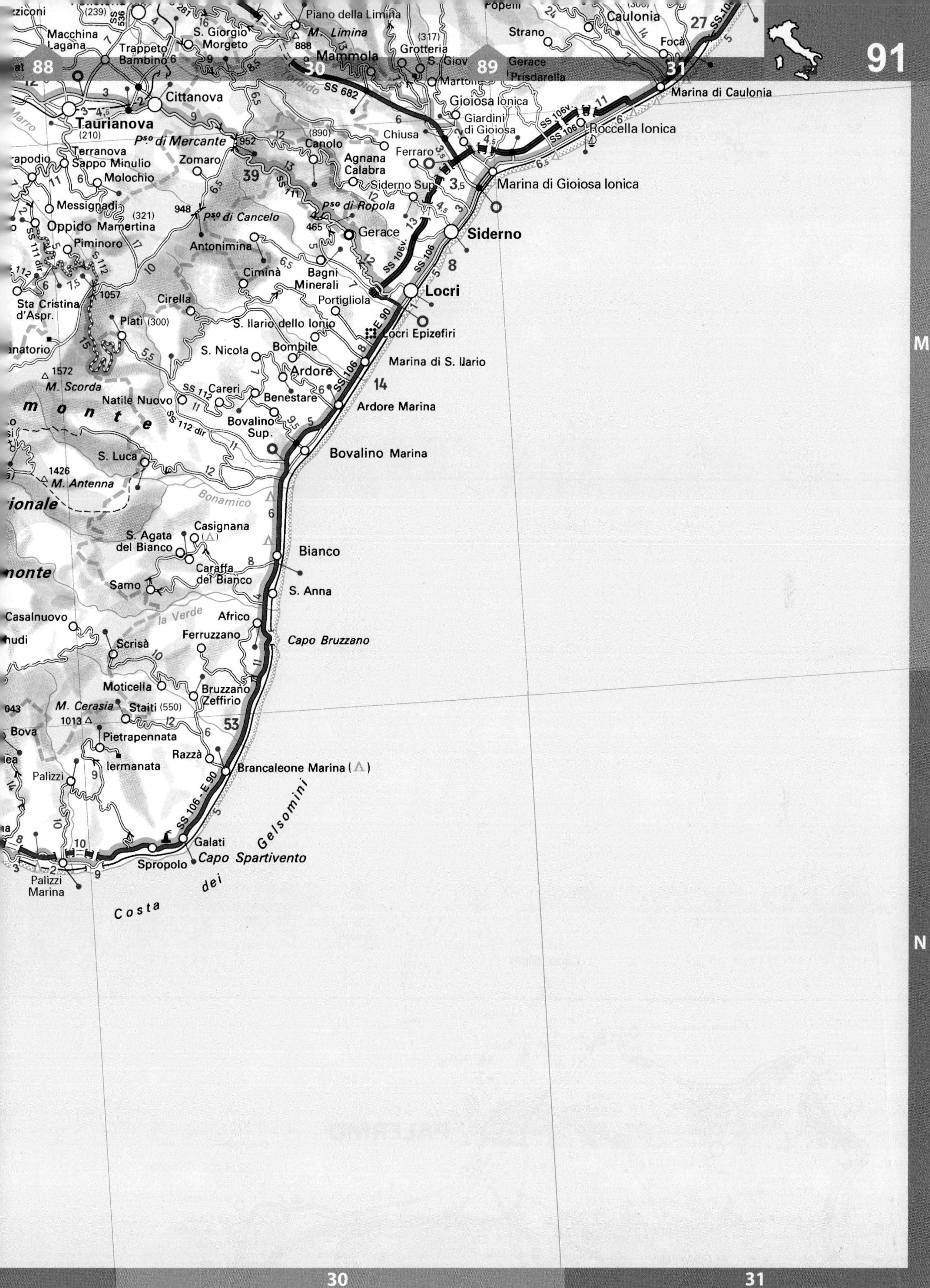
88
89
30
31
M
N
Caulonia
Strano
Focà
Piano della Limina
M. Limina
S. Giorgio Morgeto
Macchina Lagana
Trappeto
Bambino
Mammola
Grotteria
S. Giov
Gerace
Prisdarella
Martone
Marina di Caulonia
Cittanova
Taurianova
Torbido
SS 682
Gioiosa Ionica
Giardini di Gioiosa
Roccella Ionica
Pso di Mercante
Canolo
Chiusa
Terranova Sappo Minulio
Zomaro
Agnana Calabra
Ferraro
Molochio
Marina di Gioiosa Ionica
Siderno Sup.
Messignadi
Pso di Ropola
Pso di Cancelo
Oppido Mamertina
Gerace
Siderno
Antonimina
Piminoro
Ciminà
Bagni Minerali
Locri
Cirella
Portigliola
Sta Cristina d'Aspr.
Platì
S. Ilario dello Ionio
Locri Epizefiri
Bombile
S. Nicola
Marina di S. Ilario
Ardore
M. Scorda
Careri
Benestare
Natile Nuovo
Ardore Marina
Bovalino Sup.
Bovalino Marina
S. Luca
M. Antenna
Bonamico
Casignana
S. Agata del Bianco
Bianco
Caraffa del Bianco
Samo
S. Anna
la Verde
Africo
Casalnuovo
Ferruzzano
Capo Bruzzano
Scrisà
Moticella
Bruzzano Zeffirio
M. Cerasia
Staiti
Bova
Pietrapennata
Razzà
Iermanata
Brancaleone Marina
Palizzi
SS 106 - E 90
Galati
Spropolo
Capo Spartivento
Palizzi Marina
Costa dei Gelsomini

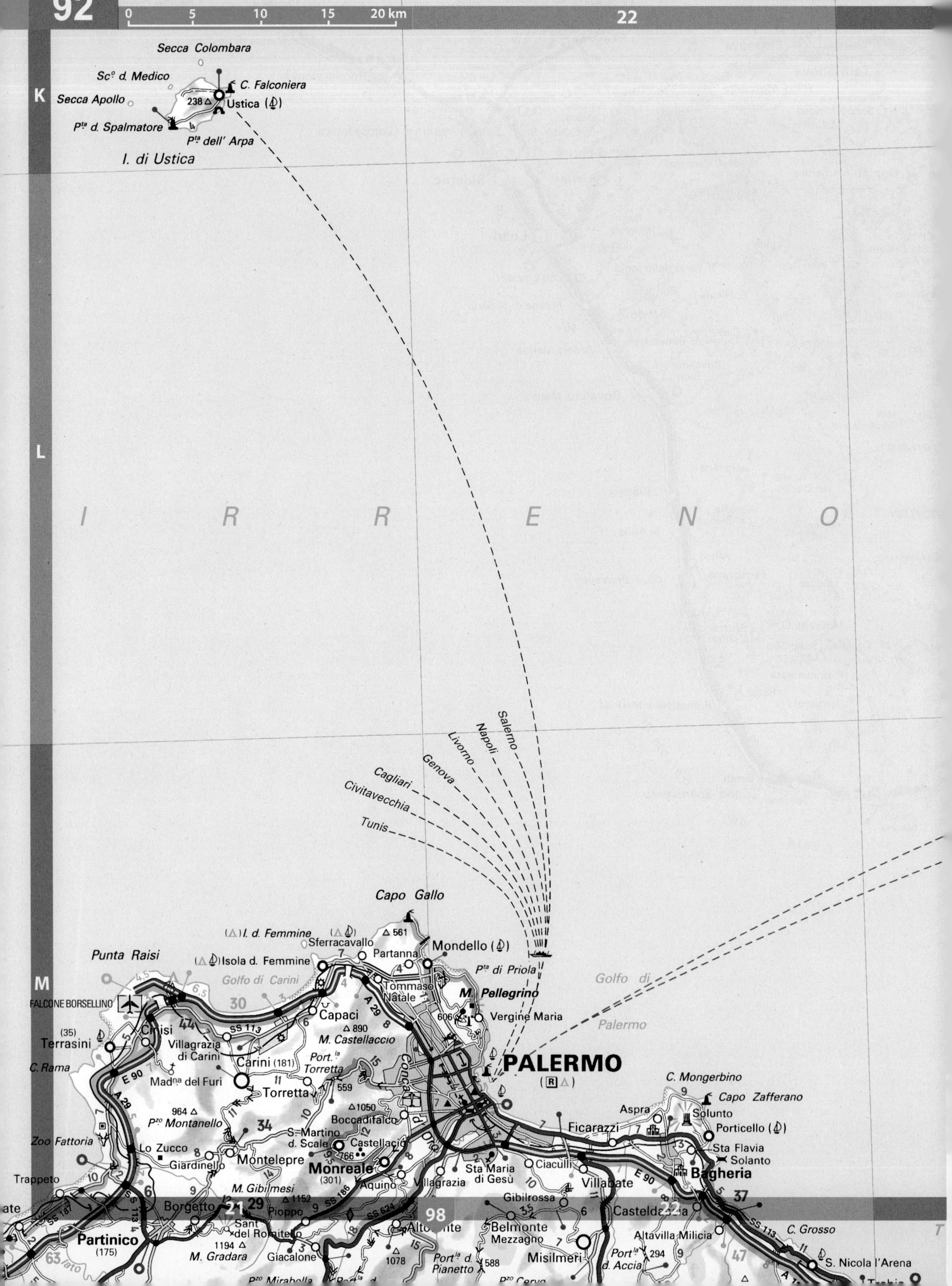

0   5   10   15   20 km

Secca Colombara

Scº d. Medico
C. Falconiera

Secca Apollo
238 △ Ustica (⚓)

Pᵗᵃ d. Spalmatore

Pᵗᵃ dell' Arpa

I. di Ustica

L I R R E N O

Salerno
Napoli
Livorno
Genova
Cagliari
Civitavecchia
Tunis

Capo Gallo

(△) I. d. Femmine
△ 561

Sferracavallo
Partanna
Mondello (⚓)

(△) Isola d. Femmine
7

Golfo di Carini
4
Tommaso
Natale
Pᵗᵃ di Priola

Punta Raisi
4.5
6.5
30

M. Pellegrino

FALCONE BORSELLINO
SS 113
6
Capaci
△ 890
606 △
Vergine Maria

(35)
Cinisi
44
Villagrazia
di Carini
M. Castellaccio

Terrasini
E 90
Carini (181)
Port.ᵃ
Torretta
15

C. Rama
Madⁿᵃ del Furi
11
559

PALERMO

(®) △

Torretta
C. Mongerbino

△ 1050
9
Capo Zafferano

964 △
Pᵗᵒ Montanello
34
Boccadifalco
Aspra
Solunto
Porticello (⚓)

Zoo Fattoria
S. Martino
d. Scale
Castellacio
Ficarazzi
Sta Flavia

Lo Zucco
8
766
6
7
E 90

Trappeto
Giardinello
Montelepre
(301)
Aquino
Sta Maria
di Gesù
Villabate
5
Bagheria

10
Monreale
Villagrazia
10
37

M. Gibilmesi
Ciaculli
Gibilrossa

Borgetto
21 29
Pioppo
9 SS 186
SS 624
Casteldaccia
SS 113
C. Grosso

Partinico
(175)
98
22
47

63
1194 △
M. Gradara
Giacalone
Altofonte
Belmonte
Mezzagno
Altavilla Milicia

Sant'
del Romitello
1078
Pᵗᵃ d.
Pianetto
△ 588
Misilmeri
Port.ᵃ
d. Accia
△ 294
9
S. Nicola l'Arena

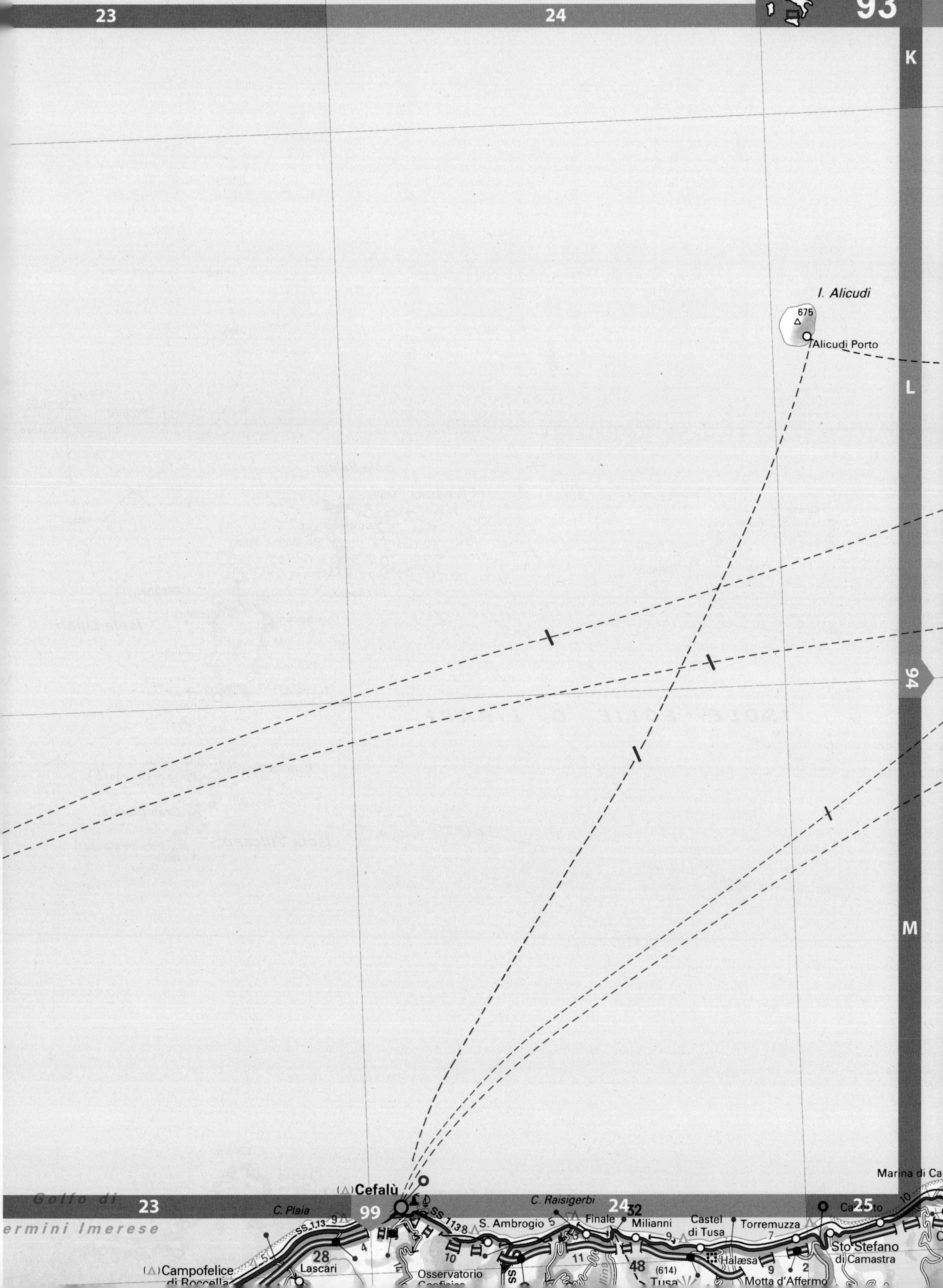

K

I. Alicudi

675
△

Alicudi Porto

L

94

M

Golfo di

(△)Cefalù

C. Plaia

C. Raisigerbi

S. Ambrogio

Finale　Milianni　Castel
di Tusa　　Torremuzza

Marina di Ca

Ca　to

Sto Stefano
di Camastra

ermini Imerese

SS 1.13　9

SS 1138

SS

(△)Campofelice
di Roccella

Lascari

28

Osservatorio

48

(614)

Tusa

Halæsa

Motta d'Affermo

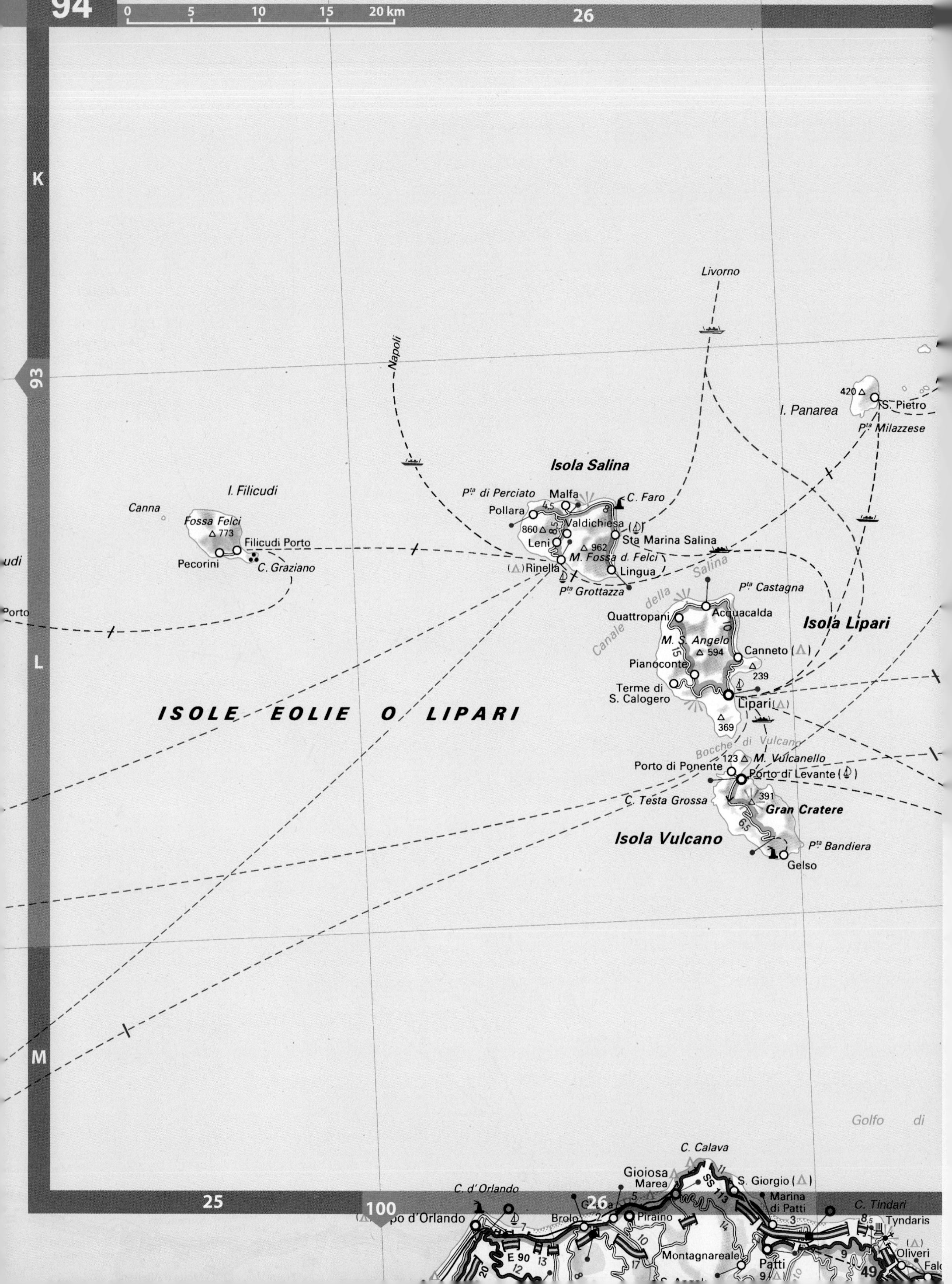

0   5   10   15   20 km

K

93

Livorno

Napoli

420 △ S. Pietro
I. Panarea
P.ta Milazzese

Isola Salina

Canna

I. Filicudi

P.ta di Perciato   Malfa
Pollara   C. Faro
Fossa Felci   4.5
△ 773   Valdichiesa
Filicudi Porto   860 △ 8.5   Sta Marina Salina
Pecorini   Leni
C. Graziano   △ 962   M. Fossa d. Felci
udi   (△) Rinella   Lingua   della Salina
Porto   P.ta Grottazza   Canale

P.ta Castagna

Quattropani   Acquacalda   Isola Lipari

L

M. S. Angelo
15   △ 594   Canneto (△)
Pianoconte   239
Terme di   Lipari (△)
S. Calogero

ISOLE EOLIE O LIPARI

△ 369

Bocche di Vulcano
123 △ M. Vulcanello
Porto di Ponente   Porto di Levante (⚓)

C. Testa Grossa   △ 391
Gran Cratere
6.5
Isola Vulcano   P.ta Bandiera
Gelso

M

Golfo   di

C. Calava
Gioiosa   S. Giorgio (△)
Marea   SS 113   Marina
C. d'Orlando   di Patti   C. Tindari
25   26   5   3   8.5   Tyndaris
100   Oliveri
po d'Orlando   Brolo   2   Piraino   14   Patti   9   Falc
E 90 13   12   8   10   Montagnareale   10   49
20   17   S.

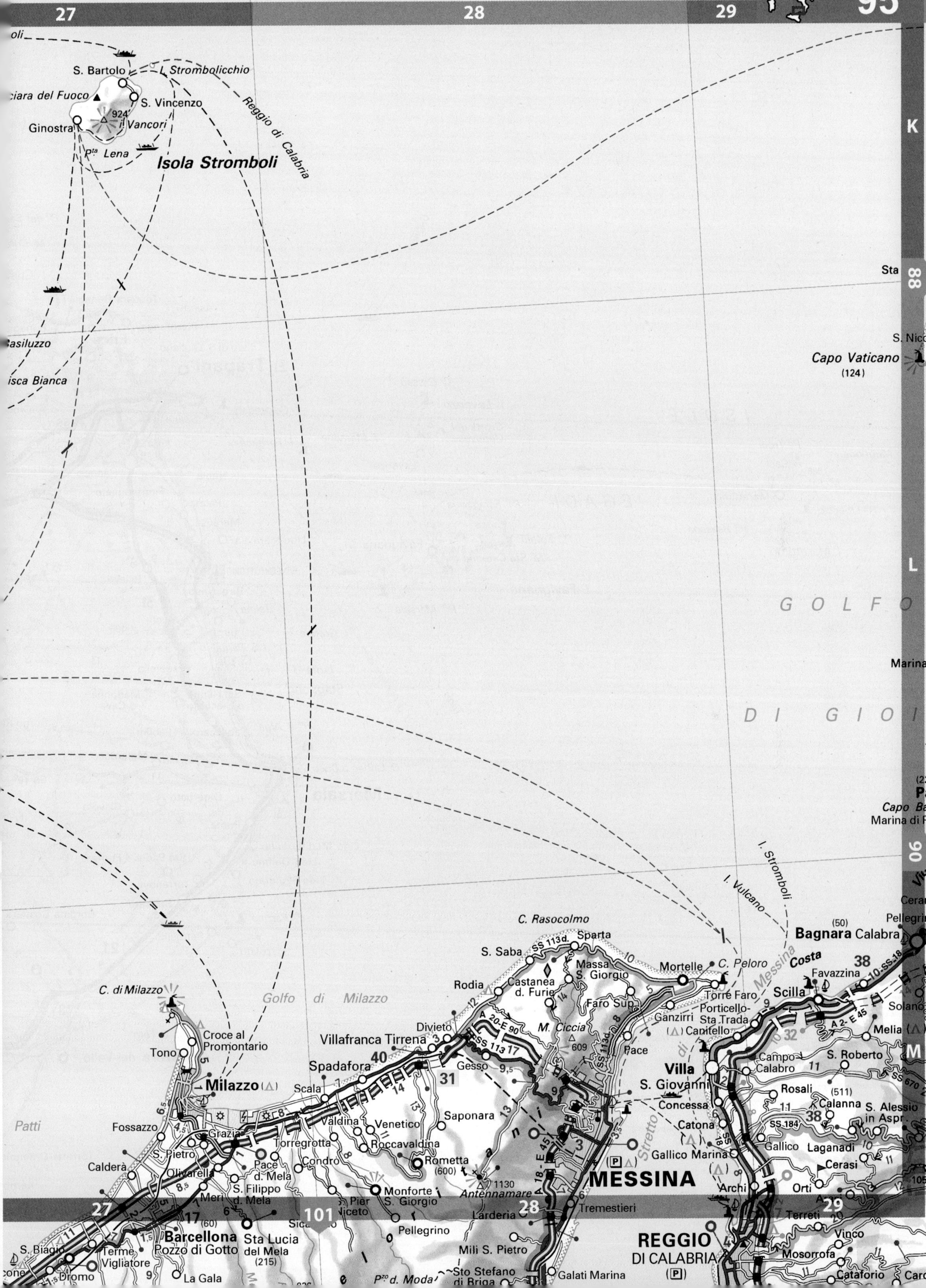
27
28
29
S. Bartolo
L. Strombolicchio
Sciara del Fuoco
S. Vincenzo
924
I Vancori
Ginostra
Pta. Lena
Isola Stromboli
Reggio di Calabria
Basiluzzo
Lisca Bianca
K
Sta
88
S. Nicolò
Capo Vaticano
(124)
L
G O L F O
Marina di
D I G I O I A
Taur
(228)
Palm
Capo Barbi
Marina di Palm
90
I. Stromboli
I. Vulcano
C. Rasocolmo
Ceramida
Pellegrina
(50)
Bagnara Calabra
Sparta
S. Saba
Massa S. Giorgio
Castanea d. Furie
Rodia
Mortelle
C. Peloro
Costa
Favazzina
38
Scilla
Torre Faro
Faro Sup.
Ganzirri
Porticello-Sta Trada
Cannitello
Solano
Melia
M. Ciccia
609
C. di Milazzo
Golfo di Milazzo
Croce al Promontario
Tono
Milazzo
Divieto
Villafranca Tirrena
40
Spadafora
Gesso
31
Pace
Villa S. Giovanni
Campo Calabro
S. Roberto
Scala
Valdina
Venetico
Saponara
Concessa
Rosali
(511)
Calanna
S. Alessio in Aspr.
38
Patti
Fossazzo
Grazia
Torregrotta
Roccavaldina
Catona
Gallico
Laganadi
Sto Stef. in A
S. Pietro
Calderà
Olivarella
Pace d. Mela
Condrò
Rometta
(600)
1130
Antennamare
Gallico Marina
Cerasi
MESSINA
Stretto di Messina
Meri
S. Filippo d. Mela
Monforte S. Giorgio
Archi
Orti
1056
27
17
(60)
101
28
Tremestieri
29
Barcellona Pozzo di Gotto
Sta Lucia del Mela
(215)
Pellegrino
Larderia
Terreti
S. Biagio
Terme Vigliatore
Mili S. Pietro
REGGIO DI CALABRIA
Vinco
Mosorrofa
Dromo
La Gala
Pzo d. Moda
Sto Stefano di Briga
Galati Marina
Cataforio
Cardeto
A 20-E 90
SS 113
A 18-E 45
A 2-E 45
SS 184
SS 670

0 5 10 15 20 km

M

Cagliari

P.ta del Sa

M. Cof

G. di Bonagia

Cust

I. Asinelli

Tonnara Bonagia (⚓)

Pizzolungo

S. Andrea

Bonagia

(751)

Crocev

Lido di S. Giuliano

Erice

(P) **Trapani**

9 **Valderice**

SS 187

Croc

C. Grosso

I. Colombata

Saline

41

SS 113

I. Levanzo

14

Grotta del Genovese

278

Xitta

Napola

I S O L E

I. Maraone

I. Formica

Nubia

Paceco

Dattilo

Levanzo

Marausa

Pietreagliate

P.ta Mugnone

P.ta Troia

Cast.

Palma

6

686

M. Falcone

Marettimo

E G A D I

P.ta Faraglione

Lido Marausa

Marausa

P.ta Libeccio

P.ta Sottile

7

Favignana (△)

VINCENZO FLORIO

Rilievo

SS 115

4.5

P.ta Bassana

314

42

M. Sta Caterina

5

Birgi Novo

31

I. Marettimo

Saline

I. Favignana

P.ta Marsala

2

Vecchi

230

△105

Birgi

N

I. Grande

I. S. Pantaleo

13

22

Isole d.

Mozia

17

Granatello

21

Stagnone

Ss. Filippo e Giacomo

Madonna d. Cava

Borgo Ri

P.ta d'Alga

Tabaccaro

13

Paolini

Nuccio

Matarocco

SS 188

C. Lilibeo o Boeo

11

10

(△ △) **Marsala**

Digerbato

3.5

Ciavolo

12

Ponte

10

Lido Mediterraneo

Sto Padre d. Perriere

Lido Delfino

10

Lido Signorino

Terrenove

13

Strasatti

SS 115

P.ta Parrino

4

Borgata Costiera

Petrosino

21

Pizzolato

9

3

C. Feto

(△) **Mazara** del Vallo

Q

Torretta-Granitola

Kartib

Inset — I. di Pantelleria

Pantelleria

8.5

Cala Cinque Denti

P.ta Spadillo

Cuddie Rosse

△56

Gadir

Sesi

289

Bagno dell'Acqua

P.ta Tracino

P.ta Fram

S. Vito

Khamma

Tracino

Satarìa

Siba

M.na Grande

836 △ M. Gibele

P.ta d. Tre Pietre

700

Scauri

10.5

Parco Naz. dell'Isola di Pantelleria

20

Nica

560

P.to Dietro Isola

Balata dei Turchi

I. di Pantelleria

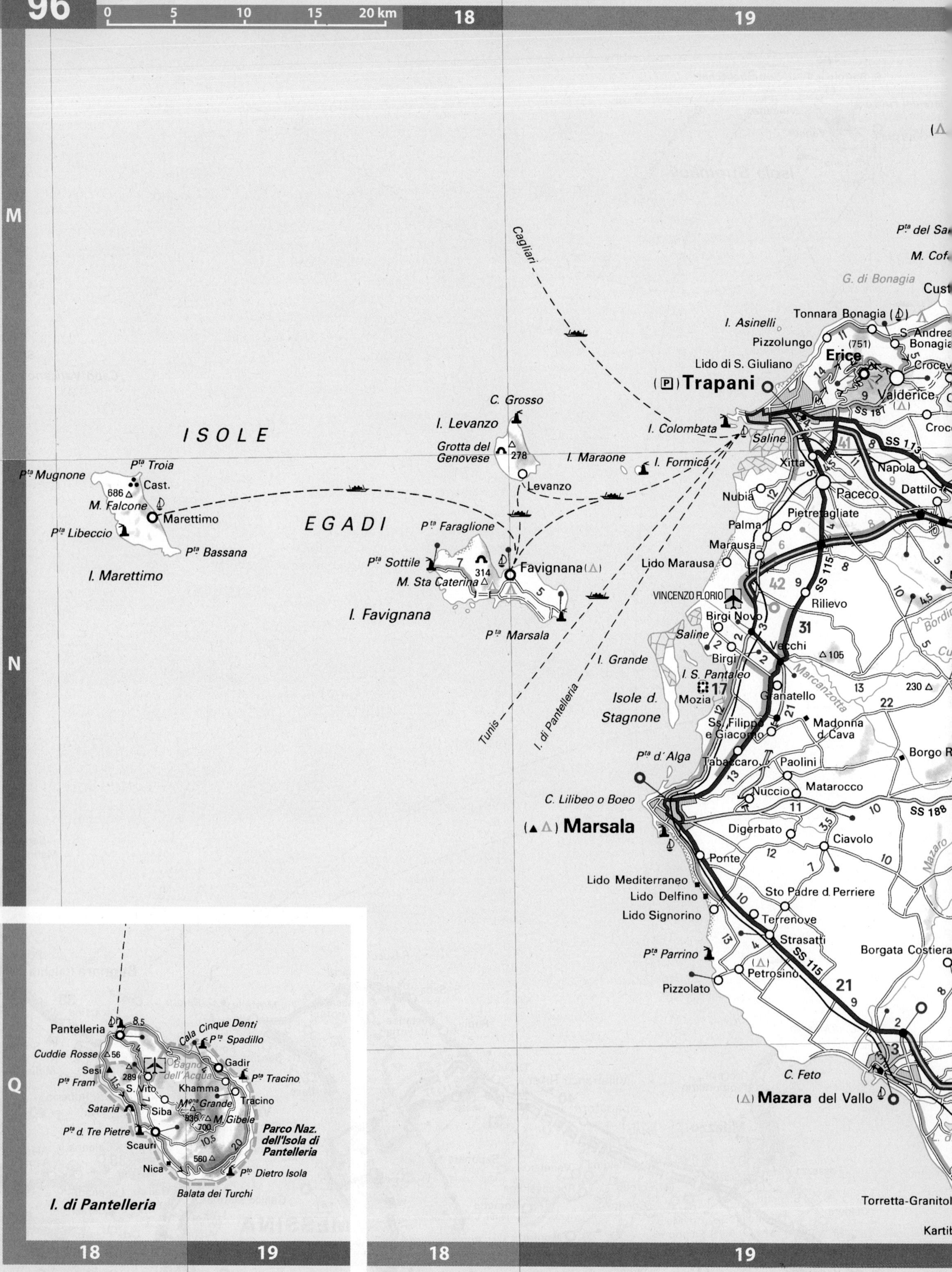

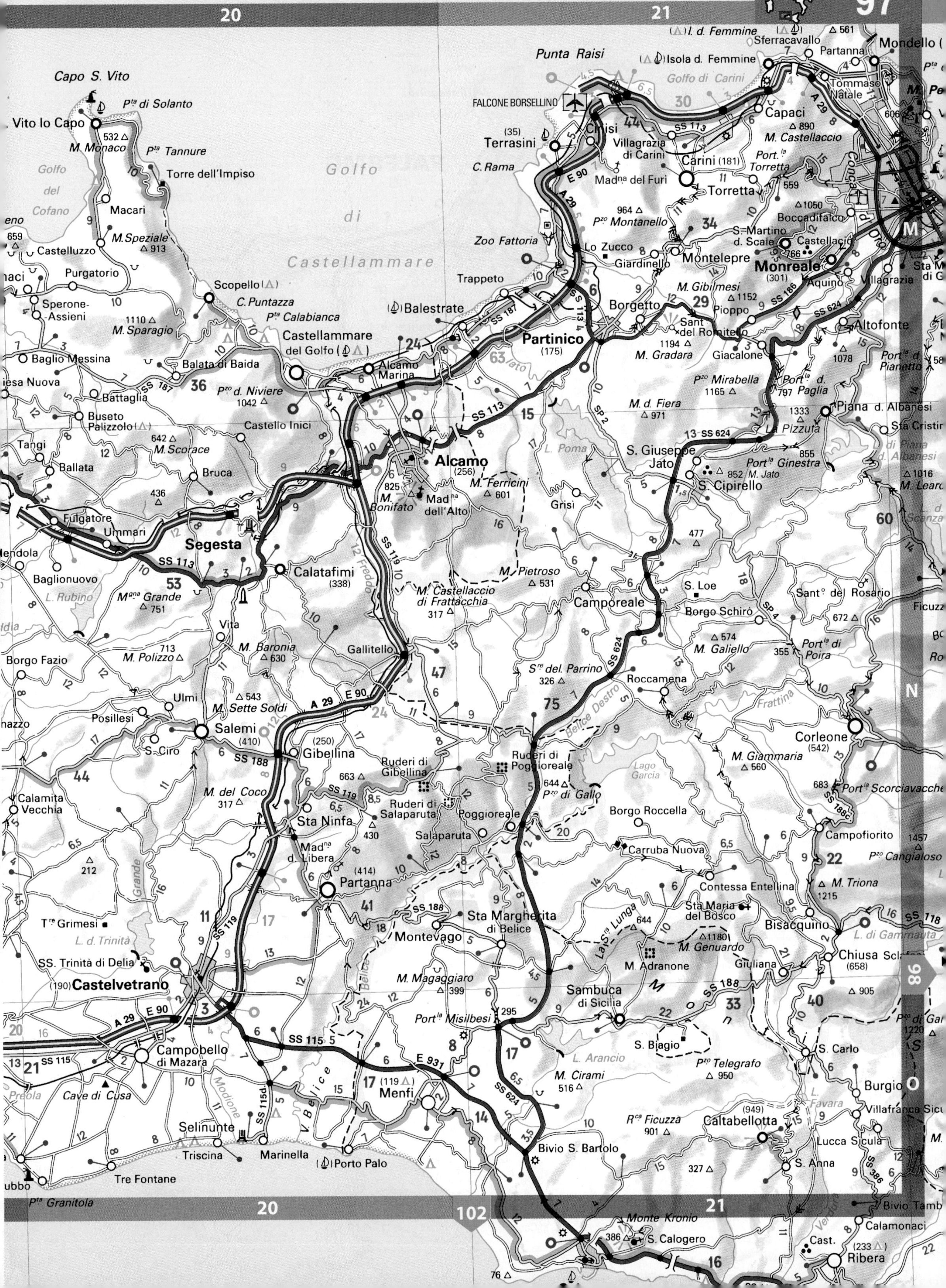

20
21
I. d. Femmine
Isola d. Femmine
Sferracavallo
Partanna
Mondello
Tommaso Natale
Punta Raisi
Golfo di Carini
FALCONE BORSELLINO
Capaci
M. Castellaccio
Capo S. Vito
Pta di Solanto
S. Vito lo Capo
M. Monaco
Pta Tannure
Torre dell'Impiso
Golfo del Cofano
Macari
M. Speziale
Castelluzzo
Purgatorio
Scopello
C. Puntazza
Pta Calabianca
Sperone-Assieni
M. Sparagio
Golfo di Castellammare
Terrasini
C. Rama
Cinisi
Villagrazia di Carini
Carini
Madna del Furi
Port.la Torretta
Torretta
Pzo Montanello
Boccadifalco
S. Martino d. Scale
Castellaccio
Monreale
Villagrazia
Aquino
Zoo Fattoria
Lo Zucco
Giardinello
Montelepre
Trappeto
Balestrate
M. Gibilmesi
Borgetto
Pioppo
Sant del Romitello
Altofonte
Castellammare del Golfo
Alcamo Marina
Partinico
M. Gradara
Giacalone
Portla d. Pianetto
Baglio Messina
Balata di Baida
Pzo d. Niviere
Pzo Mirabella
Portla d. Paglia
Battaglia
Buseto Palizzolo
Castello Inici
M. d. Fiera
Piana d. Albanesi
Sta Cristina
La Pizzuta
Tangi
M. Scorace
L. Poma
S. Giuseppe Jato
Portla Ginestra
Ballata
Bruca
Alcamo
M. Ferricini
M. Jato
S. Cipirello
M. Leardo
M. Bonifato
Madna dell'Alto
Grisì
Fulgatore
Ummari
Segesta
Mendola
Baglionuovo
Calatafimi
M. Pietroso
M. Castellaccio di Frattacchia
Camporeale
S. Loe
Santo del Rosario
Ficuzza
L. Rubino
Mgna Grande
Borgo Schirò
Vita
Freddo
M. Galiello
Portla di Poira
Borgo Fazio
M. Polizzo
M. Baronia
Gallitello
Sre del Parrino
Roccamena
Ulmi
M. Sette Soldi
Frattina
Posillesi
Salemi
S. Ciro
Gibellina
Ruderi di Gibellina
Ruderi di Poggioreale
Belice Destro
Corleone
M. Giammaria
Lago Garcia
Calamita Vecchia
M. del Coco
Ruderi di Salaparuta
Pzo di Gallo
Portla Scorciavacche
Sta Ninfa
Poggioreale
Salaparuta
Borgo Roccella
Campofiorito
Madna d. Libera
Carruba Nuova
Pzo Cangialoso
Partanna
Contessa Entellina
M. Triona
Grande
Tre Grimesi
Sta Maria del Bosco
Sta Margherita di Belice
Montevago
La Sta Lunga
M. Genuardo
Bisacquino
L. d. Trinità
SS. Trinità di Delia
L. di Gammauta
M. Adranone
Giuliana
Chiusa Sclafani
Castelvetrano
M. Magaggiaro
Sambuca di Sicilia
Portla Misilbesi
Pzo di Garda
Campobello di Mazara
L. Arancio
S. Biagio
S. Carlo
Preola
Cave di Cusa
Modione
Menfi
M. Cirami
Pzo Telegrafo
Burgio
Villafranca Sicula
Rca Ficuzza
Caltabellotta
Selinunte
Triscina
Marinella
Porto Palo
Bivio S. Bartolo
Lucca Sicula
S. Anna
Tre Fontane
Pta Granitola
Bivio Tamburello
Monte Kronio
S. Calogero
Calamonaci
Cast.
Ribera
102
98
A 29
E 90
E 931
SS 113
SS 115
SS 119
SS 188
SS 624

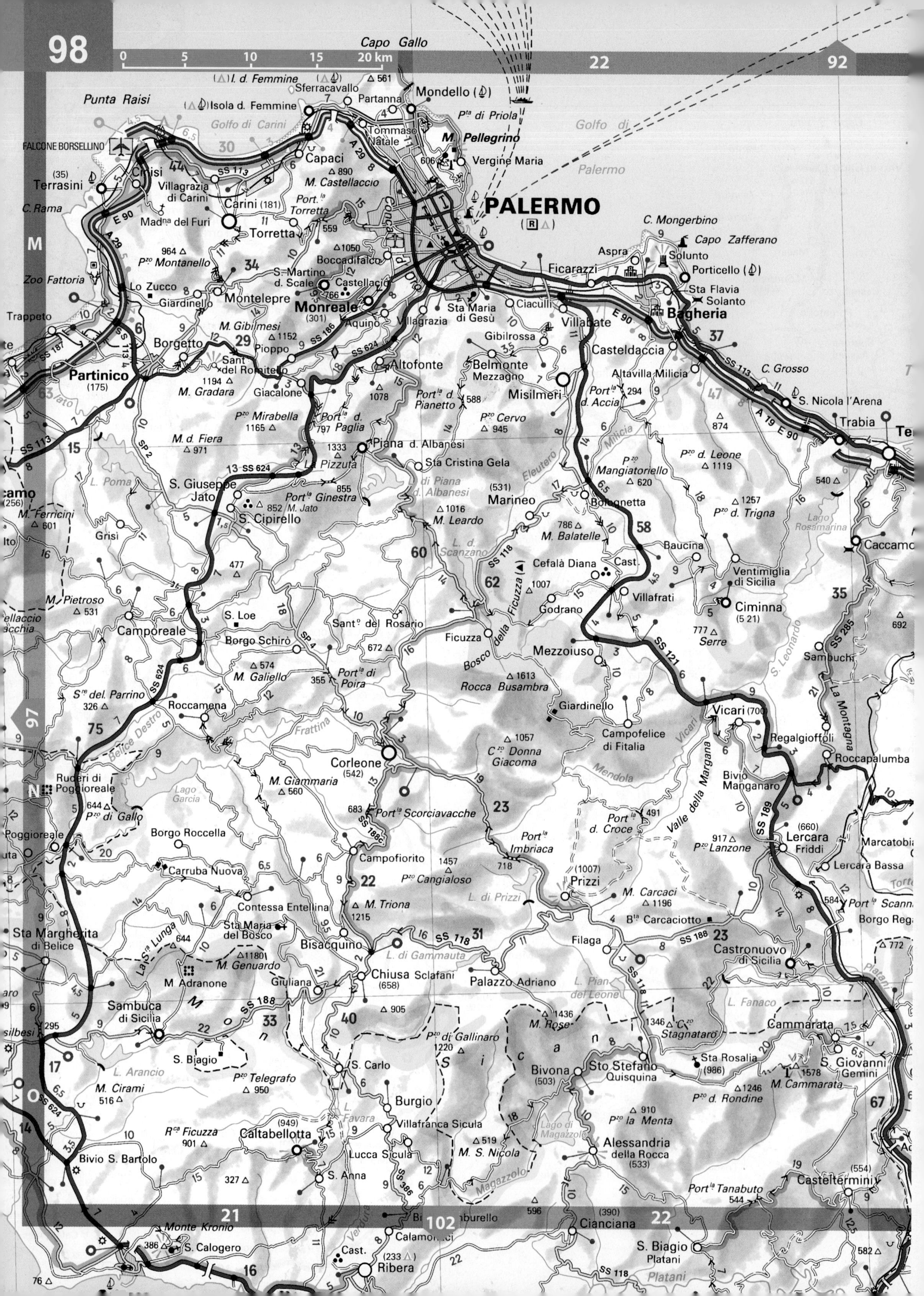
0 5 10 15 20 km
Capo Gallo
I. d. Femmine
Isola d. Femmine
Sferracavallo
Partanna
Mondello
Punta Raisi
Golfo di Carini
FALCONE BORSELLINO
Tommaso Natale
Pta di Priola
M. Pellegrino
Vergine Maria
Golfo di Palermo
PALERMO
Terrasini
Cinisi
Villagrazia di Carini
Capaci
M. Castellaccio
C. Rama
Carini
Madna del Furi
Torretta
Port.la Torretta
C. Mongerbino
Capo Zafferano
Aspra
Solunto
Porticello
Ficarazzi
Sta Flavia
Solanto
Bagheria
Pzo Montanello
Zoo Fattoria
Lo Zucco
Giardinello
Montelepre
S. Martino d. Scale
Boccadifalco
Castellaccio
Monreale
Aquino
Villagrazia
Sta Maria di Gesù
Ciaculli
Villabate
Trappeto
M. Gibilmesi
Borgetto
Pioppo
Gibilrossa
Casteldaccia
Partinico
Sant del Romitello
Altofonte
Belmonte Mezzagno
Misilmeri
Altavilla Milicia
C. Grosso
S. Nicola l'Arena
M. Gradara
Giacalone
Portla d. Pianetto
Portla d. Accia
Trabia
Pzo Mirabella
Portla d. Paglia
Pzo Cervo
M. d. Fiera
Piana d. Albanesi
Sta Cristina Gela
Pzo Mangiatoriello
Pzo d. Leone
La Pizzuta
L. Poma
S. Giuseppe Jato
Portla Ginestra
M. Jato
L. di Piana d. Albanesi
Marineo
Bolognetta
Pzo d. Trigna
Lago Rosamarina
M. Ferricini
S. Cipirello
M. Leardo
M. Balatelle
Grisi
L. d. Scanzano
Baucina
Caccamo
Cefalà Diana
Cast.
Ventimiglia di Sicilia
M. Pietroso
Godrano
Villafrati
Ciminna
Camporeale
S. Loe
Sant.o del Rosario
Ficuzza
Bosco della Ficuzza
Serre
Borgo Schirò
Mezzojuso
Sambuchi
M. Galiello
Portla di Poira
Rocca Busambra
Sre del Parrino
Roccamena
Giardinello
Campofelice di Fitalia
Vicari
Regalgioffoli
La Montagna
Belice Destro
Frattina
Corleone
Czo Donna Giacoma
Roccapalumba
Ruderi di Poggioreale
Lago Garcia
M. Giammaria
Mendola
Valle della Margana
Bivio Manganaro
Pzo di Gallo
Portla Scorciavacche
Portla d. Croce
Lercara Friddi
Marcatobia
Poggioreale
Borgo Roccella
Portla Imbriaca
Pzo Lanzone
Lercara Bassa
Campofiorito
Carruba Nuova
Pzo Cangialoso
Prizzi
M. Carcaci
Contessa Entellina
M. Triona
L. di Prizzi
Portla Scanna
Borgo Regalmici
Sta Margherita di Belice
Sta Maria del Bosco
La Sta Lunga
M. Genuardo
Bisacquino
L. di Gammauta
Filaga
Bta Carcaciotto
Castronuovo di Sicilia
M Adranone
Chiusa Sclafani
Giuliana
Palazzo Adriano
L. Pian del Leone
L. Fanaco
Sambuca di Sicilia
M. Rose
Czo Stagnataro
Cammarata
S. Biagio
Pzo di Gallinaro
Sta Rosalia
S. Giovanni Gemini
L. Arancio
Pzo Telegrafo
S. Carlo
Bivona
Sto Stefano Quisquina
M. Cammarata
M. Cirami
Pzo d. Rondine
Burgio
L. Favara
Pzo la Menta
Rca Ficuzza
Caltabellotta
Villafranca Sicula
Lago di Magazzolo
Alessandria della Rocca
Bivio S. Bartolo
Lucca Sicula
M. S. Nicola
S. Anna
Magazzolo
Portla Tanabuto
Casteltermini
Monte Kronio
S. Calogero
Calamonaci
Cianciana
S. Biagio Platani
Cast.
Ribera
Platani
Verdura
Burello
A 29
E 90
A 19
SS 113
SS 186
SS 624
SS 118
SS 121
SS 188
SS 189
SS 285
SS 386
SS 187
SP 2
SP 4
Trabia
M
N
O
22
92
97
102
21

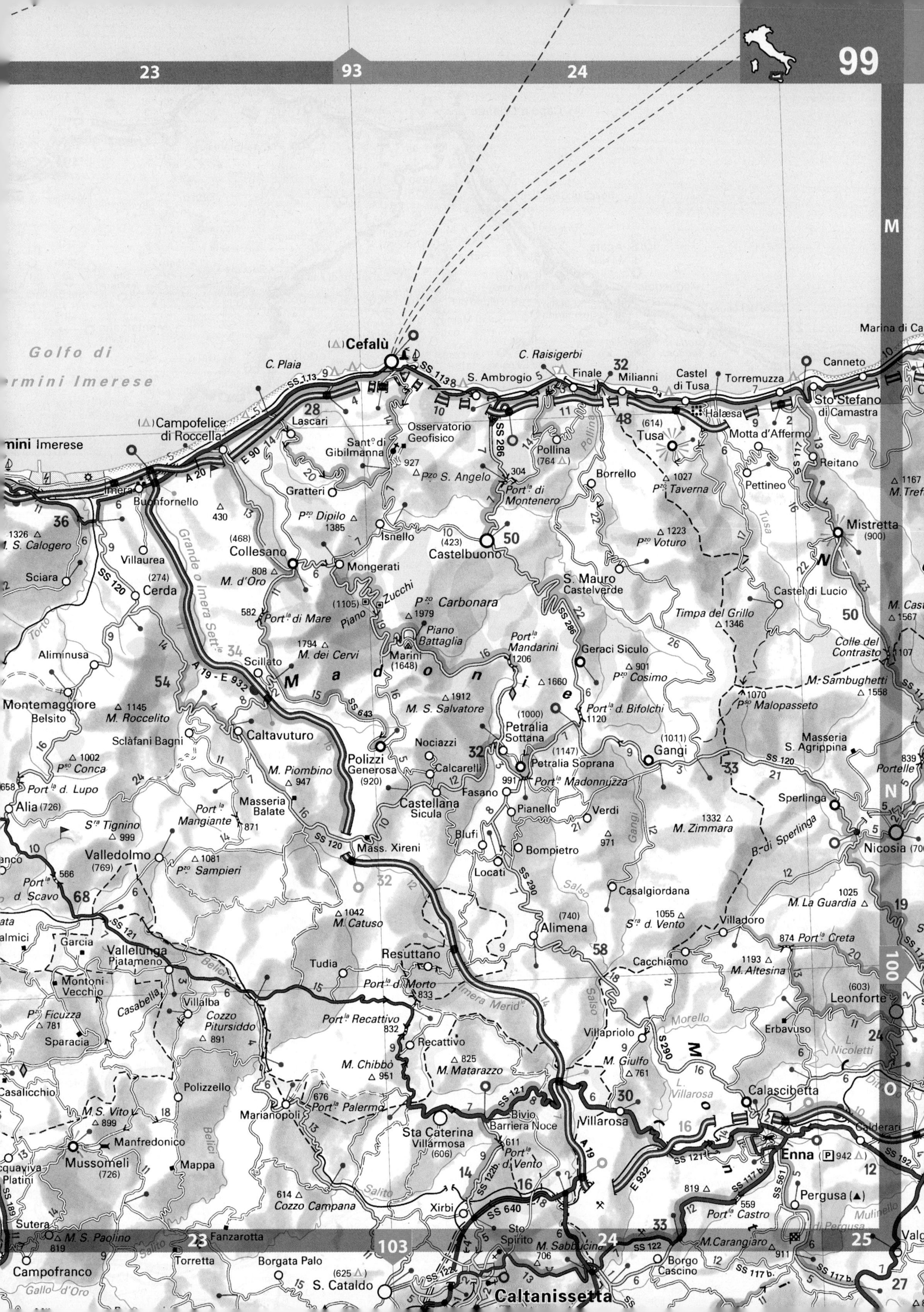

23
93
24
M
N
O
Golfo di
Termini Imerese
Cefalù
C. Plaia
C. Raisigerbi
S. Ambrogio
Finale
Milianni
Castel di Tusa
Torremuzza
Marina di Caronia
Canneto
Sto Stefano di Camastra
Halæsa
Motta d'Afferma
Reitano
Tusa
Pollina
Campofelice di Roccella
Lascari
Osservatorio Geofisico
Sant° di Gibilmanna
Termini Imerese
Imera
Buonfornello
Gratteri
Pzo S. Angelo
Portla di Montenero
Borrello
Pzo Taverna
Pettineo
M. S. Calogero
Sciara
Villaurea
Cerda
Pzo Dipilo
Isnello
Collesano
Mongerati
Castelbuono
Pzo Voturo
Mistretta
M. d'Oro
Grande o Imera Settle
S. Mauro Castelverde
Castel di Lucio
Timpa del Grillo
Portla di Mare
Piano Zucchi
Pzo Carbonara
Piano Battaglia
Portla Mandarini
Aliminusa
M. dei Cervi
Marini
Geraci Siculo
Colle del Contrasto
Scillato
Madonie
Pzo Cosimo
M. Sambughetti
Montemaggiore Belsito
M. Roccelito
M. S. Salvatore
Portla d. Bifolchi
Pso Malopasseto
Caltavuturo
Sclàfani Bagni
Petralia Sottana
Masseria S. Agrippina
Polizzi Generosa
Nociazzi
Calcarelli
Petralia Soprana
Gangi
Portella
Pzo Conca
M. Piombino
Fasano
Portla Madonnuzza
Portla d. Lupo
Alia
Masseria Balate
Portla Mangiante
Castellana Sicula
Pianello
Verdi
Sperlinga
Sra Tignino
M. Zimmara
Blufi
B. di Sperlinga
Nicosia
Valledolmo
Mass. Xireni
Bompietro
Pzo Sampieri
Locati
Portla d. Scavo
Casalgiordana
M. La Guardia
M. Catuso
Alimena
Sra d. Vento
Villadoro
Portla Creta
Garcia
Vallelunga Pratameno
Resuttano
Cacchiamo
M. Altesina
Montoni Vecchio
Tudia
Portla d. Morto
Leonforte
Villalba
Imera Meridle
Pzo Ficuzza
Cozzo Pitursiddo
Portla Recattivo
Erbavuso
Sparacia
Recattivo
Villapriolo
M. Chibbò
M. Matarazzo
M. Giulfo
L. Nicoletti
Casalicchio
Polizzello
Calascibetta
L. Villarosa
M. S. Vito
Marianopoli
Portla Palermo
Bivio Barriera Noce
Villarosa
Manfredonico
Sta Caterina Villarmosa
Portla d. Vento
Enna
Mussomeli
Mappa
Pergusa
Acquaviva Platani
Cozzo Campana
Xirbi
Portla Castro
Sutera
M. S. Paolino
Fanzarotta
Sto Spirito
M. Sabbucina
M. Carangiaro
Lago di Pergusa
Torretta
Borgata Palo
Borgo Cascino
Valguarnera
Campofranco
S. Cataldo
Caltanissetta
103
25
100

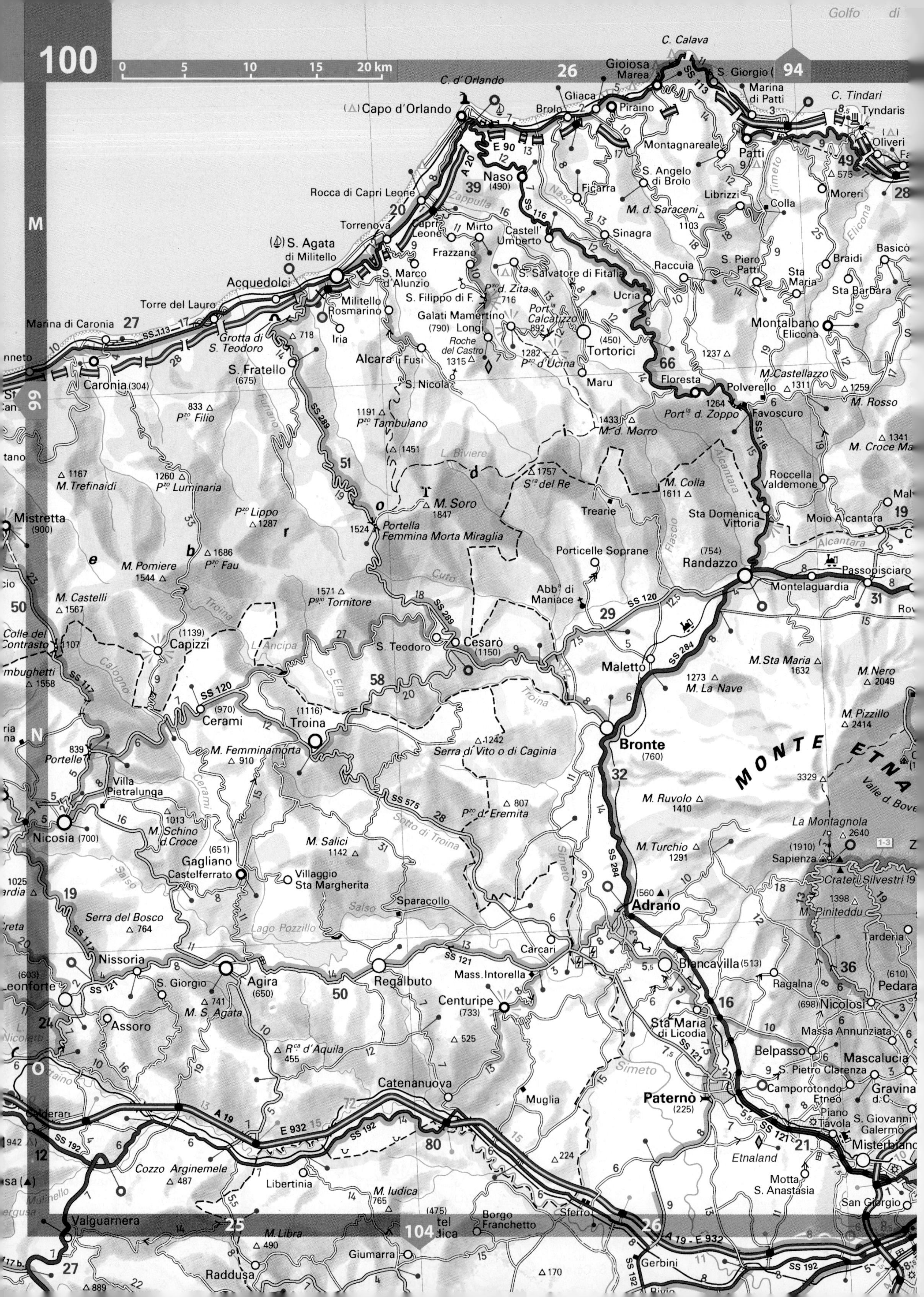

0 5 10 15 20 km

Golfo di

C. Calava

Gioiosa Marea
S. Giorgio
C. d'Orlando
Brolo
Gliaca
Piraino
Marina di Patti
C. Tindari
Tyndaris
Oliveri
Fa
(△) Capo d'Orlando
Montagnareale
Patti
3
49
28
E 90
A 20
Naso (490)
S. Angelo di Brolo
Librizzi
Moreri
Rocca di Capri Leone
39
Zappulla
Ficarra
Sta Maria
Torrenova
Capri Leone
Mirto
Castell' Umberto
Sinagra
S. Piero Patti
Braidi
20
SS 116
Naso
Raccuia
Basicò
(△) S. Agata di Militello
S. Marco d'Alunzio
Frazzano
S. Salvatore di Fitalia
Ucria
Montalbano Elicona
Acquedolci
Militello Rosmarino
S. Filippo di F.
Galati Mamertino
Longi
P^zo d. Zita 716
Calcatizzo 892
Tortorici (450)
66
1103 M. d. Saraceni
Torre del Lauro
Iria
△ 718
Alcara li Fusi
Roche del Castro 1315
P^zo d'Ucina
Floresta
1237 △
M. Castellazzo
1311 △
1259 △
27 Marina di Caronia
SS 113
17
Grotta di S. Teodoro
S. Fratello (675)
S. Nicola
Maru
1264
Port^la d. Zoppo
Favoscuro
M. Rosso
M. Croce Ma
66 Caronia (304)
833 △ P^zo Filio
1191 △ P^zo Tambulano
1433 △
M. d. Morro
Polverello
SS 116
1341 △ M. Croce Ma
1167 △ M. Trefinaidi
1260 △ P^zo Luminaria
1451 △
L. Biviere
1757 △ S^ra del Re
M. Colla 1611 △
Roccella Valdemone
19 Mal
Mistretta (900)
P^zo Lippo 1287 △
51
M. Soro 1847
Trearie
Sta Domenica Vittoria
Moio Alcantara
e
M. Pomiere 1544 △
P^zo Fau 1686 △
1524
Portella Femmina Morta Miraglia
Porticelle Soprane
(754)
Alcantara
50 M. Castelli 1567 △
Colle del Contrasto 1107
P^gio Tornitore 1571 △
Abb^a di Maniace
Randazzo
Passopisciaro
31 Ro
mbughetti 1558 △
SS 117
Capizzi (1139)
L'Ancipa
SS 289
S. Teodoro
Cesarò (1150)
29
SS 120
Montelaguardia
15
SS 120
58
Troina
Maletto
M. Sta Maria 1632
M. Nero 2049
Cerami (970)
Troina (1116)
1273 △ M. La Nave
M. Pizzillo 2414
N
839 △ Portelle
M. Femminamorta 910 △
1242 △
Serra di Vito o di Caginia
Bronte (760)
MONTE ETNA
3329
Valle di Bove
Villa Pietralunga
32
M. Ruvolo 1410
La Montagnola 2640
Nicosia (700)
1013 △ M. Schino d'Croce
SS 575
807 △ P^zo d'Eremita
14
M. Turchio 1291
(1910)
Sapienza
1-3 Z
Gagliano Castelferrato (651)
M. Salici 1142 △
31
Sotto di Troina
SS 284
(560 ▲)
Crateri Silvestri 19
19 Serra del Bosco 764 △
Villaggio Sta Margherita
Sparacollo
Lago Pozzillo
Simeto
Adrano
1398 △ M. Piniteddu
Tarderia
1025 ardia
Salso
Carcari
Biancavilla (513)
36
Nissoria
SS 121
SS 121
13
Mass. Intorella
16
Ragalna
(610) Pedara
onforte
S. Giorgio
Agira (650)
50
Regalbuto
Sta Maria di Licodia SS 121
Nicolosi (698)
24 Assoro
M. S. Agata 741 △
Centuripe (733)
525 △
Belpasso
Massa Annunziata
Mascalucia
L. Nicoletti
R^ca d'Aquila 455
Camporotondo Etneo
Gravina d.C.
O
Catenanuova
Paternò (225)
S. Pietro Clarenza
Piano Tavola
S. Giovanni Galermo
12 Calderari
A 19
E 932
SS 192
Muglia
Etnaland
21
Misterbianco
sa (▲)
1942 △
SS 192
80
224 △
Motta S. Anastasia
San Giorgio
Cozzo Arginemele 487 △
Libertinia
M. Iudica 765 △
Sferro
SS 192
12
M. Libra 490 △
25
104
tel dica
Borgo Franchetto
26
A 19 - E 932
27
Raddusa
889 △
22
Giumarra
170 △
Gerbini
SS 192

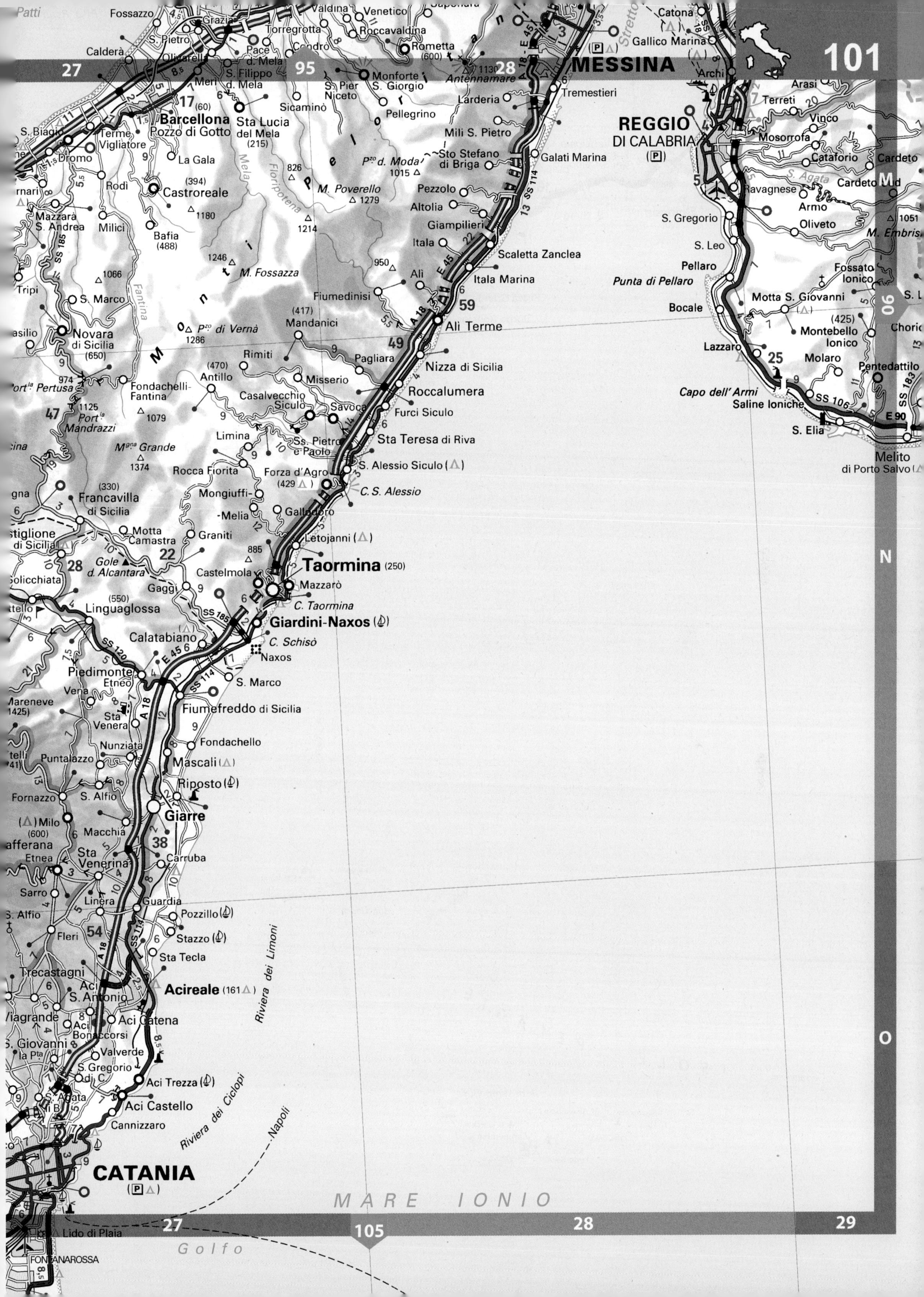
MESSINA
REGGIO
DI CALABRIA
CATANIA
Taormina (250)
Giardini-Naxos
Acireale (161)
Giarre
Barcellona
Pozzo di Gotto
MARE IONIO
Golfo
Riviera dei Ciclopi
Riviera dei Limoni
Napoli
Monti Peloritani
Stretto
Fossazzo
Grazia
Valdina
Venetico
Torregrotta
Roccavaldina
S. Pietro
Calderà
Pace d. Mela
Condrò
Rometta (600)
Olivarella
S. Filippo d. Mela
Monforte S. Giorgio
S. Pier Niceto
Antennamare
Meri
Sicaminò
Pellegrino
Larderia
Tremestieri
Catona
Gallico Marina
Archi
Arasi
Terreti
Vinco
Mosorrofa
Cataforio
Cardeto
Ravagnese
Armo
Oliveto
S. Gregorio
S. Leo
Pellaro
Punta di Pellaro
Bocale
Fossato Ionico
Motta S. Giovanni
Montebello Ionico
Lazzaro
Molaro
Pentedattilo
Capo dell' Armi
Saline Ioniche
S. Elia
Melito di Porto Salvo
M. Embrisi
Sta Lucia del Mela (215)
Terme Vigliatore
S. Biagio
Dromo
La Gala
Rodì
Castroreale (394)
Mazzarà S. Andrea
Milici
Bafia (488)
Tripi
S. Marco
Novara di Sicilia (650)
Fondachelli-Fantina
Port.la Pertusa
Port.la Mandrazzi
M.gna Grande
Francavilla di Sicilia (330)
Castiglione di Sicilia
Motta Camastra
Gole d. Alcantara
Linguaglossa (550)
Piedimonte Etneo
Calatabiano
Mili S. Pietro
Sto Stefano di Briga
Galati Marina
P.zo d. Moda
M. Poverello
Pezzolo
Altolia
Giampilieri
Itala
Scaletta Zanclea
Itala Marina
Alì
Fiumedinisi
Alì Terme
M. Fossazza
P.zo di Vernà
Mandanici (417)
Pagliara
Nizza di Sicilia
Rimiti
Antillo (470)
Misserio
Roccalumera
Casalvecchio Siculo
Savoca
Furci Siculo
Limina
Ss. Pietro e Paolo
Sta Teresa di Riva
Rocca Fiorita
Forza d'Agrò (429)
S. Alessio Siculo
C. S. Alessio
Mongiuffi-Melia
Gallodoro
Graniti
Letojanni
Castelmola
Gaggi
Mazzarò
C. Taormina
C. Schisò
Naxos
S. Marco
Fiumefreddo di Sicilia
Fondachello
Mascali
Riposto
Nunziata
Puntalazzo
Fornazzo
S. Alfio
Milo (600)
Macchia
Zafferana Etnea
Sta Venerina
Carruba
Sarro
Linera
Guardia
Pozzillo
Stazzo
Fleri
Sta Tecla
Trecastagni
Aci S. Antonio
Viagrande
Aci Catena
Aci Bonaccorsi
S. Giovanni la P.ta
Valverde
S. Gregorio di C.
Aci Trezza
S. Agata li B.
Aci Castello
Cannizzaro
Lido di Plaia
FONTANAROSSA
Mareneve (1425)
Vena
Sta Venera
Patti

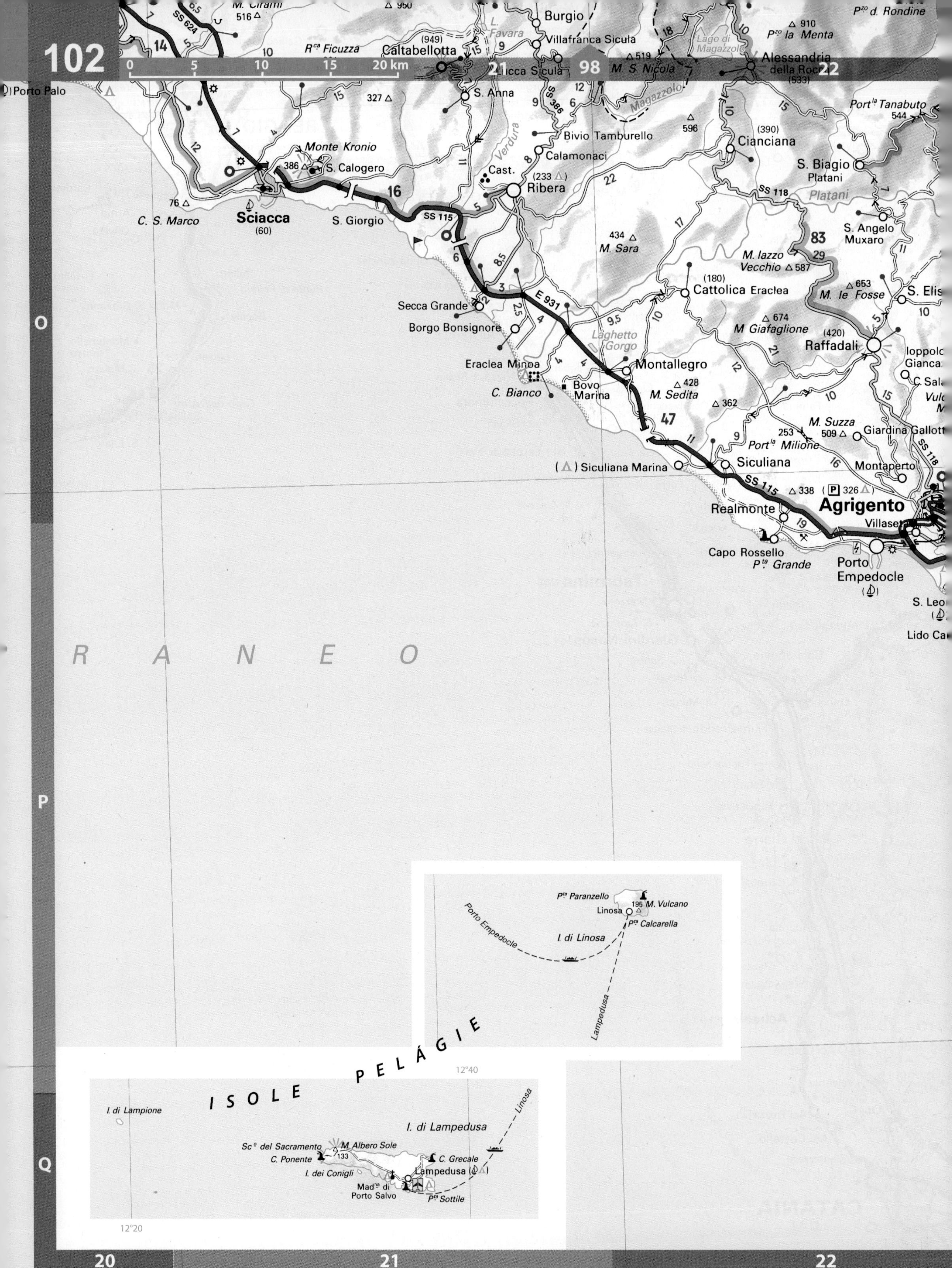

0   5   10   15   20 km

D) Porto Palo

SS 624

M. Cirami
516 △   △ 950

R.ca Ficuzza
(949)
Caltabellotta

Burgio

Villafranca Sicula

P.zo d. Rondine

△ 910
P.zo la Menta

Lago di
Magazzolo

Alessandria
della Rocca

21   98   22
(533)

14

S. Anna

Lucca Sicula

M. S. Nicola

△ 519

Port.la Tanabuto
544 △

12

Bivio Tamburello

596 △

Cianciana
(390)

10

S. Biagio
Platani

Monte Kronio

386 △ S. Calogero

Calamonaci

Cast.

(233) △

Ribera

22

SS 118

Platani

S. Angelo
Muxaro

76 △

C. S. Marco

Sciacca
(60)

S. Giorgio

SS 115

16

8.5

434 △
M. Sara

6

E 931

3

2

Secca Grande

Borgo Bonsignore

Eraclea Minoa

C. Bianco

2.5

4

9.5

Laghetto
Gorgo

4

4

Bovo
Marina

Montallegro

M. lazzo
Vecchio △ 587

(180)

△ 674
M Giafaglione

△ 653
M. le Fosse

29

S. Elis

10

(420)
Raffadali

83

21

Ioppolo
Gianca.

C. Sala

Vulc.
M.

△ 428
M. Sedita

△ 362

12

47

11

9

M. Suzza
253   509 △

Giardina Gallott

SS 118

15

10

16

Port.la Milione

Montaperto

(A △) Siculiana Marina

Siculiana

SS 115

△ 338

(P) 326 △

Agrigento

Villaset

Realmonte

19

Capo Rossello
P.ta Grande

Porto
Empedocle
(⚓)

S. Leo
(⚓)

Lido Ca

R A N E O

ISOLE PELÁGIE

12°40

P.ta Paranzello
195 △ M. Vulcano
Linosa ○
P.ta Calcarella

Porto Empedocle

I. di Linosa

Lampedusa

Linosa

I. di Lampione

I. di Lampedusa

Sc.e del Sacramento
C. Ponente   133
I. dei Conigli

M. Albero Sole

C. Grecale

Lampedusa (A △)

Mad.na di
Porto Salvo
P.ta Sottile

12°20

20   21   22

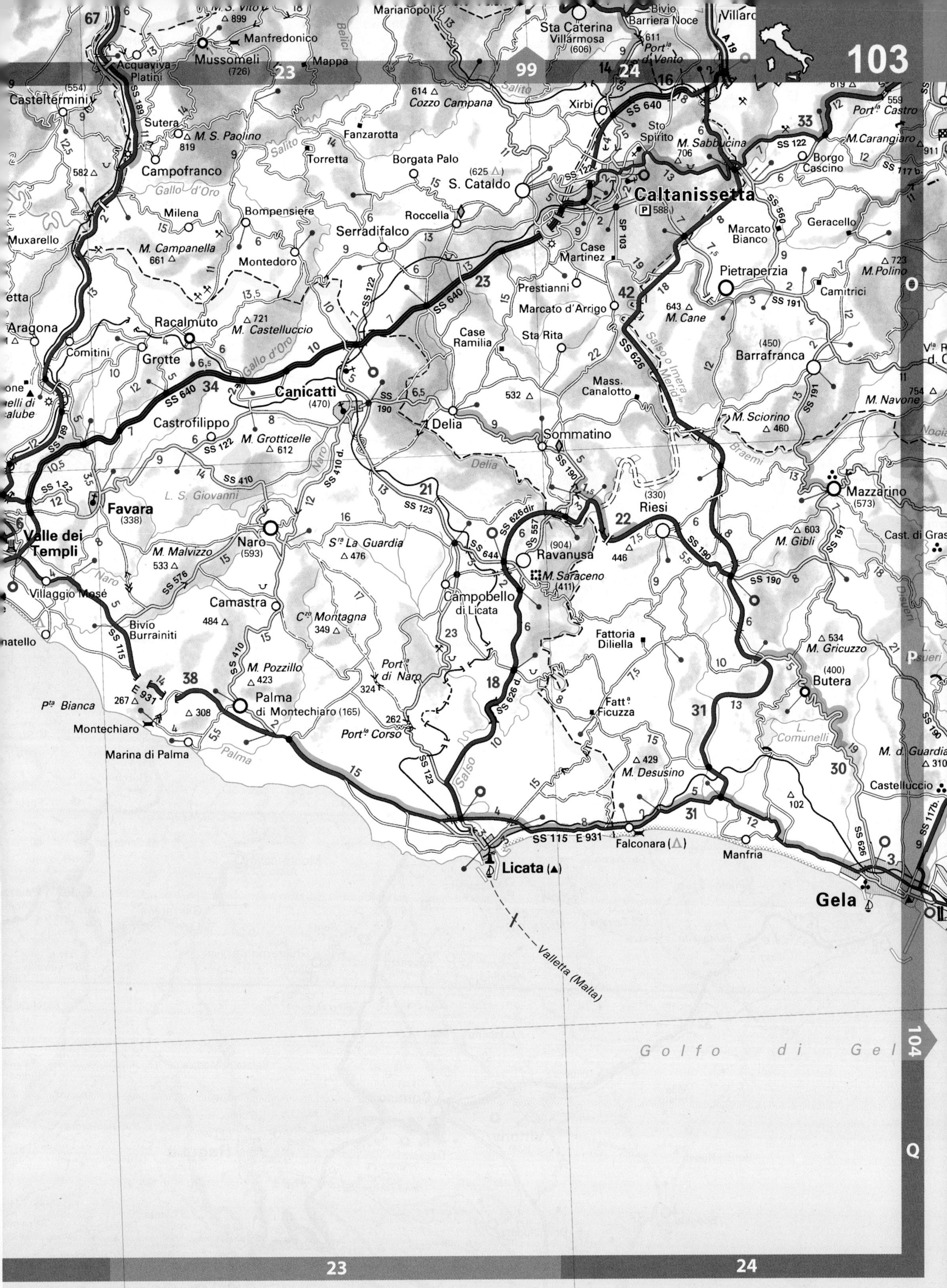

Mussomeli
Manfredonico
Acquaviva Platani
Mappa
Marianopoli
Sta Caterina Villarmosa
Bivio Barriera Noce
Villarosa
Casteltermini
Sutera
M. S. Paolino
Campofranco
Cozzo Campana
Fanzarotta
Torretta
Borgata Palo
S. Cataldo
Xirbi
Sto Spirito
M. Sabbucina
Caltanissetta
Port.la Castro
M.Carangiaro
Borgo Cascino
Milena
Bompensiere
Roccella
Serradifalco
Muxarello
M. Campanella
Montedoro
Case Martinez
Marcato Bianco
Geracello
Pietraperzia
M.Polino
Camitrici
Prestianni
Marcato d'Arrigo
M. Cane
Aragona
Racalmuto
M. Castelluccio
Comitini
Grotte
Case Ramilia
Sta Rita
Barrafranca
Canicattì
Delia
Mass. Canalotto
M. Navone
M. Sciorino
Castrofilippo
M. Grotticelle
Sommatino
L. S. Giovanni
Favara
Mazzarino
Valle dei Templi
Naro
Sta La Guardia
Riesi
M. Gibli
Ravanusa
M. Saraceno
M. Malvizzo
Campobello di Licata
Villaggio Mosè
Camastra
Cda Montagna
Bivio Burrainiti
Fattoria Diliella
M. Gricuzzo
Butera
M. Pozzillo
Portla di Naro
Palma di Montechiaro
Pta Bianca
Fatta Ficuzza
L. Comunelli
Montechiaro
Marina di Palma
Portla Corso
M. Desusino
M. d. Guardia
Castelluccio
Licata
Falconara
Manfria
Gela
Valletta (Malta)
Golfo di Gela

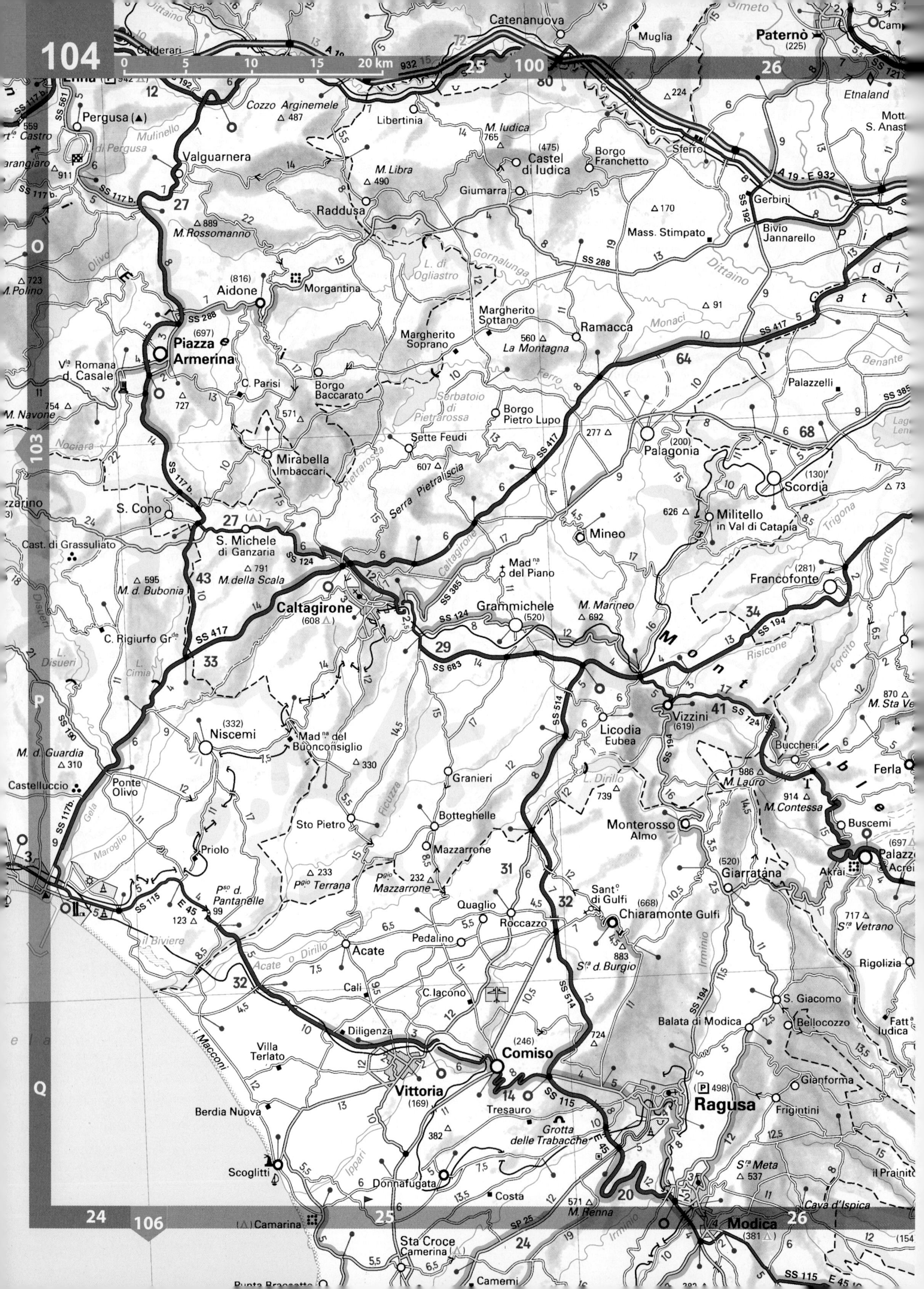
0 5 10 15 20 km
Catenanuova
Muglia
Paternò
Calderari
Enna
Pergusa
L. di Pergusa
Cozzo Arginemele
Libertinia
M. Iudica
Castel di Iudica
Borgo Franchetto
Sferro
Valguarnera
M. Libra
Raddusa
Giumarra
Gerbini
Etnaland
Mass. Stimpato
Bivio Jannarello
M. Rossomanno
L. di Ogliastro
Gornalunga
Dittaino
Aidone
Morgantina
Margherito Sottano
Margherito Soprano
La Montagna
Ramacca
Piazza Armerina
V.la Romana d. Casale
C. Parisi
Borgo Baccarato
Serbatoio di Pietrarossa
Borgo Pietro Lupo
Palagonia
Palazzelli
M. Navone
Sette Feudi
Mirabella Imbaccari
Scordia
Serra Pietraliscia
Militello in Val di Catania
Mineo
S. Cono
S. Michele di Ganzaria
Cast. di Grassuliato
M. della Scala
M. d. Bubonia
Caltagirone
Mad.na del Piano
Grammichele
M. Marineo
Francofonte
C. Rigiurfo Gr.de
L. Disueri
L. Cimia
Vizzini
Licodia Eubea
Buccheri
Niscemi
Mad.na del Buonconsiglio
Granieri
M. d. Guardia
Castelluccio
Ponte Olivo
L. Dirillo
M. Lauro
M. Contessa
Ferla
Sto Pietro
Botteghelle
Monterosso Almo
Buscemi
Priolo
Mazzarrone
Palazzolo Acreide
Akrai
P.gio Terrana
P.gio Mazzarrone
Giarratana
P.so d. Pantanelle
Quaglio
Roccazzo
Sant.o di Gulfi
Chiaramonte Gulfi
S.ra Vetrano
Il Biviere
Acate
Pedalino
S.ra d. Burgio
Rigolizia
Cali
C. Iacono
S. Giacomo
Diligenza
Balata di Modica
Bellocozzo
Villa Terlato
Comiso
Vittoria
Tresauro
Ragusa
Gianforma
Frigintini
Berdia Nuova
Grotta delle Trabacche
Scoglitti
Donnafugata
Costa
S.ra Meta
Il Prainito
Camarina
M. Renna
Cava d'Ispica
Modica
Sta Croce Camerina
Punta Braccetto
Camemi
Monti Iblei
Piana di Catania
A 19 - E 932
SS 417
SS 117 b.
SS 124
SS 385
SS 514
SS 194
SS 115
E 45
103
106
24
25
26
O
P
Q

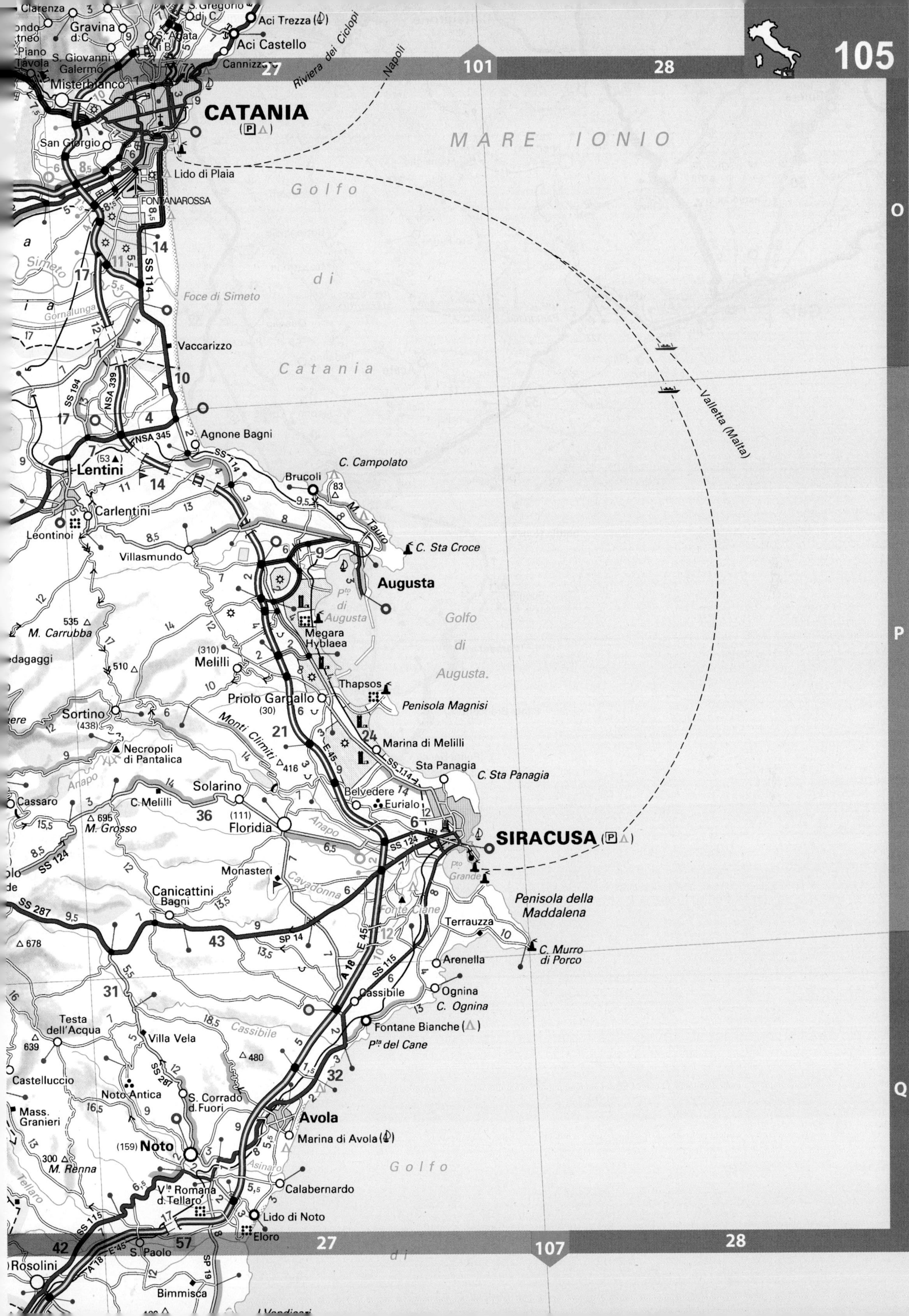
CATANIA
Aci Trezza
Aci Castello
Cannizzaro
Gravina d.C.
S. Giovanni Galermo
Misterbianco
San Giorgio
Lido di Plaia
FONTANAROSSA
Riviera dei Ciclopi
Napoli
MARE IONIO
Golfo di Catania
Simeto
Foce di Simeto
Gornalunga
Vaccarizzo
SS 114
SS 194
NSA 339
NSA 345
Agnone Bagni
Lentini
Carlentini
Leontinoi
C. Campolato
Brucoli
M. Tauro
C. Sta Croce
Villasmundo
Augusta
Pto di Augusta
Golfo di Augusta
Megara Hyblaea
M. Carrubba
Melilli
Thapsos
Penisola Magnisi
Priolo Gargallo
Sortino
Necropoli di Pantalica
Monti Climiti
Marina di Melilli
Sta Panagia
C. Sta Panagia
Valletta (Malta)
Belvedere
Eurialo
Solarino
Cassaro
C. Melilli
M. Grosso
Floridia
Anapo
SIRACUSA
Pto Grande
Penisola della Maddalena
Monasteri
Cavadonna
Canicattini Bagni
Fonte Ciane
SS 124
SS 287
SP 14
Terrauzza
C. Murro di Porco
Arenella
Ognina
C. Ognina
Cassibile
SS 115
A 18
E 45
Fontane Bianche
Pta del Cane
Testa dell'Acqua
Villa Vela
Castelluccio
Noto Antica
S. Corrado d. Fuori
Mass. Granieri
Avola
Marina di Avola
Noto
M. Renna
Tellaro
Asinaro
Golfo di
Calabernardo
Vla Romana d. Tellaro
Lido di Noto
Eloro
S. Paolo
Rosolini
SP 19
Bimmisca
101
107
27
28
O
P
Q

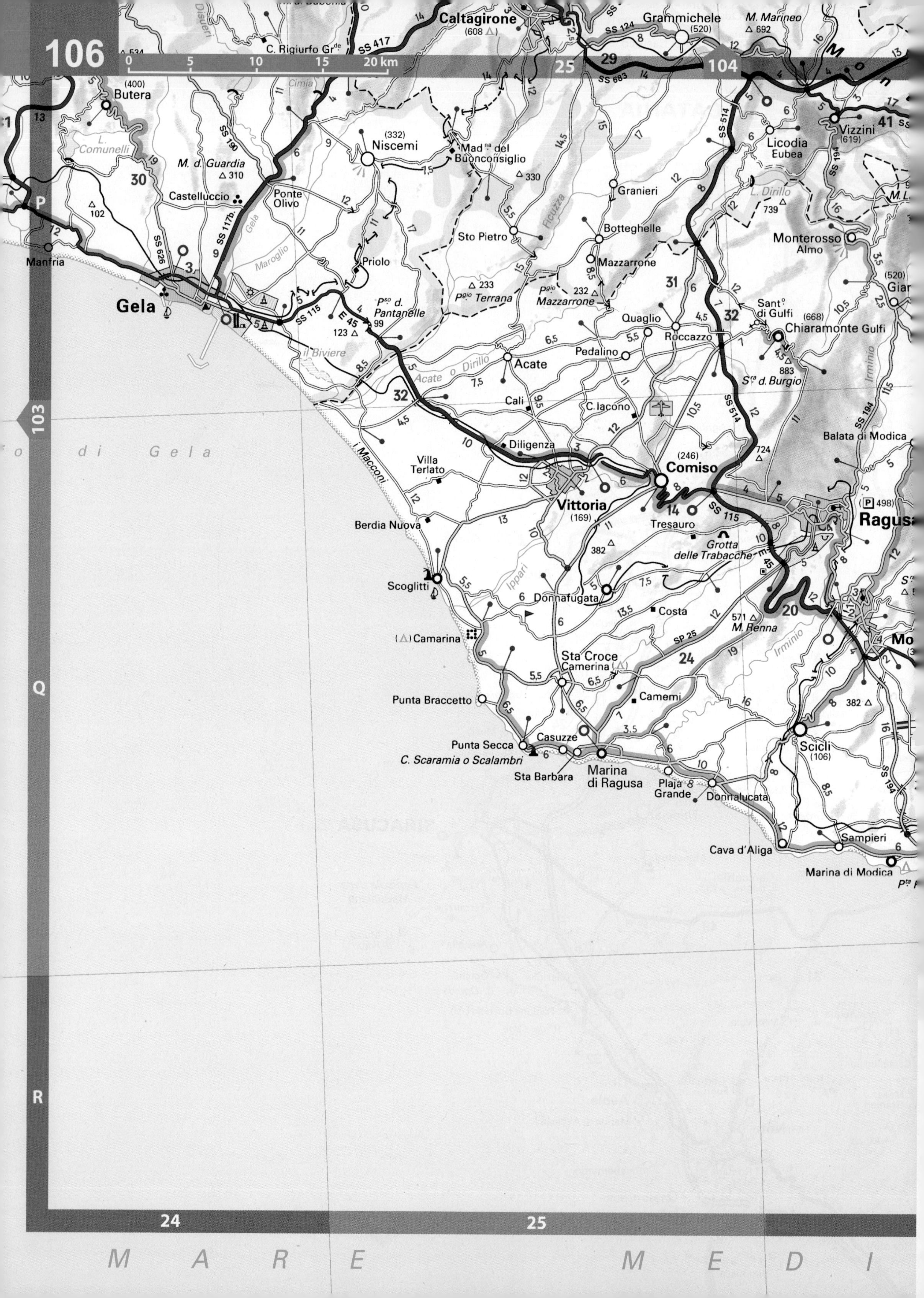

0 5 10 15 20 km
Caltagirone
(608)
Grammichele
(520)
M. Marineo
692
C. Rigiurfo Grde
SS 417
SS 124
SS 683
25
29
104
Butera
(400)
L. Comunelli
Niscemi
(332)
Madna del Buonconsiglio
330
M. d. Guardia
310
30
Castelluccio
Ponte Olivo
Gela
Maroglio
Priolo
Sto Pietro
Ficuzza
Granieri
Botteghelle
Mazzarrone
Licodia Eubea
Vizzini
(619)
41
L. Dirillo
739
Monterosso Almo
(520)
Manfria
102
SS 626
SS 117b.
SS 115
E 45
Pso d. Pantanelle
99
123
233
Pgio Terrana
Pgio Mazzarrone
232
31
Quaglio
Roccazzo
32
Santo di Gulfi
(668)
Chiaramonte Gulfi
883
Sta d. Burgio
il Biviere
Acate o Dirillo
Acate
Pedalino
Cali
C. Iacono
SS 514
SS 194
Irminio
Balata di Modica
103
Golfo di Gela
i. Macconi
Villa Terlato
Diligenza
724
(246)
Comiso
Vittoria
(169)
Tresauro
Grotta delle Trabacche
Ragusa
(P 498)
Berdia Nuova
382
Ippari
Scoglitti
Donnafugata
Costa
571
M. Renna
20
Camarina
Sta Croce Camerina
SP 25
24
Camemi
Punta Braccetto
Scicli
(106)
Punta Secca
Casuzze
C. Scaramia o Scalambri
Sta Barbara
Marina di Ragusa
Plaja Grande
Donnalucata
Cava d'Aliga
Sampieri
Marina di Modica
P
Q
R
24
25
MARE MEDI

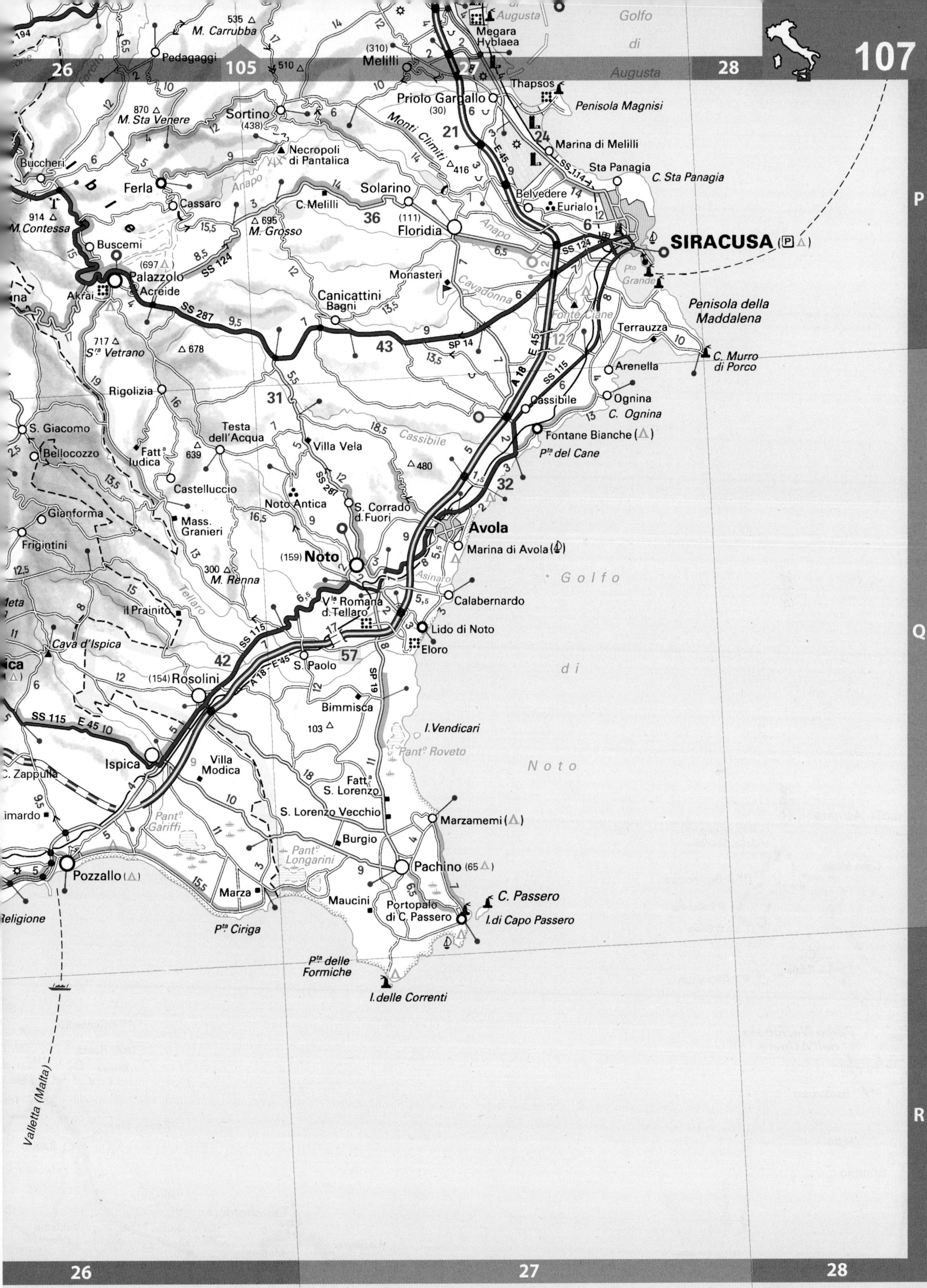

M. Carrubba
535
194
Pedagaggi
26
105
510
Megara
Hyblaea
510
Augusta
Golfo
di
Augusta
28
P

Melilli
(310)
27
Thapsos
Penisola Magnisi

Priolo Gargallo
(30)
21
24
Marina di Melilli
LSS 114
Sortino
(438)
E 45
Sta Panagia
M. Sta Venere
870
Monti Climiti
416
C. Sta Panagia
Buccheri
Necropoli
di Pantalica
14
Anapo
Belvedere 14
Ferla
Solarino
Euriolo
6
Cassaro
C. Melilli
36
(111)
Anapo
SIRACUSA (P)
M. Contessa
914
M. Grosso
695
Floridia
SS 124
Buscemi
8,5
Monasteri
Cavadonna
Pto
Grande
(697)
Palazzolo
Acreide
SS 124
Canicattini
Bagni
13,5
Fonte Clane
Penisola della
Maddalena
Akrai
SS 287
9,5
43
SP 14
12
E 45
Terrauzza
Sta Vetrano
717
678
31
13,5
A 18
SS 115
Arenella
C. Murro
di Porco
Rigolizia
Testa
dell'Acqua
Cassibile
Ognina
C. Ognina
S. Giacomo
639
Villa Vela
18,5
Cassibile
Fontane Bianche (△)
Bellocozzo
Fatt.
Iudica
480
Pta del Cane
Castelluccio
SS 287
32
Gianforma
Noto Antica
S. Corrado
d. Fuori
Mass.
Granieri
16,5
AVOLA
Frigintini
(159) Noto
Marina di Avola
M. Renna
300
Golfo
il Prainito
Vla Romana
d. Tellaro
Calabernardo
5,5
Cava d'Ispica
SS 115
Lido di Noto
di
42
Rosolini
(154)
57
Eloro
S. Paolo
SP 19
Noto
SS 115
E 45
Bimmisca
I. Vendicari
Ispica
Villa
Modica
103
Pant° Roveto
Fatt.
S. Lorenzo
S. Lorenzo Vecchio
Marzamemi (△)
Burgio
Pant°
Gariffi
Pachino (65 △)
Pozzallo (△)
Pant°
Longarini
Marza
Maucini
Portopalo
di C. Passero
C. Passero
I. di Capo Passero
Religione
Pta Ciriga
Pta delle
Formiche
I. delle Correnti
Valletta (Malta)

TERRANEO

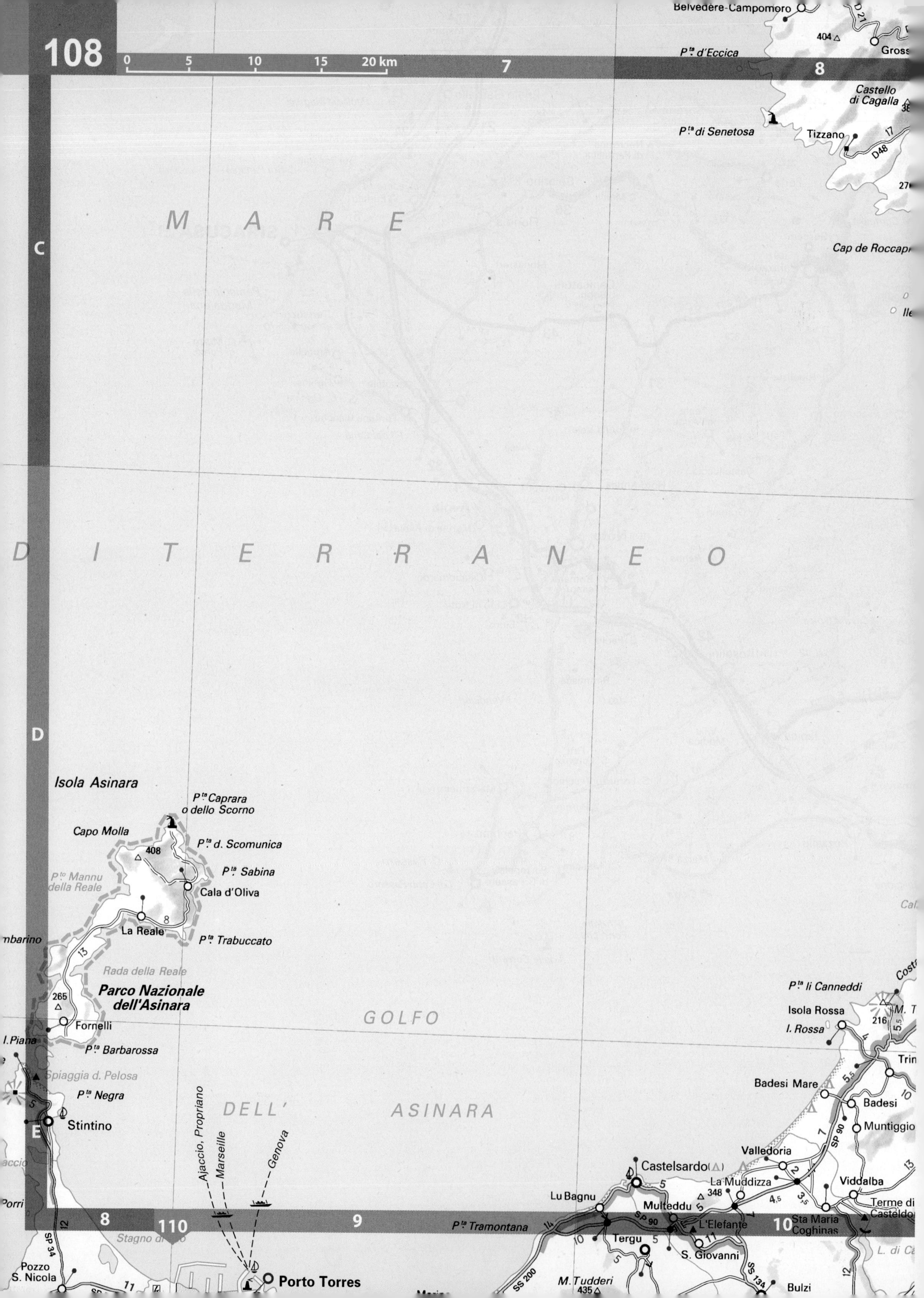

0   5   10   15   20 km

C

Belvedere-Campomoro

404 △

Gross

P.ta d'Eccica

P.ta di Senetosa

Castello
di Cagalla

Tizzano

D 21

D 48

17

27

Cap de Roccapr

Ile

M   A   R   E

D   I   T   E   R   R   A   N   E   O

D

Isola Asinara

P.ta Caprara
o dello Scorno

Capo Molla

P.ta d. Scomunica

408 △

P.to Mannu
della Reale

P.ta Sabina

Cala d'Oliva

8

La Reale

P.ta Trabuccato

13

Rada della Reale

265 △

Parco Nazionale
dell'Asinara

nbarino

GOLFO

P.ta li Canneddi

Costa

Isola Rossa

M. T

216 △

I. Rossa

Cal.

Fornelli

I.Piana

P.ta Barbarossa

Spiaggia d. Pelosa

Badesi Mare

Badesi

5,5

Muntiggio

P.ta Negra

DELL'

ASINARA

Valledoria

SP 90

7

10

Stintino

Ajaccio, Propriano

Marseille

Genova

5

Castelsardo △

La Muddizza

348 △

Viddalba

Terme di
Castelso

Sta Maria
Coghinas

L. di Ca

Lu Bagnu

Multeddu

L'Elefante

4,5

3,5

7

2

E

SP 34

12

Porri

Stagno di

P.ta Tramontana

SP 90

5

Tergu

S. Giovanni

5

M.Tudderi
435 △

SS 200

Bulzi

SS 134

Pozzo
S. Nicola

11

Porto Torres

L.di C

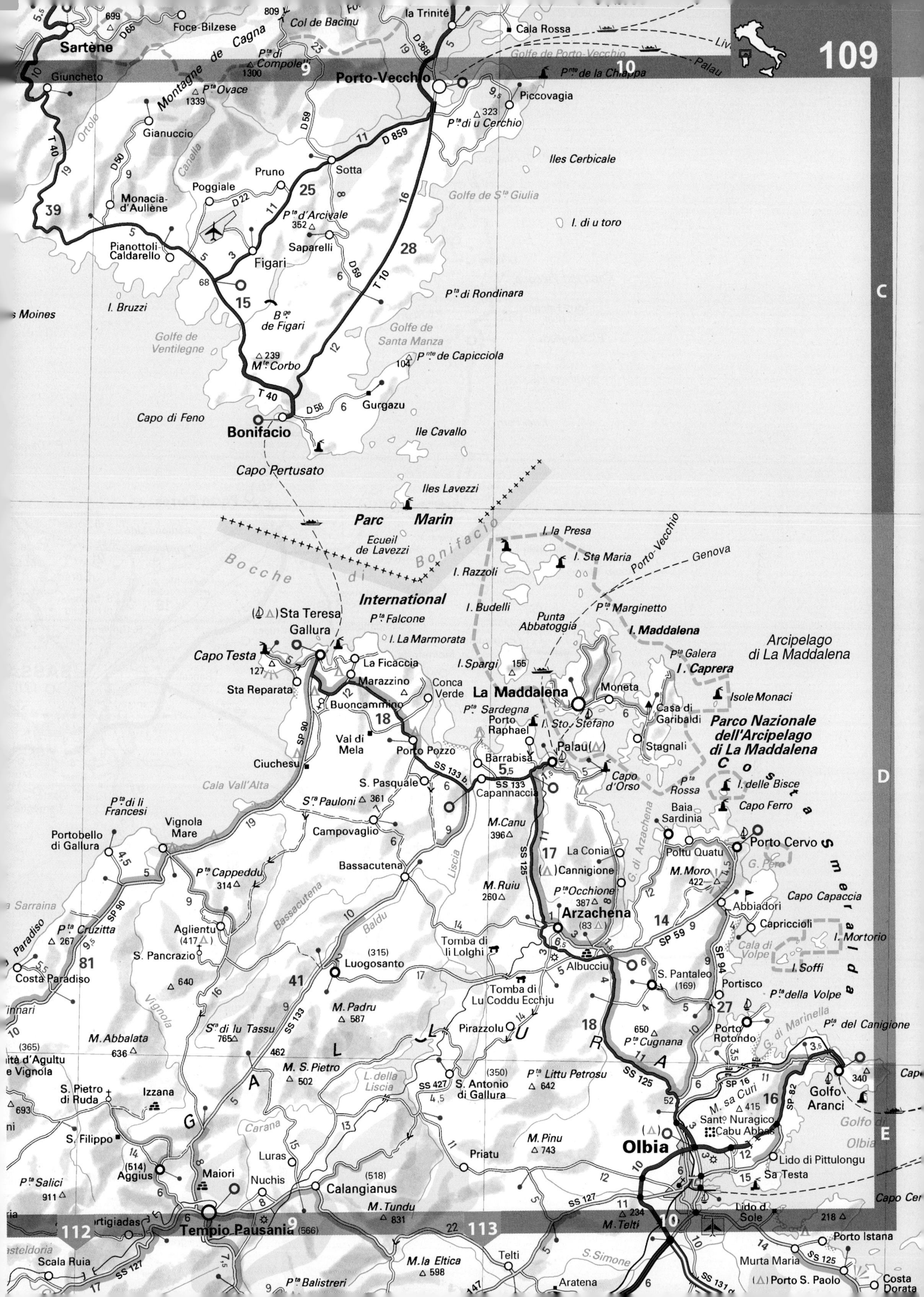
Sartène
Foce-Bilzese
Col de Bacinu
la Trinité
Cala Rossa
Montagne de Cagna
Pta di Compolelli
1300
Giuncheto
Porto-Vecchio
Golfe de Porto-Vecchio
Pnte de la Chiappa
Pta Ovace
1339
Piccovagia
Pte di u Cerchio
323
Gianuccio
Ortolo
Canella
Sotta
D 859
Iles Cerbicale
Pruno
Poggiale
Monacia-d'Aullène
Golfe de Sta Giulia
Pte d'Arcivale
352
Saparelli
I. di u toro
Pianottoli-Caldarello
Figari
Bge de Figari
Pte di Rondinara
Moines
I. Bruzzi
Golfe de Ventilegne
Golfe de Santa Manza
Mte Corbo
239
Pnte de Capicciola
104
Gurgazu
Capo di Feno
Bonifacio
Ile Cavallo
Capo Pertusato
Iles Lavezzi
Parc Marin International
Ecueil de Lavezzi
Bocche di Bonifacio
I. la Presa
I. Sta Maria
Porto-Vecchio
Genova
I. Razzoli
I. Budelli
Pta Marginetto
Punta Abbatoggia
I. Maddalena
Arcipelago di La Maddalena
Sta Teresa Gallura
Pta Falcone
I. La Marmorata
Capo Testa
127
Sta Reparata
La Ficaccia
Marazzino
I. Spargi
155
Pta Galera
I. Caprera
Conca Verde
La Maddalena
Moneta
Isole Monaci
Buoncammino
Pta Sardegna
Porto Raphael
I. Sto Stefano
Casa di Garibaldi
Parco Nazionale dell'Arcipelago di La Maddalena
Val di Mela
Porto Pozzo
Palau
Stagnali
Ciuchesu
Barrabisa
Capo d'Orso
Pta Rossa
I. delle Bisce
Costa Smeralda
S. Pasquale
Capannaccia
Capo Ferro
Cala Vall'Alta
Sra Pauloni
361
Pta di li Francesi
Campovaglio
M.Canu
396
Baia Sardinia
Vignola Mare
Portobello di Gallura
La Conia
Poltu Quatu
Porto Cervo
Bassacutena
Pta Cappeddu
314
Cannigione
M. Moro
422
G. Pero
M. Ruiu
260
Pta Occhione
387
Abbiadori
Capo Capaccia
Sarraina
Arzachena
(83)
Capriccioli
Paradiso
Pta Cruzitta
267
Aglientu
(417)
Tomba di li Lolghi
Cala di Volpe
I. Mortorio
S. Pancrazio
(315)
Luogosanto
Albucciu
S. Pantaleo
(169)
I. Soffi
Costa Paradiso
640
Tomba di Lu Coddu Ecchju
Portisco
Pta della Volpe
M. Padru
587
M. Abbalata
636
Sta di lu Tassu
765
Pirazzolu
650
Pta Cugnana
Porto Rotondo
G. di Marinella
Pta del Canigione
(365)
Gallura
M. S. Pietro
502
(350)
S. Antonio di Gallura
Pta Littu Petrosu
642
Golfo Aranci
340
S. Pietro di Ruda
Izzana
L. della Liscia
M. sa Curi
415
Santo Nuragico Cabu Abbas
693
S. Filippo
Carana
M. Pinu
743
Olbia
Golfo di Olbia
Luras
Priatu
Lido di Pittulongu
(514)
Aggius
Maiori
Nuchis
(518)
Calangianus
Sa Testa
Pta Salici
911
M. Tundu
831
Capo Ceraso
Lido di Sole
218
Tempio Pausania
(566)
M. Telti
234
Porto Istana
Scala Ruia
M. la Eltica
598
Telti
S. Simone
Murta Maria
Pta Balistreri
Aratena
Porto S. Paolo
Costa Dorata
112
113

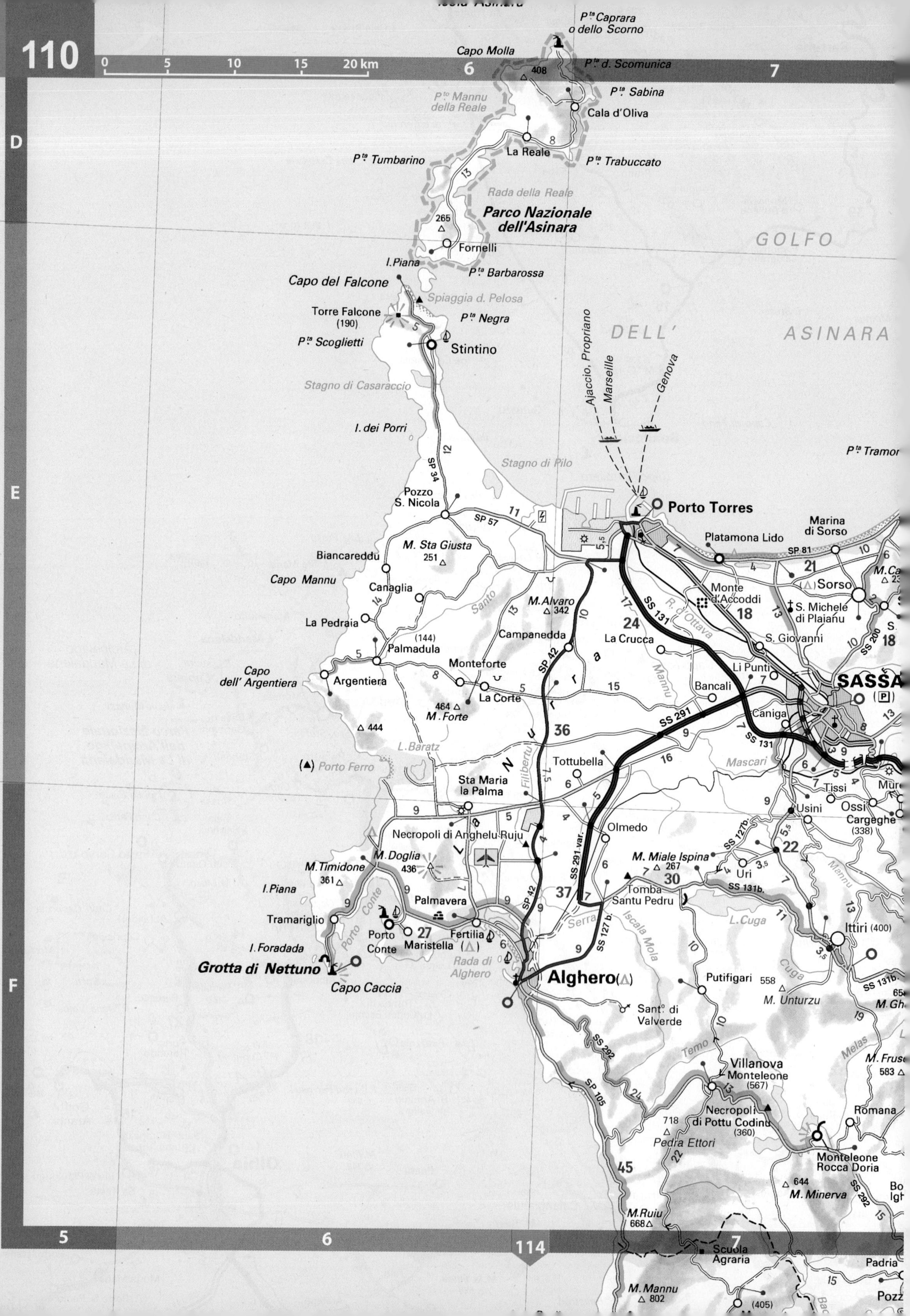
0
5
10
15
20 km
6
7
D
E
F
5
6
7
114
Pta Caprara o dello Scorno
Capo Molla
408
Pta d. Scomunica
Pto Mannu della Reale
Pta Sabina
Cala d'Oliva
La Reale
Pta Tumbarino
Pta Trabuccato
Rada della Reale
Parco Nazionale dell'Asinara
265
Fornelli
GOLFO
I. Piana
Capo del Falcone
Pta Barbarossa
Spiaggia d. Pelosa
Torre Falcone (190)
Pta Negra
Pta Scoglietti
Stintino
DELL'
ASINARA
Ajaccio, Propriano
Marseille
Genova
Stagno di Casaraccio
I. dei Porri
SP 34
Stagno di Pilo
Pta Tramor
Pozzo S. Nicola
SP 57
Porto Torres
Marina di Sorso
Platamona Lido
SP 81
M. Sta Giusta 251
Biancareddu
Capo Mannu
Canaglia
Sorso
Monte d'Accoddi
S. Michele di Plaiánu
M. Alvaro 342
SS 131
La Pedraia
Campanedda
La Crucca
S. Giovanni
(144) Palmadula
Capo dell' Argentiera
Argentiera
Monteforte
Li Punti
SASSA
SP 42
Bancali
La Corte
464 M. Forte
Caniga
SS 291
444
Nurra
L. Baratz
Tottubella
Mascari
(▲) Porto Ferro
Filibertu
Sta Maria la Palma
Tissi
Ossi
Usini
Cargeghe (338)
Olmedo
Necropoli di Anghelu Ruju
SS 127b.
M. Miale Ispina 267
M. Doglia 436
M. Timidone 361
Uri
SS 291 var.
30
37
Tomba Santu Pedru
SS 131b.
I. Piana
Palmavera
Serra
Tramariglio
Porto Conte
27
Fertilia
L. Cuga
Ittiri (400)
Maristella (▲)
I. Foradada
Rada di Alghero
Iscala Mola
Grotta di Nettuno
Alghero(▲)
Capo Caccia
Putifigari
558
M. Unturzu
Cuga
Santo di Valverde
SS 292
SP 105
Temo
Melas
M. Fruse 583
Villanova Monteleone (567)
Necropoli di Pottu Codinu (360)
Romana
718
Pedra Ettori
Monteleone Rocca Doria
45
644 M. Minerva
M. Ruiu 668
Scuola Agraria
Padria
M. Mannu 802
(405)

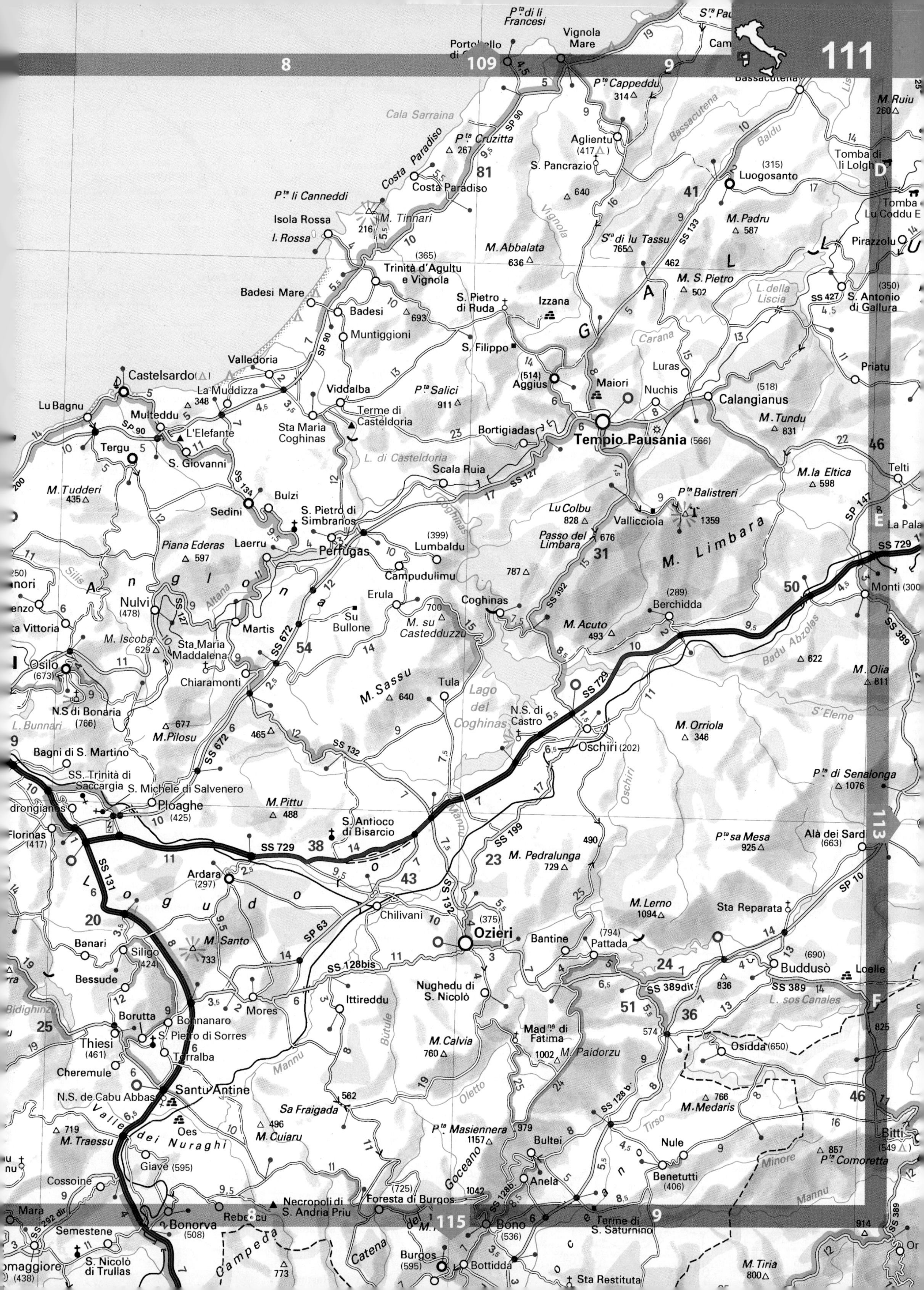
8
109
9
Vignola Mare
Portobello di G
Pta di li Francesi
Bassacutena
Cala Sarraina
Costa Paradiso
Pta Cruzitta
Aglientu
S. Pancrazio
Luogosanto
Tomba di li Lolghi
Tomba Lu Coddu E
Pta li Canneddi
Isola Rossa
I. Rossa
M. Tinnari
M. Abbalata
Sra di lu Tassu
M. Padru
Pirazzolu
Trinità d'Agultu e Vignola
Badesi Mare
Badesi
Muntiggioni
S. Pietro di Ruda
Izzana
M. S. Pietro
L. della Liscia
S. Antonio di Gallura
S. Filippo
Carana
Luras
Priatu
Valledoria
Castelsardo
La Muddizza
Lu Bagnu
Multeddu
L'Elefante
Tergu
S. Giovanni
Viddalba
Terme di Casteldoria
Sta Maria Coghinas
Pta Salici
Aggius
Maiori
Nuchis
Calangianus
Bortigiadas
Tempio Pausania
M. Tundu
L. di Casteldoria
Scala Ruia
Telti
M. la Eltica
M. Tudderi
Sedini
Bulzi
S. Pietro di Simbranos
Pta Balistreri
Lu Colbu
Vallicciola
Passo del Limbara
M. Limbara
Piana Ederas
Laerru
Perfugas
Lumbaldu
Campudulimu
Erula
Su Bullone
M. su Castedduzzu
Coghinas
Berchidda
Monti
Nulvi
Martis
M. Acuto
Sta Maria Maddalena
M. Iscoba
Chiaramonti
Osilo
N.S di Bonaria
L. Bunnari
M. Sassu
Tula
Lago del Coghinas
N.S. di Castro
Oschiri
M. Orriola
M. Olia
M. Pilosu
Bagni di S. Martino
SS. Trinità di Saccargia
S. Michele di Salvenero
Ploaghe
M. Pittu
S. Antioco di Bisarcio
Pta di Senalonga
Pta sa Mesa
Alà dei Sardi
113
Florinas
Ardara
Chilivani
M. Pedralunga
Ozieri
Bantine
Pattada
M. Lerno
Sta Reparata
Buddusò
Loelle
Banari
Siligo
M. Santo
Bessude
Mores
Ittireddu
Nughedu di S. Nicolò
L. sos Canales
Osidda
Borutta
Bonnanaro
S. Pietro di Sorres
Thiesi
Torralba
Cheremule
Mad.na di Fatima
M. Calvia
M. Paidorzu
N.S. de Cabu Abbas
Santu Antine
Sa Fraigada
M. Medaris
M. Traessu
Oes
Valle dei Nuraghi
M. Cuiaru
Pta Masiennera
Bultei
Nule
Bitti
Pta Comoretta
Giave
Anela
Benetutti
Cossoine
Foresta di Burgos
Necropoli di S. Andria Priu
Mara
Semestene
Bonorva
Rebeccu
115
Bono
Terme di S. Saturnino
S. Nicolò di Trullas
Burgos
Bottidda
Sta Restituta
M. Tiria
Campeda
Goceano
Logudoro
Anglona
Gallura

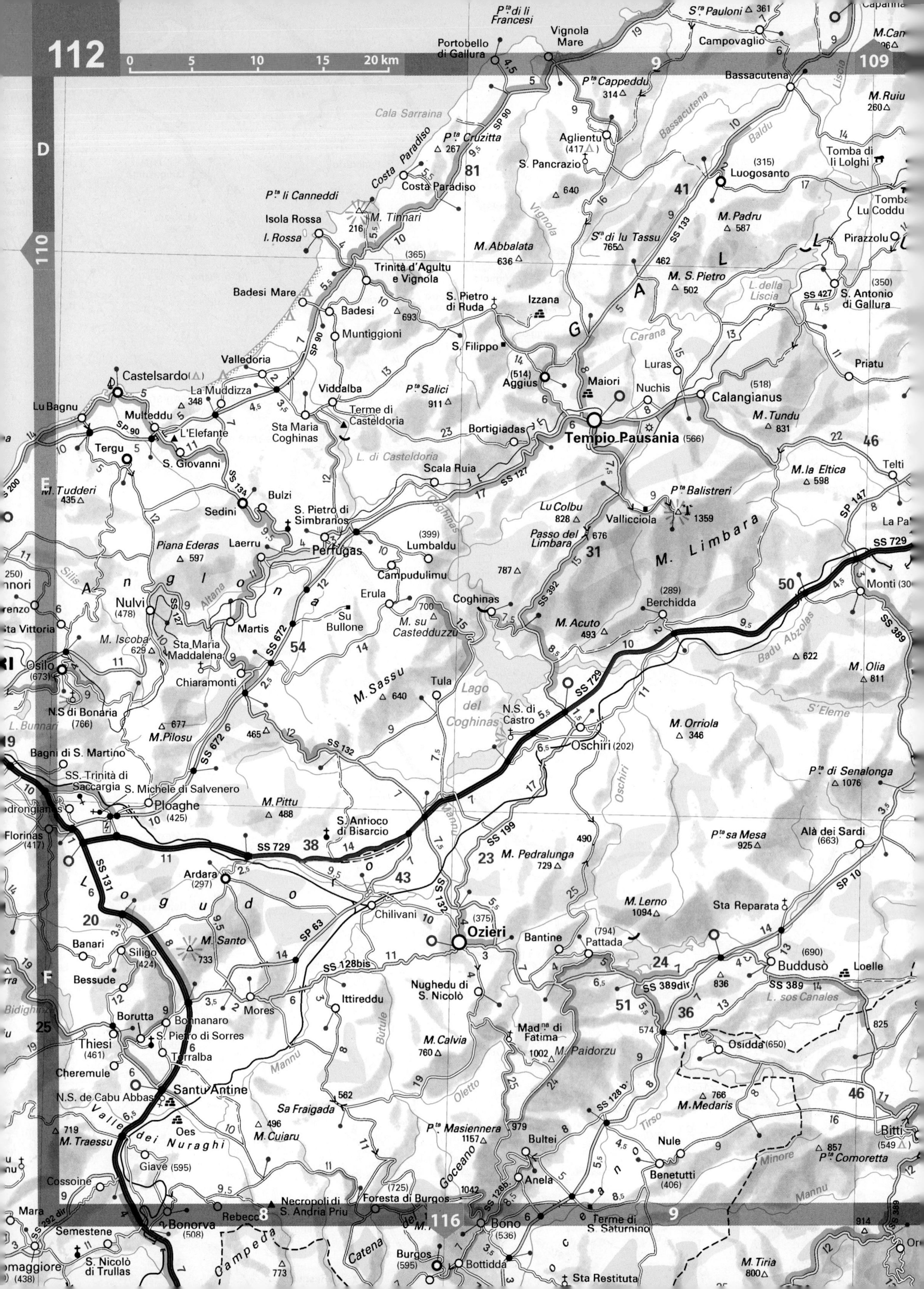

0   5   10   15   20 km

D

110

P.ta di li Francesi

Portobello di Gallura

S.ta Pauloni 361

M.Can 96△

Vignola Mare

Campovaglio

6

9

P.ta Cappeddu 314△

Bassacutena

M.Ruiu 260△

81

Costa Paradiso

Cala Sarraina

P.ta Cruzitta 267△

Aglientu (417△)

S. Pancrazio

14

41

Luogosanto

Tomba di li Lolghi

(315)

Tomba Lu Coddu

P.ta li Canneddi

Isola Rossa

M.Tinnari

I.Rossa 216△

10

M. Abbalata 636△

640

S.ta di lu Tassu 765△

SS 133

M. Padru 587△

L

Pirazzolu

(350)

Trinità d'Agultu e Vignola

(365)

462

M. S. Pietro 502△

SS 427

S. Antonio di Gallura

Badesi Mare

Badesi

693△

SP 90

S. Pietro di Ruda

Izzana

Carana

L. della Liscia

Priatu

Muntiggioni

S. Filippo

14

(514)

Aggius

Luras

Nuchis

Maiori

(518)

Calangianus

13

E

Valledoria

Castelsardo (△)

SP 90

La Muddizza 348

2

Viddalba

3,5

Terme di Casteldoria

P.ta Salici 911△

23

Bortigiadas

6

8

Tempio Pausania (566)

M. Tundu 831△

46

Lu Bagnu

Multeddu

L'Elefante

11

Sta Maria Coghinas

L. di Casteldoria

Scala Ruia

SS 127

17

Lu Colbu 828△

7,5

9

P.ta Balistreri 1359

M.la Eltica 598△

Telti

SP 147

Tergu

S. Giovanni

SS 134

Bulzi

S.Pietro di Simbranos

12

Vallicciola

Passo del Limbara 676

31

M. LIMBARA

La Pa

SS 729

M.Tudderi 435△

Sedini

Piana Ederas 597△

Laerru

Perfugas

Lumbaldu

(399)

787△

SS 392

50

4,5

Monti (30

SS 389

Nulvi (478)

SS 127

Martis

SS 672

54

Campudulimu

Erula

700

M. su Castedduzzu

Coghinas

7,5

M. Acuto 493△

Berchidda

(289)

9,5

622△

M. Olia 811△

Sta Maria Maddalena

Chiaramonti

M.Iscoba 629△

Osilo (673)

N.S di Bonaria (766)

677△

M.Pilosu

SS 672

465△

12

SS 132

Su Bullone

M. Sassu 640△

Tula

Lago del Coghinas

N.S. di Castro

SS 729

M. Orriola 346△

P.ta di Senalonga 1076△

Bagni di S. Martino

SS.Trinità di Saccargia

S. Michele di Salvenero

Ploaghe (425)

M.Pittu 488△

SS 132

Oschiri (202)

17

Alà dei Sardi (663)

Florinas (417)

SS 131

S.Antioco di Bisarcio

SS 729

38

14

SS 199

23

M. Pedralunga 729△

490

M. Lerno 1094△

Sta Reparata

Ardara (297)

2,5

Chilivani

43

SS 132

(375)

Ozieri

Bantine

Pattada (794)

24

(690)

Buddusò

Loelle

F

Banari

Siligo (424)

M. Santo 733

14

SS 128bis

11

Nughedu di S. Nicolò

51

574△

36

13

Osidda (650)

825

25

Bessude

Borutta

Bonnanaro

Mores

Ittireddu

M. Calvia 760△

Mad.na di Fatima

M.Paidorzu 1002△

SS 389dir

SS 389

L. sos Canales

46

Thiesi (461)

S.Pietro di Sorres

Torralba

562

M. Medaris 766△

Bitti (549)

Cheremule

N.S. de Cabu Abbas

Santu Antine

Sa Fraigada

496△

M.Cuiaru

P.ta Masiennera 1157△

979

Bultei

Nule

M.Traessu 719△

Oes

Giave (595)

9,5

1042

Goceano

Anela

Benetutti (406)

M. Tiria 800△

Cossoine

Mara

Semestene

S.Nicolò di Trullas (438)

Necropoli di S. Andria Priu

Rebecc

8

Foresta di Burgos

116

Bono (536)

Terme di S. Saturnino

9

914

Bonorva (508)

Campeda

773

Burgos (595)

Bottidda

Sta Restituta

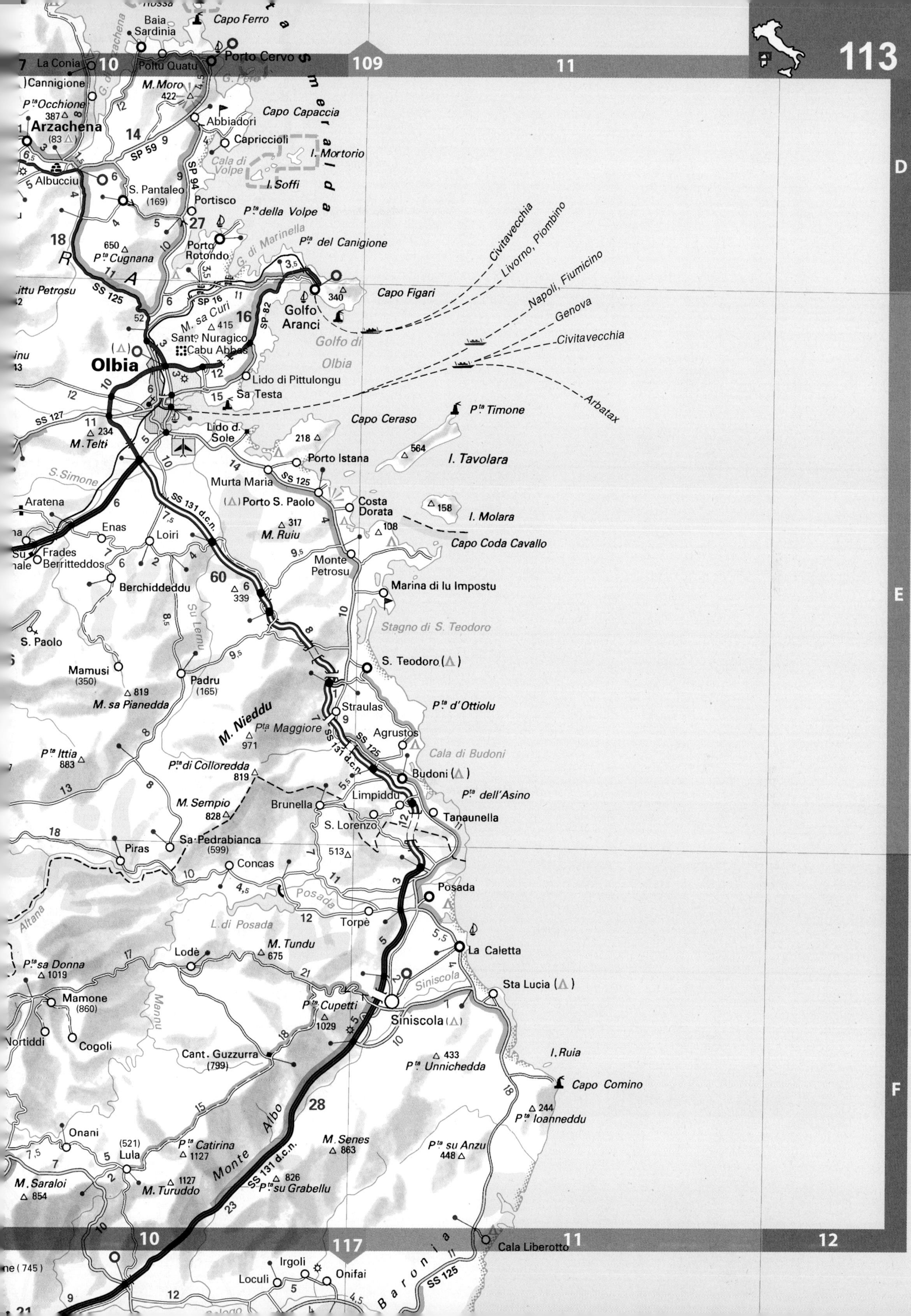

D

E

F

Baia
Sardinia
Capo Ferro

La Conia   10
Poltu Quatu
Porto Cervo
Cannigione
M. Moro
422

P.ta Occhione
387
Arzachena
(83)
Abbiadori
Capriccioli
14
SP 59
I. Mortorio
S. Pantaleo
(169)
Albucciu
6
Portisco
Cala di Volpe
I. Soffi
P.ta della Volpe

18
27
SP 94
R
650
P.ta Cugnana
Porto Rotondo
G. di Marinella
P.ta del Canigione
A
11
SS 125
3,5
SP 16
52
3,5
M. sa Curi
6
11
415
SP 82
Golfo
Aranci
Capo Figari
340
Civitavecchia
Livorno, Piombino
Napoli, Fiumicino
Genova
Civitavecchia
Arbatax
Santo Nuragico
Cabu Abbas
16
Sant.
Olbia
10
Lido di Pittulongu
15
Sa Testa
12
Golfo di
Olbia
SS 127
ittu Petrosu
11
234
M. Telti
Lido d.
Sole
5
Capo Ceraso
P.ta Timone
S. Simone
Aratena
Enas
14
Porto Istana
218
I. Tavolara
564
SS 125
Murta Maria
SS 131 d.c.n.
7,5
Porto S. Paolo
Costa
Dorata
108
I. Molara
158
Su
Frades
Berritteddos
6
6
Loiri
317
M. Ruiu
9,5
Capo Coda Cavallo
S. Paolo
Berchiddeddu
60
6
339
Monte
Petrosu
Marina di lu Impostu
Su Lernu
8,5
8
Stagno di S. Teodoro
Mamusi
(350)
Padru
(165)
9,5
S. Teodoro
819
M. sa Pianedda
M. Nieddu
P.ta Maggiore
971
Straulas
1
P.ta d'Ottiolu
P.ta Ittia
883
8
9
SS 131 d.c.n.
Agrustos
SS 125
Cala di Budoni
P.ta di Colloredda
819
5,5
Budoni
13
M. Sempio
828
Brunella
5,5
Limpiddu
P.ta dell'Asino
8
Sa Pedrabianca
(599)
S. Lorenzo
12
Tanaunella
18
Piras
Concas
513
11
4,5
Posada
3
Posada
L. di Posada
Torpè
5
La Caletta
5,5
P.ta sa Donna
1019
17
M. Tundu
675
5
Lodè
21
2
Sta Lucia
Mamone
(860)
1
Siniscola
Nortiddi
Cogoli
P.ta Cupetti
1029
10
I. Ruia
Cant. Guzzurra
(799)
18
433
P.ta Unnichedda
Capo Comino
28
18
244
P.ta Ioanneddu
Onani
(521)
Lula
P.ta Catirina
1127
M. Senes
863
P.ta su Anzu
448
Monte
Albo
M. Saraloi
854
2
1127
M. Turuddo
SS 131 d.c.n.
P.ta su Grabellu
826
23

ne (745)
Irgoli
Loculi
Onifai
Baronia
SS 125
Cala Liberotto
21
12
5
4,5
9

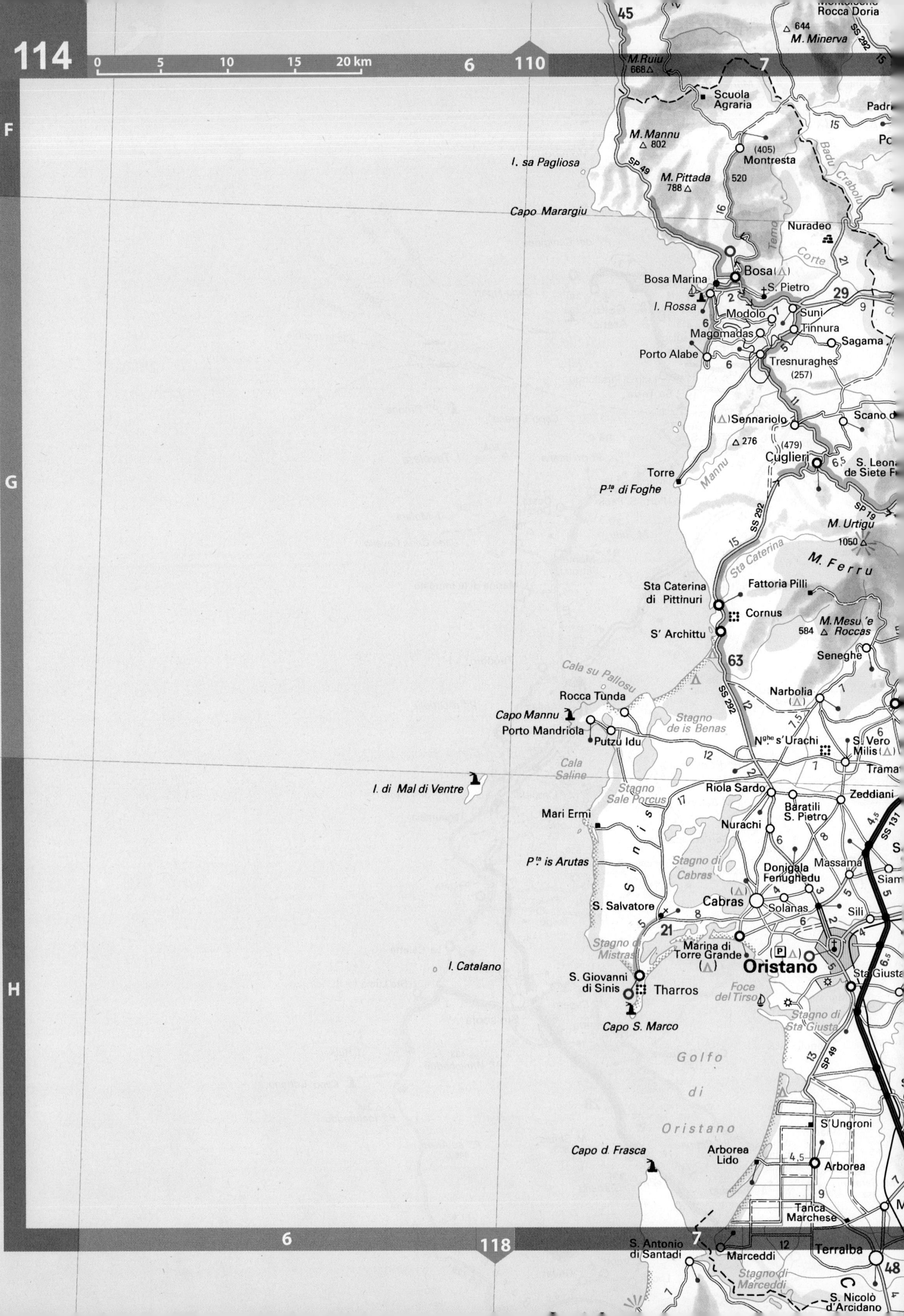

0 5 10 15 20 km

F

45

Montiolone
Rocca Doria

△ 644
M. Minerva

SS 292

M. Ruiu
668 △

7

Scuola
Agraria

Padri

M. Mannu
△ 802

(405)

15

Montresta

Po

I. sa Pagliosa

SP 49

M. Pittada
788 △

520

Badu Crabolu

Capo Marargiu

Tema

16

Nuradeo

Corte

Bosa (△)

21

Bosa Marina

+ S. Pietro

29

I. Rossa

2 3

Modolo

7

Suni

9

6

Magomadas

Tinnura

Sagama

Porto Alabe

6

Tresnuraghes

(257)

11

G

(△) Sennariolo

Scano d

△ 276

(479)

Cuglieri

6 5

S. Leon
de Siete F

Torre

Mannu

SP 19

P.ta di Foghe

M. Urtigu

1050 △

M. Ferru

Sta Caterina

SS 292

15

Fattoria Pilli

Sta Caterina
di Pittinuri

Cornus

M. Mesu 'e
△ Roccas

584

S' Archittu

63

Seneghe

Cala su Pallosu

SS 292

△

Narbolia

12

(△)

1

Rocca Tunda

7,5

Stagno
de is Benas

Capo Mannu

N.ghe s'Urachi

S. Vero

6

Porto Mandriola

Milis (△)

Putzu Idu

12

2

Trama

Cala
Saline

I. di Mal di Ventre

Stagno
Sale Porcus

17

Riola Sardo

Zeddiani

7

4,5

SS 131

Mari Ermi

S
i
n
i
s

Baratili
S. Pietro

S

Nurachi

6

P.ta is Arutas

Stagno di
Cabras

Massama

Siam

Donigala
Fenughedu

(△)

3

S. Salvatore

×

8

Cabras

Solanas

Sili

5

21

6

2

4

Stagno di
Mistras

(P) (△)

9,5

Marina di
Torre Grande

5

H

I. Catalano

S. Giovanni
di Sinis

Tharros

(△)

Oristano

Sta Giusta

Foce
del Tirso

Stagno di
Sta Giusta

Capo S. Marco

Golfo

13

SP 49

di

Oristano

S' Ungroni

Capo d. Frasca

Arborea
Lido

4,5

Arborea

9

7

Tanca
Marchese

M

S. Antonio
di Santadi

12

Terralba

48

Marceddi

Stagno di
Marceddi

S. Nicolò
d'Arcidano

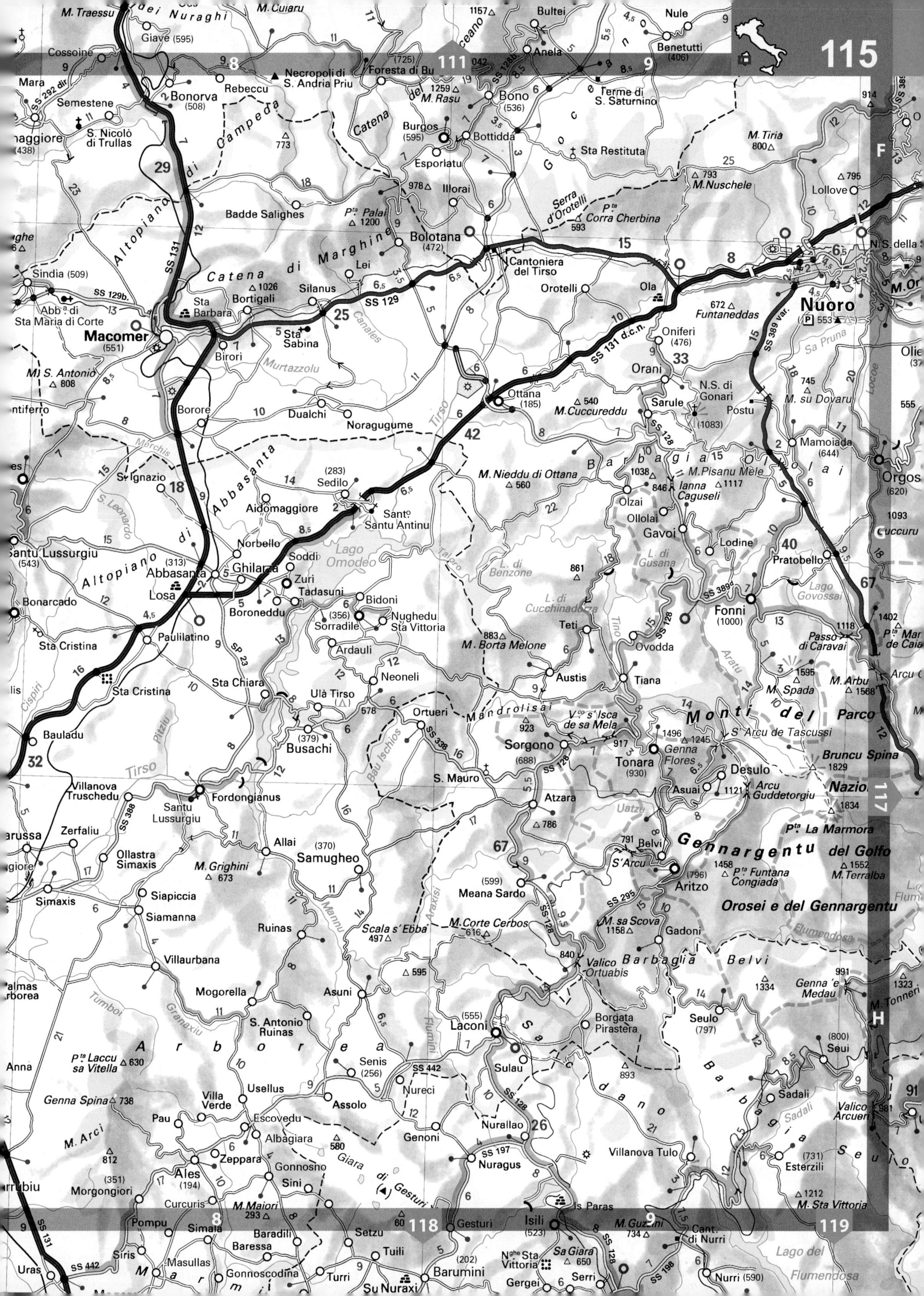
111
117
118
119
F
G
H
Macomer
Nuoro
Bonorva
Bono
Bolotana
Bottidda
Burgos
Esporlatu
Illorai
Anela
Bultei
Nule
Benetutti
Foresta di Bu
Necropoli di S. Andria Priu
Rebeccu
Giave
Cossoine
Mara
Semestene
S. Nicolò di Trullas
Terme di S. Saturnino
Sta Restituta
Catena del Marghine
Altopiano di Campeda
Badde Salighes
Sindia
Abb.a di Sta Maria di Corte
Sta Barbara
Bortigali
Silanus
Lei
Sta Sabina
Birori
Borore
Dualchi
Noragugume
Cantoniera del Tirso
Orotelli
Ola
Oniferi
Orani
Sarule
N.S. di Gonari
Ottana
M. Cuccureddu
Mamoiada
Orgos
Olzai
Ollolai
Gavoi
Lodine
Fonni
Pratobello
Lago Govossai
L. di Gusana
Barbagia Ollolai
Sedilo
Santu Antinu
Aidomaggiore
Norbello
Abbasanta
Ghilarza
Soddi
Zuri
Tadasuni
Boroneddu
Losa
Paulilatino
Altopiano di Abbasanta
Lago Omodeo
S. Ignazio
Santu Lussurgiu
Bonarcado
Sta Cristina
Bidoni
Sorradile
Nughedu Sta Vittoria
Ardauli
Neoneli
Ulà Tirso
Busachi
Sta Chiara
Bauladu
Fordongianus
Villanova Truschedu
Zerfaliu
Ollastra Simaxis
Simaxis
Siapiccia
Siamanna
Villaurbana
Mogorella
Allai
Samugheo
Ruinas
Asuni
S. Antonio Ruinas
Arborea
Laconi
Senis
Nureci
Assolo
Usellus
Villa Verde
Pau
Ales
Zeppara
Albagiara
Escovedu
Gonnosnò
Sini
Genoni
Nurallao
Nuragus
Isili
Gesturi
Setzu
Tuili
Barumini
Turri
Baradili
Baressa
Siris
Masullas
Pompu
Simala
Curcuris
Morgongiori
Gonnoscodina
Su Nuraxi
Gergei
Serri
Nurri
Uras
Ortueri
S. Mauro
Sorgono
Atzara
Tonara
Teti
Austis
Tiana
Ovodda
Desulo
Belvi
Aritzo
Gadoni
Meana Sardo
Valico Ortuabis
Seulo
Seui
Sadali
Esterzili
Villanova Tulo
Sulau
Borgata Pirastera
Monti del Gennargentu
Parco Nazionale del Golfo di Orosei e del Gennargentu
Bruncu Spina
P.ta La Marmora
Lago del Flumendosa
Giara di Gesturi
Sa Giara

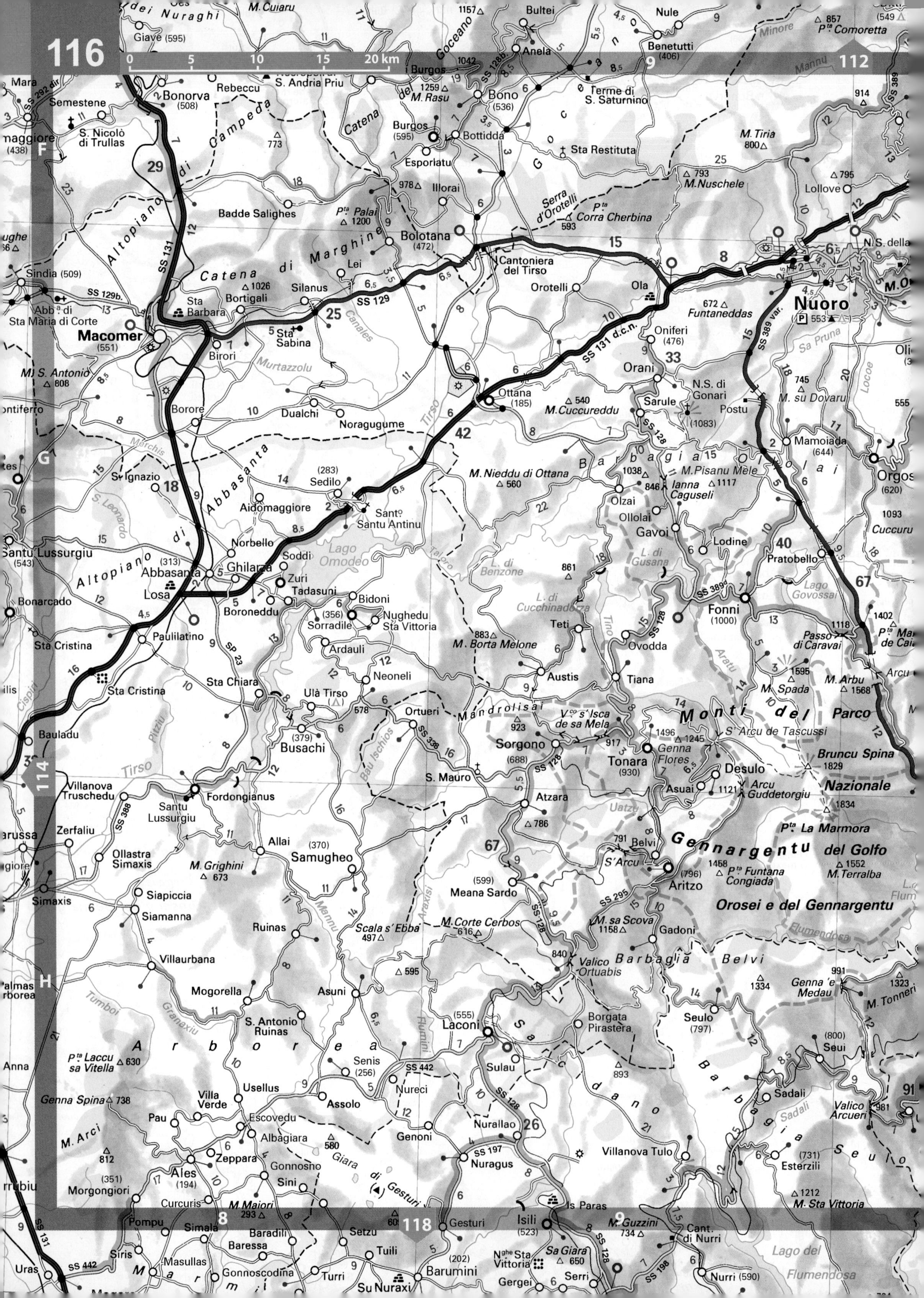
0 5 10 15 20 km
112
114
118
91
Giave (595)
M. Cuiaru
dei Nuraghi
Bultei
Nule
Benetutti (406)
P.ta Comoretta
Anela
Burgos
Goceano
S. Andria Priu
Mara
Rebeccu
Bonorva (508)
Semestene
S. Nicolò di Trullas
Campeda
M. Rasu
Bono (536)
Terme di S. Saturnino
Catena
Burgos (595)
Bottidda
Esporlatu
Sta Restituta
M. Tiria 800
Altopiano
Badde Salighes
P.ta Palai 1200
Illorai
M. Nuschele
Lollove
Serra d'Orotelli
P.ta Corra Cherbina
Bolotana (472)
Catena di Marghine
Cantoniera del Tirso
Orotelli
Ola
Sindia (509)
Lei
Silanus
Bortigali
Sta Barbara
SS 129
SS 129b.
Abb.a di Sta Maria di Corte
Macomer (551)
Birori
Sta Sabina
Funtaneddas
Nuoro
Oniferi (476)
SS 131 d.c.n.
Orani
M. S. Antonio 808
Murtazzolu
Ottana (185)
M. Cuccureddu
Sarule
N.S. di Gonari
Postu
M. su Dovaru
Borore
Dualchi
Noragugume
Tirso
Mamoiada (644)
Orgos (620)
S. Ignazio
Abbasanta
Sedilo
Aidomaggiore
M. Nieddu di Ottana
Barbagia
Ollolai
Olzai
M. Pisanu Mele
Ianna Caguseli
Gavoi
Lodine
Sant.o Santu Antinu
Norbello
Soddì
Lago Omodeo
L. di Benzone
L. di Gusana
Pratobello
Cuccuru
Santu Lussurgiu (543)
Altopiano di Abbasanta
Abbasanta (313)
Ghilarza
Zuri
Tadasuni
Losa
Bonarcado
Boroneddu
Bidoni
Sorradile
Nughedu Sta Vittoria
L. di Cucchinadorza
Fonni (1000)
Lago Govossai
Paulilatino
Teti
M. Borta Melone
Ovodda
Passo di Caravai
Sta Cristina
Ardauli
Neoneli
Austis
Tiana
M. Spada
M. Arbu
Ulà Tirso
Ortueri
Mandrolisai
V.co s'Isca de sa Mela
Monti del Parco
S'Arcu de Tascussi
Bauladu
Busachi
Sorgono (688)
Tonara (930)
Genna Flores
Desulo
Bruncu Spina
Fordongianus
S. Mauro
Asuai
Arcu Guddetorgiu
Nazionale
Villanova Truschedu
Santu Lussurgiu
Atzara
Zerfaliu
Allai
Samugheo
Belvì
Gennargentu
P.ta La Marmora
del Golfo
Ollastra Simaxis
M. Grighini
S'Arcu
Aritzo (796)
P.ta Funtana Congiada
M. Terralba
Simaxis
Siapiccia
Siamanna
Meana Sardo (599)
Orosei e del Gennargentu
Ruinas
Scala s'Ebba
M. Corte Cerbos
M. sa Scova
Gadoni
Flumendosa
Villaurbana
Valico Ortuabis
Barbagia Belvì
Genna 'e Medau
M. Tonneri
Mogorella
Asuni
Laconi (555)
Borgata Pirastera
Seulo (797)
S. Antonio Ruinas
Arborea
P.ta Laccu sa Vitella
Senis (256)
Nureci
Sulau
Sarcidano
Seui (800)
Usellus
Assolo
Genna Spina
Villa Verde
Escovedu
Pau
Albagiara
Genoni
Nurallao
Sadali
Valico Arcueri
M. Arci
Zeppara
Ales (194)
Gonnosno
Sini
Giara di Gesturi
SS 197
Nuragus
Villanova Tulo
Esterzili (731)
Barbagia di Seulo
Morgongiori
Curcuris
M. Maiori
Is Paras
M. Sta Vittoria
Pompu
Simala
Gesturi
Isili (523)
M. Guzzini
Cant. di Nurri
Baradili
Baressa
Setzu
Tuili
Siris
Masullas
Sa Giara
N.ghe Sta Vittoria
Lago del Flumendosa
Uras
Gonnoscodina
Turri
Barumini (202)
Serri
Nurri (590)
Su Nuraxi
Gergei
Marmilla

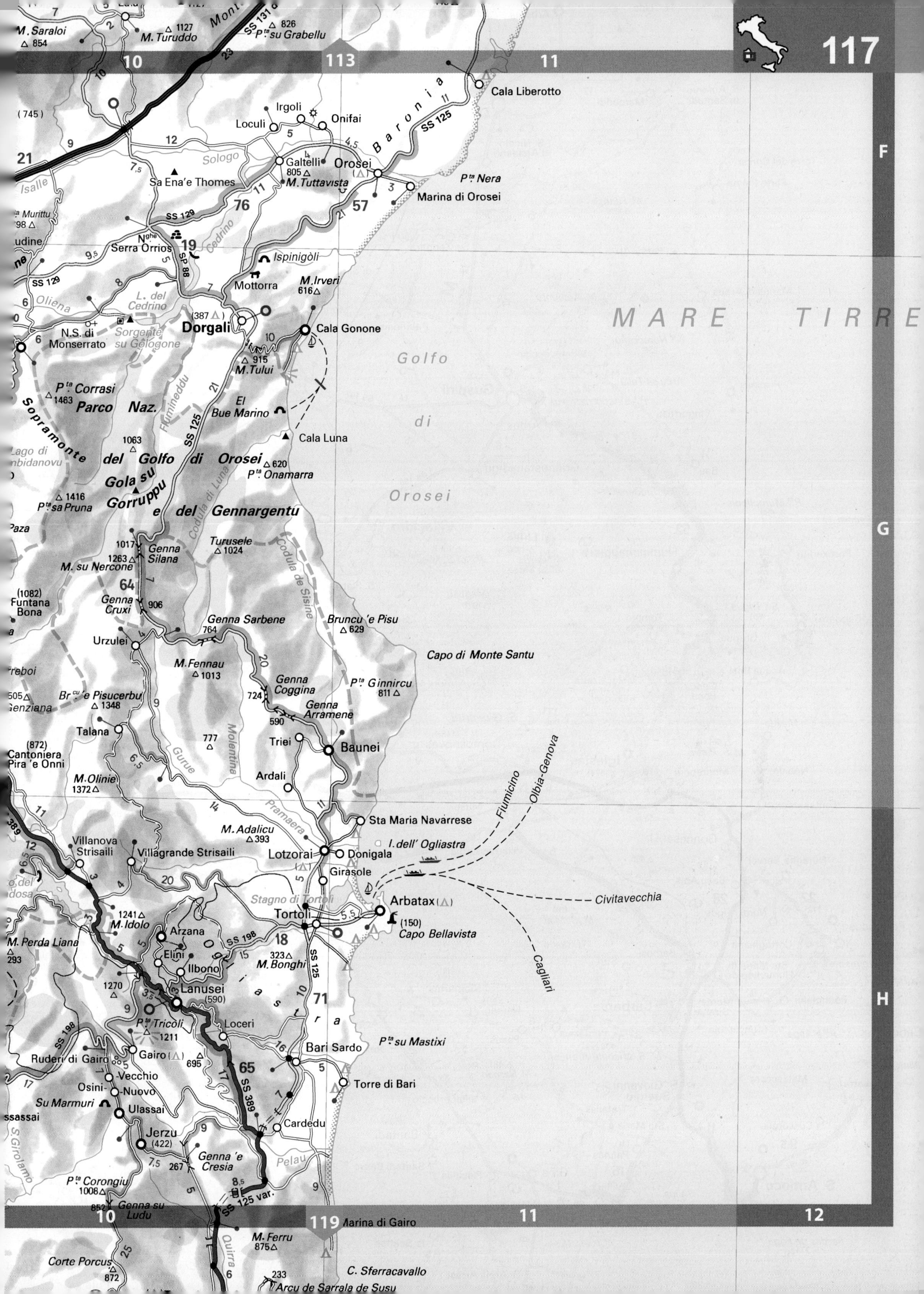

MARE TIRRE

Golfo

di

Orosei

Baronia

Cala Liberotto

Irgoli
Loculi
Onifai
Galtelli   Orosei
M. Tuttavista
Marina di Orosei
P.ta Nera

M. Saraloi
△ 854
1127
M. Turuddo   P.ta su Grabellu   826
10   23   113   11

(745)
21   12   Sologo
9   7,5   11   76   57
SS 129   SS 125
Murittu
98 △
udine   N.ghe
Serra Orrios   19
SS 129   9,5   SP 88   Cedrino
6   Oliena   L. del   Ispinigòli
Cedrino   Mottorra   M.Irveri
N.S. di   Sorgente   616 △
Monserrato   su Gologone   Dorgali   (387 △)   Cala Gonone
6   10
P.ta Corrasi   △ 915
△ 1463   M.Tului
Sopramonte   Parco   Naz.   El
1063   Bue Marino
del   Golfo   di   Orosei   Cala Luna
Lago di   Gola   su   △ 620
nbidanovu   P.ta Onamarra
△ 1416   Gorruppu   e   del   Gennargentu
Paza   P.ta sa Pruna
Turusele
1017   △ 1024
M. su Nercone   Genna
1263 △   Silana
(1082)   64
Funtana   Genna   906
Bona   Cruxi
Genna Sarbene   Bruncu 'e Pisu
Urzulei   764   △ 629
4   Capo di Monte Santu
M.Fennau
△ 1013   20   Genna   P.ta Ginnircu
reboi   Coggina   811 △
505 △   Br.cu 'e Pisucerbu   724   Genna
Genziana   △ 1348   590   Arramene
(872)   Talana   777   Triei
Cantoniera   6,5   Ardali   Baunei
Pira 'e Onni   Gurue
M.Olinie   14   11
1372 △   Pramaera
11   M. Adalicu   Sta Maria Navarrese
12   Villanova   △ 393   I. dell' Ogliastra
Strisaili   Villagrande Strisaili   Lotzorai   Donigala
389   3   4   20   (△)   Girasole
o.del   5
dosa   Stagno di Tortoli   Arbatax (△)
3   Tortoli   5,5   (150)
1241 △   5,5   Capo Bellavista
M.Idolo   Arzana   SS 198
M. Perda Liana   Elini   18
293   Ilbono   323 △   71
5   Lanusei   M. Bonghi   SS 125
1270   (590)   10
△   3,5
P.ta Tricoli   Loceri
△ 1211   16
Ruderi di Gairo   Bari Sardo
Gairo (△)   695   P.ta su Mastixi
Vecchio   5
Osini-   SS 389   Torre di Bari
Nuovo   65   7
Su Marmuri   Ulassai   Cardedu
ssassai   Jerzu   9
S. Girolamo   (422)   7,5   267
P.ta Corongiu   Genna 'e   8,5
1008 △   Cresia   SS 125 var.
852 △   Genna su   9
Ludu   10   119   Marina di Gairo   11   12
Corte Porcus   M. Ferru
872   875 △
233
C. Sferracavallo
Quirra   Pelau
Arcu de Sarrala de Susu

Fiumicino
Olbia-Genova
Civitavecchia
Cagliari

SS 198
SS 389

Isalle
Sa Ena'e Thomes   805 △

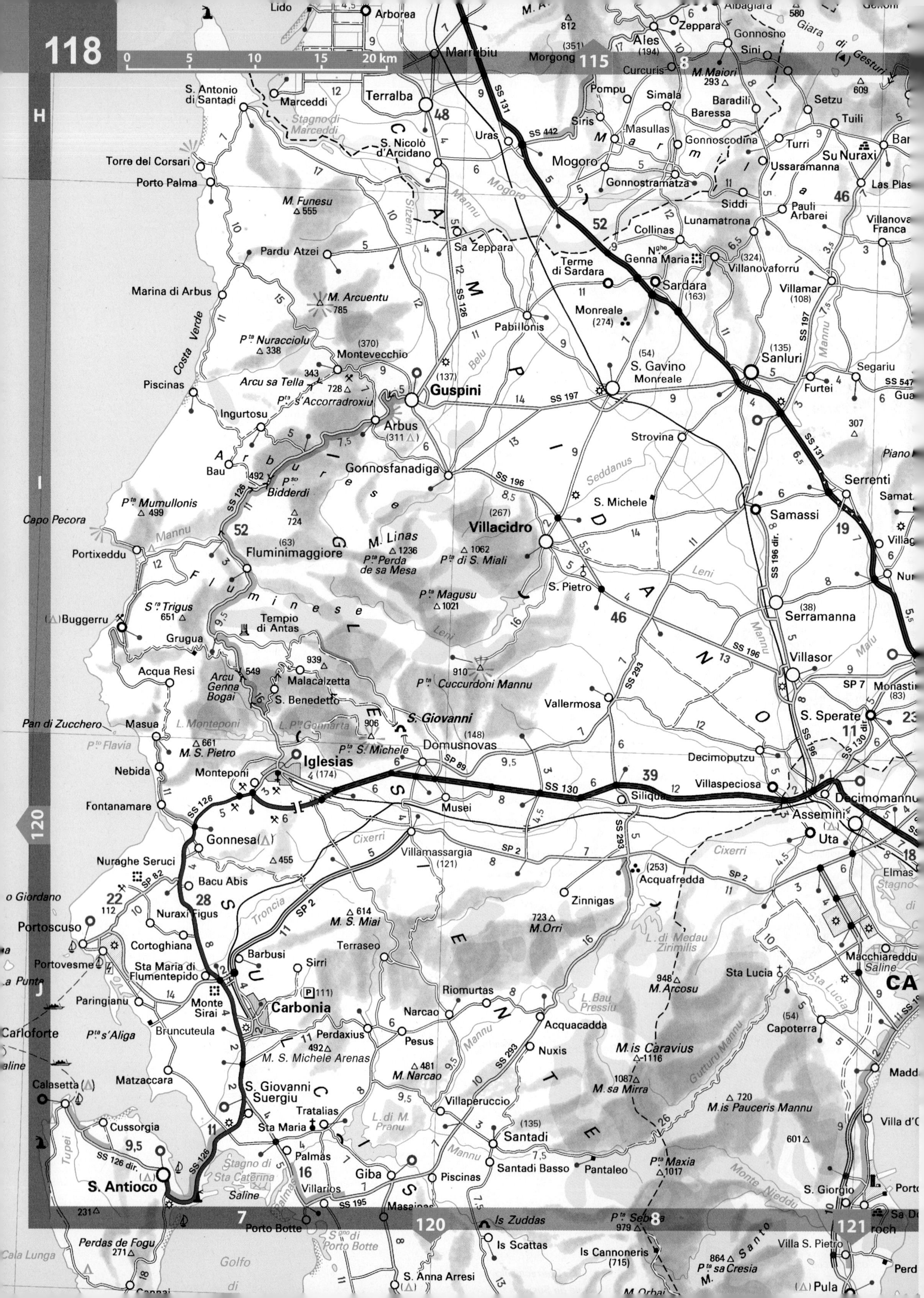

0 5 10 15 20 km
115
120
121
Lido
Arborea
Marrubiu
Morgongiori
Ales
Zeppara
Gonnosnò
Sini
Albagiara
Giara di Gesturi
Curcuris
M. Maiori
Pompu
Simala
Baradili
Baressa
Setzu
Tuili
Siris
Masullas
Gonnoscodina
Turri
Barumini
Su Nuraxi
Mogoro
Gonnostramatza
Ussaramanna
Las Plassas
Siddi
Pauli Arbarei
Villanovafranca
Lunamatrona
Collinas
Genna Maria
Villanovaforru
Terme di Sardara
Sardara
Villamar
Monreale
S. Gavino Monreale
Sanluri
Segariu
Furtei
Marmilla
S. Antonio di Santadi
Marceddì
Terralba
Stagno di Marceddì
S. Nicolò d'Arcidano
Uras
Torre del Corsari
Porto Palma
M. Funesu
Mogoro
Mannu
Sitzerri
Sa Zeppara
Pardu Atzei
Marina di Arbus
M. Arcuentu
Campidano
Pabillonis
Costa Verde
P.ta Nuracciolu
Montevecchio
Arcu sa Tella
P.ta s'Accorradroxiu
Guspini
Piscinas
Ingurtosu
Arbus
Strovina
Piano
Serrenti
Samatzai
Arburese
Bau
P.so Bidderdi
Gonnosfanadiga
Seddanus
S. Michele
Samassi
P.ta Mumullonis
Capo Pecora
Villacidro
M. Linas
P.ta Perda de sa Mesa
P.ta di S. Miali
Portixeddu
Fluminimaggiore
Leni
S. Pietro
Serramanna
S.ra Trigus
Buggerru
Flumini
P.ta Magusu
Grugua
Tempio di Antas
Villasor
Acqua Resi
Malacalzetta
Arcu Genna Bogai
S. Benedetto
P.ta Cuccurdoni Mannu
Vallermosa
Monastir
Pan di Zucchero
Masua
L. Monteponi
L. P.ta Gennarta
S. Giovanni
S. Sperate
P.to Flavia
M. S. Pietro
P.ta S. Michele
Domusnovas
Nebida
Iglesias
Monteponi
Decimoputzu
Villaspeciosa
Siliqua
Decimomannu
Fontanamare
Musei
Assemini
Gonnesa
Cixerri
Villamassargia
Uta
Nuraghe Seruci
Bacu Abis
Acquafredda
Elmas
o Giordano
Portoscuso
Nuraxi Figus
Zinnigas
M. S. Miai
M. Orri
Cortoghiana
Troncia
L. di Medau Zirimilis
Portovesme
Barbusi
Terraseo
Sirri
Sta Maria di Flumentepido
Macchiareddu
Saline
Paringianu
Monte Sirai
Carbonia
Riomurtas
Sta Lucia
M. Arcosu
Carloforte
P.ta s'Aliga
Bruncuteula
Narcao
L. Bau Pressiu
Capoterra
Perdaxius
Pesus
Acquacadda
M. S. Michele Arenas
Nuxis
M. is Caravius
Matzaccara
M. Narcao
Madd
Calasetta
S. Giovanni Suergiu
M. sa Mirra
M. is Pauceris Mannu
Gutturu Mannu
Tratalias
Villaperuccio
L. di M. Pranu
Villa d'Orri
Cussorgia
Sta Maria
Santadi
Sulcis
Tupei
Stagno di Sta Caterina
Palmas
P.ta Maxia
Monte Nieddu
S. Antioco
Giba
Piscinas
Santadi Basso
Pantaleo
S. Giorgio
Saline
Villarios
Masainas
Is Zuddas
P.ta Sebera
Sarroch
Porto Botte
S.gno di Porto Botte
Is Scattas
Villa S. Pietro
Perdas de Fogu
Cala Lunga
Golfo di
Is Cannoneris
P.ta sa Cresia
M. Santo
Pula
S. Anna Arresi
M. Orbai
Cannai
SS 131
SS 126
SS 126 dir.
SS 130
SS 130 dir.
SS 196
SS 196 dir.
SS 197
SS 293
SS 442
SS 547
SS 195
SP 2
SP 7
SP 82
SP 89

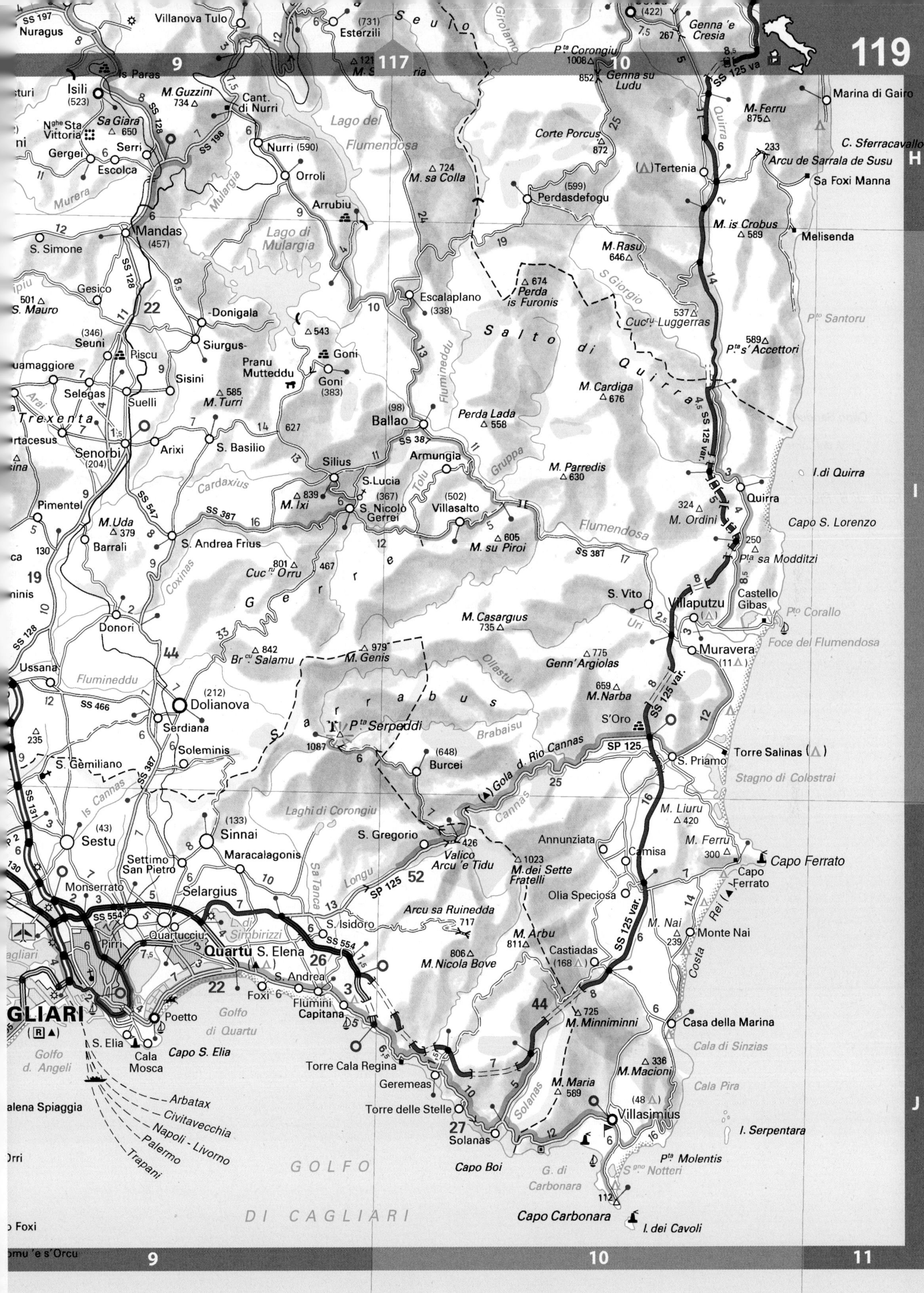

Nuragus
Villanova Tulo
Esterzili
Seulo
Girolamo
Genna 'e Cresia
117
P.ta Corongiu
Genna su Ludu
SS 125 va
Isili
Is Paras
M. Guzzini
Cant. di Nurri
Sa Giara
N.ghe Sta Vittoria
Lago del Flumendosa
Nurri (590)
Gergei
Escolca
Serri
Orroli
M. sa Colla
Corte Porcus
Perdasdefogu
Tertenia
Marina di Gairo
M. Ferru
C. Sferracavallo
Arcu de Sarrala de Susu
Sa Foxi Manna
Murera
Mulargia
Arrubiu
Lago di Mulargia
Mandas
S. Simone
M. is Crobus
Melisenda
M. Rasu
Gesico
S. Mauro
-Donigala
Siurgus-
Escalaplano
Perda is Furonis
S. Giorgio
Cuc.ru Luggerras
P.to Santoru
Seuni
Piscu
Goni
Pranu Mutteddu
Salto di Quirra
P.ta s' Accettori
Selegas
Suelli
Sisini
M. Turri
Flumineddu
M. Cardiga
Trexenta
Senorbì
Arixi
S. Basilio
Ballao
Perda Lada
Armungia
Gruppa
M. Parredis
I. di Quirra
Cardaxius
Silius
S. Lucia
M. Ixi
S. Nicolò Gerrei
Tolu
Villasalto
Quirra
Pimentel
M. Uda
Barrali
S. Andrea Frius
M. su Piroi
Flumendosa
M. Ordini
Capo S. Lorenzo
P.ta sa Modditzi
Cuc.ru Orru
Coxinas
Gerrei
S. Vito
Villaputzu
Castello Gibas
P.to Corallo
Donori
M. Casargius
Uri
Muravera
Foce del Flumendosa
Ussana
Br.cu Salamu
M. Genis
Gen' Argiolas
Ollastu
Flumineddu
M. Narba
Dolianova
Serdiana
Sarrabus
S'Oro
Soleminis
S. Gemiliano
P.ta Serpeddi
Brabaisu
Gola d. Rio Cannas
Burcei
SP 125
S. Priamo
Torre Salinas
Stagno di Colostrai
Is Cannas
Laghi di Corongiu
Cannas
M. Liuru
Sestu
Sinnai
S. Gregorio
Annunziata
Camisa
M. Ferru
Capo Ferrato
Settimo San Pietro
Maracalagonis
Valico Arcu 'e Tidu
M. dei Sette Fratelli
Monserrato
Selargius
Longu
Sa Tanca
Olia Speciosa
Arcu sa Ruinedda
Pirri
Quartucciu
L. di Simbirizzi
S. Isidoro
M. Nai
Monte Nai
Quartu S. Elena
M. Arbu
M. Nicola Bove
Castiadas
Costa Rei
S. Andrea
Foxi
Flumini Capitana
CAGLIARI
Poetto
Golfo di Quartu
M. Minniminni
Casa della Marina
Golfo d. Angeli
S. Elia
Cala Mosca
Capo S. Elia
Torre Cala Regina
Cala di Sinzias
Geremeas
M. Macioni
Cala Pira
M. Maria
Arbatax
Civitavecchia
Napoli - Livorno
Palermo
Trapani
Torre delle Stelle
Villasimius
Solanas
I. Serpentara
P.ta Molentis
Capo Boi
G. di Carbonara
S.gno Notteri
GOLFO DI CAGLIARI
Capo Carbonara
I. dei Cavoli

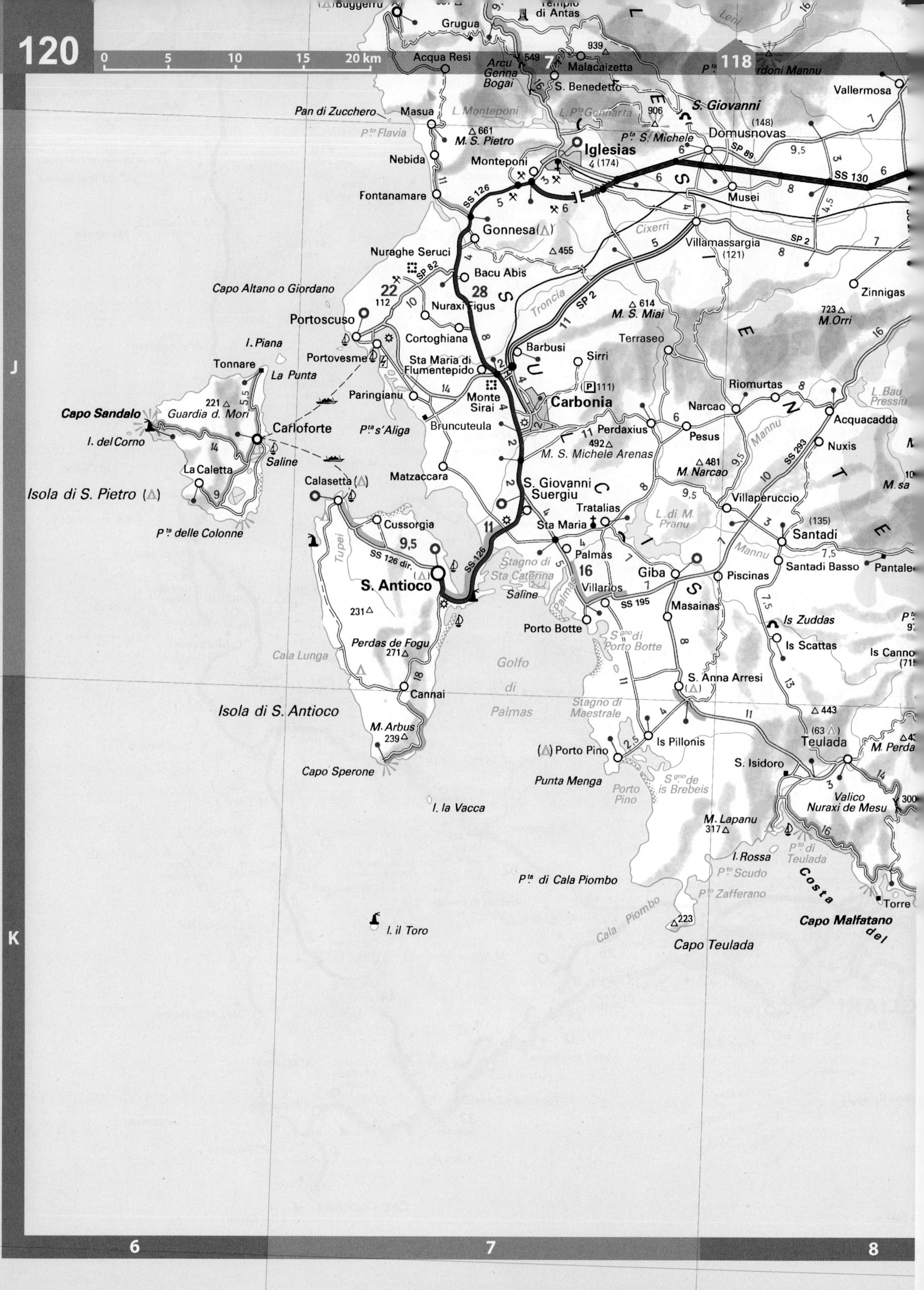

0   5   10   15   20 km

Grugua
Templo
di Antas
Acqua Resi
Arcu
Genna
Bogai
939
Malacalzetta
7
P.ta Gordoni Mannu
549
S. Benedetto
906
S. Giovanni
Vallermosa
Pan di Zucchero   Masua
L. Monteponi
L. P.ta Gennarta
P.ta S. Michele
Domusnovas
(148)
P.to Flavia
△ 661
SP 89
9,5
3
SS 130
6
M. S. Pietro
Iglesias
Nebida   Monteponi
4 (174)
6
8
SS 130
Fontanamare
SS 126
5
6
Musei
4
4,5
Gonnesa (△)
Cixerri
SP 2
7
Nuraghe Seruci
△ 455
5
Villamassargia
8
Zinnigas
SP 82   Bacu Abis
11   SP 2
(121)
Capo Altano o Giordano
22   28
M. S. Miai
△ 614
723 △
112   10   Nuraxi Figus
8   E   M. Orri
Portoscuso
Cortoghiana   Terraseo
△ 481
I. Piana   8   Barbusi   Riomurtas   8   L. Bau
Sta Maria di   Sirri   Pressiu
Tonnare   Flumentepido   2   2   (P) 111   Narcao   6   Acquacadda
La Punta   14   Monte   2   Carbonia   Pesus   Nuxis
Paringianu   Sirai   2   Perdaxius   9,5   SS 293   M.sa
221 △   P.ta s'Aliga   2   492 △   M. Narcao
Capo Sandalo   Guardia d. Mori   Bruncuteula   M. S. Michele Arenas   Villaperuccio   10   Santadi
I. del Corno   Carloforte   S. Giovanni   Tratalias   3   Santadi Basso
14   Saline   Matzaccara   2   Suergiu   Sta Maria   L. di M.   Pantale
La Caletta   9   Calasetta (△)   Sta Maria   Pranu
Isola di S. Pietro (△)   Cussorgia   11   Palmas   Giba   Piscinas   Is Zuddas
P.ta delle Colonne   9,5   16   Villarios   Masainas   Is Scattas
SS 126 dir.   SS 126   Stagno di   Saline   SS 195   Is Canno
Tupei   S. Antioco   Sta Caterina   S. Anna Arresi   13   (71
△ 443
231 △   Saline   Porto Botte   (△)   (63 △)   △ 43
Perdas de Fogu   Golfo   S.gno di   Teulada   M. Perda
Cala Lunga   271 △   di   Porto Botte   11
18   Palmas   Stagno di   S. Isidoro   Valico
Cannai   Maestrale   2,5   Is Pillonis   Nuraxi de Mesu   300
M. Arbus   (△) Porto Pino   4
Isola di S. Antioco   239 △   Is Pillonis   M. Lapanu   P.to di
Capo Sperone   Punta Menga   Porto   317 △   P.to Scudo   Teulada   16
Pino   S.gno de   I. Rossa   3
I. la Vacca   is Brebeis   P.to Zafferano   Costa
P.ta di Cala Piombo   Capo Malfatano   del
I. il Toro   △ 223   Torre
Cala Piombo   Capo Teulada

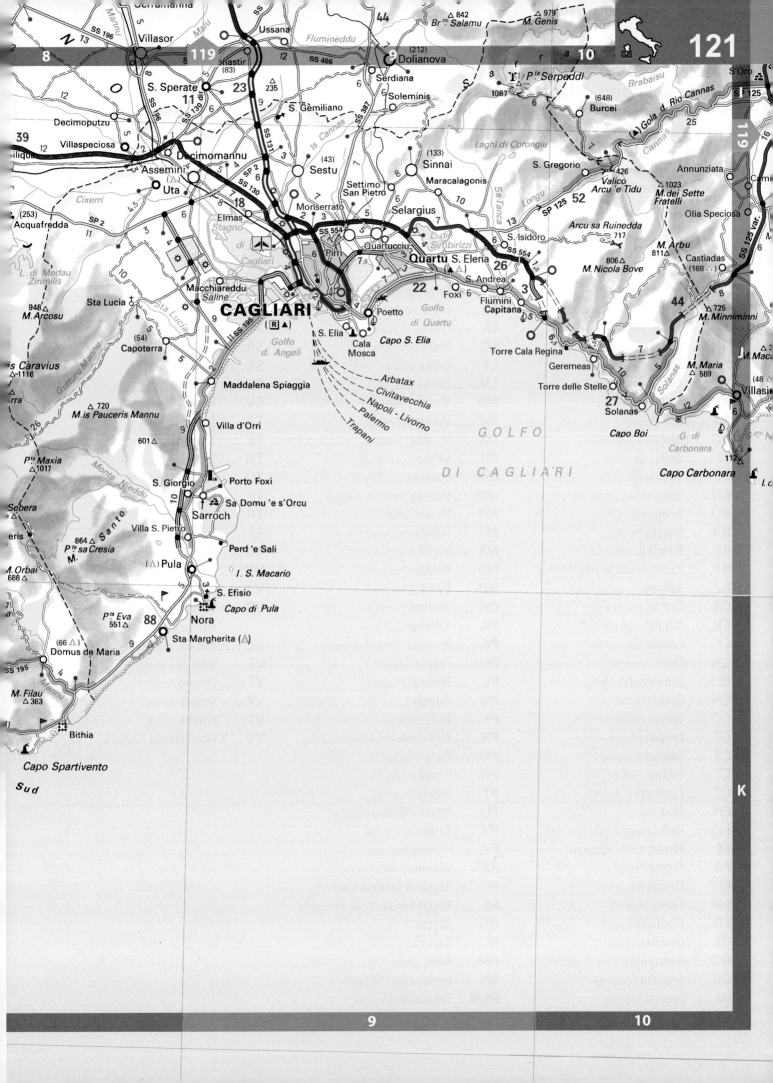

Villasor
Ussana
Flumineddu
Br.cu Salamu
M. Genis
Monastir
Dolianova
Serdiana
P.ta Serpeddi
Brabaisu
S. Sperate
S. Gemiliano
Soleminis
Burcei
Gola d. Rio Cannas
Decimoputzu
Villaspeciosa
Decimomannu
Is Cannas
Laghi di Corongiu
Assemini
Sestu
Sinnai
S. Gregorio
Annunziata
Uta
Settimo San Pietro
Maracalagonis
Valico Arcu 'e Tidu
M. dei Sette Fratelli
Cixerri
Monserrato
Selargius
Longu
Olia Speciosa
Acquafredda
Elmas
Sa Tanca
Arcu sa Ruinedda
Stagno di Cagliari
Pirri
Quartucciu
L. di Simbirizzi
S. Isidoro
M. Arbu
Quartu S. Elena
Castiadas
L. di Medau Zirimilis
M. Nicola Bove
Macchiareddu
Saline
S. Andrea
Foxi
Flumini
Capitana
M. Arcosu
Sta Lucia
CAGLIARI
Poetto
Golfo di Quartu
M. Minniminni
S. Elia
Cala Mosca
Capo S. Elia
Capoterra
Golfo d. Angeli
Torre Cala Regina
Geremeas
M. Maria
Is Caravius
Gutturu Mannu
Maddalena Spiaggia
Arbatax
Civitavecchia
Napoli - Livorno
Palermo
Trapani
Torre delle Stelle
Villasimius
Solanas
M.is Pauceris Mannu
Villa d'Orri
GOLFO DI CAGLIARI
Capo Boi
G. di Carbonara
P.ta Maxia
Capo Carbonara
Monte Nieddu
S. Giorgio
Porto Foxi
Sebera
Sa Domu 'e s'Orcu
Sarroch
M. Santo
Villa S. Pietro
P.ta sa Cresia
Perd 'e Sali
M. Orbai
Pula
I. S. Macario
S. Efisio
Capo di Pula
P.ta Eva
Nora
Sta Margherita
Domus de Maria
Mannu
M. Filau
Bithia
Capo Spartivento
Sud

Indice dei nomi - Piante di città
Index of place names - Town plans
Index des localités - Plans de ville
Ortsverzeichnis - Stadtpläne
Plaatsnamenregister - Stadsplattegronden
Índice - Planos de ciudades

AG .... Agrigento (Sicilia)
AL .... Alessandria (Piemonte)
AN .... Ancona (Marche)
AO .... Aosta/Aoste (Valle d'Aosta)
AP .... Ascoli Piceno (Marche)
AQ .... L'Aquila (Abruzzo)
AR .... Arezzo (Toscana)
AT..... Asti (Piemonte)
AV .... Avellino (Campania)
BA .... Bari (Puglia)
BG .... Bergamo (Lombardia)
BI ..... Biella (Piemonte)
BL.... Belluno (Veneto)
BN .... Benevento (Campania)
BO .... Bologna (Emilia-R.)
BR..... Brindisi (Puglia)
BS..... Brescia (Lombardia)
BT.... Barletta-Andria-Trani (Puglia)
BZ..... Bolzano (Trentino-Alto Adige)
CA .... Cagliari (Sardegna)
CB..... Campobasso (Molise)
CE..... Caserta (Campania)
CH .... Chieti (Abruzzo)
CL..... Caltanissetta (Sicilia)
CN .... Cuneo (Piemonte)
CO .... Como (Lombardia)
CR..... Cremona (Lombardia)
CS..... Cosenza (Calabria)
CT..... Catania (Sicilia)
CZ..... Catanzaro (Calabria)
EN .... Enna (Sicilia)
FC..... Forlì-Cesena (Emilia-Romagna)
FE..... Ferrara (Emilia-Romagna)
FG .... Foggia (Puglia)
FI..... Firenze (Toscana)
FM .... Fermo (Marche)
FR..... Frosinone (Lazio)
GE .... Genova (Liguria)
GO .... Gorizia (Friuli-Venezia Giulia)
GR .... Grosseto (Toscana)
IM..... Imperia (Liguria)

IS...... Isernia (Molise)
KR .... Crotone (Calabria)
LC..... Lecco (Lombardia)
LE..... Lecce (Puglia)
LI..... Livorno (Toscana)
LO .... Lodi (Lombardia)
LT..... Latina (Lazio)
LU..... Lucca (Toscana)
MB.... Monza-Brianza (Lombardia)
MC.... Macerata (Marche)
ME.... Messina (Sicilia)
MI.... Milano (Lombardia)
MN.... Mantova (Lombardia)
MO.... Modena (Emilia-Romagna)
MS .... Massa-Carrara (Toscana)
MT .... Matera (Basilicata)
NA .... Napoli (Campania)
NO .... Novara (Piemonte)
NU .... Nuoro (Sardegna)
OR .... Oristano (Sardegna)
PA .... Palermo (Sicilia)
PC.... Piacenza (Emilia-Romagna)
PD .... Padova (Veneto)
PE..... Pescara (Abruzzo)
PG .... Perugia (Umbria)
PI ..... Pisa (Toscana)
PN .... Pordenone (Friuli-Venezia Giulia)
PO .... Prato (Toscana)
PR..... Parma (Emilia-R.)
PT..... Pistoia (Toscana)
PU .... Pesaro e Urbino (Marche)
PV .... Pavia (Lombardia)
PZ..... Potenza (Basilicata)
RA .... Ravenna (Emilia-Romagna)
RC.... Reggio di Calabria (Calabria)
RE..... Reggio Emilia (Emilia-Romagna)
RG .... Ragusa (Sicilia)
RI ..... Rieti (Lazio)
RM.... Roma (Lazio)
RN .... Rimini (Emilia-Romagna)
RSM .. San Marino (Rep. di)

RO .... Rovigo (Veneto)
SA..... Salerno (Campania)
SI..... Siena (Toscana)
SO .... Sondrio (Lombardia)
SP..... La Spezia (Liguria)
SR..... Siracusa (Sicilia)
SS..... Sassari (Sardegna)
SU .... Sud Sardegna (Sardegna)
SV..... Savona (Liguria)
TA..... Taranto (Puglia)
TE..... Teramo (Abruzzo)
TN .... Trento (Trentino-Alto Adige)
TO .... Torino (Piemonte)
TP..... Trapani (Sicilia)
TR..... Terni (Umbria)
TS..... Trieste (Friuli-Venezia Giulia)
TV..... Treviso (Veneto)
UD .... Udine (Friuli-Venezia Giulia)
VA .... Varese (Lombardia)
VB .... Verbano-Cusio-Ossola (Piemonte)
VC .... Vercelli (Piemonte)
VE..... Venezia (Veneto)
VI ..... Vicenza (Veneto)
VR .... Verona (Veneto)
VT..... Viterbo (Lazio)
VV .... Vibo Valentia (Calabria)

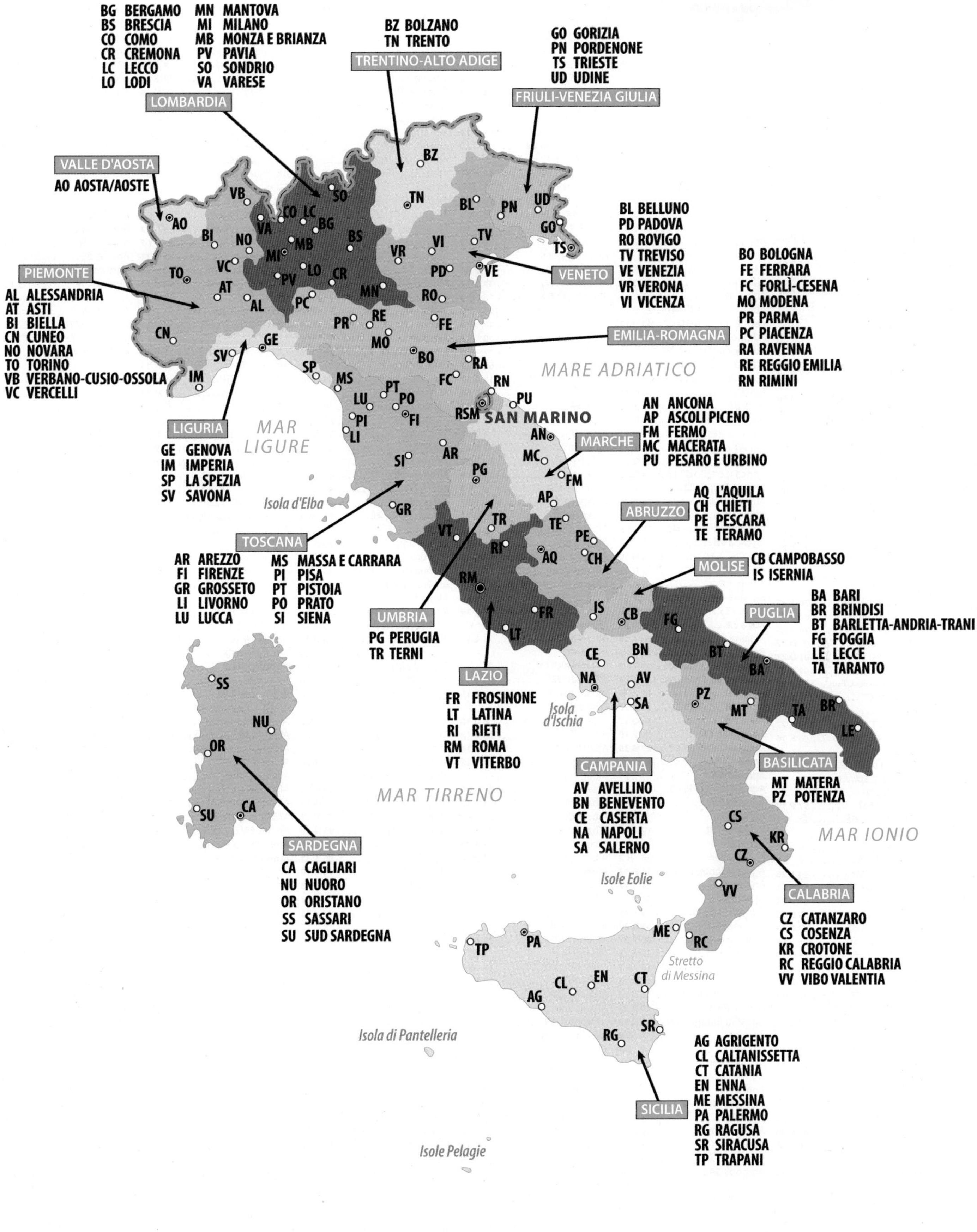

Sigle delle provinze presenti nell'indice
Abbreviations of province names contained in the index
Sigles des provinces répertoriées au nom
Im Index Vorhandene Kennzeiche
Afkorting van de provincie
Abreviaciones de los nombres de provincias

BG BERGAMO   MN MANTOVA
BS BRESCIA   MI MILANO
CO COMO   MB MONZA E BRIANZA
CR CREMONA   PV PAVIA
LC LECCO   SO SONDRIO
LO LODI   VA VARESE

LOMBARDIA

VALLE D'AOSTA
AO AOSTA/AOSTE

PIEMONTE
AL ALESSANDRIA
AT ASTI
BI BIELLA
CN CUNEO
NO NOVARA
TO TORINO
VB VERBANO-CUSIO-OSSOLA
VC VERCELLI

LIGURIA
GE GENOVA
IM IMPERIA
SP LA SPEZIA
SV SAVONA

TOSCANA
AR AREZZO   MS MASSA E CARRARA
FI FIRENZE   PI PISA
GR GROSSETO   PT PISTOIA
LI LIVORNO   PO PRATO
LU LUCCA   SI SIENA

SARDEGNA
CA CAGLIARI
NU NUORO
OR ORISTANO
SS SASSARI
SU SUD SARDEGNA

BZ BOLZANO
TN TRENTO

TRENTINO-ALTO ADIGE

GO GORIZIA
PN PORDENONE
TS TRIESTE
UD UDINE

FRIULI-VENEZIA GIULIA

BL BELLUNO
PD PADOVA
RO ROVIGO
TV TREVISO
VE VENEZIA
VR VERONA
VI VICENZA

VENETO

BO BOLOGNA
FE FERRARA
FC FORLÌ-CESENA
MO MODENA
PR PARMA
PC PIACENZA
RA RAVENNA
RE REGGIO EMILIA
RN RIMINI

EMILIA-ROMAGNA

MARE ADRIATICO

AN ANCONA
AP ASCOLI PICENO
FM FERMO
MC MACERATA
PU PESARO E URBINO

MARCHE

AQ L'AQUILA
CH CHIETI
PE PESCARA
TE TERAMO

ABRUZZO

CB CAMPOBASSO
IS ISERNIA

MOLISE

BA BARI
BR BRINDISI
BT BARLETTA-ANDRIA-TRANI
FG FOGGIA
LE LECCE
TA TARANTO

PUGLIA

UMBRIA
PG PERUGIA
TR TERNI

LAZIO
FR FROSINONE
LT LATINA
RI RIETI
RM ROMA
VT VITERBO

CAMPANIA
AV AVELLINO
BN BENEVENTO
CE CASERTA
NA NAPOLI
SA SALERNO

BASILICATA
MT MATERA
PZ POTENZA

CALABRIA
CZ CATANZARO
CS COSENZA
KR CROTONE
RC REGGIO CALABRIA
VV VIBO VALENTIA

MAR LIGURE
Isola d'Elba
MAR TIRRENO
Isola d'Ischia
Isole Eolie
MAR IONIO
Isola di Pantelleria
Stretto di Messina
Isole Pelagie

SICILIA
AG AGRIGENTO
CL CALTANISSETTA
CT CATANIA
EN ENNA
ME MESSINA
PA PALERMO
RG RAGUSA
SR SIRACUSA
TP TRAPANI

SAN MARINO

A

Abano Terme PD 24 F 17
Abatemarco SA 76 G 28
Abatemarco (Fiume) CS 85 H 29
Abbadia SI 50 M 17
Abbadia VT 57 O 16
Abbadia Cerreto LO 21 G 10
Abbadia Lariana LC 9 E 10
Abbadia S. Salvatore SI 50 N 17
Abbalata (Monte) SS 109 D 9
Abbasanta OR 115 G 8
Abbasanta (Altopiano di) OR 115 G 8
Abbateggio PE 60 P 24
Abbatoggia (Punta) SS 109 D 10
Abbiadori SS 109 D 10
Abbiategrasso MI 20 F 8
Abetaia BO 39 J 14
Abeto FI 40 J 17
Abeto PG 52 N 21
Abetone PT 39 J 14
Abisso (Rocca del) CN 34 J 4
Abriola PZ 77 F 29
Abruzzese AQ 59 P 22
Abruzzo(Parco Nazionale d') AQ 64 Q 23
Abtei / Badia BZ 4 C 17
Acaia LE 81 F 36
Acate RG 104 P 25
Acate (Fiume) RG 104 P 25
Accadia FG 71 D 28
Acceglio CN 26 I 2
Accellica (Monte) AV 70 E 27
Accesa (Lago dell') GR 49 N 14
Accettori (Punta s') NU 119 I 10
Accettura MT 77 F 30
Accia (Portella dell') PA 98 M 22
Acciano AQ 60 P 23
Acciarella LT 63 R 20
Acciaroli SA 75 G 27
Acconia CZ 88 K 30
Accorradroxiu (Punta s') SU 118 I 7
Accumoli RI 52 N 21
Acerenza PZ 72 E 29
Acerenza (Lago di) PZ 72 E 29
Acerno SA 75 E 27
Acerno (Le Croci di) SA 70 E 27
Acero (Forca d') AQ 64 Q 23
Acerra NA 70 E 25
Aci Bonaccorsi CT 101 O 27
Aci Castello CT 101 O 27
Aci Catena CT 101 O 27
Aci S. Antonio CT 101 O 27
Aci Trezza CT 101 O 27
Acilia RM 62 Q 19
Acireale CT 101 O 27
Acone S. Eustachio FI 40 K 16
Acqua (Bagno dell') TP 96 Q 17
Acqua Resi SU 118 I 7
Acqua Tosta (Monte) RM 57 P 17
Acquabianca GE 28 I 7
Acquabona (Passo di) CZ 86 J 31
Acquacadda SU 118 J 8
Acquacalda ME 94 L 26
Acquacanina MC 52 M 21
Acquafondata FR 64 R 23
Acquaformosa CS 85 H 30
Acquafredda BS 22 G 13
Acquafredda SU 118 J 8
Acquafredda PZ 76 G 29
Acqualagna PS 46 L 20
Acqualoreto TR 51 N 19
Acqualunga BS 22 G 11
Acquanegra Cremonese CR 30 G 11
Acquanegra sul Chiese MN 30 G 13
Acquapendente VT 50 N 17
Acquappesa CS 85 I 29
Acquaria MO 39 J 14
Acquarica del Capo LE 83 H 36
Acquarica di Lecce LE 81 G 36
Acquaro VV 88 L 30
Acquasanta GE 36 I 8
Acquasanta Terme AP 52 N 22
Acquaseria CO 9 D 9
Acquasparta TR 51 N 19
Acquato (Lago) GR 56 O 16
Acquavella SA 75 G 27
Acquavena SA 76 G 28
Acquaviva RM 58 P 20
Acquaviva SI 50 M 17
Acquaviva Collecroce CB 65 Q 26
Acquaviva delle Fonti BA 73 E 32
Acquaviva d'Isernia IS 65 Q 24
Acquaviva Picena AP 53 N 23
Acquaviva Platini CL 99 O 23
Acquedolci ME 100 M 25
Acquerino (Rifugio) PO 39 J 15
Acquevive IS 65 R 25
Acqui Terme AL 28 H 7
Acri CS 85 I 31
Acuto FR 63 Q 21
Acuto (Monte) PG 51 M 18
Acuto (Monte) SS 111 E 9
Adalicu (Monte) NU 117 H 10
Adamello TN 11 D 13
Adamello (Monte) BS 10 D 13
Adami CZ 86 J 31
Adda SO 2 C 12
Addolorata (Santuario dell') IS 65 R 24
Adelfia BA 73 D 32
Adige BZ 3 C 14
Adige (Foce dell') RO 33 G 18
Adone (Monte) BO 40 I 15
Adrano CT 100 O 26
Adranone (Monte) AG 97 N 21
Adrara S. Rocco BG 22 E 11
Adret TO 26 G 3
Adria RO 33 G 18
Adro BS 22 F 11
Aeclanum AV 70 D 27
Afers / Eores BZ 4 B 17
Affi VR 23 F 14
Affile RM 63 Q 21
Affrica (Scoglio d') LI 54 O 12
Afing / Avigna BZ 3 C 16
Afragola NA 69 E 24
Africo RC 91 M 30
Agaggio Inferiore IM 35 K 5
Agarina VB 8 D 7
Agazzano PC 29 H 10
Agelli AP 52 N 22
Agello PG 51 M 18
Agerola NA 75 F 25
Aggius SS 109 E 9
Agira EN 100 O 25
Agliana PT 39 K 15
Agliano AT 28 H 6
Agliè TO 19 F 5
Aglientu SS 109 D 9
Aglio PC 29 H 10
Agna AR 44 K 17
Agna PD 24 G 17
Agnadello CR 21 F 10
Agnana Calabra RC 91 M 30
Agnano PI 42 K 13
Agnano NA 69 E 24
Agnara (Croce di) CS 87 J 32
Agnedo SO 10 D 11
Agnellezze (Monte) BL 12 D 18
Agnello (Colle dell') TO 26 H 2
Agner (Monte) BL 12 D 17
Agnino MS 38 J 12
Agno VI 24 F 16
Agno (Val d') VI 24 F 15
Agnone IS 65 Q 25
Agnone Bagni SR 105 P 27
Agnosine BS 22 F 13
Agogna NO 20 E 7
Agordo BL 12 D 18
Agordo (Canale di) BL 13 D 18
Agosta RM 59 Q 21
Agostini (Rifugio) TN 11 D 14
Agra VA 8 D 8
Agrano VB 8 E 7
Agrate Brianza MI 21 F 10
Agrate Conturbia NO 20 E 7
Agresto (Monte dell') PZ 77 F 30
Agri PZ 76 F 29
Agriano PG 52 N 21
Agrifoglio CS 86 J 31
Agrigento AG 102 P 22
Agropoli SA 75 F 26
Agrustos SS 113 E 11
Agudo (Monte) BL 5 C 19
Agugliano AN 47 L 22
Agugliaro VI 24 G 16
Aguzzo (Monte) RM 58 P 19
Ahrntal / Valle Aurina BZ 4 B 17
Ahrntal / Aurina (Valle) BZ 4 A 17
Aidomaggiore OR 115 G 8
Aidone EN 104 O 25
Aielli AQ 59 P 22
Aiello Calabro CS 86 J 30
Aiello del Friuli UD 17 E 22
Aiello del Sabato AV 70 E 26
Aieta CS 84 H 29
Aiguille de Triolet AO 6 E 3
Aiguilles de Bionnassay AO 6 E 2
Ailano CE 65 R 24
Aiona (Monte) GE 29 I 10
Aip (Creta di) / Trogkofel UD 14 C 21
Airasca TO 27 H 4
Airola BN 70 D 25
Airole IM 35 K 4
Airuno LC 21 E 10
Aisone CN 34 J 3
Akrai(Palazzolo Acreide) SR 104 P 26
Ala TN 23 E 14
Ala (Val di) TO 18 G 3
Alà dei Sardi SS 111 F 9
Ala di Stura TO 18 G 3
Alagna PV 20 G 8
Alagna Valsesia VC 7 E 5
Alanno PE 60 P 23
Alano di Piave BL 12 E 17
Alassio SV 35 J 6
Alatri FR 63 Q 22
Alba CN 27 H 6
Alba TN 4 C 17
Alba Adriatica TE 53 N 23
Alba Fucens AQ 59 P 22
Albagiara OR 115 H 8
Albairate MI 20 F 8
Albanella SA 75 F 27
Albaneto RI 59 O 21
Albani (Colli) RM 63 Q 20
Albano BG 22 E 11
Albano (Lago di) RM 62 Q 20
Albano (Monte) MO 38 J 13
Albano (Monte) PT 39 K 14
Albano di Lucania PZ 77 F 30
Albano Laziale RM 62 Q 19
Albano Vercellese VC 20 F 7
Albaredo TN 11 E 15
Albaredo Arnaboldi PV 29 G 9
Albaredo TV 24 F 18
Albaredo d'Adige VR 23 G 15
Albaredo per S. Marco SO 9 D 10
Albarella (Isola) RO 33 G 19
Albareto MO 31 H 14
Albareto PR 37 I 11
Albaretto della Torre CN 27 I 6
Albaro VR 23 F 15
Albate CO 21 E 9
Albavilla CO 21 E 9
Albe AQ 59 P 22
Albegna GR 50 N 16
Albeins / Albes BZ 4 B 16
Alben (Monte) BG 10 E 11
Albenga SV 35 J 6
Albera Ligure AL 29 H 9
Alberese GR 55 N 15
Alberghi PT 39 K 14
Albergian (Monte) TO 26 G 2
Alberi PR 30 H 12
Alberino BO 32 I 16
Albero Sole (Monte) AG 102 U 19
Alberobello BA 80 E 33
Alberona FG 66 C 27
Alberone PV 29 G 10
Alberone vicino a Cento FE 32 H 15
Alberone vicino a Guarda FE 32 H 17
Alberoni VE 25 F 18
Alberoro AR 44 L 17
Albes / Albeins BZ 4 B 16
Albettone VI 24 F 16
Albi CZ 87 J 31
Albiano AR 45 L 18
Albiano TN 11 D 15
Albiano d'Ivrea TO 19 F 5
Albidona CS 85 H 31
Albignano MI 21 F 10
Albignasego PD 24 F 17
Albinea RE 31 I 13
Albinia GR 55 O 15
Albino BG 22 E 11
Albiolo CO 20 E 8
Albisola Superiore SV 36 I 7
Albissola Marina SV 36 J 7
Albizzate VA 20 E 8
Albo (Monte) NU 113 F 10
Albonese PV 20 G 8
Albonico CO 9 D 10
Albosaggia SO 10 D 11
Albucciu SS 109 D 10
Albugnano AT 27 G 5
Alburni (Monti) SA 76 F 27
Alburno (Monte) SA 76 F 27
Albuzzano PV 21 G 9
Alcamo TP 97 N 20
Alcamo Marina TP 97 M 20
Alcantara CT 100 N 26
Alcantara (Gole dell') CT 101 N 27
Alcara li Fusi ME 100 M 26
Aldein / Aldino BZ 12 C 16
Aldeno TN 11 E 15
Aldino / Aldein BZ 12 C 16
Alento SA 75 G 27
Alento CH 60 O 24
Ales OR 115 H 8
Alessandria AL 28 H 7
Alessandria del Carretto CS 85 H 31
Alessandria della Rocca AG 98 O 22
Alessano LE 83 H 36
Alesso UD 14 D 21
Alezio LE 83 G 36
Alfano SA 76 G 28
Alfedena AQ 64 Q 24
Alfero FO 41 K 18
Alfianello BS 22 G 12
Alfiano Natta AL 27 G 6
Alfonsine RA 33 I 18
Alga (Punta d') TP 96 N 19
Alghero SS 110 F 6
Alghero (Rada di) SS 110 F 6
Algone (Val d') TN 11 D 14
Algua BG 21 E 11
Algund / Lagundo BZ 3 B 15
Alì ME 90 M 28
Alì Terme ME 90 M 28
Alia PA 99 N 23
Alianello MT 77 G 30
Aliano MT 77 G 30
Alice Bel Colle AL 28 H 7
Alice Castello VC 19 F 6
Alice (Punta) KR 87 I 33
Alicudi (Isola) ME 93 L 25
Alicudi Porto ME 93 L 25
Alife CE 65 S 24
Aliga (Punta s') SU 118 J 7
Alimena PA 99 N 24
Alimini Grande LE 83 G 37
Alimini Piccolo LE 83 G 37
Aliminusa PA 99 N 23
Allai OR 115 H 8
Allaro RC 88 L 31
Alleghe BL 12 C 18
Allein AO 6 E 3
Allerona TR 50 N 17
Alli CZ 87 J 31
Allievi SO 9 D 10
Allione BS 10 D 12
Alliste LE 83 H 36
Alliz (Punta d') BZ 2 B 14
Allocchi (Galleria degli) FI 40 J 16
Allone PG 51 N 19
Allumiere RM 57 P 17
Almenno S. Salvatore BG 21 E 10
Almese TO 18 G 4
Alonte VI 24 F 16
Alpago BL 13 D 19
Alpe GE 29 I 9
Alpe d'Arguel TO 26 G 2
Alpe Campiascio SO 10 D 12
Alpe Cermis TN 12 D 16
Alpe Colombino TO 26 G 3
Alpe Devero VB 8 D 6
Alpe di Mera VC 19 E 6
Alpe di S. Antonio LU 38 J 13
Alpe Gera (Lago di) SO 10 D 11
Alpe Tre Potenze PT 39 J 13
Alpe Veglia VB 7 D 6
Alpette TO 19 F 4
Alpi Apuane (Parco Naturale) MS 38 J 12
Alpi (Monte) PZ 77 G 29
Alpi Orobie SO 10 D 11
Alpiaz BS 22 E 12
Alpicella SV 36 I 7
Alpignano TO 27 G 4
Alpino VB 8 E 7
Alpo VR 23 F 14
Alseno PC 30 H 11
Alserio (Lago di) CO 21 E 9
Alta S. Egidio AR 50 M 18
Altacroce (Monte) / Hochkreuz Spitze BZ 3 B 15
Altamura BA 73 E 31
Altamura (Pulo di) BA 73 E 31
Altana Nuoro e Sassari SS 112 F 10
Altana SS 111 E 8
Altano (Capo) SU 118 J 7
Altare SV 36 I 7
Altare (Monte) CS 85 I 31
Altavilla Irpina AV 70 D 26
Altavilla Milicia PA 98 M 22
Altavilla Silentina SA 75 F 27
Altavilla Vicentina VI 24 F 16
Altedo BO 32 I 16
Altenburg / Castelvecchio BZ 11 C 15
Altesina (Monte) EN 99 N 24
Alti (Poggi) GR 50 N 16
Altidona AP 53 M 23
Altilia KR 87 J 32
Altilia CS 86 J 30
Altilia Saepinum CB 65 R 25
Altino CH 60 P 24
Altino VE 25 F 19
Altipiani di Arcinazzo FR 63 Q 21
Altissimo VI 23 E 14
Altissimo (Località) VI 23 F 15
Altivole TV 24 E 17
Alto CN 35 J 5
Alto (Giogo) / Hochjoch BZ 3 B 14
Alto (Monte) AQ 64 Q 22
Alto (Monte) GR 49 M 15
Alto (Monte) MS 38 J 12
Altofonte PA 97 M 21
Altolia ME 90 M 28
Altomonte CS 85 H 30
Altopascio LU 39 K 14
Altrei / Anterivo BZ 12 D 16
Altrocanto TR 58 O 19
Alvano (Pizzo d') AV 70 E 25
Alvaro (Monte) SS 110 E 6
Alviano TR 58 O 18
Alviano (Lago di) TR 57 O 18
Alvignano CE 69 D 25
Alvisopoli VE 16 E 20
Alvito FR 64 Q 23
Alzano Lombardo BG 21 E 11
Alzate Brianza CO 21 E 9
Amalfi SA 75 F 25
Amandola AP 52 N 22
Amantea CS 86 J 30
Amariana (Monte) UD 14 C 21
Amaro UD 14 C 21
Amaro (Monte) AQ 60 P 24
Amaroni CZ 88 K 31
Amaseno FR 63 R 22
Amaseno (Fiume) LT 63 R 21
Amato CZ 88 K 31
Amato RC 88 L 29
Amatrice RI 59 O 21
Ambin (Rocca d') TO 18 G 2
Ambra AR 44 L 16
Ambria BG 21 E 11
Ambria SO 10 D 11
Ambrogio FE 32 H 17
Ameglia SP 38 J 11
Amelia TR 58 O 19
Amendola FG 67 C 29
Amendolara CS 85 H 31
Amendolea RC 90 N 29
Amendolea (Fiumara di) RC 90 M 29
Ameno NO 20 E 7
Amiata (Monte) GR 50 N 16
Amica CS 87 I 32
Amiternum AQ 59 O 21
Amorosi BN 70 D 25
Ampezzo UD 13 C 20
Ampezzo (Valle d') BL 4 C 18
Ampollino (Lago) KR 87 J 31
Anacapri NA 74 F 24
Anagni FR 63 Q 21
Anapo CT 104 P 26
Ancaiano PG 58 O 20
Ancaiano SI 49 M 15
Ancarano TE 53 N 23
Anchione PT 39 K 14
Ancinale CZ 88 K 31
Anciolina AR 44 L 17
Ancipa (Lago) EN 100 N 25
Ancona AN 47 L 22
Andagna IM 35 K 5
Andali CZ 87 J 32
Andalo TN 11 D 15
Andezeno TO 27 G 5
Andolla (Pizzo d') VB 7 D 6
Andolla (Rifugio) VB 7 D 6
Andonno CN 34 J 4
Andora SV 35 K 6
Andorno Micca BI 19 F 6
Andrano LE 83 H 37
Andrate TO 19 F 5
Andraz BL 4 C 17
Andrazza UD 13 C 19
Andreis PN 13 D 19
Andretta AV 71 E 27
Andria BA 72 D 30
Andriace MT 78 G 32
Andriano / Andrian BZ 3 C 15
Anduins PN 14 D 20
Anela SS 111 F 9
Anela (Masseria d') TA 78 F 32
Anfo BS 22 E 13
Angeli AN 47 L 22
Angeli di Mergo AN 46 L 21
Angeli (Golfo degli) CA 119 J 9
Angera VA 20 E 7
Anghebeni TN 23 E 15
Anghelu Ruiu (Necropoli) SS 110 F 6
Anghiari AR 45 L 18
Angiari VR 23 G 15
Angiolino (Cima dell') TO 19 F 4
Angitola (Lago dell') VV 88 K 30
Anguilli (Monte) TA 73 E 33
Anglona SS 111 E 8
Angoli CZ 88 K 31
Angolo Terme BS 10 E 12
Angri SA 75 E 25
Anguillara Sabazia RM 58 P 18
Anguillara Veneta PD 32 G 17
Aniene FR 63 Q 21
Anime (Cima delle) / Hintere Seelenkogl BZ 3 B 15
Anita FE 33 I 18
Anitrella FR 64 R 22
Annicco CR 22 G 11
Annifo PG 52 M 20
Annone (Lago di) LC 21 E 10
Annone Veneto VE 16 E 20
Annunziata SU 119 J 10
Annunziata Lunga (Passo) CE 64 R 24
Anoia RC 88 L 30
Ansedonia Cosa GR 56 O 15
Ansiei BL 4 C 18
Ansina AR 45 L 18
Antagnod AO 7 E 5
Antas (Tempio di) SU 118 I 7
Antegnate BG 22 F 11
Antelao BL 4 C 18
Antenna (Monte) RC 91 M 29
Antennamare ME 90 M 28
Anterivo / Altrei BZ 12 D 16
Antermoia / Untermoi BZ 4 B 17
Anterselva (Lago d') BZ 4 B 18
Anterselva (Valle di) BZ 4 B 18
Anterselva di Mezzo / Antholz Mittertal BZ 4 B 18
Anterselva di Sopra / Antholz Obertal BZ 4 B 18
Antey-St. André AO 19 E 4
Antholz Mittertal / Anterselva di Mezzo BZ 4 B 18
Antholz Obertal / Anterselva di Sopra BZ 4 B 18

125

Anticoli Corrado **RM** ... 59 P 20
Antignano **AT** .... 27 H 6
Antignano **LI** .... 42 L 12
Antigorio (Val) **VB** ...... 8 D 6
Antillo **ME** .... 101 N 27
Antola (Monte) **GE** ..... 29 I 9
Antola (Monte) / Steinkarspitz **BL** ...... 5 C 20
Antona **MS** .... 38 J 12
Antonelli **BA** .... 80 E 33
Antonimina **RC** .... 91 M 30
Antrodoco **RI** .... 59 O 21
Antrona (Lago di) **VB** ... 7 D 6
Antrona (Val di) **VB** ..... 7 D 6
Antronapiana **VB** ...... 7 D 6
Antrosano **AQ** .... 59 P 22
Anversa degli Abruzzi **AQ** ..... 60 Q 23
Anza **VB** .... 8 E 6
Anzano del Parco **CO** .. 21 E 9
Anzano di Puglia **FG** ... 71 D 27
Anzasca (Valle) **VB** ..... 7 E 5
Anzi **PZ** .... 77 F 29
Anzino **VB** .... 7 E 6
Anzio **RM** .... 62 R 19
Anzola **PR** .... 29 I 10
Anzola dell'Emilia **BO** .. 31 I 15
Anzola d'Ossola **VB** ..... 8 E 7
Anzone del Parco **CO** .. 21 E 9
Anzù **BL** .... 12 D 17
Anzu (Punta su) **NU** ... 113 F 11
Aosta / Aoste **AO** ...... 18 E 3
Aosta (Rifugio) **AO** ...... 7 E 4
Aosta (Valle d') **AO** .... 18 E 3
Apani (Masseria) **BR** ... 80 E 35
Apecchio **PS** .... 45 L 19
Apice **BN** .... 70 D 26
Apiro **MC** .... 46 L 21
Apollo (Secca) **PA** ...... 92 K 21
Apollosa **BN** .... 70 D 26
Appalto **AR** .... 50 M 17
Appenna (Monte) **TO** .. 26 H 2
Appenninia **AQ** .... 64 Q 23
Appennino (Gall. d') **BO** .... 39 J 15
Appiano Gentile **CO** ... 21 E 8
Appiano s. str. d. vino / Eppan **BZ** .... 3 C 15
Appignano **MC** .... 47 L 22
Appignano di Tronto **AP** .... 53 N 22
Aprica **SO** .... 10 D 12
Aprica (Passo dell') **SO** . 10 D 12
Apricale **IM** .... 35 K 4
Apricena **FG** .... 66 B 28
Apricena (Stazione di) **FG** ...... 66 B 28
Aprigliano **CS** .... 86 J 31
Aprilia **LT** .... 62 R 19
Aprilia Marittima **UD** ... 16 E 21
Aquara **SA** .... 76 F 27
Aquila di Arroscia **IM** ... 35 J 6
Aquila (Rocca d') **EN** .. 100 O 25
Aquilano **CH** .... 60 O 25
Aquileia **UD** .... 17 E 22
Aquilinia **TS** .... 17 F 23
Aquilonia **AV** .... 71 E 28
Aquino **FR** .... 64 R 23
Aquino **PA** .... 97 M 21
Arabba **BL** .... 4 C 17
Aradeo **LE** .... 83 G 36
Aragona **AG** .... 103 O 22
Arai **SU** .... 119 I 9
Aralalta (Monte) **BG** .... 9 E 10
Arancio (Lago) **AG** ..... 97 O 21
Aranova **RM** .... 62 Q 18
Arasi **RC** .... 90 M 29
Aratena **SS** .... 113 E 10
Aratu **NU** .... 115 G 9
Araxisi **NU** .... 115 H 8
Arba **PN** .... 13 D 20
Arbatax **NU** .... 117 H 11
Arbia **SI** .... 44 L 16
Arbola (Bocchetta d') **VB** ..... 8 C 6
Arbola (Punta d') **VB** .... 8 C 6
Arborea **OR** .... 114 H 7
Arborea (Località) **OR** . 114 H 7
Arborea Lido **OR** .... 114 H 7
Arborio **VC** .... 20 F 7
Arbu (Monte) **CA** ..... 119 J 10
Arbu (Monte) **NU** ..... 115 G 10
Arburese **SU** .... 118 I 7
Arbus **SU** .... 118 I 7
Arbus (Monte) **SU** .... 120 K 7
Arcade **TV** .... 25 E 18
Arcavacata **CS** .... 86 I 30
Arce **FR** .... 64 R 22
Arcene **BG** .... 21 F 10
Arceto **RE** .... 31 I 14
Arcetri **FI** .... 43 K 15
Arcevia **AN** .... 46 L 20
Archi **CH** .... 60 P 25
Archi **RC** .... 90 M 28
Architu (S') **OR** .... 114 G 7
Arci (Monte) **OR** ...... 115 H 8
Arcidosso **GR** .... 50 N 16
Arcille **GR** .... 49 N 15
Arcinazzo Romano **RM** . 63 Q 21
Arcisate **VA** .... 8 E 8
Arco **TN** .... 11 E 14
Arcola **SP** .... 38 J 11
Arcola **PN** .... 13 D 19
Arcole **VR** .... 23 F 15
Arcore **MI** .... 21 F 9
Arcosu (Monte) **SU** ... 118 J 8
Arcu (S') **NU** .... 115 H 9
Arcu Correboi **NU** ..... 116 G 10
Arcu de Sarrala de Susu **NU** .... 119 H 10
Arcu de Tascussi (S') **NU** .. 115 G 9
Arcu 'e Tidu (Valico) **CA** .... 119 J 10
Arcu Genna Bogai **SU** . 118 I 7
Arcu Guddetorgiu **NU** .... 115 G 9
Arcu sa Ruinedda **CA** . 119 J 10
Arcu sa Tella **SU** ...... 118 I 7
Arcuentu (Monte) **SU** . 118 I 7
Arcueri (Valico) **NU** ... 116 H 10
Arcugnano **VI** .... 24 F 16
Arcumeggia **VA** .... 8 E 8
Arda **PC** .... 30 H 11
Ardali **NU** .... 117 G 10
Ardara **SS** .... 111 F 8
Ardauli **OR** .... 115 G 8
Ardea **RM** .... 62 R 19
Ardenno **SO** .... 9 D 10
Ardenza **LI** .... 42 L 12
Ardesio **BG** .... 10 E 11
Ardivestra **PV** .... 29 H 9
Ardore **RC** .... 91 M 30
Ardore Marina **RC** ..... 91 M 30
Area Sacra **IS** .... 65 Q 25
Aremogna **AQ** .... 64 Q 24
Arena **VV** .... 88 L 30
Arena Po **PV** .... 29 G 10
Arenabianca **SA** .... 76 G 29
Arenella **SR** .... 105 Q 27
Arenzano **GE** .... 36 I 8
Arera (Pizzo) **BG** ...... 10 E 11
Arese **MI** .... 21 F 9
Arezzo **AR** .... 45 L 17
Argatone (Monte) **AQ** .. 64 Q 23
Argegno **CO** .... 9 E 9
Argelato **BO** .... 32 I 16
Argenta **FE** .... 32 I 17
Argentario (Promontorio d') **GR** . 55 O 15
Argentera **CN** .... 34 I 2
Argentera **TO** .... 19 G 5
Argentera (Cima di) **CN** .... 34 J 3
Argentiera **SS** .... 110 E 6
Argentiera (Capo dell') **SS** ...... 110 E 6
Argentina **IM** .... 35 K 5
Argentina (Val) **IM** ..... 35 K 5
Arginemele (Cozzo) **EN** .... 100 O 25
Argiolas (Genn') **SU** ... 119 I 10
Argusto **CZ** .... 88 K 31
Ari **CH** .... 60 P 24
Ariamacina (Lago di) **CS** .... 86 J 31
Ariano (Isola d') **RO** .... 33 H 18
Ariano Ferrarese **FE** .... 33 H 18
Ariano Irpino **AV** .... 70 D 27
Ariano nel Polesine **RO** .... 33 H 18
Ariccia **RM** .... 62 Q 20
Arielli **CH** .... 60 P 24
Arienzo **CE** .... 70 D 25
Arietta **CZ** .... 87 J 32
Arigna **SO** .... 10 D 11
Arina **BL** .... 12 D 17
Aringo **AQ** .... 59 O 21
Arischia **AQ** .... 59 O 22
Aritzo **NU** .... 115 H 9
Arixi **SU** .... 119 I 9
Arlena di Castro **VT** .... 57 O 17
Arli **AP** .... 52 N 22
Arluno **MI** .... 20 F 8
Arma di Taggia **IM** ..... 35 K 5
Armeno **NO** .... 20 E 7
Armentarola **BZ** .... 4 C 17
Armento **PZ** .... 77 G 30
Armenzano **PG** .... 51 M 20
Armi (Capo dell') **RC** ... 90 N 29
Armio **VA** .... 8 D 8
Armo **IM** .... 35 J 5
Armo **RC** .... 90 M 29
Armungia **SU** .... 119 I 10
Arnaccio **PI** .... 42 L 13
Arnara **FR** .... 63 R 22
Arnas (Punta d') **TO** .... 18 G 3
Arnasco **SV** .... 35 J 6
Arnesano **LE** .... 81 F 36
Arni **LU** .... 38 J 12
Arno **FI** .... 43 K 15
Arno (Fosso d') **PI** ...... 42 L 13
Arno (Lago d') **BS** ...... 10 D 13
Arnoga **SO** .... 2 C 12
Arola **VB** .... 20 E 7
Arolo **VA** .... 8 E 7
Arona **NO** .... 20 E 7
Arosio **CO** .... 21 E 9
Arpa (Punta dell') **PA** ... 92 K 21
Arpaia **BN** .... 70 D 25
Arpaise **BN** .... 70 D 26
Arpino **FR** .... 64 R 22
Arpinova **FG** .... 67 C 28
Arquà Petrarca **PD** ..... 24 G 17
Arquà Polesine **RO** ..... 32 G 17
Arquata del Tronto **AP** . 52 N 21
Arquata Scrivia **AL** ..... 28 H 8
Arramene (Genna) **NU** 117 G 10
Arre **PD** .... 24 G 17
Arro **BI** .... 19 F 6
Arrobbio **AT** .... 28 H 7
Arrone **RM** .... 62 Q 18
Arrone **TR** .... 58 O 20
Arrone **VT** .... 57 O 17
Arrone (Forca dell') **TR** . 58 O 20
Arroscia **IM** .... 35 J 5
Arrubiu **SU** .... 119 H 9
Arsago Seprio **VA** ...... 20 E 8
Arsego **PD** .... 24 F 17
Arsiè **BL** .... 12 E 17
Arsiero **VI** .... 24 E 16
Arsita **TE** .... 60 O 23
Arsoli **RM** .... 59 P 21
Arta Terme **UD** .... 5 C 21
Artegna **UD** .... 14 D 21
Artemisio (Monti) **RM** .. 63 Q 20
Arten **BL** .... 12 D 17
Artena **RM** .... 63 Q 20
Artesina **CN** .... 35 J 5
Artimino **PO** .... 43 K 15
Artogne **BS** .... 22 E 12
Arutas (Punta is) **OR** .. 114 H 7
Arvenis (Monte) **UD** ..... 5 C 20
Arvier **AO** .... 18 E 3
Arvo **CS** .... 87 J 31
Arvo (Lago) **CS** .... 86 J 31
Arzachena **SS** .... 109 D 10
Arzachena (Golfo di) **SS** .... 109 D 10
Arzago d'Adda **BG** ..... 21 F 10
Arzana **NU** .... 117 H 10
Arzano **NA** .... 69 E 24
Arzelato **MS** .... 38 I 11
Arzene **PN** .... 16 E 20
Arzercavalli **PD** .... 24 G 17
Arzergrande **PD** .... 24 G 18
Arzignano **VI** .... 24 F 15
Arzino **UD** .... 14 C 20
Ascea **SA** .... 76 G 27
Ascensione (Monte dell') **AP** ..... 53 N 22
Aschbach / Rio di Lagundo **BZ** .... 3 C 15
Aschi Alto **AQ** .... 60 Q 23
Aschio **MC** .... 52 N 21
Asciano **PI** .... 42 K 13
Asciano **SI** .... 50 M 16
Ascione (Colle d') **CS** ... 86 J 31
Ascolese **SA** .... 76 F 28
Ascoli Piceno **AP** .... 53 N 22
Ascoli Satriano **FG** ..... 71 D 28
Ascrea **RI** .... 59 P 20
Asealogna **VR** .... 31 G 15
Aserei (Monte) **PC** ..... 29 H 10
Asiago **VI** .... 12 E 16
Asigliano Veneto **VI** ... 24 G 16
Asigliano Vercellese **VC** .... 20 G 7
Asinara (Golfo dell') **SS** ...... 108 D 7
Asinara (Isola) **SS** ..... 108 D 6
Asinaro **SR** .... 105 Q 27
Asinelli (Isola) **TP** ...... 96 M 19
Asino (Punta dell') **SS** . 113 E 11
Aso **AP** .... 53 M 22
Aso (Fiume) **AP** .... 52 N 22
Asola **MN** .... 22 G 13
Asolo **TV** .... 24 E 17
Aspra **PA** .... 98 M 22
Aspra (Monte) **PG** ...... 58 O 20
Aspromonte **RC** .... 90 M 29
Assa **VI** .... 12 E 16
Assemini **CA** .... 118 J 8
Assenza di Brenzone **VR** .... 23 E 14
Assergi **AQ** .... 59 O 22
Assieni **TP** .... 97 M 20
Assietta (Colle dell') **TO** 26 G 2
Assino **PG** .... 45 L 19
Assisi **PG** .... 51 M 19
Asso **CO** .... 9 E 9
Asso **SI** .... 50 M 16
Asso (Castel d') **VT** ..... 57 O 18
Assolo **OR** .... 115 H 8
Assoro **EN** .... 100 O 25
Asta **RE** .... 38 J 13
Asta (Cima d') **TN** ...... 12 D 16
Asta (Giogo d') **BZ** ...... 4 B 17
Astfeld / Campolasta **BZ** .... 3 C 16
Asti **AT** .... 27 H 6
Astico **VI** .... 24 E 16
Astico (Val d') **VI** ...... 12 E 15
Astrone **SI** .... 50 N 17
Astura **LT** .... 63 R 20
Asuai **NU** .... 115 G 9
Asuni **OR** .... 115 H 8
Ateleta **AQ** .... 65 Q 24
Atella **PZ** .... 71 E 28
Atella (Fiumara d') **PZ** .. 71 E 28
Atena Lucana **SA** ...... 76 F 28
Aterno **AQ** .... 59 O 21
Atessa **CH** .... 61 P 25
Atina **FR** .... 64 R 23
Ato (Punta d') **RC** ...... 90 M 29
Atrani **SA** .... 75 F 25
Atri **TE** .... 60 O 23
Atripalda **AV** .... 70 E 26
Attigliano **TR** .... 58 O 18
Attilia **CS** .... 86 J 30
Attimis **UD** .... 15 D 21
Atzara **NU** .... 115 H 9
Auditore **PS** .... 41 K 19
Auer / Ora **BZ** .... 12 C 15
Augusta **SR** .... 105 P 27
Augusta (Golfo di) **SR** . 105 P 27
Augusta (Porto di) **SR** . 105 P 27
Aulella **MS** .... 38 J 12
Auletta **SA** .... 76 F 28
Aulla **MS** .... 38 J 11
Aune **BL** .... 12 D 17
Aupa **UD** .... 14 C 21
Aurano **VB** .... 8 E 7
Aurelia **RM** .... 57 P 17
Aurina (Valle) / Ahrntal **BZ** .... 4 A 17
Aurine (Forcella) **BL** .... 12 D 17
Aurino **BZ** .... 4 B 17
Aurisina **TS** .... 17 E 23
Auronzo (Rifugio) **BL** .... 4 C 18
Auronzo di Cadore **BL** .. 5 C 19
Aurunci (Monti) **FR** .... 64 R 22
Ausa **SMR** .... 41 K 19
Ausoni (Monti) **FR** ..... 63 R 21
Ausonia **FR** .... 64 R 23
Aussa-Corno **UD** .... 17 E 21
Ausser Sulden / Solda di Fuori **BZ** ..... 2 C 13
Austis **NU** .... 115 G 9
Autaret (Col de l') **TO** .. 18 G 3
Autore (Monte) **RM** .... 63 Q 21
Avacelli **AN** .... 46 L 20
Avegno **GE** .... 37 I 9
Avelengo / Hafling **BZ** .. 3 C 15
Avella **AV** .... 70 E 25
Avella (Monti d') **BN** ... 70 E 26
Avellino **AV** .... 70 E 26
Avena **CS** .... 84 H 29
Avenale **MC** .... 46 L 21
Aventino **CH** .... 60 P 24
Avenza **MS** .... 38 J 12
Averau (Monte) **BL** ...... 4 C 18
Averno (Lago d') **NA** ... 69 E 24
Aversa **CE** .... 69 E 24
Aveto **GE** .... 29 I 9
Avetrana **TA** .... 79 F 35
Avezzano **AQ** .... 59 P 22
Aviano **PN** .... 13 D 19
Aviatico **BG** .... 22 E 11
Avic (Monte) **AO** .... 19 E 4
Avigliana **TO** .... 26 G 4
Avigliano **PZ** .... 71 E 29
Avigliano Umbro **TR** ... 58 O 19
Avigna / Afing **BZ** .... 3 C 16
Avio **TN** .... 23 E 14
Avise **AO** .... 18 E 3
Avisio **TN** .... 12 C 16
Avola **SR** .... 105 Q 27
Avolasca **AL** .... 28 H 8
Avosso **GE** .... 29 I 9
Ayas **AO** .... 7 E 5
Ayas (Valle d') **AO** ...... 7 E 5
Ayasse **AO** .... 19 F 5
Aymavilles **AO** .... 18 E 3
Azeglio **TO** .... 19 F 5
Azzago **VR** .... 23 F 15
Azzanello **CR** .... 22 G 11
Azzanello **PN** .... 16 E 19
Azzano **PC** .... 29 H 10
Azzano d'Asti **AT** .... 28 H 6
Azzano Decimo **PN** .... 13 E 20
Azzano Mella **BS** .... 22 F 12
Azzate **VA** .... 20 E 8
Azzone **BG** .... 10 E 12
Azzurra (Grotta) (Anacapri) **NA** .... 74 F 24
Azzurra (Grotta) (Palinuro) **SA** .... 84 G 27

B

Bacchereto **PO** .... 39 K 14
Bacchiglione **PD** .... 24 G 17
Bacchiglione **VI** .... 24 F 16
Baccinello **GR** .... 50 N 16
Bacedasco **PC** .... 30 H 11
Bacedasco (Terme di) **PC** .... 30 H 11
Baceno **VB** .... 8 D 6
Bacoli **NA** .... 69 E 24
Bacu Abis **SU** .... 118 J 7
Bacucco **RO** .... 33 H 19
Bacugno **RI** .... 59 O 21
Bad Bergfall / Bagni di Pervalle **BZ** .. 4 B 18
Bad Froi / Bagni Froi **BZ** . 4 C 16
Bad Moos / Bagni di San Giuseppe **BZ** ..... 4 B 19
Bad Rahmwald / Bagni di Selva **BZ** ..... 4 B 17
Bad Salomonsbrunn / Bagni di Salomone **BZ** .. 4 B 18
Bad Salt / Bagni di Salto **BZ** ..... 3 C 14
Badagnano **PC** .... 30 H 11
Badalucco **IM** .... 35 K 5
Badde Salighes **NU** .... 115 F 8
Badesi **SS** .... 108 E 8
Badesi Mare **SS** .... 108 E 8
Badesse **SI** .... 43 L 15
Badi **BO** .... 39 J 15
Badia **BO** .... 39 I 15
Badia **PG** .... 51 M 19
Badia / Abtei **BZ** .... 4 C 17
Badia (Val) / Gadertal **BZ** .... 4 B 17
Badia a Ruoti **AR** .... 44 L 16
Badia a Settimo **FI** ..... 43 K 15
Badia a Taona **PT** ...... 39 J 14
Badia Agnano **AR** ...... 44 L 16
Badia al Pino **AR** .... 44 L 17
Badia Ardenga **SI** ...... 50 M 16
Badia Calavena **VR** ..... 23 F 15
Badia Coltibuono **SI** ... 44 L 16
Badia di Susinana **FI** ... 40 J 16
Badia Morronese **AQ** ... 60 P 23
Badia Pavese **PV** .... 29 G 10
Badia Polesine **RO** ..... 32 G 16
Badia Prataglia **AR** ..... 45 K 17
Badia Tedalda **AR** ...... 45 K 18
Badoere **TV** .... 25 F 18
Badolato **CZ** .... 89 L 31
Badolato Marina **CZ** ... 89 L 31
Badolo **BO** .... 39 I 15
Badu Abzolas **SS** ...... 111 E 9
Badu Crabolu **SS** ...... 114 F 7
Baffadi **RA** .... 40 J 16
Baffe (Punta) **GE** .... 37 J 10
Bafia **ME** .... 101 M 27
Bagaladi **RC** .... 90 M 29
Baganza **PR** .... 30 I 12
Baggio **PT** .... 39 K 14
Baggiovara **MO** .... 31 I 14
Bagheria **PA** .... 98 M 22
Baglio Messina **TP** ..... 97 M 20
Baglionuovo **TP** .... 97 N 20
Bagna (Punta) **TO** ...... 18 G 2
Bagnacavallo **RA** ...... 40 I 17
Bagnaia **LI** .... 48 N 13
Bagnaia **SI** .... 50 M 15
Bagnaia **VT** .... 57 O 18
Bagnara **PG** .... 52 M 20
Bagnara Calabra **RC** .... 90 M 29
Bagnara di Romagna **RA** .... 40 I 17
Bagnaria **PV** .... 29 H 9
Bagnaria Arsa **UD** ...... 17 E 21
Bagnarola **BO** .... 32 I 16
Bagnarola **PN** .... 16 E 20
Bagnasco **CN** .... 35 J 6
Bagnatica **BG** .... 22 F 11
Bagni **AL** .... 28 I 7
Bagni Contursi **SA** ...... 76 E 27
Bagni del Masino **SO** .... 9 D 10
Bagni di Bormio **SO** ..... 2 C 13
Bagni di Craveggia **VB** .. 8 D 7
Bagni di Lavina Bianca / Weisslahnbad **BZ** ..... 3 C 16
Bagni di Lucca **LU** ...... 39 J 13
Bagni di Lusnizza **UD** .. 15 C 22
Bagni di Nocera **PG** .... 52 M 20
Bagni di Pervalle / Bad Bergfall **BZ** .... 4 B 18
Bagni di Petriolo **SI** .... 50 M 15
Bagni di Rabbi **TN** ..... 11 C 14
Bagni di Repole **KR** .... 87 J 32
Bagni di Salomone / Bad Salomonsbrunn **BZ** 4 B 18
Bagni di Salto / Bad Salt **BZ** .... 3 C 14
Bagni di San Giuseppe / Bad Moos **BZ** .... 4 B 19
Bagni di S. Martino **SS** . 111 E 8
Bagni di Selva / Bad Rahmwald **BZ** .... 4 B 17
Bagni di Stigliano **RM** .. 57 P 18
Bagni di Tivoli **RM** ..... 63 Q 20
Bagni di Vicarello **RM** .. 57 P 18
Bagni di Vinadio **CN** .... 34 J 3
Bagni di Viterbo **VT** .... 57 O 18
Bagni Froi / Bad Froi **BZ** .... 4 C 16
Bagni Minerali **RC** ...... 91 M 30
Bagni di S. Cataldo **PZ** . 71 E 28
Bagni S. Filippo **SI** ..... 50 N 17
Bagno **FG** .... 67 B 29
Bagno a Ripoli **FI** .... 44 K 15
Bagno di Romagna **FO** . 40 K 17
Bagno Grande **AQ** ..... 59 P 22
Bagno Vignoni **SI** ...... 50 M 16
Bagnola **MC** .... 47 L 22
Bagnoli del Trigno **IS** ... 65 Q 25
Bagnoli di Sopra **PD** ... 24 G 17
Bagnoli Irpino **AV** ...... 70 E 27
Bagnolo vicino a Roccastrada **GR** .... 49 M 15
Bagnolo vicino a Sta Fiora **GR** .... 50 N 16
Bagnolo (Monte) **TA** ... 79 F 34
Bagnolo **VR** .... 23 G 14
Bagnolo **VI** .... 24 F 16
Bagnolo Cremasco **CR** . 21 F 10
Bagnolo del Salento **LE** .... 83 G 37
Bagnolo di Po **RO** ...... 32 G 16
Bagnolo in Piano **RE** ... 31 H 14
Bagnolo Mella **BS** ...... 22 F 12
Bagnolo Piemonte **CN** . 26 H 3
Bagnolo S. Vito **MN** .... 31 G 14
Bagnone **MS** .... 38 J 11
Bagnore **GR** .... 50 N 16
Bagnoregio **VT** .... 57 O 18
Bagnu (Lu) **SS** .... 111 E 8
Bagolino **BS** .... 22 E 13
Baia **CE** .... 65 S 24
Baia **NA** .... 69 E 24
Baia delle Zagare **FG** ... 67 B 30
Baia Domizia **CE** .... 69 D 23
Baia Sardinia **SS** ...... 109 D 10
Baia Verde **LE** .... 83 G 36
Baiano **AV** .... 70 E 25
Baiardo **IM** .... 35 K 5
Baigno **BO** .... 39 J 15
Baion (Rifugio) **BL** ...... 5 C 19
Baiso **RE** .... 31 I 13
Baitone (Monte) **BS** .... 10 D 13
Balangero **TO** .... 19 G 4

A B C D E F G H I J K L M N O P Q R S T U V W X Y Z

Balata di Baida TP 97 M 20
Balata di Modica RG 104 Q 26
Balate (Masseria) PA 99 N 23
Balatelle (Monte) PA 98 N 22
Balbano LU 38 K 13
Balconevisi PI 43 L 14
Baldichieri d'Asti AT 27 H 6
Baldissero d'Alba CN 27 H 5
Baldissero Torinese TO 27 G 5
Baldo (Monte) VR 23 E 14
Baldu SS 109 D 9
Balestrate PA 97 M 21
Balestrino SV 35 J 6
Balisio (Colle di) LC 9 E 10
Balistreri (Punta) SS 111 E 9
Ballabio Inferiore LC 9 E 10
Ballao SU 119 I 10
Ballata TP 97 N 20
Ballino TN 11 E 14
Ballone (Poggio) GR 49 N 14
Balme TO 18 G 3
Balmuccia VC 7 E 6
Balocco VC 20 F 6
Balossa Bigli PV 28 G 8
Balsente (Masseria) BA 73 E 33
Balsignano BA 73 D 32
Balsorano AQ 64 Q 22
Balsorano Vecchio AQ 64 Q 22
Balvano PZ 76 F 28
Balze (Località) FO 45 K 18
Balze (Voltera) PI 43 L 14
Balzola AL 20 G 7
Banari SS 111 F 8
Bancali SS 110 E 7
Banchetta (Monte) TO 26 H 2
Bandiera (Punta) ME 94 L 27
Bandita AL 28 I 7
Bando FE 32 I 17
Banna TO 19 G 5
Bannia PN 13 E 20
Bannio VB 7 E 6
Bantine SS 111 F 9
Banzi PZ 72 E 30
Baone PD 24 G 17
Bar TO 18 G 2
Baracchella CS 86 J 31
Baraccone CE 64 R 24
Baradili OR 118 H 8
Baragazza BO 39 J 15
Baragiano PZ 76 E 28
Baranci (Croda dei) BZ 4 B 18
Baranello CB 65 R 25
Barano d'Ischia NA 74 E 23
Baratili S. Pietro OR 114 H 7
Baratti LI 48 N 13
Baratti (Golfo di) LI 48 M 13
Baratz (Lago) SS 110 E 6
Barbagia Belvi SU 115 H 9
Barbagia Ollolai NU 115 G 9
Barbagia Seulo SU 115 H 9
Barbania TO 19 G 4
Barbara AN 46 L 21
Barbarano Romano VT 57 P 18
Barbarano Vicentino VI 24 F 16
Barbaresco CN 27 H 6
Barbariga BS 22 F 12
Barbarossa (Punta) SS 108 E 6
Barbasso MN 31 G 14
Barbeano PN 14 D 20
Barbellino (Lago del) BG 10 D 12
Barberino di Mugello FI 39 J 15
Barberino Val d'Elsa FI 43 L 15
Barbi (Capo) RC 88 L 29
Barbianello PV 29 G 9
Barbiano RA 40 I 17
Barbona PD 32 G 17
Barbusi SU 118 J 7
Barbustel AO 19 E 4
Barcellona Pozzo di Gotto ME 101 M 27
Barchi PS 46 K 20
Barcis PN 13 D 19
Barcis (Lago di) PN 13 D 19
Barco RE 30 H 13
Barco TN 12 D 15
Barcola TS 17 E 23
Barcon TV 24 E 18
Bard AO 19 F 5
Bardi PR 29 I 11
Bardineto SV 35 J 6
Bardolino VR 23 F 14
Bardonecchia TO 26 G 2
Bareggio MI 21 F 8
Barengo NO 20 F 7
Baressa OR 118 H 8
Barete AQ 59 O 21
Barga LU 38 J 13
Bargagli GE 37 I 9
Barge CN 26 H 3
Bargecchia LU 38 K 12
Barghe BS 22 E 13
Bargi BO 39 J 15
Bargino FI 43 L 15
Bargnano BS 22 F 12
Bargone GE 37 J 10
Bari BA 73 D 32
Bari Sardo NU 117 H 10
Bariano BG 21 F 11
Baricella BO 32 I 16
Barigazzo MO 39 J 13
Barigazzo (Monte) PR 30 I 11
Barile PZ 71 E 29
Barisciano AQ 59 P 22
Barisciano (Lago di) AQ 59 O 22
Barletta BA 72 D 30
Barni CO 9 E 9
Barolo CN 27 I 5
Barone (Monte) BI 19 E 6
Baroni (Rifugio) BG 10 D 11
Baronia NU 117 F 11
Baronia (Monte) TP 97 N 20
Baronissi SA 75 E 26
Barrabisa SS 109 D 9
Barrafranca EN 103 O 24
Barrali SU 119 I 9
Barrea AQ 64 Q 23
Barrea (Lago di) AQ 64 Q 23
Barricata TN 12 E 16
Barriera Noce (Bivio) CL 99 O 24
Barumini SU 118 H 9
Barzago LC 21 E 9
Barzana (Forcella di Palla) PN 13 D 19
Barzaniga CR 22 G 11
Barzanò LC 21 E 9
Barzio LC 9 E 10
Basagliapenta UD 16 E 21
Basaldella PN 13 D 20
Basaldella UD 15 D 21
Basalghelle TV 16 E 19
Basaluzzo AL 28 H 8
Bascape PV 21 G 9
Baschi TR 51 N 18
Bascianella TE 59 O 23
Basciano TE 60 O 23
Baselga di Pinè TN 11 D 15
Baselice BN 70 C 26
Basentello MT 72 E 30
Basento PZ 77 F 29
Basicò ME 100 M 27
Basiglio MI 21 F 9
Basiliano UD 16 D 21
Basilicagoiano PR 30 H 13
Basilicanova PR 30 H 13
Basiluzzo (Isola) ME 94 L 27
Basodino (Monte) VB 8 C 7
Basovizza TS 17 F 23
Bassacutena SS 109 D 9
Bassacutena (Rio) SS 109 D 9
Bassana (Punta) TP 96 N 18
Bassano Bresciano BS 22 G 12
Bassano del Grappa VI 24 E 17
Bassano in Teverina VT 58 O 18
Bassano Romano VT 57 P 18
Bassiano LT 63 R 21
Bassignana AL 28 G 8
Bastarda (Cima) CS 86 J 31
Bastardo PG 51 N 19
Bastelli PR 30 H 12
Bastia FG 71 D 28
Bastia AN 46 L 20
Bastia BL 13 D 18
Bastia (Monte) GE 37 I 9
Bastia PD 24 F 16
Bastia Mondovì CN 35 I 5
Bastia Umbra PG 51 M 19
Bastida Pancarana PV 29 G 9
Bastiglia MO 31 H 15
Batignano GR 49 N 15
Battaglia SA 76 G 28
Battaglia TP 97 M 20
Battaglia (Piano) PA 99 N 24
Battaglia Terme PD 24 G 17
Battaglione Monte Granero TO 26 H 3
Battifolle (Monte) PT 39 K 14
Battifollo CN 35 J 6
Battipaglia SA 75 F 26
Battisti (Rifugio) RE 38 J 13
Bau SU 118 I 7
Bau Ischios OR 115 G 8
Bau Pressiu (Lago) SU 118 J 8
Baucca PG 45 L 18
Baucina PA 98 N 22
Baudenasca TO 26 H 4
Bauernkohlern / Colle di Villa BZ 3 C 16
Bauladu OR 115 G 8
Baunei NU 117 G 10
Baura FE 32 H 17
Baveno VB 8 E 7
Baver TV 13 E 19
Bazzano AQ 59 O 22
Bazzano BO 31 I 15
Bazzano PG 52 N 20
Beano UD 16 E 21
Beaulard TO 26 G 2
Beauregard (Lago di) AO 18 F 3
Beccarini (Azienda) FG 67 C 29
Becco (Croda di) / Seekofel BL 4 B 18
Becetto CN 26 I 3
Bedero Valcuvia VA 8 E 8
Bedizzole BS 22 F 13
Bédole TN 11 D 13
Bedollo TN 12 D 15
Bedonia PR 29 I 10
Bee VB 8 E 7
Begosso VR 32 G 16
Beigua (Monte) SV 36 I 7
Beinasco TO 27 G 4
Beinette CN 35 I 4
Belagaio GR 49 M 15
Belbo CN 35 I 6
Belcastro CZ 87 J 32
Belfiore VR 23 F 15
Belfiore (Cima) LU 38 J 12
Belforte MN 31 G 13
Belforte PG 52 N 20
Belforte SI 49 M 15
Belforte all'Isauro PS 45 K 19
Belforte del Chienti MC 52 M 21
Belgioioso PV 21 G 9
Belgirate VB 8 E 7
Belice AG 97 N 20
Belice (Valle) TP 97 O 20
Belice Destro PA 97 N 21
Belici CL 99 N 23
Bella PZ 71 E 28
Bellagio CO 9 E 9
Bellamonte TN 12 D 16
Bellano LC 9 D 9
Bellante TE 53 N 23
Bellardina (Colle) VV 88 L 30
Bellaria MO 31 H 14
Bellaria PS 46 L 19
Bellaria SI 50 M 16
Bellaria-Igea Marina RN 41 J 19
Bellariva RN 41 J 19
Bellavalle PT 39 J 14
Bellavista BZ 4 C 16
Bellavista (Capo) NU 117 H 11
Bellecombe AO 19 E 4
Bellegra RM 63 Q 21
Bellino CN 26 I 3
Bellino (Monte) VT 57 O 16
Bellinzago Novarese NO 20 F 7
Bellisio Solfare PS 46 L 20
Bellizzi SA 75 F 26
Bellizzi Irpino AV 70 E 26
Bellocozzo RG 104 Q 26
Belloluogo (Masseria) BR 80 F 35
Bellona CE 69 D 24
Bellori VR 23 F 14
Bellosguardo SA 76 F 27
Belluno BL 13 D 18
Belluno Veronese VR 23 E 14
Bellusco MI 21 F 10
Belmonte Calabro CS 86 J 30
Belmonte Castello FR 64 R 23
Belmonte del Sannio IS 65 Q 25
Belmonte in Sabina RI 58 P 20
Belmonte Mezzagno PA 98 M 22
Belmonte Piceno AP 53 M 22
Belpasso CT 100 O 26
Belprato / Schönau BZ 3 B 15
Belsedere SI 50 M 16
Belsito CS 86 J 30
Belu SU 118 I 8
Belvedere SR 105 P 27
Belvedere MN 23 G 14
Belvedere PG 51 M 19
Belvedere PS 46 K 20
Belvedere PG 50 N 17
Belvedere UD 17 E 22
Belvedere (Monte) BA 73 E 31
Belvedere di Spinello KR 87 J 32
Belvedere Langhe CN 27 I 5
Belvedere Marittimo CS 84 I 29
Belvedere Ostrense AN 46 L 21
Belvi NU 115 H 9
Belviso (Lago di) SO 10 D 12
Benante SR 104 O 26
Benas (Stagno de is) OR 114 G 7
Bene Lario CO 9 D 9
Bene Vagienna CN 27 I 5
Benedello MO 39 I 14
Benestare RC 91 M 30
Benetutti SS 111 F 9
Benevello CN 27 I 6
Benevento BN 70 D 26
Benévolo AO 18 F 3
Benna BI 19 F 6
Benne TO 19 G 4
Bentivoglio BO 32 I 16
Benvignante FE 32 H 17
Benzone (Lago di) NU 115 G 9
Berbenno BG 21 E 10
Berbenno di Valtellina SO 10 D 11
Berceto PR 30 I 11
Berchidda SS 111 E 9
Berchiddeddu SS 113 E 10
Berdia Nuova RG 104 Q 25
Bereguardo PV 21 G 9
Berga AL 29 I 9
Bergamasco AL 28 H 7
Bergamo BG 21 E 10
Bergantino RO 31 G 15
Bergeggi SV 36 J 7
Bergeggi (Isola di) SV 36 J 7
Bergolo CN 27 I 6
Berici (Monti) VI 24 F 16
Bernalda MT 78 F 32
Bernardinis (Rifugio) UD 15 C 22
Bernareggio MI 21 F 10
Bernezzo CN 34 I 4
Bernina (Pizzo) SO 10 C 11
Berra FE 32 H 17
Berretta (Col della) VI 12 E 17
Bersano PC 30 H 12
Bersezio CN 34 I 2
Berta (Capo) IM 35 K 6
Bertacchi (Rifugio) SO 9 C 10
Bertesina VI 24 F 16
Berti (Rifugio) BL 5 C 19
Bertinoro FO 41 J 18
Bertiolo UD 16 E 21
Bertonico LO 21 G 11
Bertrand (Monte) CN 35 J 5
Bertuzzi (Valle) FE 33 H 18
Berzano di San Pietro AT 27 G 5
Berzano di Tortona AL 28 H 8
Berzo BS 10 E 12
Besana in Brianza MI 21 E 9
Besano VA 8 E 8
Besate MI 20 G 8
Beseno (Castello) TN 11 E 15
Besnate VA 20 E 8
Besozzo VA 8 E 7
Besozzola PR 30 H 11
Bessude SS 111 F 8
Bettenesco CR 22 G 12
Bettola VR 23 F 15
Bettola PC 29 H 10
Bettole BS 22 F 12
Bettolelle AN 46 L 21
Bettolle SI 50 M 17
Bettona PG 51 M 19
Beura-Cardezza VB 8 D 6
Bevagna PG 51 N 19
Bevano RA 41 J 18
Bevazzana UD 16 E 21
Beverare RO 32 G 17
Beverino SP 38 J 11
Bevilacqua BO 31 H 15
Bevilacqua VR 24 G 16
Bezzecca TN 11 E 14
Bezzi (Rifugio) AO 18 F 3
Biagioni PT 39 J 14
Biana PC 29 H 10
Bianca (Cima) SO 10 C 13
Bianca (Palla) / Weißkugel BZ 2 B 14
Bianca (Punta) AG 103 P 22
Biancade TV 25 F 19
Biancanelle (Poggio) PI 43 L 13
Biancano BN 69 D 25
Biancareddu SS 110 E 6
Biancavilla CT 100 O 26
Bianchi CS 86 J 31
Bianco RC 91 M 30
Bianco (Canale) FE 32 H 17
Bianco (Canale) RO 32 G 16
Bianco (Capo) AG 102 O 21
Bianco (Capo) BR 81 F 36
Bianco (Fiume) SA 76 F 28
Bianconese PR 30 H 12
Biandrate NO 20 F 7
Biandronno VA 20 E 8
Bianzano BG 22 E 11
Bianzé VC 19 G 6
Bianzone SO 10 D 12
Biasi (Rifugio) BZ 3 B 15
Biassono MI 21 F 9
Bibano TV 13 E 19
Bibbiano RE 30 I 13
Bibbiano SI 50 M 16
Bibbiena AR 44 K 17
Bibbona LI 49 M 13
Bibiana TO 26 H 3
Bibione VE 16 F 21
Bibione Pineda VE 16 F 21
Biccari FG 71 C 27
Bichl / Colle BZ 3 B 15
Bicinicco UD 17 E 21
Bidderdi (Passo) SU 118 I 7
Bidente FO 40 J 17
Bidighinzu (Lago) SS 111 F 8
Bidonì OR 115 G 8
Bielciuken AO 19 E 5
Biella BI 19 F 6
Bielmonte BI 19 F 6
Bienno BS 10 E 12
Bieno TN 12 D 16
Bientina PI 43 K 13
Biferno CB 65 R 25
Bifolchi (Portella dei) PA 99 N 24
Biforco AR 45 K 17
Biglio MS 38 I 11
Bignone (Monte) IM 35 K 5
Bigolino TV 12 E 18
Bigoti PC 29 H 10
Bilioso MT 77 F 31
Bimmisca SR 107 Q 27
Binago CO 20 E 8
Binasco MI 21 G 9
Binetto BA 73 D 32
Binio TN 11 D 14
Biodola LI 48 N 12
Bioglio BI 19 F 6
Bionaz AO 7 E 4
Bionde di Visegna VR 23 G 15
Birchabruck / Ponte Nova BZ 12 C 16
Birgi Novo TP 96 N 19
Birgi Vecchi TP 96 N 19
Birnlücke / Picco (Forcella del) BZ 4 A 18
Birori NU 115 G 8
Bisaccia AV 71 D 28
Bisacquino PA 97 N 21
Bisano BO 40 J 16
Bisbino (Monte) CO 9 E 9
Bisce (Isola delle) SS 109 D 10
Bisceglie BA 72 D 31
Biscina PG 51 M 19
Bisegna AQ 64 Q 23
Bisenti TE 60 O 23
Bisentina (Isola) VT 57 O 17
Bisenzio BS 22 E 13
Bisenzio (Fiume) PO 39 K 15
Bisignano CS 85 I 30
Bissone PV 29 G 10
Bistagno AL 28 I 7
Bisuschio VA 8 E 8
Bitetto BA 73 D 32
Bithia SU 121 K 8
Bitonto BA 73 D 32
Bitritto BA 73 D 32
Bitti NU 112 F 10
Biviere (il) CL 104 P 25
Biviere (Lago) ME 100 N 26
Bivigliano FI 40 K 15
Bivio Acri CS 85 I 30
Bivio di Reino BN 70 D 26
Bivio Ercole MC 52 M 20
Bivio Guardavalle RC 89 L 31
Bivio Palomonte SA 76 F 27
Bivona AG 98 O 22
Bivongi RC 88 L 31
Bizzarone CO 20 E 8
Bizzozero VA 20 E 8
Blacca (Corna) BS 22 E 13
Blavy vicino a Nus AO 19 E 4
Blavy vicino a St-Christophe AO 18 E 4
Blera VT 57 P 18
Blessaglia VE 16 E 20
Blessano UD 14 D 21
Blevio CO 21 E 9
Blinnenhorn VB 8 C 6
Blufi PA 99 N 24
Blumau / Prato all'Isarco BZ 3 C 16
Blumone (Cornone di) BS 10 E 13
Bo (Cima di) BI 19 E 6
Boara FE 32 H 17
Boara Pisani PD 32 G 17
Boara Polesine RO 32 G 17
Boario Terme BS 10 E 12
Bobbiano PC 29 H 10
Bobbio PC 29 H 10
Bobbio Pellice TO 26 H 3
Boca NO 20 E 7
Bocale Secondo RC 90 M 28
Bocca Chiavica MN 31 G 13
Bocca di Fiume LT 63 R 21
Bocca di Magra SP 38 J 11
Bocca di Piazza CS 86 J 31
Bocca Grande NA 74 F 24
Bocca Piccola NA 74 F 24
Boccadasse GE 36 I 8
Boccadifalco PA 97 M 21
Boccadirio (Santuario di) BO 39 J 15
Boccaleone FE 32 I 17
Boccasette RO 33 H 19
Boccassuolo MO 39 J 13
Boccea RM 62 Q 18
Bocche (Cima) TN 12 C 17
Boccheggiano GR 49 M 15
Bocchetta (Passo della) GE 28 I 8
Bocchigliero CS 87 I 32
Boccioleto VC 7 E 6
Bocco (Passo del) GE 37 I 10
Bocconi FO 40 J 17
Bocenago TN 11 D 14
Boeo (Capo) TP 96 N 19
Boesio VA 8 E 8
Boffalora d'Adda LO 21 F 10
Boffalora sopra Ticino MI 20 F 8
Bogliaco BS 23 E 13
Bogliasco GE 37 I 9
Boglietto AT 27 H 6
Boglioni RE 31 I 14
Bognanco VB 8 D 6
Bogogno NO 20 F 7
Boi (Capo) SU 119 J 10
Boirolo SO 10 D 11
Boissano SV 35 J 6
Boite BL 13 C 18
Bojano CB 65 R 25
Bolago BL 13 D 18
Bolano SP 38 J 11
Bolbeno TN 11 D 14
Bolca VR 23 F 15
Boleto VB 20 E 7
Bolgare BG 22 F 11
Bolgheri LI 49 M 13
Bollate MI 21 F 9
Bollengo TO 19 F 5
Bologna BO 32 I 15
Bolognano PE 60 P 23
Bolognano TN 11 E 14
Bolognetta PA 98 N 22
Bolognola MC 52 N 21

127

Bolotana NU ... 115 G 8
Bolsena VT ... 57 O 17
Bolsena (Lago di) VT ... 57 O 17
Bolzaneto GE ... 36 I 8
Bolzano / Bozen BZ ... 3 C 16
Bolzano Vicentino VI ... 24 F 16
Bomarzo VT ... 57 O 18
Bomba CH ... 60 P 25
Bombiana BO ... 39 J 14
Bombile RC ... 91 M 30
Bominaco AQ ... 59 P 22
Bompensiere CL ... 103 O 23
Bompensiero BS ... 22 F 11
Bompietro PA ... 99 N 24
Bomporto MO ... 31 H 15
Bonagia (Golfo di) TP ... 96 M 19
Bonamico RC ... 91 M 30
Bonarcado OR ... 115 G 7
Bonassola SP ... 37 J 10
Bonate Sotto BG ... 21 F 10
Bonavicina-Borgo VR ... 23 G 15
Bonavigo VR ... 23 G 15
Boncore LE ... 79 G 35
Bondanello MN ... 31 H 14
Bondeno FE ... 32 H 16
Bondeno MN ... 31 H 14
Bondo TN ... 11 E 14
Bondone TN ... 23 E 13
Bondone (Monte) TN ... 11 D 15
Bonea BN ... 70 D 25
Bonefro CB ... 66 B 26
Bonelli RO ... 33 H 19
Bonferraro VR ... 23 G 15
Bonghi (Monte) NU ... 117 H 10
Bonifacio (Bocche di) SS ... 109 D 9
Bonifati CS ... 84 I 29
Bonifati (Capo) CS ... 84 I 29
Bonifato (Monte) TP ... 97 N 20
Bonito AV ... 70 D 26
Bonnanaro SS ... 111 F 8
Bonne AO ... 18 F 3
Bono SS ... 115 F 9
Bonorva SS ... 115 F 8
Bonu Ighinu SS ... 111 F 7
Bonze (Cima) TO ... 19 F 5
Boor (Zuc del) UD ... 15 C 21
Boragine (Monte) RI ... 59 O 21
Borbera AL ... 28 H 8
Borbona RI ... 59 O 21
Borbore CN ... 27 H 6
Borca di Cadore BL ... 13 C 18
Borcola (Passo della) TN ... 23 E 15
Bordano UD ... 14 D 21
Bordiana TN ... 11 C 14
Bordighera IM ... 35 K 4
Bordino TP ... 97 N 19
Bordolano CR ... 22 G 11
Bordolona TN ... 11 C 14
Bordonchio RN ... 41 J 19
Bore PR ... 30 H 11
Borello FO ... 41 J 18
Borello (Torrente) FO ... 41 J 18
Boretto RE ... 31 H 13
Borgagne LE ... 83 G 37
Borgallo (Galleria del) PR ... 38 I 11
Borgaro Torinese TO ... 19 G 4
Borgata Costiera TP ... 96 N 19
Borgata Palo CL ... 103 O 23
Borgata Pirastera OR ... 115 H 9
Borgata Trigoria RM ... 62 Q 19
Borgetto PA ... 97 M 21
Borghetto MC ... 46 L 21
Borghetto RA ... 41 J 18
Borghetto TN ... 23 E 14
Borghetto vicino a Bolsena VT ... 57 O 17
Borghetto vicino a Viterbo VT ... 58 O 19
Borghetto d'Arroscia IM ... 35 J 5
Borghetto di Borbera AL ... 28 H 8
Borghetto di Vara SP ... 37 J 11
Borghetto Lodigiano LO ... 21 G 10
Borghetto Sto Spirito SV ... 35 J 6
Borghi FO ... 41 J 19
Borgia CZ ... 88 K 31
Borgiallo TO ... 19 F 5
Borgio Verezzi SV ... 36 J 6
Borgo (il) MO ... 31 H 14
Borgo a Buggiano PT ... 39 K 14
Borgo a Mozzano LU ... 39 K 13
Borgo alla Collina AR ... 44 K 17
Borgo Baccarato EN ... 104 O 25
Borgo Bainsizza LT ... 63 R 20
Borgo Bonsignore AG ... 102 O 21
Borgo Carso LT ... 63 R 20
Borgo Cascino EN ... 103 O 24
Borgo Celano FG ... 67 B 28
Borgo d'Ale VC ... 19 F 6
Borgo dei Pini Mercadante BA ... 73 E 32
Borgo di Stazione Montecosaro MC ... 53 M 22
Borgo di Terzo BG ... 22 E 11
Borgo Ermada LT ... 63 S 21
Borgo Faiti LT ... 63 R 20
Borgo Fazio TP ... 97 N 20
Borgo Flora LT ... 63 R 20
Borgo Fornari GE ... 28 I 8
Borgo Franchetto CT ... 104 O 26
Borgo Fusara RA ... 41 I 18
Borgo Grappa LT ... 63 R 20
Borgo Isonzo LT ... 63 R 20
Borgo le Taverne AV ... 71 E 27
Borgo Libertà FG ... 71 D 29
Borgo Mezzanone FG ... 67 C 29
Borgo Montello LT ... 63 R 20
Borgo Montenero LT ... 68 S 21
Borgo Pace PS ... 45 L 18
Borgo Panigale BO ... 31 I 15
Borgo Piave LT ... 63 R 20
Borgo Piave LE ... 81 F 36
Borgo Pietro Lupo CT ... 104 O 25
Borgo Podgora LT ... 63 R 20
Borgo Priolo PV ... 29 H 9
Borgo Quinzio RI ... 58 P 20
Borgo Regalmici PA ... 99 N 23
Borgo Rinazzo TP ... 96 N 19
Borgo Rivola RA ... 40 J 17
Borgo Roccella PA ... 97 N 21
Borgo Sabotino LT ... 63 R 20
Borgo S. Dalmazzo CN ... 34 J 4
Borgo S. Donato LT ... 63 R 20
Borgo S. Giacomo BS ... 22 F 11
Borgo S. Giovanni LO ... 21 G 10
Borgo S. Giusto FG ... 66 C 28
Borgo S. Lorenzo FI ... 40 K 16
Borgo Sta Maria LT ... 63 R 20
Borgo S. Martino AL ... 28 G 7
Borgo S. Pietro RI ... 59 P 21
Borgo Sta Rita RM ... 62 R 19
Borgo S. Siro PV ... 20 G 8
Borgo Schirò PA ... 97 N 21
Borgo Segezia FG ... 71 C 28
Borgo Ticino NO ... 20 E 7
Borgo Tossignano BO ... 40 J 16
Borgo Tufico AN ... 46 L 20
Borgo Val di Taro PR ... 30 I 11
Borgo Valsugana TN ... 12 D 16
Borgo Velino RI ... 59 O 21
Borgo Venusio MT ... 73 E 31
Borgo Vercelli VC ... 20 F 7
Borgo Vodice LT ... 63 R 21
Borgoforte MN ... 31 G 14
Borgoforte PD ... 32 G 17
Borgofranco d'Ivrea TO ... 19 F 5
Borgofranco sul Po MN ... 31 G 15
Borgolavezzaro NO ... 20 G 8
Borgomanero NO ... 20 E 7
Borgomaro IM ... 35 K 5
Borgomasino TO ... 19 F 5
Borgone Susa TO ... 18 G 3
Borgonovo Ligure GE ... 37 I 10
Borgonovo Val Tidone PC ... 29 G 10
Borgoratto Alessandrino AL ... 28 H 7
Borgoratto Mormorolo PV ... 29 H 9
Borgoricco PD ... 24 F 17
Borgorose RI ... 59 P 21
Borgosatollo BS ... 22 F 12
Borgosesia VC ... 20 E 6
Borlasca GE ... 28 I 8
Bormida SV ... 35 J 6
Bormida (Fiume) AL ... 28 I 7
Bormida di Millesimo SV ... 35 J 6
Bormida di Spigno AL ... 28 I 6
Bormina SO ... 10 C 12
Bormio SO ... 2 C 13
Bormio 2000 SO ... 10 C 13
Bornago MI ... 21 F 10
Bornato BS ... 22 F 12
Borno BS ... 10 E 12
Boroneddu OR ... 115 G 8
Borore NU ... 115 G 8
Borrello CH ... 65 Q 24
Borrello PA ... 99 N 24
Borriana BI ... 19 F 6
Borromee (Isole) VB ... 8 E 7
Borselli FI ... 44 K 16
Borso del Grappa TV ... 24 E 17
Borta Melone (Monte) NU ... 115 G 9
Bortigali NU ... 115 G 8
Bortigiadas SS ... 111 E 9
Borutta SS ... 111 F 8
Borzano RE ... 31 I 13
Borzonasca GE ... 37 I 10
Bosa OR ... 114 G 7
Bosa Marina OR ... 114 G 7
Bosaro RO ... 32 H 17
Boschetiello (Monte) AV ... 71 E 27
Boschetto PR ... 30 I 12
Boschi BO ... 32 H 16
Boschi PC ... 29 I 10
Boschi S. Anna VR ... 24 G 16
Bosco SA ... 76 G 28
Bosco PR ... 38 I 12
Bosco PG ... 51 M 19
Bosco VI ... 12 E 16
Bosco ai Frati FI ... 40 K 15
Bosco Chiesanuova VR ... 23 F 15
Bosco Marengo AL ... 28 H 8
Bosco Mesola FE ... 33 H 18
Bosco (Serra del) EN ... 100 N 25
Boscone Cusani PC ... 29 G 10
Bosconero TO ... 19 G 5
Boscoreale NA ... 70 E 25
Boscotrecase NA ... 70 E 25
Bosio AL ... 28 I 8
Bosisio Parini LC ... 21 E 9
Bosnasco PV ... 29 G 10
Bossea CN ... 35 J 5
Bossea (Grotta di) CN ... 35 J 5
Bossi AR ... 45 L 17
Bossico BG ... 22 E 12
Bossola (Monte) AL ... 29 I 9
Bossolasco CN ... 27 I 6
Botricello CZ ... 89 K 32
Botrugno LE ... 83 G 36
Bottagna SP ... 38 J 11
Bottanuco BG ... 21 F 10
Bottarello (Pizzo) VB ... 7 D 6
Bottarone PV ... 29 G 9
Botte Donato (Monte) CS ... 86 J 31
Botteghelle CT ... 104 P 25
Botticino-Mattina BS ... 22 F 12
Botticino-Sera BS ... 22 F 12
Bottidda SS ... 115 F 9
Bottigli (Monte) GR ... 49 N 15
Bottinaccio FI ... 43 K 15
Bottrighe RO ... 33 G 18
Bousson TO ... 26 H 2
Bova RC ... 91 N 29
Bova Marina RC ... 90 N 29
Bovalino Marina RC ... 91 M 30
Bovalino Superiore RC ... 91 M 30
Bove (Valle del) CT ... 100 N 27
Bovecchio FI ... 39 K 15
Boveglio LU ... 39 K 13
Bovegno BS ... 22 E 12
Boves CN ... 35 J 4
Bovezzo BS ... 22 F 12
Bovile TO ... 26 H 3
Boville Ernica FR ... 64 R 22
Bovino FG ... 71 D 28
Bovisio Masciago MI ... 21 F 9
Bovo Marina AG ... 102 O 21
Bovolenta PD ... 24 G 17
Bovolone VR ... 23 G 15
Boz (Rifugio) BL ... 12 D 17
Bozen / Bolzano BZ ... 3 C 16
Bozzente CO ... 20 E 8
Bozzole AL ... 28 G 7
Bozzolo MN ... 30 G 13
Bra CN ... 27 H 5
Brabaisu SU ... 119 I 10
Brabbia VA ... 20 E 8
Braccagni GR ... 49 N 15
Braccano MC ... 52 M 21
Bracchio VB ... 8 E 7
Bracciano RM ... 57 P 18
Bracciano (Lago di) RM ... 57 P 18
Bracco GE ... 37 J 10
Bracco (Passo del) SP ... 37 J 10
Bracigliano SA ... 70 E 26
Bradano PZ ... 72 E 29
Braemi CL ... 103 P 24
Braidi ME ... 100 M 27
Braies / Prags BZ ... 4 B 18
Braies (Lago di) / Pragser Wildsee BZ ... 4 B 18
Brallo di Pregola PV ... 29 H 9
Bram (Monte) CN ... 34 I 3
Branca PG ... 51 M 20
Branca (Rifugio) SO ... 11 C 13
Brancaleone Marina RC ... 91 N 30
Brandizzo TO ... 19 G 5
Branzi BG ... 10 D 11
Branzoll / Bronzolo BZ ... 12 C 15
Brasa (Passo) BO ... 39 J 14
Brasca (Rifugio) SO ... 9 D 10
Brasimone BO ... 39 J 15
Brasimone (Lago di) BO ... 39 J 15
Bratello (Passo del) MS ... 38 I 11
Brattiro VV ... 88 L 29
Bratto MS ... 38 I 11
Bratto-Dorga BG ... 10 E 12
Brazzano GO ... 17 E 22
Brebbia VA ... 20 E 7
Brebeis (Stagno de is) SU ... 120 K 7
Breda Cisoni MN ... 31 G 13
Breda di Piave TV ... 25 E 18
Brefaro PZ ... 84 H 29
Bregagno (Monte) CO ... 9 D 9
Breganze VI ... 24 E 16
Breguzzo TN ... 11 D 14
Breia VC ... 20 E 6
Brembana (Valle) BG ... 9 E 10
Brembate BG ... 21 F 10
Brembilla BG ... 21 E 10
Brembio LO ... 21 G 10
Brembo BG ... 21 E 11
Breme PV ... 28 G 7
Brendola VI ... 24 F 16
Brenna SI ... 49 M 15
Brennerbad / Terme di Brennero BZ ... 3 B 16
Brennero (Passo del) / Brennerpaß BZ ... 3 A 16
Brennerpaß / Brennero (Passo del) BZ ... 3 A 16
Breno BS ... 10 E 12
Breno PC ... 29 G 10
Brenta TN ... 12 D 16
Brenta (Cima) TN ... 11 D 14
Brenta (Foce del) VE ... 25 G 18
Brenta (Riviera del) VE ... 24 F 18
Brenta (Taglio di) VE ... 25 G 18
Brenta d'Abbà PD ... 25 G 18
Brentari (Rifugio) TN ... 12 D 16
Brentoni (Monte) BL ... 5 C 19
Brentonico TN ... 23 E 14
Brenzone VR ... 23 E 14
Breonio VR ... 23 F 14
Brescello RE ... 30 H 13
Brescia BS ... 22 F 12
Bresimo TN ... 11 C 14
Bresimo (Val di) TN ... 11 C 14
Bressa UD ... 14 D 21
Bressana Bottarone PV ... 29 G 9
Bressanone / Brixen BZ ... 4 B 16
Bresso MI ... 21 F 9
Breuil Cervinia AO ... 7 E 4
Brez TN ... 11 C 15
Brezza CE ... 69 D 24
Brezzo di Bedero VA ... 8 E 8
Briaglia CN ... 35 I 5
Brian VE ... 16 F 20
Briatico VV ... 88 K 30
Bric Bucie TO ... 26 H 3
Bric Ghinivert TO ... 26 H 2
Bricherasio TO ... 26 H 3
Brienno CO ... 9 E 9
Brienza PZ ... 76 F 28
Brigantina (Punta) LI ... 54 O 12
Brignano AL ... 29 H 9
Brignano Gera d'Adda BG ... 21 F 10
Brindisi BR ... 81 F 35
Brindisi Montagna PZ ... 77 F 29
Brinzio VA ... 8 E 8
Briona NO ... 20 F 7
Brione BS ... 22 F 12
Briosco MI ... 21 E 9
Brisighella RA ... 40 J 17
Brissogne AO ... 18 E 4
Brittoli PE ... 60 P 23
Brivio LC ... 21 E 10
Brixen / Bressanone BZ ... 4 B 16
Brizzolara GE ... 37 I 10
Brocon (Passo del) TN ... 12 D 17
Brognaturo VV ... 88 L 31
Brolio S. Regolo SI ... 44 L 16
Brolo ME ... 100 M 26
Brondello CN ... 26 I 4
Broni PV ... 29 G 9
Bronte CT ... 100 N 26
Bronzolo / Branzoll BZ ... 12 C 15
Brossasco CN ... 26 I 4
Brosso TO ... 19 F 5
Brozolo TO ... 27 G 6
Brozzo BS ... 22 E 12
Bruca TP ... 97 N 20
Bruciati (Corni) SO ... 10 D 11
Brucoli SR ... 105 P 27
Brückele / Ponticello BZ ... 4 B 18
Brufa PG ... 51 M 19
Bruggi AL ... 29 H 9
Brugherio MI ... 21 F 9
Brugine PD ... 24 G 17
Brugnato SP ... 37 J 11
Brugnera PN ... 13 E 19
Brugneto (Lago del) GE ... 29 I 9
Brugnetto AN ... 46 L 21
Bruino TO ... 27 G 4
Brumano BG ... 9 E 10
Bruna PG ... 51 N 20
Bruna (Fiume) GR ... 49 N 15
Brunate CO ... 21 E 9
Bruncu 'e Pisu NU ... 117 G 11
Bruncu Spina NU ... 115 G 9
Bruncu Teula SU ... 118 J 7
Bruneck / Brunico BZ ... 4 B 17
Brunella NU ... 113 E 10
Brunico / Bruneck BZ ... 4 B 17
Brunner (Rifugio) UD ... 15 C 22
Bruno AT ... 28 H 7
Brusago TN ... 12 D 15
Brusasco TO ... 19 G 6
Bruscoli FI ... 39 J 15
Brusimpiano VA ... 8 E 8
Brusnengo BI ... 20 F 6
Brussa VE ... 16 F 20
Brusson AO ... 19 E 5
Bruzolo TO ... 18 G 3
Bruzzano (Capo) RC ... 91 M 30
Bruzzano Zeffirio RC ... 91 M 30
Bruzzi di Sotto PC ... 29 H 10
Bubbio AT ... 28 I 6
Bubonia (Monte di) CL ... 104 P 25
Buccheri SR ... 104 P 26
Bucchi KR ... 87 J 33
Bucchianico CH ... 60 P 24
Bucciano BN ... 70 D 25
Buccino SA ... 76 F 28
Bucine AR ... 44 L 16
Buco SA ... 76 F 28
Buda BO ... 32 I 17
Buddusò SS ... 111 F 9
Budelli (Isola) SS ... 109 D 10
Budoia PN ... 13 D 19
Budoni SS ... 113 E 11
Budoni (Cala di) NU ... 113 E 11
Budrie BO ... 31 I 15
Budrio BO ... 32 I 16
Budrio RE ... 31 H 14
Budrione MO ... 31 H 14
Bue Marino (El) NU ... 117 G 10
Buggerru SU ... 118 I 7
Buggiana FO ... 40 K 17
Buggiano PG ... 52 N 20
Buggio IM ... 35 K 5
Buglio in Monte SO ... 9 D 11
Bugnara AQ ... 60 P 23
Buia UD ... 14 D 21
Bulgheria (Monte) SA ... 76 G 28
Bullone (Su) SS ... 111 E 8
Bultei SS ... 111 F 9
Bulzi SS ... 111 E 8
Bundschen / Ponticino BZ ... 3 C 16
Bunnari (Lago) SS ... 111 E 7
Buole (Passo) TN ... 23 E 15
Buonabitàcolo SA ... 76 G 28
Buonalbergo BN ... 70 D 26
Buoncammino SS ... 109 D 9
Buonconvento SI ... 50 M 16
Buonfornello PA ... 99 N 23
Buonvicino CS ... 84 H 29
Burago di Molgora MI ... 21 F 10
Burana FE ... 32 H 16
Burano PS ... 46 L 19
Burano VE ... 16 F 19
Burano (Lago di) GR ... 56 O 16
Burano (Serra di) PS ... 45 L 19
Burcei SU ... 119 I 10
Burco Sta Maria PS ... 46 K 20
Bure PT ... 39 K 14
Burgeis / Burgusio BZ ... 2 B 13
Burgio AG ... 97 O 21
Burgio SR ... 107 Q 27
Burgio (Serra di) RG ... 104 P 26
Burgos SS ... 115 F 8
Burgstall / Postal BZ ... 3 C 15
Burgusio / Burgeis BZ ... 2 B 13
Buriano GR ... 49 N 14
Buriasco TO ... 26 H 4
Buronzo VC ... 20 F 6
Burraia (Rifugio La) FO ... 40 K 17
Burrainiti (Bivio) AG ... 103 P 23
Busachi OR ... 115 G 8
Busalla GE ... 28 I 8
Busambra (Rocca) PA ... 98 N 22
Busana RE ... 38 I 12
Busano TO ... 19 G 4
Busazza (Cima) TN ... 11 D 13
Busca CN ... 26 I 4
Buscate MI ... 20 F 8
Buscemi SR ... 104 P 26
Busche BL ... 12 D 17
Buseto Palizzolo TP ... 97 M 20
Busi CN ... 27 H 6
Busnago MI ... 21 F 10
Buso (Ponte del) UD ... 5 C 20
Bussana Vecchia IM ... 35 K 5
Bussento SA ... 76 G 28
Busseto PR ... 30 H 12
Bussi sul Tirino PE ... 60 P 23
Busso CB ... 65 R 25
Bussolengo VR ... 23 F 14
Bussoleno TO ... 18 G 3
Busto Arsizio VA ... 20 F 8
Busto Garolfo MI ... 20 F 8
Bût UD ... 5 C 21
Butera CL ... 103 P 24
Buthier AO ... 7 E 4
Buti PI ... 43 K 13
Buttapietra VR ... 23 F 14
Buttigliera TO ... 26 G 4
Buttigliera d'Asti AT ... 27 G 5
Buttrio UD ... 15 D 21
Bùtule SS ... 111 F 8
Buturo CZ ... 87 J 31
Buzzò PR ... 37 I 11

C

Ca' Bazzone BO ... 40 I 16
Ca' Bertacchi RE ... 31 I 13
Ca' Bianca VE ... 25 G 18
Ca' Briani VE ... 33 G 18
Ca' Cappello RO ... 33 G 18
Ca' Corniani VE ... 16 F 20
Ca' d'Andrea CR ... 30 G 12
Ca' de' Bonavogli CR ... 30 G 12
Ca' de Fabbri BO ... 32 I 16
Ca' di Biss MI ... 20 F 8
Ca' di David VR ... 23 F 14
Ca' Gallo PS ... 41 K 19
Ca' Mello RO ... 33 H 19
Ca' Morosini RO ... 32 G 16
Ca' Noghera VE ... 25 F 19
Cà Selva (Lago di) PN ... 13 D 20
Ca' Tron TV ... 16 F 19
Ca' Venier RO ... 33 H 19
Cà Zul (Lago di) PN ... 13 D 20
Ca' Zuliani RO ... 33 H 19
Cabanne GE ... 29 I 10
Cabbia AQ ... 59 O 21
Cabella Ligure AL ... 29 H 9
Cabelli FO ... 40 K 17
Caberlaba (Monte) VI ... 24 E 16
Cabianca (Monte) BG ... 10 D 11
Cabiate CO ... 21 E 9
Cabras OR ... 114 H 7
Cabras (Stagno di) OR ... 114 H 7
Cabu Abbas (Santuario Nuragico) SS ... 109 E 10
Caccamo PA ... 98 N 23
Cacchiamo EN ... 99 N 24

A B C D E F G H I J K L M N O P Q R S T U V W X Y Z

Caccia (Capo) **SS** 110 F 6
Caccia (Monte) **BA** 72 D 30
Caccuri **KR** 87 J 32
Cadé **MN** 31 G 14
Cadecoppi **MO** 31 H 15
Cadelbosco di Sopra **RE** 31 H 13
Cadelbosco di Sotto **RE** 31 H 13
Cadelle (Monte) **BG** 10 D 11
Cadelmonte **PC** 29 H 10
Cadenabbia **CO** 9 E 9
Cadeo **PC** 30 H 11
Caderzone **TN** 11 D 14
Cadignano **BS** 22 F 12
Cadilana **LO** 21 G 10
Cadimarco **MN** 22 G 13
Cadine **TN** 11 D 15
Cadini (Gruppo dei) **BL** 4 C 18
Cadino (Val) **TN** 12 D 16
Cadipietra / Steinhaus **BZ** 4 B 17
Cadoneghe **PD** 24 F 17
Cadore **BL** 4 C 18
Cadrezzate **VA** 20 E 7
Cadria **BS** 23 E 13
Cadria (Monte) **TN** 11 E 14
Caerano di S. Marco **TV** 24 E 17
Cafaggio **LI** 49 M 13
Cafaggiolo **FI** 40 K 15
Cafasse **TO** 19 G 4
Caffaraccia **PR** 30 I 11
Caffaro **BS** 22 E 13
Caffaro (Val di) **BS** 10 E 13
Cafragna **PR** 30 H 12
Caggiano **SA** 76 F 28
Caginia (Serra di) **CT** 100 N 26
Cagli **PS** 46 L 19
Cagliari **CA** 119 J 9
Cagliari (Golfo di) **CA** 119 J 9
Cagliari (Stagno di) **CA** 118 J 9
Caglio **CO** 9 E 9
Cagnano Amiterno **AQ** 59 O 21
Cagnano Varano **FG** 67 B 29
Cagno **CS** 87 J 31
Caguseli (Ianna) **NU** 115 G 9
Caianello **CE** 64 S 24
Caiazzo **CE** 69 D 25
Caicambiucci **PG** 45 L 19
Caina **PG** 51 M 18
Caina (Monte) **VI** 24 E 17
Caìnes / Kuens **BZ** 3 B 15
Caino **BS** 22 F 12
Caio (Monte) **PR** 38 I 12
Caiolo **SO** 10 D 11
Caira **FR** 64 R 23
Cairano **AV** 71 E 28
Cairate **VA** 20 E 8
Cairo (Monte) **FR** 64 R 23
Cairo Montenotte **SV** 36 I 6
Caivano **NA** 69 E 24
Cala d'Oliva **SS** 108 D 7
Cala Gonone **NU** 117 G 10
Cala Grande (Punta) **GR** 55 O 15
Cala Liberotto **NU** 117 F 11
Cala Mosca **CA** 119 J 9
Cala Piccola **GR** 55 O 15
Cala Piombo (Punta di) **SU** 120 K 7
Cala Regina (Torre) **CA** 119 J 10
Calabernardo **SR** 105 Q 27
Calabianca (Punta) **TP** 97 M 20
Calabretto **RC** 90 M 29
Calabria (Parco Nazionale della) **CS** 87 I 31
Calabricata **CZ** 89 K 32
Calabritto **AV** 71 E 27
Calafuria **LI** 42 L 12
Calaggio **FG** 71 D 28
Calaita (Lago di) **TN** 12 D 17
Calalzo di Cadore **BL** 5 C 19
Calamandrana **AT** 28 H 7
Calambrone **PI** 42 L 12
Calamento (Val di) **TN** 12 D 16
Calamita (Monte) **LI** 48 N 13
Calamita Vecchia **TP** 97 N 19
Calamonaci **AG** 102 O 21
Calangianus **SS** 109 E 9
Calanna **RC** 90 M 29
Calaresu **NU** 116 G 10
Calascibetta **EN** 99 O 24
Calascio **AQ** 59 P 23
Calasetta **SU** 118 J 7
Calatabiano **CT** 101 N 27
Calatafimi **TP** 97 N 20
Calava (Capo) **ME** 94 M 26
Calavino **TN** 11 D 14
Calbenzano **AR** 45 L 17
Calcara **BO** 31 I 15
Calcarella (Punta) **AG** 102 T 20
Calcarelli **PA** 99 N 24
Calcata **VT** 58 P 19
Calcatizzo (Portella) **ME** 100 M 26
Calceranica al Lago **TN** 11 D 15
Calci **PI** 42 K 13
Calciano **MT** 77 F 30
Calcinaia **PI** 43 K 13
Calcinate **BG** 22 F 11
Calcinate del Pesce **VA** 20 E 8
Calcinatello **BS** 22 F 13
Calcinato **BS** 22 F 13
Calcinelli **PS** 46 K 20
Calcinere **CN** 26 H 3
Calcio **BG** 22 F 11
Calco **LC** 21 E 10
Caldana **GR** 49 N 14
Caldana **LI** 49 M 13
Caldaro (Lago di) **BZ** 11 C 15
Caldaro s. str. d. Vino / Kaltern a. d. W. **BZ** 11 C 15
Caldarola **MC** 52 M 21
Caldé **VA** 8 E 7
Calderà **ME** 95 M 27
Calderara di Reno **BO** 31 I 15
Calderari **EN** 99 O 25
Calderino **BO** 39 I 15
Caldes **TN** 11 C 14
Caldiero **VR** 23 F 15
Caldirola **AL** 29 H 9
Caldogno **VI** 24 F 16
Caldonazzo **TN** 11 E 15
Caldonazzo (Lago di) **TN** 11 D 15
Calendasco **PC** 29 G 10
Calenzano **FI** 39 K 15
Caleri **RO** 33 G 18
Calerno **RE** 30 H 13
Cales **CE** 69 D 24
Calestano **PR** 30 I 12
Cali **RG** 104 Q 25
Calice / Kalch **BZ** 3 B 16
Calice al Cornoviglio **SP** 38 J 11
Calice Ligure **SV** 36 J 6
Calieron (Grotte del) **TV** 13 D 19
Caligi (Monte) **PT** 39 J 14
Calignano **PV** 21 G 9
Calimera **VV** 88 L 30
Calimera **LE** 83 G 36
Calisese **FO** 41 J 18
Calistri **BO** 39 J 14
Calitri **AV** 71 E 28
Calizzano **SV** 35 J 6
Calla (Passo della) **FO** 40 K 17
Calle **MT** 77 E 30
Callianetto **AT** 27 G 6
Calliano **AT** 28 G 6
Calliano **TN** 11 E 15
Calmasino **VR** 23 F 14
Calmazzo **PS** 46 K 20
Calogero Monte Kronio **AG** 102 O 21
Calogno **EN** 100 N 25
Calolziocorte **LC** 21 E 10
Calopezzati **CS** 87 I 32
Calore **AV** 70 E 27
Calore **BN** 70 D 25
Calore **PZ** 76 G 29
Caloveto **CS** 87 I 32
Caltabellotta **AG** 97 O 21
Caltagirone **CT** 104 P 25
Caltagirone (Fiume) **CT** 104 P 25
Caltana **VE** 24 F 18
Caltanissetta **CL** 103 O 24
Caltavuturo **PA** 99 N 23
Caltignaga **NO** 20 F 7
Calto **RO** 32 H 16
Caltrano **VI** 24 E 16
Calusco d'Adda **BG** 21 E 10
Caluso **TO** 19 G 5
Calvagese della Riviera **BS** 22 F 13
Calvana (Monti della) **PO** 39 K 15
Calvatone **CR** 30 G 13
Calvello **PZ** 77 F 29
Calvello (Monte) **AV** 71 E 27
Calvene **VI** 24 E 16
Calvenzano **BG** 21 F 10
Calvera **PZ** 77 G 30
Calvi (Monte) **BO** 39 J 15
Calvi (Monte) **LI** 49 M 13
Calvi dell'Umbria **TR** 58 O 19
Calvi (Rifugio) **UD** 5 C 20
Calvi Risorta **CE** 69 D 24
Calvi Vecchia **CE** 69 D 24
Calvia (Monte) **SS** 111 F 8
Calvignano **PV** 29 H 9
Calvilli (Monte) **FR** 64 R 22
Calvisano **BS** 22 F 13
Calvisi **CE** 65 S 25
Calvo (Monte) **FG** 67 B 29
Calvo (Monte) **AQ** 59 O 21
Calzolaro **PG** 51 L 18
Camagna Monferrato **AL** 28 G 7
Camaiore **LU** 38 K 12
Camaldoli **AR** 44 K 17
Camaldoli **NA** 69 E 24
Camaldoli **SA** 75 F 27
Camaldoli (Convento) **AR** 40 K 17
Camandona **BI** 19 F 6
Camarda **AQ** 59 O 22
Camarina **RG** 106 Q 25
Camastra **AG** 103 P 23
Camatta **MN** 31 G 14
Camatte **MN** 31 G 14
Cambiago **MI** 21 F 10
Cambiano **TO** 27 H 5
Cambio (Monte di) **RI** 59 O 21
Camemi **RG** 106 Q 25
Camera **PG** 51 N 19
Camera **TE** 53 N 23
Camerano **AN** 47 L 22
Camerano Casasco **AT** 27 G 6
Camerata Picena **AN** 47 L 22
Camerata Cornello **BG** 9 E 10
Camerata Nuova **RM** 59 P 21
Camerelle (Posta delle) **FG** 71 D 29
Cameri **NO** 20 F 7
Cameriano **NO** 20 F 7
Camerino **MC** 52 M 22
Camerota **SA** 84 G 28
Camigliano **SI** 50 M 16
Camigliatello Silano **CS** 86 I 31
Caminata / Kematen **BZ** 3 B 16
Camini **RC** 88 L 31
Camino **AL** 20 G 6
Camino al Tagliam **UD** 16 E 20
Camino (Monte) **BI** 19 F 5
Camino (Pizzo) **BS** 10 E 12
Camisa **SU** 119 J 10
Camisano **CR** 21 F 11
Camisano Vicentino **VI** 24 F 17
Camitrici **EN** 103 O 24
Cammarata **AG** 98 O 22
Cammarata (Monte) **AG** 98 O 22
Camogli **GE** 37 I 9
Camonica (Val) **BS** 10 E 12
Campagna **PN** 13 D 20
Campagna **SA** 75 E 27
Campagna Lupia **VE** 25 F 18
Campagnano di Roma **RM** 58 P 19
Campagnatico **GR** 50 N 15
Campagnola Emilia **RE** 31 H 14
Campana **CS** 87 I 32
Campana (Cozzo) **CL** 99 O 23
Campana Grande (Grotta) **FG** 67 B 30
Campana (Sasso) **SO** 10 C 12
Campanedda **SS** 110 E 7
Campanella **VI** 12 E 16
Campanella (Monte) **CL** 103 O 23
Campanella (Punta) **NA** 74 F 24
Campea **TV** 13 E 18
Campeda (Altopiano di) **SS** 115 G 8
Campegine **RE** 31 H 13
Campello sul Clitunno **PG** 52 N 20
Campertogno **VC** 19 E 6
Campese **GR** 55 O 14
Campestri **FI** 40 K 16
Campi **PG** 52 N 21
Campi **TN** 11 E 14
Campi (Baia di) **FG** 67 B 30
Campi Bisenzio **FI** 39 K 15
Campi Salentina **LE** 81 F 36
Campiano **RA** 41 J 18
Campidano **SU** 118 H 7
Campiglia **SP** 38 J 11
Campiglia Cervo **BI** 19 J 10
Campiglia dei Berici **VI** 24 F 16
Campiglia dei Foci **SI** 43 L 15
Campiglia d'Orcia **SI** 50 N 17
Campiglia Marittima **LI** 49 M 13
Campiglia Soana **TO** 19 F 4
Campiglio **MO** 39 I 14
Campigliola **GR** 56 O 16
Campiglione **TO** 26 H 3
Campigna **FO** 40 K 17
Campigno **FI** 40 J 16
Campill / Longiarù **BZ** 4 C 17
Campione **MN** 31 G 14
Campione (Monte) **BS** 22 E 12
Campione del Garda **BS** 23 E 14
Campione d'Italia **CO** 9 E 8
Campitello **MN** 31 G 13
Campitello di Fassa **TN** 4 C 17
Campitello Matese **CB** 65 R 25
Campli **TE** 53 N 23
Campli (Montagna di) **TE** 53 N 22
Campliccioli (Lago di) **VB** 7 D 6
Campo **SO** 9 D 10
Campo (Monte) **IS** 65 Q 24
Campo Calabro **RC** 90 M 28
Campo dei Fiori (Monte) **VA** 8 E 8
Campo di Fano **AQ** 60 P 23
Campo di Giove **AQ** 60 P 24
Campo di Pietra **TV** 16 E 19
Campo di Trens / Freienfeld **BZ** 3 B 16
Campo Felice **AQ** 59 P 22
Campo Imperatore **AQ** 59 O 22
Campo Ligure **GE** 28 I 8
Campo Lupino (Monte) **FR** 63 R 22
Campo Reggiano **PG** 51 L 19
Campo Rotondo **AQ** 59 Q 21
Campo S. Martino **PD** 24 F 17
Campo Soriano **LT** 63 R 21
Campo Staffi **FR** 63 Q 22
Campo Tenese **CS** 85 H 30
Campo Tures / Sand in Taufers **BZ** 4 B 17
Campobasso **CB** 65 R 25
Campobello di Licata **AG** 103 P 23
Campobello di Mazara **TP** 97 O 20
Campocatino **FR** 63 Q 22
Campocavallo **AN** 47 L 22
Campochiaro **CB** 65 R 25
Campochiesa **SV** 35 J 6
Campodalbero **VI** 23 F 15
Campodarsego **PD** 24 F 17
Campodiegoli **AN** 52 M 20
Campodimele **LT** 64 R 22
Campodipietra **CB** 65 R 26
Campodolcino **SO** 9 C 10
Campodonico **AN** 52 M 20
Campodoro **PD** 24 F 17
Campofelice di Fitalia **PA** 98 N 22
Campofelice di Roccella **PA** 99 N 23
Campofilone **AP** 53 M 23
Campofiorito **PA** 97 N 21
Campoformido **UD** 16 D 21
Campoforogna **RI** 58 O 20
Campofranco **CL** 103 O 23
Campogalliano **MO** 31 H 14
Campogialli **AR** 44 L 17
Campogrosso (Passo di) **TN** 23 E 15
Campolaro **BS** 10 E 13
Campolasta / Astfeld **BZ** 3 B 16
Campolato (Capo) **SR** 105 P 27
Campolattaro **BN** 65 S 26
Campoleone **LT** 62 R 19
Campoli Appennino **FR** 64 Q 23
Campoli del Monte Taburno **BN** 70 D 25
Campolieto **CB** 65 R 26
Campolongo **BL** 5 C 19
Campolongo **KR** 89 K 33
Campolongo (Passo di) **BL** 4 C 17
Campolongo al Torre **UD** 17 E 22
Campolongo Maggiore **VE** 24 G 18
Campolongo sul Brenta **VI** 24 E 17
Campomaggiore **PZ** 77 F 30
Campomarino **CB** 61 Q 27
Campomarino **TA** 79 G 34
Campomolon (Monte) **VI** 11 E 15
Campomorone **GE** 28 I 8
Campomulo **VI** 12 E 16
Campone **PN** 13 D 20
Camponogara **VE** 25 F 18
Campora **SA** 76 G 27
Campora S. Giovanni **CS** 86 J 30
Camporeale **PA** 97 N 21
Camporgiano **LU** 38 J 13
Camporosso **IM** 35 K 4
Camporosso in Valcanale **UD** 15 C 22
Camporotondo di Fiastrone **MC** 52 M 21
Camporotondo Etneo **CT** 100 O 27
Camporovere **VI** 12 E 16
Camposampiero **PD** 24 F 17
Camposano **NA** 70 E 25
Camposanto **MO** 31 H 15
Camposauro (Monte) **BN** 70 D 25
Camposecco (Lago di) **VB** 7 D 6
Camposilvano **TN** 23 E 15
Camposonaldo **FO** 40 K 17
Campotosto **AQ** 59 O 22
Campotosto (Lago di) **AQ** 59 O 22
Campotto **FE** 32 I 17
Campovaglio **SS** 109 D 9
Campovalano **TE** 53 N 22
Campoverde **LT** 63 R 20
Campremoldo Sopra **PC** 29 G 10
Campremoldo Sotto **PC** 29 G 10
Campsirago **LC** 21 E 10
Campudulimu **SS** 111 E 8
Camucia **AR** 50 M 17
Camugnano **BO** 39 J 15
Cana **GR** 50 N 16
Canaglia **SS** 110 E 6
Canal S. Bovo **TN** 12 D 17
Canala (Sella) **BN** 70 C 26
Canale **AV** 70 E 26
Canale **CN** 27 H 5
Canale (Val) **UD** 15 C 22
Canale d'Agordo **BL** 12 C 17
Canale Monterano **RM** 57 P 18
Canale (Su) **SS** 113 E 10
Canales **NU** 115 G 8
Canales (Lago sos) **SS** 111 F 9
Canaletto **MO** 31 H 15
Canali **RE** 31 I 13
Canalicchio **PG** 51 N 19
Canalotto (Masseria) **CL** 103 O 24
Canapine (Forca) **PG** 52 N 21
Canaro **RO** 32 H 17
Canavaccio **PS** 46 K 20
Canazei **TN** 4 C 17
Cancano (Lago di) **SO** 2 C 12
Cancellara **PZ** 72 E 29
Cancelli **AN** 52 M 20
Cancello **CE** 70 E 25
Cancello ed Arnone **CE** 69 D 24
Cancelo (Passo di) **RC** 91 M 30
Canciano (Pizzo di) **SO** 10 D 11
Canda **RO** 32 G 16
Candela **FG** 71 D 28
Candelara **PS** 46 K 20
Candelaro **FG** 66 B 27
Candelaro (Masseria) **FG** 67 C 29
Candelaro (Stazione di) **FG** 67 C 29
Candeli **FI** 44 K 16
Candelo **BI** 19 F 6
Candelù **TV** 25 E 19
Candia Canavese **TO** 19 G 5
Candia (Lago di) **TO** 19 G 5
Candia Lomellina **PV** 20 G 7
Candiana **PD** 24 G 17
Candida Parolise **AV** 70 E 26
Candidoni **RC** 88 L 30
Candigliano **PS** 45 L 19
Candiolo **TO** 27 H 4
Candoglia **VB** 8 E 7
Cane (Passo del) / Hundskehljoch **BZ** 4 A 18
Cane (Punta del) **SR** 105 Q 27
Canebola **UD** 15 D 22
Canedole **MN** 23 G 14
Canegrate **MI** 20 F 8
Canelli **AT** 28 H 6
Canepina **VT** 57 O 18
Canesano **PR** 30 I 12
Canetra **RI** 59 O 21
Caneva **PN** 13 E 19
Canevara **MS** 38 J 12
Canevare **MO** 39 J 14
Canevino **PV** 29 H 9
Canfaito (Monte) **MC** 52 M 21
Cangialoso (Pizzo) **PA** 98 N 22
Cangiulli (Masseria) **TA** 73 E 32
Canicattì **AG** 103 O 23
Canicattini Bagni **SR** 105 P 27
Caniga **SS** 110 E 7
Canigione (Punta del) **SS** 109 D 10
Caniglia di Sotto (Casa) **FG** 66 B 28
Canin (Monte) **UD** 15 C 22
Canino **VT** 57 O 17
Canino (Monte) **VT** 57 O 17
Canischio **TO** 19 F 4
Canistro Inferiore **AQ** 63 Q 22
Canistro Superiore **AQ** 63 Q 22
Canitello **RC** 90 M 28
Canna **CS** 78 G 31
Canna **ME** 94 L 25
Cannai **SU** 120 J 7
Cannalonga **SA** 76 G 27
Cannara **PG** 51 N 19
Cannas **SU** 119 J 10
Cannas (Gola del Rio) **SU** 119 I 10
Cannas (Is) **CA** 119 J 9
Canne **BA** 72 D 30
Canneddi (Punta li) **SS** 108 D 8
Cannero Riviera **VB** 8 D 8
Canneto **PI** 49 M 14
Canneto (I. Lipari) **ME** 94 L 26
Canneto vicino a Sto Stefano di Cam **ME** 99 M 25
Canneto Pavese **PV** 29 G 9
Canneto sull'Oglio **MN** 30 G 13
Cannigione **SS** 109 D 10
Cannizzaro **CT** 101 O 27
Cannobina (Val) **VB** 8 D 7
Cannobino **VB** 8 D 7
Cannobio **VB** 8 D 8
Cannole **LE** 83 G 37
Cannoneris (Is) **SU** 121 J 8
Canolo **RC** 91 M 30
Canolo **RE** 31 H 14
Canonica **BG** 21 F 10
Canonica **MI** 21 F 9
Canosa di Puglia **BA** 72 D 30
Canosa Sannita **CH** 60 P 24
Canossa **RE** 30 I 13
Canova **LC** 21 E 10
Canove **CN** 27 H 6
Canove **VI** 12 E 16
Cansano **AQ** 60 P 24
Cansiglio (Bosco del) **BL** 13 D 19
Cantagallo **PO** 39 J 15
Cantagrillo **PT** 39 K 14
Cantalice **RI** 58 O 20
Cantalupa **TO** 26 H 3
Cantalupo **AL** 28 H 7
Cantalupo **PG** 51 N 19

Cantalupo in Sabina RI 58 P 19
Cantalupo Ligure AL 29 H 9
Cantalupo nel Sannio IS 65 R 25
Cantarana VE 25 G 18
Cantari (Monti) FR 63 Q 21
Cantello VA 20 E 8
Canterno (Lago di) FR 63 Q 21
Cantiano PS 46 L 19
Cantinella CS 85 H 31
Cantoira TO 18 F 4
Cantone PG 45 L 18
Cantone RE 31 I 13
Cantone TR 51 N 18
Cantoniera (Passo di) PS 45 K 18
Cantù CO 21 E 9
Canu (Monte) SS 109 D 10
Canzano TE 53 O 23
Canzo CO 9 E 9
Canzoi (Valle di) BL 12 D 17
Caorera BL 12 E 17
Caoria TN 12 D 17
Caorle VE 16 F 20
Caorso PC 30 G 11
Capaccia (Capo) SS 109 D 10
Capaccio SA 75 F 27
Capacciotti (Lago di) FG 71 D 29
Capaci PA 97 M 21
Capalbio GR 56 O 16
Capalbio Stazione GR 56 O 16
Capannaccia SS 109 D 9
Capanne GR 50 N 16
Capanne PG 51 M 18
Capanne (Monte) LI 48 N 12
Capanne di Sillano LU 38 J 12
Capanne Marcarolo AL 28 I 8
Capannelle (Valico delle) AQ 59 O 22
Capannole AR 44 L 16
Capannoli PI 43 L 14
Capannori LU 39 K 13
Capecchio VT 57 O 17
Capel Rosso (Punta del) (I. di Giannutri) GR 55 P 15
Capel Rosso (Punta del) (I. del Giglio) GR 55 P 14
Capena RM 58 P 19
Capergnanica CR 21 F 10
Caperino (Montagna del) PZ 77 F 30
Capestrano AQ 60 P 23
Capezzano Pianore LU 38 K 12
Capezzone (Cima) VB 8 E 6
Capichera (Tomba di) SS 109 D 10
Capilungo LE 83 H 36
Capio (Monte) VC 8 E 6
Capistrano VV 88 K 30
Capistrello AQ 59 Q 22
Capitana CA 119 J 9
Capitello SA 76 G 28
Capitello VR 23 G 15
Capitignano SA 75 E 26
Capitignano AQ 59 O 21
Capitone TR 58 O 19
Capizzi ME 100 N 25
Caplone (Monte) BS 23 E 13
Capo Calvanico SA 70 E 26
Capo di Ponte BS 10 D 13
Capo di Ponte (Parco Nazionale Inc. Rup.) BS 10 D 13
Capo d'Orlando ME 100 M 26
Capo Ferrato SU 119 J 10
Capo Passero (Isola di) SR 107 Q 27
Capo Portiere LT 63 R 20
Capo Rizzuto KR 89 K 33
Capo Rossello AG 102 P 22
Capocavallo PG 51 M 18
Capodacqua PG 52 M 20
Capodarco AP 53 M 23
Capodimonte NA 69 E 24
Capodimonte VT 57 O 17
Capoiale FG 67 B 28
Capolapiaggia MC 52 M 21
Capoliveri LI 48 N 13
Capolona AR 45 L 17
Caponago MI 21 F 10
Caporciano AQ 59 P 23
Caporiacco UD 14 D 21
Caporosa CS 87 J 31
Caposele AV 71 E 27
Caposile VE 16 F 19
Capoterra CA 118 J 8
Capovalle BS 23 E 13
Cappadocia AQ 59 P 21
Cappeddu (Punta) SS 109 D 9
Cappella KR 87 I 33
Cappella Maggiore TV 13 E 19
Cappelle AQ 59 P 22
Cappelle sul Tavo PE 60 O 24
Cappelletta MN 31 G 14
Capracotta IS 65 Q 24
Capradosso RI 59 P 21
Caprafico TE 60 O 23
Capraglia AL 28 G 8
Capraia LI 48 M 11
Capraia (Isola) FG 66 A 28
Capraia (Isola di) LI 48 M 11
Capralba CR 21 F 10
Capranica VT 57 P 18
Capranica Prenestina RM 63 Q 20
Caprara RE 30 H 13
Caprara d'Abruzzo PE 60 O 24
Caprara (Punta) SS 108 D 6
Capraria (Masseria) TA 79 F 34
Capraria di Lecce LE 83 G 36
Caprarico MT 77 G 31
Capraro (Monte) IS 65 Q 24
Caprarola VT 57 P 18
Caprauna CN 35 J 5
Caprera (Isola) SS 109 D 10
Caprese Michelangelo AR 45 L 17
Capri NA 74 F 24
Capri (Isola di) NA 74 F 24
Capri Leone ME 100 M 26
Capriana TN 12 D 16
Capriata d'Orba AL 28 H 8
Capriate S. Gervasio BG 21 F 10
Capriati a Volturno CE 65 R 24
Capricchia RI 59 O 22
Capriccioli SS 109 D 10
Caprile AR 45 K 18
Caprile PS 46 L 20
Caprile BL 12 C 17
Caprile / Gfrill (vicino a Merano) BZ 3 C 15
Caprino Bergamasco BG 21 E 10
Caprino Veronese VR 23 F 14
Caprio MS 38 I 11
Caprioli SA 76 G 27
Capriolo BS 22 F 11
Capriva del Friuli GO 17 E 22
Capro (il) BZ 3 B 15
Caprolace (Lago di) LT 63 R 20
Capua CE 69 D 24
Capugnano BO 39 J 14
Capurso BA 73 D 32
Caraffa del Bianco RC 91 M 30
Caraffa di Catanzaro CZ 88 K 31
Caraglio CN 34 I 4
Caragna SV 35 J 6
Caramagna Ligure IM 35 K 5
Caramagna Piemonte CN 27 H 5
Caramanico Terme PE 60 P 23
Carameto (Monte) PR 30 H 11
Caramola (Monte) PZ 77 G 30
Caramolo (Monte) CS 85 H 30
Carana SS 109 E 9
Carangiaro (Monte) EN 104 O 24
Caranna BR 80 E 34
Carano LT 63 R 20
Carano TN 12 D 16
Caranza SP 37 I 10
Carapelle FG 71 C 29
Carapelle Calvisio AQ 59 P 23
Carapelle (Torrente) FG 71 D 28
Carapellotto FG 71 D 28
Carasco GE 37 I 10
Carassai AP 53 M 23
Carate Brianza MI 21 E 9
Carate Brianza (Rifugio) SO 10 D 11
Carate Urio CO 9 E 9
Caravaggio BG 21 F 10
Caravai (Passo di) NU 115 G 9
Caravino TO 19 F 5
Caravius (Monte is) SU 118 J 8
Caravonica IM 35 K 5
Carbognano VT 58 P 18
Carbonara al Ticino PV 21 G 9
Carbonara (Capo) SU 119 J 10
Carbonara di Bari BA 73 D 32
Carbonara di Po MN 31 G 15
Carbonara (Golfo di) SU 119 J 10
Carbonara (Pizzo) PA 99 N 24
Carbonare TN 11 E 15
Carbone PZ 77 G 30
Carbone (Monte) CN 34 J 4
Carbonera TV 25 E 18
Carbonesca PG 51 M 19
Carbonia SU 118 J 7
Carbonin / Schluderbach BZ 4 C 18
Carcaci (Monte) PA 98 N 22
Carcaciotto (Borgata) PA 98 N 22
Carcare SV 36 I 6
Carceri EN 100 O 26
Carceri PD 24 G 16
Carceri (Eremo delle) PG 51 M 19
Carchitti RM 63 Q 20
Carcina BS 22 F 12
Carcoforo VC 7 E 6
Carda AR 44 L 17
Cardaxius SU 119 I 9
Carde CN 27 H 4
Cardedu NU 117 H 10
Cardella PS 45 L 19
Cardeto RC 90 M 29
Cardeto Sud RC 90 M 29
Cardezza VB 8 D 6
Cardiga (Monte) SU 119 I 10
Cardinala MN 31 G 15
Cardinale CZ 88 L 31
Carditello CE 69 D 24
Cardito FR 64 R 23
Cardito NA 69 E 24
Carè Alto (Monte) TN 11 D 13
Careggine LU 38 J 12
Carena (Punta) NA 74 F 24
Carenno LC 21 E 10
Careri RC 91 M 30
Caresana TS 17 F 23
Caresana VC 20 G 7
Caresanablot VC 20 F 7
Careser (Lago del) TN 11 C 14
Carestiato (Rifugio) BL 12 D 18
Carezza al Lago / Karersee BZ 12 C 16
Carezzano AL 28 H 8
Carfalo PI 43 L 14
Carfizzi KR 87 J 32
Cargeghe SS 110 E 7
Caria VV 88 L 29
Cariati CS 87 I 32
Cariati (Masseria) BA 72 D 30
Cariati Marina CS 87 I 32
Carife AV 71 D 27
Carige GR 56 O 16
Cariglio CS 86 I 30
Carignano FG 66 C 27
Carignano PR 30 H 12
Carignano PS 46 K 20
Carignano TO 27 H 5
Carini PA 97 M 21
Carini (Golfo di) PA 97 M 21
Carinola CE 69 D 23
Carisasca PC 29 H 9
Carisio VC 19 F 6
Carisolo TN 11 D 14
Cariusi (Monte) SA 76 G 28
Carlantino FG 66 C 26
Carlazzo CO 9 D 9
Carlentini SR 105 P 27
Carlino UD 16 E 21
Carlo Magno (Campo) TN 11 D 14
Carloforte SU 120 J 6
Carlopoli CZ 86 J 31
Carmagnola TO 27 H 5
Carmelia (Piani di) RC 90 M 29
Carmerlona RA 41 I 18
Carmiano LE 81 F 36
Carmignanello PO 39 K 15
Carmignano PO 39 K 15
Carmignano PD 32 G 16
Carmignano di Brenta PD 24 F 17
Carmine VB 8 D 8
Carmine CN 27 I 5
Carmo (Monte) GE 29 I 9
Carmo (Monte) SV 35 J 6
Carnago VA 20 E 8
Carnaio (Colle del) FO 40 K 17
Carnaiola TR 51 N 18
Carnara (Monte) PZ 77 G 31
Carnello FR 64 Q 22
Carnia UD 14 C 19
Carnia (Località) UD 14 C 21
Carnizza (Sella) UD 15 C 21
Carobbio PR 30 I 12
Carolei CS 86 J 30
Carona BG 10 D 11
Carona SO 10 D 12
Caronia ME 100 M 25
Caronno Pertusella VA 21 F 9
Caronte (Terme) CZ 88 K 30
Carosino TA 79 F 34
Carovigno BR 80 E 34
Carovilli IS 65 Q 24
Carpacco UD 14 D 20
Carpana PR 29 I 11
Carpaneto Piacentino PC 30 H 11
Carpani LI 48 N 12
Carpanzano CS 86 J 30
Carpari TA 80 E 33
Carpasio IM 35 K 5
Carpe SV 35 J 6
Carpegna PS 45 K 19
Carpegna (Monte) PS 41 K 18
Carpen BL 12 E 17
Carpenedolo BS 22 F 13
Carpeneto AL 28 H 7
Carpi MO 31 H 14
Carpi VR 32 G 16
Carpi (Rifugio) BL 4 C 18
Carpiano MI 21 F 9
Carpignano Salentino LE 83 G 37
Carpignano Sesia NO 20 F 7
Carpina PG 45 L 19
Carpinelli (Passo) LU 38 J 12
Carpinello FO 41 J 18
Carpineta BO 39 J 15
Carpineti RE 38 I 13
Carpineto della Nora PE 60 O 23
Carpineto Romano RM 63 R 21
Carpineto Sinello CH 61 P 25
Carpini PG 45 L 19
Carpino FG 67 B 29
Carpinone IS 65 R 24
Carrara MS 38 J 12
Carré VI 24 E 16
Carrega Ligure AL 29 I 9
Carretto SV 35 I 6
Carriero (Serra) PZ 71 E 29
Carrito AQ 60 P 23
Carro SP 37 J 10
Carrodano SP 37 J 10
Carrosio AL 28 I 8
Carrù CN 27 I 5
Carruba CT 101 N 27
Carruba Nuova PA 97 N 21
Carrubba (Monte) SR 105 P 27
Carsoli AQ 59 P 21
Carsulae TR 58 O 19
Cartasegna AL 29 I 9
Cartigliano VI 24 E 17
Cartoceto (vicino a Calcinelli) PS 46 K 20
Cartoceto (vicino ad Isola di Fano) PS 46 L 20
Cartosio AL 28 I 7
Cartura PD 24 G 17
Carugate MI 21 F 10
Carunchio CH 65 Q 25
Caruso (Forca) AQ 59 P 23
Caruso (Monte) PZ 71 E 29
Carve BL 13 D 18
Carvico BG 21 E 10
Casa Castalda PG 51 M 19
Casa della Marina SU 119 J 10
Casa Matti PV 29 H 9
Casa Riva Lunga GO 17 E 22
Casabella AG 99 O 23
Casabona KR 87 J 32
Casacalenda CB 65 Q 26
Casacanditella CH 60 P 24
Casacorba TV 24 F 18
Casagiove CE 69 D 24
Casaglia PI 49 L 13
Casaglia BS 22 F 12
Casaglia FE 32 H 16
Casaglia (Colla di) FI 40 J 16
Casal Borsetti RA 33 I 18
Casal Cermelli AL 28 H 7
Casal di Principe CE 69 D 24
Casal Palocco RM 62 Q 19
Casal Sabini BA 73 E 31
Casal Velino SA 75 G 27
Casalabate LE 81 F 36
Casalanguida CH 61 P 25
Casalappi Ruschi LI 49 M 14
Casalàttico FR 64 R 23
Casalbarbato PR 30 H 12
Casalbellotto CR 30 H 13
Casalbordino CH 61 P 25
Casalbore AV 70 D 27
Casalborgone TO 19 G 5
Casalbuono SA 76 G 29
Casalbusone AL 29 I 9
Casalbuttano ed Uniti CR 22 G 11
Casalcassinese FR 64 R 23
Casalciprano CB 65 R 25
Casalduni BN 65 S 26
Casale RA 40 J 17
Casale MN 31 G 14
Casale Cinelli VT 57 P 17
Casale Corte Cerro VB 8 E 7
Casale Cremasco CR 21 F 11
Casale delle Palme LT 63 R 20
Casale di Pari GR 50 M 15
Casale di Scodosia PD 24 G 16
Casale Marittimo PI 49 M 13
Casale Monferrato AL 28 G 7
Casale Monferrato (Rifugio) AO 7 E 5
Casale sul Sile TV 25 F 18
Casale (Villa Romana del) (Piazza Armerina) EN 104 O 25
Casalecchio dei Conti BO 40 I 16
Casalecchio di Reno BO 39 I 15
Casaleggio PC 29 H 10
Casaleggio Novara NO 20 F 7
Casaleone VR 23 G 15
Casaletto VT 57 P 18
Casaletto Ceredano CR 21 G 10
Casaletto di Sopra CR 22 F 11
Casaletto Spartano SA 76 G 28
Casalfiumanese BO 40 J 16
Casalgiordana PA 99 N 24
Casalgrande RE 31 I 14
Casalgrasso CN 27 H 4
Casali FI 40 J 16
Casalicchio AG 99 O 23
Casaliggio PC 29 G 10
Casalina MS 38 I 11
Casalincontrada CH 60 P 24
Casalini BR 80 E 34
Casalino AR 44 K 17
Casalino NO 20 F 7
Casalmaggiore CR 30 H 13
Casalmaiocco LO 21 F 10
Casalmorano CR 22 G 11
Casalmoro MN 22 G 13
Casalnoceto AL 28 H 8
Casalnuovo RC 91 M 29
Casalnuovo di Napoli NA 69 E 25
Casalnuovo Monterotaro FG 66 C 27
Casaloldo MN 22 G 13
Casalone (Poggio) SI 49 M 15
Casalotti RM 62 Q 19
Casalpoglio MN 22 G 13
Casalpusterlengo LO 21 G 10
Casalromano MN 22 G 13
Casalserugo PD 24 G 17
Casalta PG 51 N 19
Casaltone PR 30 H 13
Casaluce CE 69 D 24
Casaluna PG 52 M 20
Casalvecchio di Puglia FG 66 C 27
Casalvecchio Siculo ME 90 N 27
Casalvieri FR 64 R 23
Casalvolone NO 20 F 7
Casamaina AQ 59 P 22
Casamari (Abbazia di) FR 64 Q 22
Casamassima BA 73 E 32
Casamicciola Terme NA 74 E 23
Casanova RI 58 O 20
Casanova TO 27 H 5
Casanova dell'Alpe FO 40 K 17
Casanova Elvo VC 20 F 6
Casanova Lerrone SV 35 J 6
Casanova Lonati PV 29 G 9
Casape RM 63 Q 20
Casaprota RI 58 P 20
Casaraccio (Stagno di) SS 110 E 6
Casarano LE 83 G 36
Casargius (Monte) SU 119 I 10
Casargo LC 9 D 10
Casarsa della Delizia PN 13 E 20
Casarza Ligure GE 37 J 10
Casasco d'Intelvi CO 9 E 9
Casaselvatica PR 30 I 12
Casastrada FI 43 L 14
Casateia / Gasteig BZ 3 B 16
Casatenovo LC 21 E 9
Casatico MN 31 G 13
Casatisma PV 29 G 9
Casazza BG 22 E 11
Cascano CE 69 D 23
Cascia PG 52 N 21
Casciana Alta PI 43 L 13
Casciana Terme PI 43 L 13
Casciano SI 50 M 15
Cascina PI 43 K 13
Cascina (Torrente) PI 43 L 13
Cascina Grossa AL 28 H 8
Cascine Vecchie PI 42 K 13
Cascinette d'Ivrea TO 19 F 5
Case Orsolina BL 5 C 19
Case Perrone TA 78 F 32
Case Simini LE 81 F 36
Casei Gerola PV 28 G 8
Caselette TO 27 G 4
Casella SP 37 J 11
Casella GE 28 I 8
Casella TV 24 E 17
Caselle CS 85 H 31
Caselle TV 24 E 17
Caselle VR 24 G 16
Caselle VI 24 G 16
Caselle in Pittari SA 76 G 28
Caselle Landi LO 30 G 11
Caselle Lurani LO 21 G 10
Caselle Torinese TO 19 G 4
Casemurate RA 41 J 18
Casenove PG 52 N 20
Casenovole GR 50 M 15
Casentini (Rifugio) LU 39 J 13
Casentino AQ 59 P 22
Casenuove AN 47 L 22
Casera di Fuori BZ 3 B 14
Casera Losa UD 5 C 20
Casere BL 12 E 17
Casere / Kasern BZ 4 A 18
Caserta CE 69 D 25
Caserta Vecchia CE 69 D 25
Casette RI 58 O 20
Casette d'Ete AP 53 M 23
Casevecchie PG 51 N 20
Casi CE 69 D 24
Casier TV 25 F 18
Casies (Valle di) / Gsies BZ 4 B 18
Casigliano TR 51 N 19
Casignana RC 91 M 30
Casina RE 30 I 13
Casina (Cima la) SO 2 C 12
Casinalbo MO 31 I 14
Casine AN 46 L 21
Casinina PS 41 K 19
Casirate d'Adda BG 21 F 10
Caslino d'Erba CO 21 E 9
Casnate CO 21 E 9
Casnigo BG 22 E 11
Casola Canina BO 40 I 17
Casola in Lunigiana MS 38 J 12
Casola Valsenio RA 40 J 16
Casole d'Elsa SI 49 L 15
Casoli CH 60 P 24
Casoli LU 38 K 12
Casoli TE 60 O 23
Cason di Lanza (Passo) UD 14 C 21
Casoni GE 29 I 9
Casoni RE 31 H 14
Casorate Primo PV 21 G 9
Casorate Sempione VA 20 E 8
Casorezzo MI 20 F 8
Casoria NA 69 E 24

Casorzo *AT* 28 G 7
Casotto *CN* 35 J 5
Caspano *SO* 9 D 10
Casperia *RI* 58 O 20
Caspoggio *SO* 10 D 11
Cassana (Pizzo) *SO* 2 C 12
Cassano *AV* 70 D 26
Cassano allo Ionio *CS* 85 H 30
Cassano d'Adda *MI* 21 F 10
Cassano delle Murge *BA* 73 E 32
Cassano Irpino *AV* 70 E 27
Cassano Magnago *VA* 20 E 8
Cassano Spinola *AL* 28 H 8
Cassano Valcuvia *VA* 8 E 8
Cassaro *SR* 105 P 26
Cassella *RO* 33 H 19
Cassiano *AN* 46 L 21
Cassibile *SR* 105 Q 27
Cassibile (Fiume) *SR* 105 Q 27
Cassiglio *BG* 9 E 10
Cassina de' Pecchi *MI* 21 F 10
Cassinasco *AT* 28 H 6
Cassine *AL* 28 H 7
Cassinelle *AL* 28 I 7
Cassinetta di Lugagnano *MI* 20 F 8
Cassino *FR* 64 R 23
Cassino *RI* 52 N 21
Cassio *PR* 30 I 12
Casso *PN* 13 D 18
Cassola *VI* 24 E 17
Cassolnovo *PV* 20 F 8
Castagna *CZ* 86 J 31
Castagna (Punta) *ME* 94 L 26
Castagna (Serra) *CS* 85 I 31
Castagnaro *VR* 32 G 16
Castagneto Carducci *LI* 49 M 13
Castagneto Po *TO* 19 G 5
Castagnito *CN* 27 H 6
Castagno (il) *FI* 43 L 14
Castagno d'Andrea (il) *FI* 40 K 16
Castagnola *PG* 51 N 19
Castagnole delle Lanze *AT* 27 H 6
Castagnole Monferrato *AT* 28 H 6
Castagnole Piemonte *TO* 27 H 4
Castana *PV* 29 G 9
Castanea delle Furie *ME* 90 M 28
Castano Primo *MI* 20 F 8
Castedduzzu (Monte su) *SS* 111 E 8
Casteggio *PV* 29 G 9
Castegnato *BS* 22 F 12
Castel Baronia *AV* 71 D 27
Castel Bolognese *RA* 40 J 17
Castel Campagnano *CE* 70 D 25
Castel Castagna *TE* 59 O 23
Castel Castagnaio *AR* 40 K 16
Castel Cellesi *VT* 57 O 18
Castel d'Aiano *BO* 39 J 15
Castel d'Ario *MN* 23 G 14
Castel d'Azzano *VR* 23 F 14
Castel de' Britti *BO* 40 I 16
Castel del Bosco *PI* 43 L 14
Castel del Giudice *IS* 65 Q 24
Castel del Monte *BA* 72 D 30
Castel del Monte *AQ* 60 O 23
Castel del Piano *GR* 50 N 16
Castel del Piano *PG* 51 M 18
Castel del Rio *BO* 40 J 16
Castel dell'Alpi *BO* 39 J 15
Castel dell'Aquila *TR* 58 O 19
Castel di Casio *BO* 39 J 15
Castel di Fiori *TR* 51 N 18
Castel di Ieri *AQ* 60 P 23
Castel di Iudica *CT* 104 O 25
Castel di Lucio *ME* 99 N 24
Castel di Sangro *AQ* 64 Q 24
Castel di Sasso *CE* 69 D 24
Castel di Tora *RI* 58 P 20
Castel di Tusa *ME* 99 M 24
Castel Focognano *AR* 44 L 17
Castel Fraiano *CH* 65 Q 25
Castel Frentano *CH* 60 P 25
Castel Gandolfo *RM* 62 Q 19
Castel Ginnetti *LT* 63 R 20
Castel Giòrgio *TR* 50 N 17
Castel Giuliano *RM* 57 P 18
Castel Goffredo *MN* 22 G 13
Castel Guelfo di Bologna *BO* 40 I 17
Castel Lagopesole *PZ* 71 E 29
Castel Madama *RM* 58 Q 20
Castel Maggiore *BO* 32 I 16
Castel Morrone *CE* 69 D 25
Castel Porziano *RM* 62 Q 19
Castel Rigone *PG* 51 M 18
Castel Ritaldi *PG* 51 N 20
Castel Rocchero *AT* 28 H 7
Castel S. Giovanni *PG* 52 N 21
Castel S. Giovanni *PC* 29 G 10
Castel S. Elia *VT* 58 P 19
Castel S. Gimignano *SI* 43 L 15
Castel S. Giorgio *SA* 70 E 26
Castel S. Giovanni (vicino a Spoleto) *PG* 51 N 20
Castel S. Lorenzo *SA* 76 F 27
Castel Sta Maria *MC* 52 M 21
Castel Sta Maria *PG* 52 N 21
Castel S. Niccolo *AR* 44 K 17
Castel S. Pietro *MC* 52 M 21
Castel S. Pietro Terme *BO* 40 I 16
Castel S. Venanzo *MC* 52 M 21
Castel S. Vincenzo *IS* 64 R 24
Castel Seprio *VA* 20 E 8
Castel Venzago *BS* 23 F 13
Castel Viscardo *TR* 50 N 18
Castel Vittorio *IM* 35 K 5
Castel Volturno *CE* 69 D 23
Castelbaldo *PD* 32 G 16
Castelbelforte *MN* 23 G 14
Castelbello / Kastelbell *BZ* 3 C 14
Castelbianco *SV* 35 J 6
Castelbottaccio *CB* 65 Q 26
Castelbuono *PA* 99 N 24
Castelcanafurone *PC* 29 H 10
Castelcerino *VR* 23 F 15
Castelceriolo *AL* 28 H 8
Castelchiodato *RM* 58 P 20
Castelcivita *SA* 76 F 27
Castelcivita (Grotta di) *SA* 76 F 27
Castelcovati *BS* 22 F 11
Castelcucco *TV* 24 E 17
Casteldaccia *PA* 98 M 22
Casteldarne / Ehrenburg *BZ* 4 B 17
Casteldelci *PS* 45 K 18
Casteldelfino *CN* 26 I 3
Casteldelmonte *TR* 51 N 19
Casteldidone *CR* 30 G 13
Casteldimezzo *PS* 46 K 20
Casteldoria (Terme di) *SS* 111 E 8
Castelfalfi *FI* 43 L 14
Castelferretti *AN* 47 L 22
Castelferro *AL* 28 H 7
Castelfidardo *AN* 47 L 22
Castelfiorentino *FI* 43 L 14
Castelfondo *TN* 3 C 15
Castelforte *LT* 64 S 23
Castelfranci *AV* 70 E 27
Castelfranco di Sopra *AR* 44 L 16
Castelfranco di Sotto *PI* 43 K 14
Castelfranco Emilia *MO* 31 I 15
Castelfranco in Miscano *BN* 70 D 27
Castelfranco Veneto *TV* 24 E 17
Castelgomberto *VI* 24 F 16
Castelgrande *PZ* 71 E 28
Castelguglielmo *RO* 32 G 16
Castelguidone *CH* 65 Q 25
Castellabate *SA* 75 G 26
Castellaccio (Monte) *PA* 97 M 21
Castellaccio di Fratacchia (Monte) *PA* 97 N 20
Castellace *RC* 90 M 29
Castellafiume *AQ* 59 Q 21
Castell'Alfero *AT* 27 H 6
Castellalto *TE* 53 N 23
Castellammare (Golfo di) *TP* 97 M 20
Castellammare del Golfo *TP* 97 M 20
Castellammare di Stabia *NA* 74 E 25
Castellamonte *TO* 19 F 5
Castellana (Grotte di) *BA* 73 E 33
Castellana Grotte *BA* 73 E 33
Castellana Sicula *PA* 99 N 24
Castellaneta *TA* 78 F 32
Castellaneta Marina *TA* 78 F 32
Castellano *TE* 53 N 22
Castellanza *VA* 20 O 10
Castell'Apertole *VC* 19 G 6
Castellarano *RE* 31 I 14
Castellaro *IM* 35 K 5
Castellaro *MO* 39 J 14
Castellaro *PR* 30 H 11
Castellaro *PV* 29 H 9
Castellaro Lagusello *MN* 23 F 13
Castell'Arquato *PC* 30 H 11
Castell'Azzara *GR* 50 N 17
Castellazzo Bormida *AL* 28 H 7
Castellazzo (Monte) *ME* 100 N 26
Castelleone *CR* 22 G 11
Castelleone *PG* 51 N 19
Castelleone di Suasa *AN* 46 L 20
Castelletto *BS* 22 G 12
Castelletto *PC* 30 H 11
Castelletto Busca *CN* 26 I 4
Castelletto Cervo *BI* 20 F 6
Castelletto di Brenzone *VR* 23 E 14
Castelletto d'Orba *AL* 28 H 8
Castelletto Molina *AT* 28 H 7
Castelletto Monferrato *AL* 28 G 7
Castelletto Po *PV* 29 G 9
Castelletto sopra Ticino *NO* 20 E 7
Castelletto Stura *CN* 27 I 4
Castelli *TE* 59 O 23
Castelli Calepio *BG* 22 F 11
Castelli (Monte) *ME* 100 N 25
Castelli Romani *RM* 62 Q 19
Castellina *FI* 43 K 14
Castellina in Chianti *SI* 44 L 15
Castellina Marittima *PI* 43 L 13
Castellina Scalo *SI* 43 L 15
Castellina *PR* 30 H 12
Castellinaldo *CN* 27 H 6
Castellino del Biferno *CB* 65 Q 26
Castellino Tanaro *CN* 35 I 5
Castelliri *FR* 64 Q 22
Castello (Canale) *FG* 71 D 29
Castello (Monte) *LI* 48 M 11
Castello (Spiaggia del) *FG* 67 B 30
Castello *BS* 22 F 13
Castello *SP* 37 J 10
Castello (Cima di) *SO* 9 D 11
Castello d'Agogna *PV* 20 G 8
Castello d'Argile *BO* 32 H 15
Castello dell'Acqua *SO* 10 D 12
Castello di Annone *AT* 28 H 6
Castello di Cisterna *NA* 70 E 25
Castello di Godego *TV* 24 E 17
Castello di Lago *AV* 70 D 26
Castello di Serravalle *BO* 39 I 15
Castello Inici *TP* 97 N 20
Castello Lavazzo *BL* 13 D 18
Castello Molina di Fiemme *TN* 12 D 16
Castello Tesino *TN* 12 D 16
Castellonalto *TR* 58 O 20
Castellonchio *PR* 30 I 12
Castellonorato *LT* 64 S 23
Castell'Ottieri *GR* 50 N 17
Castellucchio *MN* 31 G 13
Castelluccio *MO* 39 J 14
Castelluccio *PG* 52 N 21
Castelluccio *SR* 105 Q 26
Castelluccio Cosentino *SA* 76 F 28
Castelluccio dei Sauri *FG* 71 D 28
Castelluccio-Inferiore *PZ* 85 G 29
Castelluccio (Monte) *AG* 103 O 23
Castelluccio-Superiore *PZ* 85 G 29
Castelluccio Valmaggiore *FG* 71 C 27
Castell'Umberto *ME* 100 M 26
Castelluzzo *TP* 97 M 20
Castelluzzo (Masseria) *BR* 79 F 34
Castelmagno *CN* 34 I 3
Castelmassa *RO* 32 G 15
Castelmauro *CB* 65 Q 26
Castelmenardo *RI* 59 P 21
Castelmezzano *PZ* 77 F 30
Castelmola *ME* 90 N 27
Castelmonte *UD* 15 D 22
Castelnovetto *PV* 20 G 7
Castelnovo *PC* 29 H 10
Castelnovo Bariano *RO* 31 G 15
Castelnovo di Sotto *RE* 31 H 13
Castelnovo ne' Monti *RE* 38 I 13
Castelnuovo *AQ* 59 P 22
Castelnuovo *MN* 22 G 13
Castelnuovo *PD* 24 F 17
Castelnuovo *PS* 41 K 19
Castelnuovo *RA* 40 I 17
Castelnuovo *TN* 12 D 16
Castelnuovo al Volturno *IS* 64 R 24
Castelnuovo Berardenga *SI* 50 L 16
Castelnuovo Bocca d'Adda *LO* 30 G 11
Castelnuovo Bormida *AL* 28 H 7
Castelnuovo Calcea *AT* 28 H 6
Castelnuovo Cilento *SA* 76 G 27
Castelnuovo dei Sabbioni *AR* 44 L 16
Castelnuovo del Friuli *PN* 14 D 20
Castelnuovo del Garda *VR* 23 F 14
Castelnuovo della Daunia *FG* 66 C 27
Castelnuovo della Misericordia *LI* 42 L 13
Castelnuovo dell'Abate *SI* 50 N 16
Castelnuovo d'Elsa *FI* 43 L 14
Castelnuovo di Ceva *CN* 35 I 6
Castelnuovo di Conza *SA* 71 E 27
Castelnuovo di Farfa *RI* 58 P 20
Castelnuovo di Garfagnana *LU* 38 J 13
Castelnuovo di Porto *RM* 58 P 19
Castelnuovo di Val di Cecina *PI* 49 M 14
Castelnuovo Don Bosco *AT* 27 G 5
Castelnuovo Fogliani *PC* 30 H 11
Castelnuovo Magra *SP* 38 J 12
Castelnuovo Nigra *TO* 19 F 5
Castelnuovo Rangone *MO* 31 I 14
Castelnuovo Scrivia *AL* 28 H 8
Castelnuovo Vomano *TE* 60 O 23
Castelpagano *BN* 65 R 26
Castelpetroso *IS* 65 R 25
Castelpizzuto *IS* 65 R 24
Castelplanio *AN* 46 L 21
Castelpoggio *MS* 38 J 12
Castelponzone *CR* 30 G 12
Castelpoto *BN* 70 D 26
Castelraimondo *MC* 52 M 21
Castelromano *IS* 65 R 24
Castelrotto / Kastelruth *BZ* 3 C 16
Castelsantangelo sul Nera *MC* 52 N 21
Castelsaraceno *PZ* 77 G 29
Castelsardo *SS* 108 E 8
Castelsavino (Monte) *AR* 45 K 17
Castelsilano *KR* 87 J 32
Castelspina *AL* 28 H 7
Casteltermini *AG* 98 O 22
Casteltodino *TR* 51 O 19
Castelvecchio / Altenburg *BZ* 11 C 15
Castelvecchio *PT* 39 K 14
Castelvecchio *VI* 23 F 15
Castelvecchio Calvisio *AQ* 59 P 23
Castelvecchio di Rocca Barbena *SV* 35 J 6
Castelvecchio Pascoli *LU* 38 J 13
Castelvecchio Subequo *AQ* 60 P 23
Castelvenere *BN* 70 D 25
Castelverde *CR* 22 G 11
Castelvero *VR* 23 F 15
Castelverrino *IS* 65 Q 25
Castelvetere in Val Fortore *BN* 66 C 26
Castelvetere sul Calore *AV* 70 E 26
Castelvetrano *TP* 97 N 20
Castelvetro di Modena *MO* 31 I 14
Castelvetro Piacentino *PC* 30 G 11
Castelvisconti *CR* 22 G 11
Castenaso *BO* 32 I 16
Castenedolo *BS* 22 F 12
Casterno *MI* 20 F 8
Castiadas *SU* 119 J 10
Castiglion Fibocchi *AR* 44 L 17
Castiglion Fiorentino *AR* 50 L 17
Castiglioncello *LI* 42 L 13
Castiglioncello Bandini *GR* 50 N 16
Castiglioncello del Trinoro *SI* 50 N 17
Castiglione *AN* 52 M 20
Castiglione *IS* 65 Q 24
Castiglione *LE* 83 H 37
Castiglione *PG* 51 M 19
Castiglione a Casauria *PE* 60 P 23
Castiglione Chiavarese *GE* 37 J 10
Castiglione Cosentino *CS* 86 I 30
Castiglione d'Adda *LO* 21 G 11
Castiglione dei Pepoli *BO* 39 J 15
Castiglione del Bosco *SI* 50 M 16
Castiglione del Genovesi *SA* 75 E 26
Castiglione del Lago *PG* 51 M 18
Castiglione della Pescaia *GR* 49 N 14
Castiglione della Valle *PG* 51 M 18
Castiglionedelle Stiviere *MN* 22 F 13
Castiglione di Garfagnana *LU* 38 J 13
Castiglione di Ravenna *RA* 41 J 18
Castiglione di Sicilia *CT* 101 N 27
Castiglione d'Intelvi *CO* 9 E 9
Castiglione d'Orcia *SI* 50 M 16
Castiglione Falletto *CN* 27 I 5
Castiglione in Teverina *VT* 57 O 18
Castiglione Mantovano *MN* 23 G 14
Castiglione Maritimo *CZ* 88 K 30
Castiglione Messer Marino *CH* 65 Q 25
Castiglione Messer Raimondo *TE* 60 O 23
Castiglione Olona *VA* 20 E 8
Castiglione Tinella *CN* 27 H 6
Castiglioni *AN* 46 L 21
Castignano *AP* 53 N 22
Castilenti *TE* 60 O 23
Castino *CN* 27 I 6
Castion Veronese *VR* 23 F 14
Castione *PC* 29 H 11
Castione *TV* 24 E 17
Castione Andevenno *SO* 10 D 11
Castione de Baratti *PR* 30 I 13
Castione della Presolana *BG* 10 E 12
Castione Marchesi *PR* 30 H 12
Castions *PN* 13 E 20
Castions di Strada *UD* 16 E 21
Casto *BS* 22 E 12
Castorano *AP* 53 N 23
Castrezzato *BS* 22 F 11
Castri di Lecce *LE* 83 G 36
Castrignano de' Greci *LE* 83 G 36
Castrignano del Capo *LE* 83 H 37
Castro *BG* 22 E 12
Castro *LE* 83 G 37
Castro dei Volsci *FR* 64 R 22
Castro Marina *LE* 83 G 37
Castro (Portella) *EN* 99 O 24
Castro (Rocche del) *ME* 100 M 26
Castro S. Martino *FI* 40 J 15
Castrocaro Terme *FO* 40 J 17
Castrocielo *FR* 64 R 23
Castrocucco *PZ* 84 H 29
Castrocucco di Maratea *PZ* 84 H 29
Castrofilippo *AG* 103 O 23
Castrolibero *CS* 86 J 30
Castroncello *AR* 50 M 17
Castronno *VA* 20 E 8
Castronuovo di San Andrea *PZ* 77 G 30
Castronuovo di Sicilia *PA* 98 N 22
Castropignano *CB* 65 R 25
Castroreale *ME* 101 M 27
Castroregio *CS* 78 H 31
Castrovillari *CS* 85 H 30
Casumaro *MO* 32 H 16
Casuzze *RG* 106 Q 25
Cataeggio *SO* 9 D 10
Cataforio *RC* 90 M 29
Cataio *PD* 24 G 17
Catalano (Isola) *OR* 114 H 6
Catania *CT* 101 O 27
Catania (Golfo di) *CT* 105 O 27
Catania (Piana di) *CT* 104 O 26
Catania-Fontanarossa (Aeroporto di) *CT* 105 O 27
Catanzaro *CZ* 89 K 31
Catanzaro Lido *CZ* 89 K 31
Catena Costiera *CS* 86 I 29
Catenaia (Alpe di) *AR* 45 L 17
Catenanuova *EN* 100 O 26
Catignano *PE* 60 O 23
Catinaccio / Rosengarten *BZ* 4 C 16
Catirina (Punta) *NU* 113 F 10
Catobagli *AN* 46 L 20
Catolivier *TO* 26 G 2
Catona *RC* 90 M 28
Catria (Monte) *PS* 46 L 20
Cattaragna *PC* 29 I 10
Cattolica *RN* 41 K 20
Cattolica Eraclea *AG* 102 O 22
Catullo (Grotte di) *BS* 23 F 13
Catuso (Monte) *PA* 99 N 23
Cau (Monte) *SS* 110 E 7
Caulonia *RC* 88 L 31
Caulonia (vicino a Monasterace) *RC* 89 L 31
Cauria / Gfrill (vicino a Salorno) *BZ* 11 D 15
Cautano *BN* 70 D 25
Cava d'Aliga *RG* 106 Q 26
Cava de' Tirreni *SA* 75 E 26
Cava Manara *PV* 29 G 9
Cava (Monte) *RI* 59 P 21
Cava Tigozzi *CR* 30 G 11
Cavacurta *LO* 21 G 11
Cavadonna *SR* 105 P 27
Cavaglià *BI* 19 F 6
Cavaglietto *NO* 20 F 7
Cavaglio d'Agogna *NO* 20 F 7
Cavagnano *AQ* 59 O 21
Cavaion Veronese *VR* 23 F 14
Cavalese *TN* 12 D 16
Cavallano *SI* 43 L 15
Cavallerizzo *CS* 85 I 30
Cavallerleone *CN* 27 H 4
Cavallermaggiore *CN* 27 H 5
Cavalli (Lago dei) *VB* 7 D 6
Cavallina *FI* 39 K 15
Cavallino *LE* 81 G 36
Cavallino *VE* 16 F 19
Cavallino (Monte) / Großer-Kinigat *BZ* 5 B 19
Cavallirio *NO* 20 F 7

Cavallo (Monte) FR 64 R 23
Cavallo (Monte) GR 56 O 16
Cavallo (Monte) MC 52 N 20
Cavallo (Monte) BZ 3 B 16
Cavallo (Monte) PN 13 D 19
Cavallo (Monte) UD 15 C 21
Cavallone (Grotta del) CH 60 P 24
Cavalo VR 23 F 14
Cavanella d'Adige VE 33 G 18
Cavanella di Vara SP 38 J 11
Cavanella Po RO 33 G 18
Cavareno TN 11 C 15
Cavargna CO 9 D 9
Cavargna (Val) CO 9 D 9
Cavaria VA 20 E 8
Cavarzano PO 39 J 15
Cavarzere VE 33 G 18
Cavaso del Tomba TV 12 E 17
Cavasso Nuovo PN 13 D 20
Cavatore AL 28 I 7
Cavazzale VI 24 F 16
Cavazzo (Lago di) UD 14 D 21
Cavazzo Carnico UD 14 C 21
Cavazzona MO 31 I 15
Cave RM 63 Q 20
Cave del Predil UD 15 C 22
Cavedago TN 11 D 15
Cavedine TN 11 E 14
Cavedine (Lago di) TN 11 E 14
Cavenago d'Adda LO 21 G 10
Cavenago di Brianza MI 21 F 10
Cavernago BG 22 F 11
Cavezzo MO 31 H 15
Cavi GE 37 J 10
Caviaga LO 21 G 10
Caviola BL 12 C 17
Cavo LI 48 N 13
Cavo (Monte) RM 63 Q 20
Cavogna (Monte) PG 52 N 20
Cavola RE 39 I 13
Cavoli LI 48 N 12
Cavoli (Isola dei) SU 119 J 10
Cavone MT 78 F 31
Cavour TO 26 H 4
Cavour (Canale) VC 19 G 6
Cavrari VI 24 E 16
Cavrasto TN 11 D 14
Cavriago RE 31 H 13
Cavriana MN 23 F 13
Cavrié TV 25 E 19
Cavriglia AR 44 L 16
Cazoli (Punta di) VB 8 C 7
Cazzago S. Martino BS 22 F 12
Cazzano di Tramigna VR 23 F 15
Ceccano FR 63 R 21
Cecchignola RM 62 Q 19
Cecchina RM 62 Q 19
Cecchini di Pasiano PN 13 E 19
Cece (Cima di) TN 12 D 17
Ceci PC 29 H 9
Cecima PV 29 H 9
Cecina LI 48M 13
Cecina PT 39 K 14
Cecina (Campo) MS 38 J 12
Cecina (Fiume) SI 49M 15
Cecita (Lago di) CS 86 I 31
Cedegolo BS 10 D 13
Cedra PR 38 I 12
Cedrino NU 117 F 10
Cedrino (Lago del) NU 117 G 10
Cefalà Diana PA 98 N 22
Cefalicchio BA 72 D 30
Cefalo (Monte) LT 68 S 22
Cefalù PA 99M 24
Ceggia VE 16 E 19
Ceglie del Campo BA 73 D 32
Ceglie Messapica BR 80 F 34
Cegliolo AR 50M 17
Cei (Lago di) TN 11 E 15
Celano AQ 59 P 22
Celenza sul Trigno CH 65 Q 25
Celenza Valfortore FG 66 C 26
Cella FO 41 J 19
Cella RE 31 H 13
Cella Dati CR 30 G 12
Cellamare BA 73 D 32
Cellarengo AT 27 H 5
Cellatica BS 22 F 12
Celle PT 39 K 14
Celle RA 40 J 17
Celle TO 18 G 4
Celle di Bulgheria SA 76 G 28
Celle di Macra CN 26 I 3
Celle di S. Vito FG 71 D 27
Celle (le) AR 50M 17
Celle Ligure SV 36 I 7
Celle sul Rigo SI 50 N 17
Cellena GR 50 N 16
Celleno VT 57 O 18
Cellere VT 57 O 17
Cellina PN 13 D 19
Cellina (Val) PN 13 D 19
Cellino Attanasio TE 60 O 23
Cellino S. Marco BR 79 F 35
Cellole CE 69 D 23
Celone FG 71 C 27
Celpenchio PV 20 G 7
Celso SA 75 G 27
Cembra TN 11 D 15
Cembra (Val di) TN 11 D 15
Cenadi CZ 88 K 31
Cenaia PI 43 L 13
Cenate LE 83 G 36
Cenate di Sotto BG 22 E 11
Cencenighe Agordino BL 12 C 17
Cene BG 22 E 11
Ceneselli RO 32 G 16
Cenesi SV 35 J 6
Cengalo (Pizzo) SO 9 D 10
Cengio SV 35 I 6
Cengio (Monte) VI 24 E 16
Cengles BZ 2 C 13
Cennina AR 44 L 16
Ceno PR 29 I 10
Cenova IM 35 K 6
Centa S. Nicolò TN 11 E 15
Centallo CN 27 I 4
Centaurino (Monte) SA 76 G 28
Cento BO 32 I 16
Cento Croci (Passo di) SP 37 I 10
Cento FE 31 H 15
Centocelle RM 62 Q 19
Centoforche (Colle di) FO 40 J 17
Centoia AR 50M 17
Centola SA 76 G 27
Centovera PC 29 H 11
Centrache CZ 88 K 31
Centuripe EN 100 O 26
Cepagatti PE 60 O 24
Cepletischis UD 15 D 22
Ceppaloni BN 70 D 26
Ceppo di Rocca Sta Maria TE 52 N 22
Ceppo (Monte) IM 35 K 5
Ceppo Morelli VB 7 E 6
Ceprano FR 64 R 22
Ceraino VR 23 F 14
Cerami EN 100 N 25
Cerami (Fiume) EN 100 N 25
Ceramida RC 90M 29
Ceranesi GE 28 I 8
Cerano NO 20 F 8
Cerasa PS 46 K 21
Cerasi RC 90M 29
Cerasia (Monte) RC 91M 30
Ceraso SA 76 G 27
Ceraso (Capo) SS 113 E 10
Ceraso (Murgia del) BA 72 E 31
Cerasolo RN 41 K 19
Cerasuolo IS 64 R 24
Cerbaia FI 43 K 15
Cerboli (Isola) LI 49 N 13
Cercemaggiore CB 65 R 26
Cercena (Passo) TN 11 C 14
Cercenasco TO 27 H 4
Cercepiccola CB 65 R 25
Cerchiara di Calabria CS 85 H 31
Cerchio AQ 59 P 22
Cercivento UD 5 C 20
Cercola NA 69 E 25
Cerda PA 99 N 23
Cerdomare RI 58 P 20
Cerea VR 23 G 15
Cereda (Passo di) TN 12 D 17
Cereglio BO 39 J 15
Ceregnano RO 32 G 17
Cerella (Monte) RM 63 Q 20
Cerenzia KR 87 J 32
Ceres TO 18 G 4
Ceresara MN 23 G 13
Cereschiatis (Sella di) UD 15 C 21
Cereseto AL 28 G 6
Cereseto PR 29 I 11
Ceresole (Lago di) TO 18 F 3
Ceresole Alba CN 27 H 5
Ceresole Reale TO 18 F 3
Ceresolo (Scolo) RO 32 G 17
Cerete-Alto BG 10 E 11
Cerete-Basso BG 10 E 11
Ceretto TO 27 H 4
Cerfone AR 45 L 18
Cergnago PV 20 G 8
Ceri RM 57 Q 18
Ceriale SV 35 J 6
Ceriana IM 35 K 5
Cerignale PC 29 H 10
Cerignola FG 72 D 29
Cerisano CS 86 J 30
Cerlongo MN 23 G 13
Cermenate CO 21 E 9
Cermignano TE 60 O 23
Cermone AQ 59 O 21
Cernobbio CO 21 E 9
Cernusco LC 21 E 10
Cernusco sul Naviglio MI 21 F 9
Cerqueto (vicino a Gualdo Tadino) PG 51M 20
Cerqueto (vicino a Marsciano) PG 51 N 18
Cerratina PE 60 O 24
Cerré RE 38 I 13
Cerredolo RE 39 I 13
Cerreto AV 71 D 27
Cerreto IS 65 Q 24
Cerreto (Passo del) MS 38 J 12
Cerreto Alpi RE 38 J 12
Cerreto d'Esi AN 52M 20
Cerreto di Spoleto PG 52 N 20
Cerreto Grue AL 28 H 8
Cerreto Guidi FI 43 K 14
Cerreto Laziale RM 63 Q 20
Cerreto (Monte) NA 75 E 25
Cerreto Sannita BN 65 S 25
Cerretto Langhe CN 27 I 6
Cerrina Monferrato AL 27 G 6
Cerrione BI 19 F 6
Cerrisi CZ 86 J 31
Cerrito BR 79 F 35
Cerro VA 8 E 7
Cerro (Forca di) PG 52 N 20
Cerro al Lambro MI 21 G 10
Cerro al Volturno IS 64 R 24
Cerro (Passo del) PC 29 H 10
Cerro Tanaro AT 28 H 7
Cerro Veronese VR 23 F 15
Cerrone (Monte) PG 45 L 19
Cersosimo PZ 77 G 31
Certaldo FI 43 L 15
Certosa di Pesio CN 35 J 4
Cerusulo (Monte) SA 76 F 28
Cerva CZ 87 J 32
Cervandone (Monte) VB 8 D 6
Cervara MS 38 I 11
Cervara PR 30 H 12
Cervarese Sta Croce PD 24 F 17
Cervaro FG 71 C 28
Cervaro FR 64 R 23
Cervaro TE 59 O 22
Cervaro (Forcella di) FR 64 R 23
Cervaro (Ponte) FG 71 C 28
Cervaro (Torrente) AV 71 D 27
Cervarolo VC 8 E 6
Cervasca CN 34 I 4
Cervati (Monte) SA 76 G 28
Cervatto VC 7 E 6
Cervazzera RE 38 I 13
Cervellino (Monte) PR 30 I 12
Cerveno BS 10 D 12
Cerventosa (Passo di) AR 51M 18
Cervara di Roma RM 59 Q 21
Cervere CN 27 I 5
Cervesina PV 29 G 9
Cerveteri RM 57 Q 18
Cervi (Monte dei) PA 99 N 23
Cervia RA 41 J 19
Cervialto (Monte) AV 71 E 27
Cervicati CS 85 I 30
Cervignano del Friuli UD 17 E 21
Cervignasco CN 27 H 4
Cervina (Punta) / Hirzerspitze BZ 3 B 15
Cervinara AV 70 D 25
Cervino CE 70 D 25
Cervino (Monte) / Matterhorn AO 7 G 8
Cervo IM 35 K 6
Cervo (Pizzo) PA 98M 22
Cervo (Torrente) BI 19 E 5
Cervognano SI 50M 17
Cerzeto CS 85 I 30
Cesa CE 69 E 24
Cesacastma TE 59 O 22
Cesana Torinese TO 26 H 2
Cesano AN 46 K 21
Cesano RM 58 P 19
Cesano Boscone MI 21 F 9
Cesano (Fiume) PS 46 K 21
Cesano Maderno MI 21 F 9
Cesaproba AQ 59 O 21
Cesara VB 8 E 7
Cesarò ME 100 N 26
Cesarolo VE 16 E 21
Cese AQ 59 P 22
Cese PG 52 N 20
Ceselli PG 52 N 20
Cesen (Monte) TV 12 E 18
Cesena FO 41 J 18
Cesenatico FO 41 J 19
Ceserano MS 38 J 12
Cesi MC 52M 20
Cesi TR 58 O 19
Cesiomaggiore BL 12 D 17
Cesole MN 31 G 13
Cessalto TV 16 E 19
Cessaniti VV 88 L 30
Cessapalombo MC 52M 21
Cessuta (Sella) SA 77 G 29
Cesuna VI 24 E 16
Cetara SA 75 F 26
Cetica AR 44 K 16
Cetinale SI 49M 15
Ceto BS 10 D 13
Cetona SI 50 N 17
Cetona (Monte) SI 50 N 17
Cetraro CS 85 I 29
Ceva CN 35 I 6
Cevedale (Monte) SO 11 C 13
Cevo BS 10 D 13
Chabodey AO 18 E 3
Challand-St. Anselme AO 19 E 5
Chambave AO 19 E 4
Chambeyron (Brec de) CN 26 I 2
Chamois AO 7 E 4
Champdepraz AO 19 E 4
Champoluc AO 7 E 5
Champorcher AO 19 F 4
Chanavey AO 18 F 3
Chardonney AO 19 F 4
Charvensod AO 18 E 3
Château des Dames AO 7 E 4
Châtelair AO 6 E 3
Châtillon AO 19 E 4
Chécrouit AO 6 E 2
Cheradi (Isole) TA 78 F 33
Cherasco CN 27 I 5
Cheremule SS 111 F 8
Cherio BG 22 E 11
Chero PC 30 H 11
Chero (Torrente) PC 30 H 11
Chia VT 58 O 18
Chiaicis UD 14 C 20
Chialamberto TO 18 F 4
Chiampo VI 23 F 15
Chiampo (Torrente) VI 23 F 15
Chiana (Canale Maestro della) AR 50M 17
Chiana (Val di) AR 50 L 17
Chianacce AR 50M 17
Chianale CN 26 I 2
Chianca BA 72 D 31
Chianca (Isola la) FG 67 B 30
Chianca (Torre) LE 81 F 36
Chianche AV 70 D 26
Chianciano SI 50M 17
Chianciano Terme SI 50M 17
Chiani TR 51 N 18
Chianni PI 43 L 13
Chianti SI 44 L 15
Chianti (Monti del) SI 44 L 16
Chianzutan (Sella) UD 14 C 20
Chiappa (Punta) GE 37 J 9
Chiappera CN 26 I 2
Chiappi CN 34 I 3
Chiappo (Monte) PC 29 H 9
Chiaramonte Gulfi RG 104 P 26
Chiaramonti SS 111 E 8
Chiarano TV 16 E 19
Chiaravalle AN 46 L 21
Chiaravalle Centrale CZ 88 K 31
Chiaravalle della Colomba PC 30 H 11
Chiaravalle Milanese MI 21 F 9
Chiareggio SO 10 D 11
Chiarescons (Monte) UD 13 C 19
Chiari BS 22 F 11
Chiaromonte PZ 77 G 30
Chiarso UD 5 C 21
Chiàscio PG 46 L 20
Chiaserna PS 46 L 20
Chiassa AR 45 L 17
Chiatona TA 78 F 33
Chiauci IS 65 Q 25
Chiavano PG 52 O 21
Chiavano (Forca di) PG 52 N 21
Chiavari GE 37 J 9
Chiavenna SO 9 D 10
Chiavenna (Rifugio) SO 9 C 10
Chiavenna (Torrente) PC 30 H 11
Chiavenna Landi PC 30 G 11
Chiaverano TO 19 F 5
Chibbò (Monte) PA 99 O 23
Chieffo (Masseria) FG 71 D 28
Chienes / Kiens BZ 4 B 17
Chienti MC 52M 20
Chieri TO 27 G 5
Chies d'Alpago BL 13 D 19
Chiesa BL 13 C 18
Chiesa VB 8 C 7
Chiesa in Valmalenco SO 10 D 11
Chiesa Nuova BL 12 E 17
Chiesa Nuova TP 97M 19
Chiesanuova FI 43 K 15
Chiesanuova RA 32 I 17
Chiesanuova di S. Vito MC 46 L 21
Chiese BS 22 F 13
Chiesina BO 39 J 14
Chiesina Uzzanese PT 39 K 14
Chiesino AR 44 L 17
Chiesuol del Fosso FE 32 H 16
Chiesuola RA 41 I 18
Chieti CH 60 O 24
Chieuti FG 66 B 27
Chieve CR 21 F 10
Chievolis PN 13 D 20
Chignolo Po PV 29 G 10
Chilivani SS 111 F 8
Chioggia VE 25 G 18
Chioggia (Porto di) VE 25 G 18
Chiomonte TO 18 G 2
Chions PN 13 E 20
Chiotas (Digo del) CN 34 J 4
Chiozzola PR 30 H 13
Chirignago VE 25 F 18
Chisola TO 27 H 4
Chisone TO 26 H 3
Chisone (Valle del) TO 26 G 2
Chitignano AR 45 L 17
Chiuduno BG 22 F 11
Chiulano PC 29 H 10
Chiunzi (Valico di) SA 75 E 25
Chiuppano VI 24 E 16
Chiuro SO 10 D 11
Chiusa BZ 3 B 16
Chiusa RC 88M 30
Chiusa di Pesio CN 35 J 5
Chiusa / Klausen BZ 3 C 16
Chiusa Sclafani PA 97 N 21
Chiusaforte UD 15 C 21
Chiusanico IM 35 K 5
Chiusano di S. Domenico AV 70 E 26
Chiusavecchia IM 35 K 5
Chiusdino SI 49M 15
Chiusella TO 19 F 5
Chiusi SI 50M 17
Chiusi (Lago di) SI 50M 17
Chiusi della Verna AR 45 K 17
Chiusi Scalo SI 50M 17
Chiusola SP 37 I 11
Chivasso TO 19 G 5
Chizzola TN 23 E 14
Chorio RC 90 N 29
Ciaculli PA 98M 22
Ciagola (Monte) CS 84 H 29
Cialancia (Punta) TO 26 H 3
Ciampie TN 12 C 17
Ciampino RM 62 Q 19
Ciamprisco CE 69 D 24
Cianciana AG 102 O 22
Ciane (Fonte) SR 105 P 27
Ciano MO 39 I 15
Ciano TV 24 E 18
Ciano d'Enza RE 30 I 13
Ciarforòn TO 18 F 3
Ciaudon (Testa) CN 35 J 4
Ciavolo TP 96 N 19
Cibiana (Passo) BL 13 C 18
Cibiana di Cadore BL 13 C 18
Cibottola PG 51 N 18
Cicagna GE 37 I 9
Cicala CZ 86 J 31
Ciccalento (Ponte di) FG 67 C 28
Ciccia (Monte) ME 90M 28
Cicciano NA 70 E 25
Cicerale SA 75 F 27
Cicese RO 32 G 17
Cichero GE 37 I 9
Ciciliano RM 63 Q 20
Ciclopi (Riviera dei) CT 101 O 27
Cicogna VB 8 D 7
Cicognara MN 30 H 13
Cicogni PC 29 H 10
Cicognolo CR 30 G 12
Cicolano RI 59 P 21
Ciconicco UD 14 D 21
Cigliano FI 40 K 16
Cigliano VC 19 G 6
Cignana (Lago di) AO 7 E 4
Cignano BS 22 F 12
Cigno CB 66 B 26
Cignone CR 22 G 11
Cigole BS 22 G 12
Cilavegna PV 20 G 8
Cilento SA 75 F 27
Cima Fiammante (Rifugio) BZ 3 B 15
Cima Gogna BL 5 C 19
Cima Tre Scarperi BZ 4 C 18
Cimabanche BL 4 C 18
Cimadolmo TV 25 E 19
Cimaferle AL 28 I 7
Cimasappada UD 5 C 20
Cime Nere / Hintere Schwärze BZ 3 B 14
Cimego TN 11 E 13
Cimetta (Colle) FR 63 Q 21
Ciminà RC 91M 30
Ciminarella (Masseria) BA 72 D 30
Cimini (Monti) VT 57 O 18
Ciminna PA 98 N 22
Cimino (Masseria) BA 73 E 32
Cimino (Monte) VT 57 O 18
Cimiti (Capo) KR 87 K 33
Cimitile NA 70 E 25
Cimolais PN 13 D 19
Cimoliana PN 13 D 19
Cimone (Monte) MO 39 J 14
Cimpello PN 13 E 20
Cinecitta RM 62 Q 19
Cineto Romano RM 58 P 20
Cinghio PR 30 H 12
Cingia de' Botti CR 30 G 12
Cingoli MC 46 L 21
Cinigiano GR 50 N 16
Cinisello Balsamo MI 21 F 9
Cinisi PA 97M 21
Cino SO 9 D 10
Cinquale MS 38 K 12
Cinque Croci (Passo) TN 12 D 16
Cinque Denti (Cala) TP 96 Q 18
Cinque Terre SP 37 J 11
Cinquefrondi RC 88 L 30
Cinquemiglia (Piano della) AQ 64 Q 23
Cinte Tesino TN 12 D 16
Cinto Caomaggiore VE 16 E 20
Cinto Euganeo PD 24 G 16
Cintoia FI 44 L 16
Cintolese PT 39 K 14
Cinzano CN 27 H 5
Cinzano TO 27 G 5

Cioccaro AT 28 G 6
Ciociaria FR 63 Q 21
Ciola FO 41 K 18
Ciommarino FG 71 D 28
Ciorlano CE 65 R 24
Cipollaro (Galleria del) LU 38 J 12
Cipressi PE 60 O 24
Cirami (Monte) AG 97 O 21
Circello BN 65 R 26
Circeo (Cap) LT 68 S 21
Circeo (Monte) LT 68 S 21
Circeo (Parco Nazionale del) LT 63 R 21
Cirella CS 84 H 29
Cirella RC 91 M 30
Cirella (Isola di) CS 84 H 29
Cirella (Punta di) CS 84 H 29
Cirello RC 88 L 29
Ciriano PC 30 H 11
Ciricilla CZ 86 J 31
Ciriè TO 19 G 4
Ciriè (Rifugio) TO 18 G 3
Ciriegia (Colle di) CN 34 J 3
Ciriga (Punta) RG 107 Q 26
Cirigliano MT 77 F 30
Cirò KR 87 I 33
Cirò Marina KR 87 I 33
Cirone (Passo) PR 38 I 12
Cisa (Passo della) PR 38 I 11
Cisano VR 23 F 14
Cisano Bergamasco BG 21 E 10
Cisano sul Neva SV 35 J 6
Cisigliana MS 38 J 12
Cislago VA 21 F 8
Cisliano MI 21 F 8
Cismon TN 12 D 17
Cismon del Grappa VI 12 E 17
Cismon (Monte) BL 12 E 17
Cison di Valmarino TV 13 E 18
Cispiri OR 115 G 8
Cissone CN 27 I 6
Cistella (Monte) VB 8 D 6
Cisterna UD 14 D 20
Cisterna d'Asti AT 27 H 6
Cisterna di Latina LT 63 R 20
Cisternino BR 80 E 34
Citelli (Rifugio) CT 100 N 27
Citeriore PE 60 P 23
Citerna PR 30 I 12
Citerna PG 45 L 18
Citerna (Monte) FI 39 J 15
Città della Pieve PG 50 N 18
Città di Castello PG 45 L 18
Città di Milano (Rifugio) BZ 2 C 13
Città di Novara (Rifugio) VB 7 D 6
Città S. Angelo PE 60 O 24
Cittadella PD 24 F 17
Cittadella del Capo CS 84 I 29
Cittaducale RI 58 O 20
Cittanova MO 31 I 14
Cittanova RC 88 L 30
Cittareale RI 59 O 21
Cittiglio VA 8 E 7
Citulo (Masseria) BA 72 D 30
Ciuchesu SS 109 D 9
Ciuffenna AR 44 L 16
Civago RE 38 J 13
Civate LC 21 E 10
Civé PD 25 G 18
Civenna CO 9 E 9
Civetta (Monte) BL 12 C 18
Civezzano TN 11 D 15
Civiasco VC 20 E 6
Cividale del Friuli UD 15 D 22
Cividale Mantovano MN 30 G 13
Cividate al Piano BG 22 F 11
Cividate Camuno BS 10 E 12
Civiello (Masseria) PZ 72 E 29
Civita CS 85 H 30
Civita PG 52 N 21
Civita VT 57 O 18
Civita (Forca di) PG 52 N 21
Civita Castellana VT 58 P 19
Civita d'Antino AQ 64 Q 22
Civitacampomarano CB 65 Q 26
Civitaluparella CH 60 Q 24
Civitanova Alta MC 53 M 23
Civitanova del Sannio IS 65 Q 25
Civitanova Marche MC 53 M 23
Civitaquana PE 60 P 23
Civitaretenga AQ 59 P 23
Civitate (Ponte di) FG 66 B 27
Civitatomassa AQ 59 O 21
Civitavecchia FR 64 R 22
Civitavecchia RM 57 P 17
Civitella RM 58 P 20
Civitella (Monte) GR 50 N 17
Civitella (Monte) AR 45 L 18
Civitella Alfedena AQ 64 Q 23
Civitella Casanova PE 60 O 23
Civitella Cesi VT 57 P 18
Civitella d'Agliano VT 57 O 18
Civitella del Lago TR 51 N 18
Civitella del Tronto TE 53 N 23
Civitella di Romagna FO 40 J 17
Civitella in Val di Chiana AR 44 L 17
Civitella Licinio BN 65 S 25
Civitella Marittima GR 50 N 15
Civitella Messer Raimondo CH 60 P 24
Civitella Ranieri PG 51 M 19
Civitella Roveto AQ 64 Q 22
Civitella S. Paolo RM 58 P 19
Civo SO 9 D 10
Civorio FO 41 K 18
Cixerri SU 118 J 7
Cizzago BS 22 F 11
Cizzolo MN 31 G 14
Claino-Osteno CO 9 D 9
Clapier (Monte) CN 34 J 4
Classe (Pineta di) RA 41 I 18
Claut PN 13 D 19
Clautana (Forcella) PN 13 D 19
Clauzetto PN 14 D 20
Clavière TO 26 H 2
Cles TN 11 C 15
Cleto CS 86 J 30
Cleulis UD 5 C 20
Climiti (Monti) SR 105 P 27
Cliternia Nuova CB 66 B 27
Clitunno (Fonti del) PG 52 N 20
Clitunno (Tempio di) PG 52 N 20
Clivio VA 8 E 8
Clusane sul Lago BS 22 F 12
Clusio BZ 2 B 13
Clusone BG 10 E 11
Coazze TO 26 G 3
Coazzolo AT 27 H 6
Coca (Pizzo di) BG 10 D 12
Coccaglio BS 22 F 11
Coccanile FE 32 H 17
Coccau UD 15 C 22
Coccia (Poggio di) VT 57 P 18
Coccolia RA 41 J 18
Cocconato AT 27 G 6
Coccorino VV 88 L 29
Coccovello (Monte) PZ 76 G 29
Coco (Monte del) TP 97 N 20
Cocquio Trevisago VA 8 E 8
Cocullo AQ 60 P 23
Cocumola LE 83 G 37
Cocuzza (Monte) RC 90 M 29
Cocuzzo (Monte) CS 86 J 30
Cocuzzo (Monte) SA 76 G 28
Coda Cavallo (Capo) SS 113 E 11
Coda (Rifugio) BI 19 F 5
Codarda LT 63 R 21
Codelago o Devero (Lago) VB 8 C 6
Codevigo PD 25 G 18
Codevilla PV 29 H 9
Codigoro FE 33 H 18
Codiponte MS 38 J 12
Codisotto RE 31 H 14
Codogne TV 13 E 19
Codogno LO 29 G 11
Codonfuri RC 90 M 29
Codrignano BO 40 J 16
Codroipo UD 16 E 20
Codrongianos SS 111 F 8
Codula de Sisine NU 117 G 10
Codula di Luna NU 117 G 10
Coeli Aula FI 43 K 15
Cofano (Golfo del) TP 97 M 20
Cofano (Monte) TP 97 M 20
Coggina (Genna) NU 117 G 10
Coggiola BI 19 E 6
Coghinas SS 111 E 9
Coghinas (Fiume) SS 111 E 8
Coghinas (Lago del) SS 111 E 9
Coglians (Monte) / Hohe Warte UD 5 C 20
Cogliate MI 21 F 9
Cogne AO 18 F 4
Cogne (Val di) AO 18 F 3
Cogoleto GE 36 I 7
Cogoli NU 113 F 10
Cogollo del Cengio VI 24 E 16
Cogolo TN 11 C 14
Cogorno GE 37 J 10
Cogozzo MN 30 H 13
Cogruzzo RE 31 H 13
Col Collon (Rifugio) AO 7 E 4
Col di Prà BL 12 D 17
Colà VR 23 F 14
Colazza NO 20 E 7
Colbertaldo TV 12 E 18
Colbordolo PS 41 K 20
Colbu (Lu) SS 111 E 9
Colcavagno AT 27 G 6
Colcellalto AR 45 K 18
Colcerasa MC 52 M 21
Coldrano / Goldrain BZ 3 C 14
Coleazzo (Monte) BS 10 D 13
Coler TN 11 C 14
Colere BG 10 E 12
Colfelice FR 64 R 22
Colfiorito PG 52 M 20
Colfosco TV 25 E 18
Coli PC 29 H 10
Colico LC 9 D 10
Colla ME 100 M 26
Colla (Monte) CT 100 N 26
Colla (Monte sa) NU 119 H 10
Colla (Passo) PR 29 I 11
Colla (Passo la) PZ 76 G 29
Collagna RE 38 I 12
Collalbo / Klobenstein BZ 3 C 16
Collalto SI 49 L 15
Collalto UD 14 D 21
Collalto / Hochgall BZ 4 B 18
Collalto Sabino RI 59 P 21
Collalunga (Cima di) CN 34 J 3
Collamato AN 52 M 20
Collarmele AQ 59 P 22
Collatoni MC 52 N 20
Collazzone PG 51 N 19
Colle PN 13 D 20
Colle AQ 59 O 21
Colle AP 52 N 21
Colle Alto FR 64 R 22
Colle / Bichl BZ 3 B 15
Colle Croce PG 52 M 20
Colle d'Anchise CB 65 R 25
Colle di Tora RI 58 P 20
Colle di Val d'Elsa SI 43 L 15
Colle di Villa / Bauernkohlern BZ 3 C 16
Colle Don Bosco (Santuario) AT 27 G 6
Colle Isarco / Gossensaß BZ 3 B 16
Colle-Lupo GR 56 O 16
Colle San Paolo PG 51 M 18
Colle S. Lorenzo PG 51 N 20
Colle Sta Lucia BL 12 C 18
Colle S. Magno FR 64 R 23
Colle S. Marco AP 53 N 22
Colle Sannita BN 65 R 26
Colle Umberto TV 13 E 19
Collebaldo PG 51 N 18
Collebarucci FI 40 K 15
Collebeato BS 22 F 12
Collebrincioni AQ 59 O 22
Collecchio PR 30 H 12
Collecorvino PE 60 O 24
Colledara TE 59 O 23
Colledimacine CH 60 P 24
Colledimezzo CH 60 Q 25
Colledoro TE 60 O 23
Colleferro RM 63 Q 21
Collegiove RI 59 P 21
Collegno TO 27 G 4
Collelongo AQ 64 Q 22
Collelungo TR 51 N 18
Collelungo (Torre) GR 55 O 15
Collemancio PG 51 N 19
Collemeto LE 83 G 36
Collemincio PG 51 M 20
Colleoli PI 43 L 14
Collepardo FR 63 Q 22
Collepasso LE 83 G 36
Collepepe PG 51 N 19
Collepietra / Steinegg BZ 3 C 16
Collepietro AQ 60 P 23
Collepino PG 51 M 20
Collere (Monte) GE 29 I 9
Colleri PC 29 H 9
Collerin (Monte) TO 18 G 3
Collesalvetti LI 42 L 13
Collesano PA 99 N 23
Collesanto MC 52 M 21
Collesecco TR 51 N 19
Collesecco PG 51 N 19
Collestatte Piano TR 58 O 20
Collestrada PG 51 M 19
Colletorto CB 66 B 26
Collevalenza PG 51 N 19
Collevecchio RI 58 O 19
Colli a Volturno IS 64 R 24
Colli del Tronto AP 53 N 23
Colli di Montebove AQ 59 P 21
Colli Euganei PD 24 G 17
Colli sul Velino RI 58 O 20
Colliano SA 76 E 27
Collicelle RI 59 O 21
Collimento AQ 59 P 22
Collina AN 46 L 21
Collina LU 43 K 13
Collina UD 5 C 20
Collina (Passo della) PT 39 J 14
Collinas SU 118 I 8
Colline Metallifere PI 49 M 14
Collinello FO 41 J 18
Collio BS 22 E 13
Collodi PT 39 K 13
Colloredda (Punta di) SS 113 E 10
Colloredo di Monte Albano UD 14 D 21
Colloredo di Prato UD 14 D 21
Colma di Monbarone BI 19 F 5
Colma la VB 20 E 6
Colmurano MC 52 M 22
Colobraro MT 77 G 31
Cologna FE 32 H 17
Cologna TE 53 N 23
Cologna Spiaggia TE 53 N 23
Cologna Veneta VR 24 G 16
Cologne BS 22 F 11
Cologno al Serio BG 21 F 11
Cologno Monzese MI 21 F 9
Colognola PG 51 M 19
Colognola ai Colli VR 23 F 15
Colognora (vicino a Diecimo) LU 38 K 13
Colognora (vicino a Villa Basilica) LU 39 K 13
Colombaia RE 39 I 13
Colombara (Secca) PA 92 K 21
Colombardo (Colle del) TO 18 G 3
Colombare BS 23 F 13
Colombata (Isola) TP 96 M 19
Colombine (Monte) BS 22 E 13
Colombo (Monte) TO 19 F 4
Colonna RM 63 Q 20
Colonna (Capo) KR 87 J 33
Colonna di Grillo SI 50 M 16
Colonnata FI 39 K 15
Colonnata (Cave di) MS 38 J 12
Colonne (Punta delle) SU 120 J 6
Colonnella TE 53 N 23
Colonnetta TR 51 N 18
Coloretta MS 37 I 11
Colorno PR 30 H 13
Colosimi CS 86 J 31
Colostrai (Stagno di) SU 119 I 10
Colpalombo PG 51 M 19
Colpetrazzo PG 51 N 19
Coltaro PR 30 H 12
Comabbio VA 20 E 8
Comabbio (Lago di) VA 20 E 8
Comacchio FE 33 H 18
Comacchio (Valli di) FE 32 H 17
Comano MS 38 J 12
Comano Terme TN 11 D 14
Comazzo LO 21 F 10
Combai TV 13 E 18
Combolo (Monte) SO 10 D 12
Comeglians UD 5 C 20
Comelico Superiore BL 5 C 19
Comerconi VV 88 L 29
Comero (Monte) FO 40 K 18
Comezzano-Cizzago BS 22 F 11
Comino CH 60 P 24
Comino (Capo) NU 113 F 11
Comiso RG 104 Q 25
Comitini AG 103 O 22
Commessaggio MN 31 G 13
Communitore (Monte) AP 52 N 21
Como CO 21 E 9
Como (Lago di) LC 9 E 9
Como (Rifugio) CO 9 D 9
Comoretta (Punta) NU 111 F 9
Compiano PR 29 I 10
Compiano RE 30 I 13
Compione MS 38 J 12
Comun Nuovo BG 21 F 10
Comuna BI 19 F 6
Comunanza AP 52 N 22
Comuneglia SP 37 I 10
Comunelli (Lago) CL 103 P 24
Cona Faiete TE 53 N 22
Cona FE 32 H 17
Cona VE 24 G 18
Conca RN 41 K 19
Conca Casale IS 64 R 24
Conca dei Marini SA 75 F 25
Conca di Campania CE 64 R 23
Conca d'Oro (Masseria) TA 78 F 32
Conca (Pizzo) PA 99 N 23
Concas NU 113 F 10
Conceviano RI 58 P 20
Concesio BS 22 F 12
Concessa RC 90 M 28
Conche PD 25 G 18
Conco VI 24 E 16
Concordia Sagittaria VE 16 E 20
Concordia sulla Secchia MO 31 H 14
Concorezzo MI 21 F 10
Condino TN 11 E 13
Condofuri Marina RC 90 N 29
Condove TO 18 G 3
Condrò ME 90 M 27
Conegliano TV 13 E 18
Cónero (Monte) AN 47 L 22
Confienza PV 20 G 7
Configni RI 58 O 19
Confinale (Monte) SO 10 C 13
Confinale (Passo) SO 10 D 11
Conflenti CZ 86 J 30
Coniale FI 40 J 16
Conigli (Isola dei) AG 102 U 19
Coniolo BS 22 F 11
Consandolo FE 32 I 17
Conscenti GE 37 I 10
Conselice RA 32 I 17
Conselve PD 24 G 17
Consolazione (Convento) FG 71 D 28
Consuma FI 44 K 16
Consuma (Passo della) AR 44 K 16
Contane FE 32 H 18
Contarina RO 33 G 18
Conte di Noia (Masseria) FG 71 D 29
Conte (Porto) SS 110 F 6
Contessa (Monte) SR 104 P 26
Contessa Entellina PA 97 N 21
Contessa (Monte) CZ 88 K 31
Contessa (Punta della) BR 81 F 36
Contigliano RI 58 O 20
Contignano SI 50 N 17
Contrada AV 70 E 26
Contrasto (Colle del) ME 100 N 25
Contrebbia PC 29 G 10
Controguerra TE 53 N 23
Controne SA 76 F 27
Contursi Terme SA 76 F 27
Conversano BA 73 E 33
Conza (Lago di) AV 71 E 27
Conza (Sella di) SA 71 E 27
Conza della Campania AV 71 E 28
Conzano AL 28 G 7
Cop di Breguzzo (Cima) TN 11 D 13
Copanello CZ 89 K 31
Copertino LE 83 G 36
Copiano PV 21 G 9
Coppa PV 29 H 9
Coppa Ferrata (Monte) FG 67 B 29
Copparo FE 32 H 17
Coppe di Maltempo (Masseria) BA 72 D 29
Coppito AQ 59 O 22
Coppolo (Monte) BL 12 D 17
Coppolo (Monte) MT 77 G 31
Corace CZ 86 J 31
Coraci CS 86 J 31
Corallo (Porto) SU 119 I 10
Corana PV 28 G 8
Corano PC 29 H 10
Corato BA 72 D 31
Corbara SA 75 E 25
Corbara TR 51 N 18
Corbara (Lago di) TR 51 N 18
Corbesassi PV 29 H 9
Corbetta MI 20 F 8
Corbola RO 33 G 18
Corcagnano PR 30 H 12
Corchia PR 30 I 11
Corchiano VT 58 O 19
Corciano PG 51 M 18
Corcolle RM 63 Q 20
Corcrevà RO 32 G 18
Corcumello AQ 59 P 22
Cordenons PN 13 E 20
Cordevole BL 13 D 18
Cordignano TV 13 E 19
Cordovado PN 16 E 20
Coredo TN 11 C 15
Coreggia BA 80 E 33
Coreglia Antelminelli LU 39 J 13
Corella FI 40 K 16
Coreno Ausonio FR 64 R 23
Corese Terra RI 58 P 20
Corezzo AR 45 K 17
Corfinio AQ 60 P 23
Corfino LU 38 J 13
Cori LT 63 R 20
Coriano RN 41 K 19
Corigliano CE 64 S 23
Corigliano Calabro CS 85 I 31
Corigliano Calabro Stazione CS 85 I 31
Corigliano d'Otranto LE 83 G 36
Corinaldo AN 46 L 21
Corio TO 19 G 4
Corleone PA 97 N 21
Corleto FG 71 D 28
Corleto (Bosco di) SA 76 F 28
Corleto Monforte SA 76 F 28
Corleto Perticara PZ 77 F 30
Corlo (Lago del) BL 12 E 17
Cormano MI 21 F 9
Cormons GO 17 E 22
Cormor UD 16 E 21
Cornacchia (Monte) FG 71 C 27
Cornacchia (Monte) AQ 64 Q 22
Cornaget (Monte) PN 13 D 19
Cornaiano / Girlan BZ 3 C 15
Cornale PV 28 G 8
Cornaredo MI 21 F 9
Cornate d'Adda MI 21 F 10
Cornedo Vicentino VI 24 F 16
Corneliano d'Alba CN 27 H 5
Cornello (Passo) PG 52 M 20
Cornetto TN 11 E 15
Cornia GR 49 M 14
Corniglia SP 37 J 11
Corniglio PR 38 I 12
Corniolo FO 40 K 17
Cornisello (Lago di) TN 11 D 14
Corno RI 58 O 20
Corno UD 17 E 21
Corno Bianco VC 7 E 5
Corno Bianco BZ 3 B 16
Corno di Rosazzo UD 17 E 22
Corno Giovine LO 30 G 11
Corno Grande TE 59 O 22
Corno (Isola del) SU 120 J 6
Cornolo PR 29 I 10
Cornone FG 66 B 27

Cornour (Punta) TO 26 H 3
Cornovecchio LO 30 G 11
Cornoviglio (Monte) SP 38 J 11
Cornuda TV 24 E 18
Cornus OR 114 G 7
Corona SV 36 I 7
Coronella FE 32 H 16
Corones (Plan de) / Kronplatz BZ 4 B 17
Corongiu (Laghi di) CA 119 J 9
Corongiu (Punta) NU 117 H 10
Corpo di Cava SA 75 E 26
Corpolo RN 41 J 19
Corra Cherbina (Punta) NU 115 F 9
Corrasi (Punta) NU 117 G 10
Correggio RE 31 H 14
Correggioli MN 31 G 15
Correnti (Isola delle) SR 107 Q 27
Correzzola PD 25 G 18
Corridonia MC 53 M 22
Corropoli TE 53 N 23
Corsaglia CN 35 I 5
Corsaglia (Torrente) CN 35 J 5
Corsano LE 83 H 37
Corsi (Piano dei) SV 36 J 6
Corsi (Rifugio) BZ 2 C 14
Corsi (Rifugio) UD 15 C 22
Corsico MI 21 F 9
Corsignano (Pieve di) SI 50 M 17
Corso (Portella) AG 103 P 23
Cortaccia s. str. d. vino / Kurtatsch a. d. Weinstraße BZ 11 D 15
Cortale CZ 88 K 31
Cortandone AT 27 H 6
Cortazzone AT 27 G 6
Corte BL 13 C 18
Corte NU 115 G 7
Corte VC 8 E 6
Corte Brugnatella PC 29 H 10
Corte Centrale FE 32 H 18
Corte Cerbos (Monte) NU 115 H 9
Corte de' Cortesi CR 22 G 12
Corte de' Frati CR 22 G 12
Corte Falasio LO 21 G 10
Corte Franca BS 22 F 11
Corte Porcus NU 119 H 10
Corte S. Andrea LO 29 G 10
Corte Vetere (Masseria) LE 79 G 35
Cortellazzo VE 16 F 20
Cortemaggiore PC 30 H 11
Cortemaggiore (Masseria) TA 79 F 34
Cortemilia CN 27 I 6
Cortenedolo BS 10 D 12
Corteno (Val di) BS 10 D 12
Corteno Golgi BS 10 D 12
Cortenova LC 9 E 10
Cortenuova BG 22 F 11
Corteolona PV 29 G 10
Corticato (Sella del) SA 76 F 28
Corticella BO 32 I 16
Corticelle Pieve BS 22 F 12
Cortiglione AT 28 H 7
Cortigno PG 52 N 20
Cortile MO 31 H 14
Cortina d'Ampezzo BL 4 C 18
Cortina s. str. d. Vino / Kurtinig BZ 11 D 15
Cortino TE 59 O 22
Cortoghiana SU 118 J 7
Cortona AR 50 M 17
Corva PN 13 E 19
Corvara PE 60 P 23
Corvara in Badia BZ 4 C 17
Corvara / Rabenstein BZ 3 B 15
Corvaro RI 59 P 21
Corvi (Monte dei) AN 47 L 22
Corvia PG 51 N 20
Corviale RM 62 Q 19
Corvo (Monte) AQ 59 O 22
Corzes / Kortsch BZ 2 C 14
Cosa PN 14 D 20
Cosa Ansedonia GR 56 O 15
Cosa (Fiume) FR 63 R 21
Coscerno (Monte) PG 52 N 20
Coscile CS 85 H 30
Coseano UD 14 D 21
Cosentino (Masseria) CS 86 I 31
Cosenza CS 86 J 30
Cosimo (Pizzo) PA 99 N 24
Cosio Valtellino SO 9 D 10
Cosoleto RC 90 M 29
Cossano Belbo CN 27 I 6
Cossato BI 19 F 6
Cossignano AP 53 N 23
Cossogno VB 8 E 7
Cossoine SS 111 F 8
Costa BS 23 E 13
Costa RG 104 Q 25
Costa Amalfitana SA 75 F 25
Costa de' Nobili PV 29 G 10
Costa di Rovigo RO 32 G 17
Costa Dorata SS 113 E 10
Costa Merlata BR 80 E 34
Costa Paradiso SS 109 D 8
Costa Pavesi PR 30 H 12
Costa Rossa (Brec) CN 35 J 4
Costa S. Abramo CR 22 G 11
Costa Vescovato AL 28 H 8
Costa Viola RC 90 M 29
Costa Volpino BG 22 E 12
Costabissara VI 24 F 16
Costacciaro PG 46 L 20
Costafontana GE 29 I 9
Costalpino SI 50 M 15
Costalta PC 29 H 10
Costalunga VR 24 F 15
Costalunga (Passo di) / Karerpaß TN 12 C 16
Costanzana VC 20 G 7
Coste VR 23 F 14
Costeggiola VR 23 F 15
Costermano VR 23 F 14
Costey AO 19 F 5
Costigliole d'Asti AT 27 H 6
Costigliole Saluzzo CN 27 I 4
Costozza VI 24 F 16
Cotignola RA 40 I 17
Cotronei KR 87 J 32
Cotschen (Monte) SO 2 C 12
Cottanello RI 58 O 20
Courmayeur AO 6 E 2
Covigliaio FI 40 J 15
Coviolo RE 31 H 13
Covo BG 22 F 11
Coxinas SU 119 I 9
Cozzana BA 73 E 33
Cozzano PR 30 I 12
Cozze BA 73 D 33
Cozzo PV 20 G 7
Cozzuolo TV 13 E 18
Craco MT 77 F 31
Crana (Pioda di) VB 8 D 7
Crandola Valsassina LC 9 D 10
Crati CS 85 I 30
Crava CN 35 I 5
Cravagliana VC 8 E 6
Cravanzana CN 27 I 6
Cravasco GE 28 I 8
Craveggia VB 8 D 7
Cravi (Monte) GE 29 I 9
Crea (Santuario di) AL 28 G 6
Creazzo VI 24 F 16
Crecchio CH 60 P 24
Creda BO 39 J 15
Credaro BG 22 F 11
Credera Rubbiano CR 21 G 10
Crema CR 21 F 11
Cremenaga VA 8 E 8
Cremeno LC 9 E 10
Cremia CO 9 D 9
Cremolino AL 28 I 7
Cremona CR 30 G 12
Cremona alla Stua (Rifugio) BZ 3 B 15
Cremosano CR 21 F 10
Crep (Monte) TV 13 E 18
Crepaldo VE 16 F 20
Crescentino VC 19 G 6
Cresia (Genna 'e) NU 117 H 10
Cresia (Punta sa) CA 121 J 8
Crespadoro VI 23 F 15
Crespano del Grappa TV 24 E 17
Crespellano BO 31 I 15
Crespiatica LO 21 F 10
Crespina PI 43 L 13
Crespino RO 32 H 17
Crespino del Lamone FI 40 J 16
Crespole PT 39 K 14
Cressa NO 20 F 7
Cresta d'Arp AO 18 E 2
Cresto (Monte) BI 19 E 5
Creta PC 29 G 10
Creta Forata (Monte) UD 5 C 20
Creta (Portella) EN 99 N 24
Cretaz AO 18 F 4
Creti AR 50 M 17
Creto GE 29 I 9
Cretone RM 58 P 20
Crevacuore BI 20 E 6
Crevalcore BO 31 H 15
Crevoladossola VB 8 D 6
Crichi CZ 89 K 31
Cridola (Monte) BL 13 C 19
Crispiano TA 78 F 33
Crispiero MC 52 M 21
Crispiniano (Monte) FG 71 D 27
Crissolo CN 26 H 3
Cristallo BL 4 C 18
Cristo (Monte) LT 68 S 22
Cristo Re BA 80 E 33
Croara BO 40 J 16
Crobus (Monte is) NU 119 I 10
Crocchio CZ 87 J 32
Crocci TP 96 M 19
Croccia (Monte la) MT 77 F 30
Crocco (Monte) VV 88 L 30
Croce RN 41 K 19
Croce (Colle della) AQ 64 Q 23
Croce (Monte) TN 12 D 16
Croce (Pania della) LU 38 J 12
Croce (Pian della) FR 63 R 21
Croce (Picco di) / Wilde Kreuzspitze BZ 3 B 16
Croce (Portella della) PA 98 N 22
Croce a Veglia PT 39 J 14
Croce al Promontario ME 95 M 27
Croce Arcana (Passo) PT 39 J 14
Croce d'Aune (Passo) BL 12 D 17
Croce dello Scrivano (Passo) PZ 77 F 29
Croce di Magara CS 86 J 31
Croce di Panaro (Passo) VV 88 L 31
Croce di Raparo PZ 77 G 29
Croce di Serra (Monte) TR 58 O 18
Croce Dominii (Passo di) BS 10 E 13
Croce Ferrata (Passo) RC 88 L 30
Croce Mancina (Monte) ME 100 N 27
Croce Rossa TO 18 G 3
Crocefieschi GE 29 I 9
Crocelle (Passo delle) PZ 71 E 28
Crocera di Barge CN 26 H 4
Crocetta TO 27 H 5
Crocetta BO 40 I 17
Crocetta RO 32 G 16
Crocetta del Montello TV 24 E 18
Crocetta (Passo) CS 86 J 30
Crocette (Goletto del) BS 22 E 13
Crocevie TP 96 M 19
Croci (Monte di) PG 51 M 19
Croci (Vetta Le) FI 40 K 16
Croci di Calenzano FI 39 K 15
Crodo VB 8 D 6
Crognaleto TE 59 O 22
Cropalati CS 87 I 32
Cropani CZ 89 K 32
Cropani Marina CZ 89 K 32
Crosa VC 20 E 6
Crosano TN 23 E 14
Crosia CS 87 I 32
Crostis (Monte) UD 5 C 20
Crostolo RE 31 I 13
Crotone KR 87 J 33
Crotta d'Adda CR 30 G 11
Crova VC 20 G 6
Crozzón di Lares TN 11 D 13
Crucoli KR 87 I 33
Crucoli Torretta KR 87 I 33
Cruser RA 33 I 18
Cruxi (Genna) NU 117 G 10
Cruzitta (Punta) SS 109 D 8
Cuasso al Monte VA 8 E 8
Cuccaro Monferrato AL 28 G 7
Cuccaro Vetere SA 76 G 27
Cucchinadorza (Lago di) NU 115 G 9
Cucco (Monte) PG 46 L 20
Cuccurano PS 46 K 20
Cuccurdoni Mannu (Punta) SU 118 I 8
Cuccureddu (Monte) NU 115 G 9
Cuccuru 'e Paza NU 116 G 10
Cuceglio TO 19 G 5
Cuddia TP 97 N 19
Cuestalta / Hoher Trieb UD 5 C 21
Cuffiano BN 65 R 26
Cuga SS 110 F 7
Cuga (Lago) SS 110 F 7
Cuggiono MI 20 F 8
Cuglieri OR 114 G 7
Cugnana (Punta) SS 109 D 10
Cugnoli PE 60 P 23
Cuiaru (Monte) SS 111 F 8
Cuma NA 69 E 24
Cumiana TO 26 H 4
Cumignano sul Naviglio CR 22 F 11
Cuna SI 50 M 16
Cunardo VA 8 E 8
Cuneo CN 35 I 4
Cuorgnè TO 19 F 4
Cupa CE 69 D 23
Cupello CH 61 P 26
Cupetti (Punta) NU 113 F 10
Cupi MC 52 M 21
Cupoli PE 60 O 23
Cupra Marittima AP 53 M 23
Cupramontana AN 46 L 21
Cura VT 57 P 18
Curcuris OR 116 H 8
Curi (Monte sa) SS 109 E 10
Curiglia VA 8 D 8
Curinga CZ 88 K 30
Curino BI 20 F 6
Curon Venosta / Graun im Vinschgau BZ 2 B 13
Curone AL 29 H 9
Cursi LE 83 G 36
Cursolo Orasso VB 8 D 7
Curtarolo PD 24 F 17
Curtatone MN 31 G 14
Curticelle SA 70 E 26
Cusa (Cave di) TP 97 O 20
Cusago MI 21 F 9
Cusano PN 13 E 20
Cusano Milanino MI 21 F 9
Cusano Mutri BN 65 R 25
Cusercoli FO 40 J 18
Cusio BG 9 E 10
Cusna (Monte) RE 38 J 13
Cussorgia SU 118 J 7
Custonaci TP 97 M 20
Custoza VR 23 F 14
Cutigliano PT 39 J 14
Cutro KR 87 J 32
Cutrofiano LE 83 G 36
Cuvio VA 8 E 8
Cuzzago VB 8 D 7

D

Dalmine BG 21 F 10
Dambel TN 11 C 15
Danta BL 5 C 19
Daone TN 11 E 13
Daone (Val di) TN 11 D 13
Darfo-Boario Terme BS 10 E 12
Darzo TN 23 E 13
Dasà VV 88 L 30
Dattilo TP 96 N 19
Daunia (Monti della) FG 66 C 27
Davagna GE 37 I 9
Davoli CZ 88 L 31
Dazio SO 9 D 10
De Costanzi CN 26 I 3
De Gasperi (Rifugio) UD 5 C 20
De Lorenzis (Masseria) BA 72 E 31
Decimomannu CA 118 J 8
Decimoputzu SU 118 I 8
Decollatura CZ 86 J 31
Decorata BN 70 C 26
Degano UD 5 C 20
Dego SV 36 I 6
Deiva Marina SP 37 J 10
Del Vecchio (Masseria) TA 78 F 32
Delebio SO 9 D 10
Delfino (Lido) TP 96 N 19
Delia CL 103 O 23
Delia (Fiume) AG 103 P 23
Delianuova RC 90 M 29
Deliceto FG 71 D 28
Dello BS 22 F 12
Demo BS 10 D 13
Demonte CN 34 J 3
Denice AL 28 I 7
Denno TN 11 D 15
Denore FE 32 H 17
Dent d'Hérens AO 7 G 8
Dente del Gigante AO 6 E 2
Denza (Rifugio) TN 11 D 13
Derby AO 18 E 3
Dermulo TN 11 C 15
Dernice AL 29 H 9
Deruta PG 51 N 19
Dervio LC 9 D 9
Desana VC 20 G 7
Dese VE 25 F 18
Dese (Fiume) VE 25 F 18
Desenzano del Garda BS 23 F 13
Desio MI 21 F 9
Destro CS 87 I 32
Desulo NU 115 G 9
Desusino (Monte) CL 103 P 24
Deta (Pizzo) AQ 64 Q 22
Deutschnofen / Nova Ponente BZ 12 C 16
Devero (Val) VB 8 D 6
Dezzo BG 10 E 12
Dezzo (Fiume) BS 10 E 12
Di Brazza (Rifugio) UD 15 C 22
Di Santo (Masseria) BA 73 E 32
Diacceto FI 44 K 16
Diamante CS 84 H 29
Diano Arentino IM 35 K 6
Diano Castello IM 35 K 6
Diano d'Alba CN 27 I 6
Diano Marina IM 35 K 6
Diano (Vallo di) SA 76 F 28
Diavolo (Passo del) AQ 64 Q 23
Diavolo (Pizzo del) BG 10 D 11
Dicomano FI 40 K 16
Dieci (Cima) BZ 4 C 17
Diecimo LU 38 K 13
Diegaro FO 41 J 18
Dierico UD 5 C 21
Dietro Isola (Porto) TP 96 Q 18
Digerbato TP 96 N 19
Dignano UD 14 D 20
Dignini PC 30 H 11
Diliella (Fattoria) CL 103 P 24
Diligenza RG 104 Q 25
Dimaro TN 11 D 14
Dinami VV 88 L 30
Dino (Isola di) CS 84 H 29
Dipignano CS 86 J 30
Dipilo (Pizzo) PA 99 N 23
Dirillo CT 104 P 25
Dirillo (Lago) CT 104 P 26
Disfida di Barletta (Monumento alla) BA 72 D 31
Disgrazia (Monte) SO 10 D 11
Diso LE 83 G 37
Disueri CL 104 P 24
Disueri (Lago) CL 104 P 24
Dittaino EN 100 O 25
Divedro (Val) VB 8 D 6
Diveria VB 8 D 6
Divieto ME 90 M 28
Divignano NO 20 F 7
Divino Amore (Santuario del) RM 62 Q 19
Dobbiaco / Toblach BZ 4 B 18
Dobbiaco (Lago di) BZ 4 B 18
Dobbiaco Nuovo BZ 4 B 18
Doberdò del Lago GO 17 E 22
Dodici (Cima) TN 12 E 16
Dogana Nuova MO 39 J 13
Doganaccia PT 39 J 14
Doganella LT 63 R 20
Dogaro MO 31 H 15
Doglia (Monte) SS 110 F 6
Dogliani CN 27 I 5
Doglio PG 51 N 18
Dogliola CH 61 Q 25
Dogna UD 15 C 21
Dogna (Torrente) UD 15 C 22
Dolcé VR 23 F 14
Dolceacqua IM 35 K 4
Dolcecanto BA 72 E 30
Dolcedo IM 35 K 5
Dolcedorme (Serra) PZ 85 H 30
Dolegna del Collio GO 15 D 22
Dolent (Monte) AO 6 E 3
Dolianova SU 119 I 9
Dolo VE 25 F 18
Dolo (Torrente) MO 39 J 13
Dolomiti Bellunesi (Parco Nazionale delle) BL 12 D 17
Dolzago LC 21 E 10
Domanico CS 86 J 30
Domanins PN 13 D 20
Domaso CO 9 D 9
Domegge di Cadore BL 5 C 19
Domegliara VR 23 F 14
Domelletto NO 20 E 7
Domenica (Città della) PG 51 M 19
Domicella AV 70 E 25
Domo AN 46 L 21
Domo di Sasso (Poggio) AR 44 K 16
Domodossola VB 8 D 6
Domu 'e s'Orcu (Sa) CA 121 J 9
Domus de Maria SU 121 K 8
Domusnovas SU 118 J 7
Donada RO 33 G 18
Donato BI 19 F 5
Dondenaz AO 19 F 4
Dongo CO 9 D 9
Donigala NU 117 H 11
Donigala Fenughedu OR 114 H 7
Donna Giacoma (Cozzo) PA 98 N 22
Donna (Punta sa) NU 113 F 10
Donnafugata RG 104 Q 25
Donnalucata RG 106 Q 25
Donnas AO 19 F 5
Donoratico LI 49 M 13
Donori SU 119 I 9
Dont BL 13 C 18
Donzella (Isola della) RO 33 H 19
Doppo (Monte) BS 22 F 12
Dora Baltea AO 18 E 3
Dora di Rhêmes AO 18 F 3
Dora di Valgrisanche AO 18 F 3
Dora Riparia TO 26 H 2
Dordo BG 21 E 10
Dorga BG 10 E 12
Dorgali NU 117 G 10
Doria CS 85 H 31
Dorigoni (Rifugio) TN 2 C 14
Dorio LC 9 D 9
Dorno PV 20 G 8
Dorra GE 37 I 9
Dosimo CR 22 G 12
Dosolo MN 31 H 13
Dossena BG 9 E 11
Dosso FE 32 H 16
Dosso del Liro CO 9 D 9
Dosson TV 25 F 18
Doues AO 6 E 3
Dovadola FO 40 J 17
Dovaru (Monte su) NU 115 G 9
Dovera CR 21 F 10
Dozza (vicino ad Imola) BO 40 I 16
Dragoncello MN 31 H 15
Dragone MO 39 J 13
Dragone (Colle del) PZ 85 H 30
Dragonetti PZ 71 E 29
Dragoni CE 65 S 24
Drapia VV 88 L 29
Drei Zinnen / Lavaredo (Tre Cime di) BL 4 C 18
Dreieck-Spitze / Triangolo di Riva BZ 4 B 18
Dreiherrnspitze / Tre Signori (Picco dei) BZ 4 A 18
Drena TN 11 E 14
Drenchia UD 15 D 22
Dresano MI 21 F 10

Drizzona **CR** 30 G 13
Dro **TN** 11 E 14
Dromo **ME** 101 M 27
Dronero **CN** 26 I 4
Drosi **RC** 88 L 29
Druento **TO** 19 G 4
Druges **AO** 19 E 4
Druogno **VB** 8 D 7
Drusco **PR** 29 I 10
Dualchi **NU** 115 G 8
Duanera la Rocca **FG** 66 C 28
Dubbione **TO** 26 H 3
Dubino **SO** 9 D 10
Duca degli Abruzzi (Rifugio) **AQ** 59 O 22
Duca (Masseria del) **TA** 79 F 34
Duca (Masseria Nuova del) **BA** 72 D 31
Ducato Fabriago **RA** 32 I 17
Duchessa (Lago della) **RI** 59 P 22
Due Carrara **PD** 24 G 17
Due Maestà **RE** 31 I 13
Due Santi (Passo dei) **MS** 37 I 11
Duesanti **PG** 51 N 19
Dueville **VI** 24 F 16
Dufour (Punta) **VB** 7 I 8
Dugenta **BN** 70 D 25
Duglia **CS** 85 I 31
Dugliolo **BO** 32 I 16
Duino-Aurisina **TS** 17 E 22
Dumenza **VA** 8 D 8
Dunarobba **TR** 51 N 19
Duno **VA** 8 E 8
Duomo **BS** 22 F 12
Dura (Cima) **BZ** 4 B 18
Duran (Passo) **BL** 13 D 18
Durazzanino **FO** 41 J 18
Durazzano **BN** 70 D 25
Durnholz / Valdurna **BZ** 3 B 16
Durone (Passo) **TN** 11 D 14
Duronia **CB** 65 R 25

E

Ebba (Scala s') **OR** 115 H 8
Eboli **SA** 75 F 27
Eclause **TO** 26 G 2
Ederas (Piana) **SS** 111 E 8
Edolo **BS** 10 D 12
Ega (Val d') / Eggental **BZ** 3 C 16
Egadi (Isole) **TP** 96 N 18
Eggental / Ega (Val d') **BZ** 3 C 16
Egna **VC** 7 E 6
Egna / Neumarkt **BZ** 11 D 15
Egnazia **BR** 80 E 34
Egola **FI** 43 L 14
Ehrenburg / Casteldarne **BZ** 4 B 17
Eia **PR** 30 H 12
Eianina **CS** 85 H 30
Eira (Passo d') **SO** 2 C 12
Eisack / Isarco **BZ** 3 B 16
Eisacktal / Isarco (Val) **BZ** 3 B 16
Eita **SO** 10 C 12
Elba (Isola d') **LI** 48 N 12
Elcito **MC** 52 M 21
Eleme (S') **SS** 112 E 9
Eleutero **PA** 98 N 22
Elice **PE** 60 O 23
Elicona **ME** 100 M 27
Elini **NU** 117 H 10
Elio (Monte d') **FG** 67 B 28
Elisabetta **AO** 18 E 2
Ellena Soria **CN** 34 J 4
Ellera **SV** 36 I 7
Ellero **CN** 35 J 5
Ello **LC** 21 E 10
Elmas **CA** 119 J 9
Elmo **GR** 50 N 17
Elmo (Monte) **GR** 50 N 17
Elmo (Monte) / Helm **BZ** 5 B 19
Eloro **SR** 107 Q 27
Elsa **FI** 43 L 14
Eltica (Monte la) **SS** 111 E 9
Elva **CN** 26 I 3
Elvo **BI** 19 F 6
Emarèse **AO** 19 E 5
Embrisi (Monte) **RC** 90 M 29
Emilius (Monte) **AO** 18 E 4
Empoli **FI** 43 K 14
Ena 'e Tomes (Sa) **NU** 117 F 10
Enas **SS** 113 E 10
Enciastraia (Monte) **CN** 34 I 2
Endine (Lago di) **BG** 22 E 11
Endine Gaiano **BG** 22 E 11
Enego **VI** 12 E 17
Enego 2000 **VI** 12 E 16
Enemonzo **UD** 14 C 20
Enfola (Capo d') **LI** 48 N 12
Enna **EN** 99 O 24
Enna **BG** 9 E 10
Enneberg / Marebbe **BZ** 4 B 17
Ente **GR** 50 N 16
Entracque **CN** 34 J 4
Entrata (Sella) **RC** 90 M 29
Entrèves **AO** 6 E 2
Envie **CN** 26 H 4
Enza **PR** 38 I 12
Eolie o Lipari (Isole) **ME** 94 L 26
Eores / Afers **BZ** 4 B 17
Epinel **AO** 18 F 3
Episcopia **PZ** 77 G 30
Epitaffio (Masseria) **BA** 72 E 30
Epomeo (Monte) **NA** 74 E 23
Equi Terme **MS** 38 J 12
Era **SO** 9 D 10
Era (Fiume) **PI** 43 L 14
Eraclea **MT** 78 G 32
Eraclea **VE** 16 F 20
Eraclea Mare **VE** 16 F 20
Eraclea Minoa **AG** 102 O 21
Eramo a Marzagaglia (Casino) **BA** 73 E 32
Erba **CO** 21 E 9
Erba (Masseria dell') **BA** 73 E 33
Erbano (Monte) **CE** 65 S 25
Erbavuso **EN** 99 O 24
Erbè **VR** 23 G 14
Erbe (Passo di) **BZ** 4 B 17
Erbea (Monte) **SO** 9 D 10
Erbezzo **VR** 23 F 14
Erbognone **PV** 20 G 8
Erbonne **CO** 9 E 9
Erbusco **BS** 22 F 11
Erchia (Casino d') **BA** 73 E 33
Erchie **BR** 79 F 35
Ercolano **NA** 69 E 25
Ercolano Scavi **NA** 70 E 25
Erei (Monti) **EN** 104 O 24
Eremita (Monte) **SA** 71 E 28
Eremita (Pizzo dell') **CT** 100 N 26
Erice **TP** 96 M 19
Erli **SV** 35 J 6
Ernici (Monti) **FR** 63 Q 21
Erro **SV** 36 I 7
Erto **PN** 13 D 19
Erula **SS** 111 E 8
Erve **LC** 21 E 10
Esanatoglia **MC** 52 M 20
Esaro **CS** 85 I 30
Escalaplano **SU** 119 I 10
Escolca **SU** 119 H 9
Escovedu **OR** 115 H 8
Esenta **BS** 22 F 13
Esine **BS** 10 E 12
Esino **AN** 46 L 20
Esino Lario **LC** 9 E 10
Esperia **FR** 64 R 23
Esporlatu **SS** 115 F 8
Esse **AR** 50 M 17
Este **PD** 24 G 16
Esterzili **SU** 115 H 9
Etna (Cantoniera dell') **CT** 100 N 26
Etna (Monte) **CT** 100 N 26
Etroubles **AO** 6 E 3
Etsch / Adige **BZ** 3 C 15
E.U.R. **RM** 62 Q 19
Eurialo **SR** 105 P 27
Eva (Punta) **SU** 121 K 8
Evançon **AO** 7 E 5
Exilles **TO** 26 G 2

F

Fabbri **PG** 51 N 20
Fabbrica Curone **AL** 29 H 9
Fabbriche **LU** 39 J 13
Fabbriche di Vallico **LU** 38 K 13
Fabbrico **RE** 31 H 14
Fabriano **AN** 52 L 20
Fabrica di Roma **VT** 58 O 18
Fabrizia **VV** 88 L 30
Fabro **TR** 51 N 18
Fabro Scalo **TR** 51 N 18
Facen **BL** 12 D 17
Fadalto **BL** 13 D 19
Fadalto (Sella di) **BL** 13 D 19
Faedis **UD** 15 D 22
Faedo **SO** 10 D 11
Faedo **TN** 11 D 15
Faedo **VI** 24 F 16
Faenza **RA** 40 J 17
Faetano **RSM** 41 K 19
Faeto **FG** 71 D 27
Fagagna **UD** 14 D 21
Faggiano **TA** 79 F 34
Fagnano Alto **AQ** 59 P 22
Fagnano Castello **CS** 85 I 30
Fagnano Olona **VA** 20 E 8
Fagnigola **PN** 13 E 20
Fago del Soldato **CS** 86 I 31
Fai della Paganella **TN** 11 D 15
Faiallo (Passo del) **GE** 36 I 8
Faiano **SA** 75 F 26
Faiatella **SA** 76 G 28
Faicchio **BN** 65 S 25
Faida **TN** 11 D 15
Faidello **MO** 39 J 13
Faiolo **TR** 51 N 18
Faito (Monte) **NA** 74 E 25
Falcade **BL** 12 C 17
Falciano **AR** 45 L 17
Falciano del Massico **CE** 69 D 23
Falcioni **AN** 46 L 20
Falcognana **RM** 62 Q 19
Falconara **CL** 103 P 24
Falconara Albanese **CS** 86 J 30
Falconara Marittima **AN** 47 L 22
Falcone **ME** 100 M 27
Falcone (Capo del) **SS** 110 E 6
Falcone (Monte) **TP** 96 N 18
Falcone (Punta) **SS** 109 D 9
Falconiera (Capo) **PA** 92 K 21
Faleria **AP** 52 M 22
Faleria **VT** 58 P 19
Falerii Novi **VT** 58 P 19
Falerna **CZ** 86 J 30
Falerna Marina **CZ** 88 K 30
Falerone **AP** 52 M 22
Falicetto **CN** 27 I 4
Falier (Rifugio) **BL** 12 C 17
Fallascoso **CH** 60 P 24
Faller (Corno di) **VB** 7 E 5
Fallère (Monte) **AO** 18 E 3
Fallo **CH** 65 Q 24
Falmenta **VB** 8 D 7
Faloria (Tondi di) **BL** 4 C 18
Falterona (Monte) **FI** 40 K 17
Faltona **AR** 44 L 17
Faltona **FI** 40 K 16
Falvaterra **FR** 64 R 22
Falzarego (Passo di) **BL** 4 C 18
Falze di Piave **TV** 13 E 18
Falzes / Pfalzen **BZ** 4 B 17
Fana (Corno di) / Toblacher Pfannhorn **BZ** 4 B 18
Fanaco (Lago) **PA** 98 O 22
Fanano **MO** 39 J 14
Fanciullo **RM** 57 P 17
Fane **VR** 23 F 14
Fangacci (Passo) **AR** 40 K 17
Fanghetto **IM** 35 K 4
Fanna **PN** 13 D 20
Fano **PS** 46 K 21
Fano a Corno **TE** 59 O 22
Fano Adriano **TE** 59 O 22
Fantina **ME** 101 M 27
Fantiscritti (Cave di) **MS** 38 J 12
Fantoli (Rifugio) **VB** 8 E 7
Fanzarotta **CL** 103 O 23
Fanzolo **TV** 24 E 17
Fara Filiorum Petri **CH** 60 P 24
Fara Gera d'Adda **BG** 21 F 10
Fara in Sabina **RI** 58 P 20
Fara Novarese **NO** 20 F 7
Fara S. Martino **CH** 60 P 24
Fara Vicentino **VI** 24 E 16
Faraglione (Punta) **TP** 96 N 18
Faraglioni (Isola) **NA** 74 F 24
Fardella **PZ** 77 G 30
Farfa **RI** 58 P 20
Farfa (Abbazia di) **RI** 58 P 20
Farfengo **CR** 22 G 11
Farigliano **CN** 27 I 5
Farindola **PE** 60 O 23
Farini **PC** 29 H 10
Farnese **VT** 57 O 17
Farneta **CS** 77 G 31
Farneta **MO** 39 I 13
Farneta (Abbazia di) **AR** 50 M 17
Farneta di Riccò **MO** 39 I 14
Faro (Capo) **ME** 94 L 26
Faro Superiore **ME** 90 M 28
Faroma (Monte) **AO** 7 E 4
Farra d'Alpago **BL** 13 D 19
Farra di Soligo **TV** 13 E 18
Farro **TV** 13 E 18
Fasana **KR** 87 J 33
Fasana Polesine **RO** 32 G 18
Fasanella **SA** 76 F 27
Fasano **BS** 23 F 13
Fasano **BR** 80 E 34
Fasano **PA** 99 N 24
Fascia **GE** 29 I 9
Fassa (Val di) **TN** 12 C 17
Fassinoro **RI** 58 P 20
Fastello **VT** 57 O 18
Fate (Monte delle) **FR** 63 R 21
Fattoria (Zoo) **PA** 97 M 21
Fau (Pizzo) **ME** 100 N 25
Fauglia **PI** 42 L 13
Faule **CN** 27 H 4
Favale di Malvaro **GE** 37 I 9
Favalto (Monte) **PG** 45 L 18
Favara **AG** 103 P 22
Favara (Lago) **AG** 97 O 21
Favazzina **RC** 90 M 29
Faver **TN** 11 D 15
Faverga **BL** 13 D 18
Faverzano **BS** 22 F 12
Favignana **TP** 96 N 18
Favignana (Isola) **TP** 96 N 18
Favogna / Fennberg **BZ** 11 D 15
Favoscuro **ME** 100 N 26
Favria **TO** 19 G 5
Fazzon **TN** 11 D 14
Fedaia (Lago di) **TN** 4 C 17
Fedaia (Passo di) **TN** 4 C 17
Feglino **SV** 36 J 6
Feisoglio **CN** 27 I 6
Felci (Fossa) **ME** 94 L 25
Feldthurns / Velturno **BZ** 4 B 16
Felegara **PR** 30 H 12
Feletto **TO** 19 G 5
Feletto Umberto **UD** 15 D 21
Felina **RE** 38 I 13
Felino **PR** 30 H 12
Felisio **RA** 40 I 17
Felitto **SA** 76 F 27
Felizzano **AL** 28 H 7
Fella **UD** 15 C 22
Fellicarolo **MO** 39 J 14
Felonica **MN** 32 H 16
Feltre **BL** 12 D 17
Fema (Monte) **MC** 52 N 21
Femmina Morta **FI** 40 J 16
Femmina Morta Miraglia (Portella) **ME** 100 N 25
Femminamorta **PT** 39 K 14
Femminamorta (Monte) **KR** 87 J 32
Femminamorta (Monte) **EN** 100 N 25
Femmine (Isola delle) **PA** 97 M 21
Fenaio (Punta del) **GR** 55 O 14
Fener **BL** 12 E 17
Fenestrelle **TO** 26 G 3
Fenigli **PS** 46 L 20
Fenile **PS** 46 K 20
Fenis **AO** 19 E 4
Fennau (Monte) **NU** 117 G 10
Fennberg / Favogna **BZ** 11 D 15
Ferdinandea **RC** 88 L 31
Ferentillo **TR** 58 O 20
Ferentino **FR** 63 Q 21
Ferento **VT** 57 O 18
Feriolo **VB** 8 E 7
Ferla **SR** 104 P 26
Fermignano **PS** 46 K 19
Fermo **AP** 53 M 23
Fernetti **TS** 17 E 23
Ferno **VA** 20 F 8
Feroleto Antico **CZ** 88 K 31
Feroleto della Chiesa **RC** 88 L 30
Ferrandina **MT** 77 F 31
Ferrania **SV** 36 I 6
Ferranti (Masseria) **FG** 71 D 28
Ferrara **FE** 32 H 16
Ferrara di Monte Baldo **VR** 23 E 14
Ferraro **RC** 91 M 30
Ferrato (Capo) **SU** 119 J 10
Ferrera **VC** 8 E 6
Ferrera Erbognone **PV** 28 G 8
Ferrere **AT** 27 H 6
Ferrere **CN** 34 I 2
Ferret (Col du) **AO** 6 E 3
Ferret (Val) **AO** 6 E 3
Ferretto **AR** 50 M 17
Ferricini (Monte) **TP** 97 N 21
Ferriere **PC** 29 I 10
Ferriere (Le) **LT** 63 R 20
Ferro **CS** 78 G 31
Ferro (Canale del) **UD** 15 C 21
Ferro (Capo) **SS** 109 D 10
Ferro di Cavallo **PG** 51 M 19
Ferro (Pizzo del) **SO** 2 C 12
Ferro (Porto) **SS** 110 E 6
Ferrone **FI** 43 L 15
Ferru (Monte) **SU** 119 J 10
Ferru (Monte) **NU** 119 H 10
Ferru (Monte) **OR** 114 G 7
Ferruzzano **RC** 91 M 30
Fersinone **TR** 51 N 18
Fertilia **SS** 110 F 6
Festiona **CN** 34 J 4
Feto (Capo) **TP** 96 O 19
Fetovaia **LI** 48 N 12
Fetovaia (Punta di) **LI** 48 N 12
Feverstein / Montarso **BZ** 3 B 15
Fiamenga **PG** 51 N 19
Fiamignano **RI** 59 P 21
Fianello **RI** 58 O 19
Fiano **FI** 43 L 15
Fiano **LU** 38 K 13
Fiano Romano **RM** 58 P 19
Fiano **TO** 19 G 4
Fiascherino **SP** 38 J 11
Fiaschetti **PN** 13 E 19
Fiastra **MC** 52 M 21
Fiastra (Abbazia di) **MC** 52 M 22
Fiastra (Lago di) **MC** 52 M 21
Fiastra (Torrente) **MC** 52 M 22
Fiastrone **MC** 52 M 21
Fiavé **TN** 11 D 14
Fibreno (Lago) **FR** 64 Q 23
Ficarazzi **PA** 98 M 22
Ficarolo **RO** 32 H 16
Ficarra **ME** 100 M 26
Ficulle **TR** 51 N 18
Ficuzza **PA** 98 N 22
Ficuzza (Bosco della) **PA** 98 N 22
Ficuzza (Fattoria) **CL** 103 P 23
Ficuzza (Fiume) **CT** 104 P 25
Ficuzza (Pizzo) **AG** 99 O 23
Ficuzza (Rocca) **AG** 97 O 21
Fidenza **PR** 30 H 12
Fié allo Sciliar / Völs am Schlern **BZ** 3 C 16
Fiemme (Val di) **TN** 12 D 16
Fiera di Primiero **TN** 12 D 17
Fiera (Monte della) **PA** 97 N 21
Fierozzo **TN** 12 D 15
Fieschi (Basilica dei) **GE** 37 J 10
Fiesco **CR** 22 F 11
Fiesole **FI** 40 K 15
Fiesse **BS** 22 G 12
Fiesso d'Artico **VE** 24 F 18
Fiesso Umbertiano **RO** 32 H 16
Figari (Capo) **SS** 113 E 11
Figino Serenza **CO** 21 E 9
Figline **PO** 39 K 15
Figline Valdarno **FI** 44 L 16
Figline Vegliaturo **CS** 86 J 30
Filadelfia **VV** 88 K 30
Filadonna (Becco di) **TN** 11 E 15
Filaga **PA** 98 N 22
Filandari **VV** 88 L 30
Filattiera **MS** 38 J 11
Filau (Monte) **SU** 121 K 8
Filettino **FR** 63 Q 21
Filetto **AN** 46 L 21
Filetto **AQ** 59 O 22
Filetto **CH** 60 P 24
Filettole **PI** 38 K 13
Filiano **PZ** 71 E 29
Filibertu **SS** 110 E 6
Filicudi (Isola) **ME** 94 L 25
Filicudi Porto **ME** 94 L 25
Filighera **PV** 21 G 9
Filignano **IS** 64 R 24
Filio (Pizzo) **ME** 100 N 25
Filippa **KR** 87 J 32
Filaciano **RM** 58 P 19
Filo **FE** 32 I 17
Filogaso **VV** 88 K 30
Filottrano **AN** 47 L 22
Finale **PA** 99 M 24
Finale di Rero **FE** 32 H 17
Finale Emilia **MO** 32 H 15
Finale Ligure **SV** 36 J 7
Fine **LI** 42 L 13
Finero **VB** 8 D 7
Finestra di Champorcher **AO** 19 F 4
Finestre (Colle delle) **TO** 26 G 3
Fino **PE** 60 O 23
Fino del Monte **BG** 10 E 11
Fino Mornasco **CO** 21 E 9
Finocchio **RM** 62 Q 20
Fioio **RM** 59 Q 21
Fionchi (Monte) **PG** 52 N 20
Fiora **GR** 50 N 16
Fiorana **FE** 32 I 17
Fiorano Modenese **MO** 31 I 14
Fiordimonte **MC** 52 M 21
Fiore **PG** 51 N 19
Fiorentina **BO** 32 I 16
Fiorentino **RSM** 41 K 19
Fiorenzuola d'Arda **PC** 30 H 11
Fiorenzuola di Focara **PS** 46 K 20
Fiori (Montagna di) **TE** 53 N 22
Fiorino **GE** 36 I 8
Firenze **FI** 43 K 15
Firenzuola **FI** 40 J 16
Firenzuola **TR** 51 N 19
Firmo **CS** 85 H 30
Fiscalino (Campo) / Fischleinboden **BZ** 4 C 18
Fisciano **SA** 70 E 26
Fisciolo (Serra) **PZ** 77 G 29
Fisrengo **NO** 20 F 7
Fissa (Posta) **FG** 71 D 28
Fittanze della Sega (Passo) **TN** 23 E 14
Fiuggi **FR** 63 Q 21
Fiumalbo **MO** 39 J 13
Fiumana **FO** 40 J 17
Fiumarella **PZ** 72 E 29
Fiumata **RI** 59 P 21
Fiume **MC** 52 M 21
Fiume (il) **TV** 16 E 19
Fiume Nicà (Punta) **CS** 87 I 33
Fiume Veneto **PN** 13 E 20
Fiumedinisi **ME** 90 M 28
Fiumefreddo Bruzio **CS** 86 J 30
Fiumefreddo di Sicilia **CT** 101 N 27
Fiumenero **BG** 10 D 11
Fiumi Uniti **RA** 41 I 18
Fiumicella **MC** 46 L 22
Fiumicello **UD** 17 E 22
Fiumicello Sta Venere **PZ** 84 H 29
Fiumicino **RM** 62 Q 18
Fiuminata **MC** 52 M 20
Fivizzano **MS** 38 J 12
Flaas / Valas **BZ** 3 C 15
Flagogna **UD** 14 D 20
Flaiban-Pacherini (Rifugio) **UD** 13 C 19
Flaibano **UD** 14 D 20
Flambruzzo **UD** 16 E 21
Flascio **CT** 100 N 26
Flassin **AO** 18 E 3
Flavia (Porto) **SU** 118 J 7
Flavon **TN** 11 D 15
Flegrei (Campi) **NA** 69 E 24
Fleres / Pflersch **BZ** 3 B 16
Fleres (Val di) **BZ** 3 B 16
Fleri **CT** 101 O 27
Flero **BS** 22 F 12
Flores (Genna) **NU** 115 G 9
Floresta **ME** 100 N 26
Floridia **SR** 105 P 27

Florinas SS 111 F 7
Floripotena ME 90 M 27
Flumendosa NU 115 H 10
Flumendosa (Foce del) SU 119 I 10
Flumendosa (Lago Alto del) NU 117 H 10
Flumendosa (Lago del) SU 119 H 9
Flumeri AV 71 D 27
Flumignano UD 16 E 21
Flumineddu SU 119 I 9
Flumineddu (Cagliari e Nuoro) SU 119 I 10
Flumineddu NU 117 G 10
Fluminese SU 118 I 7
Flumini CA 119 J 9
Flumini (Rio) OR 115 H 9
Fluminimaggiore SU 118 I 7
Fluno BO 40 I 17
Fobello VC 7 E 6
Focà RC 88 L 31
Foce AP 52 N 21
Foce TR 58 O 19
Foce di Varano FG 67 B 29
Foce Verde LT 63 R 20
Focene RM 62 Q 18
Focette LU 38 K 12
Fodara Vedla BZ 4 C 18
Foén BL 12 D 17
Foggia FG 66 C 28
Foghe (Punta di) OR 114 G 7
Foglia PS 41 K 19
Foglianise BN 70 D 26
Fogliano RE 31 I 13
Fogliano (Lago di) LT 63 R 20
Fogliano (Monte) VT 57 P 18
Fogliano Redipuglia GO 17 E 22
Foglizzo TO 19 G 5
Fognano RA 40 J 17
Foi di Picerno (Monte li) PZ 76 F 29
Foiana / Vollan BZ 3 C 15
Foiano della Chiana AR 50 M 17
Foiano di Val Fortore BN 70 C 26
Folgaria TN 11 E 15
Folgarida TN 11 D 14
Folignano AP 53 N 22
Foligno PG 51 N 20
Follerato (Masseria) TA 78 F 32
Follina TV 13 E 18
Follo SP 38 J 11
Follone CS 85 I 30
Follonica GR 49 N 14
Follonica (Golfo di) LI 49 N 13
Folta PR 37 I 11
Fombio LO 29 G 11
Fondachelli-Fantina ME 101 N 27
Fondachello CT 101 N 27
Fondi LT 64 R 22
Fondi (Lago di) LT 63 S 22
Fondi (Lido di) LT 63 S 21
Fondiano RE 31 I 13
Fondo TN 11 C 15
Fondotoce VB 8 E 7
Fongara VI 23 E 15
Fonni NU 115 G 9
Fontainemore AO 19 F 5
Fontalcinaldo GR 49 M 14
Fontana TV 13 E 18
Fontana (Val) SO 10 D 11
Fontana Bianca (Lago di) BZ 3 C 14
Fontana di Papa RM 62 Q 19
Fontana Fredda PC 30 H 11
Fontana Liri Inferiore FR 64 R 22
Fontana Liri Superiore FR 64 R 22
Fontanafratta FR 64 Q 22
Fontanafredda PN 13 E 19
Fontanamare SU 118 J 7
Fontanarosa AV 70 D 27
Fontane Bianche SR 105 Q 27
Fontanefredde / Kaltenbrunn BZ 12 D 16
Fontanelice BO 40 J 16
Fontanella BG 22 F 11
Fontanella FI 43 L 14
Fontanella Grazioli MN 22 G 12
Fontanellato PR 30 H 12
Fontanelle CN 35 J 4
Fontanelle TE 60 O 23
Fontanelle PR 30 H 12
Fontanelle TV 16 E 19
Fontanelle VI 24 E 16
Fontaneto d'Agogna NO 20 F 7
Fontanetto Po VC 19 G 6
Fontanigorda GE 29 I 9
Fontanile AT 28 H 7
Fontaniva PD 24 F 17
Fonte TV 24 E 17
Fonte alla Roccia / Trinkstein BZ 4 A 18
Fonte Avellana (Eremo di) PS 46 L 20
Fonte Cerreto AQ 59 O 22
Fonte Colombo (Convento di) RI 58 O 20
Fonte Lardina MC 52 M 21
Fonte Vetica (Rifugio) TE 60 O 23
Fonteblanda GR 55 O 15
Fontecchia (Monte) AQ 64 Q 23
Fontecchio AQ 59 P 22
Fontechiari FR 64 Q 23
Fontecorniale PS 46 K 20
Fontegreca CE 65 R 24
Fonteno BG 22 E 12
Fonterutoli SI 44 L 15
Fontespina MC 47 M 23
Fontevivo PR 30 H 12
Fonti (Cima) VI 24 E 16
Fontignano PG 51 M 18
Fonzaso BL 12 D 17
Foppa (Passo di) BS 10 D 12
Foppiano VB 8 D 7
Foppiano GE 29 I 9
Foppolo BG 10 D 11
Foradada (Isola) SS 110 F 6
Forani CN 34 J 3
Forano RI 58 P 19
Forano (Convento di) MC 47 L 22
Forbici (Passo di) RE 38 J 13
Forca di Valle TE 59 O 22
Force AP 52 N 22
Forcella MC 52 N 20
Forcella (Monte) SA 76 G 28
Forcella (Passo la) GE 37 I 10
Forcella Vallaga (Rifugio) BZ 3 B 16
Forchetta (Valico della) CH 64 Q 24
Forcito SR 104 P 26
Forcola (Pizzo di) / Furkel Spitze BZ 2 C 13
Forcoli PI 43 L 14
Forcuso (Monte) AV 71 E 27
Fordongianus OR 115 H 8
Forenza PZ 72 E 29
Foresta KR 87 J 32
Foresta CS 87 I 32
Foresta (Convento La) RI 58 O 20
Foresta di Burgos SS 115 F 8
Foresta (Timpone della) CS 85 H 31
Foresto CN 27 H 5
Foresto Sparso BG 22 E 11
Forgaria nel Friuli UD 14 D 20
Foria SA 76 G 27
Forino AV 70 E 26
Forio NA 74 E 23
Forlì FO 41 J 18
Forlì del Sannio IS 65 Q 24
Forlimpopoli FO 41 J 18
Formazza VB 8 C 7
Formazza (Val) VB 8 C 7
Forme AQ 59 P 22
Formello RM 58 P 19
Formeniga TV 13 E 18
Formia LT 68 S 22
Formica di Burano (Isola) GR 56 O 15
Formica (Isola) TP 96 N 19
Formiche (Punta delle) SR 107 Q 27
Formico (Pizzo) BG 22 E 11
Formicola CE 69 D 24
Formigara CR 22 G 11
Formigine MO 31 I 14
Formigliana VC 20 F 6
Formignana FE 32 H 17
Formigosa MN 31 G 14
Formole AR 45 L 18
Fornace BO 39 I 15
Fornace FI 40 K 16
Fornacette FI 43 L 15
Fornacette PI 43 K 13
Fornaci BS 22 F 12
Fornaci (Passo di) MC 52 N 21
Fornaci di Barga LU 38 J 13
Fornazzano RA 40 J 16
Fornazzo CT 101 N 27
Fornelli IS 65 R 24
Fornelli SS 110 E 6
Forni Avoltri UD 5 C 20
Forni di Sopra UD 13 C 19
Forni di Sotto UD 13 C 20
Forni (i) SO 11 C 13
Forni (Vedretta dei) SO 11 C 13
Fornisono (Masseria) BA 72 E 31
Forno VB 8 E 6
Forno MS 38 J 12
Forno TO 26 G 3
Forno (Monte) / Ofen UD 15 C 23
Forno (Monte del) SO 10 C 11
Forno Alpi Graie TO 18 F 3
Forno Canavese TO 19 G 4
Forno di Zoldo BL 13 C 18
Fornoli LU 39 J 13
Fornovo di Taro PR 30 H 12
Fornovolasco LU 38 J 13
Foro CH 60 P 24
Forotondo AL 29 H 9
Forte Buso (Lago di) TN 12 D 17
Forte dei Marmi LU 38 K 12
Forte di Bibbona LI 48 M 13
Forte (Monte) SS 110 E 6
Fortezza / Franzensfeste BZ 4 B 16
Fortino PZ 76 G 29
Fortore BN 66 C 26
Fortuna (Passo della) RM 63 Q 20
Forza d'Agro ME 90 N 27
Foscagno (Monte) SO 2 C 12
Foscagno (Passo di) SO 2 C 12
Fosciandora LU 38 J 13
Fosdinovo MS 38 J 12
Fosini SI 49 M 14
Fossa AQ 59 P 22
Fossa MO 31 H 15
Fossa delle Felci (Monte) ME 94 L 26
Fossabiuba TV 16 E 19
Fossacesia CH 61 P 25
Fossacesia Marina CH 61 P 25
Fossalon di Grado GO 17 E 22
Fossalta FE 32 H 17
Fossalta MO 31 I 14
Fossalta PD 24 F 18
Fossalta di Piave VE 16 F 19
Fossalta di Portogruaro VE 16 E 20
Fossalta Maggiore TV 16 E 19
Fossalto CB 65 Q 25
Fossalunga TV 24 E 18
Fossano CN 27 I 5
Fossanova (Abbazia di) LT 63 R 21
Fossanova S. Marco FE 32 H 16
Fossato (Colle di) AN 52 M 20
Fossato di Vico PG 52 M 20
Fossato Ionico RC 90 M 29
Fossato Serralta CZ 87 K 31
Fossazza (Monte) ME 90 M 27
Fossazzo ME 95 M 27
Fosse VR 23 F 14
Fosse (Monte le) AG 102 O 22
Fosso VE 24 F 18
Fosso del Lupo (Passo) VV 88 K 31
Fossola MS 38 J 12
Fossombrone PS 46 K 20
Foxi CA 119 J 9
Foxi (Porto) CA 118 J 9
Foxi Manna (Sa) NU 119 H 10
Foza VI 12 E 16
Fra (Monte) BS 10 E 12
Frabosa Soprana CN 35 J 5
Frabosa Sottana CN 35 J 5
Fraccano PG 45 L 18
Fraciscio SO 9 C 10
Fraforeano UD 16 E 20
Frades Berritteddos SS 113 E 10
Fragagnano TA 79 F 34
Fragaiolo AR 45 L 17
Fragneto (Masseria) TA 80 F 33
Fragneto l'Abate BN 65 S 26
Fragneto Monforte BN 65 S 26
Fraigada (Sa) SS 111 F 8
Fraine BS 22 E 12
Fraine CH 65 Q 25
Fraioli FR 64 R 22
Frais TO 18 G 2
Fraisse TO 26 G 2
Fraiteve (Monte) TO 26 H 2
Fram (Punta) TP 96 Q 17
Framura SP 37 J 10
Francavilla al Mare CH 60 O 24
Francavilla Angitola VV 88 K 30
Francavilla Bisio AL 28 H 8
Francavilla d'Ete AP 53 M 22
Francavilla di Sicilia ME 101 N 27
Francavilla Fontana BR 79 F 34
Francavilla in Sinni PZ 77 G 30
Francavilla Marittima CS 85 H 31
Francenigo TV 13 E 19
Francesi (Punta di li) SS 109 D 9
Franche (Forcella) BL 12 D 18
Franchini AL 28 H 7
Francica VV 88 L 30
Francofonte SR 104 P 26
Francolino FE 32 H 16
Francolise CE 69 D 24
Franscia SO 10 D 11
Franzensfeste / Fortezza BZ 4 B 16
Frasassi (Grotte di) AN 46 L 20
Frasca (Capo della) SU 114 H 7
Frascarolo PV 28 G 8
Frascati RM 62 Q 20
Frascineto CS 85 H 30
Frassanito LE 83 G 37
Frassené BL 12 D 17
Frassine GR 49 M 14
Frassinelle Polesine RO 32 H 17
Frassinello Monferrato AL 28 G 7
Frassineta BO 40 J 16
Frassineti MO 39 I 14
Frassineto AR 44 L 17
Frassineto (Passo di) AR 45 K 18
Frassineto Po AL 28 G 7
Frassinetto TO 19 F 4
Frassino CN 26 I 3
Frassino MN 31 G 14
Frassinoro MO 39 J 13
Frasso Telesino BN 70 D 25
Fratta FO 41 J 18
Fratta (Fiume) PD 32 G 16
Fratta Polesine RO 32 G 16
Fratta Todina PG 51 N 19
Frattaguida TR 51 N 18
Frattamaggiore NA 69 E 24
Fratte PD 24 F 17
Fratte Rosa PS 46 L 20
Fratticiola Selvatica PG 51 M 19
Frattina PA 97 N 21
Frattocchie RM 62 Q 19
Frattuccia TR 58 O 19
Frattura AQ 64 Q 23
Frazzanò ME 100 M 26
Fredane AV 71 E 27
Freddo TP 97 N 20
Fregene RM 62 Q 18
Fregona TV 13 D 19
Freidour (Monte) TO 26 H 3
Freienfeld / Campo di Trens BZ 3 B 16
Frejus (Traforo del) TO 18 G 2
Fremamorta (Cima di) CN 34 J 3
Frentani (Monti dei) CH 61 Q 25
Fresagrandinaria CH 61 Q 25
Fresciano AR 45 K 18
Fresonara AL 28 H 8
Frigento AV 71 D 27
Frigintini RG 104 Q 26
Frignano CE 69 E 24
Frigole LE 81 F 36
Frioland (Monte) TO 26 H 3
Frisa CH 60 P 25
Frise CN 34 I 3
Frisolino GE 37 J 10
Frodolfo SO 10 C 13
Front TO 19 G 4
Frontale MC 46 L 21
Frontano (Monte) PG 45 L 19
Fronte (Monte) IM 35 J 5
Frontignano MC 52 N 21
Frontino PS 45 K 19
Frontone PS 46 L 20
Froppa (Cimon del) BL 4 C 19
Frosini SI 49 M 15
Frosinone FR 63 R 22
Frosolone IS 65 R 25
Frossasco TO 26 H 4
Frua (la) VB 8 C 7
Frugarolo AL 28 H 8
Frugno FG 71 D 28
Frusci PZ 71 E 29
Frusciu (Monte) SS 111 F 7
Fubine AL 28 H 7
Fucecchio FI 43 K 14
Fucecchio (Padule di) PT 43 K 14
Fucine TN 11 D 14
Fucino (Piana del) AQ 59 P 22
Fugazzolo PR 30 I 12
Fuipiano Valle Imagna BG 9 E 10
Fulgatore TP 97 N 20
Fumaiolo (Monte) FO 45 K 18
Fumane VR 23 F 14
Fumero SO 10 C 13
Fumo PV 29 G 9
Fumo (Monte) PS 45 L 19
Fumo (Monte) BS 11 D 13
Fumo (Monte) / Rauchkofel BZ 4 A 18
Fumo (Val di) TN 11 D 13
Fumone FR 63 Q 21
Fundres / Pfunders BZ 4 B 17
Fúndres (Val di) BZ 4 B 17
Funes / Villnöß BZ 4 C 17
Funes (Val di) BZ 4 C 17
Funesu (Monte) SU 118 I 7
Funtana Bona NU 117 G 10
Funtana Congiada (Punta) NU 115 H 9
Funtaneddas NU 115 G 9
Fuorni SA 75 F 26
Furci CH 61 P 25
Furci Siculo ME 90 N 28
Furggen AO 7 E 5
Furiano ME 100 N 25
Furkel Spitze / Forcola (Pizzo di) BZ 2 C 13
Furlo PS 46 L 20
Furlo (Gola del) PS 46 L 20
Furlo (Passo del) PS 46 L 20
Furnari ME 101 M 27
Furonis (Perda is) SU 119 I 10
Furore SA 75 F 25
Furtei SU 118 I 8
Fusaro (Lago del) NA 69 E 24
Fuscaldo CS 86 I 30
Fusignano RA 40 I 17
Fusina VE 25 F 18
Fusine SO 10 D 11
Fusine (Foresta di) UD 15 C 22
Fusine (Laghi di) UD 15 C 23
Fusine in Valromana UD 15 C 22
Fusine Laghi UD 15 C 23
Fusino SO 10 D 12
Futa (Passo della) FI 40 J 15
Futani SA 76 G 27

G

Gabbiani (Baia dei) FG 67 B 30
Gabbioneta CR 22 G 12
Gabbro LI 42 L 13
Gabella AN 46 L 21
Gabella Grande KR 87 J 33
Gabella Nuova MC 52 M 21
Gabelletta VT 58 P 18
Gabellino GR 49 M 15
Gabiano AL 19 G 6
Gabicce Mare PS 41 K 20
Gabicce Monte PS 41 K 20
Gabiet (Lago) AO 7 E 5
Gabria GO 17 E 22
Gabutti CN 35 I 6
Gaby AO 19 E 5
Gadera BZ 4 B 17
Gadertal / Badia (Val) BZ 4 B 17
Gadignano PC 29 H 10
Gadir TP 96 Q 18
Gadoni NU 115 H 9
Gaeta LT 68 S 22
Gaeta (Golfo di) CE 69 D 23
Gaggi ME 101 N 27
Gaggiano MI 21 F 9
Gaggio MO 31 I 15
Gaggio Montano BO 39 J 14
Gaglianico BI 19 F 6
Gagliano CZ 89 K 31
Gagliano UD 15 D 22
Gagliano Aterno AQ 59 P 23
Gagliano Castelferrato EN 100 N 25
Gagliano del Capo LE 83 H 37
Gagliato CZ 88 K 31
Gagliole MC 52 M 21
Gaianello MO 39 J 14
Gaianico PD 24 F 17
Gaiano PR 30 H 12
Gaiano SA 70 E 26
Gaiarine TV 13 E 19
Gaiato MO 39 J 14
Gaiba RO 32 H 16
Gaibana FE 32 H 16
Gaibanella FE 32 H 16
Gaifana PG 52 M 20
Gainago PR 30 H 13
Gaiola CN 34 I 4
Gaiole in Chianti SI 44 L 16
Gaione PR 30 H 12
Gairo NU 117 H 10
Gairo (Ruderi di) NU 117 H 10
Gais BZ 4 B 17
Galassi (Rifugio) BL 4 C 18
Galati RC 91 N 30
Galati Mamertino ME 100 M 26
Galati Marina ME 90 M 28
Galatina LE 83 G 36
Galatone LE 83 G 36
Galatro RC 88 L 30
Galbiate LC 21 E 10
Galciana PO 39 K 15
Galeata FO 40 K 17
Galeazza BO 31 H 15
Galera (Punta) SS 109 D 10
Galgagnano LO 21 F 10
Galiello (Monte) PA 97 N 21
Galiga FI 40 K 16
Galisia (Punta di) TO 18 F 3
Gallarate VA 20 F 8
Gallareto AT 27 G 6
Gallegione (Pizzo) SO 9 C 10
Galleno FI 43 K 14
Gallese VT 58 O 19
Galli (Li) NA 74 F 25
Gallia PV 28 G 8
Galliano FI 40 J 15
Galliate NO 20 F 8
Galliate Lombardo VA 20 E 8
Galliavola PV 28 G 8
Gallicano LU 38 J 13
Gallicano nel Lazio RM 63 Q 20
Gallicchio PZ 77 G 30
Gallico RC 90 M 29
Gallico Marina RC 90 M 28
Galliera BO 32 H 16
Galliera Veneta PD 24 F 17
Gallignano CR 22 F 11
Gallinara (Isola) SV 35 J 6
Gallinaro FR 64 R 23
Gallinaro (Pizzo di) PA 98 O 22
Gallinazza UD 17 E 21
Gallio VI 12 E 16
Gallipoli LE 83 G 35
Gallitello TP 97 N 20
Gallivaggio SO 9 C 10
Gallizzi PZ 85 G 30
Gallo AQ 59 P 21
Gallo CE 65 R 24
Gallo PS 46 K 20
Gallo (Capo) PA 92 M 21
Gallo (Pizzo di) TP 97 N 21
Gallo d'Oro CL 103 O 23
Gallo (Lago del) SO 2 C 12
Gallodoro ME 90 N 27
Galluccio CE 64 R 23
Gallura SS 109 E 9
Galluzzo FI 43 K 15
Galtelli NU 117 F 10

Galugnano LE 83 G 36
Galzignano Terme PD 24 G 17
Gamalero AL 28 H 7
Gambara BS 22 G 12
Gambarana PV 28 G 8
Gambarie RC 90 M 29
Gambaro PC 29 I 10
Gambasca CN 26 I 4
Gambassi Terme FI 43 L 14
Gambatesa CB 66 C 26
Gambellara VI 24 F 16
Gamberale CH 65 Q 24
Gambettola FO 41 J 19
Gambolò PV 20 G 8
Gambugliano VI 24 F 16
Gambulaga FE 32 H 17
Gammauta (Lago di) PA 98 N 22
Gampenjoch / Palade (Passo delle) BZ 3 C 15
Ganaceto MO 31 H 14
Ganda di Martello BZ 2 C 14
Gandellino BG 10 E 11
Gandino BG 22 E 11
Gangi PA 99 N 24
Gangi (Fiume) PA 99 N 24
Ganna VA 8 E 8
Gannano del Monte MT 77 G 31
Gannano (Lago di) MT 77 G 31
Gantkofel / Macaion (Monte) BZ 3 C 15
Ganzanigo BO 40 I 16
Ganzirri ME 90 M 28
Garadassi AL 29 H 9
Garaguso MT 77 F 30
Garaventa GE 29 I 9
Garavicchio GR 56 O 16
Garbagna AL 29 H 8
Garbagna Novarese NO 20 F 7
Garbagnate Milanese MI 21 F 9
Garcia CL 99 N 23
Garda BS 10 D 13
Garda VR 23 F 14
Garda (Isola di) BS 23 F 13
Garda (Lago di) VR 23 F 13
Gardena (Passo di) / Grödner Joch BZ 4 C 17
Gardena (Val) / Grödnertal BZ 4 C 16
Gardolo TN 11 D 15
Gardone Riviera BS 23 F 13
Gardone Val Trompia BS 22 E 12
Garelli (Rifugio) CN 35 J 5
Gares BL 12 D 17
Garessio CN 35 J 6
Garfagnana LU 38 J 13
Gargallo MO 31 H 14
Gargallo NO 20 E 7
Gargano (Promontorio del) FG 67 B 29
Gargano (Testa del) FG 67 B 30
Gargazon / Gargazzone BZ 3 C 15
Gargazzone / Gargazon BZ 3 C 15
Gargnano BS 23 E 13
Gargonza AR 50 L 17
Gari FR 64 R 23
Garibaldi (Casa di) SS 109 D 10
Garibaldi (Cippo) (Aspromonte) RC 90 M 29
Garibaldi (Cippo di Anita) RA 33 I 18
Garibaldi (Rifugio) BS 10 D 13
Gariffi (Pantano) RG 107 Q 26
Garigliano CE 69 D 23
Gariglione (Monte) CZ 87 J 31
Garitta Nuova (Testa di) CN 26 I 3
Garlasco PV 20 G 8
Garlate LC 21 E 10
Garlate (Lago di) LC 21 E 10
Garlenda SV 35 J 6
Garniga TN 11 D 15
Garrufo TE 53 N 23
Garza BS 22 F 12
Garzeno CO 9 D 9
Garzigliana TO 26 H 4
Garzirola (Monte) CO 9 D 9
Gaspare (Rifugio) AO 7 E 5
Gasperina CZ 88 K 31
Gassano MS 38 J 12
Gassino Torinese TO 27 G 5
Gasteig / Casateia BZ 3 B 16
Gatta RE 38 I 13
Gattaia FI 40 K 16
Gattarella FG 67 B 30
Gattatico RE 30 H 13
Gatteo FO 41 J 19
Gatteo a Mare FO 41 J 19
Gàttico NO 20 E 7
Gattinara VC 20 F 7
Gattorna GE 37 I 9
Gaudiano PZ 72 D 29
Gaudo (Piano del) AV 71 E 27
Gavardo BS 22 F 13
Gavassa RE 31 H 14
Gavasseto RE 31 I 14
Gavelli PG 52 N 20
Gavello MO 31 H 15
Gavello RO 32 G 17
Gaverina Terme BG 22 E 11
Gavi AL 28 H 8
Gavia (Monte) SO 10 C 13
Gavia (Passo di) SO 10 C 13
Gavignano RM 63 Q 21
Gaville AN 46 L 20
Gaville FI 44 L 16
Gavinana PT 39 J 14
Gavirate VA 8 E 8
Gavoi NU 115 G 9
Gavorrano GR 49 N 14
Gazoldo degli Ippoliti MN 23 G 13
Gazzaniga BG 22 E 11
Gazzano RE 38 J 13
Gazzaro RE 30 H 13
Gazzo MN 23 G 14
Gazzo PD 24 F 17
Gazzo Veronese VR 31 G 15
Gazzola PC 29 H 10
Gazzoli VR 23 F 14
Gazzuolo MN 31 G 13
Geislerspitze / Odle (le) BZ 4 C 17
Gela CL 103 P 24
Gela (Fiume) CL 104 P 24
Gela (Golfo di) RG 103 Q 24
Gelagna Bassa MC 52 M 21
Gelas (Cima dei) CN 34 J 4
Gelé (Monte) AO 6 E 4
Gello LU 38 K 13
Gello PI 43 L 13
Gelso ME 94 L 26
Gelsomini (Costa dei) RC 91 N 30
Gemelli (Laghi) BG 10 E 11
Gemelli (Monte) FO 40 K 17
Gemini LE 83 H 36
Gemmano RN 41 K 19
Gemona del Friuli UD 14 D 21
Gemonio VA 8 E 8
Gena BL 12 D 18
Genazzano RM 63 Q 20
Generoso (Monte) CO 9 E 9
Genga AN 46 L 20
Genis (Monte) SU 119 I 9
Genivolta CR 22 F 11
Genna Maria (Nuraghe) SU 118 I 8
Gennargentu (Monti del) NU 115 G 9
Gennaro (Monte) RM 58 P 20
Genola CN 27 I 5
Genoni SU 115 H 9
Genova GE 36 I 8
Genova (Rifugio) BZ 4 C 17
Genova (Rifugio) CN 34 J 3
Genova (Val di) TN 11 D 13
Genovese (Grotta del) TP 96 M 18
Gentile (Col) UD 5 C 20
Genuardo (Monte) AG 97 N 21
Genuri SU 118 H 8
Genzana (Monte) AQ 64 Q 23
Genzano di Lucania PZ 72 E 30
Genzano di Roma RM 63 Q 20
Genzano (Lago) PZ 72 E 30
Genziana (Monte) NU 117 G 10
Genzone PV 21 G 10
Gera Lario CO 9 D 10
Gerace RC 91 M 30
Geracello EN 103 O 24
Geraci Siculo PA 99 N 24
Gerano RM 63 Q 20
Gerbini CT 104 O 26
Gerchia PN 14 D 20
Geremeas CA 119 J 10
Gerenzago PV 21 G 10
Gerenzano VA 21 F 9
Gerfalco GR 49 M 14
Gergei SU 119 H 9
Germagnano TO 19 G 4
Germanasca TO 26 H 3
Germano CS 87 J 32
Germignaga VA 8 E 8
Gerocarne VV 88 L 30
Gerola Alta SO 9 D 10
Gerosa BG 21 E 10
Gerre de Caprioli CR 30 G 12
Gerrei SU 119 I 9
Gesico SU 119 I 9
Gessate MI 21 F 10
Gesso CN 34 J 3
Gesso ME 90 M 28
Gessopalena CH 60 P 24
Gesturi SU 118 H 9
Gesualdo AV 70 D 27
Gesuiti CS 86 I 30
Gfrill / Caprile (vicino a Merano) BZ 3 C 15
Gfrill / Cauria (vicino a Salorno) BZ 11 D 15
Ghedi BS 22 F 12
Ghemme NO 20 F 7
Gherardi FE 32 H 17
Gherra (Monte) SS 111 F 7
Ghertele VI 12 E 16
Ghiare PR 30 I 11
Ghibullo RA 41 I 18
Ghifetti (Punta) AO 7 E 5
Ghiffa VB 8 E 7
Ghigo TO 26 H 3
Ghilarza OR 115 G 8
Ghimbegna (Passo) IM 35 K 5
Ghirla VA 8 E 8
Ghisalba BG 22 F 11
Ghisione MN 31 G 15
Ghislarengo VC 20 F 7
Ghivizzano LU 38 J 13
Ghizzano PI 43 L 14
Giacalone PA 97 M 21
Giacciano con Baruchella RO 32 G 16
Giacopiane (Lago di) GE 37 I 10
Giaf (Rifugio) UD 13 C 19
Giafaglione (Monte) AG 102 O 22
Giammaria (Monte) PA 97 N 21
Giampilieri ME 90 M 28
Gianforma RG 104 Q 26
Giannetti (Rifugio) SO 9 D 10
Giannutri (Isola di) GR 55 P 15
Giano (Monte) RI 59 O 21
Giano dell'Umbria PG 51 N 19
Giano Vetusto CE 69 D 24
Giara (Sa) SU 119 H 9
Giara di Gesturi SU 118 H 8
Giardina Gallotti AG 102 O 22
Giardinello (vicino a Mezzoiuso) PA 98 N 22
Giardinello (vicino a Montelepre) PA 97 M 21
Giardinetto FG 71 D 28
Giardini di Gioiosa RC 88 M 30
Giardini-Naxos ME 90 N 27
Giardino (il) GR 56 O 16
Giarole AL 28 G 7
Giarratana RG 104 P 26
Giarre CT 101 N 27
Giau (Passo di) BL 4 C 18
Giave SS 111 F 8
Giaveno TO 26 G 4
Giavera del Montello TV 25 E 18
Giavino (Monte) TO 19 F 4
Giazza VR 23 F 15
Giba SU 118 J 7
Gibele (Monte) TP 96 Q 18
Gibellina TP 97 N 20
Gibellina (Ruderi di) TP 97 N 20
Gibilmanna (Santuario di) PA 99 N 24
Gibilmesi (Monte) PA 97 M 21
Gibilrossa PA 98 M 22
Gibli (Monte) CL 103 P 24
Giffone RC 88 L 30
Giffoni Sei Casali SA 75 E 26
Giffoni Valle Piana SA 75 E 26
Gigante (Grotta) TS 17 E 23
Giglio (il) FR 64 R 22
Giglio (Isola del) GR 55 O 14
Giglio Castello GR 55 O 14
Giglio Porto GR 55 O 14
Gignese VB 8 E 7
Gignod AO 18 E 3
Gilba CN 26 I 3
Gilberti (Rifugio) UD 15 C 22
Gildone CB 65 R 26
Gilordino PS 46 K 20
Gimigliano CZ 88 K 31
Gimillan AO 18 F 4
Ginestra FI 43 K 15
Ginestra PZ 71 E 29
Ginestra degli Schiavoni BN 70 D 27
Ginestra (Portella) PA 97 N 21
Ginistrelli PZ 72 D 29
Ginnircu (Punta) NU 117 G 11
Gino (Pizzo di) CO 9 D 9
Ginosa TA 78 F 32
Ginosa Marina TA 78 F 32
Ginostra ME 95 K 27
Giogo Lungo (Rifugio) BZ 4 A 18
Gioi SA 76 G 27
Gioia (Golfo di) RC 95 L 29
Gioia dei Marsi AQ 64 Q 23
Gioia del Colle BA 73 E 32
Gioia del Tirreno VV 88 L 29
Gioia Sannitica CE 65 S 25
Gioia Tauro RC 88 L 29
Gioiella PG 50 M 17
Gioiosa Ionica RC 88 L 30
Gioiosa Marea ME 100 M 26
Giordano (Capo) SU 118 J 7
Giovà (Passo di) PC 29 H 9
Giovagallo MS 38 J 11
Giove TR 58 O 18
Giove Anxur (Tempio di) (Terracina) LT 63 S 21
Giove (Monte) VB 8 C 7
Giovecca RA 32 I 17
Giovenco AQ 60 P 23
Giovenzano PV 21 G 9
Gioveretto BZ 2 C 14
Gioveretto (Lago di) BZ 2 C 14
Giovi AR 45 L 17
Giovi (Monte) FI 40 K 16
Giovi (Passo dei) GE 28 I 8
Giovinazzo BA 73 D 32
Giovo TN 11 D 15
Giovo (Colle del) SV 36 I 7
Giovo (Foce a) LU 39 J 13
Giovo (Monte) MO 39 J 13
Gioz BL 13 D 18
Girardi RM 58 P 19
Girasole NU 117 H 10
Girifalco CZ 88 K 31
Girlan / Cornaiano BZ 3 C 15
Gironico CO 21 E 9
Gissi CH 61 P 25
Giudicarie (Valli) TN 11 E 13
Giuggianello LE 83 G 37
Giugliano in Campania NA 69 E 24
Giulfo (Monte) EN 99 O 24
Giuliana PA 97 N 21
Giulianello LT 63 Q 20
Giulianello (Lago di) LT 63 Q 21
Giuliano PZ 76 E 29
Giuliano di Roma FR 63 R 21
Giuliano Teatino CH 60 P 24
Giulianova TE 53 N 23
Giulianova Lido TE 53 N 23
Giumarra CT 104 O 25
Giumenta (Serra la) SA 76 G 29
Giuncarico GR 49 N 14
Giuncata (Masseria) BA 72 D 30
Giuncugnano LU 38 J 12
Giungano SA 75 F 27
Giurazzi (Masseria) AV 71 E 28
Giurdignano LE 83 G 37
Giussago PV 21 G 9
Giussago VE 16 E 20
Giussano MI 21 E 9
Giusvalla SV 36 I 7
Givoletto TO 19 G 4
Gizio AQ 60 P 23
Gizzeria CZ 88 K 30
Gizzeria Lido CZ 88 K 30
Glacier AO 6 E 3
Glacier (Monte) AO 19 F 4
Gleno (Monte) BG 10 D 12
Gleris PN 16 E 20
Gliaca ME 100 M 26
Glorenza / Glurns BZ 2 C 13
Glurns / Glorenza BZ 2 C 13
Gnignano MI 21 G 9
Gnocca RO 33 H 18
Gnocchetta RO 33 H 19
Gnutti (Rifugio) BS 10 D 13
Gobbera (Passo di) TN 12 D 17
Goceano SS 115 F 9
Goceano (Catena del) SS 111 F 8
Godega di S. Urbano TV 13 E 19
Godiasco PV 29 H 9
Godo RA 41 I 18
Godrano PA 98 N 22
Goglio VB 8 D 6
Goillet (Lago) AO 7 E 5
Goito MN 23 G 14
Gola (Passo di) / Klammljoch BZ 4 B 18
Golasecca VA 20 E 7
Goldrain / Coldrano BZ 3 C 14
Golferenzo PV 29 H 9
Golfo Aranci SS 109 E 10
Golfo Orosei e del Gennargentu (Parco Nazionale) NU 117 G 10
Gologone (Sorgente su) NU 117 G 10
Gomagoi BZ 2 C 13
Gombio RE 30 I 13
Gombola MO 39 I 14
Gonars UD 17 E 21
Goni SU 119 I 9
Gonnesa SU 118 J 7
Gonnoscodina OR 118 H 8
Gonnosfanadiga SU 118 I 7
Gonnosno OR 115 H 8
Gonnostramatza OR 118 H 8
Gonzaga MN 31 H 14
Goraiolo PT 39 K 14
Gordana MS 38 I 11
Gordona SO 9 D 10
Gorfigliano LU 38 J 12
Gorga RM 63 R 21
Gorga SA 76 G 27
Gorgo UD 16 E 21
Gorgo al Monticano TV 16 E 19
Gorgo (Laghetto) AG 102 O 21
Gorgofreddo BA 80 E 33
Gorgoglione MT 77 F 30
Gorgona (Isola di) LI 42 L 11
Gorgonzola MI 21 F 10
Goriano Sicoli AQ 60 P 23
Goriano Valli AQ 59 P 23
Goricizza UD 16 E 20
Gorino FE 33 H 19
Gorizia GO 17 E 22
Gorla Maggiore VA 20 F 8
Gorla Minore VA 20 F 8
Gorlago BG 22 E 11
Gornalunga CT 104 O 25
Goro FE 33 H 18
Gorra SV 36 J 6
Gorré CN 34 I 4
Gorreto GE 29 I 9
Gorruppu (Gola su) NU 117 G 10
Gorto (Canale di) UD 5 C 20
Gorzano MO 31 I 14
Gorzano (Monte) TE 59 O 22
Gorzegno CN 27 I 6
Gorzone (Canale) PD 32 G 17
Gosaldo BL 12 D 17
Gossensaß / Colle Isarco BZ 3 B 16
Gossolengo PC 29 G 10
Gottasecca CN 27 I 6
Gottero (Monte) PR 37 I 11
Gottolengo BS 22 G 12
Governolo MN 31 G 14
Govone CN 27 H 6
Govossai (Lago) NU 115 G 9
Gozzano NO 20 E 7
Grabellu (Punta su) NU 113 F 10
Gracciano SI 50 M 17
Gradara PS 41 K 20
Gradara (Monte) PA 97 M 21
Gradella CR 21 F 10
Gradisca PN 14 D 20
Gradisca d'Isonzo GO 17 E 22
Gradiscutta UD 16 E 20
Gradizza FE 32 H 17
Grado GO 17 E 22
Grado (Laguna di) GO 17 E 21
Grado Pineta GO 17 E 22
Gradoli VT 57 O 17
Graffignana LO 21 G 10
Graffignano VT 57 O 18
Graglia BI 19 F 5
Graglia (Santuario di) BI 19 F 5
Gragnanino PC 29 G 10
Gragnano LU 39 K 13
Gragnano NA 75 E 25
Gragnano Trebbiense PC 29 G 10
Gragnola MS 38 J 12
Graines AO 19 E 5
Gramignazzo PR 30 H 12
Grammatica PR 38 I 12
Grammichele CT 104 P 25
Gramolazzo LU 38 J 12
Gran Bagna TO 18 G 1
Gran Cratere ME 94 L 26
Gran Monte UD 15 D 21
Gran Paradiso AO 18 F 3
Gran Paradiso (Parco Nazionale del) AO 18 F 3
Gran Pilastro / Hochfeiler BZ 4 B 17
Gran Queyron TO 26 H 3
Gran S. Bernardo (Colle del) AO 6 E 3
Gran S. Bernardo (Traforo del) AO 6 E 3
Gran S. Bernardo (Valle del) AO 6 E 3
Gran S. Pietro AO 18 F 4
Gran Sasso d'Italia TE 59 O 22
Gran Sasso (Parco Naz. del) TE 59 Q 22
Gran Tournalin AO 7 E 5
Gran Truc TO 26 H 3
Gran Zebru BZ 2 C 13
Grana AT 28 G 6
Grana (Torrente) AL 28 H 7
Grana (Torrente) CN 34 I 3
Granaglione BO 39 J 14
Granaione GR 50 N 15
Granano (Monte di) PS 45 L 19
Granarolo RA 40 I 17
Granarolo dell'Emilia BO 32 I 16
Granarone RO 32 G 16
Granatello TP 96 N 19
Granaxiu OR 115 H 8
Grancona VI 24 F 16
Grand Assaly AO 18 F 2
Grand Eyvia AO 18 F 3
Grand Golliaz AO 6 E 3
Grande PR 30 H 12
Grande TP 97 N 20
Grande o Imera Settentrionale PA 99 N 23
Grande Bonifica Ferrarese FE 33 H 18
Grande (Isola) TP 96 N 19
Grande (Lago) TO 26 G 4
Grande (Montagna) (I. di Pantelleria) TP 96 Q 18
Grande (Montagna) ME 101 N 27
Grande (Montagna) TP 97 N 20
Grande (Porto) SR 105 P 27
Grande (Punta) AG 102 P 22
Grande Rochère (la) AO 6 E 3
Grande Rousse AO 18 F 3
Grande Sassière AO 18 F 3
Grandola ed Uniti CO 9 D 9
Granero (Monte) TO 26 H 3
Granieri CT 104 P 25
Granieri (Masseria) SR 105 Q 26
Granieri (Monte) RC 88 L 31
Graniti ME 101 N 27
Granitola (Punta) TP 97 O 20
Granozzo NO 20 F 7
Grantola VA 8 E 8
Grantorto PD 24 F 17
Granze PD 32 G 17
Grappa (Monte) TV 12 E 17
Grassano MT 77 F 30

Grassina Ponte a Ema FI 44 K 15
Grassobbio BG 21 F 11
Gratosoglio MI 21 F 9
Gratteri PA 99 N 23
Graun im Vinschgau / Curon Venosta BZ 2 B 13
Grauno TN 12 D 15
Grauson (Monte) AO 18 F 4
Grauzaria UD 14 C 21
Gravedona CO 9 D 9
Gravellona PV 20 G 8
Gravellona Toce VB 8 E 7
Gravina di Catania CT 101 O 27
Gravina di Laterza TA 78 F 32
Gravina di Matera MT 73 E 31
Gravina in Puglia BA 72 E 31
Grazia ME 95 M 27
Graziano (Capo) ME 94 L 25
Grazie (Lago di) MC 52 M 21
Grazie (Monte le) RM 57 P 17
Grazzanise CE 69 D 24
Grazzano Badoglio AT 28 G 6
Grazzano Visconti PC 29 H 11
Grecale (Capo) AG 102 U 19
Greccio RI 58 O 20
Greci AV 71 D 27
Greco (Monte) AQ 64 Q 23
Greggio VC 20 F 7
Grego (Rifugio) UD 15 C 22
Gremiasco AL 29 H 9
Gressan AO 18 E 3
Gressone (Val di) AO 19 F 5
Gressoney-la Trinité AO 7 E 5
Gressoney-St. Jean AO 19 E 5
Greve FI 43 L 15
Greve in Chianti FI 44 L 15
Grezzana VR 23 F 15
Grezzano FI 40 J 16
Gricuzzo (Monte) CL 103 P 24
Gries (Passo di) / Griespass VB 8 C 7
Grighini (Monte) OR 115 H 8
Grigna Meridionale LC 9 E 10
Grigna Settentrionale LC 9 E 10
Grignano TS 17 E 23
Grignano Polesine RO 32 G 17
Grignasco NO 20 E 7
Grigno TN 12 D 16
Grigno (Torrente) TN 12 D 16
Grilli GR 49 N 14
Grimaldi CS 86 J 30
Grimesi (Torre) TP 97 N 20
Grinzane Cavour CN 27 I 5
Grisenche (Val) AO 18 F 3
Grisì PA 97 N 21
Grisignano di Zocco VI 24 F 17
Grisolia CS 84 H 29
Grizzana BO 39 J 15
Grödner Joch / Gardena (Passo di) BZ 4 C 17
Grödnertal / Gardena (Val) BZ 4 C 16
Grognardo AL 28 I 7
Gromo BG 10 E 11
Gromo S. Marino BG 10 E 11
Gromola SA 75 F 26
Grondana PR 37 I 10
Grondo CS 85 H 30
Grondola MS 38 I 11
Grondona AL 28 H 8
Grondone PC 29 H 10
Grone BG 22 E 11
Gronlait TN 12 D 16
Gropa (Monte) AL 29 H 9
Gropello Cairoli PV 21 G 8
Gropello d'Adda MI 21 F 10
Gropina AR 44 L 16
Groppallo PC 29 H 10
Gropparello PC 29 H 11
Groppera (Pizzo) SO 9 C 10
Groppovisdomo PC 29 H 11
Gros Passet TO 26 H 3
Groscavallo TO 18 F 3
Grosina (Valle) SO 10 C 12
Grosio SO 10 D 12
Grosotto SO 10 D 12
Groß Löffler / Lovello (Monte) BZ 4 A 17
Großer-Kinigat / Cavallino (Monte) BZ 5 B 19
Grosseto GR 49 N 15
Grosseto (Formiche di) GR 55 O 14
Grosso (Capo) (I. Levanzo) TP 96 M 19
Grosso (Capo) PA 98 M 22
Grosso (Monte) SR 105 P 27
Groste (Cima) TN 11 D 14
Grottaferrata RM 62 Q 20
Grottaglie TA 79 F 34
Grottaminarda AV 70 D 27
Grottammare AP 53 N 23
Grottazza (Punta) ME 94 L 26
Grottazzolina AP 53 M 22
Grotte AG 103 O 23
Grotte di Castro VT 50 N 17
Grotte Sto Stefano VT 57 O 18
Grotteria RC 88 L 30
Grotti PG 52 N 20
Grotti RI 58 O 20
Grotti SI 50 M 15
Grotticelle (Monte) AG 103 O 23
Grottole MT 77 F 31
Grottolella AV 70 E 26
Gruaro VE 16 E 20
Grue AL 28 H 8
Gruf (Monte) SO 9 D 10
Grugliasco TO 27 G 4
Grugua SU 118 I 7
Grumello Cremonese CR 22 G 11
Grumello del Monte BG 22 F 11
Grumento Nova PZ 77 G 29
Grumentum PZ 77 G 29
Grumo Appula BA 73 D 32
Grumolo delle Abbadesse VI 24 F 16
Gruppa SU 119 I 10
Gruppo di Brenta TN 11 D 14
Gruppo (Monte) BZ 4 B 17
Gsies / Casies (Valle di) BZ 4 B 18
Guà VI 24 F 16
Guaceto (Torre) BR 80 E 35
Guadagnolo RM 63 Q 20
Guagnano LE 79 F 35
Gualdo AR 44 K 16
Gualdo FE 32 H 17
Gualdo FO 40 J 18
Gualdo (vicino a Sarnano) MC 52 M 21
Gualdo (vicino a Visso) MC 52 N 21
Gualdo (Passo di) MC 52 N 21
Gualdo Cattaneo PG 51 N 19
Gualdo Tadino PG 52 M 20
Gualtieri RE 31 H 13
Gualtieri Sicaminò ME 90 M 27
Guamaggiore SU 119 I 9
Guanzate CO 21 E 9
Guarcino FR 63 Q 21
Guarda Ferrarese FE 32 H 17
Guarda Veneta RO 32 H 17
Guardamiglio LO 29 G 11
Guardapasso RM 62 R 19
Guardavalle CZ 89 L 31
Guardea TR 58 O 18
Guardia CT 101 O 27
Guardia (Serra la) CS 86 I 31
Guardia Alta BZ 3 C 15
Guardia dei Mori SU 120 J 6
Guardia Lombardi AV 71 E 27
Guardia (Monte della) CL 104 P 24
Guardia (Monte La) EN 99 N 25
Guardia Perticara PZ 77 F 30
Guardia Piemontese CS 85 I 30
Guardia Piemontese Marina CS 85 I 29
Guardia Sanframondi BN 65 S 25
Guardia Vomano TE 53 O 23
Guardiagrele CH 60 P 24
Guardialfiera CB 65 Q 26
Guardiaregia CB 65 R 25
Guardistallo PI 49 M 13
Guarene CN 27 H 6
Guarenna CH 60 P 25
Guasila SU 119 I 9
Guastalla RE 31 H 13
Guasticce LI 42 L 13
Guazzolo AL 28 G 6
Guazzora AL 28 G 8
Gubbio PG 45 L 19
Gudo Visconti MI 21 F 9
Guella (Rifugio) TN 23 E 14
Guello CO 9 E 9
Guerro MO 39 I 14
Guffone (Monte) FO 40 K 17
Guglielmo (Monte) BS 22 E 12
Guglionesi CB 66 B 26
Guidizzolo MN 23 G 13
Guidonia RM 58 Q 20
Guietta TV 12 E 18
Guiglia MO 39 I 14
Guilmi CH 61 Q 25
Guinza PS 45 L 18
Gulfi (Santuario di) RG 104 P 26
Gurlamanna BA 72 E 31
Gurro VB 8 D 7
Gurue NU 117 G 10
Gusana (Lago di) NU 115 G 9
Guselli PC 29 H 11
Guspini SU 118 I 7
Gussago BS 22 F 12
Gussola CR 30 G 13
Gutturu Mannu SU 118 J 8
Guzzafame LO 29 G 10
Guzzini (Monte) SU 119 H 9
Guzzurra (Cantoniera) NU 113 F 10

H

Hafling / Avelengo BZ 3 C 15
Halæsa ME 99 M 24
Helbronner (Pointe) AO 6 E 2
Helm / Elmo (Monte) BZ 5 B 19
Helvia Ricina MC 52 M 22
Hera Lacinia (Santuario) KR 87 J 33
Herbetet AO 18 F 3
Herculanum NA 69 E 25
Hintere Schwärze / Cime Nere BZ 3 B 14
Hintere Seelenkogl / Anime (Cima delle) BZ 3 B 15
Hirzerspitze / Cervina (Punta) BZ 3 B 15
Hochalpjoch /Oregone (Passo dell') UD 5 C 20
Hochfeiler / Gran Pilastro BZ 4 B 17
Hochgall / Collalto BZ 4 B 18
Hochjoch / Alto (Giogo) BZ 2 B 14
Hochkreuz Spitze / Altacroce (Monte) BZ 3 B 15
Hochwilde / L'Altissima BZ 3 B 15
Hohe Geisel / Rossa (Croda) BL 4 C 18
Hohe Warte / Coglians (Monte) UD 5 C 20
Hoher Treib / Cuestalta UD 5 C 21
Hoherfirst / Principe (Monte) BZ 3 B 15
Hone AO 19 F 5
Hundskehljoch / Cane (Passo del) BZ 4 A 18

I

Iacono (Casa) RG 104 Q 25
Iacurso CZ 88 K 31
Iano FI 43 L 14
Iano RE 31 I 14
Iato PA 97 M 21
Iazzo Vecchio (Monte) AG 102 O 22
Ible (Monti) SR 104 P 26
Idice BO 40 I 16
Idice (Torrente) BO 40 J 16
Idolo (Monte) NU 117 H 10
Idro BS 22 E 13
Idro (Lago d') BS 22 E 13
Iermanata RC 91 N 30
Iesce (Masseria) MT 73 E 31
Igea Marina RN 41 J 19
Iglesias SU 118 J 7
Iglesiente SU 118 I 7
Igliano CN 35 I 6
Igno (Monte) MC 52 M 20
Ilbono NU 117 H 10
Ilci PG 51 N 19
Illasi VR 23 F 15
Illasi (Torrente d') VR 23 F 15
Illegio UD 14 C 21
Illorai SS 115 F 9
Imbriaca (Portella) PA 98 N 22
Imele AQ 59 P 21
Imelle RM 58 P 19
Imer TN 12 D 17
Imera PA 99 N 23
Imera Meridionale PA 99 N 24
Imola BO 40 I 17
Impalata BA 80 E 33
Imperatore (Punta) NA 74 E 23
Imperia IM 35 K 6
Impiso (Colle d') PZ 85 H 30
Impiso (Ponte) BA 72 E 30
Impruneta FI 43 K 15
Inacquata (Masseria) FG 67 C 29
Incaroio (Canale d') UD 5 C 21
Incisa (Passo della) FO 41 K 18
Incisa in Val d'Arno FI 44 L 16
Incisa Scapaccino AT 28 H 7
Incoronata FG 71 C 28
Incoronata (Santuario dell') FG 71 C 28
Incudine BS 10 D 13
Indicatore AR 44 L 17
Indiritto TO 26 G 3
Indren (Punta) VC 7 E 5
Induno Olona VA 8 E 8
Infantino CS 87 J 32
Infernaccio (Gola dell') AP 52 N 21
Infernetto RM 62 Q 19
Inferno (Pizzo d') SO 9 C 10
Inferno (Ponte) SA 76 G 28
Infreschi (Punta degli) SA 84 H 28
Ingarano (Passo di) FG 66 B 28
Ingria TO 19 F 4
Ingurtosu SU 118 I 7
Innichen / S. Candido BZ 4 B 18
Intimiano CO 21 E 9
Intra VB 8 E 7
Intragna VB 8 E 7
Introbio LC 9 E 10
Introd AO 18 E 3
Introdacqua AQ 60 P 23
Inverigo CO 21 E 9
Inveruno MI 20 F 8
Invorio NO 20 E 7
Invrea SV 36 I 7
Inzago MI 21 F 10
Ioanneddu (Punta) NU 113 F 11
Iolanda di Savoia FE 32 H 17
Iolo PO 39 K 15
Ioppolo Giancaxio AG 102 O 22
Iorenzo FG 71 C 28
Ippari RG 104 Q 25
Ippocampo FG 67 C 29
Irgoli NU 117 F 10
Iria ME 100 M 25
Irminio RG 104 P 26
Irpinia AV 71 D 27
Irsina MT 72 E 30
Irveri (Monte) NU 117 G 10
Isalle NU 117 F 10
Isarco / Eisack BZ 3 B 16
Isarco (Val) / Eisacktal BZ 3 B 16
Isca de sa Mela (Valico s') NU 115 G 9
Isca Marina CZ 89 L 31
Isca sullo Ionio CZ 89 L 31
Iscala Mola SS 110 F 7
Ischia NA 74 E 23
Ischia di Castro VT 57 O 17
Ischia (Isola d') NA 74 E 23
Ischia-Ponte NA 74 E 23
Ischia-Porto NA 74 E 23
Ischitella FG 67 B 29
Ischitella Lido CE 69 E 24
Iscoba (monte) SS 111 E 8
Iselle VB 8 D 6
Iseo BS 22 F 12
Iseo (Lago d') BS 22 E 12
Isera TN 11 E 15
Isernia IS 65 R 24
Isili SU 119 H 9
Isnello PA 99 N 24
Isola FO 40 K 17
Isola GE 29 I 9
Isola SO 9 C 9
Isola Bella LT 63 R 20
Isola d'Arbia SI 50 M 16
Isola d'Asti AT 27 H 6
Isola del Cantone GE 28 I 8
Isola del Gran Sasso d'Italia TE 59 O 22
Isola del Liri FR 64 Q 22
Isola della Scala VR 23 G 15
Isola delle Femmine PA 97 M 21
Isola di Capo Rizzuto KR 87 K 33
Isola di Fano PS 46 L 20
Isola di Fondra BG 10 E 11
Isola di Piano PS 46 K 20
Isola Dovarese CR 22 G 12
Isola Farnese RM 58 P 19
Isola Fossara PG 46 L 20
Isola Pescaroli CR 30 G 12
Isola Rizza VR 23 G 15
Isola Rossa SS 108 D 8
Isola S. Antonio AL 28 G 8
Isola S. Biagio AP 52 N 21
Isola Santa LU 38 J 12
Isola Vicentina VI 24 F 16
Isolabella TO 27 H 5
Isolabona IM 35 K 4
Isolaccia SO 2 C 12
Isoletta FR 64 R 22
Isonzo GO 17 E 22
Isorella BS 22 G 12
Isorno VB 8 D 7
Isorno (Valle dell') VB 8 D 7
Ispani SA 76 G 28
Ispica RG 107 Q 26
Ispica (Cava d') RG 107 Q 26
Ispinigoli NU 117 G 10
Ispra VA 20 E 7
Issengo / Issing BZ 4 B 17
Issime AO 19 E 5
Issing / Issengo BZ 4 B 17
Isso BG 22 F 11
Issogne AO 19 F 5
Istia d'Ombrone GR 49 N 15
Istrago PN 14 D 20
Istrana TV 25 E 18
Itala ME 90 M 28
Itala Marina ME 90 M 28
Italba FE 33 H 18
Itri LT 64 S 22
Itria (Valle d') TA 80 E 34
Ittia (Punta) SS 113 E 10
Ittireddu SS 111 F 8
Ittiri SS 110 F 7
Iudica (Fattoria) SR 104 Q 26
Iudica (Monte) CT 104 O 25
Iuvanum CH 60 P 24
Ivigna (Punta) BZ 3 B 15
Ivrea TO 19 F 5
Ixi (Monte) SU 119 I 9
Izano CR 22 F 11
Izzana SS 109 E 9

J

Jafferau (Monte) TO 26 G 2
Jamiano GO 17 E 22
Jannarello (Bivio) CT 104 O 26
Jaufenpaß / Monte Giovo (Passo di) BZ 3 B 15
Jelsi CB 65 R 26
Jenesien / S. Genesio Atesino BZ 3 C 15
Jenne RM 63 Q 21
Jerzu NU 117 H 10
Jesi AN 46 L 21
Jesolo VE 16 F 19
Joppolo VV 88 L 29
Joux (Colle di) AO 19 E 5
Joux (la) AO 18 E 2
Judrio UD 15 D 22

K

Kalch / Calice BZ 3 B 16
Kaltenbrunn / Fontanefredde BZ 12 D 16
Kaltern a. d. Weinstraße / Caldaro s. str. d. V. BZ 11 C 15
Karerpaß / Costalunga (Passo di) TN 12 C 16
Karersee / Carezza al Lago BZ 12 C 16
Kartibubbo TP 97 O 20
Kasern / Casere BZ 4 A 18
Kastelbell / Castelbello BZ 3 C 14
Kastelruth / Castelrotto BZ 3 C 16
Kematen / Caminata BZ 3 B 16
Khamma TP 96 Q 18
Kiens / Chienes BZ 4 B 17
Klammljoch / Gola (Passo di) BZ 4 B 18
Klausen / Chiusa BZ 3 C 16
Klobenstein / Collalbo BZ 3 C 16
Knutten-Alm / Malga dei Dossi BZ 4 B 18
Kortsch / Corzes BZ 2 C 14
Kreuzboden / Plan de Gralba BZ 4 C 17
Krimmlertauern / Tauri (Passo dei) BZ 4 A 18
Kronio (Monte) AG 102 O 21
Kronplatz / Corones (Plan de) BZ 4 B 17
Kuens / Càines BZ 3 B 15
Kurtatsch a. d. Weinstraße / Cortaccia BZ 11 D 15
Kurtinig a. d. Wein-straße / Cortina BZ 11 D 15
Kurzras / Maso Corto BZ 2 B 14

L

La Barcaccia PG 51 M 19
La Berzigala MO 39 I 14
La Bottaccia RM 62 Q 18
La Briglia PO 39 K 15
La Caletta SU 120 J 6
La Caletta NU 113 F 11
La California LI 49 M 13
La Cassa TO 19 G 4
La Clava BZ 3 B 15
La Conia SS 109 D 10
La Corte SS 110 E 6
La Costa PR 30 I 13
La Crocina AR 44 L 17
La Crosetta TV 13 D 19
La Crucca SS 110 E 7
La Fagosa PZ 77 G 30
La Farnesiana RM 57 P 17
La Ficaccia SS 109 D 9
La Foce SI 50 M 17
La Forca AQ 59 P 21
La Forca RI 59 O 21
La Fossiata CS 87 I 31
La Gabellina RE 38 J 12
La Gala ME 101 M 27
La Gardenaccia BZ 4 C 17
La Giustiniana RM 58 Q 19
La Grivola AO 18 F 3
La Guardia AQ 64 Q 23
La Lama TA 79 F 33
La Lima PT 39 J 14
La Loggia TO 27 H 5
La Maddalena SS 109 D 10
La Madonnina FR 63 Q 22
La Maina UD 5 C 20
La Marchesa FG 66 C 27
La Martella MT 78 F 31
La Meta FR 64 Q 23
La Monna FR 63 Q 22
La Montagna MT 77 F 30
La Montagna CT 104 O 26
La Montagna PA 98 N 22
La Montagnola CT 100 N 27
La Morra CN 27 I 5
La Motticella FG 66 C 28
La Muda BL 13 D 18
La Muddizza SS 108 E 8
La Mula CS 85 H 29
La Nurra SS 110 F 6
La Palazza AR 45 L 18
La Palazzina CE 65 R 25
La Palazzina SS 113 E 10
La Pedraia SS 110 E 6
La Pescia FG 67 C 29
La Petrizia CZ 89 K 32
La Picciola SA 75 F 26
La Pizzuta PA 97 N 21
La Presanella TN 11 D 13
La Punta SU 120 J 6
La Reale SS 108 D 6
La Rocca RE 31 H 13
La Rotta GR 57 O 17
La Rotta PI 43 L 14
La Salute di Livenza VE 16 F 20
La Santona MO 39 J 14
La Scala SI 50 M 17

La Sellata PZ 76 F 29
La Selva SI 49 M 15
La Serra PI 43 L 14
La Serra d'Ivrea TO 19 F 5
La Serra Lunga PA 97 N 21
La Sila CS 86 J 31
La Solfatara NA 69 E 24
La Spezia SP 38 J 11
La Stanga BL 13 D 18
La Sterza PI 43 L 14
La Strada PR 30 I 12
La Taverna LT 64 R 22
La Torraccia LI 49 M 13
La Torre PS 46 K 20
La Trinita PC 30 H 11
La Valle / Wengen BZ 4 C 17
La Valle Agordina BL 12 D 18
La Varella BZ 4 C 17
La Vecchia RE 31 I 13
La Verna AR 45 K 17
La Verna MO 39 I 13
La Villa MC 52 M 21
La Villa / Stern BZ 4 C 17
Laas / Lasa BZ 2 C 14
Laatsch / Laudes BZ 2 B 13
Labante BO 39 J 15
L'Abbandonato GR 50 N 16
Labbro (Monte) GR 50 N 16
Labico RM 63 Q 20
Labro RI 58 O 20
Lacchiarella MI 21 G 9
Laccio GE 29 I 9
Lacco Ameno NA 74 E 23
Laccu sa Vitella (Punta) OR 115 H 8
Lacedonia AV 71 D 28
Laceno (Lago di) AV 71 E 27
Laces / Latsch BZ 3 C 14
Lachelle VC 20 G 6
Lacina (Lago di) VV 88 L 31
Lacona LI 48 N 12
Laconi OR 115 H 9
Lada (Perda) SU 119 I 10
Ladispoli RM 62 Q 18
Laerru SS 111 E 8
Laga (Monti della) TE 52 O 22
Lagadello PR 30 I 11
Laganadi RC 90 M 29
Lagarina (Val) TN 11 E 15
Lagaro BO 39 J 15
Lagastrello (Passo di) MS 38 I 12
Lagdei PR 38 I 12
Laghi VI 23 E 15
Laglesie-S. Leopoldo UD 15 C 22
Laglio CO 9 E 9
Lagnasco CN 27 I 4
Lago CS 86 J 30
Lago TV 13 E 18
Lago (Croda da) BL 4 C 18
Lago Bianco (Punta) / Weißseespitze BZ 2 B 14
Lago di Valfabbrica PG 51 M 19
Lago Gelato (Pizzo) VB 8 D 7
Lagolo TN 11 D 15
Lagonegro PZ 76 G 29
Lagoni GR 49 M 15
Lagoni del Sasso GR 49 M 14
Lagoni Rossi PI 49 M 14
Lagorai (Catena dei) TN 12 D 16
Lagorai (Lago) TN 12 D 16
Lagosanto FE 33 H 18
Lagrimone PR 30 I 12
Laguna Veneta VE 25 G 18
Lagundo / Algund BZ 3 B 15
Lagune BO 39 I 15
L'Aia TR 58 O 19
Laiatico PI 43 L 14
Laigueglia SV 35 K 6
Lainate MI 21 F 9
Laino CO 9 E 9
Laino Borgo CS 85 H 29
Laino Castello CS 85 H 29
Laion / Lajen BZ 3 C 16
Laives / Leifers BZ 12 C 16
Lajen / Laion BZ 3 C 16
L'Altissima / Hochwilde BZ 3 B 15
Lama BO 39 I 15
Lama PG 45 L 18
Lama dei Peligni CH 60 P 24
Lama di Monchio MO 39 I 14
Lama Iesa SI 49 M 15
Lama la Noce (Masseria) BA 72 E 31
Lama Mocogno MO 39 J 14
Lama Polesine RO 32 G 17
Lamalunga BA 72 D 29
Lamandia BA 80 E 34
Lambrinia PV 29 G 10
Lambro CO 21 E 9
Lambro SA 76 G 27
Lambrugno UD 5 C 21
Lamezia Terme CZ 88 K 30
Lamole FI 44 L 16
Lamon BL 12 D 17
Lamone RA 40 J 17
Lampedusa AG 102 U 19
Lampedusa (Isola di) AG 102 U 19
Lampione (Isola di) AG 102 U 18
Lamporecchio PT 39 K 14
Lamporo VC 19 G 6
Lana BZ 3 C 15
Lana (Col di) BL 4 C 17
Lanara (Monte) CE 65 R 24
Lanciaia PI 49 M 14
Lanciano CH 60 P 25
Lanciano (Passo) CH 60 P 24
Landiona NO 20 F 7
Landriano PV 21 G 9
Landro (Val di) BZ 4 B 18
Landshuter Haus (Rifugio) BZ 3 B 16
Langan (Colla di) IM 35 K 5
Langhe CN 27 I 6
Langhirano PR 30 I 12
Langosco PV 20 G 7
L'Annunciata AV 70 D 26
L'Annunziata FG 67 C 29
Lanusei NU 117 H 10
Lanùvio RM 63 Q 20
Lanzada SO 10 D 11
Lanzé VI 24 F 16
Lanzo d'Intelvi CO 9 E 9
Lanzo Torinese TO 19 G 4
Lanzone (Pizzo) PA 98 N 22
Lao CS 84 H 29
Laorca LC 9 E 10
Lapanu (Monte) SU 120 K 8
Lapedona AP 53 M 23
Lapio AV 70 E 26
Lapio VI 24 F 16
Lappach / Lappago BZ 4 B 17
Lappago / Lappach BZ 4 B 17
L'Aquila AQ 59 O 22
Larcher (Rifugio) TN 11 C 13
Larciano PT 39 K 14
Lardaro TN 11 E 13
Larderello PI 49 M 14
Larderia ME 90 M 28
Lardirago PV 21 G 9
Lari PI 43 L 13
Lariano RM 63 Q 20
Larino CB 66 B 26
Lasa / Laas BZ 2 C 14
Lasa (Punta di) BZ 2 C 14
Lascari PA 99 M 23
Lases TN 11 D 15
Lasina (Piano) SU 119 I 9
Lasino TN 11 D 14
Lasnigo CO 9 E 9
Lastebasse TN 11 E 15
Lastra a Signa FI 43 K 15
Lastreto (Abbazia di) PS 46 L 20
Lat (Piz) BZ 2 B 13
Látemar BZ 12 C 16
Latera VT 57 O 17
Laterina AR 44 L 17
Laterza TA 78 F 32
Latiano BR 79 F 35
Latina CE 65 S 24
Latina LT 63 R 20
Latina (Lido di) LT 63 R 20
Latina Scalo LT 63 R 20
Latisana UD 16 E 20
Lato TA 78 F 32
Latronico PZ 77 G 30
Latsch / Laces BZ 3 C 14
Lattari (Monti) SA 75 F 25
Lattarico CS 85 I 30
Latzfons / Lazfons BZ 3 B 16
Laudemio (Lago) PZ 77 G 29
Laudes / Laatsch BZ 2 B 13
Laura SA 75 F 26
Laura (Serbatoio) AG 103 P 23
Laurasca (Cima di) VB 8 D 7
Laureana Cilento SA 75 G 27
Laureana di Borrello RC 88 L 30
Laurenzana PZ 77 F 29
Laureto BR 80 E 34
Lauria PZ 77 G 29
Lauriano TO 19 G 5
Laurino SA 76 F 28
Laurito SA 76 G 28
Laurito (Masseria) BR 79 F 34
Lauro AV 70 E 25
Lauro CE 69 D 23
Lauro (Monte) SR 104 P 26
Lauropoli CS 85 H 31
Lauzacco UD 17 E 21
Lauzo (Monte) LT 64 S 22
Lavachey AO 6 E 3
Lavagna LO 21 F 10
Lavagna GE 37 J 10
Lavagna (Torrente) GE 37 I 9
Lavaiano PI 43 L 13
Lavane (Monte) FI 40 K 16
Lavardet (Forcella) BL 5 C 19
Lavaredo (Tre Cime di) / Drei Zinnen BL 4 C 18
Lavariano UD 17 E 21
Lavarone TN 12 E 15
Lavaze (Passo di) TN 12 C 16
Lavello PZ 71 D 29
Lavena VA 8 E 8
Laveno BS 10 E 12
Laveno Monbello VA 8 E 7
Lavenone BS 22 E 13
Lavezzola RA 32 I 17
Laviano SA 71 E 27
Lavinio-Lido di Enea RM 62 R 19
Lavino BO 39 I 15
Lavino di Mezzo BO 31 I 15
Lavis TN 11 D 15
Lavone BS 22 E 12
Lazfons / Latzfons BZ 3 B 16
Lazise VR 23 F 14
Lazzaretti VI 12 E 16
Lazzaro RC 90 N 29
Lazzaro (Monte) PC 29 H 10
Lazzi (Cima di) VB 7 E 5
Le Bolle FI 44 L 15
Le Castella KR 89 K 33
Le Cerbaie FI 43 K 14
Le Conche TA 79 G 34
Le Conie SI 50 N 17
Le Cornate GR 49 M 14
Le Coste MO 39 I 14
Le Crete SI 50 M 16
Le Croci CZ 89 K 31
Le Grazie SP 38 J 11
Le Mainarde FR 64 R 23
Le Moline PC 29 I 10
Le Monache LT 63 R 21
Le Monachelle CS 85 I 31
Le Murge BA 72 D 30
Le Murgie KR 87 J 33
Le Palombe BA 72 D 30
Le Piastre PT 39 J 14
Le Pizzorne LU 39 K 13
Le Polle MO 39 J 14
Le Pozze PT 39 K 14
Le Prese SO 10 C 13
Le Pulci PG 51 M 19
Le Regine PT 39 J 14
Le Rocchette GR 49 N 14
Le Tagliole MO 39 J 13
Le Tofane BL 4 C 18
Le Torri FG 72 D 29
Le Torri PG 51 N 19
Le Vigne CS 85 H 30
Le Ville AR 45 L 18
Le Volte CN 35 J 6
Leano (Monte) LT 63 R 21
Leardo (Monte) PA 98 N 22
Lebbrosario BA 73 E 32
Leca SV 35 J 6
Lecce LE 81 F 36
Lecce nei Marsi AQ 64 Q 23
Lecce (Tavoliere di) BR 79 F 35
Lecchi SI 44 L 16
Lecchiore IM 35 K 5
Leccio FI 44 K 16
Leccio (Poggio del) GR 56 O 15
Leccio (Rio) LU 39 K 13
Lecco LC 9 E 10
Lecco (Lago di) LC 9 E 9
Lechaud (Pointe de) AO 18 E 2
Lechère (la) AO 7 E 4
Ledra (Canale) UD 14 D 21
Ledro (Lago di) TN 11 E 14
Ledro (Val di) TN 11 E 14
Ledu (Pizzo) SO 9 D 9
Leffe BG 22 E 11
Legnago VR 24 G 15
Legnano MI 20 F 8
Legnaro PD 24 F 17
Legnone (Monte) SO 9 D 10
Legoli PI 43 L 14
Legri FI 39 K 15
Lei NU 115 G 8
Lei (Lago di) SO 9 C 10
Lei (Valle di) SO 9 C 10
Leia VT 57 O 17
Leifers / Làives BZ 12 C 16
Leinì TO 19 G 5
Leivi GE 37 I 9
L'Elefante SS 111 E 8
Lella (Masseria) TA 79 F 34
Lelo (Monte) KR 87 I 32
Lema (Monte) VA 8 D 8
Lemene VE 16 E 20
Lemie TO 18 G 3
Lemina TO 27 H 4
Lemma CN 26 I 4
Lemme AL 28 H 8
Lempa TE 53 N 22
Lena (Punta) ME 95 K 27
Lendinara RO 32 G 16
Leni SU 118 I 7
Leni ME 94 L 26
Lenna BG 9 E 11
Lenno CO 9 E 9
Leno BS 22 F 12
Lenola LT 64 R 22
Lenta VC 20 F 7
Lentate sul Seveso MI 21 E 9
Lentiai BL 12 D 18
Lentigione RE 30 H 13
Lentini SR 105 P 27
Lentini (Serbatoio di) CT 104 P 26
Lentiscosa SA 84 G 28
Lentula PT 39 J 15
Leo MO 39 J 14
Leofreni RI 59 P 21
Leone (Monte) VB 7 D 6
Leone (Pizzo del) PA 98 N 22
Leonessa RI 58 O 20
Leonessa (Sella di) RI 59 O 21
Leonforte EN 100 O 25
Leoni (Monte) GR 49 N 15
Leontinoi SR 105 P 27
Leopardi NA 74 E 25
Lepini (Monti) RM 63 R 20
Leporano TA 79 F 33
Lequile LE 81 G 36
Lequio Berria CN 27 I 6
Lequio Tanaro CN 27 I 5
Lercara Bassa PA 98 N 22
Lercara Friddi PA 98 N 22
Lerchi PG 45 L 18
Lerici SP 38 J 11
Lerma AL 28 I 8
Lerno (Monte) SS 111 F 9
Lernu (Su) SS 113 E 10
Lesa NO 20 E 7
Lese CS 87 I 32
Lesegno CN 35 I 5
Lesignano de' Bagni PR 30 I 12
Lesima (Monte) PC 29 H 9
Lesina FG 66 B 28
Lesina (Lago di) FG 66 B 28
Lesmo MI 21 F 9
Lessini (Monte) VR 23 E 15
Lessolo TO 19 F 5
Lestans PN 14 D 20
Lestizza UD 16 E 21
Letegge (Monte) MC 52 M 21
Letino CE 65 R 24
Letojanni ME 90 N 27
Lettere NA 75 E 25
Lettomanoppello PE 60 P 24
Lettopalena CH 60 P 24
Levada PD 24 F 18
Levada TV 16 E 19
Levaldigi CN 27 I 4
Levane AR 44 L 16
Levanna TO 18 F 3
Levante (Riviera di) SP 37 J 9
Levanto SP 37 J 10
Levanzo TP 96 N 19
Levanzo (Isola) TP 96 M 18
Levata CR 22 G 12
Levate BG 21 F 10
Leverano LE 83 G 36
Leverogne AO 18 E 3
Levi-Molinari TO 18 G 2
Levice CN 27 I 6
Levico Terme TN 12 D 15
Levigliani LU 38 J 12
Levone TO 19 G 4
Lezzeno CO 9 E 9
Liano BO 40 I 16
Liano BS 23 E 13
Liariis UD 5 C 20
Libbiano PI 49 M 14
Libeccio (Punta) LI 54 O 12
Libeccio (Punta) TP 96 N 18
Liberi CE 69 D 24
Libertinia CT 100 O 25
Libra (Monte) CT 104 O 25
Librari TA 79 G 34
Librizzi ME 100 M 26
Licata AG 103 P 23
Licciana Nardi MS 38 J 12
Licenza RM 58 P 20
Licodia Eubea CT 104 P 26
Licola Mare NA 69 E 24
Licosa (Isola) SA 75 G 26
Licosa (Monte) SA 75 G 26
Licosa (Punta) SA 75 G 26
Licusati SA 76 G 28
Lidi Ferraresi FE 33 H 18
Lido LI 48 N 13
Lido (Porto di) VE 16 F 19
Lido Adriano RA 41 I 18
Lido Azzurro TA 78 F 33
Lido Bruno TA 80 F 33
Lido Cannatello AG 103 P 22
Lido Cerano BR 81 F 36
Lido degli Estensi FE 33 I 18
Lido degli Scacchi FE 33 H 18
Lido dei Maroni NA 74 E 23
Lido dei Pini RM 62 R 19
Lido del Sole FG 67 B 29
Lido del Sole SS 113 E 10
Lido delle Conchiglie LE 83 G 36
Lido delle Nazioni FE 33 H 18
Lido delle Sirene RM 62 R 19
Lido di Camaiore LU 38 K 12
Lido di Campomarino CB 61 Q 27
Lido di Casalbordino CH 61 P 25
Lido di Castel Fusano RM 62 Q 18
Lido di Cincinnato RM 62 R 19
Lido di Classe RA 41 J 19
Lido di Dante RA 41 I 18
Lido di Faro RM 62 Q 18
Lido di Fermo AP 53 M 23
Lido di Jesolo VE 16 F 19
Lido di Lonato BS 22 F 13
Lido di Metaponto MT 78 F 32
Lido di Noto SR 105 Q 27
Lido di Ostia RM 62 Q 18
Lido di Pittulongu SS 109 E 10
Lido di Policoro MT 78 G 32
Lido di Pomposa FE 33 H 18
Lido di Portonuovo FG 67 B 30
Lido di Procida NA 74 E 24
Lido di Rivoli FG 67 C 29
Lido di S. Giuliano TP 96 M 19
Lido di Savio RA 41 J 19
Lido di Scanzano MT 78 G 32
Lido di Siponto FG 67 C 29
Lido di Spina FE 33 I 18
Lido di Tarquinia VT 57 P 17
Lido di Torre Mileto FG 66 B 28
Lido di Tortora CS 84 H 29
Lido di Venezia VE 25 F 19
Lido di Volano FE 33 H 18
Lido Gandoli TA 79 F 33
Lido Marausa TP 96 N 19
Lido Marini LE 83 H 36
Lido Quarantotto MT 78 G 32
Lido Riccio CH 60 O 25
Lido S. Angelo CS 87 I 31
Lido Signorino TP 96 N 19
Lido Silvana TA 79 F 34
Lierna LC 9 E 9
Lignana VC 20 G 7
Lignano (Monte) AR 45 L 17
Lignano Pineta UD 16 F 21
Lignano Riviera UD 16 F 21
Lignano Sabbiadoro UD 16 E 21
Ligonchio RE 38 J 13
Ligoncio (Pizzo) SO 9 D 10
Ligosullo UD 5 C 21
Lilibeo (Capo) TP 96 N 19
Lillaz AO 18 F 4
Lillianes AO 19 F 5
Lilliano SI 43 L 15
Lima LU 39 J 13
Limana BL 13 D 18
Limatola BN 70 D 25
Limbadi VV 88 L 29
Limbara (Monte) SS 111 E 9
Limbara (Passo del) SS 111 E 9
Limbiate MI 21 F 9
Limena PD 24 F 17
Limentra Inferiore BO 39 J 15
Limes TN 11 E 13
Limidario (Monte) VB 8 D 7
Limina ME 90 N 27
Limina (Monte) RC 88 L 30
Limite FI 43 K 14
Limito MI 21 F 9
Limo (Passo di) BZ 4 C 18
Limone Piemonte CN 35 J 4
Limone sul Garda BS 23 E 14
Limonetto CN 35 J 4
Limoni (Riveira dei) CT 101 O 27
Limosano CB 65 Q 25
Limpida (Serra la) CS 84 H 29
Limpiddu SS 113 E 11
Linaro FO 41 K 18
Linaro (Capo) RM 57 P 17
Linarolo PV 21 G 9
Linas (Monte) SU 118 I 7
L'Incontro FI 44 K 16
Lindinuso BR 81 F 36
Linera CT 101 O 27
Lingua ME 94 L 26
Linguaglossa CT 101 N 27
Lingueglietta IM 35 K 5
Linosa AG 102 T 20
Linosa (Isola di) AG 102 T 20
Lio Piccolo VE 16 F 19
Lioni AV 71 E 27
Lipari ME 94 L 26
Lipari (Isola) ME 94 L 26
Lippiano PG 45 L 18
Lippo (Pizzo) ME 100 N 25
Lipuda KR 87 I 33
Liri AQ 63 Q 21
Liro SO 9 C 10
Lis (Colle del) TO 18 G 4
Lisca Bianca (Isola) ME 94 L 27
Liscate MI 21 F 10
Liscia CH 61 Q 25
Liscia SS 109 D 9
Liscia (Lago della) SS 109 E 9
Lisciano RI 58 O 20
Lisciano Niccone PG 51 M 18
Liscione (Lago del) CB 65 Q 26
Lisignago TN 11 D 15
Lissone MI 21 F 9
Lissone (Rifugio) BS 10 D 13
Liternum NA 69 E 24
Littu Petrosu (Punta) SS 109 E 10
Liuru (Monte) SU 119 J 10
Livenza PN 13 D 19
Liveri NA 70 E 25
Lividonia (Punta) GR 55 O 15
Livigno SO 2 C 12
Livigno (Forcola di) SO 10 C 12
Livigno (Valle di) SO 2 C 12
Livo CO 9 D 9
Livo TN 11 C 15
Livorno LI 42 L 12
Livorno Ferraris VC 19 G 6
Livraga LO 21 G 10
Lizzanello LE 81 G 36
Lizzano PT 39 J 14
Lizzano TA 79 F 34
Lizzano in Belvedere BO 39 J 14
Lizzola BG 10 D 12
Loano SV 35 J 6
Loazzolo AT 28 H 6
Lobbi AL 28 H 8
Lobbia Alta TN 11 D 13
Lobbie (Cima delle) CN 26 I 3
Lobia VR 24 F 15
Locana TO 19 F 4

Locana (Valle di) TO ... 19 F 4
Locate di Triulzi MI ... 21 F 9
Locatelli (Rifugio) BZ ... 4 C 18
Locati PA ... 99 N 24
Loceri NU ... 117 H 10
Loco GE ... 29 I 9
Locoe NU ... 116 G 10
Locone BA ... 72 E 30
Loconia BA ... 72 D 29
Locorotondo BA ... 80 E 33
Locri RC ... 91 M 30
Locri Epizefiri RC ... 91 M 30
Loculi NU ... 117 F 10
Lodè NU ... 113 F 10
Lodi LO ... 21 G 10
Lodi Vecchio LO ... 21 G 10
Lodignano
(Sella di) PR ... 30 I 12
Lodine NU ... 115 G 9
Lodrino BS ... 22 E 12
Lodrone TN ... 23 E 13
Loelle SS ... 111 F 9
Loggio (Monte) AR ... 45 K 18
Lograto BS ... 22 F 12
Logudoro SS ... 111 F 8
Loiano BO ... 40 J 15
Loiri SS ... 113 E 10
Lollove NU ... 115 F 9
Lomaso TN ... 11 D 14
Lomazzo CO ... 21 E 9
Lombai UD ... 15 D 22
Lombarda
(Colle di) CN ... 34 J 3
Lombardi VT ... 57 P 17
Lombardore TO ... 19 G 5
Lombriasco TO ... 27 H 4
Lomellina PV ... 20 G 7
Lomello PV ... 28 G 8
Lonate Ceppino VA ... 20 E 8
Lonate Pozzolo VA ... 20 F 8
Lonato BS ... 22 F 13
Loncon VE ... 16 E 20
Londa FI ... 40 K 16
Longa VI ... 24 E 16
Longa (Serra) SA ... 76 G 29
Longano IS ... 65 R 24
Longara VI ... 24 F 16
Longare VI ... 24 F 16
Longarini
(Pantano) SR ... 107 Q 27
Longarone BL ... 13 D 18
Longastrino FE ... 32 I 18
Longega /
Zwischenwasser BZ ... 4 B 17
Longerin
(Crode dei) BL ... 5 C 19
Longhena BS ... 22 F 12
Longhi VI ... 12 E 15
Longi ME ... 100 M 26
Longiano FO ... 41 J 18
Longiarù / Campill BZ ... 4 C 17
Longobardi CS ... 86 J 30
Longobardi
Marina CS ... 86 J 30
Longobucco CS ... 85 I 31
Longone
al Segrino CO ... 21 E 9
Longone Sabino RI ... 58 P 20
Longoni (Rifugio) SO .. 10 D 11
Longu CA ... 119 J 9
Lonigo VI ... 24 F 16
Loppio TN ... 11 E 14
Loranzé TO ... 19 F 5
L'Orecchia di Lepre BZ .. 3 C 14
Loreggia PD ... 24 F 17
Loreggiola PD ... 24 F 17
Lorenzago
di Cadore BL ... 5 C 19
Lorenzana PI ... 43 L 13
Lorenzatico BO ... 31 I 15
Loreo RO ... 33 G 18
Loretello AN ... 46 L 20
Loreto AN ... 47 L 22
Loreto Aprutino PE ... 60 O 23
Loria TV ... 24 E 17
Lorica CS ... 86 J 31
Lorio (Monte) SO ... 10 D 12
Lornano SI ... 43 L 15
Loro Ciuffenna AR ... 44 L 16
Loro Piceno MC ... 52 M 22
Lorsica GE ... 37 I 9
Losa (Abbasanta) OR . 115 G 8
Losciale-Garrappa BA .. 80 E 34
Loseto BA ... 73 D 32
Losine BS ... 10 E 12
Lotzorai NU ... 117 H 10
Lova VE ... 25 G 18
Lovadina TV ... 25 E 18
Lovello (Monte) /
Groß Löffler BZ ... 4 A 17
Lovere BG ... 22 E 12
Lovero SO ... 10 D 12
Lovoleto BO ... 32 I 16
Lozio BS ... 10 E 12
Lozze (Monte) VI ... 12 E 16
Lozzo Atestino PD ... 24 G 16
Lozzo di Cadore BL ... 5 C 19
Lozzolo VC ... 20 F 6
Lu AL ... 28 G 7
Lubriano VT ... 57 O 18
Lucca LU ... 38 K 13
Lucca Sicula AG ... 97 O 21
Lucchio LU ... 39 J 14
Lucco (Monte) SI ... 44 L 16
Lucedio VC ... 20 G 6
Lucera FG ... 66 C 28
Lucignano AR ... 50 M 17
Lucignano d'Arbia SI ... 50 M 16
Lucinico GO ... 17 E 22
Lucino CO ... 21 E 9
Lucito CB ... 65 Q 26
Luco (Monte) AQ ... 59 O 22
Luco dei Marsi AQ ... 59 Q 22
Luco (Monte) BZ ... 3 C 15
Lucolena FI ... 44 L 16
Lucoli AQ ... 59 P 22
Lucrezia PS ... 46 K 20
Lucugnano LE ... 83 H 36
Ludu (Genna su) NU .. 119 H 10
Lüsen / Luson BZ ... 4 B 17
Lugagnano VR ... 23 F 14
Lugagnano
Val d'Arda PC ... 30 H 11
Lugano (Lago di) VA ... 8 E 8
Luggerras
(Cuccuru) NU ... 119 I 10
Lugnano PG ... 45 L 18
Lugnano
in Teverina TR ... 58 O 18
Lugnola RI ... 58 O 19
Lugo RA ... 40 I 17
Lugo RE ... 39 I 13
Lugo VE ... 25 F 18
Lugo VR ... 23 F 14
Lugo di Vicenza VI ... 24 E 16
Lugosano AV ... 70 E 26
Lugugnana VE ... 16 E 20
Lugugnano PR ... 38 I 12
Luicciana PO ... 39 J 15
Luino VA ... 8 E 8
Lula NU ... 113 F 10
Lumarzo GE ... 37 I 9
Lumbaldu SS ... 111 E 8
Lumezzane BS ... 22 F 12
Lumiei UD ... 13 C 20
Luminaria (Pizzo) ME . 100 N 25
Lumini VR ... 23 F 14
Luna (Alpe della) AR ... 45 L 18
Luna (Cala di) NU ... 117 G 10
Lunamatrona SU ... 118 I 8
Lunano PS ... 45 K 19
Lunella (Punta) TO ... 18 G 3
Lunga (Cala) SU ... 120 J 7
Lunga (Serra) AQ ... 64 Q 22
Lungavilla PV ... 29 G 9
Lunghezza RM ... 62 Q 20
Lungo (Lago) LT ... 68 S 22
Lungo (Lago) RI ... 58 O 20
Lungo (Sasso) BZ ... 4 C 17
Lungro CS ... 85 H 30
Luni SP ... 38 J 12
Lunigiana MS ... 38 J 11
Luogosano AV ... 70 E 26
Luogosanto SS ... 109 D 9
Lupara CB ... 65 Q 26
Lupara FG ... 72 C 29
Lupara (Masseria) PZ ... 72 E 29
Lupia VI ... 24 F 16
Lupicino / Wölfl BZ ... 12 C 16
Lupo (Portella del) PA .. 99 N 23
Lupo (Valico di) FG ... 67 B 30
Lupone (Monte) RM ... 63 R 20
Lura CO ... 21 E 9
Lurago d'Erba CO ... 21 E 9
Lurago Marinone CO .. 21 E 8
Luras SS ... 109 E 9
Lurate Caccivio CO ... 21 E 9
Luretta PC ... 29 H 10
Luriano SI ... 49 M 15
Lurisia CN ... 35 J 5
Luseney (Becca di) AO .. 7 E 4
Luserna TN ... 12 E 15
Luserna
S. Giovanni TO ... 26 H 3
Lusevera UD ... 15 D 21
Lusia RO ... 32 G 16
Lusia (Passo di) TN ... 12 C 17
Lusiana VI ... 24 E 16
Lusiglié TO ... 19 G 5
Luson / Lüsen BZ ... 4 B 17
Lustignano PI ... 49 M 14
Lustra SA ... 75 G 27
Lusurasco PC ... 30 H 11
Lutago / Luttach BZ ... 4 B 17
Lutirano FI ... 40 J 17
Lutrano TV ... 16 E 19
Luttach / Lutago BZ ... 4 B 17
Luzzara RE ... 31 H 14
Luzzi CS ... 85 I 30
Luzzogno VB ... 8 E 7
Lys AO ... 19 F 5
Lyskamm AO ... 7 E 5

M

Macaion (Monte) /
Gantkofel BZ ... 3 C 15
Macalube
(Vulcanelli di) AG ... 103 O 22
Macari TP ... 97 M 20
Maccabei BN ... 70 D 26
Maccacari VR ... 31 G 15
Maccagno VA ... 8 D 8
Maccarese RM ... 62 Q 18
Maccarese
(Bonifica di) RM ... 62 Q 18
Macchia CT ... 101 N 27
Macchia CS ... 85 I 31
Macchia
(Coppa della) FG ... 67 B 29
Macchia da Sole TE ... 53 N 22
Macchia di Monte BA .. 80 E 33
Macchia d'Isernia IS ... 65 R 24
Macchia Rotonda FG .. 67 C 29
Macchia
Valfortore CB ... 66 C 26
Macchiagodena IS ... 65 R 25
Macchialunga
(Monte) TR ... 58 O 20
Macchiareddu CA ... 118 J 9
Macchiascandona GR .. 49 N 14
Macchiatornella TE ... 59 O 22
Macchie PG ... 51 M 18
Macchie TR ... 58 O 19
Macchina Lagana RC .. 88 L 30
Macchioni FR ... 63 R 22
Macciano PG ... 51 N 19
Macciano SI ... 50 M 17
Macconi (i) RG ... 104 Q 25
Macello TO ... 26 H 4
Mácera di Morte TE ... 52 N 22
Macerata MC ... 52 M 22
Macerata PI ... 42 L 13
Macerata
Campania CE ... 69 D 24
Macerata Feltria PS ... 41 K 19
Macere RM ... 63 Q 20
Macereto (Ponte) SI ... 50 M 15
Macereto
(Santuario di) MC ... 52 N 21
Macerino TR ... 51 N 19
Macerone FO ... 41 J 19
Maciano PS ... 41 K 18
Macina CN ... 53 M 22
Macioni (Monte) SU .. 119 J 10
Maclodio BS ... 22 F 12
Macomer NU ... 115 G 8
Macra CN ... 26 I 3
Macugnaga VB ... 7 E 5
Maddalena SV ... 28 I 7
Maddalena (Arcipelago
della) SS ... 109 D 10
Maddalena
(Colle della) TO ... 26 I 2
Maddalena
(Colle della) TO ... 27 G 5
Maddalena (Isola) SS . 109 D 10
Maddalena
(Monte) BS ... 22 F 12
Maddalena
(Monti della) PZ ... 76 F 28
Maddalena
(Penisola della) SR .. 105 P 27
Maddalena
Spiaggia CA ... 118 J 9
Maddalene CN ... 27 I 4
Maddaloni CE ... 70 D 25
Madesimo SO ... 9 C 10
Madone BG ... 21 F 10
Madonna AT ... 28 H 7
Madonna
Candelecchia AQ ... 64 Q 22
Madonna dei Bagni
(Deruta) PG ... 51 N 19
Madonna
dei Fornelli BO ... 39 J 15
Madonna
dei Miracoli BA ... 72 D 30
Madonna
dei Monti PG ... 51 L 19
Madonna del
Buon Cammino BA .. 73 E 31
Madonna del
Buonconsiglio CL ... 104 P 25
Madonna
del Carmine SA ... 76 F 28
Madonna
del Carmine TA ... 73 F 32
Madonna del Furi PA .. 97 M 21
Madonna
del Ghisallo LC ... 9 E 9
Madonna
del Monte FO ... 41 J 18
Madonna
del Monte PG ... 52 N 20
Madonna
del Monte Vivo SA ... 76 F 28
Madonna
del Pettoruto CS ... 85 H 29
Madonna
del Piano CT ... 104 P 25
Madonna
del Ponte PS ... 46 K 21
Madonna
del Sasso NO ... 20 E 7
Madonna
della Cava TP ... 96 N 19
Madonna
della Cima PG ... 46 L 19
Madonna
della Civita LT ... 64 S 22
Madonna
della Lanna AQ ... 64 Q 23
Madonna
della Libera TP ... 97 N 20
Madonna
della Neve PG ... 52 N 21
Madonna
della Pace RM ... 63 Q 21
Madonna
della Quercia VT ... 57 O 18
Madonna
della Scala BA ... 73 E 33
Madonna della Scala
(Santuario della) TA .. 78 F 33
Madonna
della Stella PZ ... 77 G 30
Madonna
della Valle PG ... 51 N 19
Madonna
dell'Acero BO ... 39 J 14
Madonna
dell'Acqua PI ... 42 K 13
Madonna
dell'Alto TP ... 97 N 20
Madonna
dell'Ambro AP ... 52 N 21
Madonna
dell'Auricola FR ... 63 R 22
Madonna
delle Grazie PD ... 24 G 18
Madonna
di Baiano PG ... 51 N 20
Madonna
di Campiglio TN ... 11 D 14
Madonna
di Canneto CB ... 65 Q 25
Madonna
di Canneto FR ... 64 Q 23
Madonna di
Costantinopoli SA ... 76 F 27
Madonna di Cristo FG . 67 C 28
Madonna
di Fatima SS ... 111 F 9
Madonna
di Gaspreano MC ... 52 M 21
Madonna
di Mellitto BA ... 73 E 31
Madonna
di Monserrato LI ... 48 N 13
Madonna
di Novi Velia SA ... 76 G 28
Madonna
di Pergamo MT ... 77 F 30
Madonna di Piano PS .. 46 L 20
Madonna
di Picciano MT ... 72 E 31
Madonna
di Pietralba BZ ... 12 C 16
Madonna
di Porto Salvo AG ... 102 U 19
Madonna
di Pugliano PS ... 41 K 19
Madonna
di Ripalta FG ... 72 D 29
Madonna
di S. Luca BO ... 40 I 15
Madonna di Senales /
Unserfrau BZ ... 3 B 14
Madonna
di Sterpeto BA ... 72 D 30
Madonna di Stignano
(Santuario della) FG .. 66 B 28
Madonna
di Tirano SO ... 10 D 12
Madonna
di Viatosto AT ... 27 H 6
Madonna
di Viggiano PZ ... 77 F 29
Madonnino SI ... 50 M 17
Madonnuzza
(Portella) PA ... 99 N 24
Madrano TN ... 11 D 15
Mae BL ... 13 D 18
Maenza LT ... 63 R 21
Maerne VE ... 25 F 18
Maestrale
(Stagno di) SU ... 120 K 7
Maestrello PG ... 51 M 18
Mafalda CB ... 61 Q 26
Maffiotto TO ... 18 G 3
Magaggiaro
(Monte) AG ... 97 N 20
Magasa BS ... 23 E 13
Magazzino MO ... 31 I 15
Magazzolo PA ... 98 O 22
Magdeleine (la) AO ... 7 E 4
Magenta MI ... 20 F 8
Maggio LC ... 9 E 10
Maggio (Monte) PG ... 52 M 20
Maggio (Monte) SI ... 44 L 15
Maggiora NO ... 20 E 7
Maggiorasca
(Monte) GE ... 29 I 10
Maggiore (Isola)
(L. Trasimeno) PG ... 51 M 18
Maggiore (Lago) VA ... 8 E 7
Maggiore (Monte) CE .. 69 D 24
Maggiore (Monte) GR .. 57 O 16
Maggiore (Monte) PG .. 52 N 20
Maggiore (Punta) SS .. 113 E 10
Maggiore (Serra) MT ... 78 G 31
Magherno PV ... 21 G 9
Magisano CZ ... 87 J 31
Magliano Alfieri CN ... 27 H 6
Magliano Alpi CN ... 27 I 5
Magliano de' Marsi AQ . 59 P 22
Magliano di Tenna AP .. 53 M 22
Magliano in
Toscana GR ... 56 O 15
Magliano Romano RM . 58 P 19
Magliano Sabina RI ... 58 O 19
Magliano Vetere SA ... 76 F 27
Magliati (Masseria) TA . 78 F 32
Maglie LE ... 83 G 36
Magliolo SV ... 35 J 6
Magnacavallo MN ... 31 G 15
Magnago MI ... 20 F 8
Magnano BI ... 19 F 6
Magnano PZ ... 77 G 30
Magnano in
Riviera UD ... 14 D 21
Magnisi (Penisola) SR . 105 P 27
Magnola
(Monte della) AQ ... 59 P 22
Magnolini
(Rifugio) BG ... 10 E 12
Magomadas OR ... 114 G 7
Magra MS ... 38 I 11
Magras TN ... 11 C 14
Magré s. str. d. vino /
Magreid BZ ... 11 D 15
Magredis UD ... 15 D 21
Magreglio CO ... 9 E 9
Magreid a. d. Weinstraße /
Magré BZ ... 11 D 15
Magreta MO ... 31 I 14
Magugnano VT ... 57 O 18
Magusu (Punta) SU ... 118 I 7
Mai (Monte) SA ... 70 E 26
Maiano PG ... 51 N 20
Maiano PS ... 41 K 18
Maiano Monti RA ... 40 I 17
Maida CZ ... 88 K 31
Maida Marina CZ ... 88 K 30
Maiella (Montagna
della) CH ... 60 P 24
Maiella (Parco
Nazionale della) CH .. 60 Q 24
Maielletta (la) CH ... 60 P 24
Maierà CS ... 84 H 29
Maierato VV ... 88 K 30
Maiern / Masseria BZ ... 3 B 15
Maiero FE ... 32 H 17
Maiolati Spontini AN ... 46 L 21
Maiolo PC ... 29 H 10
Maiorana
(Masseria) BA ... 72 E 31
Maiori SA ... 75 F 25
Maiori SS ... 109 E 9
Maiori (Monte) OR ... 118 H 8
Maira (Torrente) CN ... 26 I 3
Maira (Valle) CN ... 26 I 3
Mairago LO ... 21 G 10
Mairano BS ... 22 F 12
Maissana SP ... 37 I 10
Majano UD ... 14 D 21
Mal di Ventre
(Isola di) OR ... 114 H 6
Malacalzetta SU ... 118 I 7
Maladecia (Punta) CN .. 34 J 3
Malagnino CR ... 30 G 12
Malagrotta RM ... 62 Q 19
Malaina (Monte) FR ... 63 R 21
Malalbergo BO ... 32 H 16
Malamocco VE ... 25 F 19
Malamocco
(Porto di) VE ... 25 F 18
Malara (Monte) AV ... 71 D 27
Malborghetto UD ... 15 C 22
Malcesine VR ... 23 E 14
Malchina TS ... 17 E 22
Malciaussia TO ... 18 G 3
Malcontenta VE ... 25 F 18
Malé TN ... 11 C 14
Malegno BS ... 10 E 12
Malenco (Val) SO ... 10 D 11
Maleo LO ... 22 G 11
Malesco VB ... 8 D 7
Maletto CT ... 100 N 26
Malfa ME ... 94 L 26
Malfatano (Capo) SU .. 120 K 8
Malga Bissina
(Lago di) TN ... 11 D 13
Malga Boazzo
(Lago di) TN ... 11 D 13
Malga dei Dossi /
Knutten-Alm BZ ... 4 B 18
Malga
di Valmaggiore TN ... 12 D 16
Malga Fana BZ ... 4 B 16
Malga Movlina TN ... 11 D 14
Malga Prato /
Wieser Alm BZ ... 4 A 18
Malga Pudio /
Pidig Alm BZ ... 4 B 18
Malga Sadole TN ... 12 D 16
Malghera SO ... 10 C 12
Malgrate LC ... 9 E 10
Malignano SI ... 49 M 15
Malina UD ... 15 D 21
Malinvern (Testa) CN ... 34 J 3
Malito CS ... 86 J 30
Mallare SV ... 36 J 6
Màllero SO ... 10 D 11
Malles Venosta /
Mals BZ ... 2 B 13
Malnate VA ... 20 E 8
Malnisio PN ... 13 D 19
Malo VI ... 24 F 16
Malonno BS ... 10 D 12
Malopasseto
(Passo) EN ... 99 N 24
Malosco TN ... 11 C 15
Malpaga BG ... 22 F 11
Malpaga BS ... 22 F 12
Mals /
Malles Venosta BZ ... 2 B 13
Maltignano AP ... 53 N 23
Maltignano PG ... 52 N 21
Malu SU ... 118 I 8
Malvagna ME ... 100 N 27
Malvicino AL ... 28 I 7
Malvito CS ... 85 I 30
Malvizza AV ... 70 D 27
Malvizzo (Monte) AG . 103 P 23
Mamiano PR ... 30 H 13

Mammola RC 88 L 30
Mamoiada NU 115 G 9
Mamone NU 113 F 10
Mamusi SS 113 E 10
Manacore FG 67 B 30
Manara (Punta) GE 37 J 10
Manarola SP 37 J 11
Manciano GR 56 O 16
Mancuso (Monte) CZ 86 J 30
Mandanici ME 90 M 27
Mandarini (Portella) PA 99 N 24
Mandas SU 119 I 9
Mandatoriccio CS 87 I 32
Mandatoriccio-Campana (Stazione di) CS 87 I 32
Mandela RM 58 P 20
Mandello del Lario LC 9 E 9
Mandello Vitta NO 20 F 7
Mandolossa BS 22 F 12
Mandra de Caia (Punta) NU 116 G 10
Mandrazzi (Portella) ME 101 N 27
Mandria Luci CS 85 H 30
Mandriole RA 33 I 18
Mandrioli (Passo dei) FO 45 K 17
Mandriolo (Cima) VI 12 E 16
Mandrogne AL 28 H 8
Mandrolisai NU 115 G 9
Mandrone (Monte) BS 11 D 13
Manduria TA 79 F 34
Manerba del Garda BS 23 F 13
Manerbio BS 22 F 12
Manfredonia FG 67 C 29
Manfredonia (Golfo di) FG 67 C 30
Manfredonico (Mussomeli) CL 99 O 23
Manfria CL 103 P 24
Manganaro (Bivio) PA 98 N 22
Mangari (Monte) UD 15 C 22
Manghen (Passo) TN 12 D 16
Mangiante (Portella) PA 99 N 23
Mangiatoriello (Pizzo) PA 98 N 22
Mango CN 27 H 6
Mangone CS 86 J 30
Maniace (Abbazia di) CT 100 N 26
Maniago PN 13 D 20
Maniago (Rifugio) PN 13 D 19
Maniglia (Monte) CN 26 I 2
Maniva (Passo del) BS 22 E 13
Mannuad (Est di Teulada) SU 121 K 8
Mannu (a Nord di Nuoro) NU 115 F 9
Mannu (ad Ovest di Siniscola) NU 113 F 10
Mannu (a Sud di Terralba) SS 118 I 8
Mannu (Fluminimaggiore) SU 118 I 7
Mannu (vicino a Cuglieri) OR 114 G 7
Mannu (vicino a Narcao) SU 118 J 8
Mannu (vicino ad Ozieri) SS 111 F 8
Mannu (vicino a Samugheo) OR 115 H 8
Mannu (vicino a Santadi) SU 118 J 8
Mannu (vicino a Sassari) SS 110 F 7
Mannu (vicino a Villasor) SU 118 I 8
Mannu (Capo) OR 114 G 7
Mannu (Capo) SS 110 E 6
Mannu (Monte) OR 114 F 7
Mannu della Reale (Porto) SS 108 D 6
Manocalza AV 70 E 26
Manolino CN 35 J 5
Manoppello PE 60 P 24
Manoppello Scalo PE 60 P 24
Mansué TV 16 E 19
Manta CN 27 I 4
Mantignana PG 51 M 18
Mantova MN 31 G 14
Manzano UD 17 E 22
Manziana RM 57 P 18
Manzolino MO 31 I 15
Mapello BG 21 E 10
Mappa CL 99 O 23
Mara SS 115 F 7
Maracalagonis CA 119 J 9
Maragnole VI 24 E 16
Marana AQ 59 O 21
Marane AQ 60 P 23
Maranello MO 31 I 14
Marano BO 39 J 15
Marano (Laguna di) UD 16 E 21
Marano (Torrente) RN 41 K 19
Marano di Napoli NA 69 E 24
Marano Equo RM 59 Q 21
Marano Lagunare UD 16 E 21
Marano Marchesato CS 86 J 30
Marano Principato CS 86 J 30
Marano sul Panaro MO 39 I 14
Marano Ticino NO 20 F 7
Marano Valpolicella VR 23 F 14
Marano Vicentino VI 24 E 16
Maranola LT 64 S 22
Maranza / Meransen BZ 4 B 16
Maranzana AT 28 H 7
Maraone (Isola) TP 96 N 19
Marargiu (Capo) NU 114 F 7
Marasca (Colle) CB 65 Q 25
Maratea PZ 84 H 29
Maratea (Grotta di) PZ 84 H 29
Marausa TP 96 N 19
Marazzino SS 109 D 9
Marcallo MI 20 F 8
Marcanzotta TP 96 N 19
Marcaria MN 31 G 13
Marcato Bianco EN 103 O 24
Marcato d'Arrigo CL 103 O 24
Marcatobianco PA 99 N 23
Marceddi OR 118 H 7
Marceddi (Stagno di) OR 118 H 7
Marcedusa CZ 87 J 32
Marcelilinara CZ 88 K 31
Marcelli AN 47 L 22
Marcellina CS 84 H 29
Marcellina RM 58 P 20
Marcellise VR 23 F 15
Marcetelli RI 59 P 21
Marcheno BS 22 E 12
Marchesa (Masseria la) FG 66 B 27
Marchesato KR 87 J 32
Marchese (Punta del) LI 54 O 12
Marchetti (Rifugio) TN 11 E 14
Marchiazza VC 20 F 7
Marchione (Castello) BA 73 E 33
Marchioni (Masseria) LE 79 G 35
Marchirolo VA 8 E 8
Marciana LI 48 N 12
Marciana Marina LI 48 N 12
Marcianise CE 69 D 24
Marciano AR 44 K 17
Marciano della Chiana AR 50 M 17
Marciaso MS 38 J 12
Marcignago PV 21 G 9
Marcignana FI 43 K 14
Marcignano PG 45 L 18
Marco TN 23 E 15
Marcolano (Monte) AQ 64 Q 23
Marcon VE 25 F 18
Marconi (Mausoleo di G.) BO 39 I 15
Marconia MT 78 F 32
Mardimago RO 32 G 17
Mare Grande TA 78 F 33
Mare Piccolo TA 79 F 33
Mare (Portella di) PA 99 N 23
Mare (Val de la) TN 11 C 14
Marebbe / Enneberg BZ 4 B 17
Marebello RN 41 J 19
Marecchia PS 41 K 18
Marechiaro NA 69 E 24
Marega VR 24 G 16
Maremma GR 56 O 15
Maremma (Parco Naturale della) GR 55 O 15
Marene CN 27 I 5
Mareneve CT 100 N 27
Marengo AL 28 H 8
Marengo CN 27 I 6
Marengo MN 23 G 14
Mareno di Piave TV 13 E 19
Marentino TO 27 G 5
Marepotamo RC 88 L 30
Maresca PT 39 J 14
Mareson BL 13 C 18
Mareto PC 29 H 10
Marettimo TP 96 N 18
Marettimo (Isola) TP 96 N 18
Margana (Valle della) PA 98 N 22
Margarita CN 35 I 5
Marghera VE 25 F 18
Margherita di Savoia FG 72 C 30
Margherito Soprano CT 104 O 25
Margherito Sottano CT 104 O 25
Marghine (Catena di) NU 115 G 8
Margi SR 104 P 26
Margine di Momigno PT 39 K 14
Marginetto (Punta) SS 109 D 10
Marginone LU 39 K 14
Margno LC 9 D 10
Margone TO 18 G 3
Margorabbia VA 8 E 8
Marguareis (Punta) CN 35 J 5
Mari Ermi OR 114 H 7
Maria e Franco (Rifugio) BS 10 D 13
Maria Luisa (Rifugio) VB 8 C 7
Maria (Monte) SU 119 J 10
Mariana Mantovana MN 22 G 13
Mariano Comense CO 21 E 9
Mariano del Friuli GO 17 E 22
Marianopoli CL 99 O 23
Marigliano NA 70 E 25
Marilleva TN 11 D 14
Marina VE 16 E 20
Marina (Torrente) FI 39 K 15
Marina dei Ronchi MS 38 K 12
Marina del Cantone NA 74 F 25
Marina di Alberese GR 55 O 15
Marina di Amendolara CS 85 H 31
Marina di Andora SV 35 K 6
Marina di Andrano LE 83 H 37
Marina di Arbus SU 118 I 7
Marina di Ascea SA 76 G 27
Marina di Avola SR 105 Q 27
Marina di Belmonte CS 86 J 30
Marina di Belvedere CS 84 I 29
Marina di Bibbona LI 48 M 13
Marina di Camerota SA 84 G 28
Marina di Campo LI 48 N 12
Marina di Caronia ME 100 M 25
Marina di Carrara MS 38 J 12
Marina di Casal Velino SA 75 G 27
Marina di Castagneto-Donoratico LI 49 M 13
Marina di Caulonia RC 88 L 31
Marina di Cecina LI 48 M 13
Marina di Cetraro CS 85 I 29
Marina di Chieuti FG 66 B 27
Marina di Davoli CZ 89 L 31
Marina di Fuscaldo CS 86 I 30
Marina di Gairo NU 119 H 11
Marina di Gioia Tauro RC 88 L 29
Marina di Gioiosa Ionica RC 91 M 30
Marina di Grosseto GR 49 N 14
Marina di Lago di Patria CE 69 E 24
Marina di Lesina FG 66 B 28
Marina di Leuca LE 83 H 37
Marina di lu Impostu SS 113 E 11
Marina di Mancaversa LE 83 H 36
Marina di Maratea PZ 84 H 29
Marina di Massa MS 38 J 12
Marina di Melilli SR 105 P 27
Marina di Minturno LT 69 D 23
Marina di Modica RG 106 Q 26
Marina di Montemarciano AN 46 L 22
Marina di Montenero CB 61 P 26
Marina di Novaglie LE 83 H 37
Marina di Orosei NU 117 F 11
Marina di Ostuni BR 80 E 34
Marina di Palma AG 103 P 23
Marina di Palmi RC 88 L 29
Marina di Paola CS 86 I 30
Marina di Patti ME 100 M 26
Marina di Pescia Romana VT 56 O 16
Marina di Pescoluse LE 83 H 36
Marina di Pietrasanta LU 38 K 12
Marina di Pisa PI 42 K 12
Marina di Pisciotta SA 76 G 27
Marina di Pisticci MT 78 G 32
Marina di Pulsano TA 79 F 34
Marina di Ragusa RG 106 Q 25
Marina di Ravenna RA 33 I 18
Marina di S. Lorenzo RC 90 N 29
Marina di Salivoli LI 48 N 13
Marina di S. Antonio CZ 89 L 31
Marina di S. Ilario RC 91 M 30
Marina di S. Lorenzo RM 62 R 19
Marina di S. Vito CH 60 P 25
Marina di Sorso SS 110 E 7
Marina di Strongoli KR 87 J 33
Marina di Torre del Lago LU 38 K 12
Marina di Torre Grande OR 114 H 7
Marina di Varcaturo NA 69 E 24
Marina di Vasto CH 61 P 26
Marina di Zambrone VV 88 K 29
Marina Faleriense AP 53 M 23
Marina Grande NA 74 F 24
Marina Palmense AP 53 M 23
Marina Piccola NA 74 F 24
Marina Romea RA 33 I 18
Marina Roseto Capo Spulico CS 85 H 31
Marina Schiavonea CS 85 I 31
Marina Serra LE 83 H 37
Marina Velca VT 57 P 17
Marine di Posto Rossi LE 83 H 36
Marinella TP 97 O 20
Marinella VE 16 E 21
Marinella di Sarzana SP 38 J 12
Marinella (Golfo di) SS 109 D 10
Marinelli (Rifugio) SO 10 C 11
Marinelli (Rifugio) UD 5 C 20
Marineo PA 98 N 22
Marineo (Monte) CT 104 P 26
Marini (Rifugio) PA 99 N 24
Marino RM 62 Q 19
Marino (Monte) FO 40 K 17
Mariotti (Rifugio) PR 38 I 12
Mariotto BA 73 D 31
Maristella SS 110 F 6
Marlengo / Marling BZ 3 C 15
Marlia LU 39 K 13
Marliana PT 39 K 14
Marling / Marlengo BZ 3 C 15
Marmagna (Monte) PR 38 I 11
Marmarole (Gruppo delle) BL 4 C 18
Marmilla SU 118 H 8
Marmirolo MN 23 G 14
Marmitte (Parco delle) SO 9 D 10
Marmolada BL 12 C 17
Marmontana (Monte) CO 9 D 9
Marmora CN 26 I 3
Marmora (Punta la) NU 115 H 9
Marmorata (Isola la) SS 109 D 9
Marmore AO 19 E 4
Marmore TR 58 O 20
Marmore (Cascata delle) TR 58 O 20
Marmorta BO 32 I 17
Marmottere (Punta) TO 18 G 3
Marmuri (Su) NU 117 H 10
Marocco TV 25 F 18
Marogella (Passo della) BG 10 E 11
Maroglio CL 104 P 24
Marola RE 38 I 13
Marola VI 24 F 16
Marone BS 22 E 12
Maropati RC 88 L 30
Marostica VI 24 E 16
Marotta PS 46 K 21
Marozzo FE 33 H 18
Marradi FI 40 J 16
Marrara FE 32 H 17
Marro RC 88 L 29
Marroggia PG 51 N 20
Marrubiu OR 114 H 7
Mars (Monte) BI 19 F 5
Marsaglia CN 27 I 5
Marsaglia PC 29 H 10
Marsala TP 96 N 19
Marsala (Punta) TP 96 N 19
Marsciano PG 51 N 19
Marsia AQ 59 P 21
Marsiai BL 12 D 18
Marsicano (Monte) AQ 64 Q 23
Marsico Nuovo PZ 76 F 29
Marsicovetere PZ 77 F 29
Marsiliana GR 56 O 16
Marsure PN 13 D 19
Marta VT 57 O 17
Marta (Fiume) VT 57 O 17
Martana (Isola) VT 57 O 17
Martani (Monti) PG 51 N 19
Martano LE 83 G 36
Martano (Monte) PG 51 N 19
Martell / Martello BZ 2 C 14
Martellago VE 25 F 18
Martello / Martell BZ 2 C 14
Martello (Pizzo) SO 9 D 9
Martello (Val) BZ 2 C 14
Marti PI 43 L 14
Martignacco UD 14 D 21
Martignana di Po CR 30 G 13
Martignano LE 83 G 36
Martignano (Lago di) RM 58 P 18
Martina Franca TA 80 E 34
Martina Olba SV 28 I 7
Martinelle VE 33 G 18
Martinengo BG 22 F 11
Martinetto SV 35 J 6
Martinez (Case) CL 103 O 24
Martiniana Po CN 26 I 4
Martino (Poggio) VT 57 O 17
Martinsicuro TE 53 N 23
Martirano CZ 86 J 30
Martirano Lombardo CZ 86 J 30
Martis SS 111 E 8
Martone RC 88 L 30
Martorano FO 41 J 18
Maru ME 100 M 26
Maruggio TA 79 G 34
Marza RG 107 Q 26
Marzabotto BO 39 I 15
Marzamemi SR 107 Q 27
Marzano PV 21 G 9
Marzano Appio CE 64 S 24
Marzano di Nola AV 70 E 25
Marzeno FO 40 J 17
Marzettelle MN 31 H 14
Marzi CS 86 J 30
Marziano (il) BA 72 D 30
Marzio VA 8 E 8
Marzo (Monte) TO 19 F 4
Marzocca AN 46 K 21
Marzolara PR 30 I 12
Mas BL 13 D 18
Masainas SU 120 J 7
Masarè BL 12 C 18
Masarolis UD 15 D 22
Masate MI 21 F 10
Mascali CT 101 N 27
Mascalucia CT 100 O 27
Mascari SS 110 E 7
Maschito PZ 72 E 29
Maser TV 24 E 17
Masera VB 8 D 6
Maserà di Padova PD 24 G 17
Maserada sul Piave TV 25 E 18
Masi PD 32 G 16
Masi di Cavalese TN 12 D 16
Masi S. Giacomo FE 32 H 17
Masi Torello FE 32 H 17
Masiennera (Punta) SS 111 F 9
Masino SO 9 D 10
Masino (Torrente) SO 9 D 10
Masio AL 28 H 7
Maso Corto / Kurzras BZ 2 B 14
Mason Vicentino VI 24 E 16
Masone GE 28 I 8
Masone RE 31 H 14
Massa MS 38 J 12
Massa Annunziata CT 100 O 27
Massa d'Albe AQ 59 P 22
Massa e Cozzile PT 39 K 14
Massa Fermana AP 52 M 22
Massa Finalese MO 31 H 15
Massa Fiscaglia FE 32 H 18
Massa Lombarda RA 40 I 17
Massa Lubrense NA 74 F 25
Massa Marittima GR 49 M 14
Massa Martana PG 51 N 19
Massa S. Giorgio ME 90 M 28
Massaciuccoli LU 38 K 13
Massaciuccoli (Lago di) LU 38 K 13
Massafra TA 78 F 33
Massama OR 114 H 7
Massanzago PD 24 F 17
Massarella FI 43 K 14
Massarosa LU 38 K 13
Massazza BI 19 F 6
Massello TO 26 H 3
Massenzatica FE 33 H 18
Masserano BI 20 F 6
Masserecci (Poggio) AR 44 L 17
Masseria / Maiern BZ 3 B 15
Massico (Monte) CE 69 D 23
Massignano AP 53 M 23
Massimino SV 35 J 6
Massino Visconti NO 20 E 7
Massone (Monte) VB 8 E 7
Mastallone VC 8 E 6
Mastaun BZ 3 B 14
Mastixi (Punta su) NU 117 H 11
Masua SU 118 I 7
Masuccio (Monte) SO 10 D 12
Masullas OR 118 H 8
Mataiur (Monte) UD 15 D 22
Matarazzo (Monte) CL 99 O 24
Matarocco TP 96 N 19
Matelica MC 52 M 21
Matera MT 73 E 31
Materdomini AV 71 E 27
Matese (Lago del) CE 65 R 25
Matese (Monti del) CB 65 R 25
Mathi TO 19 G 4
Matigge PG 51 N 20
Matine di Latta (Masseria le) BA 72 D 31
Matinella SA 75 F 27
Matino LE 83 G 36
Matraia LU 39 K 13
Matrice CB 65 R 26
Matsch / Mazia BZ 2 B 13
Mattarana SP 37 J 10
Mattarello TN 11 D 15
Matterhorn / Cervino (Monte) AO 7 G 8
Mattie TO 18 G 3
Mattina (Monte) AV 71 E 28
Mattinata FG 67 B 30
Mattinata (Porto di) FG 67 B 30
Mattinatella FG 67 B 30
Mattinella AV 71 E 27
Matto (Monte) CN 34 J 3
Matzaccara SU 118 J 7
Maucini SR 107 Q 27
Mauls / Mules BZ 3 B 16
Mauria (Passo della) BL 5 C 19
Maurin (Colle de) CN 26 I 2
Mauro (Monte) CB 65 Q 26
Maxia (Punta) SU 118 J 8
Mazara del Vallo TP 96 O 19
Mazaro TP 96 N 19
Mazia / Matsch BZ 2 B 13
Mazia (Val di) BZ 2 B 13
Mazzangrugno AN 46 L 21
Mazzano Romano RM 58 P 19

Mazzarà
S. Andrea ME 101 M 27
Mazzarino CL 103 P 24
Mazzarino
(Castello di) CL 103 P 24
Mazzarò ME 90 N 27
Mazzarrone CT 104 P 25
Mazzarrone
(Poggio) CT 104 P 25
Mazzè TO 19 G 5
Mazzi FO 41 K 18
Mazzin TN 4 C 17
Mazzo di Valtellina SO 10 D 12
Mazzolla PI 43 L 14
Mazzorno RO 33 G 18
Meana di Susa TO 18 G 3
Meana Sardo NU 115 H 9
Meano TN 11 D 15
Meano BL 12 D 18
Mecca TO 18 G 4
Meda MI 21 F 9
Meda VI 24 E 16
Medaris (Monte) SS 111 F 9
Medaro (Pizzo) VB 8 D 7
Medau (Genna 'e) NU 115 H 10
Medau Zirimilis
(Lago di) SU 118 J 8
Mede PV 28 G 8
Medea GO 17 E 22
Medelana BO 39 I 15
Medesano PR 30 H 12
Medeuzza UD 17 E 22
Mediano PR 30 I 12
Medicina BO 40 I 16
Medico
(Scoglio del) PA 92 K 21
Mediglia MI 21 F 9
Mediis UD 13 C 20
Mediterraneo
(Lido) TP 96 N 19
Medolago BG 21 E 10
Medole MN 22 G 13
Medolla MO 31 H 15
Meduna PN 13 D 20
Meduna di Livenza TV 16 E 19
Meduno PN 13 D 20
Megara Hyblaea SR 105 P 27
Meggiano PG 52 N 20
Megliadino
S. Fidenzio PD 24 G 16
Megliadino
S. Vitale PD 24 G 16
Meia (Rocca la) CN 34 I 3
Meina NO 20 E 7
Mel BL 13 D 18
Mela ME 90 M 27
Melag / Melago BZ 2 B 13
Melago / Melag BZ 2 B 13
Melandro PZ 76 F 28
Melara RO 31 G 15
Melas SS 110 F 7
Melazzo AL 28 I 7
Meldola FO 41 J 18
Mele GE 36 I 8
Mele (Capo) SV 35 K 6
Meledo VI 24 F 16
Meledrio (Val) TN 11 D 14
Melegnanello LO 21 G 10
Melegnano MI 21 F 9
Melendugno LE 81 G 37
Meleta GR 49 M 15
Meleti LO 30 G 11
Meleto SI 44 L 16
Meletole RE 31 H 13
Mélezet TO 18 G 2
Melfa FR 64 R 22
Melfa (Fiume) FR 64 R 23
Melfi PZ 71 E 28
Melia ME 90 N 27
Melia RC 90 M 29
Melicuccà RC 90 M 29
Melicucco RC 88 L 30
Melilli SR 105 P 27
Melilli (Casa) SR 105 P 27
Melisenda NU 119 I 10
Melissa KR 87 J 33
Melissano LE 83 H 36
Melito RC 90 N 29
Melito Porto Salvo RC 90 N 29
Melito Irpino AV 70 D 27
Melito Irpino
Vecchia AV 70 D 27
Melizzano BN 70 D 25
Mella BS 22 E 12
Melle CN 26 I 3
Mellea CN 27 I 4
Mello SO 9 D 10
Melogno (Colle di) SV 35 J 6
Meloria (Torre della) LI 42 L 12
Melosa (Colla) IM 35 K 5
Melpignano LE 83 G 36
Meltina / Mölten BZ 3 C 15
Melzo MI 21 F 10
Mená VR 32 G 16
Menaggio CO 9 D 9
Menago VR 23 G 15
Menarola SO 9 D 10
Menata FE 32 I 18
Menconico PV 29 H 9
Mendatica IM 35 J 5
Mendelpaß / Mendola
(Passo della) TN 11 C 15
Mendicino CS 86 J 30
Mendola TP 97 N 20
Mendola
(Fiume della) PA 98 N 22
Mendola (Passo d.) /
Mendelpaß TN 11 C 15
Menegosa (Monte) PC 29 H 11
Menfi AG 97 O 20
Menga (Punta) SU 120 K 7
Mengara PG 51 M 19
Menotre PG 52 N 20
Mensa FO 41 J 18
Mensanello SI 43 L 15
Mensano SI 49 M 15
Menta (Pizzo la) AG 98 O 22
Mentana RM 58 P 19
Mentorella RM 63 Q 20
Menzano AQ 59 O 21
Meolo VE 16 F 19
Mera SO 9 D 10
Meran / Merano BZ 3 C 15
Merano 2000 BZ 3 B 15
Merano / Meran BZ 3 C 15
Meransen /
Maranza BZ 4 B 16
Merate LC 21 E 10
Meraviglia (Monte) PG 52 N 21
Mercadante
(Foresta di) BA 73 E 32
Mercallo VA 20 E 8
Mercante
(Passo di) RC 88 M 30
Mercantour
(Cima di) CN 34 J 3
Mercatale BO 40 I 16
Mercatale PS 45 K 19
Mercatale (vicino
a Cortona) AR 51 M 18
Mercatale (vicino a
Montevarchi) AR 44 L 16
Mercatale
in Val di Pesa FI 43 L 15
Mercatello (vicino a
Marsciano) PG 51 N 18
Mercatello (vicino a
Montefalco) PG 51 N 20
Mercatello
(Passo del) PC 29 I 10
Mercatello
sul Metauro PS 45 L 19
Mercatino Conca PS 41 K 19
Mercato PR 30 I 12
Mercato SA 75 E 26
Mercato Cilento SA 75 G 27
Mercato
S. Severino SA 70 E 26
Mercato Saraceno FO 41 K 18
Mercato Vecchio PS 41 K 19
Mercenasco TO 19 F 5
Merchis OR 115 G 8
Mercogliano AV 70 E 26
Mercore PC 30 H 11
Mercure CS 85 H 30
Mereto di Tomba UD 14 D 21
Mergo AN 46 L 21
Mergozzo VB 8 E 7
Mergozzo (Lago di) VB 8 E 7
Merì ME 95 M 27
Merine LE 81 G 36
Merizzo MS 38 J 11
Merlara PD 32 G 16
Merlino LO 21 F 10
Mernicco GO 15 D 22
Merone CO 21 E 9
Merse SI 49 M 15
Mesa LT 63 R 21
Mesa (Punta sa) SS 111 F 9
Mesagne BR 79 F 35
Meschio TV 13 E 19
Mesco (Punta) SP 37 J 10
Mescolino (Monte) FO 40 K 18
Mesiano VV 88 L 30
Mesima VV 88 L 30
Mesola FE 33 H 18
Mesola
(Bosco della) FE 33 H 18
Mesoraca KR 87 J 32
Messignadi RC 91 M 29
Messina ME 90 M 28
Messina
(Stretto di) ME 90 M 28
Mestre VE 25 F 18
Mestrino PD 24 F 17
Mesu 'e Roccas
(Monte) OR 114 G 7
Mesule / Möseler BZ 4 B 17
Meta AQ 63 Q 22
Meta NA 74 F 25
Meta (Monti della) AQ 64 Q 23
Meta (Serra) RG 104 Q 26
Metaponto MT 78 F 32
Metapontum MT 78 F 32
Metato PI 42 K 13
Metato (Poggio) PI 49 L 14
Metauro PS 46 L 19
Metramo RC 88 L 30
Mezzalama
(Rifugio) AO 7 E 5
Mezzana PI 42 K 13
Mezzana TN 11 D 14
Mezzana Bigli PV 28 G 8
Mezzana (Cima) TN 11 C 14
Mezzana Corti PV 29 G 9
Mezzana-Frido PZ 85 H 30
Mezzana Grande
(Masseria) FG 66 C 27
Mezzana
Rabattone PV 29 G 9
Mezzana-Salice PZ 85 H 30
Mezzane BS 22 F 13
Mezzane
(Torrente) VR 23 F 15
Mezzane di Sotto VR 23 F 15
Mezzanego GE 37 I 10
Mezzanino LO 30 G 11
Mezzanino PV 29 G 9
Mezzano PC 30 G 11
Mezzano RA 41 I 18
Mezzano TN 12 D 17
Mezzano (Valle del) FE 32 H 17
Mezzano Inferiore PR 30 H 13
Mezzano
(Lago di) VT 57 O 17
Mezzano Scotti PC 29 H 10
Mezzano
Superiore PR 30 H 13
Mezzaselva VI 12 E 16
Mezzaselva /
Mittewald BZ 3 B 16
Mezzocampo KR 87 I 32
Mezzocanale BL 13 D 18
Mezzocorona TN 11 D 15
Mezzogoro FE 33 H 18
Mezzoiuso PA 98 N 22
Mezzola (Lago di) SO 9 D 10
Mezzolago TN 11 E 14
Mezzolara BO 32 I 16
Mezzoldo BG 9 D 10
Mezzolombardo TN 11 D 15
Mezzomerico NO 20 F 7
Miale Ispina
(Monte) SS 110 F 7
Miane TV 13 E 18
Miano FO 40 J 17
Miano TE 59 O 23
Miano (Monte) FG 66 C 27
Miasino NO 20 E 7
Miazzina VB 8 E 7
Micciano PI 49 M 14
Micheli (Rifugio) PR 38 I 12
Micigliano RI 59 O 21
Midia (Monte) AQ 59 P 21
Miemo PI 43 L 14
Miggiano LE 83 H 36
Migiana PG 51 M 18
Migiana
di Monte Tezio PG 51 M 19
Migianella
dei Marchesi PG 51 M 18
Migliana PO 39 K 15
Miglianico CH 60 O 24
Migliano PG 51 N 18
Migliara RE 30 I 13
Migliarina MO 31 H 14
Migliarino FE 32 H 17
Migliarino PI 42 K 12
Migliarino S. Rossore i
Massaciuccoli
(Parco Naturale) PI 42 K 12
Migliaro FE 32 H 17
Miglierina CZ 88 K 31
Miglionico MT 77 F 31
Mignagola TV 25 E 18
Mignanego GE 28 I 8
Mignano (Lago di) PC 30 H 11
Mignano
Monte Lungo CE 64 R 23
Mignone VT 57 P 17
Milano MI 21 F 9
Milano-Linate
(Aeroporto di) MI 21 F 9
Milano-Malpensa
(Aeroporto di) VA 20 F 8
Milano Marittima RA 41 J 19
Milazzese (Punta) ME 94 L 27
Milazzo ME 95 M 27
Milazzo (Capo di) ME 95 M 27
Milazzo (Golfo di) ME 95 M 27
Milena CL 103 O 23
Mileto VV 88 L 30
Miletto (Monte) IS 65 R 25
Mili S. Pietro ME 90 M 28
Milia GR 49 M 14
Milianni ME 99 M 24
Milici ME 101 M 27
Milicia PA 98 N 22
Milione (Portella) AG 102 O 22
Milis OR 114 G 7
Militello in Val
di Catania CT 104 P 26
Militello
Rosmarino ME 100 M 26
Millesimo SV 35 I 6
Milo CT 101 N 27
Milzano BS 22 G 12
Mimola AQ 64 Q 23
Mincio MN 23 F 14
Mineo CT 104 P 26
Minerbe VR 24 G 16
Minerbio BO 32 I 16
Minerva (Monte) SS 110 F 7
Minervino di Lecce LE 83 G 37
Minervino Murge BA 72 D 30
Mingardo SA 76 G 28
Minniminni
(Monte) SU 119 J 10
Minore SS 111 F 9
Minori SA 75 F 25
Minozzo RE 38 I 13
Minturnæ LT 69 D 23
Minturno LT 69 D 23
Minucciano LU 38 J 12
Mioglia SV 28 I 7
Mione UD 5 C 20
Mira VE 25 F 18
Mirabella VI 24 E 16
Mirabella Eclano AV 70 D 26
Mirabella
Imbaccari CT 104 P 25
Mirabella (Pizzo) PA 97 M 21
Mirabello FE 32 H 16
Mirabello
Monferrato AL 28 G 7
Mirabello
Sannitico CB 65 R 26
Miradolo Terme PV 21 G 10
Miralago (Passo di) CE 65 R 25
Miramare RN 41 J 19
Miramare TS 17 E 23
Miranda IS 65 R 24
Mirandola MO 31 H 15
Mirano VE 25 F 18
Mirasole MN 31 G 14
Mirasole MI 21 F 9
Miratoio PS 45 K 18
Miravidi (Monte) AO 18 E 2
Miroglio CN 35 J 5
Mirra (Monte sa) CA 118 J 8
Mirto ME 100 M 26
Mirto Crosia CS 87 I 32
Mis BL 13 D 18
Mis TN 12 D 17
Mis (Canale del) BL 12 D 17
Mis (Lago del) BL 12 D 18
Misa AN 46 L 21
Misano Adriatico RN 41 K 20
Misano
di Gera d'Adda BG 21 F 10
Misano Monte RN 41 K 19
Miscano AV 71 D 27
Misciano AR 45 L 17
Misegna MT 77 F 30
Miseno NA 69 E 24
Miseno (Capo) NA 69 E 24
Misericordia AR 50 L 17
Miserin (Lago) AO 19 F 4
Misilbesi (Portella) AG 97 O 20
Misilmeri PA 98 M 22
Misinto MI 21 F 9
Missaglia LC 21 E 10
Missanello PZ 77 G 30
Misserio ME 90 N 27
Missian / Missiano BZ 3 C 15
Missiano PG 51 M 18
Missiano / Missian BZ 3 C 15
Misterbianco CT 100 O 27
Mistras
(Stagno di) OR 114 H 7
Mistretta ME 99 N 25
Misurina BL 4 C 18
Misurina (Lago di) BL 4 C 18
Mittertal /
Val di Mezzo BZ 3 B 16
Mittewald /
Mezzaselva BZ 3 B 16
Mizofato CS 85 I 31
Mizzole VR 23 F 15
Mocasina BS 22 F 13
Mocchie TO 18 G 3
Moccone CS 86 I 31
Moda (Pizzo della) ME 90 M 28
Modditzi
(Punta sa) SU 119 I 10
Modena MO 31 I 14
Modesti (Masseria) BA 72 E 31
Modica RG 106 Q 26
Modica (Villa) RG 107 Q 26
Modigliana FO 40 J 17
Modione TP 97 O 20
Modolena RE 31 I 13
Modolo OR 114 G 7
Modugno BA 73 D 32
Mölten / Meltina BZ 3 C 15
Moena TN 12 C 16
Möseler / Mesule BZ 4 B 17
Moggio LC 9 E 10
Moggio Udinese UD 14 C 21
Moggiona AR 44 K 17
Moglia MN 31 H 14
Mogliano MC 52 M 22
Mogliano Veneto TV 25 F 18
Mogorella OR 115 H 8
Mogoro OR 118 H 8
Mogoro (Rio) OR 118 H 8
Moi (Col de) TV 13 D 18
Moiano PG 51 M 18
Moiano BN 70 D 25
Moiano NA 74 F 25
Moiazza (Monte) BL 12 C 18
Moie AN 46 L 21
Moimacco UD 15 D 22
Moio (Monte) SA 76 E 28
Moio Alcantara ME 100 N 27
Moio della Civitella SA 76 G 27
Moiola CN 34 J 4
Mola di Bari BA 73 D 33
Molara (Isola) SS 113 E 11
Molare AL 28 I 7
Molaro RC 90 N 29
Molassana GE 36 I 8
Molazzana LU 38 J 13
Molella LT 68 S 21
Molentina NU 117 G 10
Molentis (Punta) SU 119 J 10
Molfetta BA 73 D 31
Molfetta (Pulo di) BA 73 D 31
Molina PG 52 M 20
Molina TN 12 D 16
Molina Aterno AQ 60 P 23
Molina di Ledro TN 11 E 14
Molinaccio RA 41 I 18
Molinara BN 70 D 26
Molinatico
(Monte) MS 38 I 11
Molinazzo PC 29 H 10
Molinella BO 32 I 17
Molinetto BS 22 F 13
Molini AL 28 I 8
Molini VI 23 E 15
Molini di Triora IM 35 K 5
Molini di Tures /
Mühlen BZ 4 B 17
Molino dei Torti AL 28 G 8
Molino del Piano FI 40 K 16
Molino di Bascio PS 45 K 18
Molise CB 65 R 25
Moliterno PZ 77 G 29
Molla (Capo) SS 108 D 6
Molleone PS 46 L 20
Molli SI 49 M 15
Mollia VC 19 E 6
Mollières TO 26 H 2
Mollo FR 64 Q 23
Molochio RC 91 M 30
Molteno LC 21 E 9
Moltrasio CO 9 E 9
Molvena VI 24 E 16
Molveno TN 11 D 14
Molveno (Lago di) TN 11 D 14
Mombaldone AT 28 I 6
Mombarcaro CN 27 I 6
Mombaroccio PS 46 K 20
Mombaruzzo AT 28 H 7
Mombasiglio CN 35 I 5
Mombello
Monferrato AL 28 G 6
Mombercelli AT 28 H 6
Momo NO 20 F 7
Mompantero TO 18 G 3
Mompiano BS 22 F 12
Monaci (Isole) SS 109 D 10
Monaci (Lago di) LT 63 R 20
Monaci (Masseria) TA 73 E 33
Monacilioni CB 65 R 26
Monacizzo TA 79 G 34
Monaco Cappelli
(Masseria) FG 66 C 28
Monaco (Monte) TP 97 M 20
Monale AT 27 H 6
Monasterace RC 89 L 31
Monasterace
Marina RC 89 L 31
Monasteri SR 105 P 27
Monastero MC 52 M 21
Monastero
Bormida AT 28 I 6
Monastero
di Vasco CN 35 I 5
Monasterolo CR 22 G 12
Monasterolo
del Castello BG 22 E 11
Monasterolo
di Savigliano CN 27 H 4
Monastier
di Treviso TV 16 F 19
Monastir SU 119 I 9
Monate (Lago di) VA 20 E 8
Monbello di Torino TO 27 G 5
Moncalieri TO 27 G 5
Moncalvo AT 28 G 6
Moncenisio TO 18 G 2
Monchio MO 39 I 13
Monchio
delle Corti PR 38 I 12
Moncioni AR 44 L 16
Monclassico TN 11 C 14
Moncolombone TO 19 G 4
Moncrivello VC 19 G 6
Moncucco Torinese AT 27 G 5
Mondaino RN 41 K 20
Mondalavia CN 27 I 5
Mondanica-Viola RA 40 I 17
Mondavio PS 46 K 20
Mondello PA 97 M 21
Mondole (Monte) CN 35 J 5
Mondolfo PS 46 K 21
Mondovì CN 35 I 5
Mondragone CE 69 D 23
Mondrone TO 18 G 3
Monega (Monte) IM 35 J 5
Moneglia GE 37 J 10
Mónesi di Triora IM 35 J 5
Monesiglio CN 27 I 6
Monestirolo FE 32 H 17
Moneta SS 109 D 10
Monfalcon
di Montanaia PN 13 C 19
Monfalcone GO 17 E 22
Monferrato AT 27 H 5
Monforte d'Alba CN 27 I 5
Monforte
S. Giorgio ME 90 M 28
Monfret (Cima) TO 18 F 3
Mongardino AT 27 H 6
Mongardino BO 39 I 15
Mongerati PA 99 N 23
Monghidoro BO 40 J 15
Mongia CN 35 I 5
Mongiana VV 88 L 30
Mongiardino
Ligure AL 29 I 9
Mongioia CN 26 I 2
Mongioie (Monte) CN 35 J 5
Mongiuffi ME 90 N 27

142

A B C D E F G H I J K L M N O P Q R S T U V W X Y Z

Mongrando BI 19 F 6
Monguelfo / Welsberg BZ 4 B 18
Moniga del Garda BS 23 F 13
Monna Casale (Monte) FR 64 R 23
Monno BS 10 D 13
Monopoli BA 80 E 33
Monreale SU 118 I 8
Monreale PA 97 M 21
Monreale (Castellacio di) PA 97 M 21
Monrupino TS 17 E 23
Monsampietro Morico AP 53 M 22
Monsampolo di Tronto AP 53 N 23
Monsano AN 46 L 21
Monselice PD 24 G 17
Monserrato CA 119 J 9
Monsignore (Casino di) BA 72 D 31
Monsola CN 27 I 4
Monsole VE 25 G 18
Monsummano Terme PT 39 K 14
Monta CN 27 H 5
Montabone AT 28 H 7
Montacuto AL 29 H 9
Montacuto AN 47 L 22
Montafia AT 27 G 6
Montagano CB 65 R 26
Montagna AR 45 L 18
Montagna CS 84 H 29
Montagna (Cozzo) AG 103 P 23
Montagna Grande AQ 64 Q 23
Montagna / Montan BZ 12 D 15
Montagnana FI 43 K 15
Montagnana PD 24 G 16
Montagnano AR 50 L 17
Montagnareale ME 100 M 26
Montagnola AQ 64 Q 23
Montagnola (Monte) SI 49 M 15
Montagnone (il) AV 71 E 27
Montagnone-Sonico BS 22 F 12
Montaguto AV 71 D 27
Montaione FI 43 L 14
Montalbano BR 80 E 34
Montalbano RN 41 J 19
Montalbano Elicona ME 100 M 27
Montalbano FE 32 H 16
Montalbano Ionico MT 78 G 31
Montalbo PC 29 H 10
Montalcinello SI 49 M 15
Montalcino SI 50 M 16
Montaldeo AL 28 H 8
Montaldo di Cosola AL 29 H 9
Montaldo di Mondovì CN 35 J 5
Montaldo Roero CN 27 H 5
Montaldo Scarampi AT 28 H 6
Montale SP 37 J 10
Montale MO 31 I 14
Montale PT 39 K 15
Montalenghe TO 19 G 5
Montalfoglio PS 46 L 20
Montali PG 51 M 18
Montallegro AG 102 O 22
Montaltino BA 72 D 30
Montaltino FG 67 C 29
Montalto FO 41 K 18
Montalto IS 65 Q 24
Montalto RE 31 I 13
Montalto (Monte) RC 90 M 29
Montalto di Castro VT 57 O 16
Montalto di Marche AP 53 N 22
Montalto Marina VT 57 P 16
Montalto Dora TO 19 F 5
Montalto Ligure IM 35 K 5
Montalto Pavese PV 29 H 9
Montalto Uffugo CS 86 I 30
Montan / Montagna BZ 12 D 15
Montanara MN 31 G 14
Montanari RA 41 J 18
Montanaro CE 69 D 24
Montanaro PC 30 H 11
Montanaro TO 19 G 5
Montanaso Lombardo LO 21 F 10
Montanello (Pizzo) PA 97 M 21
Montanera CN 27 I 4
Montano Antilia SA 76 G 28
Montaperto AG 102 P 22
Montappone AP 52 M 22
Montaquila IS 64 R 24
Montardone MO 39 I 14
Montarso / Feverstein BZ 3 B 15
Montasio (Jôf di) UD 15 C 22
Montasola RI 58 O 20
Montata RE 30 I 13
Montauro CZ 88 K 31
Montazzoli CH 61 Q 25
Monte Amiata SI 50 N 16
Monte Antico GR 50 N 16
Monte Bianco AO 6 E 2
Monte Bianco (Traforo del) AO 6 E 2
Monte Buono PG 51 M 18
Monte Calderaro BO 40 I 16
Monte Casale (Convento di) AR 45 L 18
Monte Castello di Vibio PG 51 N 19
Monte Catone BO 40 I 16
Monte Cavallo MC 52 N 20
Monte Cerignone PS 41 K 19
Monte Codruzzo FO 41 J 18
Monte Corona PG 51 M 19
Monte Cotugno (Lago di) PZ 77 G 31
Monte Croce TN 12 D 17
Monte Croce Carnico (Passo di) / Plöckenpaß UD 5 C 20
Monte Croce di Comelico (Passo di) / Kreuzbergpass BL 5 C 19
Monte Cucco GR 50 N 15
Monte d'Accoddi SS 110 E 7
Monte del Lago PG 51 M 18
Monte di Malo VI 24 F 16
Monte di Procida NA 69 E 24
Monte Domenico GE 37 J 10
Monte Falterona, Campigna e delle Foreste Casentinesi AR 40 K 17
Monte Giberto AP 53 M 22
Monte Giovo (Passo di) / Jaufenpaß BZ 3 B 15
Monte Grande LT 64 S 22
Monte Gridolfo RN 41 K 20
Monte Grimano PS 41 K 19
Monte Isola BS 22 E 12
Monte Lattaia GR 49 N 15
Monte Livata RM 63 Q 21
Monte Maria (Abbazia di) BZ 2 B 13
Monte Mario RM 62 Q 19
Monte Martello PS 46 L 20
Monte Melino PG 51 M 18
Monte Nai SU 119 J 10
Monte Nero (Rif.) TO 26 H 2
Monte Nieddu CA 118 J 8
Monte Ombraro MO 39 I 15
Monte Orsello MO 39 I 14
Monte Paganuccio PS 46 L 20
Monte Petrosu SS 113 E 10
Monte Porzio PS 46 K 21
Monte Porzio Catone RM 63 Q 20
Monte Pranu (Lago di) SU 118 J 7
Monte Rinaldo AP 53 M 22
Monte Roberto AN 46 L 21
Monte Romano VT 57 P 17
Monte Rosa AO 7 E 5
Monte Rota / Radsberg BZ 4 B 18
Monte Sacro RM 62 Q 19
Monte S. Angelo FG 67 B 29
Monte S. Biagio LT 63 R 22
Monte S. Giacomo SA 76 F 28
Monte S. Giovanni BO 39 I 15
Monte S. Giovanni Campano FR 64 R 22
Monte S. Giovanni in Sabina RI 58 P 20
Monte S. Giusto MC 53 M 22
Monte Sta Maria Tiberina PG 45 L 18
Monte Ste Marie SI 50 M 16
Monte S. Martino MC 52 M 22
Monte S. Pietrangeli AP 53 M 22
Monte S. Pietro BO 39 I 15
Monte S. Pietro / Petersberg BZ 12 C 16
Monte S. Savino AR 50 M 17
Monte S. Vito AN 46 L 21
Monte S. Vito PG 52 N 20
Monte Santu (Capo di) NU 117 G 11
Monte Scuro (Valico di) CS 86 I 31
Monte Senario (Convento di) FI 40 K 16
Monte Sirai SU 118 J 7
Monte Sopra Rondine AR 44 L 17
Monte Terlago TN 11 D 15
Monte Urano AP 53 M 23
Monte Vergine (Santuario di) AV 70 E 26
Monte Vidon Combatte AP 53 M 22
Monte Vidon Corrado AP 52 M 22
Montea CS 85 I 29
Monteacuto delle Alpi BO 39 J 14
Monteacuto Ragazza BO 39 J 15
Monteacuto Vallese BO 39 J 15
Monteaperta UD 15 D 21
Monteaperti SI 50 M 16
Montebamboli GR 49 M 14
Montebaranzone MO 39 I 14
Montebello RN 41 K 19
Montebello PS 46 K 20
Montebello VT 57 P 17
Montebello della Battaglia PV 29 G 9
Montebello di Bertona PE 60 O 23
Montebello Ionico RC 90 N 29
Montebello sul Sangro CH 60 Q 24
Montebello Vicentino VI 24 F 16
Montebelluna TV 24 E 18
Montebenichi AR 44 L 16
Montebibico PG 58 O 20
Montebonello MO 39 I 14
Montebruno GE 29 I 9
Montebufo PG 52 N 21
Montebuono RI 58 O 19
Montebuono Alppato GR 50 N 16
Montecagnano SI 49 M 15
Montecagno RE 38 J 13
Montecalvello VT 57 O 18
Montecalvo in Foglia PS 41 K 19
Montecalvo Irpino AV 70 D 27
Montecalvo Versiggia PV 29 H 9
Montecampano TR 58 O 19
Montecanepino MC 47 L 22
Montecarelli FI 39 J 15
Montecarlo LU 39 K 14
Montecarlo (Convento) AR 44 L 16
Montecarotto AN 46 L 21
Montecarulli SI 43 L 14
Montecassiano MC 47 L 22
Montecassino (Abbazia di) FR 64 R 23
Montecastelli PG 51 L 18
Montecastelli Pisano PI 49 M 14
Montecastello AL 28 H 8
Montecastrilli TR 58 O 19
Montecatini Alto PT 39 K 14
Montecatini Terme PT 39 K 14
Montecatini Val di Cecina PI 43 L 14
Montecchia di Crosara VR 23 F 15
Montecchio AR 50 M 17
Montecchio PG 51 M 20
Montecchio PS 41 K 20
Montecchio TR 58 O 18
Montecchio Emilia RE 30 H 13
Montecchio Maggiore VI 24 F 16
Montecchio Precalcino VI 24 F 16
Montecelio RM 58 P 20
Montecerboli PI 49 M 14
Montecerreto MO 39 I 14
Montechiaro AG 103 P 23
Montechiaro d'Asti AT 27 G 6
Montechiaro Piana AL 28 I 7
Montechiarugolo PR 30 H 13
Monteciccardo PS 46 K 20
Montecilfone CB 65 Q 26
Montecompatri RM 63 Q 20
Montecontieri SI 50 M 16
Montecopiolo PS 41 K 19
Montecorice SA 75 G 26
Montecoronaro (Valico di) FO 45 K 18
Montecorvino Pugliano SA 75 E 26
Montecorvino Rovella SA 75 E 26
Montecosaro MC 53 M 22
Montecreto MO 39 J 14
Montecristo (Formica di) LI 54 O 12
Montecristo (Isola di) LI 54 O 12
Montecuccoli FI 39 J 15
Montedale PS 45 L 18
Montedinove AP 53 N 22
Montedoro CL 103 O 23
Montefalcione AV 70 E 26
Montefalco PG 51 N 19
Montefalcone PI 43 K 14
Montefalcone Appennino AP 52 N 22
Montefalcone di Val Fortore BN 70 D 27
Montefalcone nel Sannio CB 65 Q 25
Montefano MC 47 L 22
Montefegatesi LU 39 J 13
Montefelcino PS 46 K 20
Montefeltro PS 41 K 18
Monteferrante CH 60 Q 25
Montefiascone VT 57 O 18
Montefino TE 60 O 23
Montefiore Conca RN 41 K 19
Montefiore dell'Aso AP 53 M 23
Montefiorentino (Convento di) PS 45 K 19
Montefiorino MO 39 I 13
Montefiridolfi FI 43 L 15
Monteflavio RM 58 P 20
Montefollonico SI 50 M 17
Monteforte SS 110 E 6
Monteforte Cilento SA 76 F 27
Monteforte d'Alpone VR 23 F 15
Monteforte Irpino AV 70 E 26
Montefortino AP 52 N 22
Montefosca UD 15 D 22
Montefoscoli PI 43 L 14
Montefranco TR 58 O 20
Montefredane AV 70 E 26
Montefredente BO 39 J 15
Montefusco AV 70 D 26
Montegabbione TR 51 N 18
Montegalda VI 24 F 17
Montegaldella VI 24 F 17
Montegallo AP 52 N 21
Montegaudio PS 46 K 20
Montegelli FO 41 K 18
Montegemoli PI 49 M 14
Montegiordano CS 78 G 31
Montegiordano Marina CS 78 G 31
Montegiorgio AP 53 M 22
Montegiove TR 51 N 18
Montegiovi AR 45 L 17
Montegiovi GR 50 N 16
Montegonzi AR 44 L 16
Montegranaro AP 53 M 22
Montegrassano CS 85 I 30
Montegrazie IM 35 K 5
Montegrino Valtravaglia VA 8 E 8
Montegroppo PR 37 I 11
Montegrosso AT 27 H 6
Montegrosso BA 72 D 30
Montegrosso d'Asti AT 28 H 6
Montegrotto Terme PD 24 F 17
Monteguidi SI 49 M 15
Monteguiduccio PS 46 K 20
Monteiasi TA 79 F 34
Montelabate PG 51 M 19
Montelabbate PS 46 K 20
Montelabreve AR 45 K 18
Montelago AN 46 L 20
Montelaguardia CT 100 N 26
Montelanico RM 63 R 21
Monteleone PV 21 G 10
Monteleone di Fermo AP 53 M 22
Monteleone di Puglia FG 71 D 27
Monteleone di Spoleto PG 58 O 20
Monteleone d'Orvieto TR 51 N 18
Monteleone Rocca Doria SS 110 F 7
Monteleone Sabino RI 58 P 20
Montelepre PA 97 M 21
Monteleto PG 45 L 19
Montelibretti RM 58 P 20
Montelicciano PS 41 K 19
Montella AV 70 E 27
Montello (il) TV 25 E 18
Montelongo CB 66 B 26
Montelparo AP 53 M 22
Monteluco PG 52 N 20
Montelungo MS 38 I 11
Montelupo Albese CN 27 I 6
Montelupo Fiorentino FI 43 K 15
Montelupone MC 47 L 22
Montemaggio PS 41 K 19
Montemaggiore FO 40 J 17
Montemaggiore RM 58 P 20
Montemaggiore (vicino a Monteaperta) UD 15 D 22
Montemaggiore (vicino a Savogna) UD 15 D 22
Montemaggiore al Metauro PS 46 K 20
Montemaggiore Belsito PA 99 N 23
Montemagno AT 28 H 6
Montemale di Cuneo CN 26 I 4
Montemarano AV 70 E 26
Montemarcello SP 38 J 11
Montemarciano AN 46 L 21
Montemartano PG 51 N 19
Montemarzino AL 28 H 8
Montemassi GR 49 N 15
Montemerano GR 56 O 16
Montemesola TA 79 F 34
Montemignaio AR 44 K 16
Montemiletto AV 70 D 26
Montemilone PZ 72 D 29
Montemitro CB 65 Q 25
Montemonaco AP 52 N 21
Montemurlo PO 39 K 15
Montemurro PZ 77 G 29
Montenars UD 14 D 21
Montenero CS 87 J 31
Montenero FG 67 B 29
Montenero GR 50 N 16
Montenero LI 42 L 13
Montenero PG 51 N 19
Montenero SA 75 E 27
Montenero di Bisaccia CB 61 Q 26
Montenero (Portella di) PA 99 N 24
Montenero Sabino RI 58 P 20
Montenero Val Cocchiara IS 64 Q 24
Montenerodomo CH 60 Q 24
Montenotte Superiore SV 36 I 7
Monteodorisio CH 61 P 25
Monteorsaro RE 38 J 13
Monteortone PD 24 F 17
Montepagano TE 53 N 23
Montepaone CZ 88 K 31
Montepaone Lido CZ 89 K 31
Monteparano TA 79 F 34
Montepastore BO 39 I 15
Montepescali GR 49 N 15
Montepescini SI 50 M 16
Montepiano PO 39 J 15
Monteponi SU 118 J 7
Monteponi (Lago) SU 118 I 7
Monteprandone AP 53 N 23
Montepulciano SI 50 M 17
Montepulciano (Lago di) SI 50 M 17
Montepulciano Stazione SI 50 M 17
Monterado AN 46 K 21
Monterappoli FI 43 K 14
Monterchi AR 45 L 18
Montereale AQ 59 O 21
Montereale FO 41 J 18
Montereale Valcellina PN 13 D 19
Montereggi FI 40 K 16
Montereggio MS 38 J 11
Monterenzio BO 40 J 16
Monteriggioni SI 43 L 15
Monteroduni IS 65 R 24
Monterolo PS 46 L 20
Monteroni d'Arbia SI 50 M 16
Monteroni di Lecce LE 81 G 36
Monterosi VT 58 P 18
Monterosi (Lago di) VT 58 P 18
Monterosso AN 46 L 20
Monterosso BZ 3 B 14
Monterosso al Mare SP 37 J 10
Monterosso Almo RG 104 P 26
Monterosso Calabro VV 88 K 30
Monterosso Grana CN 34 I 3
Monterotondo RM 58 P 19
Monterotondo Marittimo GR 49 M 14
Monterotondo Scalo RM 58 P 19
Monterubbiano AP 53 M 23
Monterubiaglio TR 51 N 18
Monteruga (Masseria) LE 79 F 35
Montesano Salentino LE 83 H 36
Montesano sulla Marcellana SA 76 G 29
Montesanto di Lussari UD 15 C 22
Montesarchio BN 70 D 25
Montesardo LE 83 H 37
Montescaglioso MT 78 F 32
Montescano PV 29 G 9
Montescudaio PI 49 M 13
Montescudo RN 41 K 19
Montese MO 39 J 14
Montesegale PV 29 H 9
Montesicuro AN 47 L 22
Montesilvano Marina PE 60 O 24
Montesoffio PS 45 K 19
Montesoro VV 88 K 30
Montespertoli FI 43 L 15
Montespluga SO 9 C 9
Montespluga (Lago di) SO 9 C 10
Monteti GR 56 O 16
Monteu Roero CN 27 H 5
Montevaca (Passo di) PR 29 I 10
Montevago AG 97 N 20
Montevarchi AR 44 L 16
Montevecchio SU 118 I 7
Monteveglio BO 39 I 15
Monteventano PC 29 H 10
Monteverde AV 71 D 28
Monteverdi Marittimo PI 49 M 14
Montevettolini PT 39 K 14
Monteviale VI 24 F 16
Montevitozzo GR 50 N 17
Montezemolo CN 35 I 6
Monti SS 112 E 9
Monti SI 44 L 16
Monti TO 18 G 4
Monti Sibillini (Parco Nazionale dei) AP 52 N 21
Montiano FO 41 J 18
Montiano GR 55 O 15
Monticano TV 16 E 19
Monticchiello SI 50 M 17
Monticchio AQ 59 P 22
Monticchio (Laghi di) PZ 71 E 28
Monticchio Bagni PZ 71 E 28
Monticelli FR 64 R 22
Monticelli d'Ongina PC 30 G 11
Monticelli Pavese PV 29 G 10
Monticelli Terme PR 30 H 13
Monticello GR 50 N 16
Monticello LC 21 E 9
Monticello PC 29 H 10
Montichiari BS 22 F 13
Monticiano SI 49 M 15
Montieri GR 49 M 15
Montiglio AT 27 G 6
Montignano AN 46 K 21
Montignoso MS 38 J 12
Montingegnoli SI 49 M 15
Montioni LI 49 M 14
Montirone BS 22 F 12
Montisi SI 50 M 16
Montjovet AO 19 E 5
Montjovet (Castello) AO 19 E 4
Montodine CR 21 G 11
Montoggio GE 29 I 9

Montone PG 45 L 18
Montone TE 53 N 23
Montone (Fiume) FO 40 J 17
Montone (Monte) BZ 4 B 18
Montoni-Vecchio AG 99 N 23
Montopoli di Sabina RI 58 P 20
Montopoli in Val d'Arno PI 43 K 14
Montorfano CO 21 E 9
Montorgiali GR 50 N 15
Montorio GR 50 N 17
Montorio VR 23 F 15
Montorio al Vomano TE 59 O 22
Montorio nei Frentani CB 66 B 26
Montorio Romano RM 58 P 20
Montoro AN 47 L 22
Montoro Inferiore AV 70 E 26
Montorsaio GR 49 N 15
Mont'Orso (Galleria di) LT 63 R 21
Montorso Vicentino VI 24 F 16
Montoso CN 26 H 3
Montottone AP 53 M 22
Montovolo BO 39 J 15
Montresta OR 114 F 7
Montù Beccaria PV 29 G 9
Monvalle VA 8 E 7
Monveso di Forzo AO 18 F 4
Monza MI 21 F 9
Monzambano MN 23 F 14
Monzone MS 38 J 12
Monzoni TN 12 C 17
Monzuno BO 39 J 15
Moos / S. Giuseppe BZ 4 B 19
Moos in Passeier / Moso in Passiria BZ 3 B 15
Morano Calabro CS 85 H 30
Morano sul Po AL 20 G 7
Moraro GO 17 E 22
Morasco (Lago di) VB 8 C 7
Morazzone VA 20 E 8
Morbegno SO 9 D 10
Morbello AL 28 I 7
Morcella PG 51 N 18
Morciano di Leuca LE 83 H 36
Morciano di Romagna RN 41 K 19
Morcone BN 65 R 25
Mordano BO 40 I 17
Morea (Masseria) BA 73 E 33
Morello EN 99 O 24
Morello (Monte) FI 39 K 15
Morena PG 45 L 19
Morena RM 62 Q 19
Morengo BG 21 F 11
Moreri ME 100 M 27
Mores SS 111 F 8
Moresco AP 53 M 23
Moretta CN 27 H 4
Morfasso PC 29 H 11
Morgantina EN 104 O 25
Morgex AO 18 E 3
Morgonaz AO 18 E 4
Morgongiori OR 115 H 8
Mori TN 11 E 14
Moria PS 45 L 19
Moriago della Battaglia TV 13 E 18
Moricone RM 58 P 20
Morigerati SA 76 G 28
Morimondo MI 20 F 8
Morino AQ 64 Q 22
Morleschio PG 51 M 19
Morlupo RM 58 P 19
Mormanno CS 85 H 29
Mornago VA 20 E 8
Mornese AL 28 I 8
Mornico Losana PV 29 G 9
Moro CH 60 P 25
Moro (Monte) RI 59 P 21
Moro (Monte) SS 109 D 10
Moro (Passo di Monte) VB 7 E 5
Moro (Sasso) SO 10 D 11
Morolo FR 63 R 21
Morone (Colle) VV 88 L 30
Moronico RA 40 J 17
Morozzo CN 35 I 5
Morra PG 45 L 18
Morra De Sanctis AV 71 E 27
Morra (Monte) RM 58 P 20
Morrano Nuovo TR 51 N 18
Morre TR 51 N 19
Morrea (Forchetta) AQ 64 Q 22
Morrice TE 52 N 22
Morro d'Alba AN 46 L 21
Morro d'Oro TE 53 O 23
Morro (Monte del) ME 100 N 26
Morro Reatino RI 58 O 20
Morrone (Montagne del) PE 60 P 23
Morrone (Monte) AQ 60 P 23
Morrone del Sannio CB 65 Q 26
Morrovalle MC 53 M 22
Morsano al Tagliamento PN 16 E 20
Morsasco AL 28 I 7
Mortara PV 20 G 8
Mortegliano UD 16 E 21
Mortelle ME 90 M 28
Morter BZ 3 C 14
Morterone LC 9 E 10
Mortizza PC 29 G 11
Mortizzuolo MO 31 H 15
Morto (Lago) TV 13 D 18
Morto di Primaro FE 32 H 16
Morto (Portella del) CL 99 O 24
Mortola Inferiore IM 35 K 4
Mortorio (Isola) SS 109 D 10
Moscazzano CR 21 G 11
Moschella FG 72 D 29
Moscheta FI 40 J 16
Moschiano AV 70 E 25
Moschin (Col) VI 12 E 17
Mosciano S. Angelo TE 53 N 23
Moscufo PE 60 O 24
Mosio MN 30 G 13
Moso in Passiria / Moos in Passeier BZ 3 B 15
Mosorrofa RC 90 M 29
Mossa GO 17 E 22
Mosso Sta Maria BI 19 F 6
Mosson VI 24 E 16
Mostri (Parco dei) VT 57 O 18
Moticella RC 91 M 30
Mòtola (Monte) SA 76 F 28
Motta MO 31 H 14
Motta VI 24 F 16
Motta Baluffi CR 30 G 12
Motta Camastra ME 101 N 27
Motta d'Affermo ME 99 N 24
Motta de Conti VC 20 G 7
Motta di Livenza TV 16 E 19
Motta Montecorvino FG 66 C 27
Motta S. Anastasia CT 100 O 26
Motta S. Giovanni RC 90 M 29
Motta Sta Lucia CZ 86 J 30
Motta Visconti MI 21 G 8
Mottafollone CS 85 I 30
Mottalciata BI 20 F 6
Mottarone VB 8 E 7
Mottaziana PC 29 G 10
Motteggiana MN 31 G 14
Mottola TA 78 F 33
Mottorra NU 117 G 10
Mozia TP 96 N 19
Mozzagrogna CH 61 P 25
Mozzanica BG 21 F 11
Mozzate CO 20 E 8
Mozzecane VR 23 G 14
Muccia MC 52 M 21
Mucone CS 85 I 30
Mucone (Lago di) CS 86 I 31
Mucrone (Monte) BI 19 F 5
Mühlbach / Rio di Pusteria BZ 4 B 16
Mühlbach / Riomolino BZ 4 B 17
Mühlen / Molini di Tures BZ 4 B 17
Mühlwald / Selva dei Molini BZ 4 B 17
Mugello (Autodromo Internazionale del) FI 40 K 16
Muggia TS 17 F 23
Muggia (Baia di) TS 17 F 23
Muglia EN 100 O 26
Mugnai BL 12 D 17
Mugnano PG 51 M 18
Mugnano del Cardinale AV 70 E 25
Mugnano di Napoli NA 69 E 24
Mugnano in Teverina VT 58 O 18
Mugnone FI 40 K 15
Mugnone (Punta) TP 96 N 18
Mulargia SU 119 H 9
Mulargia (Lago di) SU 119 I 9
Mulazzano LO 21 F 10
Mulazzano PR 30 I 12
Mulazzo MS 38 J 11
Mules / Mauls BZ 3 B 16
Mulinello EN 104 O 25
Mulino di Arzachena SS 109 D 10
Multeddu SS 111 E 8
Mumullonis (Punta) SU 118 I 7
Muntiggioni SS 108 E 8
Mura BS 22 E 13
Muraglione (Passo del) FI 40 K 16
Murano VE 25 F 19
Muravera SU 119 I 10
Murazzano CN 27 I 6
Murci GR 50 N 16
Murello CN 27 H 4
Murera SU 119 H 9
Muretto (Passo del) SO 10 C 11
Murgetta BA 72 E 31
Muri (Necropoli di li) SS 109 D 9
Murialdo SV 35 J 6
Muris UD 14 D 20
Murisengo AL 27 G 6
Murittu (Punta) NU 117 F 10
Murlo SI 50 M 16
Muro Leccese LE 83 G 37
Muro Lucano PZ 71 E 28
Muros SS 110 E 7
Murro di Porco (Capo) SR 105 P 28
Murta Maria SS 113 E 10
Murtazzolu NU 115 G 8
Musano TV 25 E 18
Muscletto UD 16 E 21
Musei SU 118 J 8
Musellaro PE 60 P 23
Musi UD 15 D 21
Musignano VA 8 D 8
Musignano VT 57 O 17
Musile di Piave VE 16 F 19
Musone MC 46 L 21
Mussolente VI 24 E 17
Mussomeli CL 99 O 23
Muta (Lago di) BZ 2 B 13
Mutignano TE 60 O 24
Mutria (Monte) BN 65 R 25
Muxarello AG 102 O 22
Muzza (Canale) MI 21 F 10
Muzza S. Angelo LO 21 G 10
Muzzana del Turgnano UD 16 E 21

N

Nago TN 11 E 14
Nai (Monte) SU 119 J 10
Naia PG 51 N 19
Nàlles / Nals BZ 3 C 15
Nals / Nàlles BZ 3 C 15
Nambino (Monte) TN 11 D 14
Nanno TN 11 D 15
Nanto VI 24 F 16
Napola TP 96 N 19
Napoli NA 69 E 24
Napoli-Capodichino (Aeroporto) NA 69 E 24
Napoli (Golfo di) NA 69 E 24
Narba (Monte) SU 119 I 10
Narbolia OR 114 G 7
Narcao SU 118 J 8
Narcao (Monte) SU 118 J 7
Nardis (Cascata di) TN 11 D 14
Nardo LE 83 G 36
Nardodipace VV 88 L 31
Nardodipace Vecchio VV 88 L 31
Naregno LI 48 N 13
Narni TR 58 O 19
Narni Scalo TR 58 O 19
Naro AG 103 P 23
Naro (Fiume) AG 103 P 23
Naro (Portella di) AG 103 P 23
Narzole CN 27 I 5
Nasino SV 35 J 6
Naso ME 100 M 26
Naso (Fiume di) ME 100 M 26
Naßfeld-Paß / Pramollo (Passo di) UD 15 C 21
Natile Nuovo RC 91 M 30
Natisone UD 15 D 22
Naturno / Naturns BZ 3 C 15
Naturns / Naturno BZ 3 C 15
Natz / Naz BZ 4 B 17
Nava IM 35 J 5
Nava (Colle di) IM 35 J 5
Navacchio PI 42 K 13
Nave BS 22 F 12
Nave (Monte La) CT 100 N 26
Nave S. Felice TN 11 D 15
Navelli AQ 60 P 23
Navene VR 23 E 14
Navene (Bocca di) VR 23 E 14
Navicello MO 31 H 14
Navone (Monte) EN 104 O 24
Naxos ME 90 N 27
Naz / Natz BZ 4 B 17
Nazzano RM 58 P 19
Nazzano PV 29 H 9
Nebbiano AN 46 L 20
Nebbiuno NO 20 E 7
Nebida SU 118 J 7
Nebin (Monte) CN 26 I 3
Nebius (Monte) CN 34 I 3
Nebrodi ME 100 N 25
Negra (Punta) SS 108 E 6
Negrar VR 23 F 14
Neirone GE 37 I 9
Neive CN 27 H 6
Nembro BG 22 E 11
Nemi RM 63 Q 20
Nemi (Lago di) RM 63 Q 20
Nemoli PZ 77 G 29
Neoneli OR 115 G 8
Nepi VT 58 P 19
Nera PG 52 N 20
Nera (Croda) BZ 4 B 18
Nera (Punta) AO 19 F 4
Nera (Punta) LI 48 N 12
Nera (Punta) NU 117 F 11
Nerbisci PG 45 L 19
Nercone (Monte su) NU 117 G 10
Nereto TE 53 N 23
Nerina (Val) PG 52 N 20
Nero (Capo) IM 35 K 5
Nero (Monte) CT 100 N 27
Nero (Sasso) SO 10 D 11
Nero (Sasso) / Schwarzenstein BZ 4 A 17
Nerola RM 58 P 20
Nerone (Monte) PS 45 L 19
Nervesa d. Battaglia TV 25 E 18
Nervi GE 37 I 9
Nervia (Torrente) IM 35 K 4
Nervia (Val) IM 35 K 4
Nerviano MI 21 F 8
Nery (Monte) AO 19 E 5
Nespoledo UD 16 E 21
Nespolo RI 59 P 21
Nesso CO 9 E 9
Nestore (vicino a Marsciano) PG 51 N 18
Nestore (vicino a Trestina) PG 45 L 18
Neto CS 87 J 31
Netro BI 19 F 5
Nettuno RM 62 R 19
Nettuno (Grotta di) SS 110 F 6
Neumarkt / Egna BZ 11 D 15
Neurateis / Rattisio Nuovo BZ 3 B 14
Neustift / Novacella BZ 4 B 16
Neva (Torrente) SV 35 J 6
Neva (Val) SV 35 J 6
Nevea (Passo di) UD 15 C 22
Nevegal BL 13 D 18
Néves (Lago di) BZ 4 B 17
Neviano LE 83 G 36
Neviano de' Rossi PR 30 I 12
Neviano degli Arduini PR 30 I 12
Neviera (Serra la) PZ 77 F 29
Nevola AN 46 L 21
Niardo BS 10 E 13
Nibbia NO 20 F 7
Nibbiaia LI 42 L 13
Nibbiano PC 29 H 10
Nicà CS 87 I 32
Nica (I. di Pantelleria) TP 96 Q 17
Nicastro CZ 88 K 30
Niccioleta GR 49 M 14
Niccone PG 51 M 18
Niccone (Torrente) PG 51 M 18
Nichelino TO 27 H 4
Nicola Bove (Monte) SU 119 J 10
Nicola (Monte) FG 67 B 30
Nicoletti (Lago) EN 99 O 24
Nicolosi CT 100 O 27
Nicorvo PV 20 G 8
Nicosia EN 100 N 25
Nicotera VV 88 L 29
Nicotera Marina VV 88 L 29
Nieddu (Monte) SS 113 E 10
Nieddu di Ottana (Monte) NU 115 G 9
Niederdorf / Villabassa BZ 4 B 18
Niel AO 19 E 5
Niella Belbo CN 27 I 6
Niella Tanaro CN 35 I 5
Nigra (Passo) BZ 3 C 16
Nimis UD 15 D 21
Ninfa LT 63 R 20
Niovole PT 39 K 14
Nirano MO 31 I 14
Niscemi CL 104 P 25
Nisida (Isola di) NA 69 E 24
Nissoria EN 100 O 25
Niviano PC 29 H 10
Niviere (Pizzo delle) TP 97 M 20
Nivolet (Colle del) TO 18 F 3
Nizza di Sicilia ME 90 N 28
Nizza Monferrato AT 28 H 7
Noale VE 25 F 18
Noasca TO 18 F 3
Nocara CS 78 G 31
Nocchi LU 38 K 13
Nocciano PE 60 O 23
Noce PZ 77 G 29
Noce TN 11 C 14
Nocelleto CE 69 D 24
Nocera Inferiore SA 75 E 25
Nocera Superiore SA 75 E 26
Nocera Terinese CZ 86 J 30
Nocera Umbra PG 52 M 20
Noceto PR 30 H 12
Noci BA 73 E 33
Nociara EN 104 O 24
Nociazzi PA 99 N 24
Nociglia LE 83 G 36
Noepoli PZ 77 G 30
Nogara VR 23 G 15
Nogarè TV 24 E 18
Nogaro UD 17 E 21
Nogarole Rocca VR 23 G 14
Nogarole Vicentino VI 23 F 15
Nogheredo PN 13 D 19
Nogna PG 45 L 19
Noha LE 83 G 36
Noicattaro BA 73 D 32
Nola NA 70 E 25
Nole TO 19 G 4
Noli SV 36 J 7
Noli (Capo di) SV 36 J 7
Nomi TN 11 E 15
Non (Val di) TN 11 D 15
Nona BG 10 D 12
Nonantola MO 31 H 15
None TO 27 H 4
Nongruella UD 15 D 21
Nonio VB 8 E 7
Nora CA 121 J 9
Noragugume NU 115 G 8
Norba LT 63 R 20
Norbello OR 115 G 8
Norchia VT 57 P 17
Norcia PG 52 N 21
Nordio-Deffar (Rif.) UD 15 C 22
Norge Polesine RO 33 G 18
Norma LT 63 R 20
Nortiddi NU 113 F 10
Nosate MI 20 F 8
Nosedole MN 31 G 14
Nostra Signora de Cabu Abbas SS 111 F 8
Nostra Signora della Solitudine NU 116 G 10
Nostra Signora di Bonaria SS 111 E 8
Nostra Signora di Castro SS 111 E 9
Nostra Signora di Gonari NU 115 G 9
Nostra Signora di Monserrato NU 117 G 10
Nostra Signora di Montallegro GE 37 I 9
Notaresco TE 53 O 23
Noto SR 105 Q 27
Noto (Golfo di) SR 107 Q 27
Noto Antica SR 105 Q 27
Notteri (Stagno) SU 119 J 10
Nova Levante / Welschnofen BZ 12 C 16
Nova Milanese MI 21 F 9
Nova Ponente / Deutschnofen BZ 12 C 16
Nova Siri MT 78 G 31
Nova Siri Marina MT 78 G 31
Novacella / Neustift BZ 4 B 16
Novafeltria PS 41 K 18
Novale VI 23 F 15
Novale / Rauth BZ 12 C 16
Novaledo TN 12 D 16
Novalesa TO 18 G 3
Novara NO 20 F 7
Novara di Sicilia ME 101 M 27
Novate Mezzola SO 9 D 10
Novate Milanese MI 21 F 9
Nove VI 24 E 17
Novegigola MS 38 J 11
Noveglia PR 29 I 11
Novegno (Monte) VI 24 E 15
Novellara RE 31 H 14
Novello CN 27 I 5
Noventa di Piave VE 16 F 19
Noventa Padovana PD 24 F 17
Noventa Vicentina VI 24 G 16
Novi di Modena MO 31 H 14
Novi Ligure AL 28 H 8
Novi Velia SA 76 G 27
Noviglio MI 21 F 9
Novoli LE 81 F 36
Nozza BS 22 E 13
Nozzano LU 38 K 13
Nubia TP 96 N 19
Nuccio TP 96 N 19
Nucetto CN 35 I 6
Nuchis SS 109 E 9
Nudo (Col) PN 13 D 19
Nughedu di S. Nicolò SS 111 F 9
Nughedu Sta Vittoria OR 115 G 8
Nugola LI 42 L 13
Nule SS 111 F 9
Nulvi SS 111 E 8
Numana AN 47 L 22
Nunziata CT 101 N 27
Nuoro NU 115 G 9
Nuova Bisaccia AV 71 D 28
Nuova Olonio SO 9 D 10
Nuovo (Ponte) FG 71 D 28
Nuracciolu (Punta) SU 118 I 7
Nurachi OR 114 H 7
Nuradeo OR 114 G 7
Nuraghi (Valle dei) SS 111 F 8
Nuragus CA 115 H 9
Nurallao CA 115 H 9
Nuraminis SU 118 I 9
Nuraxi (Su) (Barumini) SU 118 H 8
Nuraxi de Mesu (Valico) SU 120 K 8
Nuraxi Figus SU 118 J 7
Nure PC 29 H 11
Nureci OR 115 H 8
Nuria (Monte) RI 59 O 21
Nurri SU 119 H 9
Nurri (Cantoniera di) SU 119 H 9
Nus AO 19 E 4
Nuschele (Monte) NU 115 F 9
Nusco AV 71 E 27
Nusenna SI 44 L 16
Nuvolato MN 31 G 15
Nuvolau (Rifugio) BL 4 C 18
Nuvolento BS 22 F 13
Nuvolera BS 22 F 13
Nuxis SU 118 J 8

O

Ober Wielenbach / Vila di Sopra BZ 4 B 17
Oberbozen / Soprabolzano BZ 3 C 16
Obereggen / S. Floriano BZ 12 C 16
Obolo PC 29 H 10
Oca RO 33 H 18
Occhieppo BI 19 F 6
Occhiobello RO 32 H 16
Occhione (Punta) SS 109 D 10
Occhito (Lago di) FG 66 C 26
Occimiano AL 28 G 7
Oclini (Passo di) BZ 12 C 16
Ocre AQ 59 P 22
Ocre RI 58 O 20
Ocre (Monte) AQ 59 P 22
Odalengo Grande AL 27 G 6
Oderzo TV 16 E 19
Odle (le) / Geislerspitze BZ 4 C 17

Odolo BS 22 F 13
Oes SS 111 F 8
Ofanto AV 71 E 28
Ofanto (Foce dell') FG 72 C 30
Ofen / Forno (Monte) UD 15 C 23
Ofena AQ 60 P 23
Offagna AN 47 L 22
Offanengo CR 21 F 11
Offida AP 53 N 23
Offlaga BS 22 F 12
Oggia (Colle di) IM 35 K 5
Oggiono LC 21 E 10
Ogliastra NU 117 H 10
Ogliastra (Isola dell') NU 117 H 11
Ogliastro Cilento SA 75 F 27
Ogliastro (Lago di) EN 104 O 25
Ogliastro Marina SA 75 G 26
Oglio BS 10 D 13
Ogliolo BS 10 D 12
Ogna (Monte) SA 76 E 28
Ognina SR 105 Q 27
Ognina (Capo) SR 105 Q 27
Ognio GE 37 I 9
Ognissanti BA 73 D 32
Oisternig (Monte) UD 15 C 22
Ola NU 115 G 9
Olang / Valdaora BZ 4 B 18
Olbia SS 109 E 10
Olbia (Golfo di) SS 109 E 10
Olbicella AL 28 I 7
Olcenengo VC 20 F 6
Olcio LC 9 E 9
Olda BG 9 E 10
Oleggio NO 20 F 7
Oleggio Castello NO 20 E 7
Oleis UD 15 D 22
Olengo NO 20 F 7
Olevano di Lomellina PV 20 G 8
Olevano Romano RM 63 Q 21
Olevano sul Tusciano SA 75 F 27
Olgiasca LC 9 D 9
Olgiata RM 58 P 19
Olgiate Comasco CO 21 E 8
Olgiate Molgora LC 21 E 10
Olgiate Olona VA 20 F 8
Olginate LC 21 E 10
Olia (Monte) SS 112 E 10
Olia Speciosa SU 119 J 10
Oliena NU 117 G 10
Oliena (Rio d') NU 116 G 10
Olinie (Monte) NU 117 G 10
Olivadi CZ 88 K 31
Olivarella ME 95 M 27
Oliveri ME 100 M 27
Oliveto RC 90 M 29
Oliveto AR 44 L 17
Oliveto BO 39 I 15
Oliveto (Masseria) BA 72 E 30
Oliveto Citra SA 76 E 27
Oliveto Lario LC 9 E 9
Oliveto Lucano MT 77 F 30
Oliveto Maggiore (Abbazia di Monte) SI 50 M 16
Olivetta IM 34 K 4
Olivieri (Masseria) BA 72 E 31
Olivo EN 104 O 24
Olivo (Ponte) CL 104 P 24
Olivola MS 38 J 12
Ollastra Simaxis OR 115 H 8
Ollastu SU 119 I 10
Olle TN 12 D 16
Ollolai NU 115 G 9
Ollomont AO 6 E 3
Olmedo SS 110 F 7
Olmeneta CR 22 G 12
Olmi PT 39 K 14
Olmi (Monte degli) BZ 3 C 14
Olmo AR 44 L 17
Olmo FI 40 K 16
Olmo RE 30 H 13
Olmo SO 9 C 10
Olmo TV 24 E 17
Olmo VI 24 F 16
Olmo al Brembo BG 9 E 10
Olmo Gentile AT 28 I 6
Olona VA 20 E 8
Olonia MI 21 F 9
Olpeta VT 57 O 17
Oltre il Colle BG 10 E 11
Oltre Vara SP 37 J 11
Olza PC 30 G 11
Olzai NU 115 G 9
Ombrone (vicino a Grosseto) SI 50 M 16
Ombrone(vicino a Pistoia) PT 39 K 14
Ome BS 22 F 12
Omegna VB 8 E 7
Omignano SA 75 G 27
Omignano Scalo SA 75 G 27
Omodeo (Lago) OR 115 G 8
Onamarra (Punta) NU 117 G 10
Onani NU 113 F 10
Onano VT 50 N 17
Onara PD 24 F 17
Oncino CN 26 H 3
Oneglia IM 35 K 6
Ongaro VI 24 E 15
Ongina PR 30 H 12
Onifai NU 117 F 10
Oniferi NU 115 G 9
Onigo di Piave TV 12 E 17
Onno LC 9 E 9
Onzo SV 35 J 6
Opera MI 21 F 9
Opi AQ 64 Q 23
Opicina TS 17 E 23
Oppeano VR 23 G 15
Oppido Lucano PZ 72 E 29
Oppido Mamertina RC 91 M 29
Oppio (Passo di) PT 39 J 14
Ora / Auer BZ 12 C 15
Orani NU 115 G 9
Orasso VB 8 D 7
Oratino CB 65 R 25
Orba AL 28 H 7
Orbai (Monte) SU 121 J 8
Orbassano TO 27 G 4
Orbetello GR 55 O 15
Orbetello (Laguna di) GR 55 O 15
Orbetello Scalo GR 55 O 15
Orcenico Inferiore PN 13 E 20
Orcia SI 50 N 16
Orciano di Pesaro PS 46 K 20
Orciano Pisano PI 42 L 13
Orciatico PI 43 L 14
Orco TO 18 F 3
Ordini (Monte) SU 119 I 10
Ordona FG 71 D 28
Orecchiella LU 38 J 13
Oregone (Passo d.) / Hochalpljoch UD 5 C 20
Orentano PI 43 K 13
Orezzoli PC 29 I 10
Orgiano VI 24 F 16
Orgnano UD 16 D 21
Orgosolo NU 116 G 10
Oria BR 79 F 34
Oria CO 9 D 9
Oriago VE 25 F 18
Oricola AQ 59 P 21
Origgio VA 21 F 9
Orimini (Masseria) (vicino a Martina Franca) TA 80 E 33
Orimini (Masseria) (vicino a S. Simone) TA 79 F 33
Orino VA 8 E 8
Orio al Serio BG 21 E 11
Orio Litta LO 29 G 10
Oriolo CS 77 G 31
Oriolo PV 29 G 9
Oriolo PG 52 N 20
Oriolo Romano VT 57 P 18
Oristano OR 114 H 7
Oristano (Golfo di) OR 114 H 7
Orlando (Capo d') ME 100 M 26
Ormea CN 35 J 5
Ormelle TV 16 E 19
Ornaro RI 58 P 20
Ornavasso VB 8 E 7
Orneta AV 71 D 27
Ornica BG 9 E 10
Oro (Conca d') PA 97 M 21
Oro (Monte d') PA 99 N 23
Oro (S') SU 119 I 10
Orolo VI 24 F 16
Oronaye (Monte) CN 26 I 2
Oropa BI 19 F 5
Orosei NU 117 F 11
Orosei (Golfo di) NU 117 G 11
Orotelli NU 115 G 9
Orotelli (Serra d') SS 115 F 9
Orri (Monte) SU 118 J 8
Orria SA 75 G 27
Orrido di S. Anna VB 8 D 8
Orriola (Monte) SS 111 E 9
Orroli SU 119 H 9
Orru (Cuccuru) SU 119 I 9
Orsago TV 13 E 19
Orsaiola PS 45 L 19
Orsara di Puglia FG 71 D 27
Orsaria UD 15 D 22
Orsetti (Monte) TA 73 E 33
Orsia AO 7 E 5
Orsiera (Monte) TO 26 G 3
Orso (Capo d') SA 75 F 26
Orso (Capo d') SS 109 D 10
Orso (Colle dell') IS 65 R 25
Orsogna CH 60 P 24
Orta PE 60 P 24
Orta di Atella CE 69 E 24
Orta (Lago d') NO 20 E 7
Orta Nova FG 71 D 29
Orta S. Giulio NO 20 E 7
Ortacesus SU 119 I 9
Orte VT 58 O 19
Ortelle LE 83 G 37
Ortezzano AP 53 M 22
Orti RC 90 M 29
Orticelli RO 32 G 18
Ortigara (Monte) VI 12 D 16
Ortignano-Raggiolo AR 44 K 17
Ortimino FI 43 L 15
Ortisei / St. Ulrich BZ 4 C 17
Ortler / Ortles BZ 2 C 13
Ortles / Ortler BZ 2 C 13
Ortobene (Monte) NU 116 G 10
Ortolano AQ 59 O 22
Ortona CH 60 O 25
Ortona dei Marsi AQ 60 Q 23
Ortonovo SP 38 J 12
Ortovero SV 35 J 6
Ortuabis (Valico) NU 115 H 9
Ortucchio AQ 64 Q 22
Ortueri NU 115 G 8
Orune NU 116 F 10
Orvieto TR 51 N 18
Orvinio RI 58 P 20
Orzano UD 15 D 22
Orzinuovi BS 22 F 11
Orzivecchi BS 22 F 11
Osasco TO 26 H 4
Osasio TO 27 H 4
Oscasale CR 22 G 11
Oscata AV 71 D 27
Oschiri SS 111 E 9
Oschiri (Rio di) SS 111 E 9
Osento AV 71 E 28
Osento CH 61 P 25
Osidda NU 111 F 9
Osiglia SV 35 J 6
Osiglietta (Lago di) SV 35 J 6
Osilo SS 111 E 8
Osimo AN 47 L 22
Osimo Stazione AN 47 L 22
Osini-Nuovo NU 117 H 10
Osini-Vecchio NU 117 H 10
Osio Sotto BG 21 F 10
Oslavia GO 17 E 22
Osnago LC 21 E 10
Osoppo UD 14 D 21
Ospedaletti IM 35 K 5
Ospedaletto LO 21 G 10
Ospedaletto FO 41 J 18
Ospedaletto RN 41 K 19
Ospedaletto TR 51 N 18
Ospedaletto TN 12 D 16
Ospedaletto TV 25 F 18
Ospedaletto UD 14 D 21
Ospedaletto d'Alpinolo AV 70 E 26
Ospedaletto Euganeo PD 24 G 16
Ospedalicchio PG 51 M 19
Ospitale FE 32 H 16
Ospitale MO 39 J 14
Ospitale di Cadore BL 13 D 18
Ospitaletto BS 22 F 12
Ospitaletto MN 31 G 13
Ospitalleto MO 39 I 14
Ospitalmonacale FE 32 H 17
Ossago Lodigiano LO 21 G 10
Ossalengo CR 22 G 12
Ossegna SP 37 I 10
Osservanza SI 50 L 16
Ossi SS 110 E 7
Ossola (Val d') VB 8 D 6
Ossolaro CR 22 G 11
Ossona MI 20 F 8
Ossuccio CO 9 E 9
Ostana CN 26 H 3
Ostellato FE 32 H 17
Osteria del Gatto PG 51 M 20
Osteria dell'Osa RM 63 Q 20
Osteria di Morano PG 51 M 20
Osteria Grande BO 40 I 16
Osteria Nuova RM 58 P 18
Osterianova MC 47 L 22
Ostia Antica RM 62 Q 18
Ostia Parmense PR 30 I 11
Ostiano CR 22 G 12
Ostiglia MN 31 G 15
Ostigliano SA 75 G 27
Ostra AN 46 L 21
Ostra Vetere AN 46 L 21
Ostuni BR 80 E 34
Oten (Valle d') BL 4 C 18
Otranto LE 83 G 37
Otranto (Capo d') LE 83 G 37
Otricoli TR 58 O 19
Ottana NU 115 G 9
Ottati SA 76 F 27
Ottava SS 110 E 7
Ottavia RM 62 Q 19
Ottaviano NA 70 E 25
Ottiglio AL 28 G 7
Ottiolu (Punta d') NU 113 E 11
Ottobiano PV 20 G 8
Ottone PC 29 I 10
Oulx TO 26 G 2
Ovada AL 28 I 7
Ovaro UD 5 C 20
Oviglio AL 28 H 7
Ovindoli AQ 59 P 22
Ovo (Torre dell') TA 79 G 34
Ovodda NU 115 G 9
Oyace AO 6 E 4
Ozegna TO 19 G 5
Ozein AO 18 E 3
Ozieri SS 111 F 9
Ozzano dell'Emilia BO 40 I 16
Ozzano Monferrato AL 28 G 7
Ozzano Taro PR 30 H 12
Ozzero MI 20 F 8

P

Pabillonis SU 118 I 8
Pace ME 90 M 28
Pace del Mela ME 90 M 27
Paceco TP 96 N 19
Pacengo VR 23 F 14
Pacentro AQ 60 P 23
Pachino SR 107 Q 27
Paciano PG 51 M 18
Padenghe sul Garda BS 22 F 13
Padergnone TN 11 D 14
Paderno BL 12 D 18
Paderno BO 40 I 15
Paderno d'Adda LC 21 E 10
Paderno del Grappa TV 24 E 17
Paderno di Ponzano TV 25 E 18
Paderno Dugnano MI 21 F 9
Paderno Ponchielli CR 22 G 11
Padiglione AN 47 L 22
Padiglione (Bosco di) LT 62 R 19
Padola BL 5 C 19
Pàdola (Val) BL 5 C 19
Padova PD 24 F 17
Padova (Rifugio) BL 13 C 19
Padria SS 115 F 7
Padriciano TS 17 F 23
Padrio (Monte) BS 10 D 12
Padru SS 113 E 10
Padru (Monte) SS 109 D 9
Padula SA 76 F 28
Padule PG 51 M 19
Paduli BN 70 D 26
Paduli (Lago) MS 38 I 12
Padulle BO 31 I 15
Paesana CN 26 H 3
Paese TV 25 E 18
Paestum SA 75 F 27
Paestum Antica SA 75 F 27
Paganella (Monte) TN 11 D 15
Pagani SA 75 E 25
Pagania CS 85 I 31
Paganica AQ 59 O 22
Paganico GR 49 N 15
Pagano (Monte) AQ 65 Q 24
Paganuccio (Monte) PS 46 L 20
Pagazzano BG 21 F 11
Paghera BS 10 E 13
Paglia VT 50 N 17
Paglia (Portella della) PA 97 M 21
Pagliara ME 90 N 28
Pagliare AP 53 N 23
Pagliarelle KR 87 J 32
Pagliaroli TE 59 O 22
Pagliarone (Monte) FG 71 C 27
Paglieres CN 26 I 3
Paglierlccio AR 44 K 17
Paglieta CH 61 P 25
Pagliosa (Isola sa) NU 114 F 7
Pagnacco UD 14 D 21
Pagnano TV 24 E 17
Pagno CN 26 I 4
Pagnona LC 9 D 10
Pago Veiano BN 70 D 26
Pai VR 23 F 14
Paidorzu (Monte) SS 111 F 9
Paisco BS 10 D 12
Paisco (Valle) BS 10 D 12
Palade (Passo delle) / Gampenjoch BZ 3 C 15
Paladina BG 21 E 10
Palagano MO 39 J 13
Palagianello TA 78 F 32
Palagiano TA 78 F 33
Palagogna (Masseria) BR 80 F 34
Palagonia CT 104 P 26
Palai (Punta) NU 115 F 8
Palaia PI 43 L 14
Palanuda (Monte) CS 85 H 30
Palanzano PR 38 I 12
Palanzone (Monte) CO 9 E 9
Palata CB 65 Q 26
Palata Pepoli BO 31 H 15
Palau SS 109 D 10
Palavas (Monte) TO 26 H 2
Palazzello CS 85 I 30
Palazzago BG 21 E 10
Palazzelli SR 104 O 26
Palazzetto SI 49 M 15
Palazzine Sta Maria MT 77 F 30
Palazzo AN 46 L 20
Palazzo LI 48 N 13
Palazzo MC 52 M 20
Palazzo PG 51 M 19
Palazzo Adriano PA 98 N 22
Palazzo d'Ascoli FG 71 D 28
Palazzo del Pero AR 45 L 17
Palazzo Foscarini (Mira) VE 24 F 18
Palazzo S. Gervasio PZ 72 E 29
Palazzolo Acreide SR 104 P 26
Palazzolo dello Stella UD 16 E 21
Palazzolo sull'Oglio BS 22 F 11
Palazzolo Vercellese VC 20 G 6
Palazzone SI 50 N 17
Palazzuolo AR 44 L 16
Palazzuolo sul Senio FI 40 J 16
Palena CH 60 Q 24
Paleparto (Monte) CS 85 I 31
Palermiti CZ 88 K 31
Palermo PA 98 M 22
Palermo (Golfo di) PA 98 M 22
Palermo (Portella) PA 99 O 23
Palermo-Punta Raisi (Aeroporto di) PA 97 M 21
Palese BA 73 D 32
Palestrina RM 63 Q 20
Palestro PV 20 G 7
Paliano FR 63 Q 21
Palidano MN 31 H 14
Palidoro RM 62 Q 18
Palinuro SA 84 G 27
Palinuro (Capo) SA 84 G 27
Palizi RC 91 N 29
Palizi Marina RC 91 N 29
Palla Palla CS 87 J 32
Pallagorio KR 87 J 32
Pallanfre CN 34 J 4
Pallanza VB 8 E 7
Pallare SV 36 J 6
Pallareta (Monte) PZ 77 G 30
Pallerone MS 38 J 12
Pallosu (Cala su) OR 114 G 7
Palma TP 96 N 19
Palma (Fiume) AG 103 P 23
Palma Campania NA 70 E 25
Palma di Montechiaro AG 103 P 23
Palmadula SS 110 E 6
Palmaiola (Isola) LI 48 N 13
Palmanova UD 17 E 21
Palmaria (Isola) SP 38 J 11
Palmariggi LE 83 G 37
Palmarini (Masseria) BR 79 F 35
Palmas SU 118 J 7
Palmas (Golfo di) SU 120 J 7
Palmas (Rio) SU 118 J 7
Palmas Arborea OR 114 H 7
Palmavera SS 110 F 6
Palme (Masseria delle) TA 78 F 32
Palmi RC 88 L 29
Palmiano AP 52 N 22
Palmieri (Rifugio) BL 4 C 18
Palmoli CH 61 Q 25
Palmori FG 66 C 28
Palmschoss / Plancios BZ 4 B 17
Palo RM 62 Q 18
Palo SV 28 I 7
Palo TN 11 E 14
Palo del Colle BA 73 D 32
Palombaio BA 73 D 31
Palombara TE 60 O 23
Palombara Sabina RM 58 P 20
Palombaro CH 60 P 24
Palombina AN 47 L 22
Palomonte SA 76 F 27
Palosco BG 22 F 11
Palù VR 23 G 15
Palù (Cima) TN 11 D 14
Palu (Lago) SO 10 D 11
Palu (Pizzo) SO 10 C 11
Palù del Fersina TN 12 D 16
Paludi CS 87 I 32
Palus San Marco BL 4 C 18
Paluzza UD 5 C 21
Pamparato CN 35 J 5
Pampeago TN 12 C 16
Pan di Zucchero SU 118 I 7
Panarea (Isola) ME 94 L 27
Panaro MO 39 I 14
Panarotta TN 12 D 16
Pancalieri TO 27 H 4
Pancarana PV 29 G 9
Panchià TN 12 D 16
Pancole GR 50 N 15
Pancole SI 43 L 15
Pandino CR 21 F 10
Pandoro (Masseria) TA 73 E 33
Panettieri CS 86 J 31
Paneveggio TN 12 D 17
Panfresco (Masseria) BA 73 D 31
Panicale PG 51 M 18
Panicarola PG 51 M 18
Pannaconi VV 88 K 30
Pannarano BN 70 D 26
Panni FG 71 D 27
Panocchia PR 30 H 12
Pantaleo SU 118 J 8
Pantalica (Necropoli di) SR 105 P 27
Pantalla PG 51 N 19
Pantanelle (Passo delle) CL 104 P 25
Pantasina IM 35 K 5
Pantelleria TP 96 Q 17
Pantelleria (Isola di) TP 96 Q 18
Pantianicco UD 16 D 21
Pantigliate MI 21 F 10
Panzano FI 44 L 15
Panzano (Golfo di) GO 17 E 22
Panzano Bagni GO 17 E 22
Paola CS 86 I 30
Paolillo (Masseria) FG 71 D 29
Paolini TP 96 N 19
Paolisi BN 70 D 25
Papa (Monte del) PZ 77 G 29
Papanice KR 87 J 33
Paparotti UD 15 D 21
Papasidero CS 84 H 29
Papiano AR 40 K 17
Papiano PG 51 N 19
Papola-Casale (Aeroporto di) BR 81 F 35
Papozze RO 32 H 18
Para FO 41 J 18
Parabiago MI 20 F 8
Parabita LE 83 G 36
Paradiso BR 81 F 35
Paradiso (Costa) SS 109 D 8
Paraggi GE 37 J 9
Paramont (Monte) AO 18 E 3
Paranesi TE 53 N 22
Paranzello (Punta) AG 102 T 20
Paras (Is) SU 116 H 9
Parasacco PV 20 G 8
Paratico BS 22 F 11
Paravati VV 88 L 30
Parcines / Partschins BZ 3 B 15
Parco dei Monaci (Masseria) MT 78 F 31
Pardu Atzei SU 118 I 7

Parenti CS 86 J 31
Parete CE 69 E 24
Parghelia VV 88 K 29
Pari GR 50 M 15
Pariana LU 39 K 13
Paringianu SU 118 J 7
Parisa (Masseria) FG 66 C 27
Parisi (Casa) EN 104 O 25
Parma PR 30 H 12
Parma (Torrente) PR 30 I 12
Parmetta PR 30 H 13
Parnacciano PG 45 L 18
Parodi Ligure AL 28 H 8
Parola PR 30 H 12
Parola (Torrente) PR 30 H 12
Paroldo CN 35 I 6
Paroletta PR 30 H 12
Parona PV 20 G 8
Parona di Valpolicella VR 23 F 14
Parrana-S. Giusto LI 42 L 13
Parrana-S. Martino LI 42 L 13
Parrano TR 51 N 18
Parre BG 10 E 11
Parredis (Monte) SU 119 I 10
Parrino (Punta) TP 96 N 19
Parrino (Serre del) PA 97 N 21
Partanna PA 97 M 21
Partanna TP 97 N 20
Partinico PA 97 M 21
Partschins / Parcines BZ 3 B 15
Parzanica BG 22 E 12
Pascarosa BR 80 E 34
Pasian di Prato UD 14 D 21
Pasiano di Pordenone PN 13 E 19
Paspardo BS 10 D 13
Pasquali PR 30 H 12
Passaggio PG 51 M 19
Passaggio d'Assisi PG 51 M 19
Passante (Serbatoio del) CZ 86 J 31
Passarella VE 16 F 19
Passariano UD 16 E 21
Passatore CN 27 I 4
Passeiertal / Passiria (Val) BZ 3 B 15
Passerano AT 27 G 6
Passero (Capo) SR 107 Q 27
Passignano FI 43 L 15
Passignano sul Trasimeno PG 51 M 18
Passirano BS 22 F 12
Passiria (Val) / Passeiertal BZ 3 B 15
Passirio BZ 3 B 15
Passo VB 8 D 7
Passo Corese RI 58 P 19
Passo di Croce Domini BS 10 E 13
Passo di Mirabella AV 70 D 27
Passo di Treia MC 52 M 21
Passo d'Orta FG 71 D 29
Passo Oscuro RM 62 Q 18
Passo S. Angelo MC 52 M 22
Passons UD 14 D 21
Passopisciaro CT 100 N 27
Pastena FR 64 R 22
Pastena IS 65 R 24
Pastena (Grotte di) FR 64 R 22
Pastorano CE 69 D 24
Pastorello PR 30 I 12
Pastrengo VR 23 F 14
Pasturana AL 28 H 8
Pasturo LC 9 E 10
Pasubio TN 23 E 15
Pasubio (Ossario) VI 23 E 15
Paternò CT 100 O 26
Paterno PZ 76 F 29
Paterno AQ 59 P 22
Paterno MC 52 M 21
Paterno Calabro CS 86 J 30
Paternopoli AV 70 E 27
Patigno MS 37 I 11
Patino (Monte) PG 52 N 21
Patria (Lago di) NA 69 E 24
Patrica FR 63 R 21
Pattada SS 111 F 9
Patti ME 100 M 26
Patti (Golfo di) ME 94 M 27
Patù LE 83 H 37
Pau OR 115 H 8
Pauceris Mannu (Monte is) SU 118 J 8
Paularo UD 5 C 21
Paularo (Monte) UD 5 C 21
Pauli Arbarei SU 118 I 8
Paulilatino OR 115 G 8
Paullo MI 21 F 10
Pauloni (Serra) SS 109 D 9
Paupisi BN 70 D 25
Pavarolo TO 27 G 5
Pavia PV 21 G 9
Pavia (Certosa di) PV 21 G 9
Pavia di Udine UD 17 E 21
Pavione (Monte) BL 12 D 17
Pavona RM 62 Q 19
Pavone SI 49 M 14
Pavone Canavese TO 19 F 5
Pavone del Mella BS 22 G 12
Pavullo nel Frignano MO 39 I 14
Pazzano MO 39 I 14
Pazzano RC 88 L 31
Pazzon VR 23 F 14
Peccioli PI 43 L 14
Pecetto di Valenza AL 28 G 8
Pecetto Torinese TO 27 G 5
Pecora GR 49 M 14
Pecora (Capo) SU 118 I 7
Pecorara PC 29 H 10
Pecoraro (Monte) VV 88 L 31
Pecorile RE 30 I 13
Pecorini ME 94 L 25
Pecorone PZ 77 G 29
Pedace CS 86 J 31
Pedagaggi SR 104 P 26
Pedalino RG 104 P 25
Pedara CT 101 O 27
Pedaso AP 53 M 23
Pedavena BL 12 D 17
Pedemonte GE 28 I 8
Pedemonte VR 23 F 14
Pederiva VI 24 F 16
Pederoa BZ 4 C 17
Pederobba TV 12 E 17
Pedescala VI 24 E 16
Pedesina SO 9 D 10
Pediano BO 40 J 17
Pedicino (Monte) FR 64 Q 22
Pedivigliano CS 86 J 30
Pedra Ettori SS 110 F 7
Pedrabianca (Sa) SS 113 F 10
Pedraces / Pedratsches BZ 4 C 17
Pedralunga (Monte) SS 111 F 9
Pedratsches / Pedraces BZ 4 C 17
Pegli GE 36 I 8
Peglia (Monte) TR 51 N 18
Peglio PS 45 K 19
Peglio SA 76 G 28
Pegognaga MN 31 H 14
Pegolotte VE 24 G 18
Peio TN 11 C 14
Peio Terme TN 11 C 14
Pelagatta (Passo) TN 23 E 15
Pelagie (Isole) AG 102
Pelago FI 44 K 16
Pelau NU 117 H 10
Pelizzone (Passo del) PC 29 H 11
Pellarini (Rifugio) UD 15 C 22
Pellaro RC 90 M 28
Pellaro (Punta del) RC 90 M 28
Pellecchia (Monte) RM 58 P 20
Pellegrina RC 90 M 29
Pellegrina VR 23 G 15
Pellegrino ME 90 M 28
Pellegrino (Cozzo del) CS 85 H 30
Pellegrino (Monte) PA 98 M 22
Pellegrino Parmense PR 30 H 11
Peller (Monte) TN 11 D 14
Pellestrina VE 25 G 18
Pellezzano SA 75 E 26
Pellice TO 26 H 3
Pellizzano TN 11 D 14
Pelmo (Monte) BL 13 C 18
Peloritani (Monti) ME 90 M 27
Peloro (Capo) ME 90 M 28
Pelosa PR 37 I 10
Pelosa (Spiaggia della) SS 108 E 6
Pelugo TN 11 D 14
Pelvo d'Elva CN 26 I 3
Pendenza RI 59 O 21
Pènegal (Monte) BZ 11 C 15
Penice (Monte) PC 29 H 9
Penice (Passo del) PC 29 H 9
Penna (Lago della) AR 44 L 17
Penna (Monte) AR 45 K 17
Penna (Monte) PG 52 M 20
Penna (Punta di) CH 61 P 26
Penna Alta AR 44 L 16
Penna in Teverina TR 58 O 19
Penna (Monte) PR 29 I 10
Penna S. Andrea TE 60 O 23
Penna S. Giovanni MC 52 M 22
Pennabilli PS 41 K 18
Pennadomo CH 60 P 24
Pennapiedimonte CH 60 P 24
Penne PE 60 O 23
Penne (Forca di) AQ 60 P 23
Penne (Lago di) PE 60 O 23
Penne (Punta) BR 81 E 35
Pennes / Pens BZ 3 B 16
Pennes (Passo di) / Penserjoch BZ 3 B 16
Pennes (Val di) BZ 3 B 16
Pennino (Monte) MC 52 M 20
Pens / Pennes BZ 3 B 16
Penserjoch / Pennes (Passo di) BZ 3 B 16
Penta SA 70 E 26
Pentedattilo RC 90 N 29
Pentema GE 29 I 9
Pentolina SI 49 M 15
Pentone CZ 87 K 31
Peonis UD 14 D 21
Peralba (Monte) BL 5 C 20
Perano CH 60 P 25
Perarolo VI 24 F 16
Perarolo di Cadore BL 13 C 19
Perca / Percha BZ 4 B 17
Percha / Perca BZ 4 B 17
Perciato (Punta di) ME 94 L 26
Percile RM 58 P 20
Percoto UD 17 E 21
Perd'e Sali CA 121 J 9
Perda de sa Mesa (Punta) SU 118 I 7
Perda Liana (Monte) NU 117 H 10
Perdaia (Monte) SU 120 K 8
Perdas de Fogu SU 120 J 7
Perdasdefogu NU 119 H 10
Perdaxius SU 118 J 7
Perdifumo SA 75 G 27
Perdonig / Predonico BZ 3 C 15
Perer BL 12 D 17
Pereta GR 56 O 15
Pereto AQ 59 P 21
Perfugas SS 111 E 8
Pergine Valdarno AR 44 L 17
Pergine Valsugana TN 11 D 15
Pergola PS 46 L 20
Pergola PZ 76 F 29
Pergusa EN 99 O 24
Pergusa (Lago di) EN 104 O 24
Peri VR 23 F 14
Periasc AO 7 E 5
Perignano PI 43 L 13
Perinaldo IM 35 K 5
Perino PC 29 H 10
Perito SA 75 G 27
Perletto CN 27 I 6
Perlo CN 35 J 6
Perloz AO 19 F 5
Pernate NO 20 F 8
Pernocari VV 88 L 30
Pernumia PD 24 G 17
Pero (Golfo) SS 109 D 10
Pero MI 21 F 9
Pero SV 36 I 7
Perolla GR 49 M 14
Perosa Argentina TO 26 H 3
Perotti PC 29 I 10
Peroulaz AO 18 E 3
Perrero TO 26 H 3
Perrone (Sella del) CB 65 R 25
Persano SA 75 F 27
Persi AL 28 H 8
Persico CR 22 G 12
Persignano AR 44 L 16
Pertegada UD 16 E 21
Pertengo VC 20 G 7
Pertica Alta BS 22 E 13
Pertica Bassa BS 22 E 13
Perticano PG 46 L 20
Perticara PS 41 K 18
Pertosa SA 76 F 28
Pertosa (Grotta di) SA 76 F 28
Pertusa (Portella) ME 101 N 27
Pertusillo (Lago del) PZ 77 G 29
Pertuso PC 29 I 10
Perugia PG 51 M 19
Pesa FI 43 K 15
Pesariis UD 5 C 20
Pesarina (Val) UD 5 C 20
Pesaro PS 46 K 20
Pescaglia LU 38 K 13
Pescantina VR 23 F 14
Pescara PE 60 O 24
Pescara (Fiume) PE 60 P 23
Pescarella (Masseria) BA 72 E 30
Pescarolo ed Uniti CR 22 G 12
Pescasseroli AQ 64 Q 23
Pesche IS 65 R 24
Peschici FG 67 B 30
Peschiera MT 77 F 31
Peschiera Borromeo MI 21 F 9
Peschiera del Garda VR 23 F 14
Pescia PG 52 N 21
Pescia PT 39 K 14
Pescia (Torrente) PT 39 K 14
Pescia Fiorentina GR 56 O 16
Pescia Romana VT 56 O 16
Pescina AQ 59 P 22
Pescina FI 39 K 15
Pesco Sannita BN 70 D 26
Pescocostanzo AQ 64 Q 24
Pescolanciano IS 65 Q 25
Pescomaggiore AQ 59 O 22
Pescopagano PZ 71 E 28
Pescopennataro IS 65 Q 24
Pescorocchiano RI 59 P 21
Pescosansonesco PE 60 P 23
Pescosolido FR 64 Q 22
Pescul BL 12 C 18
Peseggia TV 25 F 18
Pesek TS 17 F 23
Pesio CN 35 J 5
Pesipe CZ 88 K 31
Pessinetto TO 18 G 4
Pessola PR 30 I 11
Pessola (Torrente) PR 30 I 11
Pesus SU 118 J 7
Petacciato CB 61 P 26
Petacciato Marina CB 61 P 26
Petano (Monte) TR 58 O 20
Petersberg / Monte S. Pietro BZ 12 C 16
Petilia Policastro KR 87 J 32
Petina SA 76 F 28
Petralia Soprana PA 99 N 24
Petralia Sottana PA 99 N 24
Petralla Salto RI 59 P 21
Petrano (Monte) PS 46 L 19
Petrarca (Rifugio) BZ 3 B 15
Petrella (Monte) LT 64 S 23
Petrella Guidi PS 41 K 18
Petrella Liri AQ 59 P 21
Petrella Massana AR 45 K 18
Petrella Tifernina CB 65 Q 26
Petrelle PG 51 L 18
Petriano PS 46 K 20
Petricci GR 50 N 16
Petrignacola PR 30 I 12
Petrignano PG 51 M 19
Petrignano di Lago PG 50 M 17
Petriolo MC 52 M 22
Petritoli AP 53 M 22
Petrizzi CZ 88 K 31
Petrognanovicino a Borgo S. Lorenzo FI 40 K 16
Petrognano (vicino a Certaldo) FI 43 L 15
Petroio SI 50 M 17
Petrona CZ 87 J 32
Petrosino TP 96 N 19
Petrosino (Masseria) BA 73 E 32
Petroso (Monte) AQ 64 Q 23
Petrulli (Masseria) FG 66 C 27
Petruscio (Villaggio di) (Mottola) TA 78 F 33
Pettenasco NO 20 E 7
Pettinascura (Monte) CS 87 I 31
Pettineo ME 99 N 24
Pettino PG 52 N 20
Pettoranello del Molise IS 65 R 24
Pettorano sul Gizio AQ 60 Q 23
Pettorazza Grimani RO 32 G 17
Peveragno CN 35 J 4
Pezza (Piano di) AQ 59 P 22
Pezzana VC 20 G 7
Pezzano SA 75 E 26
Pezzaze BS 22 E 12
Pezze di Greco BR 80 E 34
Pezzo BS 11 D 13
Pezzolo ME 90 M 28
Pfalzen / Falzes BZ 4 B 17
Pfatten / Vadena BZ 12 C 15
Pfelders / Plan BZ 3 B 15
Pfitscherjoch / Vizze (Passo di) BZ 4 B 16
Pflersch / Fleres BZ 3 B 16
Pflerscher Tribulaun / Tribuláun BZ 3 B 16
Pfunders / Fundres BZ 4 B 17
Pia Camuno BS 22 E 12
Piacenza PC 29 G 11
Piacenza d'Adige PD 32 G 16
Piadena CR 30 G 13
Piagge PS 46 K 20
Piaggia PG 52 N 20
Piaggine SA 76 F 28
Piaggio di Valmara VB 8 D 8
Piamprato TO 19 F 4
Pian Castagna AL 28 I 7
Pian d'Alma GR 49 N 14
Pian d'Audi TO 19 G 4
Pian de Valli RI 58 O 20
Pian dei Ratti GE 37 I 9
Pian del Falco MO 39 J 14
Pian del Leone (Lago) PA 98 N 22
Pian del Re CN 26 H 3
Pian del Voglio BO 39 J 15
Pian dell'Osteria BL 13 D 19
Pian delle Betulle LC 9 D 10
Pian delle Fugazze (Passo) TN 23 E 15
Pian di Barca SP 37 J 11
Pian di Marte PG 51 M 18
Pian di Molino PS 45 L 19
Pian di Morrano GR 57 O 16
Pian di Novello PT 39 J 14
Pian di Sco AR 44 L 16
Pian di Venola BO 39 I 15
Pian Gelassa TO 26 G 3
Pian Munè CN 26 I 3
Pian Palu (Lago di) BS 10 D 13
Piana CB 65 R 25
Piana PG 50 M 18
Piana (Masseria la) MT 77 F 31
Piana Caruso CS 85 I 31
Piana Crixia SV 28 I 6
Piana degli Albanesi PA 97 M 21
Piana degli Albanesi (Lago di) PA 97 N 21
Piana di Monte Verna CE 69 D 25
Piana (Isola) SU 120 J 6
Piana (Isola) (vicino ad Alghero) SS 110 F 6
Piana (Isola) (vicino a Stintino) SS 110 E 6
Pianaccio BO 39 J 14
Pianazze (Passo delle) PR 29 I 10
Piancaldoli FI 40 J 16
Piancastagnaio SI 50 N 17
Piancavallo PN 13 D 19
Pianche CN 34 J 3
Piancogno BS 10 E 12
Piandelagotti MO 38 J 13
Piandimeleto PS 45 K 19
Piane di Falerone AP 52 M 22
Piane di Mocogno MO 39 J 14
Piane (le) VC 8 E 6
Pianedda (Monte sa) SS 113 E 10
Pianella PE 60 O 24
Pianella SI 50 L 16
Pianello PS 45 L 19
Pianello PA 99 N 24
Pianello AN 46 L 21
Pianello PG 51 M 19
Pianello del Lario CO 9 D 9
Pianello Val Tidone PC 29 H 10
Pianengo CR 21 F 11
Pianetto FO 40 K 17
Pianetto (Portella del) PA 98 M 22
Pianezza TO 27 G 4
Pianezze TV 12 E 18
Pianfei CN 35 I 5
Piangipane RA 41 I 18
Piani di Artavaggio LC 9 E 10
Piani Resinelli LC 9 E 10
Pianico BG 22 E 12
Pianiga VE 24 F 18
Piano AT 27 H 6
Piano PS 45 L 19
Piano RO 33 H 18
Piano d'Arta UD 5 C 21
Piano dei Peri PZ 84 G 29
Piano del Cansiglio BL 13 D 19
Piano del Monaco (Masseria) BA 72 D 30
Piano della Limina RC 88 L 30
Piano delle Fonti CH 60 P 24
Piano di Pieve PG 51 M 19
Piano di Sorrento NA 74 F 25
Piano Laceno AV 71 E 27
Piano Maggiore TE 53 N 22
Pianoconte ME 94 L 26
Pianola AQ 59 P 22
Pianopantano AV 70 D 26
Pianopoli CZ 88 K 31
Pianoro BO 40 I 16
Pianosa LI 54 O 12
Pianosa (Isola) LI 54 O 12
Pianosinatico PT 39 J 14
Piansano VT 57 O 17
Piantedo SO 9 D 10
Piantonia PR 30 I 12
Pianura NA 69 E 24
Piasco CN 26 I 4
Piateda Alta SO 10 D 11
Piave BL 5 C 19
Piave Vecchia (Porto di) VE 16 F 19
Piavola FO 41 J 18
Piavon TV 16 E 19
Piazza SI 44 L 15
Piazza CN 35 I 5
Piazza PR 30 H 13
Piazza al Serchio LU 38 J 12
Piazza Armerina EN 104 O 25
Piazza Brembana BG 9 E 11
Piazza di Brancoli LU 39 K 13
Piazzatorre BG 9 E 11
Piazze SI 50 N 17
Piazzi (Cima de) SO 10 C 12
Piazzo GE 29 I 9
Piazzola sul Brenta PD 24 F 17
Picchetta NO 20 F 8
Picciano PE 60 O 23
Piccilli CE 64 R 24
Piccione PG 51 M 19
Picco (Forcella dei) / Birnlücke BZ 4 A 18
Piccoli PC 29 H 10
Piccoli (Masseria) TA 73 E 33
Piccolo (Corno) TE 59 O 22
Piccolo (Lago) TO 26 G 4
Piccolo S. Bernardo (Colle del) AO 18 E 2
Picentini (Monti) SA 70 E 26
Picentino SA 70 E 26
Picerno PZ 76 F 28
Picinisco FR 64 R 23
Pico FR 64 R 22
Picognola (Monte) PG 46 L 19
Pideura RA 40 J 17
Pidig Alm / Malga Pudio BZ 4 B 18
Pidocchio (Masseria il) FG 71 D 28
Pie di Moggio RI 58 O 20
Pie di Via PR 30 H 11
Piedicavallo BI 19 E 5
Piediluco TR 58 O 20
Piediluco (Lago di) TR 58 O 20
Piedimonte FI 40 J 16
Piedimonte Alta FR 64 R 23
Piedimonte Etneo CT 101 N 27
Piedimonte Massicano CE 69 D 23
Piedimonte Matese CE 65 R 25
Piedimonte S. Germano FR 64 R 23
Piedimulera VB 8 D 6
Piedipaterno PG 52 N 20
Piediripa MC 52 M 22
Piedivalle PG 52 N 21
Piegaio AR 51 L 18
Piegaro PG 51 N 18
Piegolelle SA 75 E 26
Pielungo PN 14 D 20
Pienza SI 50 M 17
Pierabec UD 5 C 20
Pieranica CR 21 F 10
Pierantonio PG 51 M 19
Pierfaone (Monte) PZ 76 F 29
Pieris GO 17 E 22
Pietole MN 31 G 14
Pietra (Torre) FG 67 C 30
Pietra Bismantova RE 38 I 13
Pietra de' Giorgi PV 29 G 9

A B C D E F G H I J K L M N O P Q R S T U V W X Y Z

A B C D E F G H I J K L M N O P Q R S T U V W X Y Z

Pietra dell'Uso FO ..... 41 K 18
Pietra Grande TN .... 11 D 14
Pietra Ligure SV .... 36 J 6
Pietra Marazzi AL ...... 28 H 8
Pietra Spada (Passo di) VV .... 88 L 31
Pietrabbondante IS .... 65 Q 25
Pietrabruna IM .... 35 K 5
Pietrabuona PT .... 39 K 14
Pietracamela TE .... 59 O 22
Pietracatella CB .... 66 C 26
Pietracupa CB .... 65 Q 25
Pietracuta PS .... 41 K 19
Pietradefusi AV .... 70 D 26
Pietrafaccia GE .... 28 I 8
Pietraferrazzana CH .... 60 Q 25
Pietrafitta CS .... 86 J 31
Pietrafitta PG .... 51 N 18
Pietrafitta SI .... 44 L 15
Pietragalla PZ .... 72 E 29
Pietragavina PV .... 29 H 9
Pietraia AR .... 50 M 17
Pietraia PG .... 51 M 18
Pietralacroce AN .... 47 L 22
Pietraliscia (Serra) CT ... 104 P 25
Pietralunga PG .... 45 L 19
Pietralunga (Villa) EN .. 100 N 25
Pietramelara CE .... 65 S 24
Pietramelina PG .... 51 M 19
Pietramonte-corvino FG . 66 C 27
Pietramurata TN .... 11 D 14
Pietranico PE .... 60 P 23
Pietransieri AQ .... 64 Q 24
Pietrapaola CS .... 87 I 32
Pietrapaola (Stazione di) CS ...... 87 I 32
Pietrapazza FO .... 40 K 17
Pietrapennata RC .... 91 N 30
Pietrapertosa PZ .... 77 F 30
Pietraperzia EN .... 103 O 24
Pietraporzio CN .... 34 I 3
Pietraroia BN .... 65 R 25
Pietrarossa CT .... 104 P 25
Pietrarossa (Serbatoio di) CT .... 104 O 25
Pietrarúbbia PS .... 45 K 19
Pietrasanta LU .... 38 K 12
Pietrasecca AQ .... 59 P 21
Pietrastornina AV ...... 70 E 26
Pietravairano CE .... 65 S 24
Pietravecchia (Monte) IM .... 35 K 4
Pietre Nere (Punta) FG ... 66 B 28
Pietrelcina BN .... 70 D 26
Pietretagliate TP .... 96 N 19
Pietri AV .... 71 E 27
Pietroso (Monte) PA ... 97 N 21
Pieve BS .... 23 E 14
Pieve a Nievole PT ..... 39 K 14
Pieve a Salti SI .... 50 M 16
Pieve al Toppo AR ...... 44 L 17
Pieve Albignola PV .... 28 G 8
Pieve d'Alpago BL ..... 13 D 19
Pieve del Cairo PV ..... 28 G 8
Pieve della Rosa PG .... 45 L 18
Pieve di Bono TN ...... 11 E 13
Pieve di Cadore BL ..... 13 C 19
Pieve di C. (Lago di) BL .. 13 C 19
Pieve di Cagna PS ..... 45 K 19
Pieve di Cento BO ..... 32 H 15
Pieve di Chio AR .... 50 L 17
Pieve di Compito LU ... 43 K 13
Pieve di Compresseto PG .. 51 M 20
Pieve di Coriano MN .... 31 G 15
Pieve di Gusaliggio PR .. 30 I 11
Pieve di Ledro TN ...... 11 E 14
Pieve di Livinallongo BL 4 C 17
Pieve di Marebbe / Plaiken BZ .... 4 B 17
Pieve di Monti MS ..... 38 J 12
Pieve di Rigutino AR ... 45 L 17
Pieve di S. Andrea BO .. 40 J 16
Pieve di Scalenghe TO .. 27 H 4
Pieve di Soligo TV ..... 13 E 18
Pieve di Teco IM .... 35 J 5
Pieve d'Olmi CR .... 30 G 12
Pieve Emanuele MI .... 21 F 9
Pieve Fosciana LU ..... 38 J 13
Pieve Ligure GE .... 37 I 9
Pieve Porto Morone PV .. 29 G 10
Pieve S. Giacomo CR ... 30 G 12
Pieve S. Giovanni AR ... 44 L 17
Pieve S. Nicolò PG ..... 51 M 19
Pieve S. Vicenzo RE .... 38 I 12
Pieve Sto Stefano AR .. 45 K 18
Pieve Tesino TN .... 12 D 16
Pieve Torina MC .... 52 M 21
Pieve Trebbio MO ...... 39 I 14
Pieve Vecchia AR ...... 50 M 17
Pieve Vergonte VB ...... 8 D 6
Pievebovigliana MC ... 52 M 21
Pievefavera (Lago di) MC .... 52 M 21
Pieveottoville PR ...... 30 G 12
Pievepelago MO .... 39 J 13
Pievescola SI .... 49 M 15
Pievetta CN .... 35 J 6
Pievetta e Bosco Tosca PC ...... 29 G 10
Pigazzano PC .... 29 H 10
Piglio FR .... 63 Q 21
Pigna IM .... 35 K 4
Pignataro Interamna FR .... 64 R 23
Pignataro Maggiore CE .. 69 D 24
Pignola PZ .... 76 F 29
Pignone SP .... 37 J 11
Pigra CO .... 9 E 9
Pila AO .... 18 E 3
Pila PG .... 51 M 18
Pila RO .... 33 H 19
Pila (La) LI .... 48 N 12
Pilastrello FE .... 32 H 15
Pilastrello PR .... 30 H 13
Pilastri FE .... 31 H 15
Pilastrino BO .... 39 I 15
Pilastro MN .... 31 G 13
Pilastro PR .... 30 H 12
Pilato (Monte) PZ ...... 77 F 29
Pilcante TN .... 23 E 14
Pillaz AO .... 19 F 5
Pilli (Fattoria) OR ...... 114 G 7
Pillonis (Is) SU .... 120 K 7
Pilo (Stagno di) SS .... 110 E 6
Pilosu (Monte) SS ..... 111 E 8
Pilzone BS .... 22 E 12
Pimentel SU .... 119 I 9
Piminoro RC .... 91 M 30
Pimonte NA .... 75 E 25
Pinarella RA .... 41 J 19
Pinarolo Po PV .... 29 G 9
Pinasca TO .... 26 H 3
Pincara RO .... 32 H 16
Pinedo PN .... 13 D 19
Pinerolo TO .... 26 H 3
Pineta Grande CE ...... 69 D 23
Pineta Mare CE .... 69 E 23
Pineto TE .... 60 O 24
Pineto (Bosco il) TA .... 78 F 32
Piniteddu (Monte) CT .. 100 N 27
Pino Grande KR .... 87 J 32
Pino Lago Maggiore VA ... 8 D 8
Pino (Porto) SU .... 120 K 7
Pino Torinese TO ...... 27 G 5
Pinocchio AN .... 47 L 22
Pinu (Monte) SS ...... 109 E 10
Pinzano al Tagliamento PN ... 14 D 20
Pinzolo TN .... 11 D 14
Pio XI (Rifugio) BZ ...... 2 B 14
Piobbico PS .... 45 L 19
Piobesi Torinese TO .... 27 H 4
Piode VC .... 19 E 6
Pioltello MI .... 21 F 9
Pioltone (Pizzo) VB ..... 7 D 6
Piombino LI .... 48 N 13
Piombino (Canale di) LI .... 48 N 13
Piombino Dese PD .... 24 F 17
Piombino (Monte) PA .. 99 N 23
Piombo (Cala) SU ..... 120 K 7
Piona (Abbazia di) LC ... 9 D 9
Pione PR .... 29 I 10
Pioppa MO .... 31 H 14
Pioppi SA .... 75 G 27
Pioppo PA .... 97 M 21
Pioraco MC .... 52 M 20
Piosina PG .... 45 L 18
Piossasco TO .... 27 H 4
Piovà Massaia AT ...... 27 G 6
Piovacqua (Masseria) TA .... 80 F 33
Piove di Sacco PD ..... 24 G 18
Piovene Rocchette VI .. 24 E 16
Piovera AL .... 28 H 8
Pioverna LC .... 9 E 10
Piozzano PC .... 29 H 10
Piozzo CN .... 27 I 5
Pira (Cala) SU .... 119 J 10
Pira 'e Onni (Cantoniera) NU .... 116 G 10
Piraino ME .... 100 M 26
Piramide Vincent VC .... 7 E 5
Piras SS .... 113 F 10
Pirazzolu SS .... 109 D 10
Piretto CS .... 85 I 30
Piroi (Monte su) SU ... 119 I 10
Pirri CA .... 119 J 9
Pisa PI .... 42 K 13
Pisa (Certosa di) PI .... 42 K 13
Pisa-Galileo Galilei (Aeroporto) PI .... 42 K 13
Pisanino (Monte) LU ... 38 J 12
Pisano NO .... 20 E 7
Pisano (Monte) LU ..... 43 K 13
Pisanu Mele (Monte) NU .... 115 G 9
Piscicelli (Masseria) FG .... 66 B 27
Piscina TO .... 26 H 4
Piscinasvicino a Guspini SU .... 118 I 7
Piscinas (vicino a Santadi) SU .... 118 J 8
Piscinella (Masseria) TA .. 73 E 33
Pisciotta SA .... 76 G 27
Piscopio VV .... 88 L 30
Piscu SU .... 119 I 9
Pisignano RA .... 41 J 18
Pisogne BS .... 22 E 12
Pisoniano RM .... 63 Q 20
Pissignano PG .... 52 N 20
Pisterzo LT .... 63 R 21
Pisticci MT .... 78 F 31
Pisticci Scalo MT .... 78 F 31
Pistoia PT .... 39 K 14
Pistone (Monte) SP .... 37 J 10
Pistrino PG .... 45 L 18
Pisucerbu (Bruncu 'e) NU ...... 117 G 10
Piteccio PT .... 39 J 14
Piteglio PT .... 39 J 14
Pitícchio AN .... 46 L 20
Pitigliano GR .... 57 O 16
Pitigliano PG .... 45 L 18
Pitino MC .... 52 M 21
Pittada (Monte) OR .... 114 F 7
Pittu (Monte) SS ...... 111 F 8
Pitursiddo (Cozzo) CL .. 99 O 23
Pitziu OR .... 115 G 8
Piubega MN .... 23 G 13
Piumazzo MO .... 31 I 15
Piuro SO .... 9 D 10
Pizzale PV .... 29 G 9
Pizziferro (Masseria) TA .. 78 F 33
Pizzighettone CR ...... 22 G 11
Pizzillo (Monte) CT .... 100 N 27
Pizzini-Frattola (Rif.) SO .. 11 C 13
Pizzo VV .... 88 K 30
Pizzo Alto (Rifugio) LC .. 9 D 10
Pizzo (Torre del) LE .... 83 H 35
Pizzoc (Monte) TV ..... 13 D 19
Pizzocco (Monte) BL ... 12 D 18
Pizzocorno PV .... 29 H 9
Pizzoferrato CH .... 65 Q 24
Pizzoferro Monsignore TA ...... 73 E 32
Pizzolato TP .... 96 N 19
Pizzoli AQ .... 59 O 21
Pizzolungo TP .... 96 M 19
Pizzone IS .... 64 Q 24
Pizzoni VV .... 88 L 30
Pizzuto (Monte) RI ..... 58 O 20
Placanica RC .... 88 L 31
Place Moulin (Lago di) AO .... 7 E 4
Plaesano RC .... 88 L 30
Plätzwiesen / Prato Piazza BZ .... 4 C 18
Plaia (Capo) PA .... 99 M 23
Plaia (Lido di) CT ..... 105 O 27
Plaiken / Pieve di Marebbe BZ .. 4 B 17
Plampincieux AO .... 6 E 2
Plan / Pfelders BZ .... 3 B 15
Plan (Val di) BZ .... 3 B 15
Plan de Gralba / Kreuzboden BZ .... 4 C 17
Planaval (vicino a Courmayeur) AO ... 18 E 3
Planaval (vicino a Leverogne) AO .... 18 E 3
Planca di Sotto / Unterplanken BZ ..... 4 B 18
Plancios / Palmschoss BZ .... 4 B 17
Planeil / Planol BZ ...... 2 B 13
Planol / Planeil BZ ...... 2 B 13
Plassas (Las) SU .... 118 H 8
Plataci CS .... 85 H 31
Platamona Lido SS .... 110 E 7
Platani AG .... 98 N 23
Platania CZ .... 86 J 30
Plateau Rosa AO .... 7 E 5
Platì RC .... 91 M 30
Platischis UD .... 15 D 22
Plauris (Monte) UD .... 14 C 21
Plaus BZ .... 3 C 15
Playa Grande RG ..... 106 Q 25
Plesio CO .... 9 D 9
Ploaghe SS .... 111 F 8
Plodio SV .... 35 I 6
Plöckenpaß / Monte Croce Carnico (Passo di) UD .. 5 C 20
Plose (Cima di) / Plose Bühel BZ .... 4 B 17
Plugna UD .... 5 C 20
Po CN .... 26 H 3
Po Bandino PG .... 50 M 17
Po della Donzella o di Gnocca FE .... 33 H 18
Po della Pila RO .... 33 H 19
Po della Pila (Bocche del) RO ..... 33 H 19
Po delle Tolle RO .... 33 H 19
Po delle Tolle (Bocca del) RO .... 33 H 19
Po di Gnocca (Bocche del) RO ..... 33 H 19
Po di Goro RO .... 33 H 18
Po di Goro (Bocca del) RO .... 33 H 19
Po di Levante RO ...... 33 G 18
Po di Levante (Foce del) RO .... 33 G 19
Po di Maistra RO .... 33 H 19
Po di Maistra (Foce del) RO .... 33 G 19
Po di Venezia RO ...... 33 H 19
Po di Volano FE .... 32 H 17
Pocapaglia CN .... 27 H 5
Pocenia UD .... 16 E 21
Pocol BL .... 4 C 18
Podenzana MS .... 38 J 11
Podenzano PC .... 29 H 11
Poderia SA .... 76 G 28
Poetto CA .... 119 J 9
Poffabro PN .... 13 D 20
Pofi FR .... 64 R 22
Poggetto BO .... 32 H 16
Poggi del Sasso GR .... 50 N 15
Poggiardo LE .... 83 G 37
Poggibonsi SI .... 43 L 15
Poggio BO .... 40 I 16
Poggio LI .... 48 N 12
Poggio LU .... 38 J 13
Poggio MC .... 52 M 20
Poggio a Caiano PO ... 39 K 15
Poggio alla Croce FI ... 44 L 16
Poggio alle Mura SI .... 50 N 16
Poggio Aquilone TR ... 51 N 18
Poggio Berni RN .... 41 J 19
Poggio Buco GR .... 57 O 16
Poggio Bustone RI ..... 58 O 20
Poggio Cancelli AQ .... 59 O 21
Poggio Catino RI ...... 58 P 20
Poggio Cinolfo AQ ..... 59 P 21
Poggio d'Acona AR .... 45 L 17
Poggio d'Api RI .... 52 N 21
Poggio di Roio AQ ..... 59 P 22
Poggio Filippo AQ ..... 59 P 21
Poggio Imperiale FG ... 66 B 28
Poggio Imperiale FI .... 43 K 15
Poggio Mirteto RI ..... 58 P 20
Poggio Moiano RI ..... 58 P 20
Poggio Montone TR ... 51 N 18
Poggio Murella GR ..... 50 N 16
Poggio Nativo RI ...... 58 P 20
Poggio Picenze AQ .... 59 P 22
Poggio Primocaso PG .. 52 N 20
Poggio Renatico FE .... 32 H 16
Poggio Rusco MN ...... 31 H 15
Poggio S. Polo SI ...... 44 L 16
Poggio S. Lorenzo RI ... 58 P 20
Poggio S. Marcello AN . 46 L 21
Poggio S. Romualdo AN .. 46 L 21
Poggio S. Vicino MC ... 46 L 21
Poggio Sannita IS ...... 65 Q 25
Poggiodomo PG .... 52 N 20
Poggioferro GR .... 50 N 16
Poggiofiorito CH .... 60 P 24
Poggiola AR .... 44 L 17
Poggiomarino NA ..... 70 E 25
Poggiomoretto TE ..... 53 N 23
Poggioreale TP .... 97 N 21
Poggioreale (Ruderi di) TP .... 97 N 21
Poggiorsini BA .... 72 E 30
Poggiridenti SO .... 10 D 11
Pognana Lario CO ...... 9 E 9
Pognano BG .... 21 F 10
Pogno NO .... 20 E 7
Poiana Maggiore VI .... 24 G 16
Poira (Portella di) PA ... 97 N 21
Poirino TO .... 27 H 5
Polaveno BS .... 22 F 12
Polcanto FI .... 40 K 16
Polcenigo PN .... 13 D 19
Polenta FO .... 41 J 18
Polentes BL .... 13 D 18
Poleo VI .... 24 E 15
Polesella RO .... 32 H 17
Polesine FE .... 32 H 17
Polesine (Isola di) RO .. 33 H 19
Polesine (Località) MN .. 31 H 14
Polesine Camerini RO .... 33 H 19
Polesine Parmense PR .. 30 G 12
Poli RM .... 63 Q 20
Polia VV .... 88 K 30
Policastro (Golfo di) SA 84 G 28
Policastro Bussentino SA .... 76 G 28
Policoro MT .... 78 G 32
Polignano PC .... 30 G 11
Polignano a Mare BA .. 73 E 33
Polinago MO .... 39 I 14
Polino TR .... 58 O 20
Polino (Monte) EN .... 103 O 24
Polistena RC .... 88 L 30
Polizzello CL .... 99 O 23
Polizzi Generosa PA .... 99 N 23
Polizzo (Monte) TP ..... 97 N 20
Polla SA .... 76 F 28
Pollara ME .... 94 L 26
Pollastra AL .... 28 H 8
Pollena-Trocchia NA ... 70 E 25
Pollenza MC .... 52 M 22
Pollenzo CN .... 27 H 5
Pollica SA .... 75 G 27
Pollina PA .... 99 N 24
Pollina (Fiume) PA ..... 99 N 24
Pollinara CS .... 85 H 31
Pollino PZ .... 85 H 30
Pollino (Monte) PZ ..... 85 H 30
Pollino (Parco Nazionale di) PZ ..... 85 G 30
Pollone BI .... 19 F 5
Polluce (Masseria) FG .. 67 C 28
Pollutri CH .... 61 P 25
Polonghera CN .... 27 H 4
Polpenazze del Garda BS .... 22 F 13
Polpet BL .... 13 D 18
Polsa TN .... 23 E 14
Polsi (Santuario di) RC .. 91 M 29
Poltu Quatu SS .... 109 D 10
Poludnig (Monte) UD .. 15 C 22
Polvano AR .... 45 L 18
Polveraia GR .... 50 N 15
Polveraia (Punta) LI .... 48 N 12
Polverara PD .... 24 G 17
Polverello ME .... 100 N 26
Polverigi AN .... 47 L 22
Polverina AP .... 52 N 22
Polverina MC .... 52 M 21
Polverina (Lago di) MC ... 52 M 21
Polvese (Isola) PG ..... 51 M 18
Polvica Tramonti SA ... 75 E 25
Poma (Lago) PA .... 97 N 21
Poma (Passo di) BZ ..... 4 C 17
Pomaia PI .... 43 L 13
Pomarance PI .... 49 M 14
Pomarico MT .... 78 F 31
Pomaro Monferrato AL .. 28 G 7
Pombia NO .... 20 F 7
Pometo PV .... 29 H 9
Pomezia RM .... 62 Q 19
Pomiere (Monte) ME .. 100 N 25
Pomigliano d'Arco NA .. 70 E 25
Pomino FI .... 40 K 16
Pomone PG .... 51 N 19
Pomonte GR .... 56 O 16
Pomonte LI .... 48 N 12
Pompagnano PG .... 51 N 20
Pompeano MO .... 39 I 14
Pompei NA .... 75 E 25
Pompei Scavi NA ...... 74 E 25
Pompeiana IM .... 35 K 5
Pompiano BS .... 22 F 11
Pomponesco MN ...... 31 H 13
Pomposa (Abbazia di) FE ...... 33 H 18
Pompu OR .... 118 H 8
Poncarale BS .... 22 F 12
Ponente (Capo) AG ... 102 U 19
Ponente (Riviera di) IM ... 36 K 6
Ponsacco PI .... 43 L 13
Ponsano PI .... 43 L 14
Ponso PD .... 24 G 16
Pont AO .... 18 F 3
Pont Canavese TO ..... 19 F 4
Pont-St. Martin AO .... 19 F 5
Pontassieve FI .... 44 K 16
Pontboset AO .... 19 F 5
Ponte TP .... 96 N 19
Ponte UD .... 14 C 21
Ponte BN .... 70 D 26
Ponte CE .... 64 S 23
Ponte Rizzoli BO .... 40 I 16
Ponte a Cappiano FI ... 43 K 14
Ponte a Egola PI .... 43 K 14
Ponte a Elsa PI .... 43 K 14
Ponte a Moriano LU .... 39 K 13
Ponte agli Stolli FI ..... 44 L 16
Ponte Arche TN .... 11 D 14
Ponte Barizzo SA ...... 75 F 27
Ponte Biferchia BN ..... 70 D 25
Ponte Buggianese PT .. 39 K 14
Ponte Buriano AR ...... 44 L 17
Ponte Caffaro BS ...... 23 E 13
Ponte Cappuccini PS .. 41 K 19
Ponte Centesimo PG ... 51 M 20
Ponte d. Valle FI .... 40 J 17
Ponte d'Arbia SI .... 50 M 16
Ponte d'Assi PG .... 51 M 19
Ponte della Priula TV .. 25 E 18
Ponte della Venturina PT . 39 J 14
Ponte dell'Olio PC ..... 29 H 10
Ponte di Barbarano VI .. 24 F 16
Ponte di Brenta PD .... 24 F 17
Ponte di Ferro PG ...... 51 N 19
Ponte di Ghiacco (Passo) BZ .... 4 B 17
Ponte di Legno BS ..... 10 D 13
Ponte di Masino FI ..... 43 K 14
Ponte di Nava CN ...... 35 J 5
Ponte di Piave TV ...... 16 E 19
Ponte di Samone MO .. 39 I 14
Ponte di Turbigo NO ... 20 F 8
Ponte di Verzuno BO ... 39 J 15
Ponte Erro AL .... 28 I 7
Ponte Ete AP .... 53 M 23
Ponte Felcino PG ...... 51 M 19
Ponte Fontanelle (Lago di) PZ .... 77 F 29
Ponte Galeria RM ...... 62 Q 19
Ponte Gardena / Waidbruck BZ .... 3 C 16
Ponte in Valtellina SO .. 10 D 11
Ponte Lambro CO .... 21 E 9
Ponte Ludovico IM .... 35 K 4
Ponte Marmora CN .... 26 I 3
Ponte Messa PS .... 41 K 18
Ponte nelle Alpi BL .... 13 D 18
Ponte Nizza PV .... 29 H 9
Ponte Nossa BG .... 10 E 11
Ponte Nova / Birchabruck BZ ...... 12 C 16
Ponte Nuovo MC ...... 52 N 21
Ponte Nuovo PG .... 51 M 19
Ponte Nuovo PT .... 39 K 14
Ponte Pattoli PG .... 51 M 19
Ponte Rio AN .... 46 K 21
Ponte Ronca BO .... 31 I 15
Ponte Samoggia BO .... 31 I 15
Ponte S. Giovanni PG .. 51 M 19
Ponte S. Marco BS .... 22 F 13
Ponte S. Nicolò PD ..... 24 F 17
Ponte S. Pellegrino MO .. 31 H 15
Ponte S. Pietro BG ..... 21 E 10
Ponte Taro PR .... 30 H 12
Ponte 13 Archi FG ..... 66 C 26
Ponte Tresa VA .... 8 E 8
Ponte Uso FO .... 41 K 18
Ponte Valleceppi PG ... 51 M 19
Ponte Zanano BS ...... 22 E 12
Pontebba UD .... 15 C 21
Pontecagnano SA ..... 75 F 26
Pontecasale PD .... 24 G 17
Pontecchio Polesine RO . 32 G 17
Ponteceno (vicino a Badia) PR ... 29 I 10
Ponteceno (vicino a Bedonia) PR ...... 29 I 10
Pontechianale CN ..... 26 I 3

Pontechiusita MC 52 N 20
Pontecorvo FR 64 R 23
Pontecurone AL 28 H 8
Pontedassio IM 35 K 6
Pontedazzo PS 46 L 19
Pontedecimo GE 28 I 8
Pontedera PI 43 L 13
Ponteginori PI 49 L 14
Pontegrande CZ 89 K 31
Pontegrande VB 7 E 6
Pontegrosso PR 30 H 11
Pontelagoscuro FE 32 H 16
Pontelandolfo BN 65 S 26
Pontelatone CE 69 D 24
Pontelongo PD 24 G 18
Pontelungo PV 21 G 9
Pontenano AR 44 L 17
Pontenure PC 30 H 11
Pontepetri PT 39 J 14
Ponteranica BG 21 E 11
Ponteranica (Pizzo) BG 9 D 10
Ponrericcioli PS 46 L 19
Pontestrambo PR 37 I 10
Pontestura AL 20 G 7
Pontevico BS 22 G 12
Pontey AO 19 E 4
Ponti AL 28 I 7
Ponti di Spagna FE 32 H 16
Ponti sul Mincio MN 23 F 14
Ponticelli BO 40 J 16
Ponticelli RI 58 P 20
Ponticello / Brückele BZ 4 B 18
Ponticino AR 44 L 17
Ponticino /
Bundschen BZ 3 C 16
Pontida BG 21 E 10
Pontinia LT 63 R 21
Pontinvrea SV 36 I 7
Pontirolo Nuovo BG 21 F 10
Pontoglio BS 22 F 11
Pontorme FI 43 K 14
Pontremoli MS 38 I 11
Ponzalla FI 40 J 16
Ponzano TE 53 N 23
Ponzano di Fermo AP 53 M 22
Ponzano Monferrato AL 28 G 6
Ponzano Romano RM 58 P 19
Ponzano Veneto TV 25 E 18
Ponze PG 52 N 20
Ponzone BI 19 F 6
Ponzone AL 28 I 7
Popelli RC 88 L 31
Popiglio PT 39 J 14
Popoli PE 60 P 23
Poppi AR 44 K 17
Populonia LI 48 N 13
Porano TR 51 N 18
Porassey AO 18 E 2
Porcari LU 39 K 13
Porcellengo TV 25 E 18
Porchette (Foce di) LU 38 J 13
Porchia AP 53 N 22
Porchiano AP 53 N 22
Porchiano TR 58 O 19
Porcia PN 13 E 19
Porciano AR 40 K 17
Porcile (Monte) SP 37 I 10
Porco (Ponte del) FG 66 B 27
Pordenone PN 13 E 20
Pordenone (Rifugio) PN 13 C 19
Pordoi (Passo) BL 4 C 17
Poreta S. Giacomo PG 52 N 20
Porlezza CO 9 D 9
Pornassio IM 35 J 5
Pornello TR 51 N 18
Poro (Monte) VV 88 L 29
Porotto-Cassana FE 32 H 16
Porpetto UD 17 E 21
Porretta Terme BO 39 J 14
Porri (Isola dei) SS 110 E 6
Porro BZ 4 B 17
Porro (Rifugio) SO 10 D 11
Portacomaro AT 28 H 6
Portalbera PV 29 G 9
Portaria TR 58 O 19
Portatore LT 63 S 21
Porte TO 26 H 3
Portegrandi VE 16 F 19
Portelle EN 100 N 25
Portello (Passo di) GE 29 I 9
Portese BS 23 F 13
Porticelle Soprane CT 100 N 26
Porticello PA 98 M 22
Porticello-Sta Trada RC 90 M 29
Portici NA 69 E 25
Portico di Caserta CE 69 D 24
Portico di Romagna FO 40 J 17
Portigliola RC 91 M 30
Portiglione GR 49 N 14
Portile MO 31 I 14
Portio SV 36 J 7
Portiolo MN 31 G 14
Portis UD 14 C 21
Portisco SS 109 D 10
Portixeddu SU 118 I 7
Porto PG 50 M 17
Porto Alabe OR 114 G 7
Porto Azzurro LI 48 N 13
Porto Badino LT 63 S 21
Porto Badisco LE 83 G 37
Porto Botte SU 120 J 7
Porto Botte
(Stagno di) SU 120 J 7
Porto Ceresio VA 8 E 8
Porto Cervo SS 109 D 10
Porto Cesareo LE 79 G 35
Porto Conte SS 110 F 6
Porto Corsini RA 33 I 18
Porto d'Ascoli AP 53 N 23
Porto di Falconera VE 16 F 20
Porto di Levante ME 94 L 26
Porto di Maratea PZ 84 H 29
Porto di Ponente ME 94 L 26
Porto di Vasto CH 61 P 26
Porto Empedocle AG 102 P 22
Porto Ercole GR 55 O 15
Porto Fuori RA 41 I 18
Porto Garibaldi FE 33 H 18
Porto Istana SS 113 E 10
Porto Levante RO 33 G 19
Porto Mandriola OR 114 G 7
Porto Mantovano MN 23 G 14
Porto Marghera VE 25 F 18
Porto Maurizio IM 35 K 6
Porto Nogaro UD 17 E 21
Porto Palma SU 118 H 7
Porto Palo AG 97 O 20
Porto Pino SU 120 K 7
Porto
Potenza Picena MC 47 L 23
Porto Pozzo SS 109 D 9
Porto Raphael SS 109 D 10
Porto Recanati MC 47 L 22
Porto Rotondo SS 109 D 10
Porto S. Paolo SS 113 E 10
Porto S. Elpidio AP 53 M 23
Porto S. Giorgio AP 53 M 23
Porto
Sta Margherita VE 16 F 20
Porto Sto Stefano GR 55 O 15
Porto Tolle RO 33 H 18
Porto Torres SS 110 E 7
Porto Tricase LE 83 H 37
Porto Valtravaglia VA 8 E 8
Porto Viro RO 33 G 18
Portobello di Gallura SS 109 D 9
Portobuffolé TV 13 E 19
Portocannone CB 66 B 27
Portoferraio LI 48 N 12
Portofino GE 37 J 9
Portofino
(Penisola di) GE 37 J 9
Portofino Vetta GE 37 J 9
Portogreco FG 67 B 30
Portogruaro VE 16 E 20
Portole AR 51 M 18
Portomaggiore FE 32 H 17
Portonovo AN 47 L 22
Portonovo BO 32 I 17
Portopalo di Capo
Passero SR 107 Q 27
Portoscuso SU 118 J 7
Portovenere SP 38 J 11
Portoverrara FE 32 H 17
Portovesme SU 118 J 7
Porziano PG 51 M 19
Posada NU 113 F 11
Posada (Fiume di) NU 113 F 11
Posada (Lago di) NU 113 F 10
Poscante BG 21 E 11
Posillesi TP 97 N 20
Posillipo NA 69 E 24
Posina VI 23 E 15
Positano SA 74 F 25
Possagno TV 12 E 17
Possidente PZ 71 E 29
Posta RI 59 O 21
Posta Fibreno FR 64 Q 23
Postal / Burgstall BZ 3 C 15
Postalesio SO 10 D 11
Postiglione SA 76 F 27
Postioma TV 25 E 18
Postua VC 20 E 6
Potame CS 86 J 30
Potenza PZ 76 F 29
Potenza
(Macerata) MC 52 M 21
Potenza Picena MC 47 L 22
Poti (Alpe di) AR 45 L 17
Pottu Codinu
(Necropoli di) SS 110 F 7
Pove del Grappa VI 24 E 17
Povegliano TV 25 E 18
Povegliano
Veronese VR 23 F 14
Poverella CS 86 J 31
Poverello (Monte) ME 90 M 28
Poviglio RE 31 H 13
Povolaro VI 24 F 16
Povoletto UD 15 D 21
Poza CE 64 S 24
Pozza MO 31 I 14
Pozza di Fassa TN 12 C 17
Pozzaglia Sabino RI 58 P 20
Pozzaglio ed Uniti CR 22 G 12
Pozzale FI 43 K 14
Pozzallo RG 107 Q 26
Pozzella (Torre) BR 80 E 35
Pozzengo AL 28 G 6
Pozzilli IS 64 R 24
Pozzillo CT 101 O 27
Pozzillo (Lago) EN 100 O 25
Pozzillo (Monte) AG 103 P 23
Pozzo AL 27 G 6
Pozzo AR 50 M 17
Pozzo Guacito BR 80 E 34
Pozzo Salerno TA 80 F 34
Pozzo S. Nicola SS 110 E 6
Pozzo Terraneo FG 71 D 29
Pozzo (vicino a
Pasiano di P) PN 16 E 19
Pozzo (vicino
a Provesano) PN 14 D 20
Pozzol-Groppo AL 29 H 9
Pozzolengo BS 23 F 13
Pozzoleone VI 24 F 17
Pozzolo MN 23 G 14
Pozzolo Formigaro AL 28 H 8
Pozzomaggiore SS 115 F 7
Pozzoni (Monte) RI 52 O 21
Pozzonovo PD 24 G 17
Pozzuoli NA 69 E 24
Pozzuolo PG 50 M 17
Pozzuolo del Friuli UD 17 E 21
Pozzuolo Martesana MI 21 F 10
Prà GE 36 I 8
Pra Campo SO 10 D 12
Pracchia PT 39 J 14
Pracchiola MS 38 I 11
Prad am Stilfserjoch /
Prato allo Stelvio BZ 2 C 13
Prada VR 23 E 14
Pradalunga BG 22 E 11
Pradamano UD 15 D 21
Pradarena (Passo di) LU 38 J 12
Prade TN 12 D 17
Pradello MN 31 G 14
Pradeltorno TO 26 H 3
Pradidali (Rifugio) TN 12 D 17
Pradielis UD 15 D 21
Pradipozzo VE 16 E 20
Pradleves CN 34 I 3
Pradovera PC 29 H 10
Pragelato TO 26 G 2
Praglia GE 28 I 8
Praglia (Abbazia di) PD 24 F 17
Prags / Braies BZ 4 B 18
Pragser Wildsee /
Braies (Lago di) BZ 4 B 18
Praia a Mare CS 84 H 29
Praia a Mare TA 80 F 33
Praiano SA 75 F 25
Prainito (il) SR 105 Q 26
Pralboino BS 22 G 12
Prali TO 26 H 3
Pralormo TO 27 H 5
Pralungo BI 19 F 6
Pramaera NU 117 H 10
Pramaggiore VE 16 E 20
Pramaggiore
(Monte) PN 13 C 19
Pramollo TO 26 H 3
Pramollo (Passo di) /
Naßfeld-Paß UD 15 C 21
Pramper (Cima di) BL 13 D 18
Pramperet (Rifugio) BL 13 D 18
Pranello PR 30 I 12
Prano (Monte) LU 38 K 13
Pranolz BL 13 D 18
Pranu Mutteddu SU 119 I 9
Pranzo TN 11 E 14
Prarayer AO 7 E 4
Prascorsano TO 19 F 4
Prastondu TO 19 F 4
Prata AV 70 E 26
Prata GR 49 M 14
Prata Camportaccio SO 9 D 10
Prata d'Ansidonia AQ 59 P 22
Prata
di Pordenone PN 13 E 19
Prata Sannita CE 65 R 24
Pratella CE 65 R 24
Pratello (Monte) AQ 64 Q 23
Prateria RC 88 L 30
Prati (i) TR 58 O 20
Prati di Tivo TE 59 O 22
Prati / Wiesen BZ 3 B 16
Pratica di Mare RM 62 R 19
Praticello RE 30 H 13
Pratieghi AR 45 K 18
Prato PO 39 K 15
Prato GE 37 I 10
Prato RE 31 H 14
Prato TR 51 N 18
Prato (Monte) LU 38 J 13
Prato (Tempa del) SA 76 F 27
Prato alla Drava /
Winnebach BZ 4 B 19
Prato all'Isarco /
Blumau BZ 3 C 16
Prato allo Stelvio / Prad
am Stilfser-joch BZ 2 C 13
Prato Carnico UD 5 C 20
Prato di Campoli FR 64 Q 22
Prato Nevoso CN 35 J 5
Prato Perillo SA 76 F 28
Prato Piazza /
Plätzwiesen BZ 4 C 18
Prato Ranieri GR 49 N 14
Prato Selva TE 59 O 22
Prato Sopralacroce GE 37 I 10
Pratobello NU 115 G 9
Pratobotrile TO 18 G 3
Pratola Peligna AQ 60 P 23
Pratola Serra AV 70 E 26
Pratolino FI 40 K 15
Pratomagno AR 44 K 16
Pratomedici MS 38 J 12
Pratorsi PT 39 J 14
Pratovecchio AR 44 K 17
Pravisdomini PN 16 E 20
Pray BI 20 E 6
Praz AO 7 E 4
Prazzo CN 26 I 3
Pré de Bar AO 6 E 3
Pré-St. Didier AO 18 E 2
Prea CN 35 J 5
Precenicco UD 16 E 21
Preci PG 52 N 21
Preda Rossa SO 9 D 11
Preda (Val) AQ 59 O 22
Predappio FO 40 J 17
Predappio Alta FO 40 J 17
Predazzo TN 12 D 16
Predel / Predil
(Passo del) UD 15 C 22
Prediera RE 31 I 13
Predil (Lago del) UD 15 C 22
Predil (Passo del) /
Predel UD 15 C 22
Predoi / Prettau BZ 4 A 18
Predoi (Pizzo Rosso di) /
Rötspitze BZ 4 A 18
Predonico / Perdonig BZ 3 C 15
Predore BG 22 E 12
Predosa AL 28 H 7
Preganziol TV 25 F 18
Preggio PG 51 M 18
Preglia VB 8 D 6
Pregnana Milanese MI 21 F 9
Preit CN 26 I 3
Prelá IM 35 K 5
Prelerna PR 30 I 11
Premana LC 9 D 10
Premariacco UD 15 D 22
Premeno VB 8 E 7
Premia VB 8 D 7
Premilcuore FO 40 K 17
Premosello VB 8 D 7
Prena (Monte) TE 59 O 23
Prenestini (Monti) RM 63 Q 20
Preola (Lago di) TP 96 O 19
Preone UD 14 C 20
Prepotto UD 15 D 22
Presa (Isola la) SS 109 D 10
Presanella (Cima) TN 11 D 13
Presciano RM 63 R 20
Preseglie BS 22 E 13
Preselle GR 49 N 15
Presenzano CE 64 R 24
Presicce LE 83 H 36
Presolana
(Passo della) BG 10 E 12
Presolana
(Pizzo della) BG 10 E 12
Pressana VR 24 G 16
Presta (Forca di) AP 52 N 21
Prestianni CL 103 O 24
Prestone SO 9 C 10
Preta CE 64 S 24
Pretara TE 59 O 22
Pretare AP 52 N 21
Preti (Cima dei) PN 13 C 19
Pretoro CH 60 P 24
Prettau / Predoi BZ 4 A 18
Preturo AQ 59 O 21
Prevalle BS 22 F 13
Prezza AQ 60 P 23
Priabona VI 24 F 16
Priatu SS 109 E 9
Priero CN 35 I 6
Prignano Cilento SA 75 G 27
Prignano
sulla Secchia MO 39 I 14
Prima Porta RM 58 P 19
Primaluna LC 9 E 10
Primero (Bocca di) GO 17 E 22
Primolano VI 12 E 17
Primolo SO 10 D 11
Principe (Monte) /
Hoherfirst BZ 3 B 15
Principina a Mare GR 49 N 15
Priocca d'Alba CN 27 H 6
Priola CN 35 J 6
Priola (Punta di) PA 98 M 22
Priolo CL 104 P 25
Priolo Gargallo SR 105 P 27
Priora (Monte) AP 52 N 21
Prisdarella RC 88 L 31
Priverno LT 63 R 21
Prizzi PA 98 N 22
Prizzi (Lago di) PA 98 N 22
Procchio LI 48 N 12
Proceno VT 50 N 17
Procida NA 74 E 24
Procida (Canale di) NA 69 E 24
Procida (Isola di) NA 74 E 24
Prodo TR 51 N 18
Progno VR 23 F 14
Promano PG 45 L 18
Propata GE 29 I 9
Prosciutto (Punta) LE 79 G 35
Prosecco TS 17 E 23
Prossedi LT 63 R 21
Prossenicco UD 15 D 22
Provaglio d'Iseo BS 22 F 12
Provaglio Val Sabbia BS 22 E 13
Provagna BL 13 D 18
Provazzano PR 30 I 13
Proveis / Pròves BZ 3 C 15
Pròves / Proveis BZ 3 C 15
Provesano PN 14 D 20
Provonda TO 26 G 3
Provvidenti CB 65 Q 26
Prudenzini (Rifugio) BS 10 D 13
Prun VR 23 F 14
Pruna (Punta sa) NU 117 G 10
Pruna (Sa) NU 115 G 9
Prunella RC 90 N 29
Prunetta PT 39 J 14
Prunetto CN 27 I 6
Pruno LU 38 J 12
Pruno (Poggio al) PI 49 M 14
Pucciarelli PG 51 M 18
Pudiano BS 22 F 12
Puegnago sul Garda BS 22 F 13
Puez (Rifugio) BZ 4 C 17
Puglianello BN 70 D 25
Pugnochiuso FG 67 B 30
Puia PN 13 E 19
Puianello RE 31 I 13
Pula CA 121 J 9
Pula (Capo di) CA 121 J 9
Pulfero UD 15 D 22
Pulicciano AR 44 L 16
Pullir BL 12 D 17
Pulsano TA 79 F 34
Pulsano
(Santuario di) FG 67 B 29
Pumenengo BG 22 F 11
Punta Ala GR 49 N 14
Punta Braccetto RG 106 Q 25
Punta del Lago VT 57 P 18
Punta Gennarta
(Lago) SU 118 I 7
Punta Marina RA 41 I 18
Punta Sabbioni VE 16 F 19
Punta Secca RG 106 Q 25
Puntalazzo CT 101 N 27
Puntazza (Capo) TP 97 M 20
Punti (Li) SS 110 E 7
Puos d'Alpago BL 13 D 19
Pura (Passo del) UD 13 C 20
Puranno (Monte) PG 52 N 20
Purgatorio TP 97 M 20
Pusiano CO 21 E 9
Pusiano (Lago di) LC 21 E 9
Pusteria (Val) BZ 4 B 17
Putia (Sass de) BZ 4 C 17
Putifigari SS 110 F 7
Putignano BA 73 E 33
Putignano (Grotta di) BA 73 E 33
Putzu Idu OR 114 G 7
Puzzillo (Monte) AQ 59 P 22

Q

Quaderna BO 32 I 16
Quaderni VR 23 G 14
Quadri CH 65 Q 24
Quadro (Pizzo) SO 9 C 9
Quaglietta AV 71 E 27
Quaglio RG 104 P 25
Quáira (Lago di) BZ 3 C 14
Qualiano NA 69 E 24
Qualso UD 15 D 21
Quara RE 38 I 13
Quaranta SI 50 N 16
Quarantoli MO 31 H 15
Quargnento AL 28 H 7
Quarna VB 8 E 7
Quarnan (Rifugio) UD 14 D 21
Quarona VC 20 E 6
Quarrata PT 39 K 14
Quartaia SI 43 L 15
Quartesana FE 32 H 17
Quartiere Paolo VI TA 79 F 33
Quarto FO 41 K 18
Quarto NA 69 E 24
Quarto PC 29 G 11
Quarto (Lago di) FO 41 K 18
Quarto d'Altino VE 25 F 19
Quarto Inferiore AT 28 H 6
Quarto Inferiore BO 32 I 16
Quartu (Golfo di) CA 119 J 9
Quartu S. Elena CA 119 J 9
Quartucciu CA 119 J 9
Quasano BA 73 E 31
Quattordio AL 28 H 7
Quattro Castella RE 30 I 13
Quattrocase MN 31 H 15
Quattropani ME 94 L 26
Quattrostrade GR 55 O 15
Quattroventi CE 65 R 24
Querce al Pino SI 50 M 17
Quercegrossa SI 44 L 15
Querceta LU 38 K 12
Querceto PI 49 M 14
Quercia del Monaco
(Passo della) FR 64 R 22
Quercianella LI 42 L 13
Querciola BO 39 J 14
Quero BL 12 E 17
Quezzi GE 36 I 8
Quiesa LU 38 K 13
Quiliano SV 36 J 7
Quincinetto TO 19 F 5
Quindici AV 70 E 25
Quingentole MN 31 G 15
Quinto al Mare GE 36 I 8
5° Alpini (Rifugio) SO 2 C 13
Quinto di Treviso TV 25 F 18
Quinto di
Valpantena VR 23 F 15
Quinto Vercellese VC 20 F 7
Quinto Vicentino VI 24 F 16
Quinzano d'Oglio BS 22 G 12
Quirra SU 119 I 10
Quirra (Isola di) SU 119 I 10
Quirra (Rio de) NU 119 H 10
Quistello MN 31 G 14

R

Rabbi TN 11 C 14
Rabbi (Fiume) FO 40 K 17
Rabbi (Val di) TN 11 C 14

Rabbini PC 29 H 11
Rabenstein / Corvara BZ 3 B 15
Racale LE 83 H 36
Racalmuto AG 103 O 23
Raccolana (Canale di) UD 15 C 22
Racconigi CN 27 H 5
Raccuia ME 100 M 26
Racines / Ratschings BZ 3 B 16
Racines (Val di) BZ 3 B 15
Radda in Chianti SI 44 L 16
Raddusa CT 104 O 25
Radein / Redagno BZ 12 C 16
Radi SI 50 M 16
Radici (Passo delle) LU 38 J 13
Radicofani SI 50 N 17
Radicondoli SI 49 M 15
Radogna FG 71 D 28
Radsberg / Monte Rota BZ 4 B 18
Raffadali AG 102 O 22
Ragada TN 11 D 13
Ragalna CT 100 O 26
Raganello CS 85 H 30
Ragazzola PR 30 G 12
Raggiolo (Ortignano-) AR 44 K 17
Ragogna UD 14 D 20
Ragola (Monte) PR 29 I 10
Ragoli TN 11 D 14
Ragusa RG 104 Q 26
Raia (Monte) SA 75 E 26
Raialunga (Monte) SA 76 G 28
Raiamagra (Monte) AV 71 E 27
Raiano AQ 60 P 23
Rain in Taufers / Riva di Tures BZ 4 B 18
Raisi (Punta) PA 97 M 21
Raisigerbi (Capo) PA 99 M 24
Raldon VR 23 F 15
Ram BZ 2 C 13
Rama (Capo) PA 97 M 21
Ramacca CT 104 O 26
Ramaceto (Monte) GE 37 I 9
Ramière (Punta) TO 26 H 2
Ramilia (Case) CL 103 O 23
Ramiseto RE 38 I 12
Ramon TV 24 E 17
Ramponio CO 9 E 9
Ramundo CS 87 J 31
Rancale PG 51 M 19
Ranchio FO 41 K 18
Rancia (Castello della) MC 52 M 22
Rancio Valcuvia VA 8 E 8
Ranco AR 45 L 18
Ranco VA 20 E 7
Randazzo CT 100 N 26
Rangona FE 32 H 16
Ranica BG 21 E 11
Ranzanico BG 22 E 11
Ranzano PR 38 I 12
Ranzo IM 35 J 6
Ranzo TN 11 D 14
Ranzola (Colle di) AO 19 E 5
Rapagnano AP 53 M 22
Rapallo GE 37 I 9
Raparo (Monte) PZ 77 G 29
Rapegna MC 52 N 21
Rapino CH 60 P 24
Rapolano Terme SI 50 M 16
Rapolla PZ 71 E 29
Rapone PZ 71 E 28
Rasciesa BZ 4 C 16
Rascino (Lago) RI 59 O 21
Rasenna MC 52 N 20
Rasiglia PG 52 N 20
Rasocolmo (Capo) ME 90 M 28
Raspollino (Padule di) GR 49 N 15
Rassa VC 19 E 6
Rassina AR 44 L 17
Rastignano BO 40 I 16
Rastrello (Valico del) SP 37 J 11
Rasu (Monte) NU 119 I 10
Rasu (Monte) SS 115 F 9
Rasun-Anterselva / Rasen-Antholz BZ 4 B 18
Rasura SO 9 D 10
Raticosa (Passo della) FI 40 J 16
Ratschings / Racines BZ 3 B 16
Rattisio Nuovo / Neurateis BZ 3 B 14
Ratzes / Razzes BZ 3 C 16
Rauchkofel / Fumo (Monte) BZ 4 A 18
Rauscedo PN 13 D 20
Rauth / Novale BZ 12 C 16
Rava (Cimon) TN 12 D 16
Ravadese PR 30 H 13
Ravagnese RC 90 M 28
Ravalle FE 32 H 16
Ravanusa AG 103 P 23
Ravarano PR 30 I 12
Ravari (Bocca di) BO 39 J 15
Ravarino MO 31 H 15
Ravascletto UD 5 C 20
Ravello SA 75 F 25
Ravenna RA 41 I 18
Raveo UD 14 C 20
Ravi GR 49 N 14
Ravina TN 11 D 15
Raviscanina CE 65 R 24
Razzà RC 91 N 30
Razzes / Ratzes BZ 3 C 16
Razzo (Sella di) BL 5 C 19
Razzoli (Isola) SS 109 D 10
Razzuolo FI 40 J 16
Re VB 8 D 7
Re (Serra del) CT 100 N 26
Rea PV 29 G 9
Reale (Canale) BR 79 F 35
Reale (Rada della) SS 108 D 6
Realmonte AG 102 P 22
Reana del Roiale UD 15 D 21
Reatini (Monti) RI 58 O 20
Rebeccu SS 115 F 8
Recanati MC 47 L 22
Recattivo PA 99 O 24
Recattivo (Portella) PA 99 O 24
Recchio PR 30 H 12
Recco GE 37 I 9
Recetto NO 20 F 7
Recoaro Mille VI 23 E 15
Recoaro Terme VI 23 E 15
Recoleta MT 78 G 31
Recovato MO 31 I 15
Reda RA 40 J 17
Redagno / Radein BZ 12 C 16
Redasco (Cime) SO 10 C 12
Redavalle PV 29 G 9
Redebus (Passo) TN 12 D 15
Redena FE 31 H 15
Redi Castello (Monte) TN 10 D 13
Redipuglia GO 17 E 22
Redona PN 13 D 20
Redondesco MN 30 G 13
Redone BS 23 F 13
Refavaie TN 12 D 16
Refrancore AT 28 H 7
Refrontolo TV 13 E 18
Regalbuto EN 100 O 25
Regalgioffoli PA 98 N 22
Reggello FI 44 K 16
Reggio di Calabria RC 90 M 28
Reggio nell'Emilia RE 31 H 13
Reggiolo RE 31 H 14
Regi Lagni NA 70 E 25
Regina CS 85 I 30
Regina Elena (Canale) NO 20 F 7
Regnano MS 38 J 12
Regona CR 22 G 11
Rei (Costa) SU 119 J 10
Reino BN 65 S 26
Reinswald / S. Martino BZ 3 B 16
Reischach / Riscone BZ 4 B 17
Reit (Cresta di) SO 2 C 13
Reitano ME 99 N 25
Religione (Punta) RG 106 Q 26
Remanzacco UD 15 D 21
Remedello Sopra BS 22 G 13
Remedello Sotto BS 22 G 13
Remondò PV 20 G 8
Renaio LU 39 J 13
Renate MI 21 E 9
Renazzo FE 32 H 15
Rendale VI 12 E 16
Rende CS 86 J 30
Rendena (Valle) TN 11 D 14
Rendina (Lago del) PZ 71 D 29
Rendinara AQ 64 Q 22
Renna (Monte) RG 106 Q 26
Renna (Monte) SR 105 Q 26
Renno MO 39 J 14
Reno PT 39 J 14
Reno VA 8 E 7
Reno (Foce del) RA 33 I 18
Reno Finalese MO 32 H 15
Renòn (Corno di) BZ 3 C 16
Renon / Ritten BZ 3 C 16
Reppia GE 37 I 10
Resana TV 24 F 17
Rescaldina MI 20 F 8
Resceto MS 38 J 12
Reschen / Resia BZ 2 B 13
Reschenpaß / Resia (Passo di) BZ 2 B 13
Reschensee / Resia (Lago di) BZ 2 B 13
Resettum (Monte) PN 13 D 19
Resia UD 15 C 21
Resia / Reschen BZ 2 B 13
Resia (Lago di) / Reschensee BZ 2 B 13
Resia (Passo di) / Reschenpaß BZ 2 B 13
Resia (Valle di) UD 15 C 21
Resiutta UD 15 C 21
Rest (Forcola di Monte) PN 13 C 20
Resta GR 49 N 14
Restinco (Masseria) BR 80 F 35
Resuttano CL 99 N 24
Resuttano CL 99 N 24
Retorbido PV 29 H 9
Revello CN 26 I 4
Reventino (Monte) CZ 86 J 30
Revere MN 31 G 15
Revine TV 13 D 18
Revò TN 11 C 15
Rezzanello PC 29 H 10
Rezzato BS 22 F 12
Rezzo IM 35 J 5
Rezzoaglio GE 29 I 10
Rhêmes-Notre Dame AO 18 F 3
Rhêmes-St. Georges AO 18 F 3
Rhêmes (Val di) AO 18 F 3
Rho MI 21 F 9
Riace RC 88 L 31
Riace Marina RC 89 L 31
Rialto SV 36 J 6
Riano RM 58 P 19
Riardo CE 65 S 24
Ribera AG 102 O 21
Ribolla GR 49 N 15
Ribordone TO 19 F 4
Ricadi VV 88 L 29
Ricaldone AL 28 H 7
Ricavo SI 43 L 15
Riccardina BO 32 I 16
Riccia CB 65 R 26
Riccio AR 50 M 18
Riccione RN 41 J 19
Riccò del Golfo di Spezia SP 38 J 11
Riccovolto MO 39 J 13
Ricengo CR 21 F 11
Ricetto RI 59 P 21
Ricigliano SA 76 E 28
Ridanna / Ridnaun BZ 3 B 15
Ridanna (Val) BZ 3 B 15
Ridnaun / Ridanna BZ 3 B 15
Ridotti (i) AQ 64 Q 22
Ridracoli FO 40 K 17
Ridracoli (Lago di) FO 40 K 17
Rienza BZ 4 B 17
Riepenspitze / Ripa (Monte) BZ 4 B 18
Ries (Vedrette di) / Rieserfernergruppe BZ 4 B 18
Riese Pio X TV 24 E 17
Riesi CL 103 P 24
Rieti RI 58 O 20
Rifreddo PZ 77 F 29
Rifredo FI 40 J 16
Rigali PG 52 M 20
Righetto (Passo del) MS 38 I 11
Rigiurfo Grande (Case) CL 104 P 25
Riglio PC 29 H 11
Riglio (Torrente) PC 30 G 11
Riglione-Oratoio PI 42 K 13
Rignano Flaminio RM 58 P 19
Rignano Garganico FG 67 B 28
Rignano sull'Arno FI 44 K 16
Rigo (Ponte del) SI 50 N 17
Rigolato UD 5 C 20
Rigoli PI 42 K 13
Rigolizia SR 104 Q 26
Rigomagno SI 50 M 17
Rigoso PR 38 I 12
Rigutino AR 45 L 17
Rilievo TP 96 N 19
Rima VC 7 E 6
Rimagna PR 38 I 12
Rimasco VC 7 E 6
Rimella VC 8 E 6
Rimendiello PZ 77 G 29
Rimini RN 41 J 19
Riminino VT 57 O 16
Rimiti ME 90 N 27
Rinalda (Torre) LE 81 F 36
Rinella ME 94 L 26
Rino BS 10 D 13
Rio di Lagundo / Aschbach BZ 3 C 15
Rio di Pusteria / Mühlbach BZ 4 B 16
Rio (il) RM 63 R 21
Rio Marina LI 48 N 13
Rio nell'Elba LI 48 N 13
Rio Saliceto RE 31 H 14
Rio Secco FO 40 J 17
Riobianco / Weißenbach (vicino a Campo Tures) BZ 4 B 17
Riobianco / Weißenbach (vicino a Pennes) BZ 3 B 16
Riofreddo SV 35 J 6
Riofreddo FO 41 K 18
Riofreddo RM 59 P 21
Riofreddo UD 15 C 22
Riola BO 39 J 15
Riola Sardo OR 114 H 7
Riolo MO 31 I 15
Riolo Terme RA 40 J 17
Riolunato MO 39 J 13
Riomaggiore SP 37 J 11
Riomolino / Mühlbach BZ 4 B 17
Riomurtas SU 118 J 8
Rionero in Vulture PZ 71 E 29
Rionero Sannitico IS 65 Q 24
Riosecco PG 45 L 18
Riotorto LI 49 N 14
Rioveggio BO 39 J 15
Ripa TO 26 H 2
Ripa AQ 59 P 22
Ripa PG 51 M 19
Ripa d'Orcia SI 50 M 16
Ripa (Monte) / Riepenspitze BZ 4 B 18
Ripa Sottile (Lago di) RI 58 O 20
Ripa Teatina CH 60 O 24
Ripaberarda AP 53 N 22
Ripabottoni CB 65 Q 26
Ripacandida PZ 71 E 29
Ripaldina PV 29 G 10
Ripalimosano CB 65 R 25
Ripalta FG 66 B 27
Ripalta Arpina CR 21 G 11
Ripalta Cremasca CR 21 G 11
Ripalti (Punta dei) LI 48 N 13
Ripalvella TR 51 N 18
Ripapersico FE 32 H 17
Riparbella PI 43 L 13
Ripatransone AP 53 N 23
Ripe AN 46 K 21
Ripe PS 41 K 20
Ripe TE 53 N 22
Ripe S. Ginesio MC 52 M 22
Ripi FR 64 R 22
Ripoli AR 45 L 18
Riposa (la) TO 18 G 3
Riposto CT 101 N 27
Risano UD 17 E 21
Riscone / Reischach BZ 4 B 17
Risicone CT 104 P 26
Rispescia GR 49 N 15
Ristola (Punta) LE 83 H 37
Rittana CN 34 I 4
Ritten / Renon BZ 3 C 16
Riva PC 29 H 10
Riva TO 26 H 4
Riva (Valle di) BZ 4 A 17
Riva degli Etruschi LI 49 M 13
Riva dei Tarquini VT 57 P 16
Riva dei Tessali TA 78 F 32
Riva del Garda TN 11 E 14
Riva del Sole GR 49 N 14
Riva di Faggeto CO 9 E 9
Riva di Solto BG 22 E 12
Riva di Tures / Rain in Taufers BZ 4 B 18
Riva Ligure IM 35 K 5
Riva presso Chieri TO 27 H 5
Riva Trigoso GE 37 J 10
Riva Valdobbia VC 7 E 5
Rivabella LE 83 G 36
Rivabella RN 41 J 19
Rivabella BO 39 I 15
Rivalba TO 27 G 5
Rivalta RE 31 I 13
Rivalta Bormida AL 28 H 7
Rivalta di Torino TO 27 G 4
Rivalta Scrivia AL 28 H 8
Rivalta sul Mincio MN 23 G 14
Rivalta Trebbia PC 29 H 10
Rivamonte Agordino BL 12 D 18
Rivanazzano Terme PV 29 H 9
Rivara MO 31 H 15
Rivara TO 19 F 4
Rivarolo Canavese TO 19 F 5
Rivarolo del Re CR 30 G 13
Rivarolo Ligure GE 36 I 8
Rivarolo Mantovano MN 30 G 13
Rivarone AL 28 H 8
Rivarossa TO 19 G 5
Rivazzurra RN 41 J 19
Rive VC 20 G 7
Rive d'Arcano UD 14 D 21
Rivello PZ 76 G 29
Rivergaro PC 29 H 10
Rivignano UD 16 E 21
Rivis UD 16 D 20
Rivisondoli AQ 64 Q 24
Rivo TR 58 O 19
Rivodutri RI 58 O 20
Rivoli TO 27 G 4
Rivoli Veronese VR 23 F 14
Rivolta d'Adda CR 21 F 10
Rivoltella BS 23 F 13
Rivoltella PV 20 G 7
Rivoschio Pieve FO 41 J 18
Rizzacorno CH 60 P 25
Rizziconi RC 88 L 29
Rizzolo PC 29 H 11
Rizzuto (Capo) KR 89 K 33
Ro Ferrarese FE 32 H 17
Roana VI 12 E 16
Roaschia CN 34 J 4
Roasco SO 10 D 12
Robassomero TO 19 G 4
Robbio PV 20 G 7
Robecco d'Oglio CR 22 G 12
Robecco Pavese PV 29 G 9
Robecco sul Naviglio MI 20 F 8
Robella AT 27 G 6
Roberti (Masseria) BA 73 D 33
Robilante CN 35 J 4
Roboaro AL 28 I 7
Roburent CN 35 J 5
Roca Vecchia LE 81 G 37
Rocca BL 12 E 17
Rocca Canterano RM 63 Q 21
Rocca Corneta BO 39 J 14
Rocca Corneta BO 39 J 14
Rocca d'Arazzo AT 28 H 6
Rocca de' Giorgi PV 29 H 9
Rocca d'Evandro CE 64 R 23
Rocca di Botte AQ 59 P 21
Rocca di Cambio AQ 59 P 22
Rocca di Capri Leone ME 100 M 26
Rocca di Cave RM 63 Q 20
Rocca di Corno RI 59 O 21
Rocca di Mezzo AQ 59 P 22
Rocca di Neto KR 87 J 33
Rocca di Papa RM 63 Q 20
Rocca di Roffeno BO 39 J 15
Rocca Fiorita ME 90 N 27
Rocca Grimalda AL 28 H 7
Rocca Imperiale CS 78 G 31
Rocca Imperiale Marina CS 78 G 31
Rocca Massima LT 63 Q 20
Rocca Pia AQ 64 Q 23
Rocca Pietore BL 12 C 17
Rocca Priora AN 47 L 22
Rocca Priora RM 63 Q 20
Rocca Ricciarda AR 44 L 16
Rocca S. angelo PG 51 M 19
Rocca S. Casciano FO 40 J 17
Rocca S. Felice AV 71 E 27
Rocca San Giovanni CH 61 P 25
Rocca Sta Maria TE 53 N 22
Rocca Sto Stefano RM 63 Q 21
Rocca Sinibalda RI 58 P 20
Rocca Susella PV 29 H 9
Rocca Tunda OR 114 G 7
Roccabascerana AV 70 D 26
Roccabernarda KR 87 J 32
Roccabianca PR 30 G 12
Roccacaramanico PE 60 P 24
Roccacasale AQ 60 P 23
Roccacinquemiglia AQ 64 Q 24
Roccadaspide SA 76 F 27
Roccaferrara PR 38 I 12
Roccafinadamo PE 60 O 23
Roccafluvione AP 52 N 22
Roccaforte del Greco RC 90 M 29
Roccaforte Ligure AL 29 H 9
Roccaforte Mondovì CN 35 J 5
Roccaforzata TA 79 F 34
Roccafranca BS 22 F 11
Roccagiovine RM 58 P 20
Roccagloriosa SA 76 G 28
Roccagorga LT 63 R 21
Roccalbegna GR 50 N 16
Roccalumera ME 90 N 28
Roccalvecce VT 57 O 18
Roccamandolfi IS 65 R 25
Roccamare GR 49 N 14
Roccamena PA 97 N 21
Roccamonfina CE 64 S 23
Roccamontepiano CH 60 P 24
Roccamorice PE 60 P 24
Roccanova PZ 77 G 30
Roccantica RI 58 P 20
Roccapalumba PA 98 N 22
Roccapiemonte SA 70 E 26
Roccaporena PG 52 N 20
Roccarainola NA 70 E 25
Roccaraso AQ 64 Q 24
Roccaravindola IS 64 R 24
Roccaromana CE 65 S 24
Roccarossa (Tempa di) PZ 77 G 29
Roccasalli RI 52 O 21
Roccascalegna CH 60 P 24
Roccasecca FR 64 R 23
Roccasecca dei Volsci LT 63 R 21
Roccasicura IS 65 Q 24
Roccaspinalveti CH 61 Q 25
Roccastrada GR 49 M 15
Roccatamburo PG 52 N 20
Roccatederighi GR 49 M 15
Roccavaldina ME 90 M 28
Roccaverano AT 28 I 6
Roccavione CN 34 J 4
Roccavivara CB 65 Q 25
Roccavivi AQ 64 Q 22
Roccazzo RG 104 P 25
Roccelito (Monte) PA 99 N 23
Roccella CL 103 O 23
Roccella CZ 89 K 31
Roccella Ionica RC 88 M 31
Roccella Valdemone ME 100 N 27
Rocchetta CE 69 D 24
Rocchetta MS 38 J 11
Rocchetta PG 52 N 20
Rocchetta a Volturno IS 64 R 24
Rocchetta TN 11 D 15
Rocchetta Belbo CN 27 I 6
Rocchetta Cairo SV 36 I 6
Rocchetta di Vara SP 37 J 11
Rocchetta Ligure AL 29 H 9
Rocchetta Mattei BO 39 J 15
Rocchetta Nervina IM 35 K 4
Rocchetta Nuova IS 64 R 24
Rocchetta S. Antonio FG 71 D 28
Rocchetta Tanaro AT 28 H 7
Rocchette GR 50 N 16
Rocciamelone TO 18 G 3
Roccoli Lorla (Rifugio) LC 9 D 10
Rochemolles TO 18 G 2
Roddi CN 27 H 5
Roddino CN 27 I 6
Rodeano UD 14 D 21
Rodeneck / Rodengo BZ 4 B 17
Rodengo / Rodeneck BZ 4 B 17
Rodengo-Saiano BS 22 F 12
Rodì ME 101 M 27
Rodi Garganico FG 67 B 29
Rodia ME 90 M 28
Rodigo MN 23 G 13
Rodio SA 76 G 27
Rodoretto TO 26 H 3
Roen (Monte) BZ 11 C 15
Rötspitze / Predoi (Pizzo Rosso di) BZ 4 A 18
Rofrano SA 76 G 28

Roggiano Gravina CS 85 I 30
Roggione (Pizzo) SO 9 D 9
Roghudi RC 90 M 29
Rogio (Canale) LU 43 K 13
Rogliano CS 86 J 30
Roglio PI 43 L 14
Rognano PV 21 G 9
Rogno BG 10 E 12
Rognosa (Punta) TO 26 H 2
Rogolo SO 9 D 10
Roia IM 35 K 4
Roia / Rojen BZ 2 B 13
Roiano TE 53 N 22
Roiate RM 63 Q 21
Roio del Sangro CH 65 Q 25
Roisan AO 18 E 3
Rojen / Roia BZ 2 B 13
Roletto TO 26 H 3
Rolle (Cima di) BZ 3 B 16
Rolle (Passo di) TN 12 D 17
Rolo RE 31 H 14
Roma RM 62 Q 19
Roma-Ciampino (Aeroporto) RM 62 Q 19
Roma-Fiumicino L. da Vinci (Aeroporto) RM 62 Q 18
Romagnano al Monte SA 76 F 28
Romagnano Sesia NO 20 F 7
Romagnese PV 29 H 9
Romana SS 110 F 7
Romanelli (Grotta) LE 83 G 37
Romanengo CR 22 F 11
Romano d'Ezzelino VI 24 E 17
Romano di Lombardia BG 22 F 11
Romans d'Isonzo GO 17 E 22
Rombiolo VV 88 L 29
Rombo (Passo del) / Timmelsjoch BZ 3 B 15
Romena (Castello di) AR 44 K 17
Romena (Pieve di) AR 44 K 17
Romeno TN 11 C 15
Romentino NO 20 F 8
Rometta MS 38 J 12
Rometta ME 90 M 28
Romitello (Santuario del) PA 97 M 21
Ron (Vetta di) SO 10 D 11
Roncà VR 23 F 15
Roncade TV 25 F 19
Roncadelle BS 22 F 12
Roncadelle TV 16 E 19
Roncagli IM 35 K 6
Roncaglia PC 30 G 11
Roncalceci RA 41 I 18
Roncanova VR 31 G 15
Roncarolo PC 30 G 11
Roncastaldo BO 40 J 15
Roncegno TN 12 D 16
Roncello MI 21 F 10
Ronche PN 13 E 19
Ronchi SV 35 J 6
Ronchi TN 23 E 15
Ronchi dei Legionari GO 17 E 22
Ronchi (I) TV 25 E 18
Ronchis (vicino a Latisana) UD 16 E 20
Ronchis (vicino a Udine) UD 15 D 21
Ronciglione VT 57 P 18
Roncitelli AN 46 K 21
Ronco FO 41 J 18
Ronco (Fiume) RA 41 J 18
Ronco all'Adige VR 23 F 15
Ronco Biellese BI 19 F 6
Ronco Campo Canneto PR 30 H 12
Ronco Canavese TO 19 F 4
Ronco Scrivia GE 28 I 8
Roncobello BG 10 E 11
Roncobilaccio BO 39 J 15
Roncoferraro MN 31 G 14
Roncofreddo FO 41 J 18
Roncola BG 21 E 10
Ronco Verdi PR 30 H 12
Roncoleva VR 23 G 14
Roncone TN 11 E 13
Rondanina GE 29 I 9
Rondelli GR 49 N 14
Rondine (Pizzo della) AG 98 O 22
Rondissone TO 19 G 5
Ronsecco VC 20 G 6
Ronta FI 40 J 16
Ronzo Chienis TN 11 E 14
Ronzone TN 11 C 15
Ropola (Passo di) RC 91 M 30
Rora TO 26 H 3
Rore CN 26 I 3
Rosa PN 16 E 20
Rosà VI 24 E 17
Rosa dei Bianchi TO 19 F 4
Rosa Marina BR 80 E 34
Rosali RC 90 M 29
Rosanisco FR 64 R 23
Rosano FI 44 K 16
Rosano RE 38 I 13
Rosapineta RO 33 G 18
Rosario (Santuario del) PA 97 N 21
Rosarno RC 88 L 29
Rosaro MS 38 J 12
Rosasco PV 20 G 7
Rosate MI 21 F 9
Rosazza BI 19 E 5
Rosciano PE 60 P 24
Roscigno-Nuovo SA 76 F 28
Roscigno-Vecchio SA 76 F 28
Rosciolo dei Marsi AQ 59 P 22
Rose CS 86 I 30
Rose (Monte) AG 98 O 22
Rose (Pieve delle) PG 45 L 18
Rose (Timpa delle) SA 76 F 28
Roseg (Pizzo) SO 10 C 11
Roselle GR 49 N 15
Roselle (Località) GR 49 N 15
Roselli FR 64 R 23
Rosello CH 65 Q 25
Rosengarten / Catinaccio BZ 4 C 16
Rosennano SI 44 L 16
Roseto Capo Spulico CS 78 H 31
Roseto degli Abruzzi TE 53 N 24
Roseto Valfortore FG 70 C 27
Rosia SI 49 M 15
Rosignano Marittimo LI 42 L 13
Rosignano Monferrato AL 28 G 7
Rosignano Solvay LI 42 L 13
Rosito KR 87 K 33
Rosola MO 39 J 14
Rosolina RO 33 G 18
Rosolina Mare RO 33 G 18
Rosolini SR 107 Q 26
Rosone TO 18 F 4
Rosora AN 46 L 21
Rossa (Croda) / Hohe Geisel BL 4 C 18
Rossa (Isola) SU 120 K 8
Rossa (Isola) NU 114 G 7
Rossa (Isola) SS 108 D 8
Rossa (Punta) SS 109 D 10
Rossa (Punta) FG 67 B 30
Rossa (Punta) LI 54 P 12
Rossana CN 26 I 4
Rossano CS 87 I 31
Rossano MS 38 J 11
Rossano Stazione CS 87 I 31
Rossano Veneto VI 24 E 17
Rosse (Cuddie) TP 96 Q 17
Rossenna MO 39 I 14
Rossiglione GE 28 I 8
Rosso (Monte) ME 100 N 27
Rossola (Pizzo di) VB 8 D 7
Rossomanno (Monte) EN 104 O 25
Rosta VR 31 G 15
Rota RM 57 P 18
Rota d'Imagna BG 21 E 10
Rota Greca CS 85 I 30
Rotale PZ 76 G 29
Roteglia RE 39 I 14
Rotella AP 53 N 22
Rotella (Monte) AQ 64 Q 24
Rotello CB 66 B 27
Rotonda PZ 85 H 30
Rotondella MT 78 G 31
Rotondella (Monte) CS 78 G 31
Rotondi AV 70 D 25
Rotondo (Monte) SA 76 G 28
Rotondo (Monte) (vicino a Campo Felice) AQ 59 P 22
Rotondo (Monte) (vicino a Scanno) AQ 64 Q 23
Rottanova VE 32 G 18
Rottofreno PC 29 G 10
Rotzo VI 12 E 16
Roure TO 26 H 3
Rovagnate LC 21 E 10
Rovale CS 86 J 31
Rovasenda VC 20 F 6
Rovasenda (Torrente) VC 20 F 6
Rovato BS 22 F 11
Roveda TN 11 D 15
Rovegno GE 29 I 9
Roveleto Landi PC 29 H 10
Rovellasca CO 21 E 9
Rovello Porro CO 21 F 9
Roverbella MN 23 G 14
Roverchiara VR 23 G 15
Rovere AQ 59 P 22
Rovere FO 40 J 17
Roverè della Luna TN 11 D 15
Rovere Veronese VR 23 F 15
Roveredo di Guà VR 24 G 16
Roveredo in Piano PN 13 D 19
Rovereto FE 32 H 17
Rovereto TN 11 E 15
Rovescala PV 29 G 10
Roveto (Pantano) SR 107 Q 27
Roveto (Val) AQ 64 Q 22
Rovetta BG 10 E 11
Roviasca SV 36 J 7
Rovigliano PG 45 L 18
Rovigo RO 32 G 17
Rovina PR 30 H 11
Rovito CS 86 J 30
Rovittello CT 101 N 27
Rozzano MI 21 F 9
Rua la Cama (Forca) PG 52 N 20
Rua (Monte) PD 24 G 17
Ruazzo (Monte) LT 64 S 22
Rubano PD 24 F 17
Rubbio VI 24 E 16
Rubiana TO 18 G 4
Rubicone FO 41 J 19
Rubiera RE 31 I 14
Rubino (Lago) TP 97 N 20
Rubizzano BO 32 H 16
Rucas CN 26 H 3
Ruda UD 17 E 22
Rudiano BS 22 F 11
Rueglio TO 19 F 5
Rufeno (Monte) VT 50 N 17
Ruffano LE 83 H 36
Ruffi (Monti) RM 59 Q 20
Ruffia CN 27 H 4
Rufina FI 40 K 16
Ruggiano FG 67 B 29
Rughe (Monte) SS 115 G 7
Ruia (Isola) NU 113 F 11
Ruina FE 32 H 17
Ruinas OR 115 H 8
Ruino PV 29 H 9
Ruiu (Monte) (vicino ad Arzachena) SS 109 D 10
Ruiu (Monte) (vicino a Porto S. Paolo) SS 113 E 10
Ruiu (Monte) (vicino a Villanova Mont.) SS 110 F 7
Rumo TN 11 C 15
Runzi RO 32 H 16
Ruocce AN 46 L 20
Ruoti PZ 71 E 29
Ruscello FO 41 K 18
Ruscio PG 58 O 20
Russi RA 40 I 18
Russo (Masseria) FG 67 C 29
Rustico AN 47 L 22
Rustigazzo PC 29 H 11
Ruta GE 37 I 9
Rutigliano BA 73 D 33
Rutino SA 75 G 27
Ruttars GO 17 E 22
Ruviano CE 70 D 25
Ruvo del Monte PZ 71 E 28
Ruvo di Puglia BA 72 D 31
Ruvolo (Monte) CT 100 N 26
Ruzzano PR 38 I 12

S

S. Anastasia KR 87 I 33
S. Angelo VV 88 L 30
S. Anna KR 87 J 33
S. Benedetto VR 23 F 13
S. Clemente RN 41 K 19
S. Cono VV 88 K 30
S. Fiorano LO 29 G 11
S. Gabriele TE 59 O 22
S. Giacomo (Rovereto) TN 23 E 14
S. Giacomo di Roburent (vicino a Frabosa Soprana) CN 35 J 5
S. Giacomo di Teglio SO 10 D 12
S. Giovanni VV 88 L 30
S. Giuseppe PO 39 J 15
S. Giuseppe al lago / St. Joseph am See BZ 11 C 15
S. Grato LO 21 G 10
S. Lorenzo VB 8 D 6
S. Martino in Strada LO 21 G 10
S. Nicola (Monte) CZ 88 L 31
S. Nicolò VV 88 L 29
S. Onofrio VV 88 K 30
S. Paolo d'Argon BG 22 E 11
S. Pietro SO 9 D 10
S. Polo PR 30 H 13
S. Prospero sulla Seccia MO 31 H 15
S. Vigilio VR 23 F 14
Sabatini (Monti) VT 57 P 18
Sabato AV 70 E 26
Sabaudia LT 63 S 21
Sabaudia (Lago di) LT 68 S 21
Sabbia VC 8 E 6
Sabbio Chiese BS 22 F 13
Sabbioneta MN 30 H 13
Sabbioni BO 40 J 15
Sabbioni FE 32 H 17
Sabbucina (Monte) CL 103 O 24
Sabia (Val) BS 22 E 13
Sabina (Punta) SS 108 D 7
Sabini (Monti) RI 58 P 20
Sabiona (Convento di) BZ 3 C 16
Sabioncello S. Vittore FE 32 H 17
Sacca MN 23 G 13
Sacca PR 30 H 13
Saccarello (Monte) IM 35 J 5
Saccione CB 66 B 27
Sacco FR 63 Q 21
Sacco SA 76 F 28
Sacco SO 9 D 10
Saccolongo PD 24 F 17
Sacile PN 13 E 19
Sacra di S. Michele TO 26 G 4
Sacramento (Scoglio del) AG 102 U 19
Sacro (Monte) FG 67 B 30
Sacro (Monte) SA 76 G 28
Sacro Monte (Varallo) VC 20 E 6
Sacrofano RM 58 P 19
Sadali SU 115 H 9
Sadali (Rio de) NU 115 H 9
Sagama OR 114 G 7
Sagittario AQ 60 Q 23
Sagittario (Gole de) AQ 64 Q 23
Sagliano Micca BI 19 F 6
Sagrado GO 17 E 22
Sagrata PS 46 L 19
Sagron-Mis TN 12 D 17
Saiano BS 22 F 12
Sailetto MN 31 G 14
Sala AV 70 E 26
Sala FO 41 J 19
Sala TR 51 N 18
Sala Baganza PR 30 H 12
Sala Biellese BI 19 F 5
Sala Bolognese BO 31 I 15
Sala Comacina CO 9 E 9
Sala Consilina SA 76 F 28
Salamone (Case) AG 103 O 22
Salamu (Bruncu) SU 119 I 9
Salandra MT 77 F 30
Salandrella MT 77 F 30
Salaparuta TP 97 N 21
Salaparuta (Ruderi di) TP 97 N 20
Salara RO 32 H 16
Salarno (Lago del) BS 10 D 13
Salasco VC 20 G 6
Salassa TO 19 G 5
Salbertrand TO 26 G 2
Salboro PD 24 F 17
Salcito CB 65 Q 25
Saldura (Punta) BZ 2 B 14
Sale AL 28 H 8
Sale Marasino BS 22 E 12
Sale Porcus (Stagno) OR 114 H 7
Sale S. Giovanni CN 35 I 6
Salemi TP 97 N 20
Salento SA 76 G 27
Salerano sul Lambro LO 21 G 10
Salere AT 28 H 6
Salerno SA 75 E 26
Salerno (Golfo di) SA 75 F 25
Saletto PD 24 G 16
Saletto UD 15 C 22
Saletto di Piave TV 25 E 19
Salgareda TV 16 E 19
Sali Vercellese VC 20 G 6
Salica KR 87 J 33
Salice Salentino LE 81 F 35
Salice Terme PV 29 H 9
Saliceto CN 35 I 6
Saliceto Parano MO 31 I 14
Salici (Monte) EN 100 N 25
Salici (Punta) SS 109 E 8
Salina MN 31 H 13
Salina (Canale della) ME 94 L 26
Salina (Isola) ME 94 L 26
Salinas (Torre) SU 119 I 10
Saline MC 52 M 22
Saline (Cala) OR 114 G 7
Saline di Volterra PI 43 L 14
Saline Ioniche RC 90 N 29
Salinello TE 53 N 23
Salisano RI 58 P 20
Salito CL 103 O 23
Salitto SA 75 E 27
Salizzole VR 23 G 15
Salle (la) AO 18 E 3
Salle Nuova PE 60 P 23
Salmenta (Masseria) LE 79 G 35
Salmour CN 27 I 5
Salò BS 23 F 13
Salomone (Masseria) BA 72 E 30
Salonetto / Schlaneid BZ 3 C 15
Salorno / Salurn BZ 11 D 15
Salso PA 99 N 24
Salso EN 100 N 25
Salso o Imera Meridionale EN 103 O 24
Salsola FG 66 C 27
Salsomaggiore Terme PR 30 H 11
Salsominore PC 29 I 10
Saltara PS 46 K 20
Saltaus / Saltusio BZ 3 B 15
Saltino FI 44 K 16
Salto MO 39 J 14
Salto di Quirra SU 119 I 10
Salto (Fiume) RI 59 P 21
Salto (Lago del) RI 59 P 21
Saltusio / Saltaus BZ 3 B 15
Saludecio RN 41 K 20
Saluggia VC 19 G 6
Salurn / Salorno BZ 11 D 15
Salussola BI 19 F 6
Saluzzo CN 27 I 4
Salvarano RE 30 I 13
Salvarosa TV 24 E 17
Salvaterra RE 31 I 14
Salve LE 83 H 36
Salviano LI 42 L 13
Salvirola CR 22 F 11
Salvitelle SA 76 F 28
Salza di Pinerolo TO 26 H 3
Salza Irpina AV 70 E 26
Salzano VE 25 F 18
Samarate VA 20 F 8
Samassi SU 118 I 8
Samatzai SU 118 I 9
Sambiase CZ 88 K 30
Samboseto PR 30 H 12
Sambuca FI 43 L 15
Sambuca di Sicilia AG 97 O 21
Sambuca (Passo) FI 40 J 16
Sambuca Pistoiese PT 39 J 15
Sambuceto CH 60 O 24
Sambucheto TR 58 O 20
Sambuchi PA 98 N 22
Sambuci RM 58 Q 20
Sambucina (Abbazia della) CS 85 I 30
Sambuco CN 34 I 3
Sambuco (Monte) FG 66 C 27
Sambughè TV 25 F 18
Sambughetti (Monte) EN 99 N 25
Sammartini BO 31 H 15
Sammichele di Bari BA 73 E 32
Sammommè PT 39 J 14
Samo RC 91 M 30
Samoggia BO 39 J 15
Samolaco SO 9 D 10
Samone MO 39 I 14
Samone TN 12 D 16
Sampeyre CN 26 I 3
Sampierdarena GE 36 I 8
Sampieri RG 106 Q 26
Sampieri (Pizzo) PA 99 N 23
Samugheo OR 115 H 8
San Feliciano PG 51 M 18
San Remo IM 35 K 5
S. Adriano FI 40 J 16
S. Agapito IS 65 R 24
S. Agata CS 85 I 31
S. Agata RC 90 M 29
S. Agata (Monte) EN 100 O 25
S. Agata FI 40 J 16
S. Agata alle Terrine AR 45 L 18
S. Agata PC 30 H 12
S. Agata Bolognese BO 31 I 15
S. Agata de' Goti BN 70 D 25
S. Agata del Bianco RC 91 M 30
S. Agata di Esaro CS 85 I 29
S. Agata di Militello ME 100 M 25
S. Agata di Puglia FG 71 D 28
S. Agata Feltria PS 41 K 18
S. Agata Fossili AL 28 H 8
S. Agata li Battiati CT 101 O 27
S. Agata sui Due Golfi NA 74 F 25
S. Agata sul Santerno RA 40 I 17
S. Agnello NA 74 F 25
S. Agostino FE 32 H 16
S. Agrippina (Masseria) EN 99 N 25
S. Albano PV 29 H 9
S. Albano Stura CN 27 I 5
S. Alberto BO 32 H 16
S. Alberto RA 33 I 18
S. Alberto TV 25 F 18
S. Alberto di Butrio (Abbazia) PV 29 H 9
S. Albino SI 50 M 17
S. Alessio (Capo) ME 90 N 28
S. Alessio in Aspromonte RC 90 M 29
S. Alessio Siculo ME 90 N 28
S. Alfio CT 101 N 27
S. Alfio (Chiesa di) CT 101 O 27
S. Allerona TR 51 N 18
S. Ambrogio MO 31 I 15
S. Ambrogio PA 99 M 24
S. Ambrogio di Torino TO 26 G 4
S. Ambrogio di Valpolicella VR 23 F 14
S. Ambrogio sul Garigliano FR 64 R 23
S. Ampeglio (Capo) IM 35 K 5
S. Anastasia NA 70 E 25
S. Anatolia PG 52 N 21
S. Anatolia RI 59 P 21
S. Anatolia di Narco PG 52 N 20
St. Andrä / S. Andrea in Monte BZ 4 B 17
S. Andrea CA 119 J 9
S. Andrea CE 69 D 24
S. Andrea FO 41 J 18
S. Andrea IS 65 Q 25
S. Andrea LE 83 G 37
S. Andrea LI 48 N 12
S. Andrea PZ 71 E 28
S. Andrea SI 43 L 15
S. Andrea (Isola) BR 81 F 35
S. Andrea (Isola) LE 83 G 35
S. Andrea PD 24 F 17
S. Andrea PN 13 E 19
S. Andrea Apostolo dello Ionio CZ 89 L 31
S. Andrea Apostolo dello Ionio Marina CZ 89 L 31
S. Andrea VR 23 F 15
S. Andrea (Isola) UD 17 E 21
S. Andrea Bagni PR 30 H 12
S. Andrea Bonagia TP 96 M 19
S. Andrea di Conza AV 71 E 28
S. Andrea di Foggia GE 37 I 9
S. Andrea di Garigliano FR 64 R 23
S. Andrea di Sorbello AR 51 M 18
S. Andrea Frius SU 119 I 9
S. Andrea in Monte / St. Andrä BZ 4 B 17
S. Andrea in Percussina FI 43 K 15
S. Andria Priu (Necropoli di) SS 115 F 8
S. Angelo AN 46 K 21
S. Angelo CE 70 E 25
S. Angelo CS 85 I 29

S. Angelo **NA** 74 E 23
S. Angelo (Pianella) **PE** 60 O 24
S. Angelo **PZ** 72 E 29
S. Angelo **RI** 59 O 21
S. Angelo (Lago di) **CH** 60 P 24
S. Angelo (Monte) **ME** 94 L 26
S. Angelo (Pizzo) **PA** 99 N 24
S. Angelo a Fasanella **SA** 76 F 28
S. Angelo a Scala **AV** 70 E 26
S. Angelo all'Esca **AV** 70 D 26
S. Angelo **VE** 24 F 18
S. Angelo d'Alife **CE** 65 R 24
S. Angelo dei Lombardi **AV** 71 E 27
S. Angelo del Pesco **IS** 65 Q 24
S. Angelo di Brolo **ME** 100 M 26
S. Angelo di Lomellina **PV** 20 G 7
S. Angelo di Piove di Sacco **PD** 24 F 18
S. Angelo in Colle **SI** 50 N 16
S. Angelo in Formis **CE** 69 D 24
S. Angelo in Lizzola **PS** 46 K 20
S. Angelo in Pontano **MC** 52 M 22
S. Angelo in Theodice **FR** 64 R 23
S. Angelo in Vado **PS** 45 L 19
S. Angelo in Villa **FR** 64 R 22
S. Angelo le Fratte **PZ** 76 F 28
S. Angelo Limosano **CB** 65 Q 25
S. Angelo Lodigiano **LO** 21 G 10
S. Angelo (Monte) **LT** 68 S 22
S. Angelo Muxaro **AG** 102 O 22
S. Angelo Romano **RM** 58 P 20
S. Anna **AG** 97 O 21
S. Anna **OR** 115 H 7
S. Anna (vicino a Bianco) **RC** 91 M 30
S. Anna (vicino a Seminara) **RC** 90 M 29
S. Anna **LU** 38 K 12
S. Anna Arresi **SU** 120 J 7
S. Anna **VE** 33 G 18
S. Anna (vicino a Bellino) **CN** 26 I 2
S. Anna (vicino a Cuneo) **CN** 34 I 4
S. Anna (vicino a Demonte) **CN** 34 J 3
S. Anna (Sant. di) **CN** 34 J 3
S. Anna d'Alfaedo **VR** 23 F 14
S. Anna di Boccafossa **VE** 16 F 20
S. Anna Morosina **PD** 24 F 17
S. Anna Pelago **MO** 39 J 13
S. Ansano **FI** 43 K 14
S. Antimo **NA** 69 E 24
S. Antimo (Castelnuovo dell'Abate) **SI** 50 M 16
Santu Antine **SS** 111 F 8
Santu Antine (Santuario) **OR** 115 G 8
S. Antioco **SU** 118 J 7
S. Antioco (Isola di) **SU** 118 J 7
S. Antioco di Bisarcio **SS** 111 F 8
S. Antonino di Susa **TO** 26 G 3
S. Antonio **AQ** 65 Q 24
S. Antonio **BL** 13 D 18
S. Antonio **BO** 32 I 17
S. Antonio **FR** 63 R 22
S. Antonio **MO** 39 I 14
S. Antonio (Monte) **NU** 115 G 8
S. Antonio **SO** 2 C 13
S. Antonio **VA** 8 E 8
S. Antonio **VI** 23 E 15
S. Antonio **VT** 57 O 17
S. Antonio (Eremo di) **AQ** 64 Q 24
S. Antonio (Santuario) **BR** 79 F 35
S. Antonio Abate **NA** 75 E 25
S. Antonio di Gallura **SS** 109 E 9
S. Antonio di Mavignola **TN** 11 D 14
S. Antonio di Ranverso **TO** 26 G 4
S. Antonio di Santadi **SU** 118 H 7
S. Antonio in Mercadello **MO** 31 H 14
S. Antonio (Lago di) **LT** 63 R 20
S. Antonio Negri **CR** 22 G 12
S. Antonio Ruinas **OR** 115 H 8
S. Antonio (Serra) **AQ** 63 Q 22
S. Apollinare **FR** 64 R 23
S. Apollinare in Classe **RA** 41 I 18
S. Arcangelo **PG** 51 M 18
S. Arcangelo **PZ** 77 G 30
S. Arcangelo (Monte) **MT** 77 G 31
S. Arcangelo Trimonte **BN** 70 D 26
S. Arpino **CE** 69 E 24
S. Arsenio **SA** 76 F 28
Sta Barbara **NU** 115 G 8
Sta Barbara **SA** 76 G 27
Sta Barbara **ME** 100 M 27
Sta Barbara **RG** 106 Q 25
S. Barnaba **RA** 40 J 17
S. Baronto **PT** 39 K 14
St. Barthelemy **AO** 19 E 4
S. Bartolo **ME** 95 K 27
S. Bartolo (Bivio) **AG** 97 O 21
S. Bartolomeo **CN** 35 J 4
S. Bartolomeo **PG** 45 L 19
S. Bartolomeo **TR** 58 O 19
S. Bartolomeo **TS** 17 F 23
S. Bartolomeo (Colle) **IM** 35 J 5
S. Bartolomeo al Mare **IM** 35 K 6
S. Bartolomeo de' Fossi **PG** 51 M 18
S. Bartolomeo in Bosco **FE** 32 H 16
S. Bartolomeo in Galdo **BN** 70 C 27
S. Bartolomeo Val Cavargna **CO** 9 D 9
S. Basile **CS** 85 H 30
S. Basilio **SU** 119 I 9
S. Basilio **ME** 101 M 27
S. Basilio **TA** 73 E 32
S. Bassano **CR** 22 G 11
S. Bellino **RO** 32 G 16
S. Benedetto **SU** 118 I 7
S. Benedetto (Subiaco) **RM** 63 Q 21
S. Benedetto (vicino a Pietralunga) **PG** 45 L 19
S. Benedetto (vicino ad Umbertide) **PG** 51 L 19
S. Benedetto (Alpe di) **FO** 40 K 17
S. Benedetto dei Marsi **AQ** 59 P 22
S. Benedetto del Querceto **BO** 40 J 16
S. Benedetto del Tronto **AP** 53 N 23
S. Benedetto in Alpe **FO** 40 K 17
S. Benedetto in Perillis **AQ** 60 P 23
S. Benedetto Po **MN** 31 G 14
S. Benedetto Ullano **CS** 86 I 30
S. Benedetto Val di Sambro **BO** 39 J 15
S. Benigno Canavese **TO** 19 G 5
S. Bernardino **TO** 26 G 4
S. Bernardino **PS** 46 K 19
S. Bernardino **RA** 32 I 17
S. Bernardo **SO** 10 D 11
S. Bernardo (Colla) **IM** 35 J 5
S. Bernardo (Colle) **CN** 35 J 6
S. Berniero **SA** 75 F 26
S. Bernolfo **CN** 34 J 3
S. Biagio **PV** 20 G 8
S. Biagio **ME** 101 M 27
S. Biagio **MO** 31 H 15
S. Biagio **PA** 97 O 21
S. Biagio **PD** 24 F 17
S. Biagio **FR** 64 R 23
S. Biagio (vicino ad Argenta) **FE** 32 I 17
S. Biagio (vicino a Bondeno) **FE** 32 H 16
S. Biagio (Santuario) **PZ** 84 H 29
S. Biagio della Cima **IM** 35 K 4
S. Biagio di Callalta **TV** 25 E 19
S. Biagio Platani **AG** 102 O 22
S. Biagio Saracinisco **FR** 64 R 23
Sta Bianca **FE** 32 H 16
S. Biase **CB** 65 Q 25
S. Biase **SA** 76 G 27
S. Boldo (Passo di) **TV** 13 D 18
S. Bonico **PC** 29 G 11
S. Bonifacio **VR** 23 F 15
S. Bortolo delle Montagne **VR** 23 F 15
Sta Brigida **BG** 9 E 10
Sta Brigida **FI** 40 K 16
S. Brizio **PG** 51 N 20
S. Bruzio **GR** 56 O 15
S. Buono **CH** 61 Q 25
S. Calogero **VV** 88 L 30
S. Calogero (Monte) **PA** 99 N 23
S. Candido / Innichen **BZ** 4 B 18
S. Canzian d'Isonzo **GO** 17 E 22
S. Carlo **GE** 28 I 8
S. Carlo **PA** 97 O 21
S. Carlo **FG** 71 D 29
S. Carlo **FE** 32 H 16
S. Carlo **FO** 41 J 18
S. Carlo **LI** 49 M 13
S. Carlo **RC** 90 N 29
S. Carlo (Colle) **AO** 18 E 2
S. Carlo Terme **MS** 38 J 12
S. Carlo Vanzone **VB** 7 E 6
S. Casciano (Lago di) **VT** 50 N 17
S. Casciano dei Bagni **SI** 50 N 17
S. Casciano in Val di Pesa **FI** 43 L 15
S. Cassiano **RA** 40 J 17
S. Cassiano **SO** 9 D 10
S. Cassiano / St. Kassian **BZ** 4 C 17
S. Cassiano (Cima) **BZ** 3 B 16
S. Cassiano in Pennino **FO** 40 J 17
S. Cataldo **LE** 81 F 36
S. Cataldo **CL** 103 O 23
Sta Caterina **GR** 50 N 16
Sta Caterina **LE** 83 G 35
Sta Caterina **OR** 114 G 7
Sta Caterina (Stagno di) **SU** 118 J 7
Sta Caterina **BL** 5 C 19
Sta Caterina Albanese **CS** 85 I 30
Sta Caterina **PR** 30 H 12
Sta Caterina / St. Katharina (vicino a Merano) **BZ** 3 C 15
Sta Caterina (vicino a Rattisio Nuovo) **BZ** 3 B 14
Sta Caterina del Sasso **VA** 8 E 7
Sta Caterina dello Ionio **CZ** 89 L 31
Sta Caterina dello Ionio Marina **CZ** 89 L 31
Sta Caterina di Pittinuri **OR** 114 G 7
Sta Caterina (Monte) **TP** 96 N 18
Sta Caterina Valfurva **SO** 10 C 13
Sta Caterina Villarmosa **CL** 99 O 24
S. Centignano **VT** 58 O 18
Sta Cesarea Terme **LE** 83 G 37
S. Cesareo **RM** 63 Q 20
S. Cesario di Lecce **LE** 81 G 36
S. Cesario sul Panaro **MO** 31 I 15
S. Chiaffredo **CN** 27 I 4
Sta Chiara **OR** 115 G 8
S. Chirico (Masseria) **FG** 67 C 29
S. Chirico Nuovo **PZ** 77 E 30
S. Chirico Raparo **PZ** 77 G 30
St. Christina i. Gröden / Sta Cristina Valgardena **BZ** 4 C 17
S. Cipirello **PA** 97 N 21
S. Cipriano d'Aversa **CE** 69 D 24
S. Cipriano Picentino **SA** 75 E 26
S. Cipriano Po **PV** 29 G 9
S. Ciro **TP** 97 N 20
S. Claudio al Chienti **MC** 53 M 22
S. Clemente **BO** 40 J 16
S. Clemente **CE** 64 R 23
S. Clemente a Casauria (Abbazia) **PE** 60 P 23
S. Clemente al Vomano **TE** 60 O 23
S. Colombano **BS** 22 E 13
S. Colombano al Lambro **MI** 21 G 10
S. Colombano Certenoli **GE** 37 I 9
S. Colombano **FO** 41 J 18
S. Cono **CT** 104 P 25
S. Corrado di Fuori **SR** 105 Q 27
S. Cosimo della Macchia **BR** 79 F 35
Santi Cosma e Damiano **LT** 64 S 23
S. Cosmo Albanese **CS** 85 I 31
S. Costantino **PZ** 76 G 29
S. Costantino Albanese **PZ** 77 G 30
S. Costantino Calabro **VV** 88 L 30
S. Costanzo **PS** 46 K 21
S. Cresci **FI** 40 K 16
S. Crispieri **TA** 79 F 34
Sta Crista d'Acri **CS** 85 I 31
Sta Cristina **OR** 115 G 8
Sta Cristina (Chiesa di) **OR** 115 G 8
Sta Cristina d'Aspromonte **RC** 91 M 29
Sta Cristina e Bissone **PV** 29 G 10
Sta Cristina Gela **PA** 97 N 21
Sta Cristina Valgardena / St. Christina in Gröden **BZ** 4 C 17
S. Cristoforo **AL** 28 H 8
S. Cristoforo **AR** 45 L 17
S. Cristoforo **TN** 11 D 15
Sta Croce **SO** 9 D 10
Sta Croce **AN** 46 L 20
Sta Croce **CE** 64 S 23
Sta Croce **RI** 59 O 21
Sta Croce **TS** 17 E 23
Sta Croce (Capo) **SR** 105 P 27
Sta Croce (Forca di) **PG** 52 N 21
Sta Croce (Monte) **CE** 64 S 23
Sta Croce (Monte) **PZ** 71 E 28
Sta Croce Cameina **RG** 106 Q 25
Sta Croce (Capo) **SV** 35 J 6
Sta Croce del Lago **BL** 13 D 18
Sta Croce del Sannio **BN** 65 R 26
Sta Croce di Magliano **CB** 66 B 26
Sta Croce (Lago di) **BL** 13 D 19
Sta Croce sull'Arno **PI** 43 K 14
Sta Crocella (Passo) **CB** 65 R 25
S. Dalmazio **MO** 39 I 14
S. Dalmazio **PI** 49 M 14
S. Dalmazio **SI** 50 L 15
S. Damaso **MO** 31 I 14
S. Damiano **PG** 51 N 19
S. Damiano **PC** 29 H 11
S. Damiano (Assisi) **PG** 51 M 19
S. Damiano al Colle **PV** 29 G 10
S. Damiano d'Asti **AT** 27 H 6
S. Damiano Macra **CN** 26 I 3
S. Daniele del Friuli **UD** 14 D 21
S. Daniele Po **CR** 30 G 12
S. Demetrio **SR** 105 O 27
S. Demetrio Corone **CS** 85 I 31
S. Demetrio ne' Vestini **AQ** 59 P 22
S. Desiderio **GE** 37 I 9
Sta Domenica **VV** 88 L 29
Sta Domenica (Abbazia di) **CS** 86 J 30
Sta Domenica Talao **CS** 84 H 29
Sta Domenica Vittoria **ME** 100 N 26
S. Domenico **VB** 8 D 6
S. Domenico (Masseria) **TA** 78 F 32
S. Domino **FG** 66 A 28
S. Domino (Isola) (I. Tremiti) **FG** 66 A 28
S. Donà di Piave **VE** 16 F 19
S. Donaci **BR** 79 F 35
S. Donato **TA** 79 F 33
S. Donato **GR** 55 O 15
S. Donato **LU** 38 K 13
S. Donato **SI** 43 L 15
S. Donato di Lecce **LE** 83 G 36
S. Donato di Ninea **CS** 85 H 30
S. Donato in Collina **FI** 44 K 16
S. Donato in Poggio **FI** 43 L 15
S. Donato in Tavignone **PS** 45 K 19
S. Donato Milanese **MI** 21 F 9
S. Donato Val di Comino **FR** 64 Q 23
S. Donnino **FI** 43 K 15
S. Donnino **MO** 31 I 14
S. Dono **VE** 24 F 18
S. Dorligo della Valle **TS** 17 F 23
S. Efisio **CA** 121 J 9
S. Egidio **PG** 51 M 19
S. Egidio alla Vibrata **TE** 53 N 23
S. Elena **MC** 52 M 21
S. Elena **PD** 24 G 17
S. Elena Sannita **IS** 65 R 25
S. Elia **CA** 119 J 9
S. Elia **ME** 100 N 25
S. Elia **AN** 46 L 21
S. Elia **CZ** 89 K 31
S. Elia **RC** 90 N 29
S. Elia **RI** 58 O 20
S. Elia (Monte) **RC** 88 L 29
S. Elia (Monte) **TA** 73 F 33
S. Elia a Pianisi **CB** 66 C 26
S. Elia (Capo) **CA** 119 J 9
S. Elia Fiumerapido **FR** 64 R 23
S. Elisabetta **AG** 102 O 22
S. Elisabetta **TO** 19 F 4
S. Ellero **FI** 44 K 16
S. Ellero **FO** 40 K 17
S. Elpidio **RI** 59 P 21
S. Elpidio a Mare **AP** 53 M 23
S. Elpidio Morico **AP** 53 M 22
S. Enea **PG** 51 M 19
S. Eraclio **PG** 51 N 20
S. Erasmo **MC** 52 M 21
S. Erasmo **TR** 58 O 19
S. Eufemia **FO** 40 K 17
S. Eufemia (Faro di) **FG** 67 B 30
S. Eufemia (Golfo di) **VV** 88 K 29
S. Eufemia a Maiella **PE** 60 P 24
S. Eufemia d'Aspromonte **RC** 90 M 29
S. Eufemia della Fonte **BS** 22 F 12
S. Eufemia Lamezia **CZ** 88 K 30
S. Eufemia Vetere **CZ** 88 K 30
S. Eurosia **BI** 19 F 6
S. Eusanio del Sangro **CH** 60 P 24
S. Eusebio **BS** 22 F 13
S. Eusebio **MO** 31 I 14
S. Eutizio (Abbazia di) **PG** 52 N 21
S. Faustino **PG** 45 L 19
S. Fedele Intelvi **CO** 9 E 9
S. Fele **PZ** 71 E 28
S. Felice **CE** 65 S 24
S. Felice a Cancello **CE** 70 D 25
S. Felice Circeo **LT** 68 S 21
S. Felice del Benaco **BS** 23 F 13
S. Felice del Molise **CB** 65 Q 26
S. Felice / St. Felix **BZ** 3 C 15
S. Felice sul Panaro **MO** 31 H 15
St. Felix / S. Felice **BZ** 3 C 15
S. Ferdinando **RC** 88 L 29
S. Ferdinando di Puglia **FG** 72 D 30
S. Fidenzio (Abbazia) **PG** 51 N 19
S. Fili **CS** 86 I 30
S. Filippo **RI** 58 O 20
S. Filippo **SS** 109 E 9
S. Filippo del Mela **ME** 90 M 27
S. Filippo di Fragala **ME** 100 M 26
Ss. Filippo e Giacomo **TP** 96 N 19
S. Fior **TV** 13 E 19
Sta Fiora **GR** 50 N 16
S. Fiorano **PS** 46 L 19
Sta Firmina **AR** 45 L 17
Sta Flavia **PA** 98 M 22
S. Floreano **UD** 14 D 21
S. Floriano / Obereggen **BZ** 12 C 16
S. Floriano del Collio **GO** 17 E 22
S. Floro **CZ** 89 K 31
S. Foca **LE** 81 G 37
S. Foca **PN** 13 D 20
S. Fortunato (Montefalco) **PG** 51 N 19
Sta Francesca **FR** 64 Q 22
S. Francesco **RI** 58 O 20
S. Francesco **TA** 73 E 32
S. Francesco (Santuario di) (Paola) **CS** 86 I 30
S. Francesco a Folloni **AV** 70 E 27
S. Francesco al Campo **TO** 19 G 4
S. Francesco **PN** 14 D 20
S. Francesco **TN** 12 D 16
S. Francesco **VR** 23 F 15
S. Fratello **ME** 100 M 25
S. Fruttuoso **GE** 37 J 9
S. Gabriele **BO** 32 I 16
S. Gaetano **VE** 16 F 20
S. Galgano (Abbazia di) **SI** 49 M 15
S. Gavino Monreale **SU** 118 I 8
S. Gemiliano **SU** 119 I 9
S. Gemini **TR** 58 O 19
S. Gemini Fonte **TR** 58 O 19
S. Genesio Atesino / Jenesien **BZ** 3 C 15
S. Genesio ed Uniti **PV** 21 G 9
S. Gennaro **LU** 39 K 13
S. Gennaro Vesuviano **NA** 70 E 25
St. Georgen / S. Giorgio **BZ** 4 B 17
S. Germano Chisone **TO** 26 H 3
S. Germano dei Berici **VI** 24 F 16
S. Germano Vercellese **VC** 20 F 6
Sta Gertrude / St. Gertraud **BZ** 3 C 14
S. Gervasio **PI** 43 L 14
S. Gervasio Bresciano **BS** 22 G 12
S. Giacomo **RG** 104 Q 26
S. Giacomo **CH** 61 P 25
S. Giacomo **TE** 53 N 22
S. Giacomo (Masseria) **BR** 79 F 34
S. Giacomo / St. Jakob (vicino a Bolzano) **BZ** 3 C 15
S. Giacomo **PV** 29 G 9
S. Giacomo **RE** 31 H 13
S. Giacomo (vicino a Boves) **CN** 35 J 4
S. Giacomo (vicino a Demonte) **CN** 34 I 3
S. Giacomo (Passo di) **VB** 8 C 7
S. Giacomo (Val) **SO** 9 C 10
S. Giacomo / St. Jakob *vicino a Vipiteno* **BZ** 4 B 16
S. Giacomo (Cima) **BZ** 3 B 16
S. Giacomo (Convento) **RI** 58 O 20
S. Giacomo d'Acri **CS** 85 I 31
S. Giacomo degli Schiavoni **CB** 61 Q 26
S. Giacomo delle Segnate **MN** 31 H 15
S. Giacomo di Fraele (Lago di) **SO** 2 C 12
S. Giacomo di Martignone **BO** 31 I 15
S. Giacomo di Veglia **TV** 13 E 18
S. Giacomo Filippo **SO** 9 C 10
S. Giacomo Maggiore **MO** 39 J 14
S. Giacomo Roncole **MO** 31 H 15
S. Giacomo Vercellese **VC** 20 F 6
S. Gillio **TO** 19 G 4
S. Gimignanello **SI** 50 M 16
S. Gimignano **SI** 43 L 15
S. Ginesio **MC** 52 M 21
S. Giorgio **CA** 118 J 8
S. Giorgio **SV** 36 J 7
S. Giorgio **AG** 102 O 21
S. Giorgio **BA** 73 D 32
S. Giorgio **CT** 100 O 27
S. Giorgio **EN** 100 O 25
S. Giorgio **FE** 32 I 17
S. Giorgio **FO** 41 J 18
S. Giorgio **ME** 94 M 26
S. Giorgio **PS** 41 K 20
S. Giorgio **PZ** 72 E 29
S. Giorgio **RI** 59 O 21
S. Giorgio **TE** 59 O 22
S. Giorgio (Chiesa) **CS** 85 I 31
S. Giorgio **UD** 15 C 21
S. Giorgio **VR** 23 E 15
S. Giorgio / St. Georgen **BZ** 4 B 17
S. Giorgio a Colonica **FI** 39 K 15
S. Giorgio a Cremano **NA** 69 E 25
S. Giorgio a Liri **FR** 64 R 23
S. Giorgio Albanese **CS** 85 I 31
S. Giorgio Canavese **TO** 19 F 5
S. Giorgio del Sannio **BN** 70 D 26
S. Giorgio della Richinvelda **PN** 14 D 20
S. Giorgio delle Pertiche **PD** 24 F 17
S. Giorgio di Cesena **FO** 41 J 18
S. Giorgio di Livenza **VE** 16 F 20
S. Giorgio di Lomellina **PV** 20 G 8
S. Giorgio di Nogaro **UD** 17 E 21
S. Giorgio di Pesaro **PS** 46 K 20
S. Giorgio di Piano **BO** 32 I 16
S. Giorgio in Bosco **PD** 24 F 17

S. Giorgio in Salici **VR** .. 23 F 14
S. Giorgio Ionico **TA** .... 79 F 34
S. Giorgio la Molara **BN** ... 70 D 26
S. Giorgio Lucano **MT** .. 77 G 31
S. Giorgio Monferrato **AL** .... 28 G 7
S. Giorgio Morgeto **RC** . 88 L 30
S. Giorgio Piacentino **PC** . 29 H 11
S. Giorgio (Rio di) **NU** . 119 I 10
S. Giorio di Susa **TO** .... 18 G 3
San Giovanni **PC** .... 29 H 10
S. Giovanni **AQ** .... 59 P 21
S. Giovanni **AP** .... 52 N 22
S. Giovanni **CZ** .... 87 J 31
S. Giovanni **SU** .... 118 I 7
S. Giovanni (vicino a Castelsardo) **SS** ..... 111 E 8
S. Giovanni (vicino a Sassari) **SS** .... 110 E 7
S. Giovanni (Lago) **AG** .. 103 P 23
S. Giovanni a Piro **SA** ... 76 G 28
S. Giovanni a Teduccio **NA** .... 69 E 24
S. Giovanni **CN** .... 27 I 5
S. Giovanni **FE** .... 33 H 18
S. Giovanni **TN** .... 11 E 14
S. Giovanni (vicino a Polcenigo) **PN** .... 13 D 19
S. Giovanni (vicino a S. Vito al T.) **PN** .... 13 E 20
S. Giovanni / St. Johann **BZ** .... 4 B 17
S. Giovanni al Mavone **TE** .... 59 O 23
S. Giovanni al Natisone **UD** ...... 17 E 22
S. Giovanni al Timavo **TS** . 17 E 22
S. Giovanni Bianco **BG** .. 9 E 10
S. Giovanni d'Asso **SI** ... 50 M 16
S. Giovanni del Dosso **MN** .... 31 H 15
S. Giovanni del Pantano **PG** ...... 51 M 18
S. Giovanni delle Contee **GR** ..... 50 N 17
S. Giovanni di Baiano **PG** .... 51 N 20
S. Giovanni di Gerace **RC** .... 88 L 30
S. Giovanni di Sinis **OR** .. 114 H 7
S. Giovanni Galermo **CT** .... 100 O 27
S. Giovanni Gemini **AG** .. 98 O 22
S. Giovanni Ilarione **VR** ... 23 F 15
S. Giovanni in Argentella **RM** ..... 58 P 20
S. Giovanni in Croce **CR** .. 30 G 13
S. Giovanni in Fiore **CS** .. 87 J 32
S. Giovanni in Fonte **FG** .. 71 D 29
S. Giovanni in Galdo **CB** .. 65 R 26
S. Giovanni in Galilea **FO** .... 41 K 19
S. Giovanni in Ghiaiolo **PS** .... 45 K 19
S. Giovanni in Marignano **RN** .... 41 K 20
S. Giovanni in Persiceto **BO** ...... 31 I 15
S. Giovanni in Venere **CH** .... 61 P 25
S. Giovanni Incarico **FR** .. 64 R 22
S. Giovanni Incarico (Lago di) **FR** .... 64 R 22
S. Giovanni la Punta **CT** .. 101 O 27
S. Giovanni Lipioni **CH** .. 65 Q 25
S. Giovanni Lupatoto **VR** .... 23 F 15
S. Giovanni Maggiore **FI** .... 40 K 16
S. Giovanni Reatino **RI** .. 58 O 20
S. Giovanni Rotondo **FG** .... 67 B 29
S. Giovanni Suergiu **SU** .. 118 J 7
S. Giovanni Teatino **CH** .. 60 O 24
S. Giovanni Valdarno **AR** . 44 L 16
S. Giovenale **RI** .... 59 O 21
S. Girolamo **NU** .... 117 H 10
Sta Giulia **SV** .... 27 I 6
S. Giuliano **PC** .... 30 G 11
S. Giuliano **VT** .... 57 O 17
S. Giuliano (Lago di) **MT** .. 77 F 31
S. Giuliano del Sannio **CB** .... 65 R 25
S. Giuliano di Puglia **CB** .. 66 B 26
S. Giuliano Milanese **MI** .. 21 F 9
S. Giuliano Nuovo **AL** .. 28 H 8
S. Giuliano Terme **PI** ... 42 K 13
S. Giuliano Vecchio **AL** .. 28 H 8
S. Giulio (Isola) **NO** ... 20 E 7
S. Giuseppe **FE** .... 33 H 18
S. Giuseppe **MC** .... 52 M 21
S. Giuseppe **SI** .... 50 M 17
S. Giuseppe Jato **PA** .... 97 N 21
S. Giuseppe / Moos **BZ** .. 4 B 19
S. Giuseppe Vesuviano **NA** .... 70 E 25
Sta Giusta **OR** .... 114 H 7
Sta Giusta (Monte) **SS** .. 110 E 6
Sta Giusta (Ponte) **FG** .. 66 C 28
Sta Giusta (Stagno di) **OR** ...... 114 H 7
Sta Giustina **PR** .... 29 I 10
Sta Giustina **RN** .... 41 J 19
Sta Giustina **BL** .... 12 D 18
Sta Giustina (Lago di) **TN** .... 11 C 15
Sta Giustina in Colle **PD** .. 24 F 17
S. Giustino **PG** .... 45 L 18
S. Giustino Valdarno **AR** . 44 L 17
S. Giusto **MC** .... 52 M 21
S. Giusto Canavese **TO** . 19 G 5
S. Godenzo **FI** .... 40 K 16
S. Grato **AO** .... 19 E 5
S. Gregorio **CA** .... 119 J 10
S. Gregorio **PG** .... 51 M 19
S. Gregorio **VR** .... 24 F 15
S. Gregorio **LE** .... 83 H 36
S. Gregorio **RC** .... 90 M 28
S. Gregorio da Sassola **RM** .... 63 Q 20
S. Gregorio di Catana **CT** .... 101 O 27
S. Gregorio d'Ippona **VV** 88 L 30
S. Gregorio Magno **SA** .. 76 F 28
S. Gregorio Matese **CE** ... 65 R 25
S. Gregorio nelle Alpi **BL** . 12 D 18
S. Guglielmo al Goleto (Abbazia) **AV** .... 71 E 27
S. Guido **LI** .... 49 M 13
S. Gusme **SI** .... 44 L 16
Sto Ianni **CE** .... 69 D 24
S. Ignazio **OR** .... 115 G 8
S. Ilario **PZ** .... 71 E 28
S. Ilario dello Ionio **RC** .. 91 M 30
S. Ilario d'Enza **RE** ...... 30 H 13
S. Ilario di Baganza **PR** ... 30 I 12
S. Ilario Trebbio **MC** .... 52 M 21
S. Imento **PC** .... 29 G 10
Sto Iona **AQ** .... 59 P 22
Sto Iorio **CE** .... 69 D 24
S. Ippolito **PS** .... 46 K 20
S. Ippolito **PI** .... 49 M 14
S. Isidoro **LE** .... 79 G 35
S. Isidoro (vicino a Quartu S. Elena) **CA** . 119 J 9
S. Isidoro (vicino a Teulada) **SU** .... 120 K 8
St. Jacques **AO** .... 7 E 5
St. Johann / S. Giovanni **BZ** .... 4 B 17
S. Jorio (Passo di) **CO** ... 9 D 9
St. Kassian / S. Cassiano **BZ** .... 4 C 17
S. Latino **CR** .... 22 G 11
S. Lazzaro **NA** .... 75 F 25
S. Lazzaro **PS** .... 46 K 20
S. Lazzaro di Savena **BO** .... 40 I 16
S. Leo **RC** .... 90 M 28
S. Leo **AR** .... 44 L 17
S. Leo **PS** .... 41 K 19
S. Leonardo **FG** .... 71 D 29
S. Leonardo **OR** .... 115 G 8
S. Leonardo **PA** .... 98 N 22
S. Leonardo **UD** .... 15 D 22
S. Leonardo (Passo) **AQ** .. 60 P 24
S. Leonardo / St. Leonhard **BZ** ...... 4 B 17
S. Leonardo de Siete Fuentes **OR** ... 115 G 7
S. Leonardo di Cutro **KR** .. 89 K 32
S. Leonardo di Siponto **FG** .... 67 C 29
S. Leonardo in Passiria / St. Leonhard in Passeier **BZ** .... 3 B 15
S. Leonardo Valcellina **PN** .... 13 D 20
S. Leone **AG** .... 102 P 22
St. Leonhard in Passeier / S. Leonardo in Passiria **BZ** .... 3 B 15
St. Leonhard / S. Leonardo **BZ** .... 4 B 17
S. Leucio del Sannio **BN** .. 70 D 26
S. Liberale **VE** .... 25 F 19
Sta Liberata **GR** .... 55 O 15
S. Liberato **TR** .... 58 O 19
S. Liberato (Lago di) **TR** .. 58 O 19
S. Liberatore (Cappella) **AV** .... 70 D 27
S. Loe **PA** .... 97 N 21
S. Lorenzello **BN** .... 65 S 25
St. Lorenzen / S. Lorenzo di Sebato **BZ** .... 4 B 17
S. Lorenzo **RC** .... 90 M 29
S. Lorenzo **LT** .... 64 S 23
S. Lorenzo **MC** .... 52 M 21
S. Lorenzo **SS** .... 113 E 11
S. Lorenzo **SS** .... 111 E 7
S. Lorenzo (Certosa di) (Padula) **SA** .... 76 F 28
S. Lorenzo a Merse **SI** .. 49 M 15
S. Lorenzo (vicino a Camagnola) **CN** ...... 27 H 5
S. Lorenzo (vicino a Cuneo) **CN** .... 35 I 4
S. Lorenzo (vicino a Savigliano) **CN** .... 27 I 5
S. Lorenzo al Lago **MC** . 52 M 21
S. Lorenzo al Mare **IM** .. 35 K 5
S. Lorenzo **PN** .... 13 E 20
S. Lorenzo **UD** .... 17 E 22
S. Lorenzo Bellizzi **CS** .. 85 H 30
S. Lorenzo (Capo) **SU** .. 119 I 10
S. Lorenzo de' Picenardi **CR** ..... 30 G 12
S. Lorenzo del Vallo **CS** .. 85 H 30
S. Lorenzo di Rabatta **PG** .... 51 M 19
S. Lorenzo di Sebato / St. Lorenzen **BZ** .... 4 B 17
S. Lorenzo e Flaviano **RI** . 52 O 21
S. Lorenzo (Fattoria) **SR** . 107 Q 27
S. Lorenzo in Banale **TN** 11 D 14
S. Lorenzo in Campo **PS** .. 46 L 20
S. Lorenzo in Correggiano **RN** ... 41 J 19
S. Lorenzo in Noceto **FO** .. 40 J 18
S. Lorenzo Isontino **GO** .. 17 E 22
S. Lorenzo Maggiore **BN** . 65 S 25
S. Lorenzo Nuovo **VT** .. 50 N 17
S. Lorenzo Vecchio **SR** .. 107 Q 27
S. Luca **PG** .... 51 N 20
S. Luca **RC** .... 91 M 30
Sta Luce **PI** .... 43 L 13
Sta Luce (Lago di) **PI** ... 42 L 13
Sta Lucia **SU** .... 119 I 9
Sta Lucia **BA** .... 80 E 33
Sta Lucia **BN** .... 65 R 25
Sta Lucia **FI** .... 39 J 15
Sta Lucia **NU** .... 113 F 11
Sta Lucia **PG** .... 45 L 18
Sta Lucia **RI** .... 59 P 21
Sta Lucia **SI** .... 43 L 15
Sta Lucia (vicino a Battipaglia) **SA** .... 75 F 26
Sta Lucia (vicino a Cagliari) **CA** .... 118 J 8
Sta Lucia (vicino a Nocera) **AV** .... 75 E 26
Sta Lucia (Chiesa di) **AV** .. 71 E 27
Sta Lucia **CN** .... 34 I 3
Sta Lucia **MN** .... 31 G 15
Sta Lucia **SO** .... 2 C 13
Sta Lucia (Terme di) **RE** .. 38 I 12
Sta Lucia del Mela **ME** .. 90 M 27
Sta Lucia delle Spianate **RA** .... 40 J 17
Sta Lucia di Piave **TV** ... 13 E 18
Sta Lucia di Serino **AV** .. 70 E 26
Sta Lucia (Rio) **CA** ...... 118 J 8
S. Lucido **CS** .... 86 J 30
S. Lugano **BZ** .... 12 D 16
S. Lugano (Pale di) **BL** .. 12 D 17
S. Lugano (Val di) **BL** ... 12 D 17
S. Lupo **BN** .... 65 S 25
Santu Lussurgiu **OR** ... 115 H 8
Santu Lussurgiu (Località) **OR** .... 115 G 7
S. Macario in Piano **LU** .. 38 K 13
S. Macario (Isola) **CA** .. 121 J 9
Sta Maddalena in Casies / St. Magdalena **BZ** ..... 4 B 18
Sta Maddalena Vallalda / St. Magdalena **BZ** ..... 4 C 17
S. Magno **BA** .... 72 D 31
S. Mamete **CO** .... 9 D 9
S. Mango **SA** .... 75 G 27
S. Mango d'Aquino **CZ** .. 86 J 30
S. Mango Piemonte **SA** .. 75 E 26
S. Mango sul Calore **AV** .. 70 E 26
St. Marcel **AO** .... 19 E 4
S. Marcello **AN** .... 46 L 21
S. Marcello Pistoiese **PT** .. 39 J 14
S. Marco **ME** .... 101 M 27
S. Marco **AQ** .... 59 O 21
S. Marco **BA** .... 80 E 33
S. Marco **CT** .... 90 N 27
S. Marco **PG** .... 51 M 19
S. Marco **RA** .... 41 I 18
S. Marcovicino a Caserta **CE** .... 70 D 25
S. Marco (vicino a Castellabate) **SA** ..... 75 G 26
S. Marco (vicino a Teano) **CE** .... 69 D 24
S. Marco (vicino a Teggiano) **SA** .... 76 F 28
S. Marco **PD** .... 24 G 16
S. Marco Argentano **CS** . 85 I 30
S. Marco **UD** .... 14 D 21
S. Marco (Capo) **AG** ... 102 O 21
S. Marco (Capo) **OR** ... 114 H 7
S. Marco d'Alunzio **ME** . 100 M 26
S. Marco dei Cavoti **BN** . 70 D 26
S. Marco Evangelista **CE** .. 69 D 25
S. Marco in Lamis **FG** ... 67 B 28
S. Marco in Lamis (Stazione di) **FG** ...... 66 B 28
S. Marco la Catola **FG** .. 66 C 27
S. Marco (Passo) **BG** ..... 9 D 10
S. Marco (Rifugio) **BL** .... 4 C 18
Sta Margherita **CA** .... 121 K 8
Sta Margherita **AP** .... 52 M 22
Sta Margherita **FI** ...... 39 J 15
Sta Margherita **PR** ..... 30 H 12
Sta Margherita d'Adige **PD** .... 24 G 16
Sta Margherita di Belice **AG** .... 97 N 21
Sta Margherita di Staffora **PV** .... 29 H 9
Sta Margherita Ligure **GE** .... 37 J 9
Sta Maria **SU** .... 118 J 7
Sta Maria **CZ** .... 89 K 31
Sta Maria **ME** .... 100 M 26
Sta Maria (Isola) **SS** ... 109 D 10
Sta Maria de Siones **MO** .. 39 I 14
Sta Maria **TR** .... 58 O 19
Sta Maria (Canale) **FG** .. 66 C 27
Sta Maria (Monte) **CT** . 100 N 26
Sta Maria **PC** .... 29 H 10
Sta Maria **VR** .... 23 F 15
Sta Maria **VC** .... 7 E 6
Sta Maria a Belverde **SI** .. 50 N 17
Sta Maria (Giogo di) / Umbrail (Pass) **SO** .. 2 C 13
Sta Maria a Mare **AP** ... 53 M 23
Sta Maria a Mare **FG** ... 66 A 28
Sta Maria a Monte **PI** ... 43 K 14
Sta Maria a Pantano **CE** .... 69 E 24
Sta Maria a Pié di Chienti **MC** .... 53 M 22
Sta Maria a Vezzano **FI** .. 40 K 16
Sta Maria a Vico **CE** .... 70 D 25
Sta Maria al Bagno **LE** .. 83 G 35
Sta Maria alla Fonderia **BZ** ...... 2 C 14
Sta Maria Amaseno **FR** . 64 Q 22
Sta Maria Arabona **PE** .. 60 P 24
Sta Maria Capua Vetere **CE** ...... 69 D 24
Sta Maria Codifiume **BO** . 32 I 16
Sta Maria Coghinas **SS** .. 111 E 8
Sta Maria d'Anglona **MT** .. 78 G 31
Sta Maria d'Armi (Santuario) **CS** .... 85 H 31
Sta Maria d'Attoli **TA** ... 78 F 32
Sta Maria degli Angeli **PG** ...... 51 M 19
Sta Maria dei Bisognosi **AQ** .... 59 P 21
Sta Maria dei Lattani **CE** . 64 S 23
Sta Maria dei Martiri **SA** .. 76 G 28
Sta Maria dei Sabbioni **CR** ..... 22 G 11
Sta Maria del Bosco **PA** .. 97 N 21
Sta Maria del Bosco **VV** .. 88 L 30
Sta Maria del Calcinaio **AR** ..... 50 M 17
Sta Maria del Casale **BR** .. 81 F 35
Sta Maria del Cedro **CS** .. 84 H 29
Sta Maria del Lago (Moscufo) **PE** .... 60 O 24
Sta Maria del Monte **VA** .. 8 E 8
Sta Maria del Monte **CS** . 85 H 30
Sta Maria del Monte **RN** . 41 K 20
Sta Maria del Patire (Santuario) **CS** .... 85 I 31
Sta Maria del Plano **FR** . 64 R 23
Sta Maria del Rivo **PC** .. 29 H 11
Sta Maria del Taro **PR** .. 37 I 10
Sta Maria della Colonna (Convento) **BA** .... 72 D 31
Sta Maria della Consolazione **PG** .... 51 N 19
Sta Maria della Matina **CS** ...... 85 I 30
Sta Maria della Strada **CB** ...... 65 R 26
Sta Maria della Versa **PV** .... 29 H 9
Sta Maria delle Grazie di Forno **FO** ... 41 J 18
Sta Maria delle Grotte **AQ** ..... 59 P 22
Sta Maria delle Vertighe **AR** .... 50 M 17
Sta Maria di Antico **PS** .. 41 K 18
Sta Maria di Arzilla **PS** .. 46 K 20
Sta Maria di Barbana **GO** .... 17 E 22
Sta Maria di Bressanoro **CR** .... 22 G 11
Sta Maria di Castellabate **SA** ... 75 G 26
Sta Maria di Cerrate (Abbazia) **LE** .... 81 F 36
Sta Maria di Corte (Abbazia di) **NU** ..... 115 G 8
Sta Maria di Flumentepido **SU** ... 118 J 7
Sta Maria di Galeria **RM** .. 58 P 18
Sta Maria di Gesù **PA** ... 98 M 22
Sta Maria di Giano **BA** .. 72 D 31
Sta Maria di Legarano **RI** .... 58 O 20
Sta Maria di Leuca (Capo) **LE** ... 83 H 37
Sta Maria di Leuca (Santuario di) **LE** ..... 83 H 37
Sta Maria di Licodia **CT** .. 100 O 26
Sta Maria di Loreto **SA** .. 76 E 27
Sta Maria di Merino **FG** .. 67 B 30
Sta Maria di Pieca **MC** .. 52 M 21
Sta Maria di Portonovo **AN** ..... 47 L 22
Sta Maria di Propezzano **TE** .... 53 O 23
Sta Maria di Pugliano **FR** .... 63 Q 21
Sta Maria di Rambona **MC** ..... 52 M 21
Sta Maria di Ronzano **TE** . 59 O 23
Sta Maria di Sala **VE** .... 24 F 18
Sta Maria di Sala **VT** .... 57 O 17
Sta Maria di Sette **PG** .. 51 L 18
Sta Maria di Siponto **FG** .... 67 C 29
Sta Maria d'Irsi **MT** ..... 72 E 31
Sta Maria in Castello **FO** . 40 J 17
Sta Maria in Selva (Abbazia di) **MC** .... 52 M 22
Sta Maria in Stelle **VR** .. 23 F 15
Sta Maria in Valle Porclaneta **AQ** .... 59 P 22
Sta Maria in Vescovio **RI** ... 58 P 19
Sta Maria Infante **LT** .... 64 S 23
Sta Maria la Fossa **CE** .. 69 D 24
Sta Maria la Longa **UD** .. 17 E 21
Sta Maria la Palma **SS** . 110 F 6
Sta Maria Lignano **PG** .. 51 M 20
Sta Maria Maddalena **SS** ...... 111 E 8
Sta Maria Maddalena **RO** ...... 32 H 16
Sta Maria Maggiore **VB** .. 8 D 7
Sta Maria Navarrese **NU** .... 117 H 11
Sta Maria Nuova **AN** ... 46 L 21
Sta Maria Nuova **FO** ... 41 J 18
Sta Maria Occorrevole **CE** ...... 65 R 25
Sta Maria Orsoleo **PZ** .. 77 G 30
Sta Maria Pietrarossa **PG** . 51 N 20
Sta Maria Rassinata **AR** .. 45 L 18
Sta Maria Rezzonico **CO** .. 9 D 9
S. Mariano **PG** .... 51 M 18
Ste Marie **AQ** .... 59 P 21
Sta Marina **FO** .... 40 J 17
Sta Marina **SA** .... 76 G 28
Sta Marina Salina **ME** .. 94 L 26
Sta Marinella **RM** ...... 57 P 17
Sto Marino **MO** .... 31 H 14
S. Marino **TR** .... 51 N 18
San Marino (Repubblica di) **RSM** ... 41 K 19
S. Maroto **MC** .... 52 M 21
St. Martin / S. Martino **BZ** .... 4 B 18
St. Martin in Passeier / S. Martino in Passiria **BZ** . 3 B 15
St. Martin in Thurn / S. Martino in Badia **BZ** .. 4 B 17
S. Martino **BO** .... 40 I 17
S. Martino **LI** .... 48 N 12
S. Martino **PG** .... 45 L 19
S. Martino **RI** .... 59 O 22
S. Martino / Reinswald **BZ** . 3 B 16
S. Martino **BS** .... 22 E 13
S. Martino **CN** .... 26 H 4
S. Martino **NO** .... 20 F 8
S. Martino **PR** .... 30 H 13
S. Martino **SV** .... 36 I 7
S. Martino **SO** .... 9 D 10
S. Martino / St. Martin **BZ** .. 4 B 18
S. Martino (Pal di) **TN** .. 12 D 17
S. Martino a Maiano **FI** . 43 L 15
S. Martino a Scopeto **FI** .. 40 K 16
S. Martino al Cimino **VT** . 57 O 18
S. Martino al Monte **BZ** ... 3 C 14
S. Martino al Tagliamento **PN** ... 16 D 20
S. Martino Alfieri **AT** .... 27 H 6
S. Martino alla Palma **FI** .. 43 K 15
S. Martino Buon Albergo **VR** .... 23 F 15
S. Martino Canavese **TO** .. 19 F 5
S. Martino d'Agri **PZ** .... 77 G 30
S. Martino dall'Argine **MN** .... 30 G 13
S. Martino d'Alpago **BL** .. 13 D 19
S. Martino dei Muri **PS** .. 46 L 20
S. Martino del Piano **PS** .. 45 L 19
S. Martino della Battaglia **BS** .... 23 F 13
S. Martino delle Scale **PA** .... 97 M 21
S. Martino di Campagna **PN** .... 13 D 19
S. Martino di Castrozza **TN** ...... 12 D 17
S. Martino di Finita **CS** .. 85 I 30
S. Martino di Lupari **PD** .. 24 F 17
S. Martino di Venezze **RO** .... 32 G 17
S. Martino in Argine **BO** .. 32 I 16
S. Martino in Badia / St. Martin in Thurn **BZ** .. 4 B 17
S. Martino in Beliseto **CR** .... 22 G 11
S. Martino in Campo **PG** .... 51 M 19
S. Martino in Colle (vicino a Gubbio) **PG** .... 51 L 19
S. Martino in Colle (vicino a Perugia) **PG** .... 51 M 19
S. Martino in Freddana **LU** ...... 38 K 13
S. Martino in Gattara **RA** .. 40 J 17
S. Martino in Passiria / St. Martin in Passeier **BZ** .... 3 B 15
S. Martino in Pensilis **CB** .. 66 B 27
S. Martino in Rio **RE** .... 31 H 14
S. Martino in Soverzano **BO** ..... 32 I 16
S. Martino in Strada **FO** .. 41 J 18
S. Martino Monteneve **BZ** .... 3 B 15
S. Martino Pizzo **VB** ..... 7 D 6
S. Martino Siccomario **PV** .... 21 G 9
S. Martino Spino **MO** ... 31 H 15
S. Martino sul Fiora **GR** . 50 N 16
S. Martino Valle Caudina **AV** .... 70 D 25
S. Marzano di S. Giuseppe **TA** ...... 79 F 34
S. Marzano Oliveto **AT** . 28 H 6
S. Marzano sul Sarno **SA** . 70 E 25
S. Massimo **CB** .... 65 R 25
S. Matteo **CN** .... 34 I 4

S. Matteo FG 66 B 28
S. Matteo (Punta) SO 11 C 13
San Matteo della Decima BO 31 H 15
S. Matteo delle Chiaviche MN 31 G 13
S. Matteo in Lamis (S. Marco) FG 67 B 28
S. Maurizio Canavese TO 19 G 4
S. Maurizio d'Opaglio NO 20 E 7
S. Mauro NU 115 G 9
S. Mauro (Varco) CS 86 I 31
S. Mauro a Mare FO 41 J 19
S. Mauro Castelverde PA 99 N 24
S. Mauro Cilento SA 75 G 27
S. Mauro di Saline VR 23 F 15
S. Mauro Forte MT 77 F 30
S. Mauro la Bruca SA 76 G 27
S. Mauro Marchesato KR 87 J 32
S. Mauro (Monte) SU 119 I 9
S. Mauro Pascoli FO 41 J 19
S. Mauro Torinese TO 27 G 5
S. Mazzeo CZ 86 J 30
S. Menaio FG 67 B 29
S. Miai Terraseo (Monte) SU 118 J 7
S. Miali (Punta di) SU 118 I 8
S. Michele SU 118 I 8
S. Michele BS 23 E 14
S. Michele IM 35 K 4
S. Michele LT 63 R 20
S. Michele NA 75 F 25
S. Michele PS 46 L 20
S. Michele PC 29 H 11
S. Michele (Punta) SU 118 I 7
S. Michele RA 41 I 18
S. Michele RE 31 H 14
S. Michele SA 76 F 28
S. Michele (Abbazia) PZ 71 E 28
S. Michele (Monte) FI 44 L 16
S. Michele all'Adige TN 11 D 15
S. Michele al Tagliamento VE 16 E 20
S. Michele Arenas (Monte) SU 118 J 7
S. Michele dei Mucchietti MO 31 I 14
S. Michele di Ganzaria CT 104 P 25
S. Michele di Piave TV 25 E 19
S. Michele di Plaianu SS 110 E 7
S. Michele di Salvenero SS 111 F 8
S. Michele di Serino AV 70 E 26
S. Michele Gatti PR 30 H 12
S. Michele in Bosco MN 31 G 13
S. Michele in Teverina VT 57 O 18
S. Michele Mondovì CN 35 I 5
S. Michele (Monte) (Gorizia) GO 17 E 22
S. Michele Salentino BR 80 F 35
S. Miniato PI 43 K 14
Sta Monica RN 41 K 20
S. Morello CS 87 I 32
S. Nazario (Santuario) FG 66 B 28
S. Nazzaro PR 30 H 12
S. Nazzaro PC 30 G 11
S. Nazzaro Sesia NO 20 F 7
S. Nicola AQ 59 P 21
S. Nicola ME 100 M 26
S. Nicola PZ 72 E 29
S. Nicola SA 76 G 27
S. Nicola (vicino ad Ardore) RC 91 M 30
S. Nicola (vicino a Caulonia) RC 88 L 31
S. Nicola (Isola) (I. Tremiti) FG 66 A 28
S. Nicola Arcella CS 84 H 29
S. Nicola Baronia AV 71 D 27
S. Nicola da Crissa VV 88 L 30
S. Nicola dell'Alto KR 87 J 32
S. Nicola la Strada CE 69 D 25
S. Nicola l'Arena PA 98 M 22
S. Nicola Manfredi BN 70 D 26
S. Nicola (Monte) BA 80 E 33
S. Nicola (Monte) PA 102 O 22
S. Nicola Varano FG 67 B 29
St. Nicolas AO 18 E 3
S. Nicolò PC 29 G 10
S. Nicolò FE 32 H 17
S. Nicolò PG 51 N 20
S. Nicolò a Tordino TE 53 N 23
S. Nicolò / St. Nikolaus BZ 3 C 14
S. Nicolò d'Arcidano OR 118 H 7
S. Nicolò di Comelico BL 5 C 19
S. Nicolò di Trullas SS 115 F 8
S. Nicolò Gerrei SU 119 I 9
S. Nicolò Po MN 31 G 14
St. Nikolaus / S. Nicolò BZ 3 C 14
Sta Ninfa TP 97 N 20
S. Odorico UD 14 D 20
S. Olcese GE 28 I 8
Sta Oliva FR 64 R 22
S. Omero TE 53 N 23
S. Omobono Imagna BG 21 E 10
S. Onofrio CS 85 H 30
S. Onofrio LT 64 R 22
S. Onofrio TE 53 N 23
S. Oreste RM 58 P 19
S. Orsola TN 12 D 15
S. Osvaldo (Passo di) PN 13 D 19
St. Oyen AO 6 E 3
Sto Padre delle Perriere TP 96 N 19
Sta Panagia SR 105 P 27
Sta Panagia (Capo) SR 105 P 27
S. Pancrazio SS 109 D 9
S. Pancrazio AR 44 L 16
S. Pancrazio FI 43 L 15
S. Pancrazio PR 30 H 12
S. Pancrazio RA 41 I 18
S. Pancrazio Salentino BR 79 F 35
S. Pancrazio / St. Pankraz BZ 3 C 15
S. Panfilo d'Ocre AQ 59 P 22
St. Pankraz / S. Pancrazio BZ 3 C 15
S. Pantaleo SS 109 D 10
S. Pantaleo (Isola) TP 96 N 19
S. Pantaleone RC 90 N 29
Sta Paolina AV 70 D 26
S. Paolino (Monte) CL 103 O 23
S. Paolo SR 107 Q 27
S. Paolo SS 113 E 10
S. Paolo TA 80 F 33
S. Paolo (Isola) TA 78 F 33
S. Paolo (Masseria) TA 79 F 33
S. Paolo Albanese PZ 77 G 31
S. Paolo BS 22 F 12
S. Paolo Bel Sito NA 70 E 25
S. Paolo Cervo BI 19 F 6
S. Paolo di Civitate FG 66 B 27
S. Paolo di Jesi AN 46 L 21
S. Paolo PN 16 E 20
S. Paolo Solbrito AT 27 H 5
S. Pasquale SS 109 D 9
S. Paterniano AN 47 L 22
S. Patrizio RA 32 I 17
Santu Pedru (Tomba) SS 110 F 7
S. Pelino (Corfinio) AQ 60 P 23
S. Pelino (vicino ad Avezzano) AQ 59 P 22
S. Pelino (vicino a Montereale) AQ 59 O 21
S. Pellegrinetto MO 39 I 14
S. Pellegrino FI 40 J 16
S. Pellegrino PT 39 J 14
S. Pellegrino (vicino a Fossato di Vico) PG 51 M 20
S. Pellegrino (vicino a Norcia) PG 52 N 21
S. Pellegrino (Passo) TN 12 C 17
S. Pellegrino (Val di) TN 12 C 17
S. Pellegrino in Alpe MO 38 J 13
S. Pellegrino Terme BG 21 E 10
St. Peter / S. Pietro BZ 4 A 18
S. Pier d'Isonzo GO 17 E 22
S. Pier Niceto ME 90 M 28
S. Piero a Grado PI 42 K 13
S. Piero a Ponti FI 39 K 15
S. Piero a Sieve FI 40 K 15
S. Piero in Bagno FO 40 K 17
S. Piero in Campo LI 48 N 12
S. Piero in Campo SI 50 N 17
S. Piero Patti ME 100 M 26
St. Pierre AO 18 E 3
S. Pietro AQ 59 O 22
Sto Pietro CT 104 P 25
S. Pietro SU 118 I 8
S. Pietro ME 94 L 27
S. Pietro ME 95 M 27
S. Pietro NA 74 F 25
S. Pietro OR 114 G 7
S. Pietro PG 51 N 20
S. Pietro RI 58 O 20
S. Pietro VT 57 O 17
S. Pietro (Badia di) AN 47 L 22
S. Pietro (Lago di) AV 71 D 28
S. Pietro (Monte) SU 118 J 7
S. Pietro (Monte) SS 109 E 9
S. Pietro (Chiesa) LC 21 E 9
S. Pietro a Maida CZ 88 K 31
S. Pietro a Maida Scalo CZ 88 K 30
S. Pietro a Monte PG 51 L 18
S. Pietro VE 33 G 18
S. Pietro VR 23 G 15
S. Pietro / St. Peter BZ 4 A 18
S. Pietro (Canale di) UD 5 C 21
S. Pietro Acquaeortus TR 50 N 17
S. Pietro al Natisone UD 15 D 22
S. Pietro al Tanagro SA 76 F 28
S. Pietro all'Olmo MI 21 F 9
S. Pietro Apostolo CZ 86 J 31
S. Pietro Avellana IS 65 Q 24
S. Pietro Belvedere PI 43 L 13
S. Pietro Casasco PV 29 H 9
S. Pietro Clarenza CT 100 O 27
S. Pietro di Carida RC 88 L 30
S. Pietro di Carnia UD 5 C 21
S. Pietro di Feletto TV 13 E 18
S. Pietro di Morubio VR 23 G 15
S. Pietro di Ruda SS 109 E 9
S. Pietro di Simbranos SS 111 E 8
S. Pietro di Sorres SS 111 F 8
Ss. Pietro e Paolo ME 90 N 27
S. Pietro in Amantea CS 86 J 30
S. Pietro in Bevagna TA 79 G 35
S. Pietro in Campiano RA 41 J 18
S. Pietro in Cariano VR 23 F 14
S. Pietro in Casale BO 32 H 16
S. Pietro in Cerro PC 30 G 11
S. Pietro in Curolis FR 64 R 23
S. Pietro in Gu PD 24 F 16
S. Pietro in Guarano CS 86 I 30
S. Pietro in Lama LE 81 G 36
S. Pietro in Palazzi LI 48 M 13
S. Pietro in Silvis RA 40 I 17
S. Pietro in Valle IS 65 R 25
S. Pietro in Valle TR 58 O 20
S. Pietro in Vincoli RA 41 J 18
S. Pietro in Volta VE 25 G 18
S. Pietro Infine CE 64 R 23
S. Pietro (Isola) TA 78 F 33
S. Pietro (Isola di) SU 120 J 6
S. Pietro Mosezzo NO 20 F 7
S. Pietro Mussolino VI 23 F 15
S. Pietro Polesine RO 32 G 15
S. Pietro Valdastico VI 12 E 16
S. Pietro Vara SP 37 I 10
S. Pietro Vernotico BR 81 F 35
S. Pietro Viminario PD 24 G 17
S. Pio delle Camere AQ 59 P 22
S. Polo AR 45 L 17
S. Polo dei Cavalieri RM 58 P 20
S. Polo d'Enza RE 30 I 13
S. Polo di Piave TV 25 E 19
S. Polo in Chianti FI 44 K 16
S. Polo Matese CB 65 R 25
S. Possidonio MO 31 H 14
S. Potito AQ 59 P 22
S. Potito Sannitico CE 65 R 25
S. Presto PG 51 M 20
S. Priamo SU 119 I 10
S. Primo (Monte) CO 9 E 9
S. Prisco CE 69 D 24
S. Procopio RC 90 M 29
Sta Procula Maggiore RM 62 R 19
S. Prospero BO 39 I 15
S. Prospero PR 30 H 13
S. Protaso PC 30 H 11
S. Puoto (Lago) LT 64 S 22
San Quirico PO 39 J 15
S. Quirico GR 50 N 17
S. Quirico LU 38 K 13
S. Quirico PG 51 M 19
S. Quirico d'Orcia SI 50 M 16
S. Quirino PN 13 D 20
Sta Rania KR 87 J 32
S. Regolo SI 44 L 16
Sta Reparata FO 40 J 17
Sta Reparata SS 109 D 9
Sta Reparata (Chiesa) SS 111 F 9
Sta Restituta SS 115 F 9
Sta Restituta TR 58 O 19
Sta Rita CL 103 O 24
S. Roberto RC 90 M 29
S. Rocco CN 27 I 6
S. Rocco GE 37 I 9
S. Rocco LU 38 K 13
S. Rocco RE 31 H 13
S. Rocco SO 2 C 12
S. Rocco (Galleria) RI 59 P 21
S. Rocco a Pilli SI 50 M 15
S. Rocco al Porto LO 29 G 11
S. Romano PI 43 K 14
S. Romano RE 31 I 13
S. Romano in Garfagnana LU 38 J 13
S. Romedio TN 11 C 15
S. Romolo IM 35 K 5
Sta Rosalia AG 98 O 22
S. Rossore (Tenuta di) PI 42 K 12
Sta Rufina RI 58 O 20
S. Rufino (Abbazia di) AP 52 M 22
S. Rufo SA 76 F 28
S. Saba ME 90 M 28
Sta Sabina BR 80 E 35
Sta Sabina NU 115 G 8
S. Salvatore BS 10 D 13
S. Salvatore OR 114 H 7
S. Salvatore AV 70 E 26
S. Salvatore BA 72 D 30
S. Salvatore FG 67 B 29
S. Salvatore (Monte) PA 99 N 24
S. Salvatore (Badia) PG 51 M 19
S. Salvatore di Fitalia ME 100 M 26
S. Salvatore Monferrato AL 28 G 7
S. Salvatore Telesino BN 70 D 25
S. Salvo CH 61 P 26
S. Salvo Marina CH 61 P 26
S. Saturnino (Terme di) SS 115 F 9
S. Savino FO 40 J 17
S. Savino PG 51 M 18
S. Savino PS 46 L 20
S. Savino RA 40 I 17
S. Savino SI 50 M 17
Sta Scolastica (Subiaco) RM 63 Q 21
S. Sebastiano al Vesuvio NA 70 E 25
S. Sebastiano Curone AL 29 H 9
S. Sebastiano da Po TO 19 G 5
S. Secondo PG 45 L 18
S. Secondo di Pinerolo TO 26 H 3
S. Secondo Parmense PR 30 H 12
Sta Severa RM 57 P 17
Sta Severina KR 87 J 32
S. Severino Lucano PZ 77 G 30
S. Severino Marche MC 52 M 21
S. Severo FG 66 B 28
S. Severo TR 51 N 18
S. Silvestro PE 60 O 24
S. Silvestro (vicino a Fabriano) AN 52 M 20
S. Silvestro (vicino a Senigallia) AN 46 L 21
S. Silvestro MN 31 G 14
S. Silvestro (Rocca di) LI 49 M 13
S. Simone BG 9 D 11
S.Simone SU 119 I 9
S. Simone TA 80 F 33
S. Simone (Rio) SS 113 E 10
S. Siro CO 9 D 9
S. Siro PD 24 G 17
S. Siro Foce GE 37 I 10
S. Sisto PS 45 K 19
S. Sisto RE 30 H 13
Sta Sofia FO 40 K 17
Sta Sofia d'Epiro CS 85 I 30
S. Sosio FR 63 R 22
S. Sossio Baronia AV 71 D 27
S. Sostene CZ 88 L 31
S. Sosti CS 85 I 30
S. Sperate SU 118 I 9
Sto Spirito BA 73 D 32
Sto Spirito CL 103 O 24
Sto Spirito PE 60 P 24
Sto Stefano (Isola) SS 109 D 10
Sto Stefano AN 46 L 20
Sto Stefano AQ 59 P 21
Sto Stefano CB 65 R 25
Sto Stefano FI 43 L 14
Sto Stefano LI 48 M 11
Sto Stefano RA 41 J 18
Sto Stefano TE 53 O 22
Sto Stefano (Monte) LT 63 R 21
Sto Stefano al Mare IM 35 K 5
Sto Stefano RO 31 G 15
Sto Stefano VR 24 F 16
Sto Stefano Belbo CN 27 H 6
Sto Stefano d'Aveto GE 29 I 10
Sto Stefano del Sole AV 70 E 26
Sto Stefano di Briga ME 90 M 28
Sto Stefano di Cadore BL 5 C 19
Sto Stefano di Camastra ME 99 M 25
Sto Stefano di Magra SP 38 J 11
Sto Stefano di Sessanio AQ 59 O 22
Sto Stefano in Aspromonte RC 90 M 29
Sto Stefano Lodigiano LO 29 G 11
Sto Stefano Quisquina AG 98 O 22
Sto Stino di Livenza VE 16 E 20
S. Tammaro CE 69 D 24
Sta Tecla CT 101 O 27
S. Teodoro ME 100 N 26
S. Teodoro SS 113 E 11
S. Teodoro (Grotta di) ME 100 M 25
S. Teodoro (Stagno di) SS 113 E 11
S. Teodoro (Terme di) AV 71 E 27
S. Terenziano PG 51 N 19
S. Terenzo SP 38 J 11
Sta Teresa di Riva ME 90 N 28
Sta Teresa Gallura SS 109 D 9
Sto Todaro VV 88 L 31
S. Tomaso Agordino BL 12 C 17
S. Tommaso CH 60 P 25
S. Tommaso PE 60 P 23
SS. Trinità di Delia TP 97 N 20
SS. Trinità di Saccargia SS 111 E 8
S. Trovaso TV 25 F 18
S. Ubaldo Gubbio PG 45 L 19
St. Ulrich / Ortisei BZ 4 C 17
S. Urbano PD 32 G 16
S. Urbano MC 46 L 21
S. Urbano TR 58 O 19
Sta Valburga / St. Walburg BZ 3 C 15
St. Valentin a. d. Haide / S. Valentino alla Muta BZ 2 B 13
S. Valentino TN 23 E 14
S. Valentino GR 50 N 17
S. Valentino PG 51 N 19
S. Valentino TR 58 O 19
S. Valentino alla Muta / St. Valentin a. d. Haide BZ 2 B 13
S. Valentino in Abruzzo PE 60 P 24
S. Valentino Torio SA 70 E 25
St. Veit / S. Vito BZ 4 B 18
S. Venanzio MO 31 I 14
S. Venanzo TR 51 N 18
S. Vendemiano TV 13 E 19
Sta Venera CT 101 N 27
Sta Venere (Monte) SR 104 P 26
S. Venere (Ponte) FG 71 D 28
Sta Venerina CT 101 N 27
S. Vero Milis OR 114 G 7
S. Vicino (Monte) MC 52 M 21
St. Vigil / S. Vigilio BZ 3 C 15
St. Vigil / S. Vigilio di Marebbe BZ 4 B 17
S. Vigilio / St Vigil BZ 3 C 15
S. Vigilio di Marebbe / St. Vigil BZ 4 B 17
St. Vincent AO 19 E 4
S. Vincenzo BO 32 H 16
S. Vincenzo ME 95 K 27
S. Vincenzo FR 64 Q 22
S. Vincenzo LI 49 M 13
S. Vincenzo (Masseria) BA 72 D 30
S. Vincenzo a Torri FI 43 K 15
S. Vincenzo al Volturno IS 64 R 24
S. Vincenzo la Costa CS 86 I 30
S. Vincenzo Valle Roveto AQ 64 Q 22
S. Vincenzo Valle Roveto Superiore AQ 64 Q 22
S. Vitale (Pineta) RA 33 I 18
S. Vitale di Baganza PR 30 I 12
S. Vito SU 119 I 10
S. Vito (I. di Pantelleria) TP 96 Q 17
S. Vito AV 71 D 27
S. Vito BA 73 D 33
S. Vito BN 70 D 26
S. Vito LT 63 S 21
S. Vito MO 31 I 14
S. Vito TE 53 N 22
S. Vito TR 58 O 19
S. Vito (vicino a Bassano del G.) TV 24 E 17
S. Vito (vicino a Valdobbiadene) TV 12 E 17
S. Vito / St. Veit BZ 4 B 18
S. Vito al Tagliamento PN 16 E 20
S. Vito al Torre UD 17 E 22
S. Vito (Capo) TA 78 F 33
S. Vito (Capo) TP 97 M 20
S. Vito Chietino CH 61 P 25
S. Vito dei Normanni BR 80 F 35
S. Vito di Cadore BL 4 C 18
S. Vito di Fagagna UD 14 D 21
S. Vito di Leguzzano VI 24 E 16
S. Vito in Monte TR 51 N 18
S. Vito lo Capo TP 97 M 20
S. Vito (Monte) CL 99 O 23
S. Vito (Monte) FG 71 D 27
S. Vito Romano RM 63 Q 20
S. Vito sullo Ionio CZ 88 K 31
S. Vittore FO 41 J 18
S. Vittore MC 46 L 21
S. Vittore del Lazio FR 64 R 23
S. Vittore di Chiuse AN 46 L 20
S. Vittore Olona MI 20 F 8
S. Vittore VR 23 F 15
Sta Vittoria AQ 59 O 21
Sta Vittoria RE 31 H 13
Sta Vittoria SS 111 E 8
Sta Vittoria (Monteleone Sabino) RI 58 P 20
Sta Vittoria d'Alba CN 27 H 5
Sta Vittoria in Matenano AP 52 M 22
Sta Vittoria (Monte) SU 115 H 9
Sta Vittoria (Nuraghe) SU 119 H 9
S. Vittorino AQ 59 O 21
S. Vittorino PE 60 P 23
S. Vivaldo FI 43 L 14
St. Walburg / Sta Valburga BZ 3 C 15
S. Zaccaria PZ 72 E 29
S. Zeno di Montagna VR 23 F 14
S. Zeno Naviglio BS 22 F 12
S. Zenone al Lambro MI 21 G 10
S. Zenone al Po PV 29 G 10
S. Zenone degli Ezzelini TV 24 E 17
Sanarica LE 83 G 37
Sand in Taufers / Campo Tures BZ 4 B 17
Sandalo (Capo) SU 120 J 6
Sandjöchl / Santicolo (Passo di) BZ 3 B 16
Sandrà VR 23 F 14
Sandrigo VI 24 F 16
Sanfatucchio PG 51 M 18
Sanfré CN 27 H 5
Sanfront CN 26 I 3
Sangiano VA 8 E 7
Sangineto CS 84 I 29
Sangineto Lido CS 84 I 29
Sangone TO 27 G 4
Sangro AQ 64 Q 23
Sangro (Lago di) CH 60 Q 25
Sanguigna PR 30 H 13
Sanguignano PV 29 H 9
Sanguinaro PR 30 H 12
Sanguinetto VR 23 G 15
Sanluri SU 118 I 8
Sannace (Monte) BA 73 E 32
Sannazzaro de' Burgondi PV 28 G 8
Sannicandro di Bari BA 73 D 32
Sannicandro Garganico FG 66 B 28
Sannicola LE 83 G 36
Sannio (Monti del) CB 65 R 26
Sannoro FG 71 D 27
Sansepolcro AR 45 L 18
Santadi SU 118 J 8
Santadi Basso SU 118 J 8
Santandra TV 25 E 18

Santarcangelo di Romagna RN 41 J 19
Santena TO 27 H 5
Santeramo in Colle BA 73 E 32
Santerno FI 40 J 16
Santhià VC 19 F 6
Santicolo (Passo di) / Sandjöchl BZ 3 B 16
Santo SS 110 E 6
Santo (Col) TN 23 E 15
Santo (Lago) MO 39 J 13
Santo (Lago) TN 11 D 15
Santo (Monte) SU 121 J 8
Santo (Monte) SS 111 F 8
Santomenna SA 71 E 27
Santopadre FR 64 R 22
Santorso VI 24 E 16
Santoru (Porto) NU 119 I 10
Santuario SV 36 I 7
Sanza SA 76 G 28
Sanzeno TN 11 C 15
Saonara PD 24 F 17
Saonda PG 51 M 19
Saoseo (Cima) SO 10 C 12
Sapienza (Rifugio) CT 100 N 26
Saponara ME 90 M 28
Sappada UD 5 C 20
Sapri SA 76 G 28
Sara (Monte) AG 102 O 22
Saracco Volante CN 35 J 5
Saracena CS 85 H 30
Saraceni (Monte dei) ME 100 M 26
Saraceno CS 85 H 31
Saraceno (Monte) AG 103 P 23
Saraceno (Punta del) TP 97 M 20
Saracinesco RM 58 P 20
Saragiolo SI 50 N 16
Saraloi (Monte) NU 113 F 10
Sarbene (Genna) NU 117 G 10
Sarcedo VI 24 E 16
Sarche TN 11 D 14
Sarcidano SU 115 H 9
Sarconi PZ 77 G 29
Sardagna TN 11 D 15
Sardara SU 118 I 8
Sardigliano AL 28 H 8
Sarego VI 24 F 16
Sarentina (Valle) BZ 3 C 16
Sarentino / Sarnthein BZ 3 C 16
Sarezzano AL 28 H 8
Sarezzo BS 22 F 12
Sarginesco MN 23 G 13
Sariano RO 32 G 16
Sarmato PC 29 G 10
Sarmede TV 13 E 19
Sarmego VI 24 F 17
Sarmento PZ 77 G 31
Sarnano MC 52 M 21
Sarnico BG 22 E 11
Sarno SA 70 E 25
Sarno (Fiume) SA 75 E 25
Sarnonico TN 11 C 15
Sarone PN 13 E 19
Saronno VA 21 F 9
Sarrabus SU 119 I 9
Sarraina (Cala) SS 109 D 8
Sarre AO 18 E 3
Sarro CT 101 N 27
Sarroch CA 121 J 9
Sarsina FO 41 K 18
Sartano CS 85 I 30
Sarteano SI 50 N 17
Sartirana Lomellina PV 28 G 7
Sarturano PC 29 H 10
Sarule NU 115 G 9
Sarzana SP 38 J 11
Sarzano RO 32 G 17
Sassa PI 49 M 14
Sassalbo MS 38 J 12
Sassano SA 76 F 28
Sassari SS 110 E 7
Sassello SV 28 I 7
Sassetta LI 49 M 13
Sassi (Musone dei) PD 24 F 17
Sassinoro BN 65 R 25
Sasso PR 30 I 12
Sasso RM 57 P 18
Sasso VI 12 E 16
Sasso di Castalda PZ 76 F 29
Sasso d'Ombrone GR 50 N 15
Sasso Marconi BO 39 I 15
Sasso Morelli BO 40 I 17
Sassocorvaro PS 45 K 19
Sassofeltrio PS 41 K 19
Sassoferrato AN 46 L 20
Sassofortino GR 49 M 15
Sassoleone BO 40 J 16
Sassonero BO 40 J 16
Sassovivo (Abbazia di) PG 51 N 20
Sassu (Monte) SS 111 E 8
Sassuolo MO 31 I 14
Sataria TP 96 Q 17
Satriano CZ 88 L 31
Satriano di Lucania PZ 76 F 28
Saturnia GR 56 O 16
Sauris UD 5 C 20
Sauris (Lago di) UD 5 C 20
Sauro MT 77 F 30
Sauze di Cesana TO 26 H 2
Sauze d'Oulx TO 26 G 2
Sava TA 79 F 34
Sava (Masseria) BA 73 E 32
Savara AO 18 F 3
Savarenche (Val) AO 18 F 3
Savarna RA 33 I 18
Savelletri BR 80 E 34
Savelli KR 87 J 32
Savelli PG 52 N 21
Savena BO 40 J 15
Savi AT 27 H 5
Saviano NA 70 E 25
Savigliano CN 27 I 4
Savignano di Rigo FO 41 K 18
Savignano Irpino AV 71 D 27
Savignano sul Panaro MO 39 I 15
Savignano sul Rubicone FO 41 J 19
Savigno BO 39 I 15
Savignone GE 28 I 8
Savio RA 41 J 18
Savio (Fiume) FO 41 J 18
Savio (Foce del) RA 41 J 18
Saviore (Val di) BS 10 D 13
Saviore dell'Adamello BS 10 D 13
Savoca ME 90 N 28
Savogna UD 15 D 22
Savogna d'Isonzo GO 17 E 22
Savognatica RE 39 I 13
Savoia di Lucania PZ 76 F 28
Savona SV 36 J 7
Savoniero MO 39 I 13
Savorgnano AR 45 L 17
Savorgnano PN 16 E 20
Savorgnano UD 15 D 21
Savoulx TO 26 G 2
Savuto CS 86 J 30
Savuto (Fiume) CS 86 J 31
Scacciano RN 41 K 19
Scafa PE 60 P 24
Scafati SA 75 E 25
Scaglieri LI 48 N 12
Scagnello CN 35 J 5
Scai RI 59 O 21
Scala ME 90 M 28
Scala SA 75 F 25
Scala Coeli CS 87 I 32
Scala (Monte della) CT 104 P 25
Scala Ruia SS 111 E 8
Scalambri (Capo) RG 106 Q 25
Scaldasole PV 28 G 8
Scale (Corno alle) BO 39 J 14
Scalea CS 84 H 29
Scalea (Capo) CS 84 H 29
Scalenghe TO 27 H 4
Scalera PZ 71 E 29
Scaleres / Schalders BZ 4 B 16
Scaletta Uzzone CN 27 I 6
Scaletta Zanclea ME 90 M 28
Scalino (Pizzo) SO 10 D 11
Scalo dei Saraceni FG 67 C 29
Scalone (Passo dello) CS 86 I 29
Scaltenigo VE 25 F 18
Scalvaia SI 49 M 15
Scalve (Val di) BS 10 E 12
Scampitella AV 71 D 27
Scanaiol (Cima) TN 12 D 17
Scanarello RO 33 G 19
Scandale KR 87 J 32
Scandarello (Lago di) RI 59 O 21
Scandiano RE 31 I 14
Scandicci FI 43 K 15
Scandolara Ravara CR 30 G 12
Scandolara Ripa d'Oglio CR 22 G 12
Scandolaro PG 52 N 20
Scandriglia RI 58 P 20
Scannata (Portella) PA 98 N 22
Scanno AQ 64 Q 23
Scanno SA 75 F 27
Scanno (Lago di) AQ 64 Q 23
Scano di Montiferro OR 114 G 7
Scansano GR 50 N 16
Scanzano AQ 59 P 21
Scanzano Ionico MT 78 G 32
Scanzano (Lago dello) PA 98 N 22
Scanzorosciate BG 21 E 11
Scapezzano AN 46 K 21
Scapoli IS 64 R 24
Scaramia (Capo) RG 106 Q 25
Scarcelli CS 86 I 30
Scardovari RO 33 H 19
Scardovari (Sacca degli) RO 33 H 19
Scario SA 76 G 28
Scarlino GR 49 N 14
Scarlino Scalo GR 49 N 14
Scarmagno TO 19 F 5
Scarnafigi CN 27 H 4
Scarperia FI 40 K 16
Scarperia (Giogo di) FI 40 J 16
Scarzana FO 40 J 17
Scattas (Is) SU 120 J 8
Scauri LT 69 D 23
Scauri (I. di Pantelleria) TP 96 Q 17
Scavignano RA 40 J 17
Scavo (Portella dello) PA 99 N 23
Scena / Schenna BZ 3 B 15
Scerne TE 53 O 24
Scerni CH 61 P 25
Scesta LU 39 J 13
Schabs / Sciaves BZ 4 B 16
Schalders / Scaleres BZ 4 B 16
Scheggia PG 46 L 20
Scheggia (Valico di) AR 45 L 17
Scheggino PG 52 N 20
Schenna / Scena BZ 3 B 15
Schia PR 38 I 12
Schiara (Monte) BL 13 D 18
Schiava NA 70 E 25
Schiavi di Abruzzo CH 65 Q 25
Schiavon VI 24 E 16
Schievenin BL 12 E 17
Schignano PO 39 K 15
Schilpario BG 10 D 12
Schino della Croce (Monte) EN 100 N 25
Schio VI 24 E 16
Schisò (Capo) ME 90 N 27
Schivenoglia MN 31 H 15
Schlanders / Silandro BZ 2 C 14
Schlaneid / Salonetto BZ 3 C 15
Schluderbach / Carbonin BZ 4 C 18
Schluderns / Sluderno BZ 2 C 13
Schnals / Senales BZ 3 B 14
Schönau / Belprato BZ 3 B 15
Schwarzenstein / Nero (Sasso) BZ 4 A 17
Sciacca AG 102 O 21
Scianne (Masseria) LE 83 G 35
Sciara PA 99 N 23
Sciarborasca GE 36 I 7
Sciaves / Schabs BZ 4 B 16
Scicli RG 106 Q 26
Scido RC 90 M 29
Scifelli FR 64 Q 22
Sciglio CS 86 J 30
Sciliar (Monte) BZ 3 C 16
Scilla RC 90 M 29
Scillato PA 99 N 23
Sciolze TO 27 G 5
Sciorino (Monte) EN 103 O 24
Sclafani Bagni PA 99 N 23
Scoffera (Passo di) GE 29 I 9
Scoglietti (Punta) SS 110 E 6
Scoglitti RG 104 Q 25
Scoltenna MO 39 J 14
Scomunica (Punta della) SS 108 D 6
Scontrone AQ 64 Q 24
Scopello TP 97 M 20
Scopello VC 19 E 6
Scopetone (Foce di) AR 45 L 17
Scoppio TR 51 N 19
Scoppito AQ 59 O 21
Scorace (Monte) TP 97 N 20
Scorciavacche (Portella) PA 97 N 21
Scorda (Monte) RC 91 M 29
Scordia CT 104 P 26
Scorgiano SI 49 L 15
Scorno (Punta dello) SS 108 D 6
Scorrano LE 83 G 36
Scortichino FE 32 H 15
Scorzè VE 25 F 18
Scorzo SA 76 F 27
Scova (Monte sa) NU 115 H 9
Scravaion (Colle) SV 35 J 6
Scrisà RC 91 M 30
Scritto PG 51 M 19
Scrivia GE 28 I 9
Scudo (Porto) SU 120 K 8
Scurcola Marsicana AQ 59 P 22
Scurtabò SP 37 I 10
Scurzolengo AT 28 H 6
Sdobba (Punta) GO 17 E 22
Sdruzzina TN 23 E 14
Sebera (Punta) SU 121 J 8
Seborga IM 35 K 5
Seccagrande AG 102 O 21
Secchia RE 31 I 14
Secchia (Fiume) RE 39 I 13
Secchiano (vicino a Cagli) PS 46 L 19
Secchiano (vicino a S. Leo) PS 41 K 18
Secchiello RE 38 J 13
Secchieta (Monte) FI 44 K 16
Secinaro AQ 59 P 23
Secine (Monte) AQ 65 Q 24
Secondigliano NA 69 E 24
Secugnago LO 21 G 10
Seddanus SU 118 I 8
Sedegliano UD 16 D 20
Sedico BL 13 D 18
Sedilis UD 15 D 21
Sedilo OR 115 G 8
Sedini SS 111 E 8
Sedita (Monte) AG 102 O 22
Sedrano PN 13 D 20
Sedriano MI 20 F 8
Sedrina BG 21 E 10
Seduto (Monte) RC 88 L 30
Seekofel / Becco (Croda di) BL 4 B 18
Sefro MC 52 M 20
Sega VR 23 F 14
Segalare FE 33 H 18
Segariu SU 118 I 8
Segesta TP 97 N 20
Seggiano GR 50 N 16
Seghe VI 24 E 16
Segni RM 63 Q 21
Segno SV 36 J 7
Segonzano TN 11 D 15
Segrate MI 21 F 9
Segromigno in Monte LU 39 K 13
Segusino TV 12 E 17
Seigne (Col de la) AO 18 E 2
Seis / Siusi BZ 3 C 16
Seiser Alm / Siusi (Alpe di) BZ 4 C 16
Selargius CA 119 J 9
Selbagnone FO 41 J 18
Selci PG 45 L 18
Selci RI 58 P 19
Sele AV 71 E 27
Sele (Foce del) SA 75 F 26
Sele (Piana del) SA 75 F 26
Selegas SU 119 I 9
Selinunte TP 97 O 20
Sella TN 12 D 16
Sella di Corno AQ 59 O 21
Sella (Gruppo di) TN 4 C 17
Sella (Passo di) TN 4 C 17
Sella (Lago della) CN 34 J 3
Sella Nevea UD 15 C 22
Sellano PG 52 N 20
Sellate SI 49 M 14
Sellia CZ 87 K 31
Sellia Marina CZ 89 K 32
Selva BR 80 E 33
Selva GR 50 N 16
Selva PC 29 I 10
Selva TN 12 D 16
Selva (Bocca della) BN 65 R 25
Selva dei Molini / Mühlwald BZ 4 B 17
Selva dei Molini (Val) BZ 4 B 17
Selva del Montello TV 25 E 18
Selva di Cadore BL 4 C 18
Selva di Progno VR 23 F 15
Selva di Trissino VI 24 F 15
Selva di Val Gardena / Wolkenstein in Gröden BZ 4 C 17
Selva Grossa PR 30 I 12
Selva Malvezzi BO 32 I 16
Selvacava FR 64 R 23
Selvanizza PR 38 I 12
Selvapiana (Cona di) RM 63 R 21
Selvazzano Dentro PD 24 F 17
Selvena GR 50 N 16
Selvino BG 22 E 11
Semestene SS 115 F 8
Semiana PV 28 G 8
Seminara RC 90 L 29
Semonte PG 45 L 19
Sempio (Monte) SS 113 E 10
Sempione (Galleria del) VB 8 D 6
Semprevisa (Monte) RM 63 R 21
Semproniano GR 50 N 16
Senago MI 21 F 9
Senáiga TN 12 D 17
Senáiga (Lago di) BL 12 D 17
Senale / Unsere liebe Frau im Walde BZ 3 C 15
Senales / Schnals BZ 3 B 14
Senales (Val di) BZ 3 B 14
Senalonga (Punta di) SS 111 E 9
Seneghe OR 114 G 7
Senerchia AV 71 E 27
Senes (Monte) NU 113 F 10
Seniga BS 22 G 12
Senigallia AN 46 K 21
Senio RA 40 J 16
Senis OR 115 H 8
Senise PZ 77 G 30
Senna Lodigiana LO 29 G 10
Sennariolo OR 114 G 7
Sennori SS 110 E 7
Senora di Boccadirio BO 39 J 15
Senorbì SU 119 I 9
Sentino PG 46 L 20
Sepino CB 65 R 25
Seppio MC 52 M 21
Sequals PN 13 D 20
Serano (Monte) PG 52 N 20
Serapo LT 68 S 22
Seravezza LU 38 K 12
Serchio LU 38 J 12
Serdiana SU 119 I 9
Seregno MI 21 F 9
Seren del Grappa BL 12 E 17
Sergnano CR 21 F 11
Seriana (Valle) BG 10 E 11
Seriate BG 21 E 11
Serina BG 9 E 11
Serino AV 70 E 26
Serino (Monte) CS 87 I 32
Serio BG 10 D 11
Serio (Monte) BA 73 E 33
Serle BS 22 F 13
Sermenza VC 7 E 6
Sermide MN 32 G 15
Sermoneta LT 63 R 20
Sermugnano VT 57 O 18
Sernaglia della Battaglia TV 13 E 18
Sernio (Monte) UD 5 C 21
Serole AT 28 I 6
Serottini (Monte) SO 10 D 13
Serpeddi (Punta) SU 119 I 9
Serpentara (Isola) SU 119 J 10
Serra SS 110 F 7
Serra (Alpe di) AR 45 K 17
Serra d'Aiello CS 86 J 30
Serra de' Conti AN 46 L 21
Serra del Corvo (Lago di) BA 72 E 30
Serra della Stella BA 72 E 31
Serra di Croce MT 77 F 31
Serra di Sotto RN 41 K 19
Serra Ficaia (Murgia di) BA 72 E 31
Serra Marina (Masseria) MT 78 F 32
Serra (Monte) I. d'Elba LI 48 N 13
Serra (Monte) PG 51 M 19
Serra Orrios (Nuraghe) NU 117 F 10
Serra Ricco GE 28 I 8
Serra S. Abbondio PS 46 L 20
Serra S. Bruno VV 88 L 30
Serra S. Quirico AN 46 L 21
Serracapriola FG 66 B 27
Serrada TN 11 E 15
Serrada (Monte) LC 9 E 10
Serradarce SA 75 F 27
Serradica AN 52 M 20
Serradifalco CL 103 O 23
Serradipiro CS 86 J 31
Serraglio MN 31 G 14
Serraia (Lago di) TN 11 D 15
Serralta di S. Vito CZ 88 K 31
Serralunga SA 76 G 29
Serralunga d'Alba CN 27 I 6
Serralunga di Crea AL 28 G 6
Serramale (Monte) CS 84 H 29
Serramanna SU 118 I 8
Serramazzoni MO 39 I 14
Serramezzana SA 75 G 27
Serramonacesca PE 60 P 24
Serrano LE 83 G 37
Serranova BR 80 E 35
Serrapetrona MC 52 M 21
Serrastretta CZ 86 J 31
Serratore (Monte) CS 86 J 30
Serravalle AT 27 H 6
Serravalle AR 44 K 17
Serravalle FE 32 H 18
Serravalle PG 52 N 21
Serravalle RSM 41 K 19
Serravalle a Po MN 31 G 15
Serravalle all'Adige TN 23 E 15
Serravalle di Carda PS 45 L 19
Serravalle di Chienti MC 52 M 20
Serravalle Langhe CN 27 I 6
Serravalle Pistoiese PT 39 K 14
Serravalle Scrivia AL 28 H 8
Serravalle Sesia VC 20 E 6
Serrazzano PI 49 M 14
Serre CN 26 H 3
Serre PA 98 N 22
Serre SA 75 F 27
Serre (Passo di) FR 64 R 23
Serre di Rapolano SI 50 M 16
Serrenti SU 118 I 8
Serri SU 119 H 9
Serriola (Bocca) PG 45 L 19
Serristori (Rifugio) BZ 2 C 13
Serrone FR 63 Q 21
Serrungarina PS 46 K 20
Sersale CZ 87 J 32
Seruci (Nuraghe) SU 118 J 7
Serva (Monte) BL 13 D 18
Servedio (Masseria) BA 73 E 32
Servigliano AP 52 M 22
Servo BL 12 D 17
Sesi TP 96 Q 17
Sesia VC 7 E 6
Sesia (Cascata di) VC 7 E 5
Sesia (Val) VC 19 E 6
Sessa Aurunca CE 69 D 23
Sessa Cilento SA 75 G 27
Sessame AT 28 H 7
Sessano del Molise IS 65 R 25
Sesso RE 31 H 13
Sesta Godano SP 37 J 11
Sestino AR 45 K 18
Sesto / Sexten BZ 4 B 19
Sesto (Val di) / Sextental BZ 4 B 19
Sesto al Reghena PN 13 E 20
Sesto Calende VA 20 E 7
Sesto Campano IS 64 R 24
Sesto ed Uniti CR 22 G 11
Sesto Fiorentino FI 39 K 15
Sesto Imolese BO 40 I 17
Sesto S. Giovanni MI 21 F 9
Sestola MO 39 J 14
Sestri Levante GE 37 J 10
Sestri Ponente GE 36 I 8
Sestriere TO 26 H 2
Sestu CA 119 J 9
Sesvenna (Piz) BZ 2 B 13
Setta BO 39 I 15
Settala MI 21 F 10
Sette Comuni (Altopiano dei) VI 24 E 16
Sette Feudi CT 104 P 25
Sette Fratelli (Monte dei) SU 119 J 10
Sette Poste FG 67 C 29
Sette Selle (Cima di) TN 12 D 16
Sette Soldi (Monte) TP 97 N 20
Sette Vene VT 58 P 19
Settebagni RM 58 P 19
Settecamini RM 62 Q 19
Settefrati FR 64 Q 23
Settepani (Monte) SV 35 J 6
Settignano FI 44 K 15

Settignano *FR* .... 64 R 23
Settima *PC* .... 29 H 10
Settimana (Val) *PN* .... 13 D 19
Settime *AT* .... 27 G 6
Settimo *VR* .... 23 F 14
Settimo Milanese *MI*... 21 F 9
Settimo San Pietro *CA* . 119 J 9
Settimo Torinese *TO* ... 19 G 5
Settimo Vittone *TO* .... 19 F 5
Settingiano *CZ* .... 88 K 31
Setzu *SU* .... 118 H 8
Seui *CA* .... 115 H 9
Seulo *CA* .... 115 H 9
Seuni *CA* .... 119 I 9
Seveso *MI* .... 21 F 9
Seveso (Torrente) *CO* .. 21 E 9
Sevizzano *PC* .... 29 H 10
Sexten / Sesto *BZ* ...... 4 B 19
Sextental / Sesto
(Val di) *BZ* .... 4 B 19
Sezzadio *AL* .... 28 H 7
Sezze *LT* .... 63 R 21
Sfercia *MC* .... 52 M 21
Sferracavallo *PA* .... 97 M 21
Sferracavallo
(Capo) *NU* .... 119 H 11
Sferro *CT* .... 100 O 26
Sforzacosta *MC* .... 52 M 22
Sforzesca *GR* .... 50 N 17
Sforzesca *PV* .... 20 G 8
Sfruz *TN* .... 11 C 15
Sgolgore (Murgia) *BA* .. 73 E 32
Sgonico *TS* .... 17 E 23
Sgurgola *FR* .... 63 Q 21
Siamaggiore *OR* .... 114 H 7
Siamanna *OR* .... 115 H 8
Siano *SA* .... 70 E 26
Siapiccia *OR* .... 115 H 8
Siba *TP* .... 96 Q 17
Sibari *CS* .... 85 H 31
Sibari (Piana di) *CS* ... 85 H 31
Sibilla (Monte) *AP* ..... 52 N 21
Sibillini (Monti) *MC* .... 52 N 21
Sicaminò *ME* .... 90 M 27
Sicani (Monti) *AG* ...... 97 O 21
Sicignano
degli Alburni *SA* ..... 76 F 27
Sicili *SA* .... 76 G 28
Sicilia
(Parco Zoo di) *CT* ... 100 O 26
Siculiana *AG* .... 102 O 22
Siculiana Marina *AG* .. 102 O 22
Siddi *SU* .... 118 H 8
Siderno *RC* .... 91 M 30
Siderno Superiore *RC* .. 91 M 30
Sieci *FI* .... 44 K 16
Siena *SI* .... 50 M 16
Sierio (Monte) *PZ* ...... 76 F 28
Sieti *SA* .... 75 E 26
Sieve *FI* .... 40 K 16
Sigillo *PG* .... 51 M 20
Sigillo *RI* .... 59 O 21
Signa *FI* .... 43 K 15
Signora Pulita
(Monte) *BA* .... 80 E 34
Signoressa *TV* .... 25 E 18
Signorino *PT* .... 39 J 14
Sila Grande *CS* .... 86 I 31
Sila Greca *CS* .... 85 I 31
Sila Piccola *CZ* .... 87 J 31
Silana (Genna) *NU* .... 117 G 10
Silandro / Schlanders *BZ* .. 2 C 14
Silanus *NU* .... 115 G 8
Sile *PN* .... 13 E 20
Sile *TV* .... 25 F 18
Silea *TV* .... 25 F 18
Sili *OR* .... 114 H 7
Siligo *SS* .... 111 F 8
Siliqua *SU* .... 118 J 8
Silis *SS* .... 111 E 7
Silius *SU* .... 119 I 9
Silla *BO* .... 39 J 14
Silla *SA* .... 76 F 28
Sillano *LU* .... 38 J 12
Sillara (Monte) *MS* ..... 38 I 12
Sillara (Passo di) *PR* ... 38 I 12
Sillaro *BO* .... 40 J 16
Silvana Mansio *CS* ..... 86 J 31
Silvano d'Orba *AL* ...... 28 H 8
Silvano Pietra *PV* ...... 28 G 8
Silvi Marina *TE* .... 60 O 24
Silvi Paese *TE* .... 60 O 24
Silvignano *PG* .... 52 N 20
Simala *OR* .... 118 H 8
Simaxis *OR* .... 115 H 8
Simbario *VV* .... 88 L 31
Simbirizzi (Lago di) *CA* .. 119 J 9
Simbruini (Monti) *FR* .. 63 Q 21
Simeri *CZ* .... 89 K 31
Simeri-Crichi *CZ* .... 89 K 31
Simeto *CT* .... 100 N 26
Simeto (Foce di) *CT* ... 105 O 27
Similaun *BZ* .... 3 B 14
Simoncello *PS* .... 41 K 18
Sinagra *ME* .... 100 M 26
Sinalunga *SI* .... 50 M 17
Sinarca *CB* .... 61 Q 26
Sindacale *VE* .... 16 E 20
Sindia *NU* .... 115 G 7
Sinello *CH* .... 61 P 25
Sini *OR* .... 115 H 8
Sinio *CN* .... 27 I 6
Sinis *OR* .... 114 H 7
Siniscola *NU* .... 113 F 11
Siniscola (Rio de) *NU* .. 113 F 11
Sinnai *CA* .... 119 J 9
Sinni *PZ* .... 77 G 29
Sinopoli *RC* .... 90 M 29
Sinzias (Cala di) *SU* ... 119 J 10
Sipicciano *CE* .... 64 S 23
Sipicciano *VT* .... 57 O 18
Sipiu *SU* .... 119 I 9
Siracusa *SR* .... 105 P 27
Sirente (Monte) *AQ* .... 59 P 22
Sirino (Monte) *PZ* ...... 77 G 29
Siris *OR* .... 118 H 8
Sirmione *BS* .... 23 F 13
Sirolo *AN* .... 47 L 22
Siror *TN* .... 12 D 17
Sirri *SU* .... 118 J 7
Sises (Monte) *TO* ...... 26 H 2
Sisini *SU* .... 119 I 9
Sissa *PR* .... 30 H 12
Sistiana *TS* .... 17 E 22
Sisto *LT* .... 63 R 21
Sitigliano *MC* .... 52 M 21
Sitria (Badia di) *PG* .... 46 L 20
Sitzerri *OR* .... 118 I 7
Sitzzon *BL* .... 12 E 17
Siurgus-Donigala *SU* .. 119 I 9
Siusi allo Scialar /
Seis am Schlern *BZ* ... 3 C 16
Siusi (Alpe di) /
Seiser Alm *BZ* .... 4 C 16
Siziano *PV* .... 21 G 9
Slingia *BZ* .... 2 B 13
Slizza *UD* .... 15 C 22
Sluderno /
Schluderns *BZ* .... 2 C 13
Smeralda (Costa) *SS* .. 109 D 10
Smeraldo
(Grotta delle) *SA* ..... 75 F 25
Smerillo *AP* .... 52 M 22
Smirra *PS* .... 46 L 20
Soana *TO* .... 19 F 4
Soarza *PC* .... 30 G 12
Soave *MN* .... 23 G 14
Soave *VR* .... 23 F 15
Sobretta (Monte) *SO* ... 10 C 13
Socchieve *UD* .... 13 C 20
Soci *AR* .... 44 K 17
Sodano (Monte) *MT* ..... 77 G 31
Soddi *OR* .... 115 G 8
Soffi (Isola) *SS* .... 109 D 10
Sogliano
al Rubicone *FO* .... 41 J 18
Sogliano Cavour *LE* .... 83 G 36
Soglio *AT* .... 27 G 6
Soglio *CN* .... 26 I 3
Sola *BG* .... 21 F 11
Solagna *VI* .... 24 E 17
Solaio *SI* .... 49 M 14
Solanas (Cagliari) *CA* .. 119 J 10
Solanas (Oristano) *OR* ...114 H 7
Solanas (Rio) *CA* ...... 119 J 10
Solano *RC* .... 90 M 29
Solanto (Punta di) *TP* .. 97 M 20
Solara *MO* .... 31 H 15
Solarino *SR* .... 105 P 27
Solaro *MI* .... 21 F 9
Solaro (Monte) *NA* ..... 74 F 24
Solarolo *RA* .... 40 I 17
Solarussa *OR* .... 115 H 8
Solbiate Olona *VA* ...... 20 F 8
Solda / Sulden *BZ* ...... 2 C 13
Solda di Fuori /
Ausser Sulden *BZ* ..... 2 C 13
Sole (Monti del) *BL* .... 13 D 18
Sole (Vado di) *AQ* ...... 60 O 23
Sole (Val di) *TN* .... 11 C 14
Soleminis *SU* .... 119 I 9
Solere *CN* .... 27 I 4
Solero *AL* .... 28 H 7
Solesino *PD* .... 24 G 17
Soleto *LE* .... 83 G 36
Solfagnano *PG* .... 51 M 19
Solferino *MN* .... 23 F 13
Solicchiata *CT* .... 100 N 27
Soliera *MO* .... 31 H 14
Solighetto *TV* .... 13 E 18
Solignano *PR* .... 30 I 11
Solignano Nuovo *MO* .. 31 I 14
Soligo *TV* .... 13 E 18
Solofra *AV* .... 70 E 26
Sologno *RE* .... 38 I 13
Sologo *NU* .... 117 F 10
Solopaca *BN* .... 70 D 25
Solto Collina *BG* .... 22 E 12
Solunto *PA* .... 98 M 22
Somaggia *SO* .... 9 D 10
Somaglia *LO* .... 29 G 10
Somana *LC* .... 9 E 9
Somano *CN* .... 27 I 6
Sombreno *BG* .... 21 E 10
Sambucheto *MC* .... 47 L 22
Somma Lombardo *VA* .. 20 E 8
Somma (Monte) *NA* ..... 70 E 25
Somma (Valico del) *PG* .. 51 N 20
Somma Vesuviana *NA* .. 70 E 25
Sommacampagna *VR* .. 23 F 14
Sommariva
del Bosco *CN* .... 27 H 5
Sommariva Perno *CN* .. 27 H 5
Sommati *RI* .... 59 O 21
Sommatino *CL* .... 103 O 23
Sommeiller (Punta) *TO* .. 18 G 2
Sommo *PV* .... 29 G 9
Sommo (Monte) *BZ* ..... 4 B 17
Sommo (Passo di) *TN* .. 11 E 15
Sompdogna
(Sella di) *UD* .... 15 C 22
Sompiano *PS* .... 45 L 18
Somplago *UD* .... 14 C 21
Sona *VR* .... 23 F 14
Soncino *CR* .... 22 F 11
Sondalo *SO* .... 10 D 12
Sondrio *SO* .... 10 D 11
Sonico *BS* .... 10 D 13
Sonnino (Rifugio) *BL* .... 12 C 18
Sonnino *LT* .... 63 R 21
Soprabolzano /
Oberbozen *BZ* .... 3 C 16
Sopramonte *NU* .... 117 G 10
Sopramonte *TN* .... 11 D 15
Soprano (Monte) *CS* ... 78 G 31
Soprano (Monte) *SA* .... 75 F 27
Sora *FR* .... 64 Q 22
Soraga di Fassa *TN* ..... 12 C 16
Soragna *PR* .... 30 H 12
Sorano *GR* .... 50 N 17
Soratte (Monte) *RM* .... 58 P 19
Sorbara *MO* .... 31 H 15
Sorbo *AQ* .... 59 P 21
Sorbo S. Basile *CZ* ..... 87 J 31
Sorbolo *PR* .... 30 H 13
Sordevolo *BI* .... 19 F 5
Sordiglio *RE* .... 30 I 13
Sordillo (Monte) *CS* .... 87 I 31
Soresina *CR* .... 22 G 11
Sorga *VR* .... 23 G 14
Sorgono *NU* .... 115 G 9
Sori *GE* .... 37 I 9
Sorianello *VV* .... 88 L 30
Soriano Calabro *VV* .... 88 L 30
Soriano nel Cimino *VT* .. 57 O 18
Sorico *CO* .... 9 D 10
Soriso *NO* .... 20 E 7
Sorisole *BG* .... 21 E 10
Sormano *CO* .... 9 E 9
Soro (Monte) *ME* ..... 100 N 26
Sorradile *OR* .... 115 G 8
Sorrentina
(Penisola) *NA* .... 74 F 25
Sorrento *NA* .... 74 F 25
Sorrivoli *FO* .... 41 J 18
Sorso *SS* .... 110 E 7
Sorti *MC* .... 52 M 20
Sortino *SR* .... 105 P 27
Sospiro *CR* .... 30 G 12
Sospirolo *BL* .... 12 D 18
Sossano *VI* .... 24 F 16
Sostegno *BI* .... 20 F 6
Sostegno *PV* .... 29 G 10
Sottile (Punta)
(I. di Lampedusa) *AG* .. 102 U 19
Sottile (Punta)
(I. Favignana) *TP* ..... 96 N 18
Sotto di Troina *EN* .... 100 N 25
Sotto il Monte
Giovanni XXIII *BG* .... 21 E 10
Sottoguda *BL* .... 12 C 17
Sottomarina *VE* .... 25 G 18
Sottomonte *PN* .... 13 D 20
Sovana *GR* .... 57 O 16
Sover *TN* .... 12 D 15
Soverato *CZ* .... 89 K 31
Sovere *BG* .... 22 E 12
Sovereto *BA* .... 73 D 31
Soveria Mannelli *CZ* ... 86 J 31
Soveria Simeri *CZ* ..... 89 K 32
Soverzene *BL* .... 13 D 18
Sovicille *SI* .... 49 M 15
Sovico *MI* .... 21 F 9
Sovizzo *VI* .... 24 F 16
Sozzago *NO* .... 20 F 8
Spaccato (Colle) *CH* .... 60 P 24
Spada (Monte) *NU* ..... 115 G 9
Spadafora *ME* .... 90 M 28
Spadarolo *RN* .... 41 J 19
Spadillo (Punta) *TP* .... 96 Q 18
Spadola *VV* .... 88 L 31
Spagnoletti
(Masseria) *BA* .... 72 D 30
Spalavera (Monte) *VB* ... 8 D 7
Spalmatore
(Punta dello) *ME* ..... 92 K 21
Sparacia *AG* .... 99 O 23
Sparacollo *EN* .... 100 N 25
Sparagio (Monte) *TP* ... 97 M 20
Sparanise *CE* .... 69 D 24
Spargi (Isola) *SS* ..... 109 D 10
Sparone *TO* .... 19 F 4
Sparta *ME* .... 90 M 28
Spartivento (Capo) *SU* . 121 K 8
Spartivento (Capo) *RC* .. 91 N 30
Sparviere (Monte) *CS* .. 85 H 31
Sparviero
(Scoglio dello) *GR* ... 49 N 14
Sparvo *BO* .... 39 J 15
Spazzate Sassatelli *BO* .. 32 I 17
Specchia *LE* .... 83 H 36
Specchia (Torre) *LE* .... 81 G 37
Specchiolla *BR* .... 80 E 35
Speco (Convento lo) *TR* .. 58 O 19
Spello *PG* .... 51 N 20
Spelonga *AP* .... 52 N 21
Spergolaia *GR* .... 49 N 15
Sperlinga *EN* .... 99 N 25
Sperlinga (Bosco di) *EN* .. 99 N 24
Sperlonga *LT* .... 68 S 22
Sperone *TP* .... 97 M 20
Sperone (Capo) *SU* ... 120 K 7
Spert *BL* .... 13 D 19
Spessa *PV* .... 29 G 10
Spessa *UD* .... 15 D 22
Spessa *VI* .... 24 F 16
Spezia (Golfo della) *SP* .. 38 J 11
Speziale *BR* .... 80 E 34
Speziale (Monte) *TP* ... 97 M 20
Spezzano Albanese *CS* .. 85 H 30
Spezzano Albanese
Terme *CS* .... 85 H 30
Spezzano della Sila *CS* . 86 J 31
Spezzano Piccolo *CS* ... 86 J 31
Spiaggia di Rio Torto *RM* . 62 R 19
Spiaggia Scialmarino *FG* . 67 B 30
Spiazzi *BG* .... 10 E 11
Spiazzi *VR* .... 23 F 14
Spiazzo *TN* .... 11 D 14
Spigno Monferrato *AL* .. 28 I 7
Spigno (Monte) *FG* ..... 67 B 29
Spigno Saturnia *LT* .... 64 S 23
Spigno Saturnia
Superiore *LT* .... 64 S 23
Spigone *RE* .... 38 I 13
Spilamberto *MO* .... 31 I 15
Spilimbergo *PN* .... 14 D 20
Spilinga *VV* .... 88 L 29
Spina *FE* .... 33 H 18
Spina (Località) *PG* .... 51 N 18
Spina (Genna) *OR* ..... 115 H 8
Spina (Monte la) *PZ* .... 77 G 29
Spina Nuova *PG* .... 52 N 20
Spinacceto *RI* .... 58 O 20
Spinaceto *RM* .... 62 Q 19
Spinadesco *CR* .... 30 G 11
Spinale (Monte) *TN* .... 11 D 14
Spinazzola *BA* .... 72 E 30
Spindoli *MC* .... 52 M 20
Spinea *VE* .... 25 F 18
Spineda *CR* .... 30 G 13
Spinello *FO* .... 40 K 17
Spineta Nuova *SA* ..... 75 F 26
Spinete *CB* .... 65 R 25
Spinetoli *AP* .... 53 N 23
Spinetta *AL* .... 28 H 8
Spinetta *CN* .... 35 I 4
Spino d'Adda *CR* .... 21 F 10
Spino (Monte) *BS* ...... 23 E 13
Spino (Valico dello) *AR* ..45 K 17
Spinone al Lago *BG* .... 22 E 11
Spinoso *PZ* .... 77 G 29
Spirano *BG* .... 21 F 11
Spluga (Passo dello) /
Splügenpass *SO* ...... 9 C 9
Spoleto *PG* .... 51 N 20
Spoltore *PE* .... 60 O 24
Spondigna /
Spondinig *BZ* .... 2 C 13
Spondinig /
Spondigna *BZ* .... 2 C 13
Spongano *LE* .... 83 G 37
Spormaggiore *TN* ...... 11 D 15
Sporminore *TN* .... 11 D 15
Spotorno *SV* .... 36 J 7
Spresiano *TV* .... 25 E 18
Spriana *SO* .... 10 D 11
Spropolo *RC* .... 91 N 30
Spugna (Passo di) *PS* .. 45 K 18
Spulico (Capo) *CS* ...... 85 H 31
Squaneto *AL* .... 28 I 7
Squaranto *VR* .... 23 F 15
Squarzanella *MN* ...... 31 G 13
Squillace *CZ* .... 89 K 31
Squillace (Golfo di) *CZ* .. 89 K 32
Squinzano *LE* .... 81 F 36
St. Christophe *AO* ...... 18 E 4
St. Gertraud /
Sta Gertrude *BZ* ...... 3 C 14
St. Jakob / S. Giacomo
vicino a Bolzano *BZ* ... 3 C 15
St. Jakob / S. Giacomo
vicino a Vipiteno *BZ* .. 4 B 16
St. Joseph am See/
S.Giuseppe al lago *BZ* . 11 C 15
St. Katharina / Sta Catrina
vicino a Merano *BZ* ... 3 C 15
St. Rhémy-en-Bosses *AO* . 6 E 3
Stabiae *NA* .... 75 E 25
Stabiziane *BL* .... 4 C 18
Stacciola *PS* .... 46 K 21
Staffarda
(Abbazia di) *CN* ...... 26 H 4
Staffoli *PI* .... 43 K 14
Staffolo *AN* .... 46 L 21
Staffolo *VE* .... 16 F 20
Staffora *PV* .... 29 H 9
Staggia *SI* .... 43 L 15
Stagnali *SS* .... 109 D 10
Stagnataro (Cozzo) *AG* .. 98 O 22
Stagno *PR* .... 30 G 12
Stagno *LI* .... 42 L 13
Stagno Lombardo *CR* .. 30 G 12
Stagnone
(Isole dello) *TP* ...... 96 N 19
Staiti *RC* .... 91 M 30
Staletti *CZ* .... 89 K 31
Staletti (Punta di) *CZ* .. 89 K 31
Stallavena *VR* .... 23 F 14
Stalle (Passo) /
Stallersattel *BZ* .... 4 B 18
Stallersattel /
Stalle (Passo) *BZ* ..... 4 B 18
Stanghella *PD* .... 32 G 17
Staranzano *GO* .... 17 E 22
Starleggia *SO* .... 9 C 9
Starlex (Piz) *BZ* .... 2 C 13
Stasulli (Masseria) *BA* .. 73 E 31
Statte *TA* .... 78 F 33
Staulanza (Forcella) *BL* .. 13 C 18
Stava *TN* .... 12 D 16
Stavel *TN* .... 11 D 13
Stazione
di Roccastrada *GR* ... 49 N 15
Stazzano *AL* .... 28 H 8
Stazzano *RM* .... 58 P 20
Stazzema *LU* .... 38 K 12
Stazzo *CT* .... 101 O 27
Stazzona *CO* .... 9 D 9
Stazzona *SO* .... 10 D 12
Steccato *KR* .... 89 K 32
Stefanaconi *VV* .... 88 K 30
Steinegg /
Collepietra *BZ* .... 3 C 16
Steinhaus / Cadipietra *BZ* . 4 B 17
Steinkarspitz /
Antola (Monte) *BL* .... 5 C 20
Stella *AP* .... 53 N 23
Stella *MO* .... 39 I 14
Stella (Monte della) *SA* ...75 G 27
Stella Cilento *SA* .... 75 G 27
Stella *SV* .... 36 I 7
Stella *UD* .... 16 E 21
Stella (Pizzo) *SO* .... 9 C 10
Stella (Torrente) *PT* .... 39 K 14
Stellata *FE* .... 32 H 16
Stelle delle
Sute (Monte) *TN* ..... 12 D 16
Stellone *TO* .... 27 H 4
Stelvio / Stilfs *BZ* ...... 2 C 13
Stelvio (Parco
Nazionale dello) *BZ* ... 2 C 13
Stelvio (Passo dello) /
Stilfserjoch *SO* .... 2 C 13
Stenico *TN* .... 11 D 14
Stephanago *PV* .... 29 H 9
Stern / La Villa *BZ* ...... 4 C 17
Sternai (Cima) *BZ* .... 2 C 14
Sternatia *LE* .... 83 G 36
Sterza *PI* .... 49 M 14
Sterzing / Vipiteno *BZ* .. 3 B 16
Stezzano *BG* .... 21 F 10
Stia *AR* .... 40 K 17
Sticciano *GR* .... 49 N 15
Stienta *RO* .... 32 H 16
Stigliano *MT* .... 77 F 30
Stignano *RC* .... 88 L 31
Stilfs / Stelvio *BZ* .... 2 C 13
Stilfserjoch / Stelvio
(Passo dello) *SO* ...... 2 C 13
Stilla (Masseria) *FG* .... 66 C 27
Stilo *RC* .... 88 L 31
Stilo (Punta) *RC* .... 89 L 31
Stimigliano *RI* .... 58 P 19
Stimpato (Masseria) *CT* .. 104 O 26
Stintino *SS* .... 108 E 6
Stio *SA* .... 76 G 27
Stipes *RI* .... 58 P 20
Stirone *PR* .... 30 H 11
Stivo (Monte) *TN* ...... 11 E 14
Stolvizza *UD* .... 15 C 22
Stoner *VI* .... 12 E 17
Stornara *FG* .... 71 D 29
Stornarella *FG* .... 71 D 29
Storo *TN* .... 23 E 13
Strà *VE* .... 24 F 18
Straciugo
(Monte) *VB* .... 7 D 6
Strada *MC* .... 46 L 21
Strada Casale (La) *RA* .. 40 J 17
Strada in Chianti *FI* .... 44 L 15
Strada S. Zeno *FO* ..... 40 J 17
Stradella *PV* .... 29 G 9
Stradella vicino a
Borgo Val di T. *PR* .... 29 I 11
Stradella
vicino a Parma *PR* ... 30 H 12
Stradola *AV* .... 71 D 27
Strambino *TO* .... 19 F 5
Strangolagalli *FR* ...... 64 R 22
Strano *RC* .... 88 L 31
Strasatti *TP* .... 96 N 19
Strassoldo *UD* .... 17 E 21
Straulas *SS* .... 113 E 10
Stregna *UD* .... 15 D 22
Stresa *VB* .... 8 E 7
Stretti *VE* .... 16 F 20
Strettoia *LU* .... 38 K 12
Strettura *PG* .... 58 O 20
Strevi *AL* .... 28 H 7
Striano *NA* .... 70 E 25
Stribugliano *GR* .... 50 N 16
Strigno *TN* .... 12 D 16
Strognano *PR* .... 30 I 12
Stromboli (Isola) *ME* ... 95 K 27
Strombolicchio
(Isola) *ME* .... 95 K 27
Strona *BI* .... 19 F 6
Strona (Torrente) *VA* ... 20 E 8
Strona (Torrente) *VB* .... 8 E 7
Stroncone *TR* .... 58 O 20
Strongoli *KR* .... 87 J 33
Stroppiana *VC* .... 20 G 7
Stroppo *CN* .... 26 I 3
Strove *SI* .... 43 L 15
Strovina *SU* .... 118 I 8
Strozzacapponi *PG* .... 51 M 18
Struda *LE* .... 81 G 36
Stuetta *SO* .... 9 C 10
Stuffione *MO* .... 31 H 15
Stupinigi *TO* .... 27 G 4
Stupizza *UD* .... 15 D 22
Stura (vicino a
Murisengo) *AL* .... 28 G 6
Stura (vicino
ad Ovada) *GE* .... 28 I 8

Stura (Valle) CN 34 J 3
Stura di Ala TO 18 G 3
Stura di Demonte CN 34 I 2
Stura di Lanzo TO 19 G 4
Stura di Val Grande TO 18 F 3
Stura di Viù TO 18 G 3
Sturno AV 71 D 27
Su Canale SS 113 E 10
Suardi PV 28 G 8
Subasio (Monte) PG 51 M 20
Subbiano AR 45 L 17
Subiaco RM 63 Q 21
Subit UD 15 D 22
Succiano AQ 59 P 22
Succiso RE 38 I 12
Succiso (Alpe di) RE 38 J 12
Sud (Costa del) SU 121 K 8
Sueglio LC 9 D 9
Suelli SU 119 I 9
Sugana (Val) TN 12 D 16
Sugano TR 51 N 18
Sughera FI 43 L 14
Suisio BG 21 F 10
Sulau OR 115 H 9
Sulcis SU 118 J 7
Sulden / Solda BZ 2 C 13
Sulmona AQ 60 P 23
Sulpiano TO 19 G 6
Sulzano BS 22 E 12
Sumbraida (Monte) SO 2 C 13
Summaga VE 16 E 20
Suni OR 114 G 7
Suno NO 20 F 7
Superga TO 27 G 5
Supersano LE 83 G 36
Supino FR 63 R 21
Surano LE 83 G 37
Surbo LE 81 F 36
Suretta (Pizzo) SO 9 C 10
Surier AO 18 F 3
Susa TO 18 G 3
Susa (Valle di) TO 18 G 2
Susano MN 23 G 14
Susegana TV 13 E 18
Sustinente MN 31 G 15
Sutera CL 103 O 23
Sutri VT 57 P 18
Sutrio UD 5 C 20
Suvaro (Monte) KR 87 I 32
Suvereto LI 49 M 14
Suvero SP 38 J 11
Suvero (Capo) CZ 88 K 30
Suviana BO 39 J 15
Suviana (Lago di) BO 39 J 15
Suzza (Monte) AG 102 O 22
Suzzara MN 31 H 14
Suzzi PC 29 I 9
Swölferkofel / Toni (Croda di) BL 4 C 19
Sybaris CS 85 H 31
Sybaris Marine CS 85 H 31

T

Tabaccaro TP 96 N 19
Tabellano MN 31 G 14
Tabiano PR 30 H 12
Tabiano Bagni PR 30 H 12
Tablà / Tabland BZ 3 C 14
Taburno (Monte) BN 70 D 25
Taccone MT 72 E 30
Taceno LC 9 D 10
Tacina KR 87 J 32
Tadasuni OR 115 G 8
Tafuri (Masseria) TA 73 E 32
Taggia IM 35 K 5
Tagliacozzo AQ 59 P 21
Tagliaferro (Monte) VC 7 E 5
Tagliamento UD 13 C 19
Tagliamento (Foce del) VE 16 F 21
Tagliata MO 39 I 14
Tagliata RE 31 H 14
Tagliata (Monte La) PR 30 I 11
Taglio Corelli RA 32 I 18
Taglio della Falce FE 33 H 18
Taglio di Po RO 33 G 18
Tagliolo Monferrato AL 28 I 8
Tai di Cadore BL 13 C 19
Taibon Agordino BL 12 D 18
Taiet (Monte) PN 14 D 20
Taino VA 20 E 7
Taio TN 11 D 15
Taipana UD 15 D 22
Taisten / Tesido BZ 4 B 18
Talamello PS 41 K 18
Talamona SO 9 D 10
Talamone GR 55 O 15
Talana NU 117 G 10
Talarico CN 34 J 2
Talbignano MO 39 I 14
Taleggio BG 9 E 10
Talla AR 44 L 17
Tallacano AP 52 N 22
Talmassons UD 16 E 21
Talocci RI 58 P 20
Taloro NU 115 G 9
Talsano TA 79 F 33
Talucco TO 26 H 3
Talvacchia AP 53 N 22
Talvera BZ 3 B 16
Tamai PN 13 E 19
Tamara FE 32 H 17
Tambo (Pizzo) SO 9 C 9
Tambre BL 13 D 19
Tambulano (Pizzo) ME 100 N 25
Tambura (Monte) LU 38 J 12
Tamburello (Bivio) AG 102 O 21
Tamburino FI 40 K 16
Tamer (Monte) BL 13 D 18
Tammaro CB 65 R 25
Tanabuto (Portella) AG 98 O 22
Tanagro SA 76 F 28
Tanai / Thanai BZ 2 B 14
Tanamea (Passo di) UD 15 D 22
Tanaro CN 35 J 5
Tanas / Tannas BZ 2 C 14
Tanaunella SS 113 E 11
Tanca (Sa) CA 119 J 9
Tanca Marchese OR 118 H 7
Taneto RE 30 H 13
Tanga (Masseria) AV 71 D 27
Tangi TP 97 N 20
Tannas / Tanas BZ 2 C 14
Tannure (Punta) TP 97 M 20
Taormina ME 90 N 27
Taormina (Capo) ME 90 N 27
Tappino CB 65 R 26
Taramelli (Rifugio) TN 12 C 17
Tarano RI 58 O 19
Taranta Peligna CH 60 P 24
Tarantasca CN 27 I 4
Taranto TA 80 F 33
Taranto (Golfo di) TA 79 G 33
Tarcento UD 15 D 21
Tarderia CT 100 O 27
Tarino (Monte) FR 63 Q 21
Tarmassia VR 23 G 15
Tarnello BZ 2 C 14
Taro PR 29 I 10
Tarquinia VT 57 P 17
Tarres BZ 3 C 14
Tarsia CS 85 I 30
Tarsia (Lago di) CS 85 I 30
Tarsogno PR 37 I 10
Tartano SO 9 D 11
Tartano (Passo di) SO 9 D 11
Tartaro VR 23 G 14
Tarugo PS 46 L 20
Tarvisio UD 15 C 22
Tarvisio (Foresta di) UD 15 C 22
Tarzo TV 13 E 18
Tassara PC 29 H 10
Tassarolo AL 28 H 8
Tassei BL 13 D 18
Tassu (Serra di lu) SS 109 D 9
Tatti GR 49 M 15
Taufers im Münstertal / Tubre BZ 2 C 13
Taurasi AV 70 D 26
Taureana RC 88 L 29
Tauri (Passo dei) / Krimmlertauern BZ 4 A 18
Tauriano PN 14 D 20
Taurianova RC 88 L 30
Taurine (Terme) RM 57 P 17
Taurisano LE 83 H 36
Tauro (Monte) SR 105 P 27
Tavagnacco UD 15 D 21
Tavarnelle Val di Pesa FI 43 L 15
Tavarnuzze FI 43 K 15
Tavarone SP 37 J 10
Tavazzano con Villavesco LO 21 G 10
Tavenna CB 65 Q 26
Taverna RN 41 K 19
Taverna CZ 87 J 31
Taverna FR 64 R 23
Taverna Nuova (Masseria) BA 72 E 30
Taverna (Pizzo) ME 99 N 24
Tavernacce PG 51 M 19
Tavernazza FG 71 C 28
Taverne MC 52 M 20
Taverne d'Arbia SI 50 M 16
Tavernelle MS 38 J 12
Tavernelle PG 51 M 18
Tavernelle PS 46 K 20
Tavernelle SI 50 M 16
Tavernelle VI 24 F 16
Tavernelle d'Emilia BO 31 I 15
Tavernerio CO 21 E 9
Tavernette TO 26 H 4
Tavernola FG 67 C 29
Tavernola Bergamasca BG 22 E 12
Tavernole CE 64 R 24
Tavernole sul Mella BS 22 E 12
Taverone MS 38 J 12
Taviano LE 83 H 36
Tavo PE 60 O 23
Tavolara (Isola) SS 113 E 11
Tavole Palatine MT 78 F 32
Tavoleto PS 41 K 19
Tavolicci FO 41 K 18
Tavullia PS 41 K 20
Teana PZ 77 G 30
Teano CE 69 D 24
Tebaldi VR 23 F 15
Tebano RA 40 J 17
Tecchia Rossa MS 38 I 11
Teggiano SA 76 F 28
Téglia (Monte) AP 52 N 22
Teglio SO 10 D 12
Teglio Veneto VE 16 E 20
Teia (Punta della) LI 48 M 11
Telegrafo (il) GR 55 O 15
Telegrafo (Pizzo) AG 97 O 21
Telese BN 70 D 25
Telesia BN 70 D 25
Telessio (Lago di) TO 18 F 4
Telgate BG 22 F 11
Tellaro SP 38 J 11
Tellaro SR 105 Q 26
Tellaro (Villa Romana del) SR 105 Q 27
Telti SS 112 E 10
Telti (Monte) SS 113 E 10
Telve TN 12 D 16
Temo SS 110 F 7
Tempio Pausania SS 111 E 9
Templi (Valle dei) AG 103 P 22
Tempone SA 76 G 28
Temù BS 10 D 13
Tenaglie TR 58 O 18
Tenda (Colle di) CN 35 J 4
Tendola MS 38 J 12
Tenna AP 52 N 21
Tenna TN 11 D 15
Tenno TN 11 E 14
Tenno (Lago di) TN 11 E 14
Teodorano FO 41 J 18
Teodulo (Colle di) AO 7 E 5
Teolo PD 24 F 17
Teor UD 16 E 21
Teora AV 71 E 27
Teora AQ 59 O 21
Teppia LT 63 R 20
Teramo TE 53 N 23
Terdobbiate NO 20 F 8
Terdoppio NO 20 F 7
Terdoppio PV 20 G 8
Tereglio LU 39 J 13
Terelle FR 64 R 23
Terenten / Terento BZ 4 B 17
Terento / Terenten BZ 4 B 17
Terenzo PR 30 I 12
Tergola PD 24 F 17
Tergu SS 111 E 8
Terlago TN 11 D 15
Terlan / Terlano BZ 3 C 15
Terlano / Terlan BZ 3 C 15
Terlato (Villa) RG 104 Q 25
Terlizzi BA 73 D 31
Terme di Bagnolo GR 49 M 14
Terme di Brennero / Brennerbad BZ 3 B 16
Terme di Cotilia RI 59 O 21
Terme di Firenze FI 43 K 15
Terme di Fontecchio PG 45 L 18
Terme di Miradolo PV 21 G 10
Terme di Salvarola MO 31 I 14
Terme di S. Calogero ME 94 L 26
Terme di Sardara SU 118 I 8
Terme di Saturnia GR 56 O 16
Terme di Suio LT 64 S 23
Terme di Valdieri CN 34 J 3
Terme Luigiane CS 85 I 29
Terme Pompeo FR 63 Q 21
Terme Vigliatore ME 101 M 27
Termeno s. str. d. vino / Tramin BZ 11 C 15
Termina PR 30 I 13
Termine AQ 59 O 21
Termine Grosso KR 87 J 32
Termine (Passo di) PG 52 M 20
Termini NA 74 F 25
Termini Imerese PA 98 N 23
Termini Imerese (Golfo di) PA 99 M 23
Terminillo RI 58 O 20
Terminillo (Monte) RI 59 O 20
Terminio (Monte) AV 70 E 26
Termoli CB 61 P 26
Ternavasso TO 27 H 5
Terni TR 58 O 19
Terno d'Isola BG 21 E 10
Terontola AR 51 M 18
Terra del Sole FO 40 J 17
Terra (Pizzo) VB 7 D 6
Terracina LT 63 S 21
Terracino RI 52 N 21
Terradura SA 76 G 27
Terragnolo TN 11 E 15
Terralba OR 118 H 7
Terralba (Monte) NU 115 H 10
Terrana (Poggio) CT 104 P 25
Terranera AQ 59 P 22
Terranova AL 20 G 7
Terranova da Sibari CS 85 I 31
Terranova dei Passerini LO 21 G 10
Terranova di Pollino PZ 85 H 30
Terranova Sappo Minulio RC 91 M 30
Terranuova Bracciolini AR 44 L 16
Terrarossa GE 37 I 10
Terrasini PA 97 M 21
Terrati CS 86 J 30
Terrauzza SR 105 P 27
Terravecchia CS 87 I 32
Terrazzo VR 24 G 16
Terrenove TP 96 N 19
Terreti RC 90 M 29
Terria RI 58 O 20
Terriccio PI 43 L 13
Terricciola PI 43 L 14
Tersadia (Monte) UD 5 C 21
Tersiva (Punta) AO 19 F 4
Tertenia NU 119 H 10
Tertiveri FG 66 C 27
Terza Grande (Monte) BL 5 C 19
Terzigno NA 70 E 25
Terzo d'Aquileia UD 17 E 22
Terzo S. Severo PG 51 N 19
Terzone S. Pietro RI 59 O 21
Tesa BL 13 D 19
Tesero TN 12 D 16
Tesido / Taisten BZ 4 B 18
Tesimo / Tisens BZ 3 C 15
Tesina VI 24 F 16
Tesino AP 53 N 23
Tesoro (Becca del) SV 36 I 7
Tessa (Giogaia di) / Texelgruppe BZ 3 B 14
Tessennano VT 57 O 17
Tessera VE 25 F 18
Testa (Capo) SS 109 D 9
Testa del Rutor AO 18 F 3
Testa dell'Acqua SR 105 Q 26
Testa Grigia AO 7 E 5
Testa Grossa (Capo) ME 94 L 26
Testa (Pozzo Sacro sa) SS 109 E 10
Testico SV 35 J 6
Tête Blanche AO 7 G 8
Teti NU 115 G 9
Tetto (Sasso) MC 52 M 21
Teulada SU 120 K 8
Teulada (Capo) SU 120 K 7
Teulada (Porto di) SU 120 K 8
Teveno BG 10 E 12
Tevere AR 45 K 18
Teverola CE 69 E 24
Teverone PG 51 N 19
Texelgruppe / Tessa (Giogaia di) BZ 3 B 14
Tezio (Monte) PG 51 M 19
Tezze TN 12 E 17
Tezze TV 25 E 19
Tezze sul Brenta VI 24 E 17
Thanai / Tanai BZ 2 B 14
Thapsos SR 105 P 27
Tharros OR 114 H 7
Thiene VI 24 E 16
Thiesi SS 111 F 8
Tho (Pieve del) RA 40 J 17
Thuile (la) AO 18 E 2
Thuins / Tunes BZ 3 B 16
Thuras TO 26 H 2
Thures TO 26 H 2
Thurio CS 85 H 31
Tiana NU 115 G 9
Tiarno di Sopra TN 11 E 13
Tiberina (Val) PG 45 L 18
Tiberio (Grotta di) (Sperlonga) LT 68 S 22
Tibert (Monte) CN 34 I 3
Tiburtini (Monti) RM 63 Q 20
Ticchiano (Passo di) PR 38 I 12
Ticengo CR 22 F 11
Ticineto AL 28 G 7
Ticino MI 20 F 8
Tidone PC 29 H 10
Tiepido MO 39 I 14
Tiers / Tires BZ 3 C 16
Tiezzo PN 13 E 20
Tiggiano LE 83 H 37
Tigliano FI 40 K 16
Tiglieto GE 28 I 7
Tigliole AT 27 H 6
Tiglione AT 28 H 7
Tignaga (Pizzo) VC 7 E 6
Tignale BS 23 E 14
Tignino (Serra) PA 99 N 23
Tigullio (Golfo del) GE 37 J 9
Timau UD 5 C 21
Timeto ME 100 M 26
Timidone (Monte) SS 110 F 6
Timmari MT 77 F 31
Timmelsjoch / Rombo (Passo del) BZ 3 B 15
Timone VT 57 O 17
Timone (Punta) SS 113 E 11
Timpa del Grillo PA 99 N 24
Tinchi MT 78 F 31
Tindari (Capo) ME 100 M 27
Tinnari (Monte) SS 108 D 8
Tinnura OR 114 G 7
Tino NU 115 G 9
Tino (Isola del) SP 38 J 11
Tintinnano SI 50 M 16
Tione VR 23 G 14
Tione degli Abruzzi AQ 59 P 22
Tione di Trento TN 11 D 14
Tirano SO 10 D 12
Tires / Tiers BZ 3 C 16
Tiria (Monte) NU 115 F 9
Tiriolo CZ 88 K 31
Tirivolo CZ 87 J 31
Tirli GR 49 N 14
Tirolo / Tirol BZ 3 B 15
Tirrenia PI 42 L 12
Tirso SS 111 F 9
Tirso (Cantoniera del) SS 115 G 9
Tirso (Foce del) OR 114 H 7
Tisens / Tesimo BZ 3 C 15
Tissi SS 110 E 7
Titelle BL 12 D 17
Titiano UD 16 E 21
Tito PZ 76 F 29
Tivoli BO 31 I 15
Tivoli RM 63 Q 20
Tizzano Val Parma PR 30 I 12
Toano RE 39 I 13
Tobbiana PT 39 K 15
Tobbio (Monte) AL 28 I 8
Tobia VT 57 O 18
Toblach / Dobbiaco BZ 4 B 18
Toblacher Pfannhorn / Fana (Corno di) BZ 4 B 18
Toblino (Lago di) TN 11 D 14
Tocco Caudio BN 70 D 25
Tocco da Casauria PE 60 P 23
Toce (Cascata di) VB 8 C 7
Toce (Fiume) VB 8 D 7
Toceno VB 8 D 7
Todi PG 51 N 19
Togano (Monte) VB 8 D 7
Toggia (Lago di) VB 8 C 7
Togliano UD 15 D 22
Toiano PI 43 L 14
Toirano SV 35 J 6
Toirano (Giogo di) SV 35 J 6
Toirano (Grotte di) SV 35 J 6
Tolè BO 39 J 15
Tolentino MC 52 M 21
Tolfa RM 57 P 17
Tolfa (Monti della) RM 57 P 17
Tolfaccia (Monte) RM 57 P 17
Tolle RO 33 H 19
Tollegno BI 19 F 6
Tollo CH 60 O 24
Tolmezzo UD 14 C 21
Tolu SU 119 I 10
Tolve PZ 77 E 30
Tomaiolo FG 67 B 29
Tomba (Monte) VR 23 E 15
Tombolo PD 24 F 17
Tombolo (Pineta del) GR 49 N 14
Tombolo (Tenuta di) PI 42 L 12
Tommaso Natale PA 97 M 21
Ton TN 11 D 15
Tonadico TN 12 D 17
Tonale (Monte) BS 11 D 13
Tonale (Passo del) BS 11 D 13
Tonara NU 115 G 9
Tonco AT 27 G 6
Tonengo TO 19 G 6
Tonengo AT 27 G 5
Tonezza del Cimone VI 12 E 16
Toni (Croda dei) / Swölferkofel BL 4 C 19
Tonini (Rifugio) TN 12 D 16
Tonnara Bonagia TP 96 M 19
Tonnare SU 120 J 6
Tonneri (Monte) NU 116 H 10
Tonnicoda RI 59 P 21
Tonno GE 29 I 9
Tono ME 95 M 27
Tonolini (Rifugio) BS 10 D 13
Tontola FO 40 J 17
Topi (Isola dei) LI 48 N 13
Topino PG 52 M 20
Toppe del Tesoro AQ 64 Q 24
Toppo PN 13 D 20
Tordandrea PG 51 M 19
Tor Paterno RM 62 Q 19
Tor S. Lorenzo RM 62 R 19
Tor Sapienza RM 62 Q 19
Tor Vaianica RM 62 R 19
Tora CE 64 R 24
Torano RI 59 P 21
Torano Castello CS 85 I 30
Torano Nuovo TE 53 N 23
Torbido RC 88 L 30
Torbole TN 11 E 14
Torbole-Casaglia BS 22 F 12
Torcegno TN 12 D 16
Torcello VE 16 F 19
Torchiara SA 75 G 27
Torchiarolo BR 81 F 36
Torchiati AV 70 E 26
Tordinia TE 59 O 22
Tordino TE 53 O 22
Torella dei Lombardi AV 71 E 27
Torella del Sannio CB 65 R 25
Torena (Monte) BG 10 D 12
Torgiano PG 51 M 19
Torgnon AO 19 E 4
Toricella del Pizzo CR 30 G 12
Torricella Sicura TE 53 O 22
Torino TO 27 G 5
Torino di Sangro CH 61 P 25
Torino di Sangro Marina CH 61 P 25
Torino (Rifugio) AO 6 E 2
Toritto BA 73 E 32
Torlano UD 15 D 21
Tormine VR 23 G 14
Tormini BS 22 F 13
Tornaco NO 20 F 8
Tornareccio CH 60 P 25
Tornata CR 30 G 13
Tornimparte AQ 59 P 21
Tornitore (Poggio) ME 100 N 25
Torno CO 9 E 9
Torno SA 76 G 27
Tornolo PR 29 I 10
Tornova RO 33 G 18
Toro CB 65 R 26
Toro (Isola il) SU 120 K 7
Torpè NU 113 F 11
Torraca SA 76 G 28
Torralba SS 111 F 8
Torrate PN 13 E 20
Torrazza Coste PV 29 H 9
Torrazza Piemonte TO 19 G 5
Torrazzo BI 19 F 5
Torre MC 46 L 21
Torre UD 15 D 21

Torre a Mare BA ... 73 D 33
Torre Alfina VT ... 50 N 17
Torre Annunziata NA ... 74 E 25
Torre Astura RM ... 63 R 20
Torre Beretti e Castellaro PV ... 28 G 8
Torre Bormida CN ... 27 I 6
Torre Caietani FR ... 63 Q 21
Torre Calzolari PG ... 51 M 20
Torre Canavese TO ... 19 F 5
Torre Canne BR ... 80 E 34
Torre Cavalo (Capo di) BR ... 81 F 36
Torre Cervia (Faro di) LT ... 68 S 21
Torre Ciana (Punta di) GR ... 55 O 15
Torre Civette GR ... 49 N 14
Torre Colimena TA ... 79 G 35
Torre de' Busi LC ... 21 E 10
Torre de' Passeri PE ... 60 P 23
Torre de' Picenardi CR ... 30 G 12
Torre degli Alberi PV ... 29 H 9
Torre dei Corsari SU ... 118 H 7
Torre del Colle PG ... 51 N 19
Torre del Greco NA ... 70 E 25
Torre del Lago Puccini LU ... 38 K 12
Torre del Lauro ME ... 100 M 25
Torre del Mangano PV ... 21 G 9
Torre delle Stelle CA ... 119 J 10
Torre dell'Impiso TP ... 97 M 20
Torre dell'Orso LE ... 81 G 37
Torre di Bari NU ... 117 H 11
Torre di Bocca (Masseria) BA ... 72 D 30
Torre di Fine VE ... 16 F 20
Torre di Mosto VE ... 16 E 20
Torre di Palme AP ... 53 M 23
Torre di Ruggiero CZ ... 88 L 31
Torre di Sta Maria SO ... 10 D 11
Torre d'Isola PV ... 21 G 9
Torre d'Ovarda TO ... 18 G 3
Torre Falcone SS ... 110 E 6
Torre Faro ME ... 90 M 28
Torre Lapillo LE ... 79 G 35
Torre le Nocelle AV ... 70 D 26
Torre Lupara RM ... 58 P 19
Torre Maggiore (Monte) TR ... 58 O 19
Torre Maina MO ... 31 I 14
Torre Mattarelle BR ... 81 F 36
Torre Melissa KR ... 87 J 33
Torre Mileto FG ... 66 B 28
Torre Mozza LE ... 83 H 36
Torre Olevola LT ... 68 S 21
Torre Orsaia SA ... 76 G 28
Torre Pali LE ... 83 H 36
Torre Pallavicina BG ... 22 F 11
Torre Pedrera RN ... 41 J 19
Torre Pellice TO ... 26 H 3
Torre S. Giovanni LE ... 83 H 37
Torre S. Gennaro BR ... 81 F 36
Torre S. Giorgio CN ... 27 H 4
Torre S. Marco PS ... 46 L 20
Torre S. Patrizio AP ... 53 M 22
Torre Sta Susanna BR ... 79 F 35
Torre Spagnola (Masseria) MT ... 73 E 32
Torre Suda LE ... 83 H 36
Torre Vado LE ... 83 H 36
Torre Varcaro (Masseria) FG ... 67 C 29
Torrebelvicino VI ... 24 E 15
Torrebruna CH ... 65 Q 25
Torrechiara PR ... 30 I 12
Torrecuso BN ... 70 D 26
Torregaveta NA ... 69 E 24
Torreglia PD ... 24 F 17
Torregrotta ME ... 90 M 28
Torremaggiore FG ... 66 B 27
Torremenapace PV ... 29 G 8
Torremuzza ME ... 99 M 24
Torrenieri SI ... 50 M 16
Torrenova ME ... 100 M 26
Torrenova RM ... 62 Q 19
Torresina CN ... 35 I 6
Torretta PI ... 42 L 13
Torretta RO ... 32 G 15
Torretta TA ... 79 F 34
Torretta CL ... 103 O 23
Torretta PA ... 97 M 21
Torretta (Portella) PA ... 97 M 21
Torretta-Granitola TP ... 97 O 19
Torretta (Masseria) FG ... 71 D 29
Torretta (Monte) PZ ... 72 E 29
Torrette AN ... 47 L 22
Torrette PS ... 46 K 21
Torrevecchia PV ... 21 G 9
Torrevecchia RM ... 62 Q 19
Torrevecchia Teatina CH ... 60 O 24
Torri IM ... 35 K 4
Torri RA ... 33 I 18
Torri SI ... 49 M 15
Torri del Benaco VR ... 23 F 14
Torri di Quartesolo VI ... 24 F 16
Torri in Sabina RI ... 58 O 19
Torriana RN ... 41 K 19
Torrice FR ... 63 R 22
Torricella CS ... 85 I 31
Torricella TA ... 79 F 34
Torricella in Sabina RI ... 58 P 20
Torricella MN ... 31 G 14
Torricella PR ... 30 H 12
Torricella Peligna CH ... 60 P 24
Torriglia GE ... 29 I 9
Torrile PR ... 30 H 12
Torrita RI ... 59 O 21
Torrita di Siena SI ... 50 M 17
Torrita Tiberina RM ... 58 P 19
Torsa UD ... 16 E 21
Torsana MS ... 38 J 12
Torto PA ... 99 N 23
Torto TO ... 26 H 4
Tortolì NU ... 117 H 10
Tortolì (Stagno di) NU ... 117 H 11
Tortona AL ... 28 H 8
Tortora CS ... 84 H 29
Tortorella SA ... 76 G 28
Tortoreto TE ... 53 N 23
Tortoreto Lido TE ... 53 N 23
Tortorici ME ... 100 M 26
Torviscosa UD ... 17 E 21
Torza SP ... 37 J 10
Tosa (Cima) TN ... 11 D 14
Toscanella BO ... 40 I 16
Toscano (Arcipelago) LI ... 48 M 12
Toscolano TR ... 58 O 19
Toscolano-Maderno BS ... 23 F 13
Tosi FI ... 44 K 16
Tossicia TE ... 59 O 22
Tossignano BO ... 40 J 16
Tossino FO ... 40 J 17
Tottubella SS ... 110 E 7
Tout Blanc (Monte) AO ... 18 F 3
Tovel (Lago di) TN ... 11 D 14
Tovena TV ... 13 E 18
Tovio BL ... 12 E 17
Tovo di S. Agata SO ... 10 D 12
Tovo (Monte) TO ... 18 F 4
Tovo S. Giacomo SV ... 36 J 6
Trabacche (Grotta delle) RG ... 104 Q 25
Trabaria (Bocca) PG ... 45 L 18
Trabia PA ... 98 N 22
Trabuccato (Punta) SS ... 108 D 7
Tracchi VR ... 23 E 15
Tracino TP ... 96 Q 18
Tracino (Punta) TP ... 96 Q 18
Tradate VA ... 20 E 8
Traessu (Monte) SS ... 111 F 8
Trafficanti BG ... 22 E 11
Traffiume VB ... 8 D 8
Trafoi BZ ... 2 C 13
Traghetto FE ... 32 I 17
Tragliata RM ... 62 Q 18
Tramariglio SS ... 110 F 6
Tramatza OR ... 115 G 7
Tramazzo FO ... 40 J 17
Trambileno TN ... 11 E 15
Tramin / Termeno BZ ... 11 C 15
Tramontana (Punta) SS ... 111 E 7
Tramonti (Lago di) PN ... 13 D 20
Tramonti di Sopra PN ... 13 D 20
Tramonti di Sotto PN ... 13 D 20
Tramuschio MN ... 31 H 15
Tramutola PZ ... 77 G 29
Trana TO ... 26 G 4
Trani BA ... 72 D 31
Tranquillo (Monte) AQ ... 64 Q 23
Traona SO ... 9 D 10
Trapani TP ... 96 M 19
Trapani-Birgi (Aeroporto di) TP ... 96 N 19
Trappa BI ... 19 F 5
Trappeto PA ... 97 M 21
Trappeto Bambino RC ... 88 L 30
Trarego Viggiona VB ... 8 D 7
Trasacco AQ ... 59 Q 22
Trasaghis UD ... 14 D 21
Traschio PC ... 29 I 9
Trasimeno (Lago) PG ... 51 M 18
Trasquera VB ... 8 D 6
Trassani PS ... 46 K 20
Tratalias SU ... 118 J 7
Travacò Siccomario PV ... 29 G 9
Travagliato BS ... 22 F 12
Travale GR ... 49 M 15
Travalle FI ... 39 K 15
Travedona Monate VA ... 20 E 8
Traversa FI ... 40 J 15
Traversara RA ... 40 I 18
Traversella TO ... 19 F 5
Traversetolo PR ... 30 I 13
Travesio PN ... 14 D 20
Travignolo (Val) TN ... 12 D 17
Travo PC ... 29 H 10
Trazzonara (Monte) TA ... 79 F 34
Tre Cancelli RM ... 63 R 20
Tre Cancelli (Valico) MT ... 77 F 30
Tre Croci VT ... 57 O 18
Tre Croci (Passo) BL ... 4 C 18
Tre Fontane TP ... 97 O 20
Tré-la-Tête AO ... 6 E 2
Tre Pietre (Punta dei) TP ... 96 Q 17
Tre Pizzi MC ... 52 M 20
Tre Signori (Corno dei) TN ... 11 C 13
Tre Signori (Picco dei) / Dreiherrnspitze BZ ... 4 A 18
Tre Signori (Pizzo dei) BG ... 9 D 10
Tre Termini (Passo del) BS ... 22 F 12
Trearie CT ... 100 N 26
Trebaseleghe PD ... 24 F 18
Trebbia PC ... 29 I 9
Trebbiantico PS ... 46 K 20
Trebbio FI ... 40 K 15
Trebbo di Reno BO ... 32 I 15
Trebecco PC ... 29 H 9
Trebecco (Lago di) PV ... 29 H 9
Trebisacce CS ... 85 H 31
Trecasali PR ... 30 H 12
Trecastagni CT ... 101 O 27
Trecate NO ... 20 F 8
Trecchina PZ ... 77 G 29
Trecenta RO ... 32 G 16
Trecine PG ... 51 M 18
Tredozio FO ... 40 J 17
Trefinaidi (Monte) ME ... 100 N 25
Treglio CH ... 60 P 25
Tregnago VR ... 23 F 15
Treia MC ... 52 M 21
Tremalzo (Passo di) TN ... 23 E 14
Trematerra (Monte) CZ ... 88 L 31
Tremenico LC ... 9 D 10
Tremestieri ME ... 90 M 28
Tremezzo CO ... 9 E 9
Tremiti (Isole) FG ... 66 A 28
Tremoli CS ... 84 H 29
Tremosine BS ... 23 E 14
Trenta CS ... 86 J 30
Trentangeli (Masseria) PZ ... 72 D 29
Trentinara SA ... 75 F 27
Trento TN ... 11 D 15
Trentola-Ducenta CE ... 69 E 24
Trenzano BS ... 22 F 12
Trepalle SO ... 2 C 12
Trepidò Soprano KR ... 87 J 32
Trepidò Sottano KR ... 87 J 32
Treponti PD ... 24 F 17
Treporti VE ... 16 F 19
Treppio PT ... 39 J 15
Treppo Carnico UD ... 5 C 21
Treppo Grande UD ... 14 D 21
Trepuzzi LE ... 81 F 36
Trequanda SI ... 50 M 17
Tres TN ... 11 D 15
Tresa PG ... 51 M 18
Tresa VA ... 8 E 8
Tresana MS ... 38 J 11
Tresauro RG ... 104 Q 25
Trescore Balneario BG ... 22 E 11
Trescore Cremasco CR ... 21 F 10
Tresenda SO ... 10 D 12
Tresigallo FE ... 32 H 17
Tresinaro RE ... 39 I 13
Tresino (Monte) SA ... 75 F 26
Tresino (Punta) SA ... 75 F 27
Tresivio SO ... 10 D 11
Tresnuraghes OR ... 114 G 7
Tressanti FG ... 67 C 29
Tressi TO ... 19 F 4
Treste CH ... 61 P 25
Trestina PG ... 45 L 18
Tretto VI ... 24 E 16
Trevenzuolo VR ... 23 G 14
Trevesina (Pizzo) SO ... 10 D 12
Trevi PG ... 51 N 20
Trevi nel Lazio FR ... 63 Q 21
Trevico AV ... 71 D 27
Treviglio BG ... 21 F 10
Trevignano TV ... 25 E 18
Trevignano Romano RM ... 57 P 18
Treville TV ... 24 F 17
Trevinano VT ... 50 N 17
Treviolo BG ... 21 E 10
Treviso TV ... 25 E 18
Treviso (Rifugio) TN ... 12 D 17
Treviso Bresciano BS ... 22 E 13
Trevozzo PC ... 29 H 10
Trexenta SU ... 119 I 9
Trezzano sul Naviglio MI ... 21 F 9
Trezzo sull'Adda MI ... 21 F 10
Trezzo Tinella CN ... 27 H 6
Triana GR ... 50 N 16
Trianelli BA ... 72 D 30
Triangolo di Riva / Dreieck-Spitze BZ ... 4 B 18
Tribano PD ... 24 G 17
Tribiano MI ... 21 F 10
Tribolina BG ... 22 E 11
Tribulàun / Pflerscher Tribulaun BZ ... 3 B 16
Tricarico MT ... 77 F 30
Tricase LE ... 83 H 37
Tricerro VC ... 20 G 6
Tricesimo UD ... 15 D 21
Trichiana BL ... 13 D 18
Tricoli (Punta) NU ... 117 H 10
Tridentina (Rifugio) BZ ... 4 A 18
Triei NU ... 117 G 10
Trieste TS ... 17 F 23
Trieste (Golfo di) TS ... 17 F 22
Triggianello BA ... 73 E 33
Triggiano BA ... 73 D 32
Trigna (Pizzo della) PA ... 98 N 22
Trigno IS ... 65 Q 24
Trigolo CR ... 22 G 11
Trigona SR ... 104 P 26
Trigus (Serra) SU ... 118 I 7
Trimezzo RI ... 59 O 21
Trinità SA ... 76 F 28
Trinità RE ... 30 I 13
Trinità (vicino ad Entracque) CN ... 34 J 4
Trinità (vicino a Fossano) CN ... 27 I 5
Trinità (Abbazia della) (Cava de' Tirreni) SA ... 75 E 26
Trinità (Abbazia della) (Venosa) PZ ... 72 E 29
Trinità d'Agultu e Vignola SS ... 108 E 8
Trinità (Lago della) TP ... 97 N 20
Trinitapoli FG ... 72 C 30
Trinkstein / Fonte alla Roccia BZ ... 4 A 18
Trino VC ... 20 G 6
Triolo FG ... 66 C 27
Triona (Monte) PA ... 97 N 21
Trionto CS ... 85 I 31
Trionto (Capo) CS ... 87 I 32
Triora IM ... 35 K 5
Tripi ME ... 101 M 27
Triponzo PG ... 52 N 20
Trischiamps UD ... 5 C 20
Triscina TP ... 97 O 20
Trisobbio AL ... 28 I 7
Trissino VI ... 24 F 16
Trisulti (Certosa di) FR ... 63 Q 22
Triuggio MI ... 21 F 9
Trivento CB ... 65 Q 25
Trivero BI ... 19 E 6
Trivigliano FR ... 63 Q 21
Trivignano VE ... 25 F 18
Trivignano Udinese UD ... 17 E 22
Trivigno PZ ... 77 F 29
Trivio PG ... 58 O 20
Trodena / Truden BZ ... 12 D 16
Trodica MC ... 53 M 22
Trofarello TO ... 27 H 5
Trogkofel / Aip (Creta di) UD ... 14 C 21
Trognano PG ... 59 O 21
Troia FG ... 71 C 27
Troia (Ponte di) FG ... 66 C 28
Troia (Punta) TP ... 96 N 18
Troina EN ... 100 N 25
Troina (Fiume) ME ... 100 N 25
Tromello PV ... 20 G 8
Trompia (Val) BS ... 22 E 12
Trona (Lago di) SO ... 9 D 10
Troncia SU ... 118 J 7
Trontano VB ... 8 D 7
Tronto TE ... 53 N 22
Tronzano Vercellese VC ... 19 F 6
Tropea VV ... 88 K 29
Troviggiano MC ... 46 L 21
Trovo PV ... 21 G 9
Truccazzano MI ... 21 F 10
Trucchi CN ... 35 I 4
Trucco IM ... 35 K 4
Truden / Trodena BZ ... 12 D 16
Trulli (Regione dei) BA ... 80 E 33
Trulli (Zona dei) BA ... 80 E 33
Trullo (Masseria) BA ... 72 E 30
Truzzo (Lago del) SO ... 9 C 9
Tualis UD ... 5 C 20
Tubre / Taufers im Münstertal BZ ... 2 C 13
Tudaio di Razzo (Monte) UD ... 5 C 19
Tudderi (Monte) SS ... 111 E 8
Tudia PA ... 99 N 23
Tuenno TN ... 11 D 15
Tufara CB ... 66 C 26
Tufillo CH ... 65 Q 25
Tufo AV ... 70 D 26
Tufo Basso AQ ... 59 P 21
Tuglie LE ... 83 G 36
Tuili SU ... 118 H 8
Tula SS ... 111 E 8
Tului (Monte) NU ... 117 G 10
Tumbarino (Punta) SS ... 108 D 6
Tumboi OR ... 115 H 8
Tundu (Monte) NU ... 113 F 10
Tundu (Monte) SS ... 111 E 9
Tunes / Thuins BZ ... 3 B 16
Tuoma SI ... 50 M 16
Tuoro sul Trasimeno PG ... 51 M 18
Tupei SU ... 118 J 7
Turago Bordone PV ... 21 G 9
Turania RI ... 59 P 21
Turano RI ... 58 O 20
Turano (Lago di) RI ... 58 P 20
Turano Lodigiano LO ... 21 G 10
Turate CO ... 21 F 9
Turbigo MI ... 20 F 8
Turchi (Balata dei) TP ... 96 Q 18
Turchino (Passo del) GE ... 28 I 8
Turchio (Monte) CT ... 100 N 26
Turcio VI ... 24 E 16
Tures (Val di) BZ ... 4 B 17
Turi BA ... 73 E 33
Turlago MS ... 38 J 12
Turri SU ... 118 H 8
Turri (Monte) SU ... 119 I 9
Tursi MT ... 77 G 31
Turuddo (Monte) NU ... 113 F 10
Turusele NU ... 117 G 10
Tusa ME ... 99 N 24
Tusa (Fiume di) ME ... 99 N 24
Tuscania VT ... 57 O 17
Tusciano SA ... 75 E 27
Tussio AQ ... 59 P 22
Tuttavista (Monte) NU ... 117 F 10
Tuturano BR ... 79 F 35
Tyndaris ME ... 100 M 27

U

Uatzu NU ... 115 H 9
Uboldo VA ... 21 F 9
Uccea UD ... 15 D 22
Ucina (Pizzo d') ME ... 100 M 26
Ucria ME ... 100 M 26
Uda (Monte) SU ... 119 I 9
Udine UD ... 15 D 21
Uffente LT ... 63 R 21
Ufita AV ... 71 D 27
Ugento LE ... 83 H 36
Uggiano la Chiesa LE ... 83 G 37
Uggiano Montefusco TA ... 79 F 34
Uggiate Trevano CO ... 20 E 8
Uia Bessanese TO ... 18 G 3
Uia di Ciamarella TO ... 18 G 3
Uia (Monte) TO ... 26 G 3
Ulà Tirso OR ... 115 G 8
Ulassai NU ... 117 H 10
Ulignano PI ... 43 L 14
Uliveto Terme PI ... 42 K 13
Ulmeta (Cantoniera dell') BA ... 72 D 30
Ulmi TP ... 97 N 20
Ulten / Ultimo BZ ... 3 C 15
Ultental / Ultimo (Val d') BZ ... 3 C 14
Ultimo / Ulten BZ ... 3 C 15
Ultimo (Val d') / Ultental BZ ... 3 C 14
Umbertide PG ... 51 M 18
Umbra (Foresta) FG ... 67 B 29
Umbrail (Pass) / Sta Maria (Giogo di) SO ... 2 C 13
Umbriatico KR ... 87 I 32
Umito AP ... 52 N 22
Ummari TP ... 97 N 20
Uncinano PG ... 51 N 19
Unghiasse (Monte) TO ... 18 F 3
Ungroni (S') OR ... 114 H 7
Unnichedda (Punta) NU ... 113 F 11
Unsere liebe Frau im Walde / Senale BZ ... 3 C 15
Unserfrau / Madonna di Senales BZ ... 3 B 14
Untermoi / Antermoia BZ ... 4 B 17
Unterplanken / Planca di Sotto BZ ... 4 B 18
Unturzu (Monte) SS ... 110 F 7
Uomo (Capo d') GR ... 55 O 15
Upega CN ... 35 J 5
Urachi (Nuraghe s') OR ... 114 G 7
Urago d'Oglio BS ... 22 F 11
Uras OR ... 118 H 8
Urbana PD ... 24 G 16
Urbania PS ... 45 K 19
Urbe SV ... 28 I 7
Urbino PS ... 46 K 19
Urbino (Monte) PG ... 51 M 19
Urbisaglia MC ... 52 M 22
Urbs Salvia MC ... 52 M 22
Urgnano BG ... 21 F 11
Uri SS ... 110 F 7
Uri (Flumini) SU ... 119 I 10
Ursini RC ... 88 L 31
Urtigu (Monte) OR ... 114 G 7
Ururi CB ... 66 B 27
Urzano PR ... 30 I 12
Urzulei NU ... 117 G 10
Usago PN ... 14 D 20
Uscerno AP ... 52 N 22
Uscio GE ... 37 I 9
Usellus OR ... 115 H 8
Usi GR ... 50 N 16
Usini SS ... 110 F 7
Usmate Velate MI ... 21 F 10
Uso FO ... 41 K 18
Ussana SU ... 119 I 9
Ussaramanna SU ... 118 H 8
Ussassai NU ... 116 H 10
Usseglio TO ... 18 G 3
Ussita MC ... 52 N 21
Ustica PA ... 92 K 21
Ustica (Isola di) PA ... 92 K 21
Uta CA ... 118 J 8
Utero (Monte) RI ... 52 N 21
Uttenheim / Villa Ottone BZ ... 4 B 17

V

Vacca (Isola la) SU ... 120 K 7
Vaccarile AN ... 46 L 21
Vaccarizza PV ... 29 G 9
Vaccarizzo CT ... 105 O 27
Vaccarizzo CS ... 86 I 30
Vaccarizzo Albanese CS ... 85 I 31
Vacchelli (Canale) CR ... 21 F 10
Vaccolino FE ... 33 H 18
Vacheres AO ... 19 F 5
Vacone RI ... 58 O 19
Vacri CH ... 60 P 24
Vada LI ... 48 L 13
Vada (Secche di) LI ... 48 M 13
Vadena / Pfatten BZ ... 12 C 15
Vado BO ... 39 J 15
Vado (Capo di) SV ... 36 J 7
Vado Ligure SV ... 36 J 7
Vado Mistongo BN ... 65 R 26
Vaggimal VR ... 23 F 14
Vaggio FI ... 44 L 16
Vagli (Lago di) LU ... 38 J 12
Vagli Sopra LU ... 38 J 12
Vagli Sotto LU ... 38 J 12
Vaglia FI ... 40 K 15
Vagliagli SI ... 44 L 16
Vaglie RE ... 38 J 12
Vaglierano AT ... 27 H 6
Vaglio Basilicata PZ ... 77 E 29
Vagnole (le) CE ... 69 D 23
Vahrn / Varna BZ ... 4 B 16
Vaiano PO ... 39 K 15
Vaiano Cremasco CR ... 21 F 10
Vailate CR ... 21 F 10

157

Vaiont (Lago del) **PN** 13 D 19
Vairano Patenora **CE** 65 R 24
Vairano Scalo **CE** 64 S 24
Vairo **PR** 38 I 12
Vajont **PN** 13 D 20
Val d'Asso **SI** 50 M 16
Val della Torre **TO** 19 G 4
Val di Meda **FI** 40 J 16
Val di Mela **SS** 109 D 9
Val di Mezzo / Mittertal **BZ** 3 B 16
Val di Nizza **PV** 29 H 9
Val di Sogno **VR** 23 E 14
Val Grande (Parco Nazionale) **TO** 18 F 3
Val Grande (Parco Nazionale della) **VB** 8 D 7
Val Noana (Lago di) **TN** 12 D 17
Valas / Flaas **BZ** 3 C 15
Valbella (Punta) **BZ** 2 B 14
Valbona (Cima di) **TN** 11 D 13
Valbondione **BG** 10 D 12
Valbrevenna **GE** 29 I 9
Valbrona **CO** 9 E 9
Valbruna **UD** 15 C 22
Valcaira **CN** 35 J 5
Valcanale **BG** 10 E 11
Valcasotto **CN** 35 J 5
Valcava **LC** 21 E 10
Valcavera (Colle di) **CN** 34 I 3
Valchiusella **TO** 19 F 5
Valcimarra **MC** 52 M 21
Valda **TN** 11 D 15
Valdagno **VI** 24 F 15
Valdaora / Olang **BZ** 4 B 18
Valdarno **AR** 44 L 16
Valdena **PR** 38 I 11
Valdengo **BI** 19 F 6
Valderice **TP** 96 M 19
Valdicastello Carducci **LU** 38 K 12
Valdichiesa **ME** 94 L 26
Valdidentro **SO** 2 C 12
Valdieri **CN** 34 J 4
Valdimonte **PG** 45 L 18
Valdina **ME** 90 M 28
Valdobbiadene **TV** 12 E 17
Valdorbia **PG** 46 L 20
Valdritta (Cima) **VR** 23 E 14
Valduggia **VC** 20 E 6
Valdurna **BZ** 3 B 16
Valdurna / Durnholz **BZ** 3 B 16
Valeggio **PV** 20 G 8
Valeggio sul Mincio **VR** 23 F 14
Valentano **VT** 57 O 17
Valenza **AL** 28 G 7
Valenzano **BS** 22 F 12
Valenzano **BA** 73 D 32
Valera Fratta **LO** 21 G 10
Valeriano **PN** 14 D 20
Valestra **RE** 39 I 13
Valfabbrica **PG** 51 M 19
Valfenera **AT** 27 H 5
Valfloriana **TN** 12 D 16
Valfredda (Sasso di) **TN** 12 C 17
Valfurva **SO** 11 C 13
Valgioie **TO** 26 G 4
Valgoglio **BG** 10 E 11
Valgrana **CN** 34 I 4
Valgrisenche **AO** 18 F 3
Valguarnera **EN** 104 O 25
Valiano **SI** 50 M 17
Vallà **TV** 24 E 17
Vallada Agordina **BL** 12 C 17
Vallalta **MO** 31 H 15
Vall'Alta (Cala) **SS** 109 D 9
Vallarga / Weitental **BZ** 4 B 17
Vallarsa **TN** 23 E 15
Vallata **AV** 71 D 27
Valle **BO** 39 J 15
Valle **BS** 10 D 13
Valle **MS** 38 I 11
Valle Agricola **CE** 65 R 24
Valle Aurina / Ahrntal **BZ** 4 B 17
Valle Castellana **TE** 53 N 22
Valle Dame **AR** 51 M 18
Valle di Cadore **BL** 13 C 18
Valle di Maddaloni **CE** 70 D 25
Valdisotto **SO** 10 C 13
Valle Lomellina **PV** 20 G 7
Valle Mosso **BI** 19 F 6
Valle S. Bartolomeo **AL** 28 H 7
Valle S. Felice **TN** 11 E 14
Valle S. Giovanni **TE** 59 O 22
Vallebona **IM** 35 K 5
Vallecorsa **FR** 64 R 22
Vallecrosia **IM** 35 K 4
Vallecupa **AQ** 59 P 22
Valledolmo **PA** 99 N 23
Valledoria **SS** 108 E 8
Vallefiorita **CZ** 88 K 31
Vallegrande **FR** 64 R 23
Vallelonga **VV** 88 L 30
Vallelunga **CE** 65 R 24
Vallelunga **RM** 58 P 19
Vallelunga Piatameno **CL** 99 N 23
Vallemaio **FR** 64 R 23
Vallemare **RI** 59 O 21
Vallenoncello **PN** 13 E 19
Vallenzona **GE** 29 I 9
Vallepietra **RM** 63 Q 21
Valleranello **RM** 62 Q 19
Vallerano **PR** 30 I 12
Vallerano **VT** 58 O 18
Valleremita **AN** 52 M 20
Vallermosa **SU** 118 I 8
Vallerona **GR** 50 N 16
Vallerotonda **FR** 64 R 23
Valles / Vals **BZ** 4 B 16
Valles (Passo di) **TN** 12 C 17
Valles (Val di) **BZ** 4 B 16
Vallesaccarda **AV** 71 D 27
Valleverde (Santuario di) **FG** 71 D 28
Vallevona (Cima di) **AQ** 59 P 21
Vallevona (Masseria) **FG** 66 C 27
Valli del Pasubio **VI** 23 E 15
Valli Grandi Veronesi **VR** 32 G 15
Valli Mocenighe **PD** 32 G 16
Vallicciola **SS** 111 E 9
Vallico **LU** 38 J 13
Vallinfante **MC** 52 N 21
Vallinfreda **RM** 59 P 20
Vallingegno (Abbazia di) **PG** 51 M 19
Vallio Terme **BS** 22 F 13
Vallisnera **RE** 38 I 12
Vallo **TO** 19 G 5
Vallo della Lucania **SA** 76 G 27
Vallo di Nera **PG** 52 N 20
Vallocchia **PG** 52 N 20
Vallombrosa **FI** 44 K 16
Valloni **IS** 64 R 24
Valloria **LO** 29 G 10
Valloriate **CN** 34 I 4
Vallugana **VI** 24 F 16
Vallurbana **PG** 45 L 18
Valmacca **AL** 28 G 7
Valmadonna **AL** 28 H 7
Valmadrera **LC** 21 E 10
Valmala **CN** 26 I 4
Valmeronte (Monte) **PG** 45 L 18
Valmontone **RM** 63 Q 20
Valmorel **BL** 13 D 18
Valmozzola **PR** 30 I 11
Valnogaredo **PD** 24 G 16
Valnontey **AO** 18 F 4
Valosio **AL** 28 I 7
Valpantena **VR** 23 F 14
Valparola (Passo di) **BL** 4 C 17
Valpelina **VE** 16 F 21
Valpelline **AO** 7 E 4
Valpelline (Località) **AO** 6 E 3
Valperga **TO** 19 F 4
Valpiana **GR** 49 M 14
Valpolicella **VR** 23 F 14
Valprato Soana **TO** 19 F 4
Valpromaro **LU** 38 K 13
Valrovina **VI** 24 E 17
Vals / Valles **BZ** 4 B 16
Valsanzibio **PD** 24 G 17
Valsassina **LC** 9 E 10
Valsavarenche **AO** 18 F 3
Valsavignone **AR** 45 K 18
Valsecca **BG** 21 E 10
Valsinni **MT** 77 G 31
Valsolda **CO** 9 D 9
Valstagna **VI** 12 E 16
Valstrona **VB** 8 E 6
Valsura **BZ** 3 C 15
Valtellina **SO** 10 D 12
Valtina / Walten **BZ** 3 B 15
Valtopina **PG** 51 M 20
Valtorta **BG** 9 E 10
Valtournenche **AO** 7 E 4
Valtournenche (Località) **AO** 7 E 4
Valva **SA** 71 E 27
Valvasone **PN** 16 E 20
Valverde **CT** 101 O 27
Valverde **FO** 41 J 19
Valverde **PV** 29 H 9
Valverde (Santuario di) **SS** 110 F 7
Valvestino **BS** 23 E 13
Valvestino (Lago di) **BS** 23 E 13
Valvisciolo (Abbazia di) **LT** 63 R 20
Valvori **FR** 64 R 23
Valzurio **BG** 10 E 11
Vancimuglio **VI** 24 F 16
Vancori (i) **ME** 95 K 27
Vandoies / Vintl **BZ** 4 B 17
Vandra **IS** 65 R 24
Vaneze **TN** 11 D 15
Vanga / Wangen **BZ** 3 C 16
Vannino (Lago) **VB** 8 C 7
Vanoi **TN** 12 D 17
Vanzago **MI** 21 F 8
Vanzaghello **MI** 20 F 8
Vanze **LE** 81 G 36
Vaprio d'Adda **MI** 21 F 10
Vaprio d'Agogna **NO** 20 F 7
Vara **SP** 37 I 10
Vara Inferiore **SV** 28 I 7
Varaita **CN** 26 I 3
Varaita (Valle) **CN** 26 I 3
Varallo **VC** 20 E 6
Varallo Pombia **NO** 20 E 7
Varano Borghi **VA** 20 E 8
Varano de Melegari **PR** 30 H 12
Varano (Lago di) **FG** 67 B 29
Varano Marchesi **PR** 30 H 12
Varapodio **RC** 91 M 29
Varazze **SV** 36 I 7
Varco Sabino **RI** 59 P 21
Varedo **MI** 21 F 9
Varena **TN** 12 D 16
Varenna **LC** 9 D 9
Varese **VA** 20 E 8
Varese (Lago di) **VA** 20 E 8
Varese Ligure **SP** 37 I 10
Vargo **AL** 28 H 8
Vari **MC** 52 N 21
Varignana **BO** 40 I 16
Varigotti **SV** 36 J 7
Varmo **UD** 16 E 20
Varna / Vahrn **BZ** 4 B 16
Varone **TN** 11 E 14
Varrone **LC** 9 D 10
Varsi **PR** 30 I 11
Varzi **PV** 29 H 9
Varzo **VB** 8 D 6
Vas **BL** 12 E 17
Vasanello **VT** 58 O 19
Vasco **CN** 35 I 5
Vascon **TV** 25 E 18
Vasia **IM** 35 K 5
Vason **TN** 11 D 15
Vasto **CH** 61 P 26
Vasto **MN** 23 G 13
Vastogirardi **IS** 65 Q 24
Vaticano (Capo) **VV** 88 L 29
Vaticano (Città del) **RM** 62 Q 19
Vatolla **SA** 75 G 27
Vauda Canavese **TO** 19 G 4
Vazia **RI** 58 O 20
Vazzano **VV** 88 L 30
Vazzola **TV** 25 E 19
Vazzoler (Rifugio) **BL** 12 C 18
Vecchiano **PI** 42 K 13
Vedano Olona **VA** 20 E 8
Veddasca (Val) **VA** 8 D 8
Vedegheto **BO** 39 I 15
Vedelago **TV** 24 E 17
Vedeseta **BG** 9 E 10
Vedrana **BO** 32 I 16
Vedriano **RE** 30 I 13
Veggiano **PD** 24 F 17
Veggio **BO** 39 J 15
Veglie **LE** 81 G 35
Veiano **VT** 57 P 18
Veio **RM** 58 P 19
Veirera **SV** 28 I 7
Vela (Villa) **SR** 105 Q 27
Vélan (Monte) **AO** 6 E 3
Veleso **CO** 9 E 9
Velezzo Lomellina **PV** 20 G 8
Velia **SA** 75 G 27
Velino **RI** 58 O 20
Velino (Gole del) **RI** 59 O 21
Velino (Monte) **AQ** 59 P 22
Vellano **PT** 39 K 14
Vellego **SV** 35 J 6
Velleia **PC** 29 H 11
Velletri **RM** 63 Q 20
Velloi / Vellau **BZ** 3 B 15
Velo d'Astico **VI** 24 E 16
Velo Veronese **VR** 23 F 15
Velturno / Feldthurns **BZ** 4 B 16
Velva **SP** 37 J 10
Vena **CT** 101 N 27
Vena **CZ** 88 K 31
Venafro **IS** 64 R 24
Venagrande **AP** 53 N 22
Venaria Reale **TO** 19 G 4
Venarotta **AP** 52 N 22
Venas di Cadore **BL** 13 C 18
Venasca **CN** 26 I 4
Venaus **TO** 18 G 3
Venda (Monte) **PD** 24 G 17
Vendicari (Isola) **SR** 107 Q 27
Vendone **SV** 35 J 6
Vendrogno **LC** 9 D 9
Venegazzu' **TV** 25 E 18
Venegono **VA** 20 E 8
Venere **AQ** 59 Q 22
Venere (Monte) **VT** 57 O 18
Veneria **VC** 20 G 6
Venetico **ME** 90 M 28
Venezia **VE** 25 F 19
Venezia (Rifugio) **BL** 13 C 18
Venezia (Cima) **BZ** 2 C 14
Venezia-Marco Polo (Aeroporto) **VE** 25 F 19
Venezzano **BO** 32 H 16
Venina (Lago di) **SO** 10 D 11
Venina (Passo) **SO** 10 D 11
Venosa **PZ** 72 E 29
Venosta (Val) / Vinschgau **BZ** 3 C 14
Venticano **AV** 70 D 26
Ventimiglia **IM** 35 K 4
Ventimiglia di Sicilia **PA** 98 N 22
Vento (Grotta del) **LU** 38 J 13
Vento (Portella del) **CL** 99 O 24
Vento (Serra del) **PA** 99 N 24
Vento (Torre del) **BA** 72 D 31
Venturina **LI** 49 M 13
Veny (Val) **AO** 18 E 2
Venzone **UD** 14 D 21
Verano / Vöran **BZ** 3 C 15
Verazzano **AR** 45 L 18
Verbania **VB** 8 E 7
Verbicaro **CS** 84 H 29
Verceia **SO** 9 D 10
Vercelli **VC** 20 G 7
Verchiano **PG** 52 N 20
Verde (Capo) **IM** 35 K 5
Verde (Costa) **SU** 118 I 7
Verde (Isola) **VE** 33 G 18
Verde (la) **RC** 91 M 30
Verde (Lago) **BZ** 2 C 14
Verdéggia **IM** 35 J 5
Verdello **BG** 21 F 10
Verdi **PA** 99 N 24
Verdins **BZ** 3 B 15
Verduno **CN** 27 I 5
Verdura **AG** 97 O 21
Verena (Monte) **VI** 12 E 16
Verezzi **SV** 36 J 6
Verezzo **IM** 35 K 5
Vergato **BO** 39 J 15
Vergemoli **LU** 38 J 13
Verghereto **PO** 43 K 15
Verghereto **FO** 45 K 18
Vergiano **RN** 41 J 19
Vergiate **VA** 20 E 8
Vergine Maria **PA** 98 M 22
Vergineto **PS** 46 K 20
Vergnasco **BI** 19 F 6
Verica **MO** 39 J 14
Vermenagna **CN** 35 J 4
Vermica **KR** 87 K 33
Vermiglio **TN** 11 D 14
Vermiglio (Val) **TN** 11 C 13
Vernà (Pizzo di) **ME** 101 M 27
Vernago / Vernagt **BZ** 3 B 14
Vernago (Lago di) **BZ** 3 B 14
Vernagt / Vernago **BZ** 3 B 14
Vernante **CN** 35 J 4
Vernasca **PC** 30 H 11
Vernazza **SP** 37 J 11
Vernazzano **PG** 51 M 18
Vernio **PO** 39 J 15
Vernole **LE** 81 G 36
Verolanuova **BS** 22 G 12
Verolavecchia **BS** 22 G 12
Verolengo **TO** 19 G 5
Veroli **FR** 64 Q 22
Verona **VR** 23 F 14
Verona (Pizzo) **SO** 10 C 11
Veronella **VR** 24 G 15
Verrand **AO** 18 E 2
Verrayes **AO** 19 E 4
Verrecchie **AQ** 59 P 21
Verrès **AO** 19 F 5
Verrino **IS** 65 Q 24
Verrone **BI** 19 F 6
Verrua Po **PV** 29 G 9
Verrua Savoia **TO** 19 G 6
Verrutoli (Monte) **MT** 72 E 30
Versa **GO** 17 E 22
Versa **AT** 27 G 6
Versa (Fiume) **VE** 16 E 20
Versa **PV** 29 G 9
Versano **CE** 64 S 24
Versciaco / Vierschach **BZ** 4 B 18
Versilia (Riviera della) **LU** 38 K 12
Vertana (Cima) **BZ** 2 C 13
Verteglia (Piano di) **AV** 70 E 26
Vertemate **CO** 21 E 9
Vertova **BG** 22 E 11
Verucchio **RN** 41 K 19
Vervio **SO** 10 D 12
Vervò **TN** 11 D 15
Verza **PC** 29 G 11
Verzegnis **UD** 14 C 20
Verzegnis (Monte) **UD** 14 C 20
Verzi **SV** 35 J 6
Verzino **KR** 87 J 32
Verzuolo **CN** 27 I 4
Vescia Scanzano **PG** 51 N 20
Vescona **SI** 50 M 16
Vescovado **SI** 50 M 16
Vescovana **PD** 32 G 17
Vescovato **CR** 22 G 12
Vesime **AT** 27 I 6
Vesio **BS** 23 E 14
Vesole (Monte) **SA** 75 F 27
Vespolate **NO** 20 F 7
Vespolo (Monte) **SO** 10 D 11
Vessalico **IM** 35 J 5
Vesta **BS** 23 E 13
Vestea **PE** 60 O 23
Vestenanova **VR** 23 F 15
Vestigne **TO** 19 F 5
Vestone **BS** 22 E 13
Vesuvio **NA** 70 E 25
Vetan **AO** 18 E 3
Veternigo **VE** 24 F 18
Vetralla **VT** 57 P 18
Vetrano (Serra) **SR** 104 P 26
Vetria **SV** 35 J 6
Vetriolo Terme **TN** 12 D 15
Vette (le) **TN** 12 D 17
Vettica Maggiore **SA** 75 F 25
Vettigne **VC** 20 F 6
Vetto **RE** 38 I 13
Vettore (Monte) **AP** 52 N 21
Vetulonia **GR** 49 N 14
Veveri **NO** 20 F 7
Vezza **AR** 44 L 17
Vezza d'Oglio **BS** 10 D 13
Vezza (Torrente) **VT** 57 O 18
Vezzanello **MS** 38 J 12
Vezzano **PR** 30 I 12
Vezzano **TN** 11 D 14
Vezzano Ligure **SP** 38 J 11
Vezzano sul Crostolo **RE** 31 I 13
Vezzena (Passo di) **TN** 12 E 16
Vezzo **VB** 8 E 7
Vezzola **RE** 31 H 14
Vezzolano (Abbazia di) **AT** 27 G 5
Viadana **MN** 31 H 13
Viadana Bresciana **BS** 22 F 13
Viagrande **CT** 101 O 27
Viamaggio **AR** 45 K 18
Viamaggio (Passo di) **AR** 45 K 18
Vianino **PR** 30 H 11
Viano **RE** 31 I 13
Viarago **TN** 11 D 15
Viareggio **LU** 38 K 12
Viarigi **AT** 28 G 7
Viarolo **PR** 30 H 12
Viarovere **MO** 31 H 15
Viazzano **PR** 30 H 12
Vibo Valentia **VV** 88 K 30
Vibo Valentia Marina **VV** 88 K 30
Viboldone **MI** 21 F 9
Vibonati **SA** 76 G 28
Vibrata **TE** 53 N 23
Vicalvi **FR** 64 Q 23
Vicarello **LI** 42 L 13
Vicarello **RM** 57 P 18
Vicari **PA** 98 N 22
Vicari (Fiume) **PA** 98 N 22
Vicchio **FI** 40 K 16
Viceno **TR** 51 N 18
Viceno **VB** 8 D 6
Vicenza **VI** 24 F 16
Viciomaggio **AR** 44 L 17
Vico **LU** 39 J 14
Vico del Gargano **FG** 67 B 29
Vico d'Elsa **FI** 43 L 15
Vico Equense **NA** 74 F 25
Vico (Lago di) **VT** 57 P 18
Vico nel Lazio **FR** 63 Q 22
Vicobarone **PC** 29 H 10
Vicofertile **PR** 30 H 12
Vicoforte **CN** 35 I 5
Vicoforte (Santuario di) **CN** 35 I 5
Vicoli **PE** 60 O 23
Vicomero **PR** 30 H 12
Vicomoscano **CR** 30 H 13
Vicopisano **PI** 43 K 13
Vicovaro **RM** 58 P 20
Vidalenzo **PR** 30 G 12
Viddalba **SS** 108 E 8
Vidiciatico **BO** 39 J 14
Vidigulfo **PV** 21 G 9
Vidor **TV** 12 E 18
Vidracco **TO** 19 F 5
Vieprì **PG** 51 N 19
Vierschach / Versciaco **BZ** 4 B 18
Viesci **RI** 59 O 21
Vieste **FG** 67 B 30
Vietri di Potenza **PZ** 76 F 28
Vietri sul Mare **SA** 75 F 26
Vietti **TO** 19 G 4
Vieyes **AO** 18 F 3
Viganella **VB** 8 D 6
Vigarano Mainarda **FE** 32 H 16
Vigarano Pieve **FE** 32 H 16
Vigasio **VR** 23 G 14
Vigatto **PR** 30 H 12
Vigevano **PV** 20 G 8
Vigezzo (Piana di) **VB** 8 D 7
Vigezzo (Val) **VB** 8 D 7
Viggianello **PZ** 85 H 30
Viggiano **PZ** 77 F 29
Viggiù **VA** 8 E 8
Vighizzolo **BS** 22 F 13
Vighizzolo **CO** 21 E 9
Vighizzolo d'Este **PD** 24 G 16
Vigliano **AQ** 59 O 21
Vigliano Biellese **BI** 19 F 6
Viglio (Monte) **AQ** 63 Q 22
Viglione (Masseria) **BA** 73 E 32
Vigna di Valle **RM** 57 P 18
Vignai **IM** 35 K 5
Vignale Monferrato **AL** 28 G 7
Vignanello **VT** 58 O 18
Vignate **MI** 21 F 10
Vigne **TR** 58 O 19
Vignola **SS** 109 D 9
Vignola **MS** 38 I 11
Vignola **MO** 39 I 15
Vignola Mare **SS** 109 D 9
Vignola (Monte) **TN** 23 E 14
Vignole **BL** 13 D 18
Vignole Borbera **AL** 28 H 8
Vignolo **CN** 34 I 4
Vigo **VR** 32 G 15
Vigo di Cadore **BL** 5 C 19
Vigo di Fassa **TN** 12 C 17
Vigo Rendena **TN** 11 D 14
Vigodarzere **PD** 24 F 17
Vigoleno **PC** 30 H 11
Vigolo **BG** 22 E 12
Vigolo Baselga **TN** 11 D 15
Vigolo Marchese **PC** 30 H 11
Vigolo Vattaro **TN** 11 D 15
Vigolzone **PC** 29 H 11
Vigone **TO** 27 H 4
Vigonovo **PN** 13 E 19
Vigonovo **VE** 24 F 18
Vigonza **PD** 24 F 17
Vigorovea **PD** 24 G 18
Viguzzolo **AL** 28 H 8
Vila di Sopra / Ober Wielenbach **BZ** 4 B 17
Villa **PG** 51 M 18
Villa **BS** 10 E 12
Villa **SV** 28 I 6
Villa a Sesta **SI** 44 L 16
Villa **UD** 14 C 20
Villa Adriana (Tivoli) **RM** 63 Q 20
Villa Baldassarri **LE** 81 F 35
Villa Barbaro *Maser* **TV** 24 E 17

A B C D E F G H I J K L M N O P Q R S T U V W X Y Z

Villa Bartolomea VR ... 32 G 16
Villa Basilica LU ... 39 K 13
Villa Bozza TE ... 60 O 23
Villa Caldari CH ... 60 P 25
Villa Canale IS ... 65 Q 25
Villa-Carcina BS ... 22 F 12
Villa Carlotta (Tremezzo) CO ... 9 E 9
Villa Castelli BR ... 79 F 34
Villa Celiera PE ... 60 O 23
Villa Col de' Canali PG .. 46 L 20
Villa Collemandina LU ... 38 J 13
Villa Cordellina-Lombardi (Tavernelle) VI ... 24 F 16
Villa d'Adda BG ... 21 E 10
Villa d'Agri PZ ... 77 F 29
Villa d'Aiano BO ... 39 J 14
Villa d'Almè BG ... 21 E 10
Villa del Bosco BI ... 20 F 6
Villa del Bosco PD ... 24 G 18
Villa del Conte PD ... 24 F 17
Villa del Foro AL ... 28 H 7
Villa della Petraia FI ... 39 K 15
Villa di Briano CE ... 69 D 24
Villa di Castello FI ... 39 K 15
Villa di Chiavenna SO ... 9 D 10
Villa di Poggio a Caiano PO ... 39 K 15
Villa di Sério BG ... 21 E 11
Villa di Tirano SO ... 10 D 12
Villa Dogana FI ... 39 J 15
Villa d'Ogna BG ... 10 E 11
Villa d'Orri CA ... 118 J 9
Villa Estense PD ... 24 G 17
Villa Faraldi IM ... 35 K 6
Villa Fastiggi PS ... 46 K 20
Villa Fontana BO ... 32 I 16
Villa Forci LU ... 38 K 13
Villa Foscari (Malcontenta) VE ... 25 F 18
Villa Gamberaia (Settignano) FI ... 44 K 15
Villa Garibaldi MN ... 31 G 14
Villa Grande CH ... 60 P 25
Villa Hanbury IM ... 35 K 4
Villa Jovis Capri NA ... 74 F 24
Villa La Rotonda VI ... 24 F 16
Villa Lagarina TN ... 11 E 15
Villa Lante (Bagnaia) VT ... 57 O 18
Villa Latina FR ... 64 R 23
Villa le Sabine LI ... 49 M 13
Villa Literno CE ... 69 D 24
Villa Littorio SA ... 76 F 28
Villa Manin (Passariano) UD ... 16 E 21
Villa Mansi (Segromigno) LU ... 39 K 13
Villa Margherita LI ... 49 M 13
Villa Minozzo RE ... 38 I 13
Villa Napoleone (S. Martino) LI ... 48 N 12
Villa Oliveti PE ... 60 O 24
Villa Olmo CO ... 21 E 9
Villa Ottone / Uttenheim BZ ... 4 B 17
Villa Pasquali MN ... 30 G 13
Villa Passo TE ... 53 N 22
Villa Pisani Strà VE ... 24 F 18
Villa Pliniana Torno CO .. 9 E 9
Villa Poma MN ... 31 H 15
Villa Potenza MC ... 52 M 22
Villa Reale di Marlia LU. 39 K 13
Villa Rendena TN ... 11 D 14
Villa Rosa TE ... 53 N 23
Villa S. Giovanni PE ... 60 O 24
Villa S. Giovanni RC ... 90 M 28
Villa Saletta PI ... 43 L 14
Villa S. Angelo AQ ... 59 P 22
Villa S. Antonio AP ... 53 N 23
Villa Sta Croce CE ... 69 D 24
Villa S. Faustino PG ... 51 N 19
Villa S. Giovanni in Tuscia VT ... 57 P 18
Villa S. Leonardo CH ... 60 P 25
Villa Sta Lucia FR ... 64 R 23
Villa Sta Lucia degli Abruzzi AQ ... 60 O 23
Villa Sta Maria CH ... 60 Q 25
Villa S. Pietro CA ... 121 J 8
Villa S. Sebastiano AQ .. 59 P 21
Villa S. Secondo AT ... 27 G 6
Villa Sto Stefano FR ... 63 R 21
Villa Santina UD ... 14 C 20
Villa Saviola MN ... 31 G 14
Villa Serraglio RA ... 32 I 17
Villa Torrigiani (Segromigno) LU ... 39 K 13
Villa Vallucci TE ... 59 O 22
Villa Verde OR ... 115 H 8
Villa Verdi (S. Agata) PC ... 30 G 12
Villa Verucchio RN ... 41 J 19
Villa Vomano TE ... 60 O 23
Villabassa / Niederdorf BZ ... 4 B 18
Villabate PA ... 98 M 22
Villabella AL ... 28 G 7
Villaberza RE ... 38 I 13
Villabruna BL ... 12 D 17
Villachiara BS ... 22 F 11
Villacidro SU ... 118 I 8
Villadeati AL ... 27 G 6
Villadoro EN ... 99 N 24
Villadose RO ... 32 G 17
Villadossola VB ... 8 D 6
Villafalletto CN ... 27 I 4
Villafelice FR ... 64 R 22
Villafontana VR ... 23 G 15
Villafora RO ... 32 G 16
Villafranca d'Asti AT ... 27 H 6
Villafranca di Forlì FO .. 40 J 18
Villafranca di Verona VR .. 23 F 14
Villafranca in Lunigiana MS ... 38 J 11
Villafranca Padovana PD ... 24 F 17
Villafranca Piemonte TO ... 27 H 4
Villafranca Sicula AG ... 97 O 21
Villafranca Tirrena ME .. 90 M 28
Villafrati PA ... 98 N 22
Villaggio Amendola FG .. 67 C 29
Villaggio Frasso CS ... 85 I 31
Villaggio Mancuso CZ .. 87 J 31
Villaggio Mosé AG ... 103 P 22
Villaggio Racise CZ ... 87 J 31
Villaggio Resta LE ... 83 G 35
Villaggio Sta Margherita EN .. 100 N 25
Villagrande PS ... 41 K 19
Villagrande (Tornimparte) AQ ... 59 P 21
Villagrande Strisaili NU ... 117 H 10
Villagrappa FO ... 40 J 17
Villagrazia PA ... 97 M 21
Villagrazia di Carini PA .. 97 M 21
Villagreca SU ... 118 I 9
Villalago AQ ... 64 Q 23
Villalba CL ... 99 O 23
Villalfonsina CH ... 61 P 25
Villalunga SV ... 35 J 6
Villalvernia AL ... 28 H 8
Villamagna CH ... 60 P 24
Villamagna FI ... 44 K 16
Villamagna PI ... 43 L 14
Villamaina AV ... 71 E 27
Villamar SU ... 118 I 8
Villamarina FO ... 41 J 19
Villamarzana RO ... 32 G 17
Villamassargia SU ... 118 J 7
Villammare SA ... 76 G 28
Villandro / Villanders BZ ... 3 C 16
Villandro (Monte) BZ ... 3 C 16
Villaneto PZ ... 77 G 30
Villanoce GE ... 29 I 10
Villanova BO ... 32 I 16
Villanova FI ... 43 K 14
Villanova FO ... 40 J 17
Villanova MO ... 31 H 14
Villanova CR ... 30 G 13
Villanova PE ... 60 O 24
Villanova RA ... 41 I 18
Villanova TO ... 26 H 3
Villanova VE ... 16 E 20
Villanova (Masseria) BR 81 F 36
Villanova d'Albenga SV ... 35 J 6
Villanova d'Ardenghi PV .21 G 9
Villanova d'Asti AT ... 27 H 5
Villanova del Battista AV ... 71 D 27
Villanova del Ghebbo RO ... 32 G 16
Villanova del Sillaro LO 21 G 10
Villanova di Camposampiero PD . 24 F 17
Villanova Franca SU ... 118 I 9
Villanova Maiardina MN .. 23 G 14
Villanova Marchesana RO ... 32 H 17
Villanova Mondovì CN . 35 I 5
Villanova Monferrato AL ... 20 G 7
Villanova Monteleone SS ... 110 F 7
Villanova Solaro CN ... 27 H 4
Villanova Strisaili NU .. 117 H 10
Villanova sull'Arda PC .. 30 G 11
Villanova Truschedu OR ... 115 H 8
Villanova Tulo CA ... 115 H 9
Villanovaforru SU ... 118 I 8
Villanterio PV ... 21 G 10
Villanuova BS ... 22 F 11
Villanuova sul Clisi BS .. 22 F 13
Villaorba UD ... 16 D 21
Villapaiera BL ... 12 D 17
Villaperuccio SU ... 118 J 8
Villapiana BL ... 12 D 17
Villapiana CS ... 85 H 31
Villapiana Lido CS ... 85 H 31
Villapiana Scalo CS ... 85 H 31
Villapriolo EN ... 99 O 24
Villaputzu SU ... 119 I 10
Villar Focchiardo TO ... 26 G 3
Villar Pellice TO ... 26 H 3
Villar Perosa TO ... 26 H 3
Villarbasse TO ... 27 G 4
Villarboit VC ... 20 F 7
Villareggia TO ... 19 G 5
Villareia PE ... 60 O 24
Villaretto TO ... 26 G 3
Villarios SU ... 120 J 7
Villaro CN ... 26 H 3
Villaromagnano AL ... 28 H 8
Villarosa EN ... 99 O 24
Villarosa (Lago) EN ... 99 O 24
Villarotta RE ... 31 H 14
Villasalto SU ... 119 I 10
Villasanta MI ... 21 F 9
Villaseta AG ... 102 P 22
Villasimius SU ... 119 J 10
Villasmundo SR ... 105 P 27
Villasor SU ... 118 I 8
Villaspeciosa SU ... 118 J 8
Villastellone TO ... 27 H 5
Villastrada MN ... 31 H 13
Villastrada PG ... 50 M 18
Villata CN ... 26 I 4
Villata VC ... 20 F 7
Villatalla IM ... 35 K 5
Villatella IM ... 35 K 4
Villaurbana OR ... 115 H 8
Villaurea PA ... 99 N 23
Villavallelonga AQ ... 64 Q 22
Villaverla VI ... 24 F 16
Ville di Fano AQ ... 59 O 21
Ville sur Sarre AO ... 18 E 3
Villefranche AO ... 19 E 4
Villeneuve AO ... 18 E 3
Villerose RI ... 59 P 21
Villesse GO ... 17 E 22
Villetta Barrea AQ ... 64 Q 23
Villimpenta MN ... 31 G 15
Villnöß / Funes BZ ... 4 C 17
Villongo BG ... 22 E 11
Villorba TV ... 25 E 18
Villore FI ... 40 K 16
Villoresi (Canale) MI ... 20 F 8
Villotta PN ... 13 E 20
Vilminore di Scalve BG .. 10 E 12
Vilpian / Vilpiano BZ ... 3 C 15
Vilpiano / Vilpian BZ ... 3 C 15
Vimercate MI ... 21 F 10
Vimodrone MI ... 21 F 9
Vinadio CN ... 34 J 3
Vinaio UD ... 5 C 20
Vinca MS ... 38 J 12
Vinchiaturo CB ... 65 R 25
Vinchio AT ... 28 H 6
Vinci FI ... 43 K 14
Viniarello CZ ... 89 L 31
Vinco RC ... 90 M 29
Vindoli RI ... 59 O 21
Vinovo TO ... 27 H 4
Vinschgau / Venosta (Val) BZ ... 2 C 13
Vintl / Vandoies BZ ... 4 B 17
Vinzaglio NO ... 20 G 7
Viola CN ... 35 J 5
Viola (Val) SO ... 2 C 12
Vione BS ... 10 D 13
Viòz (Monte) TN ... 11 C 13
Viozene CN ... 35 J 5
Vipiteno / Sterzing BZ .. 3 B 16
Virgilio MN ... 31 G 14
Virle Piemonte TO ... 27 H 4
Visaille (la) AO ... 6 E 2
Visano BS ... 22 G 13
Vische TO ... 19 G 5
Visciano NA ... 70 E 25
Visciglieto (Masseria) FG ... 66 C 28
Visdende (Valle) BL ... 5 C 19
Visentin (Col) TV ... 13 D 18
Viserba RN ... 41 J 19
Viserbella RN ... 41 J 19
Visgnola CO ... 9 E 9
Visiano PR ... 30 H 12
Visnadello TV ... 25 E 18
Viso (Monte) CN ... 26 H 3
Visome BL ... 13 D 18
Visone AL ... 28 I 7
Visso MC ... 52 N 21
Vistarino PV ... 21 G 9
Vistrorio TO ... 19 F 5
Vita TP ... 97 N 20
Vita (Capo della) LI ... 48 N 13
Vitalba (Poggio) PI ... 43 L 13
Vitamore (Masseria) AV ... 71 E 28
Viterbo VT ... 57 O 18
Viticuso FR ... 64 R 23
Vitinia RM ... 62 Q 19
Vito (Serra di) CT ... 100 N 26
Vitorchiano VT ... 57 O 18
Vitravo KR ... 87 J 32
Vitriola MO ... 39 I 13
Vittoria RG ... 104 Q 25
Vittoriale (il) BS ... 23 F 13
Vittorio Veneto TV ... 13 E 18
Vittorio Veneto (Rifugio) BZ ... 4 A 17
Vittorito AQ ... 60 P 23
Vittuone MI ... 20 F 8
Vitulano BN ... 70 D 25
Vitulazio CE ... 69 D 24
Viù TO ... 18 G 4
Viù (Val di) TO ... 18 G 3
Vivaro PN ... 13 D 20
Vivaro Romano RM ... 59 P 21
Viverone BI ... 19 F 6
Viverone (Lago di) BI .. 19 F 6
Viviere CN ... 26 I 2
Vivione (Passo del) BG . 10 D 12
Vivo d'Orcia SI ... 50 N 16
Vizze (Passo di) / Pfitscherjoch BZ ... 4 B 16
Vizze (Val di) BZ ... 3 B 16
Vizzini CT ... 104 P 26
Vizzola Ticino VA ... 20 F 8
Vo PD ... 24 G 16
Vo VI ... 24 F 16
Vobarno BS ... 22 F 13
Vobbia GE ... 29 I 9
Vocca VC ... 8 E 6
Vodo Cadore BL ... 13 C 18
Völs am Schlern / Fié allo Sciliar BZ ... 3 C 16
Voghera PV ... 29 H 9
Voghiera FE ... 32 H 17
Vogogna VB ... 8 D 6
Volania FE ... 33 H 18
Volano FE ... 33 H 18
Volano TN ... 11 E 15
Volargne VR ... 23 F 14
Volciano BS ... 22 F 13
Volla NA ... 69 E 25
Vollan / Foiana BZ ... 3 C 15
Volmiano FI ... 39 K 15
Vologno RE ... 38 I 13
Volongo CR ... 22 G 12
Volpago del Montello TV ... 25 E 18
Volpara PV ... 29 H 9
Volpara AL ... 29 H 9
Volparo SA ... 75 F 27
Volpe (Cala di) SS ... 109 D 10
Volpe (Punta della) SS ... 109 D 10
Volpedo AL ... 28 H 8
Volperino PG ... 52 N 20
Volpiano TO ... 19 G 5
Volsini (Monti) VT ... 57 O 17
Volta SO ... 9 D 10
Volta Mantovana MN .. 23 G 13
Voltaggio AL ... 28 I 8
Voltago Agordino BL .. 12 D 18
Voltana RA ... 32 I 17
Volterra PI ... 43 L 14
Voltido CR ... 30 G 13
Voltone VT ... 57 P 17
Voltre FO ... 41 J 18
Voltri GE ... 36 I 8
Volturara Appula FG ... 66 C 27
Volturara Irpina AV ... 70 E 26
Volturino FG ... 66 C 27
Volturino (Fiumara) FG ... 66 C 27
Volturino (Monte) PZ .. 77 F 29
Volturno IS ... 64 R 24
Volumni (Ipogeo di) PG ... 51 M 19
Volvera TO ... 27 H 4
Vomano TE ... 59 O 22
Vomano (Val di) AQ ... 59 O 22
Vöran / Verano BZ ... 3 C 15
Vorno LU ... 42 K 13
Vottignasco CN ... 27 I 4
Votturino (Lago) CS ... 86 J 31
Voturo (Pizzo) PA ... 99 N 24
Vulcanello (Monte) ME ... 94 L 26
Vulcano (Bocche di) ME ... 94 L 26
Vulcano (Isola) ME ... 94 L 26
Vulcano (Monte) AG .. 102 T 20
Vulci VT ... 57 O 16
Vulgano FG ... 71 C 27
Vulture (Monte) PZ ... 71 E 28

W

Waidbruck / Ponte Gardena BZ ... 3 C 16
Walten / Valtina BZ ... 3 B 15
Wangen / Vanga BZ ... 3 C 16
Weißenbach / Riobianco (vicino a Campo Tures) BZ ... 4 B 17
Weißenbach / Riobianco (vicino a Pennes) BZ .. 3 B 16
Weißkugel / Bianca (Palla) BZ ... 2 B 14
Weisslahnbad / Bagni di Lavina Bianca BZ ... 3 C 16
Weißseespitze / Lago Bianco (Punta) BZ ... 2 B 14
Weitental / Vallarga BZ .. 4 B 17
Welsberg / Monguelfo BZ ... 4 B 18
Welschnofen / Nova Levante BZ ... 12 C 16
Wengen / La Valle BZ ... 4 C 17
Wiesen / Prati BZ ... 3 B 16
Wieser Alm / Malga Prato BZ ... 4 A 18
Wilde Kreuzspitze / Croce (Picco di) BZ ... 3 B 16
Willy Jervis TO ... 26 H 3
Winnebach / Prato alla Drava BZ ... 4 B 19
Wölkenstein in Gröden / Selva di Valgardena BZ .. 4 C 17
Wölfl / Lupicino BZ ... 12 C 16

X-Z

Xirbi CL ... 99 O 24
Xireni (Masseria) PA ... 99 N 23
Xitta TP ... 96 N 19
Xomo (Passo di) VI ... 23 E 15
Xon (Passo) VI ... 23 E 15
Zaccanopoli VV ... 88 L 29
Zaccaria NA ... 69 E 24
Zaccheo TE ... 53 N 23
Zacchi (Rifugio) UD ... 15 C 23
Zafferana Etnea CT ... 101 N 27
Zafferano (Capo) PA ... 98 M 22
Zafferano (Porto) SU .. 120 K 7
Zagarise CZ ... 87 K 31
Zagarolo RM ... 63 Q 20
Zaiama UD ... 15 D 21
Zambana TN ... 11 D 15
Zambla BG ... 10 E 11
Zamboni RE ... 38 J 13
Zambrone VV ... 88 K 29
Zambrone (Punta di) VV ... 88 K 29
Zancona GR ... 50 N 16
Zané VI ... 24 E 16
Zangarona CZ ... 88 K 31
Zanica BG ... 21 F 11
Zanotti CN ... 34 J 2
Zappolino BO ... 39 I 15
Zapponeta FG ... 67 C 29
Zappulla ME ... 100 M 26
Zappulla (Case) RG ... 107 Q 26
Zatta (Monte) GE ... 37 I 10
Zattaglia RA ... 40 J 17
Zavattarello PV ... 29 H 9
Zeccone PV ... 21 G 9
Zeda (Monte) VB ... 8 D 7
Zeddiani OR ... 114 H 7
Zelbio CO ... 9 E 9
Zelo RO ... 32 G 16
Zelo Buon Persico LO .. 21 F 10
Zeme PV ... 20 G 7
Zena BO ... 40 I 16
Zenna VA ... 8 D 8
Zenobito (Punta del) LI ... 48 M 11
Zenson di Piave TV ... 16 E 19
Zeppara OR ... 115 H 8
Zerba PC ... 29 I 9
Zerbio PC ... 30 G 11
Zerbion (Monte) AO ... 19 E 4
Zerbolò PV ... 21 G 9
Zerfaliu OR ... 115 H 8
Zeri MS ... 38 I 11
Zerman TV ... 25 F 18
Zero TV ... 25 F 18
Zero Branco TV ... 25 F 18
Zevio VR ... 23 F 15
Ziano di Fiemme TN ... 12 D 16
Ziano Piacentino PC ... 29 G 10
Zibello PR ... 30 G 12
Zibido PV ... 21 G 9
Zibido S. Giacomo MI .. 21 F 9
Zignano SP ... 37 J 11
Zimardo RG ... 107 Q 26
Zimella VR ... 24 F 16
Zimmara (Monte) PA .. 99 N 24
Zimone BI ... 19 F 6
Zinasconuovo PV ... 29 G 9
Zinascovecchio PV ... 29 G 9
Zinga KR ... 87 J 32
Zingarini RM ... 62 R 19
Zingonia BG ... 21 F 10
Zinnigas SU ... 118 J 8
Zinola SV ... 36 J 7
Zinzulusa (Grotta) LE .. 83 G 37
Zippo (Masseria) TA ... 80 E 33
Ziracco UD ... 15 D 22
Zita (Passo della) ME .. 100 M 26
Zoagli GE ... 37 I 9
Zocca MO ... 39 I 14
Zóccolo (Lago di) BZ ... 3 C 14
Zogno BG ... 21 E 10
Zola Pedrosa BO ... 31 I 15
Zoldo Alto BL ... 13 C 18
Zoldo (Valle di) BL ... 13 C 18
Zollino LE ... 83 G 36
Zomaro RC ... 91 M 30
Zone BS ... 22 E 12
Zone LU ... 39 K 13
Zoppé TV ... 13 E 19
Zoppé di Cadore BL ... 13 C 18
Zoppo (Portella dello) ME .. 100 N 26
Zoppola PN ... 13 E 20
Zorlesco LO ... 21 G 10
Zorzoi BL ... 12 D 17
Zovallo (Passo) PR ... 29 I 10
Zovello UD ... 5 C 20
Zovo (Passo del) BL ... 5 C 19
Zsigmondy-Comici (Rifugio) BZ ... 4 C 19
Zubiena BI ... 19 F 5
Zuccarello SV ... 35 J 6
Zucchi (Piano) PA ... 99 N 23
Zucco (Lo) PA ... 97 M 21
Zuccone Campelli LC ... 9 E 10
Zuccone (Monte) SP ... 37 I 10
Zuddas (Is) SU ... 120 J 8
Zuel BL ... 4 C 18
Zugliano VI ... 24 E 16
Zuglio UD ... 5 C 21
Zugna (Monte) TN ... 23 E 15
Zula BO ... 40 I 16
Zum Zeri MS ... 37 I 11
Zumaglia BI ... 19 F 6
Zumelle (Castello di) BL ... 13 D 18
Zungoli AV ... 71 D 27
Zungri VV ... 88 L 29
Zupo (Pizzo) SO ... 10 C 11
Zuppino SA ... 76 F 27
Zurco RE ... 31 H 13
Zuri OR ... 115 G 8
Zurrone (Monte) AQ ... 64 Q 24
Zwischenwasser / Longega BZ ... 4 B 17

Piante di città
Town plans
Plans de villes
Stadtpläne
Stadsplattegronden
Planos de ciudades

ITALIA

● Agrigento 161
● Ancona 162
● Arezzo 163
● Ascoli Piceno 163
● Assisi 164
● Bari 165
● Bergamo 165
● Bologna 166
● Bolzano 167
● Brescia 168
● Brindisi 169
● Cagliari 169
● Catania 170
● Como 171
● Cortona 171
● Cremona 172
● Erice 172
● Ferrara 173
● Firenze 174-175
● Genova 176-177
● Lecce 178
● Lucca 179
● Mantova 180
● Messina 181
● Milano 182-183
● Modena 184
● Napoli 185
● Orvieto 186
● Padova 186
● Palermo 187
● Parma 188
● Pavia 189
● Perugia 189
● Piacenza 190
● Pisa 190
● Ravenna 191
● Rimini 191
● Roma 192-193
● San Gimignano 194
● Sassari 195
● Siena 196
● Siracusa 197
● Taormina 198
● Taranto 199
● Torino 200-201
● Trani 202
● Trapani 203
● Trento 204
● Treviso 205
● Trieste 206
● Udine 207
● Urbino 207
● Venezia 208
● Verona 209
● Vicenza 210
● Volterra 211

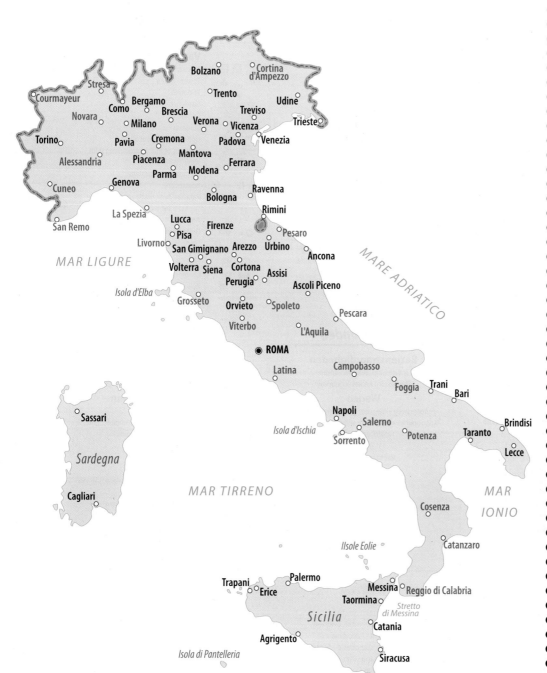

Bolzano
Cortina d'Ampezzo
Stresa
Courmayeur
Trento
Bergamo
Udine
Novara
Como
Brescia
Treviso
Torino
Milano
Verona
Vicenza
Trieste
Pavia
Cremona
Padova
Venezia
Alessandria
Piacenza
Mantova
Parma
Modena
Ferrara
Cuneo
Genova
Ravenna
San Remo
La Spezia
Bologna
Rimini
Lucca
Firenze
Pisa
Pesaro
Livorno
San Gimignano
Arezzo
Urbino
MAR LIGURE
Volterra
Siena
Cortona
Assisi
Ancona
Perugia
Ascoli Piceno
Isola d'Elba
Grosseto
Orvieto
Spoleto
Pescara
Viterbo
L'Aquila
ROMA
Latina
Campobasso
Foggia
Trani
Bari
Sassari
Napoli
Salerno
Brindisi
Isola d'Ischia
Potenza
Taranto
Sorrento
Lecce
Sardegna
MAR TIRRENO
MAR IONIO
Cagliari
Cosenza
Catanzaro
IIsole Eolie
Trapani
Palermo
Messina
Reggio di Calabria
Erice
Taormina
Stretto di Messina
Sicilia
Catania
Agrigento
Siracusa
Isola di Pantelleria
MARE ADRIATICO
Isole Pelagie

160

Piante

Curiosità
Edificio interessante - Torre
Costruzione religiosa interessante

Viabilità
Autostrada - Doppia carreggiata tipo autostrada
Svincoli numerati: completo, parziale
Grande via di circolazione
Galleria
Via pedonale
Tranvia
Parcheggio - Parcheggio Ristoro
Stazione e ferrovia
Funicolare
Funivia, cabinovia

Simboli vari
Costruzione religiosa
Torre - Ruderi
Mulino a vento
Giardino, parco, bosco
Cimitero
Stadio
Golf - Ippodromo
Piscina: all'aperto, coperta
Vista - Panorama
Monumento - Fontana
Spiaggia- Zoo
Porto turistico - Faro
Ufficio informazioni turistiche
Aeroporto
Stazione della metropolitana - Autostazione
Trasporto con traghetto: passeggeri ed autovetture - solo passeggeri
Ufficio centrale di fermo posta - Ospedale
Mercato coperto
Polizia - Municipio
Passeggiata consigliata

Plans

Curiosités
Bâtiment intéressant - Tour
Édifice religieux intéressant

Voirie
Autoroute - Double chaussée de type autoroutier
Échangeurs numérotés : complet - partiels
Grande voie de circulation
Tunnel
Rue piétonne
Tramway
Parking - Parking Relais
Gare et voie ferrée
Funiculaire, voie à crémaillère
Téléphérique, télécabine

Signes divers
Édifice religieux
Tour - Ruines
Moulin à vent
Jardin, parc, bois
Cimetière
Stade
Golf - Hippodrome
Piscine de plein air, couverte
Vue - Panorama
Monument - Fontaine
Plage - Zoo
Port de plaisance - Phare
Information touristique
Aéroport
Station de métro - Gare routière
Transport par bateau : passagers et voitures, passagers seulement
Bureau principal de poste restante - Hôpital
Marché couvert
Police - Hôtel de ville
Suggestion de promenade

Town plans

Sights
Place of interest - Tower
Interesting place of worship

Roads
Motorway - Dual carriageway
Numbered junctions: complete, limited
Major thoroughfare
Tunnel
Pedestrian street
Tramway
Car park - Park and Ride
Station and railway
Funicular
Cable-car

Various signs
Place of worship
Tower - Ruins
Windmill
Garden, park, wood
Cemetery
Stadium
Golf course - Racecourse
Outdoor or indoor swimming pool
View - Panorama
Monument - Fountain
Beach - Zoo
Pleasure boat harbour - Lighthouse
Tourist Information Centre
Airport
Underground station - Coach station
Ferry services: passengers and cars - passengers only
Main post office with poste restante - Hospital
Covered market
Police - Town Hall
Suggested stroll

Stadtpläne

Sehenswürdigkeiten
Sehenswertes Gebäude - Turm
Sehenswerter Sakralbau

Straßen
Autobahn - Schnellstraße
Nummerierte Voll - bzw. Teilanschlussstellen
Hauptverkehrsstraße
Tunnel
Fußgängerzone
Straßenbahn
Parkplatz - Park-and-Ride-Plätze
Bahnhof und Bahnlinie
Standseilbahn
Seilschwebebahn

Sonstige Zeichen
Sakralbau
Turm - Ruine
Windmühle
Garten, Park, Wäldchen
Friedhof
Stadion
Golfplatz - Pferderennbahn
Freibad - Hallenbad
Aussicht - Rundblick
Denkmal - Brunnen
Badestrand/ Strand - Zoo
Yachthafen- Leuchtturm
Informationsstelle
Flughafen
U-Bahnstation - Autobusbahnhof
Schiffsverbindungen: Autofähre, Personenfähre
Hauptpostamt (postlagernde Sendungen) - Krankenhaus
Markthalle
Polizei - Rathaus
Vorschlag für einen Spaziergang

Plattegronden

Bezienswaardigheden
Interessant gebouw - Toren
Interessant kerkelijk gebouw

Wegen
Autosnelweg - Weg met gescheiden rijbanen
Knooppunt / aansluiting: volledig, gedeeltelijk
Hoofdverkeersweg
Tunnel
Voetgangersgebied
Tramlijn
Parkeerplaats - P & R
Station, spoorweg
Kabelspoor
Tandradbaan

Overige tekens
Kerkelijk gebouw
Toren - Ruïne
Windmolen
Tuin, park, bos
Begraafplaats
Stadion
Golfterrein - Renbaan
Zwembad: openlucht, overdekt
Uitzicht - Panorama
Gedenkteken, standbeeld - Fontein
Strand - Zoo
Jachthaven - Vuurtoren
Informatie voor toeristen
Luchthaven
Metrostation - Busstation
Vervoer per boot: Passagiers en auto's - uitsluitend passagiers
Hoofdkantoor voor poste-restante - Ziekenhuis
Overdekte markt
Politie - Stadhuis
Aanbevolen wandeling

Planos

Curiosidades
Edificio interessante - Torre
Edificio religioso interessante

Vías de circulación
Autopista - Autovía
Enlaces numerados: completo, parciales
Vía importante de circulacíon
Túnel
Calle peatonal
Tranvía
Aparcamiento - Aparcamientos «P+R»
Estación y línea férrea
Funicular, línea de cremallera
Teleférico, telecabina

Signos diversos
Edificio religioso
Torre - Ruinas
Molino de viento
Jardín, parque, madera
Cementerio
Estadio
Golf - Hipódromo
Piscina al aire libre, cubierta
Vista parcial - Vista panorámica
Monumento - Fuente
Playa - Zoo
Puerto deportivo - Faro
Oficina de Información de Turismo
Aeropuerto
Estación de metro - Estación de autobuses
Transporte por barco: pasajeros y vehículos, pasajeros solamente
Oficina de correos - Hospital
Mercado cubierto
Policía - Ayuntamiento
Propuesta de paseo

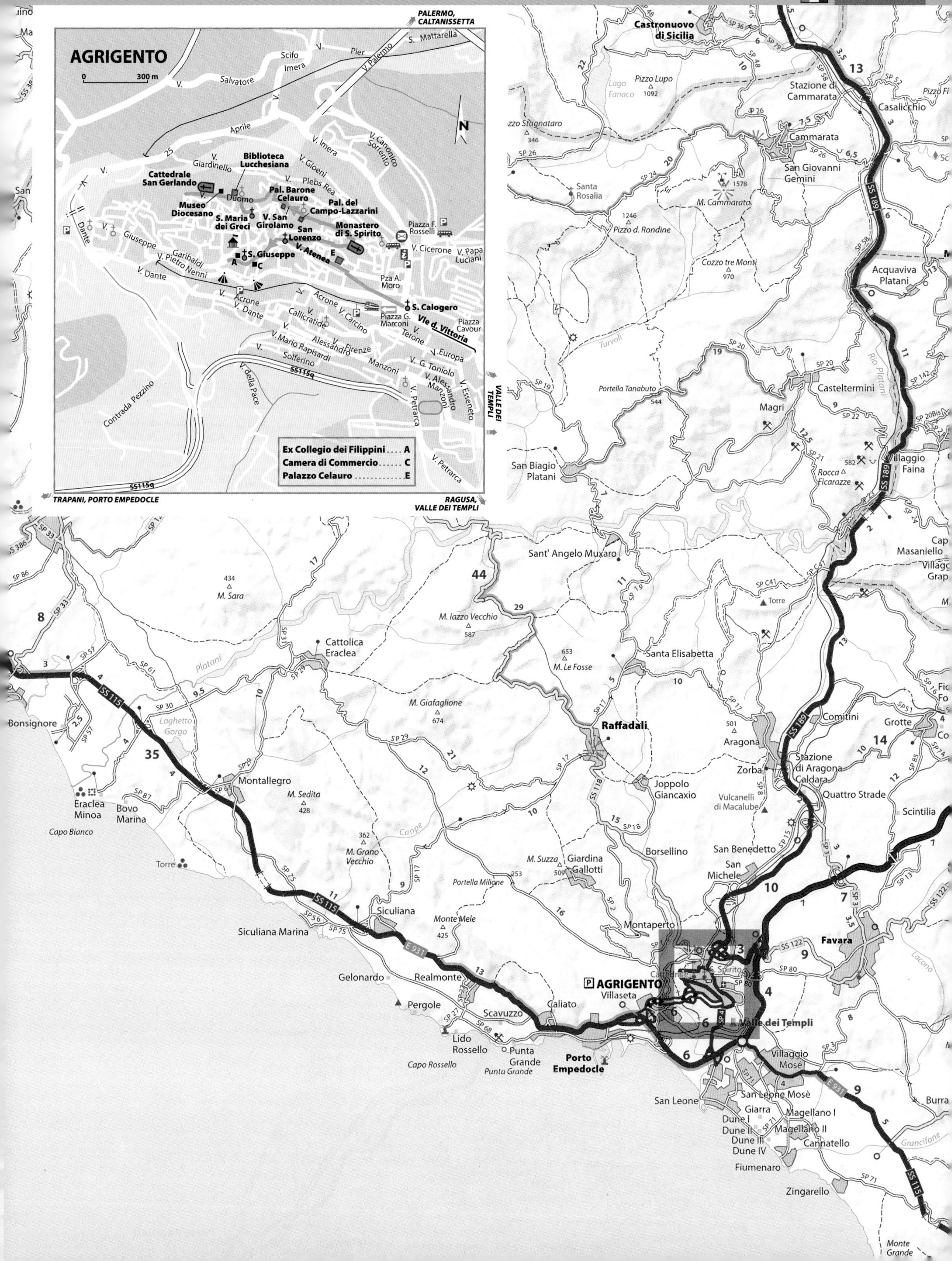

AGRIGENTO

PALERMO, CALTANISSETTA

0 — 300 m

N

Scifo
Imera
V. Pier
S. Mattarella
V. Palermo
Ma
V. Salvatore
SS Aprile
V. Imera
V. Giardinello
Biblioteca Lucchesiana
V. Gioeni
Plebs Rea
V. Canonico Sorrento
Cattedrale San Gerlando
Duomo
Pal. Barone Celauro
Pal. del Campo-Lazzarini
Museo Diocesano
S. Maria dei Greci
V. San Girolamo
San Lorenzo
Monastero di S. Spirito
Piazza F. Rosselli
V. Cicerone
V. Papa Luciani
V. Atenea
A   C   E
S. Giuseppe
Giuseppe
Garibaldi
V. Pietro Nenni
V. Dante
V. Acrone
V. Dante
Acrone
V. Carcino
Callicratide
Pza A. Moro
Piazza G. Marconi
V. Terone
Vle d. Vittoria
S. Calogero
Piazza Cavour
V. Europa
V. G. Toniolo
V. Firenze
V. Alessandro
Manzoni
V. Mario Rapisardi
Solferino
SS115q
V. della Pace
Contrada Pezzino
V. Alessandro Marconi
V. Essenneto
V. Petrarca
VALLE DEI TEMPLI
SS115q
TRAPANI, PORTO EMPEDOCLE
RAGUSA, VALLE DEI TEMPLI

Ex Collegio dei Filippini .... A
Camera di Commercio C
Palazzo Celauro .... E

Castronuovo di Sicilia
Lago Fanaco
Pizzo Lupo 1092
13
SP 36
SP 58
Stazione di Cammarata
Casalicchio
Pizzo Fi
Sc
7,5
3
Cammarata
6,5
SP 26
Santa Rosalia
M. 1578
San Giovanni Gemini
1246
Pizzo d. Rondine
M. Cammarata
SS 189
6
Cozzo tre Monti 970
Acquaviva Platani
SP 24
11
Turvoli
19
SP 20
Portella Tanabuto 544
SP 19
12,5
SP 20
SP 22
Casteltermini
SP 142
San Biagio Platani
582
Rocca Ficarazze
Villaggio Faina
8
SP 86
SP 33
SP 386
17
434
M. Sara
44
29
M. Iazzo Vecchio 587
Sant' Angelo Muxaro
11
SP 19
SP C41
Torre
Cap Masaniello
Villaggio Grap
M.
SP 57
3
Platani
SP 61
SP 24
SP 3
653
M. Le Fosse
5
Santa Elisabetta
10
13
SS 189
Comitini
Grotte
SP 51
Co
14
9,5
M. Giafaglione 674
SP 17
501
Aragona
Zorba
Stazione di Aragona Caldara
SP 74
SP 83
12
Scintilia
SP 13
SS 122
Bonsignore
2,5
SP 57
SS 115
35
SP 87
4
Montallegro
SP 29
12
21
SP 17
Raffadali
SP 118
Joppolo Giancaxio
Vulcanelli di Macalube
10
SP 15
3
7
7
SP 3
Eraclea Minoa
Bovo Marina
M. Sedita 428
SP 91
362
M. Grano Vecchio
Canpe
SP 17
M. Suzza 509
Giardina Gallotti
Borsellino
San Benedetto
San Michele
Favara
9
Capo Bianco
Torre
SP 75
9
SP 17
253
Portella Miliane
16
SP 2
Montaperto
SS 122
Lacono
11
Siculiana
Monte Mele 425
SP 80
SS 115
SP 56
SP 75
E 931
Siculiana Marina
Realmonte
13
AGRIGENTO
Villaseta
Cattedrale
S. Spirito
SP 80
SP 80
4
Gelonardo
Pergole
Scavuzzo
Caliato
6
6
6
Valle dei Templi
Villaggio Mosè
SP 21
Lido Rossello
SP 27
SP 68
Punta Grande
Porto Empedocle
SP 3
9
Capo Rossello
Punta Grande
San Leone
San Leone Mosè
Giarra
Magellano I
SS 115
Dune I
Dune II
Dune III
Dune IV
Magellano II
Cannatello
SP 71
Fiumenaro
Zingarello
Grancifone
Monte Grande

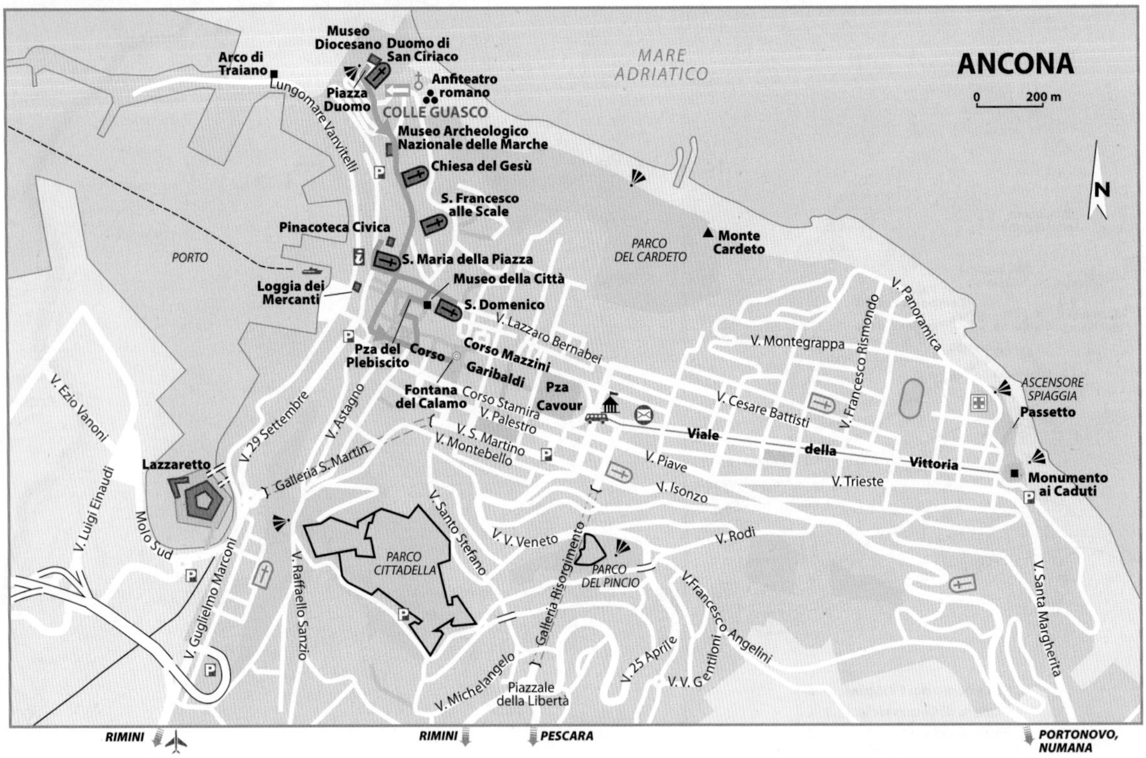

ANCONA

0   200 m

MARE ADRIATICO

Arco di Traiano

Museo Diocesano

Duomo di San Ciriaco

Anfiteatro romano

Piazza Duomo

COLLE GUASCO

Museo Archeologico Nazionale delle Marche

Chiesa del Gesù

S. Francesco alle Scale

Pinacoteca Civica

PORTO

S. Maria della Piazza

Museo della Città

Loggia dei Mercanti

S. Domenico

V. Lazzaro Bernabei

Monte Cardeto

PARCO DEL CARDETO

V. Montegrappa

V. Francesco Rismondo

V. Panoramica

ASCENSORE SPIAGGIA

Passetto

Pza del Plebiscito

Corso Mazzini

Corso Garibaldi

Pza Cavour

V. Cesare Battisti

Fontana del Calamo

Corso Stamira

V. Palestro

V. Astagno

V. 29 Settembre

V. S. Martino

V. Montebello

Viale   della   Vittoria

V. Piave

V. Trieste

Monumento ai Caduti

Lazzaretto

Galleria S. Martin

V. Ezio Vanoni

V. Luigi Einaudi

Molo Sud

V. Guglielmo Marconi

V. Raffaello Sanzio

V. Santo Stefano

PARCO CITTADELLA

V. V. Veneto

Galleria Risorgimento

PARCO DEL PINCIO

V. Isonzo

V. Rodi

V. Francesco Angelini

V. Santa Margherita

V. Michelangelo

Piazzale della Libertà

V. 25 Aprile

V. V. G.

N

RIMINI   RIMINI   PESCARA   PORTONOVO, NUMANA

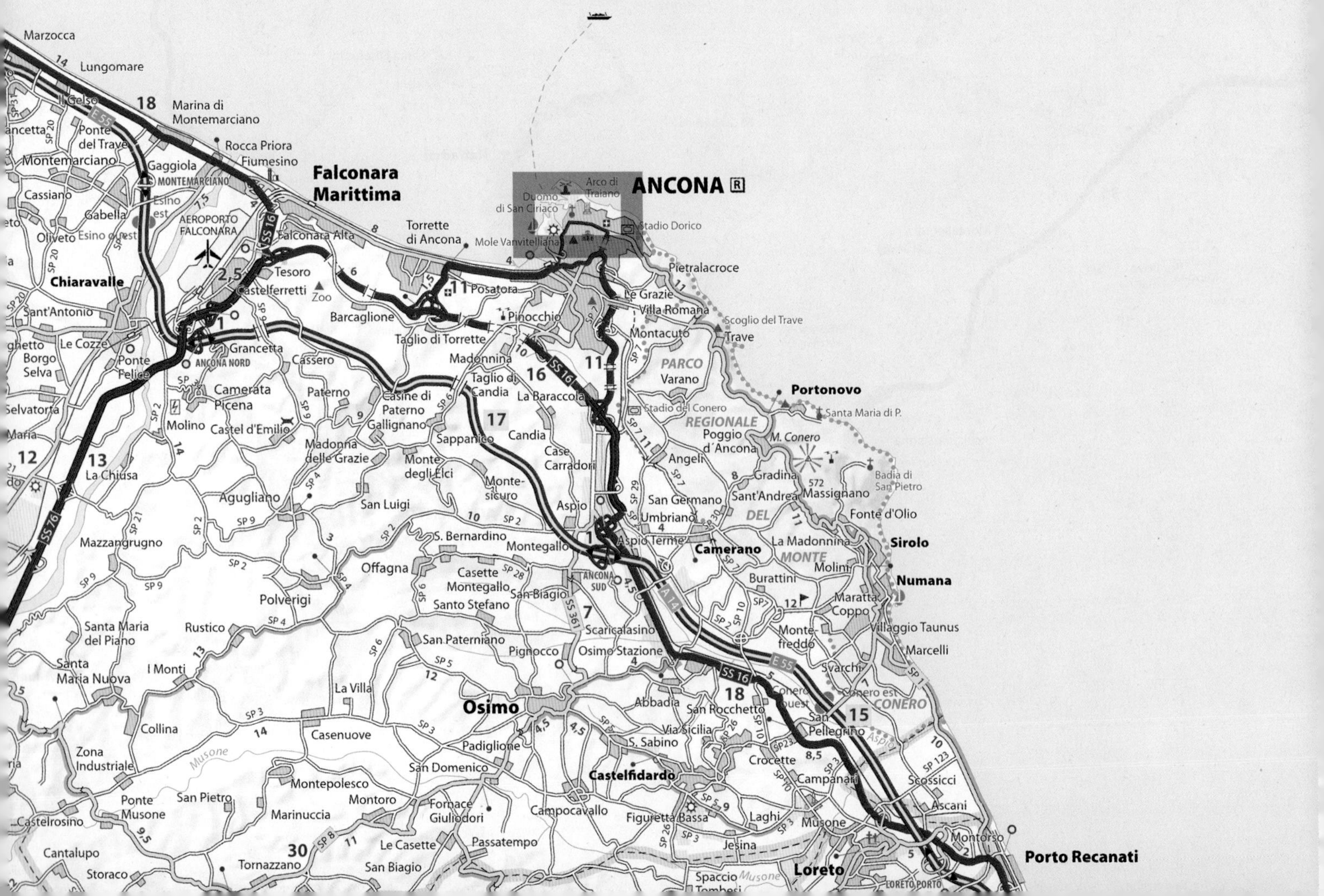

Marzocca

Lungomare

Marina di Montemarciano

Il Gelso

Ponte del Trave

Montemarciano

Ancetta

Rocca Priora

Fiumesino

Gaggiola

MONTEMARCIANO

Falconara Marittima

Cassiano

Esino est

Gabella

AEROPORTO FALCONARA

Falconara Alta

Torrette di Ancona

Oliveto Esino ovest

Chiaravalle

Castelferretti

Zoo

Barcaglione

Taglio di Torrette

Pinocchie

Posatora

Duomo di San Ciriaco

Arco di Traiano

ANCONA Ⓡ

Stadio Dorico

Mole Vanvitelliana

Pietralacroce

Sant'Antonio

Le Cozze

Grancetta

Cassero

Paterno

Madonnina

Le Grazie

Villa Romana

Montacuto

Scoglio del Trave

Trave

Ghetto

Borgo Selva

Ponte Felice

ANCONA NORD

Camerata Picena

Gallignano

Casine di Paterno

Taglio di Candia

La Baraccola

PARCO

Varano

Selvatorta

Molino

Castel d'Emilio

Madonna delle Grazie

Sappanico

Candia

Case Carradori

REGIONALE

Poggio d'Ancona

Portonovo

Santa Maria di P.

M. Conero

Badia di San Pietro

Massignano

Santa Maria

La Chiusa

Agugliano

Monte degli Elci

Montesicuro

San Luigi

Aspio

San Germano

Angeli

Umbriano

Gradina

Sant'Andrea

DEL

Fonte d'Olio

Sirolo

Mazzangrugno

S. Bernardino

Montegallo

Aspio Terme

Camerano

La Madonnina

MONTE

Numana

Offagna

Casette Montegallo

San Biagio

Santo Stefano

Burattini

Molini

Maratta Coppo

Polverigi

ANCONA SUD

Villaggio Taunus

Marcelli

Santa Maria del Piano

Rustico

San Bernardino

Pignocco

Osimo Stazione

Scaricalasino

Monte freddo

Conero est

Svarchi

I Monti

La Villa

San Paterniano

CONERO

Santa Maria Nuova

Collina

Casenuove

Padiglione

Osimo

Abbadia

San Rocchetto

Via Sicilia

San Pellegrino

Conero ovest

15

Zona Industriale

San Domenico

Castelfidardo

S. Sabino

Crocette

Scossicci

Ponte Musone

San Pietro

Marinuccia

Montoro

Fornace Giulidori

Campocavallo

Figuretta Bassa

Laghi

Campanari

Ascani

Castelrosino

Le Casette

Passatempo

Jesina

Musone

Montorso

Cantalupo

Tornazzano

San Biagio

Spaccio

Loreto

LORETO PORTO

Porto Recanati

Storaco

AREZZO
0 200 m
N
CESENA, FIRENZE
FIRENZE, ROMA
SANSEPOLCRO, URBINO
SIENA, PERUGIA, ROMA
S. MARIA DELLE GRAZIE
SANSEPOLCRO, SIENA
Casa del Vasari
San Domenico
Museo d'Arte Medievale e Moderna
Pza San Domenico
SS. Annunziata
MUDAS
Duomo
Passeggio del Prato
Pal. del Comune
Casa del Petrarca
V. dei Pileati
Pal. Pretorio
Pza Grande
La Badia
Casa Museo di Ivan Bruschi
Fortezza Medicea
SAN FRANCESCO
Sta. Maria della Pieve
Museo Archeologico Mecenate
Anfiteatro Romano
PARCO ALDO DUCCI
V. Guido Tarlati
V. Giuseppe Pietri
V. Romagna
V. Emilia
V. Lazio
V. Umbria
V. Marco Perennio
V. Monte Cervino
V. Benedetto Varchi
V. Baldaccio d'Anghiari
V. Francesco Petrarca
V. Arrigo Testa
Pza G. Monaco
V. Guido Monaco
Corso Italia
V. Guglielmo Oberdan
V. della Minerva
V. G. Garibaldi
V. Luigi Cittadini
V. Duomo Vecchio
V. Pionta
V. Niccolò Aretino
V. Michelangelo Buonarroti
V. Antonio Guadagnoli
Vle Luca Signorelli
V. Salvi Castellucci
V. Beato Angelico
V. Pietro Lorenzetti
V. Ristoro d'Arezzo
V. 25 Aprile
V. Isonzo
V. Monte Grappa
V. Piave
V. Masaccio
V. Fabio Filzi
V. Vittorio Veneto
Vle Michele Maginardo
V. Trento e Trieste
V. Giacomo Matteotti
Borgo Sta Croce
Vle Bruno Buozzi
V. S. Fabiano
V. Pierluigi da Palestrina
ARETINO
Pontenano
Bicciano
Cenina
Subbiano
Bibbiano
Capolona
Campovecchio
Gello Biscardo
Vezza
San Martino Sopr'Arno
Castelnuovo
Montegiovi
Chiaveretto
Scille
Casavecchia
Marcena
Giovi
Colignola
Castiglion Fibocchi
Pieve San Giovanni
Chiassa
Campriano
Castelluccio
Meliciano
Petrognano
Arno
Ponte a Buriano
Campoluci
Tregozzano
Gello
Rondine
Quarata
Puglia
Penna
L. della Penna
Patrignone
Antria
Fabbrica
Monte Sopra Rondine
Ceciliano
Pugliole
Pieve a Maiano
Pratantico
San Polo
La Filandra
Indicatore
Palazzetto
San Fabiano
Cimitero Militare
Montione
Le Poggiacce
Molinelli
Duomo
AREZZO
Chiani
Poggiola
Staggiano
Santa Fiora
Ruscello
Peneto
San Firenze
San Martino in Poggio
Agazzi
Battifolle
Bagnoro
Viciomaggio
Santa Firmina
San Zeno
Scopeto
Tuori
Mugliano
Olmo
Saccione
Badia al Pino Ovest
Badia al Pino
Pieve al Toppo
Bossi
Cellaio
Fontiano
M. Lignano
Calbi
Pigli
Le Poggiole
Badia al Pino Est
Tegoleto
Policiano
Pini
Pieve di Rigutino
Oliveto
Casacce
L'Albergo
Alberoro
Fondaccio
Rigutino
Pietraviva
Ruoti
La Selva
Villa a Sesta
San Gusmè
Sogna
Ponticelli
Ciggiano
Bossi

ASCOLI PICENO
0 100 m
N
RIETI, ROMA, ACQUASANTA TERME
TERAMO, PESCARA, ANCONA
PESCARA, ANCONA
Ponte di Solestà
Torre degli Ercolani
Santi Vincenzo e Anastasio
V. dei Soderini
S. Pietro Martire
V. delle Torri
QUARTIERE VECCHIO
San Tommaso
Sant'Agostino
Loggia dei Mercanti
S. Francesco
Museo dell'Arte Ceramica
Corso Mazzini
Pza del Popolo
Galleria d'arte contemporanea O. Licini
Pal. dei Capitani del Popolo
Museo archeologico
Battistero
Duomo
Pinacoteca
Piazza Arringo
Fortezza Pia
COLLE DELLA ANNUNZIATA
TORRE DEL CUCCO
V. Pietro Toselli
V. Berardo Tucci
V. Elisabetta Trebbiani
V. Asiago
Vle Marcello Federici
V. Monte Grappa
V. Pasubio
V. Montello
V. Piave
V. Giovanni Amadio
Vle Sinibaldo Vellei
V. Fabio Filzi
V. del Pte Vecchio
V. Pta Tufilla
Vle Pta Tufilla
V. Piemonte
V. Torino
V. Vidacilio
V. delle Canterine
V. dei Sabini
V. Tito Afranio
V. d'Argillano
V. Giuseppe Sacconi
V. Niccolò IV
V. Giudea
V. Luigi Mercantini
Cso Vittorio Emanuele
V. Candido Augusto Vecchi
Vle Indipendenza
V. Giovanni Tranquilli
V. Guglielmo Marconi
V. Erasmo Mari
V. 20 Settembre
V. dei Conti
V. Catone Vezio
V. Pretoriana
Vle della Rimembranza
Cso di Sotto
Vle Treviri
V. Dino Angelini
V. Cristoforo Colombo
V. Guglielmo Oberdan
V. Giuseppe Verdi
V. Bengasi
V. Gioacchino Rossini
V. Raffaello Sanzio
V. dei Cappuccini
V. Arrigo Boito
V. delle Stelle
V. Pacifici
V. della Piazzarola
V. Giulio Salvadori
Lungo Castellano
V. Adriatico
V. Pta Torricella
V. Marco Sgariglia
V. Bari
V. Napoli
V. Luigi Merli
V. Serafino Cellini
V. Celso Ulpiani
V. Salerno
V. 3 Ottobre
Tronto
Castellano
Marina di Massignano
Cupra Marittima
Grottammare
Salvatore
San Benedetto del Tronto
Palazzo Fiorani Piacentini
Madonna di Marina
Torre dei Gualtieri
Il Ponterotto
Acquaviva Picena
Monteprandone
San Giacomo
San Donato
Monte Cretaccio
Centobuchi
Molino
Sant'Anna
Marconi
Colonnella
San Venanzo II
Prosperi
Sant'Angelo
Riomoro
Pignotto
Casa Plaiani
Villa Catenacci
Corropoli
San Giuseppe
Bivio
Corropoli
Gabbiano
Aletta
Torra
Venarotta
Vena Piccola
Cepparano
Castellano
Venagrande
Colonnata
Valle Senzana
Chiarini
Piattoni
Olmo
Tronto
Valcinante
Castello
Vallorano
Valle Fiorana
Poggio di Bretta
(Castel di Lama)
Colle
Cerreto
San Silvestro
Villa San Pio X
Pagliare
Olibra
Incinante
Capodipiano
Colle Lungo
Faiano
San Giorgetta
Villa Sant'Antonio
San Giuseppe
Controguerra
Vetreto
Pedara
Marsia
Arola
Olibra Incinesca
Gimigliano
Curti
Caprignano
ASCOLI PICENO
Vallicella
Casacagnano
Oleificio
Panichi
Campolungo
Molino
Ancarano
Osoli
Collemoro
Marino del Tronto
San Giovanni II
Bovecchia
Casamurana
Cuccaro
Agelli
Tronzano
Salara
Piagge
Lago
San Pietro
Ascoli Piceno
Rocca di Morro
Primo Maltignano
Confini
Giuseppe
Petrella
Flaio
Gaico
Casaregnano
Casebianche
Rosara
Lisciano
Colle
Carpineto
Foligliano
Pastina
Colleiano
Roccareonile
Mozzano
Sant'Egidio alla Vibrata
Villa Mattoni
Piane di Morro
Torano Nuovo
Vibrata
Fluvione
Chiaro

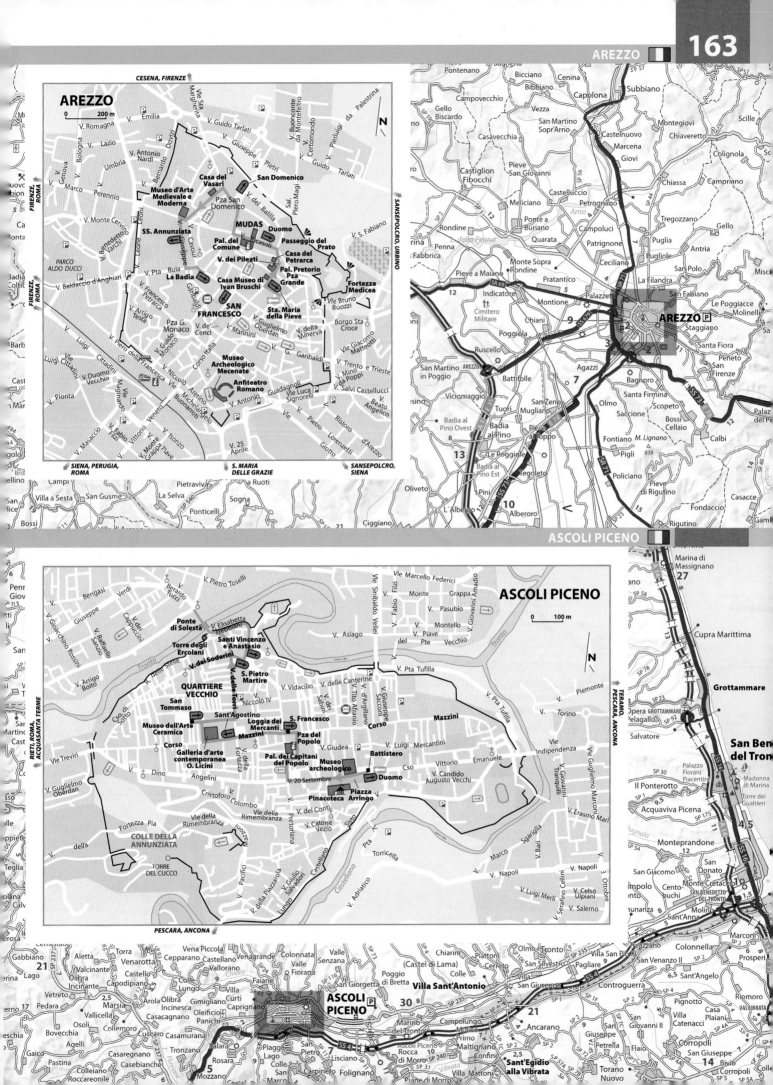

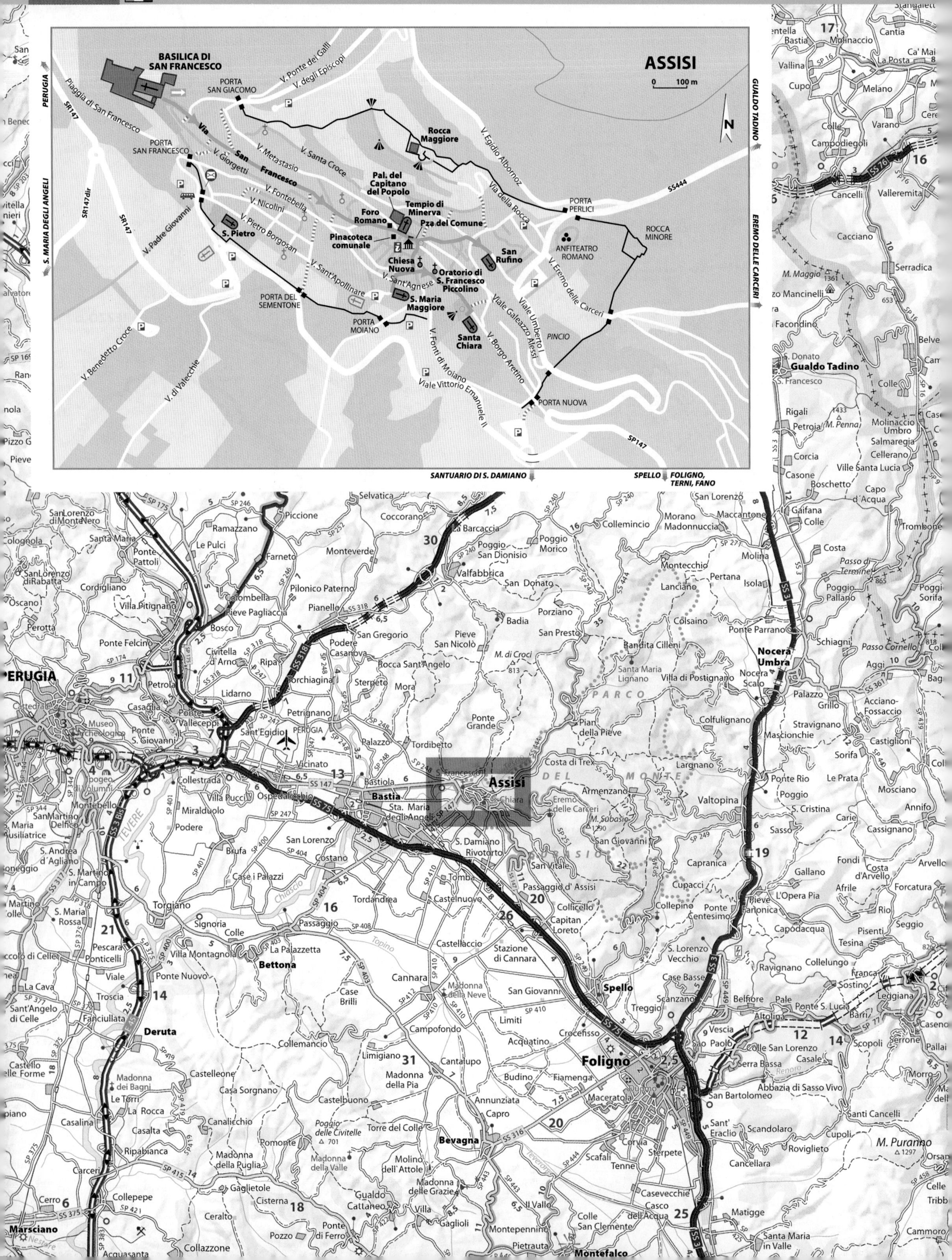

ASSISI

0   100 m

N

BASILICA DI SAN FRANCESCO

PERUGIA

S. MARIA DEGLI ANGELI

SR147

SR147dir

SR147

Piaggia di San Francesco

PORTA SAN GIACOMO

V. Ponte dei Galli

V. degli Episcopi

V. Santa Croce

Rocca Maggiore

V. Egidio Albornoz

GUALDO TADINO

EREMO DELLE CARCERI

SS444

Via San Francesco

PORTA SAN FRANCESCO

V. Giorgetti

V. Metastasio

V. Fontebella

V. Nicolini

V. Pietro Borgosan

V. Padre Giovanni

V. Sant'Apollinare

Pal. del Capitano del Popolo

Tempio di Minerva

Foro Romano

Pinacoteca comunale

Pza del Comune

Via della Rocca

PORTA PERLICI

ROCCA MINORE

ANFITEATRO ROMANO

S. Pietro

Chiesa Nuova

V. Sant'Agnese

Oratorio di S. Francesco Piccolino

San Rufino

V. Eremo delle Carceri

PORTA DEL SEMENTONE

S. Maria Maggiore

PORTA MOIANO

Santa Chiara

Viale Galeazzo Alessi

Viale Umberto I

PINCIO

V. Benedetto Croce

V. di Valecchie

V. Fonti di Moiano

V. Borgo Aretino

Viale Vittorio Emanuele II

PORTA NUOVA

SP147

SANTUARIO DI S. DAMIANO   SPELLO   FOLIGNO, TERNI, FANO

BARI
0 75 m
N
PORTO NUOVO
MARE ADRIATICO
Museo Archeologico di Santa Scolastica
S. Maria del Buonconsiglio
Museo Nicolaiano
San Gregorio
Basilica di San Nicola
San Marco dei Veneziani
CITTÀ VECCHIA
Cattedrale di San Sabino
Castello Normanno Svevo
Museo Diocesano
Palazzo Simi
Piazza Mercantile
Pza del Ferrarese
Teatro Margherita
Palazzo del Governo
Teatro Piccinni
Marché aux poissons
Piazza Isabella d'Aragona
Piazza Federico
Piazza G. Massari
Corso Vittorio Emanuele II
Lungo. Imperatore Augusto
Palese
Fiera del Levante
BARI
Basilica di San Nicola
Cattedrale di San Sabino
Sacrario dei Caduti d'Oltremare
San Paolo
Modugno
Carbonara di Bari
Triggiano
Parco Scizzo-Parchitello
Ceglie del Campo
Abbazia d'Ognissanti
Capurso
Superga
Valenzano
Bitritto
Bitetto
Santa Maria Assunta
San Pietro in Balsignano
Santa Maria del Pozzo
Cellamare
Adelfia
Sannicandro di Bari
Castello Federiciano
Madonna delle Grazie
Parco Principi
Cimitero di Guerra Polacco
Toritto

BERGAMO
Ponte San Pietro
Dalmine
Stezzano
Seriate
Alzano Lombardo
Osio Sotto
Urgnano
Cologno al Serio
Martinengo
Vaprio d'Adda
Brembate di Sopra
Almenno San Salvatore
Sorisole
Ponteranica
Torre Boldone
Gorle
Pedrengo
Zanica
Verdello
Boltiere
Ghisalba
SAN PELLEGRINO TERME
LAGO D'ISEO
BRESCIA
MILANO
CREMA
Cittadella
CITTÀ ALTA
Rocca
ACCADEMIA CARRARA
GAMeC
PARCO SUARDI
S. Bernardino
Via Pignolo
S. Spirito
S. Bartolomeo
Sentierone
Largo Gavazzeni
Théâtre Donizetti
Galleria Conca d'Oro
PARCO FRATELLI LOCATELLI
Piazzale Marconi
BERGAMO BASSA
0 250 m

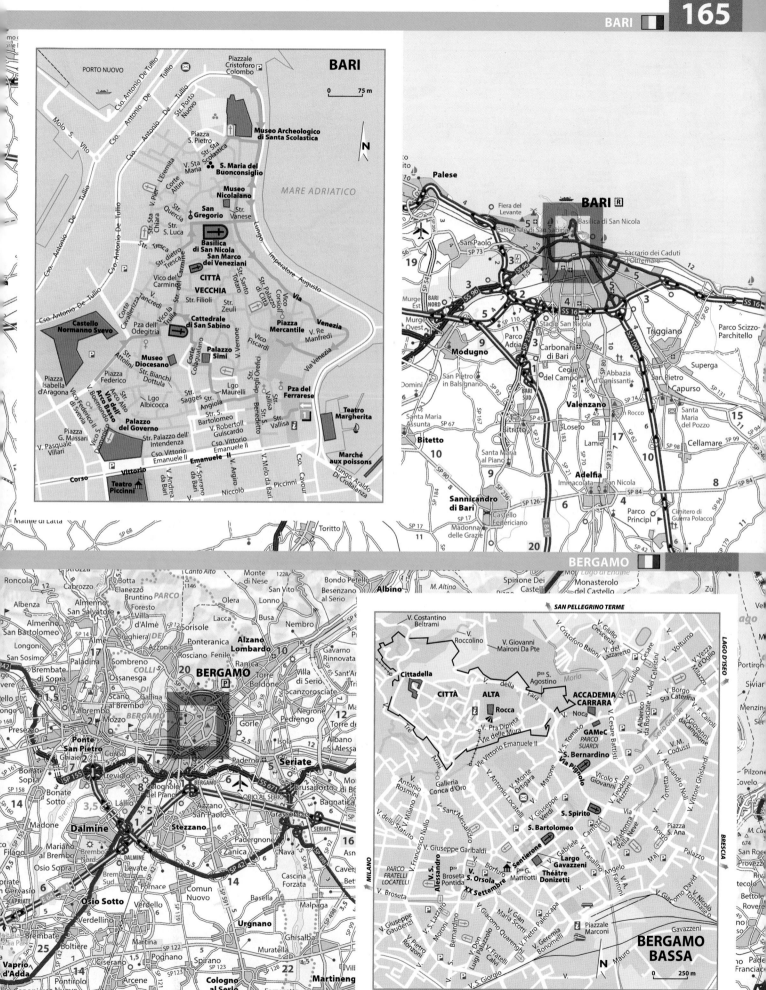

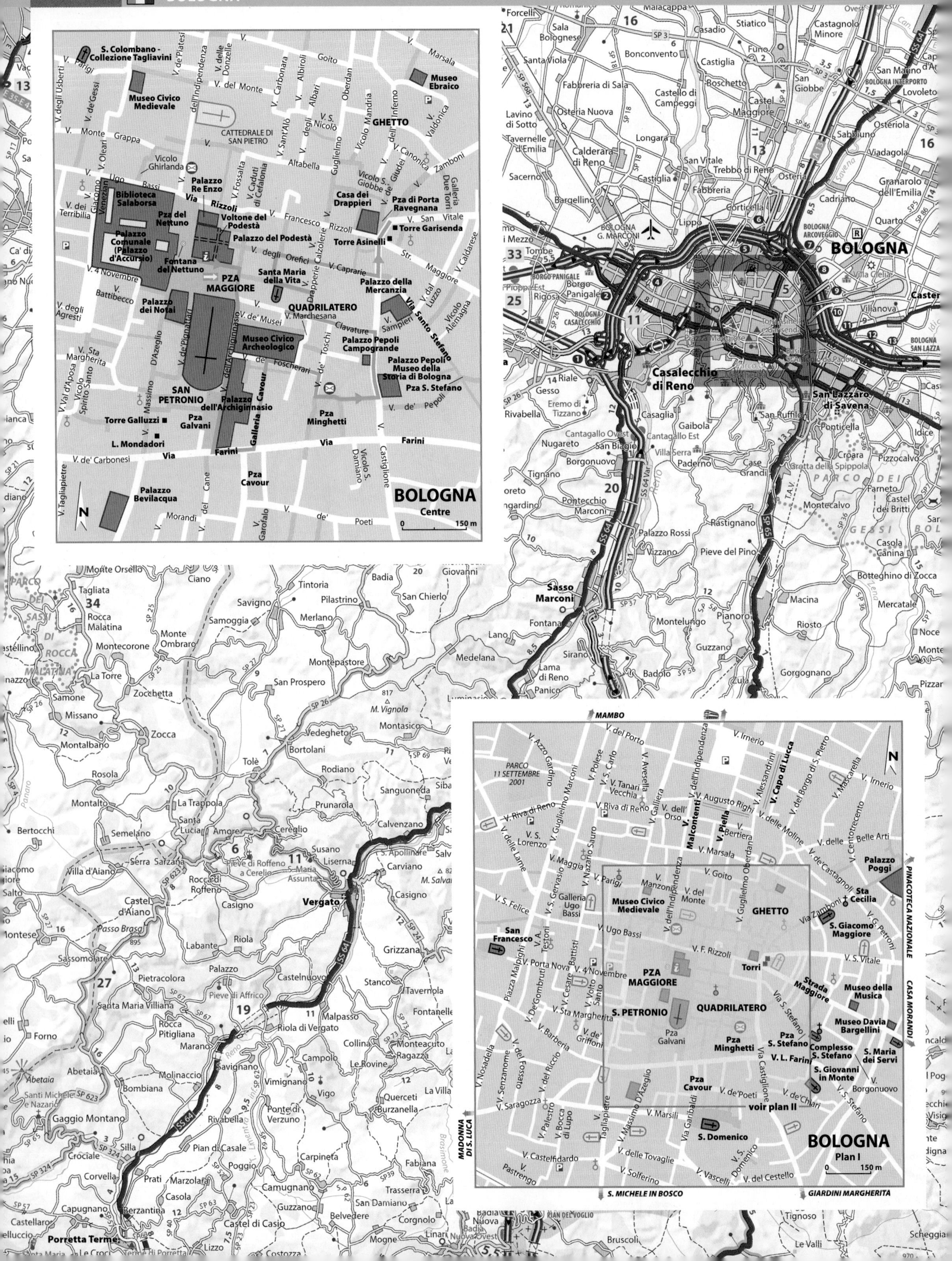
BOLOGNA
Centre
150 m
S. Colombano - Collezione Tagliavini
Museo Civico Medievale
Museo Ebraico
GHETTO
CATTEDRALE DI SAN PIETRO
Biblioteca Salaborsa
Palazzo Re Enzo
Pza del Nettuno
Voltone del Podestà
Palazzo del Podestà
Palazzo Comunale (Palazzo d'Accursio)
Fontana del Nettuno
PZA MAGGIORE
Santa Maria della Vita
Casa dei Drappieri
Pza di Porta Ravegnana
Torre Garisenda
Torre Asinelli
Palazzo della Mercanzia
QUADRILATERO
Palazzo dei Notai
Museo Civico Archeologico
Palazzo Pepoli Campogrande
Palazzo Pepoli Museo della Storia di Bologna
Pza S. Stefano
SAN PETRONIO
Palazzo dell'Archiginnasio
Torre Galluzzi
Pza Galvani
Pza Minghetti
L. Mondadori
Pza Cavour
Palazzo Bevilacqua
BOLOGNA
Casalecchio di Reno
San Lazzaro di Savena
Sasso Marconi
Vergato
Porretta Terme
BOLOGNA
Plan I
150 m
MAMBO
PINACOTECA NAZIONALE
CASA MORANDI
MADONNA DI S. LUCA
S. MICHELE IN BOSCO
GIARDINI MARGHERITA
PARCO 11 SETTEMBRE 2001
Museo Civico Medievale
GHETTO
San Francesco
PZA MAGGIORE
S. PETRONIO
QUADRILATERO
Torri
Sta Cecilia
S. Giacomo Maggiore
Palazzo Poggi
Museo della Musica
Museo Davia Bargellini
Complesso S. Stefano
S. Maria dei Servi
S. Giovanni in Monte
S. Domenico
Pza Minghetti
Pza Cavour
voir plan II

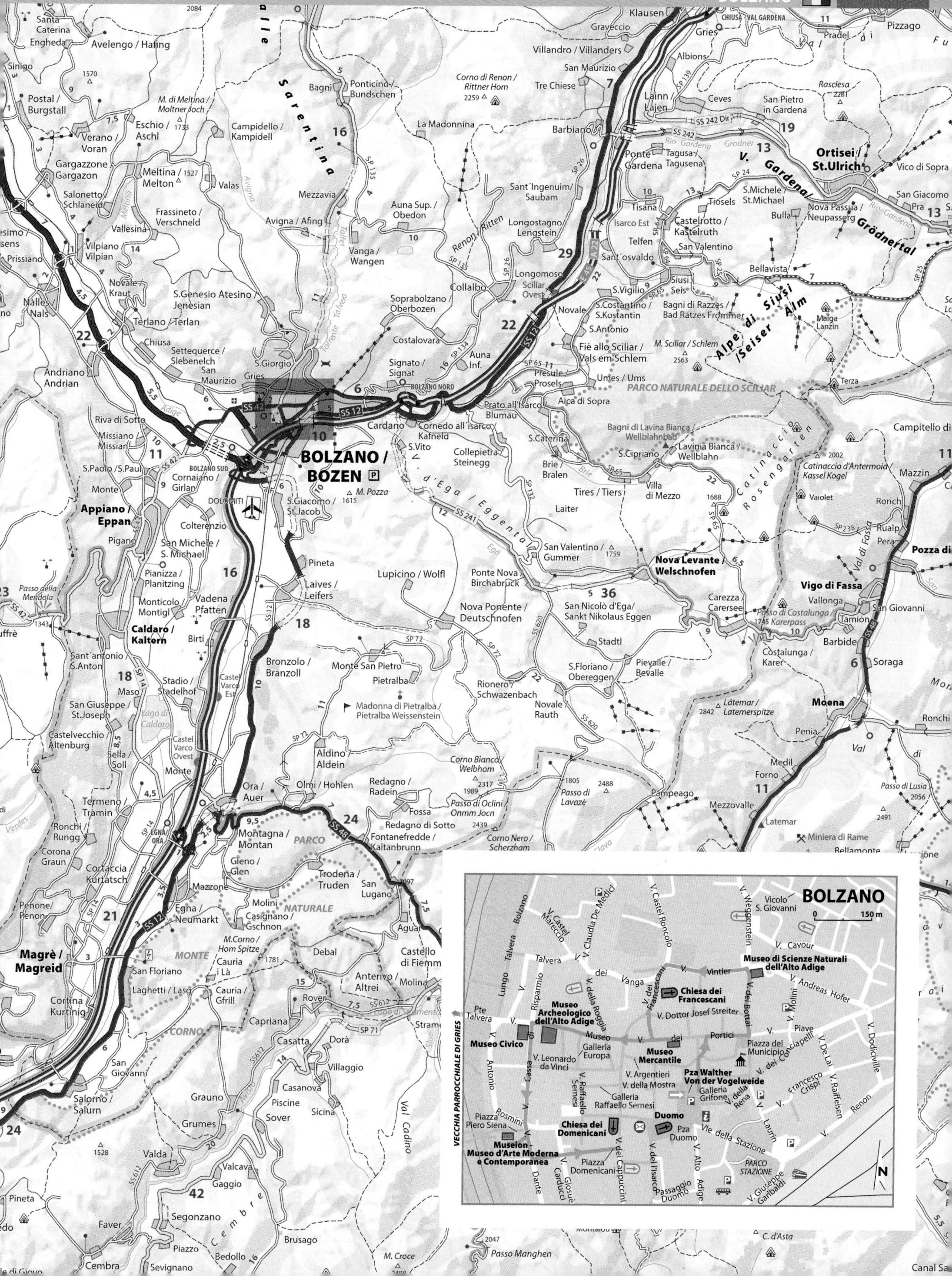

Santa Caterina
Engheda
Avelengo / Hafing
Sinigo
Postal / Burgstall
Verano / Voran
Gargazzone / Gargazon
Salonetto / Schlaneid
M. di Meltina / Moltner Joch
Eschio / Aschl
Meltina / Melton
Frassineto / Verschneid
Valas
Campidello / Kampidell
Ponticino / Bundschen
Bagni
Mezzavia
Avigna / Afing
Auna Sup. / Obedon
La Madonnina
Corno di Renon / Rittner Horn
Vanga / Wangen
Soprabolzano / Oberbozen
Renon / Ritten
Collalbo
Longostagno / Lengstein
Longomoso / Sciliar Ovest
Novale
Costalovara
Signato / Signat
Auna Inf.
Prato all'Isarco / Blumau
Cardano / Kafneld
Corneddo all'Isarco
S.Vito
Collepietra / Steinegg
S.Cipriano
S.Caterina
Brie / Bralen
Tires / Tiers
Villa di Mezzo
Laiter

Klausen / Chiusa Val Gardena
Graveccio
Gries
Pizzago
Pradel di
Villandro / Villanders
San Maurizio
Tre Chiese
Albions
Rasciesa
Barbiano
Ponte Gardena / Waidbruck
Lajen / Lajen
Ceves
San Pietro in Gardena
Isarco Est
Tisana
Castelrotto / Kastelruth
Ortisei / St.Ulrich
Vico di Sopra
Telfen
San Valentino
S.Michele / St.Michael
Tiosels
Bulla
Nova Passua / Neupasserg
San Giacomo
Grödnertal
Sant'Ingenuim / Saubam
Sant'osvaldo
Siusi / Seis
S.Vigilio
Bellavista
S.Costantino / S.Kostantin
Bagni di Razzes / Bad Ratzes Frommer
Alpe di Siusi / Seiser Alm
Malga Lanzin
S.Antonio
Fiè allo Sciliar / Vals am Schlem
M. Sciliar / Schlern
Umes / Ums
Prestule / Prosels
Aica di Sopra
Terza
PARCO NATURALE DELLO SCILIAR
Bagni di Lavina Bianca / Wellblahnbad
Lavinia Bianca / Wellblahn
Catinaccio / Rosengarten
Catinaccio d'Antermoid / Kassel Kogel
Campitello di
Mazzin
Ronch
Rualp / Pera
Vaiolet
Pozza di

Santa
Postal / Burgstall
Verano / Voran
Nalles / Nals
Andriano / Andrian
Settequerce / Siebeneich
San Maurizio
Riva di Sotto
Missiano / Missian
S.Paolo / S.Paul
Cornaiano / Girlan
Appiano / Eppan
Colterenzio
Pigano
San Michele / S. Michael
Pianizza / Planitzing
Monticolo / Montigl
Caldaro / Kaltern
Sant'antonio / S.Anton
Maso / Stadelhof
San Giuseppe / St.Joseph
Castelvecchio / Altenburg
Sella / Söll
Monte
Castel Varco Est
Castel Varco Ovest
Termeno / Tramin
Ronchi / Rungg
Corona / Graun
Cortaccia / Kurtatsch
Penone / Penon
Magrè / Magreid
San Floriano
Laghetti / Lasg
Cauria i Là
Cauria / Gfrill
Cortina / Kurtinig
San Giovanni
Salorno / Salurn

Vilpiano / Vilpian
Novale / Kraut
Terlano / Terlan
Chiusa
S.Genesio Atesino / Jenesian
S.Giorgio
Gries
BOLZANO / BOZEN
DOLOMITI
S.Giacomo / St.Jacob
Vadena / Pfatten
Birti
Pineta
Laives / Leifers
Lupicino / Wolfl
Bronzolo / Branzoll
Monte San Pietro / Pietralba
Madonna di Pietralba / Pietralba Weissenstein
Stadio / Stadelhof
Ora / Auer
Olmi / Hohlen
Aldino / Aldein
Redagno / Radein
Fossa
Redagno di Sotto
Egna / Neumarkt
Mazzone
Montagna / Montan
Gleno / Glen
Trodena / Truden
San Lugano
Molini
Casignano / Gschnon
M.Corno / Horn Spitze
Debal
Anterivo / Altrei
Molina
Grumes
Valcava
Valda
Pineta
Gaggio
Faedo
Segonzano
Bedollo

Sant'Ingenuim
Ponte Nova / Birchabruck
Nova Ponente / Deutschnofen
San Valentino / Gummer
San Nicolò d'Ega / Sankt Nikolaus Eggen
Nova Levante / Welschnofen
Carezza / Carersee
Passo di Costalunga / Karerpass
Vigo di Fassa
Vallonga
San Giovanni
Tamion
Costalunga / Karer
Barbide
Moena
Rionero / Schwazenbach
Novale / Rauth
S.Floriano / Obereggen
Pievalle / Bevalle
Latemar / Latemerspitze
Pampeago
Mezzovalle
Penia
Medil
Forno
Passo di Lusia
Miniera di Rame
Latemar
Bellamonte

Valle Sarentina
Torrente Talvera
Adige
Valle d'Ega / Eggental
Val di Fassa
PARCO NATURALE MONTE CORNO

Passo della Mendola
Lago di Caldaro
Castello di Fiemme
Casatta
Dorà
Villaggio
Sicina
Piscine Sover
Casanova
Grauno
Capriana
Aguai
Sporminore
Val Cadino

0   150 m

V. Weggenstein
Vicolo S. Giovanni
V. Cavour
Lungo Talvera
V. Castel Roncolo
Museo di Scienze Naturali dell'Alto Adige
V. Andreas Hofer
V. Castel Marecco
V. Claudia De Medici
V. Vintler
V. Talvera
V. Castel Flavon
V. Vanga
V. Molini
V. dei Francescani
Chiesa dei Francescani
V. Risparmio
V. della Roggia
V. Dottor Josef Streiter
Piave
V. dei Bottai
Museo Archeologico dell'Alto Adige
Museo Galleria Europa
Museo Mercantile
Portici
V. De Lai
Piazza del Municipio
V. dei Coppolari
Museo Civico
V. Leonardo da Vinci
V. dei
Galleria Grifone
V. Francesco Crispi
V. Antonio
Pza Walther Von der Vogelweide
V. Dodiciville
V. Argentieri
V. Raffaello Sernesi
V. della Mostra
Galleria della Rena
V. Raffeisen
Galleria Raffaello Sernesi
Duomo
Vie della Stazione
V. Rosmini
Piazza Piero Siena
Chiesa dei Domenicani
Pza Duomo
V. del Capuccini
Museion - Museo d'Arte Moderna e Contemporanea
Piazza Domenicani
V. Dante
V. Giosuè Carducci
V. Alto Adige
Passaggio Duomo
V. Giuseppe Garibaldi
PARCO STAZIONE
Pte Talvera
VECCHIA PARROCCHIALE DI GRIES

N

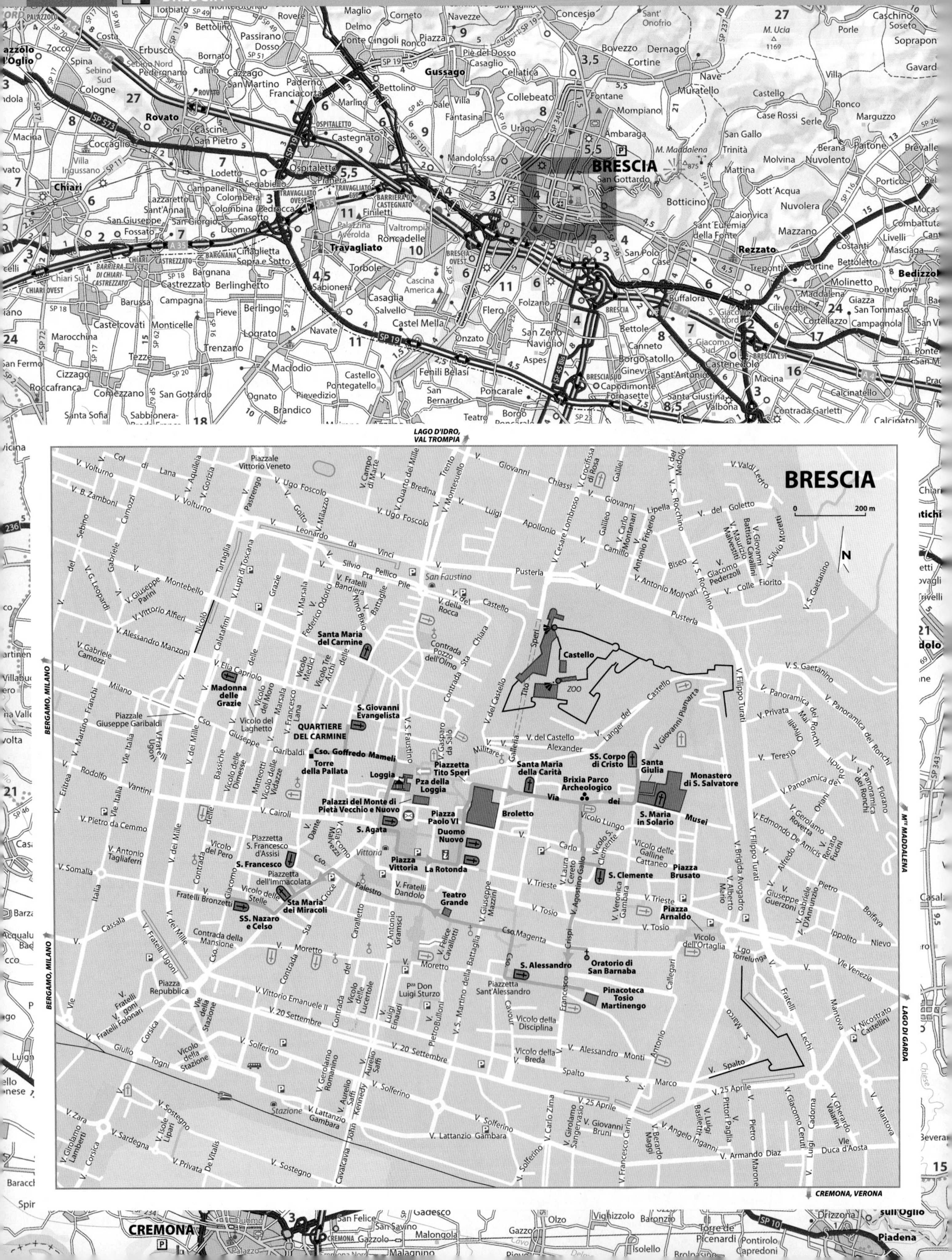

BRESCIA

0   200 m

N

Castello

ZOO

Santa Maria del Carmine

Madonna delle Grazie

QUARTIERE DEL CARMINE

S. Giovanni Evangelista

Cso. Goffredo Mameli

Torre della Pallata

Loggia

Piazzetta Tito Speri

Pza della Loggia

Palazzi del Monte di Pietà Vecchio e Nuovo

Piazza Paolo VI

S. Agata

Duomo Nuovo

Piazzetta S. Francesco d'Assisi

La Rotonda

Piazza Vittoria

S. Francesco

Piazzetta dell'Immacolata

Sta Maria dei Miracoli

SS. Nazaro e Celso

Teatro Grande

Santa Maria della Carità

Brixia Parco Archeologico

SS. Corpo di Cristo

Santa Giulia

Monastero di S. Salvatore

Via   dei   Musei

S. Maria in Solario

Broletto

S. Clemente

Piazza Brusato

Piazza Arnaldo

S. Alessandro

Oratorio di San Barnaba

Piazzetta Sant'Alessandro

Pinacoteca Tosio Martinengo

Stazione

Piazza Repubblica

Piazza Don Luigi Sturzo

LAGO D'IDRO, VAL TROMPIA

BERGAMO, MILANO

CREMONA, VERONA

LAGO DI GARDA

Mᵗⁱ MADDALENA

CREMONA

Piadena

15

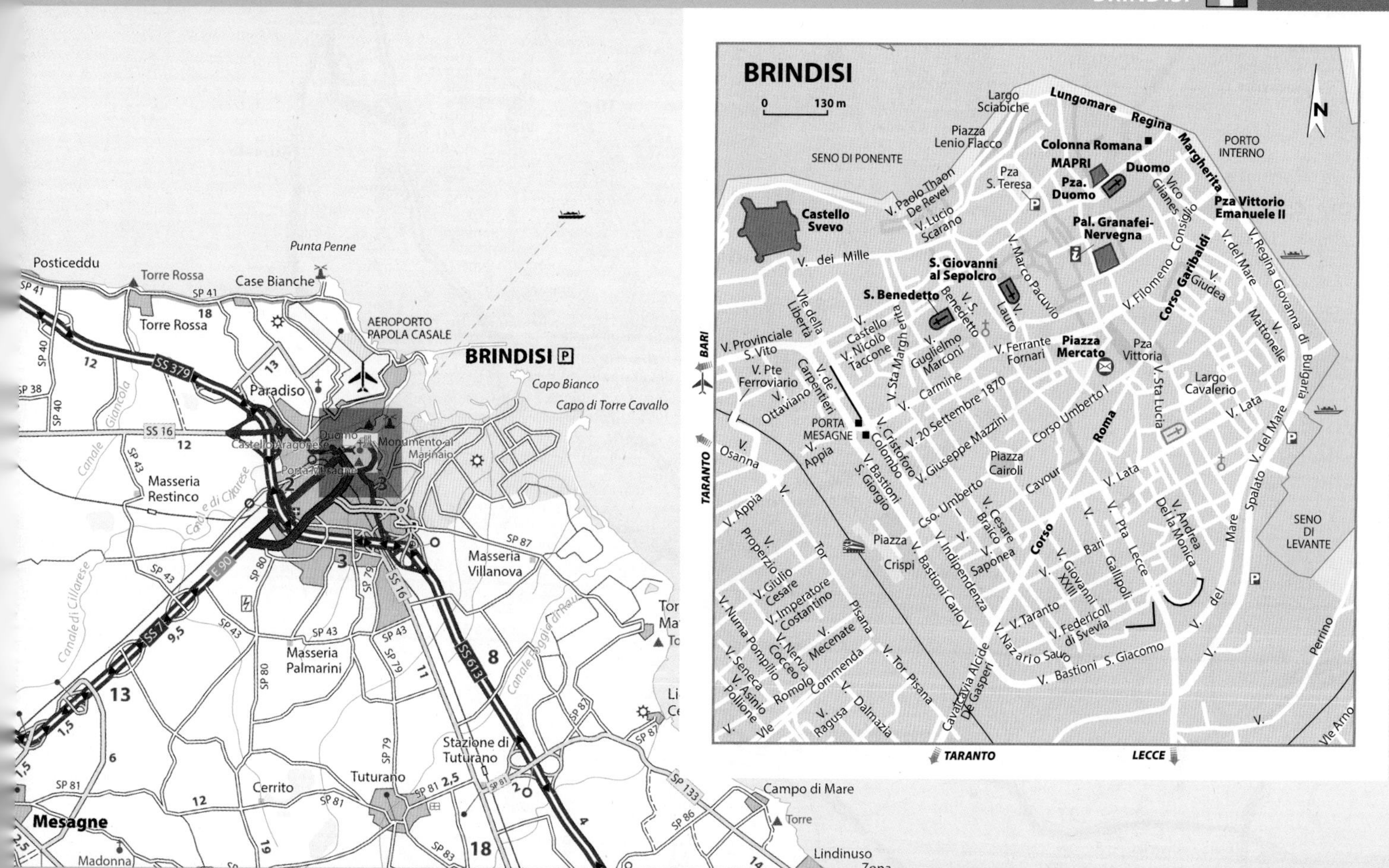

BRINDISI

0   130 m

SENO DI PONENTE

Largo Sciabiche
Lungomare Regina Margherita
PORTO INTERNO

Piazza Lenio Flacco
Colonna Romana
MAPRI
Duomo
Pza S. Teresa
Pza Duomo
Pal. Granafei-Nervegna
Pza Vittorio Emanuele II

Castello Svevo

V. dei Mille
V. Paolo Thaon De Revel
V. Lucio Scarano
V. Marco Pacuvio

S. Giovanni al Sepolcro
S. Benedetto
V. della Libertà
Castello Nicolò
Taccone
Guglielmo Marconi
Corso Garibaldi
V. del Mare
V. Giudea
V. Regina Giovanna di Bulgaria

V. Provinciale S. Vito
V. Sta. Margherita
Carmine
V. Ferrante Fornari
Piazza Mercato
Pza Vittoria
Largo Cavaliero

PORTA MESAGNE
V. Cristoforo Colombo
V. 20 Settembre 1870
Corso Umberto I
Roma
V. Sta. Lucia
V. Lata
V. del Mare

V. Appia
V. Propilio
V. S. Giorgio
Piazza Cairoli
Cavour
V. Lata
Pza Lecce
V. Andrea Della Monica
SENO DI LEVANTE

V. Osanna
V. Giulio Cesare
V. Imperatore Costantino
V. Cesare Braico
V. Indipendenza
V. Saponea
Corso
V. Giovanni XXIII
Bari
Galipoli

V. Numa Pompilio
V. Mecenate
V. Pisana
Piazza Crispi
Bastioni Carlo V
V. Taranto
V. Federicoll di Svevia
V. Nazario Sauro

V. Seneca
V. Asinio Pollione
V. Tor Pisana
Commenda
V. Bastioni S. Giacomo

TARANTO
LECCE

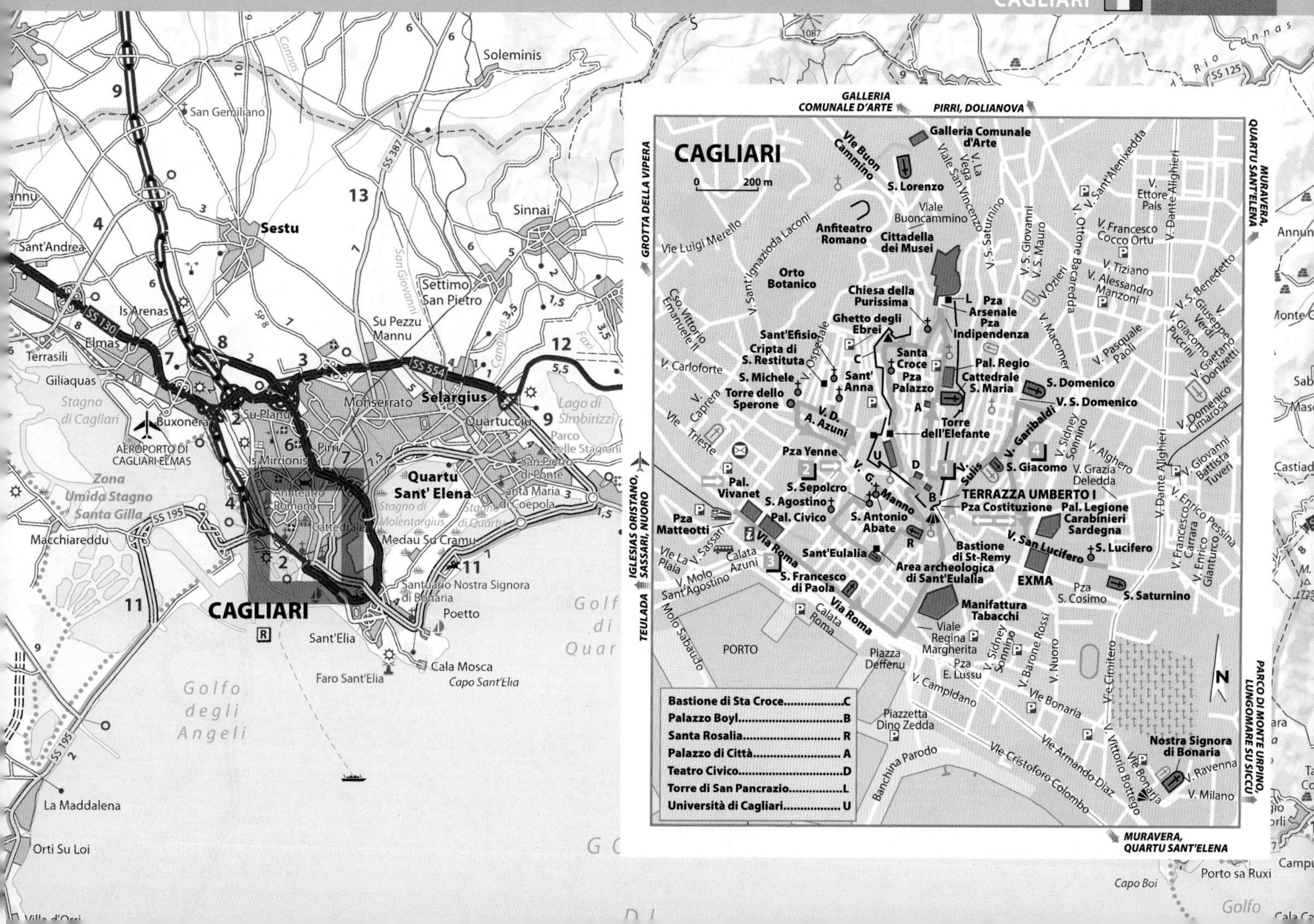

CAGLIARI

GALLERIA COMUNALE D'ARTE
PIRRI, DOLIANOVA
Galleria Comunale d'Arte
MURAVERA, QUARTU SANT'ELENA

CAGLIARI

0   200 m

GROTTA DELLA VIPERA
Vie Buon Cammino
S. Lorenzo
V. La Vega
Viale San Vincenzo
V. Sant'Alenvedda
Ettore Pais
V. Dante Alighieri

Vie Luigi Merello
V. Ignazio da Laconi
Viale Buoncammino
V. Francesco Cocco Ortu

Orto Botanico
Anfiteatro Romano
Cittadella dei Musei
V. S. Giovanni
V. Ottone Bacaredda
V. Tiziano
V. Alessandro Manzoni

Cso. Vittorio Emanuele
Chiesa della Purissima
Ghetto degli Ebrei
Pza Arsenale
Pza Indipendenza
V. Macomer
V. Pasquale Paoli
V. Giacomo Puccini
V. Gaetano Donizetti

Sant'Efisio
Cripta di S. Restituta
S. Michele
Torre dello Sperone
V. D. A. Azuni
Santa Croce
Sant'Anna
Pza Palazzo
Pal. Regio
Cattedrale S. Maria
S. Domenico
V. S. Domenico
V. Alghero

V. Carloforte
Pza Yenne
Sulis
Torre dell'Elefante
V. Sidney Sonnino
V. Giovanni Battista Tuveri

Viale Trieste
Pal. Vivanet
Pza Sepolcro
S. Agostino
Pal. Civico
V. Manno
S. Antonio Abate
V. Garibaldi
S. Giacomo
TERRAZZA UMBERTO I
Pza Costituzione
Pal. Legione Carabinieri Sardegna
V. San Lucifero
S. Lucifero

Pza Matteotti
Via Roma
Sant'Eulalia
Bastione di St-Remy
Area archeologica di Sant'Eulalia
EXMA
S. Saturnino

S. Francesco di Paola
Via Roma
Calata Azuni
Calata Roma
Manifattura Tabacchi
S. Cosimo

PORTO
Viale Regina Margherita
Pza E. Lussu

Piazza Deffenu
Piazzetta Dino Zedda
V. Campidano
V. Barone Rossi
V. Cimitero
V. Bonaria
Nostra Signora di Bonaria

Banchina Parodo
Vie Cristoforo Colombo
Vie Armando Diaz
V. Vittorio Bottego
V. Ravenna
V. Milano

MURAVERA, QUARTU SANT'ELENA
PARCO DI MONTE URPINO, LUNGOMARE SU SICCU

Bastione di Sta Croce	C
Palazzo Boyl	B
Santa Rosalia	R
Palazzo di Città	A
Teatro Civico	D
Torre di San Pancrazio	L
Università di Cagliari	U

CATANIA

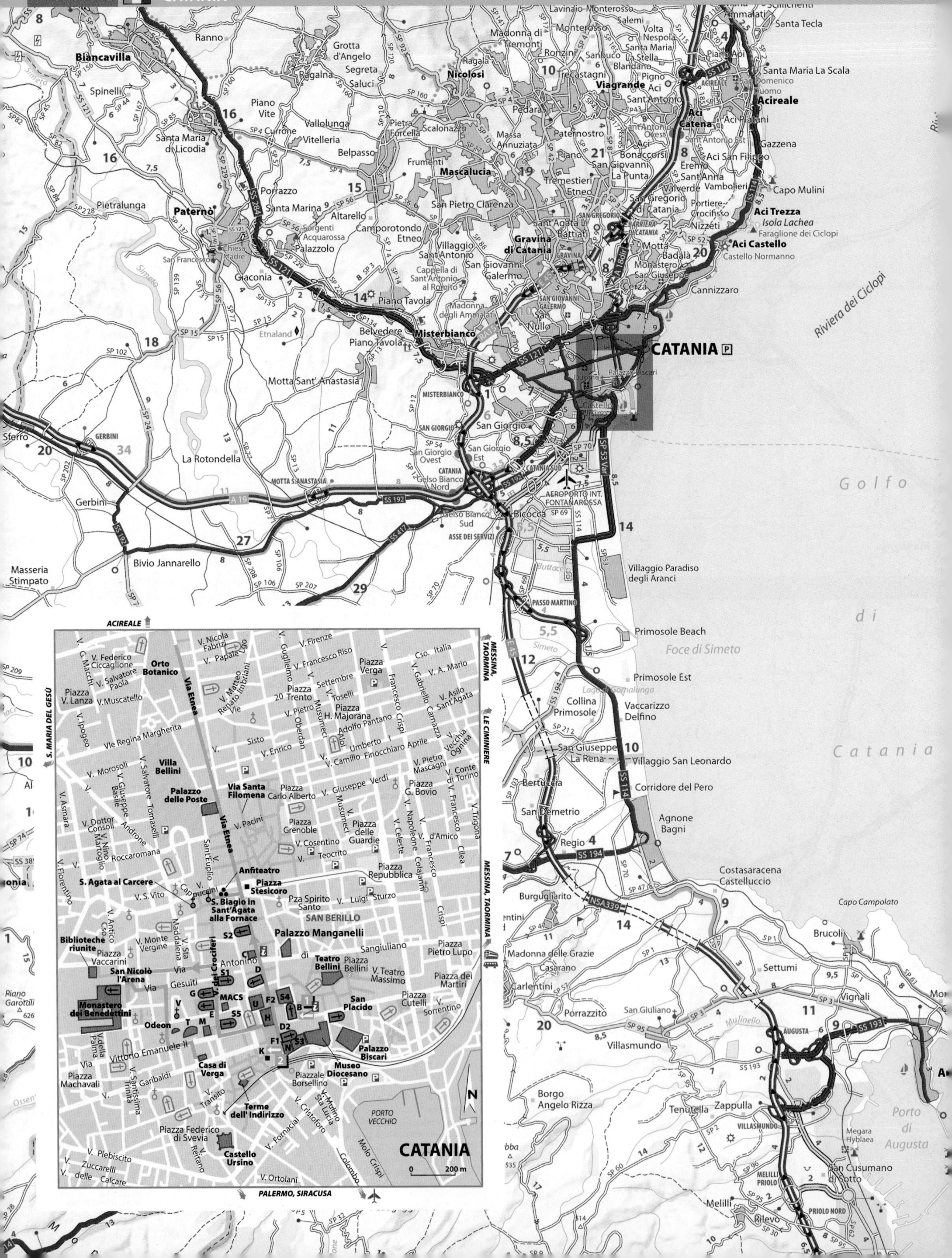

Biancavilla
Ranno
Grotta d'Angelo
Spinelli
Santa Maria di Licodia
Piano Vite
Vallolunga
Vitelleria
Belpasso
Paternò
Porrazzo
Santa Marina
Altarello
Palazzolo
Giaconia
Camporotondo Etneo
Pietralunga
Gerbini
La Rotondella
Motta Sant'Anastasia
Masseria Stimpato
Bivio Jannarello
Sferro
Nicolosi
Ragalna
Segreta
Saluci
Mascalucia
San Pietro Clarenza
Villaggio Sant'Antonio
Belvedere
Piano Tavola
Misterbianco
San Giorgio
San Giorgio Est
San Giorgio Ovest
Catania Gelso Bianco Nord
Gelso Bianco Sud
Asse dei Servizi
Viagrande
Aci Catena
Acireale
Gazzena
Aci San Filippo
Capo Mulini
Aci Trezza
Isola Lachea
Faraglione dei Ciclopi
Aci Castello
Castello Normanno
Cannizzaro

CATANIA

Gravina di Catania
San Giovanni Galermo
San Nullo

Riviera dei Ciclopi

Golfo di Catania

Aeroporto Int. Fontanarossa
Bicocca
Passo Martino
Villaggio Paradiso degli Aranci
Primosole Beach
Foce di Simeto
Primosole Est
Vaccarizzo Delfino
Collina Primosole
San Giuseppe La Rena
Villaggio San Leonardo
Corridore del Pero
Bertuccia
San Demetrio
Agnone Bagni
Regio
Costasaracena Castelluccio
Capo Campolato
Burgugliarito
Brucoli
Madonna delle Grazie
Settumi
Casarano
Carlentini
Porrazzito
San Giuliano
Villasmundo
Augusta
Vignali
Borgo Angelo Rizza
Tenutella Zappulla
Villasmundo
Megara Hyblaea
Porto di Augusta
Melilli Priolo
Priolo Nord

CATANIA (inset)

ACIREALE
Orto Botanico
V. Nicola Fabrizi
V. Firenze
V. Francesco Riso
Piazza Verga
Cso. Italia
V. Federico Ciccaglione
V. G. Macchi
V. Salvatore Paola
V. Muscatello
V. Lanza
Piazza
V. Guglielmo
V. Matteo Renato Imbriani
Piazza Trento
20 Settembre
V. Toselli
Piazza H. Majorana
V. A. Mario
V. Gabriele Carnazza
V. Asilo Sant'Agata
Villa Bellini
Vle Regina Margherita
V. Morosoli
V. Salvatore Tomaselli
V. Giuseppe Basile
Androne
Via Santa Filomena
Via Etnea
V. Pietro Oberdan
V. Enrico
V. Sisto
Adolfo Pantano
V. Camillo Finocchiaro Aprile
V. Umberto
V. Pietro Mascagni
Piazza Carlo Alberto
Piazza Giuseppe Verdi
Piazza G. Bovio
V. Conte di Torino
Vecchia Ognina
Palazzo delle Poste
V. Pacini
V. Dottor Consoli
V. Nino Martoglio
Roccaromana
Piazza Grenoble
V. Cosentino
Piazza delle Guardie
V. Celeste
V. Teocrito
V. Napoleone Colajanni
V. Francesco d'Amico
Clea
V. Trigona
Piazza Repubblica
Anfiteatro
Piazza Stesicoro
S. Agata al Carcere
S. Biagio in Sant'Agata alla Fornace
Pza Spirito Santo
V. Luigi Sturzo
SAN BERILLO
Palazzo Manganelli
Sangiuliano
Piazza Pietro Lupo
Biblioteche riunite
Piazza Vaccarini
San Nicolò l'Arena
V. Monte Vergine
Teatro Bellini
Piazza Bellini
V. Teatro Massimo
Piazza dei Martiri
Monastero dei Benedettini
Odeon
Gesuiti
Antonino
San Placido
Piazza Cutelli
V. Sorrentino
Casa di Verga
Vittorio Emanuele II
Museo Diocesano
Palazzo Biscari
Piazzale Borsellino
Piazza Machavali
Piazza Federico di Svevia
Terme dell'Indirizzo
Castello Ursino
V. Plebiscito
V. Zuccarelli delle Calcare
PORTO VECCHIO
CATANIA
0   200 m

N

PALERMO, SIRACUSA

MESSINA, TAORMINA
LE CIMINIERE

COMO

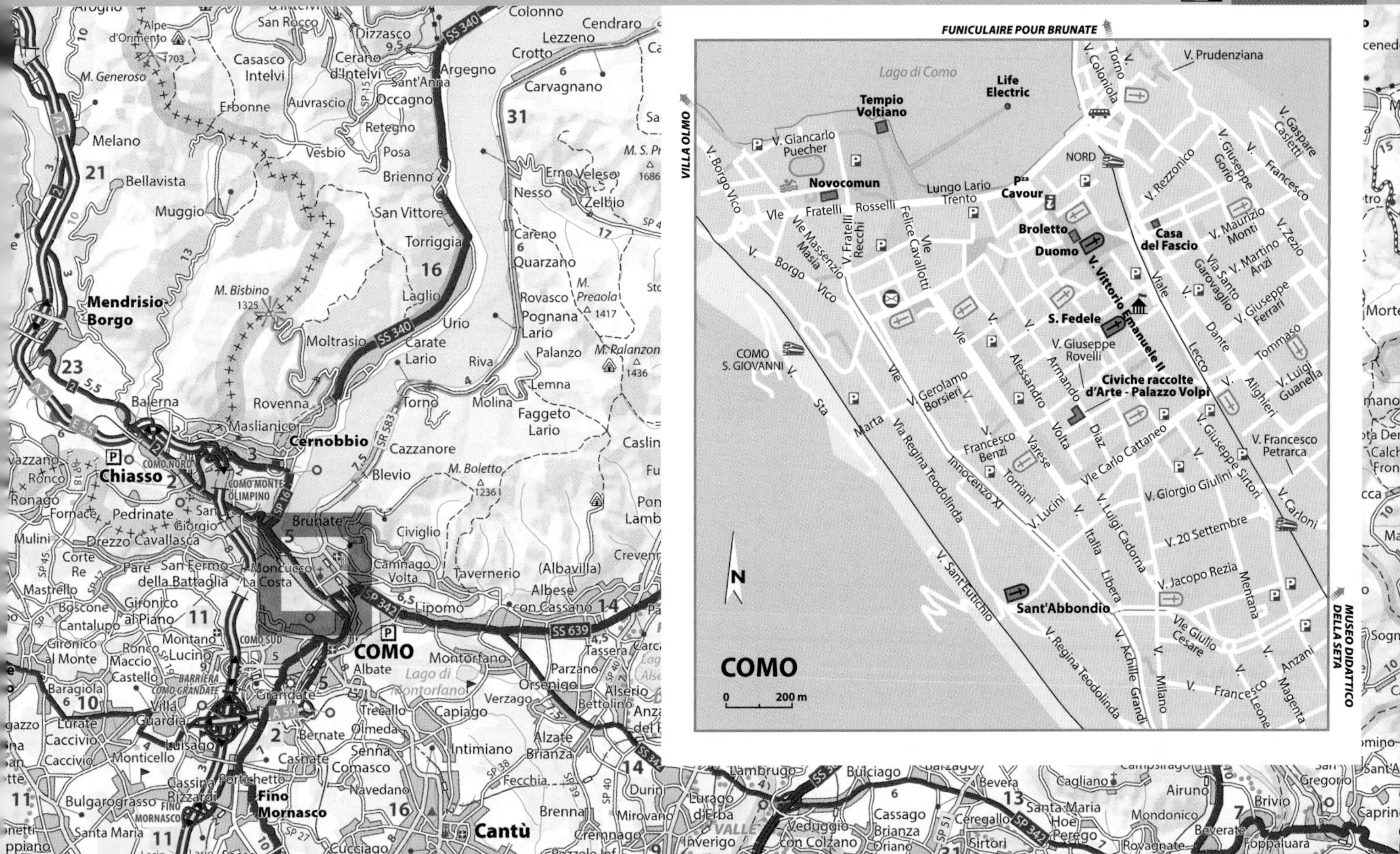

FUNICULAIRE POUR BRUNATE

Lago di Como

Life Electric

Tempio Voltiano

VILLA OLMO

V. Giancarlo Puecher

Novocomun

Lungo Lario Trento

Pza Cavour

NORD

Broletto

Duomo

Casa del Fascio

Vle Fratelli Rosselli

Vle Masnago Masa

V. Borgo Vico

V. Borgo Vico

COMO S. GIOVANNI

S. Fedele

V. Giuseppe Rovelli

Civiche raccolte d'Arte - Palazzo Volpi

V. Vittorio Emanuele II

Sta

Via Regina Teodolinda

V. Francesco Benzi

Alessandro Volta

Armando Diaz

V. Carlo Cattaneo

V. Giorgio Giulini

V. Luigi Cadorna

V. Italia

Libera

V. 20 Settembre

V. Jacopo Rezia

Sant'Abbondio

V. Sant'Eufemia

V. Regina Teodolinda

V. Innocenzo XI

Torriani

V. Lucini

Vle Giulio Cesare

Vle Achille Grandi

Milano

V. Francesco Magenta

Anzani

COMO

0   200 m

MUSEO DIDATTICO DELLA SETA

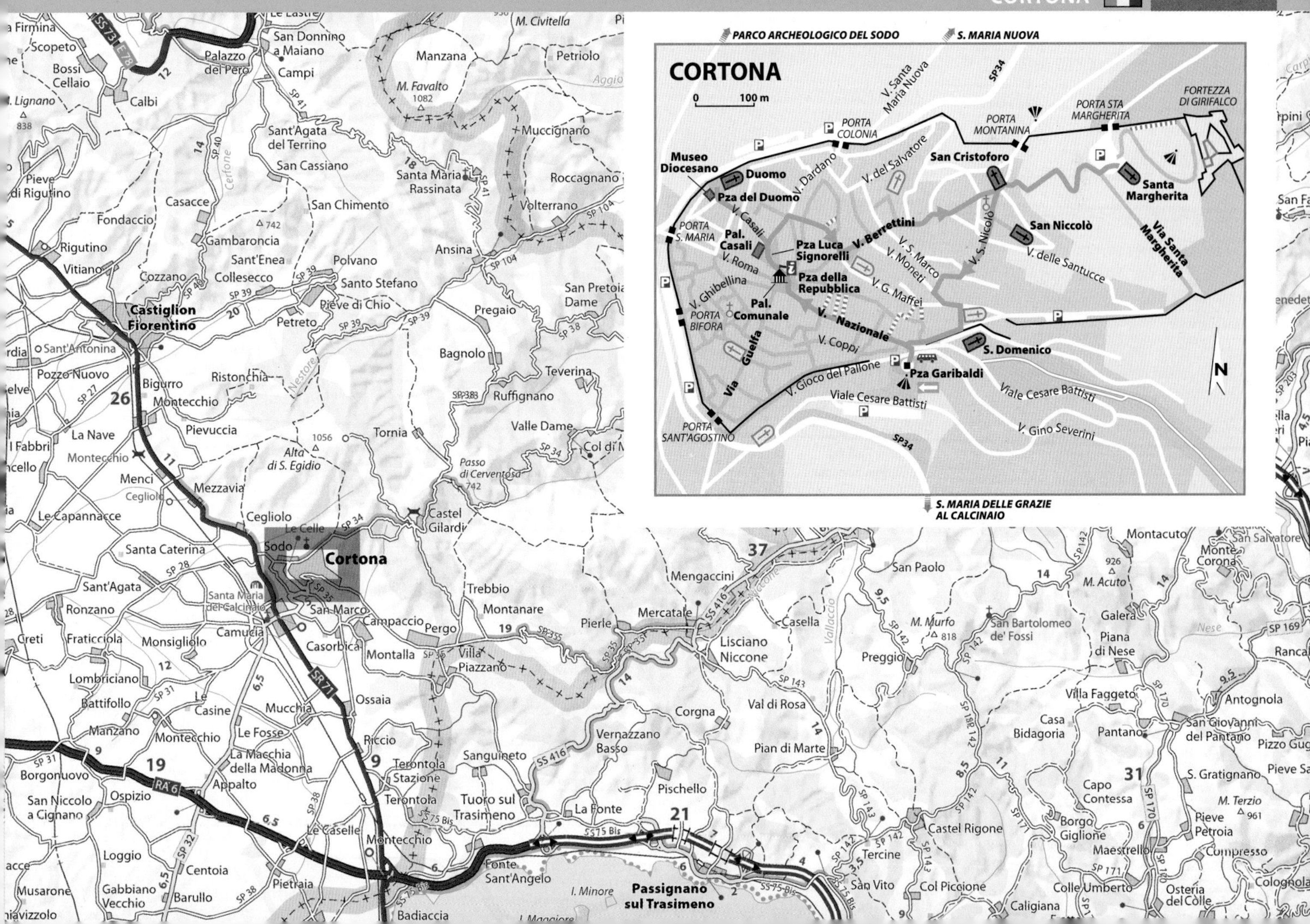

PARCO ARCHEOLOGICO DEL SODO   S. MARIA NUOVA

CORTONA

0   100 m

PORTA COLONIA

V. Santa Maria Nuova

PORTA MONTANINA

PORTA STA MARGHERITA

FORTEZZA DI GIRIFALCO

Museo Diocesano

Duomo

Pza del Duomo

V. Dardano

V. del Salvatore

San Cristoforo

Santa Margherita

PORTA S. MARIA

Pal. Casali

V. Roma

V. Casali

V. Berrettini

V. S. Marco

V. S. Niccolò

San Niccolò

Via Santa Margherita

V. delle Santucce

V. Ghibellina

Pza Luca Signorelli

Pza della Repubblica

V. Moneti

V. S. Maffei

PORTA BIFORA

Pal. Comunale

V. Nazionale

V. Guelfa

V. Coppi

S. Domenico

V. Gioco del Pallone

Pza Garibaldi

PORTA SANT'AGOSTINO

Viale Cesare Battisti

Viale Cesare Battisti

V. Gino Severini

SP34

S. MARIA DELLE GRAZIE AL CALCINAIO

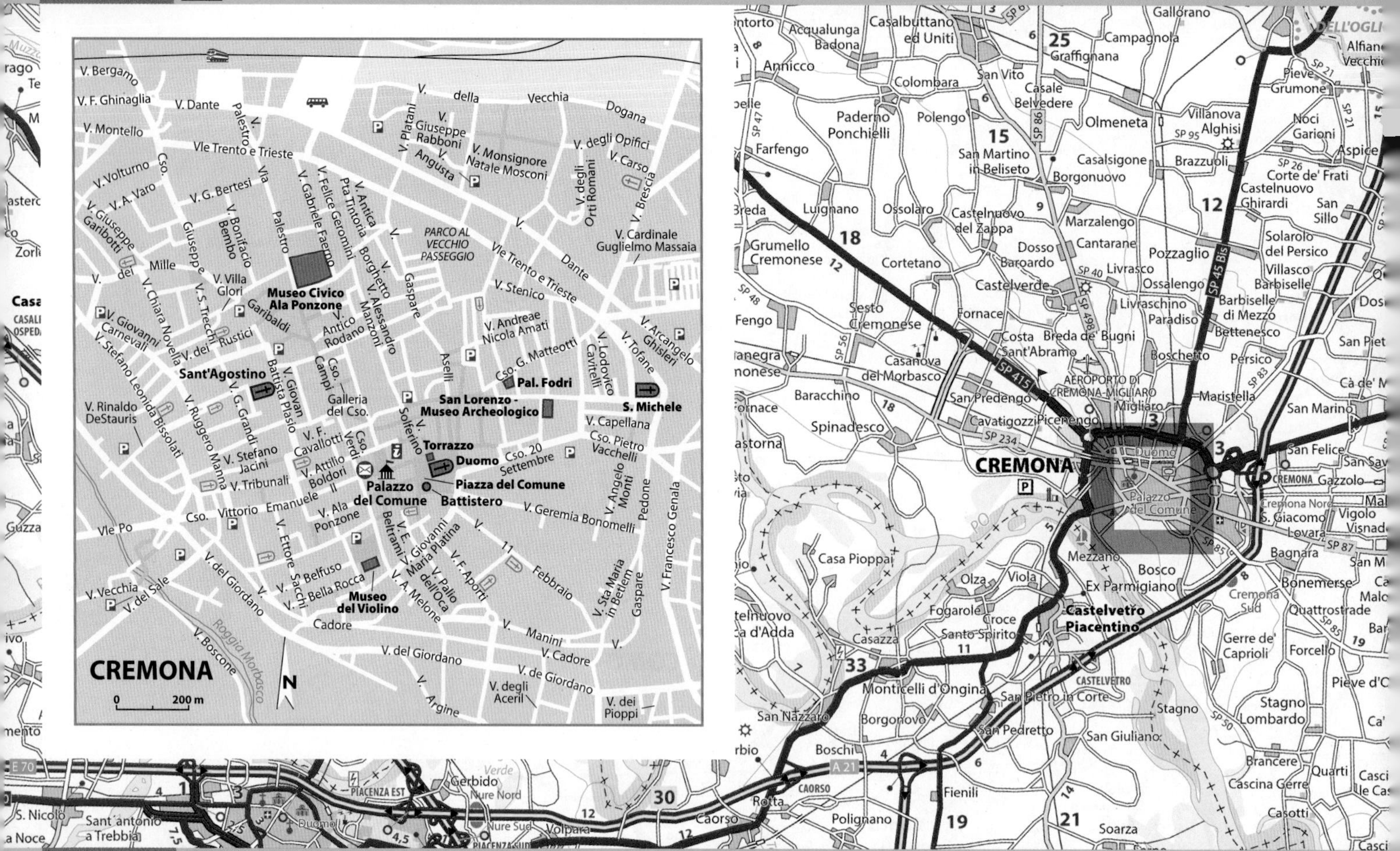

CREMONA (city map)

V. Bergamo · V. F. Ghinaglia · V. Dante · V. della Vecchia · V. Platani · V. Giuseppe Rabboni · V. Monsignore Natale Mosconi · V. degli Opifici · Dogana · V. degli Orti Romani · V. Carso · V. Brescia

V. Montello · V. Voltorno · V. A. Varo · V. G. Bertesi · Palestro · Pza Tintoria · Pza Felice Geronimi · Borghetto Alessandro · V. Antica · Pta Pani · V. Angusta · V. Cardinale Guglielmo Guglielmo Massaia

V. Giuseppe Garibotti · V. Giuseppe del Mille · V. Bonifacio Benbo · V. Gabriele Faerno · Vle Trento e Trieste · Gaspare · V. Stenico · V. Andreae Nicola Amati · V. Arcangelo Ghisleri · V. Tofane

PARCO AL VECCHIO PASSEGGIO

V. Villa Glori · V. Chiara Novella · V.S. Trecchi · Museo Civico Ala Ponzone · Garibaldi · Manzoni · Antico Rodano · Cso. G. Matteotti · V. Lodovico Cavitelli

V. Giovanni Carnevali · V. Stefano Leonida Bissolati · Sant'Agostino · V. dei Rustici · V. Ruggero Manna · V. G. Grandi · Cso. Campi · Galleria del Cso. · Solferino · San Lorenzo - Museo Archeologico · Pal. Fodri · V. Capellana · S. Michele

V. Rinaldo DeStauris · V. Stefano Jacini · V. Attilio Boldori · V. Cavallotti · V.F. Cavallotti · Torrazzo · Duomo · Cso. 20 Settembre · Cso. Pietro Vacchelli · V. Angelo Monti

Vle Po · Cso. Vittorio Emanuele · V. Tribunali · V. Ettore Sacchi · Palazzo del Comune · Battistero · Piazza del Comune · V. Geremia Bonomelli · V. Francesco Genala · Pedone

V. Vecchia · V. del Sale · V. del Giordano · V. Belfuso · V. Bella Rocca · V. Beltrami · V. Ala Ponzone · V. Giovanni Maria Platina · V. Pallo dell'Oca · V.F. Aporti · V. Sta Maria in Betlem · 11 Febbraio

Museo del Violino · Cadore · V. E. Melone · Gaspare

V. Boragia Mordasca · V. del Giordano · V. del Giordano · Manini · V. Cadore · V. de Giordano · V. degli Aceril · V. dei Pioppi · V. d'Argine

CREMONA

0 — 200 m · N

CREMONA (regional map)

Gallorano · DELL'OGLI · Acqualunga Badona · Casalbuttano ed Uniti · Campagnola · Graffignana · 25 · Alfiane Vecchio

Intorto · Annicco · San Vito · Casale Belvedere · Villanova Alghisi · Noci Garioni

Paderno Ponchielli · Polengo · Colombara · 15 · Olmeneta · 12 · Pieve Grumone · Aspice

Breda · Luignano · San Martino in Beliseto · Borgonuovo · Casalsigone · Marzalengo · Cantarane · Corte de' Frati · Castelnuovo Ghirardi · San Sillo

Grumello Cremonese · 18 · Ossolaro · Castelnuovo del Zappa · Dosso Baroardo · Pozzaglia · Solarolo del Persico · Villasco Barbiselle · SP 26

Sesto Cremonese · Cortetano · Castelverde · Livrasco · Ossalengo · Livraschino · Barbiselle di Mezzo · Bettenesco

Fengo · Fornace · Costa Breda de' Bugni · Sant'Abramo · Paradiso · Persico · San Pietro

Baracchino · Casanova del Morbasco · AEROPORTO DI CREMONA-MIGLIARO · Migliaro · 3 · San Marino · Cà de' M

Castorna · San Predengo · Cavatigozzi · Picerengo · SP 234 · **CREMONA** · Duomo · Palazzo del Comune · CREMONA Gazzolo · San Felice · San Savino

Casa Pioppai · Mezzano · Bosco · Cremona Nord · V. Giacomo · Vigolo · SP 87 · Lovara · San M

Olza · Viola · Ex Parmigiano · Cremona Sud · Bagnara · Bonemerse · San Mauro

Fogarole · Croce · Santo Spirito · Gerre de' Caprioli · Quattrostrade · Bar

Castelnuovo a d'Adda · Casazza · **Castelvetro Piacentino** · SP 85 · Forcello · 19

Monticelli d'Ongina · San Pietro in Corte · Castelvetro · Stagno Lombardo · Ca'

San Nazzaro · Borgonovo · San Pedretto · San Giuliano · Stagno · SP 50 · Pieve d'O

Gerbido · Verde · Nure Nord · Boschi · Fienili · Pieve d'C

PIACENZA EST · Nure Sud · Volpara · Rotta · CAORSO · Polignano · Brancere · Quarti · Cassi

Buamelli · PIACENZA SUD · Caorso · 19 · 21 · Soarza · Cascina Gerre · le Cas

E70 · A21 · 30 · 33 · 12 · 36 · Casotti

S. Nicolò · Sant'antonio a Trebbia · a Noce

ERICE (regional map)

San Vito lo Capo · Punta di Solanto · M. Monaco 532 · Punta Tannure · Isolidda · Golfo · Cofa · del

Punta del Sareceno · Torre M. Cofano 659 · Cornino · Scurati · Piano · Golfo di Bonagia · Rio Forgia · Pagliai

Tonnara di Bonagia · Cortigliolo · Mogli Belle · Crocefissello · Baglio Todaro · Rione La Sala · Sant' Andrea Bonagia Rione Catalano · Lentina

I. Asinelli · Pizzolungo · Baglio Papuzze · Baglio Cappottelle · Iacono Pietro · **Valderice** · Baglio Messina · Baglio Furetti

TRAPANI · Erice · San Marco · Crocevie · Baglio Pollina · Chiesa Nuova · 16 · Quartana · Bonfiglio · SP 52 · Baglio Crocci

Casa Santa · Rigaletta · Lenzi · Case Agosta · Mente · Luziano · Bus · Tangi

Xitta · Porticalazzo · Mockarta · Napola · Case Agosta · SP 36 · Adragna

14 · **Paceco** · Pietretagliate · Casa Serraino · Dattilo · Baglio · Torretta · Segesta

Culcasi · Nubia · Marino · Verderame · Palma · Fontanasalsa · Soprano · Ponte Binuara · Ummari · DIRAMAZ

Marausa · Torre · MARSALA · Fulgatore

ERICE (town map)

VALDERICE, PALERMO · TRAPANI

Str. Provinciale Trapani-Erice · Vle Pta Spada · Addolorata · **Quartiere Spagnolo** · N

Vle · V. Deserta · V. Nunzio · Apollonis

Vle delle Pinete · **V. Giudaica** · Tommaso Guerrasi · V. Domenico · Nasi · Piscina

Mura Elimo - Puniche · **Porta di Trapani** · pza S. Domenico · Piazza S. Cataldo · Piazza S. Domenico

Torre di Re Federico · **Chiesa Madre** · **S. Salvatore** · V. Sales · Pza Umberto I · **San Pietro**

PORTA DI TRAPANI · V. Vittorio Emanuele · **S. Martino** · Piazza S. Giuliano · **S. Giuliano** · **Torretta Pepoli**

V.F. Milana · Conte · Pilazza · V. Francesco · Pepoli · **Giardino del Balio**

Piazza Grammatico · V. Agostino · V. Castello di Venere · **Torri del Balio**

Contrada Cappuccini · **Castello di Venere**

ERICE

0 — 100 m

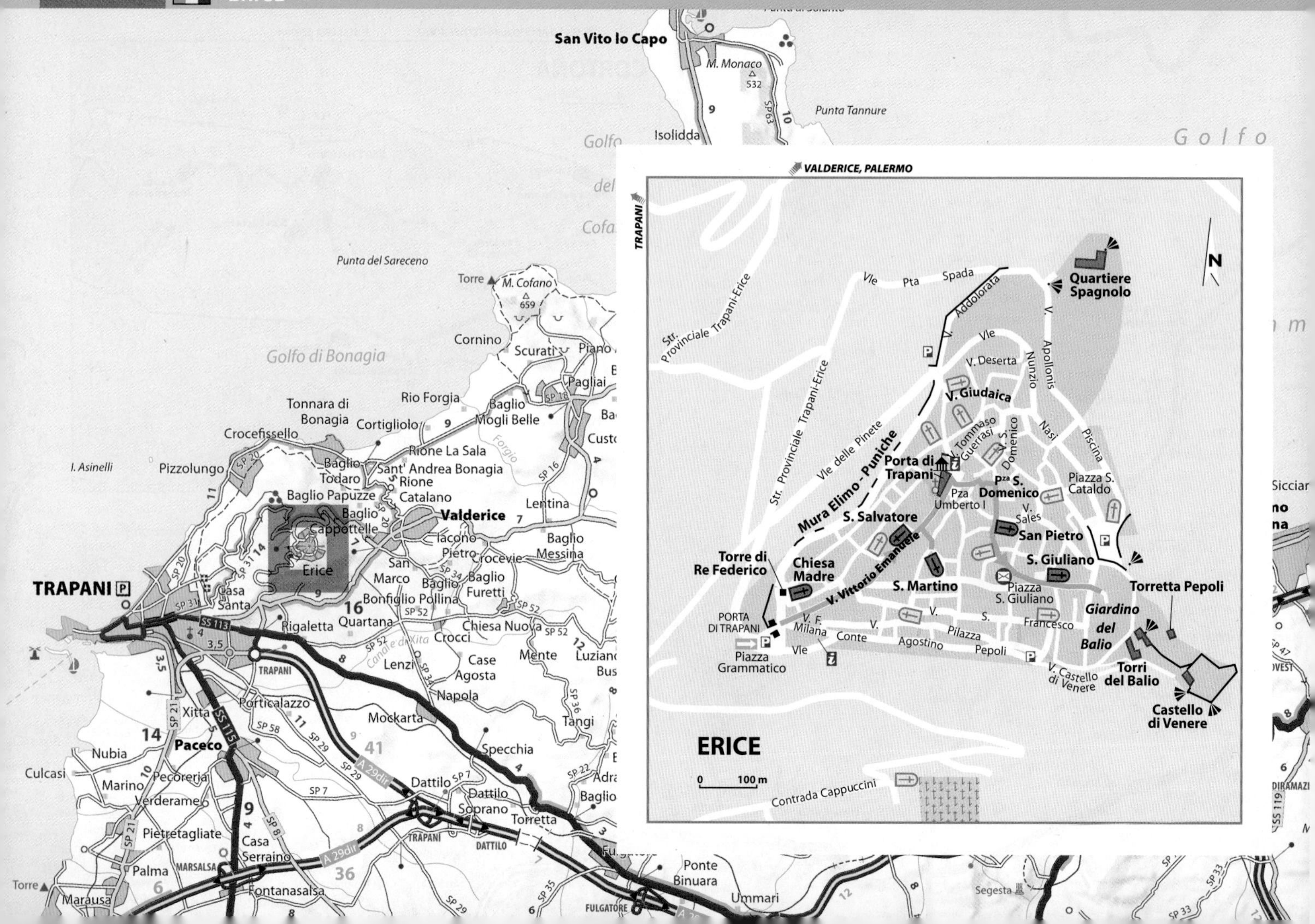

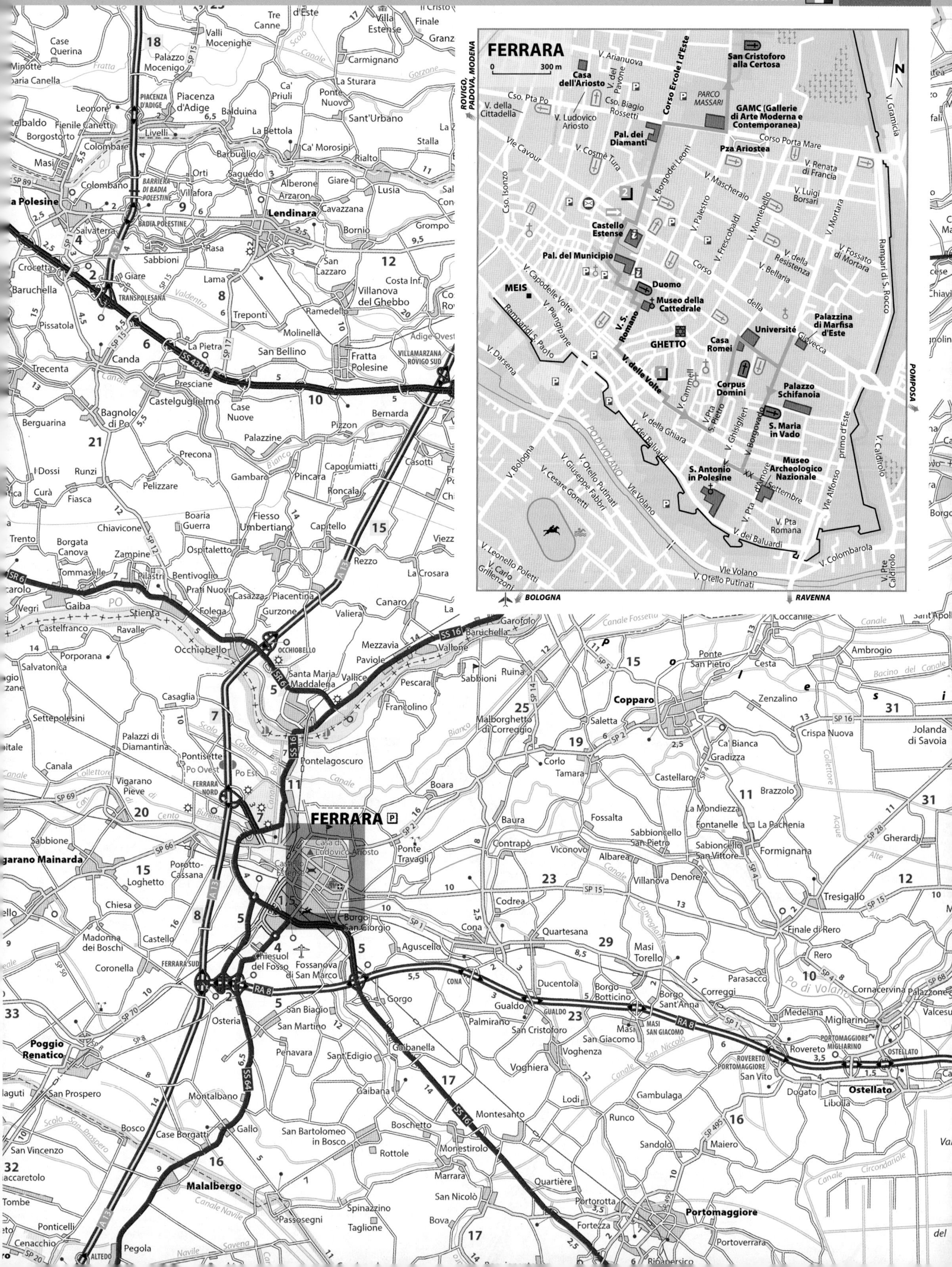
FERRARA
0 300 m
N
ROVIGO, PADOVA, MODENA
POMPOSA
BOLOGNA
RAVENNA
V. Arianuova
Casa dell'Ariosto
V. del Pavone
Corso Ercole I d'Este
San Cristoforo alla Certosa
PARCO MASSARI
GAMC (Gallerie di Arte Moderna e Contemporanea)
V. Gramicia
Cso. Pta Po
V. della Cittadella
V. Ludovico Ariosto
Cso. Biagio Rossetti
Pal. dei Diamanti
Corso Porta Mare
Pza Ariostea
Vle Cavour
V. Cosmè Tura
V. Borgo dei Leoni
V. Renata di Francia
V. Mascheraio
V. Luigi Borsari
Cso. Isonzo
V. Palestro
V. Montebello
V. Mortara
Castello Estense
V. Frescobaldi
V. della Resistenza
V. Fossato di Mortara
Rampari di S. Rocco
Pal. del Municipio
Corso
V. Bellaria
Duomo
Museo della Cattedrale
della
MEIS
V. Capodelle Volte
V. Piangipane
V. S. Romano
GHETTO
Casa Romei
Université
Palazzina di Marfisa d'Este
Giovecca
Rampari di S. Paolo
V. Darsena
V. delle Volte
V. Cammello
V. Pta S. Pietro
Corpus Domini
Palazzo Schifanoia
V. della Ghiara
V. Ghisiglieri
V. Borgovado
S. Maria in Vado
V. dei Baluardi
PO DI VOLANO
V. Bologna
V. Otello Putinati
V. Giuseppe Fabbri
V. Cesare Goretti
S. Antonio in Polesine
Museo Archeologico Nazionale
XX Settembre
V. Pta d'Amore
primo d'Este
Vle Alfonso
V. Caldirolo
Vle Volano
V. Pta Romana
V. dei Baluardi
V. Leonello Poletti
V. Carlo Grillenzoni
Vle Volano
V. Otello Putinati
V. Colombarola
V. Pte Caldirolo
Lendinara
Badia Polesine
Piacenza d'Adige
Villafora
Sabbioni
Lama
Villanova del Ghebbo
Fratta Polesine
Canda
Trecenta
Castelguglielmo
Bagnolo di Po
Pincara
Fiesso Umbertiano
Occhiobello
Santa Maria Maddalena
Pontelagoscuro
FERRARA
Vigarano Mainarda
Copparo
Tresigallo
Ostellato
Portomaggiore
Voghiera
Poggio Renatico
Malalbergo
Gaiba
Stienta
Ficarolo
Francolino
Baura
Codrea
Cona
Quartesana
Masi Torello
Gualdo
Monestirolo
Marrara
Migliarino
Rovereto
Porotto-Cassana
Chiesuol del Fosso
San Martino
Gaibanella
Montalbano
Gallo
Pegola
Altedo
A 13
SS 16
SS 64
RA 8
SS 434
SR 6
SP 1
SP 15
SP 16
PO
Po di Volano
Canale Navile

PRATO

Calenzano

Sesto Fiorentino

Campi Bisenzio

Carmignano

Poggio a Caiano

Signa

FIRENZE

Fiesole

Borgo San Lorenzo

Pontassieve

Scandicci

Bagno a Ripoli

Montelupo Fiorentino

Impruneta

San Casciano in Val di Pesa

Montespertoli

Castelfiorentino

INCISA

Incisa in Val d'Arno

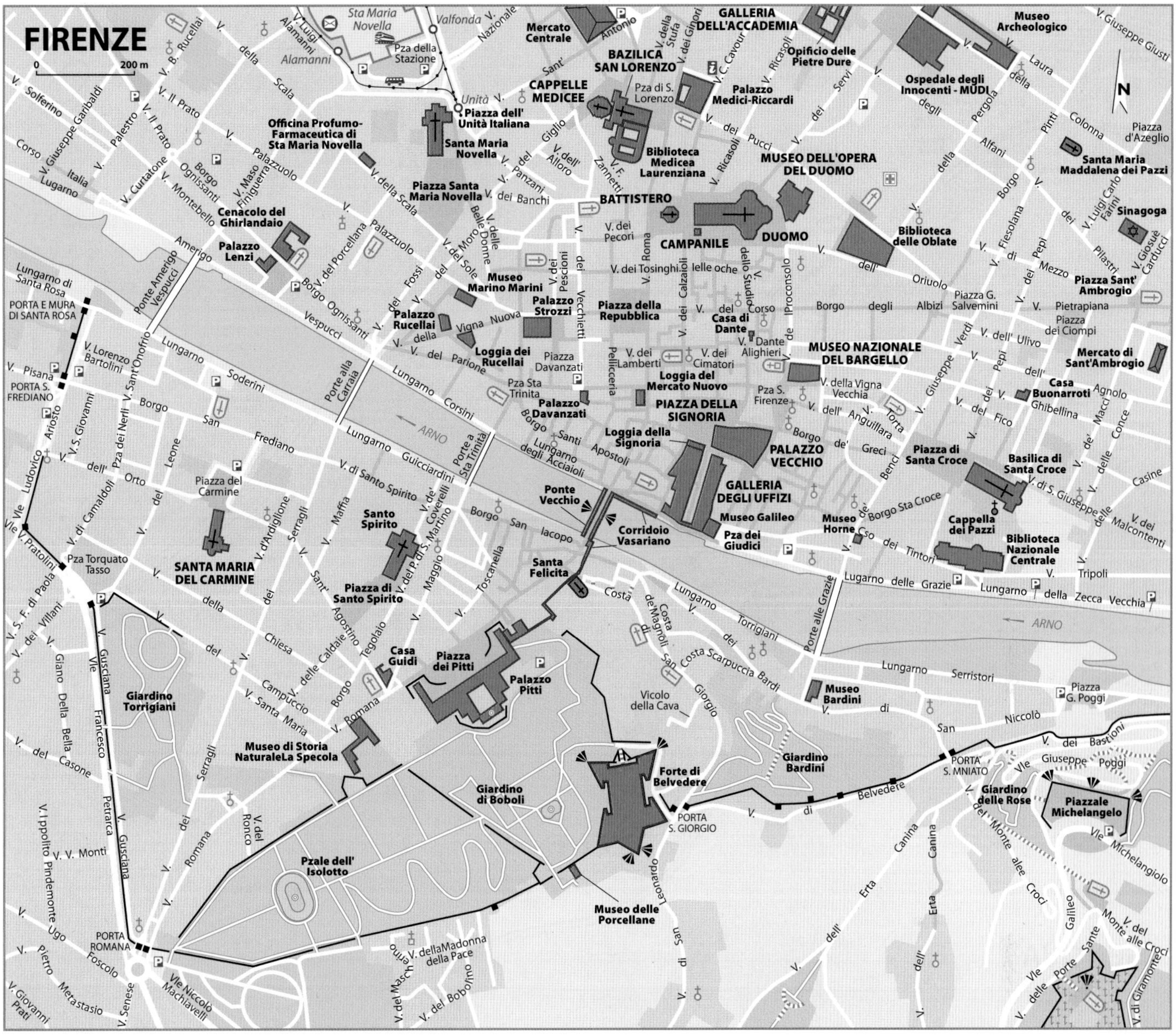

FIRENZE

0 ——— 200 m

Sta Maria Novella
Valfonda
V. della Stufa
GALLERIA DELL'ACCADEMIA
Museo Archeologico
V. Giuseppe Giusti
Mercato Centrale
V. Antonio
Opificio delle Pietre Dure
BAZILICA SAN LORENZO
Pza di S. Lorenzo
Palazzo Medici-Riccardi
Ospedale degli Innocenti - MUDI
CAPPELLE MEDICEE
Piazza d'Azeglio
Officina Profumo-Farmaceutica di Sta Maria Novella
Piazza dell' Unità Italiana
Santa Maria Novella
Biblioteca Medicea Laurenziana
MUSEO DELL'OPERA DEL DUOMO
Santa Maria Maddalena dei Pazzi
Sinagoga
Cenacolo del Ghirlandaio
Piazza Santa Maria Novella
BATTISTERO
CAMPANILE
DUOMO
Biblioteca delle Oblate
Palazzo Lenzi
Museo Marino Marini
Piazza Sant' Ambrogio
Palazzo Rucellai
Palazzo Strozzi
Piazza della Repubblica
Casa di Dante
MUSEO NAZIONALE DEL BARGELLO
Mercato di Sant'Ambrogio
Loggia dei Rucellai
Piazza Davanzati
Dante Alighieri
Casa Buonarroti
Piazza Sta Trinita
Loggia del Mercato Nuovo
Palazzo Davanzati
PIAZZA DELLA SIGNORIA
Piazza di Santa Croce
Basilica di Santa Croce
Santo Spirito
Loggia della Signoria
PALAZZO VECCHIO
Cappella dei Pazzi
Ponte Vecchio
Santa Felicita
Corridoio Vasariano
GALLERIA DEGLI UFFIZI
Museo Galileo
Pza dei Giudici
Museo Horne
Biblioteca Nazionale Centrale
SANTA MARIA DEL CARMINE
Piazza di Santo Spirito
Casa Guidi
Piazza dei Pitti
Palazzo Pitti
Museo Bardini
Piazza G. Poggi
Giardino Torrigiani
Museo di Storia Naturale La Specola
Giardino Bardini
PORTA S. MNIATO
Giardino delle Rose
Piazzale Michelangelo
Giardino di Boboli
Forte di Belvedere
Pzale dell' Isolotto
PORTA S. GIORGIO
PORTA ROMANA
Museo delle Porcellane

Poppi
M. Castelsavino
Saltino
Fornello
Barbiano
di Strada
Gressa
Giamperета
Bulci
Vallombrosa
Pagliericcio
Loscove
Zoo
M. Penna
La Verna
42
Pieve a Pitania
M. Secchieta
Quorle
Pratalutoli
Santa Maria del Sasse
Casenuove
La Beccia
Valico dello Spino
Compito
San Donato
Cetica
Garliano
Buiano
Bibbiena
Chiusi della Verna
Sant' Agata
San Martino Tremoleto
Campi Sarna
Dama
Pietrapiana
Reggello
Passaggio Domo di Sasso
Quota
San Piero
Pollino
Corsalone
Fontanelle
Poggio Giubbiani
Cascia
Ortignano
Riosecco
Montecchio
Chitignano
San Giovenale
Raggiolo
Villa
Terrossola
Casalecchio
Rosina
Caprese Michelangelo Lama
Canova
Croce di Pratomagno
Rassaggio Masserecci
Pieve a Socana
Rassina
Poggio d'Acona
Fragaiolo
Montanino
Rocca Ricciarda
Castel Focognano
Casamora
Pian di Sco
San Martino
Campaccio
Valenzano
Trecciano
Ostina
La Lama
Gorciti
Carda
Tulliano
Santa Mama
San Cristoforo
Vaggio
Modine
Castelnuovo
La Villa
Ornina
Zenna
Calbenzano
Mazzole
Vecchietto
Castelfranco di Sopra
Caspri
Poggio di Loro
San Clemente in Valle
Faltona
Salutio
Vogognano
Matassino
Pulicciano
Trappola
Trevane
Caprаia
Talla
Giuliano
Renacci
Certignano
Piantravigne
Chiassaia
Anciolina
Baciano
Ponina
Faleiano
Traggiaia
Quarceto
Loro Ciuffenna
Persignano
Pieve Pontenano
Bicciano
Ponte alla Piera
Montemarciano
SP 6
Gropina
Pratovalle
Pontenano
Cenina
San Giovanni Valdarno
Penna
Montelungo
Casamona
Campovecchio
Gello Biscardo
Capolona
Subbiana
Restone Porcellino
Ville Terranuova
Faeta
San Giustino Valdarno
Vezza
San Martino Sopr'Arno
Castelnuovo
Montegiovi
Scille
Paterna
Casavecchia
Chiaveretto
20

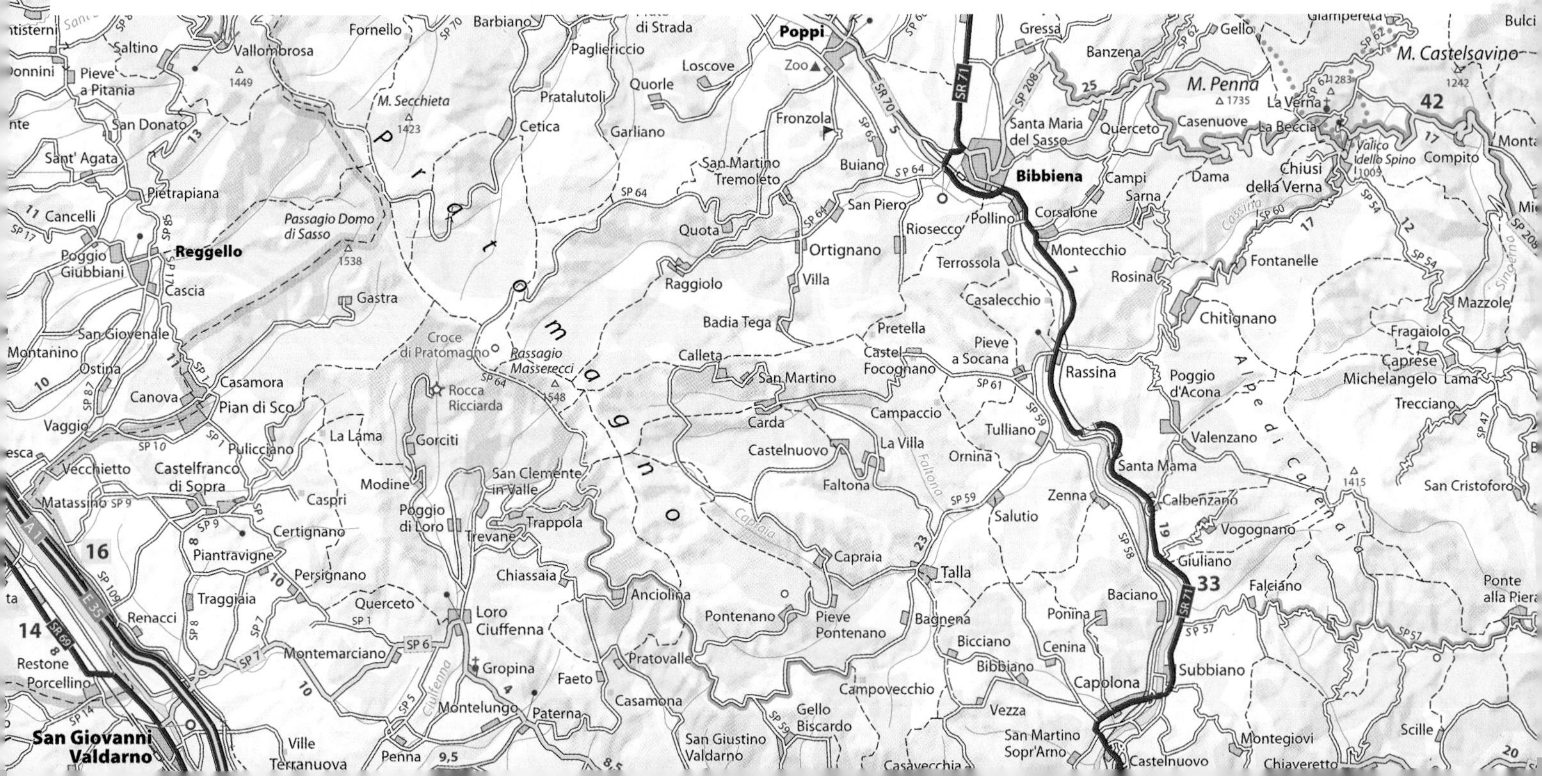

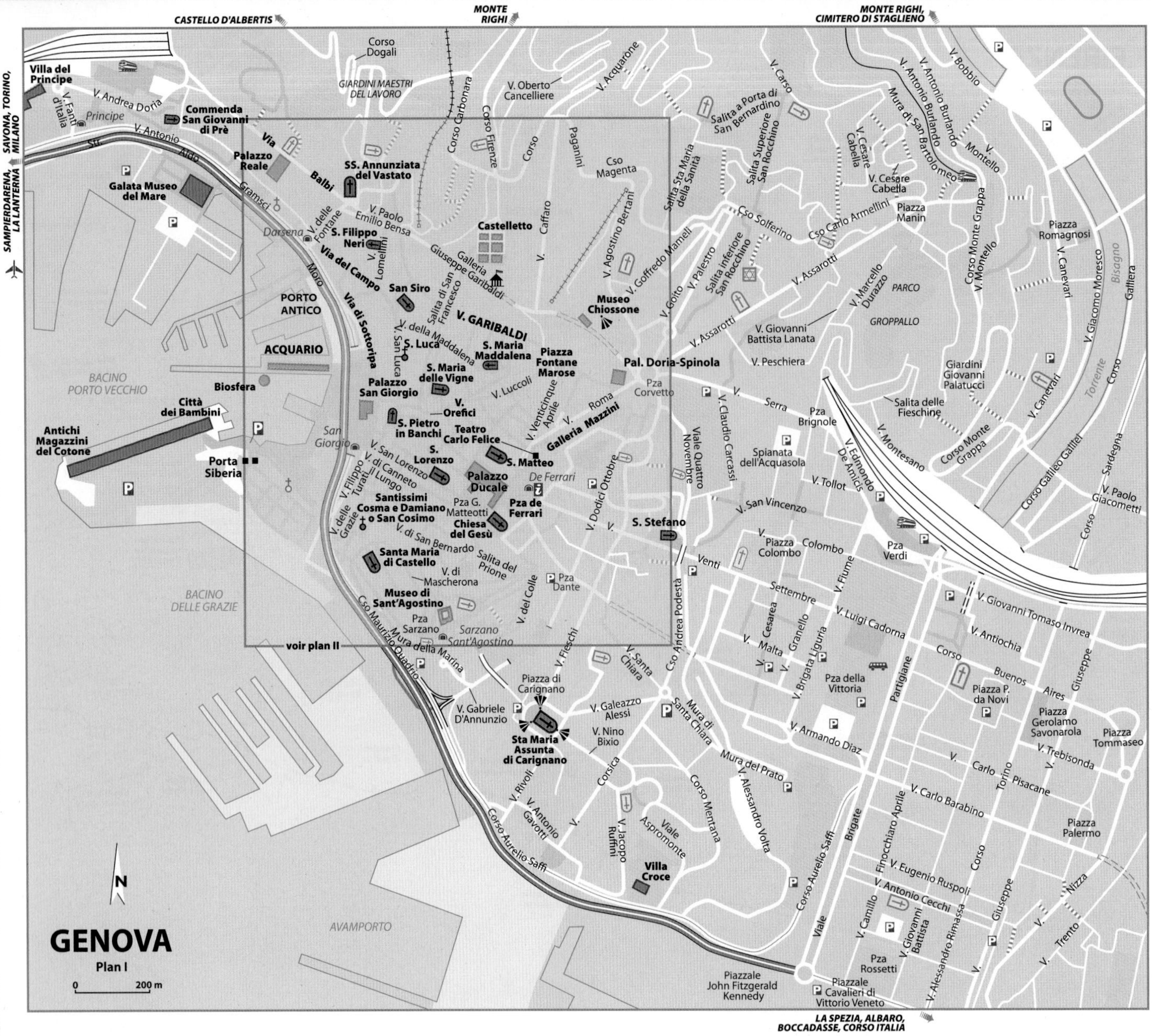

GENOVA

Plan I

0   200 m

N

- CASTELLO D'ALBERTIS
- MONTE RIGHI
- MONTE RIGHI, CIMITERO DI STAGLIENO
- Villa del Principe
- V. Andrea Doria
- V. Fanti d'Italia
- Commenda San Giovanni di Prè
- Palazzo Reale
- Galata Museo del Mare
- SS. Annunziata del Vastato
- Corso Dogali
- GIARDINI MAESTRI DEL LAVORO
- V. Oberto Cancelliere
- V. Acquarone
- V. Carlo
- V. Antonio Burlando
- V. Antonio Burlando
- V. Bobbio
- V. Montello
- Mura di San Bartolomeo
- Corso Firenze
- Corso Carbonara
- V. Paganini
- Corso Magenta
- Salita a Porta di San Bernardino
- Salita Superiore San Rocchino
- V. Cesare Cabella
- V. Cesare Cabella
- Piazza Manin
- Piazza Romagnosi
- PORTO ANTICO
- Via di Sottoripa
- V. del Campo
- V. delle Fontane
- S. Filippo Neri
- San Siro
- Galleria Giuseppe Garibaldi
- Castelletto
- Galleria Garibaldi
- Caffaro
- V. Agostino Bertani
- V. Goffredo Mameli
- V. Goto
- V. Palestro
- Salita inferiore San Rocchino
- V. Assarotti
- V. Assarotti
- V. Marcello Durazzo
- PARCO GROPPALLO
- V. Giacomo Moresco
- V. Canevari
- ACQUARIO
- S. Luca
- V. della Maddalena
- V. Garibaldi
- Museo Chiossone
- Piazza Fontane Marose
- V. Giovanni Battista Lanata
- Giardini Giuseppe Palatucci
- Salita delle Fieschine
- V. Paolo Giacometti
- Biosfera
- Palazzo San Giorgio
- S. Maria Maddalena
- S. Maria delle Vigne
- V. Luccoli
- Pal. Doria-Spinola
- Pza Corvetto
- V. Peschiera
- Pza Brignole
- BACINO PORTO VECCHIO
- Città dei Bambini
- Orefici
- S. Pietro in Banchi
- Teatro Carlo Felice
- Galleria Mazzini
- V. Venticinque Aprile
- Roma
- V. Serra
- V. Claudio Carcassi
- Spianata dell'Acquasola
- V. Edmondo De Amicis
- V. Montesano
- Corso Monte Grappa
- V. Galileo Galilei
- V. Sardegna
- Antichi Magazzini del Cotone
- San Giorgio
- S. Lorenzo
- S. Matteo
- Palazzo Ducale
- Pza de Ferrari
- De Ferrari
- Viale Quattro Novembre
- V. Tollot
- V. San Vincenzo
- Porta Siberia
- Santissimi Cosma e Damiano o San Cosimo
- V. delle Grazie
- V. di Canneto il Lungo
- V. di Canneto il Curto
- V. San Lorenzo
- Pza G. Matteotti
- Chiesa del Gesù
- V. di San Bernardo
- Salita del Prione
- V. Dodici Ottobre
- S. Stefano
- Piazza Colombo
- Pza Verdi
- Settembre
- V. Giovanni Tomaso Invrea
- V. Antiochia
- Santa Maria di Castello
- Museo di Sant'Agostino
- V. di Mascherona
- V. del Colle
- Pza Dante
- Venti
- Pza Colombo
- V. Brigata Liguria
- V. Malta
- V. Granello
- Corso Buenos Aires
- V. Giuseppe
- BACINO DELLE GRAZIE
- Pza Sarzano
- Sarzano
- Sant'Agostino
- Mura della Marina
- V. di Santa Chiara
- Cso Andrea Podestà
- V. Cesarea
- Pza della Vittoria
- Piazza Gerolamo Savonarola
- Piazza Tommaseo
- voir plan II
- V. Fieschi
- V. Santa Chiara
- V. Luigi Cadorna
- V. Armando Diaz
- Piazza P. da Novi
- Piazza Palermo
- AVAMPORTO
- Piazza di Carignano
- V. Gabriele D'Annunzio
- V. Galeazzo Alessi
- V. Nino Bixio
- Mura di Santa Chiara
- Corsica
- Mura del Prato
- V. Alessandro Volta
- V. Carlo Barabino
- V. Carlo
- Torino
- V. Pisacane
- V. Trebisonda
- Sta Maria Assunta di Carignano
- V. Rivoli
- V. Antonio Gavotti
- V. Jacopo Ruffini
- Corso Mentana
- Viale Aspromonte
- V. Alessandro Volta
- Finocchiaro Aprile
- V. Eugenio Ruspoli
- Corso
- V. Camillo
- V. Giovanni Battista
- V. Antonio Cecchi
- Nizza
- V. Trento
- Villa Croce
- Corso Aurelio Saffi
- Brigate
- V. Alessandro Rimassa
- Pza Rossetti
- Pza Cavalieri di Vittorio Veneto
- Piazzale John Fitzgerald Kennedy
- SAVONA, TORINO, MILANO
- SAMPIERDARENA, LA LANTERNA
- LA SPEZIA, ALBARO, BOCCADASSE, CORSO ITALIA

Regional map (lower portion) labels:

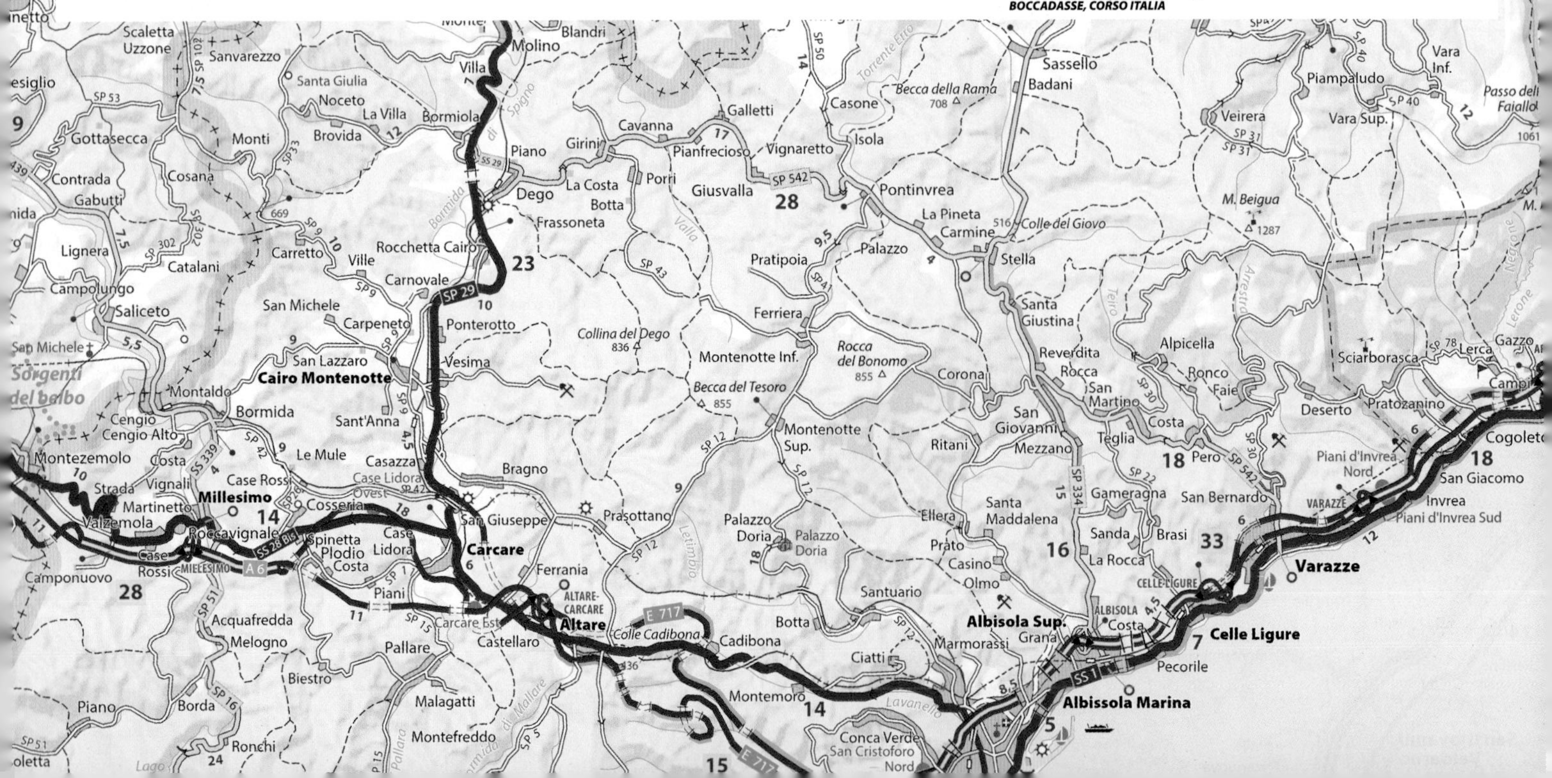

- Scaletta Uzzone
- Sanvarezzo
- Santa Giulia
- Noceto
- La Villa
- Molino
- Blandri
- Villa
- Bormiola
- Cavanna
- Girini
- Pianfrecioso
- Vignaretto
- Sassello
- Badani
- Becca della Rama 708
- Casone
- Piampaludo
- Veirera
- Vara Sup.
- Passo del Faiallo 1061
- Gottasecca
- Contrada
- Gabutti
- Cosana
- Monti
- Brovida
- Porri
- Piano
- Dego
- La Costa Botta
- Frassoneta
- Giusvalla
- Pontinvrea
- La Pineta Carmine
- Colle del Giovo 516
- Stella
- Santa Giustina
- M. Beigua 1287
- Lignera
- Catalani
- Campolungo
- Saliceto
- San Michele
- Carpeneto
- Carretto
- Ville
- Carnovale
- Ponterotto
- Vesima
- Collina del Dego 836
- Montenotte Inf.
- Rocca del Bonomo 855
- Becca del Tesoro 855
- Pratipoia
- Ferriera
- Corona
- Reverdita
- Rocca
- Alpicella
- San Martino
- Ronco
- Faie
- Deserto
- Pratozanino
- Sciarborasca
- Lerca
- Gazzo
- San Michele
- Sorgenti del Bolbo
- Cairo Montenotte
- San Lazzaro
- Casazza
- Bragno
- San Giuseppe
- Palazzo Doria
- Palazzo Doria
- Montenotte Sup.
- Ritani
- San Giovanni Mezzano
- Santa Maddalena
- Prato
- Ellera
- Gameragna
- San Bernardo
- Pero
- Piani d'Invrea Nord
- Invrea
- Piani d'Invrea Sud
- San Giacomo
- Cogoleto
- Montezemolo
- Cengio
- Cengio Alto
- Montaldo
- Bormida
- Sant'Anna
- Le Mule
- Case Rossi
- Case Lidora
- Santa Giustina
- Casino
- La Rocca
- Sanda
- Brasi
- Varazze
- Millesimo
- Roccavignale
- Spinetta Plodio Costa
- Cosseria
- Case Lidora Costa
- Carcare
- Ferrania
- Palazzo Doria
- Prato
- Olmo
- Albisola Sup.
- Costa
- Celle Ligure
- Camponuovo
- Valzemola
- Case Rossi
- Plodio
- Piani
- Altare-Carcare
- Carcare Est
- Santuario
- Marmorassi
- Grana
- Albisola
- Pecorile
- Acquafredda
- Melogno
- Pallare
- Altare
- Colle Cadibona
- Cadibona
- Botta
- Ciatti
- Conca Verde
- San Cristoforo Nord
- Albissola Marina
- Piano
- Biestro
- Castellaro
- Montemoro
- Borda
- Ronchi
- Montefreddo
- San Giuseppe
- Lago
- Pollara
- Malagatti

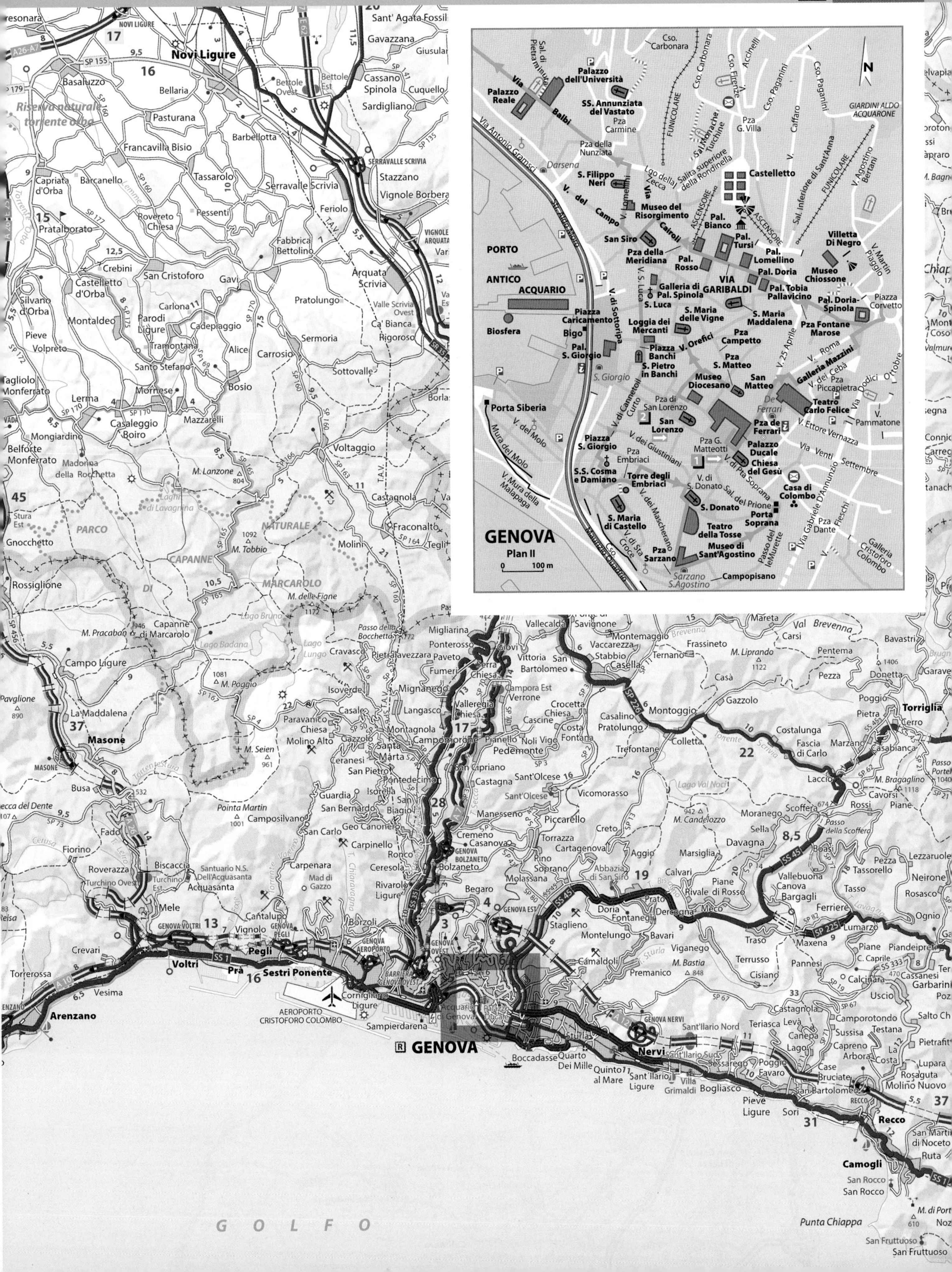
GENOVA
Plan II
0 100 m
N
PORTO
ANTICO
ACQUARIO
Biosfera
Bigo
Porta Siberia
Piazza Caricamento
Pal. S. Giorgio
Palazzo Reale
Via Balbi
Palazzo dell'Università
SS. Annunziata del Vastato
Pza Carmine
Pza della Nunziata
Darsena
S. Filippo Neri
Via Lomellini
Museo del Risorgimento
Via del Campo
Via Cairoli
San Siro
Pza della Meridiana
Pal. Rosso
Pal. Bianco
Pal. Tursi
Pal. Lomellino
Pal. Doria
Pal. Tobia Pallavicino
VIA GARIBALDI
Galleria di Pal. Spinola
S. Luca
S. Maria delle Vigne
S. Maria Maddalena
Loggia dei Mercanti
Piazza Banchi
S. Pietro in Banchi
V. Orefici
Pza Campetto
Pza S. Matteo
San Matteo
Museo Diocesano
Pza di San Lorenzo
San Lorenzo
Pza de Ferrari
Palazzo Ducale
Chiesa del Gesù
Teatro Carlo Felice
Galleria Mazzini
Pza Fontane Marose
Pal. Doria-Spinola
Piazza Corvetto
Villetta Di Negro
Museo Chiossone
Castelletto
Piazza S. Giorgio
S.S. Cosma e Damiano
Torre degli Embriaci
S. Maria di Castello
S. Donato
Teatro della Tosse
Museo di Sant'Agostino
Porta Soprana
Casa di Colombo
Pza Sarzano
Campopisano
Pza Dante
Galleria Cristoforo Colombo
Via Venti Settembre
V. Ettore Vernazza
Via Gabriele D'Annunzio
V. Fieschi
Mura del Molo
V. Mura della Malapaga
V. del Molo
Via Antonio Gramsci
Novi Ligure
Basaluzzo
Pasturana
Francavilla Bisio
Tassarolo
Serravalle Scrivia
Stazzano
Vignole Borbera
Capriata d'Orba
Pratalborato
Gavi
Arquata Scrivia
Castelletto d'Orba
Silvano d'Orba
Montaldeo
Parodi Ligure
Carrosio
Voltaggio
Mornese
Bosio
Lerma
Casaleggio Boiro
Tagliolo Monferrato
Belforte Monferrato
Rossiglione
Campo Ligure
Masone
PARCO NATURALE CAPANNE DI MARCAROLO
Passo della Bocchetta
Busalla
Ronco Scrivia
Montoggio
Casella
Torriglia
Bargagli
Campomorone
Pontedecimo
Bolzaneto
Sant'Olcese
Arenzano
Voltri
Prà
Pegli
Sestri Ponente
AEROPORTO CRISTOFORO COLOMBO
Sampierdarena
GENOVA
Boccadasse
Quarto Dei Mille
Quinto al Mare
Nervi
Sant'Ilario Ligure
Bogliasco
Pieve Ligure
Sori
Recco
Camogli
San Rocco
Punta Chiappa
San Fruttuoso
GOLFO

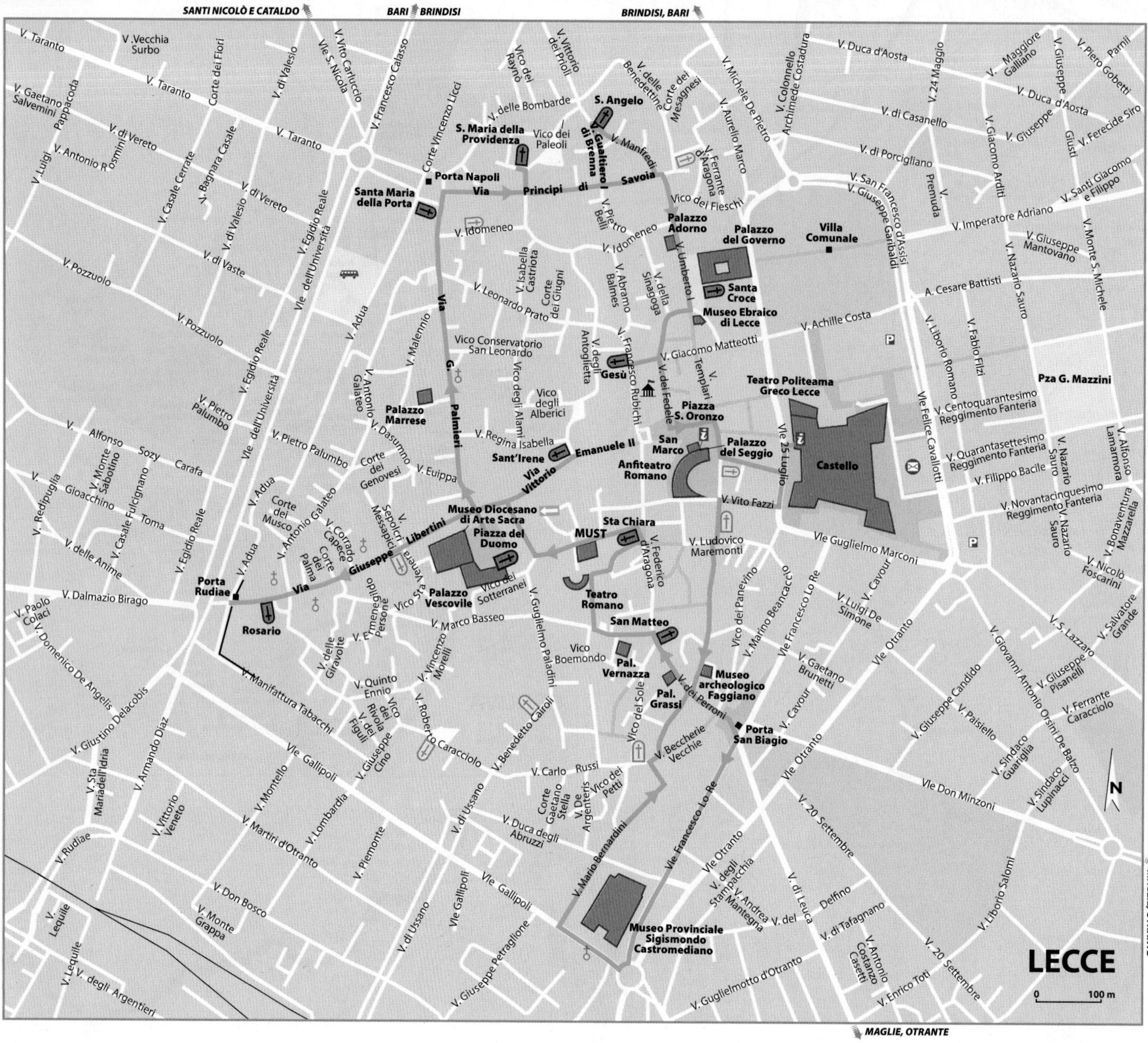

V. Taranto
V. Vecchia Surbo
V. di Vereto
V. Gaetano Salvemini
Pappacoda
V. Luigi
V. Antonio Rosmini
V. Casale Cerrate
Corte dei Fiori
V. Bagnara Casale
V. di Valesio
V. di Valesio
V. Francesco Calasso
V. Vito Carluccio
V. S. Nicola
V. Vincenzo Licci
V. dei Raynò
Vittorio dei Prioli
V. delle Bombarde
Corte dei Mesagnesi
V. delle Benedettine
S. Angelo
V. Gualtiero di Brenna
S. Maria della Providenza
Vico dei Paleoli
V. Manfredi
V. Michele De Pietro
V. Aurelio Marco
V. Colonnello Archimede Costadura
V. Duca d'Aosta
V. Maggiore Galiano
V. Giuseppe Giusti
V. Piero Gobetti
V. Duca d'Aosta
V. Ferecide Siro
Santa Maria della Porta
Porta Napoli
Via Principi di Savoia
V. Belli
V. Pietro
V. Idomeneo
V. Ferrante d'Aragona
Vico dei Fieschi
V. di Casanello
V. Giacomo Ardito
V. Santi Giacomo e Filippo
V. di Porcigliano
V. San Francesco d'Assisi
V. Giuseppe Premuda
V. Imperatore Adriano
Villa Comunale
Palazzo del Governo
Santa Croce
Palazzo Adorno
V. della Sinagoga
V. Umberto I
V. Isabella Castriota
Corte dei Giugni
V. Leonardo Prato
V. Abramo Balmes
Museo Ebraico di Lecce
V. Giacomo Matteotti
V. Achille Costa
V. Giuseppe Garibaldi
A. Cesare Battisti
V. Monte S. Michele
V. Nazario Sauro
V. Liborio Romano
V. Fabio Filzi
Pza G. Mazzini
V. di Vaste
V. Egidio Reale
V. dell'Università
V. Pozzuolo
V. Pozzuolo
V. Pietro Palumbo
V. Adua
V. G. Palmieri
V. Malennio
Vico Conservatorio San Leonardo
Vico degli Alami
Gesù
V. degli Antoglietta
V. Francesco Rubichi
V. dei Fedele
Piazza S. Oronzo
Teatro Politeama Greco Lecce
Vle 25 Luglio
V. Centoquarantesimo Reggimento Fanteria
V. Quarantasettesimo Reggimento Fanteria
V. Novantacinquesimo Reggimento Fanteria
V. Alfonso Lamarmora
V. Nazario Sauro
V. Filippo Bacile
Palazzo Marrese
V. Antonio Galateo
V. Regina Isabella
Vico degli Alberici
San Marco
Palazzo del Seggio
Castello
V. Nicolò Foscarini
Alfonso
V. Monte Sabotino
Sozy
Carafa
V. Pietro Palumbo
Corte dei Genovesi
V. Euippa
Sant'Irene
Emanuele II
Via Vittorio
Anfiteatro Romano
V. Vito Fazzi
Vle Guglielmo Marconi
V. Redipuglia
Gioacchino
V. Casale Fulcignano
V. Corrado Galateo
Corte dei Musco
Corte dei Capece
V. Dasumno
Libertini
Museo Diocesano di Arte Sacra
Piazza del Duomo
MUST
Sta Chiara
V. Federico d'Aragona
V. Ludovico Maremonti
V. Cavour
V. Luigi De Simone
V. Giovanni Antonio Orsini De Balzo
V. S. Lazzaro
V. Salvatore Grande
V. delle Anime
V. Egidio Reale
Corte dei Palma
Seppioli Messapici
Vera
Giuseppe
Palazzo Vescovile
Vico del Sotterranei
Teatro Romano
V. Marino Beancacci
V. Francesco Lo Re
V. Gaetano Brunetti
V. Giuseppe Pisanelli
V. Ferrante Caracciolo
V. Paolo Colaci
V. Domenico De Angelis
V. Dalmazio Birago
V. Adua
Via Adua
Porta Rudiae
Rosario
V. Fimenegildo Persone
V. Marco Basseo
V. Guglielmo Paladini
San Matteo
Vico Boemondo
Pal. Vernazza
Pal. Grassi
V. dei Ferroni
Museo archeologico Faggiano
Porta San Biagio
V. Beccherie Vecchie
V. Cavour
V. Otranto
V. Sindaco Guarigla
V. Sindaco Lupinacci
V. Giustino Delacobis
V. Sta Maria dell'Idria
V. Armando Diaz
V. delle Giravolte
V. Quinto Ennio
V. della Rivoia
V. dei Figuli
V. Vincenzo Morelli
V. Roberto Caracciolo
V. Benedetto Cairoli
V. del Sole
V. Carlo Russi
Vico dei Petti
V. Francesco Lo Re
V. Otranto
V. degli Stampacchia
V. Andrea Mantegna
V. del Leuca
V. di Leuca
V. Giuseppe Candido
V. Paisiello
V. Don Minzoni
V. Vittorio Veneto
V. Rudiae
V. Montello
V. Martiri d'Otranto
V. Lombardia
V. Piemonte
V. di Ussano
V. Giuseppe Cino
Corte Gaetano Stella
V. Deis Argentieri
V. Duca degli Abruzzi
V. 20 Settembre
V. 20 Settembre
V. Antonio Costanzo Casetti
V. Enrico Toti
V. Lequile
V. degli Argentieri
V. Don Bosco
V. Monte Grappa
Vle Gallipoli
Vle Gallipoli
V. Giuseppe Petraglione
V. Mario Bernardini
Museo Provinciale Sigismondo Castromediano
V. Guglielmotto d'Otranto

LECCE

0 — 100 m

N

MAGLIE, OTRANTE

MAGLIE, OTRANTE

23
SP 100
SP 246
SP 236
SP 236
SP 613
S 7 Ter
Case Bianche
Zona di ballo
Surbo
Giorgilorio
SP 94
SP 357
Borgo Piave
Frigole
SP 132
Masseria Olmo
Villaggio del Sole
San Ligorio
SP 304
SP 295
SP 364
Villaggio Dario
Villaggio Adriatico
Villaggio Wojtila
San Cataldo
Campo Verde
Pantano Grande
Torre Specchia Ruggeri
LECCE
Porta Napoli
Santa Croce
SP 298
SP 298
SP 283
Mezzagrande Marangi
Zona Erchie Piccolo
SP 1
Acaia
SP 142
20
Santa Foca
Roca Vecchia
Torre di Roca Vecchia
Madonna di Roca Vecchia
Villa Convento
Masseria Marsello
SP 225
SP 226
Arnesano
SP 224
SP 12
Magliano
Aria Sana
Castro Mediano
Rosa Marina
Merine
Zona Marangi
Struda
SP 241
SP 136
SP 284
Pisignano
Acquarica di Lecce
SP 142
SP 229
Vernole
SP 297
Torre dell'Orso
Monteroni di Lecce
Donadeo
San Pietro in Lama
Cavallino
Lizzanello
SP 257
Castri di Lecce
SP 25
SP 145
Torre Saracena
Sant' Andrea
Dragoni
San Cesario di Lecce
Leguile
SP 362
SP 349
SP 140
Caprarica di Lecce
SP 275
Galugnano
Melendugno
Calimera
Borgagne
Conca Specchiulla
Copertino
SP 20
SP 16
San Donato di Lecce
SP 46
13

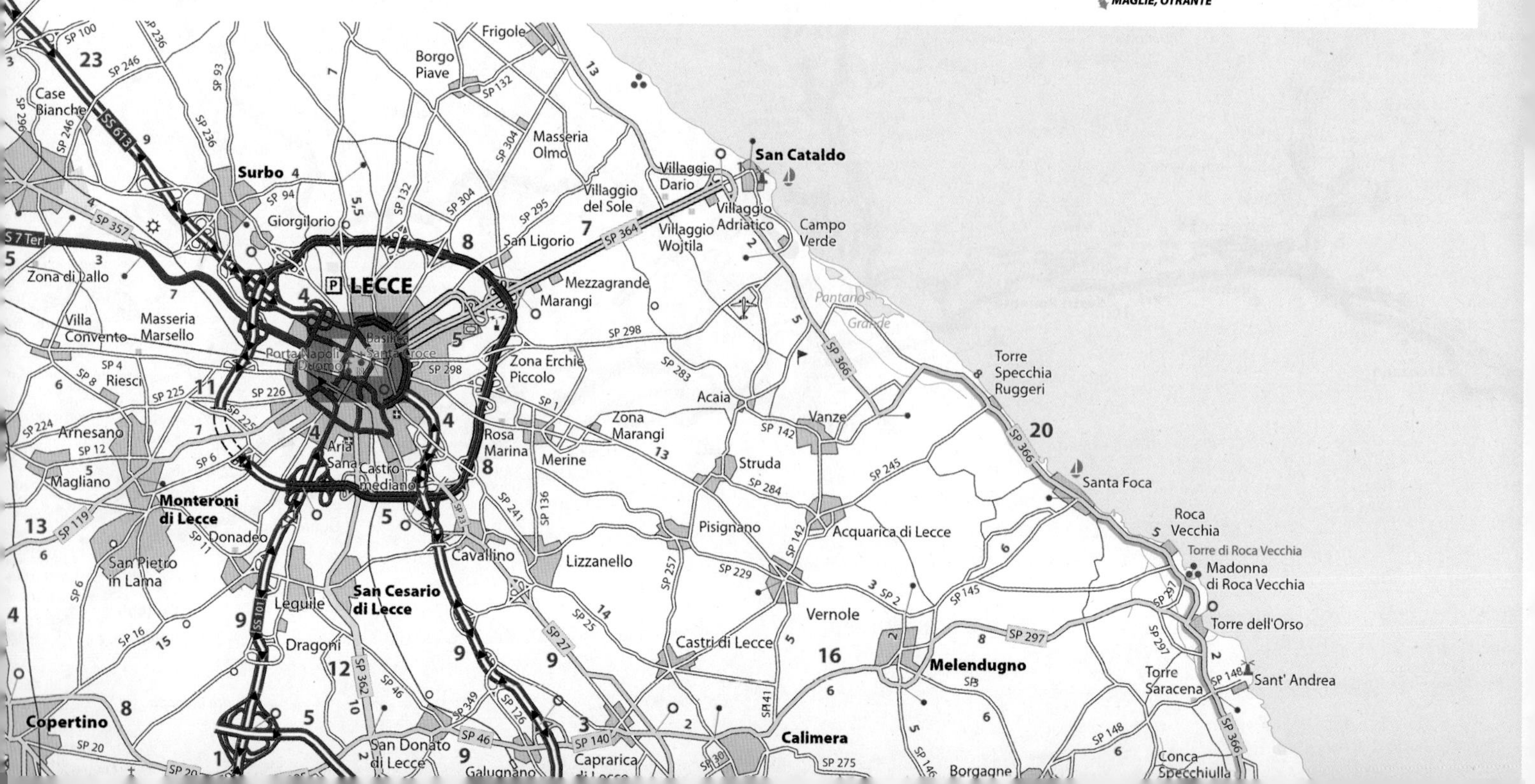

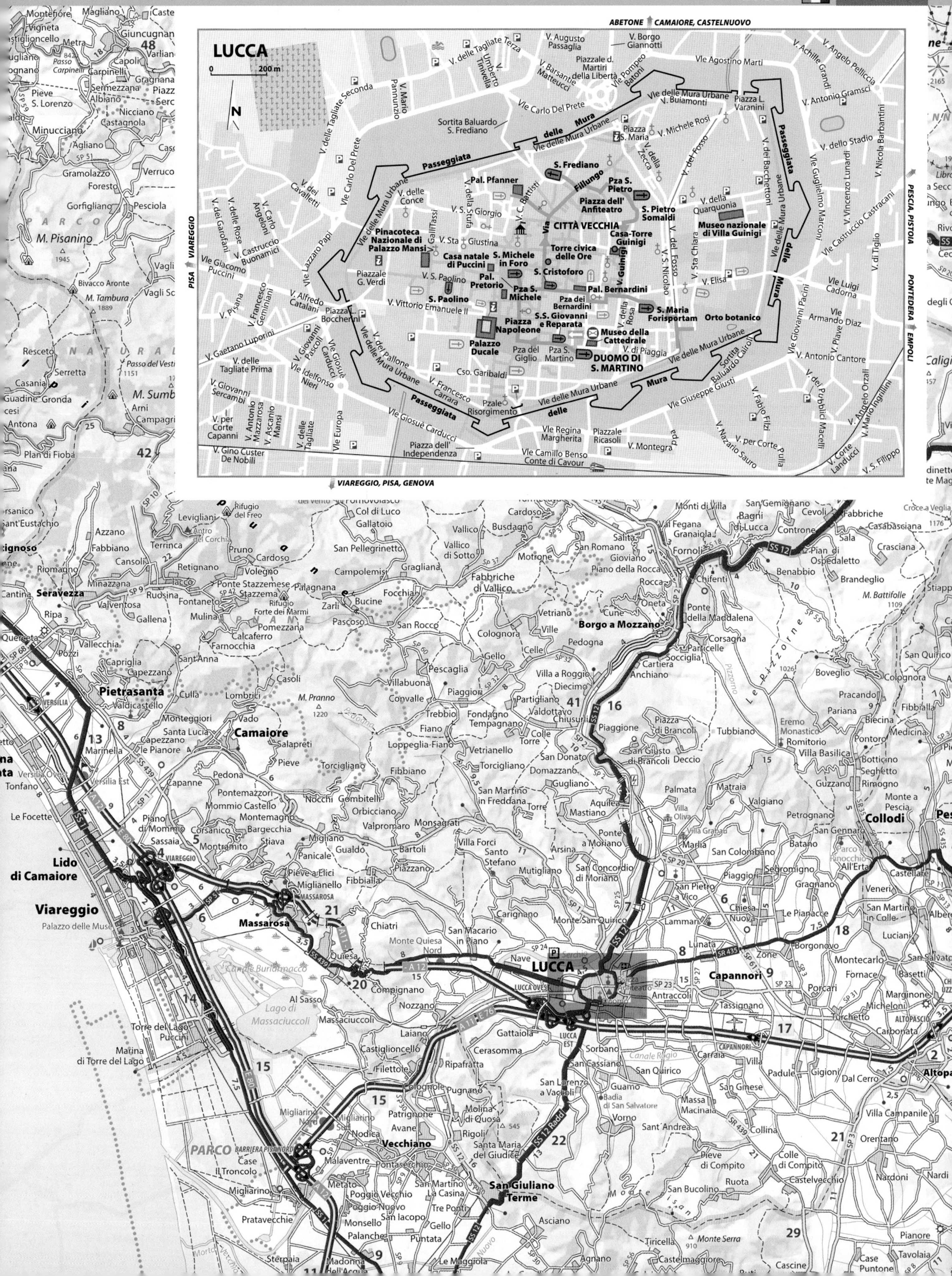

LUCCA

0 ⟞⟞⟞⟞⟞⟞ 200 m

N

ABETONE, CAMAIORE, CASTELNUOVO

V. Augusto Passaglia
V. delle Tagliate Terza
V. Borgo Giannotti
V. Achille Grandi
V. Angelo Pelliccia
Vle Agostino Marti
V. Barsan dei Matteucci
Piazzale d. Martiri della Libertà
V. Pompeo Batoni
Vle delle Mura Urbane
V. Antonio Gramsci
V. delle Tagliate Seconda
V. Mario Pannunzio
V. Carlo Del Prete
Sortita Baluardo S. Frediano
delle Mura
Vle delle Mura Urbane
Piazza S. Maria
V. Michele Rosi
Piazza L. Varanini
V. dello Stadio
V. Nicola Barbantini
Passeggiata
V. dei Bacchettoni
Vle Guglielmo Marconi
V. Vincenzo Lunardi
V. del Fosso
S. Frediano
Pal. Pfanner
Fillungo
Pza S. Pietro
V. della Vecca
Passeggiata
V. del Prete
V. delle Rose
V. Carlo Angeloni
V. delle Garofani
V. Castruccio Buonamici
V. delle Conce
Piazza dell'Anfiteatro
S. Pietro Somaldi
Museo nazionale di Villa Guinigi
V. della Quarquonia
Vle delle Mura Urbane
Vle Castruccio Castracani
V. di Tiglio
Pinacoteca Nazionale di Palazzo Mansi
S. Stura
CITTÀ VECCHIA
Casa-Torre Guinigi
Vle Luigi Cadorna
Casa natale di Puccini
S. Michele in Foro
Torre civica delle Ore
Pal. Pretorio
S. Cristoforo
Pal. Bernardini
S. Maria Forisportam
Orto botanico
Vle Giovanni Pacini
Vle Armando Diaz
S. Paolino
Pza S. Michele
Pza dei Bernardini
S.S. Giovanni e Reparata
S. Maria Forisportam
Piazzale G. Verdi
V. S. Paolino
Piazza Napoleone
Museo della Cattedrale
V. Antonio Cantore
Palazzo Ducale
DUOMO DI S. MARTINO
Sortita Baluardo Cairoli
V. dei Pubblici Macelli
V. del Pallone
Cso. Garibaldi
Pza del Giglio
Pza S. Martino
V. di Piaggia
Vle delle Mura Urbane
V. Fabio Filzi
V. per Corte Pulia
Passeggiata
delle
Mura
Vle Giuseppe Giusti
V. Nazario Sauro
Pzale Risorgimento
Vle delle Mura Urbane
Vle Regina Margherita
Piazzale Ricasoli
V. Montegra
Piazza dell'Independenza
Vle Camillo Benso Conte di Cavour

VIAREGGIO, PISA, GENOVA

PARCO
M. Pisanino 1945
NATURALE
M. Tambura 1889
M. Sumbra
48
42

Seravezza
Pietrasanta
Camaiore
Borgo a Mozzano
41 16
Collodi
Lido di Camaiore
Viareggio
21
Massarosa
20
14
Lago di Massaciuccoli
LUCCA
Capannori 9
17
18
22
Vecchiano
San Giuliano Terme
29
21

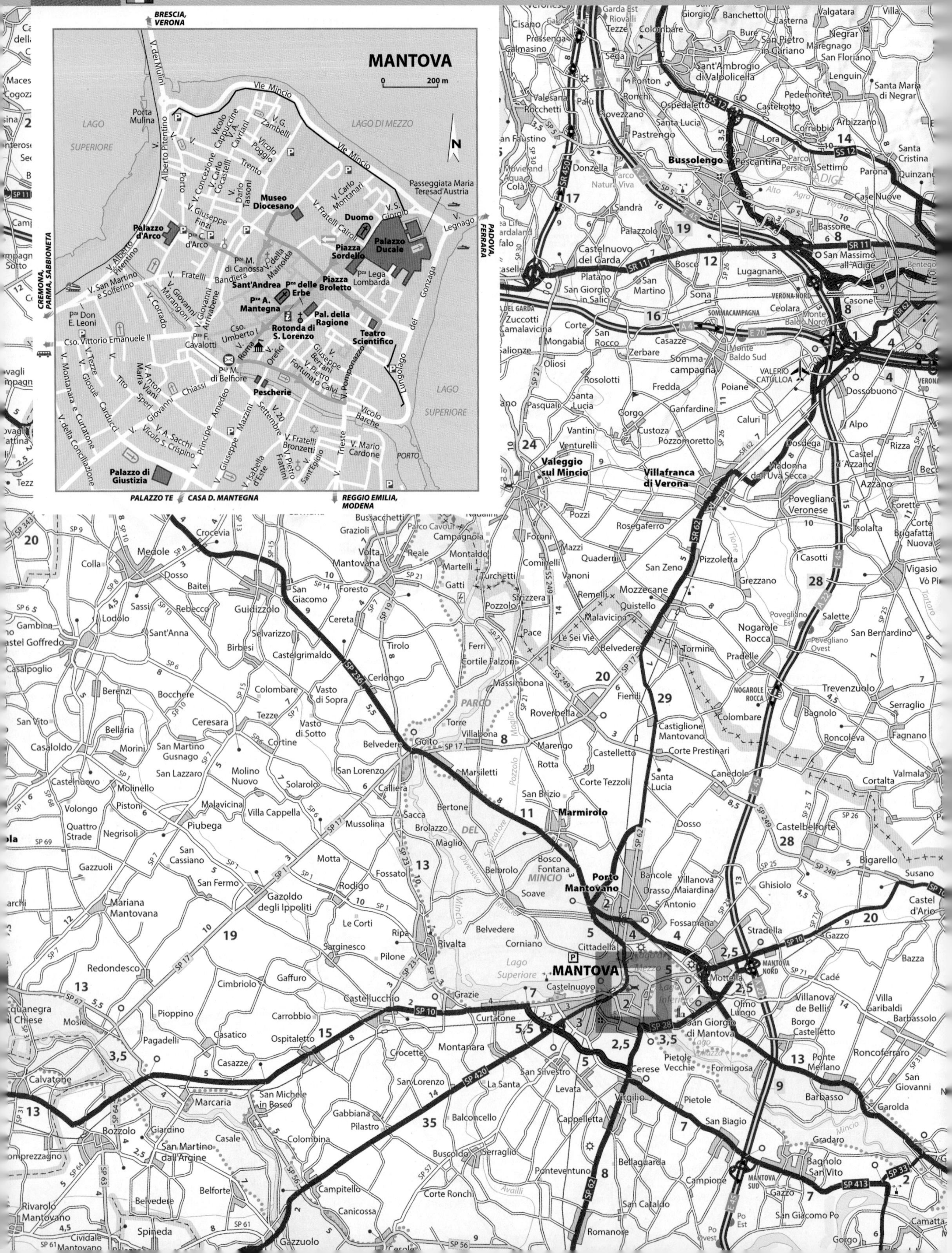

MANTOVA

0 200 m

N

Inset city map labels: BRESCIA, VERONA · V. dei Mulini · Vle Mincio · LAGO DI MEZZO · Porta Mulina · LAGO SUPERIORE · Porto · Alberto Pitentino · V. G. Zambelli · Vicolo Capucine · V. A. Cavriani · Vicolo Poggio · Trento · V. Carlo Montanari · V. Carlo Castelli · V. Concezione · V. Giuseppe Finzi · Dario Tassoni · Museo Diocesano · V. Fratelli Cairoli · V. S. Giorgio · Passeggiata Maria Teresa d'Austria · Duomo · Palazzo d'Arco · P.za C.P. d'Arco · Palazzo Ducale · Piazza Sordello · P.za M. di Canossa · V. della Mainolda · Piazza Lombarda · Legnago · PADOVA, FERRARA · Sant'Andrea · P.za A. Mantegna · P.za delle Erbe · Piazza Broletto · V. Fratelli Bandiera · V. Corrado · V. Giovanni Marangoni · V. Giovanni Arrivabene · Pal. della Ragione · Rotonda di S. Lorenzo · Teatro Scientifico · Lungo Rio · Cso. Umberto I · V. Giuseppe Bertani · V. Pietro Fortunato Calvi · V. Pomponazzo · LAGO SUPERIORE · P.za Don E. Leoni · Cso. Vittorio Emanuele II · P.za F. Cavalotti · V. Roma · Orefici · P.za M. di Belfiore · V. Antonio Maria Arrivani · Chiassi · Pescherie · Tito Speri · Giosuè Carducci · V. Montanara e Curtatone · V. della Conciliazione · V. Giovanni · V. 20 Settembre · V. Fratelli Bronzetti · V. Mario Cardone · PORTO · V. Trieste · V. A. Sacchi · Vicolo S. Crispino · V. Principe Amedeo · V. Giuseppe Mazzini · V. Isabella d'Este · V. Pietro Frattini · Palazzo di Giustizia · PALAZZO TE · CASA D. MANTEGNA · REGGIO EMILIA, MODENA

CREMONA, PARMA, SABBIONETA

Regional map labels include: Garda Est, Riovalli, Tezze, Colombare, Valgatara, Villa, Negrar, Bussolengo, Pescantina, San Massimo all'Adige, Castelnuovo del Garda, Sona, VERONA-NORD, SOMMACAMPAGNA, VALERIO CATULLO, VERONA SUD, Valeggio sul Mincio, Villafranca di Verona, Povegliano Veronese, Nogarole Rocca, Trevenzuolo, Mozzecane, Roverbella, Marmirolo, Porto Mantovano, MANTOVA, MANTOVA NORD, MANTOVA SUD, Castel d'Ario, Medole, Guidizzolo, Castiglione, Goito, Rivalta, Curtatone, Marcaria, Virgilio, Pietole, Ponte Merlano, Roncoferraro, etc.

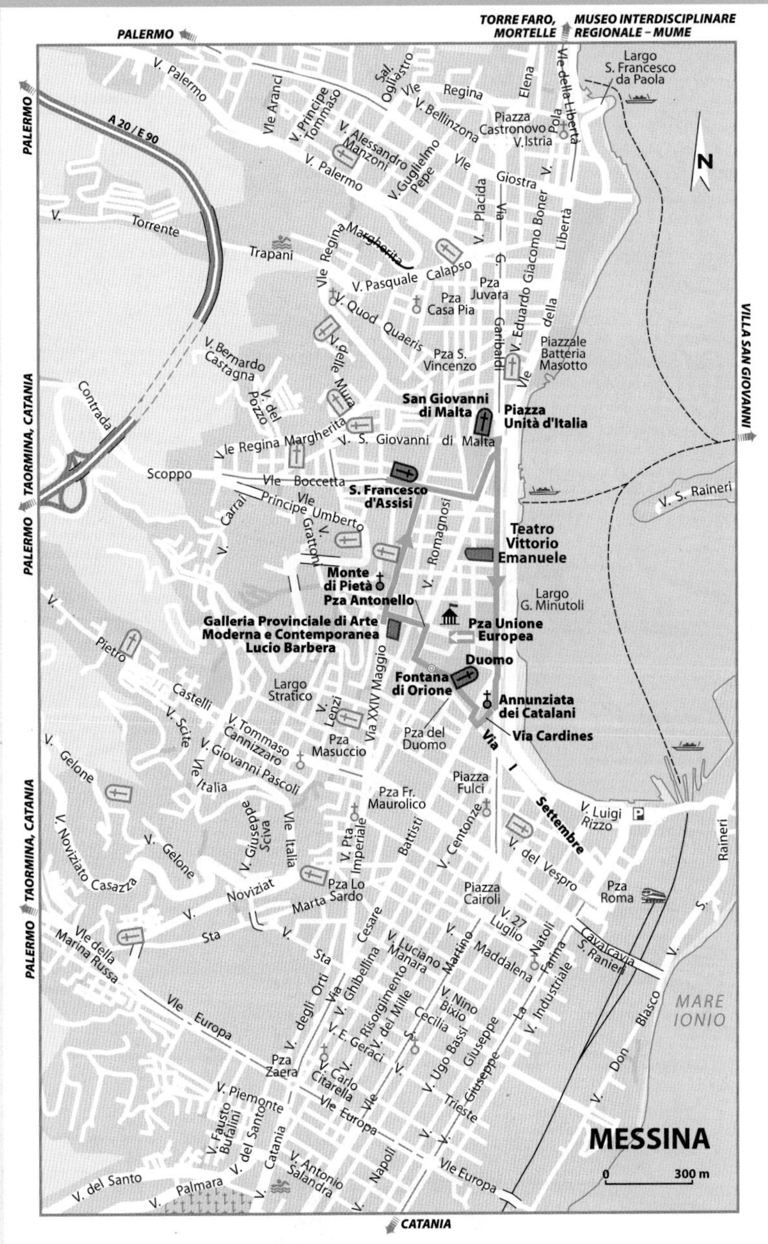

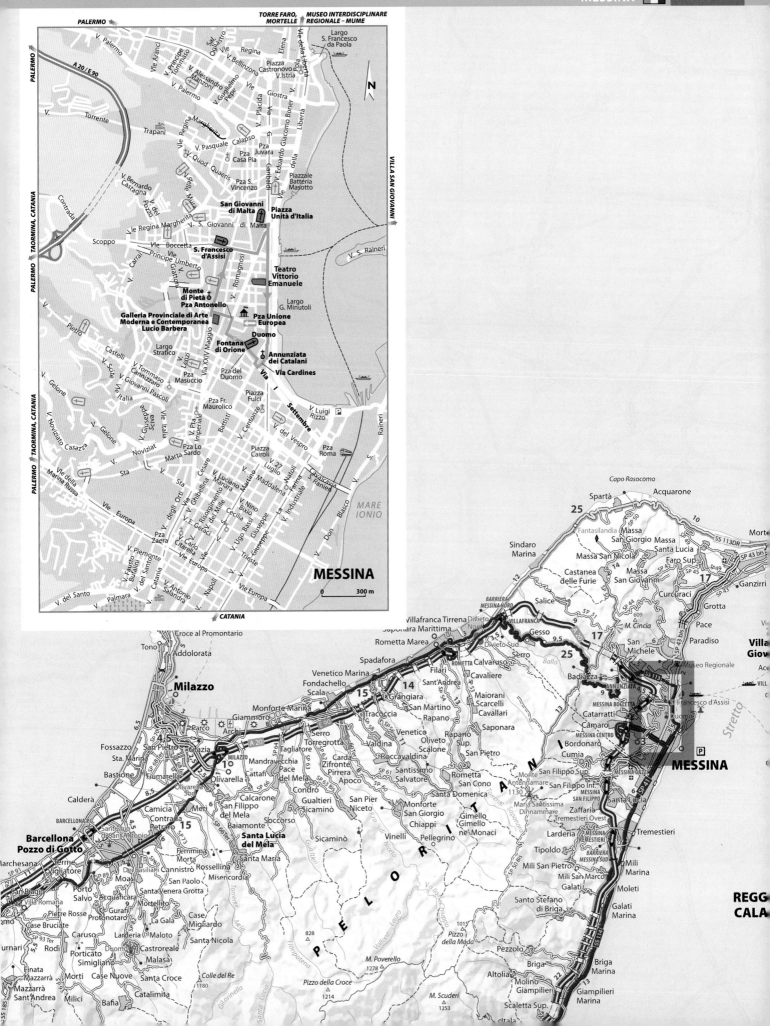

MESSINA

PALERMO
TORRE FARO, MORTELLE
MUSEO INTERDISCIPLINARE REGIONALE – MUME

V. Palermo
Vle Aranci
Sel Ogliastro
Vle Regina Elena
Piazza Castronovo V. Istria
Largo S. Francesco da Paola
Vle Principe Tommaso
V. Guglielmo Pepe
V. Alessandro Manzoni
V. Bellinzona
Piazza Castronovo
Vle della Libertà
V. Palermo
V. Torrente
A 20/E 90
V. Palermo
Trapani
Vle Regina Margherita
Giostra
V. Placida
Liberta
V. Pasquale Calapso
Pza Juvara
V. Quod Quaeris
Pza Casa Pia
Pza S. Vincenzo
Garibaldi
V. Eduardo Giacomo Boner
Piazzale Batteria Masotto
V. Bernardo Castagna
Contrada
V. del Pozzo
V. delle Mura
Vle Regina Margherita
Scoppo
Vle Boccetta
Vle Principe Umberto
Carrai
Gratton
San Giovanni di Malta
V. S. Giovanni di Malta
Piazza Unità d'Italia
V. S. Raineri
VILLA SAN GIOVANNI
S. Francesco d'Assisi
Romagnosi
Teatro Vittorio Emanuele
Pietra
Monte di Pietà
Pza Antonello
Galleria Provinciale di Arte Moderna e Contemporanea Lucio Barbera
Largo G. Minutoli
Pza Unione Europea
Duomo
Castelli
Largo Stratico
Lenzi
Via XXIV Maggio
Fontana di Orione
Annunziata dei Catalani
Via Cardines
V. Tommaso Cannizzaro
V. Giovanni Pascoli
Pza Masuccio
Pza del Duomo
Piazza Fulci
V. Gelone
V. Scile
V. Italia
V. Giuseppe Sciva
Pza Fr. Maurolico
Piazza Cairoli
V. del Vespro
V. Luigi Rizzo
Pza Roma
V. Novizaro Casazz
V. Gelone
V. Italia
V. degli Orti
Noviziat
Marta Sardo
V. Pta Imperiale
Battisti
Cesare
V. Ghibellina
Manara
V. 27 Luglio
Luciano Martino
Maddalena
Anatoli
Parma
Cavalcavia S. Ranieri
S.
Raineri
V. Don Blasco
MARE IONIO
Vle della Marina Russa
V. Europa
Pza Zaera
V. Carlo
Citarella
Vle Europa
V. Risorgimento
V. del Mille
V. Nino Bixio
V. E. Geraci
Cecilia
V. Ugo Bassi
Giuseppe
La
V. Industriale
V. Piemonte
V. Fausto Bufalini
V. del Santo
Catania
V. Antonio Salandra
V. del Santo
Palmara
Napoli
Vle Europa
Trieste

0 ___ 300 m

CATANIA

Map labels (regional inset):

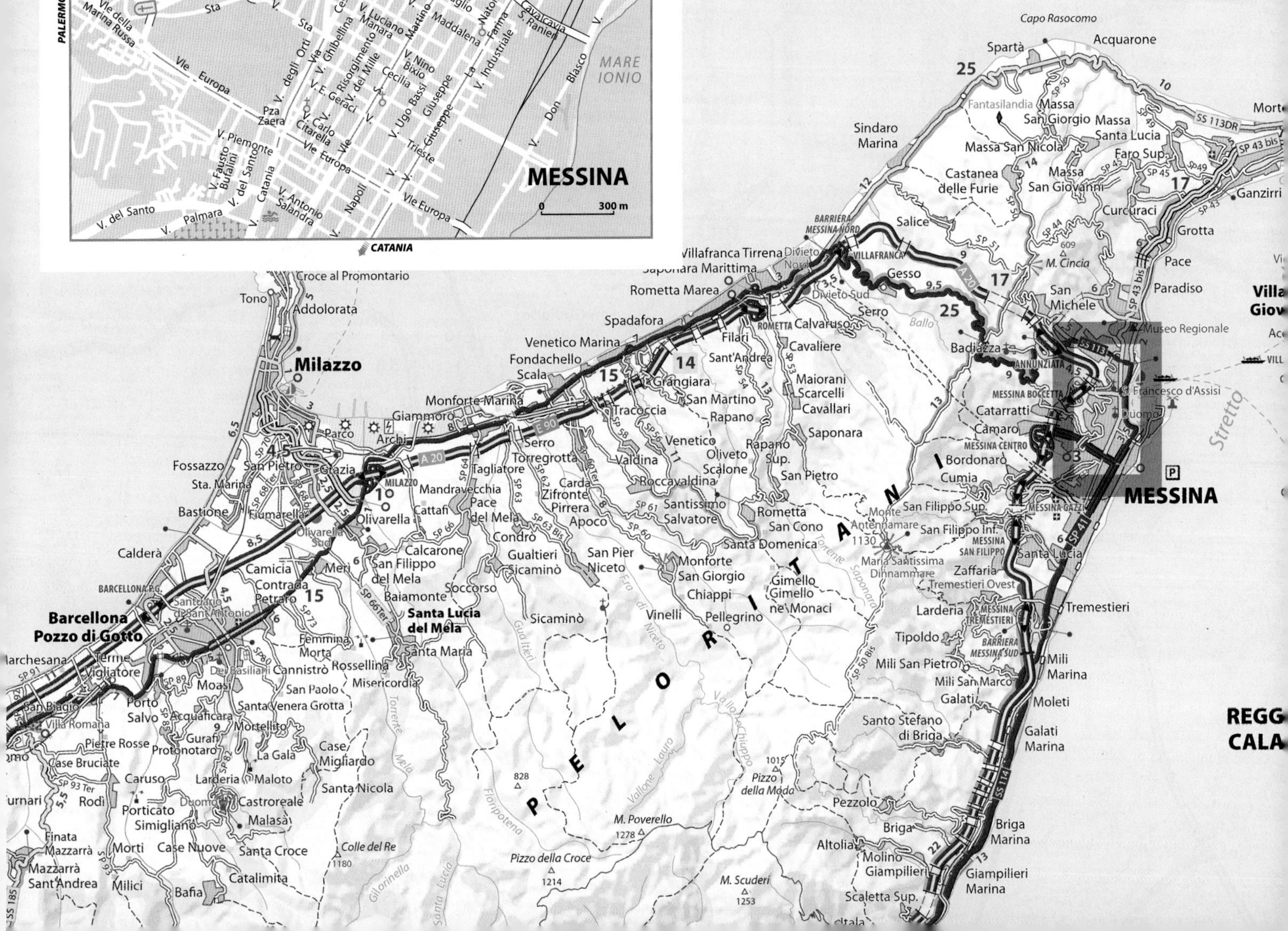

Capo Rasocomo
Spartà
Acquarone
25
Fantasilandia
Massa
San Giorgio Massa
Santa Lucia
Morte
SS 113DR
Sindaro Marina
Massa San Nicola
Faro Sup.
SS 43 bis
10
Castanea delle Furie
Massa San Giovanni
17
Ganzirri
Salice
SP 44
609
M. Cincia
Curcuraci
SP 43
Grotta
BARRIERA MESSINA-NORD
Villafranca Tirrena
Divieto Nord
VILLAFRANCA
9
Gesso
9,5
A 18
17
San Michele
Pace
Paradiso
Villa
Saponara Marittima
Divieto Sud
Serro
25
Badiazza
Annunziata
Giov.
Rometta Marea
Ballo
MESSINA BOCCETTA
Museo Regionale
VILL
Spadafora
ROMETTA
Calvaruso
Catarratti
S. Francesco d'Assisi
Venetico Marina
Filari
Cavaliere
Càmaro
Duomo
Stretto
Fondachello Scala
14
Sant'Andrea
Maiorani Scarcelli Cavallari
MESSINA CENTRO
Milazzo
15
Grangiara
San Martino
13
Saponara
Bordonaro
P
Giammoro
Tracoccia
Rapano
San Pietro
Cumia
MESSINA
Parco
Archia
Serro
Venetico
Rapanò Sup.
Monte Antennamare 1130
San Filippo Sup.
MESSINA GAZZI
4,5
San Pietro Grazia
Torregrotta
Oliveto Scalone
Rometta
San Filippo Inf.
Santa Lucia
Fossazzo
Tagliatore
Valdina
Santissimo Salvatore
Santa Domenica
MESSINA SAN FILIPPO
Sta. Marina
Milazzo
Mandravecchia
Carda Zifronte Pirrera
Monte San Filippo Sup.
Zaffaria
Bastione
Olivarella
Cattan
Pace del Mela
Apoco
San Cono
Maria Santissima Dinnammare
Tremestieri Ovest
Fiumarella
Olivarella Sud
Calcarone
Condrò
San Pier Niceto
Monforte San Giorgio
Gimello ne' Monaci
Larderia
MESSINA TREMESTIERI
Calderà
Meri
San Filippo del Mela
Gualtieri Sicaminò
Chiappi
Pellegrino
Tipoldo
Tremestieri
BARCELLONA P.G.
Camicia Contrada Petraro
15
Baiamonte
Sicaminò
Vinelli
Gimello
BARRIERA MESSINA SUD
Mili San Pietro
Mili Marina
Barcellona Pozzo di Gotto
Santa Lucia del Mela
Soccorso
Santa Maria
Mili San Marco
Galati
Moleti
Marchesana
Terme Vigliatore
Femmina Morta
Rossellina
Santo Stefano di Briga
Galati Marina
Dei Basiliani Cannistrò
San Paolo
Misericordia
REGG CALA
Porto Salvo
Moas
Santa Venera Grotta
Pezzolo
Villa Romana
Acquaficara
Mortelletto
La Gala
828
Briga
San Biagio
Gurari Protonotaro
Case Migliardo
Pizzo della Moda
Briga Marina
Pietre Rosse
Santa Nicola
1015
Altolia
rnari
Rodi
Caruso
Larderia Maloto
M. Poverello 1278
Vallone Lauro
Molino Giampilieri
Finata
Mazzarrà Sant'Andrea
Morti
Case Nuove
Santa Croce
Duomo
Porticato Simigliano
Malasà
Colle del Re 1180
Pizzo della Croce 1214
M. Scuderi 1253
Giampilieri Marina
Scaletta Sup.
SS 185
Mazzarrà
Milici
Bafia
Catalimita
Gironnello
Santa Lucia
Itala

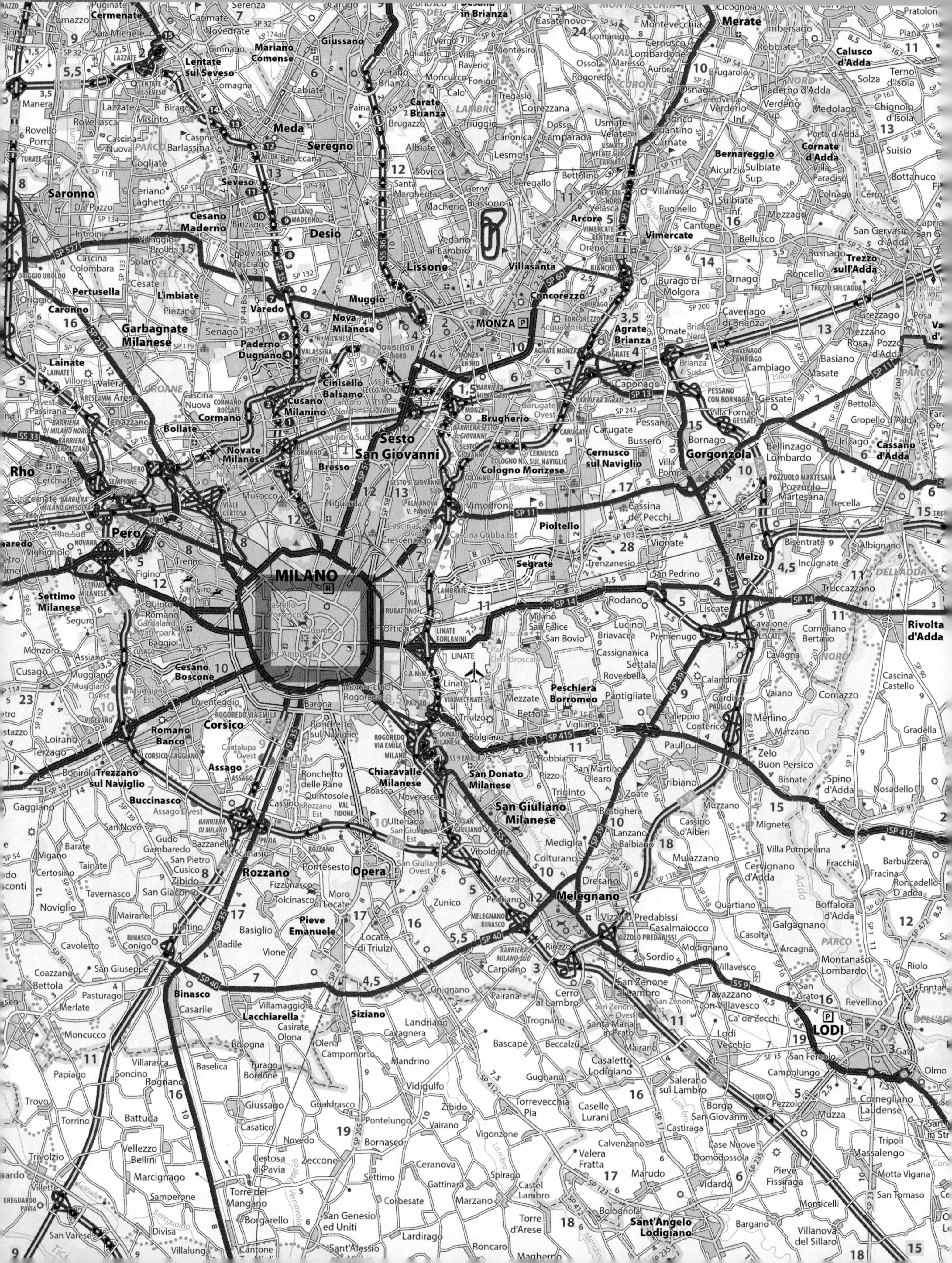

MILANO

Cermenate · Carimate · Novedrate · Giussano · Desano in Brianza · Merate · Calusco d'Adda
Lentate sul Seveso · Mariano Comense · Carate Brianza · Montevecchia · Cornate d'Adda
Meda · Seregno · Bernareggio · Trezzo sull'Adda
Saronno · Seveso · Arcore · Vimercate
Cesano Maderno · Desio · Lissone · Villasanta · Concorezzo · Agrate Brianza
Limbiate · Muggio · MONZA · Burago di Molgora
Garbagnate Milanese · Nova Milanese · Brugherio · Gorgonzola · Cassano d'Adda
Lainate · Paderno Dugnano · Cinisello Balsamo · Cernusco sul Naviglio · Pozzuolo Martesana
Caronno · Cusano Milanino · Cormano · Sesto San Giovanni · Cologno Monzese · Melzo
Bollate · Novate Milanese · Bresso · Vimodrone · Pioltello · Rivolta d'Adda
Rho · Pero · Segrate
MILANO
Settimo Milanese · Linate Forlanini · LINATE · Peschiera Borromeo · Pantigliate
Cesano Boscone · Corsico · Rogoredo · San Donato Milanese · Paullo
Romano Banco · Assago · Chiaravalle Milanese · San Giuliano Milanese
Buccinasco · Trezzano sul Naviglio · Opera · Mediglia
Rozzano · Pieve Emanuele · Melegnano · Vizzolo Predabissi
Binasco · Lacchiarella · Siziano · Carpiano · Cerro al Lambro · LODI
Sant'Angelo Lodigiano

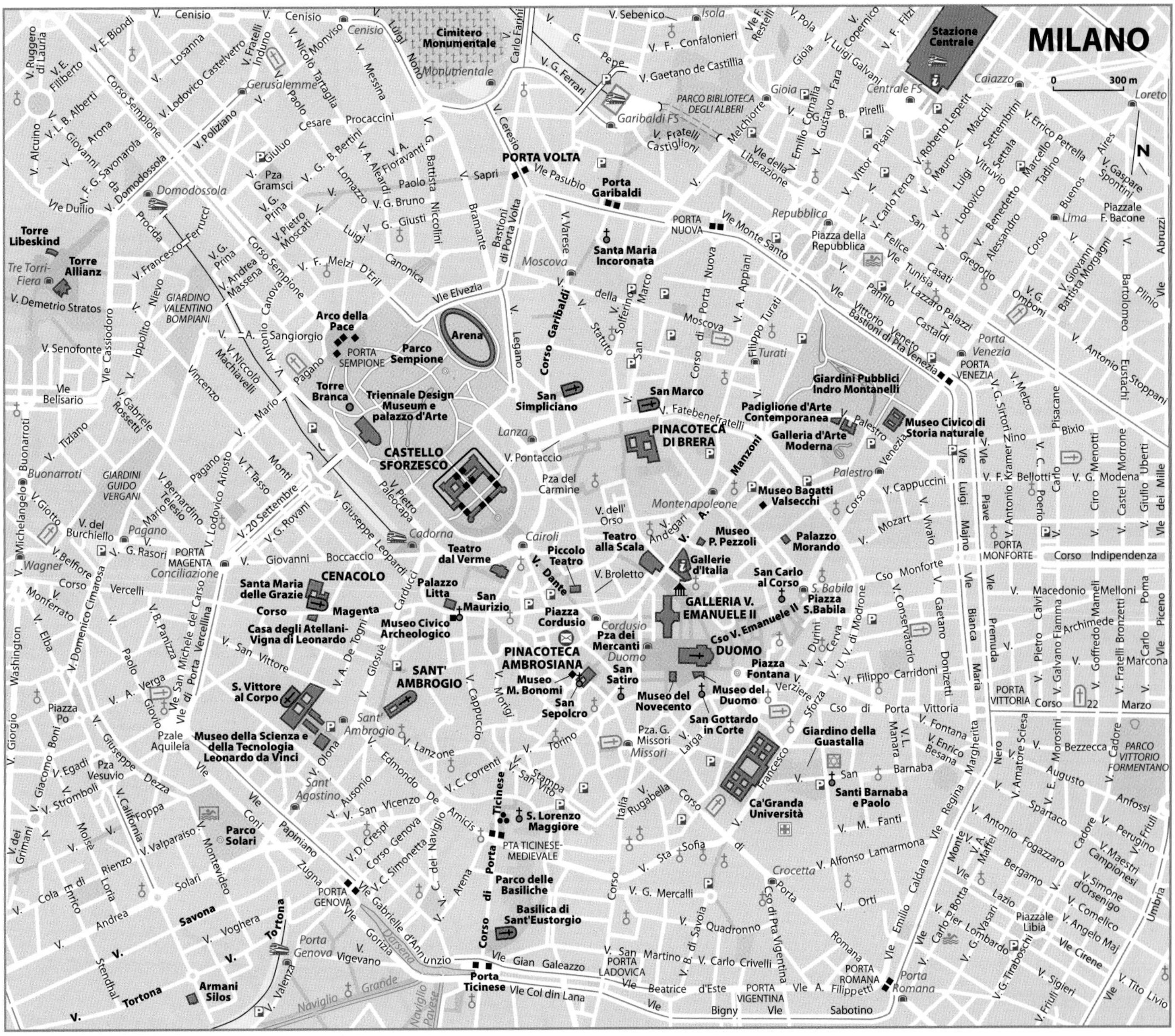

MILANO
0 300 m
N
Stazione Centrale
Cimitero Monumentale
PORTA VOLTA
Porta Garibaldi
PARCO BIBLIOTECA DEGLI ALBERI
Garibaldi FS
Centrale FS
PORTA NUOVA
Santa Maria Incoronata
Torre Libeskind
Torre Allianz
Tre Torri-Fiera
GIARDINO VALENTINO BOMPIANI
Arco della Pace
PORTA SEMPIONE
Parco Sempione
Arena
Torre Branca
Triennale Design Museum e palazzo d'Arte
CASTELLO SFORZESCO
San Simpliciano
San Marco
PINACOTECA DI BRERA
Giardini Pubblici Indro Montanelli
Padiglione d'Arte Contemporanea
Galleria d'Arte Moderna
Museo Civico di Storia naturale
PORTA VENEZIA
Museo Bagatti Valsecchi
Montenapoleone
Museo P. Pezzoli
Palazzo Morando
Teatro alla Scala
Piccolo Teatro
Teatro dal Verme
Cadorna
Cairoli
GIARDINI GUIDO VERGANI
PORTA MAGENTA
Conciliazione
Santa Maria delle Grazie
CENACOLO
Casa degli Atellani-Vigna di Leonardo
Palazzo Litta
San Maurizio
Museo Civico Archeologico
Piazza Cordusio
Gallerie d'Italia
GALLERIA V. EMANUELE II
San Carlo al Corso
Piazza S.Babila
PINACOTECA AMBROSIANA
Museo M. Bonomi
San Sepolcro
San Satiro
DUOMO
Piazza Fontana
Museo del Novecento
Museo del Duomo
San Gottardo in Corte
S. Vittore al Corpo
SANT' AMBROGIO
Museo della Scienza e della Tecnologia Leonardo da Vinci
Giardino della Guastalla
Santi Barnaba e Paolo
Ca'Granda Università
PORTA MONFORTE
PORTA VITTORIA
PARCO VITTORIO FORMENTANO
S. Lorenzo Maggiore
PTA TICINESE-MEDIEVALE
Parco delle Basiliche
Basilica di Sant'Eustorgio
Parco Solari
PORTA GENOVA
Porta Genova
Darsena
Naviglio Grande
Naviglio Pavese
Porta Ticinese
PORTA LADOVICA
PORTA VIGENTINA
PORTA ROMANA
Porta Romana
Crocetta
Armani Silos
Savona
Tortona
Corso di Porta Ticinese
Corso Sempione
Corso Garibaldi
Corso Buenos Aires
Corso Venezia
Corso Magenta
Corso Vercelli
Corso Genova
Corso Italia
Corso di Porta Romana
Loreto
Lima
Isola
Gioia
Repubblica
Moscova
Lanza
Turati
Palestro
Cordusio
Duomo
Missori
Sant'Ambrogio
Sant'Agostino
Wagner
Pagano
Buonarroti
Domodossola
Gerusalemme
Monumentale
Cenisio
Caiazzo
Piazza della Repubblica
Piazzale F. Bacone
Piazzale Libia

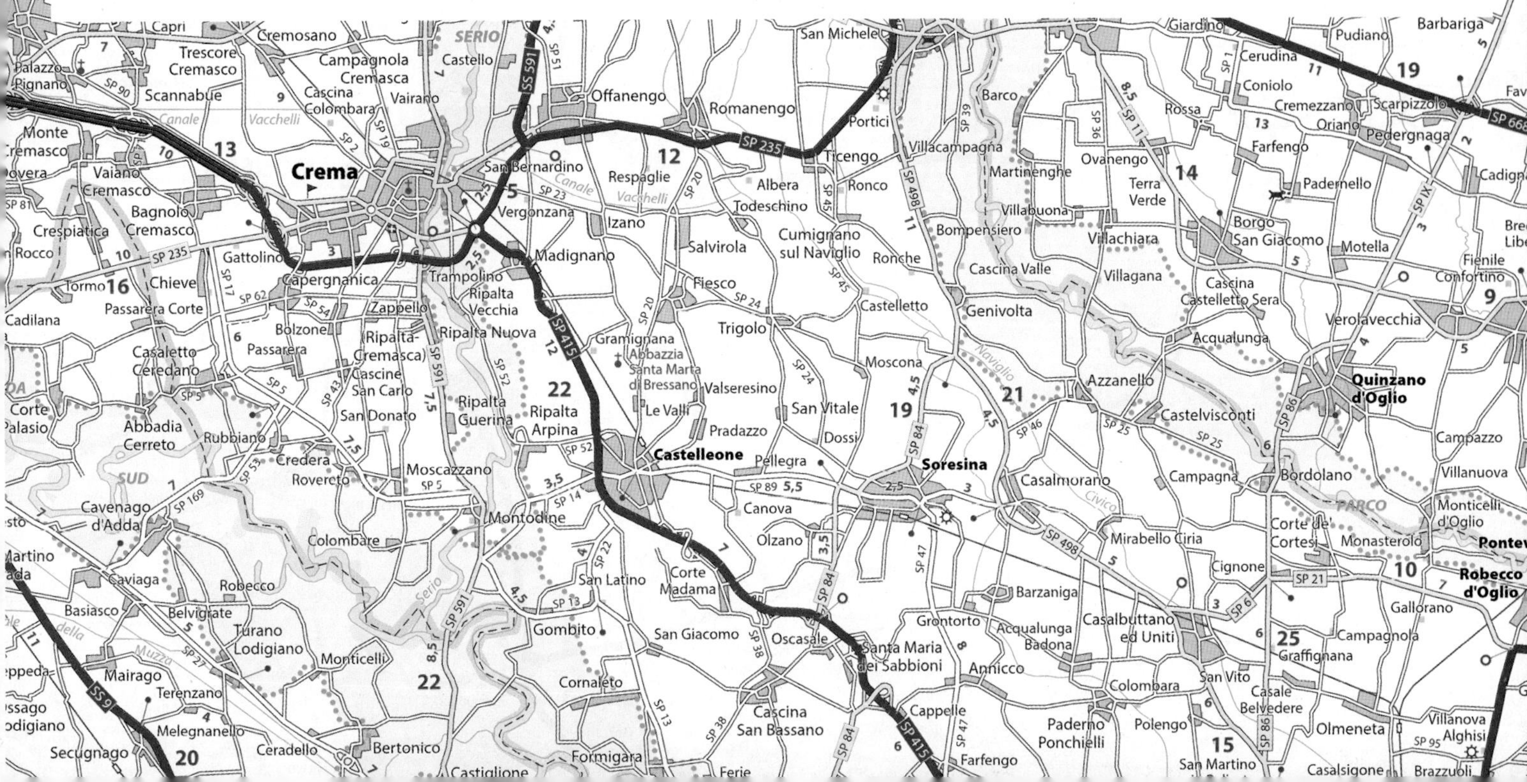

Crema
Castelleone
Soresina
Quinzano d'Oglio
Robecco d'Oglio
Offanengo
Romanengo
Ticengo
Madignano
Ripalta Cremasca
Ripalta Arpina
Ripalta Guerina
Montodine
Moscazzano
Credera
Rubbiano
Abbadia Cerreto
Casaletto Ceredano
Capergnanica
Chieve
Bagnolo Cremasco
Vaiano Cremasco
Trescore Cremasco
Campagnola Cremasca
Cremosano
Izano
Salvirola
Fiesco
Trigolo
Cumignano sul Naviglio
Genivolta
Azzanello
Casalmorano
Annicco
Casalbuttano ed Uniti
Corte de' Cortesi
Bordolano
Pontevico
Gombito
San Bassano
Formigara
Pizzighettone
Cappella Cantone
Villachiara
Orzinuovi
Casalpusterlengo
Lodi
Castiglione d'Adda
SERIO
SS 591
SS 415
SP 235
SP 84
SP 498
13
12
14
16
19
20
21
22
25

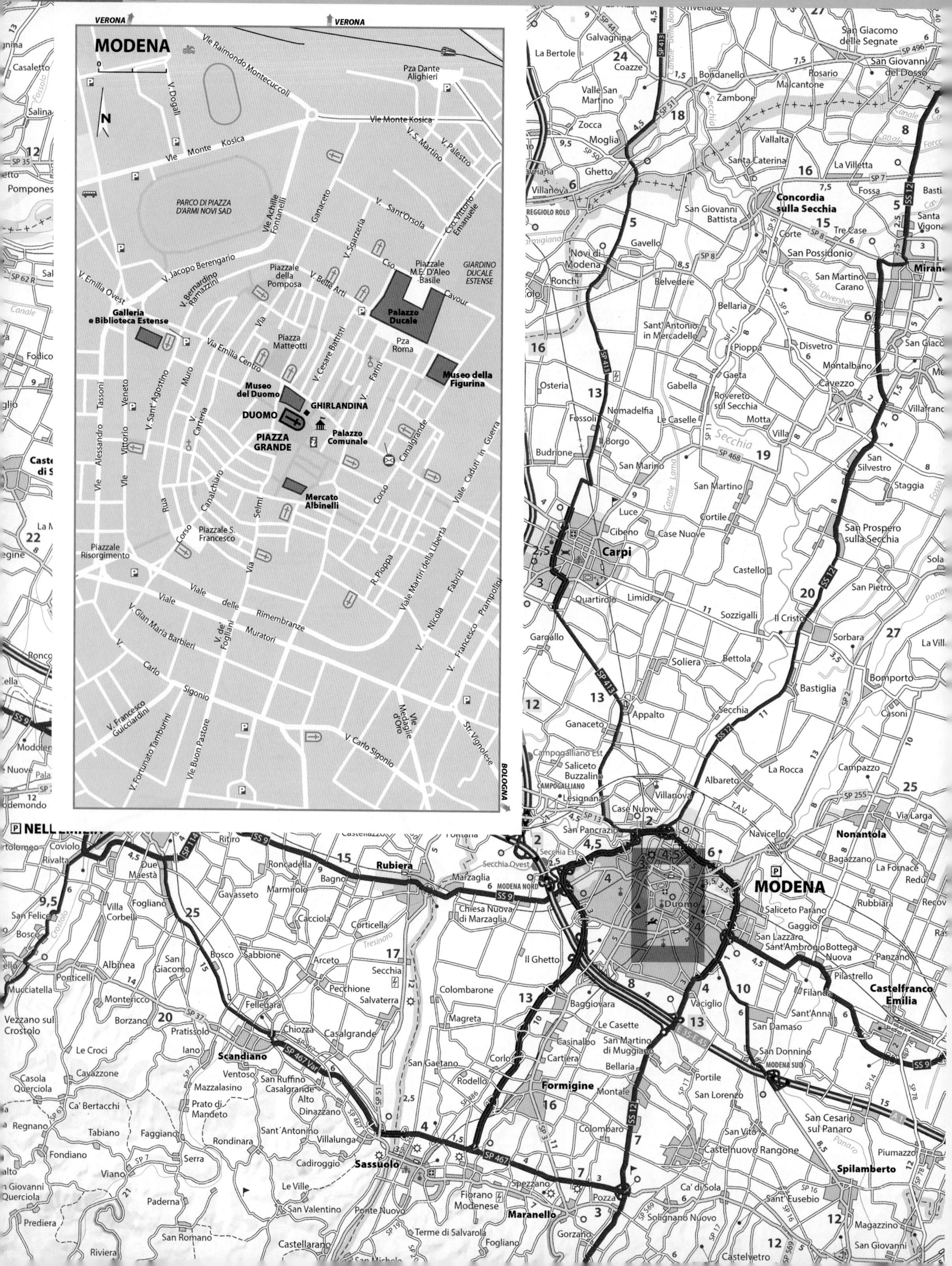

MODENA

VERONA
VERONA

0
N

Vle Raimondo Montecuccoli

V. Dogali

Vle Monte Kosica

Pza Dante Alighieri

V. S. Martino
V. Palestro

V. Achille Fontanelli

Ganaceto

V. Sant'Orsola

Cso Vittorio Emanuele

PARCO DI PIAZZA D'ARMI NOVI SAD

Piazzale M.E. D'Aleo Basile

GIARDINO DUCALE ESTENSE

V. Jacopo Berengario

V. Bernardino Ramazzini

Piazzale della Pomposa

V. Belle Arti

Cso Cavour

V. Emilia Ovest

Galleria e Biblioteca Estense

Via Emilia Centro

Piazza Matteotti

V. Cesare Battisti

Farini

Palazzo Ducale

Pza Roma

Museo della Figurina

V. Sant'Agostino

V. Veneto

Muro

V. Canteria

Museo del Duomo

GHIRLANDINA

DUOMO

Palazzo Comunale

Canalgrande

Vle Caduti in Guerra

V. Alessandro

V. Vittorio

PIAZZA GRANDE

Mercato Albinelli

Corso

Rua

Canalchiaro

Selmi

R. Pioppa

Vle Martiri della Libertà

V. Nicola Fabrizi

V. Francesco Prampolini

Piazzale S. Francesco

Corso

Via

Piazzale Risorgimento

Viale

delle

Rimembranze

Muratori

V. Gian Maria Barbieri

V. de Fogliani

V. Carlo

Sigonio

V. Francesco Guicciardini

V. Fortunato Tamburini

Vle Buon Pastore

Vle Medaglie d'Oro

V. Carlo Sigonio

Str. Vignolese

BOLOGNA

P NELL...

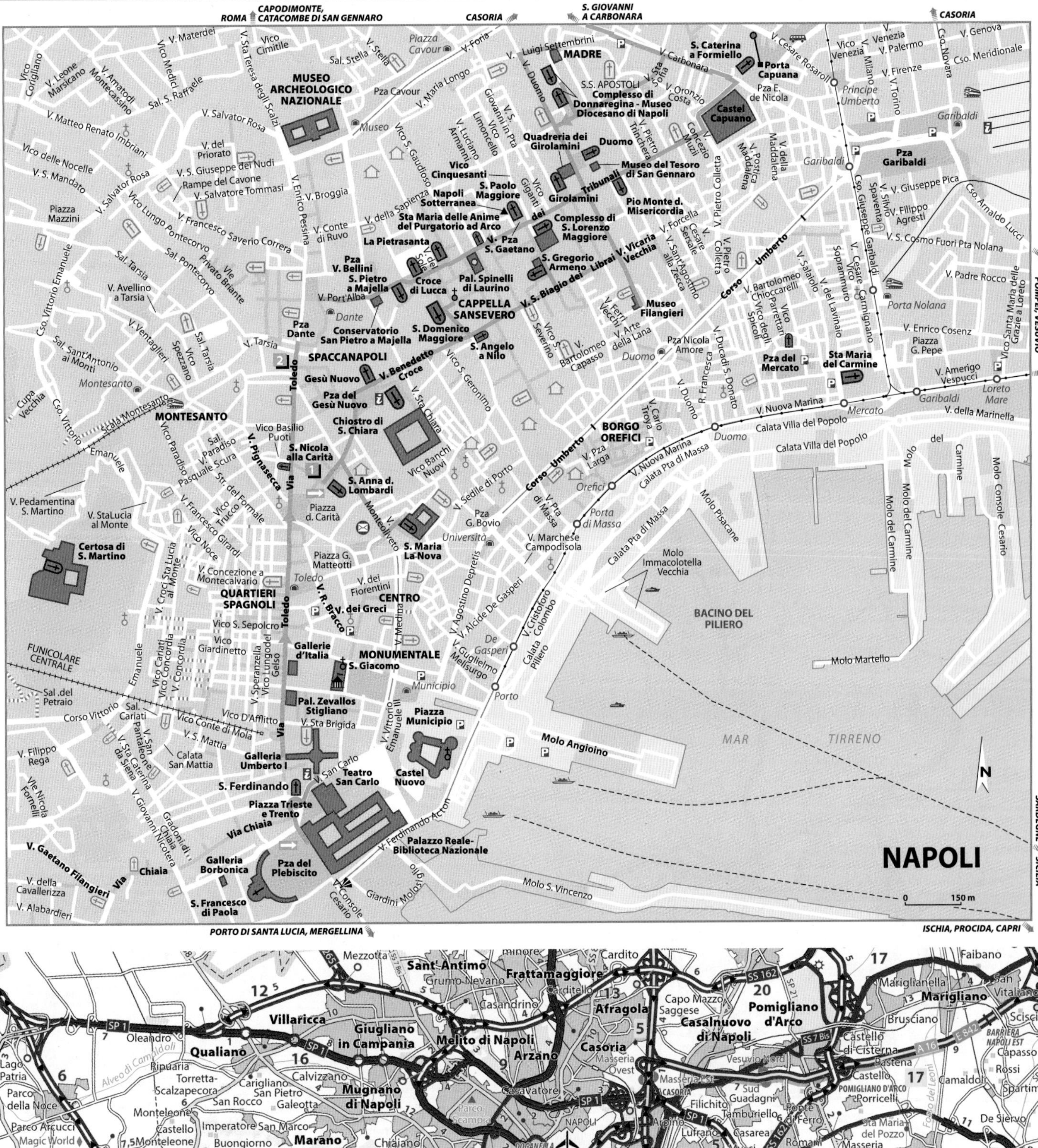

NAPOLI

Top map (city center)

CAPODIMONTE, ROMA, CATACOMBE DI SAN GENNARO — CASORIA — S. GIOVANNI A CARBONARA — CASORIA

Vico Materdei
Vico Cimitile
Piazza Cavour
Luigi Settembrini
V. Cesare Rosaroll
Vico Venezia
Vico Palermo
V. Firenze
Cso. Genova
Cso. Meridionale

MADRE
S. Caterina a Formiello
Porta Capuana
Pza E. de Nicola
Principe Umberto
Garibaldi

V. Leone
V. Amato
Vico Medici
V. Sta Teresa degli Scalzi
V. Stella
V. Foria
V. Duomo
V. Carbonara
V. Sopramuro
V. della Maddalena
Pza Garibaldi

MUSEO ARCHEOLOGICO NAZIONALE
S.S. APOSTOLI
Complesso di Donnaregina - Museo Diocesano di Napoli
Castel Capuano

Quadreria dei Girolamini
Duomo
Museo del Tesoro di San Gennaro
Pio Monte d. Misericordia
Complesso di S. Lorenzo Maggiore

Napoli Sotterranea
S. Paolo Maggiore
Girolamini
Sta Maria delle Anime del Purgatorio ad Arco
S. Gaetano
S. Gregorio Armeno
V. Vicaria Vecchia
Museo Filangieri

La Pietrasanta
Pza V. Bellini
S. Pietro a Majella
Croce di Lucca
Pal. Spinelli di Laurino
S.V.S. Biagio dei Librai

CAPPELLA SANSEVERO
Pza Dante
Conservatorio San Pietro a Majella
S. Domenico Maggiore
S. Angelo a Nilo

SPACCANAPOLI
Gesù Nuovo
S. Benedetto Croce
Pza del Gesù Nuovo
Chiostro di S. Chiara

MONTESANTO
S. Nicola alla Carità
S. Anna d. Lombardi
Piazza d. Carità
Università
S. Maria La Nova

BORGO OREFICI
Calata Villa del Popolo
Duomo
Sta Maria del Carmine
Pza del Mercato

Certosa di S. Martino
QUARTIERI SPAGNOLI
CENTRO
Gallerie d'Italia
MONUMENTALE
S. Giacomo
Pal. Zevallos Stigliano
Galleria Umberto I
Teatro San Carlo
Castel Nuovo
Piazza Municipio
Molo Angioino

FUNICOLARE CENTRALE

S. Ferdinando
Piazza Trieste e Trento
Via Chiaia
Palazzo Reale - Biblioteca Nazionale
Galleria Borbonica
Pza del Plebiscito
S. Francesco di Paola
Chiaia

MAR TIRRENO

NAPOLI

N

0   150 m

PORTO DI SANTA LUCIA, MERGELLINA — ISCHIA, PROCIDA, CAPRI

SARDEGNE SICILIA
SALERNO, POMPEI, VESUVIO

Bottom map (regional)

Sant'Antimo
Frattamaggiore
Cardito
Mariglianella
Marigliano

Villaricca
Giugliano in Campania
Melito di Napoli
Arzano
Casoria
Afragola
Casalnuovo di Napoli
Pomigliano d'Arco

Qualiano
Mugnano di Napoli
Marano di Napoli
Capodimonte
NAPOLI
Somma Vesuviana
Sant'Anastasia
Ottaviano

Pozzuoli
FLEGREI
CAMPI
Quarto
Bacoli
Miseno
Faro

San Giorgio a Cremano
Portici
Herculanum
Ercolano
Torre del Greco
Boscotrecase
Boscoreale

VESUVIO
PARCO NAZIONALE DEL VESUVIO

MAR TIRRENO

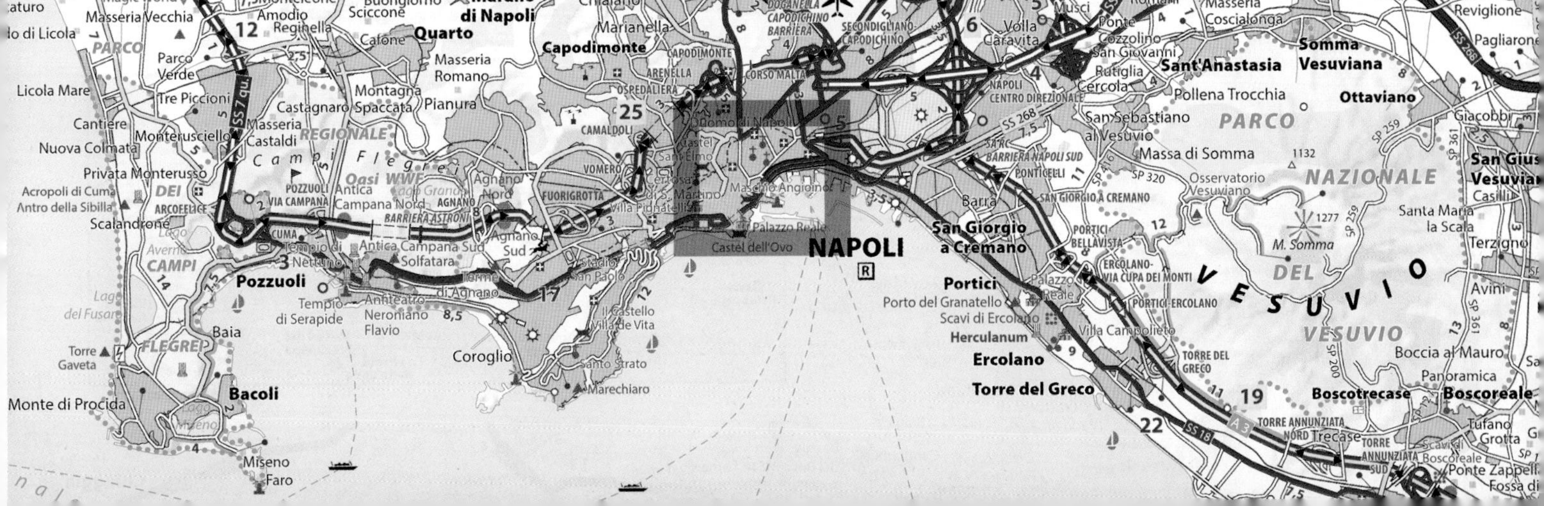

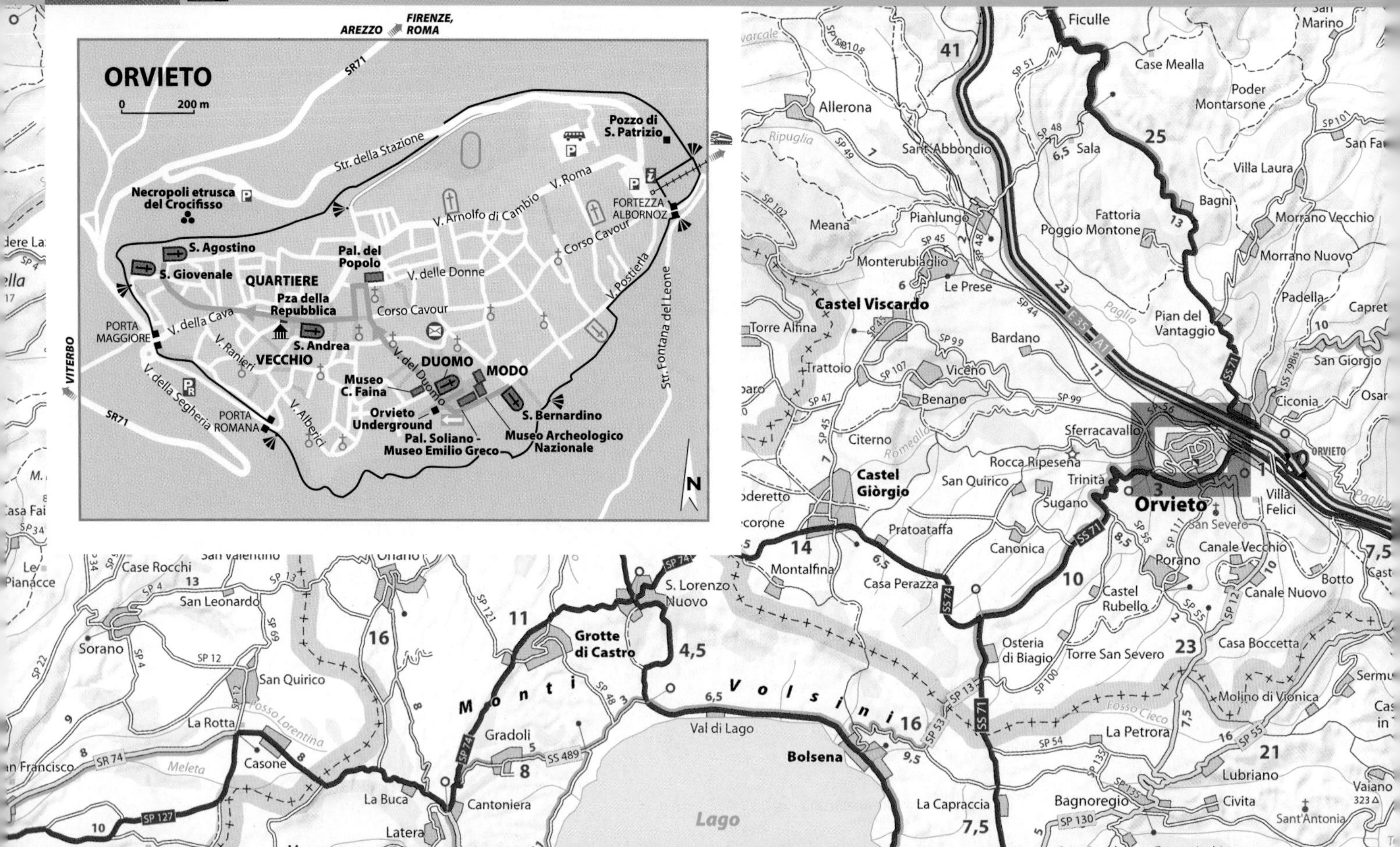

ORVIETO

0   200 m

FIRENZE, AREZZO, ROMA

SR71

Str. della Stazione

Necropoli etrusca del Crocifisso

S. Agostino

S. Giovenale

QUARTIERE

Pza della Repubblica

VECCHIO

S. Andrea

V. della Cava

V. Ranieri

V. della Segheria

PORTA MAGGIORE

VITERBO

SR71

PORTA ROMANA

V. Alberici

Museo C. Faina

Orvieto Underground

Pal. Soliano · Museo Emilio Greco

Pal. del Popolo

V. delle Donne

Corso Cavour

V. Arnolfo di Cambio

V. Roma

DUOMO

MODO

V. del Duomo

S. Bernardino

Museo Archeologico Nazionale

Pozzo di S. Patrizio

FORTEZZA ALBORNOZ

V. Postierla

Str. Fontana del Leone

N

(Regional map — Orvieto area)

Ficulle

Allerona

Case Mealla

Poder Montarsone

San Marino

41

25

Sant'Abbondio

Sala

Villa Laura

Bagni

Pianlungo

Meana

Fattoria Poggio Montone

Morrano Vecchio

Monterubiaglio

Le Prese

Morrano Nuovo

Padella

Capret

Castel Viscardo

Torre Alfina

Bardano

Pian del Vantaggio

Trattoio

Viceno

San Giorgio

Benano

Ciconia

Citerno

Rocca Ripesena

Osar

Castel Giòrgio

San Quirico

Sugano

Sferracavallo

Orvieto

Villa Felici

Pratoaffaffa

Trinità

Canonica

San Severo

Canale Vecchio

Montalfina

Casa Perazza

Porano

Canale Nuovo

14

10

Castel Rubello

Osteria di Biagio

Torre San Severo

23

Casa Boccetta

S. Lorenzo Nuovo

4,5

Grotte di Castro

11

16

Sorano

San Leonardo

Case Rocchi

S. Valentino

Oñano

San Quirico

La Rotta

Monti   Volsini

6,5

Val di Lago

16

Molino di Vionica

La Petrora

21

Lubriano

San Francisco

SR 74

Casone

La Buca

Gradoli

SS 489

8

Bolsena

9,5

La Capraccia

7,5

Bagnoregio

Civita

Sant'Antonia

Latera

Cantoniera

Lago

PADOVA

(Regional map — Padova area)

Vigodarzere

PADOVA

Rubano

Sarmeola

Abano Terme

VENEZIA

Dolo

Mira

Mira

Molin Rotto

VENEZ

Vigonza

Strà

Noventa

Camin

Villatora

Albignasego

Maserà di Padova

San Vincenzo

Casalserugo

Roncajette

Legnaro

Sant'Angelo di Piove di Sacco

Vigorovea

12

14

Due Carrara

Bovolenta

San Pietro Viminario

Conselve

Candiana

Chioggia

PADOVA (city map)

0   150 m

N

Palazzo Zuckerman

GIARDINI DELL'ARENA

CAPPELLA DEGLI SCROVEGNI

Museo civico agli Eremitani

Chiesa degli Eremitani

V. del Carmine

V. Trieste

V. dei Savonarola

Riviera dei Mugnai

V. S. Pietro

V. S. Fermo

V. Dante

Lgo Europa

V. Giambattista Morgagni

V. Giulio Alessio

Cso Milano

Carlo V. Leoni

Cso. Milano

V. G. Verdi

V. del Risorgimento

V. Eremitani

V. Carlo Cassan

V. Altinate

Torre dell'Orologio

Piazza della Frutta

Caffè Pedrocchi

Pza Cavour

V. S. Biagio

Palazzo del Capitanio

Pza dei Signori

V. Cesare Battisti

V. Rinaldo Rinaldi

Via Tadi

Battistero

Pal. della Ragione

Università

V. S. Francesco

Duomo

Pza delle Erbe

V. VIII Febbraio

Palazzo Zabarella

Museo Diocesano

V. S. Martino e Solferino

V. Marsala

V. Roma

MUSME

V. Euganea

V. Sta Rosa

V. Rialto

V. del Santo

V. Galileo Galilei

Riviera Paleocapa

V. Brondolo

V. S. Tomaso

V. 20 Settembre

V. dei Rogati

Riviera Ruzante

Loggia e Odeo Cornaro

Statua equestre del Gattamelata

Piazza del Santo

Museo della Specola

V. Teofilo Folengo

V. Aleardo Aleardi

V. Umberto

V. Sta Chiara

V. Cappelli

Ponte Paleocapa

V. del Torresino

V. Andrea Memmo

V. Beato Luca Belludi

Basilica di Sant'Antonio

Oratorio di San Giorgio

V. Dimesse

Prato della Valle

Museo del Precinema

ORTO BOTANICO

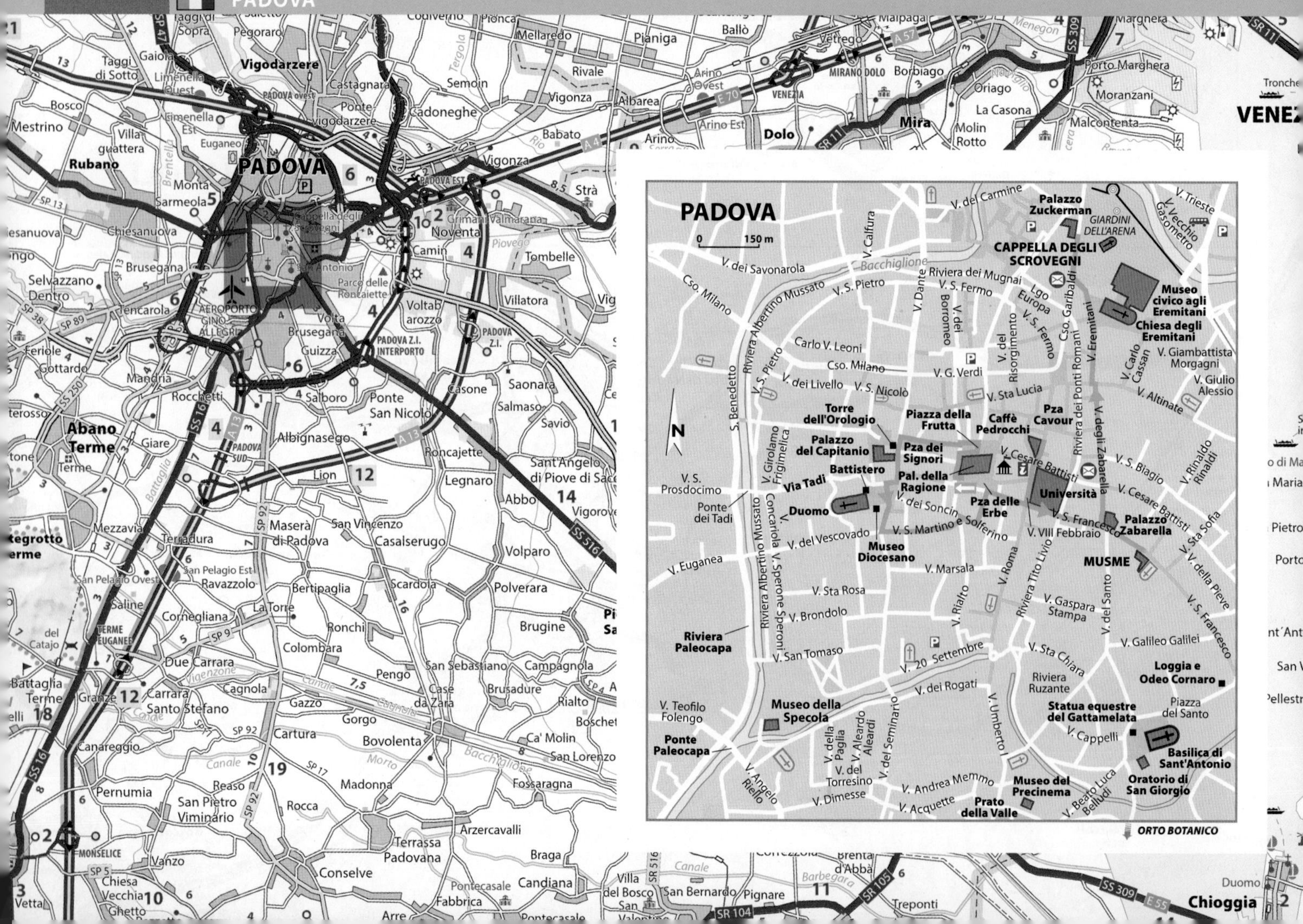

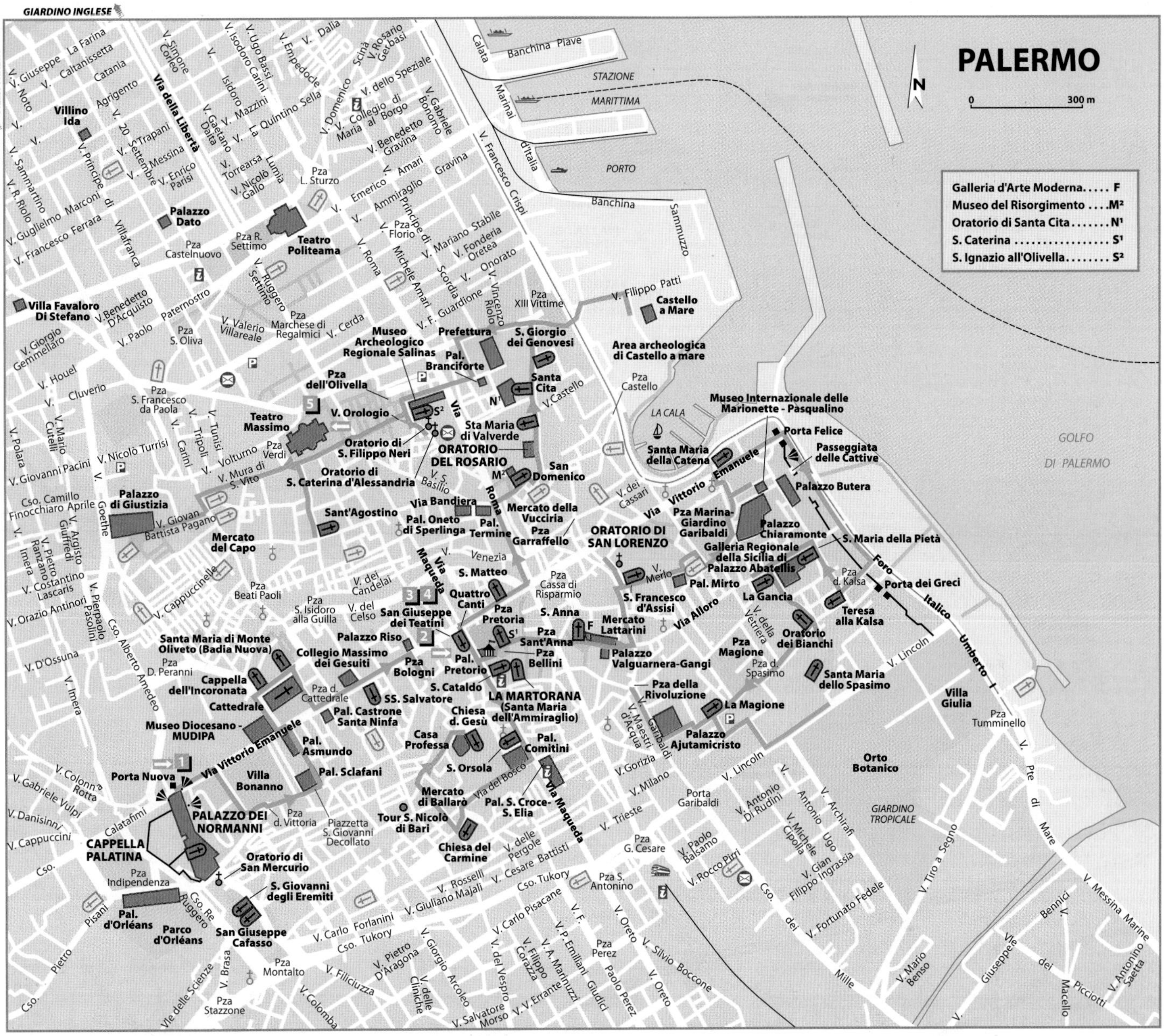
GIARDINO INGLESE
VILLA TRABIA
PALERMO
N
0 300 m
Galleria d'Arte Moderna..... F
Museo del Risorgimento ....M²
Oratorio di Santa Cita.......N¹
S. Caterina ....S¹
S. Ignazio all'Olivella........S²
Banchina Piave
STAZIONE MARITTIMA
PORTO
GOLFO DI PALERMO
Via della Libertà
Villino Ida
Palazzo Dato
Teatro Politeama
Villa Favaloro Di Stefano
Castello a Mare
Area archeologica di Castello a mare
Museo Archeologico Regionale Salinas
Prefettura
S. Giorgio dei Genovesi
Pal. Branciforte
Santa Cita
Pza dell'Olivella
Teatro Massimo
V. Orologio
Oratorio di S. Filippo Neri
Sta Maria di Valverde
ORATORIO DEL ROSARIO
Oratorio di S. Caterina d'Alessandria
San Domenico
Museo Internazionale delle Marionette - Pasqualino
Porta Felice
Passeggiata delle Cattive
Santa Maria della Catena
LA CALA
Palazzo Butera
Palazzo Chiaramonte
Galleria Regionale della Sicilia di Palazzo Abatellis
S. Maria della Pietà
Porta dei Greci
Foro Italico Umberto I
Palazzo di Giustizia
Sant'Agostino
Pal. Oneto di Sperlinga
Pal. Termine
Mercato della Vucciria
Pza Garraffello
ORATORIO DI SAN LORENZO
Mercato del Capo
S. Matteo
Quattro Canti
San Giuseppe dei Teatini
Pza Pretoria
S. Anna
Mercato Lattarini
S. Francesco d'Assisi
Pal. Mirto
La Gancia
Teresa alla Kalsa
Oratorio dei Bianchi
Santa Maria dello Spasimo
Palazzo Valguarnera-Gangi
Pza Magione
La Magione
Palazzo Ajutamicristo
Pza della Rivoluzione
Villa Giulia
Orto Botanico
GIARDINO TROPICALE
Santa Maria di Monte Oliveto (Badia Nuova)
Collegio Massimo dei Gesuiti
Palazzo Riso
Pal. Pretorio
Pza Bellini
Pza Bologni
Cappella dell'Incoronata
Cattedrale
S. Cataldo
SS. Salvatore
LA MARTORANA (Santa Maria dell'Ammiraglio)
Pal. Castrone Santa Ninfa
Museo Diocesano - MUDIPA
Pal. Asmundo
Chiesa d. Gesù
Casa Professa
Pal. Comitini
S. Orsola
Porta Nuova
Via Vittorio Emanuele
Villa Bonanno
Pal. Sclafani
Mercato di Ballarò
Tour S. Nicolò di Bari
Pal. S. Croce-S. Elia
Via Maqueda
Chiesa del Carmine
PALAZZO DEI NORMANNI
CAPPELLA PALATINA
Oratorio di San Mercurio
S. Giovanni degli Eremiti
Pal. d'Orléans
Parco d'Orléans
San Giuseppe Cafasso
Pza Indipendenza
Porta Garibaldi
Pza G. Cesare
Pza S. Antonino
Pza Tumminello

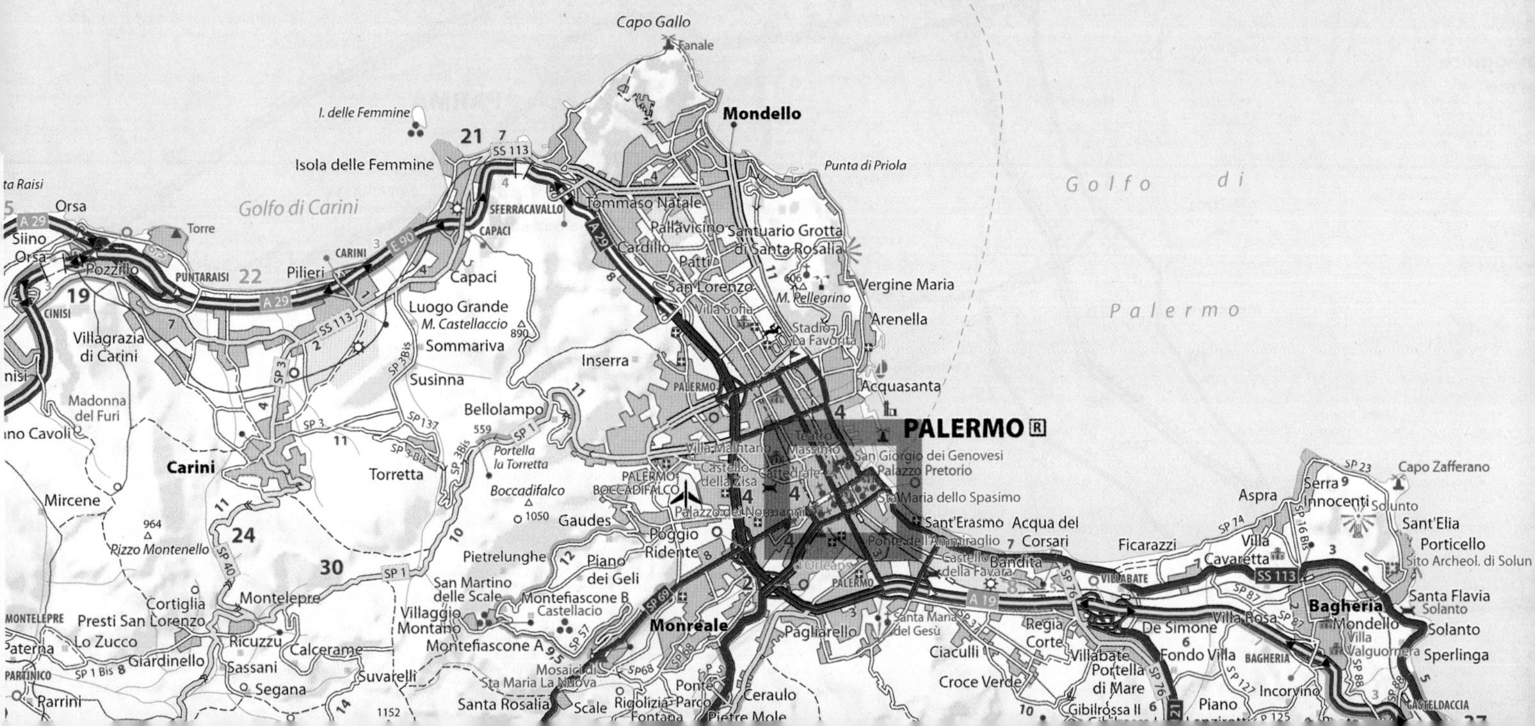
Capo Gallo
Fanale
Mondello
I. delle Femmine
Isola delle Femmine
Punta di Priola
Golfo di Palermo
Golfo di Carini
Orsa
Siino
Pozzillo
Torre
Carini
Pilieri
Capaci
Sferracavallo
Tommaso Natale
Pallavicino
Santuario Grotta di Santa Rosalia
Cardillo
Partanna
San Lorenzo
Villa Sofia
Vergine Maria
M. Pellegrino
Arenella
Stadio La Favorita
Villagrazia di Carini
Luogo Grande
M. Castellaccio
Sommariva
Inserra
Susinna
Acquasanta
Madonna del Furi
Bellolampo
PALERMO
Teatro Massimo
San Giorgio dei Genovesi
Palazzo Pretorio
Villa Malfitano
Castello della Zisa
Portella la Torretta
Torretta
Boccadifalco
Santa Maria dello Spasimo
Palazzo dei Normanni
Sant'Erasmo
Acqua dei Corsari
Mircene
Pizzo Montenello
Gaudes
Poggio Ridente
Ponte dell'Ammiraglio
Castello della Favara
Bandita
Ficarazzi
Aspra
Capo Zafferano
Serra Innocenti
Solunto
Sant'Elia
Porticello
Sito Archeol. di Solunto
Pietrelunghe
Piano dei Geli
San Martino delle Scale
Montefiascone B
Castellaccio
Cortiglia
Montelepre
Presti San Lorenzo
Lo Zucco
Ricuzzu
Villaggio Montano
Montefiascone A
Monreale
Pagliarello
Santa Maria del Gesù
Regia Corte
Villabate
De Simone
Fondo Villa
Villa Rosa
Bagheria
Mondello
Villa Valguarnera
Santa Flavia
Solanto
Sperlinga
Calcerame
Sassani
Giardinello
Segana
Suvarelli
Parrini
Mosaici
Sta Maria La Nuova
Santa Rosalia
Scale
Rigolizia-Parco
Fontana
Ponte
Ceraulo
Ciaculli
Croce Verde
Portella di Mare
Gibilrossa
Piano
Incorvino
Cavaretta
Villa
Ponte Mole
A 29
A 19
E 90
SS 113

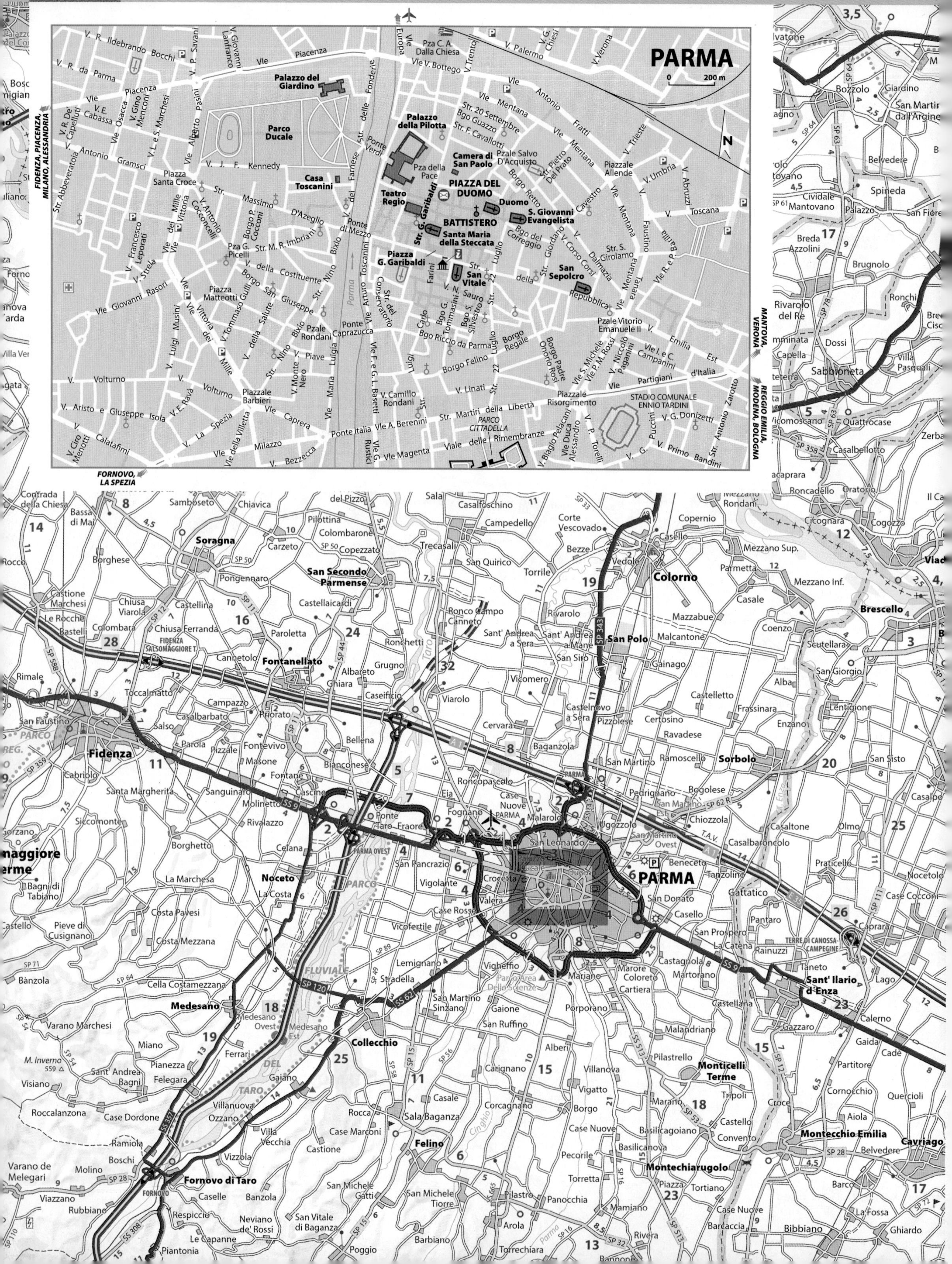

PARMA

0 — 200 m

N

Palazzo del Giardino
Parco Ducale
Casa Toscanini
Palazzo della Pilotta
Camera di San Paolo
Teatro Regio
PIAZZA DEL DUOMO
Duomo
BATTISTERO
S. Giovanni Evangelista
Santa Maria della Steccata
Piazza G. Garibaldi
San Vitale
San Sepolcro
Repubblica

Parco Cittadella
STADIO COMUNALE ENNIO TARDINI

FIDENZA, PIACENZA, MILANO, ALESSANDRIA
FORNOVO, LA SPEZIA
MANTOVA, VERONA
REGGIO EMILIA, MODENA, BOLOGNA

Soragna
San Secondo Parmense
Fontanellato
Fidenza
Noceto
Medesano
Collecchio
Fornovo di Taro
Felino
Montechiarugolo
Colorno
San Polo
Sorbolo
PARMA
Sant' Ilario d'Enza
Monticelli Terme
Montecchio Emilia
Cavriago
Brescello
Sabbioneta

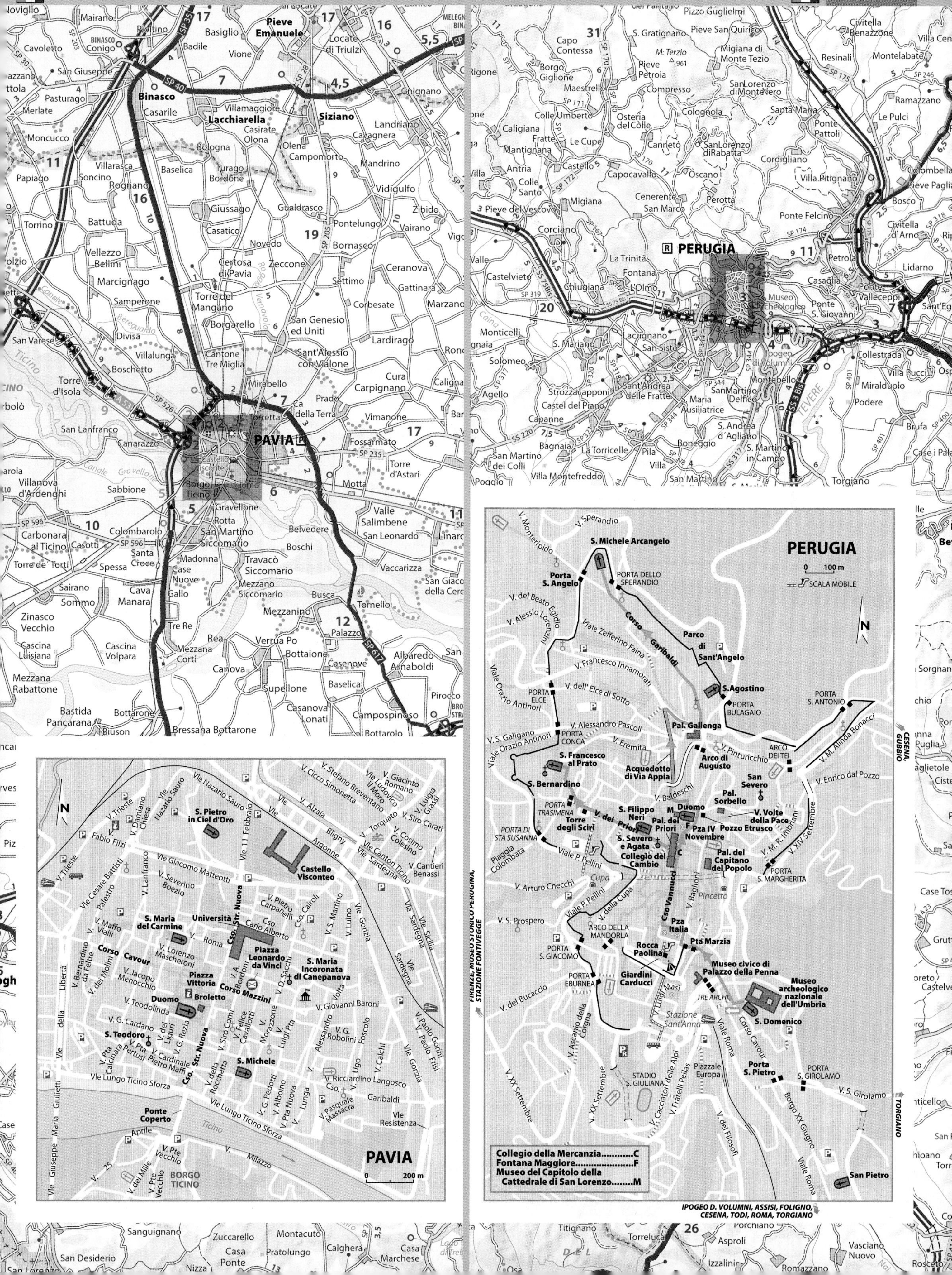
PAVIA
Binasco
Lacchiarella
Siziano
Pieve Emanuele
Certosa di Pavia
PERUGIA
Collegio della Mercanzia..........C
Fontana Maggiore.....................F
Museo del Capitolo della Cattedrale di San Lorenzo........M
Castello Visconteo
Università
Duomo
S. Michele
Ponte Coperto
BORGO TICINO
S. Pietro in Ciel d'Oro
S. Michele Arcangelo
Pal. Gallenga
Arco di Augusto
Rocca Paolina
Pal. dei Priori
Museo archeologico nazionale dell'Umbria
S. Domenico
San Pietro
CESENA, GUBBIO
TORGIANO
FIRENZE, MUSEO STORICO PERUGINA, STAZIONE FONTIVEGGE
IPOGEO D. VOLUMNI, ASSISI, FOLIGNO, CESENA, TODI, ROMA, TORGIANO
SCALA MOBILE

PIACENZA

Porta Borghetto
V. XXI Aprile
V. Alessio Tramello
Piazzale delle Crociate
San Sisto
Pal. Farnese - Musei Civici
Santa Maria di Campagna
Statue equestri Gotico
Piazza dei Cavalli
San Francesco
Duomo
San Savino
Museo Kronos
Sant'Antonino
Galleria d'Arte Moderna Ricci-Oddi
Gaspare Landi

PINACOTECA DEL COLLEGIO ALBERONI

0   250 m

PIACENZA

Casalpusterlengo
Pizzighettone
Codogno
PIACENZA NORD
PIACENZA OVEST
PIACENZA EST
PIACENZA
Borgonovo Val Tidone

Lago di Massaciuccoli
PARCO
MIGLIARINO
San Giuliano Terme
Vecchiano
PISA
AEROPORTO GALILEO GALILEI
ROSSORE

GENOVA, LUCCA, VIAREGGIO

PIAZZA DEI MIRACOLI
Camposanto
BATTISTERO
TORRE PENDENTE
Duomo
Museo dell'Opera del Duomo
Pza Manin
Pza S. Maria
Museo delle Sinopie
Terme romane
S. Zeno
S. Caterina
Pal. dell'Orologio
Pal. dei Cavalieri
Pza Martiri d. Libertà
S. Sisto
S. Stefano
S. Francesco
ORTO BOTANICO
Pza dei Cavalieri
V. S. Maria
S. Frediano
Borgo Stretto
Pza Dante
S. Michele in Borgo
Pal. della Sapienza
Pal. Agostini
Via delle Belle Torri
Museo degli Strumenti di Calcolo
S. Nicola
Pal. Pacinotti
S. Pierino
Pal. dei Medici
Museo di Pal. Reale
Pal. Upezzinghi
Ponte Di Mezzo
Palazzo Toscanelli
Museo Nazionale di S. Matteo
CITTADELLA
Pza Solferino
Pal. Blu
S. Maria della Spina
Loggia di Banchi
Pal. Gambacorti
Arsenali Medicei
Lungarno Simonelli
San Sepolcro
S. Paolo a Ripa d'Arno
Corso Italia
S. Maria del Carmine
San Martino
Murale de Keith Haring
Cittadella Nuova
Giardino Scotto
ARNO
PISA CENTRALE
Pza Vittorio Emanuele
Pza Toniolo
Pza Guerrazzi

LIVORNO
CECINA / PONTEDERA
LUCCA

0   200 m

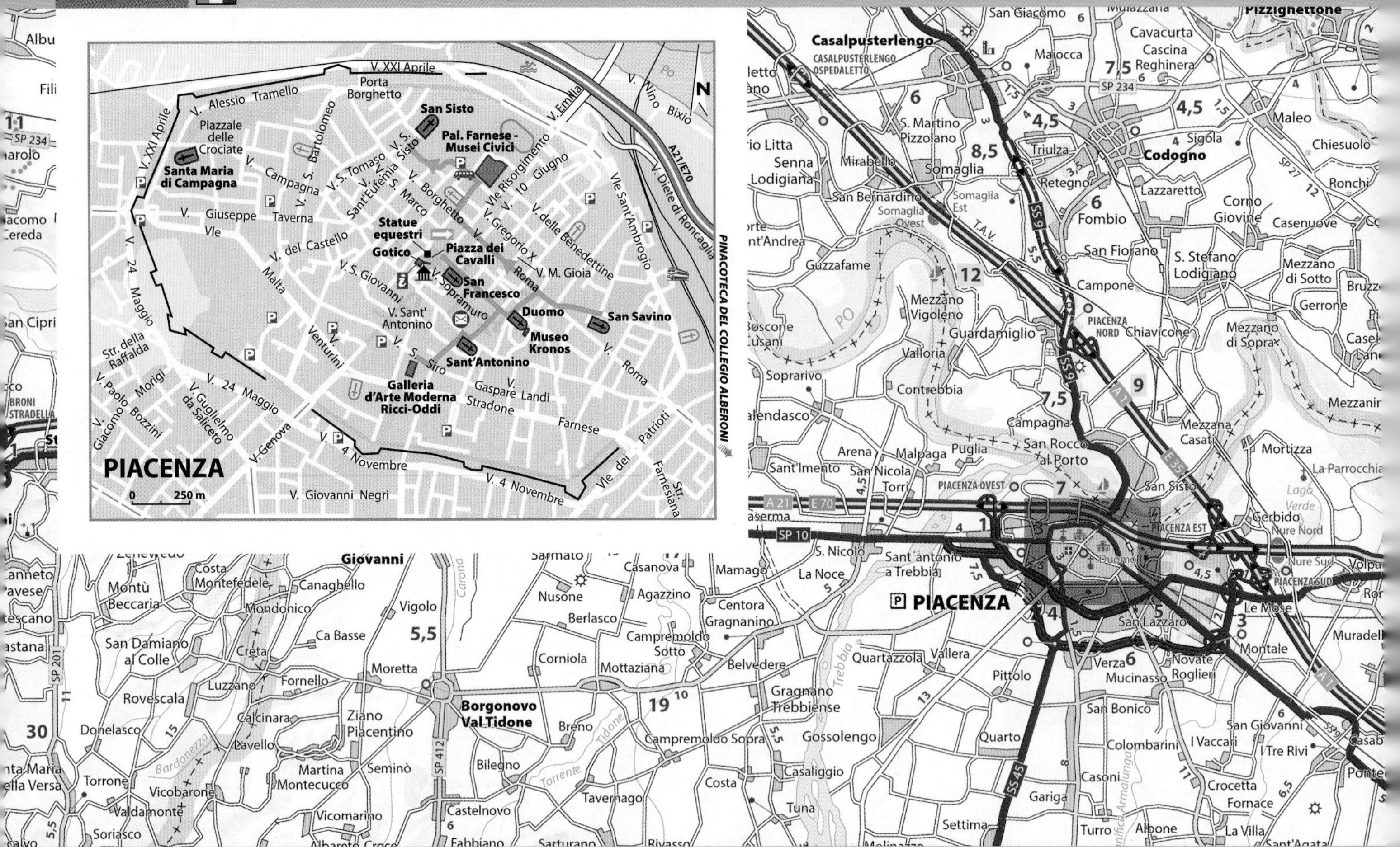

PISA

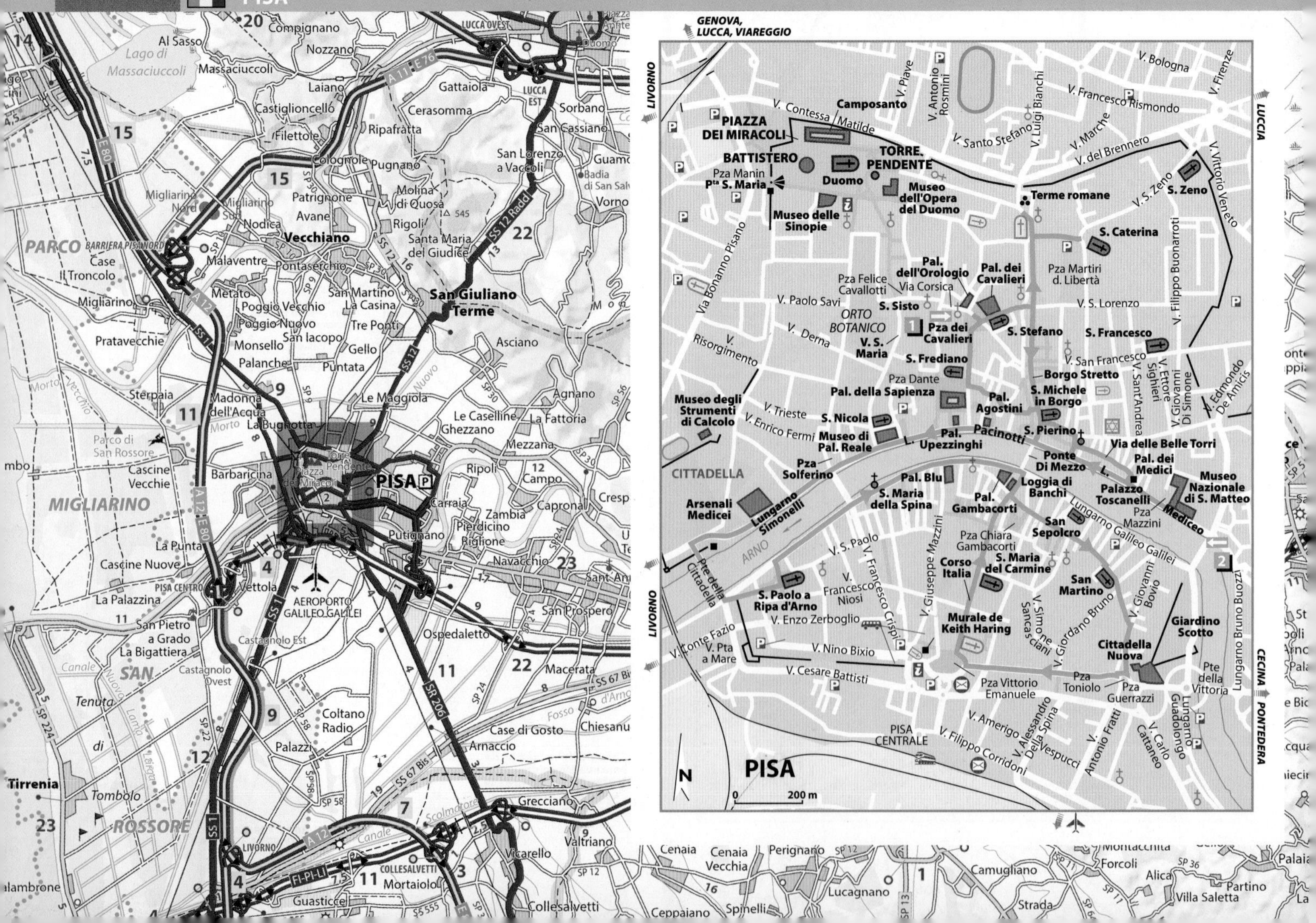

RAVENNA
0 150 m
N
FERRARA, BOLOGNA
VENEZIA
FERRARA, BOLOGNA
FAENZA
VENEZIA
IL PORTO, MARINA DI RAVENNA
S. APOLLINARE IN CLASSE, CLASSIS RAVENNA
RIMINI, ROMA
Mausoleo di Teodorico
ROCCA BRANCALEONE
MAUSOLEO DI GALLA PLACIDIA
S. Vitale
Museo Nazionale
Domus dei Tappeti di Pietra
Battistero degli Ariani
Pza del Popolo
Pza Garibaldi
Sepolcro di Dante
Cripta Rasponi
S. Francesco
S. Apollinare Nuovo
Battistero Neoniano
Cattedrale
Museo Arcivescovile
TAMO
GIARDINO PUBBLICO
Museo d'Arte della Città
V. Alessandro Testi Rasponi
V. Sabbionara Posriore
V. Don Giovanni Minzoni
V. S. Vittore
V. Boezio
V. Giovanni
V. Venezia
V. Rocca Brancaleone
V. Rocca ai Fossi
V. delle Industrie
V. Darsena
V. Teodorico
V. Pier Traversari
V. Pietro Alighieri
V. Girolamo Rossi
V. di Roma
Falier
V. Pietro Maroncelli
V. d'Alaggio
V. Salara
V. Armando Diaz
Vle Carlo Luigi Farini
V. Giosuè Carducci
Vle Giorgio Pallavicini
V. Cesare Battisti
V. Guglielmo Oberdan
V. Ercolana
V. Port'Aurea
V. Nino Bixio
V. Sta Teresa
V. Nullo Baldini
V. Corti alle Mura
V. Tombesi Dall'Ova
V. A. Baccarini
V. Giuseppe Mazzini
V. Cerchio
V. Giovanni Pascoli
Vicolo Violino
Giardino Benigno Zaccagnini
Vle Santi Baldini
Circ. al Molino
V. Monte Grappa
V. Piave
V. Alcide de Gasperi
V. Monte Adamello
V. Montesanto
V. Luigi Gabici
V. R. Serra
V. Monfalcone
V. Darsena

Cruser
Savarna
Grattacoppa
San Romualdo
Torri
Marina Romea
Porto Corsini
Marina di Ravenna
Pialassa della Baiona
Pialassa di Piomboni
Punta Marina
Carmerlona
Ammonite
Porto
RAVENNA
Mausoleo di Teodorico
S. Apollinare Nuovo
Fornace Zarattini
San Michele
La Chiusa
Villanova
Godo
Porto Fuori
S. Apollinare in Classe
Classe
Pineta di Classe
Madonna dell'Albero
San Marco
Fosso Ghiaia
San Pancrazio
Longana
San Bartolo
Roncalceci
Ghibullo
Mirabilandia
Pilastro
Gambellara
Filetto
Osteria
S. Stefano
Savio
go Gallina
Camerlona
SS 16
SS 309
SS 309 Dir
SS 67
A 14 Dir
SP 253
E 55
Lamone
Canale Fossatone
Fiumi Uniti
Ronco
Bevano
Savio

Gatteo a Mare
Savignano a Mare
San Mauro a Mare
Bellaria
Igea Marina
Bordonchio
Torre Pedrera
Viserbella
Viserba
Rivabella
San Giuliano a Mare
Delfinario
RIMINI
Bellariva
Marebello
Rivazzurra
Miramare
FEDERICO FELLINI
Riccione
Perle d'Acqua Park
Misano Adriatico
Cattolica
Acquario di Cattolica
Gabicce Mare
Gabicce Monte
Casteldimezzo
Fiorenzuola di Focara
Santarcangelo di Romagna
Santa Giustina
Spadarolo
Vergiano
Casetti
Prazzolo
San Fortunato
Il Fondo
Poggio Berni
Sant'Ermete
Corpolo
Villa Verucchio
Osteria
Cerbaiola
Ghetto Tamagnino
Gaiofana
San Lorenzo in Correggiano
Casalecchio
Lorenzo in Strada
Cerasolo
Dogana
Faetano
Serravalle
Rep. di San Marino
Borgo Maggiore
SAN MARINO
Verucchio
Santa Cristina
Mulazzano
Vecciano
Cavallino
Coriano
Passano
Monte Tauro
Ospedaletto
Pedrolara
Besanigo
Scacciano
San Salvatore
Castelleale
Misano Monte
San Clemente
Sant'Andrea in Casale
Casa Bastelli
San Giovanni in Marignano
Santa Maria Pietrafitta
Vicinato
Pievevecchia
Fanano
Fratta
Gradara
Granarola
La Siligata
Boncio
Roncaglia
Santa Marina
Villa Imperiale
Santo Stefano
Tre Ponti
Piccione
Montecolombo
Ceriano
San Paolo
Fienili
San Patrignano
Montalbano
Cella Simbeni
Ghetto Cinque Quattrini
Agello
Croce
Cevolabbate
Albereto
Montescudo
Trarivi
Vallecchio
Domagnano
Ventoso
Acquaviva
Fornace
San Vito di Rimini
Orsoleto
Variano
San Martino
Ca' Spina
Borgo Nuovo
Osteria del Bagno
La Torre
Pieve
S. Michele
Ghetto Randuzzi
San Martino Monte L'Abate
Macanno
Montefeltro Est
Montefeltro Ovest
Le Casette
Oltremare
Fienile
RIMINI NORD
RIMINI SUD
RICCIONE
CATTOLICA
SS 16
SS 9
SS 72
E 55
SP 258
Marecchia
RIMINI
0 200 m
N
V. Giacomo Matteotti
Borgo San Giuliano
San Giuliano
V. Marecchia
Ponte di Tiberio
Parco XXV Aprilie
Museo della Città
Domus del Chirurgo
Cinema Fulgor
Pal. dell'Arengo
Pal. del Podestà
Teatro Galli
Pzza Cavour
Pescheria
Castel Sismondo
Sant'Agostino
Piazza Tre Martiri
Tempio Malatestiano
Bastioni Orientali
Arco d'Augusto
V. Bastioni Settentrionali
V. Bastioni Meridionali
V. Circ. Meridionale
V. Circ. Occidentale
Cso. Giovanni XXIII
V. Alessandro Gambalunga
V. Michelangelo Tonti
V. Domenico Anghera
V. Oscar Olivieri
V. Italo Flori
V. G. Galliano
V. Duca degli Abruzzi
V. Dario Campana
Vle Roberto Valturio
V. Montefeltro
V. Lavatoio
V. Aurelio Saffi
V. di Mezzo
V. Melozzo da Forlì
PARCO O. BONDI
V. Giuseppe Garibaldi
V. Sta Chiara
V. L. Poletti
V. Cairoli
V. 4 Novembre
V. Maurizio Brighenti
V. Settembre 1870
V. Milazzo
V. Tripoli
V. Francesco Crispi
Vle Ugo Bassi
Vle Lagomaggio
Vle delle Officine
V. Coatit
Vle Libia
Vle Fiume
Vle Trento
Vle Nazario Sauro
Vle Trieste
Vle Vittorio Veneto
Monfalcone
Roma
Vle Tiberio

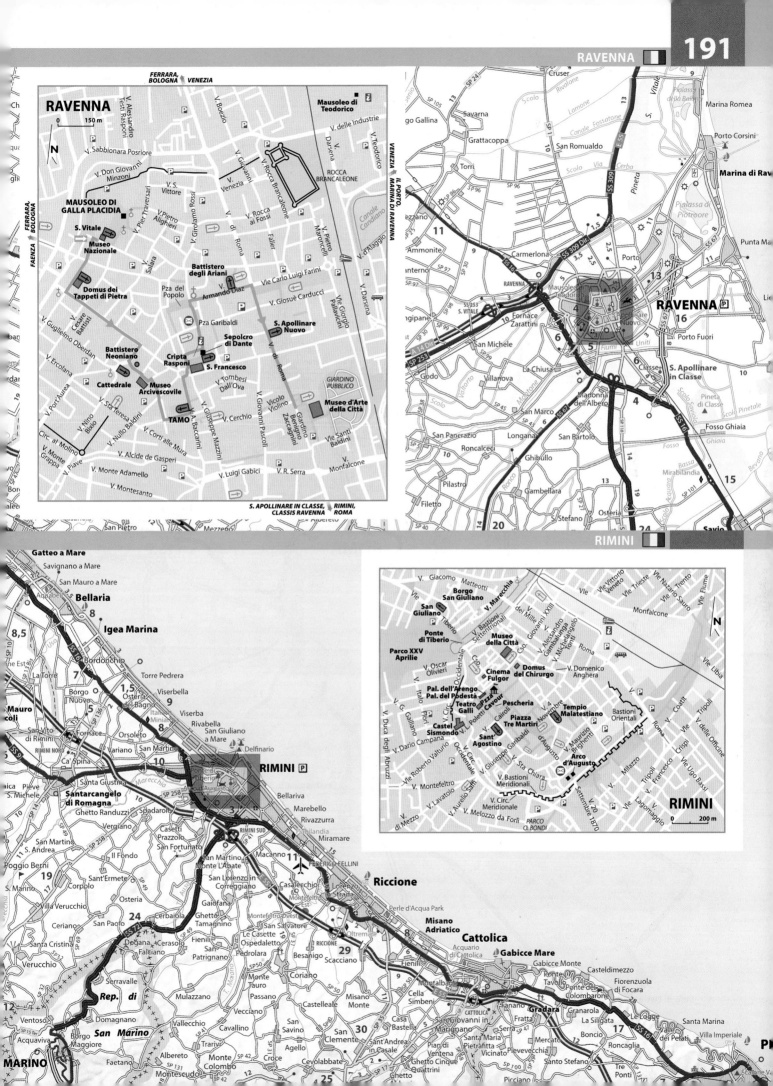

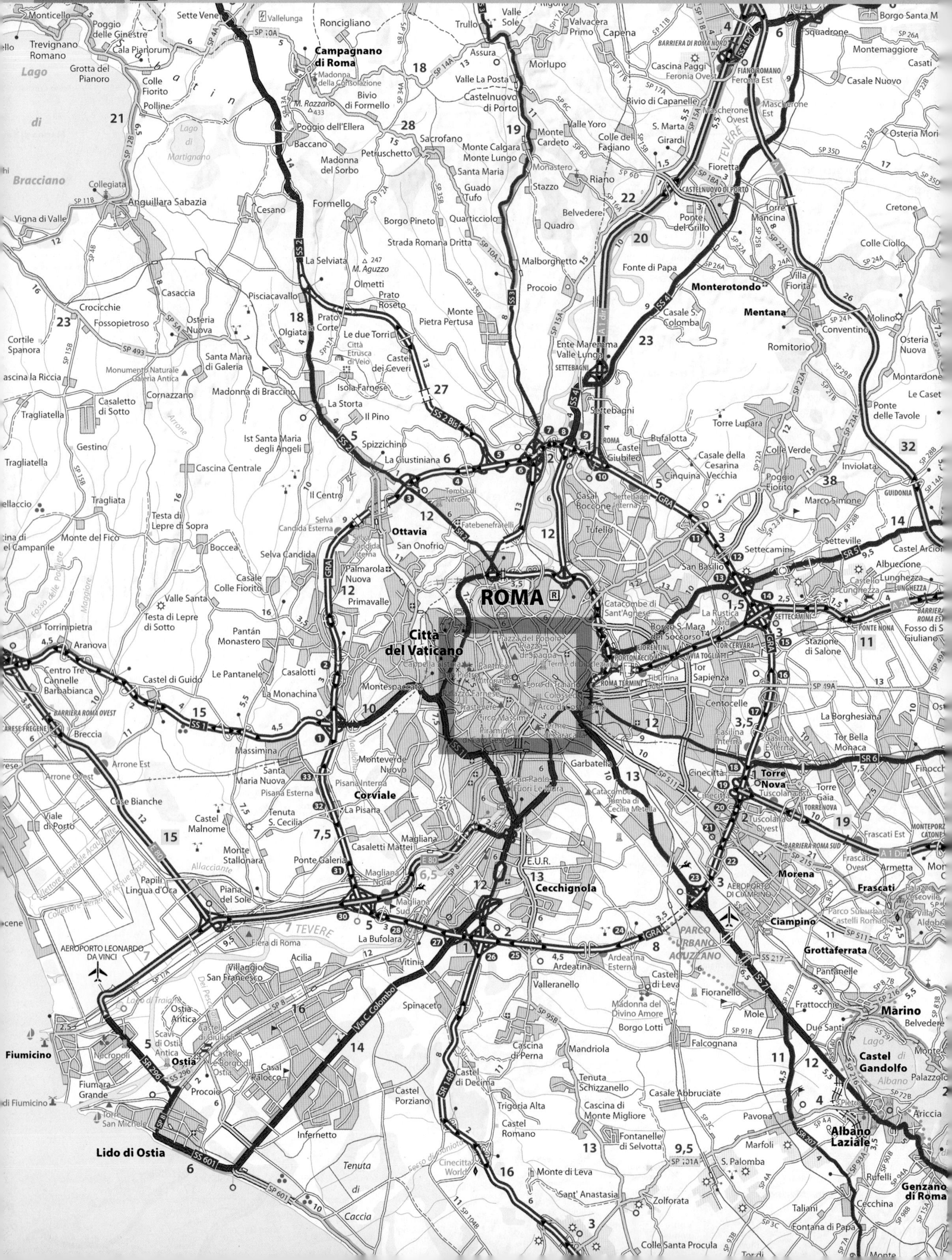

Monticello
Poggio delle Ginestre
Trevignano Romano
Cala Pianorum
Grotta del Pianoro
Colle Fiorito
Polline
Sette Vene
Vallelunga
Roncigliano
Campagnano di Roma
Madonna della Consolazione
M. Razzano 433
Bivio di Formello
Poggio dell'Ellera
Baccano
Madonna del Sorbo
Trullo
Valle Sole
Assura
Valle La Posta
Castelnuovo di Porto
Morlupo
Valvacera Primo
Capena
BARRIERA DI ROMA NORD
Squadrone
Borgo Santa M
Montemaggiore
Casati
Casale Nuovo
Cascina Paggi
Feronia Ovest
FIANO ROMANO
Feronia Est
Mascherone Ovest
Mascherone Est

Lago di Martignano
21
28
18
19
Monte Cardeto
Valle Yoro
Colle del Fagiano
S. Marta Girardi
Osteria Mori
Sacrofano
Monte Calgara
Monte Lungo
Santa Maria
Guado Tufo
Petruschetto
Monastero
Riano
Stazzo
Belvedere
Quadro
CASTELNUOVO DI PORTO
Ponte del Grillo
Torre Mancina
Cretone
Colle Ciollo
Colle Fiorito

Lago di Bracciano
Vigna di Valle
Collegiata
Anguillara Sabazia
Cesano
Formello
Borgo Pineto
Quarticciolo
Strada Romana Dritta
Malborghetto
Procoio
Fonte di Papa
Monterotondo
Mentana
Molino
Conventino
Osteria Nuova
Montardone
Le Caset

23
Crocicchie
Fossopietroso
Osteria Nuova
Casaccia
Olmetti
Prato Roseto
Prato Corte
Le due Torri
Città Etrusca di Veio
Castel dei Ceveri
Monte Pietra Pertusa
Ente Maremma Valle Lunga
SETTEBAGNI
Casale S. Colomba
Romitorio
Ponte delle Tavole
32
38
GUIDONIA
14

Cortile Spanora
Cornazzano
Santa Maria di Galeria
Monumento Naturale Galeria Antica
Isola Farnese
La Storta
Il Pino
27
Sertebagni
ROMA
Castel Giubileo
Bufalotta
Torre Lupara
Colle Verde
Casale della Cesarina Vecchia
Poggio Fiorito
Inviolata
Marco Simone

Tragliatella
Gestino
Casaletto di Sotto
Madonna di Braccino
Ist Santa Maria degli Angeli
Cascina Centrale
Spizzichino
La Giustiniana
Casal Boccone
Settebagni Interna
Cinquina
Tragliatella
Tragliata
Testa di Lepre di Sopra
Il Centro
Selva Candida Esterna
Ottavia
San Onofrio
Tufello
Castel Arcior
Sétteville
Albuecione

Monte del Fico
Campanile
Cascina di Campanile
Tragliata
Testa di Lepre di Sotto
Boccea
Selva Candida
Palmarola Nuova
Primavalle
Fatebenefratelli
San Basilio
Settecamini
SETTECAMINI
Castello di Lunghezza
LUNGHEZZA
BARRIERA ROMA EST

Torrimpietra
Aranova
Castel di Guido
Le Pantanele
Casalotti
Casale Colle Fiorito
Valle Santa
La Monachina
Montespaccato
ROMA
Città del Vaticano
Catacombe di Sant'Agnese
La Rustica Nord
Borgo S. Mara del Soccorso
TOR CERVARA
11
Stazione di Salone
Fosso di S Giuliano

Centro Tre Cannelle Barbabianca
ARESE FREGENE
Breccia
SS 1
Massimina
Santa Maria Nuova
Monteverde Nuovo
Corviale
La Pisana
Pisana Interna
Pisana Esterna
PORTONACCIO
VIA TOGLIATTI
FIORENTINA
Tiburtina
Tor Sapienza
ROMA TERMINI
Centocelle
La Borghesiana
Tor Bella Monaca
Casilina Interna
Casilina Esterna
TORRE NOVA
Tuscolana
Torre Gaia
TORRENOVA
Finocchio

Viale di Porto
Case Bianche
Arrone Est
Arrone Ovest
Castel Malnome
Tenuta S. Cecilia
Casaletti Mattei
Magliana
Ponte Galeria
Magliana Nord
E.U.R.
San Paolo Fuori Le Mura
Catacombe Tomba di Cecilia Metella
Garbatella
Cinecittà
Tuscolana Ovest
Frascati Est
19
Morena
Frascati
MONTEPORZ CATONE

Papili Lingua d'Oca
Piana del Sole
Magliana
Cecchignola
Ardeatina
AEROPORTO DI CIAMPINO
Ciampino
Grottaferrata
Pantanelle

AEROPORTO LEONARDO DA VINCI
Fiera di Roma
Acilia
La Bufolara
Vitinia
Ardeatina Esterna
Castel di Leva
PARCO URBANO AGUZZANO
Frattocchie
Due Santi
MARINO
Belvedere

Fiumicino
Ostia Antica
Scavi di Ostia Antica
Castello di Giuliano
Casal Palocco
Villaggio San Francesco
Spinaceto
Valleranello
Madonna del Divino Amore
Borgo Lotti
Mole
Fioranello
Falcognana
CASTEL di ALBANO
GANDOLFO

Fiumara Grande
Necropoli
Ostia
Castello di Borgo di Ostia
Procoio
Infernetto
Castel Porziano
Cascina di Perna
Mandriola
Casale Abbruciate
Tenuta Schizzanello
Pavona
Palazzolo
Ariccia

Torre San Michele
LIDO DI OSTIA
SS 601
Tenuta di Caccia
Cinecittà World
Castel Romano
Trigoria Alta
Monte di Leva
Cascina di Monte Migliore
S. Palomba
Marfoli
Fontanelle di Selvotta
Fontana di Papa
ALBANO LAZIALE
GENZANO di ROMA
Zolforata
Colle Santa Procula

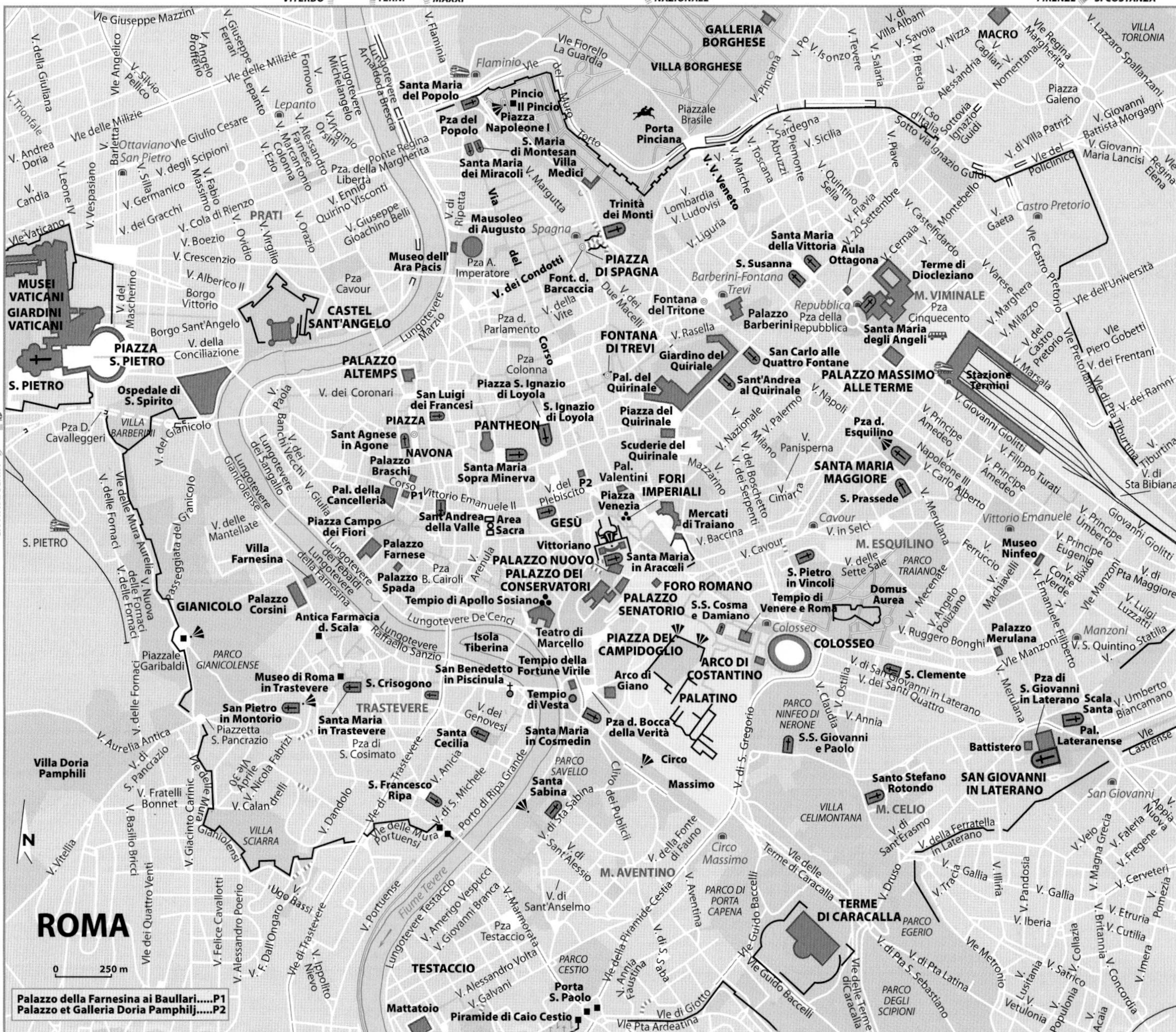

ROMA
VITERBO
TERNI
MAXXI
GALLERIA NAZIONALE
FIRENZE
S. COSTANZA
TIBURTINO
SAN LORENZO FUORI LE MURA
NAPOLI
CIVITAVECCHIA
FIUMICINO
SAN PAOLO FUORI LE MURA
EUR, FIUMICINO
CATACOMBE, VIA APPIA ANTICA
GALLERIA BORGHESE
VILLA BORGHESE
MACRO
MUSEI VATICANI
GIARDINI VATICANI
PIAZZA S. PIETRO
S. PIETRO
CASTEL SANT'ANGELO
PRATI
Santa Maria del Popolo
Pincio
Piazza Napoleone I
Pza del Popolo
Villa Medici
Porta Pinciana
Mausoleo di Augusto
Museo dell' Ara Pacis
Trinità dei Monti
PIAZZA DI SPAGNA
V. dei Condotti
V.V. Veneto
Santa Maria della Vittoria
Aula Ottagona
Terme di Diocleziano
M. VIMINALE
Santa Maria degli Angeli
Stazione Termini
PALAZZO MASSIMO ALLE TERME
PALAZZO ALTEMPS
FONTANA DI TREVI
Palazzo Barberini
San Carlo alle Quattro Fontane
Sant'Andrea al Quirinale
Pal. del Quirinale
San Luigi dei Francesi
Piazza S. Ignazio di Loyola
PIAZZA NAVONA
PANTHEON
Santa Maria Sopra Minerva
FORI IMPERIALI
SANTA MARIA MAGGIORE
Pza d. Esquilino
S. Prassede
M. ESQUILINO
Museo Ninfeo
Piazza Venezia
Mercati di Traiano
GESÙ
Vittoriano
PALAZZO NUOVO
PALAZZO DEI CONSERVATORI
Santa Maria in Aracœli
FORO ROMANO
PALAZZO SENATORIO
S. Pietro in Vincoli
Domus Aurea
Piazza Campo dei Fiori
Palazzo Farnese
Palazzo Spada
Villa Farnesina
Palazzo Corsini
GIANICOLO
Antica Farmacia d. Scala
Isola Tiberina
Teatro di Marcello
PIAZZA DEL CAMPIDOGLIO
ARCO DI COSTANTINO
COLOSSEO
PALATINO
Tempio di Venere e Roma
S.S. Cosma e Damiano
S. Clemente
Pza di S. Giovanni in Laterano
Scala Santa
Pal. Lateranense
Battistero
SAN GIOVANNI IN LATERANO
Museo di Roma in Trastevere
S. Crisogono
TRASTEVERE
San Pietro in Montorio
Santa Maria in Trastevere
Santa Cecilia
Tempio della Fortune Virile
Tempio di Vesta
Santa Maria in Cosmedin
Pza d. Bocca della Verità
Circo Massimo
S.S. Giovanni e Paolo
Santo Stefano Rotondo
M. CELIO
Villa Doria Pamphili
S. Francesco Ripa
Santa Sabina
M. AVENTINO
TERME DI CARACALLA
TESTACCIO
Mattatoio
Piramide di Caio Cestio
Porta S. Paolo
0 250 m
Palazzo della Farnesina ai Baullari.....P1
Palazzo et Galleria Doria Pamphilj.....P2

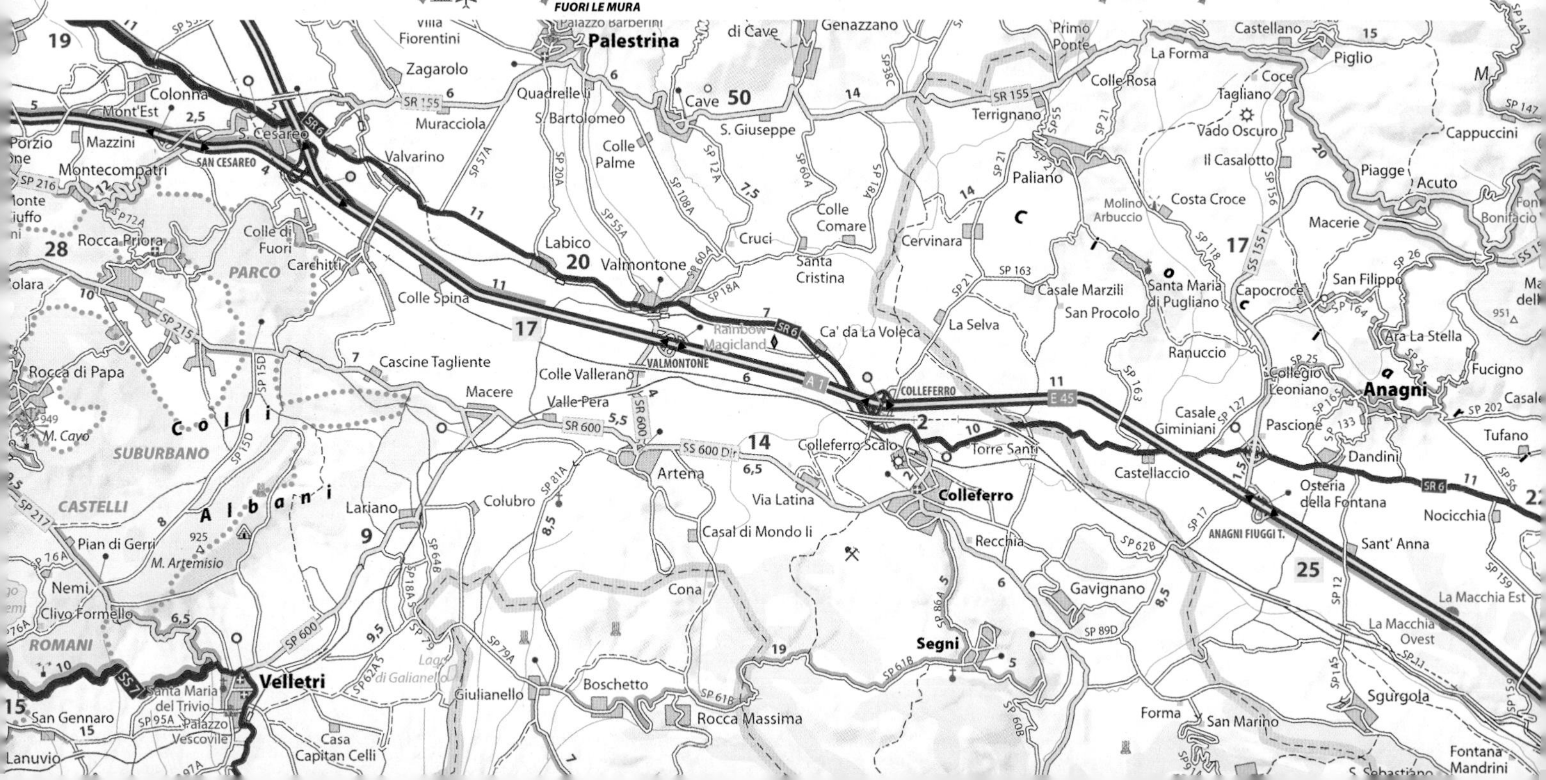

Palestrina
Zagarolo
Colonna
San Cesareo
Montecompatri
Rocca Priora
Colle di Fuori
Valmontone
Labico
Colle Spina
Cave
Genazzano
Paliano
Colleferro
Artena
Rocca di Papa
Colli Albani
Velletri
Nemi
Lariano
Segni
Anagni
Piglio
Acuto
Gavignano
Rocca Massima
Castelli Romani
Suburbano

San Gimignano

Volterra

Castelfiorentino

Certaldo

Poggibonsi

Colle di Val d'Elsa

SAN GIMIGNANO

CERTALDO

PISA

SP1

S. Agostino

V. Niccolò Cannicci

V. Ghiacciaia

PORTA SAN JACOPO

N

PORTA SAN MATTEO

V. Folgore da S. Gimignano

Complesso museale di S. Chiara

V. Capassi

V. delle Fonti

PORTA DELLE FONTI

V.S. Matteo

V. Diaccero

V. delle Romite

Rocca di Montestaffoli

Pza del Duomo

Pza delle Erbe

Torre Rognosa
Pal. del Podestà

S. Maria Assunta

Pza Pecori

Museo di Arte sacra

Pal. Comunale

S. Lorenzo in Ponte

Pza della Cisterna

V. Gamboccio

V. dei Fossi

V. Piandornella

V. Bonda

Le torri di San Gimignano

1: Torre Pettini
2: Torre dei Salvucci
3: Torre del Diavolo
4: Torre degli Ardinghelli
5: Torre dei Cugnanesi
6: Torre dei Becci

V. di Berignano

V.S. Giovanni

Porta S. Giovanni

BASTIONE SAN FRANCESCO

Piazzale Montemaggio

SP1

SIENA, FIRENZE

POGGIBONSI, VOLTERRA

0   100 m

SASSARI
PLATAMONA, SORSO
SENNORI
PORTO TORRES
ALGHERO, ITTIRI
CASTELSARDO
OSILO
SAN PIETRO IN SILKI
OLBIA, CAGLIARI
N
Sant'Antonio Abate
Corso della Trinità
Fontana del Rosello
Pza S. Antonio
Stazione FS
Pza Mercato
Museo della Città - Frumentaria
SANTISSIMA TRINITÀ
Cso Vittorio Emanuele II
Pal. di S. Saturnino
Sant'Andrea
Piazza Tola
Museo della Città Casa Farris
Pza Colonna Mariana
Casa Guarino
S. Caterina
Duomo di S. Nicola
MUS'A
Pal. Ducale
Pza Duomo
Pza S. Maria
S. Maria di Betlem
Pza Azuni
Pza Castello
Madonna del Rosario
Pal. della Provincia
Porta Utzeri
Porta Nuova
Palazzo dell'Università
GIARDINI PUBBLICI
Palazzo Giordano
Pza d'Italia
Emiciclo Garibaldi
Pza Fiume
Museo Nazionale G. A. Sanna
Sant'Anna
Pza A. Gramsci
Piazza Marconi
Pza Guglielmo Marconi
Cliniche Universitarie
Viale Italia
0 200 m

GOLFO
ASINARA
Castelsardo
Lu Bagnu
Punta Tramontana
Tonnara
Bachile Corte
M. Tudderi 435
Maritza
Porto Torres
Basilica di San Gavino
Marina di Sorso
Platamona
Platamona Lido
Stagno di Platamona
Monte Santa Giusta 251
Arboriamar
Serralonga
Sorso
M. Cau 233
Pirastreddu
Canaglia
M. Alvaro 342
Monte d'Accoddi
San Michele di Plaianu
Trunconi
San Lorenzo
Lungo Valle
Sennori
Pian de Sorres
Ottava
Villa Gorizia
Terrada
Taniga Malafede
San Quirico
Santa Vittoria
La Crucca
Truncu Reale
San Giovanni
Cuili San Giorgio
Campanedda
Zuari
Viziliu
Filigheddu
Li Punti
Osilo
Monteforte
La Corte
Monte Casteddu
Bancali
Palazzo Ducale
SASSARI
Le Querce
Nostra Signora di Bonaria
M. Forte 464
Cuili Saccheddu
Monte Oro
Caniga
Cattedrale di San Nicola
La Landrigga
Cuile Corruda
Usai
Scala di Giocca
Mandra di l'Ainu
Bagni di San Martino
Lago Baratz
Tottubella
Rumanedda
Tissi
Muros
Baratz
Santa Maria la Palma
Bonassai
Ossi
Cargeghe
Usini
Codrongianos
Guardia Grande
San Marco
Necropoli di Anghelu Ruju
Olmedo
I Piani
M. Doglia 436
AEROPORTO DI ALGHERO FERTILIA
REGIONALE
M. Miale Ispina 267
Uri
Florinas
Sa Segada
Riu Mannu
Bacino Artificiale del Cuga
PORTO
Palmavera
Stagno di Calich
Maristella
Surigheddu
Ittiri
SS 131
SS 200
SS 291
SS 127 bis
SS 131 bis
SP 34
SP 57
SP 81
SP 18
SP 42
SP 25
SP 48

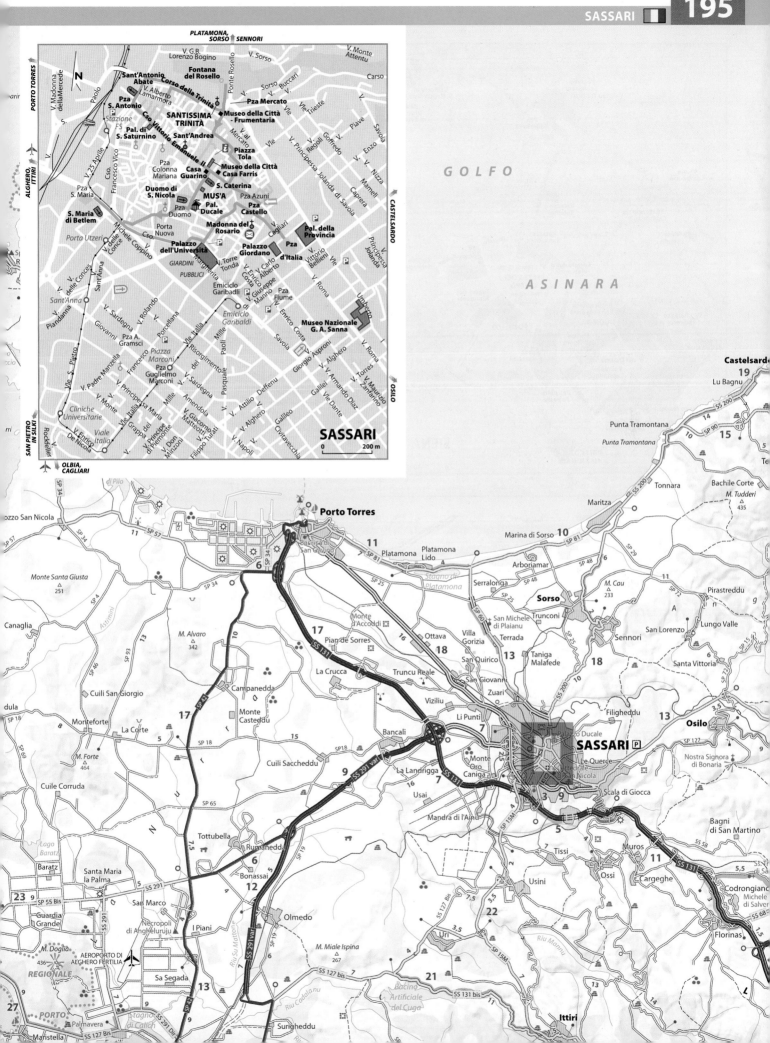

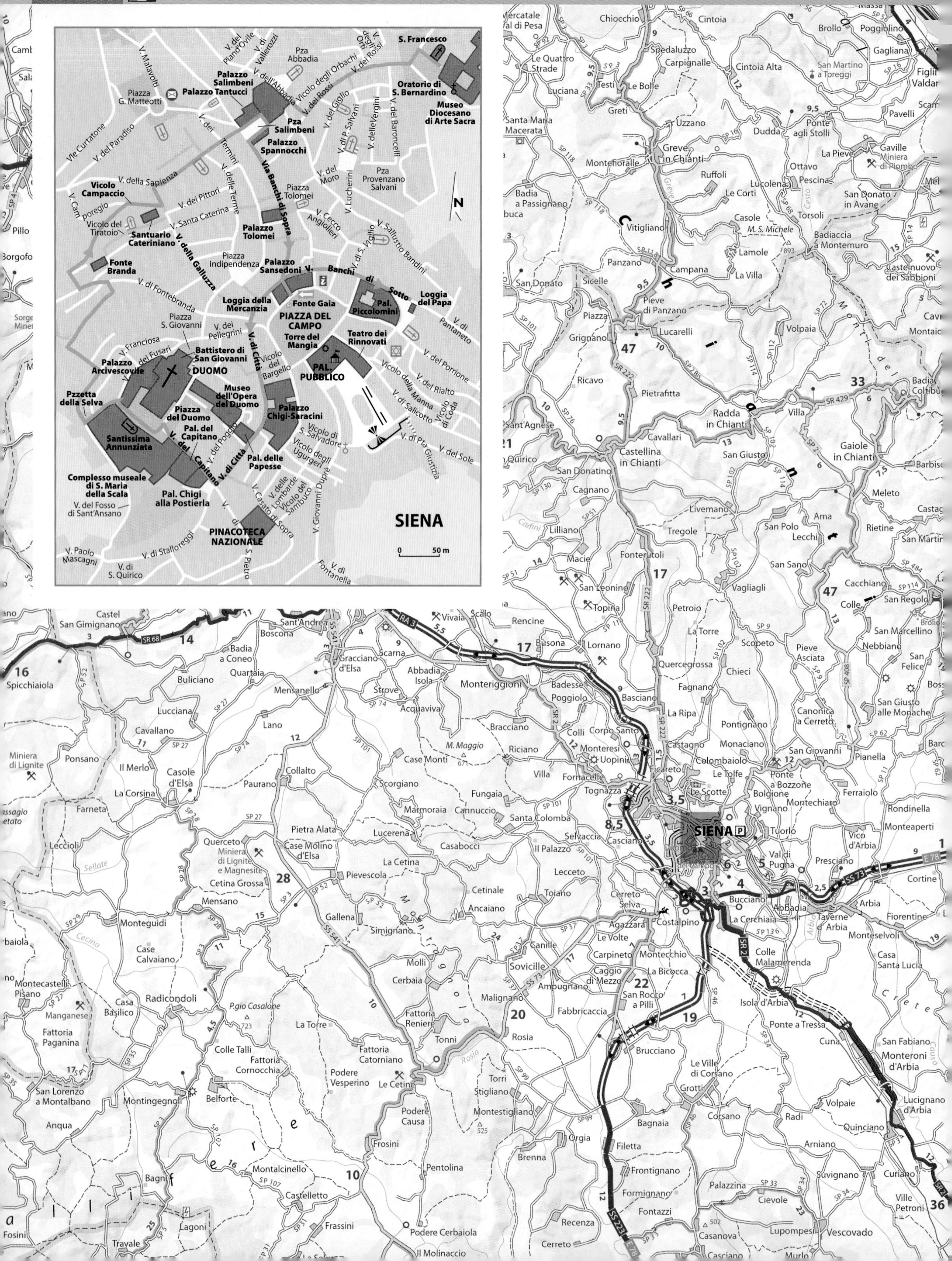

Siena (city centre map)

S. Francesco
Oratorio di S. Bernardino
Museo Diocesano di Arte Sacra
Piazza Abbadia
V. del Piano Ovile
V. di Vallerozzi
V. degli Orbachi
V. dei Rossi
V. degli Orti
Palazzo Salimbeni
Palazzo Tantucci
Piazza G. Matteotti
V. Malavolti
V. dell'Abbadia
Pza Salimbeni
Palazzo Spannocchi
V. del Giglio
V. di P. Salvani
V. delle Vergini
V. dei Baroncelli
Vle Curtatone
V. del Paradiso
V. dei Termini
V. della Sapienza
V. delle Terme
Piazza Tolomei
V. del Moro
Pza Provenzano Salvani
Vicolo Campaccio
V. Cam ... poreglio
V. dei Pittori
V. Santa Caterina
V. Lucherini
Pza Provenzano Salvani
Vicolo del Tiratoio
Santuario Cateriniano
Palazzo Tolomei
V. di S. Vigilio
V. Cecco Angiolieri
V. Sallustio Bandini
Fonte Branda
V. della Galluzza
Piazza Indipendenza
Palazzo Sansedoni
Banchi di Sopra
V. di Fontebranda
Loggia della Mercanzia
Fonte Gaia
PIAZZA DEL CAMPO
Pal. Piccolomini
Banchi di Sotto
Loggia del Papa
V. di Pantaneto
Piazza S. Giovanni
V. dei Pellegrini
Torre del Mangia
Teatro dei Rinnovati
V. del Porrione
Battistero di San Giovanni
DUOMO
V. di Città
V. del Bargello
PAL. PUBBLICO
Vicolo della Manna
V. del Rialto
Palazzo Arcivescovile
V. Franciosa
V. dei Fusari
Museo dell'Opera del Duomo
Palazzo Chigi-Saracini
Vicolo di Salvadore
V. di Salicotto
V. di Coda
V. del Sole
Pzzetta della Selva
Piazza del Duomo
Pal. del Capitano
V. del Poggio
Vicolo degli Ugurgeri
Santissima Annunziata
V. del Capitano
Pal. delle Papesse
V. di Città
Complesso museale di S. Maria della Scala
V. del Fosso di Sant'Ansano
Pal. Chigi alla Postierla
V. delle Lombarde
Vicolo del Sambuco
V. Giovanni Dupré
V. di Pza Giustizia
PINACOTECA NAZIONALE
V. Paolo Mascagni
V. di Stalloreggi
V. Cesare di Sopra
V. di Fontanella
V. di S. Quirico
V. di S. Pietro

N

SIENA

0   50 m

Regional map

Chiocchio, Cintoia, Brollo, Poggiolino, Massa, Figlin Valdar
Mercatale Val di Pesa, Spedaluzzo, Carpignale, Cintoia Alta, San Martino a Toreggi, Scam
Le Quattro Strade, Le Bolle, Testi, Luciana, Pavelli
Santa Maria Macerata, Greti, Uzzano, Dudda, Ponte agli Stolli, La Pieve, Gaville, Miniera di Piombo, Mel
Greve in Chianti, Montefioralle, Ruffoli, Lucolena, Ottavo, Pescina
Vitigliano, Badia a Passignano, buca, Le Corti, San Donato in Avane, Casole, Torsoli, Badiaccia a Montemuro, Castelnuovo dei Sabbioni
M. S. Michele, Lamole, La Villa, 893, 15
Panzano, Campana, Cavr
Pieve di Panzano, Piazza, Sicelle, Volpaia, Montaic
San Donato, Grignano, Lucarelli, 47, 10
Ricavo, Pietrafitta, Radda in Chianti, Villa, 33, Badia, Colibu
Sant'Agnese, SR 429, Cavallari, 13, Gaiole in Chianti, Barbis
S. Quirico, Castellina in Chianti, San Giusto, 7.5
San Donatino, Cagnano, San Giusto, Meleto, Castac
SP 130, Livemano, San Polo, Lecchi, Ama, Rietine, San Martir
Lilliano, Tregole, Cacchiano, SP 114
Carfini, Fonterutoli, San Sano, Colle, San Regolo, Brolic
Macie, Fontazzi, San Leonino, Topina, Vagliagli, 47
SP 51, 14, 222
Castel San Gimignano, 11, Sant'Andrea, Scalo, Vivaia, Rencine, Scopeto, Pieve Asciata, Nebbiano, San Felice
SR 68, 14, 3, Boscona, Scarna, Scarpa, Busona, Lornano, Quercegrossa, Chieci, Fagnano, San Giusto alle Monache
16, Spicchiaiola, Badia a Coneo, Quartaia, Abbadia Isola, Monteriggioni, Badesse, Poggiolo, La Ripa, Pontignano, Canonica a Cerreto, San Giusto alle Monache
Buliciano, Mensanello, Acquaviva, Colli, Corpo Santo, Monteresi, Castagno, Monaciano, San Giovanni, Pianella, Barc
Lucciana, Lano, Bracciano, Riciano, Uopini, Ficareto, Colombaiolo, Le Tolfe, Ponte a Bozzone, Montechiaro, Vignano
Miniera di Lignite, Ponsano, Il Merlo, Casole d'Elsa, Paurano, Collalto, M. Maggio 671, Case Monti, Villa, Fornacelle, Tognazza, Le Scotte, Bolgione, Ferraiolo, Rondinella
La Corsina, Farneta, Scorgiano, Marmoraia, Cannuccio, Santa Colomba, Selvaccia, Casciano, SIENA, Tuorlo, Vico d'Arbia, Monteaperti
Leccioli, Querceto, Miniera di Lignite e Magnesite, Cetina Grossa, Pietra Alata, Case Molino d'Elsa, Lucerena, Casabocci, Il Palazzo, Val di Pugna, Presciano, Cortine
Sellate, 28, Mensano, Pievescola, Cetinale, Lecceto, Cerreto Selva, Bucciano, Abbadia, Taverne d'Arbia, Arbia, Fiorentino
Cecina, Monteguidi, Gallena, Simignano, Ancaiano, Toiano, Agazzara, Le Volte, Costalpino, La Cerchiaia, Monteselvoli
baiola, Case Calvaiano, Cerbaia, Carpineto, Montechio, Colle Malamerenda, Casa Santa Lucia, Crete
Manganese, Radicondoli, Molli, Sovicille, La Bicocca, San Rocco a Pilli, Fabbricaccia, Caggio di Mezzo, Ampugnano, Isola d'Arbia
Fattoria Paganina, Colle Talli, P.gio Casalone 723, La Torre, Malignano, Rosia, Brucciano, Le Ville di Corsano, Ponte a Tressa, Cuna, San Fabiano
San Lorenzo a Montalbano, Montingegnoli, Belforte, Fattoria Cornocchia, Fattoria Catorniano, Tonni, Torri, Stigliano, Grotti, Volpaie, Lucignano d'Arbia
Anqua, Le Cetine, Podere Vesperino, Podere Causa, Montestigliano, Bagnaia, Corsano, Radi, Arniano
Fosini, Frosini, Pentolina, Orgia, Brenna, Frontignano, Quinciano, Suvignano
Travale, Lagoni, Frassini, Il Molinaccio, Podere Cerbaiola, Casanova, Filetta, Fontazzi, Palazzina SP 33, Cievole, Ville Petroni, 36
Montalcinello, Castelletto, Recenza, Formignano, SS 223, Lupompesi, Murlo, Casciano, Vescovado, Curiano

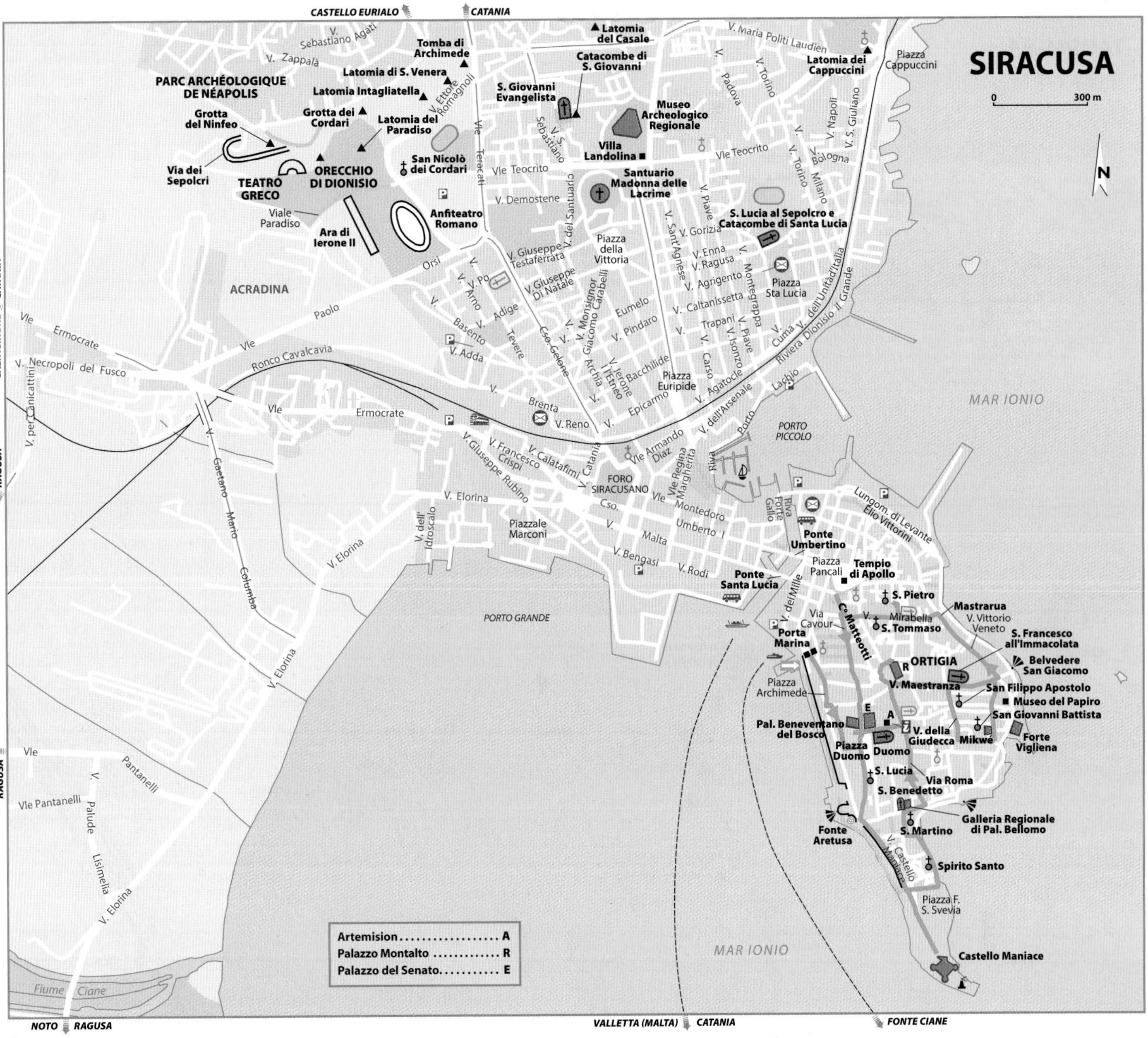

SIRACUSA

0   300 m

N

CASTELLO EURIALO ◄   ◄ **CATANIA**

V. Sebastiano Agati
V. Zappalà

Tomba di Archimede

Latomia del Casale ▲

PARC ARCHÉOLOGIQUE DE NÉAPOLIS

Latomia di S. Venera ▲

Catacombe di S. Giovanni

Latomia dei Cappuccini ▲

V. Maria Politi Laudien

Piazza Cappuccini ▲

Latomia Intagliatella ▲

V.le Ettore Romagnoli

S. Giovanni Evangelista †

V. Torino

Grotta del Ninfeo

Grotta dei Cordari ▲

Latomia del Paradiso ▲

V. Sebastiano

Museo Archeologico Regionale

V. Padova

V. Napoli

V.S. Giuliano

Via dei Sepolcri

TEATRO GRECO

ORECCHIO DI DIONISIO ▲

San Nicolò dei Cordari †

Villa Landolina

V. Teocrito

V. Bologna

V. Milano

Viale Paradiso

Ara di Ierone II

V.le Teocrito

Anfiteatro Romano

Orsi

V. Demostene

Santuario Madonna delle Lacrime ✚

V. Piave

S. Lucia al Sepolcro e Catacombe di Santa Lucia

ACRADINA

V.le Paolo

V.le Ermocrate

V. Po
V. Arno
V. Adige
V. Tevere
V. Adda

V. Giuseppe Testaferrata

V. Monsignor Giacomo Carabelli

V. Giuseppe Di Natale

Eumelo

V. Sant'Agnese

V. Gorizia

V. Enna
V. Ragusa

V. Agrigento

V. Caltanissetta

Piazza Sta Lucia

V. del Santuario

Piazza della Vittoria

V. Pindaro

V. Trapani

V. Montegrappa

V. Vittorio

Piazza Sta Lucia

V. Necropoli del Fusco

V. per Canicattini

Ronco Cavalcavia

V.le Ermocrate

V. Basento
V. Brenta

V. Reno

V. Catania
V. Calatafimi

FORO SIRACUSANO

Vernie
Ileteo
V. Bacchilide

Piazza Euripide

V. Agatocle

V. Epicarmo

V. dell'Arsenale

Riviera Dionisio il Grande

Cuma
V. dell'Unità d'Italia

MAR IONIO

V. Gaetano Marto

V. Cottuma

V. Francesco Crispi

V. Giuseppe Rubino

V. Elorina

V. dell'Idioscalo

V. Elorina

Piazzale Marconi

Cso. Umberto I

V. Montedoro

V. Malta

V. Bengasi

V. Rodi

Riva

Porto

PORTO PICCOLO

Lungom. di Levante
Elio Vittorini

Riva Ponte Gallo

Ponte Umbertino

Piazza Pancali

Tempio di Apollo

Lungom. Elio Vittorini

Ponte Santa Lucia

Porta Marina

Via del Mille

Via Cavour

Piazza Archimede

C.so Matteotti

† **S. Pietro**

Mastrarua

Mirabella

S. Tommaso

V. Vittorio Veneto

S. Francesco all'Immacolata

R Palazzo Montalto

ORTIGIA

V. Maestranza

Belvedere San Giacomo

San Filippo Apostolo

■ **Museo del Papiro**

San Giovanni Battista

PORTO GRANDE

Pal. Benevenentano del Bosco

E

A

V. della Giudecca

Mikwé

Forte Vigliena

Piazza Duomo

Duomo

† **S. Lucia**

Via Roma

S. Benedetto

Galleria Regionale di Pal. Bellomo

Fonte Aretusa

S. Martino

V. Castello Maniace

† **Spirito Santo**

Piazza F. S. Svevia

Castello Maniace

MAR IONIO

Artemision	. . . .	A
Palazzo Montalto	. . . .	R
Palazzo del Senato	. . . .	E

NOTO ◄ **RAGUSA**   **VALLETTA (MALTA)**   **CATANIA**   **FONTE CIANE**

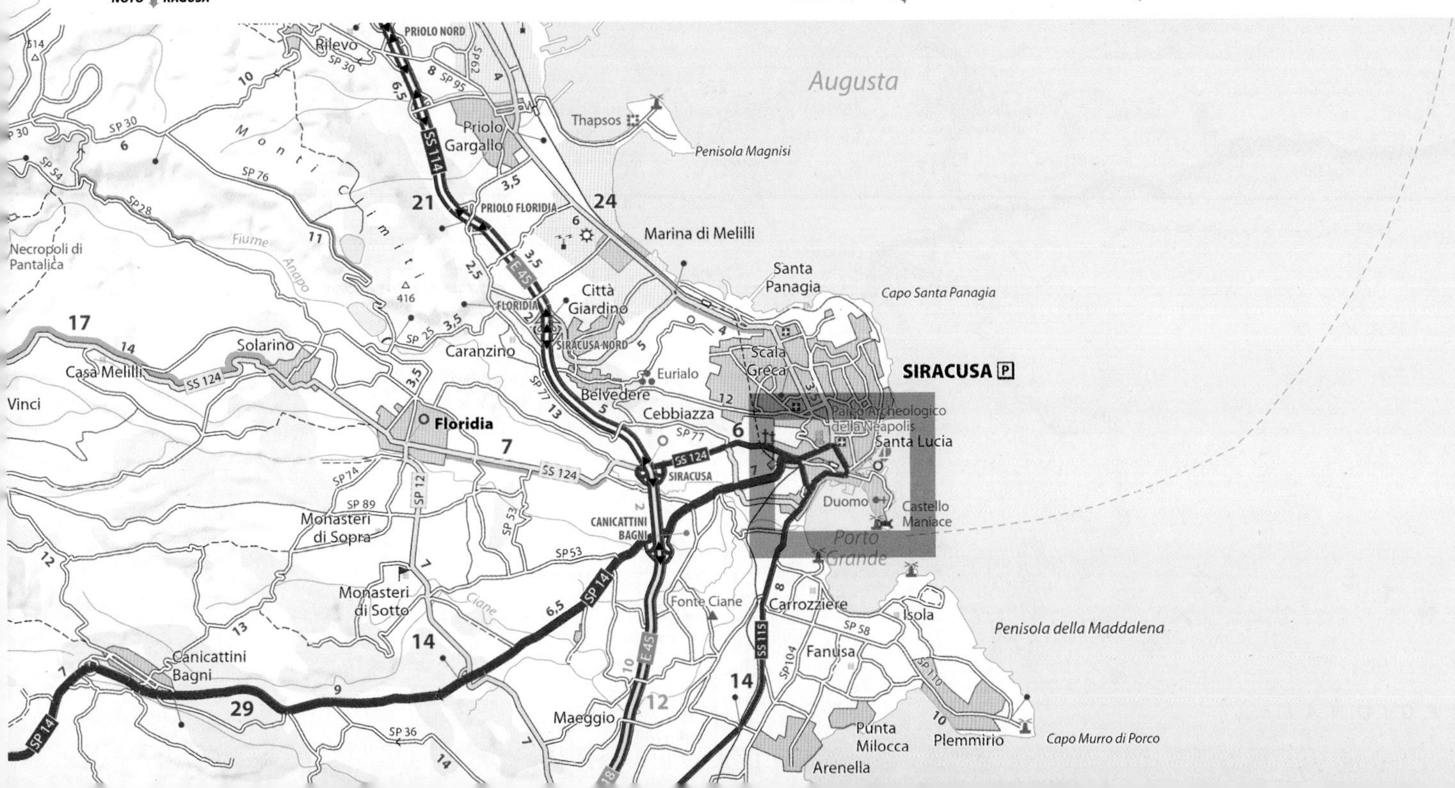

Fiume Ciane

Augusta

Rilevo
SP 30
PRIOLO NORD
SP 63
SP 95

Priolo Gargallo

Thapsos

Penisola Magnisi

Necropoli di Pantalica

PRIOLO FLORIDIA
21
24

Marina di Melilli

Fiume Anapo

Monti Climiti

Città Giardino
FLORIDIA

Santa Panagia

Capo Santa Panagia

17

Solarino

Caranzino

SIRACUSA NORD

Casa Melilli
SS 124

Euriolo

Scala Greca

SIRACUSA

Floridia

Belvedere

Cebbiazza

SP 77

6

Parco Archeologico della Néapolis

Santa Lucia

7

SS 124

SIRACUSA

SP 89

CANICATTINI BAGNI

Duomo

Castello Maniace

Monasteri di Sopra

SP 53

Porto Grande

Monasteri di Sotto

14

Fonte Ciane

SP 58

Carrozziere

Isola

Penisola della Maddalena

Canicattini Bagni
29

SP 36

SP 115

Fanusa

SP 110

Maeggio

12

14

Punta Milocca

Capo Murro di Porco

Arenella

Plemmirio

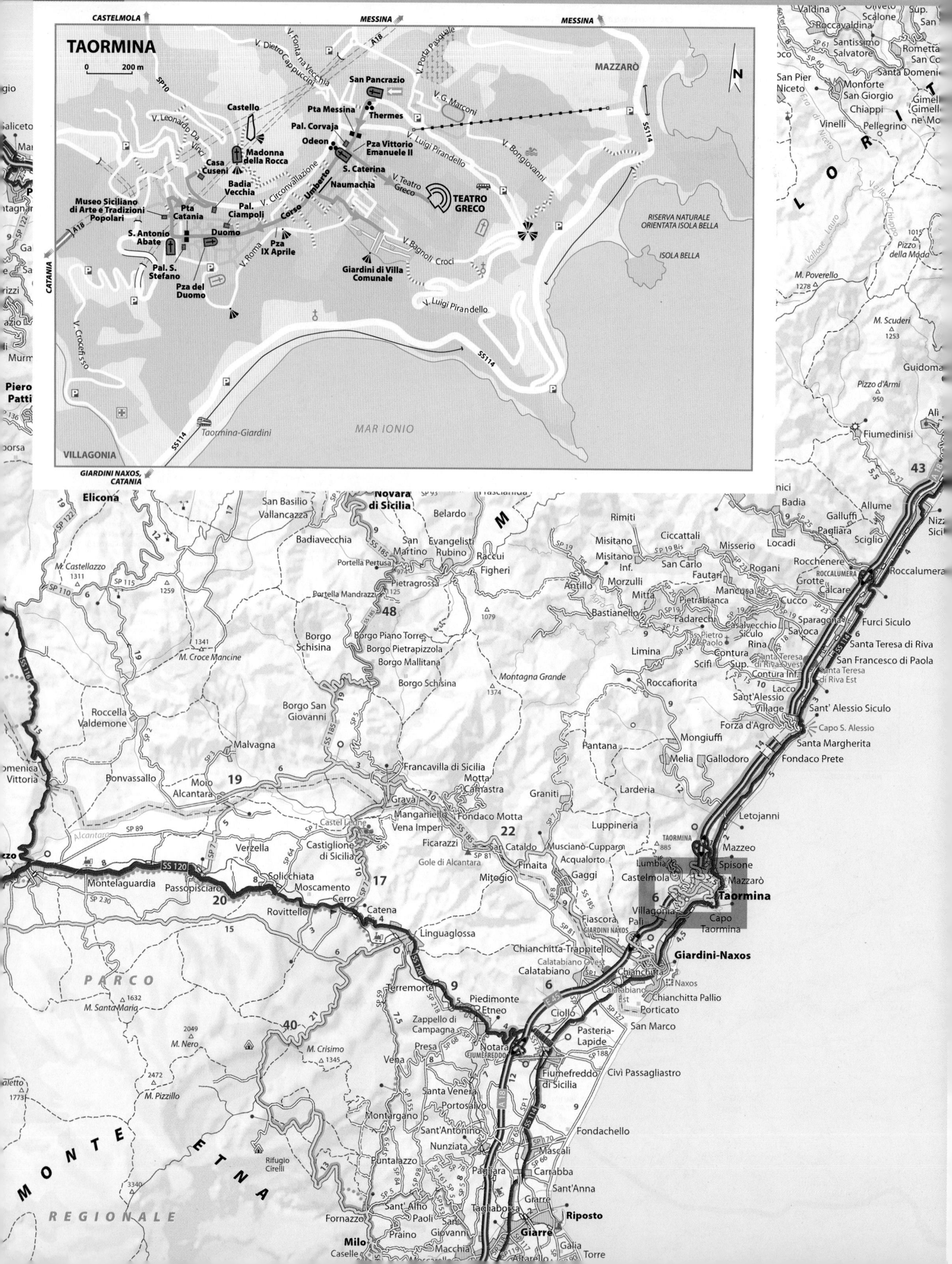

TAORMINA

0   200 m

CASTELMOLA

MESSINA

MESSINA

V. Dietro Cappuccini

V. Fonta na Vecchia

A18

SP10

V. Porta Pasquale

V. G. Marconi

MAZZARÒ

SS114

V. Leonardo Da Vinci

San Pancrazio

Castello

Pta Messina

Thermes

Pal. Corvaja

Odeon

Pza Vittorio
Emanuele II

Luigi Pirandello

V. Bongiovanni

Madonna
della Rocca

Casa
Cuseni

S. Caterina

Badia
Vecchia

V. Circonvallazione

Naumachia

V. Teatro
Greco

TEATRO
GRECO

Museo Siciliano
di Arte e Tradizioni
Popolari

Pta
Catania

Pal.
Ciampoli

Corso Umberto

RISERVA NATURALE
ORIENTATA ISOLA BELLA

A18

Duomo

S. Antonio
Abate

V. Roma

Pza
IX Aprile

V. Bagnoli Croci

ISOLA BELLA

CATANIA

Pal. S.
Stefano

Pza del
Duomo

Giardini di Villa
Comunale

V. Luigi Pirandello

V. Crocefisso

SS114

SS114

Taormina-Giardini

MAR IONIO

VILLAGONIA

GIARDINI NAXOS,
CATANIA

N

LORIT

Valdina
Roccavaldina

SP 61

Oliveto
Scalone

Sup.
San

Santissimo
Salvatore

Monforte
San Giorgio

San Pier
Niceto

Rometta
San Co

Santa Domeni

Chiappi

Vinelli

Pellegrino

Gimell
Gimelli
ne Mo

Fra di Niceto

Pizzo
della Moda

1015

M. Poverello
1278

Vallone

Vallea Chiappi

Guidoma

M. Scuderi
1253

Pizzo d'Armi
950

Ali

Fiumedinisi

43

Elicona

Novara
di Sicilia

SP 93

Trasclanida

M

Rimiti

Ciccattali

Badia

Galluffi

Allume

SP 122

SP 12

San Basilio
Vallancazza

SP 110

SP 115

19

12

Badiavecchia

SS 185

San
Martino

San
Evangelisti
Rubino

Belardo

Raccui
Figheri

Misitano

Misitano
Inf.

Morzulli

San Carlo
Fautari

Misserio

Rogani

Locadi

Mancusa

Pagliara

Sciglio

Rocchenere

Grotte

Cucco

Calcare

Pagliara

Nizi
Sici

Furci Siculo

ROCCALUMERA

Roccalumera

M. Castellazzo
1311

1259

Portella Pertusa

Pietragrossa

Portella Mandrazzi

1125

48

Borgo Piano Torre

Borgo Pietrapizzola

Borgo Mallitana

1079

Antillo

Bastianello

Mitta

SP19

Fadarechi

Pietrabianca

SP 15

Casalvecchio
Siculo

San Pietro
Paolo

Rina

Savoca

Sparagona

Santa Teresa
di Riva Ovest

Santa Teresa
di Riva Est

Santa Teresa di Riva

San Francesco di Paola

SS 114

1341

M. Croce Mancine

19

Borgo
Schisina

Borgo Schisina

Montagna Grande
1374

Limina

Scifi

Contura
Sup.

Contura Inf.

Sant'Alessio

Lacco

Roccella
Valdemone

Borgo San
Giovanni

SS 185

SS 185

Francavilla di Sicilia

Roccafiorita

Sant'Alessio
Village

Sant' Alessio Siculo

Capo S. Alessio

Santa Margherita

omenica
Vittoria

Bonvassallo

Moio
Alcantara

19

Malvagna

Motta
Camastra

SP 5

Pantana

Mongiuffi

Melia

Gallodoro

Forza d'Agro

Fondaco Prete

SP 89

Alcantara

Grava

SS 120

Castel Leone

SS 185

Manganiello

Fondaco Motta

SP8

Larderia

Graniti

Luppineria

Letojanni

12

Mazzeo

TAORMINA
885

zo

Montelaguardia

Verzella

Castiglione
di Sicilia

SP 7

SP 64

Vena Imperi

Ficarazzi

SP 81

San Cataldo

Musclanò-Cupparo

Acqualorto

SS 185

Lumbia

Castelmola

Spisone

Mazzarò

SP 230

Passopisciaro

Solichiata

Moscamento

10

17

Finaita

Gaggi

Mitogio

9

Villagonia
Pali

6

Taormina

20

Rovittello

Cerro

Catena

15

Linguaglossa

SS 120

4

Fiascora

Giardini Naxos

SP 81

Capo
Taormina

SS 59

Terremorte

9

Piedimonte
Etneo

Chianchitta-Trappitello

Calatabiano Ovest

Calatabiano

Giardini-Naxos

PARCO

M. Santa Maria
1632

2049

M. Nero

40

21

M. Crisimo
1345

Zappello di
Campagna

Presa

Vena

Notara
FIUMEFREDDO

4

Ciollo

6

2

Pasteria-
Lapide

SP 188

Calatabiano
Est

Naxos

Chianchitta Pallio

Porticato

San Marco

2472

M. Pizzillo

Rifugio
Cirelli

13

SS 59

Fiumefreddo
di Sicilia

Civi Passagliastro

Fondachello

aletto
1773

3340

MONTE

ETNA

REGIONALE

Santa Venera

Portosalvo

Sant'Antonino

Nunziata

Montargano

Mascali

Carrabba

Sant'Anna

Milo

Caselle

Fornazzo

Sant'Alfio

Praino

San
Giovanni

Paoli

Macchia

Galia

Torre

Giarre

Tagliaborsa

Riposto

Altarello

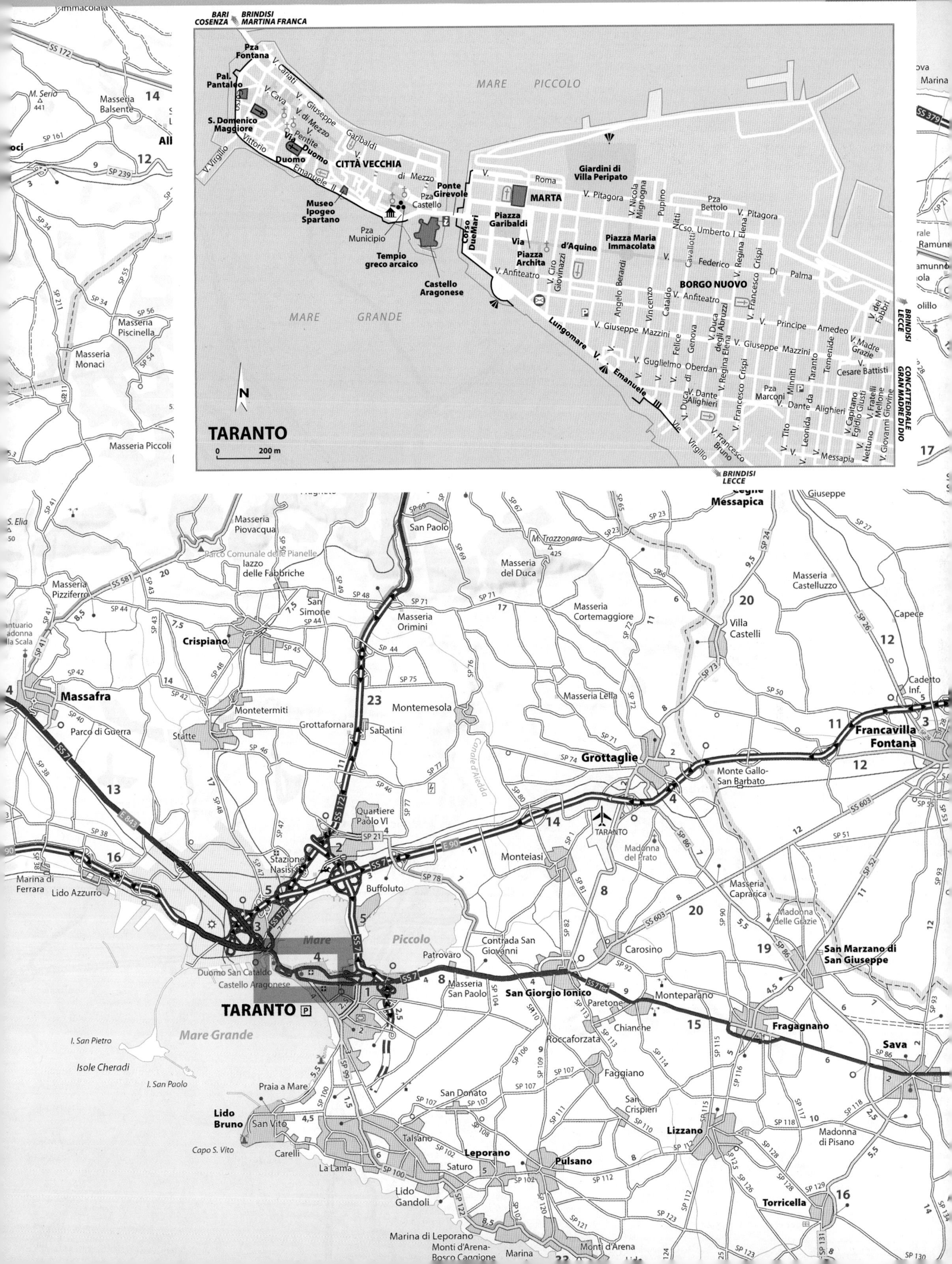
TARANTO
0 200 m
N
BARI COSENZA
BRINDISI MARTINA FRANCA
BRINDISI LECCE
CONCATTEDRALE GRAN MADRE DI DIO
MARE PICCOLO
MARE GRANDE
Pza Fontana
Pal. Pantaleo
S. Domenico Maggiore
Via Duomo
Duomo
CITTÀ VECCHIA
Museo Ipogeo Spartano
Pza Municipio
Tempio greco arcaico
Castello Aragonese
Pza Castello
Ponte Girevole
Corso DueMari
MARTA
Giardini di Villa Peripato
Piazza Garibaldi
Via d'Aquino
Piazza Archita
Piazza Maria Immacolata
BORGO NUOVO
Pza Bettolo
Pza Marconi
Lungomare V. Emanuele III
V. Pitagora
Cso. Umberto I
V. Anfiteatro
V. Giuseppe Mazzini
V. Guglielmo Oberdan
V. Principe Amedeo
V. Dante Alighieri
V. Messapia
V. Cesare Battisti
V. Francesco Crispi
V. Regina Elena
V. Duca degli Abruzzi
V. Virgilio
V. Francesco Bruno
Massafra
Crispiano
Statte
Montetermiti
Grottafornara
Sabatini
Montemesola
Grottaglie
Francavilla Fontana
Monte Gallo-San Barbato
Villa Castelli
Messapica
San Paolo
San Simone
Masseria Orimini
Masseria del Duca
Masseria Cortemaggiore
Masseria Lella
Masseria Castelluzzo
Masseria Piovacqua
Masseria Pizziferro
Masseria Balsente
Masseria Piscinella
Masseria Monaci
Masseria Piccoli
Masseria Capparica
M. Trazzonara 425
M. Serio 441
Parco Comunale delle Pianelle
Parco di Guerra
Quartiere Paolo VI
Stazione Nasisi
Buffoluto
Monteiasi
Madonna del Prato
Marina di Ferrara
Lido Azzurro
Mare Piccolo
Mare Grande
Duomo San Cataldo
Castello Aragonese
TARANTO
Patrovaro
Contrada San Giovanni
Masseria San Paolo
San Giorgio Ionico
Carosino
Monteparano
Paretone
Chianche
Roccaforzata
Faggiano
Fragagnano
San Marzano di San Giuseppe
Madonna delle Grazie
Sava
I. San Pietro
Isole Cheradi
I. San Paolo
Praia a Mare
Lido Bruno
San Vito
Capo S. Vito
Carelli
La Lama
Talsano
San Donato
Leporano
Saturo
Pulsano
San Crispieri
Lizzano
Madonna di Pisano
Torricella
Lido Gandoli
Marina di Leporano
Monti d'Arena-Bosco Caggione
Monti d'Arena
Marina
SS 7
SS 172
SS 581
SS 603
SS 7ter
E 90
E 843

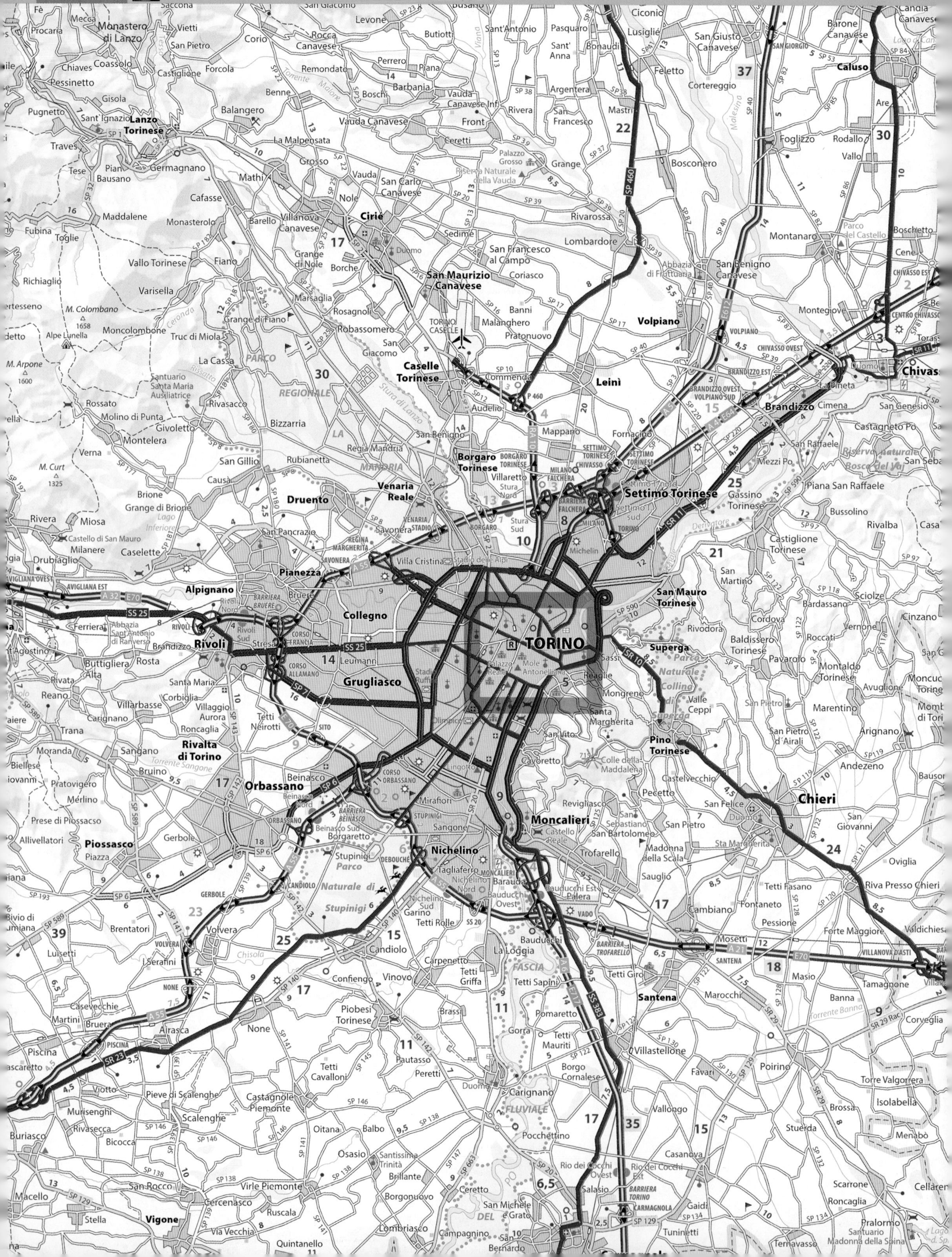

TORINO

Major places: Lanzo Torinese, Cirié, San Maurizio Canavese, Caselle Torinese, Leinì, Volpiano, Brandizzo, Chivasso, Settimo Torinese, Borgaro Torinese, Venaria Reale, Druento, Pianezza, Alpignano, Rivoli, Collegno, Grugliasco, San Mauro Torinese, Superga, Pino Torinese, Chieri, Orbassano, Rivalta di Torino, Piossasco, Nichelino, Moncalieri, Santena, Villanova d'Asti, Vigone, Carmagnola

TORINO
150 m
N
Mercato Centrale
Pza della Repubblica
Pza Emanuele Filiberto
Santuario della Consolata
Museo della Sindone
Palazzo Falletti di Barolo
Pza Savoia
Via Garibaldi
Via S. Agostino
MAO
San Domenico
Porta Palatina
Pza C. Augusto
Museo di Antichità
Galleria Sabauda
Palazzo Reale
Giardini Reali
Duomo
Biblioteca Reale
Armeria Reale
Palazzo Scaglia di Verrua
Piazza Palazzo di Città
Corpus Domini
Real Chiesa di San Lorenzo
Museo Pietro Micca
Via Cernaia
Via Stampatori
Cittadella
Pal. Madama
PIAZZA CASTELLO
Teatro Regio
Teatro Alfieri
Pza Solferino
Piazza Carignano
Galleria Subalpina
Galleria San Federico
MUSEO EGIZIO
Pal. Carignano-Museo del Risorgimento
MOLE ANTONELLIANA - MUSEO DEL CINEMA
PIAZZA S. CARLO
S. Filippo Neri
Biblioteca Nazionale
Pal. Graneri della Roccia
Pinacoteca Albertina
Via Po
Via Maria Vittoria
Fondazione Accorsi -Ometto-Museo di Arti Decorative
San Carlo
Santa Cristina
Via Roma
Via Lagrange
Piazza C. Emanuele II
Camera
Piazza Vittorio Veneto
GAM
Pza Carlo Felice
Porta Nuova
PORTA NUOVA
PORTA SUSA
Re Umberto
Aiuola Balbo
Piazza Cavour
Piazza Maria Teresa
Gran Madre
Tempio Valdese
Sinagoga
Murazzi
Fiume Po
Fiume Dora Riparia
Monte dei Cappuccini
Santa Maria del Monte
Museo della Montagna
Parco del Valentino
Vle dei Partigiani
Cso. Regina Margherita
Cso. Vittorio Emanuele II
Cso. Stati Uniti
Cso. Francia
Cso. Regio Parco
Lungo Dora Firenze
Lungo Dora Siena
Lungo Po Armando Diaz
Lungo Po Luigi Cadorna
Cso. Moncalieri
Cso. Casale
Cso. Giovanni Lanza

56
Buttigliera d'Asti
Santuario Colle Don Bosco
Capriglio
Cortanze
Montechiaro d'Asti
Villa San Secondo
Tonco
Cioccaro
Casorzo
Camagna
Serra
Crivelle
Soglio
Viale
Frinco
Perrona
Calliano
Bolla
Prato Casale
Grana
Altavilla Monferrato
Vignale
Davinio
San Bartolomeo
Bagnasco
Montafia
Nocciola
Camerano
Corsione
Bricco Morra
Cossombrato
Castell'Alfero
San Desiderio
Cittadella
Terrazze
Savi
Cortazzone
Madonna
Chiusano d'Asti
Rolasso
Sassia Monferrato
Montemagno
Viarigi
Bianchi
Cinaglio
Moncestino
Ferracane
Casotto
Meridiana
Mombarone
Callianetto
Sant'Antonino
Noveiva
Scurzolengo
Castagnole Monferrato
Franchini
Fubine
Villanova Nord
San Paolo Solbrito
Cortandone
Settime
Portacomaro
San Carlo
Pergatti
Villanova d'Asti
Roatto
Serravalle
San Grato
Maretto
Montegrosso
Gilberto
Castellazzo
Miravalle
Santo Stefano
Refrancore
Accorneri
Cascine Vergani
Rossi
Bertoglia
Marchetti
Arrobbio
Monale
Malandroni
San Giuseppe
Castiglione
Barcara
Calcini
Dusino
Sant'Antonio
Sessant
Madonna di Viatosto
Balestrino
Migliandolo
Castellero
VALLEANDONA
ASTI
Briccolino
Piepasso
San Michele
Villafranca d'Asti
Baldichieri d'Asti
Valleandona
Casabianca
Silva
Valenzani
Maddalena
Crocetta Nord
Valsuolo
VAL BOTTO
ASTI OVEST
ASTI EST
Bordoni
Monfallito
FELIZZANO QUATTORDIO
Cantarana
Borgovecchio
Cattedrale
Quarto
Crocetta
Quattordio
Valfenera
Bramairate
Palucco
Borbore
Campanella
Crocetta Sud
Felizzano
San Carlo
Revignano
Poggio
Gerba
Alberoni
San Sebastiano
Valperosa
Castello di Annone
Cantoni
Tigliole
Carretti
Moglia
Cerro Tanaro
Valmaggiore
Rivasso
Poccola
Pianetti
Vaglierano Basso
ASTI CENTRO
Torrazzo
Curiona
Bossoleto
Ferrere
San Giacomo
Pratomorone
Vaglierano
San Marzanotto
Azzano d'Asti
Rocca d'Arazzo
Rocchetta Tanaro
Villata
Guarene
Revigliasco d'Asti
Parella
Masio
Abazia
Quaronia
San Pietro
Castello
Montemarzo
Boschetto
Celle Enomondo
Parco naturale rocchetta tanaro
Mogliotti
Gherba
Rotonda
Piana
Gianoli
Gorzano
Merlazza
ISOLA D'ASTI
Mongardino
Valmontasca
San Carlo
Asinara
A 21
SR 10
SS 231
E70

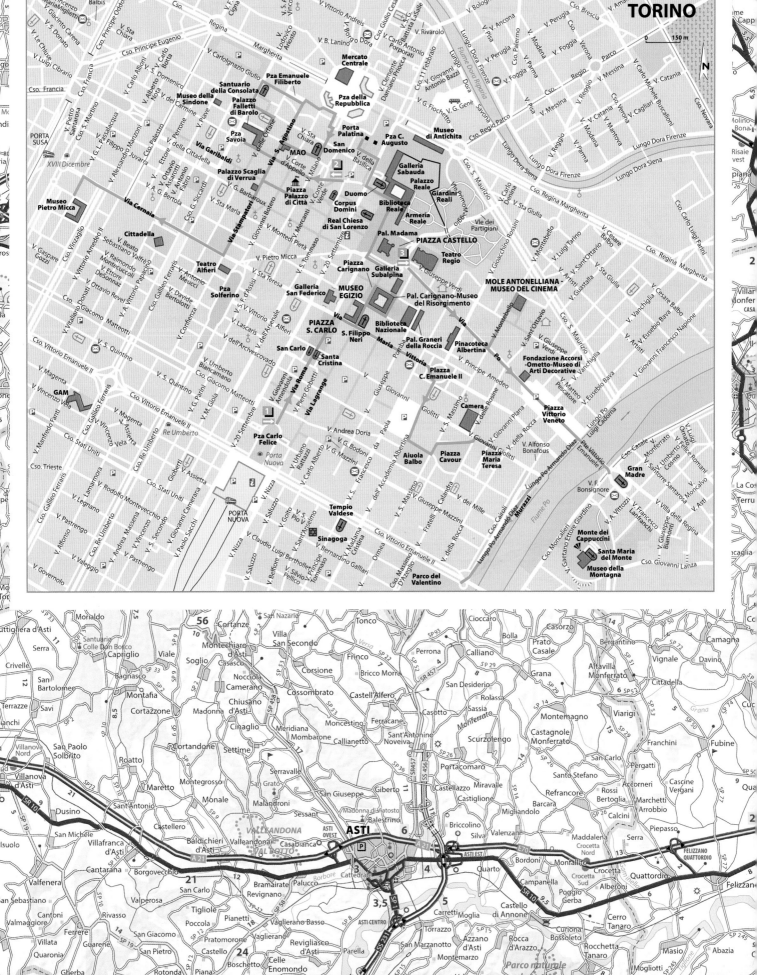

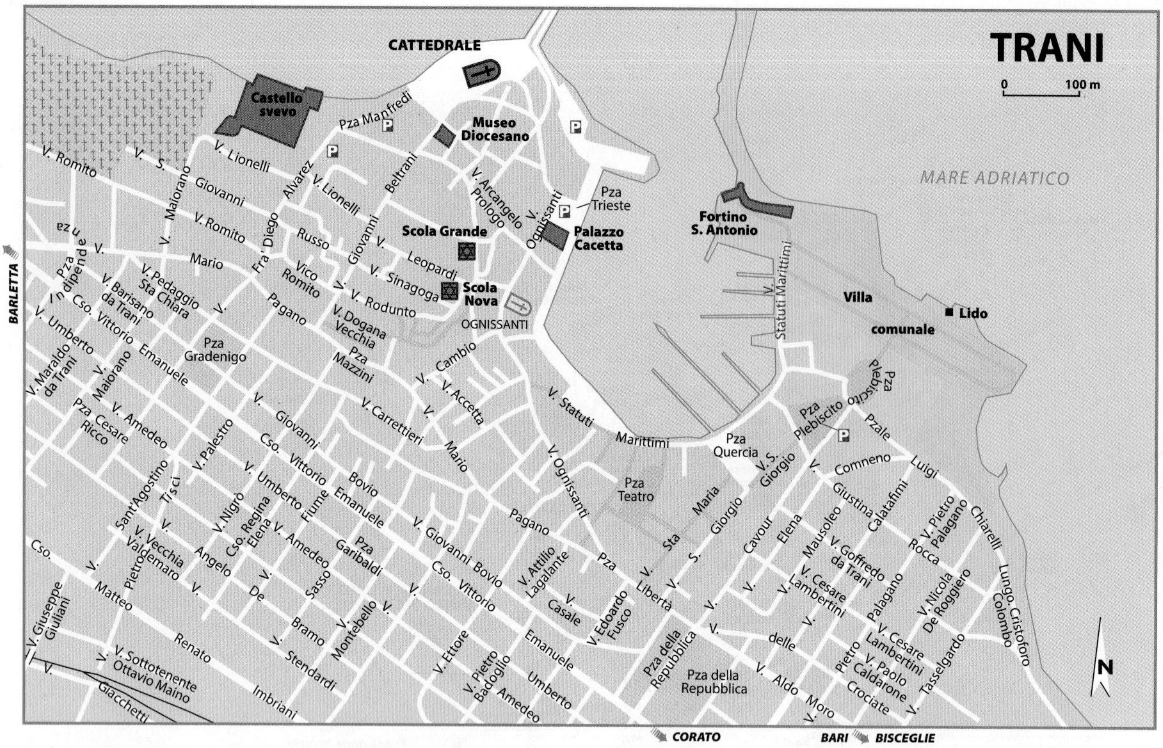

TRANI

0   100 m

CATTEDRALE

MARE ADRIATICO

Castello svevo

Museo Diocesano

Scola Grande

Palazzo Cacetta

Scola Nova

OGNISSANTI

Fortino S. Antonio

Villa comunale

Lido

Pza Manfredi

Pza Trieste

V. Lionelli

V. Romito

Pza Gradenigo

Pza Cesare Ricco

Pza Teatro

Pza della Repubblica

Statuti Marittimi

N

CORATO   BARI   BISCEGLIE

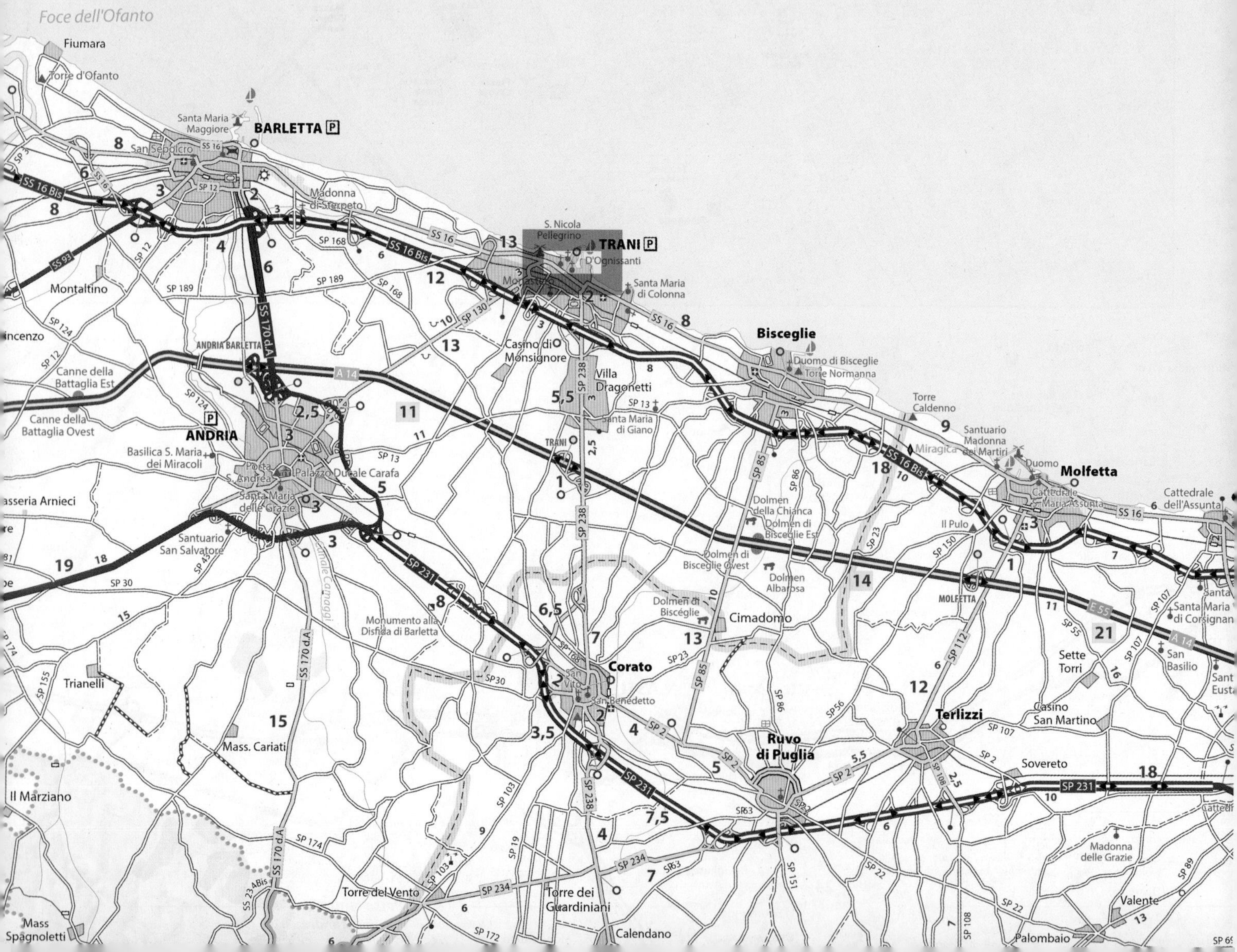

Foce dell'Ofanto

Fiumara

Torre d'Ofanto

Santa Maria Maggiore

BARLETTA

San Sepolcro

Madonna di Sterpeto

Montaltino

ANDRIA Barletta

Canne della Battaglia Est

Canne della Battaglia Ovest

ANDRIA

Basilica S. Maria dei Miracoli

Porta Sant'Andrea

Santa Maria delle Grazie

Palazzo Ducale Carafa

Santuario San Salvatore

Monumento alla Disfida di Barletta

Trianelli

Mass. Cariati

Il Marziano

Mass Spagnoletti

S. Nicola Pellegrino

TRANI

D'Ognissanti

Santa Maria di Colonna

Casino di Monsignore

Villa Dragonetti

Santa Maria di Giano

Dolmen della Chianca

Dolmen di Bisceglie Est

Dolmen di Bisceglie Ovest

Dolmen Albarosa

Dolmen di Bisceglie

Cimadomo

Corato

San Benedetto

Ruvo di Puglia

Torre del Vento

Torre dei Guardiniani

Calendano

BISCEGLIE

Duomo di Bisceglie
Torre Normanna

Torre Caldenno

Santuario Madonna dei Martiri

Mirágica

Duomo

Molfetta

Cattedrale Maria Assunta

Il Pulo

MOLFETTA

Sette Torri

Terlizzi

Casino San Martino

Sovereto

Cattedrale dell'Assunta

Santa Maria di Corsignan

San Basilio

Sant'Eusta

Santa

Madonna delle Grazie

Valente

Palombaio

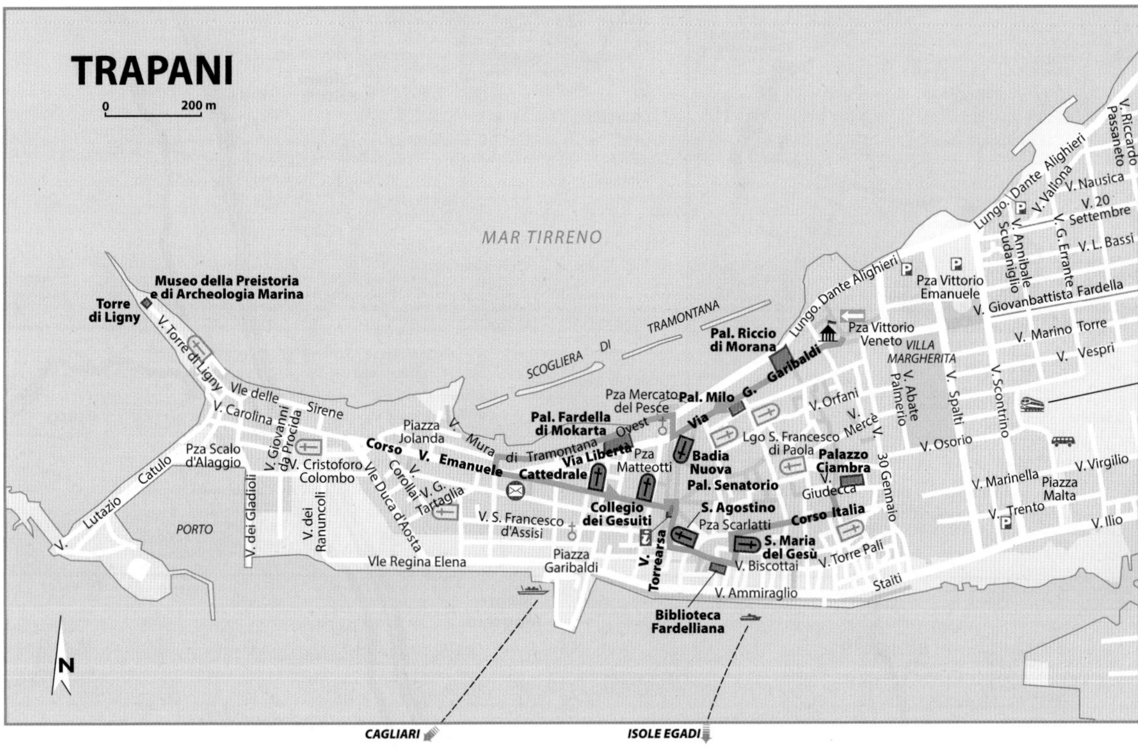

TRAPANI

0   200 m

MAR TIRRENO

Torre di Ligny

Museo della Preistoria e di Archeologia Marina

V. Torre di Ligny

Vle delle Sirene

V. Carolina

V. Giovanni da Procida

V. Cristoforo Colombo

Pza Scalo d'Alaggio

Catulo

Lutazio

V. dei Gladioli

PORTO

V. dei Ranuncoli

SCOGLIERA DI TRAMONTANA

Piazza Jolanda

Corso V. Emanuele

Vle Duca d'Aosta

Corolia V. G. Tartaglia

V. S. Francesco d'Assisi

Vle Regina Elena

Piazza Garibaldi

Mura di Tramontana

Pza Mercato del Pesce

Ovest

Pal. Fardella di Mokarta

Cattedrale

Collegio dei Gesuiti

V. Torrearsa

Pza Matteotti

Via Libertà

Badia Nuova

Pal. Senatorio

S. Agostino

Pza Scarlatti

S. Maria del Gesù

V. Biscottai

V. Ammiraglio

Biblioteca Fardelliana

Pal. Riccio di Morana

Pal. Milo

G. Garibaldi

Via

Lgo S. Francesco di Paola

V. Orfani

V. Merce

Palazzo Ciambra

Giudecca

30 Gennaio

Corso Italia

V. Torre Pali

Stalti

Lungo. Dante Alighieri

Pza Vittorio Veneto

VILLA MARGHERITA

V. Abate Palmerio

V. Spalti

V. S. Orsoro

Pza Vittorio Emanuele

V. Giovanbattista Fardella

V. Marino Torre

V. Vespri

V. Marinella

Piazza Malta

V. Trento

V. Virgilio

V. Ilio

FUNIVIA ERICE

SANTUARIO DELL'ANNUNZIATA

V. Riccardo Passaneto

V. Dante Alighieri

V. Vallona

V. Nausica

V. 20 Settembre

V. G. Errante

V. L. Bassi

PALERMO, SEGESTA, MARSALA

TRAMONTANA

N

CAGLIARI

ISOLE EGADI

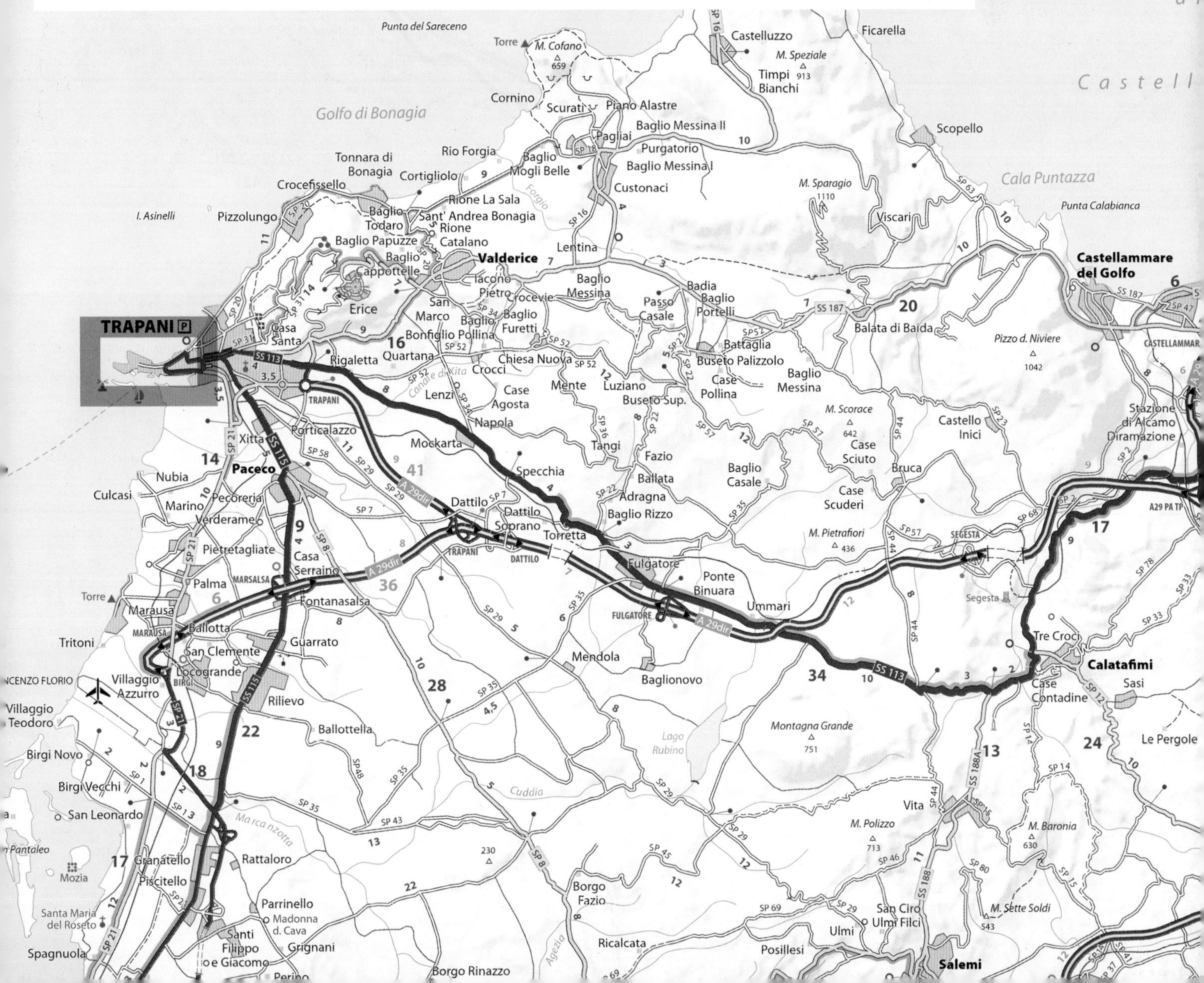

Punta del Sareceno

Torre

M. Cofano 659

Castelluzzo

Ficarella

M. Speziale

Timpi Bianchi 913

Scopello

Cala Puntazza

Castell

Cornino

Scurati

Piano Alastre

Golfo di Bonagia

Pagliai

Baglio Messina II

Crocefissello

Rio Forgia

Custonaci

M. Sparagio 1110

Viscari

Punta Calabianca

Tonnara di Bonagia

Cortigliolo

Baglio Mogli Belle

Baglio Messina I

Purgatorio

I. Asinelli

Pizzolungo

Baglio Todaro

Sant' Andrea Bonagia Rione

Rione La Sala

Lentina

Castellammare del Golfo

Baglio Papuzze

Baglio Cappottelle

Catalano

Valderice

Baglio Messina

Badia

Baglio Portelli

Balata di Baida

CASTELLAMMAR

Erice

San Marco

Iacono Pietro

rocevie

Baglio Furetti

Passo Casale

Battaglia

Pizzo d. Niviere 1042

Casa Santa

Bonfiglio Pollina

SS 187

Buseto Palizzolo

Baglio Messina

Stazione di Alcamo Diramazione

TRAPANI

Rigaletta

Quartana

Chiesa Nuova

Crocci

Luziano

Buseto Sup.

Case Pollina

M. Scorace 642

Castello Inici

TRAPANI

Lenzi

Case Agosta

Mente

Case Sciuto

Bruca

Xitta

Porticalazzo

Mockarta

Tangi

Fazio

Baglio Casale

Case Scuderi

Paceco

Nubia

Pecoreria

Specchia

Ballata

Adragna

M. Pietrafiori 436

SEGESTA

Culcasi

Marino Verderame

Dattilo

Dattilo Soprano

Torretta

Baglio Rizzo

Pietretagliate

Casa Serraino

Fulgatore

Ponte Binuara

Ummari

Tre Croci

Palma

MARSALSA

Fontanasalsa

TRAPANI

DATTILO

FULGATORE

Calatafimi

Torre

Marausa

Guarrato

Mendola

Sasi

MARAUSA

San Clemente

Baglionovo

Le Pergole

Tritoni

Locogrande Birgi

Rilievo

Lago Rubino

Montagna Grande 751

Vita

NCENZO FLORIO

Villaggio Azzurro

Ballottella

M. Polizzo 713

M. Baronia 630

Villaggio Teodoro

Cuddia

 Marca nzotta

Ma rca nzotta

M. Sette Soldi 543

Birgi Novo

Birgi Vecchi

San Leonardo

Pantaleo

Mozia

Granatello

Piscitello

Rattaloro

Parrinello

Madonna d. Cava

Borgo Fazio

San Ciro Ulmi Filci

Santa Maria del Roseto

Santi Filippo e Giacomo

Grignani

Perino

Borgo Rinazzo

Agezia

Ricalcata

Posillesi

Spagnuola

Salemi

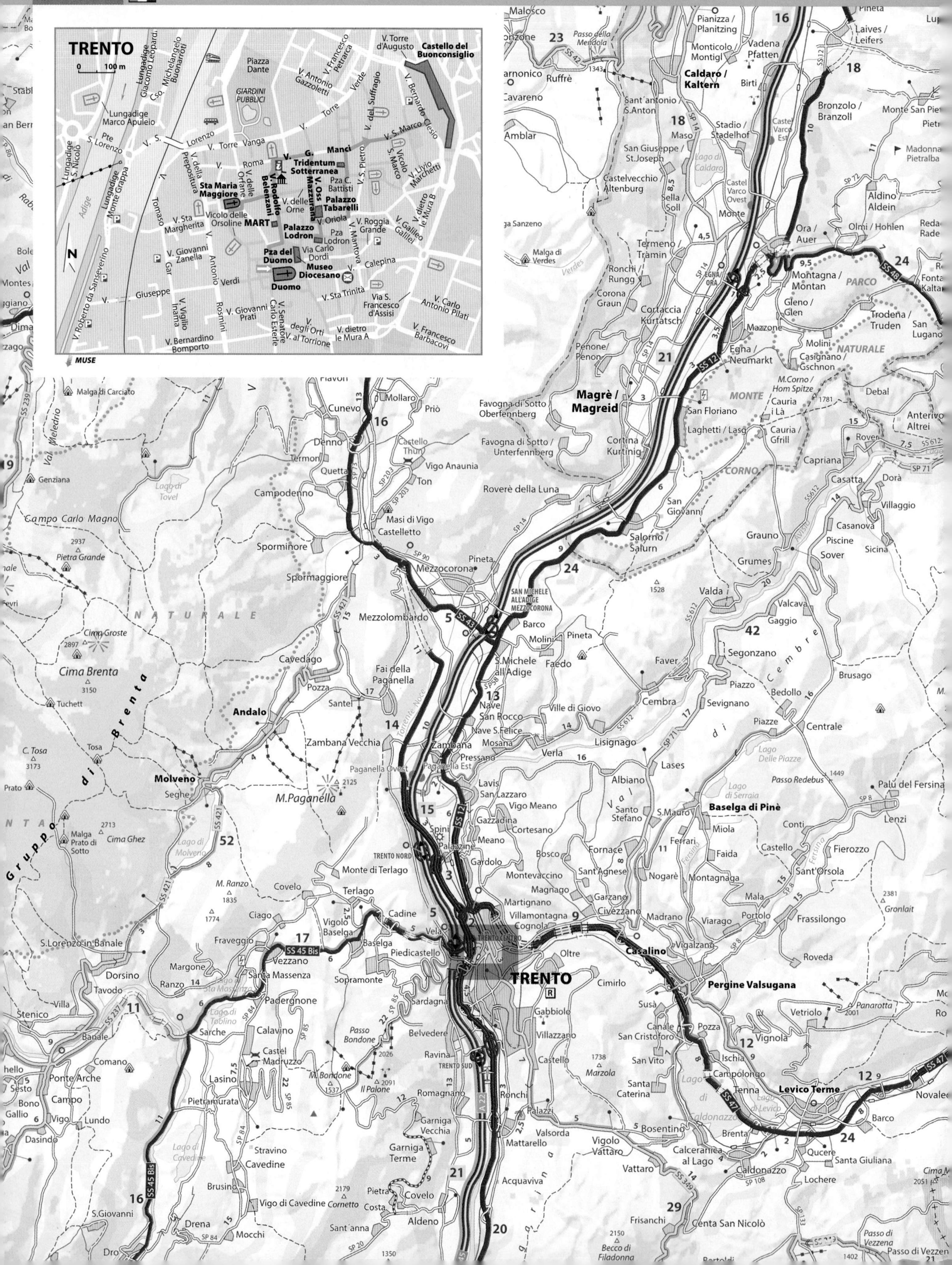

TRENTO

0   100 m

Lungadige Giacomo Leopardi.
Cso. Michelangelo Buonarroti
Piazza Dante
V. Francesco Petrarca
V. Torre d'Augusto
Castello del Buonconsiglio
V. Antonio Gazzoletti
GIARDINI PUBBLICI
V. del Suffragio
Torre
Verde
V. Bernardo Clesio
Lungadige Marco Apuleio
Pte S. Lorenzo
Lungadige Monte Grappa
V. S.
V. della Prepositura
Lorenzo
V. Torre Vanga
Roma
V. delle Orfane
V. G. Manci
Tridentum Sotterranea
Sta Maria Maggiore
V. Rodolfo Belenzani
V. Oss Mazzana
V. delle Orne
V. S. Pietro
Pza C. Battisti
V.S. Marco
Vicolo
V.S. Marco
V. Livio Marchetti
V. Galileo Galilei
V. dietro le Mura B
Palazzo Tabarelli
V. Oriola
Vicolo delle Orsoline
MART
Palazzo Lodron
Pza Lodron
V. Roggia Grande
V. Sta Margherita
V. Giovanni Zanella
V. Mantova
Pza
Pza del Duomo
Via Carlo Dordi
Museo Diocesano
Calepina
P
V. Giuseppe
V. Vigilio Inama
Antonio Verdi
Rosmini
V. Giovanni Prati
Duomo
Via S. Trinità
V. degli Orti
V. al Torrione
V. dietro le Mura A
V. Sta Trinità
V. Senatore Carlo Esterle
V. Carlo Antonio Pilati
V. S. Francesco d'Assisi
V. Roberto da Sanseverino
V. Bernardino Bomporto
V. Francesco Barbacovi

N

MUSE

Malosco
Pianizza / Planitzing
Pineta
Laives / Leifers
23
Passo della Mendola
16
Monticolo / Montigl
Vadena Pfatten
18
arnonico
Ruffrè
1343
Caldaro / Kaltern
Birti
Bronzolo / Branzoll
Monte San Pie
Cavareno
Sant'antonio S. Anton
San Giuseppe / St.Joseph
Stadio / Stadelhof
Castel Varco Est
Madonna Pietralba
Amblar
18
Maso
Castel Varco Ovest
Ora / Auer
Aldino Aldein
Castelvecchio / Altenburg
Sella / Soll
Monte
4,5
9,5
24
Termeno / Tramin
Montagna / Montan
Reda Rade
Malga di Verdes
SS 12
Gleno / Glen
PARCO
Ronchi Rungg
Corona Graun
EGNA ORA
2,5
Molini
Trodena / Truden
San Lugano
Penone / Penon
Cortaccia Kurtatsch
Egna / Neumarkt
Casignano / Gschnon
NATURALE
21
M.Corno / Hom Spitze
Cauria i Là
1781
Debal
Magrè / Magreid
3
San Floriano
Laghetti / Laag
Cauria / Gfrill
Anterivo Altrei
Flavon
Cunevo
Mollaro
13
Prió
Favogna di Sotto Oberfennberg
Cortina Kurtinig
15
7,5
Roverè della Luna
Capriana
Casatta
Dorà
16
Denno
Castello Thun
Vigo Anaunia
Favogna di Sotto / Unterfennberg
San Giovanni
SS 612
Villaggio
Termon
Quetta
Ton
6
Rover
SP 71
Campodenno
Masi di Vigo Castelletto
Salorno / Salurn
Grauno
Grumes
Casanova Sicina
Sporminore
SP 90
Pineta
9
Piscine Sover
Campo Carlo Magno
2937
Spormaggiore
Mezzocorona
SAN MICHELE ALL'ADIGE MEZZOCORONA
Valda
1528
SS 612
Gaggio
Pietra Grande
Barco
Pineta
42
Segonzano
di
Cembre
Cima Groste
2897
Mezzolombardo
5
SS 43
Molini
Faver
20
Bedollo
16
Brusago
Cima Brenta
3150
Cavedago
S.Michele all'Adige
Faedo
Cembra
SS 612
Piazzo
Sevignano
Piazze
Centrale
Tuchett
Fai della Paganella
13
Nave
SP 58
Ville di Giovo
SS 71
Lago Delle Piazze
1449
C. Tosa
3173
Andalo
Pozza
Santel
17
14
Nave San Rocco
Nave S. Felice
14
Mosana
Verla
16
Lisignago
Val
di
Passo Redebus
Palù del Fersina
Prato
Zambana Vecchia
10
Zambana
Pressano
Lavis
Lases
Albiano
Lago di Serraia
SP 8
Molveno
M.Paganella
2125
Paganella Ovest
Paganella Est
15
S.Lazzaro
Santo Stefano
S.Mauro
Baselga di Pinè
Lenzi
Seghe
SS 421
Vigo Meano
Gazzadina
Meano
Cortesano
Ferrari
11
Miola
Castello
Conti
Faida
Fierozzo
52
2713
Malga Prato di Sotto
Cima Ghez
Lago di Molveno
Spini
Palazzine
3
Bosco
Fornace
Sant'Agnese
Nogarè
Mala
Portolo
Sant'Orsola
2381
Gronlait
M. Ranzo
1835
Covelo
Monte di Terlago
TRENTO NORD
Gardolo
Montevaccino
Magnago
Garzano
Civezzano
Madrano
Viarago
Frassilongo
Roveda
17
Ciago
1774
Terlago
Cadine
5
Vela
2
9
Villamontagna Cognola
Casalino
Vigalzano
S.Lorenzo in Banale
Fraveggio
SS 45 Bis
2,5
Vigolo Baselga
Baselga
Piedicastello
TRENTO
Oltre
Cimirlo
Pergine Valsugana
12
Vignola
Margone
Vezzano
14
Santa Massenza
Sopramonte
Sardagna
R
Gabbiolo
Susà
San Cristoforo
Pozza
Canale
12
9
Dorsino
Tavodo
11
Ranzo
Lago di Toblino
SP 84
Padergnone
Belvedere
Villazzano
1738
San Vito
Ischia
Campolongo
SS 47
Novale
Villa
Stenico
Calavino
Sarche
SP 85
Ravina
TRENTO SUD
Castello
Marzola
Santa Caterina
Lago di Caldonazzo
Tenna
Levico Terme
12
9
Banale
9
Comano
Castel Madruzzo
Passo Bondone
2026
7,5
13
Ronchi
Palazzi
1738
Mattarello
Bosentino
SS 47
Barco
8
24
Ponte Arche
Campo
Lasino
22
M. Bondone
1537
2091
Il Palone
Romagnano
Garniga Vecchia
Vigolo Vattaro
Calceranica al Lago
Caldonazzo
Santa Giuliana
Gallio
Vigo
Lundo
SP 84
Pietramurata
SP 85
Garniga Terme
Valsorda
Acquaviva
SP 108
Quere
Cima
2051
Dasindo
Bono
Stravino
21
Pietra
9
Covelo
Costa
Frisanchi
29
2150
Becco di Filadonna
Passo di Vezzena
1402
16
SS 45 Bis
S.Giovanni
Drena
Cavedine
Vigo di Cavedine
Cornetto
2179
Aldeno
20
Vattaro
Centa San Nicolò
Passo di Vezze
Dro
SP 84
Mocchi
Sant'anna
1350

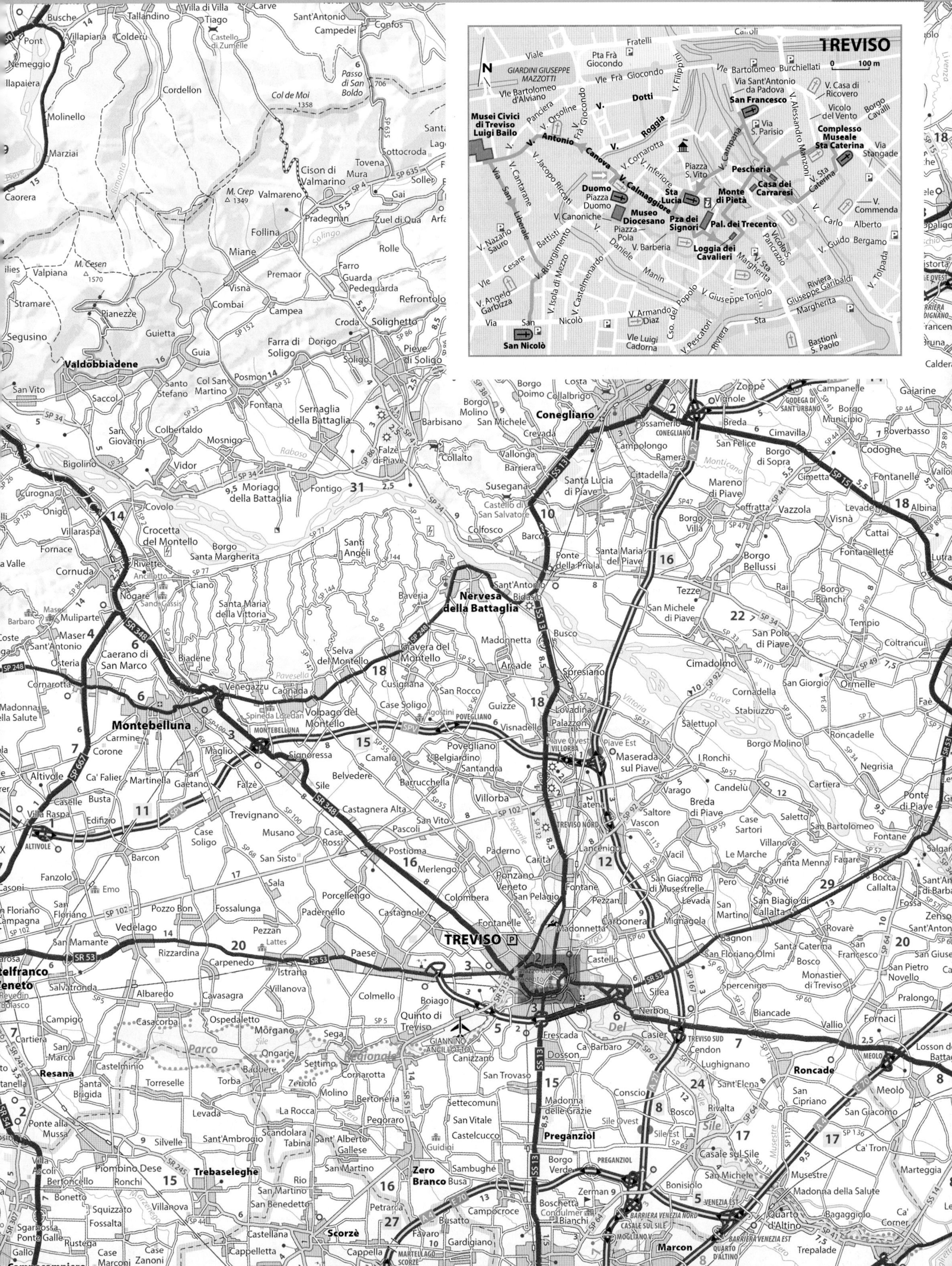

TREVISO

N

Giardini Giuseppe Mazzotti

Pta Frà Giocondo

Fratelli

Cairoli

Viale

Vie Bartolomeo Burchielati

0   100 m

Vie Fra Giocondo

Vle Bartolomeo d'Alviano

Vle Bartolomeo Burchielati

Via Sant'Antonio da Padova

V. Casa di Ricovero

Vicolo del Vento

Borgo Cavalli

Pandera

V. Filippin

Dotti

San Francesco

Musei Civici di Treviso Luigi Bailo

V. Orsoline

V. Fra Giocondo

Roggia

Via S. Parisio

Complesso Museale Sta Caterina

V. Antonio

Canova

V. Cornarotta

V. Campana

Pescheria

Via Stangade

V. Jacopo Riccati

V. Inferiore

Piazza S. Vito

Monte di Pietà

Casa dei Carraresi

Duomo Piazza Duomo

V. Calmaggiore

Sta Lucia

V. Commenda

Museo Diocesano

V. Canoniche

Pza dei Signori

Pal. dei Trecento

V. Carlo Alberto

Piazza Pola

V. Barberia

Loggia dei Cavalieri

V. Guido Bergamo

V. Nazario Sauro

V. Risorgimento

Daniele

Manin

Riviera Giuseppe Garibaldi

V. Tolpada

Vle Angelo Garbizza

V. Isola di Mezzo

V. Castelmenardo

Cso. del Popolo

V. Giuseppe Toniolo

Via

San Nicolò

Vle Luigi Cadorna

V. Pescatori

Riviera

Sta Margherita

Bastioni S. Paolo

San Nicolò

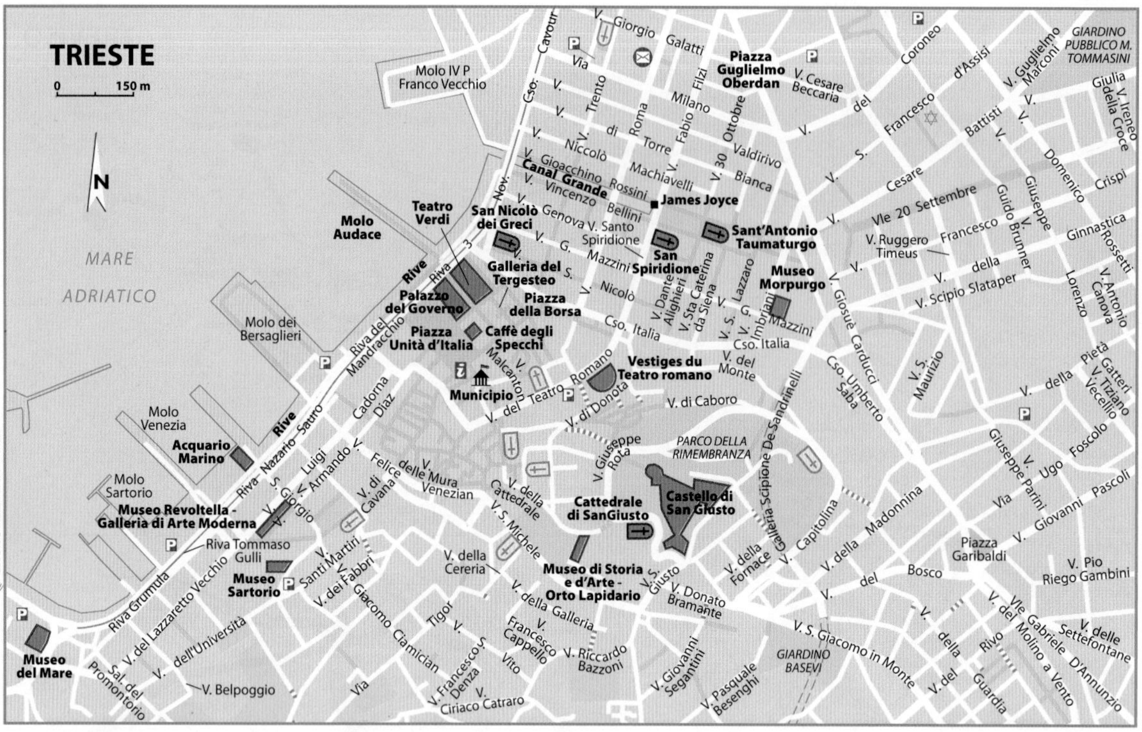

TRIESTE

0   150 m

N

MARE ADRIATICO

BAGNO ALLA LANTERNA

Molo IV P Franco Vecchio

Piazza Guglielmo Oberdan

GIARDINO PUBBLICO M. TOMMASINI

Molo Audace

Teatro Verdi

San Nicolò dei Greci

Canal Grande

James Joyce

Sant'Antonio Taumaturgo

Rive

Palazzo del Governo

Galleria del Tergesteo

San Spiridione

Museo Morpurgo

Piazza della Borsa

Piazza Unità d'Italia

Caffè degli Specchi

Municipio

Vestiges du Teatro romano

Molo dei Bersaglieri

Molo Venezia

Acquario Marino

Molo Sartorio

PARCO DELLA RIMEMBRANZA

Museo Revoltella - Galleria di Arte Moderna

Cattedrale di SanGiusto

Castello di San Giusto

Museo Sartorio

Museo di Storia e d'Arte - Orto Lapidario

GIARDINO BASEVI

Museo del Mare

Kodr

Ajdovščina

Vipa

Villesse

Redipuglia

Marcottini

Visintini

Opatje Selo

Trstelj

Kostanjevica

Stanjel

Podnan

Palchisce

Doberdo del Lago

Polazzo Sacrario

Redipuglia

Vermegliano

Ronchi dei Legionari

Begliano

Jamiano

Lago di Doberdo

Brestovica

Komen

Dobbia

Staranzano

Pieris

Monfalcone

Panzano

BARRIERA DI TRIESTE

MONFALCONE EST

Medeazza

Ceroglie dell'Ermada

Gorjansko

Stanjel

Bistrigna

Villaggio del Pescatore

San Giovanni al Timavo

Duino Nord

Malchina

Precenico

Pliskovica

Dutovlje

Panzano Bagni

DUINO

Duino

Visogliano

SISTIANA

Slivia

Ternova Piccola

Samatorza

Štorje

Marina Julia

Castel Nuovo

Duino Sud

Sistiana

Montecatini

San Pelagio

Sales

Golfo di Panzano

Aurisina

Bristie

Gabrovizza San Primo

Sgonico

Rupinpiccolo

Rupingrande

Santa Croce

GABROVIZZA

Monrupino

Zolla

Rocca di Monrupino

Fernetti

Sežana

Punta Sdobba

Grignano

Prosecco

Grotta Gigante Borgo Grotta Gigante

Opicina

TREBICIANO

Trebiciano

Lipica

Lovek

Castello di Miramare

PROSECCO

Faro della Vittoria

Barcola

Gropada

Padriciano

San Giusto

Banne

Longera

Sant'Antonio in Bosco

Basovizza

Grozzana

Pesek di Grozzana

TRIESTE

Golfo di

San Rocco

Aquilinia Stramare

Draga Sant'Elia

Parco della Val Rosandra

Kozina

Baia di Muggia

San Rocco

Bagnoli della Rosandra

San Dorligo della Valle

Debeli Rtič

Lazzaretto

Monte d'Oro Caresana

Crociata di Prebenico

Petrinje

Muggia

Spodnje Škofje

Ankaran

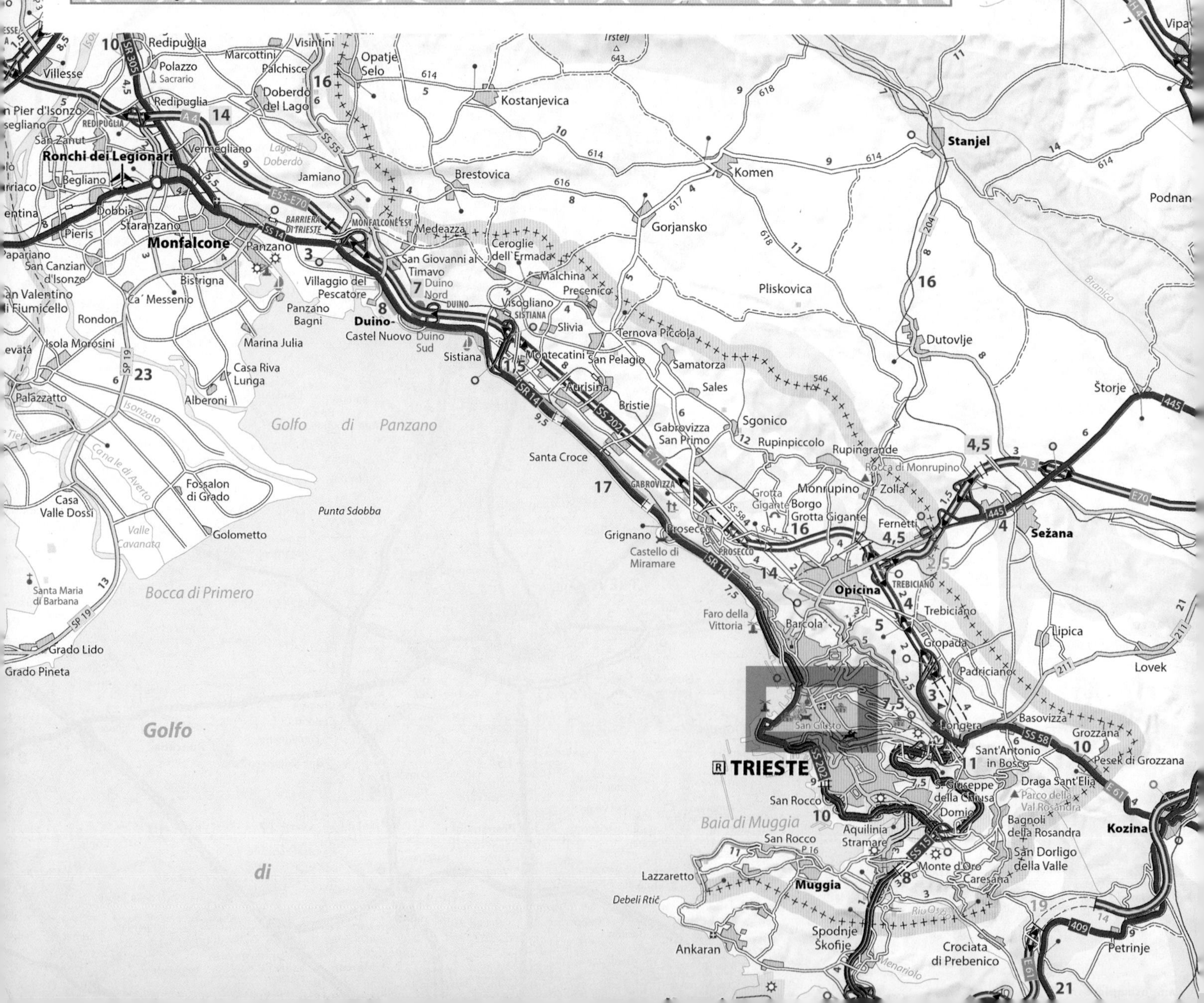

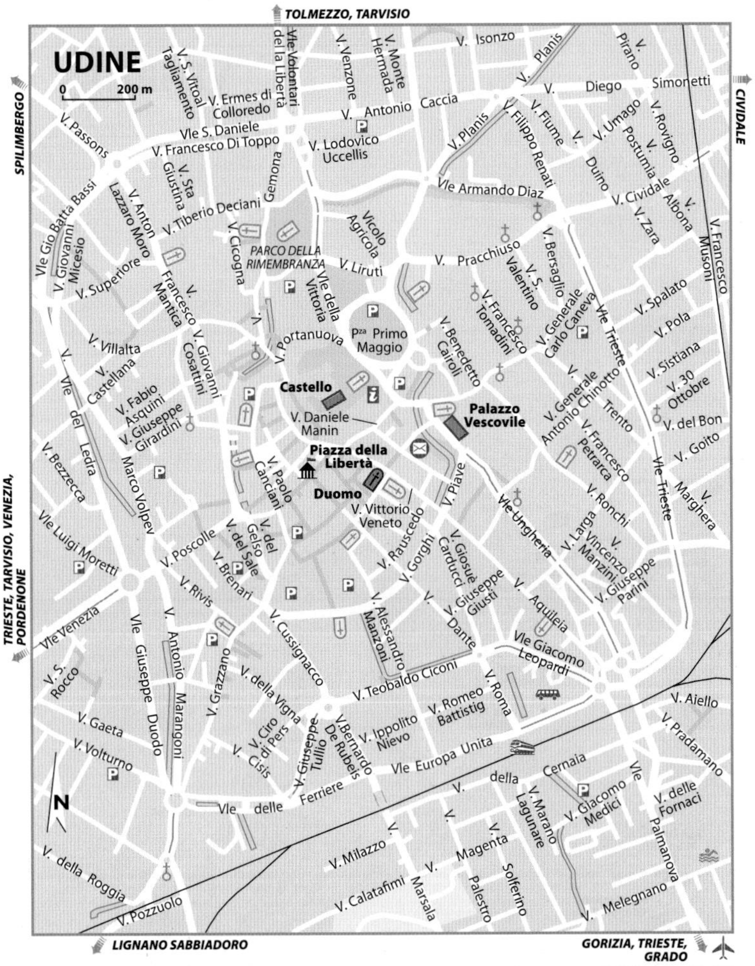

UDINE

0   200 m

TOLMEZZO, TARVISIO

SPILIMBERGO

TRIESTE, TARVISIO, VENEZIA, PORDENONE

CIVIDALE

Vie Volontari della Libertà · V. S. Vittoal Colloredo · V. Venzone · V. Isonzo · V. Planis · Simonetti · Diego · V. S. Daniele · V. Anton Colloredo · V. Ermes di Colloredo · V. Monte Hermada · V. Antonio · V. Lodovico Uccellis · V. Umago · V. Flume · Filippo Renati · V. Rovigno · V. Postumia · V. Cividale · Albona · V. Zara · V. Francesco Musoni · V. Gio Batta Bassi · Lazzaro Moro · V. Tiberio Deciani · V. Sta Giustina · Vicolo Agricola · V. Liruti · V. Pracchiuso · Vie Armando Diaz · V. Bersaglio · V. Francesco Valentino · V. Generale Carlo Caneva · V. Trieste · V. Spalato · V. Pola

PARCO DELLA RIMEMBRANZA

Pza Primo Maggio

Castello · V. Daniele Manin · Palazzo Vescovile · Piazza della Libertà · Duomo

GORIZIA, TRIESTE, GRADO

LIGNANO SABBIADORO

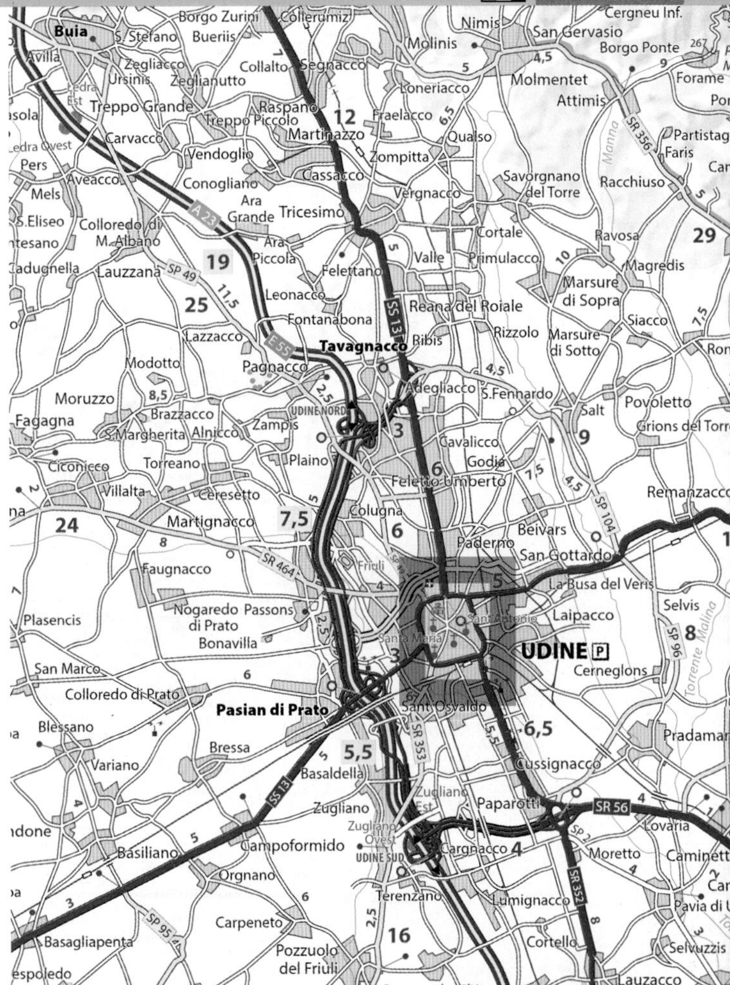

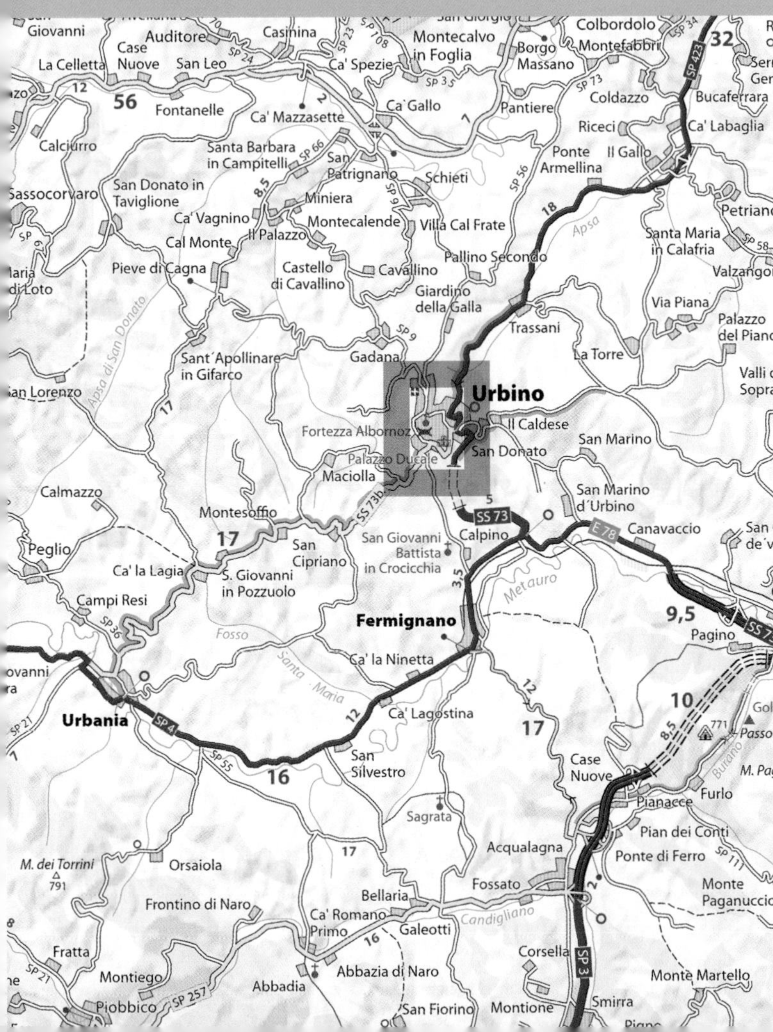

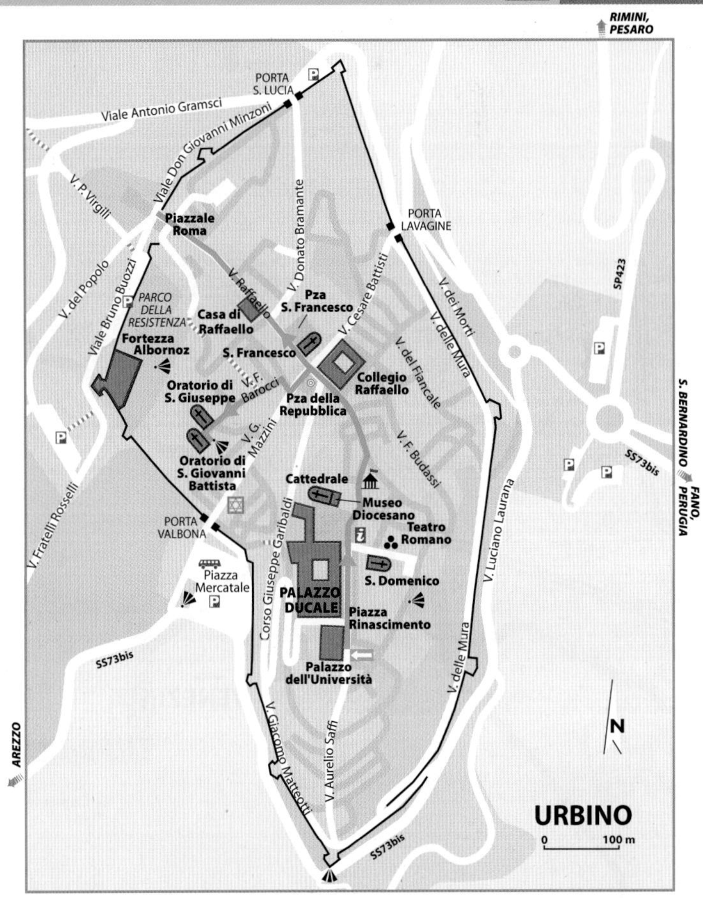

URBINO

0   100 m

RIMINI, PESARO

AREZZO

S. BERNARDINO / FANO, PERUGIA

Viale Antonio Gramsci · PORTA S. LUCIA · Viale Don Giovanni Minzoni · PORTA LAVAGINE

Piazzale Roma · PARCO DELLA RESISTENZA · Casa di Raffaello · Fortezza Albornoz · Oratorio di S. Giuseppe · Pza S. Francesco · S. Francesco · Collegio Raffaello · Oratorio di S. Giovanni Battista · Pza della Repubblica · Cattedrale · Museo Diocesano · Teatro Romano · PORTA VALBONA · Piazza Mercatale · PALAZZO DUCALE · S. Domenico · Piazza Rinascimento · Palazzo dell'Università

V. Giacomo Matteotti · V. Aurelio Saffi · Corso Giuseppe Garibaldi

URBINO

Urbino · Fortezza Albornoz · Palazzo Ducale · Fermignano · Urbania

VENEZIA
0 300 m
N
CANALE DELLE SACCHE
Isola di San Michele
CANALE DELLE FONDAMENTE
Fondamenta Contarini
Campo di Sant'Alvise
Sant'Alvise
C. Larga Piave
Madonna dell'Orto
Sacca della Misericordia
C. Ferau
Campo di Ghetto Nuovo
Campo S. Giobbe
S. Giobbe
GHETTO
Fondamenta de la Misericordia
C. Due Corti Vecia
Campo dell'Abbazia
Scuola Spagnola
C. Bosello
C. Due Corti
PARCO SAVORGNAN
Palazzo Labia
S. Marcuola
Oratorio dei Crociferi
Gesuiti
Campo S. Geremia
Campo S. Marcuola
Pal. Vendramin Calergi
Fondaco del Megio
C. delle Vele
C. dei Volti
C. Larga dei Botteri
C. del Squero
Fondamente Nove
C. Priuli dei Cavalletti
S.S. Geremia e Lucia
Fondaco dei Turchi
Ca' Pesaro
CA' D'ORO
C. Stella
Pal. Mocenigo
S. Maria d. Miracoli
Scuola Grande di S. Marco
Stazione di S. Lucia
Fondamenta Sta Lucia
Fondamenta S. Simon Piccolo
San Giacomo dall'Orio
Pescheria
Fabbriche Vecchie
Teatro Malibran
Santi Giovanni e Paolo
C. Sta Giustina
San Francesco della Vigna
Ca' Corner della Regina
Campo di SS Agostin
Fabbriche Nuove
Campo di Santa Marina
Canale delle Galeazze
SAN CROCE
SAN POLO
Fondaco dei Tedeschi
Ramp Sta Chiara
Piazzale Roma
Ponte della Costituzione
SANTA MARIA GLORIOSA DEI FRARI
Campo S. Polo
Rialto
Riva del Vin
Palazzo Grimani
SCUOLA DI SAN GIORGIO DEGLI SCHIAVONI
San Rocco
Pal. Bernardo
Fondazione Querini-Stampalia
C. S. Lorenzo
C. Lion
Darsena Grande
SCUOLA GRANDE DI SAN ROCCO
Teatro Goldoni
Mercerie
CASTELLO
Isola di S. Pietro
Rio Terà dei Pensieri
Crosera
Pal. Pisani Moretta
PALAZZO DUCALE
ARSENALE
Salizada Streta
SAN MARCO
Scala Contarini del Bovolo
Fondamenta dei Cereri
Campo Sta Margherita
Ca' Foscari
S. Zaccaria
S. Giovanni in Bragora
C. di Mezzo
Ca' Rezzonico
Pal. Grassi
S. Stefano
PIAZZA S. MARCO
Museo Storico Navale
Fondamenta de la Tana
Scuola Grande dei Carmini
SAN MARCO
Gran Teatro La Fenice
Ponte dei Sospiri
Campo S. Biagio
V. Giuseppe Garibaldi
Fondamenta Sant'Ana
DORSODURO
C. Lunga de S. Barnaba
C. dei Cerchieri
Pal. Cavalli Franchetti
Pal. Corner
Santa Maria del Giglio
Corte Nova
Riva dei Sette Martiri
CANALE DI SAN MARCO
S. Sebastiano
C. Balastro
CANAL GRANDE
Punta della Dogana - Centro d'Arte Contemporanea
Seco Marina
Fondamenta S. Giuseppe
Rio Terà S. Isepo
Isola di S. Elena
LIDO
Squèro di San Trovàso
GALLERIE D. ACCADEMIA
Ca' Dario
San Giorgio Maggiore
Vle 24 Maggio
Fondamenta Sant'Elena
Vle Trento
GIARDINI PUBBLICI
Vle dei Giardini Pubblici
Gesuati
COLL. P. GUGGENHEIM
Santa Maria della Salute
Fondazione Giorgio Cini
Vle 4 Novembre
C. Oslavia
Vle Sant'Elena
Zattere
Magazzini del Sale
C. dei Lavraneri
Fondamenta S. Biagio
CANALE DELLA GIUDECCA
Isola di San Giorgio Maggiore
PARCO DELLE RIMEMBRANZE
C. del Carnaro
Piave
Mulino Stucky
Fondamenta Sta Eufemia
Fondamenta de la Croce
Fondamenta Zitelle
Vle Vittorio Veneto
C. dei Orti
Fondamenta de le Convertite
C. Montorio
C. del Corder
C. de l'Olio
C. del Stretta Ferrando
C. de le Erbe
C. del Squero
Isola della Giudecca
Redentore
C. dei Frati
LIDO

17
Trivignano
Fucina
Rialto
Zigaraga
Olmo
Cavino
Maerne
Zelarino
Rossignago
CASTELLANA
MESTRE CENTRO
Carpenedo
Dese
DESE MARCON
MARCO POLO BELLUNO
TERRAGLIO
Bazzera
Favaro Veneto
Ca' Noghera
Tessera
AEROPORTO MARCO POLO
Torre dell'Orologio
Campalto
Spinea
MIRANESE
Mestre
Crea
Marano
Malpaga
Vetrego
MIRANO DOLO
Borbiago
Oriago
La Casona
Mira
Molin Rotto
Chiesa Gambara
Piazza Vecchia
Soresina
Dogaletto
Malcontenta
Fusina
Marghera
Porto Marghera
Moranzani
MARGHERA RAVENNA
BARRIERA VENEZIA OVEST
Tronchetto
VENEZIA
San Marco
Palazzo Ducale
Murano
Lido
La Giudecca
San Lazzaro degli Armeni
San Clemente
Lido di Venezia
Malamocco
Sant'Erasmo
Torcello
Mazzorbo
Burano
Lio Piccolo
Cavallino
Punta Sabbioni
Ca' Savio
Acqualandia
Porto di Piave Vecchia
22
Sambruson
Curano
Lughetto
Lugo
28

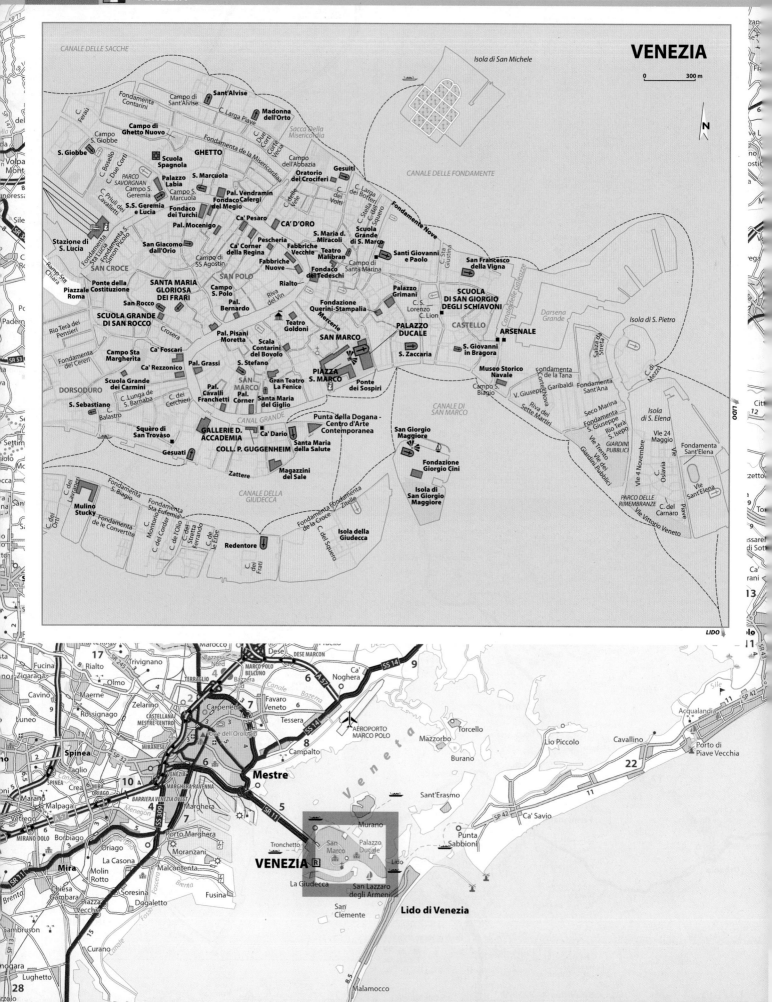

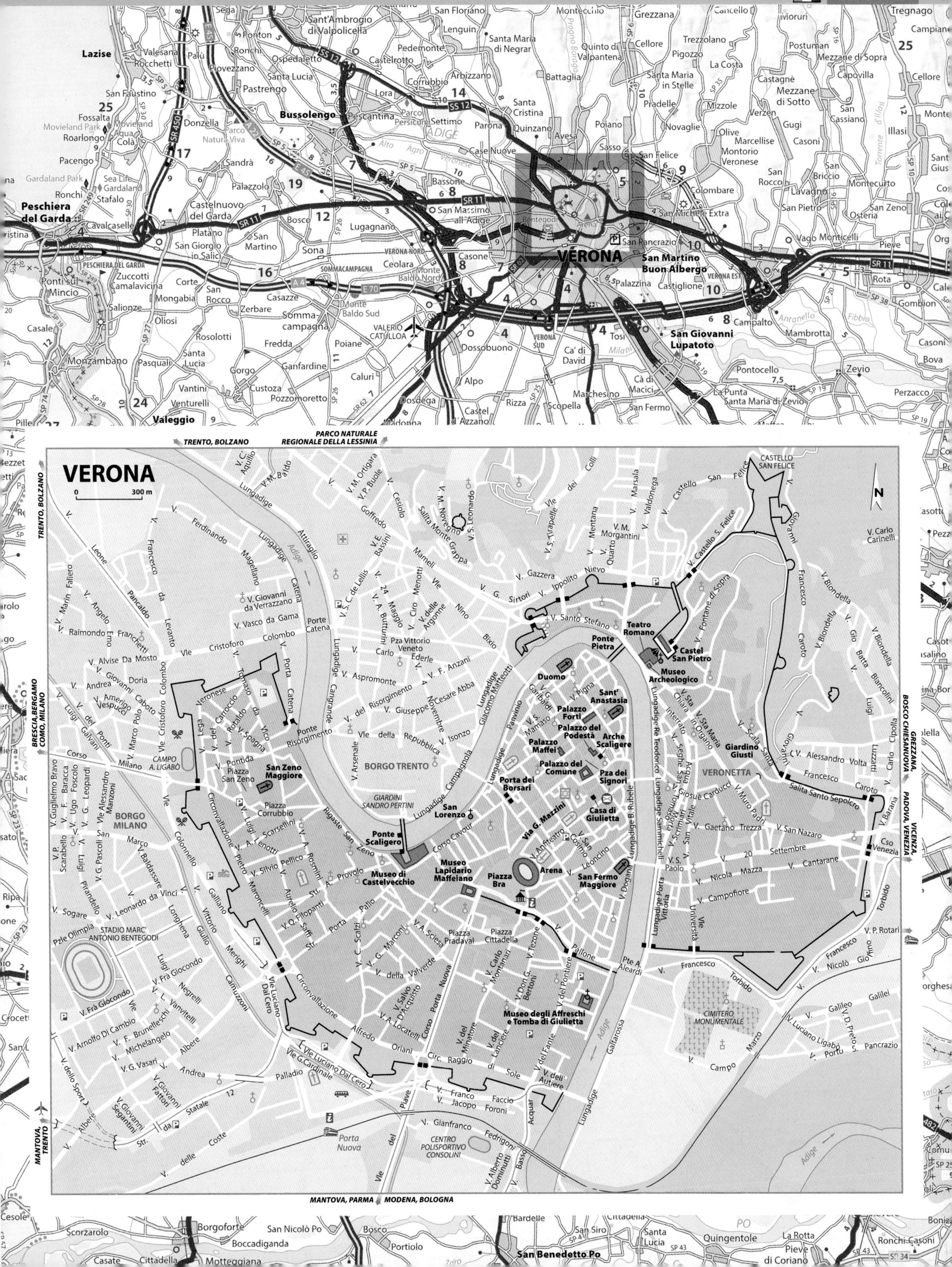
VERONA
0 300 m
TRENTO, BOLZANO
PARCO NATURALE REGIONALE DELLA LESSINIA
BRESCIA, BERGAMO COMO, MILANO
MANTOVA, TRENTO
MANTOVA, PARMA
MODENA, BOLOGNA
GREZZANA, BOSCO CHIESANUOVA
VICENZA, PADOVA, VENEZIA
CASTELLO SAN FELICE
Teatro Romano
Ponte Pietra
Castel San Pietro
Museo Archeologico
Duomo
Sant' Anastasia
Palazzo Forti
Palazzo del Podestà
Arche Scaligere
Palazzo Maffei
Palazzo del Comune
Pza dei Signori
Porta dei Borsari
Casa di Giulietta
San Lorenzo
Ponte Scaligero
Museo di Castelvecchio
Museo Lapidario Maffeiano
Piazza Bra
Arena
San Fermo Maggiore
Museo degli Affreschi e Tomba di Giulietta
San Zeno Maggiore
Giardino Giusti
VERONETTA
BORGO TRENTO
BORGO MILANO
GIARDINI SANDRO PERTINI
CAMPO A. LIGABÒ
STADIO MARC' ANTONIO BENTEGODI
CIMITERO MONUMENTALE
CENTRO POLISPORTIVO CONSOLINI
Porta Nuova
Piazza Pradaval
Piazza Cittadella
Piazza Corrubbio
Piazza San Zeno
Pza Vittorio Veneto
Porta Catena
Adige
Lazise
Peschiera del Garda
Bussolengo
Pescantina
Sona
Sommacampagna
Castelnuovo del Garda
Valeggio
San Martino Buon Albergo
San Giovanni Lupatoto
Grezzana
Negrar
Sant'Ambrogio di Valpolicella
VALERIO CATULLO
VERONA NORD
VERONA SUD
VERONA EST
Zevio
San Benedetto Po
Borgoforte

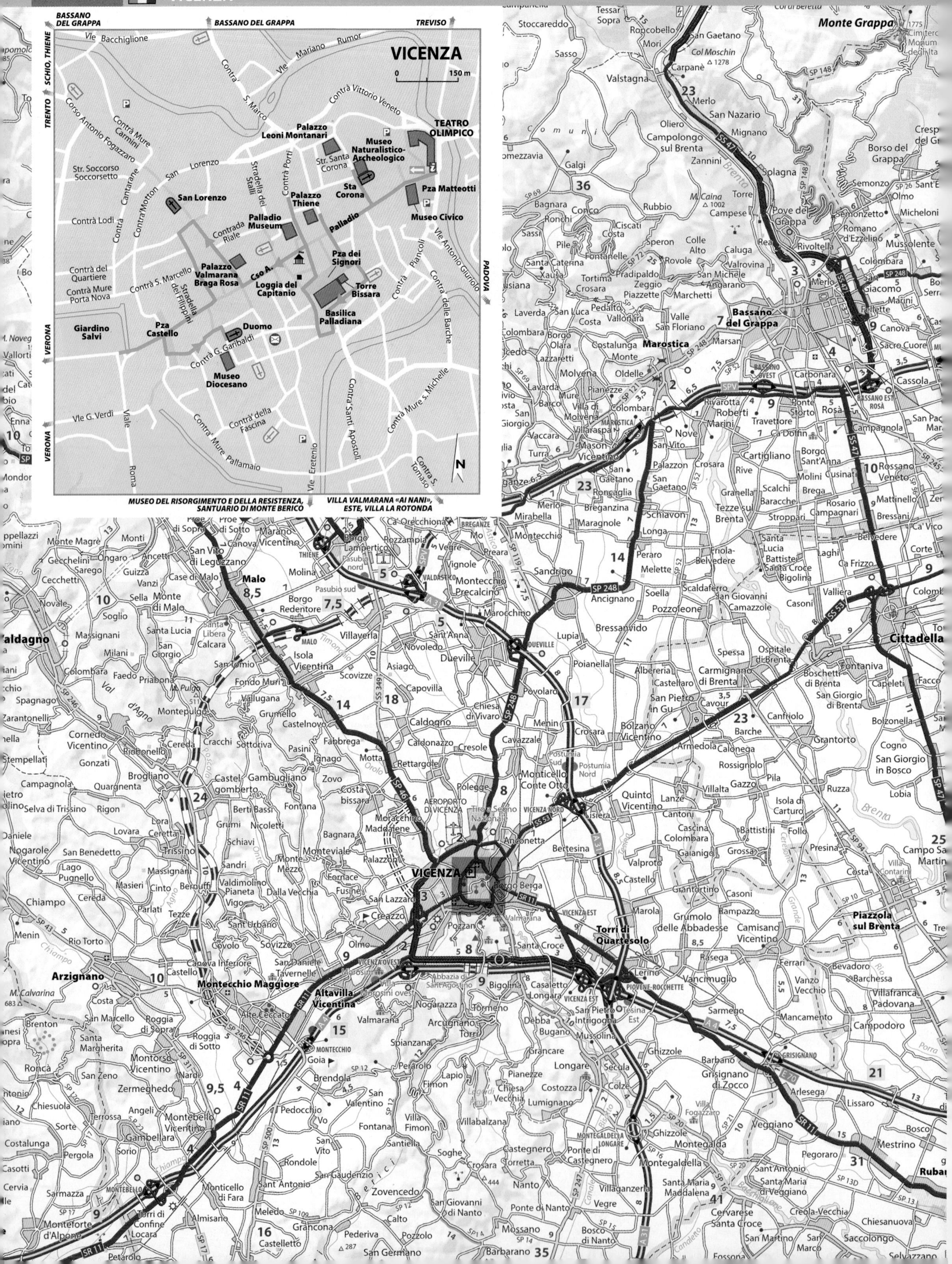

VICENZA

0   150 m

BASSANO DEL GRAPPA   BASSANO DEL GRAPPA   TREVISO

TRENTO SCHIO, THIENE

VERONA

Vle Bacchiglione

Vle Mariano   Rumor

Contrà Vittorio Veneto

Vle S. Marco

Corso Antonio Fogazzari

Contra Mure Carmini

Str. Soccorso Soccorsetto

Contrà Lodi

Contrà Motton

Cantarane

San Lorenzo

Contrà del Quartiere

Contrà Mure Porta Nova

Contrà S. Marcello

Giardino Salvi

Pza Castello

Vle G. Verdi

Viale

Stradella dei Filippini

San Lorenzo

Stradella dei Stalli

Contrada Riale

Palazzo Leoni Montanari

Str. Santa Corona

Contrà Porti

Museo Naturalistico-Archeologico

TEATRO OLIMPICO

Palazzo Thiene

Palladio Museum

Sta Corona

Palladio

Pza Matteotti

Museo Civico

Palazzo Valmarana Braga Rosa

Cso A.

Pza dei Signori

Loggia del Capitano

Torre Bissara

Basilica Palladiana

Contrà Piancoli

Vle Antonio Giuriolo

Contrà delle Barche

Duomo

Contrà G. Garibaldi

Museo Diocesano

Contrà della Fascina

Contrà Mure pallamaio

Roma

Contrà Mure s. Michele

Contrà Santi Apostoli

Vle Eretenio

Contrà S. Tomaso

N

PADOVA

MUSEO DEL RISORGIMENTO E DELLA RESISTENZA, SANTUARIO DI MONTE BERICO   VILLA VALMARANA «AI NANI», ESTE, VILLA LA ROTONDA

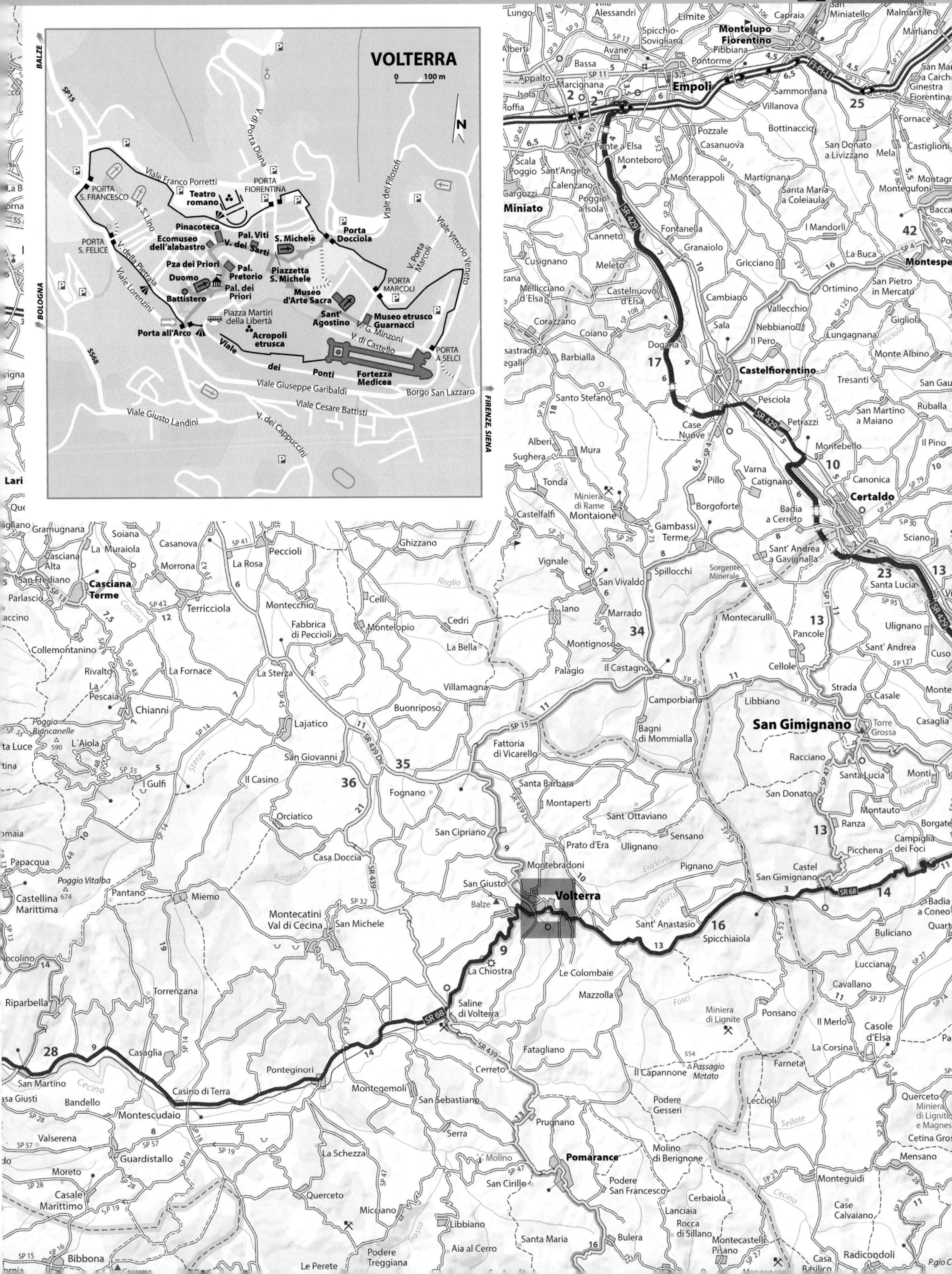

VOLTERRA

0   100 m

N

BALZE
SP15

PORTA S. FRANCESCO
PORTA S. FELICE
PORTA FIORENTINA
PORTA DOCCIOLA
PORTA MARCOLI
PORTA A SELCI

Viale Franco Porretti
V. di Porta Diana
Teatro romano
Pinacoteca
Ecomuseo dell'alabastro
Pal. Viti
V. dei Sarti
S. Michele
Pza dei Priori
Pal. Pretorio
Duomo
Pal. dei Priori
Battistero
Piazzetta S. Michele
Museo d'Arte Sacra
Porta all'Arco
Acropoli etrusca
Piazza Martiri della Libertà
Sant' Agostino
Museo etrusco G. Guarnacci
G. Minzoni
V. di Castello
Viale dei Ponti
Fortezza Medicea
Borgo San Lazzaro
Viale Giuseppe Garibaldi
Viale Cesare Battisti
Viale Giusto Landini
V. dei Cappuccini
Viale de' Filosofi
Viale Vittorio Veneto
V. Porta Marcoli
V. S. Lino
V. della Pietraia
Viale Lorenzini
SS68
BOLOGNA
FIRENZE, SIENA

Lungo
Villa Alessandri
Limite
Capraia
San Miniatello
Malmantile
Marliano
Spicchio-Sovigliana
Montelupo Fiorentino
Alberti
Bassa
Avane
Pontorme
4,5
FI-PI-LI
San Maria a Carch
Ginestra Fiorentina
Appalto
Marcignana
Isola
Roffia
Empoli
Sammontana
25
Fornace
Castiglioni
Ponte a Elsa
Monteboro
Pozzale
Casanuova
San Donato a Livizzano
Mela
Montagr
Montegufoni
Bacca
Miniato
Scala
Poggio Sant'Angelo
Calenzano
Poggio a Isola
Monterappoli
Santa Maria a Coleiaula
I Mandorli
42
Montespe
Fontanella
Canneto
Granaiolo
Gricciano
La Buca
San Pietro in Mercato
Cusignano
Meleto
Castelnuovo d'Elsa
Cambiano
Vallecchio
Ortimino
Nebbiano
Gigliola
Melliciano Zana
Sala
Monte Albino
Corazzano
Coiano
Il Pero
Lungagnana
17
Dogana
Barbialla
Castelfiorentino
Pesciola
Tresanti
San Gau
sastrada egalli
Santo Stefano
SP76
18
SR429
Petrazzi
SP125
San Martino a Maiano
Ruballa
Case Nuove
Montebello
San Pietro
Alberi
Mura
Pillo
10
Canonica
SP79
Il Pino
Sughera
Tonda
Varna Catignano
6
Certaldo
Miniera di Rame
Castelfalfi
Montaione
Borgoforte
Badia a Cerreto
8
SP79
Castellina
Gambassi Terme
SP75
Sant' Andrea a Gavignalla
2
Sciano
Vignale
San Vivaldo
Spillocchi
Sorgente Minerale
23
13
Santa Lucia
Iano
Marrado
Montecarulli
Pancole
Sant' Andrea
Cuso
34
Montignoso
Cellole
SP127
Palagio
Il Castagno
SP62
11
Strada
Casale
Gramugnana
Soiana
Casanova
SP41
Ghizzano
Libbiano
SP69
Monte
Casciana Alta
La Muraiola
Morrona
La Rosa
Peccioli
Camporbiano
Casaglia
San-Frediano
SP42
Terricciola
Montecchio
Celli
Villamagna
San Gimignano
Torre Grossa
Parlascio
SP13
7,5
12
Fabbrica di Peccioli
Cedri
11
Racciano
SP47
Santa Lucia
accino
Collemontanino
SP48
La Sterza
Montelopio
La Bella
Buonriposo
SP15
San Donato
Montauto
SP125
Rivalto
La Fornace
Lajatico
SR439 Dir
Fattoria di Vicarello
Monti
La Pescaia
Chianni
SP14
11
Bagni di Mommialla
Camp iglia dei Foci
Poggio Biancanelle
590
L'Aiola
San Giovanni
35
Santa Barbara
13
Ranza
Borgate
I Gulfi
Il Casino
36
Fognano
Montaperti
Sant'Ottaviano
Picchena
ta Luce
SP55
5
Orciatico
21
San Cipriano
Prato d'Era
Ulignano
SP53
13
tina
Casa Doccia
9
Montebradoni
Pignano
Castel San Gimignano
SR68
14
Papacqua
Miemo
SP32
San Giusto
Volterra
Sant' Anastasio
16
Badia a Coneo
Poggio Vitalba
674
Pantano
Balze
10
Era Viva
Spicchiaiola
Quarta
Castellina Marittima
Montecatini Val di Cecina
San Michele
13
SP52
Bulician
SP13
19
9
Le Colombaie
SP27
Lucciana
ocolino
14
Torrenzana
La Chiostra
Mazzola
Fosci
Cavallano
Il Merlo
11
SP27
Riparbella
Casaglia
Saline di Volterra
Miniera di Lignite
Ponsano
Casole d'Elsa
28
9
SR68
Fatagliano
Cerreto
SR439
14
Podere Gesseri
La Corsina
San Martino
asa Giusti
Bandello
Casino di Terra
Montegemoli
San Sebastiano
554
Passaggio Metato
Il Capannone
Leccioli
Farneta
SP28
Montescudaio
Ponteginori
Serra
Prugnano
Quercelo
Miniera di Lignite e Magnes
SP57
Valserena
La Schezza
SP47
Molino
Pomarance
Molino di Berignone
Podere San Francesco
Cerbaiola
Monteguidi
Cetina Gros
Guardistallo
SP19
San Cirillo
Lanciaia
Rocca di Sillano
Mensano
Moreto
SP28
Micciano
Bula
Montecastelli Pisano
Case Calvaiano
Casale Marittimo
Libbiano
Santa Maria
SP29
11
SP16
Bibbona
Podere Treggiana
Le Perete
Aia al Cerro
16
Bulera
Casa Basilica
P.gio Ce
Radicondoli

Distanze / Tempi di percorrenza - Distances / Temps de parcours - Distances / Driving times
Entfernungen / Fahrzeiten - Afstanden / Reistijden - Distancias / Tiempos de recorrido

Il tempo di percorrenza o la distanza chilometrica tra due località è riportata all'incrocio della fascia orizzontale con quella verticale.
Le temps de parcours ou la distance entre deux localités est indiqué à l'intersection des bandes horizontales et verticales.
The driving time or distance (in km) between two towns is given at the intersection of horizontal and vertical bands./ Die Fahrzeit oder die Entfernung in km zwischen zwei Städten ist an dem Schnittpunkt der waagerechten und der senkrechten Spalten in der Tabelle abzulesen./ De reistijd of afstand tussen twee steden vindt u op het snijpunt van de horizontale en verticale stroken.
El tiempo de recorrido o la distancia kilométrica entre dos poblaciones está indicada en el cruce de la franja horizontal con la vertical.

Como ⟷ *Parma* = 02:11 *h*
Parma ⟷ *Como* = 180 *km*

Temps / Distances	Alessandria	Ancona	Aosta	Bari	Bergamo	Bologna	Brennero (Passo del)	Brescia	Brindisi	Campobasso	Catanzaro	Civitavecchia	Como	Cortina d'Ampezzo	Cosenza	Domodossola	Ferrara	Firenze	Foggia	Genova	L'Aquila	La Spezia	Livorno	Milano	Modena	Napoli	Otranto	Padova	Parma	Perugia	Pescara	Piacenza	Potenza	Ravenna	Reggio di Calabria	Roma	Salerno	San Marino	San Remo	Siena	Sondrio	Susa	Taranto	Tarvisio	Torino	Trento	Trieste	Udine	Venezia	Verona
Alessandria		04:44	01:57	09:04	01:52	02:51	04:24	02:06	10:06	07:59	12:04	05:41	01:59	05:31	11:04	01:53	03:11	03:53	07:48	01:14	06:27	02:18	02:51	01:20	02:27	08:01	11:06	03:14	01:53	05:05	06:11	01:17	09:29	03:25	13:05	06:27	08:11	04:05	02:17	04:15	03:21	01:37	09:51	05:24	01:30	03:09	05:12	04:36	04:07	02:39
Ancona	462		06:13	04:48	04:34	02:28	05:38	04:18	05:50	03:43	08:41	04:13	05:11	05:45	07:41	05:43	02:54	03:58	03:32	05:26	02:11	04:30	04:32	04:32	03:01	05:03	06:50	03:25	03:20	02:16	01:55	03:51	05:13	02:01	09:43	03:33	05:19	01:44	06:36	03:24	06:19	05:51	05:35	05:37	05:50	04:24	05:26	04:50	04:21	03:49
Aosta	169	614		10:34	02:31	04:21	05:23	03:09	11:36	09:29	13:38	07:15	02:38	06:31	12:38	02:29	04:41	05:27	09:18	02:48	07:57	03:52	04:31	02:23	03:57	09:35	12:36	04:14	03:23	06:39	07:41	02:49	10:59	04:55	14:40	08:01	09:51	05:35	03:51	05:49	04:00	01:49	11:21	06:23	01:40	04:09	06:12	05:36	05:07	03:38
Bari	915	466	1068		08:53	06:47	09:57	08:36	01:37	02:59	04:35	05:42	09:30	10:03	03:34	10:02	07:13	07:28	01:40	09:47	04:31	08:50	08:29	08:50	07:20	03:09	02:37	07:43	07:38	06:27	03:16	08:09	02:25	06:19	05:36	05:17	02:55	06:03	11:15	06:58	10:37	10:15	01:28	09:56	10:09	08:42	09:43	09:08	08:40	08:07
Bergamo	149	457	228	908		02:42	03:13	00:59	09:57	07:50	11:59	06:17	01:25	04:20	10:59	01:57	02:45	03:50	07:39	02:29	06:18	02:53	03:33	01:00	02:15	07:56	10:57	02:04	01:51	05:00	06:02	01:24	09:20	03:16	13:01	06:22	08:12	03:56	03:38	04:10	02:24	02:26	09:41	04:13	02:14	01:58	04:01	03:25	02:57	01:28
Bologna	251	217	404	668	246		03:49	02:28	07:54	05:47	10:14	04:54	03:22	03:53	09:14	03:54	01:03	02:05	05:36	03:37	04:15	02:41	02:42	02:40	01:10	06:11	08:54	01:33	01:30	03:04	03:59	02:02	07:17	01:13	11:15	04:37	06:27	01:53	04:47	02:25	04:30	04:07	07:39	03:46	04:01	02:35	03:34	02:58	02:27	01:59
Brennero (Passo del)	434	577	535	1028	315	367		02:57	11:02	08:55	13:05	07:44	04:20	02:03	12:04	04:53	03:47	04:56	08:44	05:07	07:24	04:49	05:32	03:56	03:20	09:01	12:02	03:37	03:59	06:05	07:07	03:38	10:25	04:21	14:06	07:27	09:17	05:01	06:17	05:15	04:23	05:21	10:47	03:58	05:10	01:28	05:20	04:25	04:34	02:30
Brescia	178	411	277	862	57	201	269		09:38	07:30	11:40	05:57	01:58	04:01	10:40	02:31	02:25	03:31	07:19	02:45	05:59	02:33	03:13	01:34	01:56	07:37	10:38	01:44	01:31	04:40	05:43	01:16	09:00	02:56	12:41	06:02	07:53	03:37	03:54	03:51	03:07	02:59	09:22	03:54	02:48	01:39	03:42	03:06	02:37	01:09
Brindisi	1025	576	1178	114	1020	780	1140	974		04:04	04:33	06:47	10:34	11:08	03:33	11:07	08:18	08:32	02:45	10:52	05:36	09:55	09:34	09:54	08:24	04:14	01:11	08:48	08:43	07:31	04:21	09:14	02:55	07:24	05:35	06:21	03:55	07:07	12:20	08:03	11:42	11:20	01:06	11:01	11:14	09:47	10:48	10:13	09:44	09:12
Campobasso	774	325	927	220	769	529	889	723	333		05:53	03:43	08:25	08:58	04:52	08:57	06:08	05:29	01:33	07:48	03:35	06:51	06:30	07:45	06:15	02:26	05:03	06:38	06:33	04:34	02:11	07:04	03:14	05:14	06:54	03:18	02:05	04:57	09:16	04:59	09:32	09:10	03:47	08:51	09:04	07:37	08:39	08:03	07:35	07:02
Catanzaro	1176	809	1335	359	1190	976	1310	1144	361	485		07:08	12:26	13:12	01:18	12:58	10:21	08:54	05:30	11:13	07:05	10:16	09:55	11:47	10:16	04:42	05:29	10:52	10:35	07:59	07:09	11:06	03:53	10:00	02:02	06:43	03:53	10:15	12:41	08:24	13:34	13:12	03:46	13:05	13:06	11:39	12:52	12:11	11:49	11:04
Civitavecchia	504	295	664	497	576	360	694	530	610	297	682		06:46	08:02	06:11	07:11	05:12	03:41	04:44	04:56	02:15	03:59	03:19	06:06	05:07	03:08	07:40	05:42	05:01	02:30	02:58	05:25	04:26	04:31	08:13	01:17	03:24	05:03	06:24	02:44	07:53	06:55	06:25	07:55	06:49	06:29	07:43	07:07	06:39	05:54
Como	139	485	215	936	83	275	391	133	1048	798	1217	594		05:24	11:32	01:50	03:48	04:23	08:12	02:31	06:51	03:18	03:59	01:12	02:49	08:29	11:30	03:08	02:11	05:33	06:35	01:43	09:53	03:49	13:34	06:55	08:45	04:29	03:41	04:43	02:10	02:31	10:14	05:17	02:19	03:02	05:05	04:29	04:01	02:32
Cortina d'Ampezzo	484	504	586	955	366	293	125	320	1067	816	1254	640	441		12:22	05:58	03:24	05:13	08:49	06:12	07:28	05:47	05:49	05:00	04:18	09:19	12:07	02:41	04:37	06:17	07:12	04:43	10:30	04:59	14:23	07:44	09:35	05:06	07:22	05:33	05:36	06:26	10:52	03:21	06:14	02:41	03:29	03:03	02:58	03:33
Cosenza	1084	717	1244	267	1098	884	1218	1052	269	393	99	590	1126	1165		12:01	09:24	07:56	04:33	10:16	06:07	09:19	08:58	10:48	09:17	03:45	04:31	09:55	09:38	07:02	06:12	10:09	02:55	09:03	02:23	05:45	02:55	09:18	11:44	07:27	12:37	12:15	02:48	12:07	12:09	10:42	11:55	11:20	10:50	10:07
Domodossola	168	561	223	1012	170	351	478	221	1124	874	1293	663	141	529	1201		04:09	04:57	08:46	02:43	07:25	03:47	04:26	01:48	03:25	09:03	12:04	03:40	02:51	06:07	07:09	02:17	10:26	04:22	14:07	07:29	09:19	05:03	03:46	05:17	03:26	02:23	10:48	05:49	02:12	03:35	05:38	05:02	04:33	03:05
Ferrara	292	264	445	715	220	53	339	174	827	576	1014	400	295	251	923	391		02:23	05:59	03:54	04:39	02:58	02:59	02:59	01:28	06:29	09:18	01:05	01:47	03:27	04:22	02:18	07:40	01:44	11:33	04:55	06:45	02:16	05:03	02:43	04:58	04:24	08:02	03:18	04:17	02:31	03:06	02:30	02:01	01:49
Firenze	318	287	477	676	332	118	452	286	788	476	860	263	360	399	769	436	158		06:36	03:10	04:01	02:13	01:50	03:43	02:12	05:00	09:32	02:49	02:32	02:04	04:44	03:03	06:18	02:32	10:05	03:26	05:16	03:12	04:38	01:22	05:31	05:09	08:17	05:02	05:03	03:36	04:50	04:14	03:44	03:01
Foggia	792	343	945	133	787	547	907	741	246	89	447	410	814	834	356	890	593	590		08:31	03:17	07:35	07:36	07:37	06:06	02:16	03:44	06:29	06:24	05:13	02:03	06:55	01:49	05:05	06:38	04:23	02:02	04:49	09:40	06:05	09:24	09:01	02:28	08:42	08:55	07:29	08:29	07:54	07:26	06:53
Genova	89	519	248	917	204	309	491	233	1030	717	1102	430	193	542	1010	247	349	246	849		06:12	01:29	02:08	01:46	02:55	07:12	11:44	03:43	02:21	04:16	06:40	01:46	08:29	03:53	12:16	05:37	07:28	04:34	01:53	03:26	03:48	02:24	10:28	05:52	02:18	03:38	05:40	05:04	04:35	03:07
L'Aquila	638	189	791	407	633	393	753	587	519	194	620	200	661	680	528	737	440	365	286	604		05:19	04:58	06:11	04:41	03:08	06:43	05:04	04:59	03:09	01:41	05:30	04:25	03:40	08:13	01:42	03:24	03:23	07:44	03:27	07:58	07:36	05:27	07:17	07:30	06:03	07:05	06:29	06:01	05:28
La Spezia	190	431	350	826	263	221	478	216	938	626	1010	339	279	501	919	348	261	155	762	115	521		01:17	02:45	02:15	06:21	10:53	03:29	01:39	03:24	05:58	02:03	07:38	03:12	11:25	04:46	06:37	03:52	03:04	02:35	04:31	03:36	09:37	05:42	03:29	03:39	05:30	04:54	04:27	02:59
Livorno	264	403	423	764	336	192	526	290	876	564	948	247	352	473	857	422	232	92	678	188	459	98		03:23	02:50	06:00	10:32	03:26	02:18	03:04	05:43	02:42	07:17	03:09	11:04	04:20	06:16	03:49	03:41	02:17	05:10	04:13	09:16	05:38	04:06	04:13	05:27	04:51	04:22	03:38
Milano	90	429	187	879	53	217	361	104	991	741	1160	537	53	411	1068	130	258	304	759	140	606	223	299		02:12	07:54	10:55	02:49	01:42	04:58	06:00	01:08	09:18	03:14	12:59	06:20	08:10	03:54	03:13	04:08	02:35	02:20	09:39	04:59	02:08	02:44	04:47	04:11	03:39	02:14
Modena	210	265	363	716	203	53	323	157	828	577	996	382	232	334	904	309	94	140	595	260	442	179	214	177		06:18	09:19	01:54	01:01	03:21	04:23	01:33	07:41	01:37	11:22	04:44	06:33	02:17	04:17	02:32	04:01	03:38	08:03	04:07	03:29	02:03	03:51	03:21	02:51	01:26
Napoli	788	395	947	264	802	588	922	756	377	141	406	294	830	869	315	906	628	474	178	713	239	622	563	774	605		05:11	06:57	06:40	04:04	03:34	07:11	02:04	06:05	05:51	02:48	00:59	06:20	08:46	04:29	09:39	09:17	04:02	09:10	09:11	07:44	08:57	08:22	07:53	07:09
Otranto	1110	661	1263	199	1105	865	1225	1059	86	417	443	693	1132	1152	352	1208	911	872	330	1111	596	1021	961	1077	908	461		09:48	09:43	08:32	05:22	10:15	03:55	08:24	06:35	07:22	04:55	08:08	13:20	09:03	12:43	12:20	02:06	12:01	12:14	10:48	11:48	11:13	10:46	10:12
Padova	313	330	415	781	195	119	269	149	894	643	1081	466	270	185	989	358	77	225	660	363	508	327	298	242	157	694	980		02:19	03:59	04:54	02:27	08:12	02:08	12:06	05:27	07:17	02:49	05:06	03:15	04:19	04:10	08:34	02:35	03:59	02:24	02:23	01:47	01:20	01:17
Parma	157	315	310	766	163	104	324	117	878	627	1046	436	180	385	955	256	144	191	645	207	492	122	197	125	62	660	964	212		03:46	04:48	01:02	08:05	02:01	11:46	05:08	06:58	02:42	03:47	02:56	03:31	03:08	08:27	04:31	03:02	02:45	04:20	03:44	03:15	02:10
Perugia	465	139	624	563	479	239	599	433	675	375	759	184	506	526	668	582	285	150	442	389	179	299	240	451	282	373	761	353	336		03:35	04:15	05:19	02:28	09:06	02:27	04:17	02:59	05:50	01:29	06:43	06:21	07:14	06:10	06:15	04:48	05:58	05:22	04:54	04:13
Pescara	612	163	765	313	607	367	727	561	425	174	659	291	634	654	568	710	413	456	192	662	107	581	545	579	410	246	511	481	465	262		05:16	03:42	03:26	08:12	02:27	03:50	03:09	08:01	04:41	07:44	07:22	04:04	07:02	07:15	05:49	06:51	06:15	05:46	05:14
Piacenza	96	370	253	821	111	160	346	88	933	682	1101	479	122	397	1010	198	199	246	700	146	547	165	240	67	118	715	1019	226	66	393	519		08:37	02:33	12:18	05:39	07:29	03:13	03:08	03:27	02:55	02:29	08:59	04:36	02:22	02:22	04:24	03:48	03:20	01:51
Potenza	904	455	1057	130	899	659	1019	853	222	198	320	431	926	946	229	1002	705	611	108	850	377	760	700	871	702	157	306	773	757	509	303	811		06:45	05:05	04:07	01:17	06:29	10:05	05:49	11:04	10:42	02:16	10:22	10:35	09:09	10:10	09:35	09:06	08:34
Ravenna	321	167	474	618	317	77	437	271	730	480	938	363	344	287	847	420	75	188	497	372	345	290	261	289	120	552	817	191	174	185	316	229	609		11:09	04:30	06:20	01:21	05:16	02:56	04:59	04:37	07:06	04:50	04:30	03:04	04:38	04:03	03:32	02:29
Reggio di Calabria	1267	900	1426	450	1281	1067	1401	1235	452	576	161	773	1308	1347	192	1384	1107	953	539	1192	718	1101	1042	1253	1084	499	536	1175	1139	851	748	1193	412	1030		07:50	05:00	11:22	13:49	09:32	14:41	14:20	04:53	14:12	14:13	12:46	13:59	13:24	12:56	12:11
Roma	588	305	748	431	602	388	722	556	543	231	615	70	630	669	524	706	428	274	345	513	125	422	320	575	407	229	630	496	460	172	211	514	366	352	707		03:03	05:03	07:13	02:56	08:06	07:44	06:03	07:36	07:37	06:11	07:24	06:48	06:20	05:35
Salerno	829	435	988	241	843	629	963	797	321	138	354	335	870	909	263	946	669	515	155	754	280	663	604	815	646	56	405	737	701	413	286	755	104	592	445	263		06:42	09:08	04:51	10:01	09:39	03:18	09:32	09:33	08:06	09:19	08:44	08:11	07:31
San Marino	380	126	533	577	375	135	495	329	690	439	894	328	403	422	803	479	182	247	457	430	304	349	320	348	179	508	776	250	233	151	275	288	568	84	986	318	552		05:57	03:50	05:40	05:18	06:50	04:59	05:12	03:45	04:47	04:11	03:43	03:10
San Remo	194	640	354	1049	325	430	612	354	1161	849	1233	562	314	663	1142	353	469	378	970	146	743	249	323	268	387	847	1247	492	336	524	788	274	983	499	1324	647	891	558		05:05	05:15	03:07	12:07	07:19	02:59	05:04	07:07	06:31	06:03	04:34
Siena	382	242	541	633	396	182	516	350	746	434	818	183	424	463	727	500	222	78	547	307	328	216	125	368	199	432	832	290	254	106	363	308	568	252	909	232	476	183	440		05:58	05:37	07:44	05:29	05:30	04:03	05:17	04:41	04:13	03:28
Sondrio	233	559	309	1010	120	349	269	146	1122	871	1290	667	108	319	1199	252	314	435	889	284	736	354	429	140	306	904	1208	291	255	582	707	197	1001	418	1381	704	948	477	410	498		04:01	11:30	06:27	03:49	03:23	06:16	05:40	05:11	03:42
Susa	142	598	163	1049	233	388	540	283	1162	911	1307	636	219	591	1216	227	428	452	928	220	776	323	397	191	346	921	1248	420	295	598	747	232	1040	457	1398	721	965	516	281	515	314		11:01	06:21	01:04	04:06	06:09	05:33	05:04	03:36
Taranto	995	546	1148	96	990	750	1110	944	72	303	294	578	1018	1037	203	1094	797	758	216	997	482	906	847	963	794	309	156	865	848	646	395	903	155	699	385	506	259	659	1130	714	1093	1131		10:45	10:58	09:32	10:32	09:51	09:29	08:56
Tarvisio	547	566	649	1017	429	356	245	383	1130	879	1317	703	504	168	1226	591	313	462	897	597	744	563	535	476	393	931	1216	248	448	588	715	456	1008	348	1408	731	975	484	723	525	525	655	1100		06:08	04:39	02:05	01:10	02:51	03:26
Torino	94	550	115	1001	183	340	491	234	1113	862	1259	588	170	542	1168	178	379	404	880	171	727	275	349	142	297	873	1200	371	246	550	699	184	992	409	1350	673	917	468	232	467	265	66	1083	604		03:53	05:56	05:20	04:52	03:23
Trento	300	444	402	895	182	234	138	136	1007	756	1175	561	257	189	1084	344	205	320	774	350	621	339	393	229	190	789	1093	135	192	466	592	210	886	303	1266	589	833	362	477	383	164	408	977	310	357		04:25	04:07	02:49	01:17
Trieste	485	505	587	958	367	294	337	321	1070	817	1257	641	442	238	1166	530	252	400	837	535	682	502	473	414	334	871	1157	187	386	526	653	395	949	287	1349	669	915	423	662	463	463	593	1040	165	542	309		01:12	02:34	03:10
Udine	455	475	557	926	337	264	271	291	1038	787	1225	611	412	180	1134	500	222	370	805	505	652	472	443	385	302	839	1124	157	356	496	623	365	917	257	1317	639	883	393	632	433	433	563	1008	98	513	240	75		02:05	02:41
Venezia	348	368	450	819	230	156	306	184	931	680	1118	504	305	158	1026	393	115	262	698	398	545	365	336	276	194	732	1017	50	249	389	516	258	810	150	1209	532	774	286	525	326	326	456	901	222	405	215	162	131		02:11
Verona	238	363	340	813	120	152	235	74	926	675	1094	480	196	255	1003	283	111	239	693	288	540	264	312	168	108	708	1012	84	111	385	511	148	805	222	1185	508	752	281	415	302	217	347	896	318	296	102	258	228	119	